Diritto privato

In copertina:
Pasquetta Soro, *Osservazioni provvisorie*, 2006, tecnica mista.
Collezione privata.

IUSTITIAM COLIMUS

L. Nivarra - V. Ricciuto - C. Scognamiglio

Diritto privato

SESTA EDIZIONE

Giappichelli

VIA PO, 21 - TEL. 011-81.53.111 - FAX 011-81.25.100

http://www.giappichelli.it

ISBN/EAN 978-88-921-4062-2

G. Giappichelli Editore

MARCHIO STORICO

Questo libro è stato stampato su carta certificata, riciclabile al 100%

Stampa: Stampatre s.r.l. - Torino

La classificazione è una condizione della conoscenza,
ma non la conoscenza stessa, e la conoscenza
torna a dissolvere la classificazione

Horkheimer, Adorno, *Dialettica dell'illuminismo*

INDICE-SOMMARIO

Capitolo III

LE SITUAZIONI GIURIDICHE SOGGETTIVE

Capitolo IV

I SOGGETTI

Sezione I

LA PERSONA FISICA

SEZIONE III

PATOLOGIE STRUTTURALI E FUNZIONALI DEL CONTRATTO

CAPITOLO VII

I CONTRATTI TIPICI

Capitolo XI
LA PROPRIETÀ E GLI ALTRI DIRITTI REALI. IL POSSESSO

Sezione I
IL DIRITTO DI PROPRIETÀ. FONDAMENTO ED EVOLUZIONE STORICA

Sezione II
LA DISCIPLINA DEL DIRITTO DI PROPRIETÀ

Sezione III
I MODI DI ACQUISTO DELLA PROPRIETÀ

Sezione IV
LE AZIONI A DIFESA DELLA PROPRIETÀ

ABBREVIAZIONI

Cost.	Costituzione
c.p.	codice penale
c.p.c.	codice di procedura civile
c.n.	codice della navigazione
Prel.	Preleggi (Disposizioni preliminari al codice civile)
disp. att.	disposizioni di attuazione del codice civile
disp. trans.	disposizioni transitorie
l.	legge
d.l.	decreto legge
r.d.	regio decreto
r.d.l.	regio decreto legge
d.lgs.lt.	decreto legislativo luogotenenziale
d.lgs.	decreto legislativo
d.P.R.	decreto Presidente della Repubblica
d.p.c.m.	decreto Presidente del Consiglio dei Ministri
reg.	regolamento
l. not.	legge notarile (l. n. 89/1913)
l.a.	legge autore (l. n. 633/1941)
ccii	Codice della crisi di impresa e dell'insolvenza
cpi	Codice della proprietà industriale (d.lgs. n. 30/2005)
l.f.	legge fallimentare (r.d. n. 267/1942)
l. div.	legge divorzio (l. n. 898/1970)
Stat. lav.	Statuto dei lavoratori (l. n. 300/1970)
l. ad.	legge adozione (l. n. 184/1983)
l. at.	legge antitrust (l. n. 287/1990)
l. dip.	legge diritto internazionale privato (l. n. 218/1995)
l.u.	legge urbanistica (l. n. 1150/1942)
cdp	Codice in materia di protezione dei dati personali (d.lgs. n. 196/2003)
cdc	Codice del consumo (d.lgs. n. 206/2005)
cdt	Codice del turismo (d.lgs. n. 79/2011)
cdass	Codice delle assicurazioni private (d.lgs. n. 209/2005)
cad	Codice dell'amministrazione digitale (d.lgs. n. 159/2006)
cts	Codice del Terzo settore (d.lgs. n. 117/2017)
Tr.	Trattato Comunità Europea

Tr. UE	Trattato dell'Unione Europea
TFUE	Trattato sul funzionamento dell'Unione Europea
T.U.B.	Testo Unico Bancario
rgdp	Regolamento UE 2016/679 relativo alla protezione delle persone fisiche con riguardo al trattamento dei dati personali, nonché alla libera circolazione di tali dati
CDFUE	Carta dei diritti fondamentali dell'Unione Europea
dir.	direttiva
DCFR	Draft Common Frame of Reference
PECL	Principles of European Contract Law
art.	articolo
artt.	articoli
co.	comma/i
cpv.	capoverso
lett.	lettera/e
s.	seguente/i
n.	numero/i
Cap.	capitolo/i
v.	vedi
t.u.	testo unico
ult.	ultimo
sent.	sentenza
p.a.	pubblica amministrazione
p.m.	pubblico ministero
S.C.	Suprema Corte
Cass.	Cassazione
SS.UU.	Sezioni Unite

AVVERTENZA

Gli articoli citati senza ulteriori specificazioni si riferiscono al codice civile.

Nei richiami a fonti normative diverse dai codici, la prima cifra indica il numero, la seconda indica l'anno. Trattandosi di direttive comunitarie, la prima cifra indica l'anno, la seconda il numero.

PRESENTAZIONE

Sono trascorsi esattamente dieci anni da quando pubblicammo le Istituzioni di diritto privato *ed oggi, sempre per i tipi del pazientissimo editore Giappichelli, diamo alle stampe il* Diritto privato. *In dieci anni molta acqua è passata sotto i ponti della società e dell'università italiane: quest'ultima, in particolare, è stata oggetto dei ripetuti esercizi riformatori dei governi che si sono avvicendati alla guida del Paese, con risultati che non mette conto, qui, sottoporre a giudizio.*

La facoltà giuridica, forse anche per il ruolo che essa, storicamente, ha assolto, di luogo privilegiato di selezione della classe dirigente, è stata al centro di questa stagione di innovazioni, con la conseguenza che, nell'arco del decennio in questione, siamo passati dal tradizionale ordinamento quadriennale, al "tre più due", per approdare, infine, all'odierna laurea magistrale di cinque anni. Le ripetute metamorfosi curriculari del corso hanno imposto un ripensamento, più o meno profondo e sentito, degli strumenti didattici, specie di quelli a supporto degli insegnamenti istituzionali: e, in effetti, le nostre Istituzioni *(giunte oggi alla sesta edizione) furono figlie della volontà di tre (all'epoca giovani) civilisti di prendere sul serio le novità lasciate intravedere dall'introduzione del triennio.*

Tramontata, tanto rapidamente quanto ingloriosamente, quell'esperienza (vittima, in primo luogo, della italica incapacità di andare fino in fondo nelle cose, specie quando si tratti di attuare in modo coerente un disegno riformatore), il passaggio al quinquennio ha inevitabilmente posto il problema di un riesame dell'impostazione del nostro primo Manuale, anche alla luce del fatto, innegabile, che la sua diffusione ha finito per concentrarsi all'interno di circuiti formativi esterni a quello della facoltà giuridica.

Da qui il Diritto privato *che presentiamo al pubblico dei Colleghi, degli operatori del diritto e degli studenti: un'opera nuova, non un semplice ampliamento delle* Istituzioni, *che vorrebbe rispondere all'avvertita esigenza di una più estesa ed approfondita illustrazione di tutte le materie e di tutti gli istituti del diritto civile. Tuttavia, ci sembra di poter dire che qualcosa, di quella originaria ispirazione, si sia mantenuto là dove, di ogni materia e di ogni istituto, si è voluto fornire il profilo generale (certamente corredato di una trattazione ed una informazione più ricche), senza pretendere di andare dietro, specie in alcuni settori in cui il fenomeno si manifesta con speciale intensità, a tutti gli innumerevoli sentieri aperti da una legislazione a getto continuo (e che, però, sarebbe ormai anacronistico definire speciale) e da una giurisprudenza, non soltanto interna, che sempre più presenta i tratti di una fonte del diritto (poco importa se in senso formale o solo sostanziale). Insomma, per riprendere un'immagine già usata nel presentare le* Istituzioni, *più una bussola che non un sistema, anche perché, francamente, sarebbe davvero difficile, al giorno d'oggi, trovarlo questo sistema, dentro un ordinamento civilistico che si sviluppa secondo dinamiche plurime e si organizza secondo una molteplicità di* rationes *spesso irriducibili le une alle altre. Perfino il territorio dell'autonomia privata, che sembrava essere, attraverso le mediazioni delle sue nobili e compatte categorie (il negozio giuridico, il contratto), il vero cemento del sistema, si frammenta oggi in una pluralità di discipline, faticosamente messe in connessione (ma non certo ridotte ad unità) sulla base di opzioni interpretative che, già solo per il fatto di muoversi all'interno di prospettive ogni volta diverse, rappresentano il segno più evidente dell'irreversibile tramonto del sistema tradizionalmente inteso.*

Naturalmente, un'esposizione di carattere istituzionale non può sottrarsi al rispetto di basilari canoni di ordine e coerenza: ed è questo, appunto, l'obiettivo che ci siamo proposti, di un'esposizione ordinata e coerente, che fornisse a chi, per la prima volta, si avvicina allo studio del diritto privato,(e anche a quanti, conseguita la laurea, accingendosi alla preparazione di un concorso o dell'esame di abilitazione, vogliano rinfrescare il proprio patrimonio di cognizioni privatistiche) le coordinate necessarie ad orientarsi all'interno di una materia che, alla tradizionale asperità concettuale, affianca, nel tempo presente, una crescente complessità di riferimenti.

Come sempre, ci attendiamo, dalla comunità scientifica e dalla più ampia platea di coloro che del Manuale vorranno avvalersi, suggerimenti e critiche, indispensabili al fine di migliorare il nostro lavoro: tanto più che il ritmo incessante delle riforme legislative, ne siamo pienamente consapevoli, ci obbligherà ad un'opera costante di aggiornamento.

LUCA NIVARRA, VINCENZO RICCIUTO, CLAUDIO SCOGNAMIGLIO

NOTA INTRODUTTIVA ALLA SECONDA EDIZIONE

La (facile) previsione con la quale si chiudeva la Presentazione della I edizione del Manuale è stata puntualmente rispettata. Il legislatore italiano non ha deluso le attese provvedendo a riscrivere, o, almeno, a modificare, la disciplina di molti importanti settori di tradizionale pertinenza privatistica. In particolare, oltre alle numerose disposizioni in punto di legislazione economica contenute nei vari decreti aventi come obiettivo prima la salvezza e poi la crescita del Paese, e alla introduzione nell'ordinamento della figura del sovraindebitamento, si segnalano, per la loro organicità, la riforma del condominio e quella del diritto della filiazione. Con riguardo a questa, è opportuno precisare che essa, avviata con la l. n. 219/2012, avrebbe dovuto essere completata mediante l'adozione di successivi provvedimenti: e, in effetti, il Governo Letta, in occasione della seduta del Consiglio dei Ministri del 12 luglio 2013, ha adottato uno schema di decreto legislativo (di cui nel testo si dà ampiamente conto) che, però, nel momento in cui viene licenziata questa edizione del *Diritto Privato*, non risulta ancora entrato in vigore*. Abbiamo comunque ritenuto opportuno non rinunciare all'esposizione della nuova disciplina nel convincimento che la strada sia ormai tracciata e che, dunque, l'esigenza di una informazione puntuale ed aggiornata andasse prioritariamente salvaguardata.

Un rapido cenno abbiamo voluto dedicare anche ai beni comuni, consacrati in un disegno di legge delega dallo stentato cammino parlamentare, ma che, oltre ad avere più volte guadagnato le prime pagine dei giornali, cominciano ad imporsi all'attenzione della dottrina e, perfino, del giudice di legittimità.

L'aggiornamento ha riguardato, pur entro i limiti imposti da una trattazione rigorosamente istituzionale, anche l'evoluzione di una giurisprudenza che, specie in alcuni ambiti (se pensi, ad es., alla responsabilità contrattuale e alla responsabilità aquiliana), sempre più contribuisce a scolpire fisionomia degli istituti ed equilibri ordinamentali, per quanto non sempre con mano veramente sicura.

Infine, il testo è stato sottoposto ad un'opera di ripulitura formale e di emendazione che, si spera, dovrebbe accrescerne il grado di leggibilità.

---

*Per questa ragione nel testo lo schema di decreto legislativo in questione è indicato, nostro malgrado, come "d.lgs. n. XX/2013".

***

Questa seconda edizione viene licenziata per la stampa a pochi giorni dalla scomparsa di Pietro Barcellona. Vogliamo ricordare qui uno studioso e un intellettuale al quale, ciascuno di noi per motivi diversi, ma tutti e tre per l'enorme influenza che Egli esercitò sui giuristi della nostra generazione, ci sentiamo particolarmente legati, rendendoGli un omaggio modesto ma sincero, in cui, come crediamo avrebbe molto apprezzato, sentimento e ragione vanno di pari passo e, anzi, sono intrecciati.

LUCA NIVARRA, VINCENZO RICCIUTO, CLAUDIO SCOGNAMIGLIO

NOTA INTRODUTTIVA ALLA TERZA EDIZIONE

In questa nuova edizione si è proseguito nell'opera di aggiornamento del testo, imposto dalle numerose novità legislative intervenute *medio tempore*, tra le più significative delle quali ricordiamo quelle relative alle nuove modalità negoziali di conseguimento della separazione e del divorzio, quelle concernenti la disciplina dei diritti dei consumatori (d.lgs. n. 21/2014), nonché quelle introdotte, in materia di lavoro subordinato, dalla legge delega n. 183/2014 e, ancor più, dai suoi decreti attuativi (c.d. *Jobs Act*). L'esposizione, inoltre, è stata arricchita di ulteriori richiami alla giurisprudenza consolidatasi nei vari ambiti dell'ordinamento civilistico.

LUCA NIVARRA, VINCENZO RICCIUTO, CLAUDIO SCOGNAMIGLIO

NOTA INTRODUTTIVA
ALLA RISTAMPA DELLA TERZA EDIZIONE

In questa nuova edizione si è proseguito nell'opera di aggiornamento del testo, imposto dalle numerose novità legislative intervenute *medio tempore*, tra le più significative delle quali ricordiamo quelle relative alle nuove modalità negoziali di conseguimento della separazione e del divorzio, quelle concernenti la disciplina dei diritti dei consumatori (d.lgs. n. 21/2014), nonché quelle introdotte, in materia di lavoro subordinato, dalla legge delega n. 183/2014 e, ancor più, dai suoi decreti attuativi (c.d. *Jobs Act*). L'esposizione, inoltre, è stata arricchita di ulteriori richiami alla giurisprudenza consolidatasi nei vari ambiti dell'ordinamento civilistico. In occasione della ristampa della terza edizione si è dato conto dell'introduzione nel nostro Ordinamento dell'istituto delle unioni civili tra persone dello stesso sesso e della disciplina positiva dei diritti dei conviventi di fatto ad opera della l. n. 76/2016. La legge rappresenta l'ultima tappa di un processo legislativo di riforma che sta profondamente mutando il diritto di famiglia e che ancora – visto, tra gli altri, il rinvio a futuri interventi in tema di adozione da parte di coppie dello stesso sesso – non si annuncia concluso.

LUCA NIVARRA, VINCENZO RICCIUTO, CLAUDIO SCOGNAMIGLIO

NOTA INTRODUTTIVA ALLA QUARTA EDIZIONE

Tra le principali novità legislative di cui si è ritenuto di dare conto segnaliamo quelle relative al pegno mobiliare non possessorio e al credito per l'acquisto di immobili residenziali (i c.d. "nuovi marciani") che hanno contribuito a ridefinire in misura significativa la disciplina del patto commissorio, la nuova legge in materia di responsabilità medica, la nuova disciplina, di matrice europea, dei dati personali. Questa nuova edizione contiene anche alcune aperture significative alla giurisprudenza, a proposito della quale merita di essere di essere richiamata, in particolare, la pronunzia delle SS.UU. sulla riconoscibilità della sentenza straniera recante condanna al pagamento di danni punitivi.

LUCA NIVARRA, VINCENZO RICCIUTO, CLAUDIO SCOGNAMIGLIO

NOTA INTRODUTTIVA ALLA QUINTA EDIZIONE

Anche in questa nuova edizione si è cercato di dare conto di alcune delle novità normative e giurisprudenziali più significative dei due anni che ci separano dalla precedente: sul versante delle novità normative, debbono essere in particolare segnalati il compiuto adeguamento, operato con il d.lgs. n. 101/2018, dell'assetto normativo interno in materia di protezione dei dati personali al Regolamento 2016/679/UE; la l. n. 219/2017, in materia di consenso informato e di disposizioni anticipate di trattamento; il d.lgs. n. 117/2017, recante il Codice del Terzo settore; la peculiare ipotesi di indegnità a succedere introdotta, con l'art. 463-*bis*, dalla l. n. 4/2018; la regolamentazione del *leasing* contenuta nell'art. 1, co. 136-140 della l. n. 124/2017; la nuova disciplina dell'azione di classe introdotta con la l. n. 31/2019; la l. n. 96/2018, in materia, tra l'altro, di contratto di lavoro subordinato a termine; l'intervento sulla legittima difesa, così come tradizionalmente definita dall'art. 2044, operato dalla l. n. 36/2019; il d.lgs. n. 14/2019, destinato a ridisegnare l'intero sistema delle procedure concorsuali.

Sul piano delle novità giurisprudenziali, possono essere rammentati l'intervento della Corte di Cassazione sul divieto di maternità surrogata e la sempre più frequente utilizzazione del concetto di meritevolezza dell'interesse come tecnica di controllo dell'assetto di interessi realizzato dalle parti del contratto.

Questa edizione del Manuale vede la luce in un momento in cui si ipotizza un intervento di riforma assai articolato e profondo sul codice civile: trattandosi, allo stato, di un disegno di legge, del quale non è ovviamente in alcun modo dato prevedere né l'evoluzione né l'eventuale approvazione si è ritenuto preferibile rinviare alla prossima edizione l'esame dei contenuti, e degli esiti, dello stesso.

LUCA NIVARRA, VINCENZO RICCIUTO, CLAUDIO SCOGNAMIGLIO

NOTA INTRODUTTIVA ALLA SESTA EDIZIONE

Quanto agli inevitabili aggiornamenti del testo si dirà subito di come la pandemia Covid-19 abbia condotto al centro del dibattito dottrinale il tema delle sopravvenienze contrattuali, del quale si è discusso ora dall'angolo visuale della clausola generale di buona fede, ora tentando di valorizzare i rimedi sinallagmatici esplicitamente disciplinati dal c.c., come in particolare la risoluzione per eccessiva sopravvenuta: di questi sviluppi della riflessione dottrinale si è dato, sia pur sinteticamente, atto. Si è ritenuto altresì opportuno rendere conto di alcune novità normative, a loro volta dettate per fronteggiare l'emergenza sanitaria con riferimento ad un sottotipo contrattuale – il contratto di locazione di immobili destinati ad uso commerciale – che, per evidenti ragioni, legate all'adozione delle misure di lockdown, ha risentito in modo particolare delle conseguenze, dirette ed indirette, della pandemia. In questo caso, il riferimento è all'art. 216 d.l. n. 34/2020 conv. in l. n. 77/2020 per quel che concerne in particolare il contratto di locazione di palestre, piscine e impianti sportivi di proprietà di soggetti privati nonché all'art. 6-novies d.l. n. 41/2021 conv. in l. n. 69/2021, che ha previsto un percorso condiviso tra i contraenti per la ricontrattazione delle locazioni commerciali.

L'aggiornamento dà conto, inoltre, dei significativi mutamenti conseguenti all'affermarsi e allo sviluppo dell'economia digitale negli ultimi anni. L'espansione dei rapporti di diritto privato nel contesto digitale, da un lato, ha modificato o arricchito gli istituti del diritto privato (come, ad esempio, in tema di tutela del software o di disciplina dei contratti di fornitura di servizi contenuti digitali ad opera della dir. n. 2019/770); dall'altro lato, ha posto all'attenzione del privatista nuovi fenomeni, come – con riferimento all'economia basata sui dati o data driven – l'affermarsi del fenomeno della patrimonializzazione dei dati personali (sicché in questo settore, accanto agli strumenti di tutela della persona si assiste alla graduale applicazione di strumenti del diritto patrimoniale). Un'attenzione particolare è stata fornita alle pronunce della giurisprudenza di legittimità intervenuta, ad es., a chiarire ancora una volta il rapporto tra diritto di cronaca e diritti della persona e a riconoscere, in un contesto non limitato alla comunicazione digitale, il diritto all'oblio. Si deve poi segnalare come la giurisprudenza di legittimità sia ancora intervenuta su un dogma del diritto privato, ribadendo il principio del numero chiuso dei diritti reali, e così negando all'autonomia privata la possibilità di creare nuove figure di godimento del bene.

Infine, si è ritenuto di introdurre qualche richiamo alle tecniche di risoluzione alternativa delle controversie, di seguire il faticoso e ondivago iter di entrata in vigore del CCII e di fornire una rapida panoramica delle misure a sostegno di imprese e lavoratori adottate per far fronte alle conseguenze economiche della pandemia.

LUCA NIVARRA, VINCENZO RICCIUTO, CLAUDIO SCOGNAMIGLIO

CAPITOLO I

INTRODUZIONE

SOMMARIO: 1. Il diritto nel quadro della condizione umana. – 1.2. La funzione regolatoria del diritto e la sua autonomia. – 1.2.1. La dimensione storico-culturale dell'esperienza giuridica: l'autonomia del diritto come sistema normativo. – 1.2.1.1. *Segue*. – 1.3. L'autonomia del diritto come forma di conoscenza. – 1.4. Il diritto e l'ambiente esterno. – 2. Il concetto di diritto. – 2.1. Norma giuridica, ordinamento giuridico, diritto oggettivo, diritto soggettivo. – 2.2. La produzione del diritto: le fonti. – 2.2.1. La Costituzione. – 2.2.1.1. Le altre fonti del diritto. – 2.3. L'efficacia della legge nel tempo e nello spazio. Il diritto internazionale privato. – 2.4. Interpretazione e applicazione del diritto. – 2.5. La giurisprudenza e la dottrina: clausole e principi generali. – 3. Diritto e diritto privato. – 3.1. Il codice civile e le tendenze attuali della legislazione privatistica.

1. *Il diritto nel quadro della condizione umana*

Diritto e società

Secondo un famoso brocardo latino "*ubi societas, ibi ius*". La formula esprime con grande efficacia un'intuizione condivisa dal senso comune circa la coessenzialità della dimensione sociale e di quella giuridica. In effetti, è impossibile immaginare un consorzio umano non assoggettato al governo di regole intese a stabilire ciò che i singoli consociati possono o debbono fare. Vale la pena di osservare, poi, che per esteso quel brocardo recita "*Ubi homo, ibi societas. Ubi societas, ibi ius. Ergo ubi homo, ibi ius*": esso, congiungendo la socialità del diritto a quella dell'uomo, trasforma il giuridico in un carattere necessitato della specie umana. In altri termini, come gli uomini non possono fare a meno di unirsi e stare insieme, così essi, nello stare insieme, immancabilmente creano sistemi di regole più o meno complessi.

Una simile constatazione non sarebbe di per sé granché significativa e neppure utile ai fini del nostro discorso: infatti, il diritto condivide questo tratto di necessità insieme con tutte le altre genuine manifestazioni dell'essere umano: la scienza, la filosofia, l'arte, la politica, la morale. L'uomo ha un cervello che, per mole, morfologia e struttura, gli consente e, in pari tempo, gli impone comportamenti e prestazioni molto sofisticati. Sotto questo profilo, la contrapposizione di natura e cultura è, in un certo senso, fuorviante perché un poema, un quadro, una teoria cosmologica, un modello matematico e anche un sistema di regole, per quanto, rispettivamente, belli, avanzati o completi, sono pur sempre riconducibili, in ultima istanza, a meccanismi di tipo neuronale e al modo in cui funziona, e non potrebbe non funzionare, la corteccia cerebrale.

Tuttavia, se usciamo dai territori della neurologia e dell'etologia, non sarà difficile rendersi conto del fatto che l'"*ubi societas, ibi ius*" da cui abbiamo preso le mosse è, sotto il profilo cognitivo, molto più prezioso di quanto potrebbe apparire d'acchito. In primo luogo, si rifletta su questo. La dimensione necessariamente sociale del diritto ha un risvolto ovvio, e cioè che non può darsi esperienza del giuridico in solitudine. Le regole che Robinson Crusoe segue sulla sua isola non sono regole giuridiche e, almeno fino all'incontro con Venerdì, neppure regole morali, bensì, ad es., regole della geometria, come quando il nostro eroe decide di costruirsi un tavolo.

Diritto e conflitto

Ora, la ragione per la quale il diritto è incompatibile con l'assenza di rapporti sociali è che la regola giuridica presuppone un **bene della vita** (un campo, una casa, una somma di denaro, la propria reputazione, il potere di decidere sull'istruzione da impartire ad un figlio, ecc.) attorno al quale potrebbe, in ogni momento, accendersi un **conflitto**. Robinson è solo sull'isola, e può disporre a piacimento di tutti i beni che su di essa si trovano: ma, nonostante questo, non sarebbe neppure sensato dire che l'isola sia sua perché attribuire a qualcuno il potere su qualche cosa (il diritto di proprietà) assolve, in primo luogo, alla fondamentale funzione di escludere tutti coloro che non sono il beneficiario dell'attribuzione (il **titolare del diritto**) dal godimento del bene. E poiché nel caso di Robinson Crusoe, sull'isola non vi è nessuno che gli contenda, anche solo virtualmente, l'uso delle risorse disponibili, da ciò discende l'automatica impossibilità di avvalersi, per descrivere quello stato di cose, di locuzioni del tipo: "l'isola (o l'albero di banane, o il tavolo, o qualsiasi altra cosa) appartengono a Robinson".

La scena del diritto

Dunque, il diritto è un irrinunciabile strumento di organizzazione dei rapporti sociali grazie al quale si **previene** l'insorgere del conflitto che potrebbe nascere dal concentrarsi sullo stesso bene di almeno due diversi appetiti, ovvero, qualora il conflitto insorga comunque, si **ripristina**, mediante l'applicazione della regola giuridica, l'ordine sociale turbato dallo scontro frontale dei due appetiti. Da ciò si trae un'ulteriore conferma della inseparabilità di diritto e società. È evidente, infatti, che tanto la formulazione, quanto l'applicazione della regola giuridica debbono provenire da un soggetto **terzo** rispetto ai protagonisti del conflitto perché, altrimenti, quest'ultimo si sposterebbe semplicemente di livello, trasferendosi dalla risorsa di base (il campo, la casa, ecc.) alla risorsa di secondo grado rappresentata, appunto, dal potere di formulare e applicare la regola.

In definitiva, quindi, quella del diritto è una scena sulla quale si muovono almeno tre soggetti: i due (potenziali) contendenti ed un terzo, al quale spetta di formulare e applicare la regola destinata a dirimere la controversia.

1.2. *La funzione regolatoria del diritto e la sua autonomia*

"Ubi societas, ibi ius" significa allora, come si è visto, che il diritto implica una pluralità di attori sociali; e che, di contro, un aggregato umano, per quanto elementare, potrà conservarsi solo in presenza di un'autorità in grado di formulare ed applicare la regola giuridica di neutralizzazione del conflitto sempre incombente. Naturalmente, quello appena delineato è il modello di base: basti pensare che già ad un grado ancora modesto del loro sviluppo, i sistemi giuridici mostrano una chiara tendenza a differenziare il momento della **formulazione** (affidata ad un legislatore) e della **applicazione** (affidata ad un giudice) della regola. Tuttavia, sebbene ridotto all'osso, il nostro modellino ci è utile sotto un duplice riguardo. In primo luogo perché, appunto, esso esemplifica con chiarezza la imprescindibilità del legame che intercorre tra dimensione sociale e dimensione giuridica. In secondo luogo perché, suo tramite emerge, altrettanto chiaramente, come il diritto si collochi in una posizione di **autonomia** funzionale sia rispetto alla società, sia rispetto al potere (o autorità).

Infatti, il conflitto che la regola giuridica previene, o dirime, è un **fenomeno sociale**, ovvero una di quelle vicende, o di quei comportamenti, destinati a prodursi in ragione di una convivenza tra umani non puramente occasionale: esso costituisce l'oggetto, o la materia, del diritto il quale, pertanto, da esso va tenuto distinto (da qui, appunto, l'irriducibilità del giuridico al sociale).

Per quanto attiene, invece, al rapporto tra diritto e **potere**, anche qui dovrebbe risultare immediatamente percepibile che una cosa è il processo attraverso il quale si perviene alla formulazione (e, se del caso, all'applicazione) della regola, altra cosa è la regola. L'assunto della reciproca autonomia di diritto e potere non viene smentito, poi, dalla circostanza che, in prospettiva storica, sia possibile costatare come anche l'esercizio dell'autorità venga fatto oggetto di una disciplina giuridica, più o meno accurata: è chiaro che, nella misura in cui cresce il livello di complessità degli aggregati sociali, cresce anche il livello di complessità degli apparati deputati alla produzione di regole giuridiche (ecco spiegato, ad es., il differenziarsi della funzione legislativa da quella giudiziaria) i quali, pertanto, andranno assoggettati a regole che ne assicurino il buon funzionamento (oggi queste regole sono parte integrante del **diritto costituzionale** e del **diritto amministrativo**).

L'autonomia funzionale del diritto è un vero e proprio a priori in senso kantiano. In altri termini, un uso corretto della ragione riuscirà sempre ad isolare, anche nei contesti più opachi e confusi, una funzione regolatoria, come distinta sia da ciò che costituisce oggetto di regolazione, sia da ciò che pone la regola. Tuttavia, l'autonomia di cui stiamo parlando – apprezzabile dal punto di vista logico ed ontologico – è un predicato del diritto come articolazione strutturale dei sistemi sociali e, quindi, in questa forma, essa torna ad orbitare nelle sfere primigenie dell'essere umano, di cui si parlava nel § precedente.

Ben altrimenti ricca, ma anche sfuggente, diventa la nozione di autonomia del giuridico allorché, lasciati gli ambiti riservati alla descrizione dei meccanismi elementari di funzionamento della specie, ci si inoltri nei territori della **storia**, dove il diritto, da pura e semplice espressione della naturale socialità dell'uomo, diventa a sua volta oggetto di pratiche sociali enormemente complesse come la teoria, la politica, l'ideologia. Da qui la conversione del giuridico da fatto **naturale** in fenomeno **culturale**: ed è in questa ottica che il nostro discorso deve adesso proseguire.

1.2.1. *La dimensione storico-culturale dell'esperienza giuridica: l'autonomia del diritto come sistema normativo*

Il diritto e gli altri sistemi di regole

Quando, come si è accennato alla fine del § precedente, il diritto, da comportamento irriflesso, seguito sulla base di un'istanza di tipo etologico, si trasforma in oggetto di riflessione, una delle prime questioni ad emergere è quella del suo rapporto con altri sistemi di regole di cui pure è facile e frequente riscontrare l'esistenza all'interno di una data società. Si tratta di una questione che, all'evidenza, interpella proprio il grande tema dell'autonomia del giuridico, sia pure secondo registri diversi.

Autonomia del diritto e sovranità dello Stato

In un primo senso, l'autonomia del diritto può essere intesa come possesso, da parte di quest'ultimo, di alcuni tratti specifici che varrebbero, appunto, a differenziarlo dagli altri sistemi normativi. Ora, è fuor di dubbio che, ad es., il rapporto tra morale e diritto rappresenti, storicamente, uno dei punti fondativi di discipline come la filosofia e la teoria generale del diritto: tuttavia, si può affermare con altrettanta sicurezza che questo modo di impostare il discorso sull'autonomia del giuridico abbia, per così dire, orientato in misura decisiva il dibattito teorico soltanto a partire dall'età moderna (diciamo, il XVI secolo e Machiavelli, per dare alcuni riferimenti di massima). E non casualmente: perché il discorso attorno a ciò che è proprio ed esclusivo del diritto è inestricabilmente connesso con l'esigenza di ancorare la legittimità del diritto medesimo al solo fatto di essere posto dal sovrano: di talché, l'unica ragione per la quale la regola giuridica va osservata è il suo promanare dall'autorità, indipendentemente dal suo contenuto. Come è facile intuire, l'autonomia del giuridico è, in questa fase storica, l'altra faccia dell'autonomia del politico, ossia della pretesa, vantata dallo Stato in senso moderno, e che, anzi, dello Stato, come forma di organizzazione del potere pubblico, può essere considerato il tratto distintivo, di accentrare su di sé tutte le forme di espressione dell'autorità e, quindi, in primo luogo, la produzione e l'applicazione di regole giuridiche.

Questo processo di reciproca legittimazione di Stato e diritto tocca il suo culmine nelle grandi codificazioni borghesi dell'Ottocento cui si accompagna la definitiva elaborazione di una teoria del diritto (il **positivismo giuridico**) per la quale la validità di una regola giuridica dipende esclusivamente dal suo essere stata posta nel rispetto delle procedure che ne disciplinano la produzione, non rilevando in alcun modo il contenuto di essa, in particolare la conformità ad un ordine di valori morali. In una simile prospettiva, il tratto specifico della regola giuridica diviene, fondamentalmente, la sua statualità: e questo, per così dire, sia a monte, sia a valle. A monte perché una regola potrà dirsi giuridica, e non semplicemente morale, o del costume, ecc., a condizione che sia stata adottata da un organo dello Stato (ad es., il Parlamento); a valle, perché nel caso di sua mancata osservanza, la correlativa sanzione sarà comminata sempre da un organo dello Stato (ad es., il giudice che condanna il debitore al pagamento della somma dovuta) e attuata sotto la sua sorveglianza (ad es., l'ufficiale giudiziario che procede al pignoramento dei beni del debitore agisce sulla base di un ordine del giudice).

In definitiva, quindi, l'autonomia del diritto rispetto ad altri sistemi di regole, pure presenti in seno alla società, riposa nel suo essere prodotto, amministrato e fatto osservare dallo Stato, cioè l'unico attore sociale che può rivendicare per sé il monopolio della **validità** (attributo di regole che reclamano di essere obbedite indipendentemente dal loro contenuto e solo in quanto adottate nel rispetto di una certa procedura: v. gli art. 70 s. Cost.) e quello della **effettività** (attributo di regole che vengono fatte osservare, ove necessario, coercitivamente, ossia mediante il ricorso alla forza fisica di cui solo lo Stato, appunto, può disporre, sia pure entro certi limiti, in modo legittimo).

1.2.1.1. Segue

Autonomia del diritto e laicità dello Stato

Strettamente collegata a quella illustrata in precedenza, si dà poi una seconda accezione di autonomia del diritto, alla stregua della quale le norme giuridiche si differenziano da altri, concorrenti sistemi di norme in ragione del possesso di alcuni requisiti formali (**validità**, **effettività**), ma anche in ragione della circostanza che il loro contenuto prescinde da quello, ad es., delle norme morali o di quelle religiose. Anche qui il discorso incrocia un passaggio cruciale nella storia dell'Occidente, rappresentato dalla programmatica separazione della normatività su base teologico-confessionale (la sfera spirituale), dalla normatività su base civile (la sfera temporale). Questa separazione tra le due sfere è il punto di approdo di una vicenda lunga e tormentata, sviluppatasi in modo non lineare attraverso molti secoli – diciamo dall'incoronazione di Carlo Magno nell'800 alla fine della guerra dei Trent'anni (1648) – e culminata nell'affermazione del principio secondo cui ciò che è giuridicamente vincolante è deciso dalla sola autorità civile.

Si tratta di un ulteriore aspetto della lotta per l'egemonia condotta dallo Stato moderno ed intesa ad appropriarsi non soltanto del potere di formulare e applicare le regole giuridiche, ma anche di determinarne il contenuto. È evidente che su questo fronte l'antagonista storico dello Stato fu la Chiesa cattolica la quale, accettata (all'esito della lotta per le investiture) l'idea della distinzione delle due sfere e dell'autonomia di quella temporale rispetto a quella spirituale, avrebbe però voluto che i suoi precetti venissero immediatamente trasfusi in norme vincolanti per tutta la comunità. Questa pretesa fu generalmente respinta dal potere temporale (specie dopo la diffusione ed il consolidamento nell'Europa del Nord della Riforma protestante, la quale, sul punto, si ispira ad un canone di rigida separazione delle due sfere), con ciò ponendosi le basi di quel principio di laicità che, oggi, ispira le costituzioni e la vita pubblica di tutti i paesi dell'Occidente.

1.3. *L'autonomia del diritto come forma di conoscenza*

Infine, in una terza accezione, l'autonomia del diritto sta ad indicare un fenomeno culturale molto complesso e, in larga misura, ancora una volta, tipico della cultura occidentale. Soltanto in Occidente, infatti, a partire dal II secolo a.C., nella Roma repubblicana, accade che un insieme di regole giuridiche (all'epoca, le leggi delle XII Tavole) siano fatte oggetto di un'analisi, condotta secondo specifici criteri interpretativi ed altrettanto specifiche tecniche argomentative, volti a rivelare il significato di quelle regole e a disporle secondo un ordine logico (il **sistema**), dal quale ricavare ulteriori indicazioni circa il modo di intendere i precetti da applicare al caso di specie.

A tal proposito, si deve rammentare che la pura e semplice esistenza di una regola giuridica non è in grado di impedire l'insorgere di un conflitto: e che, una volta comunque istauratosi quest'ultimo, la funzione del diritto si esplicherà attraverso la risoluzione della controversia avente ad oggetto la casa, il fondo, la somma di denaro, ecc. Ora, per conseguire questo risultato, è necessario trasformare una regola pensata per un numero indefinito di casi (e, dunque, **vaga**) in una regola da applicare a quel singolo, puntuale caso: e la **concretizzazione** della previsione normativa può avvenire secondo modalità molto diverse, che variano a seconda dei tempi, dei luoghi, della tradizione culturale, ecc. Ad es., è possibile immaginare una società nella quale la determinazione della regola puntuale avvenga sulla base della consuetudine; per cui, dato un certo tipo di controversia, si applicherà un certo tipo di regola perché così si fa da sempre. Oppure, ancora, si può immaginare una società nella quale la regola destinata a dirimere la controversia venga individuata sulla base del pronunciamento, più o meno arbitrario, più o meno discrezionale, di una qualche autorità.

Diritto e ragione

Nella cultura occidentale, a partire, appunto, dalla giurisprudenza romana, l'individuazione della regola da applicare al caso di specie è un'operazione nella quale sono certamente implicate tanto la consuetudine (sotto forma di efficacia, o vincolante, o solo persuasiva, del precedente), quanto l'autorità (il giudice gode di una investitura istituzionale che fa della sua pronunzia un comando per le parti). Tuttavia, a questi due elementi si affianca, in una posizione di assoluta eminenza, la **ragione**: o, per meglio dire, quel particolare uso della ragione che consiste nel sottomettere il processo di concretizzazione della regola a criteri di ordine linguistico (ad es., il criterio letterale), di ordine storico (ad es., il criterio della volontà del legislatore), di ordine logico (ad es., il criterio sistematico), di ordine pragmatico (ad es., il criterio delle conseguenze), ecc., i quali, seppur variamente combinati tra di loro, rendono quel processo, in primo luogo, un atto di conoscenza del significato della regola medesima, ossia una **interpretazione**.

Naturalmente, conoscere una norma giuridica non è la stessa cosa che conoscere un fenomeno fisico o un processo naturale. In quest'ultimo caso, conoscere significa fondamentalmente descrivere le condizioni fattuali in presenza delle quali un certo evento (ad es., la caduta di un grave) è destinato a verificarsi; viceversa, là dove oggetto di indagine sia una norma giuridica, l'attività intellettuale che su di essa si esercita consiste nella ricerca del suo significato. Bisogna tenere ben presente, infatti, che le regole del diritto si presentano, per lo più, come enunciati linguistici formulati utilizzando il linguaggio naturale, cioè un linguaggio che, salvo per alcuni termini tecnici (anticresi, enfiteusi, ecc.) o tecnicizzati (possesso, azienda, ecc.), coincide esattamente con quello comune ed è, dunque, caratterizzato da un elevato grado di **ambiguità** (a differenza dei linguaggi formalizzati come quello della matematica). La vaghezza e l'ambiguità delle norme impongono, pertanto, che esse vengano interpretate onde, appunto, trarne un significato plausibile in vista della loro applicazione al caso di specie.

Questa operazione non ha un carattere puramente descrittivo-ricognitivo, perché accade ben di rado che l'interpretazione di una norma ponga capo all'attingimento di un unico significato, con la conseguenza che quasi sempre è necessario effettuare una scelta discrezionale tra diverse opzioni, tutte più o meno attendibili. Quello che conta ai fini del nostro discorso, però, è che la ricerca del significato da attribuire all'enunciato normativo avvenga secondo criteri razionali, e che il risultato a cui approda il singolo interprete possa essere oggetto di analisi e di critica da parte degli altri membri della comunità dei giuristi.

Il sistema del diritto

Ora, per riprendere il discorso avviato più sopra, in Occidente, grazie, fondamentalmente, all'apporto della giurisprudenza romana, è prevalso questo modello razionale-discorsivo (non oracolare, non autoritativo) di trattamento delle norme giuridiche. Esso, come pure si è già accennato, ha comportato lo sviluppo ed il radicarsi di un'idea di **sistema**, come insieme ordinato e coerente di concetti normativi, ossia desunti dalla interpretazione delle singole norme e poi messi in correlazione tra loro, sino, appunto, a costituire il sistema: quest'ultimo rappresenta per l'interprete sia un vincolo (ad es., stante il principio secondo cui il contratto ha efficacia soltanto tra le parti – art. 1372, co. 2 – soltanto il legislatore può estendere tale efficacia ad un terzo), sia una risorsa (ad es., l'*analogia iuris*, sulla quale ci si intratterrà più avanti).

Dogmatica giuridica

Tutta la lunga storia della **scienza giuridica** europea, già a partire dalle prime opere dei giuristi romani dell'età repubblicana, passando per il Digesto (una delle parti in cui si divide il *Corpus iuris civilis*, la grande compilazione voluta dall'imperatore Giustiniano), le Glosse e le Summe di epoca medievale, i commentari di età umanistica, i trattati del XVII e XVIII secolo, è attraversata da questa forte istanza sistematica: la quale, poi, pervenne al suo apogeo nell'Ottocento, con la grande fioritura della **Pandettistica** tedesca, preceduta dal lavoro teorico della Scuola storica del diritto e precorritrice di una delle più importanti opere legislative dell'epoca, il *BGB* (*Bürgerliches Gesetzbuch*) ossia il codice civile del Reich, entrato in vigore il 1° gennaio del 1900. Con la Pandettistica, infatti, il sistema dei concetti giuridici (dogmi, da cui il termine **dogmatica** che sta ad indicare, appunto, il lavoro di progressiva elaborazione, generalizzazione ed astrazione di tali concetti) assurge praticamente alla dignità di fonte del diritto, determinandosi in questo modo una vera e propria inversione nel rapporto tra scienza e norma: da qui la denominazione di giurisprudenza dei concetti (*Begriffsjurisprudenz*) che sta ad indicare proprio il primato della elaborazione teorica e la sua autosufficienza rispetto alla regola da interpretare.

Il modello purista, e radicale, di autonomia, incarnato dalla Pandettistica, deve ormai considerarsi del tutto superato, come meglio si vedrà più avanti. Ciò non toglie, peraltro, che, per quanto indebolita, o trasformata, nella sua pretesa di autonomia, la scienza del diritto continui a rappresentare un momento fondamentale dell'esperienza giuridica.

1.4. *Il diritto e l'ambiente esterno*

È opportuno, ora, brevemente riepilogare i passaggi fondamentali del nostro discorso.

Abbiamo visto che il diritto è un fenomeno collegato alla naturale socialità della specie, e, in particolare, alla permanente incombenza del conflitto per l'appropriazione dei beni che dallo stare insieme deriva. In questa prospettiva, l'autonomia del giuridico è, come detto, una sorta di a priori, ricavabile da una elementare, ed immediatamente attingibile, tripartizione della struttura sociale di base *a*) nell'oggetto della regolazione (l'insieme delle relazioni umane); *b*) nella regolazione (le norme giuridiche); *c*) nella fonte della regolazione (l'autorità che pone la regola).

L'autonomia del diritto assume significati ben più ricchi là dove essa venga misurata con il metro della storia. In questa diversa prospettiva, abbiamo isolato tre possibili accezioni della formula "autonomia del diritto", tutte, peraltro, riconducibili all'esperienza giuridica occidentale (e ciò a conferma della loro intrinseca storicità). In una prima accezione, autonomia del diritto sta a designare la ricorrenza, nelle norme giuridiche, di attributi di ordine formale (validità ed effettività) non posseduti da altro tipo di norme (ad es., quelle morali o religiose).

In una seconda accezione, l'autonomia del diritto sta ad indicare la circostanza che il contenuto delle norme giuridiche si determina a prescindere da quello proprio di altro tipo di norme (ad es., di nuovo, quelle morali o religiose).

Infine, per autonomia del diritto si intende che le norme giuridiche, in quanto enunciati linguistici, sono oggetto di una particolare forma di conoscenza (l'interpretazione e la loro sistemazione in un insieme ordinato e coerente) che si realizza attraverso procedure e tecniche logico – argomentative – in parte assegnate al dominio della ragione teorica, in parte assegnate al dominio della ragione pratica – le quali individuano il campo della scienza giuridica (o scienza del diritto).

È bene precisare, tuttavia, che l'autonomia del giuridico non va intesa nel senso di un isolamento del diritto dalle altre forme di vita in cui si esprime la naturale socialità degli uomini. È sufficiente osservare che molte norme giuridiche riproducono precetti morali (il divieto di uccidere, il divieto di rubare, ecc.); inoltre, vi è sempre una sostanziale corrispondenza tra l'ordine giuridico e l'ordine economico (ad es., in una società di tipo capitalistico, il sistema giuridico riconoscerà il diritto di proprietà dei mezzi di produzione e la libertà contrattuale, in quanto presupposti fondamentali per il funzionamento di un'economia imperniata sulla produzione e sullo scambio di merci).

Differenze contenutistiche

Più in generale, deve osservarsi che il fenomeno giuridico, in quanto fenomeno sociale, è inevitabilmente esposto ai condizionamenti della più ampia realtà all'interno della quale esso è chiamato a svolgere la sua funzione regolatoria. Sicché, mentre i tre significati di "autonomia del diritto" che abbiamo individuato più sopra possono senz'altro considerarsi una costante dell'esperienza giuridica (almeno in Occidente), è fuor di dubbio che sotto il profilo dei **contenuti** accolti dalle singole norme, i vari sistemi giuridici possono, tra loro, differire anche significativamente. Ad es., a seconda del peso maggiore o minore esercitato dalla morale sessuale tradizionale, avremo ordinamenti giuridici nei quali le convivenze di fatto godono di un riconoscimento legale, ed ordinamenti giuridici nei quali, invece, questo è categoricamente escluso; oppure, a seconda dei rapporti di forza tra le classi sociali, ordinamenti nei quali i lavoratori subordinati godono di una forte tutela nei confronti dei datori di lavoro, e ordinamenti nei quali, viceversa, questa tutela è minore o assente.

Differenze diacroniche

Gli esempi si potrebbero moltiplicare. Peraltro, questa variabilità contenutistica si riscontra anche dal punto di vista **diacronico**, cioè con riguardo a ciascun singolo ordinamento giuridico il quale può, a seguito delle trasformazioni intervenute nella società, modificare in misura profonda la disciplina normativa di una data materia. Così, ad es., in Italia nel 1970 venne introdotta la c.d. legge sul divorzio che, attribuendo ai cittadini la possibilità di sciogliere il proprio matrimonio, rappresentava una novità straordinaria per un paese come il nostro, dove, a causa dell'influenza esercitata dalla Chiesa cattolica, il legislatore civile, sin dal primo codice unitario del 1865, aveva accolto la regola della indissolubilità del vincolo coniugale.

Insomma, il diritto viene influenzato dall'ambiente in cui si trova ad operare e, a sua volta, lo influenza (la conversione di una prassi sociale o di un valore morale in norma giuridica rafforza notevolmente entrambi, sia sotto il profilo della loro efficacia vincolante, sia, anche, sotto il profilo simbolico). Del resto, questo è perfettamente comprensibile, se solo si pone mente alla sovrapposizione della sfera giuridica e della sfera sociale sulla quale abbiamo insistito fin dall'esordio del nostro discorso (*Ubi homo, ibi societas. Ubi societas, ibi ius. Ergo ubi homo, ibi ius*).

Differenze tecniche

È opportuno precisare che, oltre alle differenze di ordine più propriamente contenutistico di cui abbiamo detto, esistono tra i vari ordinamenti giuridici differenze che, viceversa, ineriscono al modo di funzionare di una regola giuridica e che, pertanto, sono tutte interne al sistema del diritto. Ad es., il risultato del trasferimento, da un soggetto ad un altro, della titolarità del diritto di proprietà può essere conseguito o attraverso l'adozione di una regola come quella in uso nel nostro ordinamento giuridico (art. 1376: c.d. **principio consensualistico**) in forza della quale a taluni contratti (*in primis*, il contratto di compravendita) viene riconosciuta un'efficacia **reale**, sicché il trasferimento del diritto è contestuale alla conclusione del contratto medesimo; ovvero, attraverso una regola come quella in uso nell'ordinamento tedesco, in base alla quale il trasferimento del diritto avviene in due fasi; la prima, nella quale a seguito della stipula della compravendita, sorge a carico del venditore l'obbligo di trasferire il diritto, e la seconda, nella qualc, a seguito del compimento di uno specifico atto, il diritto di proprietà passa all'acquirente.

Come è agevole costatare, in casi siffatti, le regole giuridiche messe a confronto differiscono non in ragione del loro contenuto (entrambe presuppongono il riconoscimento del diritto di proprietà ed entrambe contemplano la possibilità che ne venga trasferita la titolarità), ma in ragione del dispositivo tecnico-legale cui è affidato il raggiungimento del medesimo risultato pratico. Queste variazioni su un unico tema (nel nostro caso: il trasferimento della proprietà) dipendono da fattori come la cultura giuridica o la tradizione normativa di un singolo paese o, più spesso, di un'intera area geografica e si spiegano proprio in considerazione dell'autonomia del sistema del diritto il quale, pur essendo strutturalmente aperto all'ambiente esterno, tuttavia ne rielabora le influenze e gli stimoli secondo codici linguistici e forme di pensiero suoi propri.

2. *Il concetto di diritto*

Nelle pagine che precedono abbiamo inquadrato il diritto tra i fenomeni che caratterizzano la condizione naturale e la vicenda culturale della specie. Abbiamo anche individuato, sia pure in via di prima approssimazione, alcuni tratti tipici del fenomeno giuridico, ciò che ha consentito di declinare varie accezioni dell'autonomia del giuridico. Adesso è necessario riprendere il filo del discorso che si è venuto dipanando sin qui, allo scopo di fornire al lettore un insieme di concetti di base, indispensabili per inoltrarsi nello studio del diritto privato.

Prescrittività del diritto

Il primo di questi concetti fondamentali è, ovviamente, quello di **diritto**. Sino a questo momento lo abbiamo sempre usato abbinandolo a termini come **regola giuridica** o **norma giuridica**. Premesso che vi sono usi più tecnici e, da un certo punto di vista, anche più rigorosi, in base ai quali regola e norma designano oggetti non del tutto coincidenti e, quindi, rivestono significati almeno in parte differenti, qui, a questo livello dell'analisi, i due termini sono considerati sinonimi. Entrambi, infatti, esprimono l'idea, anch'essa molto diffusa e radicata nel senso comune, che il diritto sia, in primo luogo e fondamentalmente, un insieme di precetti, ossia di enunciati linguistici con funzione **prescrittiva**, il significato dei quali, cioè, non si esaurisce nella pura e semplice descrizione di uno stato di cose ("oggi splende il sole") risultando, piuttosto, arricchito da una qualificazione della condotta del destinatario della norma secondo la categoriale **lecito/illecito**: il che, attraverso una serie di passaggi logici piuttosto complessi, si traduce, in definitiva, nella possibilità (potere, facoltà) o nella impossibilità (non potere, obbligo) di fare o non fare qualche cosa.

Significato di lecito/illecito

Questo modo di guardare al diritto è del tutto coerente con quanto osservato in precedenza a proposito della funzione regolatoria che il diritto medesimo è chiamato a svolgere nell'ambito delle società umane. Compito primario del diritto, infatti, è quello di prevenire e, ove necessario, sedare conflitti appropriativi, conflitti, cioè, che, come si è visto, vertono attorno alla disponibilità di risorse della specie più varia. Il raggiungimento di questo risultato implica l'adozione di una serie di regole in relazione alle quali stabilire, data una certa risorsa, a quali **condizioni** e in che **misura** si possa accedere ad essa e goderne. Ad es., riguardo alle utilità che si possono ricavare da una casa, l'ordinamento giuridico offre varie opzioni: da quella che si racchiude nella formula del diritto di proprietà a quella che si racchiude nella formula del diritto personale di godimento attribuito al locatario, passando per una serie di ipotesi intermedie (multiproprietà, usufrutto, servitù, uso, abitazione). A ciascuna di queste opzioni corrisponde una gamma più o meno estesa di poteri che il titolare del diritto può esercitare sulla casa onde ricavare le utilità che dalla medesima è possibile estrarre (così, il proprietario può viverci con la sua famiglia, può concederla in godimento a terzi, può venderla; l'usufruttuario può viverci con la sua famiglia, concederla in godimento a terzi, ma non può venderla; il locatario può viverci con la sua famiglia e basta).

In altre parole, formule come "diritto di proprietà", "diritto di usufrutto", ecc., non sono altro che sintesi verbali dei poteri che la norma giuridica attribuisce al titolare del diritto; ovvero, in via di ulteriore riduzione della formula linguistica all'oggetto da essa designato, una ellissi di tutti i comportamenti che il proprietario, l'usufruttuario, ecc. possono adottare nei riguardi della casa. Quindi, si può dire che la norma istitutiva del diritto di proprietà (o del diritto di usufrutto, ecc.), in ultima analisi, non fa altro che selezionare una serie di comportamenti **leciti**, ai quali nessuno (né pubblica autorità, né privato) può legittimamente opporsi.

La funzione regolatoria del diritto richiede, però, come già anticipato, che, insieme con la misura delle utilità ricavabili da un bene, la norma individui le condizioni in presenza delle quali taluno possa dirsi proprietario, usufruttuario, locatario di quel bene. Infatti, l'esercizio dei poteri sintetizzati nelle formule "diritto di proprietà", "diritto di usufrutto", "diritto personale di godimento", ed i comportamenti che ne discendono (vendere il bene oggetto del diritto, ovvero utilizzarlo per soddisfare i propri bisogni), potranno dirsi leciti soltanto se fondati su un **titolo** considerato idoneo dall'ordinamento giuridico ad attribuire quei poteri. Ad es., l'art. 922 elenca i modi di acquisto della proprietà, mentre l'art. 978 individua i modi di acquisto del diritto di usufrutto e l'art. 1571, dal canto suo, istituisce il titolo (contratto di locazione) sulla base del quale è possibile procurarsi un diritto personale di godimento su un determinato bene.

Orbene, in entrambi i casi (misura di utilizzabilità di un bene, condizioni di accesso al medesimo), il diritto, in ultima analisi, come si è visto, opera attraverso norme, ossia enunciati linguistici il cui significato consiste, appunto, nello stabilire ciò che è lecito (quello che si può fare) e ciò che, viceversa, è illecito (non si può fare). Le conseguenze della osservanza, o della inosservanza, delle norme giuridiche possono essere molto diverse (ad es., se il titolare di un diritto di usufrutto prova a vendere il bene che costituisce oggetto del diritto, l'atto non produrrà alcun effetto perché tra i poteri attribuiti all'usufruttuario non vi è quello di alienare il bene; inoltre, ai sensi dell'art. 1015 c.c., l'abuso in tal modo perpetrato potrebbe provocare l'estinzione del diritto e, anche, l'obbligo di risarcire il danno eventualmente patito dal proprietario): resta, però, il fatto che, alla base dell'ordine giuridico stanno giudizi sempre riducibili alla coppia lecito/illecito la cui formulazione si ricava da norme dotate dei requisiti di validità ed effettività.

Il diritto come istituzione

Sono state proposte anche altre concezioni del diritto, ispirate all'idea, in sé condivisibile, che quello giuridico sia un fenomeno troppo complesso per poter essere ridotto alla sola dimensione normativo/prescrittiva. Emblematico, al riguardo, il caso della teoria **istituzionalistica** di cui esistono alcune varianti (una delle quali riconducibile all'opera del giurista italiano Santi Romano), tutte accomunate dal convincimento che il diritto, prima ancora di essere norma, sia **organizzazione** e **struttura**. In questa prospettiva, quindi, il diritto finisce per **identificarsi** con la società, almeno tutte le volte in cui quest'ultima abbia conseguito un livello di organizzazione tale da farne, appunto, una **istituzione**. È interessante notare che anche Romano si sofferma sul brocardo latino (*ubi societas ibi ius*) da cui ha preso le mosse il nostro ragionamento.

Vi è, tuttavia, una differenza fondamentale tra il punto di vista qui propugnato, secondo cui il diritto, pur non essendo neppure pensabile al di fuori dell'orizzonte della socialità, conserva una sua autonomia rispetto a quest'ultima, e il punto di vista proprio delle teoriche dell'istituzione, secondo le quali *ius* e *societas* coincidono non solo sotto il profilo storico e fenomenologico, ma anche sotto il profilo (onto)logico.

Questa radicale immedesimazione delle due sfere spiega la parallela, radicale svalutazione della normatività come tratto caratteristico della giuridicità: infatti, come si è visto, quella che abbiamo chiamato l'autonomia funzionale del diritto presuppone una relazione di alterità tra la regola ed il suo oggetto (i processi sociali) che, viceversa, inevitabilmente svanisce là dove, appunto, si voglia rintracciare la fonte primigenia dell'esperienza giuridica in ciò che dovrebbe rappresentare la materia stessa della regolazione ad opera del diritto. In altri termini, la intrinseca giuridicità che, secondo la prospettiva in esame, caratterizzerebbe il fatto sociale a partire dal momento in cui gli aggregati umani, nella loro evoluzione, abbiano raggiunto lo stadio istituzionale, poco, o punto, si concilia con l'assunto alla stregua del quale lo specifico compito del diritto consiste nell'approntare schemi di valutazione delle condotte umane imperniati sulla coppia lecito/illecito e assistiti dai due predicati della validità e dell'effettività: e ciò perché il diritto, immanente alla società, si identificherebbe, sostanzialmente, con le forze che presiedono all'organizzazione di quest'ultima.

Le dottrine istituzionalistiche, sviluppatesi a partire dall'inizio del XX secolo, esprimono il crescente disagio della cultura giuridica europea nei confronti del paradigma statalista e giuspositivista che si era venuto consolidando nell'arco del XIX secolo. Sotto questo profilo, esse rivestono sicuramente un grande significato; così come è fuor di dubbio che l'istituzionalismo abbia avuto il grande merito di collocare il fenomeno giuridico dentro un orizzonte più ampio di quello tipico, appunto, del positivismo di marca ottocentesca (per il quale il diritto è, essenzialmente, volontà del legislatore cristallizzata in un comando generale e astratto che spetta al giudice, sulla base di un sillogismo, rendere individuale e concreto), con ciò contribuendo anche ad aprire nuovi orizzonti culturali ad una scienza giuridica troppo chiusa rispetto ad una realtà sociale e normativa sempre più ricca e complessa.

Nonostante tutto questo, però, la sottovalutazione della normatività del diritto (intesa nel senso più volte richiamato: apprestamento di schemi di valutazione delle condotte umane imperniati sulla coppia lecito/illecito e assistiti dai due predicati della validità e dell'effettività), a beneficio di una idea del giuridico dai contorni troppo sfumati, rappresenta un limite oggettivo del modello istituzionalistico il quale, non casualmente, ha sempre goduto di un consenso molto marginale tra i giuristi, teorici e pratici.

D'altra parte, anche il bersaglio polemico contro cui l'istituzionalismo si indirizzava, ossia il positivismo giuridico, ha subito, come meglio emergerà dal prosieguo del discorso, trasformazioni profondissime che lo hanno reso praticamente irriconoscibile rispetto alla sua versione ottocentesca. Inalterata resta, però, la plausibilità teorica della pretesa di cogliere nella regolazione dei processi sociali attraverso l'uso di norme valide ed effettive il tratto peculiare e indisponibile della giuridicità.

Certo, il lavorio svolto dalla teoria generale, sotto l'influenza della filosofia analitica, ha permesso di slargare il concetto di norma ben al di là degli angusti confini dell'imperativismo (dottrina secondo la quale la norma giuridica è, essenzialmente, un comando); certo, il monopolio statuale del diritto si è allentato a favore di entità sovranazionali (si pensi all'UE), locali (si pensi alle Regioni) o, anche, di privati dotati di particolare forza economica (si pensi alla cosiddetta *lex mercatoria*, creata, nella sostanza, dalle grandi imprese globalizzate attraverso la mediazione degli studi legali e delle camere arbitrali internazionali); certo, infine, molte norme giuridiche, specie quelle di rango costituzionale, esplicitamente incorporano valori etici (dignità, eguaglianza, solidarietà, ecc.), con ciò ponendo su basi nuove, e più aperte, il rapporto tra diritto e morale. E però, ripetiamo, per quanto riveduta e aggiornata, la concezione normativa appare ancora oggi quella che, meglio di ogni altra, si presta a cogliere, almeno nei suoi tratti essenziali, un fenomeno complesso come il diritto.

2.1. *Norma giuridica, ordinamento giuridico, diritto oggettivo, diritto soggettivo*

Dunque, il diritto assolve al suo compito di regolare i processi sociali, ed i conflitti da questi ultimi generati, mediante la produzione di norme, cioè di schemi di valutazione della condotta umana imperniati sul binomio lecito/illecito, sostenuti dai due requisiti della validità e dell'effettività. Quello di validità è uno dei concetti più tormentati e complessi della teoria generale del diritto: addirittura, secondo una corrente del pensiero giuridico contemporaneo (il **realismo giuridico**), la validità andrebbe risolta nell'efficacia, nel senso che il modo peculiare di esistere di una norma giuridica consisterebbe nel suo essere osservata dai consociati ed applicata dalle corti.

Tuttavia, l'approccio realistico, certamente utile a far luce su alcuni aspetti del funzionamento dei sistemi giuridici, elude la questione fondamentale relativa al perché i vari fattori (a cominciare dalla pressione sociale) che spingono all'osservanza ed all'applicazione delle norme giuridiche, decretandone in tal modo l'efficacia, si coagulino proprio e soltanto attorno a regole in possesso del requisito della validità. In altri termini, per quanto stretto si voglia rendere il nesso tra validità ed efficacia, la prima non potrà mai essere integralmente risolta nella seconda, perché altrimenti resterebbe oscura la ragione per la quale soltanto alcune norme (appunto, quelle giuridiche) possono aspirare all'osservanza da parte dei consociati e all'applicazione da parte dei giudici. Può darsi che la validità senza l'efficacia sia un vuoto simulacro; ma è certo che l'efficacia senza validità risulta semplicemente incomprensibile.

Questo è tanto più vero con riguardo a quegli ordinamenti giuridici che, avendo raggiunto un certo grado di complessità, incorporano una disciplina, più o meno minuziosa, ma comunque sempre riconoscibile come tale, delle procedure attraverso le quali immettere nel sistema una nuova norma (c.d. **fonti del diritto**, su cui ci soffermeremo più avanti). Ciò significa che una norma potrà pretendere di essere osservata dai consociati e di essere applicata dai giudici (in sostanza, quindi, potrà dirsi giuridica) solo se adottata nel rispetto di quelle procedure. Ad es., se un disegno di legge, a differenza di quanto previsto dall'art. 70 Cost., viene approvato da una sola delle due Camere, le norme in esso contenute, in quanto, appunto, invalide, non entreranno mai in vigore, non saranno vincolanti per i cittadini e non potranno trovare ingresso nelle aule di giustizia.

L'ordinamento giuridico e i suoi elementi identificativi

La modalità di produzione delle norme costituisce uno dei criteri fondamentali sulla base dei quali è possibile individuare un **ordinamento giuridico**. Gli altri elementi di identificazione di quest'ultimo sono rappresentati dallo **spazio** e dalle **persone** con riguardo ai quali le norme giuridiche spiegano la loro validità e trovano applicazione. Ad es., l'ordinamento giuridico italiano è la risultante delle regole che disciplinano le procedure di immissione nel sistema di nuove norme giuridiche (l'art. 1 Prel., gli artt. 70 s. e 138 Cost., ecc.), del territorio della Repubblica italiana e dei cittadini di quest'ultima in quanto soggetti a quelle norme. È opportuno precisare, peraltro, che non sempre gli ordinamenti giuridici dispongono di una propria base territoriale: ad es., l'ambito di operatività delle norme del diritto internazionale prescinde del tutto dalla componente territoriale, nel senso che il loro spazio si identifica con quello soggetto alla sovranità dei singoli stati.

Diritto oggettivo e diritto soggettivo

Secondo una nomenclatura tradizionale, l'insieme delle norme valide, cioè in vigore all'interno di un dato ordinamento giuridico, prende il nome di **diritto oggettivo**. Ad esso, sempre secondo il modo tradizionale di vedere le cose, si opporrebbe il **diritto soggettivo**. Questa distinzione, a ben vedere, è frutto di uno degli errori prospettici nei quali più frequentemente incorre il linguaggio giuridico, e cioè la trasformazione del giudizio di liceità/illiceità sulle condotte umane nel quale, in definitiva, si risolve la norma, in costrutti verbali che sembrerebbero alludere ad enti, o sostanze, reali ("diritto soggettivo", "interesse legittimo", "onere", ecc.). Come si è già visto, invece, tutte queste formule altro non sono che un modo sintetico di indicare la misura nella quale a ciascuno è consentito (sfera del lecito), non è consentito o, addirittura, è vietato (sfera dell'illecito), agire. Ad es., si è detto più sopra che l'essere titolari del diritto di proprietà equivale alla possibilità di adottare comportamenti del tipo abitare la casa, darla in locazione o alienarla; mentre essere titolari del diritto di usufrutto abilita alle prime due opzioni ma non alla terza.

Dunque, tra diritto oggettivo e diritto soggettivo non vi è nessuna differenza e, anzi, bisogna aggiungere che tutto il diritto è diritto oggettivo, mentre la locuzione "diritto soggettivo" indica soltanto una tecnica di sistemazione concettuale e di espressione verbale del medesimo diritto oggettivo, o di sue parti. È opportuno, quindi, abbandonare questa distinzione, anacronistica sotto il profilo culturale e fuorviante sotto il profilo teorico.

2.2. *La produzione del diritto: le fonti*

Fonti del diritto

Tra le norme che compongono un sistema giuridico (e che vengono indicate, come si è visto, con l'espressione diritto oggettivo o con quella, sostanzialmente equivalente, **diritto positivo**) ve ne sono alcune, molto particolari, che soddisfano l'esigenza di individuare le condizioni necessarie alla creazione di nuove norme giuridiche. Il diritto vive nella storia e la storia, per definizione, evolve provocando trasformazioni talvolta anche radicali: è ovvio, dunque, che anche la regolazione giuridica dei fatti storici debba via via adeguarsi al loro mutamento. Da qui, appunto, l'esistenza di norme che stabiliscono i modi attraverso i quali è possibile dare vita a nuove norme, quelle che poi si incaricano direttamente della disciplina dei fenomeni oggetto di regolazione giuridica.

Anche queste norme sulla produzione di norme (**norme di secondo grado o metanorme**) si comportano come enunciati linguistici con funzione prescrittiva. Esse si indirizzano a destinatari qualificati – gli organi costituzionali investiti del potere di creare norme giuridiche (ad es. il Parlamento: v. l'art. 70 Cost.) e gli organi costituzionali investiti del potere di applicare le norme giuridiche (ad es., la Magistratura: v. l'art. 102 Cost.) – imponendo, ai primi, l'adozione di un certo procedimento per l'emanazione di nuove norme giuridiche (v. ad es., gli artt. 70-77 Cost. in materia di "formazione delle leggi") e ai secondi di astenersi dall'applicare norme che non siano state confezionate nel rispetto di quella procedura (questo è, probabilmente, il significato dell'espressione "i giudici sono soggetti soltanto alla legge": v. art. 101, co. 2, Cost.).

Le norme di cui stiamo parlando costituiscono le **fonti del diritto**. Al riguardo è necessaria una precisazione. Il linguaggio corrente, ma anche il linguaggio del legislatore, usano la locuzione "fonti del diritto" per indicare taluni fatti normativi che si collocano all'esito della procedura richiesta per la produzione di quegli stessi fatti: ad es., secondo l'art. 1 Prel. "sono fonti del diritto: 1) le leggi; 2) i regolamenti; 3) le norme corporative; 4) gli usi". Questo modo di esprimersi genera un'ambiguità perché sembra lasciare intendere che "fonti del diritto" siano la legge X, il regolamento Y, ecc., mentre invece quella di "fonte del diritto" è una nozione irriducibile al singolo fatto normativo: in altri termini, intanto la legge X o il regolamento Y possiedono un'efficacia regolativa in quanto sono state poste in essere nel rispetto delle norme che disciplinano il procedimento di formazione della legge, del regolamento, ecc.

In sintesi: quando si dice, ad es., che "nell'ordinamento giuridico italiano la legge è fonte del diritto", si intende dire che nell'ordinamento giuridico italiano prendono il nome di legge le norme poste in essere nel rispetto del procedimento descritto dagli artt. 71-77 Cost.: e, dunque, che la parola "legge", associata alla locuzione "fonte del diritto" è la sintesi verbale delle metanorme di cui agli artt. 71-77 Cost. In questo senso si parla di **fonti di produzione**, mentre si parla di **fonti di cognizione** per indicare il singolo atto normativo, la singola legge.

Gerarchia delle fonti

Una caratteristica comune a gran parte dei sistemi giuridici contemporanei è rappresentata dalla circostanza che le fonti del diritto siano disposte **gerarchicamente**. Ciò significa che le norme di cui si compone un sistema giuridico possiedono una **forza normativa** diversa, a seconda della tipologia di fonte del diritto alla quale appartengono. Il primato di una fonte normativa sulle altre ha una duplice conseguenza. La prima di tali conseguenze è che, in caso di conflitto o **antinomia**, ossia di norme che in ordine al medesimo fatto statuiscano in modo diametralmente opposto, la norma di rango superiore **prevarrà** sulla norma di rango inferiore la quale pertanto **non** produrrà alcun effetto; la seconda di tali conseguenze è che la norma di rango inferiore non potrà mai **abrogare** (cioè togliere efficacia) ad una norma di rango superiore.

Antinomie

A proposito delle **antinomie**, è opportuno ricordare che quello gerarchico non è l'unico criterio disponibile per risolvere un conflitto tra norme, tanto più che un tale conflitto ben può instaurarsi tra norme dello stesso rango (ad es., due norme di legge).

In tal caso soccorrono i due criteri della norma posteriore che prevale sulla norma anteriore (*lex posterior derogat anteriori*) e del criterio della norma speciale che prevale sulla norma generale (*lex specialis derogat generali*). Ad es., la norma secondo la quale, nel caso della donazione, il requisito della forma scritta può essere soddisfatto solo dall'atto pubblico (art. 782, co. 1) riveste carattere di specialità e prevale sulla regola generale enunciata dall'art. 1350, secondo la quale la forma scritta, oltre che dall'atto pubblico, è soddisfatta anche dalla scrittura privata.

2.2.1. *La Costituzione*

La teoria e la dogmatica delle fonti del diritto (per dogmatica, in questo contesto, si deve intendere la ricostruzione del sistema delle fonti del diritto per come esso viene configurandosi all'interno di un ordinamento giuridico determinato) sono di competenza di discipline quali la **teoria generale del diritto** e il **diritto costituzionale**. Tuttavia, per il peso che l'argomento riveste in qualsiasi settore dell'ordinamento giuridico, è opportuno, una volta datane la nozione essenziale, approfondire un minimo il discorso, proprio con riguardo alla disciplina positiva delle fonti nel sistema giuridico italiano.

Costituzione

A tal fine è necessario prendere le mosse dal già richiamato art. 1 Prel., secondo il quale sono fonti del diritto: "1) le leggi; 2) i regolamenti; 3) le norme corporative; 4) gli usi". Questa norma, oltre a risultare equivoca, per le ragioni indicate in precedenza, sul piano di un corretto inquadramento della nozione di "fonti del diritto", deve anche considerarsi largamente superata dal punto di vista storico: essa, infatti, entrata in vigore insieme con il codice civile del 1942, rispecchia in modo abbastanza fedele l'ordine costituzionale del periodo fascista al quale, da lì a breve, succederà la nuova democrazia repubblicana che, viceversa, trova la sua espressione giuridica più compiuta nella Costituzione del 1948.

Modelli di costituzione

Proprio l'entrata in vigore della Costituzione della Repubblica ha determinato un totale **stravolgimento** del sistema delle fonti. Prima di affrontare questo discorso, bisogna ricordare che già tra la seconda metà del 1943 e il 1944 l'ordinamento corporativo (r.d.l. n. 721/1943) e le organizzazioni sindacali fasciste (d.lgs.lt. n. 369/1944) erano stati soppressi, con la conseguenza che le "norme corporative" sparivano dall'elenco di cui all'art. 1 Prel.

Ma, come si è già detto, il fatto davvero cruciale per il nuovo assetto del sistema delle fonti è rappresentato dalla Costituzione, e ciò per ragioni sia di ordine formale sia di ordine sostanziale.

Dal punto di vista **sostanziale**, la Costituzione italiana del 1948 – al pari di quasi tutte le carte costituzionali del Novecento, a cominciare da quella della Repubblica di Weimar approvata nel 1919 – ha un contenuto molto più ampio di quello delle classiche costituzioni ottocentesche, le quali, sostanzialmente, si limitavano a dettare la disciplina dei rapporti tra i poteri dello stato e a individuare diritti dei cittadini posti al riparo da possibili abusi e arbìtri da parte dell'autorità pubblica (libertà nelle sue varie articolazioni, proprietà).

Le costituzioni dell'Ottocento – compreso lo Statuto albertino del 1848 – sono l'espressione più pura di una cultura (quella borghese-liberale) dominata dall'esigenza della certezza del diritto e della conservazione dell'ordine socio-economico. La borghesia, infatti, da un lato era fortemente interessata ad uno Stato forte che la difendesse dalle proteste e dalle rivendicazioni dei non abbienti, dall'altro temeva uno Stato troppo forte il quale, da garante delle sue prerogative, da "guardiano notturno della borghesia", si trasformasse ancora una volta nel minaccioso Leviatano contro il quale, in nome degli immortali principi dell'89, essa aveva combattuto e vinto la Rivoluzione francese. Da qui, appunto, l'architettura delle costituzioni liberali, che promuovono una organizzazione istituzionale caratterizzata da una netta e chiara **divisione** di compiti tra i diversi organi dello Stato (Parlamento, Governo, Magistratura) e dalla individuazione di limiti ben precisi al **legittimo** esercizio della potestà pubblica.

Le costituzioni del Novecento, viceversa, sono espressione di società molto più complesse ed eterogenee di quella protoborghese che aveva dominato pressoché incontrastata per buona parte del secolo precedente. In esse si riflette l'esigenza, per un verso, di individuare alcuni principi e valori condivisi da tutti e, dall'altro, di prospettare una trasformazione graduale dell'ordine socio-economico da realizzarsi fondamentalmente attraverso l'iniziativa del legislatore nel segno di una maggiore giustizia e di una maggiore eguaglianza tra le varie classi sociali.

Costituzioni di questo tipo, dunque, non si limitano a definire l'architettura dei rapporti tra i poteri dello Stato ovvero a porre limiti all'esercizio della potestà pubblica: esse contengono anche una **tavola di valori** (dignità della persona umana, libertà, eguaglianza, giustizia, ecc.) che vincola tutti i soggetti, pubblici o privati, presenti nell'ordinamento giuridico (si pensi alla Parte I della Costituzione italiana).

Ne discende che mentre le norme costituzionali tradizionalmente intese esauriscono il loro raggio d'azione nell'ambito dei rapporti tra poteri pubblici e tra poteri pubblici e cittadini, le norme costituzionali che positivizzano (conferiscono, cioè, efficacia normativa massima a) valori quali, appunto, l'eguaglianza, la giustizia, ecc., estendono il loro raggio d'azione anche all'ambito dei **rapporti tra i privati**: ciò che, come si vedrà più avanti, ha conseguenze molto importanti anche per il diritto privato.

Rigidità della Costituzione

Sotto il profilo **formale**, la Costituzione italiana del 1948 – ancora una volta al pari di molte costituzioni contemporanee e a differenza dello Statuto albertino, la Carta costituzionale concessa da Carlo Alberto nel 1848 e formalmente rimasta in vigore fino a tutto il ventennio fascista – si caratterizza a causa della sua **rigidità**. Ciò significa che le disposizioni costituzionali non possono essere abrogate o modificate se non da norme dotate di una eguale **forza normativa**.

Dal punto di vista applicativo, la rigidità della Costituzione implica, in quasi tutti gli ordinamenti giuridici che adottino la stessa regola, il ricorso a **due** distinte tecniche di preservazione del primato della Costituzione stessa.

Revisione costituzionale

La **prima** di queste tecniche è rappresentata dalla previsione di un procedimento differenziato e più complesso (**procedimento aggravato**) per "le leggi di revisione costituzionale e le altre leggi costituzionali" (art. 138 Cost.).

Ciò significa che ove le forze politiche presenti in Parlamento decidano di modificare una norma costituzionale (ipotesi di "legge di revisione costituzionale": ad es., introdurre un sistema di elezione diretta del Primo Ministro in luogo di quello attualmente vigente per il quale il Presidente del Consiglio è nominato dal Presidente della Repubblica e investito della fiducia delle due Camere), oppure dare attuazione ad una norma costituzionale per la quale la stessa Costituzione richieda una legge costituzionale (ipotesi di "legge costituzionale" in senso stretto: ad es., creare una nuova Regione *ex* art. 132, co. 1, Cost.), non sarà sufficiente l'ordinaria procedura di formazione delle leggi descritta dagli art. 70 s. Cost., per la quale le leggi sono approvate a maggioranza assoluta dei componenti di ciascuna Camera.

Piuttosto, sarà necessario ricorrere alla procedura aggravata descritta dall'art. 138 Cost. per la quale la legge di revisione costituzionale o la legge costituzionale in senso stretto debbono essere approvate da ciascuna delle Camere per **due** volte a intervallo non minore di **tre** mesi e, in più, sono suscettibili di referendum ove non siano state approvate da ciascuna delle due Camere a maggioranza di **due terzi** dei loro componenti.

Norme costituzionali immodificabili

È bene ricordare, però, che vi sono alcune norme costituzionali che non sono suscettibili di essere modificate o abrogate neppure attraverso il procedimento aggravato dell'art. 138 Cost. In particolare, ai sensi dell'art. 139 Cost., non può essere oggetto di revisione costituzionale la forma **repubblicana** dello Stato: ciò significa che, anche se si formasse una larghissima maggioranza parlamentare a favore della restaurazione della monarchia, questo risultato non potrebbe comunque essere raggiunto attraverso l'art. 138 Cost.

Bisogna poi aggiungere che la Corte costituzionale, in via interpretativa, ha allargato la famiglia delle norme costituzionali immodificabili *ex* art. 138 Cost. fino a ricomprendervi tutte quelle disposizioni che proclamano i **principi fondamentali** del nostro ordinamento giuridico (sostanzialmente quelle di cui agli artt. 1-12 Cost.). L'immodificabilità *ex* art. 138 Cost. si estende, inoltre, a tutte le ipotesi di conflitto con norme di rango sostanzialmente costituzionale: ad es., le norme di fonte comunitaria, a cui oggi la nostra Corte costituzionale dopo un lungo travaglio ha, per l'appunto, riconosciuto dignità di norme costituzionali, non potrebbero mai porsi in contrasto e prevalere su, o abrogare, una norma corrispondente ad uno dei principi fondamentali del nostro ordinamento.

Corte costituzionale

La **seconda** tecnica alla quale, in genere, si affida la salvaguardia del primato della Costituzione consiste nella previsione di un controllo di costituzionalità il quale si può realizzare secondo modalità che variano da ordinamento a ordinamento. A seconda dei casi, un organo costituito *ad hoc* (controllo di costituzionalità accentrato) o un qualsiasi giudice (controllo di costituzionalità diffuso) viene investito del compito di decidere se una data norma giuridica, promanante da una fonte diversa dalla Costituzione, sia conforme o meno alla Costituzione stessa: di guisa che, ove la norma in questione non risulti conforme alla Costituzione, essa verrà dichiarata **incostituzionale** e cancellata dal sistema giuridico o, quanto meno, disapplicata, ossia considerata inesistente ai fini della risoluzione della controversia.

In Italia, il controllo di costituzionalità è affidato ad un apposito organo, cioè la **Corte costituzionale** (art. 134 s. Cost.) la quale giudica della legittimità costituzionale delle norme di rango inferiore alla Costituzione (ma pur sempre riconducibili alla categoria della legge o degli atti aventi forza di legge dello Stato o delle Regioni) sulla base di un **incidente di costituzionalità** sollevato da un giudice nell'ambito di una singola specifica controversia. In altre parole, se un giudice, nel trattare una certa causa, rileva (d'ufficio o su istanza di parte) che ai fini della risoluzione di quella causa è necessario applicare una norma di cui sospetta la non conformità a Costituzione, allora egli dovrà sospendere lo svolgimento del processo e rimettere – cioè trasmettere – la **questione di costituzionalità** alla Corte la quale, poi, deciderà in un senso o nell'altro.

La tipologia delle decisioni che la Corte costituzionale adotta è ormai molto ampia: sentenze di accoglimento, di rigetto, interpretative di rigetto, manipolative, ecc., ma il punto sul quale è opportuno richiamare l'attenzione è un altro. Come abbiamo già detto, la nostra Costituzione non contiene soltanto norme che regolano i rapporti tra i poteri dello Stato e le forme di esercizio di questi poteri, ma anche norme che enunciano principi e valori vincolanti per tutti i soggetti dell'ordinamento giuridico.

Ne consegue che una norma **infracostituzionale** – ossia di rango inferiore alla Costituzione – potrà essere dichiarata costituzionalmente illegittima o perché in contrasto con una norma costituzionale del primo tipo (si pensi al caso di una legge approvata, in palese contrasto con l'art. 70 Cost., da una sola delle due Camere), o perché in contrasto con una norma costituzionale del secondo tipo (si pensi al caso di una norma che, in palese contrasto con il principio di eguaglianza sancito dall'art. 3, co. 1, Cost., escluda dal diritto di voto un certo numero di cittadini in ragione della loro fede religiosa).

Proprio attraverso il controllo di costituzionalità esercitato sulla base delle norme costituzionali del secondo tipo, la Corte costituzionale ha svolto una importantissima funzione di **ammodernamento** del nostro ordinamento giuridico, dichiarando incostituzionali numerose norme incompatibili con i principi costituzionali e aprendo la strada a più di una riforma legislativa: si pensi al caso della riforma del diritto di famiglia attuata con una legge del 1975, ma preceduta da una serie di pronunzie della Corte costituzionale dichiaranti l'incostituzionalità di alcune norme basilari della disciplina previgente.

In conclusione è opportuno segnalare la peculiare efficacia della sentenza di illegittimità costituzionale (art. 136 Cost.) la quale espunge dall'ordinamento la norma non conforme a Costituzione con effetto retroattivo, fatto salvo il solo limite del giudicato. E ciò in quanto si ritiene che la radicale divergenza tra la norma impugnata e quella costituzionale impedisca alla prima di radicarsi nell'ordinamento *ab initio*.

2.2.1.1. *Le altre fonti del diritto*

La Costituzione italiana del 1948, oltre a rappresentare un fatto nuovo nella storia istituzionale del Paese a causa della sua rigidità, ha profondamente inciso anche sul modo di essere sostanziale del sistema delle fonti – cioè, sui suoi contenuti – determinandone un notevole arricchimento rispetto alla scarna elencazione dell'art. 1 Prel.

Leggi costituzionali

Intanto, la Costituzione prevede espressamente due nuove tipologie di fonti del diritto e cioè le **leggi di revisione costituzionale** e le **altre leggi costituzionali** (in breve: **leggi costituzionali**) e le **leggi regionali**. Per quanto riguarda le leggi costituzionali, delle quali abbiamo già parlato, esse hanno una forza normativa pari a quella delle norme costituzionali originarie e, dunque, si collocano insieme a queste al vertice del sistema delle fonti.

Leggi regionali

Per quanto riguarda le leggi regionali, occorre tenere conto delle novità determinate dalla riforma del Titolo V, Parte II della Costituzione. Già prima di tale riforma era presente nella Costituzione la scelta di superare il tradizionale assetto centralistico dello Stato, a favore di un articolato sistema di autonomie locali: Regioni, Province, Comuni (cui adesso si aggiungono le Città metropolitane). Nel quadro preesistente, venivano individuate alcune materie riguardo alle quali le Regioni detenevano potestà legislativa, nel rispetto comunque dei "limiti dei principi fondamentali stabiliti dalle leggi dello Stato": tutte le materie potevano essere regolate solo dalla legge ordinaria.

Ora, la prospettiva è stata capovolta: la Costituzione elenca alcune materie, espressamente individuate, che appartengono alla competenza legislativa dello Stato (art. 117 Cost.). Vi sono poi le materie oggetto di **legislazione concorrente** in merito alle quali le Regioni hanno competenza legislativa, ma nel quadro di un insieme di principi fondamentali, la cui determinazione spetta di volta in volta alla legislazione dello Stato. Per tutte le altre materie, la potestà legislativa spetta in via **esclusiva** alle Regioni.

Nel caso in cui il Governo abbia a ritenere che una legge regionale ecceda la competenza della Regione, potrà promuovere la questione di legittimità costituzionale di fronte alla Corte costituzionale (art. 127 Cost.); lo stesso potrà fare la Regione, quando ritenga che una legge ordinaria leda la propria sfera di competenza.

Diritto comunitario

Vi è poi una ulteriore nuova tipologia di fonti del diritto che, pur non essendo oggetto di specifica previsione da parte della Costituzione, trova in quest'ultima la sua legittimazione politico-giuridica. Ci riferiamo alle **norme comunitarie – Trattato sull'Unione Europea, regolamenti e direttive** – che trovano il loro fondamento costituzionale nell'art. 11 Cost. secondo il quale "l'Italia ... consente, in condizioni di parità con gli altri Stati, alle limitazioni di sovranità necessarie ad un ordinamento che assicuri la pace e la giustizia tra le Nazioni; promuove e favorisce le organizzazioni internazionali rivolte a tale scopo".

Proprio in ragione di questo loro fondamento nell'art. 11 Cost., alle norme di provenienza comunitaria la Corte costituzionale, dopo una lunga elaborazione, ha riconosciuto rango **costituzionale**, con la conseguenza che il giudice italiano, in caso di contrasto tra una norma comunitaria e una norma interna, dovrà procedere alla **disapplicazione** di quest'ultima.

Vale la pena di precisare che, al di là della loro collocazione nell'ambito del sistema delle fonti, le norme comunitarie hanno una **immediata** efficacia normativa quando siano contenute in un regolamento, mentre necessitano di essere **recepite** dalla legge interna allorché si tratti di norme contenute in una direttiva (salvo il caso delle direttive *self executing*, cioè non bisognose di essere adattate al diritto interno in quanto impartiscono regole precise, puntuali e incondizionate).

Leggi ordinarie

La Costituzione, oltre a prevedere nuove tipologie di fonti del diritto, ha regolamentato *ex novo* alcune fonti che erano già presenti nell'elencazione dell'art. 1 Prel. Ci riferiamo alle **leggi** (dette comunemente leggi **ordinarie** per distinguerle dalle leggi costituzionali), ai **decreti-legge** e alle **leggi delegate**, cioè a quelle fonti che l'art. 2 Prel. chiama "atti del Governo aventi forza di legge".

Quanto alle leggi, esse hanno rappresentato per tutto l'Ottocento la fonte del diritto più importante in quanto emanazione del Parlamento, cioè dell'organo costituzionale espressione della volontà popolare: nella misura in cui la norma di legge era destinata a vincolare tutti i cittadini, la sua entrata in vigore non poteva che essere deliberata dal Parlamento, appunto perché quest'ultimo rappresentava tutta la nazione (in realtà, la piccola minoranza di possidenti che, in base a regole rigorosamente censitarie, potevano esercitare il diritto di voto).

Nella Costituzione del 1948, la legge conserva una posizione di grande rilievo, sempre a causa del suo legame privilegiato con il Parlamento che, definitivamente superata ogni forma di discriminazione nell'accesso al diritto di voto, rappresenta lo strumento privilegiato di esercizio della **sovranità popolare** (art. 1, co. 2, Cost.).

A conferma di ciò si può richiamare non solo la circostanza che il procedimento di formazione della legge è oggetto di una analitica disciplina in Costituzione (v. art. 70 s. Cost.), ma anche il fatto che in numerose materie operi il principio della **riserva di legge**. Questo significa, in concreto, che la disciplina di quella data materia (ad es., i limiti massimi della carcerazione preventiva: art. 13 Cost.) **non** potrà essere dettata attraverso altro strumento se non quello della legge.

Ne discende che, nel sistema delle fonti, le leggi ordinarie si collocano immediatamente **al di sotto** della Costituzione e delle leggi costituzionali (si ricordi che una norma infracostituzionale non può modificare o abrogare una norma costituzionale e, se in contrasto con quest'ultima, viene dichiarata costituzionalmente illegittima dalla Corte costituzionale) e delle norme comunitarie (si ricordi che una norma di legge in contrasto con queste ultime dovrà essere disapplicata dal giudice italiano), collocandosi, viceversa, **al di sopra** di tutte le altre fonti alle quali, pertanto, non potrà affidarsi la disciplina di una materia riservata alla legge.

Le leggi sono approvate dal Parlamento a maggioranza **assoluta** di ciascuna delle due Camere (v. art. 72 Cost.: si ricordi, però, che nei casi in cui è previsto da un apposito regolamento parlamentare, l'approvazione può essere deferita alla commissione parlamentare competente: v. sempre l'art. 72, co. 2, Cost.), mentre l'**iniziativa legislativa** compete al Governo, a ciascun parlamentare, ad enti ed organi individuati con legge costituzionale (ad es. il CNEL: art. 99, co. 3, Cost. o il Consiglio Regionale: art. 121, co. 2, Cost.) e, infine, al popolo nei limiti previsti dall'art. 71, co. 2, Cost.

Atti equiparati alla legge

Equiordinati alla legge sono gli "atti del governo aventi forza di legge", ovvero i decreti-legge e le leggi delegate. I **decreti-legge** (art. 77 Cost.) sono provvedimenti con forza di legge adottati dal Governo in casi di necessità e urgenza: entro sessanta giorni dalla loro pubblicazione devono essere convertiti in legge dalle Camere, pena la perdita di efficacia.

La legge delegata è la legge emanata dal Governo sulla base di una legge di delega del Parlamento che determini i **principi** e i **criteri** direttivi ai quali il Governo, nell'esercizio della potestà legislativa delegata, dovrà attenersi (art. 76 Cost.).

Infine, bisogna accennare ai regolamenti e agli usi, che non sono oggetto di specifica attenzione da parte della Costituzione ma che sono inclusi nell'elenco dell'art. 1 Prel.

Regolamenti

Per quanto riguarda i **regolamenti**, si tratta di atti normativi posti in essere dal Governo o da altre autorità (enti territoriali come le Regioni le Province e i Comuni o anche non territoriali come le Autorità amministrative indipendenti: Banca d'Italia, Consob, Autorità garante della concorrenza e del mercato, ecc.) che non possono contenere norme contrarie alle disposizioni di legge (artt. 3-4 Prel.).

In genere si distingue tra regolamenti governativi di **esecuzione** e regolamenti governativi **indipendenti**. I primi disciplinano nel dettaglio materie che sono state già regolamentate per legge, mentre i secondi intervengono in materie non incise da una disciplina legislativa. Della legittimità di questi ultimi si era a lungo dubitato, ma oggi i regolamenti indipendenti trovano una sicura copertura nella l. n. 400/1988 la quale, nel contesto di una politica di delegificazione, ha attribuito al Governo il potere di emanare regolamenti indipendenti, purché non si tratti di materie coperte da riserva di legge, e regolamenti esecutivi anche a prescindere da un'espressa previsione di legge.

La stessa l. n. 400/1988 si è spinta sino al punto di consentire l'emanazione di regolamenti aventi efficacia di legge, purché si tratti di materie non coperte da una riserva di legge istituita in Costituzione e vi sia una legge che autorizzi il Governo a disciplinare per regolamento quella data materia individuando, al contempo, i principi ai quali il Governo stesso dovrà attenersi.

Usi

Gli **usi** (o consuetudini) sono una fonte non scritta del diritto (in quanto tali, sono detti usi normativi per distinguerli dagli usi **contrattuali** – art. 1340 – e dagli usi **interpretativi** – art. 1368 – consistenti in quelle prassi che, pur non presentando i caratteri della consuetudine normativa, risultano ampiamente consolidate nel contesto socio-economico in cui si inserisce l'operazione contrattuale, ovvero nell'ambito dei rapporti che intercorrono abitualmente tra le due parti).

Essi consistono nella **ripetizione** costante e uniforme di comportamenti osservati nel pieno **convincimento** che si tratti di comportamenti giuridicamente doverosi. Nelle materie oggetto di disciplina da parte di leggi o di regolamenti, gli usi hanno efficacia soltanto se espressamente richiamati dalla fonte di rango superiore (consuetudine *secundum legem*: art. 8 Prel.), mentre nelle materie che non sono disciplinate da leggi o regolamenti, gli usi hanno comunque efficacia almeno fino a quando non intervenga una fonte di rango superiore (consuetudine *praeter legem*).

Questa sua collocazione subordinata nel sistema delle fonti rispecchia il tramonto della consuetudine come fonte del diritto determinatosi a seguito dell'avvento dello stato moderno il quale monopolizza la produzione del diritto privilegiando, anche per ragioni di certezza, fonti scritte del diritto come la legge.

Gli usi possono essere ordinati in apposite raccolte ma ciò non ne modifica la natura di fonte non scritta giacché l'unico effetto ricollegabile alla sua inclusione in una raccolta è che dell'uso si **presumerà** l'esistenza fino a prova contraria (art. 9 Prel.).

Arrivati a questo punto, possiamo concludere il discorso sulle fonti del diritto riformulando in modo aggiornato l'elencazione contenuta nell'art. 1 Prel.

1. Costituzione, leggi costituzionali, norme comunitarie.
2. Leggi statali ed atti equiparati.
3. Leggi regionali.
4. Regolamenti.
5. Usi.

2.3. *L'efficacia della legge nel tempo e nello spazio. Il diritto internazionale privato*

Pubblicazione

Per le norme che promanano da fonti scritte, l'efficacia è subordinata ad un'ulteriore formalità rappresentata dalla **pubblicazione** in appositi bollettini che, nel caso delle leggi costituzionali, delle leggi statali e dei regolamenti, è la Gazzetta Ufficiale della Repubblica Italiana, nel caso delle leggi regionali, è la Gazzetta Ufficiale di ciascuna Regione, nel caso delle norme comunitarie, è la Gazzetta Ufficiale della Comunità Europea. Una volta avvenuta la pubblicazione, trascorsi di regola quindici giorni, la legge o il regolamento divengono obbligatori (art. 10 Prel.; art. 73, co. 3, Cost.), ossia **efficaci** nei confronti di tutti coloro che sono soggetti alle norme del diritto italiano, in primo luogo i cittadini della Repubblica.

La pubblicazione, prima, e l'intervallo di tempo, poi, sono funzionali ad un'esigenza di **certezza** del diritto nel senso che per il loro tramite si creano i presupposti affinché ciascun potenziale destinatario delle nuove norme possa avere conoscenza delle stesse. Si comprende, quindi, perché l'ordinamento possa, in pari tempo, considerare del tutto irrilevante, ai fini della sua applicazione, la circostanza che la norma non sia stata effettivamente conosciuta dal singolo (art. 5 c.p.): l'**ignoranza della legge non scusa** perché tutti, volendo, avrebbero potuto conoscere la norma e il suo contenuto prendendo visione della Gazzetta Ufficiale.

Irretroattività

Per lo più, le norme giuridiche si applicano a fatti **successivi** alla loro entrata in vigore (art. 11, co. 1, Prel.). Questa regola, di **irretroattività** della norma giuridica – pure strumentale ad un'esigenza di certezza del diritto, dal momento che applicare retroattivamente una norma equivarrebbe ad assoggettare i destinatari di quella norma ad una disciplina ovviamente inconoscibile – ha carattere assoluto soltanto nel caso di norme **penali** (art. 25, co. 2, Cost.), mentre in altri ambiti dell'ordinamento giuridico essa ha un valore soltanto di massima e trova frequenti eccezioni (ad es., non di rado le disp. trans. attribuiscono efficacia retroattiva alle norme del codice civile).

Successione nel tempo

Un altro problema collegato all'efficacia delle norme giuridiche è quello inerente alla loro successione nel **tempo**. Come è ovvio, questo problema si pone soltanto per norme che abbiano ad oggetto la stessa materia e che siano o, quanto meno, rischino di essere tra loro incompatibili.

Abrogazione

La tecnica alla quale l'ordinamento giuridico si affida per risolvere questo problema è quella della **abrogazione**. L'abrogazione può essere espressa o tacita (art. 15 Prel.). L'abrogazione è **espressa** quando è espressamente dichiarata dal legislatore (v., ad es., l'art. 161, d.lgs. n. 385/1993: "Testo Unico delle leggi in materia bancaria e creditizia"); viceversa, è **tacita** quando vi è incompatibilità tra le nuove norme e le precedenti, o perché la nuova legge regola l'intera materia già regolata dalla legge anteriore.

La formulazione dell'art. 15 Prel. è, in realtà, un po' ambigua perché sembrerebbe lasciar intendere che la norma posteriore prevalga sempre su quella anteriore. In realtà questo criterio temporale va integrato con quello gerarchico, in forza del quale una norma posteriore che si ponga in contrasto con una norma anteriore di rango più elevato, non soltanto non abrogherà quest'ultima ma verrà disapplicata o addirittura cancellata dall'ordinamento in virtù di una sentenza della Corte costituzionale, se la norma con la quale si crea il contrasto è una norma costituzionale.

Oltre che dalla legge posteriore e dalle sentenze della Corte costituzionale, l'effetto abrogativo può discendere dal referendum popolare dell'art. 75 Cost., ove la maggioranza dei votanti si sia espressa a favore dell'abrogazione delle norme sottoposte a referendum.

Desuetudine

Infine, bisogna osservare che non è causa di abrogazione di una norma la **desuetudine**, cioè quel fenomeno opposto alla consuetudine, in forza del quale una norma giuridica viene costantemente violata dalla maggioranza dei suoi potenziali destinatari, i quali agiscono nella convinzione che essa abbia già perso la sua efficacia prescrittiva.

Elementi di estraneità

Venendo ora alla questione dell'efficacia della legge nello spazio, un cenno merita il **diritto internazionale privato**. Quest'ultimo designa l'insieme delle norme giuridiche con le quali uno stato regola i rapporti privatistici che presentino **elementi di estraneità** rispetto ad esso (ad es., matrimonio celebrato in Italia fra cittadini francesi). Le norme di diritto internazionale privato sono norme di diritto interno, fanno parte dell'ordinamento giuridico di un determinato stato e hanno validità esclusivamente in esso. In tal senso, sembra più corretto parlare di **diritto interno in materia internazionale**.

Fonti

Posto che le norme di diritto internazionale privato sono norme interne, le fonti di questa branca del diritto privato sono le normali fonti di produzione del diritto proprie di ciascun ordinamento giuridico. L'impianto fondamentale del sistema italiano di diritto internazionale privato è costituito dalla l. n. 218/1995 che ha disposto, peraltro, l'abrogazione degli artt. 17-31 Prel. Hanno, inoltre, rilevanza internazionalprivatistica gli artt. 5-14 delle Preleggi al c.n. nonché gli artt. 115, 116, 2508-2510.

Dal momento che le norme di diritto internazionale privato sono norme di diritto interno, vi è il rischio che i diversi paesi adottino norme ispirate a criteri diversi o, addirittura, incompatibili. Per ridurre tale rischio è stata elaborata una serie di norme di diritto internazionale privato in esecuzione di accordi internazionali cui aderiscono una pluralità di Stati allo scopo di disporre, in talune materie, di **norme di conflitto** uguali (ossia norme che in caso di conflitto tra norme di diritto internazionale privato appartenenti a paesi diversi, individuino il criterio che consenta di stabilire quale norma applicare). Si parla in tal caso di diritto internazionale privato **convenzionale** o **speciale**. Beninteso, la norma di diritto internazionale privato si configura come una norma interna emanata dallo Stato in adempimento degli obblighi derivanti dall'adesione ai trattati (ad es., Convenzione dell'Aja del 1958 sulle obbligazioni alimentari).

Descrizione e criterio di collegamento

La struttura della tipica norma di diritto internazionale privato presenta due elementi costanti: la **descrizione** in astratto, per categorie generali, dei fatti che si intende disciplinare, ed il **criterio di collegamento** che conferisce carattere di estraneità, rispetto all'ordinamento interno, ad un determinato rapporto (ad es., cittadinanza straniera delle parti, ubicazione all'estero di un bene).

In relazione alla descrizione in astratto della materia da disciplinare si pone il problema delle qualificazioni: ci si chiede, cioè, se le categorie descritte dalle norme di diritto internazionale privato debbano essere interpretate alla luce dell'ordinamento interno o alla stregua degli ordinamenti stranieri cui si fa rinvio. Tale problema viene risolto facendo ricorso ad una **doppia qualificazione**: una volta individuata, sulla base di una prima qualificazione operata alla stregua dell'ordinamento giuridico nazionale, la norma di diritto internazionale privato e, quindi, il sistema giuridico estero di riferimento, le successive interpretazioni ed applicazioni (seconda qualificazione) andranno svolte alla luce dei principi del diritto straniero. A conferma di ciò, l'art. 15 l. dip. stabilisce che "la legge straniera è applicata secondo i propri criteri di interpretazione e di applicazione nel tempo".

Tanto premesso, in materia di obbligazioni contrattuali la Convenzione di Roma del 19 giugno 1980 individua tre diversi criteri di collegamento:

1. la legge nazionale dei contraenti, se comune ad entrambe le parti;
2. la legge del luogo in cui viene concluso il contratto;
3. la legge designata dalla concorde volontà delle parti. È proprio quest'ultimo criterio a prevalere, sicché i criteri indicati *sub* 1 e *sub* 2 entreranno in gioco solo in assenza di una diversa indicazione delle parti.

Con riguardo alla responsabilità **extracontrattuale**, giova richiamare l'art. 62, co. 1, l. dip., a tenore del quale "la responsabilità per fatto illecito è regolata dalla legge dello Stato in cui si è verificato l'evento. Tuttavia il danneggiato può chiedere l'applicazione della legge dello stato in cui si è verificato il fatto che ha causato il danno". La responsabilità per danno da prodotto è regolata, a scelta del danneggiato, dalla legge dello stato in cui si trova il domicilio o l'amministrazione del produttore o da quella dello stato in cui il prodotto è stato acquistato (art. 63 l. dip.).

Per quanto attiene alla materia delle obbligazioni extracontrattuali e contrattuali, poi, è opportuno sottolineare come l'UE abbia, tra il 2007 e il 2008, adottato due distinti regolamenti (rispettivamente, il n. 864/2007 e il n. 593/2008) che introducono criteri di collegamento suscettibili di essere applicati solo là dove le parti appartengano a due diversi stati membri. Si parla, al riguardo, di **comunitarizzazione** del diritto internazionale privato: fenomeno, questo, che si manifesta con particolare evidenza nel caso delle obbligazioni contrattuali posto che il reg. n. 593/2008, all'art. 24, prevede che la nuova disciplina, a far data dal 17 dicembre 2009, sostituisca "la Convenzione di Roma negli Stati membri".

Le questioni concernenti la **proprietà**, gli altri **diritti reali** ed il **possesso** sono disciplinate, *ex* art. 51 l. dip., dalla legge del luogo in cui è sita la cosa che forma l'oggetto di tali diritti. Tale criterio (*lex rei sitae*) è applicabile sia ai beni immobili sia a quelli mobili.

In materia di **stato** e **capacità** delle persone si applica la legge dello stato cui le persone appartengono (art. 20 l. dip.).

Circa il rapporto di **coniugio**, la forma di celebrazione del matrimonio è regolata dalla legge del luogo di celebrazione o dalla legge nazionale di uno dei coniugi o dalla legge dello stato comune di residenza (art. 28 l. dip.). I rapporti patrimoniali sono regolati dalla legge applicabile ai rapporti personali. In alternativa i coniugi possono convenire, per iscritto, di regolare i loro rapporti secondo la legge dello stato di cui almeno uno di essi è cittadino o nel quale almeno uno di essi risiede.

La separazione personale dei coniugi ed il divorzio sono regolati dalla legge nazionale comune dei coniugi: in mancanza, si applica la legge dello Stato nel quale la vita matrimoniale è prevalentemente localizzata. Se la legge straniera non prevede la separazione e il divorzio, si applica la legge italiana (art. 31 l. dip.).

In materia di rapporti tra **genitori** e **figli**, la legge applicabile è quella nazionale del figlio (art. 36 l. dip.).

L'adozione è regolata dal diritto nazionale dell'adottante o degli adottanti se comune o, in mancanza, dal diritto dello Stato nel quale gli adottanti sono entrambi residenti, ovvero da quello dello stato nel quale la loro vita matrimoniale è prevalentemente localizzata al momento dell'adozione (art. 38 l. dip.).

Con riferimento alla **successione** *mortis causa* (a riguardo della quale bisognerà pure menzionare il reg. n. 650/2012 in materia di successioni transfrontaliere), si applica la legge nazionale del *de cuius* al tempo della morte, indipendentemente dal luogo in cui si trovano i beni dell'asse ereditario (art. 46 l. dip.). In ogni caso, il *de cuius* può, con dichiarazione espressa in forma testamentaria, sottoporre la successione alla legge dello Stato in cui risiede, ferma restando l'intangibilità dei diritti dei legittimari. Le donazioni, poi, sono regolate dalla legge nazionale del donante (art. 56 l. dip.).

Limiti

Per completezza, occorre rilevare che vi sono ipotesi in cui la legge straniera richiamata dalla norma di diritto internazionale privato non può trovare applicazione nel nostro ordinamento. In particolare, il giudice italiano non potrebbe applicare la norma straniera **contrastante** con la Costituzione, ancorché tale norma sia richiamata dal nostro sistema di diritto internazionale privato.

Un altro limite è rappresentato dalla presenza, nel nostro come nella maggior parte degli ordinamenti, di norme c.d. ad **applicazione necessaria**, cioè di norme che in determinati settori sono dotate di una sfera di applicazione autonoma che prescinde dai normali criteri del diritto internazionale privato. È il caso, ad es., delle norme sugli impedimenti matrimoniali che, in deroga a quanto stabilito dall'art. 27 l. dip., si applicano anche al matrimonio contratto da un cittadino straniero (art. 116).

Ad ogni modo, il limite principale all'applicazione del diritto straniero cui rinvia la norma internazionalprivatistica è costituito dall'**ordine pubblico**. Infatti, in base all'art. 16, co. 1, l. dip. "la legge straniera non è applicata se i suoi effetti sono contrari all'ordine pubblico". A puro titolo esemplificativo, si può ricordare che sono state considerate contrarie all'ordine pubblico le norme straniere che prevedevano lo scioglimento del matrimonio (fino al 1970) oppure il ripudio unilaterale della moglie, la poligamia o la riduzione in schiavitù. Nell'ipotesi in cui la norma straniera richiamata risulti in contrasto con l'ordine pubblico, si fa riferimento agli altri criteri di collegamento alternativamente previsti o, in mancanza, si applica la legge italiana (art. 16, co. 1, l. dip.).

Condizione di reciprocità

Un ultimo cenno merita, infine, la c.d. **condizione di reciprocità** prevista dall'art. 16 Prel., per cui lo straniero è ammesso a godere dei diritti civili attribuiti al cittadino a condizione, però, che, in analoghe circostanze, l'ordinamento straniero richiamato preveda lo **stesso** trattamento per il cittadino italiano. Tale norma, quantunque giustificata dalla riserva di legge contenuta nell'art. 10, co. 2, Cost., va interpretata alla luce del principio di uguaglianza e di non discriminazione nella garanzia dei diritti inviolabili dell'uomo. Sotto questo profilo, la dottrina auspica per ragioni di coerenza e di opportunità l'abrogazione della clausola di reciprocità, insieme con il consolidamento di un diritto universale delle persone.

2.4. *Interpretazione e applicazione del diritto*

Caratteri della norma giuridica

Si è già detto che le norme giuridiche si presentano, per lo più, con i caratteri della **astrattezza** e della **generalità**. Questo significa che la prescrizione formulata attraverso una norma giuridica ha come destinatari una classe di soggetti (in genere, tutti coloro che appartengono ad un dato ordinamento giuridico) e come oggetto una classe di azioni.

Ad es., ai sensi dell'art. 2043 "qualunque fatto doloso o colposo, che cagiona ad altri un danno ingiusto, obbliga colui che ha commesso il fatto a risarcire il danno". In questo caso, il destinatario della norma – identificato dal pronome "colui" – non è un singolo individuo ma chiunque abbia con la sua condotta provocato un danno ingiusto, mentre l'azione oggetto della prescrizione non è identificata in modo puntuale ma attraverso l'individuazione di uno schema astratto: un'azione (commissiva o omissiva), il dolo o la colpa, la lesione di un bene protetto dall'ordinamento, un danno e un nesso di causalità tra l'azione e il danno.

La circostanza che le norme giuridiche presentino i caratteri della generalità e dell'astrattezza comporta, indubbiamente, lo straordinario vantaggio di poter ricondurre ad una sola previsione normativa tutti i casi che possiedano i caratteri individuati in via generale ed astratta.

A questo straordinario vantaggio si accompagna, però, un inconveniente quasi altrettanto grande che è quello della necessaria **individualizzazione** e **concretizzazione** della norma generale e astratta. Infatti, se le norme giuridiche nascessero individuali e concrete («Mario Rossi deve astenersi dal tamponare la macchina di Antonio Bianchi, altrimenti deve risarcire il danno») – cosa impossibile perché nessun legislatore è in grado di prevedere ogni azione umana –, esse potrebbero trovare immediata applicazione: ma poiché, come abbiamo visto, le norme giuridiche nascono generali e astratte è necessario sottoporle ad un trattamento particolare che le predisponga all'applicazione al singolo caso.

Interpretazione e applicazione

Il procedimento consistente nel rendere una norma, da generale e astratta individuale e concreta e dunque, in definitiva, applicabile al caso di specie, prende il nome di **interpretazione**. Attraverso l'interpretazione è possibile infatti stabilire se una data norma giuridica possa applicarsi ad una data fattispecie, ovvero se tra i diversi significati che dalla norma come enunciato linguistico generale e astratto è possibile ricavare, ve ne sia almeno uno nel quale essa faccia riferimento al caso individuale e concreto: soltanto a queste condizioni sarà possibile **applicare** la norma, cioè decidere che il concreto comportamento di quel singolo individuo debba essere regolato secondo quanto stabilito dalla norma «x» o dalla norma «y».

L'interpretazione è uno dei fenomeni più complessi e più discussi dell'intera esperienza giuridica. Infatti, la ricostruzione di un significato della norma che si attagli al caso di specie è un'operazione non puramente meccanica perché il modo vago e spesso ambiguo in cui le norme giuridiche sono formulate lascia all'interprete un qualche margine di **discrezionalità** nella scelta del significato da preferire. Ciò, però, non deve far credere che l'interpretazione sia un'attività dominata dall'arbitrio perché, come abbiamo già osservato parlando dell'autonomia cognitiva del diritto, esistono una serie di vincoli di varia natura che limitano la discrezionalità dell'interprete.

Vari tipi di interpretazione

Prima di passare all'esame di questi vincoli, è opportuno accennare al tradizionale modo di distinguere i vari tipi di interpretazione in rapporto al **soggetto** che svolge l'attività interpretativa. Al riguardo si usa distinguere una interpretazione legislativa, una interpretazione dottrinale ed una interpretazione giudiziaria.

L'interpretazione **legislativa**, detta anche interpretazione **autentica**, in realtà non ha molto a che vedere con l'interpretazione in senso proprio giacché essa si risolve nell'emanazione di una legge attraverso la quale il legislatore chiarisce il significato di una legge precedente che era stata formulata in modo così ambiguo e impreciso da determinare difficoltà praticamente insormontabili al momento dell'applicazione da parte del giudice.

L'interpretazione **dottrinale** è quella posta in essere dagli studiosi del diritto (in genere, ma non necessariamente, professori universitari) i quali si dedicano in modo scientifico all'esame e alla soluzione dei problemi giuridici consistenti, per l'appunto, nella interpretazione delle norme. In verità, l'interpretazione dottrinale presenta la caratteristica di non essere immediatamente funzionale all'applicazione della norma, e ciò per la semplice ragione che lo scienziato del diritto non è chiamato, a differenza del giudice, a decidere un caso concreto.

Tuttavia, proprio perché l'attività dello scienziato del diritto è svincolata da immediate esigenze di ordine pratico, essa si caratterizza per una maggiore attenzione al **sistema**, ossia alla individuazione di possibili significati della singola norma e, quindi, di possibili percorsi applicativi che siano coerenti con i principi e le norme dell'intero sistema giuridico o, quantomeno, dello specifico settore al quale appartiene la norma oggetto di analisi.

Infine, abbiamo l'interpretazione **giudiziale**, posta in essere dai giudici. Solo qui l'interpretazione è subito **funzionale** all'applicazione, dal momento che soltanto i giudici sono istituzionalmente chiamati a dirimere controversie. Questo legame così forte tra interpretazione e applicazione fa sì che nell'interpretazione giudiziale sia preminente il momento della considerazione dei tratti specifici che il **caso concreto** presenta (in un certo senso si può dire che il sistema giuridico si proietti al suo esterno e si faccia orientare nell'interpretazione dal problema pratico), mentre nell'interpretazione dottrinale, mancando lo stimolo rappresentato dalla necessità di decidere su un caso concreto, prevale il momento della coerenza interna al sistema giuridico.

Tuttavia, né l'interpretazione giudiziale può fare a meno di guardare dentro il sistema giuridico ed ai suoi vincoli di tipo logico, linguistico ed etico, perché altrimenti la decisione del giudice avverrebbe sulla base di parametri diversi da quelli forniti dal diritto; né l'interpretazione dottrinale può esimersi dal riferire la soluzione teorica proposta ad una classe di ipotetici casi concreti, perché altrimenti essa si esaurirebbe in un vuoto gioco speculativo privo di significato.

Criteri di interpretazione

Come si è già detto, l'attività interpretativa soggiace ad alcuni vincoli che dovrebbero limitare la discrezionalità del giudice. Alcuni di questi vincoli sono posti espressamente dalla legge e si risolvono nella enunciazione dei criteri da utilizzarsi nella interpretazione delle norme giuridiche. Fondamentale, al riguardo, è l'art. 12, co. 1, Prel. secondo il quale "nell'applicare la legge non si può ad essa attribuire altro senso che quello fatto palese dal significato proprio delle parole secondo la connessione di esse, e dalla intenzione del legislatore": qui troviamo espressamente codificati due criteri interpretativi, ossia il criterio **letterale** ed il criterio **teleologico**.

Per quanto attiene al primo, esso sarebbe davvero risolutivo di ogni problema connesso all'interpretazione di una norma giuridica, se il linguaggio del legislatore fosse un linguaggio **inequivoco** e privo di ambiguità come, ad es., quello matematico: purtroppo non è così, dal momento che il legislatore si serve di termini appartenenti in gran parte al linguaggio naturale e, quindi, imprecisi e vaghi. Ne discende che il richiamo al criterio letterale ha valore soltanto in negativo nel senso che l'interprete non può a suo arbitrio ignorare il significato corrente che le parole utilizzate dalla legge rivestono, specie se questo significato è condiviso da tutti e non presenta margini troppo ampi di ambiguità o di vaghezza.

D'altra parte, della insufficienza del criterio letterale appare consapevole lo stesso art. 12 Prel. là dove affianca a quello letterale il criterio dell'**intenzione** del legislatore o teleologico. In base a questo criterio l'interprete dovrebbe stabilire – ad es., attraverso l'esame dei documenti che si sono formati nella fase di elaborazione del testo normativo da interpretare, i **lavori preparatori** – quali fossero gli **scopi** avuti di mira dal legislatore nel momento in cui si accingeva ad emanare quella legge e ricavarne indicazioni circa il significato da attribuire alle singole norme.

In realtà, anche il criterio teleologico appare tutt'altro che adeguato a risolvere i problemi dell'interpretazione giuridica. Intanto, molto spesso l'interprete si trova di fronte testi normativi risalenti nel tempo (lo stesso codice civile risale agli anni quaranta del secolo scorso), sicché ricostruire l'intenzione del legislatore può significare, al massimo, svolgere un'attività di tipo storiografico finalizzata ad appurare quali fossero, allora, gli obiettivi perseguiti attraverso l'emanazione di quella legge, salvo poi vedersi costretto a proporre un'interpretazione **evolutiva** di quei testi, un'interpretazione cioè che tenga conto di tutte le trasformazioni di ordine politico, sociale, economico e culturale verificatesi nel frattempo.

In secondo luogo, l'appello al criterio teleologico può rivestire una qualche utilità allorché il testo da interpretare sia davvero espressione di un'univoca e chiara volontà del legislatore: ma nelle democrazie contemporanee, nelle quali le leggi sono il frutto della interminabile e faticosa mediazione tra numerosi e diversissimi attori sociali (forze politiche, sindacati, *lobbies* industriali, ecc.), i documenti normativi rappresentano il più delle volte sintesi puramente verbali di volontà e interessi confliggenti, sicché ricostruire l'intenzione del legislatore è semplicemente impossibile.

In realtà, quella interpretativa è, come si è già detto più volte, un'attività molto complessa nello svolgimento della quale entrano in gioco criteri ben più numerosi dei due espressamente indicati dall'art. 12 Prel. Il primo di questi criteri, extrapositivi ma normalmente utilizzati dall'interprete, è il criterio **sistematico**, in forza del quale l'interprete, nello stabilire il significato di una singola norma, valuta la coerenza di questa sua scelta con il significato delle altre norme appartenenti al medesimo sistema giuridico.

Questa operazione, a sua volta, richiede una grande cautela perché negli ordinamenti giuridici contemporanei caratterizzati dalla presenza di costituzioni che proclamano valori e principi etici, la coerenza con il sistema non è soltanto di tipo logico-linguistico, ma anche di tipo **etico**: e poiché è molto più difficile mettersi d'accordo sull'interpretazione di un valore – ad es., quello dell'eguaglianza – che non mettersi d'accordo sulla interpretazione di una singola norma, ecco che il problema si ripresenta ulteriormente aggravato.

Un ruolo decisivo nella stabilizzazione dei significati da attribuirsi alle norme che enunciano principi o valori di carattere etico compete, nel nostro ordinamento giuridico, alla Corte costituzionale, le cui pronunzie entrano così a far parte, sostanzialmente se non formalmente, delle fonti del diritto.

Il criterio sistematico svolge poi un ruolo di primo piano nell'ambito di quella che abbiamo chiamato l'interpretazione **evolutiva**, ossia dell'interpretazione che culmina nell'attribuzione alla norma di un significato diverso, in genere più ampio, di quello desumibile dalla mera ricognizione dell'originaria volontà del legislatore o della mera ricognizione del significato letterale della norma. È evidente, infatti, che se il significato di ciascuna norma deve essere coerente con il sistema giuridico al quale essa appartiene, e se nel frattempo il sistema giuridico è cambiato nei suoi principi ispiratori, anche il significato della norma di volta in volta oggetto di interpretazione va adeguato alla nuova fisionomia assunta dal sistema.

Un altro criterio del quale abitualmente l'interprete si avvale è quello delle **conseguenze**. In questo caso, il significato di una norma viene deciso sulla base della **preferibilità** o meno delle conseguenze economiche e sociali derivanti da una determinata interpretazione. In realtà è difficile tracciare una linea netta di demarcazione tra questo criterio e quello sistematico: è evidente che intanto sarà possibile sostenere quella data interpretazione della norma in quanto i suoi effetti si traducano nella promozione di un valore compatibile con i principi ai quali si ispira il sistema giuridico.

Un'applicazione piuttosto sofisticata del criterio conseguenzialista è rappresentata dalla **analisi economica del diritto** secondo la quale, tra tutte le possibili interpretazioni alle quali una norma si presta, va preferita quella che favorisce l'**efficienza economica**, ovvero determina un aumento complessivo della ricchezza sociale: ma, appunto, si discute se, e in che misura, l'efficienza economica possa o debba sempre prevalere su valori potenzialmente confliggenti e di certo recepiti dal sistema giuridico quali, ad es., l'eguaglianza o il diritto alla salute.

Lacune

Oltre a quelli indicati in precedenza, esistono numerosi altri criteri interpretativi (l'argomento *a contrario*, l'argomento *a fortiori*, l'argomento del legislatore economico, ecc.). Tuttavia, per quanti sforzi faccia l'interprete, può accadere che il problema non possa essere risolto perché il caso sottoposto alla sua attenzione non ricade all'interno del campo semantico e, quindi, applicativo di nessuna delle norme presenti all'interno del sistema giuridico.

In altri termini, può accadere che, per quanto generali e astratte siano le norme alle quali si affida il legislatore, esse non riescano a disciplinare quel singolo caso perché fin dal principio non previsto. Ove ricorra un'evenienza di questo genere, siamo al cospetto di una **lacuna**.

Completezza dell'ordinamento giuridico

Il problema delle lacune è particolarmente avvertito nei sistemi giuridici ispirati al principio (o al dogma) della **completezza**, principio o dogma alla stregua del quale il sistema giuridico contiene, o dovrebbe contenere, una norma per ogni caso concreto.

Come vedremo meglio più avanti, il principio della completezza dell'ordinamento giuridico va di pari passo con la **codificazione** del diritto ed è, anzi, parte integrante di quella che è stata chiamata l'ideologia della codificazione. Il carattere ideologico del principio della completezza è testimoniato dalla circostanza che lo stesso legislatore contempla la possibilità di casi non espressamente previsti: ma il principio della completezza viene ribadito prescrivendo al giudice il ricorso all'interpretazione **analogica**.

Analogia

Nel nostro ordinamento, il ricorso alla analogia è previsto dall'art. 12, co. 2, Prel. ai sensi del quale "se una controversia non può essere decisa con una precisa disposizione si ha riguardo alle disposizioni che regolano casi simili o materie analoghe; se il caso rimane ancora dubbio si decide secondo i principi generali dell'ordinamento giuridico dello Stato".

Come si vede, se si imbatte in una lacuna, il giudice deve: *a*) verificare se all'interno dell'ordinamento giuridico sia disponibile almeno una norma che regoli un caso **simile** a quello sottoposto al suo esame; *b*) ove questo primo tentativo non abbia successo, volgere l'attenzione a materie **analoghe** a quella nell'ambito della quale ricade il caso non espressamente previsto dalla legge (ad es., se si tratta di una controversia in materia di donazione, il giudice dovrà andare alla ricerca dei principi che regolano la materia più vicina che è quella delle successioni); *c*) se neanche così il giudice riesce a trovare una soluzione, allora questa andrà ricavata dai **principi generali** dell'ordinamento (molti dei quali, oggi, trovano espressione nella Carta costituzionale: eguaglianza, solidarietà, inviolabilità dei diritti della persona, ma anche libertà di iniziativa economica nei limiti dell'utilità sociale, della libertà, della dignità umana e della sicurezza – art. 41 Cost. –, proprietà – art. 42 Cost. – ecc.).

Come è agevole intuire, il procedimento analogico – che prende il nome di analogia *legis* nelle ipotesi *sub* a) e *sub* b) e di analogia *iuris* nell'ipotesi *sub* c) – amplia notevolmente i margini di **discrezionalità** dell'interprete al quale spetta di decidere, in primo luogo, se davvero la mancata previsione di una norma per quel caso specifico integri gli estremi di una lacuna o se non sia il frutto della decisione del legislatore di lasciarlo fuori dalla regolazione giuridica e, in secondo luogo, di istituire il nesso di somiglianza tra il caso regolato e quello da regolare. Ben maggiore, poi, si fa tale discrezionalità là dove il giudice ricorra ai principi generali i quali, essendo formulati in modo ancora più vago di quanto non lo sia una comune norma giuridica, si prestano più facilmente alle manipolazioni interpretative.

Ecco perché, a proposito dell'analogia, si parla più volentieri di **integrazione** della legge che non di semplice interpretazione (sebbene la rubrica dell'art. 12 Prel. suoni genericamente "Interpretazione della legge"): ed ecco perché, anche, l'art. 14 Prel., vieta il ricorso all'analogia nel caso di norme **eccezionali** (ossia, "norme che fanno eccezione a regole generali o ad altre leggi") e di norme **penali incriminatrici**.

Nel primo caso, perché altrimenti si consentirebbe al giudice di estendere l'ambito di operatività della norma eccezionale "oltre i casi e i tempi" stabiliti dal legislatore; nel secondo caso, perché altrimenti si consentirebbe al giudice di introdurre nel sistema giuridico o una nuova ipotesi di reato o una nuova pena, in violazione del fondamentale principio *nullum crimen et nulla poena sine lege*, di cui all'art. 25, co. 2, Cost. e all'art. 1 c.p.

2.5. *La giurisprudenza e la dottrina: clausole e principi generali*

Nel nostro ordinamento giuridico, come in quelli di tutti i paesi di *civil law* (fondamentalmente, i paesi dell'Europa continentale nei quali la fonte del diritto per definizione è la legge), la **giurisprudenza** (cioè, le decisioni adottate dai giudici) non è una fonte del diritto: ciò significa che una pronunzia giudiziale non soltanto non vincola i consociati (tranne le parti del processo), ma non vincola neppure gli altri giudici, per i quali, dunque, quella pronunzia (per quanto autorevole sia l'organo da cui promana: ad es., la Corte di Cassazione) non costituisce un **precedente** cui obbligatoriamente uniformarsi.

Efficacia vincolante, viceversa, possiede il precedente negli ordinamenti di *common law* (fondamentalmente, anche se non esclusivamente, Stati Uniti, Regno Unito, Australia), dove le sentenze delle corti superiori rappresentano a tutti gli effetti una fonte del diritto, nel senso che gli altri giudici sono tenuti ad uniformarvisi, a meno che essi non dimostrino che il caso sottoposto al loro esame presenta elementi nuovi ed irriducibili a quelli del caso su cui il precedente si era formato.

Primato della legge

Il primato della legge nei sistemi di *civil law* ha origini storiche e motivazioni culturali piuttosto complesse, sulle quali ci intratterremo più avanti. Già fin d'ora, però, possiamo anticipare che quel primato era strettamente intrecciato con la vicenda della codificazione, e con il potente apparato ideologico che di quest'ultima scandì e, in una certa misura, rese possibile, lo sviluppo. Uno dei punti di forza del progetto codificatorio era rappresentato dalla radicale subordinazione degli interpreti (giudici e dottori) al dettato della legge (e, segnatamente, del codice civile) in vista della promozione di valori considerati irrinunciabili per il nuovo ordine giuridico ed economico borghese: la certezza del diritto e l'eguaglianza di tutti i cittadini di fronte alla legge. Entrambi questi valori, secondo l'ideologia della codificazione, la quale ha molti punti in comune con il positivismo giuridico, pur non lasciandosi i due termini integralmente ridurre l'uno all'altro, erano incompatibili con un sistema giuridico come quello dell'antico regime caratterizzato, per un verso, dal pluralismo delle fonti normative e, per altro verso, dalla libertà lasciata, appunto, agli interpreti, ossia i cultori della scienza del diritto e i giudici, in particolare i grandi tribunali.

Come si è già detto, però, l'assunto secondo cui l'interpretazione della legge si ridurrebbe ad una meccanica trasposizione al caso di specie della norma generale ed astratta, da trasformare in regola individuale e concreta sulla base di un procedimento di tipo sillogistico, si rivela in larga misura irrealistico perché l'ambiguità e la vaghezza del linguaggio del legislatore, per quanto tecnicizzato, lasciano ampi margini di discrezionalità all'interprete. A questo dato, per così dire, strutturale, si deve poi aggiungere che durante tutto il XX secolo sono intervenute trasformazioni così profonde nelle società e nelle economie capitalistiche, da determinare una crisi irreversibile del paradigma della codificazione: una crisi che ha riguardato, in particolare, proprio il profilo della esaustività ed autosufficienza del codice civile come fonte regolatrice dei rapporti interprivati, e quello, correlato, della totale subalternità dell'interprete (in particolare, del giudice, pura e semplice *bouche de la loi*) alla volontà sovrana del legislatore.

Ruolo crescente della giurisprudenza

Torneremo su tutto questo più avanti. Qui, invece, preme sottolineare come, specie a partire dagli anni '60 del secolo scorso, in misura minore o maggiore, tutti i paesi di *civil law* (e, tra questi, in modo particolare, l'Italia) siano stati investiti da una crescita esponenziale del ruolo della giurisprudenza nel processo di creazione ed attuazione del diritto. È accaduto, in altri termini, che pur nella invarianza di tale ruolo dal punto di vista formale (infatti, le pronunzie dei nostri tribunali continuano a rimanere estranee al quadro delle fonti propriamente inteso), l'apporto della giurisprudenza al concreto modo di atteggiarsi dell'ordinamento, e dei suoi istituti principali, si sia grandemente dilatato: di talché oggi, specie in taluni settori (paradigmatico, ma non esclusivo, il caso della responsabilità civile) sarebbe impossibile ricostruire la fisionomia del sistema giuridico prescindendo da essa.

Abbiamo già osservato che questo fenomeno si collega a processi di tipo strutturale, non immediatamente riconducibili alla sfera normativa. Tuttavia, è agevole rintracciare, collocandosi in una prospettiva interna alle modalità di funzionamento del diritto, alcune delle più vistose ricadute specificamente giuridiche di quei processi. Ci riferiamo, in particolare, al peso crescente che nella creazione, interpretazione e applicazione del diritto hanno assunto le **clausole generali** e i **principi generali**.

Clausole generali

Le clausole generali (ad es., la buona fede di cui agli artt. 1337, 1175 e 1375; la correttezza professionale di cui all'art. 2598, n. 3) sono norme giuridiche incomplete, ossia prive di una descrizione del fatto (**fattispecie**) al verificarsi del quale, in genere, la legge subordina l'insorgere degli **effetti** giuridici da essa stessa previsti. Ad es., l'effetto consistente nel trasferimento *inter vivos* del diritto di proprietà può realizzarsi soltanto se viene stipulata una compravendita, oppure una permuta, oppure ancora una donazione: si dirà, allora, che la compravendita, la permuta, la donazione rappresentano la fattispecie dell'effetto traslativo del diritto. Orbene, appunto, le norme a clausola generale mancano di un segmento – la fattispecie – con la conseguenza che spetterà al giudice di integrare il precetto normativo, procedendo alla ricostruzione del fatto al quale applicare la regola.

Ad es., la giurisprudenza considera contrario alla buona fede di cui all'art. 1337 il recesso ingiustificato dalle trattative precontrattuali; considera contrario alla buona fede di cui all'art. 1175 lo strumentale frazionamento del credito in una pluralità di pretese da far valere in giudizio separatamente; considera contraria alla buona fede l'illegittima revoca, da parte di una banca, dell'affidamento concesso al cliente. Come si vede, in tutti questi casi i giudici, attraverso la buona fede, provvedono ad individuare più puntuali tipologie di comportamento (non recedere ingiustificatamente dalle trattative, non frazionare strumentalmente il credito, non revocare illegittimamente l'affidamento), sulla base del confronto con le quali sarà possibile stabilire se il precetto legale è stato osservato oppure no. Così, se taluno abbandona in modo arbitrario ed ingiustificato la trattativa che lo aveva visto impegnato sin lì al fine di concludere un contratto di cessione di quote sociali, si potrà dire che è stata violata la norma di cui all'art. 1337 a mente della quale "le parti, nello svolgimento delle trattative e nella formazione del contratto, devono comportarsi secondo buona fede": da ciò discendendo l'effetto giuridico consistente nell'obbligo di risarcire il danno.

Beninteso, questa opera di **concretizzazione** non può compiersi in modo arbitrario, giacché il giudice sarà tenuto a rispettare alcuni vincoli insuperabili. In primo luogo, egli dovrà tenere conto delle regole proprie dell'ambito al quale la clausola generale appartiene (ad es., il diritto delle obbligazioni e dei contratti per la clausola di buona fede, la correttezza professionale per il diritto della concorrenza sleale), con la conseguenza che non potranno essere adottate soluzioni contraddittorie con il sottosistema normativo di volta in volta interessato (ad es., nel diritto delle obbligazioni, in genere, la violazione di una regola implica l'insorgere di un'obbligazione risarcitoria; sarebbe incongruo, pertanto, fare discendere dalla inosservanza del canone di buona fede la nullità dell'atto, a meno che ciò non sia espressamente previsto dal legislatore).

In secondo luogo, la concretizzazione della clausola generale dovrà compiersi nel rispetto dei valori fondamentali ai quali si ispira l'ordinamento giuridico: ciò significa che il giudice non potrà limitarsi a registrare la prassi sociale in uso in un certo settore (territoriale, merceologico) del mercato, ma dovrà confrontarla con le direttive di principio fatte proprie dal sistema giuridico (ad es., se in un dato mercato è considerato normale fornire alla controparte informazioni incomplete sul bene o sul servizio oggetto dell'operazione, questo uso commerciale non potrà essere avallato dal giudice, perché contrario al principio di solidarietà dell'art. 2 Cost., con i limiti posti alla libertà di iniziativa economica dall'art. 41, co. 2, Cost., oltre che, ormai, con i principi del diritto comunitario in materia di concorrenza e di tutela del consumatore).

Infine, la concretizzazione della clausola generale deve avvenire nel rispetto della coerenza logica del sistema, nel senso che la regola che il giudice ricava da essa deve risultare compatibile con i principi, questa volta non di ordine morale ma di ordine dogmatico sui quali l'ordinamento si regge (ad es., non sarebbe consentito al giudice di estrapolare dalla buona fede una regola in contrasto con il principio della necessaria causalità dell'attribuzione patrimoniale).

Principi generali

Le clausole generali operano sul terreno dell'**applicazione** del diritto. Viceversa, i **principi generali** svolgono una funzione molto importante sul terreno della **interpretazione** delle norme giuridiche. Si è già ricordato, infatti, come, ai sensi dell'art. 12, co. 2, là dove l'interprete si imbatta in una lacuna, e non gli sia dato di rintracciare una norma che regoli un caso simile o una materia analoga (*analogia legis*), egli debba ricorrere ai principi generali dell'ordinamento giuridico dello Stato (*analogia iuris*). Questa disposizione, premessa al codice civile del 1942, e a tutt'oggi, come ovvio, pienamente in vigore, necessita, però, di una lettura aggiornata alla luce dell'avvento della Costituzione ma, anche, dell'adesione dell'Italia all'UE.

Principi assiologici

Per quanto riguarda il primo aspetto, relativo all'incidenza della Costituzione del '48 sul modo di intendere l'idea stessa di principi generali, deve rammentarsi che essa, al pari delle più importanti Costituzioni del Novecento, accoglie, trasformandoli in vere e proprie norme giuridiche, alcuni **valori** considerati irrinunciabili anche alla luce degli eventi drammatici (due guerre mondiali, i totalitarismi, lo sterminio degli ebrei) ma anche dei processi socio-culturali (l'allargamento della democrazia ai ceti popolari, lo sviluppo del conflitto di classe, i primi timidi segnali del lungo ciclo dell'emancipazione femminile), che avevano scandito sin lì la storia del secolo scorso. Solidarietà, eguaglianza, dignità, utilità sociale, diventano così, da parole d'ordine di un programma politico, veri e propri precetti normativi, vincolanti per il legislatore ordinario ma anche (dopo alcune iniziali resistenze della Corte di Cassazione secondo la quale le norme di principio della Costituzione rivestivano una portata, appunto, soltanto programmatica) per l'interprete. Tutto questo ha avuto conseguenze molto significative perché, rispetto alla previsione dell'art. 12, co. 2, Prel., l'ambito di operatività dei principi generali si è ampliato di parecchio, nel senso che essi non sono più soltanto lo strumento attraverso il quale colmare una lacuna, ma rappresentano anche, e fondamentalmente, la via maestra per l'adeguamento del diritto vigente al dettato costituzionale.

In altri termini, la presenza ai vertici del sistema delle fonti di una Costituzione ricca di direttive vincolanti sul piano giuridico ed impegnative sul piano etico fa sì che tutto l'insieme delle disposizioni di rango infracostituzionale sia sottoposto ad una pressione costante da parte dei principi: pressione che può tradursi o in una lettura costituzionalmente orientata della norma, in ragione della quale il significato di quest'ultima verrà ridefinito, o nell'emergere di profili di sospetta incostituzionalità, in ragione dei quali il giudice potrebbe essere indotto a sollevare la correlativa questione di fronte alla Corte costituzionale.

Un esempio davvero eclatante del modo in cui, attraverso un'interpretazione conforme a Costituzione, si è pervenuti ad una radicale riscrittura del diritto vigente, lo offre la parabola descritta dal sistema della responsabilità civile. Quest'ultimo, infatti, è passato da un assetto governato da una regola di rigorosa tipicità, per cui i soli pregiudizi patrimoniali risarcibili erano quelli che derivavano dalla violazione di un diritto soggettivo assoluto, ad un assetto nel quale, sulla scorta di una lettura della formula dell'"ingiustizia del danno" ispirata al principio di solidarietà (art. 2 Cost.), l'area delle perdite patrimoniali risarcibili si è estesa sino a ricomprendere tutti quei danni che derivano dalla lesione di un interesse giuridicamente protetto, a prescindere dalla forma assunta da tale protezione (diritto soggettivo assoluto, relativo, interesse legittimo, ecc.).

Sarebbe riduttivo, pertanto, circoscrivere la funzione dei principi generali alla sola *analogia iuris*, a meno che non si estenda il concetto di lacuna sino a ricomprendervi tutte quelle ipotesi nelle quali l'assenza di una norma da applicare non sia il frutto di un giudizio di fatto (lacuna **normativa**), bensì il frutto di un giudizio di valore (lacuna **assiologica**). Di lacuna normativa, ad es., si può parlare con riguardo al caso della esperibilità, o meno, dell'azione di responsabilità nei confronti dei direttori generali di società a responsabilità limitata: infatti, mentre prima della riforma del diritto delle società, l'art. 2487, co. 2, c.c., rinviava espressamente all'art. 2396 c.c., il quale estende ai direttori generali di società per azioni l'azione di responsabilità prevista a carico degli amministratori, oggi quel richiamo è venuto meno, e la nuova disciplina dell'azione di responsabilità degli amministratori nella società a responsabilità limitata nulla dice a proposito della sua proponibilità nei riguardi dei direttori generali.

Una lacuna assiologica, o ideologica, viceversa, implica sempre qualcosa di più che non l'accertamento di un vuoto normativo, implicando anche, come appunto nel caso della responsabilità civile, un giudizio negativo in ordine all'interpretazione corrente di una norma, o di un insieme di norme: ed è fin troppo ovvio che operazioni di questo genere sono rese molto più agevoli, e frequenti, dalla presenza di principi come quelli contenuti nella nostra Costituzione.

Principi logici

È opportuno aggiungere che i principi costituzionali **non** esauriscono la tipologia dei principi generali. Per la verità è abbastanza verosimile supporre che i principi generali ai quali pensavano i codificatori del '42 (o, per lo meno, il gruppo di essi più vicino al fascismo) fossero quelli enunciati dalla Carta del Lavoro del 1927, uno dei più importanti documenti dell'ideologia corporativa, destinata, in questa prospettiva, a precedere il testo del nuovo codice civile. Sotto questo profilo, pur nella radicale diversità dei contenuti, oltre che dell'impianto del sistema delle fonti, i principi della Carta del Lavoro, al pari degli odierni principi costituzionali, avrebbero dovuto svolgere il ruolo di bussole dell'interpretazione del diritto vigente e, in primo luogo, proprio delle norme codicistiche. Tuttavia, anche a seguito della caduta del regime e della successiva abrogazione dell'ordinamento corporativo, questo progetto non si poté realizzare, con la conseguenza che, per una lunga fase e sino al pieno dispiegarsi della effettività delle disposizioni di principio della Costituzione del '48 (la prima pronuncia della Corte costituzionale risale al 1956), la locuzione "principi generali" contenuta nell'art. 12, co. 2, Prel. designò, appunto, una diversa tipologia di principi, più di natura **logica** che di natura assiologica.

Con questa versione dei principi generali, i giuristi hanno sempre avuto una notevole familiarità. Qui, infatti, essi designano il risultato di un procedimento induttivo di astrazione-generalizzazione, il quale, muovendo da una serie più o meno estesa, di regole puntuali, mette capo, appunto, alla formulazione di un principio: ad es., dalle numerose disposizioni contenute nel codice civile che sanciscono l'inattaccabilità dell'acquisto effettuato dall'altro contraente (v., tra gli altri, l'art. 428, co. 2 e l'art. 1431) o da un terzo (v., tra gli altri, l'art. 1445 e l'art. 2901, co. 4), pur in presenza di una qualche anomalia della fattispecie acquisitiva, si ricava il principio dell'affidamento. Il caso appena indicato è quello di un principio generale **inespresso**, che, cioè, viene portato alla luce dall'interprete sulla base di una ricognizione delle singole norme. A volte, però, i principi generali di impianto logico-sistematico sono **espressi**, nel senso che a formularli è direttamente il legislatore: questo è, ad es., quanto accade con il principio della libertà contrattuale (art. 1322) o con quello della libertà di forma (art. 1325, n. 4).

Al pari dei principi costituzionali, anche quelli di cui stiamo discorrendo operano sul terreno dell'interpretazione. Tuttavia, la funzione che, anche storicamente, essi hanno svolto e, in una certa misura, continuano a svolgere, è molto diversa da quella propria delle disposizioni di principio della Costituzione. La differenza fondamentale consiste in ciò: mentre i principi logico-sistematici non aggiungono nulla al diritto vigente, limitandosi a riassumere una tendenza immanente all'ordinamento e consegnata ad una pluralità di previsioni puntuali, i principi costituzionali, proprio a causa del loro fare riferimento a valori morali, sono sempre un passo avanti il diritto vigente e, in un certo senso, incommensurabili rispetto a quest'ultimo. Da qui la continua, endemica pressione che i principi esercitano sulle norme; pressione che, come si è già visto, può sfociare o in una radicale ridefinizione dei significati sin lì attribuiti ad un dato insieme di regole o nella proposizione della questione di costituzionalità.

Genesi anche sovranazionale dei principi generali

Nulla di tutto questo può accadere con i principi dell'altro tipo ai quali, non a caso, la legge affida compiti non di **trasformazione** ma di **conservazione** del sistema: ora attraverso l'*analogia iuris* di cui all'art. 12, co. 2, Prel., ora, al contrario, attraverso il divieto di interpretazione analogica delle norme eccezionali le quali vengono individuate proprio in relazione ai principi ("regole") generali (art. 14 Prel.).

La formula contenuta nel più volte menzionato art. 12, co. 2, Prel. ("principi generali dell'ordinamento giuridico dello Stato") esige una lettura attualizzante anche sotto un altro profilo. Infatti, i principi generali, specie del tipo costituzionale illustrato più sopra, che popolano l'ordinamento giuridico italiano, non hanno tutti una genesi autoctona, essendovene di molti e importanti che provengono dal diritto comunitario (si pensi, a tacer d'altro, alle numerose disposizioni di principio contenute nella CDFUE, proclamata una prima volta a Nizza nel 2000 ed una seconda volta a Strasburgo nel 2007: si v. anche l'art. 6 Tr. UE). È vero che l'adesione dell'Italia all'UE, e le limitazioni alla sovranità nazionale che essa ha comportato, trovano il proprio fondamento nell'art. 11 Cost.; ed è altrettanto vero che molte disposizioni comunitarie penetrano nel nostro ordinamento solo attraverso la mediazione di un atto normativo indigeno. Ciò non toglie, però, che il concreto assetto delle fonti e la sicura matrice sovranazionale di quei principi renda del tutto anacronistico l'originario riferimento allo "Stato": tanto più che esso era figlio di un'ideologia nazionalistica come quella fascista, oggi assolutamente inaccettabile.

La dottrina giuridica

L'uso sempre più largo di clausole e principi generali rappresenta uno strumento e, in pari tempo, un indicatore della crescita del ruolo della giurisprudenza nell'attuazione (e, in una certa misura, come si è visto), anche nella creazione del diritto. A fronte di questo fenomeno, e collegato ad esso, si registra una profonda trasformazione del ruolo della **dottrina**, ossia dell'attività di conoscenza ed interpretazione del diritto svincolata da finalità immediatamente applicative svolta, per lo più, ma non solo, da studiosi inquadrati nei ranghi dell'Università e consegnata a generi letterari quali la monografia, l'articolo, la nota a sentenza, il trattato o il commentario.

Il *code Napoléon*

In epoca moderna, la dottrina **non** è mai stata fonte del diritto. Anzi, la prima, grande codificazione civile, quella napoleonica del 1804, ha tra i suoi motivi ispiratori proprio il ridimensionamento del ruolo degli interpreti, si trattasse dei giudici (ridotti a pura e semplice *bouche de la loi*), o dei dottori (ridotti a puri e semplici esegeti del *code civil*: da qui il nome di *École de l'exégèse* dato alla prima generazione di commentatori del codice). Tuttavia, questo obiettivo, riconducibile all'idea, di matrice illuministica, che le pronunce giudiziali e le opinioni dottrinali, nella loro varietà ed irriducibilità, mettessero a repentaglio il valore fondamentale della certezza del diritto in vista del quale, viceversa, era stata compiuta l'opera della codificazione, presentava caratteri vistosamente ideologici.

L'ideologia della codificazione e le sue ambiguità

Si consideri, in primo luogo, che lo stesso *code Napoléon* era frutto dell'opera di riordino e sistemazione del diritto comune francese attuata dalla dottrina civilistica, fondamentalmente nelle persone di L. Domat e di R.J. Pothier. Questa genesi dottrinale del codice implicava, ovviamente, interpreti colti, in grado di decifrare ed utilizzare la complessa macchina concettuale che si celava dietro le scarne disposizioni del testo di legge. In secondo luogo, come si è più volte detto, l'idea stessa di una interpretazione della legge che sia pura parafrasi di quest'ultima è, in sé, totalmente destituita di fondamento: sicché, in realtà, fu proprio la dottrina francese dell'Ottocento che, vestendo i panni dimessi dell'esegesi, elaborò la rete di concetti e di convenzioni linguistiche attraverso la quale leggere il codice civile.

La scienza giuridica tedesca

Il prestigio della dottrina giuridica, riconducibile al tratto, tipicamente occidentale, dell'autonomia cognitiva del diritto, non venne, dunque, in alcun modo sminuito dalla prima grande codificazione civile che, al contrario, fu, in larga misura, tanto nella fase di progettazione, quanto in quella di implementazione, opera di dottori. Ma il secolo XIX, oltre che del definitivo decollo del codice come peculiare tecnica legislativa, fu teatro anche di una straordinaria fioritura della **scienza giuridica tedesca** la quale, per le ragioni che ora vedremo, si impose come modello culturale dominante in buona parte dell'area di *civil law* (e, certamente, in Italia).

In Germania, nel corso del XV secolo, si era verificata la **ricezione** del diritto romano, dove per diritto romano deve intendersi il *Corpus* giustinianeo nella elaborazione apprestata dalla dottrina medievale. L'assenza di un forte potere centrale e la totale inadeguatezza dei diritti locali a soddisfare una sia pur minima esigenza di uniformità di regolazione giuridica fecero sì che il diritto romano si affermasse come diritto comune: ed anche in questo caso, la matrice colta della fonte assicurò una posizione di eminenza nella interpretazione di questo diritto agli studiosi inquadrati nei ranghi delle prestigiosissime facoltà giuridiche tedesche. Nasce, così, l'*usus modernus Pandectarum* che, attraverso la mediazione critica, se non conflittuale, del giusnaturalismo e del razionalismo settecenteschi, rappresenta l'immediato antecedente storico-culturale della **Scuola Storica del diritto**.

La Scuola Storica del diritto: F.C. von Savigny

Il nome non deve trarre in inganno. Il movimento della Scuola Storica, che ebbe in **F.C. von Savigny** il suo esponente più autorevole, non si proponeva, infatti, l'obiettivo di uno studio storico-filologico delle fonti, quanto, piuttosto, di utilizzare lo straordinario lavoro di concettualizzazione delle forme del pensiero giuridico realizzato dalla giurisprudenza romana (e ricapitolato nella grande compilazione giustinianea) per costruire un sistema del **diritto romano attuale** (questo è anche il titolo dell'opera capitale di Savigny) che avrebbe reso inutile, in Germania, ciò che si era fatto in Francia, ossia codificare il diritto civile. L'ostilità della Scuola Storica nei riguardi della codificazione, testimoniata in modo esemplare da un celebre scritto di Savigny pubblicato ad Heidelberg nel 1814, poggiava sull'idea che l'intervento del legislatore, tanto più nella forma totalizzante assunta con il codice civile, fosse dannoso, nella misura in cui esso avrebbe inquinato le due sole, autentiche fonti del diritto: la **consuetudine** e la **scienza giuridica**.

La Pandettistica

Il primato di quest'ultima, che rappresenta il punto fondamentale di un vero e proprio programma politico-ideologico di segno conservatore rispetto alle istanze liberali di cui si era fatto interprete il *code Napoléon*, si colloca all'esito di una storia millenaria iniziata, appunto, con la giurisprudenza romana. Negli sviluppi successivi, emblematicamente legati alle figure di G.F. Puchta e B. Windscheid, e, più in generale, ad un indirizzo culturale e metodologico che prese il nome di **Pandettistica**, il primato della scienza del diritto si converte, come abbiamo già ricordato parlando dell'autonomia cognitiva del diritto, nella **autosufficienza** di un metodo di tipo logico-deduttivo il quale consente di ricavare la regola di specie da un sistema dei concetti ordinati secondo il loro grado, maggiore o minore, di astrazione (ad es., negozio giuridico-contratto-compravendita).

In altri termini, nei voti della Pandettistica era che il sistema elaborato dalla scienza giuridica andasse ad occupare il posto che la Francia aveva riservato al codice civile. In realtà, entrambe le posizioni erano condizionate da un pesante assunto ideologico: e così come l'autosufficienza del testo normativo (e, quindi, del legislatore) trovava una smentita inequivocabile nel lavoro dei commentatori dell'*École de l'exégèse*, del tutto specularmente l'autosufficienza del sistema (e, quindi, della scienza giuridica) trovò una smentita se, possibile, ancora più vistosa nella entrata in vigore, il 1° gennaio del 1900, del *BGB* (*Bürgerliches Gesetzsbuch*), il codice civile dell'impero germanico, alla preparazione del quale la Pandettistica e, in particolare, Windscheid, avevano dato un contributo assolutamente decisivo.

Il *BGB* e la giurisprudenza dei concetti

Nonostante il fallimento dell'originario programma della Scuola Storica che l'approdo alla forma codice, reso inevitabile dall'ingresso della Germania nell'orbita dei paesi di capitalismo avanzato, testimoniava al di là di ogni dubbio, la Pandettistica tedesca, con la sua **giurisprudenza dei concetti** (*Begriffsjurisprudenz*), si impose come modello di scienza giuridica ben oltre i confini della Germania. Questo successo si spiega con una molteplicità di ragioni: alcune estrinseche, come l'enorme prestigio goduto dalla cultura accademica tedesca che, nel corso del XIX secolo, aveva raggiunto posizioni di assoluta eccellenza in molte discipline umanistiche (la filosofia, la filologia e, appunto, la giurisprudenza); altre più strutturali. In particolare, la *Begriffsjurisprudenz* esercitava una duplice attrattiva: da un lato, offriva ai giuristi un paradigma di scientificità connotato da tratti di rigore metodologico ed oggettività dei risultati paragonabili a quelli di discipline come la logica o la matematica; dall'altro, incarnava, grazie a quei medesimi tratti, il tipo di scienza giuridica in perfetta sintonia con l'economia capitalistica e con la società borghese, per le quali la certezza e la stabilità del diritto rappresentavano valori fondamentali ed irrinunciabili.

Il caso italiano

In Italia, dove in una prima fase era prevalso il modello francese dell'esegesi e dove, anzi, il primo codice civile unitario (1865) aveva riprodotto abbastanza pedissequamente il *code Napoléon*, il metodo pandettistico sperimentò, a partire dalla fine dell'Ottocento, una larga fortuna contribuendo a rinnovare gli studi civilistici, mentre, in altri ambiti (ad es., il diritto pubblico) il suo accoglimento mise addirittura capo ad una vera e propria rifondazione dello statuto disciplinare della materia. Le pretese di scientificità della giurisprudenza dei concetti, il rigore del suo ragionare per dogmi, la coerenza del sistema e la pretesa impermeabilità di quest'ultimo all'influsso di fattori (di ordine economico, politico e morale) esterni alla sfera del giuridico, garantirono alla dottrina civilistica una posizione di assoluto rilievo, se non di monopolio, nella elaborazione delle categorie concettuali e linguistiche alle quali tanto il legislatore quanto i giudici si sarebbero dovuti attenere nella costruzione dei rispettivi discorsi. Emblematica di questa primazia della scienza del diritto è la vicenda del **negozio giuridico**: nozione non accolta, almeno esplicitamente, dal nuovo codice del '42 (pure, in larga misura, opera di una dottrina certo non insensibile all'influenza della cultura giuridica tedesca) ma che, nonostante questo, ha continuato per lunghissimo tempo a porsi quale imprescindibile punto di riferimento di ogni ricostruzione della disciplina normativa dell'autonomia privata.

Crisi del metodo dogmatico

È innegabile, tuttavia, che a partire dalla seconda metà del secolo scorso si sia assistito ad un lento, ma progressivo, declino del metodo dogmatico e, con esso, ad un profondo mutamento del ruolo della dottrina. Le cause di questo fenomeno sono varie: ancora una volta, poi, esse si collocano sia all'interno, sia all'esterno del sistema giuridico propriamente inteso. In via di estrema sintesi si può dire che l'affermazione del modo di produzione capitalistico ha attivato, in tutte le società occidentali, un meccanismo di trasformazione permanente degli equilibri sui quali esse poggiano, che, storicamente, ha generato, e continua a generare, per un verso, crisi economiche devastanti e, per altro verso, conflitti sociali molto acuti.

La risposta a questi fenomeni è stata trovata in un ricorso sempre più massiccio alla **regolazione giuridica** come strumento di governo dei disequilibri nei quali il capitalismo endemicamente incappa: e, se è vero, che le modalità e le finalità dell'intervento del legislatore variano a seconda del tipo di problema di volta in volta avuto di mira (così, si va dall'enorme dilatazione della sfera dell'economia pubblica a seguito della crisi del 1929, alla c.d. *deregulation* avviata a partire dall'inizio degli anni '80), è altresì vero che, comunque, indipendentemente dallo scenario, le politiche di sostegno normativo al ciclo economico si sono sempre tradotte in un incremento della complessità del sistema delle fonti (contro l'originario progetto di radicale riduzione di queste ultime al codice civile) e in un parallelo, inevitabile, appannarsi della linearità e della coerenza del linguaggio delle regole (contro l'originario progetto di un lessico e di una concettuologia rigorosi e uniformi, affidati al controllo della scienza giuridica).

Se a tutto questo, poi, si aggiungono il peso che, nel concreto svolgersi del ragionamento giuridico, ha ormai assunto il costante richiamo ai valori etici positivizzati dai principi costituzionali, ed il ruolo sempre più innovativo assunto dalla giurisprudenza, emergono nitide le ragioni della crisi, se non del declino, di quella forma di pensiero (la dogmatica di matrice pandettistica) che aveva contrassegnato lo sviluppo della scienza giuridica moderna. A quel modello, fortemente omogeneo e coeso, è subentrato un grande pluralismo di opzioni metodologiche che, se da un lato arricchisce la dottrina di nuovi e più ampi orizzonti culturali, dall'altro lato le impedisce, almeno in questa fase storica, di andare molto più in là di un lavoro di riordino e di ripulitura linguistico-concettuale delle nuove acquisizioni, spesso anche caotiche e contraddittorie, raggiunte dalla legislazione e dalla giurisprudenza.

3. *Diritto e diritto privato*

Partizioni del diritto

Il sistema giuridico si articola in una pluralità di settori, ciascuno funzionale al soddisfacimento di esigenze di regolazione sociale differenti. La suddivisione più ampia e anche più risalente nel tempo è quella tra diritto pubblico e diritto privato.

Il **diritto pubblico** è costituito dall'insieme delle norme che regolano l'organizzazione costituzionale dello stato, comprensiva delle libertà riconosciute ai cittadini (**diritto costituzionale**), lo svolgimento delle attività dei soggetti pubblici (**diritto amministrativo**) e l'esercizio della funzione giurisdizionale da parte della magistratura (**diritto processuale amministrativo**, **diritto processuale civile**, **diritto processuale penale**).

Diritto privato e autonomia privata

Il **diritto privato**, viceversa, è costituito, almeno nel suo nucleo essenziale, dall'insieme delle norme che regolano l'**autonomia privata**, ovvero quel fenomeno in virtù del quale i privati, in posizione di assoluta parità sotto il profilo formale, perseguono e realizzano i propri interessi mediante il compimento di atti della più varia specie (contratti, testamenti, matrimoni, ecc.) ai quali la legge ricollega effetti giuridici, tendenzialmente conformi alla volontà delle parti (questi atti, secondo una nomenclatura tradizionale, vengono detti **negozi giuridici**).

Un problema molto dibattuto è quello relativo alla **genesi** dei poteri di autonomia privata. Secondo alcuni, tale potere avrebbe un fondamento originario del quale il sistema giuridico si limiterebbe a prendere atto regolandone le modalità di esercizio; secondo altri, i poteri di autonomia privata deriverebbero dal sistema giuridico sicché i privati, da questo punto di vista, si trasformerebbero in funzionari dello Stato che esercitano un potere delegato.

Si tratta di una questione in larga parte ideologica anche se, sul piano storico-antropologico, appare più plausibile che l'autonomia privata preceda forme di organizzazione politica stabile della società per quanto poi, come vedremo, la stessa autonomia privata ricavi notevoli benefici dal consolidamento di un potere pubblico.

Fondamento dell'autonomia privata

Comunque stiano le cose, un dato certo è che la stragrande maggioranza dei sistemi giuridici ha conosciuto e regolato fenomeni di autonomia privata, pur variando a seconda dei tempi e dei luoghi la misura dello spazio assegnato a questa ultima.

In epoca moderna, le ragioni addotte a sostegno della scelta a favore dell'autonomia privata sono fondamentalmente due, una di ordine **etico-politico** e l'altra di ordine **economico**. La prima fa appello alla libertà degli individui, i soli legittimati a decidere del modo in cui impiegare i propri beni; la seconda fa appello all'idea che, lasciando liberi i singoli di disporre come meglio credono dei propri beni, ne verrà un vantaggio in termini di utilità economica per l'intero corpo sociale.

Queste due spiegazioni (complementari l'una all'altra, giacché la rivendicazione delle prerogative del singolo contro l'ingerenza del potere politico e la rivendicazione delle virtù del mercato contro la pretesa dello stato di dirigere l'economia sono due facce della stessa medaglia) possono apparire soddisfacenti se riferite, appunto, alle vicende degli ultimi tre secoli ed alla crescente diffusione ed affermazione del modello capitalistico: ma, naturalmente, sono del tutto inadeguate per i periodi storici precedenti alla «rivoluzione borghese», all'ideologia liberale e all'avvento dell'economia di mercato nelle sue forme più mature.

Ne consegue che la spiegazione più profonda e radicale della scelta operata da tutti i sistemi giuridici, compresi quelli pre- o paleo- capitalistici (a cominciare dal sistema giuridico romano), a favore dell'autonomia privata, risiede nella **impossibilità** per lo stesso sistema giuridico di farsi carico delle decisioni in ordine al modo di amministrare le risorse e soddisfare i bisogni di ciascun singolo consociato, pena il collasso. Da questo punto di vista, il probabile carattere originario del potere di autonomia privata non ne esclude una sua utilizzazione strumentale da parte del diritto che «trova» questo potere e lo conferma nella sua imprescindibile funzione di regolatore degli affari privati.

Sistema giuridico e autonomia privata

Il rapporto tra sistema giuridico e autonomia privata si sviluppa attraverso **tre** momenti fondamentali.

Il primo è rappresentato dall'attribuzione agli atti di autonomia privata di un'**efficacia vincolante** eguale a quella posseduta dalla norma giuridica (si veda l'art. 1372, co. 1 ai sensi del quale "il contratto ha forza di legge tra le parti"). In tal modo la violazione dell'impegno assunto da una parte nei confronti dell'altra – ad es., quello del compratore di pagare il prezzo al venditore – potrà essere sanzionata mobilitando l'apparato istituzionale a ciò preposto – ad es., attraverso una sentenza del giudice che condanni il compratore a corrispondere il prezzo al venditore – e facendo ricorso, in ultima analisi, alla risorsa che il sistema giuridico, come abbiamo visto, amministra in via esclusiva, ovvero la forza fisica – ad es., assoggettando il patrimonio del compratore riottoso all'esecuzione forzata.

Un effetto riflesso di questa prima funzione risiede nella tutela accordata dal sistema giuridico ai diritti che i privati acquistano in forza degli atti di autonomia privata. È chiaro, infatti, che se fosse consentito a Tizio di sottrarre a Mevio ciò che questi si è procurato attraverso la stipulazione di un contratto di compravendita, l'intero edificio dell'autonomia privata crollerebbe su se stesso perché nessuno sarebbe più disposto a impegnarsi per ottenere qualche cosa che gli può essere tolta impunemente: non a caso, quindi, il sistema giuridico attribuisce a Mevio il potere di chiedere al giudice di condannare Tizio alla restituzione della cosa e al risarcimento dei danni (art. 948).

Norme dispositive

Il secondo momento del rapporto tra sistema giuridico e autonomia privata è quello della predisposizione da parte del primo di una serie di regole delle quali la seconda può avvalersi ai propri fini. Queste regole (o norme), dette **dispositive** o anche **suppletive** – a seconda che si guardi al profilo della loro derogabilità ad opera dei privati o a quello della loro funzione di integrazione dell'atto di autonomia – soddisfano la fondamentale esigenza di sollevare le parti dall'onere di dettare, ogni volta, l'intera analitica disciplina di ciascun affare.

Difatti, le norme dispositive rispecchiano ciò che normalmente accade nella prassi degli affari e si applicano automaticamente, a meno che le parti, caso per caso, non intendano introdurre una regola diversa più confacente alle loro specifiche esigenze. Ad es., ai sensi dell'art. 1475 "le spese del contratto di vendita e le altre accessorie sono a carico del compratore, se non è stato pattuito diversamente": ciò significa che se le parti, come di solito accade, vogliono che le spese del contratto di compravendita rimangano a carico del compratore, non dovranno espressamente prevederlo nel contratto, cosa che invece dovranno fare se intendono regolarsi in modo diverso.

Analoga funzione, aggiungiamo, svolgono quelle norme che, ad es., predispongono schemi contrattuali già pronti per essere utilizzati dalle parti (**contratti tipici**: compravendita, locazione, ecc.): ma anche qui è sempre possibile che l'autonomia privata dia vita a nuovi tipi di contratto (**contratti atipici**), sia pure nei limiti imposti dall'art. 1322, co. 2.

Norme imperative

Il terzo e ultimo momento del rapporto tra sistema giuridico e autonomia privata è rappresentato dalla predisposizione di norme (dette **imperative**) che limitano o regolano l'esercizio dell'autonomia privata.

Al riguardo è necessario distinguere tra norme che limitano l'autonomia privata nel senso che ne stabiliscono inderogabilmente le **modalità** di esercizio, e norme che limitano l'autonomia privata nel senso che **vietano** ai privati l'adozione di comportamenti in contrasto con interessi e valori esterni al sottosistema dell'autonomia privata ma considerati dal sistema giuridico nel suo insieme come superiori.

Un esempio di norma del primo tipo è quella che individua i requisiti essenziali del contratto. I privati sono tendenzialmente liberi di stipulare tutti i contratti che credono, anche contratti atipici, ma dovranno rispettare lo schema fissato dalla legge all'art. 1325 il quale prevede che ogni contratto si componga dell'accordo delle parti, della causa, dell'oggetto e, ove richiesto, della forma scritta: viceversa, il contratto sarà nullo.

Un esempio di norma del secondo tipo – cioè, posta a tutela di interessi e valori considerati prevalenti rispetto all'autonomia privata – è quell'art. 2109, co. 1 ai sensi del quale "il prestatore di lavoro ha diritto ad un giorno di riposo ogni settimana, di regola in coincidenza con la domenica" (v. anche l'art. 36, co. 3, Cost.): un contratto di lavoro subordinato che non rispettasse questo limite sarebbe nullo non perché privo dei requisiti strutturali che la legge prescrive per la stipula di un valido contratto, ma perché in contrasto con l'interesse, non disponibile dall'autonomia privata, alla tutela della salute e della qualità della vita del lavoratore dipendente (più in generale, v. anche l'art. 1418, co. 1).

L'insieme delle norme che **promuovono** (art. 1372), **agevolano** (norme dispositive) o **limitano** (norme imperative) l'autonomia privata costituisce il diritto privato. Studiare il diritto privato, quindi, significa in larga misura studiare le precondizioni e le modalità di esercizio dell'autonomia privata: questa, infatti, rappresenta da sempre il cuore del diritto privato ed esibisce oggi una rinnovata centralità, come meglio si vedrà in seguito.

Tradizionalmente, a sua volta, il diritto privato si distingue in una serie di sottoinsiemi che prendono nome dal settore oggetto di specifica regolazione: il **diritto commerciale**, che si occupa dell'attività di produzione e scambio di beni e servizi svolta in forma professionale, il **diritto del lavoro**, che si occupa dei rapporti di lavoro subordinato o parasubordinato, il **diritto agrario**, che si occupa delle varie possibili forme di sfruttamento del bene terra, ecc.

Diritto comune

Prima di passare oltre, è opportuno segnalare un fenomeno che va assumendo oggi proporzioni sempre più vistose, e cioè l'applicazione di norme di diritto privato anche all'attività della p.a., la quale tradizionalmente, viceversa, soggiace alla disciplina del diritto amministrativo. Questo fenomeno in sé non è nuovo ma appunto, come si diceva, nella realtà odierna si presenta con tratti tanto vistosi da lasciar parlare del diritto privato come di un nuovo **diritto comune** a soggetti pubblici e privati (si v., ad es., l'art. 2, co. 4, d.lgs. n. 163/2006 e successive modificazioni – c.d. codice degli appalti – ai sensi del quale "Per quanto non espressamente previsto nel presente codice, l'attività contrattuale dei soggetti di cui all'articolo 1 si svolge nel rispetto, altresì, delle disposizioni stabilite dal codice civile"). Esso si inserisce all'interno di una più generale tendenza all'assoggettamento di tutte le attività economiche a regole di tipo privatistico, indipendentemente dalla circostanza che chi svolge queste attività sia un soggetto pubblico o privato: e ciò nel presupposto che la disciplina codicistica dei contratti e delle obbligazioni, in quanto espressione genuina della razionalità economica che, secondo questo modo di vedere, presiederebbe per definizione all'esercizio dei poteri di autonomia privata, sia garanzia di un uso efficiente delle risorse (pubbliche o private, appunto) oggetto di quelle attività.

Tuttavia, talvolta accade che quando le norme privatistiche vengano sradicate dal loro terreno d'elezione, ossia l'autonomia privata, e applicate all'attività della p.a., esse subiscano un grave stravolgimento. Emblematica, al riguardo, la vicenda delle privatizzazioni degli enti pubblici economici trasformati in società per azioni a seguito della quale molte norme del diritto societario – a cominciare da quella, fondamentale, per cui l'esercizio di poteri sociali dovrebbe essere collegato alla proprietà di almeno un'azione – sono state del tutto trascurate (v., ad es., l'art. 2, d.l. n. 332/1994 e successive modificazioni). E non è un caso che questa disciplina sia incorsa in una severa censura da parte della Corte di Giustizia europea.

3.1. *Il codice civile e le tendenze attuali della legislazione privatistica*

Il codice civile

Il diritto privato è una branca del sistema giuridico e quindi le sue fonti si identificano con quelle che il sistema giuridico stesso identifica come tali in via generale. Tuttavia, nel caso del diritto privato, il discorso sulle fonti merita un approfondimento in ragione della presenza di un **codice civile**.

Bisogna subito chiarire che il codice civile, dal punto di vista formale, è una legge ordinaria: esso, infatti, venne approvato con il r.d. n. 262/1942. D'altra parte, a conferma di quanto appena detto, si può ricordare che molte disposizioni del codice civile (ad es., in materia di diritto di famiglia) sono state dichiarate costituzionalmente illegittime perché in contrasto con i principi enunciati dalla Carta costituzionale o anche abrogate da norme di legge ordinaria entrate in vigore successivamente (ad es., la l. n. 151/1975 ha integralmente riscritto, appunto, la disciplina codicistica dei rapporti familiari).

L'importanza del codice civile nel quadro delle fonti del diritto privato, dunque, non dipende da un dato formale ma da un dato sostanziale riconducibile ai caratteri propri della codificazione e, in particolare, della codificazione civile.

Origini della codificazione civile

Dal punto di vista storico, il codice civile incarna l'ideale di una tecnica legislativa perfettamente conforme ai dettami del razionalismo illuministico e non è certamente un caso che, come già visto, il primo grande codice dell'età moderna sia stato il codice civile francese del 1804, frutto maturo di quella Rivoluzione che dell'Illuminismo era stata, a sua volta, figlia. Attraverso il codice civile si pone termine, infatti, alle situazioni di **particolarismo giuridico** e di **incertezza** normativa che avevano contraddistinto l'epoca del diritto comune e che costituivano ormai un insopportabile ostacolo allo sviluppo del traffico economico.

Nel codice civile di stampo ottocentesco trova posto, ordinata secondo un disegno coerente e armonioso, l'**intera** disciplina dei rapporti privati (eccezion fatta per quelli riconducibili alla materia del commercio, a loro volta oggetto di un apposito codice di commercio): e in nome del principio, o del dogma, della completezza del sistema giuridico al giudice, ormai trasformato in un mero esecutore della volontà legislativa, non è più dato né di denegare giustizia né di decidere, in modo più o meno arbitrario, quale norma (se di diritto comune, o di diritto consuetudinario o di diritto feudale) applicare alla controversia portata al suo esame.

Il modello codicistico conobbe, durante l'intero Ottocento, una straordinaria fortuna diffondendosi anche in aree geopolitiche estranee o addirittura ostili all'influenza francese (Impero asburgico, Regno delle Due Sicilie, molti dei piccoli Stati italiani, ecc.): e ciò a conferma della intrinseca bontà del modello stesso e della sua conformità alle esigenze di progresso economico e civile diffuse in tutta Europa.

L'unico grande paese europeo rimasto immune dal «contagio» della codificazione fu l'Inghilterra, il che però trova spiegazione nel fatto, già ricordato, che essa è il paese capofila di una tradizione giuridica (*common law*) diversa da quella continentale (*civil law*), fondata sul valore vincolante del precedente giudiziale piuttosto che sull'autorità di un legislatore e sul diritto scritto.

Anche l'Italia, una volta conseguita l'unità politico-amministrativa, procedette alla codificazione del diritto civile. Il primo codice civile dell'Italia unita risale al 1865: esso, come gran parte dei codici ottocenteschi, ricalca il modello francese e al pari di quest'ultimo è circoscritto alla sola materia dei rapporti civili giacché quelli commerciali – caratterizzati dalla presenza di un commerciante o dal fine di profitto – sono ancora una volta consegnati alla disciplina di un codice di commercio.

A distanza di quasi cento anni, nel 1942, nel nostro paese fu emanato un nuovo codice civile ancora oggi in vigore. Il codice civile del 1942, espressione di una cultura giuridica di alto livello, è un prodotto legislativo in larga misura originale che certo tiene conto dell'esperienza francese e di quella tedesca (anche la Germania, come si ricorderà, infatti, si era data nel 1900 un codice civile, il *BGB*), senza però uniformarsi pedissequamente né all'una né all'altra (ad es., in materia di responsabilità civile la soluzione accolta dall'art. 2043 si colloca a metà strada tra la regola di atipicità dell'art. 1382 del *code Napoléon* e quella di tipicità del § 823 *BGB*).

Esso, inoltre, segna l'**unificazione** del diritto civile e del diritto commerciale e la conseguente scomparsa del codice di commercio, il cui contenuto viene trasfuso in seno al nuovo codice civile (per lo più, ma non esclusivamente, nel Libro V), dando luogo a quel fenomeno che è stato ribattezzato **commercializzazione del diritto civile**.

Impianto del codice civile

Il codice civile si divide in sei libri, preceduti dalle Disposizioni sulla legge in generale, dette Preleggi: il Libro I, delle persone e della famiglia, il Libro II, delle successioni, il Libro III, della proprietà, il Libro IV, delle obbligazioni, il Libro V, del lavoro, il Libro VI, della tutela dei diritti. L'idea che sta a fondamento della codificazione del 1942 è quella tipica di ogni esperienza codificatoria: raccogliere in un unico testo normativo e in un disegno organico e coerente **tutta** la disciplina dei rapporti privati. Anzi, con il codice del 1942 questa tendenza si accentua perché, come abbiamo visto, l'originaria separazione tra la materia civile e quella commerciale viene definitivamente superata riportando quest'ultima all'interno del codice civile.

Certo, la regolamentazione analitica di alcuni istituti privatistici (si pensi a tutte le esclusive industrialistiche) rimase al di fuori del codice civile, affidata ad alcune leggi speciali (r.d. n. 1127/1939 in materia di brevetti per invenzioni industriali, r.d. n. 1411/1940 in materia di brevetti per modelli industriali, l. n. 633/1941 in materia di diritto d'autore e r.d. n. 929/1942 in materia di marchi registrati, oggi tutte, tranne la legge in materia di diritto d'autore, abrogate e trasfuse nel cpi) di poco precedenti o addirittura coeve all'entrata in vigore del codice stesso: il quale, però, almeno formalmente conserva una posizione eminente anche rispetto a queste materie ospitando poche norme che dovrebbero tradurne i fondamentali principi ispiratori (v. gli artt. 2569-2594), salvo poi, appunto, rinviare per il dettaglio alle leggi speciali.

Crisi del codice civile

Tuttavia, nel corso degli anni che ci separano dall'emanazione del codice civile, quest'ultimo ha visto notevolmente ridimensionare la sua originaria pretesa di esaurire l'intera disciplina dei rapporti privati e di rappresentare la fonte tendenzialmente esclusiva di tale disciplina. Volendo condensare in poche battute un fenomeno molto complesso, si può dire che l'attacco al primato del codice civile si è sviluppato lungo **tre** direttrici fondamentali: la Costituzione, la legislazione speciale di fonte interna e la legislazione speciale di fonte comunitaria.

Per quanto riguarda la Costituzione, abbiamo già detto che essa enuncia principi destinati ad avere un **impatto** immediato anche sulla disciplina dei rapporti privati: si pensi, oltre ai principi fondamentali degli artt. 2 e 3 (diritti inviolabili della persona ed eguaglianza giuridica e di fatto), agli artt. 29 e 30, in tema di matrimonio, famiglia e filiazione, all'art. 36, in tema di lavoro subordinato, all'art. 41, in tema di libertà di iniziativa economica, all'art. 42 in tema di proprietà, ecc. Codice civile e Costituzione

L'influenza dei principi costituzionali sul diritto privato si è esercitata in tre modi diversi: la legislazione attuativa di quei principi, la giurisprudenza costituzionale e la giurisprudenza ordinaria. Mentre quest'ultima si mantiene almeno formalmente rispettosa del ruolo del codice civile risolvendosi in una interpretazione adeguatrice delle norme codicistiche, non altrettanto può dirsi per la giurisprudenza costituzionale e la legislazione attuativa che, viceversa, intaccano in modo diretto il primato del codice: la prima dichiarando l'illegittimità costituzionale di numerose disposizioni codicistiche, la seconda dettando una disciplina analitica di materie già regolate nel codice civile ma secondo una ispirazione completamente diversa.

Così, specie nel corso degli anni '70, vengono emanate numerose leggi speciali che, programmaticamente, si richiamano ai principi costituzionali discostandosi dal codice civile. Leggi speciali

In alcuni casi queste leggi hanno trovato posto, attraverso la tecnica della **novellazione**, nel codice civile: è accaduto con l. n. 151/1975 di riforma del diritto di famiglia le cui disposizioni, ispirate ai principi dell'eguaglianza dei coniugi, del rispetto della personalità dei figli, della tendenziale parificazione dello *status* di figlio legittimo e di figlio naturale riconosciuto, hanno sostituito quelle contenute nella versione originaria del codice civile e ispirate a principi opposti in quanto espressione di una concezione gerarchico-autoritaria della famiglia È accaduto anche, più di recente, con il d.lgs. n. 6/2003 che ha riformato la disciplina delle società di capitali e delle società cooperative.

In tutti gli altri casi – si pensi, solo per esemplificare, alla l. n. 300/1970, il famoso Statuto dei lavoratori e alla l. n. 392/1978 ("Disciplina delle locazioni di immobili urbani"), istitutiva dell'equo canone – la nuova disciplina di segmenti molto significativi della materia dei rapporti privati (locazione, rapporto di lavoro subordinato) trova posto al di fuori del codice civile, anche qui introducendo regole e principi attuativi del dettato costituzionale ma fortemente divaricati rispetto alle soluzioni accolte dal legislatore del '42 (la tutela «reale» del posto di lavoro in opposizione ad un modello di tutela esclusivamente risarcitoria nel caso dello Stat. lav., la determinazione autoritativa di alcuni elementi fondamentali del rapporto di locazione, a cominciare dal canone, ove questo avesse ad oggetto un immobile per uso abitativo, nel caso della legge sull'equo canone).

Legislazione di fonte comunitaria

A partire dalla seconda metà degli anni '80, la centralità del codice civile nel sistema delle fonti del diritto privato subisce un ulteriore scossone a seguito dell'impetuoso moltiplicarsi di **direttive comunitarie** che, una volta recepite dal legislatore nazionale, determinano una vera e propria riscrittura di interi settori del diritto privato: si pensi alla materia bancaria e a quella societaria. Anche quando all'origine dell'innovazione legislativa non sta formalmente una direttiva, come ad es. nel caso della l. n. 287/1990 ("Norme per la tutela della concorrenza e del mercato"), tuttavia l'introduzione della nuova disciplina è pur sempre riconducibile all'esigenza di uniformare il diritto interno a quello comunitario.

Riscoperta del mercato e autonomia privata

Rispetto alla tendenza degli anni '70, quella, imposta dal diritto comunitario a partire dall'ultimo ventennio del secolo scorso, presenta una fondamentale diversità. Infatti, mentre la prima muoveva da una radicata **sfiducia** in ordine alla possibilità di pervenire ad un equo contemperamento degli interessi in conflitto affidandosi ai soli meccanismi di mercato – sfiducia che appunto spiega l'introduzione di limiti all'autonomia privata in funzione della tutela del soggetto economicamente e socialmente più debole (il lavoratore subordinato, l'inquilino, ecc.) –, la seconda muove dall'assunto opposto, ovvero dall'idea che il mercato e l'autonomia privata rappresentino le modalità più **efficaci** e **razionali** di allocazione delle risorse ma che, a tal fine, sia necessario consentire loro di funzionare al meglio eliminando taluni ostacoli (ad es., l'asimmetria informativa che, talora, caratterizza i rapporti tra i vari attori che operano sul mercato: professionisti-consumatori; imprese forti-imprese deboli).

Tutela del mercato e della concorrenza

Trova posto, in questa prospettiva, la ormai abbondantissima produzione legislativa ispirata da finalità di tutela del consumatore, ora raccolta nel cdc; ma anche la disciplina dell'abuso di dipendenza economica (art. 9, l. n. 192/1998), dell'affiliazione commerciale (l. n. 129/2004) o dei ritardi nei pagamenti delle transazioni commerciali (l. n. 231/2002). Si tratta di un insieme di disposizioni che, pur nella diversità dei fenomeni di volta in volta considerati, si propongono come obiettivo proprio quello di intervenire su quella che appare come la principale causa di inefficienza del mercato, e cioè, appunto, la disparità di potere (informativo, normativo, economico) che spesso caratterizza le relazioni tra imprese e tra imprese e consumatori.

Sotto questo profilo, la legislazione a tutela del consumatore finale, quella a tutela dell'impresa debole, la normativa in materia di concorrenza sleale e quella *antitrust*, rappresentano un *continuum* incentrato sulla tutela della concorrenza e del mercato, che sono stati, almeno sin qui, i motori fondamentali del processo di integrazione europea.

La normativa di origine comunitaria corrisponde ad una fase di sviluppo del capitalismo caratterizzata da una crescente esigenza di **regolamentazione** dell'economia (di cui pure sono chiara espressione le numerose Autorità amministrative indipendenti: le c.d. *Authority*). Essa, quindi, nella sua ispirazione, diverge tanto dal modello veterocodicistico, nel quale la relazione tra legge e mercato (e, dunque, autonomia privata) è di tipo **mimetico** (nel senso che il mercato rappresenta per il legislatore un semplice presupposto e compito del diritto è solo quello di istituire le condizioni minime necessarie a garantire il sistema degli scambi individuali), quanto dal modello interventista, nel quale la relazione tra legge ed autonomia privata è di tipo **ortopedico** (nel senso che il mercato rappresenta per il legislatore un organismo costantemente esposto al rischio di ammalarsi – i c.d. «fallimenti del mercato» – e al quale, pertanto, sostituirsi là dove esso, appunto, fallisca).

Attualmente, invece, la relazione tra legge ed autonomia privata è di tipo, per così dire, **omeopatico** (nel senso che il mercato rappresenta per il legislatore un organismo che va protetto rafforzando il dispositivo fondamentale sul quale esso poggia, cioè la libertà contrattuale, contro gli abusi di cui quest'ultima può essere vittima). Da qui, appunto, prima le normative *antitrust* e poi, oggi, quelle a sostegno dei soggetti portatori di una libertà contrattuale «debole» (consumatori finali e imprese in posizione di dipendenza) che non perseguono un obiettivo di tutela corporativa di queste categorie, ma hanno di mira l'instaurazione ed il mantenimento di un assetto regolativo conforme al principio della concorrenza (in questo senso, oggi, il mercato costituisce per il legislatore non più un semplice presupposto ma un **obiettivo**).

Il codice civile oggi

Per tornare, in fine, al tema dal quale abbiamo preso le mosse, è certo che il codice civile non può più avanzare quella pretesa di esaustività della disciplina privatistica che ne costituiva, in un certo senso, il marchio d'origine. In particolare, poi, alla luce degli sviluppi di cui si è appena detto, il codice civile del 1942, che riassume in sé i caratteri del primo e del secondo capitalismo (quello mimetico e quello ortopedico) fatica a stare dietro al proliferare delle regole, figlie del capitalismo omeopatico, poste a presidio del mercato e della concorrenza: queste ultime, difatti, investendo direttamente la materia contrattuale, mettono in discussione proprio la tenuta di quella "parte generale" del contratto (artt. 1321-1469 *bis*) alla quale era stato assegnato il compito di agglutinare attorno a sé tutto il sistema dell'autonomia privata.

Ciò non toglie che, anche se ridimensionato in quantità e in qualità, il codice civile mantenga, nel quadro delle fonti del diritto privato, un ruolo comunque importante apprezzabile fondamentalmente sul piano della predisposizione di un reticolo di **concetti** e **regole** di portata più o meno ampia (persona fisica, persona giuridica, contratto, obbligazione, fatto illecito ma anche rappresentanza, garanzia del credito, ecc.), di **principi** (affidamento, consensualismo, causalità dell'attribuzione patrimoniale, ecc.) e di **clausole generali** (buona fede, correttezza professionale, ecc.).

Grazie a tale reticolo, è possibile soddisfare, anche se con difficoltà sempre crescenti, due importantissime esigenze dell'attività di interpretazione e applicazione del diritto: la prima, più elementare, consistente nell'**integrare**, appunto, attraverso il richiamo alle norme del codice civile, la disciplina contenuta nella legislazione speciale; la seconda, più complessa, consistente nel fornire a questa ultima un quadro di riferimento sistematico entro il quale essa può inserirsi con una qualche coerenza.

L'Europa e la codificazione

D'altra parte, che il codice civile rappresenti tutt'oggi una tecnica legislativa di notevole richiamo è testimoniato anche dai numerosi tentativi di articolazione di un diritto uniforme europeo i quali (pur al momento privi di efficacia normativa) tutti si orientano verso un modello di tipo codicistico, sebbene rinnovato (si pensi al *DCFR* il quale contiene una disciplina analitica delle obbligazioni e dei contratti).

E perfino la *lex mercatoria*, cioè quell'insieme di principi regole e prassi transnazionali seguito dalla comunità degli affari mondiale, nel momento in cui si è voluto tradurla in un testo scritto, ha preso forme abbastanza simili a quelle di un moderno codice civile (si pensi ai Principi Unidroit).

All'interno del discorso sulle tecniche di legislazione, o di sistemazione di discipline già vigenti, merita infine di essere ricordata la l. n. 29/2003, con la quale è stata conferita al Governo la delega al riassetto normativo di alcune aree disciplinari e nella rubrica della quale si opera un espresso riferimento alla "codificazione". E, in effetti, negli ultimi anni, il legislatore ha adottato alcuni provvedimenti di riordino delle più diverse materie: questo è quanto accaduto, ad es., con il d.lgs. n. 193/2003 cdp; il d.lgs. n. 206/2005 cdc; d.lgs. n. 30/2005 cpi; il d.lgs. n. 209/2005 cdass; il d.lgs. n. 82/2005 cda.

CAPITOLO II

PROFILI DELL'ATTIVITÀ GIURIDICA

1. *La nozione di attività giuridica*

Diritto e realtà sociale

Il diritto, inteso come sistema di norme, svolge la sua funzione prescrittiva in un ambito costituito dalla concreta realtà dei rapporti economico-sociali: in questa prospettiva, ogni raffigurazione del diritto che non tenesse conto del suo intimo legame con la realtà economico sociale sarebbe certo insufficiente ad individuarne l'essenza.

Qualificazione giuridica dei dati dell'esperienza economico sociale

Il processo di qualificazione da parte del diritto dei dati dell'esperienza economico sociale si realizza – in via generale – attraverso il **raffronto** tra le ipotesi di fatto concrete e le previsioni normative astratte al fine di verificare se le prime trovino o meno corrispondenza nelle seconde: l'ipotesi di fatto concreta assume, nel linguaggio del giurista, il nome di **fattispecie** (dal latino *facti species* = immagine del fatto) concreta; la previsione normativa astratta assume, invece, la denominazione di fattispecie astratta. Va rilevato che la fattispecie può configurarsi come semplice, se un solo elemento fattuale è idoneo a produrre l'effetto giuridico (ad es.: il conferimento della procura dal rappresentato al rappresentante è sufficiente a fondare l'attribuzione a quest'ultimo della legittimazione rappresentativa); complessa, se occorrono invece più elementi combinati tra di loro (v. ad es. l'art. 1153, sulla base del quale chi consegue in buona fede dal non proprietario il possesso di un bene mobile sulla base di un titolo astrattamente idoneo all'acquisto della proprietà diventa titolare di questo diritto); a formazione progressiva, quando i diversi elementi sono destinati a compiersi non nello stesso istante, ma in una sequenza temporale più o meno lunga (v. ad es. l'art. 2652 n. 6 in materia di c.d. pubblicità sanante).

Allorché la fattispecie concreta si presti ad essere inserita nella fattispecie astratta, si producono gli **effetti giuridici** previsti da quest'ultima: tale procedimento logico, di grande importanza nel ragionamento del giurista, prende il nome di **sussunzione** (della fattispecie concreta in quella astratta).

Così, ad es., il comportamento di chi sottrae, impossessandosene, una cosa mobile di pregio al fine di trarne profitto, costituisce la fattispecie concreta cui corrisponde la fattispecie astratta del furto, disciplinata dall'art. 624 c.p.: se ricorre, dunque, quella determinata ipotesi di fatto, si producono gli effetti contemplati dalla previsione normativa (e, dunque, in particolare, le sanzioni comminate dalla norma in relazione al furto).

In via generale, il diritto seleziona e qualifica, ove giudicate **rilevanti,** le azioni o le omissioni poste in essere da quelli che possiamo empiricamente definire, in questa fase del discorso, come i «protagonisti» dell'esperienza economico sociale (e che tecnicamente assumono invece il nome di soggetti dell'ordinamento giuridico), al fine di regolare la tipologia di conflitti dei quali esso si occupa; naturalmente, tale procedimento di selezione e qualificazione può configurarsi, nel corso del tempo, come diversamente modulato, in relazione alle mutevoli esigenze che l'ordinamento giuridico ritenga di dover perseguire.

Rilevanza giuridica delle attività umane

Vi possono essere, in effetti, attività che si svolgono nella realtà economico sociale ma che risultano del tutto prive di rilevanza sul piano del diritto proprio perché non danno luogo ai conflitti che il diritto è chiamato a disciplinare né con essi interferiscono. Ad es., correre in un parco cittadino è, di per sé, un atto giuridicamente irrilevante (anche se – per colui che lo compie – potrà essere gradevole o utile al mantenimento della forma fisica e, dunque, in grado di soddisfare un interesse soggettivamente apprezzabile) poiché – di norma – non dà luogo ad un conflitto di tipo **appropriativo** in quanto lo spazio disponibile per quelli che desiderano correre è sufficiente a soddisfare le esigenze di tutti.

Ma il discorso sarebbe certo diverso ove il gran numero di chi frequenta il parco costringesse il Comune a regolamentare le corse, consentendole, ad es., solo a chi versi un certo corrispettivo. Qui infatti, emerge un conflitto tra gli interessi di tutti coloro che vogliono fruire del parco; ed il correre nel parco senza pagare diventa un atto giuridicamente rilevante, perché integra una violazione della regola di condotta posta dal Comune, esponendo il trasgressore alla sanzione prevista.

La stessa corsa nel parco può, poi, acquisire una rilevanza giuridica sotto ulteriori profili. Così, se – in ipotesi – chi corre, non essendosi accorto di un viandante, lo travolge procurandogli una frattura (si tratterà di un fatto illecito, fonte di un obbligo risarcitorio); ovvero se il corridore avrebbe dovuto essere, alla stessa ora, sul luogo di lavoro (perché, in questo caso, egli si sarà reso responsabile dell'inadempimento di un'obbligazione); ovvero, ancora, se colui che corre lo fa per essersi obbligato in tal senso con un altro soggetto il quale gli corre accanto e che ha interesse ad essere allenato (ed allora si tratterà dell'adempimento di un'obbligazione precedentemente assunta).

Infatti, in questi tre casi, il correre interferisce variamente con assetti di interessi che il diritto ha già disciplinato, prevedendo norme attributive di utilità date ad un soggetto (ad es., le utilità che discendono dal proprio stato di salute) ovvero rendendo doverosi, attraverso la tecnica del rapporto obbligatorio, determinati comportamenti funzionali a conferire utilità ad un altro soggetto.

Attività ed effetti giuridici

Può allora proporsi una nozione di **attività giuridica** nei termini di ogni **azione**, **omissione** o **comportamento** che dia luogo a **conseguenze rilevanti** sul piano normativo: cioè, **effetti giuridici**, consistenti nella imputazione di **situazioni giuridiche soggettive** ad entità che, come vedremo, prendono il nome di soggetti di diritto.

2. *Il fatto giuridico*

La funzione del diritto, di regola dei conflitti di interesse, sembrerebbe postulare che l'attività giuridica sia destinata invariabilmente a corrispondere ad azioni o omissioni sempre riferibili a condotte coscienti e volontarie dei soggetti di diritto.

In realtà, effetti giuridici possono discendere anche da accadimenti nei quali **non** è dato ravvisare un **comportamento umano** (come, ad es., un evento naturale: un fulmine, una tromba d'aria), ovvero nei quali l'esistenza di un comportamento umano, in ipotesi cosciente e volontario, **non** rileva affatto (giacché, ai fini della produzione di quell'effetto giuridico, è del tutto irrilevante che a monte dello stesso vi sia un comportamento volontario ovvero che vi sia invece, e semplicemente, un accadimento naturale).

Progressione fatto, atto, negozio giuridico

Diventa allora importante stabilire, all'interno della vasta area dell'attività giuridica, quali siano i rapporti tra la volontà dei soggetti e la produzione degli effetti giuridici.

In tale prospettiva emerge una tripartizione di concetti che si presta ad essere descritta nei termini di una progressione dall'assoluta **irrilevanza** della volontà del soggetto ai fini dell'insorgere dell'effetto giuridico (alla quale corrisponde la categoria del **fatto giuridico**), ad una **rilevanza circoscritta** della volontà (limitata, cioè, alla sussistenza di una semplice volontarietà e consapevolezza dell'atto: ad essa corrisponde la categoria dell'**atto giuridico in senso stretto**) fino a giungere alla rilevanza **massima** della volontà (che qui si spinge a modellare sopra di sé l'effetto giuridico, sia pure ovviamente nei limiti consentitile dall'ordinamento giuridico: a tale categoria corrisponde il **negozio giuridico** o **atto di autonomia privata**).

Fatto giuridico

Così, in particolare, il concetto di **fatto giuridico** può essere descritto nei termini di qualsiasi accadimento giuridicamente rilevante, con riguardo al quale la produzione dell'effetto giuridico prescinde del tutto dall'esistenza del comportamento volontario di un soggetto: tale comportamento volontario potrà anche esservi, ma la sua sussistenza non ha peso ai fini della produzione dell'effetto giuridico.

Esempi di fatti giuridici

Vengono in considerazione, in tale categoria, sia **eventi naturali**, sia **comportamenti umani** nei quali, tuttavia, la volontà del soggetto **non** assume rilevanza al fine della produzione dell'effetto giuridico.

Si considerino – quali esempi della prima serie di ipotesi – il fulmine che incenerisce l'abitazione di proprietà di Tizio (si tratta certamente di un fatto giuridico, poiché l'effetto giuridico – l'estinzione del diritto di proprietà sull'abitazione – prescinde totalmente dal comportamento di un soggetto) ovvero la morte, per ragioni naturali, di Caio (qui l'effetto giuridico consiste nel venir meno di quello che, allorché Caio era in vita, era un centro di imputazione di situazioni giuridiche).

Quale esempio della seconda serie di ipotesi può invece essere indicato il caso dell'acquisito della proprietà da parte del proprietario di un fondo sulla pianta che sia nata sul fondo stesso (art. 934). Qui l'effetto giuridico dell'acquisto della proprietà si produce allo stesso modo sia che il seme venga piantato da un agricoltore, sia che venga trasportato dal vento o dall'acqua in quel fondo: e ciò rende palese che la volontà del soggetto è del tutto irrilevante.

3. *L'atto giuridico in senso stretto*

Atto giuridico

In altre occasioni, ci si trova invece in presenza di una situazione di limitata rilevanza della volontà del soggetto ai fini della produzione dell'effetto giuridico: qui l'effetto giuridico insorge nella misura in cui l'atto sia sorretto dalla volontà e dalla consapevolezza di chi agisce.

Tuttavia, il contributo volitivo del soggetto si arresta a questo livello: nel senso che l'atto, una volta posto in essere volontariamente e consapevolmente, rileva quale semplice **presupposto** di effetti giuridici integralmente predeterminati da una norma giuridica.

Esempi di atti giuridici in senso stretto

Corrisponde a questa area di ipotesi la categoria dell'**atto giuridico in senso stretto**, della quale possono costituire esempi, tra gli altri, l'atto di costituzione in mora del debitore da parte del creditore (art. 1219: gli effetti della mora del debitore si producono solo perché è stato posto in essere dal creditore l'atto di costituzione in mora, spettando all'ordinamento di ricollegarvi il corrispondente effetto) ovvero l'adempimento, che, se esatto, determina l'effetto di estinguere il vincolo obbligatorio, a prescindere dall'indirizzarsi in tal senso della volontà del debitore.

Debbono essere ricondotte all'area degli atti giuridici in senso stretto anche le c.d. dichiarazioni di scienza, nelle quali il dichiarante si limita a rappresentare una realtà, nei termini in cui egli la conosce (v., ad es., la quietanza, che il creditore deve rilasciare al debitore nel momento in cui ne riceva il pagamento, e con la quale il creditore dà atto di avere ricevuto il pagamento dovutogli).

Atto giuridico e capacità dell'agente

Naturalmente, la circostanza che la volontà rilevi nei termini appena illustrati incide anche sui requisiti di capacità del soggetto ai fini del compimento dell'atto. Infatti, la capacità richiesta per l'atto giuridico in senso stretto è la semplice **capacità di intendere e di volere**, altrimenti detta **capacità naturale** (art. 428) secondo quanto si ritiene sulla base di un'applicazione, estesa a tutti gli atti giuridici in senso stretto, dell'art. 2046.

4. *Il negozio giuridico e l'autonomia privata (nozioni generali)*

Negozio giuridico ed autonomia privata

Procedendo ancora oltre nell'approfondimento delle varie manifestazioni dell'attività giuridica ed assumendo sempre come filo conduttore del discorso il grado di rilevanza della volontà del soggetto, ci si deve a questo punto soffermare (per poi riprendere a suo tempo il discorso) sul concetto di **negozio giuridico** e di atto di **autonomia privata**.

Il negozio giuridico (dal termine latino *negotium*, il quale rimanda, a sua volta, alla nozione di attività del soggetto, *nec otium*, contrapposta così all'inerzia, alla non-attività), rappresenta, infatti, il punto di rilevanza massima della volontà del soggetto giacché quest'ultima, qui, è in grado di modellare sopra di sé l'effetto giuridico prodotto, **non** limitandosi l'atto a costituirne il mero presupposto.

In altre parole, pur essendo la produzione dell'effetto giuridico sempre di competenza dell'ordinamento giuridico, nel caso dell'attività negoziale l'effetto viene a ricollegarsi al contenuto della **volontà** dell'autore, che potrà dunque modellarlo sopra di sé al fine di assicurarne la massima corrispondenza all'interesse perseguito. Tale effetto consisterà, in particolare, nel vincolo impegnativo costituito dalla regola posta dall'autore dell'atto per la sfera dei propri interessi (ad es., se stipulo un contratto con Tizio, non potrò – in linea di principio – sciogliermi dal contratto, poiché diversamente verrebbe meno l'essenza regolamentare dell'atto che ho posto in essere; una regola, per essere tale, deve essere «ferma» e non mutevole).

Se si tiene presente questa prima ed approssimativa nozione di negozio giuridico, è agevole rendersi conto che – al di là dell'apparente astrattezza della categoria – essa corrisponde ad una grande varietà di atti molto diffusi nella prassi.

Esempi di negozi giuridici

Si pensi, ad es., agli affari che ci permettono di acquisire i beni necessari alla nostra vita di tutti i giorni (il contratto con cui compriamo al mercato la frutta e la verdura, il contratto attraverso il quale conseguiamo la disponibilità di un appartamento), i quali – dal punto di vista della qualificazione giuridica della fattispecie – sono appunto negozi giuridici, in quanto gli effetti che da essi discendono si **commisurano alla volontà** (e, dunque, **agli interessi**) dei loro rispettivi autori. Questi ultimi, infatti, nei limiti posti dall'ordinamento giuridico, potranno adattare la regolamentazione dell'affare al soddisfacimento dei propri interessi.

Ma la categoria del negozio giuridico si estende ben oltre questo ambito, ricomprendendo al proprio interno tutti gli atti nei quali l'effetto giuridico rifletta, almeno tendenzialmente, la volontà dell'autore.

Pertanto, sono negozi giuridici non solo tutti gli atti unilaterali tra vivi aventi contenuto patrimoniale (art. 1324), ma anche il **matrimonio** (che pure possiede una sua spiccata peculiarità per la funzione che gli è propria di atto costitutivo della comunità familiare) ed il **testamento** (che presenta, per un verso, un ambito particolarmente ampio di espressione della volontà del testatore, ma è considerato da taluno, per altro verso, un semplice atto di indirizzo di un effetto giuridico – la successione nei rapporti che facevano capo al testatore – destinato comunque a prodursi in virtù della legge).

La grande latitudine della categoria del negozio giuridico è stata talora considerata indice di una sua pericolosa astrattezza: ma si deve tenere conto che un certo tasso di astrattezza è ineliminabile dalle categorie giuridiche (così come dalle categorie logiche delle quali qualsiasi scienza si deve servire nella sua opera di comprensione del reale), proprio in quanto esse debbono selezionare gli elementi comuni ad una serie di ipotesi concrete al fine di poterle studiare proficuamente.

L'esatta percezione dei confini della categoria negoziale è certamente ostacolata dal fatto che essa non sia stata accolta dal legislatore italiano (a differenza, ad es., di quanto è accaduto in Germania con il *BGB*), per quanto – secondo una certa impostazione – l'art. 1324 (il quale estende la disciplina del contratto agli atti unilaterali tra vivi aventi contenuto patrimoniale) ne segnalerebbe l'implicita recezione.

Può essere utile, allora, soffermarsi brevemente sull'elaborazione plurisecolare della dottrina che ha formulato tale categoria e che ha trovato il proprio culmine in Germania nel XIX secolo ed in Italia nel XX secolo, al fine di intenderne le ragioni, l'utilità ed i limiti.

Origini ed elaborazione del concetto di negozio giuridico

Attraverso il concetto di negozio giuridico, si è perseguito il tentativo di modellare una categoria unitaria e comprensiva di tutte le ipotesi nelle quali l'effetto giuridico si produca secondo una linea di tendenziale conformità alla volontà del soggetto. In questa prospettiva ben si comprendono le più risalenti definizioni del negozio giuridico, che lo descrivono nei termini di una **dichiarazione di volontà** privata intesa a produrre effetti conformi alla volontà del suo autore e riconosciuti appunto – quali effetti giuridici – dall'ordinamento.

In queste definizioni, non è difficile ravvisare la corrispondenza a precise opzioni filosofiche ed ideologiche, giacché esse enfatizzano il ruolo della volontà del soggetto (e dunque la sua centralità nell'ordinamento) in sede di creazione degli effetti giuridici secondo una linea di affinità con la filosofia dell'illuminismo (e, dunque, con la ritenuta centralità dell'individuo, della sua volontà e del suo pensiero, nell'esperienza umana).

Non si debbono tuttavia esasperare le connotazioni ideologiche della categoria negoziale, in quanto essa è stata recepita in sistemi giuridico-politici completamente diversi l'uno dall'altro (ad es., il negozio giuridico era disciplinato anche nei codici di taluni dei paesi socialisti dell'Europa orientale): ciò che ne testimonia la portata pur sempre eminentemente tecnica.

Successivamente, ci si è resi conto che la formula della dichiarazione di volontà si palesava inadeguata, non soltanto perché non sempre il negozio giuridico consiste in una dichiarazione di volontà, ma anche perché il primato della volontà del soggetto può subire un radicale ridimensionamento a fronte dell'esigenza di tutelare la controparte ed il suo **affidamento**, di guisa che, qui, il negozio giuridico produrrà effetti vincolanti nonostante l'esistenza di un vizio della volontà.

Negozio giuridico come atto di autonomia privata

Più di recente, proprio nel solco di tali considerazioni, sono state prospettate ricostruzioni che enfatizzano piuttosto l'**essenza regolamentare** del negozio giuridico, configurandolo, dunque, come atto con il quale l'individuo detta da sé una regola per la sfera dei propri interessi. Si parla pertanto di **atto di autonomia privata**, volendosi appunto sottolineare l'**autoregolamentazione degli interessi** del privato che così si realizza.

La ricostruzione in termini di autonomia privata dell'attività negoziale permette di tracciare con maggiore sicurezza la linea di confine tra atto negoziale ed atto non negoziale, in quanto nel primo compete all'autore dell'atto porre in essere la regola, (che dovrà successivamente essere valutata dall'ordinamento); nel secondo, invece, la regola è determinata integralmente dall'ordinamento giuridico, competendo al privato porre in essere semplicemente la fattispecie necessaria a dare ingresso all'effetto giuridico.

La ricostruzione del rapporto intercorrente tra autonomia privata ed ordinamento giuridico costituisce oggetto di un dibattito risalente, che presenta un interesse prevalentemente dottrinale, ma che può essere utile richiamare sinteticamente. In particolare, si contendono il campo le tesi classiche dell'«autorizzazione» e del «riconoscimento» nonché quella più recente, che impernia il discorso sul concetto di «compatibilità».

In base alla prima ipotesi di descrizione del rapporto tra autonomia privata ed ordinamento, si afferma che l'autonomia privata di per sé non è una autonomia sovrana ed indipendente; in realtà, la volontà dei privati potrebbe porre in essere atti di autonomia privata in quanto vi sia un'altra volontà, effettivamente superiore, che si esprime nell'ordinamento giuridico statuale e che autorizza i soggetti a creare regole produttive di effetti non solo pratici ma anche giuridici (rilevanti, cioè, per il diritto oggettivo ed assistiti dalla tutela giurisdizionale dello Stato). Si tratterebbe di un'autorizzazione e, quindi, di una procedura *ex ante* che precede il potere dei privati.

Secondo la tesi del riconoscimento, se anche qui il ruolo dell'ordinamento giuridico statuale è fondamentale per la rilevanza non solo sociale del contratto in specie e del negozio in genere, esso interverrebbe *ex post* rispetto alla regola privata: quest'ultima, sino a quando non sopraggiunga la sanzione giuridica statuale, non potrebbe rilevare se non su di un piano meramente economico e sociale. È l'ordinamento, in definitiva, che con il proprio riconoscimento sovrano segnerebbe il passaggio dal piano empirico a quello giuridico. Una variante di questa tesi evidenzia, poi, come il riconoscimento statuale sarebbe di tipo essenzialmente **tecnico**: il diritto oggettivo, cioè, preso atto del carattere socialmente impegnativo della regola privata, la riconosce, altresì, come regola produttiva di effetti giuridici corrispondenti alle determinazioni prese dalle parti.

La tesi che si esprime in termini di compatibilità respinge la descritta e rigida alternativa tra autorizzazione e riconoscimento statuali per spiegare l'essenza del fenomeno dell'autonomia privata, sottolineando il carattere comunque giuridico della regola privata a prescindere dall'intervento statuale (tanto di quello *ex ante* che di quello *ex post*): l'autonomia privata esprimerebbe già una dimensione propria di tipo organizzativo e regolamentare, così da manifestare una giuridicità originaria e parallela a quella dello Stato. Su tale premessa, quando la regola dell'autonomia privata risulti compatibile con i valori e le norme dell'ordinamento statuale (ad es., il contenuto del contratto non è contrario a norme imperative o all'ordine pubblico), essa sarà assistita anche dalla tutela di tipo giurisdizionale fornita dagli apparati dello Stato. In caso contrario, il negozio – proprio in quanto regola di per sé privata e giuridica – potrebbe essere comunque spontaneamente osservato dai privati, che, in effetti, possono eseguire spontaneamente anche un contratto nullo.

Quest'ultima tesi, se sottolinea, condivisibilmente, l'originario carattere giuridico del negozio quale espressione fondamentale della libertà dei privati di autoregolamentare i propri interessi, trascura di considerare che le prestazioni poste in essere dai privati in attuazione di un contratto che non abbia superato con esito positivo il giudizio di compatibilità con l'ordinamento giuridico potranno pur sempre essere poste nel nulla attraverso l'esercizio dell'azione di ripetizione dell'indebito (artt. 2033 s.): si conferma, dunque, il valore qualificante che possiede il riconoscimento, sia pur tecnico, dell'atto di autonomia privata da parte dell'ordinamento giuridico.

4.1. *La dichiarazione di volontà*

L'atto negoziale postula, in ogni caso, una **esteriorizzazione** della volontà. È ovvio, infatti, che una volontà puramente interiore non potrebbe essere presa in considerazione dal diritto al fine di ricollegarvi effetti giuridici: ad es., se io penso intensamente di voler recedere da un contratto in corso con Tizio, ma non manifesto questa volontà all'esterno e nei confronti di Tizio, la mia intenzione rimarrà del tutto irrilevante. Un discorso analogo vale, del resto, anche per l'atto giuridico in senso stretto, dato che la volontà di chi lo pone in essere, se non esternata, non potrebbe rilevare neanche al limitato fine di costituire il presupposto di effetti già integralmente predeterminati dalla norma.

Dichiarazione recettizia e non recettizia

Si parla, al riguardo, di **dichiarazione**, termine con il quale si designa, appunto, la manifestazione di volontà all'esterno.

La dichiarazione può essere **recettizia** o **non recettizia** a seconda che la sua efficacia giuridica sia subordinata, o meno, alla sua ricezione nella sfera di un destinatario determinato. Al riguardo, vengono in considerazione l'art. 1334, alla stregua del quale "gli atti unilaterali producono effetto dal momento in cui pervengono a conoscenza della persona alla quale sono destinati"; e l'art. 1335 secondo cui "la proposta, l'accettazione, la loro revoca e ogni altra dichiarazione diretta a una determinata persona, si reputano conosciute nel momento in cui giungono all'indirizzo del destinatario, se questi non prova di essere stato, senza sua colpa, nell'impossibilità di averne notizia".

Dichiarazione **recettizia** è, ad es., la **remissione del debito** che – secondo l'art. 1236 – "estingue l'obbligazione quando è comunicata al debitore, salvo che questi dichiari in un congruo termine di non volerne profittare".

Dichiarazione **non recettizia** è, invece, il testamento (art. 587), che non si indirizza ad alcun destinatario determinato; pure non recettizia è la **promessa al pubblico**, che viene sì resa pubblica, ma, ancora una volta, non è necessario per la produzione degli effetti – il vincolo del promittente – che sia indirizzata ad un destinatario determinato (art. 1989).

4.2. *Dichiarazione espressa e tacita e comportamento concludente*

Dichiarazione espressa

La volontà può essere manifestata all'esterno attraverso forme verbali (orali o scritte) ovvero per mezzo di segni che abbiano analoga valenza comunicativa, sia pure in relazione ad uno specifico uso vigente in un dato contesto sociale.

Se la prima ipotesi non pone particolari problemi, costituendo un dato di comune esperienza la possibilità di manifestare la propria volontà verbalmente, un esempio può meglio illustrare la seconda: così, nell'ambito di un'asta, il gesto della mano – che in altro contesto è del tutto privo di significato negoziale – assume il senso di una manifestazione della volontà di acquistare un bene ad un determinato prezzo.

Quando la volontà venga manifestata attraverso l'uso di un codice comunicativo, generale o particolare, si parla di **dichiarazione espressa**.

Comportamenti concludenti

La volontà può altresì essere manifestata attraverso comportamenti c.d. **concludenti**: cioè comportamenti dai quali si desume, in via di illazione, l'esistenza di una volontà che, di per sé, non viene esteriorizzata.

Tali contegni possono consistere, a loro volta, in una dichiarazione (e si parla allora di **dichiarazione tacita**: ad es., la dichiarazione attraverso la quale si pone in essere un contratto, disponendo di un bene che si era conseguito in forza di altro contratto del quale il soggetto avrebbe potuto chiedere l'annullamento, si configura come dichiarazione tacita ed implica – art. 1444, co. 2 – la convalida del contratto annullabile) ovvero in un comportamento (e si parlerà allora di **contegno concludente**).

La manifestazione di volontà per contegno concludente assume una particolare importanza nell'esperienza socio – economico contemporanea per la rapidità ed agilità con la quale essa consente di esternare la propria determinazione volitiva: ad es., il comportamento di chi, in un supermercato, prenda i prodotti collocati sullo scaffale e li metta sul proprio carrello consente di inferire l'esistenza della volontà di acquistare quei prodotti; il comportamento di chi entri in un parcheggio a pagamento con la propria autovettura permette di desumere la volontà di avvalersi del servizio di parcheggio offerto.

Risulta chiaro dagli esempi addotti che la possibilità di desumere in via d'illazione la volontà dal comportamento può ricollegarsi, innanzi tutto, ad una valutazione normale del significato che quel comportamento assume nel contesto sociale di riferimento. La medesima possibilità può altresì ricollegarsi alla circostanza che quei comportamenti si risolvono sovente nella stessa attuazione del rapporto, postulando così l'esistenza di una conforme volontà di porre in essere il corrispondente assetto di interessi (così, in particolare, nel caso della fruizione di un servizio – di parcheggio, di trasporto – ovvero nell'acquisizione di un bene, previo contestuale pagamento di un corrispettivo, attraverso un distributore automatico; si parla, in questi casi, di **negozio di attuazione**, poiché chi pone in essere il comportamento forma il contratto con un contegno che, al tempo stesso, ne determina l'attuazione, risolvendosi nell'attuazione del contenuto tipico della prestazione propria di quel contratto).

Negozio di attuazione

Protestatio contra factum non valet

È per questa ragione che – di fronte ad un comportamento che si risolva già nella attuazione del rapporto (con l'acquisizione del bene o la fruizione del servizio offerti) – non è dato manifestare una volontà di segno contrario (ad es., non si può pretendere di uscire dal supermercato con il carrello carico di prodotti, dichiarando di non voler pagare sulla base dell'assunto che non si intende acquistare ma soltanto prendere in visione: la regola viene enunciata con la formula latina *protestatio contra factum non valet*).

La manifestazione di una volontà di segno contrario è invece possibile quando il comportamento **non** si risolva già nell'attuazione del rapporto corrispondente (ad es., posso accettare la consegna di un libro da un libraio, precisando che intendo soltanto tenerlo in visione; nel caso in cui la detenzione del libro si prolunghi in maniera irragionevole, si potrà ipotizzare un comportamento concludente che perfeziona un contratto ovvero, a seconda delle circostanze, un illecito extracontrattuale, consistente nella utilizzazione abusiva del libro).

Va considerato peraltro che, in relazione agli effetti propri di una determinata manifestazione di volontà ed al fine di predisporre una maggiore tutela per il dichiarante, è richiesta in taluni casi una dichiarazione espressa di volontà (v., ad es., gli artt. 1268, co. 1; 1272, co. 1; 1273, co. 2, che, nelle ipotesi di delegazione, espromissione ed accollo, richiedono che l'eventuale dichiarazione del creditore intesa a liberare il debitore originario sia espressa; l'art. 1937, secondo il quale, nel contratto di fideiussione, la volontà del fideiussore di prestare la garanzia deve essere espressa).

Silenzio

Il mero silenzio, di per sé, **non** può essere considerato come un comportamento concludente. Ciò può accadere soltanto in virtù di un'espressa previsione di legge (v. il procedimento di conclusione del contratto con obbligazioni a carico del solo proponente: art. 1333), ovvero sulla base di un precedente accordo intercorso tra le parti ovvero, ancora, in ragione di un'inequivoca prassi contrattuale (ad es., se nell'ambito di un contratto di somministrazione periodica di beni è usuale che – in caso di mancata contestazione dell'aumento del corrispettivo richiesto dal somministrante – esso si intenda accettato dalla controparte, quest'ultima non può asserire che il suo silenzio non poteva avere tale significato, poiché porrebbe in essere un comportamento contrario a buona fede).

CAPITOLO III
LE SITUAZIONI GIURIDICHE SOGGETTIVE

1. *L'attribuzione giuridica di un'utilità*

Funzione del diritto

La funzione del diritto, almeno di quel ramo dedicato alla disciplina dei rapporti tra privati, consiste, in primo luogo, nel risolvere i **conflitti** di interesse che sorgano all'interno di una comunità, ovvero nell'impedire che essi sorgano.

In effetti, come si è visto, la dinamica del conflitto è il motore primo dell'esperienza giuridica: in una comunità ideale in cui tutti i componenti vivano in piena armonia il diritto non avrebbe ragion d'essere, perché non si porrebbe l'esigenza di una regola che renda possibile, assicuri ed eventualmente imponga la pacifica convivenza dei singoli.

Questa prima osservazione mostra la centralità dell'interesse quale dato di partenza dell'esperienza giuridica.

Interesse

Quella di **interesse** è una nozione pregiuridica, che il diritto assume dalla realtà sociale. Con questo termine si intende la tensione verso un bene (nozione, qui, adoperata in un significato che va oltre quello propriamente tecnico-giuridico) idoneo a soddisfare un bisogno. Il soggetto aspira al bene perché esso realizza o gli consente di realizzare una sua esigenza o un suo desiderio.

In relazione ad alcuni beni, in realtà, non è configurabile alcun conflitto, perché la fruizione del singolo non impedisce né compromette quella altrui (gli economisti parlano, al riguardo, di beni suscettibili di un uso non rivale: si pensi all'area che tutti respiriamo).

Ma nella maggior parte dei casi l'uso che un soggetto faccia di un bene esclude che altri possa fare di quel bene il medesimo uso (ad es.: una camicia non può essere indossata contemporaneamente da più individui). Sorge così un potenziale conflitto: gli interessi di due soggetti convergono sullo stesso bene, perché quest'ultimo appare in grado di soddisfare un loro bisogno. Ovviamente, la gravità del conflitto dipende dal rapporto tra la quantità dei beni disponibili e il numero dei soggetti che ad essi aspirano: tanto più una risorsa è scarsa, quanto più si avverte l'esigenza di una regola.

Risorse scarse

Tale conflitto viene risolto (e, in un certo senso, prevenuto) dall'ordinamento attribuendo il bene in via esclusiva ad un soggetto; ovvero, più precisamente, stabilendo le condizioni in presenza delle quali questo o quel soggetto potrà appropriarsene (ed anche la misura in cui è lecito appropriarsi di un bene: il proprietario è abilitato a godere della cosa in una misura superiore a quella concessa al locatario). In questo senso suol dirsi che il diritto assolve ad una **funzione attributiva.**

Naturalmente ciò non è sufficiente ad escludere che un conflitto, comunque, sorga: ma ove ciò accada, esso verterà solo sull'interpretazione e sull'applicazione al caso di specie delle regole deputate all'individuazione del soggetto cui il bene spetta.

Si immagini, ad es., che Tizio venda a Caio un fondo sul quale insiste un vigneto e che il contratto, concluso un mese prima del tempo della vendemmia, nulla preveda in ordine alla spettanza del raccolto dell'anno. In questo caso, del raccolto potrà appropriarsi il compratore perché esiste una regola, ricavabile dall'art. 821, co. 1, secondo la quale i frutti appartengono a colui che risulta essere proprietario della cosa che li produce al momento in cui si separano da essa. Questa regola è inequivoca nell'attribuire un determinato bene ad un determinato soggetto: sicché ben può dirsi che essa, almeno tendenzialmente, impedisca il sorgere di un conflitto. Tendenzialmente: perché non può escludersi che sorga un contrasto, ad es., sull'entità delle spese sostenute dal venditore e che l'acquirente dovrà rimborsargli ai sensi dell'art. 821, co. 2. Ma, ove sorga, detto contrasto riguarderà solo l'applicazione al caso concreto di una regola che già individua il soggetto cui i frutti competano.

Dunque: la funzione attributiva, tipica del diritto, è assolta attraverso regole che individuano in che misura e a quali condizioni un soggetto possa appropriarsi di un bene. Fin qui, però, si è utilizzata una terminologia – appropriazione, appartenenza – volutamente generica. Occorre ora passare all'esame dei concetti dei quali la scienza giuridica tradizionalmente si avvale per descrivere i fenomeni di cui ci stiamo occupando.

1.1. *Il diritto soggettivo*

La funzione attributiva si realizza assegnando a questo o a quel soggetto un diritto soggettivo sul bene: potrà trattarsi di un diritto di proprietà, ma conviene rammentare che l'ordinamento contempla anche forme giuridiche di appartenenza diverse dal diritto di proprietà (si pensi, ad es., al diritto di usufrutto, ovvero al diritto di godimento riconosciuto al conduttore in virtù di un contratto di locazione).

Il **diritto soggettivo** è la posizione di **vantaggio** riconosciuta ad un soggetto per la realizzazione di un suo interesse. Essere titolare di un diritto su un bene significa potere goderne con una maggiore o minore ampiezza a seconda del tipo di diritto in questione.

Il diritto di proprietà, ad es., legittima un uso del bene pieno ed esclusivo (art. 832). Il diritto di usufrutto, ancora, si risolve nel complesso delle attività che il soggetto può compiere sul bene al fine di realizzare l'interesse a trarre ogni utilità che esso può dare, ma nel rispetto della sua destinazione economica (art. 981). Il diritto di servitù (si pensi ad es. ad una servitù di passaggio) ha un contenuto ancor più limitato, perché consente solo una specifica azione (il passaggio attraverso il fondo altrui per raggiungere il proprio), ritagliata su un interesse ancor più circoscritto.

Emergono così alcune indicazioni.

Struttura …

e contenuto del diritto soggettivo

In primo luogo, risulta evidente che il diritto soggettivo è una categoria concettuale costruita per **astrazione** sulla base degli elementi che accomunano le diverse tipologie di diritti. Esso presenta una **struttura** logica costante: c'è un bene potenzialmente idoneo a realizzare un determinato interesse di un soggetto; l'ordinamento, riconoscendo questo interesse meritevole di protezione, attribuisce al soggetto una serie di **prerogative** in ordine al bene, cioè gli consente di porre in essere su di esso determinate attività, funzionali alla realizzazione dell'interesse considerato. Queste prerogative individuano il contenuto del diritto; l'interesse ne rappresenta l'elemento teleologico, ovvero il fine cui è preordinata l'attribuzione delle prerogative (e cui deve essere preordinato il loro esercizio).

Paradossalmente, questa struttura logica risulta meno evidente proprio nel diritto di proprietà, che pure rappresenta il prototipo stesso del diritto, perché qui l'ampiezza dell'interesse sotteso all'attribuzione del diritto e, conseguentemente, delle prerogative riconosciute al proprietario dà luogo ad una certa indeterminatezza del contenuto del diritto, che, a sua volta, rende meno visibile il nesso sussistente tra l'interesse protetto e le prerogative date (non a caso il codice, usando una formula volutamente generica, definisce il proprietario come colui che ha la facoltà di godere e di disporre in modo pieno ed esclusivo del bene). Questo nesso riemerge, invece, con maggiore nettezza là dove l'interesse considerato dalla norma è più circoscritto e più limitate sono le prerogative che vi corrispondono (si pensi alle servitù prediali: in questo caso l'attività consentita sul fondo altrui è specificamente definita).

Utilità

Un altro aspetto da sottolineare concerne l'improprietà delle espressioni che, attraverso l'immagine dell'appartenenza del bene al soggetto, sembrano suggerire che il diritto soggettivo si risolva in un rapporto tra il soggetto e il bene. In realtà, il contenuto del diritto soggettivo è costituito dalle **attività** che il soggetto può compiere sul bene al fine di trarne questa o quella utilità; né potrebbe essere altrimenti, perché oggetto della regolazione giuridica non può che essere la condotta umana. La norma attribuisce al soggetto non il bene in sé considerato, ma le **utilità** che se ne possono ricavare. Ma potersi appropriare di un'utilità significa, in ultima istanza, potere svolgere sul bene un'attività idonea a ricavare da esso tale utilità. Si spiega così come sul medesimo bene possano concorrere una pluralità di diritti (ad es., su un fondo di proprietà di Tizio possono insistere contestualmente una servitù di passaggio a favore del fondo limitrofo ed un usufrutto): ciò accade quando le attività in cui potenzialmente si concretizza il godimento del bene, normalmente riservate al proprietario, sono disaggregate ed assegnate a soggetti diversi. D'altra parte, che il diritto si risolva nella individuazione e regolazione delle attività volte ad appropriarsi delle utilità ricavabili dal bene trova una conferma nel caso dei beni immateriali (vale a dire quei beni privi di un substrato fisico: si pensi al diritto di brevetto su una invenzione industriale): qui l'immagine della appartenenza del bene al soggetto si rivela per quella che essa è nella sostanza, essendo evidente che il contenuto del diritto è esaurito dalle attività finalizzate a sfruttare l'invenzione.

1.1.1. *Diritti assoluti e diritti relativi*

Il discorso fin qui condotto ha preso in considerazione solo ipotesi accomunate da un dato: l'attribuzione di una serie di prerogative in ordine ad un bene è condizione sufficiente perché il soggetto possa soddisfare l'interesse di cui è portatore. Il proprietario, ad es., è posto nelle condizioni di realizzare **da sé** il proprio interesse ad utilizzare il bene per il fatto stesso di essere investito delle facoltà di godimento che costituiscono il contenuto del suo diritto. Per usare ancora una volta la nostra metafora, l'appartenenza del bene è condizione sufficiente a colmare lo spazio che separa il soggetto dalla realizzazione dell'interesse (ad appropriarsi delle utilità ricavabili dal bene) di cui è portatore. Onde l'ordinamento deve solo individuare il soggetto cui il bene competa attraverso regole tipicamente attributive.

Tuttavia, l'esperienza rivela l'esistenza anche di una vasta gamma di interessi il cui soddisfacimento non passa attraverso le utilità ricavabili da questo o da quel bene. Si pensi al malato che ha bisogno di cure mediche, all'imprenditore che necessita di un finanziamento per un investimento, al proprietario di un fondo che intende costruire su di esso una villa: gli interessi di cui sono portatori questi soggetti possono realizzarsi solo attraverso la cooperazione di un **terzo**. A tal fine, tutti costoro si rivolgeranno ora a un medico, ora a una banca, ora a una impresa edile e concluderanno un contratto che obbligherà una parte al compimento di una prestazione (consistente nella cura medica, nell'erogazione di un prestito o nella realizzazione della costruzione progettata) e, corrispondentemente, attribuirà all'altra il diritto di riceverla.

È facile intuire come questo diritto ad una prestazione rivesta caratteristiche molto diverse da quelle proprie di un diritto su un bene (per meglio dire: del diritto di appropriarsi delle utilità ricavabili da un bene). La differenza è evidente: nel secondo caso il soggetto realizza da sé l'interesse di cui è portatore, senza aver bisogno della **cooperazione** altrui; gli basta porre in essere le attività in cui si concretizza il godimento del bene (ovvero, le attività necessarie ad appropriarsi delle utilità ricavabili dal bene). Nel primo caso, invece, la cooperazione altrui risulta necessaria, perché solo la prestazione del terzo consente al soggetto di realizzare l'interesse perseguito.

Diritti assoluti e diritti relativi

La differenza evidenziata fonda la distinzione tra diritti assoluti e diritti relativi.

Sono **diritti assoluti:** il diritto di proprietà e gli altri diritti reali su cosa altrui; i diritti sui beni immateriali (il diritto d'autore, il diritto sul brevetto e sul marchio); i diritti aventi ad oggetto i vari attributi della personalità (si pensi all'integrità psicofisica, al nome, all'immagine, all'integrità morale, all'identità, alla riservatezza).

Caratteri del diritto assoluto

Secondo un modo di vedere molto diffuso, i tratti caratteristici dei diritti assoluti sarebbero l'**immediatezza** con cui il titolare soddisfa il proprio interesse e l'**inerenza** ad un bene determinato. Queste affermazioni, invero, non colgono l'elemento che contraddistingue e accomuna la categoria, individuabile, piuttosto, giova ribadirlo, nella circostanza che le prerogative accordate al soggetto gli consentono di realizzare da sé, senza la collaborazione altrui, l'interesse di cui è portatore. Esse, tuttavia, non risultano del tutto improprie perché – ponendo in primo piano ora la relazione con il bene, ora l'immediatezza di questa relazione – evidenziano indirettamente che la realizzazione dell'interesse (ovvero, il moto da uno stato di tensione al suo soddisfacimento) si compie senza la mediazione di soggetti terzi.

I **diritti relativi**, invece, hanno ad oggetto una condotta altrui, che il titolare può esigere da un soggetto terzo e che questi è a sua volta tenuto ad osservare nell'interesse del titolare del diritto.

Diritti relativi e diritti di credito

Quando si parla dei diritti relativi si fa riferimento principalmente ai diritti di credito. Trattasi del lato attivo di un **rapporto obbligatorio**, cioè di un rapporto in virtù del quale un soggetto (detto **debitore**) è tenuto a compiere in favore di un altro soggetto (detto **creditore**) una determinata prestazione, che può consistere in un fare, in un non fare, ovvero in un dare. Solo i diritti di **credito**, tra i diritti relativi, si collocano nell'ambito di un rapporto obbligatorio; e un rapporto obbligatorio (o. più semplicemente, un'**obbligazione**) è configurabile solo là dove la prestazione dovuta, pur potendo corrispondere anche ad un interesse non patrimoniale del creditore, sia suscettibile di valutazione economica (art. 1174). Ad es., integra gli estremi di un rapporto obbligatorio – ed è conseguentemente soggetto alla disciplina dettata dal Titolo I del Libro IV del codice civile (artt. 1173-1320) – l'obbligo dell'imprenditore di restituire la somma di denaro ricevuta in prestito dalla banca in virtù di un contratto di mutuo; mentre non altrettanto può dirsi per il dovere di fedeltà che lega reciprocamente i coniugi, giacché, in questo caso, la condotta dovuta non è suscettibile di valutazione economica. In altri termini, quindi, il diritto di ciascun coniuge nei confronti dell'altro, pur essendo un diritto relativo, non è un diritto di credito.

Obbligo e dovere

Questa distinzione trova riscontro nei termini solitamente impiegati per designare il lato passivo del rapporto: si definisce come **obbligo** la situazione giuridica del debitore di una prestazione, mentre là dove non ricorre un rapporto obbligatorio la condotta cui il soggetto è tenuto viene definita, più genericamente, come un **dovere**. Giova avvertire, però, che questa terminologia presenta frequenti oscillazioni anche nel linguaggio del codice, ove spesso obbligo e dovere vengono utilizzati come sinonimi.

Va decisamente rigettata, perché priva di fondamento logico, l'idea secondo cui la differenza tra diritti relativi e diritti assoluti consisterebbe in ciò che mentre i diritti relativi sono diretti solo verso un soggetto **determinato**, tenuto ad assumere un certo comportamento (onde si parla anche di diritti personali), i diritti assoluti potrebbero farsi valere *erga omnes*, perché ad essi corrisponderebbe un dovere gravante su **ogni** consociato di astenersi da qualunque condotta lesiva (*alterum non laedere*).

Tuttavia, così procedendo, si pongono sullo stesso piano, con esiti decisamente fuorvianti, aspetti del diritto soggettivo che, invece, vanno tenuti distinti.

È evidente, infatti, che l'obbligo gravante sul debitore nell'ambito di un rapporto obbligatorio e il precetto dell'*alterum non laedere* svolgono un ruolo completamente diverso nella dinamica del diritto soggettivo:

l'esecuzione della prestazione dovuta realizza l'interesse del creditore, là dove il dovere di astensione da condotte pregiudizievoli che accompagna i diritti assoluti è funzionale semplicemente alla loro protezione da aggressioni esterne. Nel primo caso rileva il momento dell'**attuazione** del diritto, nel secondo il profilo esterno della sua **tutela**. Ciò basta a far cadere il tentativo di fondare la distinzione tra diritti assoluti e diritti relativi sul loro dirigersi ora verso una cerchia indeterminata di soggetti, ora verso un soggetto determinato: in realtà i primi non hanno un destinatario passivo perché, come detto già più volte, l'attuazione dell'interesse loro sotteso non richiede cooperazione da parte di terzi.

Peraltro, la pretesa corrispondenza tra l'obbligo di eseguire la prestazione e il dovere riassunto nel precetto dell'*alterum non laedere* viene definitivamente meno non appena si consideri che anche i diritti di credito proiettano intorno a sé il dovere di astenersi da condotte idonee pregiudicare il soddisfacimento dell'interesse del creditore.

Tutela aquiliana del credito

È, infatti, oggi generalmente ammesso (come meglio si vedrà nella sede propria) che la tutela risarcitoria assicurata dalla regola aquiliana (art. 2043) si estenda anche ai diritti relativi, costituendo la loro lesione un danno ingiusto che reclama la reazione dell'ordinamento in termini non dissimili da quanto accade ove venga colpito un diritto assoluto. La tutela **aquiliana** (*id est*, **extracontrattuale**) del credito era un tempo negata nel presupposto che il contratto (il quale costituisce normalmente la fonte dell'obbligazione) produce effetti solo tra le parti (art. 1372). Da tale assunto si ricavava che il credito non avrebbe potuto ricevere tutela alcuna nei confronti di soggetti terzi, per i quali il diritto in questione – discendendo da un contratto – sarebbe stato *tamquam non esset*. Questo ragionamento però muove da una premessa erronea, perché confonde l'**efficacia** del contratto con la sua **opponibilità**: dire che il contratto ha effetto solo tra le parti significa dire che il contratto può costituire, regolare o estinguere (art. 1321) solo un rapporto giuridico che intercorra tra le parti del contratto. Ma ciò non significa anche che gli effetti determinati dal contratto sulla sfera giuridica delle parti non costituiscano, in sé, un fatto opponibile ai terzi, cioè rilevante anche nei loro confronti. Ad es., il trasferimento della proprietà di un immobile locato ha effetti (nel senso che è opponibile) anche nei confronti del locatario nella misura in cui questi sarà tenuto a corrispondere il canone al nuovo proprietario.

Analogamente, il credito sorto tra le parti di un contratto rappresenta un fatto giuridico rilevante anche a fronte dei terzi, i quali sono tenuti a non pregiudicare questo diritto esattamente nella stessa misura in cui sono tenuti a non pregiudicare ogni altro diritto (assoluto o meno) altrui. In particolare, ricorre la lesione del credito da parte del terzo ogni volta che questi con la sua condotta abbia impedito al creditore di ricevere la prestazione o, comunque, di realizzare l'interesse cui la prestazione era preordinata: si pensi al caso dell'omicidio del debitore di una prestazione infungibile (ovvero non surrogabile con analoga prestazione di soggetti diversi: è il caso della *performance* di un artista).

Sotto questo punto di vista, pertanto, non sussiste alcuna differenza tra diritti assoluti e diritti relativi, essendo gli uni e gli altri presidiati dalla protezione offerta dall'art. 2043. Non bisogna, infatti, confondere il piano della realizzazione dell'interesse con quello della sua tutela (errore in cui invece si cade là dove si prospetta un parallelismo tra l'obbligo di prestazione del debitore e il dovere di astenersi da condotte pregiudizievoli dell'altrui diritto). Su questo terreno diritti assoluti e diritti relativi ricevono lo stesso trattamento: la differenza può essere colta soltanto nella struttura **interna** del diritto, cioè nella dipendenza o nella indipendenza del soddisfacimento dell'interesse dalla cooperazione altrui.

1.1.2. Segue: *cenni alla nozione di rapporto giuridico*

In realtà, l'idea che ai diritti assoluti si contrapponga un generico dovere di astensione (esattamente negli stessi termini in cui ai diritti di credito si contrappone l'obbligo del debitore di eseguire la prestazione) rappresenta il precipitato di una concezione **imperativistica** dell'ordinamento, secondo la quale la norma giuridica è un precetto avente la forma del comando o del divieto.

Imperatività e relazionalità del diritto

Da questa premessa discendono numerose implicazioni: se la norma esprime essenzialmente un imperativo, essa allora determina in prima battuta il sorgere in capo ai suoi destinatari di obblighi di fare o di non fare. Ciò significa che il diritto soggettivo procede dal dovere, ne costituisce un riflesso: intanto un soggetto può vantare un diritto, in quanto esista una norma che imponga ai terzi di non pregiudicare ed eventualmente di soddisfare l'interesse sotteso al diritto medesimo. Ecco allora l'esigenza di individuare sempre, a fronte di un diritto, un dovere che lo preceda e lo fondi: il che conduce ad immaginare, nel caso dei diritti assoluti, un dovere gravante *erga omnes* di astenersi da qualunque condotta possa pregiudicare l'interesse che si intende di volta in volta riconoscere e proteggere (schema logico agevolmente proponibile, viceversa, proprio con riguardo ai diritti di credito, dove la presenza di un obbligo di eseguire la prestazione gravante sul debitore consente di costruire su di esso la pretesa del creditore).

Rapporto giuridico

L'idea che la norma sia un imperativo, e la conseguente primazia logica del dovere sul diritto, comporta anche la valorizzazione della dimensione **intersoggettiva** della dinamica giuridica: vi è, infatti, una necessaria correlazione tra il soggetto gravato dall'obbligo e il soggetto nell'interesse del quale l'obbligo è posto (per meglio dire: tra il dovere di condotta posto a protezione di un interesse e il diritto scaturente dalla protezione riconosciuta all'interesse medesimo). Ecco allora attribuirsi al **rapporto giuridico** un ruolo fondamentale nella costruzione del sistema, intendendosi per rapporto giuridico la relazione tra due soggetti determinata da una regola di diritto o, più precisamente, la correlazione tra una situazione giuridica soggettiva di **vantaggio** (il diritto soggettivo) e una di **svantaggio** (il dovere giuridico).

A ben vedere, però, è errato ritenere che il dovere di astensione da condotte pregiudizievoli dell'interesse altrui sia un dato sufficiente a istituire il diritto che di questo dovere rappresenterebbe il riflesso. Tale valorizzazione del profilo esterno della tutela del diritto pone, infatti, in secondo piano il momento determinante, anzi, essenziale, del soddisfacimento dell'interesse di cui il soggetto è portatore, soddisfacimento assicurato non dai rimedi contemplati al fine di proteggere il diritto da aggressioni esterne, ma dall'esercizio delle prerogative conferite al soggetto. Il proprietario, ad es., realizza il proprio interesse a godere del bene perché esercita la corrispondente facoltà, non certo perché dispone di rimedi restitutori e risarcitori per il caso in cui il bene gli sia sottratto o venga danneggiato.

I diritti relativi vivono all'interno di un rapporto giuridico, perché il soddisfacimento dell'interesse del creditore passa attraverso l'adempimento dell'obbligo gravante sul debitore. In questo senso credito e debito si fronteggiano e si sostengono reciprocamente. I diritti assoluti, invece, vivono al di fuori di un rapporto giuridico, perché il dovere che vi si contrapporrebbe è preordinato alla tutela dell'interesse, ma è estraneo al suo soddisfacimento. Ciò impedisce di configurare tra diritto e dovere quella complementarità (intesa come interdipendenza funzionale) necessaria perché la correlazione tra l'uno e l'altro integri un rapporto giuridico. L'alternativa, infatti, sarebbe assumere una nozione di rapporto giuridico talmente lata e sbiadita da risultare inutile e fuorviante.

1.1.3. *Il problema della definizione del diritto soggettivo: storicità della categoria*

Le considerazioni svolte consentono ora di tornare sul diritto soggettivo per un ulteriore approfondimento.

Dire, genericamente, che esso è una situazione di vantaggio riconosciuta ad un soggetto onde consentirgli di realizzare un proprio interesse potrebbe scontentare chi si attende una definizione più dettagliata. Non sembra, però, che un maggiore sforzo definitorio sia destinato ad esiti più soddisfacenti.

In effetti il tentativo di stabilire in cosa consista il diritto soggettivo si è arenato dinanzi alla molteplicità delle risposte date dalla dottrina sin da quando nel XIX secolo si pose con maggiore consapevolezza teorica il problema di fissare questa nozione in una formula definitiva. Per quanto sia paradossale, vista la sua centralità nel vocabolario del giurista, la categoria del diritto soggettivo è tanto consolidata sul piano pratico, quanto controversa sul piano teorico.

In via preliminare deve osservarsi come il diritto soggettivo non sia un oggetto materiale di cui possano essere individuati e descritti, attraverso un accertamento di tipo empirico, gli elementi costitutivi. Esso rappresenta, piuttosto, un concetto elaborato allo scopo di raffigurare unitariamente, cogliendone gli aspetti comuni, le svariate ipotesi in cui, nel conflitto tra due interessi, l'ordinamento ne privilegia uno e attribuisce al soggetto che ne è portatore una serie di prerogative funzionali al suo soddisfacimento. Sbaglia, però, chi pensa che questo concetto sia rimasto sempre uguale a sé stesso.

Diritto soggettivo e ordinamento giuridico

La categoria del diritto soggettivo rappresenta lo snodo decisivo dei rapporti tra l'individuo e l'ordinamento. Essa, pertanto, riflette il modo in cui nel tempo si atteggia questo rapporto, il quale è a sua volta condizionato da molteplici fattori (contingenze storiche, ideologie politiche, concezioni filosofiche).

Ad es., la definizione che assumeva il diritto soggettivo come espressione della **signoria del volere** del singolo si collocava sulla scia dell'individualismo di matrice giusnaturalistica ed illuministica, ed era coerente con le rivendicazioni che la borghesia muoveva contro l'assetto di potere sotteso all'assolutismo monarchico. Fare del diritto soggettivo uno spazio di sovranità soddisfaceva l'esigenza di difendere le libertà dell'individuo a fronte dell'autorità. Questa concezione era dunque la traduzione di specifiche istanze politiche e filosofiche. Ma è evidente che, mutato il contesto storico, questa concezione perse la sua utilità.

Diritto soggettivo, stato liberale e concezione imperativistica della norma giuridica

Il XIX secolo vide il sorgere e il consolidarsi di una nuova forma di stato, lo stato **liberale**. Le istanze libertarie che avevano portato alla sua affermazione sulle ceneri dell'*ancien régime* presero corpo in un nuovo assetto dei rapporti tra l'individuo e l'ordinamento, che assumeva i diritti dell'uno come un dato originario e pregiuridico e che attribuiva al secondo il compito di tutelare la sfera di libertà del singolo ponendo, attraverso comandi e divieti, i necessari limiti alla condotta altrui. Era, pertanto, coessenziale allo stato liberale l'idea che la norma giuridica si risolvesse in un **imperativo**; e questa idea, a sua volta, condusse a valorizzare la dimensione intersoggettiva dell'esperienza giuridica e, conseguentemente, ad assumere quale architrave del sistema la categoria del rapporto giuridico. Questa complessa vicenda, ancora una volta, refluì, né poteva accadere altrimenti, sulla concezione del diritto soggettivo, facendo sì che la sua essenza venisse individuata nella pretesa orientata verso un terzo al fine di ottenere l'attuazione dell'interesse di cui si è portatori.

Ma anche questa sistemazione era destinata a tramontare quando, nel secondo dopoguerra, al modello dello Stato liberale subentrò quello dello Stato **democratico**. Qui, come si è visto a suo tempo, i diritti dell'individuo trovano il loro fondamento e, al contempo, la loro garanzia in una costituzione rigida, cioè non suscettibile di essere modificata con una legge ordinaria. In questo diverso contesto non si avverte più l'esigenza di assumere la libertà del singolo come un dato pregiuridico, che la norma non può sopprimere ma, al più, comprimere, solo quando ciò sia reso necessario al fine di tutelare la libertà altrui. Nello stato democratico, infatti, non vi è ragione di sottrarre la libertà dell'individuo al raggio di azione del diritto: la garanzia offerta dalle costituzioni del secondo dopoguerra consente di ricondurla entro il recinto della dimensione giuridica e, pertanto, non vi è libertà che non trovi il suo fondamento in una norma di legge, costituzionale o ordinaria. La libertà, nella prospettiva dell'ordinamento, o è giuridica o non è.

Diritto soggettivo, Stato democratico e concezione della norma come giudizio ipotetico

Coerente con questa evoluzione è la progressiva affermazione di una nuova concezione della norma giuridica, intesa non più quale imperativo, ma quale **giudizio ipotetico** che ricollega ad una fattispecie determinati effetti (secondo lo schema logico: se è A, allora B). Tale diverso modo di intendere la norma giuridica finisce per incidere, come ovvio, anche sulla nozione di diritto soggettivo: quest'ultimo cessa di apparire il mero riflesso del divieto o del comando imposto ad un altro soggetto, come invece appariva agli occhi di chi, individuando nella norma un imperativo, affermava la priorità logica del dovere sul diritto e risolveva il secondo nella protezione assicurata ad un interesse attraverso l'imposizione del primo a carico di soggetti terzi.

Le norme permissive e il diritto soggettivo come *agere licere*

In effetti, l'abbandono di una concezione imperativistica del precetto giuridico consente di postulare la sussistenza di norme **permissive**, le quali, viceversa, erano logicamente incompatibili con l'idea che la norma dovesse avere la sostanza di un imperativo. Al contrario, una regola permissiva è certamente configurabile ove si ritenga che la norma sia un giudizio ipotetico, perché nulla osta ad assumere quale effetto di una fattispecie l'ascrizione del potere di assumere un determinato comportamento, ovvero l'attribuzione di un diritto. Ciò naturalmente presuppone l'assunto che, prima dell'intervento della norma, quel comportamento non fosse consentito: ma questo assunto converge con la concezione – propria dello Stato costituzionale – secondo la quale la libertà non è un dato pregiuridico, ma esiste in quanto sia fondata da una norma.

Si approda così ad una nuova definizione del diritto soggettivo, inteso quale possibilità di assumere una determinata condotta (***agere licere***) al fine di soddisfare l'interesse, riconosciuto dall'ordinamento meritevole di protezione, di cui il soggetto è portatore. Quando si verificano i presupposti individuati dalla fattispecie, sorge – questo l'effetto –

un diritto soggettivo: l'ordinamento, cioè, consente che il titolare del diritto ponga in essere un determinato comportamento ritenuto funzionale, in base ad una valutazione tipica, alla realizzazione dell'interesse in questione (ad es., il soggetto cui sia attribuita la proprietà di un bene potrà compiere le attività necessarie a trarre dallo stesso ogni utilità). Il diritto soggettivo individua, dunque, uno spazio di libertà, la cui ampiezza è determinata dall'interesse di volta in volta sotteso all'attribuzione del diritto medesimo.

La concezione appena riferita offre certamente una veste teorica più adeguata al ruolo che il diritto soggettivo tende ad assumere nell'esperienza giuridica contemporanea.

Diritto soggettivo e funzione attributiva

Nel tempo presente, infatti, il diritto si confronta con società sempre più complesse, nelle quali si è ampliata in modo considerevole la gamma degli interessi che reclamano la sanzione giuridica, spesso ponendosi in competizione reciproca, nella misura in cui il riconoscimento dell'uno implica il sacrificio dell'altro. Per altro verso, a questo incremento, in primo luogo quantitativo, degli interessi meritevoli di tutela, non sempre corrisponde una parallela crescita dei mezzi necessari al loro soddisfacimento. Ne discende che, in una situazione di questo tipo, acquista sempre più importanza il momento dell'**allocazione** delle risorse.

A ciò provvede, appunto, il diritto soggettivo, che rappresenta lo strumento attraverso il quale l'ordinamento assolve alla propria, fondamentale, funzione **attributiva**. Al contempo, l'esigenza di fornire una risposta al problema della distribuzione delle risorse incide sull'elaborazione del concetto, orientandola verso l'adozione dello schema teorico maggiormente idonea al compito allocativo assegnato alla categoria.

Ora, a tale compito si presta meglio di ogni altra la concezione che, risolvendo, come abbiamo visto, il diritto soggettivo in un ***agere licere***, evidenzia il dato dell'assegnazione al soggetto delle utilità di cui egli può appropriarsi con l'assunzione dei comportamenti oggetto del permesso normativo.

Cerchiamo di trarre una conclusione da questo *excursus*.

Nel diritto soggettivo si riflettono i mutamenti che intervengono nel rapporto tra l'individuo e l'ordinamento. Ecco perché di esso sono state fornite numerose definizioni, senza che nessuna di queste possa considerarsi, in assoluto, giusta o sbagliata. Quello di diritto soggettivo, infatti, è un concetto storicamente determinato. sicché non ha senso chiedersi cosa il diritto soggettivo sia; dovendo, piuttosto, interrogarsi sul modo in cui esso è stato pensato nel corso della storia e individuare le ragioni che stanno alla base del succedersi delle varie elaborazioni teoriche della figura. Soprattutto, ha senso chiedersi quale ruolo spetti al diritto soggettivo nell'ambito della realtà giuridica, e promuovere una costruzione del concetto coerente con questo ruolo.

Possiamo pure assumere, ed assumeremo, che la sostanza del diritto soggettivo sia l'*agere licere* ascritto al soggetto per il soddisfacimento di un interesse; a patto, però, che l'impiego di questa definizione avvenga nella piena consapevolezza della sua relatività: se oggi essa appare preferibile ad ogni altra, lo è solo perché risulta più appropriata alla congerie di problemi che il giurista è chiamato ad affrontare.

1.1.4. *Il contenuto del diritto soggettivo: facoltà e poteri*

Il contenuto del diritto soggettivo è costituito da specifiche prerogative, che si presentano ora come facoltà, ora come poteri.

La **facoltà** è la libertà di assumere un comportamento materiale: la concreta utilizzazione del bene, ad es., individua l'oggetto della facoltà di godimento del proprietario. Facoltà

Sono, invece, definite più propriamente come **poteri** le prerogative che hanno ad oggetto il **compimento** di un atto cui l'ordinamento ricollega effetti giuridici: la possibilità di disporre del diritto, ad es., alienandolo, costituisce oggetto di un potere, perché incide non sulla realtà materiale, ma su quella giuridica, determinando il trasferimento della titolarità del diritto medesimo. Poteri

Si potrebbe obiettare che il proprietario, per disporre del proprio diritto, compie pur sempre un'attività materiale, tale potendosi considerare anche una dichiarazione di volontà (ad es., un contratto). Ma questa osservazione non scalfisce la distinzione tracciata tra poteri e facoltà, perché la volontà manifestata dal soggetto rileva quale elemento di una fattispecie più complessa – nel caso di specie, un contratto – cui l'ordinamento imputa determinati effetti giuridici: e questi effetti condensano il risultato finale che realizza l'interesse in vista del quale il soggetto dispone del diritto.

1.1.5. *L'abuso del diritto*

L'ordinamento non si disinteressa del modo in cui il soggetto fa uso del suo diritto. Anzi, si è sempre avvertita l'esigenza di assoggettare ad un controllo l'esercizio delle prerogative che ne costituiscono il contenuto.

È vero, infatti, per ricorrere ad un esempio, che il proprietario di un fondo può usarne liberamente; ma è certo discutibile la liceità di una condotta, sia pure in astratto riconducibile alla facoltà di godimento, assunta solo al fine di recare fastidio al vicino (art. 833). Ancora, il creditore può rifiutare un adempimento parziale dell'obbligazione (art. 1181). Si immagini, però, un contratto di compravendita concluso tra una casa editrice e una società di distribuzione avente ad oggetto diecimila copie di un romanzo, che la prima dovrà consegnare alla seconda presso un suo deposito; si immagini che per un mero errore venga spedito un numero di copie inferiore di poche unità e che il compratore, nonostante la disponibilità della casa editrice a far pervenire subito le copie mancanti, rifiuti pretestuosamente la consegna del carico, causando un significativo incremento dei costi di trasporto: anche in questa ipotesi una facoltà riconosciuta dalla legge è esercitata in modo certamente discutibile.

Abuso del diritto

I casi considerati pongono la questione dell'**abuso del diritto**. È questa, infatti, la figura tradizionalmente chiamata in causa al fine di colpire condotte apparentemente riconducibili al contenuto di un diritto, ma nei fatti non conformi alle ragioni per cui l'ordinamento ha voluto che la posizione di interesse del soggetto prevalesse rispetto ad ogni altra posizione confliggente o concorrente.

La categoria dell'abuso è problematica e controversa, perché sembra viziata da una contraddizione logica: tale, infatti, appare la pretesa di qualificare come abusiva (e dunque illecita) una condotta (formalmente) conforme al contenuto del diritto e, per questo motivo – così potrebbe sostenersi – già considerata lecita dall'ordinamento.

In realtà, la figura dell'abuso non è affatto contraddittoria. Essa non si pone quale *tertium genus* rispetto al binomio liceità-illiceità. L'atto abusivo è un atto illecito, perché fuoriesce dal contenuto del diritto (il diritto cessa – suol dirsi – là dove l'abuso inizia). Ciò che distingue l'abuso è la circostanza che la sua estraneità al contenuto del diritto non è immediatamente percepibile dal raffronto tra la fattispecie normativa e il caso concreto: la condotta abusiva appare *prima facie* una ipotesi di lecito esercizio del diritto.

In effetti, il problema dell'abuso sorge come conseguenza di un limite proprio della struttura della norma giuridica. Questa, come è noto, è costituita da una fattispecie generale e astratta, cui è ricollegato un effetto consistente nell'attribuzione di un diritto, cioè nell'attribuzione delle prerogative che, secondo una valutazione tipica, consentono al soggetto di realizzare l'interesse sotteso all'ascrizione del diritto medesimo. Può accadere però che, in concreto, queste prerogative vengano esercitate dal soggetto per perseguire un interesse diverso: in questo caso la condotta appare riconducibile allo schema tipico della previsione normativa, quando, in realtà, fuoriesce dal contenuto del diritto.

Nucleo del fenomeno

È questa dinamica dello **sviamento dell'interesse** il nucleo essenziale della vicenda dell'abuso; e questa dinamica può essere colta solo attraverso un accertamento, condotto con riferimento al caso concreto, dell'interesse perseguito dal soggetto e della sua conformità all'interesse in vista del quale il diritto è stato attribuito. Si pensi alla fattispecie dell'**emulazione** (art. 833): l'atto risulta illecito quando non persegue altro scopo che quello di nuocere o recare molestia ad altri.

Condurre questo accertamento comporta non poche difficoltà; e queste difficoltà spiegano perché gli ordinamenti moderni abbiano cercato di individuare forme alternative di sindacato dell'esercizio del diritto.

Buona fede

In effetti, oggi tale sindacato si realizza attraverso una pluralità di regole, che hanno eroso spazio alla tecnica di rilevazione – caratteristica della figura dell'abuso – fondata sull'accertamento dell'interesse concretamente perseguito: nella materia delle obbligazioni e dei contratti la valutazione della condotta delle parti viene condotta alla stregua della regola della **buona fede** e della correttezza (artt. 1175 e 1375); altrove il legislatore persegue il medesimo obiettivo vincolando l'esercizio del potere alla sussistenza di una **giusta causa** o di **gravi motivi** (art. 24, co. 3).

Accade così che l'esigenza di sindacare l'esercizio del diritto trovi risposta in un ampio ventaglio di tecniche variegate, che un uso terminologico consolidato continua a ricondurre alla categoria dell'abuso, alimentando però una certa confusione concettuale perché, ad es., la violazione della regola di correttezza è vicenda diversa rispetto allo sviamento dall'interesse perseguito. Ciò spiega la ragione per la quale in dottrina la nozione di abuso del diritto venga talora considerata del tutto superflua, se non addirittura fuorviante: essa appare come un puro e semplice contenitore di regole eterogenee, di per sé inidoneo ad individuare un criterio certo di valutazione della liceità o della illiceità della condotta in concreto adottata dal titolare del diritto.

Queste critiche colgono nel segno: e quindi, sotto questo profilo, si impone certamente un maggiore rigore concettuale e terminologico.

Resta però un dato: l'ordinamento non consente un esercizio indiscriminato e arbitrario delle prerogative accordate al soggetto, perché esse sono attribuite in funzione del perseguimento dell'interesse sotteso all'ascrizione del diritto. Ove il soggetto se ne serva per realizzare un interesse diverso, la sua condotta fuoriesce dal contenuto del diritto e ricorre un abuso. Beninteso, a questa tecnica di rilevazione della illiceità della condotta l'interprete guarderà solo quando non disponga di regole più duttili, come quella di correttezza, che consentano di sindacare su un piano diverso la condotta e di pervenire, sia pure per un'altra via, al medesimo esito. Merita di essere ricordato, infine, che, nonostante la sua ambiguità concettuale, e la conseguente difficoltà ad ottenere una esplicita consacrazione legislativa, la categoria dell'abuso di diritto è stata ora accolta dalla CDFUE (art. 54).

1.2. *I diritti potestativi*

Diritti potestativi

Una peculiare specie di diritto soggettivo è rappresentata, secondo l'opinione più diffusa, dal **diritto potestativo**. Trattasi di una situazione giuridica di vantaggio caratterizzata dall'attribuzione al soggetto del potere di determinare con una semplice **dichiarazione di volontà** una **modificazione** dell'altrui sfera giuridica. Si pensi alla compravendita con patto di riscatto (art. 1500): al venditore sarà possibile riscattare il bene (cioè riottenerne la proprietà) con una semplice dichiarazione di volontà, che avrà una immediata ripercussione sulla sfera giuridica del compratore, perché lo priverà del diritto in precedenza acquistato.

In altre ipotesi il diritto potestativo ha la sua fonte direttamente nella **legge**. Si pensi al diritto di affrancazione riconosciuto all'enfiteuta (art. 971): questi può, in qualunque momento, sulla base di una propria iniziativa unilaterale, acquisire la piena proprietà del fondo, senza che il concedente abbia modo di impedirlo. Tale diritto ha natura certamente potestativa: la dichiarazione dell'enfiteuta spoglia il proprietario del suo diritto, sostituendolo con un credito avente ad oggetto il pagamento di una somma di denaro.

Soggezione

Caratteristica del diritto potestativo è la posizione di **soggezione** del terzo destinato a subire gli effetti dell'esercizio del diritto: egli non potrà fare alcunché per impedire il verificarsi di tali effetti, sebbene essi incidano negativamente sulla sua sfera giuridica.

La circostanza che al diritto potestativo si contrapponga una posizione non di obbligo, ma di soggezione, ha spinto una parte della dottrina a ritenere che esso non sia una *species* riconducibile allo schema del diritto soggettivo, ma costituisca un *genus* autonomo. Alla base di questa ricostruzione è facile rintracciare l'idea che al diritto soggettivo debba necessariamente corrispondere un dovere del quale il primo costituirebbe il riflesso, secondo uno schema formale – quello imperniato sulla priorità logica del dovere rispetto al diritto – maturato, come si è visto, nell'ambito di una concezione imperativistica della norma.

A questa costruzione, però, si è già replicato che il diritto soggettivo non si colloca necessariamente all'interno di un rapporto giuridico, perché il suo fondamento riposa non nella previa posizione di un obbligo, ma in un permesso normativo. Sotto questo punto di vista il diritto potestativo non costituisce una deviazione rispetto allo schema tipico del diritto soggettivo: anche i diritti assoluti vivono al di fuori di un rapporto giuridico (come si è visto, il dovere di astenersi da condotte pregiudizievoli dell'altrui interesse gravante *erga omnes* rileva non ai fini del soddisfacimento, ma ai fini della tutela dell'interesse; onde non è configurabile tra diritto e dovere quel nesso di complementarietà necessario ad integrare un rapporto giuridico, nesso configurabile solo là dove il secondo sia funzionalmente ordinato all'attuazione del primo).

1.3. *I diritti personali di godimento*

Assai problematica è, invece, la collocazione dei **diritti personali di godimento** (si pensi al diritto del conduttore sull'immobile oggetto del contratto di locazione). Argomentando dalla fonte contrattuale di questi diritti e dalla regola che circoscrive alle parti gli effetti del contratto, una teoria, un tempo maggioritaria, ritiene che i diritti personali di godimento siano **diritti di credito** esaurendosi, dunque, in quanto tali, in una pretesa – avente ad oggetto il godimento del bene – diretta solo verso il debitore (nel contratto di locazione, il locatore). I diritti personali di godimento vengono, così, distinti dai **diritti reali di godimento** su cosa altrui: infatti, mentre questi ultimi possono esser fatti valere *erga omnes*, perché ineriscono al bene (il titolare vanta una prerogativa direttamente sul bene); i primi, in quanto riducibili agli effetti obbligatori di un contratto, avrebbero la struttura tipica del credito (onde, appunto, il titolare vanterebbe una pretesa al godimento del bene verso un soggetto determinato).

I diritti personali di godimento: il loro problematico inquadramento ...

Non è difficile cogliere i punti deboli di questa ricostruzione. Se il diritto del conduttore ha la struttura del credito, allora bisogna individuare la prestazione cui il debitore è obbligato. Si è così affermato che il locatore sarebbe tenuto ad una condotta avente un contenuto, a seconda delle tesi prospettate, ora positivo (assicurare al conduttore il godimento del bene), ora negativo (consentire al conduttore di godere del bene, tollerandone – *pati* – l'ingerenza). A ben vedere, però, il conduttore, una volta che il bene gli sia stato consegnato, realizza da sé il proprio interesse, ponendo in essere **autonomamente**, senza la mediazione o la collaborazione del locatore, le attività in cui si sostanzia il godimento del bene: e ciò è sufficiente ad escludere la possibilità di riconoscere nei diritti personali di godimento la struttura del credito, posto che quest'ultimo ha il suo elemento caratterizzante e distintivo proprio nella circostanza che il soddisfacimento dell'interesse del creditore passa attraverso la prestazione del debitore. Né si può aggirare il problema individuando la prestazione nella consegna del bene al conduttore, perché se questo obbligo esaurisse interamente il contenuto del rapporto, il suo adempimento dovrebbe dar luogo all'immediata estinzione del rapporto medesimo; il che ovviamente non accade, perché la consegna è prestazione meramente strumentale rispetto ad un *quid aliud* cui lo schema del rapporto obbligatorio non riesce a dare forma.

In realtà il titolare di un diritto personale di godimento, in termini non dissimili dal titolare di un diritto reale, pone in essere autonomamente l'attività che, concretizzando la fruizione del bene, realizza l'interesse di cui egli è portatore. Si spiega così l'orientamento della dottrina oggi maggioritaria secondo cui, sul piano strutturale, non vi è differenza alcuna tra diritti reali e diritti personali di godimento.

Tuttavia, una piena assimilazione delle due tipologie di diritti è preclusa da un duplice ordine di rilievi. In primo luogo, infatti, il titolare di un diritto personale di godimento acquisisce la disponibilità del bene in virtù della consegna, ossia di una condotta che integra gli estremi dell'attuazione di un obbligo.

... e il trattamento ad essi riservato dal codice civile

In secondo luogo, significative differenze sussistono sul piano della disciplina dei singoli diritti: si pensi ai **rimedi**, accordati al titolare di un diritto reale, e negati al titolare di un diritto personale, avverso le ingerenze lesive di soggetti terzi (con la rilevante eccezione dell'art. 1585, co. 2, che riconosce al conduttore un'azione verso i terzi per ottenere la cessazione delle turbative di fatto arrecate al suo godimento); si pensi – ancora – alle diverse soluzioni apprestate al problema dell'**opponibilità** del diritto (reale o personale) gravante sul bene a chi ne acquisti *medio tempore* la proprietà. Sicché, nel momento stesso in cui si riafferma la distinzione tra questa e quella categoria, debbono anche constatarsi i limiti – tipici di ogni processo di astrazione – della pretesa di ricondurre ad una categoria unitaria e omogenea diritti (ora reali, ora personali) che invece presentano molteplici differenze sul piano del concreto trattamento loro riservato dal legislatore.

1.4. *L'aspettativa*

L'aspettativa

Per **aspettativa** si intende la posizione in cui si trova il soggetto che confida di conseguire, nel futuro, un determinato risultato.

È chiaro che in termini giuridici non rileva una mera aspirazione di ordine psicologico: piuttosto, deve ricorrere una situazione che potrebbe dar luogo, ove si verifichino taluni, specifici fatti, al sorgere di un diritto.

di fatto e ...

Ovviamente per configurare un'aspettativa giuridicamente rilevante è necessario che la posizione del soggetto riceva una qualche tutela dall'ordinamento. In caso contrario, saremmo in presenza di una aspettativa (non di diritto, ma) di **fatto**, giuridicamente irrilevante. Si pensi, ad es., alla disciplina del contratto a favore del terzo e, in particolare, all'ipotesi in cui la prestazione debba essere eseguita dopo la morte dello stipulante (art. 1412). Qui, lo stipulante può sempre revocare l'attribuzione a favore del terzo, anche con una disposizione testamentaria: l'aspettativa del terzo in ordine all'acquisto del diritto discendente dal contratto è priva, dunque, di rilievo giuridico, sicché nulla questi potrà reclamare ove la stipulazione venga effettivamente revocata.

di diritto

Per converso, si ha un'aspettativa di **diritto** nel caso del contratto sottoposto a condizione sospensiva (cioè del contratto destinato a produrre i suoi effetti solo se e quando si verificherà un determinato evento futuro e incerto indicato dalle parti: art. 1353). Durante la pendenza della condizione la parte è titolare di un'aspettativa all'acquisto del diritto oggetto del contratto: e questa aspettativa è giuridicamente rilevante perché al soggetto è riconosciuto il potere di compiere atti conservativi sul bene (art. 1356, co. 1); perché, ancora, le parti sono obbligate a comportarsi secondo buona fede per mantenere integre le reciproche ragioni (art. 1358); e, infine, perché la condizione si darà per avverata ove il suo mancato verificarsi dipenda da causa imputabile alla parte portatrice di un interesse contrario alla realizzazione della condizione medesima (è questa la c.d. finzione di avveramento: art. 1359).

Da questo esempio emerge che l'aspettativa è una situazione di vantaggio **attiva**. Ma ciò pone il problema di individuarne i tratti differenziali rispetto al diritto soggettivo, senza di che la figura in esame non godrebbe di alcuna autonomia concettuale.

Caratteri propri dell'aspettativa di diritto

Carattere tipico della aspettativa è il suo radicarsi in una fattispecie acquisitiva a **formazione progressiva**. Finché detta fattispecie non viene completata in ogni suo elemento, il soggetto è titolare solo di un'aspettativa. Il contenuto di questa aspettativa non consiste nell'assicurare al soggetto l'acquisto (che, nel caso del contratto sospensivamente condizionato avrà luogo solo se l'evento dedotto in condizione si verificherà): consiste, semplicemente, nell'assicurare che l'acquisto possa compiersi e che possa compiersi utilmente. Ad es., nel caso del contratto condizionato, attraverso la finzione di avveramento l'ordinamento garantisce che il corso degli eventi non subisca alterazioni ad opera del soggetto portatore di un interesse contrario al verificarsi della condizione; e al fine di impedire che, *medio tempore*, il bene si deteriori, perisca o venga perduto, è dato all'acquirente il potere di compiere sullo stesso atti conservativi.

Il *proprium* dell'aspettativa rispetto al diritto soggettivo va individuato, pertanto, nel carattere **cautelare** della tutela offerta dalla norma: l'intervento dell'ordinamento si limita a preservare la possibilità che la fattispecie in via di formazione si completi; nonché ad impedire che, a quel momento, siano sopraggiunti fatti tali da impedire il pieno soddisfacimento dell'interesse del soggetto.

Come si vede, la differenza rispetto ad una tutela diretta al pieno soddisfacimento dell'interesse ad acquistare il bene non è solo quantitativa (se così fosse, non sarebbe necessario ricorrere ad una figura giuridica autonoma: l'aspettativa sarebbe un diritto soggettivo dal contenuto più circoscritto) ma qualitativa: e si esprime nella natura meramente cautelare degli strumenti di tutela predisposti dall'ordinamento, diretti solo a non far venire meno indebitamente le condizioni necessarie affinché l'interesse all'acquisto del bene si realizzi.

1.5. *La potestà*

Per **potestà** si intende la posizione del soggetto tenuto, in virtù dell'ufficio privato ricoperto, alla cura di un interesse **altrui** e, a tal fine, investito di una serie di prerogative: si pensi al tutore del minore (artt. 343 s.), e all'evidente analogia che passa tra la sua posizione con quella del titolare di un ufficio pubblico, cui sono attribuiti i poteri connessi all'assolvimento della sua funzione.

Ambivalenza della figura

La potestà è figura certamente problematica, perché prerogative (prevalentemente poteri) tipiche di una situazione giuridica di **vantaggio** si accompagnano ad un profilo di **doverosità** assai pregnante: il tutore, per restare al nostro esempio, è tenuto a curare l'interesse del minore. Ciò significa che l'esercizio delle prerogative non è libero, ma deve essere modulato in funzione del perseguimento dell'interesse del minore.

Questa prima osservazione spiega perché la potestà venga spesso definita come un **potere-dovere**: la formula bene esprime la complessità della figura, ma risulta contraddittoria, poiché la medesima condotta non può costituire oggetto di qualificazioni di segno opposto, che le riconoscono un connotato ora di libertà (potere), ora di necessità (dovere). La contraddizione, tuttavia, è solo apparente: nella struttura delle potestà i due termini, potere e dovere, si pongono, infatti, su due piani diversi.

Potere e facoltà, come si è visto, possono costituire il contenuto di un diritto soggettivo: ciò accade quando l'*agere* in cui consistono è oggetto di un permesso normativo. Ma può accadere che il compimento di una determinata attività materiale o di un determinato atto giuridico siano, invece, oggetto di un comando normativo. Ciò che in questa seconda ipotesi muta rispetto a quella precedente è il segno della qualificazione normativa: il comportamento non è libero, ma doveroso. In questa ipotesi la situazione giuridica riconosciuta al soggetto non sarà un *agere licere*, ma un ***agere necesse***: detto altrimenti, non ricorrerà un diritto soggettivo, ma un **dovere**.

Ora, oggetto del dovere può essere un comportamento materiale (si pensi alla prestazione dovuta nell'ambito di un rapporto obbligatorio); ma può essere anche il compimento di un comportamento cui conseguono determinati effetti giuridici, cioè un potere. Si chiarisce così il problema delle potestà. Non vi è alcuna contraddittoria compenetrazione tra dovere e potere; vi è, semplicemente, una posizione di dovere il cui contenuto è costituito da un potere: l'esercizio del potere attribuito al tutore del minore è oggetto di un dovere. Ma i due piani sono distinti: l'uno – quello in cui si colloca il dovere – attiene alla qualificazione del comportamento, l'altro – quello in cui si colloca il potere – attiene al contenuto del dovere (più precisamente, al tipo di comportamento considerato).

La potestà, dunque, non si lascia esaurire nella tradizionale partizione tra situazioni di vantaggio e situazioni di svantaggio: il soggetto non trae alcun vantaggio dalle prerogative attribuitegli, perché esse devono essere esercitate nell'interesse altrui; ma difetta anche quel sacrificio della propria sfera giuridica tipica delle situazioni di svantaggio.

La potestà come funzione

L'irriducibilità della potestà agli schemi tradizionali discende dal fatto che essa non è propriamente una situazione giuridica soggettiva, ma costituisce una **funzione**. Termine – questo – che esprime chiaramente sia l'orientarsi delle prerogative assegnate al titolare verso la cura di un interesse altrui, sia la loro inerenza non al soggetto che ne è titolare, ma all'ufficio privato che questi riveste.

Il ricorso al paradigma della funzione consente anche di illuminare un altro aspetto problematico della figura: la difficoltà di coniugare la doverosità dell'operato del soggetto con l'ampia **discrezionalità** che a questi viene riconosciuta nell'individuare e nel porre in essere le determinazioni più rispondenti all'interesse di cui gli viene demandata la cura. In effetti, questa discrezionalità appare anomala ove si muova dall'assunto, forgiato sul modello dell'obbligazione, che alla doverosità di un comportamento si accompagni normalmente la previa e specifica individuazione delle modalità con cui esso deve esser posto in essere al fine di realizzare l'interesse cui è preordinato (nel caso del rapporto obbligatorio, solo l'esatto adempimento della prestazione soddisfa l'interesse del creditore e libera il debitore). Ma anche sotto questo profilo ricondurre la potestà alla funzione risulta di aiuto: è, infatti, connotato tipico delle funzioni l'attribuzione al soggetto di margini ampi di discrezionalità nell'individuazione delle modalità operative più appropriate all'attuazione dell'interesse affidato alla sua cura.

1.6. *L'onere*

Ambivalenza anche dell'onere

Tra le situazioni giuridiche soggettive viene annoverato anche l'**onere**, che ricorre ogni qualvolta un soggetto, se intende conseguire un determinato risultato utile, è tenuto a porre in essere un certo comportamento. Ad es., il soggetto cui venga ceduto un credito, se vuole rendere la cessione opponibile al debitore, è tenuto a notificargliela (art. 1264): in caso contrario il debitore che esegua la prestazione nelle mani del cedente risulterà comunque liberato, sebbene quest'ultimo, al momento dell'adempimento, non fosse più titolare del credito mentre il cessionario, dal canto suo, pur non avendo ricevuto la prestazione a lui dovuta, non potrà più avanzare pretesa alcuna nei confronti del debitore.

L'onere presenta un indubbio profilo di doverosità, evidenziato dalla, peraltro, non sempre lineare terminologia adottata dal legislatore. Ad es., l'art. 1396 stabilisce che "le modificazioni e la revoca della procura **devono** essere portate a conoscenza dei terzi con mezzi idonei". La lettera della norma sembra configurare un obbligo, ma in realtà qui siamo al cospetto di un onere: il rappresentato (ovvero colui che ha conferito la procura al terzo perché questi possa agire nel suo nome e per suo conto) è tenuto ad assolvere l'adempimento prescritto se (e solo se) intende ottenere un risultato – l'opponibilità delle modificazioni o della revoca della procura – cui egli stesso ha interesse. L'uso del verbo dovere è, dunque, improprio: questo adempimento non è l'oggetto di un imperativo categorico, ma costituisce il presupposto di un risultato di cui è destinato ad avvantaggiarsi l'onerato medesimo.

Onere e obbligo

Pertanto, se è vero che le due figure, l'obbligo e l'onere, sono accomunate da un profilo di doverosità, è in pari tempo vero che esse presentano una significativa differenza: l'obbligo è preordinato al soddisfacimento di un interesse **altrui** (nel rapporto obbligatorio la prestazione è preordinata al soddisfacimento di un interesse del creditore); l'adempimento dell'onere è, invece, un passaggio necessario perché il soggetto onerato possa conseguire un risultato utile **per sé**.

Ma, a ben vedere, non è ancora questa la reale differenza tra le due nozioni. Si pensi ancora una volta alla cessione del credito: il cessionario è onerato della notifica della cessione se intende assicurarsi l'opponibilità della cessione medesima al debitore. L'assolvimento dell'onere è presupposto di un effetto – l'opponibilità della cessione – che certamente risponde all'interesse del cessionario, cioè del soggetto gravato dell'onere. Ma la norma, gravando il cessionario dell'onere della notifica, intende tutelare la posizione del debitore ceduto: si vuole evitare che questi, non essendo a conoscenza della cessione, esegua la prestazione nei riguardi del cedente (non più creditore) senza ottenere la liberazione del vincolo, e si ritrovi costretto ad eseguirla nuovamente nei confronti del cessionario. Anche l'adempimento dell'onere, pertanto, può risultare funzionale alla tutela dell'interesse di un soggetto terzo.

In effetti quando, per distinguerlo dall'obbligo (che è preordinato al soddisfacimento di un interesse altrui) si afferma che l'onere risponde ad un interesse del soggetto onerato, si confondono, ancora una volta, due aspetti che, viceversa, vanno tenuti distinti: da un lato, il risultato utile realizzabile mercé il previo assolvimento dell'onere, risultato che risponde ad un interesse dell'onerato (è il cessionario ad avvantaggiarsi dell'opponibilità della cessione al debitore); dall'altro, l'interesse del soggetto terzo in vista del quale l'onere è posto (l'affidamento del debitore ceduto nella certezza del rapporto). Dunque, contrariamente a quanto sembrerebbe *prima facie*, obbligo ed onere sono posti, entrambi, nell'interesse di un soggetto terzo; sicché bisogna cercare altrove il fondamento di questa distinzione.

Una differenza emerge ove si osservi che, nel caso dell'obbligazione, l'esecuzione della prestazione mira al soddisfacimento di un interesse (quello del creditore) che attende di essere appagato, mentre nel caso dell'onere il comportamento prescritto è funzionale alla tutela di una posizione del terzo già in essere. In altri termini: nel primo caso c'è una utilità da **conseguire**, nel secondo un assetto consolidato da **preservare**.

Queste considerazioni consentono di cogliere il nodo della questione.

Carattere accessorio dell'onere

L'onere non si presenta mai come figura autonoma, ma **accede** sempre ad una posizione di vantaggio (*id est*: ad un diritto) del soggetto onerato. Come si è visto, l'attribuzione di un diritto comporta il sacrificio di un interesse altrui: sicché, in questa prospettiva, la previsione di un onere rappresenta lo strumento mediante il quale attenuare l'impatto sulla posizione di interesse del terzo della prevalenza accordata all'interesse del soggetto onerato. In altri termini, l'onere rappresenta una peculiare tecnica di **componimento** degli interessi di cui la norma a volte si serve ove ritenga opportuno offrire una qualche protezione all'interesse sacrificato, limitando direttamente o indirettamente la contrapposta posizione di vantaggio.

Ad es., l'art. 875 assegna al proprietario di un fondo (Tizio) – ove questi intenda fabbricare contro il muro posto sul fondo limitrofo (di Caio) ad una distanza dal confine minore di un metro e mezzo – il diritto (potestativo) di conseguire, dietro pagamento di un corrispettivo, la comunione forzosa del muro e la proprietà della porzione del fondo limitrofo racchiusa tra questo e il confine. La norma, però, in pari tempo, prevede che Caio possa impedire l'acquisto di Tizio abbattendo il muro oppure spostandolo sul confine. Data questa alternativa, la legge dispone che Tizio interpelli preventivamente Caio, onde permettergli di stabilire quale decisione assumere. Ricorre qui lo schema dell'onere: il conseguimento di un risultato (la possibilità di ottenere la comunione forzosa del muro) è condizionato al compimento di una condotta (interpellare il proprietario del fondo limitrofo), imposta nell'interessi di quest'ultimo.

Da questo esempio emerge una chiara indicazione: l'onere (per meglio dire: il comportamento che ne costituisce oggetto) è sempre elemento di una fattispecie da cui discende, quale effetto, l'attribuzione di un diritto al soggetto onerato. Tale fattispecie non si perfeziona, e il diritto non sorge, se l'onere non viene adempiuto. Ecco perché si dice anche che l'onere accede ad un diritto **in formazione**; questa espressione, pur nella sua vaghezza, coglie un dato esatto: il comportamento in questione costituisce, al contempo, oggetto dell'onere e presupposto di fatto del diritto di cui il soggetto onerato è investito (sempre che egli adempia l'onere).

L'art. 875 mostra, inoltre, con chiarezza la differenza tra onere e obbligo: mentre l'atto di interpello è oggetto di un onere, il cui mancato assolvimento preclude l'acquisto della comunione forzosa del muro (ovvero, impedisce che si perfezioni il diritto di acquistarla), il pagamento del prezzo (pari al valore della porzione di fondo trasferita) è oggetto di un obbligo; allorché il soggetto si avvalga del diritto potestativo riconosciuto dalla norma, il suo inadempimento non precluderà l'acquisto, provocando solo l'esperibilità dei rimedi previsti a fronte dell'inadempimento di un'obbligazione.

Riassumiamo. L'assolvimento dell'onere risponde ad un'esigenza di tutela di un interesse altrui. Ma, come si è visto, la distanza tra onere e obbligo resta netta anche sotto questo punto di vista. Per un verso, l'adempimento dell'onere non soddisfa, ma tutela un interesse altrui; non realizza la funzione attributiva cui l'ascrizione di un diritto – anche di un diritto di credito – risponde, ma si colloca sul piano della funzione conservativa di utilità già attribuite.

Per altro verso, il tratto di doverosità insito nell'onere presenta una evidente peculiarità, perché il soggetto è tenuto a porre in essere l'adempimento previsto solo se intende conseguire un risultato utile. Il mancato assolvimento dell'onere osta al perfezionamento di una fattispecie che avrebbe determinato il sorgere di un diritto in suo favore, ma non espone il soggetto onerato ad alcuna sanzione (intendendosi con questo termine l'applicazione di una conseguenza sfavorevole che comporta una compressione della sfera del soggetto); là dove caratteristica strutturale del dovere è proprio il momento sanzionatorio che accompagna il mancato assolvimento del comportamento dovuto.

Onere in senso proprio e modalità di esercizio dell'autonomia privata

Gli elementi che, secondo la ricostruzione prospettata, individuano l'onere quale figura autonoma consentono anche di sottrarsi al rischio di estendere troppo i confini della categoria, ricomprendendovi situazioni ad essa riconducibili solo in apparenza.

Si allude, in particolare, alla qualificazione in termini di onere degli adempimenti formali imposti dalla legge (solitamente in ragione di esigenze di certezza del traffico giuridico) affinché vengano riconosciuti effetti ad un determinato atto di autonomia privata (si pensi ai requisiti di forma del testamento olografo – art. 602 –; ma lo stesso potrebbe dirsi, ad es., con riguardo ai requisiti di forma della donazione – art. 782 – o dei contratti – art. 1350 –). Detti adempimenti – secondo alcuni autori – individuerebbero un vero e proprio onere che il soggetto è tenuto a soddisfare nella misura in cui intende conseguire il risultato di disporre del proprio patrimonio per il momento successivo alla sua morte, o di beneficiare taluno per spirito di liberalità, ecc.

In realtà tra queste ipotesi e quelle in cui ricorre un onere (nel senso proprio del termine) sussiste una differenza, sebbene sottile. Nelle prime, l'adempimento è imposto come condizione del valido esercizio di un potere di cui il soggetto è già titolare (ad es., il potere di disporre della propria successione *mortis causa*). L'onere, invece, è elemento di una fattispecie da cui discende, quale effetto, l'attribuzione di un diritto al soggetto onerato: finché l'onere non viene adempiuto, la fattispecie non si perfeziona e il diritto non sorge.

A ben vedere, le situazioni che la tesi criticata pretende di ricondurre allo schema dell'onere riflettono la necessità che l'atto di autonomia privata sia conforme allo schema legale delineato dalla fattispecie normativa. Ove questa conformità non ricorra, semplicemente difetta un elemento strutturale necessario al perfezionamento della fattispecie negoziale. Insomma: qui non ricorre un'autonoma situazione giuridica, ma una mera determinazione normativa delle modalità di esercizio del potere di disporre di un diritto (determinazione risultante dalla specificazione dei requisiti formali dell'atto di autonomia privata attraverso il quale il potere di disposizione viene esercitato).

Considerazioni non dissimili possono essere ripetute in ordine al punto di vista secondo cui il titolare di una data prerogativa avrebbe l'onere di esercitarla entro un certo lasso di tempo. Anche questo modo di vedere deve considerarsi improprio: la previsione di un termine di decadenza non configura in alcun modo un onere, trattandosi semplicemente di una limitazione di ordine temporale posta ad un diritto già venuto ad esistenza.

1.7. *L'interesse legittimo*

Una particolare situazione giuridica di vantaggio è rappresentata dall'**interesse legittimo**.

Questa figura ha risalenti e consolidate radici nel diritto amministrativo, ove designa il peculiare rilievo assunto dalla posizione di interesse del privato quando esso incontra l'esercizio di un **potere amministrativo**. Accade spesso, infatti, che la conservazione o la realizzazione dell'interesse di cui il privato sia portatore dipenda dalle determinazioni che la p.a. riterrà di assumere nel perseguire l'interesse generale di volta in volta in gioco: si pensi ai diversi interessi coinvolti dal provvedimento amministrativo che definisce il numero e la dislocazione nel territorio delle farmacie. Non è un caso, dunque, che una risalente teoria rinveniva la distinzione tra diritto soggettivo e interesse legittimo in ciò, che l'interesse del soggetto, in un caso, trova sempre pieno soddisfacimento, mentre nell'altro risulta solo occasionalmente e indirettamente protetto. Si intendeva così evidenziare che nel secondo caso l'interesse del privato trova realizzazione solo se, e nella misura in cui, a ciò conduca l'assetto stabilito dal provvedimento dell'amministrazione, perché ritenuto maggiormente rispondente all'interesse pubblico.

Discrezionalità amministrativa

Per comprendere meglio la figura dell'interesse legittimo conviene muovere da un esempio. Si pensi alla gara bandita da un ente locale per l'aggiudicazione di un appalto di opere pubbliche. Le imprese che partecipano alla gara possono vantare un interesse giuridicamente rilevante non già a vincerla, ma al rispetto delle regole poste dalla legge.

Invero, il potere di cui la p.a. è investita per la cura di questo o di quell'interesse è soggetto a limiti e vincoli; non è un potere arbitrario, ma **discrezionale**. Ciò si riflette sui vizi da cui il provvedimento amministrativo può risultare affetto: la violazione di una norma di legge e l'eccesso di potere, che ricorre quando l'esercizio del potere non si è attenuto al canone, ad esso inerente, della **ragionevolezza**.

Interesse legittimo e diritto soggettivo

Dunque, il solo interesse dell'impresa di cui l'ordinamento si fa carico riguarda il legittimo svolgimento della gara. Quello che distingue questa situazione giuridica dal diritto soggettivo non è la circostanza che il risultato assicurato all'impresa (la regolarità del procedimento) non coincide con il risultato ultimo cui essa in realtà ambisce (ottenere l'aggiudicazione), costituendo sotto il profilo quantitativo un *quid minus*: se la differenza fosse questa si potrebbe e si dovrebbe dire che l'impresa è titolare un diritto soggettivo alla regolarità della gara, e cadrebbe la necessità di qualificare la sua posizione in termini diversi, ricorrendo alla figura dell'interesse legittimo. Piuttosto, la differenza è data dal fatto che il soddisfacimento dell'interesse del privato non dipende da una sua condotta, ma è affidato esclusivamente all'operato della p.a. Detto altrimenti, mentre il diritto soggettivo è una situazione giuridica di vantaggio attiva, l'interesse legittimo è una situazione giuridica di vantaggio **inattiva**: se il diritto soggettivo è *agere licere*, tale non può essere qualificata una posizione di interesse che risulti priva, nel suo contenuto, di un *agere* rimesso al soggetto.

L'interesse legittimo, pertanto, è il riflesso dei vincoli e dei limiti cui l'agire amministrativo è soggetto; è il peculiare modo di atteggiarsi di un interesse il cui soddisfacimento passi attraverso l'esercizio di un potere altrui, ove detto potere risulti non arbitrario, ma discrezionale.

Interesse legittimo e diritto privato

Questa concettualizzazione, anche se elaborata nell'ambito del diritto amministrativo, assume, in realtà, una portata generale. L'interesse legittimo è una situazione giuridica (di vantaggio e inattiva) riscontrabile anche nel diritto privato, là dove il soddisfacimento dell'interesse di un soggetto dipenda dal modo in cui un altro soggetto eserciterà una prerogativa di cui è titolare, e quest'ultima presenti profili di discrezionalità derivanti dai limiti e dai vincoli posti proprio in funzione dell'interesse (legittimo) altrui.

È, ad es., qualificabile come interesse legittimo la posizione dei soggetti (i chiamati all'eredità e i creditori della stessa) che vantino un interesse a che il patrimonio ereditario venga amministrata dal curatore nominato dall'autorità giudiziaria nel pieno rispetto delle regole stabilite dalla disciplina dell'eredità giacente (art. 528 s.): trattasi di una situazione di vantaggio ma, appunto, inattiva. Ricorre qui, e in molte delle ipotesi in cui un soggetto è investito di un ufficio privato per la cura di un interesse altrui, una dialettica non dissimile da quella che intercorre tra potere amministrativo e interesse del privato.

È qualificabile come interesse legittimo anche l'interesse del debitore a liberarsi del vincolo obbligatorio adempiendo la prestazione. Si pensi ad un contratto di deposito: è presumibile che il depositario, oltre ad esservi obbligato, abbia anche interesse a restituire la cosa al depositante (ad es., per liberarsi della responsabilità connessa alla sua custodia, oppure per utilizzare diversamente e più proficuamente il luogo adibito a deposito). Tuttavia, l'esecuzione della prestazione richiede sempre la cooperazione del creditore: il depositario non gli potrà restituire il bene fino a quando questi non si offra di riceverlo. Siamo, dunque, dinanzi ad un'ipotesi in cui il soddisfacimento dell'interesse di un soggetto (l'interesse del debitore ad adempiere) dipende dal contegno assunto da un altro soggetto (dalla disponibilità del creditore a ricevere la prestazione). Ricorre qui lo schema tipico dell'interesse legittimo: il debitore non può fare alcunché per costringere il creditore a ricevere la prestazione; non è ravvisabile *agere* alcuno che possa essere assunto quale contenuto di un diritto soggettivo. La sua posizione, sotto il profilo considerato, è di vantaggio, ma, ancora una volta, inattiva.

Occorre però una precisazione: la circostanza che la realizzazione dell'interesse del debitore a liberarsi del vincolo obbligatorio passi attraverso la collaborazione del creditore potrebbe indurre a riconoscere al debitore un diritto soggettivo ad eseguire la prestazione, cui corrisponderebbe un obbligo di ricevere la prestazione a carico del creditore: al rapporto obbligatorio principale (in virtù del quale il debitore è tenuto ad adempiere la prestazione nei confronti del creditore) si affiancherebbe, così, un rapporto accessorio a parti invertite, nel quale il soggetto obbligato (a ricevere la prestazione) sarebbe chi nel rapporto principale è creditore, e chi nel rapporto principale è debitore risulterebbe invece creditore, perché titolare del diritto ad eseguire la prestazione.

Questa complessa costruzione, tuttavia, non può trovare accoglimento, perché in nessun modo il creditore della prestazione principale può essere considerato obbligato a riceverla, nel senso proprio del termine. In realtà, ciò che impropriamente si indica come un obbligo è solo l'effetto riflesso dei limiti posti alla situazione giuridica soggettiva del creditore, che si qualifica come un *agere licere*, ma nella quale si innestano elementi non di doverosità, ma di discrezionalità.

L'art. 1206 stabilisce, infatti, che il creditore non può rifiutare la prestazione se non in presenza di motivi legittimi (rimettendo al giudice il compito di stabilire se i motivi di volta in volta addotti siano tali oppure no). Ciò non significa che il creditore sia obbligato a ricevere la prestazione, sempre che non ricorrano motivi legittimi per rifiutarla; significa, piuttosto, che la sfera di libertà del creditore – cui è rimesso l'esercizio del diritto, onde egli può scegliere se esigere, o meno, la prestazione – incontra un limite posto in funzione dell'interesse del debitore a liberarsi del vincolo obbligatorio. Insomma, sul diritto soggettivo del creditore si innesta un elemento non di doverosità, ma di discrezionalità; e la qualificazione appropriata di una situazione giuridica soggettiva (di vantaggio e inattiva) fondata con la posizione di un limite all'esercizio di una prerogativa altrui, limite che rende discrezionale una condotta altrimenti arbitraria, è – appunto – l'interesse legittimo.

1.8. *Lo* status

Lo *status* postula l'**appartenenza** dell'individuo ad una comunità, ma più che designare una particolare situazione giuridica soggettiva, esso rappresenta il **presupposto** di tutte le situazioni soggettive, attive e passive riconosciute all'individuo in ragione del suo essere **partecipe** di una comunità organizzata.

Varie tipologie di *status*

Si pensi al **coniuge** o al **figlio** all'interno della comunità familiare: essi, per effetto del matrimonio o della filiazione acquistano uno *status (familiae)* al quale si ricollega l'attribuzione di una gamma piuttosto ampia di diritti e di obblighi (v. artt. 143, 147, 315 e 315 *bis*).

Si pensi, ancora, al cittadino che, per la sua appartenenza allo stato determinata attraverso i vari meccanismi di attribuzione della **cittadinanza**, acquista lo *status civitatis* al quale si ricollegano situazioni giuridiche soggettive di diritto pubblico le più disparate: libertà (libertà di pensiero, libertà di associazione), diritti (diritto di voto), obblighi (ad es., obblighi contributivi: per una più ampia esemplificazione v. la Parte Prima della nostra Carta costituzionale, non a caso intitolata "Diritti e doveri dei cittadini").

Proprio la configurazione dello *status* come situazione costituita da **altre** situazioni soggettive, ha indotto talora dottrina e giurisprudenza a negare che essa rappresenti una figura dotata di una propria autonoma concettuale e normativa rispetto a quelle che di volta in volta ne compongono il contenuto.

Autonomia della figura

Tuttavia, pur dovendosene sottolineare la peculiarità rispetto alle altre situazioni soggettive, occorre convenire con l'opinione che ravvisa nello *status* una situazione **distinta** da quelle che ad esso si ricollegano, oggetto di un'autonoma tutela anche giudiziaria.

Si pensi al caso del figlio nato fuori dal matrimonio che non sia stato riconosciuto spontaneamente da uno dei genitori: egli potrà agire in giudizio per ottenere una dichiarazione giudiziale di paternità o di maternità (art. 269) che, nella misura in cui accerta costitutivamente (ovvero converte una situazione di fatto preesistente in una situazione produttiva di effetti giuridici) lo *status* di figlio, rende immediatamente operanti tutti i diritti e tutti gli obblighi a tale *status* ricollegabili e che, viceversa, in difetto di esso non avrebbero mai potuto farsi valere da, o contro, chi dello *status* di figlio fosse privo.

1.9. *Gli interessi diffusi e collettivi*

Le situazioni soggettive attive sin qui illustrate sono espressione di **interessi** riferibili a soggetti determinati, i quali agiscono per il conseguimento di un bene (non necessariamente od esclusivamente economico): interessi che, appunto in quanto ritenuti meritevoli di tutela, ricevono protezione dall'ordinamento giuridico secondo le modalità esaminate in precedenza.

Interessi diffusi

Tuttavia, il diritto oggettivo prevede anche situazioni nelle quali l'interesse che si fa valere non è riconducibile ad un soggetto determinato, ma è riferibile (o, se si preferisce, è **interesse comune**) a tutti coloro che appartengono ad una collettività, senza riuscire a tradursi in una situazione soggettiva individuale.

Si parla al riguardo di **interessi diffusi**, fenomeno ricorrente nella odierna realtà socio-economica, dove gli interessi di cui sono portatori i singoli non sono sempre riducibili ad una dimensione puramente individualistica, ma sono appunto espressione di esigenze e bisogni comuni a più ampie collettività.

Interesse all'ambiente naturale salubre

Emblematico il caso dell'ambiente, dalla tutela del quale dipendono in larga misura la nostra salute e la qualità della nostra vita. In questa prospettiva, l'ambiente assurge alla dignità di bene giuridico che però, in quanto **bene comune** non tollera forme di appropriazione individuale e, dunque, non pone capo all'attribuzione di situazioni giuridiche soggettive riferibili al singolo.

Per converso, ad una logica di tipo **individualistico** risponde la disciplina delle immissioni (art. 844) che attribuisce al proprietario il potere di opporsi, entro certi limiti, alle immissioni di fumo, calore ecc., ma ciò perché qui il bene giuridicamente tutelato non è l'ambiente, bensì il fondo oggetto del diritto di proprietà.

Tuttavia, nell'esperienza giuridica contemporanea, si verifica sempre più di frequente che il legislatore riconosca la legittimazione ad agire, per la tutela di un bene fruibile solo in forma **transindividuale**, a soggetti collettivi, enti esponenziali di più ampie comunità che con quel bene presentino una relazione privilegiata. Emblematico, ancora una volta, il caso dell'ambiente con riguardo al quale l'art. 311, d.lgs. n. 152/2006 attribuisce la legittimazione ad agire per ottenere il risarcimento del danno ambientale allo Stato.

Interessi collettivi

Il ricorso a queste tecniche di tutela segna il passaggio dalla dimensione degli interessi diffusi a quella degli **interessi collettivi** che, con i primi, continuano a condividere il tratto della irriducibilità ad una sfera meramente individuale, ma dai primi si distinguono in ragione del loro **agglutinarsi** attorno a gruppi sociali resi omogenei proprio dalla condivisione del bene o dell'interesse a difesa del quale si agisce in giudizio (nella stessa direzione vanno oggi le numerose disposizioni che abilitano al giudizio le associazioni dei consumatori: v., ad es., gli artt. 37, 139, 140 *bis* cdc).

2. *La tutela giurisdizionale dei diritti*

L'attribuzione ai consociati di poteri più o meno estesi sui beni della vita non esaurisce, come abbiamo chiarito fin dagli esordi del nostro discorso, il compito del diritto. Infatti, l'esistenza di una regola primaria che assegni a taluno la disponibilità di una risorsa non è di per sé garanzia del fatto che l'ordine disegnato da quella regola venga da tutti rispettato. In altri termini, può accadere, ed anzi, accade piuttosto spesso, che il conflitto alla prevenzione del quale è preordinata la regola primaria, insorga egualmente in dipendenza del tentativo di A di appropriarsi del bene attribuito a B. Ad es., per quanto A abbia legittimamente acquisito la titolarità del diritto di proprietà sul fondo Corneliano, con ciò assicurandosene il godimento in via esclusiva, B potrebbe egualmente sottrarglielo o, comunque, in vari modi, impedirgli di ricavare da quel bene tutte le utilità che la legge, viceversa, intendeva riservargli mediante il riconoscimento del diritto.

Naturalmente questo non deve lasciar credere che la **regola primaria** (ovvero, quella che individua presupposti e contenuti dell'assegnazione di un diritto) sia inutile perché esposta al rischio della inosservanza. Al contrario, essa segna il passaggio irreversibile dallo stato di natura, in cui il conflitto è, per così dire, la regola, all'ordine civile, in cui il conflitto, per quanto sempre possibile e diffuso, rappresenta l'eccezione, l'anomalia meritevole di essere rimossa. In altri termini: mentre il primo tipo di conflitto si sviluppa in assenza di una norma giuridica, e di un'autorità politica in grado di imporla, il conflitto del secondo tipo è ormai un conflitto integralmente giuridicizzato, perché quella che abbiamo chiamato regola primaria rappresenta il criterio sulla base del quale sarà possibile dirimere la controversia e ripristinare l'ordine precedentemente violato.

Inoltre, quella medesima istanza di pace sociale che sta a fondamento dello stesso fenomeno giuridico vieta, al titolare del diritto cui sia impedito di esercitare le prerogative riconosciutegli dalla legge, di farsi ragione da sé (v. gli artt. 392 e 393 c.p.). È evidente, difatti, che se colui il quale subisce (o ritiene di subire) un torto, volesse egli porvi rimedio, riappropriandosi con la violenza di ciò che gli è stato ingiustamente sottratto, accadrebbe che il conflitto, da regolato che era, tornerebbe ad essere sregolato, ed il consorzio civile precipiterebbe di nuovo nello stato di natura.

Per questo duplice ordine di ragioni (ripristinare l'ordine giuridico turbato dalla inosservanza della regola primaria; impedire che da ciò si sviluppi una reazione a catena in grado di travolgere l'intera società), il diritto istituisce, in forme più o meno complesse, un apparato, fatto di persone, norme ed anche strutture organizzative, cui viene affidato il compito di amministrare la giustizia, ossia di dirimere le controversie che insorgono tra i membri della comunità. Più in particolare, poi, come si è già ricordato, negli stati moderni, i quali si ispirano al principio della divisione dei poteri, la funzione giurisdizionale (che è, appunto, quella deputata all'applicazione della regola primaria, ovvero, per usare una terminologia più tradizionale, del diritto oggettivo) individua uno di tali poteri, la **magistratura** (v. gli art. 102 s. Cost.), per lo più composta da giudici professionisti, in possesso di specifiche conoscenze giuridiche assicurate da studi regolari (laurea in giurisprudenza). Il ricorso alla magistratura, onde far valere i diritti (art. 24 Cost.) che si assumono essere stati lesi a causa della inosservanza della regola primaria, avviene secondo modalità altamente ritualizzate: così tanto ritualizzate da aver dato ad un'intera branca dell'ordinamento giuridico, ossia il **diritto processuale civile**.

Lo studio della procedura civile costituisce oggetto di una specifica disciplina e di un parimenti specifico corso di insegnamento. Tuttavia, è opportuno fornire qualche informazione elementare sul modo in cui funziona quel particolare e, per la verità, abbastanza complesso, dispositivo istituzionale, che è il processo civile.

2.1. *Azione ed eccezione*

Processo civile

Come si è visto, alla titolarità di una situazione giuridica deve essere riconnessa anche la possibilità di farlo valere in giudizio, cioè di domandare al giudice, mediante l'instaurazione di un processo, l'emanazione di una sentenza che accolga o rigetti la domanda (art. 99 c.p.c.; ma si v., ancora prima, l'art. 24 Cost.).

Azione, eccezione, attore, convenuto

In ciò si sostanzia l'**azione**, (donde il nome di **attore** con il quale si designa colui che propone la domanda) ossia il potere di dare impulso alla funzione giurisdizionale affinché trovino tutela le situazioni giuridiche soggettive.

Ad es., nel caso del diritto di proprietà, accanto ai poteri ed alle facoltà del proprietario, il legislatore regola anche le azioni a difesa della proprietà (l'azione di rivendicazione, l'azione negatoria, ecc.). Queste azioni rappresentano lo strumento attraverso il quale il proprietario può ottenere il riconoscimento, da parte del giudice, delle prerogative giuridiche assicurategli dalla titolarità del diritto e, se del caso, farle valere con la forza nei confronti di chi insista nel contestarle o nell'ostacolarne l'esercizio.

Analogamente, il creditore può ottenere la condanna del debitore all'adempimento o, ove questi rimanga inadempiente, sottoporre il suo patrimonio ad esecuzione forzata onde ricavare dallo stesso patrimonio l'utilità spettantegli.

Le norme di diritto sostanziale vanno correlate a quelle del codice di procedura civile, in particolare all'art. 100 c.p.c. ai sensi del quale "per proporre una domanda in giudizio è necessario avervi interesse". Ciò significa che non è sufficiente essere titolari di un diritto soggettivo per esercitare un'azione: è necessario altresì che si denunci una lesione di quel diritto soggettivo e che il provvedimento richiesto al giudice sia idoneo a rimuovere in tutto o in parte tale lesione (**interesse ad agire**).

Per tornare ad uno degli esempi precedenti, non è sufficiente essere titolari di un credito per adire l'autorità giudiziaria: è necessario che il debitore non abbia adempiuto e che si richieda al giudice l'emanazione di un provvedimento idoneo a rimuovere, in tutto o in parte, gli effetti lesivi dell'inadempimento e cioè, nel caso di specie, una sentenza di condanna ad adempiere.

Speculare all'azione è l'**eccezione**.

L'eccezione è lo strumento attraverso il quale il **convenuto** (ossia, colui che è stato citato in giudizio) resiste alla pretesa avanzata dall'attore. Così, ad es., se il creditore fa valere attraverso l'azione il suo diritto all'adempimento dell'obbligazione, il debitore, attraverso l'eccezione, può far valere la circostanza che il pagamento abbia già avuto luogo o che il diritto vantato dalla controparte si sia prescritto (eccezione in senso **stretto** o **processuale**).

Anche per l'eccezione, come per l'azione, opera il limite istituito dall'art. 100 c.p.c., di modo che l'eccezione stessa potrà essere presa in esame dal giudice solo ove sussista un "interesse ad eccepire".

2.1.1. *L'onere della prova*

Principio dispositivo e onere della prova

Il processo civile è caratterizzato dal **principio dispositivo** per il quale le parti sono libere di esercitare le azioni e di opporre le eccezioni, di transigere la controversia e di rinunciare al giudizio. Questo principio si riflette anche sui poteri del giudice civile che non può ricercare d'ufficio le prove dei fatti posti a fondamento delle pretese delle parti. Un temperamento a questo principio si ha nel processo del lavoro (e cioè nel processo relativo a diritti discendenti dai rapporti di lavoro subordinato o parasubordinato), dove il giudice dispone anche di poteri istruttori d'ufficio (v. art. 421 c.p.c.): tali poteri, tuttavia, debbono essere esercitati nei limiti dei fatti dedotti dalle parti.

Naturale corollario del principio dispositivo è il principio dell'**onere della prova**, in forza del quale i fatti che si pongono alla base di una azione o di una eccezione devono essere provati dalla parte che agisce o che eccepisce. L'esistenza di questo principio nel processo civile comporta che in assenza di un adeguato apparato probatorio un determinato fatto, anche se realmente avvenuto, viene ritenuto inesistente ai fini della risoluzione della controversia.

La ripartizione dell'onere della prova fra attore e convenuto è regolata dalla legge (art. 2697, co. 1) ma può essere modificata dalle parti mediante un apposito patto, sia pure nei limiti stabiliti dall'art. 2698.

2.1.2. *Le prove*

Come detto, il giudice può porre a fondamento della propria decisione soltanto i fatti che le parti siano riuscite a provare nel corso del giudizio.

La prova va fornita mediante specifici **mezzi di prova**: le prove documentali, le prove testimoniali, la confessione, il giuramento, le presunzioni.

Tra i mezzi di prova è possibile istituire una classificazione che li divide in prove **dirette** e prove **indirette** a seconda che essi siano destinati a provare direttamente l'esistenza di un fatto o a farlo soltanto presumere. Ad es., la dinamica di un incidente stradale si può ricostruire o sulla base di una prova diretta, come la testimonianza, o sulla base di una prova indiretta, come la perizia eseguita sulle tracce della frenata.

Un'altra importante distinzione tra i mezzi di prova si fonda sulla loro vincolatività per il giudice. Si parlerà allora di prove **libere** con riguardo a quelle che il giudice può valutare liberamente (ad es., prova testimoniale) e di prove **legali** con riguardo a quelle che obbligano il giudice a considerare come effettivamente verificatisi gli atti o i fatti attraverso di esse documentati o rappresentati (ad es., l'atto pubblico o la confessione giudiziale).

Prove documentali

Sono prove **documentali**, o prove scritte, anzitutto l'atto pubblico e la scrittura privata. In questa sede va precisato che **l'atto pubblico** è il documento redatto, nei modi previsti dalla legge, da un pubblico ufficiale (di regola un notaio) e che fa piena prova, fino a **querela di falso** (art. 221 c.p.c.), della provenienza del documento dal pubblico ufficiale che lo ha redatto, nonché delle dichiarazioni in esso contenute (artt. 2699-2700).

Quanto alla **scrittura privata**, essa è un documento sottoscritto dalla parte, che acquista efficacia di prova legale, al pari dell'atto pubblico, solo quando viene riconosciuta da colui contro il quale la scrittura è prodotta ovvero quando è legalmente considerata riconosciuta, come nel caso in cui la sottoscrizione sia stata autenticata da un notaio o da altro pubblico ufficiale (artt. 2702-2703).

Prova testimoniale

La prova **testimoniale** di un fatto può essere fornita mediante la dichiarazione, resa dinanzi al giudice, che un determinato avvenimento si è verificato alla presenza di colui che rende la dichiarazione (**testimone**). L'ammissibilità della prova per testimoni dei contratti è assoggettata ad una serie di limitazioni (v. artt. 2721-2723), che si applicano anche alla prova del pagamento e della remissione del debito (art. 2726).

Tuttavia, alla prova testimoniale potrà sempre farsi ricorso nelle ipotesi di cui all'art. 2724, e cioè: 1) quando vi sia un principio di prova per iscritto, 2) quando il contraente sia stato nell'impossibilità materiale o morale di procurarsi una prova scritta e 3) quando il contraente abbia smarrito senza sua colpa il documento che gli forniva la prova. Ma se il contratto soggiace ad un onere di forma, la prova per testimoni sarà possibile soltanto nell'ultimo dei tre casi indicati dall'art. 2724 (art. 2725).

Confessione

La **confessione** è una dichiarazione resa da un soggetto nell'ambito di un giudizio (confessione **giudiziale**) o fuori dal giudizio (confessione **stragiudiziale**) di fatti a sé sfavorevoli e favorevoli alla controparte (art. 2730). La confessione può avere ad oggetto solo fatti che incidano sui diritti disponibili (art. 2733, co. 2), poiché, essendo una prova legale, i suoi effetti finiscono per equipararla ad un atto di disposizione del diritto.

Giuramento

Il **giuramento** è la dichiarazione della veridicità di un fatto proveniente da una delle parti e resa in giudizio con formula solenne. Il giuramento può essere **decisorio** o **suppletorio**, a seconda che esso venga richiesto da una delle parti ai fini della decisione della causa o sia richiesto dal giudice per integrare le prove o, ancora, per stabilire il valore della cosa domandata quando non sia possibile accertarlo altrimenti (art. 2736, n. 1-2).

Anche il giuramento, al pari dell'atto pubblico e della confessione, ha efficacia di prova legale.

Presunzioni

Le **presunzioni**, come già detto, sono mezzi di prova indiretti e consentono di accertare l'esistenza di un fatto ignoto muovendo da un fatto noto (art. 2727). Le presunzioni possono essere **legali** o **semplici**.

Nelle prime (art. 2728), è la legge stessa che, in presenza di un certo fatto, considera esistente e quindi provato un altro fatto rilevante ai fini della produzione dell'effetto giuridico: così, ad es., in presenza del matrimonio tra la donna che ha partorito il figlio ed il marito, e del concepimento in costanza di matrimonio (a sua volta oggetto di una presunzione: art. 232), il marito si presume padre del figlio ed il figlio è considerato legittimo (art. 231).

Le presunzioni legali sono **assolute** o **relative** a seconda che sia ammessa o meno la prova contraria: un esempio di presunzione assoluta è proprio quella istituita dall'art. 232 relativamente al concepimento in costanza di matrimonio, mentre un esempio di presunzione relativa è quella istituita dal già citato art. 231, che può essere vinta attraverso l'esercizio dell'azione di disconoscimento della paternità (art. 243 *bis* e 244).

Le presunzioni **semplici** (art. 2729) rappresentano, in realtà, un limite al ragionamento induttivo del giudice, consentendo a quest'ultimo di farvi ricorso solo in presenza di fatti gravi, precisi e concordanti. Le presunzioni non sono ammissibili nei casi in cui la legge esclude le prove per testimoni (art. 2729).

2.1.3. *L'efficacia delle sentenze ed il giudicato*

Giudicato

Ai sensi dell'art. 2909 "l'accertamento contenuto nella sentenza passata in giudicato fa stato a ogni effetto tra le parti, i loro eredi o aventi causa". Sono questi i **limiti oggettivi** e **soggettivi** del giudicato, per cui la sentenza non può produrre effetti al di là del caso da essa deciso o su soggetti estranei alla controversia (che non siano eredi o aventi causa delle parti).

Dal giudicato in senso **sostanziale**, che è appunto quello individuato dall'art. 2909, si distingue il giudicato in senso **formale** che si configura allorché la sentenza non possa essere più impugnata con gli ordinari mezzi di gravame (appello, ricorso per cassazione, revocazione, regolamento di competenza: art. 324 c.p.c.).

Una volta che, come si dice, la sentenza sia passata in giudicato non è più possibile riproporre la questione in giudizio, sicché qualsiasi domanda vertente sul medesimo oggetto andrà rigettata. In qualsiasi altra controversia in cui sia pregiudiziale la questione già decisa con sentenza definitiva, il giudice non può riesaminare la questione nel merito, ma deve decidere sulla base del giudicato.

Tipologia delle sentenze

I caratteri che abbiamo appena illustrato sono **comuni** a tutte le sentenze. Queste ultime, però, vengono tradizionalmente distinte in ragione del loro **contenuto** e degli specifici **effetti** che producono a carico della situazione giuridica oggetto dell'accertamento giudiziale. Da questo punto di vista si parla di sentenze di mero accertamento, sentenze di condanna e sentenze costitutive.

Attraverso le sentenze di **mero accertamento** (ad es., una sentenza che si limiti ad accertare la titolarità di un diritto in capo all'attore: v. art. 2653, n. 1), il risultato pratico che si ottiene è quello di munire la situazione giuridica oggetto dell'accertamento giudiziale della stessa forza del giudicato (in senso sostanziale), così da rendere vane eventuali ulteriori rivendicazioni da parte di terzi.

Attraverso le sentenze di **condanna**, il risultato che si ottiene è quello di munirsi di un titolo idoneo ad avviare l'esecuzione forzata (art. 474, n. 1, c.p.c.), o ad iscrivere ipoteca (art. 2818).

Attraverso le sentenze **costitutive**, infine, il risultato che si ottiene è quello di modificare in senso favorevole all'attore la situazione giuridica oggetto dell'accertamento giudiziale (art. 2932).

È opportuno precisare, però, che questa classificazione delle sentenze, imperniata sulla astratta considerazione dei loro effetti di diritto sostanziale, nulla ci dice in ordine alla tutela in concreto assicurata al titolare del diritto giacché, a tal fine, è necessario tenere conto del tipo di lesione che il diritto stesso subisce. Ad es., una sentenza di condanna può essere strumentale ad una tutela di tipo **risarcitorio**, nella misura in cui impone al danneggiante l'obbligo di risarcire il danno, ad una tutela di tipo **inibitorio**, nella misura in cui impone all'autore della condotta illecita di porvi termine o, infine, ad una tutela di tipo **reintegratorio** nella misura in cui impone all'autore della condotta illecita di ripristinare lo stato di cose anteriore alla condotta stessa.

2.1.4. *Le modalità di composizione pattizia della lite: l'arbitrato e la transazione. L'autotutela*

Come si è più volte osservato, il compito di dirimere le controversie tra i consociati è prerogativa degli organi giurisdizionali dello Stato, non essendo generalmente consentito ai singoli di ottenere il soddisfacimento delle proprie pretese né attraverso l'esercizio indiscriminato di forme di autotutela né, tanto meno, attraverso l'uso della forza.

Allo stesso tempo però l'ordinamento consente all'autonomia privata, nel rispetto delle regole stabilite dalla legge, di sostituire alla decisione giudiziaria un regolamento di natura **pattizia**, ovvero di demandare il compito di decidere una lite ad uno o più **arbitri**.

In quest'ultimo caso le parti, sulla base di un accordo denominato **convenzione di arbitrato**, affidano la risoluzione di una controversia non già ad un pubblico funzionario, ma ad uno o più (purché in numero dispari: art. 809 c.p.c.) soggetti privati detti **arbitri**, i quali, a seconda dei casi, decideranno secondo diritto, o secondo equità (art. 822 c.p.c.).

Arbitrato rituale

Esaminiamo, in primo luogo, l'arbitrato **rituale** distinguendo, anzitutto, tra **compromesso** e **clausola compromissoria**.

La distinzione risiede in ciò: mentre il compromesso (art. 807 c.p.c.) è un vero e proprio contratto mediante il quale le parti stabiliscono, una volta che sia già insorta tra di loro una controversia, di demandarne la decisione ad un arbitro ovvero ad un **collegio**, generalmente formato da tre arbitri, la clausola compromissoria (art. 808 c.p.c.) è una particolare espressione di volontà che, inserita in un contratto, ovvero risultante da un atto separato, fa sì che le **eventuali** e **future** liti relative a particolari aspetti del contratto medesimo saranno devolute alla cognizione arbitrale.

In altri termini, il compromesso riguarda una lite **già** insorta, mentre la clausola compromissoria prevede la devoluzione agli arbitri di una lite **non** ancora attuale.

In linea di principio possono essere rimesse agli arbitri tutte le controversie, salvo quelle aventi ad oggetto diritti **indisponibili**: così, ad es. non sarà possibile demandare alla cognizione arbitrale una lite in materia di *status* personali e rapporti familiari.

Per quanto attiene alla controvertibilità in arbitri delle liti relative ai **rapporti individuali di lavoro** (art. 409 c.p.c.), il co. 2 dell'art. 806 c.p.c. prevede la possibilità del ricorso all'arbitrato soltanto nel caso in cui ciò sia espressamente previsto dalla legge, ovvero dai contratti o dagli accordi collettivi.

Dal combinato disposto degli artt. 807 e 808 c.p.c. si ricava che tanto il compromesso, quanto la clausola compromissoria dovranno rivestire la forma **scritta** a pena di nullità.

Per quanto attiene alla **nomina** degli arbitri, che deve essere contenuta all'interno della convenzione di arbitrato (art. 809 c.p.c.), la regola generale è quella in virtù della quale ognuna delle parti ha il diritto di nominare uno o più arbitri i quali, di comune accordo, provvederanno a nominarne un terzo. Nel caso in cui una delle parti non abbia provveduto alla nomina dei propri arbitri, l'altra potrà ottenere che la scelta venga effettuata dal Presidente del Tribunale ovvero, se così previsto dalla convenzione di arbitrato, dal Presidente dell'Ordine degli avvocati, di quello dei Dottori commercialisti o del Distretto notarile.

Gli arbitri, che dovranno accettare l'incarico per **iscritto** (art. 813 c.p.c.), avranno il diritto, salvo rinuncia, al rimborso delle spese e all'onorario per l'opera prestata; al pagamento le parti saranno obbligate in solido (art. 814 c.p.c.).

Lodo

L'atto con il quale gli arbitri, formalizzano la loro decisione e che, quanto al contenuto ed agli effetti, può essere accostato alle sentenze emesse dagli organi giurisdizionali, prende il nome di **lodo**.

Il lodo, deciso a maggioranza dagli arbitri a seguito di conferenza personale, potrà trovare esecuzione nel territorio della Repubblica solo quando il Tribunale del circondario nel quale ha trovato sede l'arbitrato, accertatane la regolarità formale, lo dichiarerà esecutivo con decreto (c.d. ***exequatur***): decreto nei confronti del quale è ammesso reclamo mediante ricorso alla Corte d'Appello (art. 825 c.p.c.).

Si rammenti che il lodo, una volta ottenuto l'*exequatur*, costituirà altresì titolo per l'iscrizione di ipoteca giudiziale (art. 2819).

Arbitrato irrituale

Accanto all'arbitrato rituale, la legge (art. 808 *ter* c.p.c.) prevede anche l'arbitrato **irrituale** (o libero).

In questo caso le parti, sempre a mezzo di un compromesso o di una convenzione di arbitrato assimilabile ad un contratto di mandato, conferiscono ad un arbitro – o ad un collegio arbitrale – il compito di comporre in via bonaria una controversia attuale o futura, ancora una volta facendo applicazione delle norme di diritto, oppure secondo equità.

In sostanza, quindi, mentre il lodo rituale è un provvedimento equiparabile, quanto agli effetti, alla sentenza emessa dagli organi giurisdizionali, l'atto con cui si definisce un arbitrato libero risulta, per molti aspetti, assimilabile ad una **transazione**.

Dalla natura contrattuale del lodo irrituale deriva che l'attività degli arbitri, a tutti gli effetti mandatari delle parti, non sarà equiparabile all'esercizio della funzione giurisdizionale; inoltre, il lodo sarà qui soggetto, in linea generale, alla disciplina dei contratti e, più in particolare, appunto, alle norme in materia di transazione avuto riguardo, ad es., alle cause di annullamento.

Arbitratore

Da non confondere con la figura dell'arbitro è quella dell'**arbitratore**. A quest'ultimo, infatti, le parti demandano il compito non già di risolvere una controversia, attuale o potenziale, ma di determinare la prestazione dedotta in un contratto (art. 1349).

Transazione

La **transazione** (art. 1965), invece, è il contratto con il quale le parti, facendosi **reciproche concessioni** interrompono o prevengono una lite. Si tratta, dunque, di una modalità pattizia di composizione delle controversie, alla quale si ricorre tutte le volte in cui le parti preferiscono non investire della questione l'autorità giudiziaria perché, ad es., la normale durata di un processo civile appare incompatibile con l'esigenza di una rapida definizione dei loro rispettivi interessi. Proprio in questa prospettiva si spiega la ragione per la quale l'ordinamento esige le "reciproche concessioni" le quali, appunto, qui mimano quel contemperamento dei rispettivi interessi delle parti che, per definizione, sta alla base di un contratto.

L'art. 1965, co. 2 contempla l'ipotesi della transazione **mista**. Quest'ultima ricorre allorché le parti non si limitano, attraverso le reciproche concessioni, ad intervenire sul rapporto controverso ma, al contrario, creano, modificano o estinguono altri rapporti aventi una loro causa autonoma.

Transazione novativa

Un'ulteriore distinzione elaborata in dottrina ed in giurisprudenza sulla base di quanto disposto dall'art. 1976 (sul quale ci intratterremo più avanti) è quella che vede la transazione **semplice** contrapposta alla transazione **novativa** la quale ricorre allorché il contenuto dell'accordo transattivo sia del tutto distinto ed autonomo rispetto a quello oggetto della lite che, attraverso il contratto, si intende risolvere o prevenire (presupposto **oggettivo**). Inoltre, è essenziale che le parti manifestino inequivocabilmente la volontà di instaurare tra loro un nuovo rapporto che si sostituisca, estinguendolo, a quello originario (presupposto **soggettivo**).

Dal punto di vista strutturale, la necessaria ricorrenza delle reciproche concessioni fa sì che la transazione sia un contratto **oneroso**, a **prestazioni corrispettive**. Sotto il profilo funzionale, la transazione assumerà natura di contratto ad effetti reali o ad effetti obbligatori a seconda che le parti prevedano, quale contenuto dell'accordo, la nascita o il trasferimento di un diritto reale o di un altro diritto (art. 1376), ovvero l'assunzione di una obbligazione.

Ai sensi dell'art. 1967, nella transazione la forma scritta è richiesta ai soli fini probatori (c.d. forma ***ad probationem***).

La transazione non può riguardare diritti che per loro natura, ovvero per disposizione di legge, siano **indisponibili** (art. 1966, co. 2); ne consegue che non è possibile transigere liti che abbiano ad oggetto, ad es., *status*, rapporti familiari ovvero, giusta il disposto dell'art. 2113, diritti del prestatore di lavoro derivanti da disposizioni inderogabili della legge e dai contratti o accordi collettivi.

L'art. 1966, al co. 1 si occupa della **capacità di transigere**, prevedendo che possano validamente stipulare accordi transattivi solamente le parti che, a monte, abbiano la **capacità di disporre** dei diritti che formano oggetto della lite. Da ciò deriva che il minore, in quanto soggetto incapace, non potrà stipulare transazioni se non per mezzo dei genitori a ciò autorizzati dal giudice tutelare (art. 320, co. 3), ovvero del tutore previa autorizzazione del Tribunale (art. 375, n. 4).

Cause di invalidità

La transazione, in quanto contratto tipico, è soggetta alle ordinarie cause di invalidità sicché, ad es., sarà nulla la transazione nella quale l'oggetto sia indeterminato o indeterminabile (art. 1346), o, ancora, illecito (artt. 1972, co. 1 e 1343); del pari sarà annullabile la transazione frutto di violenza o dolo (artt. 1434 e 1439) e quella alla quale le parti siano addivenute sulla base di documenti poi riconosciuti falsi (art. 1973).

Per quanto attiene, in particolare, all'annullamento per errore, pur essendo in generale applicabile la disciplina dettata dall'art. 1427 s., l'art. 1969 stabilisce che la transazione non può essere annullata per errore di **diritto** relativo alle questioni che sono state oggetto di controversia tra le parti. La *ratio* di questa regola si intende agevolmente ove solo si consideri che, attraverso la transazione, le parti decidono di rinunciare all'accertamento giudiziale delle proprie pretese: sicché, una volta intrapresa la strada della composizione pattizia della lite, non saranno ammessi ripensamenti legati all'ignoranza, o alla erronea interpretazione, dei profili giuridici relativi al rapporto oggetto dell'accordo.

Alla stessa *ratio* risponde il divieto, sancito dall'art. 1970, di impugnazione della transazione per **lesione**; l'accertamento della lesione presupporrebbe, infatti, il previo accertamento con sentenza del rapporto controverso.

Viceversa, la parte in buona fede potrà ottenere l'annullamento della transazione nel caso in cui l'altra parte sia consapevole della **temerarietà** della propria pretesa (si veda, al riguardo, anche l'art. 96 c.p.c.) Analoghe ragioni di tutela della parte in buona fede stanno alla base della regola di cui all'art. 1972, co. 2, per la quale, nell'ipotesi di transazione riguardante un titolo **nullo**, la possibilità di ottenere l'annullamento è concessa alla sola parte che ignori la causa di nullità del titolo stesso.

Ulteriore causa tipica di annullabilità della transazione è quella prevista dall'art. 1974, secondo cui è annullabile la transazione avente ad oggetto una lite già decisa con sentenza passata in giudicato del quale le parti, o soltanto una di esse, non avevano notizia. In quest'ultima ipotesi, l'esistenza di un giudicato riguardante il rapporto controverso (c.d. *res litigiosa*), posto dalle parti alla base della reciproca volontà di transigere, determina il venir meno del requisito della *res dubia*, vale a dire il requisito relativo all'obiettiva incertezza circa l'esito della lite: donde, appunto, l'annullamento della transazione su richiesta della parte in buona fede.

Merita, infine, attenzione la disposizione di cui all'art. 1976 ai sensi del quale è esclusa la risoluzione per **inadempimento** della transazione novativa, salvo che il diritto alla risoluzione sia stato espressamente stipulato. Qui, infatti, atteso l'effetto interamente estintivo della transazione novativa rispetto al rapporto originario, l'esclusione della risoluzione per inadempimento della transazione è coerente con la volontà delle parti di regolare i propri rapporti soltanto sulla base della transazione.

Come si è già osservato, anche quando le parti decidono di non affidarsi agli organi della giustizia statale per la tutela delle proprie ragioni, non è comunque loro consentito di farsi giustizia attraverso l'uso della forza. Tuttavia, entro certi limiti e nei casi espressamente previsti dalla legge, l'ordinamento consente il ricorso a talune forme di autotutela: su di esse si dirà qualcosa allorché ci occuperemo degli strumenti messi a disposizione del creditore per ottenere il soddisfacimento della propria pretesa.

3. *La tutela dei diritti e la pubblicità legale*

La pubblicità legale e le sue diverse forme

Al fine di assicurarne la **conoscibilità** a tutti gli interessati in funzione della **certezza delle situazioni giuridiche**, l'ordinamento prevede che taluni atti o fatti giuridici siano iscritti in **pubblici registri**. È questa la **pubblicità legale**, tradizionalmente distinta, a seconda degli effetti che la legge vi riconnette, in pubblicità **notizia**, pubblicità **dichiarativa** e pubblicità **costitutiva**.

Prima di passare ad un esame più ravvicinato delle varie forme di pubblicità, è opportuno fornire alcune precisazioni di ordine generale.

In primo luogo, come si è già detto, attraverso la pubblicità viene soddisfatta la basilare esigenza di assicurare ai fenomeni giuridici un grado di oggettività e, quindi, di attingibilità, coerente con la funzione del diritto come strumento di regolazione sociale. Sotto questo profilo, il nesso tra pubblicità e tutela dei diritti appare evidente (ciò che, del resto, trova conferma nella sistematica del codice civile il quale disciplina la trascrizione, applicazione particolarmente complessa dell'istituto pubblicitario, nell'ambito del Libro VI intitolato, appunto, "Della tutela dei diritti"): infatti, la prima linea di difesa di un diritto è rappresentata dalla sua ostensione *erga omnes*, nel senso che se «A» sa, o è messo nelle condizioni di sapere, che titolare del diritto «X» è «B», al quale lo ha trasferito «C», non potrà che rivolgersi a «B» per provare ad acquistare «X».

In altri termini, qui la tutela delle situazioni giuridiche soggettive coincide, senza residui, con la certezza in ordine all'esistenza ed alla titolarità delle medesime. Naturalmente, la pubblicità non può essere confusa con i **mezzi di prova** perché, mentre questi ultimi esplicano la loro funzione nel quadro della singola lite già insorta, la prima, proprio in ragione della sua natura di veicolo di conoscenza degli stati di cose giuridicamente rilevanti, ha come destinatari tutti i consociati e ambisce, piuttosto, a prevenire l'insorgere di una controversia.

Considerazioni in parte simili valgono per il rapporto tra pubblicità e **forma**. Trattasi, in entrambi i casi, di strumenti finalizzati ad oggettivare e documentare i fatti giuridici: tuttavia, la forma esaurisce la sua funzione *inter partes*, mentre la pubblicità, come si è già osservato, opera *erga omnes*.

Proprio perché attraverso la pubblicità viene soddisfatta un'esigenza di carattere generale di conoscenza e, quindi, di certezza delle situazioni giuridiche soggettive e delle loro modificazioni, essa implica un'**organizzazione permanente** deputata alla segnalazione delle une e delle altre, che non necessariamente mette capo all'attività, per così dire, certificativa di un organo pubblico (come, invece, avviene paradigmaticamente con la trascrizione), ma che, neppure può essere affidata all'autonomia dei privati.

Conoscibilità legale

Proprio il carattere, per così dire, istituzionale della conoscenza assicurata attraverso la pubblicità fa sì che, una volta pubblicizzato un fatto giuridico, la sua ignoranza non possa più essere utilmente invocata: si parla, al riguardo, di **conoscibilità legale** (e semmai, in talune ipotesi, quest'ultima potrà essere surrogata dalla prova della conoscenza effettiva del fatto da parte del terzo: v. ad es., gli artt. 184, co. 2; 1396, co. 1; 2206, co. 2 e 2207, co. 2; 2193, co. 1).

Va osservato, peraltro, che in molti casi gli effetti della pubblicità non si esauriscono nella sola conoscenza legale alla quale, viceversa, possono affiancarsi conseguenze ulteriori: ed è proprio con riguardo a queste ultime che si lascia apprezzare la differenza tra le varie forme di pubblicità, al cui esame è tempo ora di procedere.

3.1. *La pubblicità notizia*

Strumenti e finalità della pubblicità notizia

La pubblicità **notizia** individua quella forma di pubblicità i cui effetti sono esauriti, appunto, dalla mera conoscibilità legale del fatto giuridico pubblicizzato. Suo tramite, infatti, quest'ultimo viene semplicemente reso conoscibile senza ricaduta alcuna sul piano dell'efficacia *inter partes* dal momento che, anche **in assenza** della pubblicità, il fatto produrrebbe, comunque, le conseguenze giuridiche ad esso riconnesse; e, per converso, la pubblicità notizia (a differenza della pubblicità dichiarativa) è radicalmente inidonea a procurare all'atto quella particolare forma di efficacia *erga omnes* che prende il nome di opponibilità. Peraltro, va precisato che all'unitarietà della funzione non si accompagna una uniformità degli strumenti i quali, anzi, variano in relazione alle specifiche caratteristiche del fatto o della vicenda da rendere noti.

Il campo della pubblicità notizia abbraccia soprattutto le vicende relative alla **persona** e il principale sistema all'uopo predisposto è costituito dai **registri dello stato civile**: regolati dagli artt. 449 s. e dal d.P.R. n. 396/2000 (e già dal r.d. n. 1238/1939 sull'ordinamento dello stato civile) e tenuti presso ogni comune, essi constano del registro di **cittadinanza**, di **nascita**, di **matrimonio** e di **morte**.

È, invece, presso il Tribunale che vengono tenuti: il registro delle **tutele** (degli interdetti e dei minori), delle **curatele** (dei minori emancipati e degli inabilitati), delle **successioni**, delle **persone giuridiche** e, ancora, quello dei **falliti**. Presso il Tribunale per i minorenni, infine, è tenuto il registro delle **adozioni** dei minori.

I casi in cui è necessario attuare la pubblicità notizia vengono determinati dalla legge e, dunque, il ricorso ai procedimenti pubblicitari costituisce un obbligo, la cui violazione può dare luogo a sanzioni pecuniarie e penali.

3.1.1. *La pubblicità costitutiva*

Pubblicità costitutiva e diritto d'ipoteca

Talora l'adempimento degli oneri pubblicitari rappresenta un elemento della fattispecie legale, in difetto del quale quest'ultima non potrà considerarsi completa (si parla, al riguardo, di pubblicità **costitutiva**). Le ipotesi più note di pubblicità costitutiva consistono nell'**iscrizione dell'ipoteca** nei registri immobiliari *ex* art. 2808, a seguito della quale sorge il diritto reale di garanzia, e nell'**iscrizione dell'atto costitutivo** nel registro delle imprese, cui l'art. 2331 subordina l'acquisto della personalità giuridica delle società di capitali.

e diritto delle società

Oltre a quelle appena menzionate, vanno ricondotte entro l'alveo della pubblicità costitutiva anche le ipotesi di iscrizione nel registro delle imprese della delibera (art. 2502 *bis*) dell'atto di fusione e di scissione delle società di capitali (artt. 2504, 2506 *quater*), della delibera di modificazione dello statuto della società per azioni (art. 2436), della deliberazione costitutiva di patrimoni destinati ad uno specifico affare (art. 2447 *quater*) e della dichiarazione o della decisione di scioglimento delle società di capitali (art. 2484, co. 3).

La pubblicità diviene elemento costitutivo di una più complessa fattispecie anche nell'**usucapione abbreviata** *ex* art. 1159 c.c., dove la trascrizione del titolo astrattamente idoneo al trasferimento del diritto reale concorre con il possesso di buona fede e con il decorso del tempo all'acquisito a titolo originario dei beni immobili. Affine è la disposizione dell'art. 534, co. 3, che disciplina l'acquisto dall'**erede apparente**, subordinando l'effetto acquisitivo nei confronti dell'erede alla trascrizione sia dell'atto di acquisito a titolo di erede di chi appare tale, sia dell'atto di acquisito del terzo da quest'ultimo. La tutela offerta dall'art. 534 viene completata dall'art. 2652, n. 7, che riguarda tutti gli acquisti di diritti immobiliari dall'erede o dal legatario apparente rispetto ai quali il terzo di buona fede non possa invocare l'effetto immediato dell'art. 534.

e modi di acquisto della proprietà

La pubblicità ha funzione costitutiva anche in materia di **pignoramento** (art. 2912) e di **sequestro conservativo** (art. 2905): nel primo caso l'art. 555 c.p.c., nel fissare la procedura di pignoramento dei diritti immobiliari, vi include anche la trascrizione dell'atto che deve indicare in modo esatto i beni e i diritti immobiliari oggetto di esecuzione; nel secondo caso l'art. 679 c.p.c. richiede la trascrizione del provvedimento di autorizzazione del sequestro conservativo immobiliare.

e tutela del credito

Si ha, infine, pubblicità costitutiva anche nelle ipotesi di c.d. pubblicità **sanante** di cui all'art. 2652, n. 6, 7 e 9, ossia in quelle fattispecie nelle quali è fatto salvo l'acquisto del terzo di buona fede nonostante l'accertata invalidità o assenza del titolo del suo dante causa, con ciò derogando al principio generale secondo cui la caduta del titolo del dante causa travolge anche il titolo dell'avente causa.

Pubblicità sanante

In particolare, secondo l'art. 2652, n. 6, la domanda di nullità o di annullabilità di atti soggetti a trascrizione, se a sua volta trascritta dopo cinque anni dalla trascrizione dell'atto impugnato, non pregiudica i diritti acquistati a qualunque titolo dal terzo di buona fede sulla base di un atto trascritto o iscritto prima della trascrizione della domanda di impugnazione.

Si è qui al cospetto di un acquisto *a non domino* che poggia su due elementi, uno positivo e l'altro negativo: la **trascrizione** del titolo del dante causa di cui è contestata la validità, e l'**omessa**, o **ritardata** per almeno cinque anni (tre anni nel caso di mobili registrati: art. 2690), trascrizione della domanda giudiziale di invalidità (il termine viene computato a decorrere dalla trascrizione dell'atto impugnato). In altri termini, la pubblicità assicurata a quest'ultimo, e non contestata per un quinquennio (o triennio) costituisce elemento di una fattispecie acquisitiva a titolo originario a favore del terzo, di cui invece non entra a fare parte la trascrizione dell'acquisto di quest'ultimo, la quale persegue soltanto il consueto fine conservativo del diritto acquisito.

3.1.2. *La pubblicità dichiarativa*

Opponibilità

A differenza della pubblicità costitutiva, la pubblicità **dichiarativa** non è parte integrante della fattispecie in dipendenza della quale si produce l'acquisto del diritto; e, però, a differenza della pubblicità notizia, essa non si limita ad assicurare la pura e semplice conoscibilità legale del fenomeno giuridico pubblicizzato. Funzione precipua della pubblicità dichiarativa è quella di rendere **opponibile** ai terzi un effetto giuridico già insorto sulla base di una fattispecie autonomamente perfezionatasi.

L'opponibilità costituisce una forma di efficacia grazie alla quale lo stato di cose giuridico pubblicizzato viene sottratto alla disponibilità di chiunque, tranne che di colui (presumibilmente, ma non necessariamente, come meglio si vedrà in seguito, il titolare del diritto) il quale si sia fatto carico degli adempimenti pubblicitari. Si vedrà anche, da qui a breve, che l'istituto in cui la pubblicità dichiarativa trova espressione elettiva è rappresentato dalla **trascrizione**, alla quale la legge affida il compito, particolare delicato in un sistema ispirato al **principio consensualistico**, di dirimere il conflitto tra più acquirenti del medesimo diritto. Vedremo, altresì, che questo stesso compito può essere assolto anche da meccanismi più elementari, che prescindono dal ricorso allo strumento pubblicitario propriamente inteso.

3.2. *La trascrizione*

La **trascrizione** è regolata nel Libro VI del codice civile e costituisce una particolare forma di pubblicità dichiarativa tesa ad assicurare la conoscibilità e la opponibilità ai terzi delle vicende traslative riguardanti i beni immobili (e i beni mobili registrati: art. 2683) attraverso un articolato sistema organizzato su base **personale**.

Funzione

La funzione della trascrizione è quella di dirimere gli eventuali **conflitti** fra più aventi causa (a titolo particolare) che abbiano acquistato da un comune dante causa con atto *inter vivos* diritti incompatibili. Questo obiettivo viene conseguito, come si è già visto poco sopra, parlando della pubblicità dichiarativa in generale, rendendo l'atto trascritto **opponibile** ai terzi, cioè, in altri termini, l'efficacia che l'atto già dispiega tra le parti viene rafforzata trasformandola, appunto, in opponibilità *erga omnes*.

Attesi gli effetti che ne derivano, gli atti soggetti a trascrizione sono solo quelli **tassativamente** previsti dalla legge.

Gli atti in questione sono quelli indicati dall'art. 2643. Si tratta, per lo più, di atti aventi ad oggetto beni **immobili** e produttivi di effetti **reali**. Si noterà la sostanziale coincidenza tra l'elencazione dell'art. 2643 e quella dell'art. 1350 relativa agli atti per i quali è prevista la forma **scritta** a pena di nullità e ciò a causa del peculiare regime circolatorio cui sono assoggettati i beni immobili. Del resto, non è un caso che la trascrizione possa farsi solo se l'atto riveste la forma dell'**atto pubblico** o della **scrittura privata**, ancorché autenticata o giudizialmente accertata (art. 2657).

Per comprendere il funzionamento dell'istituto occorre considerare che il nostro ordinamento, accogliendo il principio del consenso traslativo (art. 1376), ha optato per una semplificazione delle forme di circolazione dei beni a scapito della sicurezza dei traffici giuridici. Ciò perché in un sistema nel quale il trasferimento del diritto ha luogo **indipendentemente** dalla materiale consegna della cosa, è molto più facile e frequente che si verifichino casi nei quali dello stesso diritto si disponga più volte a beneficio di almeno due diversi acquirenti.

Quando vengano in considerazione beni immobili (o beni mobili registrati), il conflitto fra i due acquirenti è risolto, in deroga al principio *prior in tempore, potior in iure*, a favore di chi ha trascritto il suo acquisto per primo, con conseguente soccombenza di colui che non ha trascritto affatto o ha trascritto successivamente, ancorché questi avesse acquistato per primo.

Efficacia dichiarativa

La regola si evince dall'art. 2644, co. 1 il quale, con una formulazione in negativo, dispone che gli atti soggetti a trascrizione e non trascritti tempestivamente **non** possono essere fatti valere verso chi ha tempestivamente trascritto il suo acquisto; al co. 2, con una formulazione in positivo, lo stesso art. 2644 stabilisce che, una volta avvenuta la trascrizione, non producono effetto nei confronti del trascrivente le successive trascrizioni, quantunque queste riguardino acquisti risalenti a data anteriore (è questa, appunto, l'efficacia c.d. efficacia **dichiarativa** della trascrizione).

Esemplificando, se Tizio vende un appartamento prima a Caio che non trascrive, e poi vende lo stesso appartamento a Sempronio che invece trascrive, l'acquisto di quest'ultimo prevarrà (sarà opponibile) nei confronti di Caio. Tuttavia, Caio non rimarrà senza tutela, avendo sempre diritto all'esperimento di un'azione risarcitoria nei confronti di Tizio (ed anche nei confronti di Sempronio, in caso di malafede di quest'ultimo).

Continuità delle trascrizioni

Qualora gli acquisti non derivino da un comune dante causa, si renderà necessario risalire l'intera sequenza delle trascrizioni fino ad individuare il comune autore. Infatti, per prevalere su coloro che vantino diritti incompatibili, non basta che l'ultimo acquirente abbia tempestivamente effettuato la trascrizione del suo titolo d'acquisto, ma occorre altresì che questi possa vantare a proprio favore una **serie continua** di trascrizioni (fino a fondare un acquisto a titolo originario). La regola si evince dall'art. 2650, co. 1 a mente del quale le successive trascrizioni o iscrizioni a carico dell'acquirente non producono effetto se non è stato trascritto l'atto anteriore di acquisto (c.d. **principio di continuità delle trascrizioni**).

Quindi, la funzione tipica della trascrizione postula la **completezza** dei registri immobiliari, i quali solo in tal modo possono fornire un quadro d'insieme sufficientemente esaustivo delle vicende attinenti la circolazione dei beni immobili. Proprio al fine di assicurare la completezza dei pubblici registri il legislatore, per un verso, impone a determinati soggetti (pubblico ufficiale o notaio rogante) l'**obbligo** di trascrivere (art. 2671) e, per altro verso, dispone la trascrizione di determinati atti che, a rigore, **non** producono un acquisto *inter vivos* a titolo derivativo.

Rispondono (anche) a questa logica l'art. 2646, riguardante gli atti divisionali; l'art. 2648, relativo agli acquisti a causa di morte, nonché l'art. 2651 relativo alle sentenze da cui risulti l'usucapione o la prescrizione di uno dei diritti indicati dall'art. 2643, n. 1-2, 4.

Efficacia prenotativa

Strumentale all'efficacia dichiarativa sua propria, è l'efficacia **prenotativa** riconosciuta alla trascrizione dei contratti preliminari aventi ad oggetto la conclusione di taluno dei contratti di cui ai n. 1-4 dell'art. 2643 (art. 2645 *bis*) e delle domande giudiziali previste dall'art. 2652. La trascrizione di tali atti, di per sé privi di efficacia reale (quindi inidonei a trasferire la titolarità del diritto), consente al trascrivente, una volta stipulato e trascritto entro un congruo termine il contratto definitivo ovvero ottenuta e trascritta una pronunzia favorevole, di rendere opponibili ai terzi gli effetti del contratto definitivo o della sentenza, rispettivamente, dalla data della trascrizione del preliminare o della domanda giudiziale.

Di regola, la trascrizione, lungi dal svolgere una funzione perfezionativa del negozio, si pone per l'interessato come un **onere,** in quanto si tratta di un adempimento necessario per far valere nei confronti di tutti un determinato acquisto.

Efficacia costitutiva

Tuttavia, come si è visto in precedenza, la trascrizione può talora assumere i panni della pubblicità **costitutiva** dell'acquisto, nel senso che essa rappresenta il coelemento di una più complessa fattispecie acquisitiva del diritto (ad es., trascrizione del titolo astrattamente idoneo ai fini dell'usucapione abbreviata dei beni immobili: art. 1159, co. 1); ovvero, come pure si è già rammentato, spiegare un'efficacia (*lato sensu*) **sanante** di fattispecie affette da nullità o annullabilità (art. 2652, n. 6, 7, 9).

Inoltre, la trascrizione opera, in alcuni casi, anche come semplice strumento di pubblicità **notizia**. Al riguardo, le ipotesi più significative sono quelle già richiamate nelle quali l'atto viene pubblicizzato al solo scopo di assicurare la continuità delle trascrizioni (artt. 2651, 2646 e 2648). Ad un'analoga, più ridotta esigenza, obbedisce la trascrizione di talune delle domande giudiziali previste dagli artt. 2652 e 2653.

Intavolazione

Infine, è opportuno ricordare che nelle province annesse all'Italia dopo la prima guerra mondiale (e dunque, sostanzialmente, nei territori corrispondenti alle attuali regioni del Trentino Alto Adige e Friuli Venezia Giulia) è rimasto in vigore il sistema dell'**intavolazione**, il quale, a differenza del sistema comune, è organizzato su base **reale**. Tale sistema, secondo quanto disposto dall'art. 230 s. disp. att., prevede che l'iscrizione nel libro fondiario (tenuto presso il Tribunale) abbia efficacia **costitutiva** del diritto configurandosi quindi alla stregua dell'elemento perfezionativo del negozio.

Si tratta di un sistema di pubblicità costitutiva modellato sulla falsariga degli ordinamenti di stampo **germanico** nei quali, a differenza del nostro, l'effetto traslativo del diritto si colloca all'esito di un iter che prende le mosse dal contratto di compravendita con efficacia puramente obbligatoria (*titulus*), passa per l'atto traslativo del diritto (*modus*) e culmina nella materiale consegna del bene (ove si tratti di beni mobili) o, appunto, nella iscrizione dei pubblici registri, ove si tratti di un bene immobile.

4. *L'incidenza del tempo sui diritti. La prescrizione e la decadenza*

Prescrizione

Nel nostro, come in altri ordinamenti giuridici, i diritti si estinguono per **prescrizione** (art. 2934, co. 1). L'effetto estintivo trova la sua causa nella **inerzia** del titolare protratta per un certo periodo di **tempo**.

La prescrizione obbedisce fondamentalmente ad una esigenza di certezza giuridica: difatti, la prolungata inerzia del titolare suscita, nella generalità dei consociati, il convincimento che il diritto abbia cessato di esistere e, proprio attraverso la prescrizione, la situazione di fatto che sta all'origine di tale convincimento viene tradotta in una situazione di diritto.

Diritti imprescrittibili

Non tutti i diritti si prescrivono (art. 2934, co. 2). In particolare, sono imprescrittibili gli *status* (di figlio, di coniuge), e i diritti **indisponibili** quali i diritti della persona. Infatti, se il loro titolare non può disporne non può neanche perderli a causa del loro mancato esercizio.

Tra i diritti a contenuto patrimoniale, è imprescrittibile il diritto di **proprietà** (art. 948).

Imprescrittibile è anche la qualità di **erede**, che può essere fatta valere in qualsiasi tempo dopo il suo acquisto (art. 533), nonché l'azione dichiarativa della **nullità** di un contratto (art. 1422).

Rinunzia

Le norme sulla prescrizione sono **inderogabili** ed ogni accordo tendente a modificarne la disciplina è nullo (art. 2936). Per la stessa ragione non è possibile **rinunciare** alla prescrizione prima che questa sia maturata (art. 2937). Infatti se, ad es., il debitore rinunciasse anticipatamente a far valere la prescrizione del diritto del creditore, ciò avrebbe come conseguenza pratica l'imprescrittibilità del diritto stesso che invece, ai sensi dell'art. 2946, è destinato a prescriversi in dieci anni.

Viceversa, una volta che sia maturata, la prescrizione è **rinunciabile** da parte di chi potrebbe avvantaggiarsene: la rinuncia non necessita di particolari forme e può essere esternata anche per fatti concludenti. Una particolare modalità di rinuncia alla prescrizione è rappresentata dal pagamento del debito **prescritto** (art. 2940): tale pagamento è **irripetibile** e, secondo l'opinione tradizionale, configura gli estremi dell'adempimento di un'obbligazione naturale.

La prescrizione **non** può essere rilevata d'ufficio dal giudice (art. 2938), ma va **eccepita** dalla parte che ne trae vantaggio. Essa, inoltre, può essere fatta valere dai creditori del debitore (artt. 2939, 2900).

Il computo del periodo necessario perché il diritto si prescriva decorre dal momento in cui il diritto stesso può **esercitarsi** (art. 2935). Ad es., nel caso di un contratto, sottoposto a termine iniziale, la prescrizione comincerà a decorrere non appena sopraggiunga il termine.

Il decorso della prescrizione può essere sospeso o interrotto in ragione del verificarsi di taluni eventi tassativamente previsti dalla legge.

Sospensione

La **sospensione** della prescrizione **ferma** il decorso della prescrizione per tutto il tempo in cui sussiste lo stato di cose individuato dalla legge. Cessata la causa di sospensione, la prescrizione **riprende** a decorrere a partire dal momento antecedente all'insorgere della sospensione stessa.

La prescrizione si può sospendere ora a causa del sussistere di **rapporti qualificati** fra le parti (ad es., coniugio, tutela, ecc.: art. 2941), ora a causa della **particolare condizione** in cui versa il titolare del diritto (minori ed interdetti per il periodo in cui non hanno un rappresentante legale, militari ed appartenenti alle forze armate in tempo di guerra: art. 2942).

Interruzione

La prescrizione si **interrompe** o a seguito di un **atto di esercizio del diritto** da parte del titolare (ad es., la costituzione in mora del debitore o la proposizione di una domanda giudiziale: art. 2943) o a seguito del **riconoscimento del diritto** da parte di colui contro il quale il diritto stesso potrebbe farsi valere (art. 2944; ma v. anche l'art. 1988). A differenza di quanto avviene con la sospensione, dopo l'interruzione la prescrizione comincia a decorrere *ex novo*.

Termini

Il termine **ordinario** di prescrizione è di **dieci** anni (art. 2946). Un periodo maggiore vale per i **diritti reali su cosa altrui**, che si prescrivono in **venti** anni (artt. 954, 970, 1014, 1073).

Tra le numerose ipotesi di prescrizioni **brevi** vale la pena di ricordare, a titolo meramente esemplificativo, il diritto al risarcimento del danno da fatto illecito che si prescrive in **cinque** anni, computati dal giorno in cui si è verificato il fatto, termine che si riduce a **due** anni nel caso in cui il danno sia prodotto dalla circolazione di veicoli (art. 2947, co. 1-2); il diritto a percepire le indennità alla fine del rapporto lavorativo che si prescrive in **cinque** anni (art. 2948); sempre in **cinque** anni si prescrivono i diritti che derivano dai rapporti di società (art. 2949), mentre in **un** anno si prescrivono i diritti derivanti dal contratto di trasporto o di spedizione (art. 2951).

Prescrizioni presuntive

Ai diritti di credito si riferiscono le prescrizioni **presuntive**, nelle quali sono stabiliti termini brevi, superati i quali la legge presume che il debito sia stato pagato o che si sia estinto per altre cause. Al creditore è consentito offrire la prova contraria, ma solo attraverso il **giuramento** (art. 2960) o la **confessione giudiziale** (art. 2959).

Le prescrizioni presuntive non vanno confuse con le prescrizioni brevi delle quali ci siamo occupati in precedenza. Infatti, mentre nelle prime il diritto si estingue perché non esercitato entro i termini prescritti dalla legge, nelle seconde il diritto si prescrive pur sempre nei termini ordinari (10 anni) e tuttavia il legislatore ha stabilito, in ragione della particolare natura del diritto soggetto a prescrizione, che esso si **presuma** soddisfatto dopo che sia trascorso un breve periodo di tempo dalla sua costituzione. Sicché, qualora il creditore riesca a vincere tale presunzione (come s'è detto, attraverso la confessione giudiziale o il giuramento), egli potrà tornare ad esercitare il suo diritto di credito fino a quando, eventualmente, non maturi il termine ordinario di prescrizione.

I termini delle prescrizioni presuntive variano da **sei** mesi a **tre** anni a seconda dei casi (artt. 2954-2956).

Decadenza ...

La **decadenza**, al pari della prescrizione, pregiudica la possibilità di esercitare il diritto a causa dell'inerzia del titolare protrattasi per un certo tempo. Funzione della decadenza è quella di limitare a periodi molto **brevi** lo stato di incertezza delle situazioni giuridiche.

Si spiega così perché ad essa **non** si applichino le norme in materia di interruzione della prescrizione (art. 2964): la decadenza è impedita solo dal compimento dell'atto previsto dalla legge o dal contratto (art. 2966). Anche le norme relative alla sospensione della prescrizione restano **escluse** dall'applicazione alla decadenza (art. 2964), salvi i casi espressamente previsti dalla legge (sospensione dei termini di decadenza dell'azione di disconoscimento di paternità – art. 245 –; e per minori, interdetti, inabilitati, sospensione del termine per l'accettazione dell'eredità con beneficio d'inventario – art. 489).

legale

La decadenza prevista dalla legge, c.d. decadenza **legale**, riguarda sia i diritti **disponibili** sia alcuni diritti **indisponibili** (ad es., nell'ambito del diritto di famiglia). In quest'ultimo caso, assolvendo i termini di decadenza anche ad un interesse di ordine pubblico, la decadenza può essere rilevata **d'ufficio** dal giudice (art. 2969), non può essere rinunciata e la sua disciplina è **inderogabile**, cioè non può essere modificata dalle parti (art. 2968).

Ove, viceversa, si tratti di diritti disponibili, essendo i termini stabiliti a favore dell'interesse della parte che subisce l'esercizio del diritto, i privati possono derogare alla disciplina legale dei termini.

giudiziale

In alcuni casi, poi, la legge prevede che i termini di decadenza siano fissati dal giudice su istanza della parte interessata, configurando così una decadenza **giudiziale**. È il caso, ad es., della fissazione di un termine per l'accettazione dell'eredità, che può essere chiesta all'autorità giudiziaria da chiunque vi abbia interesse, affinché il chiamato dichiari, entro il termine fissato dal giudice, se accetta o rinuncia all'eredità. Qualora entro il termine fissato il chiamato non si pronunci, egli perderà il diritto di accettare (art. 481).

e convenzionale

Infine, la decadenza può essere anche **convenzionale**, cioè espressione dell'autonomia dei privati. Unico limite posto all'apposizione di termini di decadenza nei contratti, è che essi non rendano troppo difficile ad una delle parti l'esercizio del diritto (art. 2965). Come è ovvio, la decadenza convenzionale **non** è rilevabile d'ufficio.

Se non è fissato un termine di decadenza legale o convenzionale, il diritto sarà soggetto ai normali termini di prescrizione (art. 2967).

Capitolo IV
I SOGGETTI

Sezione I
LA PERSONA FISICA

1. *La nozione di soggetto di diritto*

La qualificazione della realtà e i soggetti di diritto

Come si è detto nei capitoli precedenti, l'applicazione della regola giuridica implica logicamente la **qualificazione** della realtà nei suoi profili sociali, economici, ecc. Perché gli effetti astrattamente previsti da una norma possano prodursi, infatti, è necessario che il fatto economico e sociale **concretamente** posto in essere corrisponda a quello astrattamente definito dalla norma giuridica ai fini della produzione di effetti.

In questa valutazione della realtà ad opera dell'ordinamento consiste l'attività di qualificazione dell'esperienza economico-sociale, la quale avviene attraverso la previsione di fattispecie astratte. La concreta realizzazione di tali fattispecie determina la produzione di **effetti giuridici** – consistenti ora nell'attribuzione di diritti, ora nella costituzione di obblighi e, più comprensivamente, di **situazioni giuridiche soggettive** –, ora, infine, nella creazione di entità destinate ad assumere il ruolo di **centri di imputazione** di tali situazioni giuridiche soggettive. I due momenti sono entrambi aspetti necessari dell'esperienza giuridica: quando l'ordinamento prevede diritti, obblighi, poteri, facoltà, ecc., deve necessariamente prevedere criteri che consentano di capire a chi spettino tali diritti, obblighi, poteri e facoltà. Esso deve, cioè, stabilire quali siano i **soggetti** cui imputare le varie situazioni soggettive: l'utilizzo giuridico del termine soggetto, infatti, allude a centri di imputazione di situazioni soggettive, e individua i destinatari degli effetti giuridici.

Come vedremo fra breve, non necessariamente tutto ciò che nella realtà biologica o sociale è soggetto, lo è anche per il diritto; allo stesso modo esistono soggettività che sono tali solo per il diritto, ma che non hanno, nella realtà sociale, alcuna concreta consistenza di soggetti.

Persone giuridiche

I soggetti di diritto sono suddivisibili in due grandi classi, alla prima delle quali appartengono le **persone fisiche**, mentre alla seconda appartengono le **persone giuridiche.**

La locuzione **persona fisica** designa tutti gli individui appartenenti alla specie umana; mentre la locuzione **persona giuridica** designa entità caratterizzate dall'aggregarsi di una pluralità di persone fisiche (associazioni, comitati, società) o di un patrimonio (fondazioni) in vista del raggiungimento di un determinato scopo.

Le persone giuridiche sono tali solo nella realtà del diritto. Si pensi alle associazioni o alle società: queste realtà sono qualificate dal diritto come se fossero un autonomo individuo, distinto da quelli (umani) che lo compongono; a questo nuovo essere l'ordinamento riconosce diritti, doveri, facoltà, ecc., insomma, lo concepisce come destinatario di effetti giuridici, quindi **soggetto di diritto**.

Quanto detto per le persone giuridiche va esteso agli enti in genere (sulla precisa portata dei termini torneremo successivamente). A proposito delle persone giuridiche, infatti, bisogna osservare che l'intitolazione accolta dal legislatore è alquanto riduttiva: come vedremo, nell'ambito del Titolo II trova posto anche la disciplina di enti collettivi, i quali, pur godendo di una forma di soggettività giuridica, non sono persone giuridiche in senso proprio (associazioni non riconosciute, comitati non riconosciuti).

Persone fisiche

Per quanto concerne le **persone fisiche**, il discorso oggi è alquanto semplice, coincidendo questa classe di soggetti giuridici con l'essere umano. Ma vi sono esperienze storiche nelle quali non ogni essere umano è stato considerato soggetto di diritto. Si pensi, ad es., ad alcune fasi del diritto romano, nelle quali gli schiavi più che come soggetti, centro di riferimento di diritti o doveri, sono stati considerati come oggetti di diritti altrui.

Ma anche tutt'oggi esseri viventi diversi dall'essere umano non sono qualificati dal diritto come soggetti. Si pensi al dibattito relativo alla natura giuridica degli animali: il nostro ordinamento esclude che questi ultimi possano vantare diritti di sorta. Qualche apertura verso i diritti degli animali si ha in campo pubblicistico. Nel dibattito relativo ai nuovi diritti (cui spesso specialmente nell'ambito della sociologia giuridica ci si riferisce con la locuzione «diritti di quarta generazione»), accanto a quelli umani legati alle manipolazioni genetiche e all'evoluzione delle tecnologie in genere, si inizia anche a parlare di diritti degli animali. Il discorso, tuttavia, non riguarda il diritto privato il quale, quindi, comprende nella categoria delle persone fisiche solo quella degli esseri viventi umani.

In questa sezione ci occuperemo delle persone fisiche; nella seconda sezione ci occuperemo dei diritti della persona in quanto attributi necessari ed indispensabili della persona fisica; nella terza, delle persone giuridiche e degli enti di fatto.

2. *La capacità giuridica. La nascita e la morte*

Ai sensi dell'art. 1, co. 1, "la capacità giuridica si acquista al momento della nascita".

La capacità giuridica e la titolarità delle situazioni giuridiche

La **capacità giuridica** rappresenta lo strumento attraverso il quale l'ordinamento giuridico costituisce in soggetti di diritto le persone fisiche.

Ciò significa che intanto una persona fisica è un soggetto di diritto – ossia, un potenziale destinatario di effetti giuridici – in quanto essa è munita della capacità giuridica.

È bene prestare la giusta attenzione all'aggettivo **potenziale**: esso, infatti, sta a denotare che la soggettività giuridica delle persone fisiche non si traduce nella immediata imputazione di un determinato effetto giuridico, ma equivale alla **astratta attitudine** del soggetto alla imputazione di tutti gli effetti giuridici previsti dall'ordinamento.

L'acquisto della capacità giuridica. La nascita

È necessario, pertanto, tenere distinta la nozione di capacità giuridica da quella di **titolarità** di una qualsivoglia situazione giuridica soggettiva: quest'ultimo concetto rappresenta la situazione nella quale versa un individuo quando, al seguito del concreto verificarsi di una data fattispecie (ad es., una compravendita), abbia luogo la concreta imputazione del singolo, puntuale, effetto giuridico. Così, in conseguenza della compravendita, l'acquirente del bene diventa proprietario, ossia, appunto, titolare del diritto.

In altri termini, la capacità giuridica **precede** la titolarità: intanto io posso essere titolare di un diritto di proprietà, di un diritto di credito, in quanto sono giuridicamente capace. Il neonato, ad es., ha la capacità giuridica; poi è anche titolare di una serie di diritti fondamentali (alla vita, all'integrità fisica, all'onore); e se sul piano empirico i due momenti, in questo caso, sembrano coincidere, sul piano logico-giuridico l'attribuzione della capacità giuridica, ripetiamo, precede l'imputazione dell'effetto, ossia delle varie situazioni giuridiche soggettive.

L'attribuzione della capacità giuridica è subordinata al solo evento della **nascita**.

Si tratta di un principio fondamentale di tutti gli ordinamenti liberal-democratici, giacché esso rappresenta il presupposto stesso dell'**eguaglianza** di tutti gli uomini di fronte alla legge (art. 3, co. 1, Cost. il quale, però, adotta una formulazione più restrittiva parlando semplicemente di cittadini).

È chiaro, infatti, che se ad un gruppo sociale variamente identificato (colore della pelle, religione, attitudini sessuali) fosse negata la capacità giuridica, gli appartenenti a tale gruppo verrebbero esclusi dalla imputazione di effetti giuridici (in altre parole, non sarebbero soggetti di diritto) e, quindi, non sarebbero eguali agli altri di fronte alla legge.

E non è un caso che, in epoca moderna (il precedente del diritto romano e degli schiavi è scarsamente significativo in ragione della assoluta estraneità a tale esperienza dei principi e dei valori della cultura dei diritti fondamentali della persona), il principio di eguaglianza sia stato calpestato da sistemi politici totalitari come il fascismo ed il nazismo proprio attraverso la limitazione della capacità giuridica dei cittadini di "razza" ebraica (per l'Italia v. l'abrogato art. 1, co. 3, il quale, appunto, rinviava alla c.d. legislazione razziale).

L'evento della nascita e il diritto

Un ulteriore indice della rilevanza costituzionale della capacità giuridica è offerto dall'art. 22 Cost. alla stregua del quale "nessuno può essere privato, per motivi politici, della capacità giuridica, della cittadinanza, del nome".

A proposito della **nascita** come unico presupposto della capacità giuridica, si ritiene sufficiente che dopo il parto l'individuo abbia respirato almeno per un attimo, non essendo richiesta la c.d. vitalità, cioè la continuazione della vita oltre il momento del distacco del bambino dal grembo materno.

L'esatta determinazione di ciò che debba intendersi per nascita può rivestire, in ambito giuridico, una notevole importanza. Si pensi, ad es., alla incidenza di tale profilo sulle vicende ereditarie: la trasmissione dell'eredità seguirà un percorso diverso, a seconda che il chiamato all'eredità possa considerarsi nato oppure no.

La nascita deve essere **dichiarata** da uno dei genitori o da un loro procuratore speciale oppure dal medico, dall'ostetrica o da altre persone che abbiano assistito al parto (rispettando l'eventuale volontà della madre di non essere nominata) all'ufficiale dello stato civile del comune in cui la nascita è avvenuta (artt. 29 e 30, d.P.R. n. 396/2000).

La dichiarazione può essere resa presso il Comune, entro dieci giorni dalla nascita, oppure, entro tre giorni, presso la direzione sanitaria dell'ospedale o della casa di cura in cui è avvenuta la nascita. In tale ultimo caso la dichiarazione può contenere anche il **riconoscimento contestuale di figlio nato fuori del matrimonio** (art. 30 d.P.R. n. 396/2000; cfr. ora Capo

II, Titolo VII, Libro I c.c. ove, in virtù delle modifiche operate dalla l. n. 219/2012 ha perso rilevanza giuridica la distinzione tra figli naturali e figli legittimi).

La perdita della capacità giuridica. La morte della persona

La capacità giuridica si perde soltanto a seguito della **morte** della persona fisica. Anche la nozione giuridica di morte non è del tutto pacifica. Un indice normativo al riguardo lo si può ricavare dall'art. 1, l. n. 578/1993 il quale, almeno ai fini dell'espianto degli organi, fa coincidere l'accertamento dell'avvenuta morte con "la cessazione irreversibile di tutte le funzioni dell'encefalo" (c.d. morte cerebrale).

La commorienza

Un'ipotesi di specifica rilevanza, dal punto di vista giuridico, della determinazione del momento della morte è rappresentato dalla **commorienza**.

L'art. 4 stabilisce che, qualora un effetto giuridico dipenda dalla sopravvivenza di una persona ad un'altra, e sia impossibile stabilire quale delle due sia morta per prima, esse si considerano morte nello stesso istante (presunzione di commorienza). Anche questo fenomeno assume un rilievo particolare ai fini della successione *mortis causa*, incidendo sull'ordine successorio e sulla chiamata all'eredità.

In generale, l'ordinamento non pone limiti alla capacità giuridica, salvo casi eccezionali riconducibili a ragioni di varia natura.

Incapacità giuridica speciale

Si parla, al riguardo, di **incapacità giuridica speciale**: collegata ora all'età (ad es., l'infraquindicenne non può acquistare i diritti o assumere gli obblighi derivanti dal contratto di lavoro), alla salute (gli interdetti e gli inabilitati non possono essere nominati tutori o curatori), alla dichiarazione di fallimento (art. 42 l.f.), ora, infine, alla posizione giuridica rivestita da un soggetto nei confronti di un altro soggetto.

Quest'ultimo è il caso, ad es., dei genitori che non possono acquistare i beni e i diritti dei figli sui quali esercitano la **responsabilità genitoriale** (art. 323), o gli amministratori di enti pubblici che non possono acquistare i beni dell'ente a cui appartengono (art. 1471).

L'**incapacità speciale**, in sostanza, implica l'impossibilità, per un soggetto, di essere parte di determinati rapporti giuridici. Quando una tale preclusione è posta con riguardo a rapporti giuridici di un determinato tipo che il soggetto può intrattenere con uno qualsiasi degli altri consociati, si dice che l'incapacità speciale è **assoluta**. Quando, invece, al soggetto non è concesso assumere la qualità di parte in un determinato tipo di rapporto giuridico nel caso in cui l'altra parte sia costituita da una precisa tipologia di persone, allora si dice che l'incapacità speciale è **relativa**, potendo, comunque, il soggetto instaurare quel tipo di rapporto con uno qualsiasi tra tutti gli altri consociati.

La preclusione derivante da incapacità speciale rende **nullo** il negozio costitutivo del rapporto e, quindi, essa non può essere rimossa mediante autorizzazione o convalida.

3. *La condizione giuridica del nascituro*

La capacità giuridica del nascituro

Alcune norme del vigente codice sembrano lasciar intendere che la capacità giuridica si acquisti in epoca anteriore alla nascita e che, pertanto, già prima di questo momento l'essere umano possa essere titolare di situazioni soggettive attive o passive.

In particolare, le ipotesi che vengono in esame sono quelle previste dagli artt. 462, co. 1 e 3, e 784 dai quali si ricava che la legge riconosce al nascituro **concepito** la **capacità di succedere** e di **ricevere per donazione**.

L'art. 462, co. 1, infatti, equipara ai nati i nascituri già **concepiti** al tempo dell'apertura della successione e qualifica entrambi come capaci di succedere.

Gli artt. 462, co. 3, e 784 stabiliscono, inoltre, che possono ricevere per **testamento** o per **donazione** anche i figli nascituri (pur se **non ancora concepiti**) di persona vivente al momento della morte del testatore o al tempo della donazione.

Diritti e aspettative del nascituro

Queste disposizioni rivestono una notevole importanza sul piano sistematico perché stanno a significare che l'ordinamento considera la capacità giuridica come suscettibile di essere somministrata in misura anche parziale, ossia in relazione a specifiche tipologie di effetti giuridici (nel nostro caso, quelli connessi alla vicenda successoria ed alla donazione).

È vero che la legge subordina l'acquisto del diritto all'evento della nascita, (art. 1, co. 2), ma è anche vero che dall'art. 320, co. 1 – il quale affida ai genitori la rappresentanza dei figli nati e nascituri e l'amministrazione dei loro beni – è possibile desumere che il nascituro, concepito o meno, è titolare quantomeno di un'**aspettativa** di diritto, cioè di una situazione soggettiva che, in quanto effetto giuridico, postula pur sempre un soggetto di diritto cui essere ricondotta.

Ci si domanda se anche in altri casi, diversi da quelli esaminati, sia comunque ammissibile un atto di disposizione a favore di colui che non è ancora nato; o, il che è lo stesso, se sia comunque consentito porre in essere atti giuridici in nome di quest'ultimo. La giurisprudenza ritiene tassative le ipotesi espressamente previste in virtù del dettato normativo dell'art. 1, co. 2, che parla di "diritti che la legge riconosce a favore del concepito".

Il problema dei diritti del nascituro è più ampio di quello relativo alla sfera dei diritti patrimoniali e concerne, più in generale, ogni diritto, compresi quelli della persona. Uno dei casi in cui la prassi giudiziaria si è più spesso trovata a dover rispondere al quesito è quello relativo alle lesioni alla salute e alla integrità fisica cagionate al concepito.

La questione è stata sollevata innanzi ai tribunali con riguardo alla risarcibilità del **danno da procreazione**, ovvero del danno cagionato da un evento verificatosi prima della nascita (si pensi, per citare un famoso caso giurisprudenziale, alla responsabilità imputata ai genitori per aver trasmesso al figlio, attraverso il concepimento, una grave malattia contagiosa).

Salute e integrità fisica del concepito. Il danno da procreazione

Tuttavia, una più attenta riflessione mostra che nella fattispecie in esame la capacità giuridica del concepito **non** assume rilievo alcuno, poiché il danno alla salute dovuto al contagio della malattia viene sofferto dalla persona successivamente alla nascita.

Non bisogna infatti pensare che tra condotta illecita ed evento dannoso debba esservi necessariamente coincidenza temporale: il danno può concretizzarsi anche dopo la commissione del fatto che lo ha cagionato, purché tra l'uno e l'altro sia configurabile un nesso di causalità.

Esiste un diritto a non nascere?

Così, ad es., il **danno al feto**, cagionato dai sanitari che hanno in cura la madre è un'ipotesi di danno futuro, che si manifesta in epoca successiva all'azione che lo ha provocato: ad essere leso è il diritto alla salute del futuro nato, che, una volta venuto al mondo e acquistata la capacità giuridica, può agire per far valere l'eventuale responsabilità dei sanitari. La giurisprudenza ha stabilito negli stessi termini con riferimento al diritto al risarcimento per la morte del padre vantato dal figlio nato dopo la sua uccisione: anche in questo caso si è ritenuto che il figlio subisca l'evento lesivo di un suo diritto non già al momento della morte del padre, ma al momento della nascita, ossia quando egli va incontro a privazioni economiche sotto il profilo del diritto al mantenimento.

Nella prassi, non sono riconosciuti esistenti nemmeno diritti che sono logicamente pensabili solo con riferimento alla condizione di nascituro in quanto tale, come il diritto a non nascere o a nascere solo se sano. Siffatta conclusione è prevalentemente motivata facendo riferimento agli artt. 4 e 6, l. n. 194/1978, secondo i quali l'interruzione volontaria della gravidanza è finalizzata solo ad evitare un serio e grave pericolo per la salute della gestante. A questa conclusione porterebbe anche la considerazione che quello in questione è un diritto adespota, vale a dire privo di un suo titolare: se la capacità giuridica si acquista al momento della nascita e i diritti che la legge riconosce a favore del concepito sono comunque subordinati al verificarsi di tale evento, l'unico momento in cui può parlarsi dell'esistenza di un titolare di diritti di qualsivoglia tipologia è quello della nascita.

Da ultimo, merita di essere segnalata la disposizione di cui all'art. 1, co. 1, l. n. 40/2004 (norme in materia di **procreazione medicalmente assistita**), secondo cui la legge stessa "assicura i diritti di tutti i soggetti coinvolti, compreso il concepito". Tale disposizione riveste una portata più ideologico-programmatica che non propriamente tecnico-giuridica:

Concepito e procreazione medicalmente assistita

alla solennità dell'affermazione, in realtà, non fa seguito la previsione di situazioni giuridiche soggettive qualificabili come diritti azionabili nella titolarità del concepito. Così, il legislatore, nell'intento di assicurare il riconoscimento della soggettività giuridica dell'embrione, ha finito per introdurre ulteriori elementi di ambiguità in uno dei settori più delicati dell'intero sistema normativo, quello deputato alla selezione dei destinatari degli effetti giuridici.

4. *Gli elementi distintivi della persona fisica. Il sesso e il nome*

Il sesso

Elementi identificativi di ciascuna persona fisica sono il **sesso** e il **nome**; di quest'ultimo, in particolare, considerato anche come uno dei principali diritti della personalità, avremo modo di parlare più dettagliatamente nel prosieguo del discorso.

Il **sesso** è specificato nell'**atto di nascita** (art. 30, co. 2, d.P.R. n. 396/2000). L'eventuale **rettifica** dell'attribuzione del sesso risultante da tale atto può essere effettuata con sentenza del Tribunale, in presenza di "intervenute modificazioni dei caratteri sessuali", previa autorizzazione del trattamento medico chirurgico eventualmente necessario (l. n. 164/1982).

È discusso se per "modificazioni dei caratteri sessuali" debbano intendersi soltanto modificazioni somatiche, con la conseguenza che i trattamenti medico-chirurgici si giustificherebbero solo per favorire il normale sviluppo di organi sessuali già esistenti nell'individuo.

In realtà, si ritiene condivisibile l'opposta tesi, avallata dalla stessa Corte costituzionale, che ritiene ammissibili tali trattamenti medico-chirurgici anche se diretti a costituire artificialmente organi sessuali diversi da quelli naturali, nel caso in cui vi sia un'insuperabile contrapposizione tra sesso somatico e sesso psichico-comportamentale del soggetto.

Secondo la più recente giurisprudenza di legittimità, peraltro, l'identità sessuale non è strettamente ancorata ad un dato carattere sessuale materiale né il suo mutamento richiede indefettibilmente un dato intervento medico-chirurgico. Ai fini della rettificazione degli atti di stato civile, infatti, la Corte di Cassazione ritiene ora sufficiente dimostrare attraverso i trattamenti medico-chirurgici e/o psicologici subiti, la necessità e la radicalità della scelta intrapresa e proseguita dall'interessato (Cass. n. 15138/2015).

Il nome

Oltre che in virtù del sesso, ciascuna persona fisica è identificata attraverso un **nome**, che si compone del **prenome e del cognome** (art. 6).

Il **prenome**, vale a dire l'appellativo individuale della persona, deve corrispondere al **sesso** e può essere composto di più elementi fino ad un massimo di tre (art. 35, d.P.R. n. 396/2000).

È vietato attribuire: lo stesso nome del padre, di un fratello o di una sorella viventi; un cognome come nome; un nome ridicolo o vergognoso (art. 34, d.P.R. n. 396/2000).

Il prenome è scelto congiuntamente dai genitori. Esso deve essere indicato nell'atto di nascita e, se il dichiarante non provvede, vi supplisce l'ufficiale dello stato civile (art. 29, co. 2, 4, d.P.R. n. 396/2000) che riceve la dichiarazione di nascita.

Il d.P.R. n. 396/200 non contiene alcuna specifica disposizione circa l'assunzione del cognome da parte del figlio nato nel matrimonio. Tuttavia, la giurisprudenza ha tratto dal sistema la regola secondo cui il cognome del figlio è quello paterno. Tale posizione, impeditiva della possibilità di attribuire il cognome materno o il doppio cognome, è stata più volte oggetto di contestazioni in punto di costituzionalità e di istanze di superamento del diritto vivente tradottesi anche nella proposizione di disegni di legge volti a disciplinare la libertà di scelta dei genitori nell'attribuzione del cognome. Da ultimo, con sentenza della Corte Cost. n. 286/2016, è stata dichiarata l'incostituzionalità della norma desumibile dagli artt. 237, 262 e 299 c.c., 72, co. 1, del r.d. n. 1238/1939 e art. 33 e 34 del d.P.R. n. 396/2000, nella parte in cui non consente ai coniugi, di comune accordo, di trasmettere ai figli, al momento della nascita, anche il cognome materno, in quanto oltre a ledere il diritto all'identità personale del minore si fonda su un'irragionevole disparità di trattamento tra i coniugi.

Fino alle modifiche apportate all'art. 33, d.P.R. n. 396/2000 dal d.P.R. n. 26/2015, inoltre, il **cognome** del figlio legittimato era quello del padre.

Ancora, il figlio assume il cognome del genitore che per primo lo ha riconosciuto; se il riconoscimento è effettuato contemporaneamente da entrambi, egli assume il cognome del padre (art. 262, co. 1).

In caso di figlio di genitori ignoti, spetta all'ufficiale dello stato civile che forma l'atto di nascita attribuire a quest'ultimo un cognome, che non deve essere tale da rivelarne la condizione. Non può essere imposto un cognome di importanza storica o appartenente a famiglie particolarmente conosciute nel luogo in cui è formato l'atto di nascita (art. 34, co. 3, d.P.R. n. 396/2000).

Il figlio maggiorenne che subisce il cambiamento o la modifica del proprio cognome a seguito della variazione di quello del genitore da cui il cognome deriva, nonché il figlio nato fuori del matrimonio e riconosciuto dopo il raggiungimento della maggiore età, possono scegliere se mantenere il proprio cognome precedente oppure se aggiungervi o anteporvi quello del genitore (art. 33, co. 2, d.P.R. n. 396/2000).

La legge prevede un procedimento per il **cambiamento** del cognome anche per l'ipotesi in cui il soggetto intenda cambiare il cognome perché ridicolo o vergognoso o perché tale da rivelare l'origine naturale, oppure per l'**aggiunta**, al proprio, di altro cognome (art. 89 s., d.P.R. n. 396/2000 così come da ultimo modificato dal d.P.R. n. 54/2012).

5. *Domicilio, residenza, dimora*

L'ordinamento detta una disciplina anche dei luoghi ove la persona vive e svolge la propria attività.

Il domicilio

Il **domicilio** è il luogo in cui la persona ha stabilito la sede principale dei suoi affari ed interessi (art. 43, co. 1). Diverso da questo, detto domicilio generale, è il **domicilio speciale** o elettivo, scelto dal soggetto con apposita dichiarazione scritta per il compimento di determinati atti o lo svolgimento di specifiche attività, ad es. agli effetti della esecuzione di un contratto o della instaurazione di un processo (art. 47). Domicilio legale è poi quello del minore, fissato nel luogo di residenza di famiglia, e dell'interdetto, il quale prende il domicilio del tutore (art. 45).

La residenza

La **residenza** indica il luogo in cui la persona ha fissato la propria **dimora abituale**.

Il concetto di **abitualità** che caratterizza la residenza comprende sia un elemento materiale, la stabilità della dimora, sia un elemento psicologico, vale a dire l'intenzione di dimorare stabilmente in un dato luogo. Ne consegue che la residenza non cambia a causa di assenze prolungate (si pensi ad un allontanamento per motivi di villeggiatura o di studio), se non accompagnate dall'intenzione di trasferire altrove la propria residenza, o di assenze forzate come nel caso della detenzione in carcere.

Essa risulta dall'iscrizione in un pubblico registro anagrafico **(residenza anagrafica)** e normalmente coincide con il domicilio (art. 43, co. 2).

L'iscrizione non ha efficacia costitutiva, ma alla residenza anagrafica sono attribuiti un effetto probatorio (fino a prova contraria la residenza effettiva si presume coincidente con quella anagrafica) ed un valore di pubblicità dichiarativa (il trasferimento di residenza non può essere opposto ai terzi di buona fede se non è stato denunciato nei modi prescritti dalla legge).

La dimora

La **dimora**, invece, indica il luogo in cui la persona ha fissato **momentaneamente**, ma **non occasionalmente**, la propria residenza (se mi reco all'estero per un soggiorno di studio di sei mesi, la casa in cui trascorrerò questo periodo sarà la mia dimora). Regole ulteriori il codice civile prevede, infine, per il trasferimento della residenza e del domicilio (art. 44).

6. *La scomparsa, l'assenza e la dichiarazione di morte presunta*

Il codice civile disciplina in modo analitico alcuni fatti che riguardano la vita della persona fisica.

Per prima viene in considerazione la **scomparsa** (art. 48).

Qualora una persona si allontani dal luogo del suo ultimo domicilio o della sua ultima residenza e **non se ne hanno più notizie**, può sorgere il problema di provvedere alla conservazione del suo patrimonio ed alla cura dei suoi interessi fino alla sua ricomparsa.

La scomparsa

Per questo il codice prevede che chiunque vi abbia interesse, in particolare i presunti eredi legittimi, o il p.m., può chiedere al Tribunale che venga nominato un **curatore** della persona scomparsa che la rappresenti in giudizio o negli atti necessari per la conservazione del patrimonio quali, ad es., la formazione dell'inventario, o le liquidazioni e le divisioni che la interessano (art. 48). Naturalmente, se vi è già un legale rappresentante, non si fa luogo alla nomina del curatore.

La dichiarazione di assenza

Se tale situazione si protrae per due anni (che decorrono dal giorno cui risale l'ultima notizia dello scomparso), i presunti successori legittimi e coloro che intendono far valere i propri diritti sui beni dello scomparso possono chiedere che, con sentenza, ne venga dichiarata l'**assenza** (art. 49). Competente è il Tribunale dell'ultimo domicilio o dell'ultima residenza dell'assente. Perché coloro che intendono far valere i propri diritti sui beni dello scomparso possano chiedere la dichiarazione di assenza, però, è necessario che siano portatori di un interesse oggettivamente apprezzabile.

Effetti della dichiarazione di assenza

L'assenza, pur rappresentando una situazione provvisoria, è causa di apertura della successione, anche testamentaria, e gli **eredi** vengono immessi nel **possesso temporaneo** dei beni dell'assente. Nel possesso dei beni sono immessi anche i legatari, i donatari e tutti coloro ai quali spetterebbero diritti in virtù della morte dell'assente. Inoltre, coloro che si sarebbero liberati da obbligazioni per effetto della morte, sono temporaneamente esonerati dall'adempimento delle stesse (art. 50).

Gli eredi possono **amministrare** i beni dell'assente, rappresentare quest'ultimo in giudizio e far proprie le rendite che i beni producono (art. 52, co. 2). Non possono, però, alienare, ipotecare o sottoporre a pegno i beni, salvo casi di necessità o utilità evidente e solo su autorizzazione del Tribunale (art. 54). Se nel frattempo l'assente ritorna o ne è provata l'esistenza (art. 56), cessano gli effetti della dichiarazione di assenza ed i beni andranno restituiti (ma non anche le rendite nel frattempo percepite, salvo alcune eccezioni); se, invece, ne è provata la morte (art. 57), la successione produce definitivamente i suoi effetti.

La dichiarazione di morte presunta

Nel caso in cui siano trascorsi **dieci anni** dall'ultima notizia dell'assente, il Tribunale, su istanza del p.m. o di uno dei soggetti indicati dall'art. 50, ne può dichiarare la **morte presunta**, anche se, a suo tempo, non era stata dichiarata l'assenza (art. 58).

Termini più brevi sono previsti per circostanze speciali disciplinate dall'art. 60. Ad es., nel caso in cui qualcuno abbia preso parte ad operazioni belliche e sia scomparso, la morte presunta può essere dichiarata trascorsi tre anni dalla cessazione delle ostilità; se qualcuno è scomparso per infortunio, la morte presunta può essere dichiarata dopo due anni dal giorno dell'infortunio (in questa ipotesi la giurisprudenza ha ritenuto rientrasse il caso del sequestro di persona a scopo di estorsione in cui, all'interruzione delle trattative, sia seguito un prolungato silenzio che ha fatto apparire probabile il decesso).

La morte si **presume** avvenuta nel giorno a cui risale l'ultima notizia dell'assente (art. 58, co. 1). La dichiarazione di morte presunta non impedisce che l'esistenza in vita del soggetto o la sua morte vengano **accertati** in giudizio, su richiesta del p.m. o di qualunque interessato, con la conseguenza che una volta accertato, ad es., che il decesso è effettivamente avvenuto in un certo momento e in certe condizioni, gli effetti della morte si produrranno dalla morte naturale.

Effetti della dichiarazione di morte presunta

A differenza dell'assenza, la dichiarazione di morte presunta produce **effetti analoghi alla morte naturale**, sia sul piano patrimoniale sia sul piano personale; tali effetti si producono retroattivamente dalla data della presunta morte. Da quella data si apre definitivamente la successione, e si stabilizzano tutti gli effetti già temporaneamente prodottisi in capo agli eredi, ai terzi e ai debitori: chi è già stato immesso nel possesso temporaneo dei beni, potrà disporne liberamente, i debitori saranno liberati definitivamente dalle obbligazioni e il coniuge sarà libero di contrarre un nuovo matrimonio (artt. 63-65).

Il ritorno o la prova dell'esistenza del soggetto dichiarato morto presunto

Se chi è stato dichiarato morto **ritorna**, o ne è **provata l'esistenza**, avrà diritto ad essere pienamente reintegrato nella situazione precedente alla dichiarazione di morte presunta.

Dal punto di vista patrimoniale, egli potrà recuperare i beni nello stato cui si trovano e conseguire il prezzo per quelli già venduti e avrà diritto di pretendere l'adempimento delle obbligazioni considerate estinte (art. 66).

Dal punto di vista personale, riacquisterà la sua posizione di coniuge ed il nuovo matrimonio contratto dall'altro coniuge sarà dichiarato nullo: trova applicazione in questo caso la disciplina del **matrimonio putativo** (art. 68, co. 2).

7. *La capacità d'agire*

Capacità d'agire e attività giuridica

Abbiamo visto che la capacità giuridica costituisce la persona fisica in soggetto di diritto fondandone la astratta attitudine alla imputazione di effetti giuridici. Sappiamo anche che gli effetti giuridici si producono soltanto al verificarsi di date fattispecie istituite dall'ordinamento allo scopo di qualificare l'attività umana e che tali fattispecie ora si perfezionano indipendentemente da qualsiasi specifico apporto umano in termini di volontarietà e consapevolezza (fatti giuridici); ora, viceversa, necessitano sia dell'una sia dell'altra, sebbene in misura diversa a seconda che si tratti di atti giuridici in senso stretto o di negozi giuridici.

Il compimento di questi ultimi, in particolare (giacché per gli atti giuridici in senso stretto si ritiene sufficiente la mera capacità di intendere e di volere), presuppone una piena consapevolezza del valore socio-economico del negozio.

Definizione di capacità d'agire

Si spiega così perché il legislatore richieda, per la valida stipulazione di un negozio giuridico la **capacità d'agire** (artt. 2, 119, 591, 1425), che può essere definita come l'astratta attitudine al compimento di negozi giuridici i cui effetti siano destinati a prodursi nella sfera giuridico-patrimoniale dell'**autore** dell'atto.

Quest'ultima precisazione è molto importante perché ci consente di comprendere per quale ragione l'art. 1389, co. 1, ai fini della validità del contratto stipulato dal rappresentante **volontario**, si accontenti, date certe condizioni, della mera capacità di intendere e di volere. Come meglio si vedrà più avanti, nella rappresentanza si verifica una scissione tra colui che pone in essere l'atto (rappresentante, o parte in senso formale) e colui che viene investito degli effetti di tale atto (rappresentato o parte in senso sostanziale), di guisa che, in questi casi, per la stipulazione del negozio non si richiede la capacità d'agire.

Anche la capacità d'agire, al pari della capacità giuridica, designa un'attitudine puramente astratta del soggetto, ossia l'attitudine a compiere atti giuridici, mediante i quali acquistare diritti o assumere doveri. In altri termini, tutti i maggiorenni sono capaci d'agire, ma per compiere quel singolo puntuale atto è necessario esservi legittimati: ad es., soltanto colui che è proprietario del bene X ne può disporre vendendolo, donandolo, ecc.

Distinzione concettuale tra capacità d'agire e legittimazione ad agire

La **legittimazione** sta alla capacità d'agire come la titolarità alla capacità giuridica: entrambe postulano il venire in essere di una concreta fattispecie, ulteriore rispetto alla nascita ed al raggiungimento della maggiore età, che si traduca nella imputazione di un effetto giuridico (titolarità) del quale il soggetto possa poi liberamente disporre (legittimazione).

La capacità di agire si consegue con la **maggiore età** (art. 2), oggi fissata a **diciotto** anni.

L'acquisto della capacità d'agire. La maggiore età

La scelta della c.d. maggiore età quale presupposto della capacità d'agire nasce dall'esigenza di individuare un momento, uguale per tutti, a partire dal quale si ritiene, sulla base di un giudizio tipico-sociale, che il soggetto sia in grado di provvedere autonomamente alla cura dei propri interessi. Del resto, un ipotetico sistema di controllo caso per caso del grado di maturità delle persone, oltre ad essere poco pratico, presenterebbe margini di discrezionalità tanto ampi da essere incompatibili con quel principio di eguaglianza di fronte alla legge del quale anche il riconoscimento della capacità d'agire è parte integrante.

Una volta raggiunto il diciottesimo anno di età, il soggetto può compiere tutti gli atti per i quali non sia stabilita un'età superiore, come, ad es., nel caso dell'adozione ordinaria dove è necessario che l'adottante abbia compiuto il trentacinquesimo anno di età (art. 291, co. 1). Talvolta, viceversa, con riferimento ad alcuni specifici atti, l'ordinamento si accontenta di un'età inferiore ai diciotto anni: ad es., il sedicenne, accertata la sua maturità psico-fisica, e qualora ricorrano gravi motivi, può essere autorizzato dal Tribunale a contrarre matrimonio (art. 84 co. 2); può riconoscere il figlio nato fuori del matrimonio, salvo che il giudice autorizzi l'infrasedicenne valutate le circostanze e l'interesse del figlio (art. 250, co. 5); il quattordicenne può assentire al proprio riconoscimento (art. 250, co. 2 e 5); il sedicenne può compiere tutti gli atti giuridici relativi alle opere dell'ingegno da lui create ed esercitare le azioni relative (art. 108 l.a.); il quindicenne può prestare il proprio lavoro ed è abilitato all'esercizio dei diritti e delle azioni che dipendono dal contratto di lavoro (art. 2, co. 2-3) anche se non può stipulare il correlativo contratto, nel quale sarà rappresentato dai genitori.

8. *La condizione giuridica del minore di età*

Minore d'età

Ovviamente privo della capacità d'agire è il **minore di età.** Questi versa in uno stato di incapacità legale che prescinde dalla sua effettiva maturità psico-fisica e gli inibisce la autonoma gestione dei suoi interessi, di talché gli atti giuridici compiuti dal minore sono invalidi, salva l'ipotesi in cui egli abbia con raggiri occultato la propria età (artt. 1425-1426).

La responsabilità genitoriale

Il **minore d'età** è rappresentato nel compimento degli atti giuridici dai genitori esercenti la **responsabilità genitoriale** o da quello di essi che la esercita in via esclusiva (art. 320, co. 1) ovvero, in assenza dei genitori, da un tutore nominato dal giudice tutelare (art. 343). Quanto alla circostanza che i minori d'età compiano ordinariamente, nella vita quotidiana, numerosi atti giuridici, sia pure di non grande rilievo economico (si pensi, ad es., all'acquisto di libri o di giornali, di vestiti, ecc.), essa si spiega di solito attraverso il ricorso ad una finzione in base alla quale si ritiene che essi agiscano in qualità di rappresentanti volontari dei genitori. D'altra parte, come abbiamo visto, la capacità richiesta nella rappresentanza volontaria è la sola capacità di intendere e di volere (art. 1389, co. 1).

Responsabilità genitoriale e amministrazione dei beni del minore

I genitori **amministrano** i beni del minore e possono compiere **disgiuntamente** gli atti di ordinaria amministrazione (art. 320).

È necessaria, invece, la rappresentanza **congiunta** per il compimento degli atti di straordinaria amministrazione. In questi casi (ad es., la stipula di contratti di locazione ultranovennali o l'alienazione di beni pervenuti al figlio a qualsiasi titolo), è altresì necessaria la previa autorizzazione del giudice tutelare, che la concede solo in caso di necessità o utilità evidente per il minore.

Il minore e gli atti personalissimi

Naturalmente, la sostituzione del legale rappresentante al minore nel compimento di atti giuridici in suo nome vale solo per gli atti che non abbiano carattere strettamente personale. Ci sono atti, come il matrimonio o il riconoscimento di figlio naturale, che implicano scelte assolutamente personali e che il minore non può compiere ma neppure può compierli in suo nome il rappresentante legale.

Anche per la continuazione dell'esercizio dell'**impresa commerciale** del minore è richiesta l'autorizzazione del Tribunale.

Il curatore speciale

In tutti i casi in cui i genitori non vogliono o non possono compiere un atto eccedente l'ordinaria amministrazione che è di interesse per il figlio, quest'ultimo (o uno dei parenti che vi abbia interesse) ha la possibilità di chiedere al giudice la nomina di un **curatore speciale** (art. 321). Al fine di evitare che si crei un conflitto di interessi tra minore e i genitori-amministratori il codice prevede la possibilità di ricorrere alla figura del curatore speciale, o, in altri casi pone il divieto per i genitori di compiere atti in cui è assai probabile l'esistenza di una situazione di incompatibilità tra i loro interessi e quelli del figlio. Così, nel caso in cui sorga conflitto di interessi tra figli soggetti alla stessa responsabilità genitoriale o tra essi e i genitori, l'art. 320, ult. co. prevede che il giudice tutelare nomini un curatore speciale; è, invece, direttamente vietato ai genitori rendersi acquirenti, anche per interposta persona o ad un'asta pubblica, dei beni e dei diritti del minore.

L'usufrutto legale dei genitori sui beni del minore

I genitori hanno l'**usufrutto legale** sui beni del minore e i frutti percepiti sono destinati al mantenimento della famiglia e all'educazione dei figli. È questa un'ipotesi tipica di usufrutto detto, appunto, legale perché spettante per legge e non disponibile negozialmente (art. 326). Dall'usufrutto sono esclusi, però, alcuni beni elencati dall'art. 324, quali, ad es., quelli acquistati dal figlio con i proventi del proprio lavoro.

Decadenza dalla responsabilità genitoriale e le altre pronunce del giudice in materia di responsabilità genitoriale

Le sorti dell'amministrazione dei beni del minore sono legate a quelle della responsabilità genitoriale, ma non sono completamente dipendenti dall'esistenza di questa. Se è vero che l'assenza della responsabilità genitoriale non attribuisce al genitore poteri di amministrazione sui beni del figlio, non è vero il contrario. Il giudice può pronunciare la **decadenza dalla responsabilità genitoriale** quando il genitore viola o trascura i doveri che ne derivano o quando abusa dei relativi poteri (art. 330): la perdita della responsabilità genitoriale comporta la perdita del potere di amministrare i beni del figlio. Quando cessano le ragioni per le quali fu pronunciata la decadenza dalla responsabilità genitoriale il giudice può reintegrare nella responsabilità genitoriale il genitore decaduto, ma a condizione che ciò non determini alcun pregiudizio per il figlio (art. 332). Nel caso in cui, invece, il patrimonio del minore sia mal amministrato, il Tribunale (senza privare il genitore della responsabilità genitoriale) può stabilire le condizioni a cui il genitore deve attenersi o rimuoverlo dall'amministrazione, eventualmente privandolo in tutto o in parte anche dell'usufrutto legale (art. 334).

Il tutore e il protutore

I poteri di rappresentanza del **tutore** incontrano limiti maggiori rispetto a quelli dei genitori: è necessaria l'autorizzazione del giudice tutelare per acquistare beni in nome del minore, salvo quelli necessari per l'uso e per l'amministrazione del suo patrimonio; per il compimento dei più importanti atti di straordinaria amministrazione è necessaria l'autorizzazione del Tribunale. Insieme al tutore è normalmente nominato un **protutore** (art. 346) che rappresenta il minore in tutti i casi in cui gli interessi di quest'ultimo sono in contrasto con quelli del tutore. Se vi è contrasto anche tra gli interessi del protutore e quelli del minore, il giudice tutelare nomina un curatore speciale (art. 360).

Gli atti compiuti in violazione delle norme sulla rappresentanza

Gli atti compiuti in violazione delle norme sulla rappresentanza legale sono **annullabili** (art. 322). L'art. 1425 sancisce l'annullabilità del contratto stipulato da chi era legalmente incapace di contrarre (e quindi del minore), e tuttavia, se il minore ha con raggiri occultato la sua minore età il contratto da questi stipulato non è annullabile. La legge si preoccupa di precisare che la semplice dichiarazione di essere maggiorenne non integra un'ipotesi di raggiro sull'età, e rende comunque annullabile il contratto (art. 1426).

8.1. *L'emancipazione*

La capacità d'agire del minore emancipato

Un minore d'età, munito di una sia pure **limitata capacità d'agire**, è l'**emancipato** di diritto, cioè il minore ultrasedicenne che abbia contratto matrimonio (artt. 84, co. 2; 390).

Con l'emancipazione il minore acquista la capacità di compiere gli atti di ordinaria amministrazione e di esercitare una attività commerciale: è, invece, richiesta l'**assistenza** (non, dunque la sostituzione, ma una compartecipazione al compimento dell'atto) di un **curatore** e l'**autorizzazione** del giudice tutelare per gli atti di straordinaria amministrazione (v. art. 394). In caso contrario, questi ultimi sono **annullabili**, ad istanza del minore, dei suoi eredi o aventi causa (art. 396).

Curatore del minore possono essere lo stesso coniuge, se maggiorenne, ovvero i genitori (art. 392). In caso di rifiuto da parte del curatore ad assisterlo nel compimento di un atto, il minore potrà ricorrere al giudice tutelare per la nomina di un curatore speciale (art. 395).

9. *La maggiore età. L'interdizione*

Vi sono casi nei quali una persona fisica, sebbene maggiorenne, versa in condizioni tali da renderla inidonea a provvedere all'autonoma cura dei propri interessi. In questi casi la persona è detta **incapace**, e per la sua protezione l'ordinamento appresta due diversi istituti, in ragione del maggiore o minor grado di incapacità.

L'interdizione giudiziale. I presupposti

Infatti, la patologia psico-fisica che sta all'origine dell'incapacità può manifestarsi in una forma tanto grave da compromettere qualsiasi possibilità di valutare esattamente la portata e gli effetti dell'atto (c.d. **incapacità assoluta** che dà luogo all'**interdizione**), ovvero in una forma meno grave, compatibile con il permanere di una residua capacità d'agire (c.d. **incapacità relativa** che dà luogo all'**inabilitazione**).

Il soggetto che ha raggiunto la maggiore età, il minore emancipato, o che si trovi nell'ultimo anno della minore età, e sia affetto da **abituale infermità di mente** che lo rende **incapace di provvedere ai propri interessi** (art. 414) può essere interdetto con sentenza. Il relativo procedimento può essere promosso dallo stesso soggetto interessato o da altri soggetti elencati dalla legge (ad es., dal coniuge, dalla persona convivente, dai parenti entro il quarto grado, dagli affini entro il secondo grado, dal tutore, dal curatore o dal p.m.: art. 417).

L'interdizione come *extrema ratio*

L'eccezionale gravità della misura, che priva della capacità di agire, motiva il fatto per cui si può procedere all'interdizione solo quando tale misura sia **necessaria** per assicurare adeguata protezione al soggetto (art. 414).

L'interdizione ha effetto dal giorno di pubblicazione della sentenza (art. 421) e nel caso del minore di età l'interdizione ha effetto dal giorno del raggiungimento della maggiore età (art. 416).

La tutela

All'interdetto è assegnato un **tutore**, che ha le stesse funzioni e gli stessi poteri di legale rappresentanza del tutore del minore (art. 424). Egli è scelto preferibilmente fra gli stretti congiunti, vale a dire nell'ordine:

coniuge non separato, genitore, figlio; alla sua nomina provvede il giudice tutelare.

Nel corso del giudizio di interdizione, ma solo dopo l'esame dell'interdicendo da parte del giudice, può essere nominato un **tutore provvisorio** (art. 419), tenuto all'obbligo del rendiconto al pari del tutore definitivo.

Effetti dell'interdizione

A seguito dell'interdizione (art. 414 s.) l'incapace **non** può compiere alcun atto giuridico, né di ordinaria, né di straordinaria amministrazione: la sua posizione è **equiparata a quella del minore** e, al pari di quest'ultimo, necessita di un soggetto che lo rappresenti, detto tutore (art. 424, co. 1).

Ne consegue che gli atti compiuti dall'interdetto dopo la sentenza sono senz'altro **annullabili**, salvo il caso in cui con la sentenza che pronuncia l'interdizione o provvedimenti successivi il giudice stabilisca che taluni atti di ordinaria amministrazione possano essere compiuti dall'interdetto senza l'intervento ovvero con l'assistenza del tutore (art. 427), mentre quelli posti in essere prima sono sì annullabili ma alle condizioni stabilite dall'art. 428 per gli atti dell'incapace naturale.

La revoca dell'interdizione

Qualora cessi la causa dell'interdizione, essa può essere **revocata** su istanza degli stessi soggetti legittimati a richiederla (art. 429), ma non dell'incapace.

In seguito alla revoca si riacquista completamente la capacità d'agire (salvo il caso in cui si accerti una infermità meno grave, e l'interdizione si trasformi in inabilitazione): la sentenza di revoca, comunque, produce effetto solo dopo il suo passaggio in giudicato (art. 431).

L'interdizione della quale si è sin qui discorso è **l'interdizione giudiziale** (v. art. 414). Essa, infatti, viene dichiarata con sentenza allorché si accerti che il soggetto è affetto da un'abituale infermità di mente che gli impedisca di provvedere alla cura dei propri interessi (art. 414). Tuttavia, mentre secondo la originaria formulazione codicistica, là dove ricorressero tali presupposti, il maggiore di età o il minore incapace dovevano essere interdetti, oggi, a seguito della novella introdotta dalla l. n. 6/2004, in materia di **amministrazione di sostegno**, l'interdizione andrà pronunciata solo quando ciò sia necessario per assicurare l'adeguata protezione dei soggetti interessati.

L'interdizione legale

Una forma diversa di interdizione, che prescinde completamente dallo stato di infermità, è la c.d. **interdizione legale**. Si tratta di una pena accessoria alla sentenza di condanna alla reclusione per delitto non colposo, e per un periodo di tempo non inferiore a cinque anni. Si differenzia dalla interdizione giudiziale per lo scopo, che non è di protezione dell'incapace, ma esclusivamente punitivo. Essa insorge automaticamente, senza necessità che venga instaurato un giudizio, e dura fino alla completa espiazione della pena (art. 32 c.p., art. 1441, co. 2).

Va precisato che, proprio a causa della sua finalità punitiva, l'interdizione legale limita l'incapacità del soggetto ai soli atti a contenuto patrimoniale, ma non si estende alla capacità di contrarre matrimonio, di riconoscere il figlio naturale, ecc.

9.1. *L'inabilitazione e l'amministrazione di sostegno*

L'inabilitazione e i suoi presupposti

Lo stato di infermità mentale, anche abituale, di un individuo, può non essere talmente grave da giustificare la totale eliminazione della sua capacità di agire. In tal caso le stesse persone legittimate a chiederne l'interdizione possono chiedere la più lieve misura dell'**inabilitazione** (art. 415, co. 1).

Possono essere inabilitati anche i **prodighi** (ossia coloro privi di autocontrollo nella gestione razionale del denaro e delle ricchezze, con la incontrollabile tendenza a spese, acquisti, ecc.), i soggetti che fanno **abitualmente uso di bevande alcoliche** o di **stupefacenti**; ma in tal caso la legge richiede il ricorrere di un presupposto specifico, ossia è necessario che essi espongano, con il loro comportamento, sé o la propria famiglia a **gravi pregiudizi economici** (art. 415, co. 2).

Ulteriori cause di possibile inabilitazione, previste dalla legge, sono il **sordomutismo o la cecità** dalla nascita ove sia mancata un'istruzione sufficiente e salva la possibilità di richiedere l'interdizione nel caso in cui risulti che il sordomuto o il cieco dalla nascita sono del tutto incapaci di provvedere ai loro interessi (art. 415, co. 3).

La curatela

A seguito dell'inabilitazione, l'incapace conserva una residua capacità d'agire che gli consente di compiere da solo gli atti di ordinaria amministrazione, mentre per quelli di straordinaria amministrazione egli deve essere assistito da un **curatore**. Questi, a differenza del tutore, non è un rappresentante dell'incapace perché non lo sostituisce nel compimento di atti giuridici, ma semplicemente lo affianca integrandone, per così dire, il *deficit* di capacità d'agire.

La posizione in cui versa l'inabilitato è identica a quella del **minore emancipato** (artt. 424, co. 1; 394).

Effetti dell'inabilitazione

Anche l'inabilitazione – alla quale sopravvive una parziale capacità d'agire – discende da un provvedimento del giudice.

Essa, come l'interdizione, può essere richiesta anche nell'ultimo anno della minore età (art. 416), dal coniuge, dai parenti entro il quarto grado e dagli affini entro il secondo, dal tutore o curatore, e, infine, dal pubblico ministero (art. 417) e dallo stesso inabilitando.

L'istanza di interdizione proposta nel giudizio per l'inabilitazione

Se nel corso del giudizio di inabilitazione si rivela l'esistenza delle condizioni richieste per l'interdizione, il Tribunale, su apposita **istanza del p.m.**, e premessa la necessaria istruttoria, può pronunciare sentenza di interdizione.

L'inabilitazione ha effetto dal giorno di pubblicazione della sentenza (art. 421) e può essere revocata soltanto su istanza di chi era legittimato a richiederla (art. 429) ma non dall'incapace. La sentenza di revoca produce effetto solo dopo il suo passaggio in giudicato (art. 431).

L'amministrazione di sostegno

Come anticipato nel § precedente, i tradizionali equilibri della disciplina codicistica delle incapacità sono stati significativamente modificati dalla l. n. 6/2004 che ha introdotto nel codice civile, agli artt. 404-413, la figura dell'**amministrazione di sostegno.**

La novità più importante introdotta da questa legge è rappresentata dalla possibilità di circoscrivere la privazione o la limitazione della capacità di agire ai soli **atti** con riguardo ai quali è richiesta la nomina dell'amministratore di sostegno (art. 405, co. 5, n. 3 e 4). Ciò anche quando nel corso del giudizio per la revoca dell'interdizione o dell'inabilitazione appare opportuno che, successivamente alla revoca, il soggetto non acquisti una piena capacità di agire, e venga viceversa assistito dall'amministratore di sostegno; in tali casi il Tribunale, d'ufficio o ad istanza di parte, dispone la trasmissione degli atti al giudice tutelare (art. 429).

Gli effetti dell'amministrazione di sostegno

In particolare, la persona sottoposta ad amministrazione di sostegno viene **sostituita** nel compimento di determinati atti e **assistita** nel compimento di altri atti da un amministratore di sostegno, ma conserva la capacità di agire per tutti gli altri atti (art. 405, co. 5).

In tal modo, il legislatore ha inteso correggere le rigidità della normativa codicistica originaria, la quale, come si è visto, conosceva le sole figure dell'interdizione e dell'inabilitazione, figure accomunate dalla totale rimozione o da una sostanziale erosione della capacità d'agire. Finalità della nuova normativa è, invece, fornire alla persona un sostegno nelle sue disabilità, riconoscendo le sue capacità residue.

La minor gravità dei presupposti per l'amministrazione di sostegno rispetto a quelli dell'interdizione e dell'inabilitazione

Presupposto necessario per la nomina di un amministratore di sostegno è la sussistenza di uno **stato di infermità** o di una **menomazione** fisica o psichica, che provoca l'impossibilità, anche parziale o temporanea di **provvedere ai propri interessi** (art. 404).

L'**infermità** consiste in una alterazione del normale stato funzionale dell'organismo della natura più varia (vi rientrano i disturbi della personalità e i disturbi psicotici) e riconducibile a fattori causali variabili (origine genetica, congenita, da agenti esterni, da malnutrizione o mancanza di cure, psicogena o legata alla senescenza, ecc.). Con il termine **menomazione** ci si riferisce, invece, a mutilazioni, lesioni, condizioni di *handicap* fisico o psichico. È essenziale che l'infermità o la menomazione siano di natura e portata tale da compromettere, temporaneamente o definitivamente, parzialmente o totalmente, l'autonomia della persona nel provvedere ai propri interessi.

L'impossibilità di provvedere può riferirsi sia agli interessi di cura della persona sia a quelli di conservazione e amministrazione del suo patrimonio; sia agli interessi della persona e del patrimonio insieme, come espressamente affermato dalla legge con riferimento ai provvedimenti urgenti (art. 405, co. 4).

La nomina dell'amministratore di sostegno

L'amministratore di sostegno è nominato con **decreto** motivato ed immediatamente esecutivo del giudice tutelare (art. 405, co. 1) del luogo in cui la persona affetta da infermità o menomazione ha la residenza o il domicilio, su **ricorso**, oltre che dei soggetti legittimati all'istanza di interdizione (art. 406), dello stesso beneficiario, anche se minore, interdetto o inabilitato (art. 406, co. 1). In tal caso, il ricorso sarà presentato congiuntamente alla istanza di revoca della interdizione o dell'inabilitazione davanti al giudice competente per quest'ultima (art. 406, co. 2).

Il decreto di nomina dell'amministratore di sostegno deve contenere una serie di indicazioni elencate dall'art. 405, co. 5, e, in particolare, deve **indicare gli atti** che l'amministratore di sostegno può compiere in nome e per conto del beneficiario e gli atti che questi può porre in essere solo con l'assistenza del primo.

Amministrazione di sostegno e capacità d'agire

Per il resto, il beneficiario **conserva la capacità di agire** (art. 409, co. 1), e può, in ogni caso, compiere gli atti necessari a soddisfare gli interessi della vita quotidiana (art. 409, co. 2).

Gli atti compiuti dall'amministratore in violazione di disposizioni di legge o oltre i limiti dell'oggetto dell'incarico o dei poteri conferitigli dal giudice, possono essere **annullati** su istanza, oltre che dell'amministratore di sostegno, del p.m., del beneficiario o dei suoi eredi o aventi causa.

Cessazione, revoca, sostituzione della misura

L'amministrazione di sostegno **cessa**, se disposta a tempo determinato (ossia, per una sola, temporanea, impossibilità del beneficiario di provvedere a se stesso), allo scadere del termine.

L'amministratore di sostegno

In ogni caso ne è ammessa la revoca, su istanza motivata presentata al giudice tutelare, quando essa risulti **non più necessaria** o quando, all'opposto, risulti **inidonea allo scopo**. Quando si verifica quest'ultima eventualità, sarà necessario avviare il giudizio di interdizione o di inabilitazione (art. 413). In quest'ultimo caso il giudice tutelare può provvedere anche d'ufficio (art. 413, co. 4).

L'amministratore di sostegno non è tenuto a continuare nello svolgimento dei suoi compiti oltre dieci anni, salvo che l'incarico sia rivestito dal coniuge, dalla persona stabilmente convivente, dagli ascendenti o dai discendenti (art. 410, co. 3).

Da segnalare, infine, che "la **scelta** dell'amministratore di sostegno avviene con esclusivo riguardo alla cura ed agli interessi della persona del beneficiario e che tale scelta può essere effettuata direttamente dallo stesso interessato in previsione della propria eventuale futura incapacità, mediante atto pubblico o scrittura privata. In mancanza, ovvero in presenza di gravi motivi, il giudice tutelare può designare con decreto motivato un amministratore di sostegno diverso" (art. 408). La norma appena richiamata riveste anch'essa una notevole importanza giacché manifesta l'intenzione del legislatore di finalizzare la misura in oggetto alla tutela dei soli interessi dell'incapace, là dove l'interdizione e l'inabilitazione, pur essendo tradizionalmente considerate **incapacità di protezione**, in realtà soddisfano anche esigenze diverse, ad es., di salvaguardia della razionalità degli scambi o di preservazione dell'integrità del patrimonio familiare. In quest'ottica si muove anche la nuova formulazione dell'art. 414, ai sensi del quale, come si è già visto, "l'interdizione andrà pronunciata solo quando ciò sia necessario per assicurare la adeguata protezione dei soggetti interessati".

Persone con disabilità grave. La c.d. legge "dopo di noi"

Sul versante della tutela delle persone la l. 22 giugno 2016, n. 112 (c.d. legge "dopo di noi") ha introdotto misure di sostegno e assistenza alle **persone con disabilità grave**, non determinata dal naturale invecchiamento o da patologie connesse alla senilità, e prive (o in vista di essere private) di sostegno familiare in quanto mancanti di entrambi i genitori o perché questi ultimi non sono in grado di fornire l'adeguato sostegno genitoriale. Si tratta prevalentemente di misure di ausilio finanziario e di promozione del carattere di socialità per la vita delle persone versanti nelle suddette condizioni di gravi disabilità suddette. È altresì disciplinato il trattamento fiscale e l'istituzione di *trust*, vincoli di destinazione e fondi speciali composti di beni sottoposti a vincolo di destinazione (art. 6, l. n. 122/2016).

10. *L'incapacità naturale*

Incapacità legale e incapacità naturale

Le incapacità del minore di età, dell'interdetto e dell'inabilitato sono ipotesi di **incapacità c.d. legale**. Con questa espressione si intende sottolineare il fatto che in questi casi l'incapacità d'agire di una persona è disposta dall'ordinamento in base ad una presunzione (minore di età), o in base ad un accertamento giudiziale (interdetto e inabilitato) della sua inadeguatezza a provvedere da solo alla cura dei propri interessi. La conseguenza è che gli atti compiuti dal soggetto legalmente incapace sono invalidi a prescindere da qualsiasi accertamento della effettiva inidoneità a curare i propri affari e, quindi, dalla verifica della concreta esistenza di un'incapacità di intendere e di volere al momento del compimento dell'atto.

Può, tuttavia, accadere che un soggetto capace d'agire, **sebbene non interdetto**, sia per qualsiasi causa, anche temporanea, **incapace di intendere e di volere** al momento del compimento di un atto: si pensi, ad es., al maggiore d'età in preda ai fumi dell'alcool.

L'ordinamento si preoccupa, pertanto, di dettare una disciplina anche con riguardo a tale ipotesi nella quale il soggetto versa in uno stato di **incapacità naturale**.

Quest'ultima è una **situazione di fatto** assolutamente diversa da quelle esaminate in precedenza. Mentre l'incapacità d'agire, assoluta o relativa, è sempre riconducibile ad una disposizione di legge o ad un accertamento giudiziale, ed è rilevabile attraverso la consultazione dei registri dello stato civile, l'incapacità naturale è, appunto, una situazione di fatto, anche transitoria, e mai dichiarata.

La valutazione concreta dell'incapacità naturale

La disciplina degli atti posti in essere dall'incapace naturale è dettata dall'art. 428, il quale sancisce, in linea generale, l'**annullabilità** di tali atti, a condizione che ricorrano e siano provate determinate condizioni.

Condizioni per l'annullabilità degli atti compiuti dall'incapace naturale

L'incapacità di intendere e volere non è mai presunta, ma deve essere di volta in volta specificamente provata, seppur con assoluta libertà di mezzi. Mentre per gli **atti unilaterali** è necessaria e sufficiente la prova del **grave pregiudizio** subito dall'incapace (ossia di una grave sproporzione o di una eccessiva onerosità dell'affare per l'autore dell'atto), per **i contratti** è necessaria anche la prova della **malafede** dell'altro contraente (per malafede si deve intendere, in questo caso, la **consapevolezza** dell'altrui condizione di incapacità e il conseguente approfittamento di tale situazione).

L'annullamento può essere disposto su domanda della persona interessata, dei suoi eredi o aventi causa; l'azione si prescrive nel termine di cinque anni dal giorno in cui l'atto o il contratto è stato compiuto.

11. *La cittadinanza*

La **cittadinanza**, nel senso più ampio e generico del termine, indica la posizione di un soggetto in relazione ad uno Stato; essa designa, cioè, la condizione giuridica di chi fa parte di uno Stato.

Lo *status* di cittadino

Come concetto significativo dell'appartenenza ad un dato gruppo e della posizione che in esso il soggetto riveste, la cittadinanza è uno *status* dal quale discendono particolari diritti e obblighi in capo al titolare.

La cittadinanza italiana è attualmente regolata dalla l. n. 91/1992 che, nel tempo, è stata oggetto di modifiche e integrazioni, e che è sovente oggetto di proposte di riforma volte a comprendere nello *status* di cittadino anche ipotesi, oggi escluse, che tengano maggiormente conto dell'evoluzione anche della società italiana verso una composizione sociale sempre più multiculturale ed eterogenea. Alla base delle diverse modifiche della disciplina della cittadinanza stanno, da un lato, le esigenze di integrazione che seguono la crescente presenza di stranieri nel territorio italiano; dall'altro, le istanze della comunità statale affinché un tale afflusso di stranieri avvenga in modo controllato e sicuro. Da ultimo, alcune importanti correzioni alla normativa vigente sono state

La legge n. 91/1992

introdotte dalla l. n. 94/2009, non a caso recante "disposizioni in materia di pubblica sicurezza".

L'acquisto della cittadinanza per nascita

La cittadinanza italiana si acquista **automaticamente** al momento della nascita quando si è figli di padre o di madre cittadini italiani o quando chi è nato nel territorio della Repubblica è figlio di ignoti o apolidi, oppure non segue la cittadinanza dei genitori secondo la legge dello Stato al quale questi appartengono. In questi casi si è cittadini **per nascita**. È considerato cittadino per nascita il figlio di ignoti trovato nel territorio della Repubblica, se non venga provato il possesso di altra cittadinanza. In virtù dell'**adozione** è italiano il figlio adottivo, anche straniero, di cittadino o cittadina italiani, anche se nato prima della data di entrata in vigore della legge (art. 3, l. n. 91/1992).

La legge vigente, al contrario della precedente l. n. 123/1983, ammette in ogni caso il possesso della cittadinanza multipla.

L'acquisto della cittadinanza per particolari legami con il territorio

La cittadinanza italiana si può acquistare anche in virtù di particolari **legami** con lo Stato e nel presupposto di una manifestazione di **volontà** di appartenervi.

Lo straniero o l'apolide, **figlio** di padre o madre o **discendente** in linea retta di secondo grado di cittadini italiani per nascita, diviene cittadino in **alcuni casi**, previa **dichiarazione** di voler acquistare la cittadinanza italiana: se presta effettivo servizio militare per lo Stato italiano; se assume pubblico impiego alle dipendenze dello Stato, anche all'estero; se, al raggiungimento della maggiore età, risiede legalmente da almeno due anni nel territorio della Repubblica (in questo caso deve dichiarare di voler acquistare la cittadinanza italiana entro un anno dal raggiungimento: art. 4, l. n. 91/1992).

Il figlio di stranieri nato in Italia, che vi abbia risieduto legalmente senza interruzioni fino al raggiungimento della maggiore età, diviene cittadino se dichiara di voler acquistare la cittadinanza italiana entro un anno dalla suddetta data.

L'acquisto della cittadinanza per matrimonio

Alla base dell'acquisto della cittadinanza vi può essere anche il **matrimonio** con un cittadino. Il coniuge, straniero o apolide, di cittadino italiano può acquistare la cittadinanza italiana quando, dopo il matrimonio, **risieda** legalmente per almeno **due anni** nel territorio della Repubblica. Se egli, invece, è residente all'estero la cittadinanza si acquisterà dopo **tre anni** dalla data del matrimonio, qualora, al momento dell'adozione del decreto di concessione della cittadinanza medesima, non sia intervenuto l'annullamento, il divorzio o la separazione personale (art. 5, l. n. 91/1992). I termini appena riferiti sono ridotti della metà in presenza di figli nati o adottati dai coniugi. Se queste condizioni sono presenti, l'aspirante cittadino deve presentare istanza per la concessione della cittadinanza, la quale è concessa con decreto del Ministero dell'interno.

L'acquisto della cittadinanza a seguito di matrimonio è stato assoggettato ad un regime più severo a seguito dell'entrata in vigore della l. n. 54/2009. Secondo il precedente regime normativo, infatti, il coniuge straniero del cittadino italiano acquistava la cittadinanza: se aveva risieduto legalmente da almeno sei mesi in Italia; oppure dopo tre anni dalla data del matrimonio, purché fino al momento della presentazione dell'istanza (e non, come oggi, al successivo momento del provvedimento di concessione) non vi fossero stati separazione legale, divorzio o annullamento del matrimonio.

La concessione della cittadinanza

La cittadinanza italiana può essere **concessa** allo straniero con **decreto del Presidente della Repubblica** in presenza di uno dei seguenti casi: *a*) se risiede legalmente in Italia da almeno tre anni e ha avuto padre o madre o uno degli ascendenti in linea retta di secondo grado cittadini per nascita, oppure è nato nel territorio della Repubblica; *b*) se maggiorenne e risiede legalmente nel territorio da almeno cinque anni successivamente alla adozione, nel caso sia stato adottato da cittadino italiano; *c*) se ha prestato servizio, anche all'estero, per almeno cinque anni alle dipendenze dello Stato; *d*) se è cittadino di uno Stato membro delle Comunità europee che risiede legalmente da almeno quattro anni nel territorio della Repubblica; *e*) se risiede legalmente da almeno dieci anni nel territorio della Repubblica.

Anche l'apolide che risiede legalmente da almeno cinque anni nel territorio della Repubblica può fare istanza di concessione della cittadinanza.

Non va dimenticato, infine, che, sempre con decreto del Presidente della Repubblica, la cittadinanza può essere concessa allo straniero quando questi abbia reso **eminenti servizi all'Italia**, ovvero quando ricorra un eccezionale interesse dello Stato.

I diritti e i doveri del cittadino e dello straniero

L'acquisto della cittadinanza italiana comporta l'assoggettamento alle norme vigenti per i cittadini, e quindi il godimento dei diritti corrispondenti, soprattutto quelli di carattere politico. Tuttavia, anche agli **stranieri** sono riconosciuti i **diritti fondamentali** previsti dalla Cost. (artt. 2 e 3) e nei loro confronti trovano altresì applicazione tutte le disposizioni costituzionali in cui non si fanno distinzioni e non si rilevano posizioni di tutela nei confronti dei soli cittadini.

Evoluzione del concetto di cittadinanza

Così delineata l'attuale disciplina della cittadinanza italiana, occorre, nondimeno, prendere atto della recente evoluzione dello stesso concetto di cittadinanza.

Si parla, oggi, anche di **cittadinanza europea**, concetto, a ben vedere, e ad oggi, più di valenza politico-programmatica che tecnico-giuridica, quale vero e proprio *status* del cittadino appartenente ad uno degli stati dell'UE rispetto alle istituzioni di questo ordinamento sopranazionale.

La cittadinanza europea è particolare perché convive con il possesso di un'altra cittadinanza, quella del proprio Stato di appartenenza. Non vi sono, infatti, norme comunitarie di conferimento della cittadinanza europea: tuttavia, ai cittadini degli Stati membri sono riconosciuti alcuni fondamentali diritti sociali e politici, così come sono imposti doveri di solidarietà, di intervento, di astensione. In particolare, l'art. 20 TFUE, riconosce ai cittadini europei la libertà di circolare e di soggiornare sul territorio degli Stati membri; il diritto di voto e di eleggibilità alle elezioni comunali e alle elezioni del Parlamento europeo nello Stato membro di residenza; il diritto di beneficiare, sul territorio di un paese terzo in cui lo Stato membro di appartenenza del cittadino non sia rappresentato, della tutela diplomatica e consolare di qualsiasi altro Stato membro; il diritto di petizione al Parlamento europeo e di accesso al **mediatore europeo** (un'istituzione, quest'ultima, con poteri di intermediazione tra la cittadinanza e le istituzioni dell'Unione Europea).

Sezione II

I DIRITTI DELLA PERSONA

1. *Persona ed ordinamento giuridico. La nozione. L'evoluzione. I caratteri*

La tematica dei **diritti della persona**, nei termini oggi definiti negli ordinamenti democratici contemporanei, è tutta ricompresa, concettualmente, nelle vicende economiche e sociali, politiche ed ideologiche del Novecento. Il secolo «breve» ha segnato profondamente la storia dell'umanità, nella dimensione privata-individuale come in quella pubblica-collettiva. È sufficiente ricordare lo scenario entro il quale si svolge l'esperienza umana di intere generazioni di persone, dalla tragedia delle due guerre mondiali all'affermarsi delle ideologie totalitarie e delle dittature, dalle persecuzioni razziali alla soppressione delle libertà e dei diritti civili in capo ai singoli ed alle comunità, associazioni, organizzazioni sociali, ecc. Sicché, a partire dalla fine del secondo conflitto mondiale, si afferma nei paesi occidentali la **necessità** di consacrare nella solennità delle norme giuridiche i principi di libertà, di dignità, di giustizia, di solidarietà, di uguaglianza dinanzi alla legge: principi tutti assurti a **valori fondanti** di ogni ordinamento giuridico democratico e contemplati negli atti costitutivi dei Paesi occidentali (nel caso dell'Italia, la Carta costituzionale del 1948), vincolanti anche per il legislatore ordinario, oltre che per la giurisprudenza. Tali diritti, a differenza di altri diritti soggettivi, **non** sono comprimibili né suscettibili di estinzione, né revocabili né disponibili né rinunciabili da parte dello stesso titolare.

Se gli altri diritti possono variare quanto all'ambito della tutela, e venire modificati o sacrificati dal legislatore ordinario (esemplare, a riguardo, la vicenda del diritto di proprietà), al contrario, quelli della personalità sono svincolati dal mutare dei governi e dei sistemi politici, così come dalla forma di organizzazione delle istituzioni pubbliche.

L'età moderna ed il passaggio dall'individuo alla persona

Certamente, nella storia degli ordinamenti giuridici occidentali, non sono mancati documenti solenni e costitutivi degli Stati che considerassero l'individuo e la sua condizione civile, con l'attribuzione di *status* e prerogative variamente definite. Spesso di trattava pur sempre di atti di concessione sovrana e del potere politico (come, ad es., la *Magna Charta* inglese del 1225). Tuttavia, secondo l'opinione corrente degli storici, è solo l'avvento dell'età moderna che segna il passaggio concettuale dall'**individuo** – poco più che mera individualità fisica titolare di situazioni soggettive pubbliche e private – alla **persona**, nella sua più estesa nozione di individuo che diventa soggetto di diritto, che acquista via via la titolarità di doveri, poteri, libertà, diritti, ecc. Così, è solo nelle "Carte" e nelle "Dichiarazioni" adottate nei vari Stati moderni tra il 1689 (*Bill of Rights*, in Inghilterra) e la fine del Settecento (Dichiarazioni americane e, in Francia, *Dichiarazione dei diritti dell'uomo e del cittadino* del 1789) che l'individuo assurge a soggetto di diritto ed inizia ad essere considerato come punto di riferimento di libertà e diritti nella sfera pubblica e nel diritto privato. Si tratta, comunque, di una evoluzione lenta e non priva di ambiguità e contraddizioni: essa è circoscritta all'idea della persona come **individuo-proprietario**, la cui condizione pubblica e privata ed il riconoscimento dei relativi diritti sono pur sempre governati da criteri **patrimoniali-censitari** (ne sono espressione le Costituzioni dell'Ottocento tra cui lo Statuto albertino del 1848). Ciò nonostante, in questo contesto si fa strada una concezione giusnaturalistica dei diritti dell'individuo: per essa l'ordinamento non costruisce, ma trova già esistenti nell'esperienza umana quei diritti; essi sono, pertanto, naturali, e non riconducibili alle decisioni di apparati politici.

La persona nei codici liberali

Ed è proprio in linea con questo quadro pubblico-costituzionale che si muove il processo di codificazione del diritto privato, a partire dal ***code Napoléon*** del 1804 a cui si richiama diffusamente il **codice civile italiano del 1865**: a parte una generica affermazione contenuta nell'art. 1, secondo cui "ogni cittadino gode dei diritti civili, purché non ne sia decaduto per condanna penale", non si rinvengono altre norme che servano ad individuare una qualunque situazione soggettiva sia pure genericamente riconducibile alla persona o personalità umana. Dell'individuo-soggetto di diritto, il codice del 1865 si occupa solo per l'aspetto identificativo, definendo il concetto di domicilio, di residenza, di assenza. Per il resto, la tutela offerta è sostanzialmente solo quella patrimoniale, che, nella concezione di quel codice, spetta alla persona in quanto marito (ed in assai minore misura come moglie), proprietario, genitore.

È di tutta evidenza la diversa portata delle **Costituzioni del Novecento**, espressioni di fenomeni più complessi. Si pensi solo al passaggio epocale dall'economia agricola a quella industriale, con le grandi scoperte scientifiche e tecnologiche già ai primi del secolo; alla nascita delle organizzazioni politiche e sindacali, all'emancipazione della donna, e, più in generale, alle manifestazioni delle istanze di libertà, giustizia, dignità e uguaglianza della persona rispetto alla legge e ai poteri pubblici, soprattutto dopo le tragedie conseguenti alle guerre e alle persecuzioni razziali.

Le Costituzioni del XX secolo

Anche per questo, i legislatori costituenti si adoperarono per individuare, come essenza stessa dell'ordinamento giuridico, principi e valori condivisi da tutti, e vincolanti anche per lo Stato contemporaneo. E così è accaduto per gli organismi internazionali, a partire dall'Organizzazione delle Nazioni Unite, che con la **Dichiarazione universale dei diritti dell'uomo** del 1948 ha proclamato i diritti e le libertà fondamentali della persona; a cui hanno fatto seguito successive risoluzioni dell'ONU in tema di discriminazioni razziali, tutela della donna e del fanciullo, ecc.

La Dichiarazione universale dei diritti dell'uomo

Di poco successiva è la **Convenzione europea per la salvaguardia dei diritti dell'uomo e delle libertà fondamentali**, firmata a Roma il 4 novembre 1950 e ratificata nel nostro Paese nel 1955. Qui si affermano e si richiamano il diritto alla vita, il diritto all'integrità personale, il diritto alla libertà personale, il diritto al rispetto della vita privata e familiare, del domicilio e della corrispondenza, la libertà di religione, la libertà di espressione, la libertà di associazione, ecc. E perché l'affermazione dei diritti e delle libertà fondamentali non rimanesse allo stato di un mero catalogo, la stessa Convenzione del 1950 ha istituito la **Corte europea dei diritti dell'uomo**, le cui sentenze devono essere eseguite negli Stati aderenti, a norma degli artt. 43 e 54 della Convenzione. Inoltre, la Corte può anche pronunciare la condanna dello Stato ad un equo indennizzo a beneficio della parte lesa.

La Convenzione europea per la salvaguardia dei diritti dell'uomo e delle libertà fondamentali

In sede di ricognizione dei dati normativi rilevanti in materia di tutela della persona umana non può essere trascurata, infine, la **CDFUE** del 7 dicembre 2000, che contiene un'elencazione articolata dei diversi profili di emersione della protezione della dignità umana. Il documento, conosciuto anche come **Carta di Nizza**, contiene, insieme alla previsione di diritti di ampio respiro, quali quelli alla "dignità umana" (art. 1), il "diritto alla vita" (art. 2), "alla libertà di pensiero, di coscienza e di religione" (art. 10) ecc., anche una serie di diritti più puntuali, quali il "diritto alla protezione dei dati di carattere personale" (art. 8) o il "diritto di accesso ai documenti" (art. 42) e, ancora, i diritti dei bambini (art. 24) e degli anziani (art. 25).

La Carta di Nizza

La portata di questi documenti internazionali è stata sovente oggetto di dibattiti, anche in considerazione del fatto che le loro prescrizioni

Il Trattato di Lisbona

sono in grado di incidere in maniera assai penetrante sul diritto interno. Da ultimo, con l'entrata in vigore del **Trattato di Lisbona**, l'art. 6 del Tr. UE ha stabilito che "l'Unione riconosce i diritti, le libertà e i principi sanciti nella Carta dei diritti fondamentali dell'Unione Europea del 7 dicembre 2000, adottata il 12 dicembre 2007 a Strasburgo, che ha lo stesso valore giuridico dei trattati", e che "i diritti fondamentali, garantiti dalla Convenzione europea per la salvaguardia dei diritti dell'uomo e delle libertà fondamentali e risultanti dalle tradizioni costituzionali comuni agli Stati membri, fanno parte del diritto dell'Unione in quanto principi generali". Attraverso questa previsione i diritti considerati dalla Convenzione dei diritti dell'uomo e dalla Carta di Nizza, sono entrati espressamente a far parte del diritto dell'UE, acquistando maggiori garanzie di effettività e tutela.

1.1. *La tutela civile della persona nell'ordinamento italiano. La Costituzione ed il codice civile*

La **tutela della persona** investe sia la sua integrità psicofisica, sia la sua personalità morale. Invero quando si parla di diritti della personalità si fa riferimento – più propriamente – ai diritti che attengono alla sfera morale dell'individuo. Pertanto, ove ci si voglia riferire alla tutela non solo degli attributi della personalità, ma anche della vita e della salute appare più corretto parlare non più di diritti della personalità, ma di diritti della persona.

I diritti della persona nel codice civile del 1942

I diritti della persona trovano nel codice civile una disciplina scarna, che offre una **tutela limitata**, circoscritta ai profili dell'integrità fisica, del nome e dell'immagine (artt. 5-10). Né, del resto, può stupire questa così scarsa attenzione del codice alla persona umana e ai suoi attributi morali, se si tiene a mente che il nostro codice civile risale al 1942, e, dunque, è espressione di un'epoca che, almeno con riferimento a tale problematica, non vedeva certo al centro della propria esperienza temi che solo con la fine del periodo fascista e in un mutato contesto economico-politico si porranno con forza.

Gli ambiti di tutela della persona. Persona e personalità

Così, nel nostro codice l'idea di persona è ancora legata alla sua dimensione materiale, al problema della sua identità fisica. A parte l'art. 5 che si preoccupa di disciplinare l'integrità **fisica** dell'individuo, il codice dedica le poche e scarne norme sulla persona ai suoi elementi identificativi, come il **nome** (artt. 6, 7, 8 e 9) e l'**immagine** (art. 10). Questi ultimi sono intesi nella loro strumentalità di attributi meramente materiali e formali della persona, senza coglierne e disciplinarne la dimensione morale.

Si prenda il caso dell'immagine: nell'art. 10 tale profilo della persona è riferito solo alla sua materialità, ossia l'immagine come ritratto fisico della persona, come dato identificativo. L'individuo è così protetto dal codice solo e se altri espongano o pubblichino quel ritratto (ad es., la fotografia, il dipinto) in modo da recare pregiudizio al decoro o alla reputazione della persona. Una evoluzione concettuale del diritto all'immagine, come si vedrà tra breve, porterà, invece, negli anni successivi, a vedere in quel profilo della persona un contenuto più ampio, comprensivo della proiezione morale dell'individuo, della sua personalità e del suo modo di essere, e, dunque, il diritto di ciascuno al rispetto, appunto, della propria immagine morale, svincolata dal ritratto inteso in senso materiale come segno distintivo e individuativo del soggetto. Lo stesso vale per il nome, di cui ci siamo già occupati a proposito degli elementi identificativi della persona, e di cui ci occuperemo più oltre nella sua dimensione morale.

Rispetto alla parsimonia quantitativa e contenutistica del codice civile, ben maggiore è, invece, l'attenzione dedicata ai diritti della persona nel disegno costituzionale, che, ponendo la dignità della persona umana come valore cardine di tutto l'ordinamento "riconosce e garantisce i diritti inviolabili dell'uomo, sia come singolo sia nelle formazioni sociali ove si svolge la sua personalità" (art. 2 Cost.); e dichiara: "la libertà personale è inviolabile" (art. 13, co. 1, Cost.).

Il ruolo della Carta costituzionale nell'evoluzione della materia dei diritti della persona

La formulazione delle norme costituzionali ha portato a ritenere che in questa materia non vale alcuna **riserva di legge**, sicché i diritti inviolabili non necessitano, dopo la solenne previsione costituzionale, di alcuna norma di legge **ordinaria** che li riconosca; non solo, corollario di tale posizione è che i doveri incombenti sullo Stato, di riconoscimento e di garanzia di tali diritti, non sono riferibili solo al potere legislativo ed esecutivo, ma anche agli organi giurisdizionali. Ciò spiegherebbe anche l'affermarsi di diritti della personalità non previsti espressamente da norme di legge e tuttavia riconosciuti e tutelati dalla giurisprudenza. È, infatti, l'evoluzione giurisprudenziale che, in sede interpretativa dell'art. 2 Cost., ha portato via via all'individuazione di nuovi profili di tutela della persona, di cui l'accresciuta sensibilità sociale e culturale ha reclamato la protezione.

La tutela penale

Si consideri il concetto di inviolabilità. Esso ricorre, oltre che nell'art. 2, in altre disposizioni costituzionali, dalla libertà personale (art. 13) al domicilio (art. 14) e alla corrispondenza (art. 15). E di libertà e diritti si parla in tema di circolazione della persona nel territorio (art. 16), di associazione (art. 18), di religione (art. 19), di manifestazione del pensiero (art. 21). Sul piano della tutela della persona rimessa alla legislazione ordinaria, è già nel diritto penale che l'ordinamento appresta una prima ed importante risposta, prevedendo la **sanzione penale** per "i delitti contro la persona" (artt. 575 s.), articolati in delitti "contro la vita e l'incolumità individuale", come l'omicidio e le lesioni personali; in delitti "contro l'onore", come l'ingiuria e la diffamazione; in delitti "contro la libertà personale", come il sequestro di persona, e "contro la libertà morale", come la violazione di domicilio e le illecite interferenze nella vita privata dell'individuo.

La tutela penale tuttavia non esaurisce il quadro della protezione offerta dall'ordinamento, poiché essa rappresenta solo la reazione estrema.

Il dibattito attorno ai diritti della persona

Gli interessi inerenti la sfera personale assumono rilievo già nei rapporti interprivati, ove gli attributi della personalità, ovvero gli elementi costitutivi della persona quale individuo, sono tutelati elevandoli ad oggetto di veri e propri **diritti assoluti**: i diritti della persona, appunto, il cui catalogo ricomprende ormai figure ed istituti che vanno ben oltre la previsione del codice civile.

Ed è proprio con riferimento al quadro normativo offerto dal codice civile e dalla ben più solida ed ampia – oltre che gerarchicamente superiore – disciplina costituzionale che occorre ricostruire il dibattito dottrinale e giurisprudenziale sviluppatosi intorno al fenomeno in esame.

A fronte della laconicità del codice, si comprende come dottrina e giurisprudenza abbiano ricostruito il sistema dei diritti della persona attraverso un costante riferimento alla Carta costituzionale. In essa l'interprete trova il riconoscimento esplicito dei diritti della persona, e, ancora prima, l'affermazione di principi fondamentali alla luce dei quali egli è chiamato a rileggere le norme codicistiche. Queste ultime sono figlie della temperie culturale fascista, superata dagli ideali democratici ai quali la Costituzione si ispira, e necessitano, dunque, di un'interpretazione conforme al rinnovato contesto ordinamentale.

Peraltro, il valore della dignità della persona umana viene affermato non solo attraverso il riconoscimento dei suoi diritti inviolabili ma, soprattutto, promuovendo lo svolgimento della personalità di ogni individuo come singolo e nelle formazioni sociali (art. 2 Cost.) e impegnando il legislatore ordinario alla rimozione degli "ostacoli di ordine economico e sociale che, limitando di fatto la libertà e l'eguaglianza dei cittadini, impediscono il pieno sviluppo della persona umana" (art. 3 Cost.).

La struttura dei diritti della persona

L'accento posto dalla Costituzione sullo svolgimento della personalità degli individui mostra come i diritti della persona nel rinnovato contesto democratico non presentino solo un contenuto **negativo**, modellato sullo schema dello *jus excludendi alios*, ma assumano anche una valenza **positiva**, ponendosi come garanzia delle **attività** in cui trova realizzazione la persona umana. Promuovere lo sviluppo della personalità degli individui implica, infatti, il superamento di una visione statica dei diritti della persona e l'approdo ad una prospettiva dinamica, nella quale, alla pretesa di non subire alcuna ingerenza nella propria sfera individuale, si accompagna il riconoscimento di istanze di partecipazione e di controllo su tutte le attività in grado di incidere sulla sfera personale e sul suo svolgimento.

Esemplare al riguardo è la vicenda del diritto alla riservatezza. Originariamente affermatosi come pretesa a non subire violazioni della propria *privacy*, esso si è tradotto, nei tempi recenti, anche in un potere di controllo su ogni informazione relativa alla propria persona, da chiunque e per qualunque scopo essa sia stata raccolta, secondo quanto previsto dalla disciplina in materia di trattamento dei dati personali (rgpd e cdp).

Il superamento del principio di tipicità in materia di diritti della persona

Secondo una impostazione ormai risalente, avrebbero rilievo giuridico solo i diritti della persona espressamente consacrati da disposizioni normative (c.d. teoria **pluralistica**). La conseguente tipicità di tali diritti non consente una tutela ampia della persona, poiché essa non è in grado di offrire adeguata protezione agli interessi riconducibili alla persona medesima che, via via, vanno emergendo.

Peraltro, confinare la tutela della persona al numero chiuso dei diritti normativamente individuati significa pervenire ad una frammentazione della tutela del valore inscindibile della dignità dell'individuo. Ciò appare in contrasto con il disegno costituzionale che, riconoscendo con una formula aperta ed elastica i diritti inviolabili dell'uomo (art. 2 Cost.), impone un'ampia garanzia della persona, in grado di rispondere ad ogni istanza di tutela non espressamente individuata da una norma.

L'avvertita inadeguatezza di questa impostazione tradizionale, incapace di cogliere la portata innovativa e le implicazioni del principio personalista sancito dalla Costituzione, ha spinto la dottrina più recente a configurare un **unico diritto della persona**. Quest'ultimo ha un contenuto articolato e variabile in relazione ai profili nei quali di volta in volta si manifesta la sfera morale del soggetto, ed è in grado di offrire una tutela generale e di riassumere in sé ogni interesse afferente la sfera individuale (c.d. teoria **monistica**). I diritti normativamente previsti, secondo questa diversa impostazione, non sarebbero altro che momenti emergenti di una tutela ben più ampia, riconducibile al valore della dignità della persona umana: tale impostazione unitaria consente l'apertura alle istanze che continuamente emergono nella realtà sociale, e offre protezione immediata contro forme di lesioni un tempo sconosciute.

Conflitto tra interessi costituzionalmente rilevanti. Il bilanciamento

Non sempre, tuttavia, è facile fissare i confini della tutela della persona: spesso l'interesse del soggetto all'intangibilità della propria sfera individuale si scontra con interessi configgenti, anche essi costituzionalmente rilevanti, richiedendo un difficile **bilanciamento** tra i valori in gioco.

Esemplare è al riguardo la tensione dialettica tra **diritto di cronaca** e tutela della **riservatezza**, il cui continuo riproporsi impone una riflessione sul confine superato il quale l'interesse pubblico all'informazione deve cedere al dovuto rispetto della *privacy* altrui. Ma il problema del bilanciamento dei diritti della persona con altri diritti, parimenti garantiti, si pone per tutte le situazioni soggettive che sono comprese in questa particolare categoria: dalla riservatezza all'identità personale, dall'onore alla reputazione. In questi casi, l'esercizio del diritto di cronaca (art. 21 Cost.) può costituire un limite alla responsabilità del giornalista che arrechi lesione all'altrui reputazione o leda, in generale, la personalità morale di un soggetto. Nel giudizio civile di responsabilità, il giudice dovrà compiere un bilanciamento di interessi attraverso una **valutazione comparativa** fra gli stessi.

Un'operazione di bilanciamento è necessaria anche quando siano coinvolti diritti della persona diversi da quelli riferibili alla sua personalità morale: è il caso, ad es., del diritto alla salute, che è anche diritto alla salubrità dell'ambiente. Un'esigenza di comparazione potrebbe porsi, concretamente, con riguardo all'esercizio di attività industriali inquinanti, ma socialmente utili, se non addirittura necessarie. Il criterio che deve guidare l'interprete nella ricerca di questo difficile equilibrio è ancora una volta il dato costituzionale, nel quale al riconoscimento dei diritti inviolabili dell'uomo si accompagna il richiamo all'adempimento dei "doveri inderogabili di solidarietà politica, economica e sociale" (art. 2 Cost.).

Caratteri dei diritti della persona

Viene così individuato un punto di mediazione tra esigenze di tutela dei diritti dei singoli e necessità sociali: è il principio **solidaristico**, che, assoggettando il soddisfacimento degli interessi del singolo alla salvaguardia dell'utilità altrui, in una prospettiva di reciprocità e di piena tutela della dignità umana, fissa il limite oltre il quale l'intangibilità della sfera personale sconfina e scade in un anacronistico individualismo.

I diritti della persona sono diritti soggettivi dai tratti peculiari: sono **indisponibili** e, dunque, **intrasmissibili** a terzi; sono **irrinunciabili** e, quindi, il soggetto non può dismetterne la titolarità; sono **imprescrittibili** perché il mancato esercizio del diritto nel tempo non fa estinguere il diritto stesso. Queste caratteristiche discendono dall'ovvia considerazione che gli attributi della personalità, quali elementi costitutivi della sfera individuale, ineriscono inscindibilmente ad essa e non possono distaccarsene. Qui la tutela si appunta su beni immanenti alla persona, che ne compongono l'essenza, sicché l'oggetto del diritto tutelato finisce per essere lo stesso individuo nelle sue molteplici manifestazioni e relazioni sociali. Ciò li contrappone ai diritti assoluti di natura patrimoniale, i quali invece sono tipicamente disponibili e, ad esclusione del diritto di proprietà (art. 948, co. 3), sono soggetti a prescrizione.

Tuttavia, la tenuta delle costruzioni dogmatiche, anche delle più tradizionali e consolidate, deve essere verificata costantemente alla luce dell'evoluzione giuridico-sociale.

Nella realtà odierna, accade sempre più frequentemente, ad es., che personaggi famosi si prestino per campagne pubblicitarie o concedano in esclusiva le immagini di momenti della loro vita privata, ovviamente in cambio di un corrispettivo: ciò dimostra che beni come l'immagine o il nome, i quali in sé non hanno natura patrimoniale, perché attengono alla personalità morale dell'individuo, hanno via via assunto rilievo patrimoniale diventando oggetto di uno **scambio negoziale**.

Si ha contezza del problema anche con riguardo alla materia dei **beni**. Quest'ultima coincide con il tema della circolazione della ricchezza che, con riferimento al diritto privato, avviene tramite atti negoziali di disposizione. Le operazioni attraverso le quali si concedono a terzi diritti sulla propria immagine o sul proprio nome, dietro pagamento di un corrispettivo, diventano nella realtà vere e proprie operazioni negoziali: tali aspetti della persona sono suscettibili di avere un valore ed uno sfruttamento economici atteggiandosi quali merci nella disponibilità del titolare. Ciò è un sintomo di come quegli stessi aspetti della persona possano divenire oggetto di rapporti giuridici di natura obbligatoria e, correlativamente, di diritti relativi.

Gli strumenti di tutela

Un vero ambito di indisponibilità può essere individuato solo là dove norme specifiche, con una evidente finalità di tutela dell'individuo nella sua stretta identità fisica, lo prevedano: si pensi agli atti di disposizione del proprio corpo, vietati ove cagionino una diminuzione permanente dell'integrità fisica.

Ciascuna delle situazioni soggettive nelle quali si articola la tutela della persona riceve talora una **propria specifica disciplina**, in relazione al suo contenuto ed alle modalità di manifestazione. Accanto ad esse, una forma di tutela generale dell'individuo trova fondamento negli artt. 2043 s., che stabiliscono il diritto alla tutela risarcitoria (e, ove possibile, alla reintegrazione in forma specifica, art. 2058), secondo i principi generali dell'atto illecito (con i suoi elementi costitutivi: il danno ingiusto, il dolo o colpa, il nesso di causalità, ecc.). La tutela della sfera morale dell'individuo per mezzo del risarcimento del c.d. danno morale (art. 2059) ha incontrato gravi limitazioni. Secondo le più consolidate opinioni dottrinali e i più stabili orientamenti giurisprudenziali, per ottenere il risarcimento del danno non patrimoniale sarebbe stato necessario il collegamento tra la protezione penale e la protezione civile, richiedendosi che l'illecito civile ai sensi dell'art. 2043 configurasse anche **illecito penale**, ai sensi dell'art. 185, co. 2, c.p. (secondo la ricostruzione dell'art. 2059 che verrà approfondita trattando dei fatti illeciti).

Negli anni più recenti si è intrapresa una lettura evolutiva della norma di cui all'art. 2059 che ha fortemente inciso sulla concezione stessa del danno non patrimoniale alla luce di una più avvertita sensibilità verso il dettato costituzionale in tema di personalità umana. È maturata la consapevolezza che "i casi determinati dalla legge" in cui si fosse dovuto il risarcimento del danno morale (art. 2059), fossero non solo i fatti di reato previsti della legge penale, ma soprattutto i casi di lesione di **valori della persona** garantiti dalla Costituzione (a partire dalla previsione dell'art. 2 Cost.), rilevandosi che il legislatore ordinario non può limitare le forme di tutela di diritti costituzionalmente riconosciuti (Corte cost. n. 233/2003; Corte Cass. n. 8827 e 8828/2003; Cass. S.U. n. 26729/2008).

La pubblicazione della sentenza di condanna

Anche la norma di cui all'art. 120 c.p.c. può considerarsi di valenza generale ai fini della tutela dei diritti della persona. Essa prevede la possibilità di pubblicare, su ordine del giudice, la sentenza (civile) di condanna al risarcimento del danno su una o più testate giornalistiche, radiofoniche o televisive e in siti Internet. Inoltre, il soggetto danneggiato può ottenere la pubblicazione della sentenza penale di condanna quando tale strumento costituisca il mezzo per riparare il danno non patrimoniale conseguente al reato (art. 186 c.p.).

Provvedimenti cautelari e rettifica

La lesione della personalità morale dell'individuo può realizzarsi anche attraverso l'attività dei *mass media* e degli strumenti telematici: data la natura di tali mezzi, in questi casi riveste particolare importanza la tempestività dello strumento di tutela. A proposito il soggetto può attivare le garanzie offerte dal **provvedimento cautelare di urgenza** *ex* art. 700 c.p.c. e dalla c.d. **rettifica** (art. 8, l. n. 47/1948).

Il primo è strumento processuale che consente di ottenere la (relativamente) rapida cessazione del fatto lesivo. In taluni casi, esso può attivarsi anche in funzione inibitoria preventiva, qualora, ad es., un periodico annunci e pubblicizzi per il suo prossimo numero in edicola la pubblicazione di foto o notizie che il soggetto a cui si riferiscono ritenga lesive del suo onore, della sua reputazione, della sua riservatezza, ecc. Il provvedimento reso *ex* art. 700 c.p.c. è adottato sulla base di una cognizione sommaria, e serve ad escludere il rischio che, nelle more di una sentenza di merito che accerti i fatti di causa, il soggetto ricorrente veda definitivamente compromessa la sfera della sua personalità morale.

Il secondo è strumento che consente di ottenere la pubblicazione, sul giornale contenente la notizia lesiva, di una smentita o precisazione di quanto affermato sull'organo di stampa: in questo modo l'ordinamento consente di eliminare o ridurre la portata dannosa dell'informazione. La normativa dispone condizioni rigorose per la pubblicazione della rettifica: stessa collocazione editoriale della notizia lesiva, le stesse caratteristiche tipografiche, ecc. Ciò, sebbene quelle condizioni siano sovente disattese nella pratica, ha portato la giurisprudenza a ritenere che, quanto a risultati pratici, la natura della rettifica sia assimilabile al risarcimento in forma specifica.

1.2. *La personalità morale delle persone giuridiche e degli enti di fatto*

Taluni profili di tutela della persona sono riferibili non solo alle persone fisiche ma **anche alle persone giuridiche** ed agli **enti di fatto**: certamente configurabile è, ad es., una tutela della reputazione o dell'identità personale degli enti diversi dagli uomini.

Denominazione e ragione sociale

Come si ricorderà anche queste entità collettive o patrimoniali sono costituite dall'ordinamento quali centri di imputazione di situazioni soggettive. Esse, quindi, al pari delle persone fisiche, devono essere **identificabili** e riconoscibili come soggetti. Per queste ragioni il codice civile detta una disciplina per quanto concerne il nome degli enti, vale a dire la **denominazione** e la **ragione sociale** (artt. 16, 2567). Questi elementi distintivi del **soggetto** non devono essere confusi, con riferimento all'attività economica svolta da un ente, con quelli che, viceversa, identificano l'impresa e, quindi, l'**attività organizzata** (ad es., **ditta**).

La sfera morale dell'ente

Naturalmente, non è riferibile all'ente un concetto di immagine come elemento di identificazione fisica di esso, similmente al significato del ritratto per le persone fisiche. Tuttavia, si parla di diritto al risarcimento per danno all'immagine della persona giuridica e se ne riconosce la tutela proprio riferendo quel concetto alla **sfera morale dell'ente**.

Parallelamente all'evoluzione che ha portato il nostro ordinamento ad avvicendare all'idea di individuo quella di persona, si è via via affermata la convinzione che anche le formazioni di individui possano essere propriamente personalità morali. Esse, cioè, oltre ad essere soggetti di diritto, possono avere una identità e individualità personali, e possono essere caratterizzate da aspetti peculiari che le rendono uniche e le identificano (ad es., quanto ad una specifica connotazione ideologica, come nel caso delle associazioni sindacali e dei partiti; oppure quanto ad affidabilità, come nel caso delle imprese commerciali). Ne deriva che anche agli enti sono riferibili il concetto di reputazione, di identità personale, di riservatezza, ecc.: le persone giuridiche e gli enti di fatto sono titolari di taluni **diritti della personalità**.

La risarcibilità del danno non patrimoniale patito dagli enti

Come abbiamo visto, però, la lesione di diritti della personalità si manifesta principalmente attraverso danni non patrimoniali, risarcibili in via extracontrattuale in virtù dell'art. 2059. Fino a non molti anni fa questa particolare categoria di danno veniva fatta coincidere con il **danno morale** (inteso come pregiudizio emotivo, sofferenza) e il danno biologico (inteso come pregiudizio psico-fisico). Una volta escluso che un ente (riconosciuto o meno) possa subire un danno biologico, essendo privo del requisito della fisicità, il problema della tutelabilità dei diritti della personalità ad esso riferibili si risolveva, praticamente, nella possibilità teorica di ammettere che un ente potesse subire un danno morale. La maggior perplessità, a riguardo, era data dalla difficoltà di ammettere che un qualsiasi ente collettivo potesse provare sensazioni tipicamente umane quali la sofferenza ed il dolore: da qui il dubbio che la lesione dell'onore o della reputazione di un ente potesse essere risarcita anche *ex* art. 2059.

In dottrina, e meno sovente in giurisprudenza, in relazione alla risarcibilità del danno morale alle persone giuridiche sono state proposte le più diverse soluzioni. L'indirizzo a lungo prevalente sosteneva che tale categoria di danno, se riferita ad un soggetto artificiale, qual è una formazione collettiva o un patrimonio, non è risarcibile, perché solo l'essere umano può soffrire. In questo contesto, quindi, si sosteneva che un ente non potesse ottenere il risarcimento di un danno non patrimoniale.

Più recentemente, come avremo modo di vedere meglio parlando della responsabilità extracontrattuale, si è affermata l'idea che il danno non patrimoniale comprenda forme di pregiudizio ulteriori rispetto alla sofferenza o alla integrità psico-fisica. L'impossibilità dell'ente di percepire una sofferenza (un danno morale) non vale, dunque, ad escludere questo soggetto dal ristoro del pregiudizio subito che, pur non legato alla sfera dell'affettività e dei sentimenti come quello morale, è pur sempre, tuttavia, un pregiudizio non patrimoniale ai sensi dell'art. 2059. Così la giurisprudenza più recente ammette anche gli enti al risarcimento del danno non patrimoniale conseguente, ad es., alla ingiustificata lesione del loro onore o della loro identità personale.

La possibilità di risarcire il danno non patrimoniale subito dall'ente assume particolare rilievo per quanto riguarda quei diritti della personalità che godono della sola tutela generale del risarcimento del danno per responsabilità aquiliana o extracontrattuale (artt. 2043 s.).

Per la tutela di quei diritti che, invece, godono sia della tutela generale risarcitoria sia di quella specifica (ad es., il diritto al nome di cui all'art. 7), si ritiene pacificamente che le norme codicistiche trovino applicazione anche per le persone giuridiche e gli enti.

2. *La vita, la salute e l'integrità fisica*

Gli atti di disposizione del proprio corpo

L'art. 5 disciplina gli **atti di disposizione** del proprio corpo, vietandoli quando cagionino una diminuzione permanente dell'integrità fisica, nonché quando siano contrari alla legge, al buon costume e all'ordine pubblico.

La prospettiva del codice era invero quella della tutela dell'integrità fisica della persona non come valore in sé considerato, ma come bene strumentale allo svolgimento delle attività che impegnano l'uomo come soldato, padre, lavoratore, secondo la logica totalitaria dell'asservimento dell'individuo allo Stato.

Tale logica è stata del tutto superata dalla Costituzione, che ha posto come valore centrale dell'ordinamento la dignità della persona umana, imponendo una rilettura dell'art. 5.

L'art. 32 Cost. infatti riconosce "la salute come fondamentale diritto dell'individuo e come interesse della collettività": pertanto, alla tutela della mera integrità fisica si sostituisce la tutela della salute, intesa come benessere psicofisico della persona.

La disponibilità del proprio corpo tra diritto alla salute e diritto all'autodeterminazione

Inoltre, la Costituzione accoglie una nuova idea del corpo. Esso non è più mero oggetto di un potere dispositivo, come nella prospettiva codicistica, bensì è un fondamentale strumento di autodeterminazione del soggetto: attraverso il corpo la persona costruisce la propria identità.

Tale libertà presenta un aspetto attivo, nel quale rileva la libertà della persona di **autodeterminarsi** nel disporre del proprio corpo, e un aspetto negativo, nel quale rileva invece il diritto di non subire interventi sul proprio corpo contro la propria volontà.

Il primo profilo – quello attivo – è implicato nella delicata materia dei **trapianti d'organo**. L'ordinamento ha consentito – in deroga al dettato dell'art. 5 – il trapianto **tra viventi** del rene (l. n. 458/1967) e di parte del fegato (l. n. 483/1999). In virtù dell'art. 1, l. n. 167/ 2012, in deroga al divieto di cui all'art. 5 c.c., è ammesso disporre a titolo gratuito di parti di polmone, pancreas e intestino al fine esclusivo del trapianto tra persone viventi. Naturalmente è vietata qualunque forma di cessione a titolo oneroso di tali organi: la disciplina dei trapianti si ispira infatti alla logica della donazione, richiamata più come schema concettuale che come figura negoziale nei termini disciplinati dal codice civile agli artt. 769 s.

Ancora più complessa è la problematica dei **trapianti da cadavere**, soprattutto con riferimento alla delicata questione dell'**accertamento della morte**, soprattutto ove si consideri che l'evoluzione tecnologica e scientifica in ambito medico consente sempre più spesso di mantenere attive talune funzioni vitali dell'individuo, fenomeno un tempo impensabile. Lo stesso concetto di morte cerebrale ha subito una forte evoluzione, e la cronaca ci consegna frequenti casi per i quali si dibatte se quella persona, pur in un avanzato stato di coma, possa considerarsi tecnicamente deceduta (art. 1, l. n. 578/1993).

Non è estranea al dibattito e alle diverse opzioni politico-ideali la vicenda della crescente domanda di organi, che deve tener conto della libertà costituzionalmente garantita di disporre del proprio corpo anche *post mortem*. Il legislatore, alla ricerca di una soluzione al drammatico problema della scarsa disponibilità di organi da trapiantare ha dettato una nuova disciplina (l. n. 91/1999), che introduce il meccanismo del **silenzio-assenso**, in forza del quale tutti i cittadini ai quali sia stato notificato, nelle forme previste dalla legge, l'invito a manifestare la propria volontà in ordine alla donazione di organi, e che non abbiano effettuato tale dichiarazione, vengono considerati automaticamente come donatori (art. 4, l. n. 91/1999).

Questa disciplina, alla luce della quale non assume più alcun rilievo la volontà dei congiunti, rappresenta un delicato compromesso tra la garanzia della libertà di autodeterminazione di ogni soggetto e l'adempimento degli inderogabili doveri di solidarietà posti dall'art. 2 Cost.

La natura del consenso nella disciplina dei trapianti

Aspetto nevralgico della nuova normativa è la promozione di una vasta campagna di informazione (art. 2, l. n. 91/1999), la quale appare condizione essenziale affinché la scelta compiuta da ogni cittadino sia espressione di un consenso libero e consapevole e, soprattutto, affinché il delicato meccanismo del silenzio-assenso non si traduca in una grave violazione della incoercibilità di una scelta personale quale quella di donare i propri organi. Tale consenso si configura come presupposto di legittimità della pratica sanitaria, come consenso dell'avente diritto che serve ad escludere semplicemente l'antigiuridicità dell'espianto. A respingere la tesi sulla natura negoziale di tale consenso vale, insieme all'argomento tradizionale della non negoziabilità in generale degli attributi della persona, anche il fatto che il codice civile (art. 810) e la teoria dei beni giuridici non consentono di classificare come beni materiali tali entità, e quindi come merci in grado di circolare attraverso negozi giuridici.

La tendenziale incoercibilità dei trattamenti medici

Nel suo aspetto negativo, la libertà di disporre del proprio corpo si traduce nel principio per cui nessuno può essere obbligato a sottoporsi ad un trattamento medico-chirurgico, se non nei casi previsti dalla legge (caso tipico è quello delle vaccinazioni alle quali i neonati devono sottoporsi nell'interesse della salute pubblica). Peraltro, i **trattamenti sanitari obbligatori** non devono mai violare i limiti posti dal rispetto della dignità della persona umana (art. 32, co. 2, Cost.). La legge che ha istituito il servizio sanitario nazionale (l. n. 833/1978) ha provveduto a disciplinare i trattamenti sanitari obbligatori, prevedendo, in particolare, che tali trattamenti o accertamenti sanitari possano essere disposti senza il consenso dell'interessato, su provvedimento del sindaco, solo nei casi di legge e pur sempre nel rispetto della dignità della persona e dei diritti civili e politici, compreso per quanto possibile il diritto alla libera scelta del medico e del luogo di cura (artt. 33 s., l. n. 833/1978).

Dalla norma costituzionale, e dal principio della inviolabilità della libertà personale (art. 13 Cost.), discende il pieno riconoscimento della libertà di autodeterminazione, che costituisce, peraltro, aspetto fondamentale della dignità della persona.

La delicata questione dell'eutanasia

Tale libertà incontra, però, un limite nel divieto di ricorrere alla pratica dell'**eutanasia**, divieto ricostruibile alla luce dell'art. 579 c.p., il quale configura come reato l'omicidio del consenziente. Essa discende, peraltro, dal carattere di indisponibilità che riveste nel nostro ordinamento il valore della vita.

Invero, il problema della tutela della vita è oggi al centro di questioni di grande delicatezza quali l'eutanasia, l'aborto, la clonazione per fini terapeutici e la tutela dell'embrione. Tali questioni impegnano diritto ed etica in un acceso dibattito al quale, in attesa di un intervento del legislatore in materie tanto delicate, è affidato il difficile compito di individuare quali risposte offrire – in termini giuridici – alle domande che la coscienza collettiva si pone dinanzi alle prospettive aperte dai grandi progressi della ricerca scientifica.

Sempre più diffusamente, ad es., si parla di **testamento biologico** per indicare un documento che contiene le volontà di un individuo con riguardo a futuri, ipotetici, trattamenti medici nei casi in cui non sia possibile acquisire un suo valido e consapevole consenso in merito. Attraverso questa manifestazione di volontà la persona esprime anticipatamente il proprio consenso (o dissenso), ad es., alla somministrazione di determinati farmaci o all'effettuazione di determinati interventi di rianimazione (c.d. **accanimento terapeutico**). Il nostro ordinamento a lungo non ha disciplinato tale forma di esercizio del diritto a disporre del proprio corpo e del diritto alla salute; peraltro la nozione di testamento, come si vedrà parlando delle successioni, non si presta agevolmente a contenere questo genere di volontà, essendo preordinata a disciplinare vicende di successione patrimoniale posteriori alla morte dell'autore dell'atto. Tuttavia, con la l. n. 219/2017 il legislatore ha dettato norme in materia di **consenso informato** e di disposizioni anticipate di trattamento, nel tentativo di conciliare il diritto alla salute e all'autodeterminazione con la tutela della vita umana.

In particolare, è stato riconosciuto ad ogni persona capace di agire il diritto di **rifiutare**, in tutto o in parte, qualsiasi accertamento diagnostico o trattamento sanitario indicato dal medico per la sua patologia o singoli atti del trattamento stesso, nonché di **revocare** in qualsiasi momento il consenso prestato, anche quando la revoca comporti l'interruzione del trattamento (compresa la nutrizione artificiale e l'idratazione artificiale). Il medico è tenuto a rispettare la volontà espressa dal paziente di rifiutare il trattamento sanitario o di rinunciare al medesimo e, in conseguenza di ciò, è esente da responsabilità civile o penale (art. 1, l. n. 219/2017). Egli, tuttavia, deve adoperarsi per alleviare le sofferenze del paziente, anche in caso di rifiuto o di revoca del consenso al trattamento sanitario, essendo comunque garantita una terapia del dolore (art. 2, l. n. 219/2017).

Ogni persona maggiorenne e capace di intendere e di volere può dettare **disposizioni anticipate di trattamento** (art. 4, l. n. 219/2017) mediante atto pubblico o per scrittura privata autenticata ovvero per scrittura privata consegnata personalmente dal disponente presso l'ufficio dello stato civile del comune di residenza del disponente (con annotazione in apposito registro, ove istituito). Nel caso in cui le condizioni fisiche del paziente non lo consentano, le disposizioni anticipate di trattamento possono essere espresse attraverso videoregistrazione o dispositivi che consentano alla persona con disabilità di comunicare.

Si parla di disposizioni "anticipate" perché le volontà del soggetto sono espresse in un momento anteriore a quello in cui dovrebbe svolgersi il trattamento sanitario e destinate ad operare nell'ipotesi in cui il soggetto si trovi in un'eventuale futura incapacità di autodeterminarsi a riguardo. Le disposizioni anticipate di trattamento sono fornite dalla persona in seguito all'acquisizione di adeguate informazioni mediche sulle conseguenze delle proprie scelte, e contengono le volontà del disponente in ordine ai trattamenti sanitari, nonché al consenso o rifiuto rispetto ad accertamenti diagnostici o scelte terapeutiche e a singoli trattamenti sanitari. Contestualmente, il soggetto disponente indica un fiduciario, che accetta la funzione mediante la sottoscrizione delle disposizioni anticipate di trattamento, chiamato a curarne gli interessi e a rappresentarlo nelle relazioni con il medico e con le strutture sanitarie.

Le disposizioni anticipate di trattamento sono rinnovabili, modificabili e revocabili in ogni momento. Esse non possono essere disattese dal medico, salvo che vi sia l'accordo del fiduciario allorquando esse appaiano palesemente incongrue o non corrispondenti alla condizione clinica attuale del paziente ovvero sussistano terapie non prevedibili all'atto della sottoscrizione, capaci di offrire concrete possibilità di miglioramento delle condizioni di vita.

3. *Il nome*

Il nome come dato identificativo della persona fisica

Abbiamo già parlato del nome come **elemento identificativo** della persona che consente di individuarla rispetto alla generalità degli individui. Come si ricorderà, il nome si compone di nome in senso stretto e di prenome (art. 6, co. 2) e l'attribuzione di esso è sottoposta a precise regole di ordine pubblicistico che hanno, principalmente, lo scopo di assicurare un certo decoro ed una minima funzione identificativa del soggetto, anche con riguardo al sesso e all'appartenenza familiare.

Il nome come diritto della persona

Ma, oltre ad essere uno strumento di identificazione di un individuo, il nome è anche uno dei pochi attributi della persona che riceva una tutela codicistica in termini di diritto soggettivo della persona. Pertanto, la legge riconosce ad ogni persona il diritto al nome (art. 6, co. 1). Inteso come **diritto della persona**, il nome non ha più finalità meramente identificativa ispirata ad un'elementare esigenza di ordine pubblico: esso assume la qualità di attributo fondamentale del soggetto; è espressione in grado di riassumere e riferire qualità e caratteri a quel determinato soggetto; diviene elemento attraverso il quale il singolo può agire e distinguersi dalla massa indefinita degli altri consociati.

Per questa ragione il codice predispone una specifica tutela civilistica del nome, attribuendo al titolare il potere di usarlo in via esclusiva.

Lo pseudonimo

Il legislatore estende la tutela del nome anche allo **pseudonimo**, purché esso "abbia acquistato l'importanza del nome" (artt. 9 e 7): ciò in considerazione del fatto che le stesse funzioni appena riferite al nome possono essere svolte anche dallo pseudonimo, ovvero, secondo la definizione offertane dalla giurisprudenza, da una qualsiasi espressione attraverso la quale il soggetto si identifica in determinati settori, comunità o professioni (tipico il caso del «nome d'arte»). La dottrina tende a precisare che lo pseudonimo indica qualcosa di diverso dal soprannome, il quale si distingue dal primo perché attribuito da terzi; e, tuttavia, si ritiene che anche il soprannome possa godere della tutela riservata al nome, a condizione che sia in grado di svolgere la stessa funzione.

Le speciali tutele civilistiche

A protezione del nome, l'art. 7 predispone due distinte azioni, nelle quali la legittimazione ad agire è estesa anche a coloro che abbiano "un interesse alla tutela del nome fondato su ragioni familiari degne di essere protette" (art. 8): la c.d. **azione di reclamo**, diretta a reagire alla contestazione da parte di terzi del diritto all'uso del proprio nome; e la c.d. **azione di usurpazione**, con cui invece ci si oppone all'uso indebito e pregiudizievole che altri faccia del proprio nome.

L'azione di reclamo

La persona alla quale si contesti il diritto all'uso del proprio nome può demandare al giudice la pronuncia di **condanna** alla cessazione del fatto lesivo, anche se tale fatto lesivo non abbia prodotto alcun danno ed, eventualmente, la **pubblicazione** di tale sentenza in uno o più giornali. L'azione di reclamo presuppone, dunque, che terzi **contestino** il diritto del soggetto ad utilizzare il proprio nome, ad es. chiamando la persona con nomi diversi o, direttamente, impedendole in vario modo di utilizzare il suo vero nome.

L'azione di usurpazione

Quando, invece, i terzi utilizzano, indebitamente il nome altrui, il titolare può agire con l'azione di **usurpazione** solo a condizione che tale uso indebito possa arrecargli **pregiudizio**. Non è necessario che il pregiudizio sia attuale, ma è sufficiente che esso sia potenziale in relazione alle circostanze concrete e al contesto sociale. L'azione di usurpazione, infatti, non ha funzione risarcitoria, ma preventiva: è lo strumento che il soggetto ha per reagire ad un utilizzo indebito del proprio nome, e per evitare che ciò possa arrecargli un danno. Naturalmente, se il danno si verifica, il soggetto ha a sua disposizione anche l'azione risarcitoria di cui agli artt. 2043 s.

Dalla disciplina dell'azione di usurpazione si comprende anche che non ogni uso di un nome altrui legittima l'azione di usurpazione, ma solo quell'uso che sia indebito: si pensi al caso in cui un terzo si faccia chiamare con il nome del soggetto (c.d. **usurpazione in senso stretto**); o, come riportano alcuni casi di cronaca giudiziaria, attribuisca il nome del soggetto ad un personaggio di fantasia, ipotesi anch'essa ricondotta all'usurpazione.

A ben vedere, in alcuni dei casi in cui la giurisprudenza ha via via riconosciuto sussistente un'usurpazione del nome, l'interesse a tutela del quale il soggetto proponeva l'azione non era tanto quello ad essere dotato di un dato appellativo che valesse a distinguerlo dagli altri consociati, ma quello a che, a quel dato appellativo non venissero associate idee, gusti, attitudini a lui del tutto estranei. Per mezzo della tutela del nome, in realtà, si è offerta garanzia alla personalità morale dell'individuo: in tal modo la giurisprudenza ha iniziato a proteggere un nuovo e diverso diritto della persona morale, inizialmente non previsto da alcuna disposizione di legge, ovvero il diritto all'identità personale.

4. *L'immagine*

Il diritto all'immagine

Il diritto della persona alla tutela dell'**immagine** ha il proprio fondamento normativo nell'art. 10 e negli artt. 96 s., l.a.

In un primo momento l'immagine assume rilievo nell'ambito della tutela della personalità morale quale mera rappresentazione delle sembianze del soggetto. Al pari del nome, infatti, anche il ritratto dell'aspetto fisico esteriore della persona rappresenta un segno distintivo di essa. Per queste ragioni, anche per l'immagine il codice predispone una specifica forma di tutela di carattere **inibitorio** e **preventivo**.

Qualora l'immagine di una persona (o dei genitori, del coniuge, dei figli) sia stata esposta o pubblicata fuori dei casi consentiti, ovvero con pregiudizio al decoro o alla reputazione della persona stessa, l'interessato può chiedere al giudice una sentenza di condanna alla **cessazione** dell'abuso (art. 10). La misura è di carattere inibitorio, perché mira, appunto, a far cessare un'attività abusiva; essa poi ha tipicamente la funzione di prevenire eventuali danni o evitare l'aggravarsi di pregiudizi. La riparazione del danno subito da un abusivo uso che terzi facciano della propria immagine, invece, è offerta dall'azione di risarcimento del danno extracontrattuale di cui agli artt. 2043 s.

L'utilizzo abusivo dell'altrui immagine si verifica in due casi: quando manca il consenso dell'interessato a quel dato utilizzo, oppure quando un dato utilizzo, per quanto ammesso dalla legge, reca pregiudizio al decoro o alla reputazione della persona.

Il consenso dell'interessato

L'art. 97 l.a., prevede una serie di eccezioni al principio della necessaria acquisizione del **consenso** del titolare per la pubblicazione o per l'esposizione del ritratto, stabilendo che "non occorre il consenso della persona ritratta quando la riproduzione dell'immagine è giustificata dalla notorietà e dall'ufficio pubblico ricoperto, da necessità di giustizia o di polizia, da scopi scientifici, didattici o culturali, o quando la riproduzione è collegata a fatti, avvenimenti, cerimonie di interesse pubblico o svoltisi in pubblico".

Tra le ipotesi previste, assume particolare rilievo, quella della **noto-**

rietà della persona ritratta: in questo caso l'interesse pubblico all'informazione giustifica, almeno in parte, il sacrificio del diritto del singolo alla propria immagine, ma non può estendersi alla violazione di altri profili della persona, anche famosa, come, ad es., nel caso dell'onore, della reputazione, della *privacy*. Analogamente, nel caso di personalità che ricoprono uffici pubblici – come, ad es., l'uomo politico – la pubblicazione dell'immagine senza il consenso dell'interessato è lecita solo se il contesto è attinente al ruolo pubblico svolto.

Anche nelle ipotesi in cui non sia necessario il consenso dell'interessato, il diritto all'immagine non resta privo di tutela: la persona ritratta infatti potrà sempre impedire la diffusione delle immagini che rechino **pregiudizio** al suo decoro o alla sua reputazione (art. 10).

Il principio del necessario consenso del titolare per l'utilizzo dell'immagine, potrebbe indurre a ritenere che il soggetto sia abilitato a disporre del proprio diritto all'immagine, concedendo a terzi la possibilità di sfruttare il ritratto. Una tale conclusione, però, contrasterebbe con la teoria tradizionale dei diritti della personalità, che costruisce tali peculiari situazioni giuridiche soggettive come diritti **indisponibili** e **intrasmissibili**. Per questa ragione, fenomeni assai diffusi nella realtà economica nei quali un soggetto concede la possibilità a terzi di sfruttare la propria immagine, dietro corrispettivo (si pensi al ritratto utilizzato nelle campagne pubblicitarie o prestato come figura per un marchio), sono stati ricondotti al di fuori dello schema di disposizione del diritto.

Il problema della disponibilità del diritto all'immagine

Si è ritenuto, ad es., da alcuni, che il consenso allo sfruttamento commerciale della propria immagine, non sia un atto **negoziale** di disposizione del diritto, ma un atto unilaterale di natura autorizzatoria in grado di rendere lecito un fatto giuridico altrui. La conseguenza applicativa sarebbe che il soggetto non dispone del proprio diritto all'immagine, il quale rimane nella sua titolarità. Inoltre, non sorgerebbe alcun credito a riguardo in capo al terzo utilizzatore e, pertanto, il consenso prestato sarebbe sempre revocabile. Ciò nondimeno, bisogna rilevare che lo sfruttamento economico dell'immagine avviene a seguito di un'operazione economica complessa in cui emerge il valore del ritratto come bene economico, in quanto ricchezza in grado di circolare sul mercato. In questi casi un soggetto concede non tanto il diritto all'immagine (con le relative azioni di tutela), quanto il diritto allo sfruttamento del valore economico dell'immagine stessa; in cambio egli riceve un corrispettivo che realizza l'operazione economica. La valutazione circa la natura del consenso prestato non può essere avulsa dalla considerazione dell'intera, complessiva, vicenda nella quale tale consenso si inserisce.

Si tratta, dunque, di un negozio avente ad oggetto l'immagine e dotato di una funzione economica. Questo dovrebbe far concludere che il ritratto possa essere oggetto non solo di un classico diritto della personalità, ma anche di un diritto, disponibile, dal contenuto economico (un diritto allo sfruttamento del suo valore). Ne consegue che il consenso prestato, avendo natura negoziale, non sarebbe, di norma, revocabile (art. 1372).

L'immagine e il diritto all'identità personale

Finora si è trattato dell'immagine come dato identificativo di una persona fisica. Al pari del diritto al nome, però, l'immagine richiama anche le idee, i comportamenti e le qualità di una persona. Così, come diremo, anche l'immagine è stata, ed è tuttora, uno degli aspetti più rilevanti nella tutela del diritto all'identità personale, cioè il diritto ad una fedele rappresentazione della fisionomia morale, etica, sociale, politica, di un individuo.

5. *Il diritto all'onore ed alla reputazione*

Onore e reputazione nel diritto penale

La tutela dell'integrità morale della persona, ovvero dell'**onore** – inteso come sentimento del proprio valore – e della **reputazione** – cioè della stima di cui ogni individuo è circondato nel contesto sociale in cui è inserito – è garantita in primo luogo sanzionando come reati l'ingiuria (art. 594 c.p.) e la diffamazione (art. 595 c.p.). Più in particolare, il concetto di onore richiama l'insieme delle doti e delle qualità morali di cui l'individuo stesso ritiene di essere dotato; la reputazione è, invece, riferita alla considerazione che la società ha delle doti e delle qualità dell'individuo: la differenza più marcata tra le due nozioni sta, dunque, nel punto di vista dal quale vengono percepite le qualità individuali, tanto che, talvolta, la reputazione viene detta anche «onore in senso oggettivo» per distinguerla dall'onore in senso stretto (al quale ci si riferisce anche con l'espressione «onore in senso soggettivo» o decoro).

Alla tutela penale si accompagna, sul piano civilistico, la tutela risarcitoria: la lesione dell'onore e della reputazione configura infatti un tipico **illecito extracontrattuale** (o aquiliano).

Onore e reputazione nel diritto civile. La tutela risarcitoria

Di norma, il danno cagionato da tale lesione ha carattere prevalentemente **non patrimoniale**: in questi casi, infatti, il risarcimento della perdita del decoro, della stima, del prestigio sociale che colpisce il soggetto nella sua sfera emotiva, psicologica, ecc., non è rivolto a riparare perdite di carattere economico. Ciò non toglie che, accanto a queste lesioni, si verifichino anche perdite di carattere strettamente economico, le quali troveranno ristoro sulla base del diritto al risarcimento del danno patrimoniale in senso stretto (art. 2043). La duplice perdita risulta evidente, ad es., nel caso in cui un libero professionista venga falsamente tacciato di incompetenza da un giornale: in tal caso la notizia è idonea a provocare, insieme alla lesione della sfera emotiva del soggetto, anche una perdita di clientela e, dunque, un danno tipicamente patrimoniale.

La tutela risarcitoria

Nel caso di lesione alla sfera morale, il ristoro sarà liquidato, secondo lo schema del risarcimento del danno non patrimoniale, a seguito di una **valutazione equitativa** rimessa al giudice (art. 1226, richiamato dall'art. 2056). Tra i diritti della personalità, quelli all'onore e alla reputazione hanno indubbiamente trovato più facilmente protezione nell'azione di risarcimento extracontrattuale. Già prima dell'affermarsi dell'interpretazione estensiva dell'espressione "casi previsti dalla legge" di cui all'art. 2059 – e quindi ben prima che dottrina e giurisprudenza arrivassero a considerare i danni non patrimoniali risarcibili indipendentemente dalla previsione di una tutela del diritto leso in sede penale – onore e reputazione godevano di una tutela risarcitoria, proprio perché interessi della persona presidiati anche dalla legge penale.

Onore e reputazione nel diritto civile. La tutela inibitoria

Altre disposizioni normative predispongono meccanismi di **tutela inibitoria** dell'integrità morale della persona, finalizzati ad ottenere la cessazione del fatto lesivo prima che se ne consolidino le conseguenze. È il caso dell'art. 10 il quale prevede che l'esposizione e la pubblicazione dell'immagine altrui, anche quando la legge la consenta indipendentemente dall'assenso dell'interessato, può essere da questi **impedita** ove sia pregiudizievole per il suo decoro e per la sua reputazione.

L'esigenza di una piena tutela dell'integrità morale, ancor prima che dalle norme poste a presidio dei suoi specifici profili, discende dal principio personalista sancito dalla Costituzione: l'affermazione del valore della dignità della persona impone, infatti, quale sua condizione essenziale, di difenderne l'onore e la reputazione.

La reputazione e il diritto di cronaca

Spesso tale esigenza si scontra con le ragioni del diritto di cronaca: in particolare, accade frequentemente che nell'esercizio dell'attività giornalistica vengano divulgati fatti e circostanze lesivi dell'onore e della reputazione altrui.

Anche il **diritto di cronaca** è un valore costituzionalmente rilevante, quale tipica espressione della libertà di manifestazione del pensiero (art. 21 Cost.). Pertanto, si pone all'interprete il difficile compito di individuare un punto di **compromesso** tra tutela della persona e diritto di cronaca, coerente con l'equilibrio tracciato dal disegno costituzionale.

Al riguardo una giurisprudenza consolidata ritiene lecita la diffusione di notizie potenzialmente lesive della sfera personale di terzi ove l'informazione sia resa nel pieno rispetto dei limiti propri dell'attività giornalistica, limiti individuati nella veridicità delle notizie riferite, nella loro utilità sociale e nella forma civile che deve contrassegnare la narrazione dei fatti. Questa, in particolare, deve avvenire con toni equilibrati, ispirati a chiarezza e obiettività, e non deve mai ricorrere ad accostamenti, sottintesi o insinuazioni che rendano tendenziosa la notizia.

In questo particolare contesto, ed in aggiunta alle forme di tutela già richiamate, il diritto all'onore e alla reputazione ricevono specifica protezione attraverso il **diritto di rettifica**. L'art. 8 della l. n. 47/1948 dispone che il direttore, o il responsabile, è tenuto a fare inserire gratuitamente nel giornale o nell'agenzia di stampa "le dichiarazioni o le rettifiche dei soggetti di cui siano state pubblicate immagini od ai quali siano stati attribuiti atti o pensieri o affermazioni da essi ritenuti lesivi della loro dignità o contrari a verità, purché le dichiarazioni o le rettifiche non abbiano contenuto suscettibile di incriminazione penale".

Altri strumenti di tutela sono quelli già visti in generale per i diritti della personalità, della pubblicazione delle sentenze civile e penale di condanna, dei provvedimenti cautelari d'urgenza.

Onore e reputazione nella disciplina del diritto d'autore

Anche la disciplina del diritto morale d'autore si fa carico di tutelare l'onore e la reputazione dell'individuo nella sua qualità di autore di un'opera creativa. La legge riconosce il diritto dell'autore di "opporsi a qualunque deformazione, mutilazione od altra modificazione, e ad ogni atto a danno dell'opera stessa, che possano essere di pregiudizio al suo onore e alla sua reputazione" (art. 20 l.a.; art. 2577, co. 2). La norma non garantisce l'assoluta intangibilità dell'opera, ma consente all'autore di impedire solo le modifiche che possano recare pregiudizio al suo onore e alla sua reputazione.

6. *Il diritto alla riservatezza*

Il diritto alla riservatezza nelle fonti

La Costituzione non pone espressamente la **riservatezza** tra i diritti della persona, né il codice civile vi fa riferimento alcuno: solo a partire dagli anni '70 sono apparsi i primi timidi segnali di una evoluzione legislativa sensibile ad una esigenza di tutela della sfera privata.

Così, dallo Stat. lav. – in particolare dagli artt. 4-6, 8 – emerge la preoccupazione di proteggere la **riservatezza del lavoratore**; l'art. 5, l. n. 164/1982 prevede che a seguito della modifica dell'attribuzione del sesso, gli atti dello stato civile siano rilasciati con la sola indicazione del nuovo nome; analogamente l'art. 28, l. ad., dispone che gli atti dello stato civile del minore adottato vengano rilasciati senza alcun riferimento alla **paternità e alla maternità naturali**.

Un passo significativo è stato compiuto con la l. n. 98/1974 che ha introdotto un nuovo reato diretto a punire chiunque "si procura indebitamente notizie o immagini attinenti alla vita privata svolgentesi nell'abitazione altrui o in un altro luogo di privata dimora" (art. 615 *bis* c.p.).

Invero, non mancavano anche in precedenza indici, per quanto frammentari, di una rilevanza normativa della riservatezza: si pensi agli artt. 14-15 Cost. i quali tutelano rispettivamente la inviolabilità del **domicilio** e la **libertà** e la **segretezza** della corrispondenza; all'art. 126 l.a., che sancisce il **diritto dell'autore** dell'opera di occultare la paternità intellettuale della medesima; agli artt. 93 e 95 della medesima legge i quali vietano in linea di massima la pubblicazione di corrispondenze epistolari e di altri scritti di natura personale "allorché abbiano carattere confidenziale o si riferiscano all'intimità della vita privata"; all'art. 8 della Convenzione per la salvaguardia dei diritti dell'uomo e delle libertà fondamentali (ratificata con l. n. 848/1955). La stessa tutela dell'**immagine** è talora stata ricostruita come espressione di un interesse della persona a mantenere riservata, appunto, la propria immagine.

Tutte le disposizioni richiamate rappresentano segmenti disarticolati di una tutela della vita privata e, insieme, costituiscono indici dell'inequivocabile rilievo che, complessivamente, il diritto alla riservatezza ha via via assunto nel nostro ordinamento: rilievo consacrato in modo inequivocabile dalla disciplina del trattamento dei dati personali contenuta nel cdp. Già prima che la l. n. 675/1996 sul trattamento dei dati personali, e poi il cdp, prevedessero in via generale il diritto alla riservatezza (cfr. art. 2 cdp nella formulazione precedente alle modifiche apportate dal d.lgs. n. 101/2018), dunque, la dottrina e la giurisprudenza avevano individuato e costruito quest'ultimo come situazione soggettiva di carattere più generale rispetto a quelle, occasionalmente e singolarmente, prese in considerazione dalle discipline speciali.

La natura di "diritto fondamentale" del diritto al rispetto della vita privata e familiare è ribadita, da ultimo, dalla CDFUE (art. 7), e anche la Convenzione europea dei diritti dell'uomo e delle libertà fondamentali assegna valore centrale al diritto al rispetto della vita privata (art. 8).

L'espressione della *privacy* nella sua dimensione originaria

Il termine e il concetto di riservatezza traducono nel nostro ordinamento la nozione di *privacy*, che ha le proprie origini nell'ordinamento nordamericano dove venne concettualizzato il *right to be let alone* (letteralmente, il diritto ad essere lasciato solo), inteso come potere di **escludere** i terzi dalla conoscenza di fatti personali e di opporsi all'ingerenza nella sfera fisica e morale dell'individuo. Similmente al potere del proprietario, il potere della persona si caratterizza come potere di **impedire le interferenze** del mondo esterno sulla propria sfera intima e si connota, all'origine, per essere un diritto a contenuto prevalentemente passivo in virtù del quale il soggetto è tutelato nel suo interesse a respingere l'altrui curiosità.

Tuttavia, come vedremo, il concetto di *privacy* è oggi distante dall'originario concetto di riservatezza al quale le discipline appena richiamate fanno riferimento, specialmente in seguito all'introduzione della normativa sul trattamento dei dati personali.

Il diritto alla riservatezza nella sua originaria dimensione, infatti, è quello che tutela l'interesse all'**isolamento**, al **riserbo** e alla **non divulgazione** di notizie personali. Nell'offrire tutela al riserbo su fatti privati, esso consente di preservare anche l'onore e la reputazione della persona, la sua libertà di azione e di pensiero, ecc., seppure si distingue da tutti questi altri diritti e libertà assumendo valenza di **situazione** soggettiva **autonoma**.

Il dibattito e l'affermarsi del diritto nell'elaborazione giurisprudenziale

A partire dagli anni '50 la giurisprudenza italiana è stata chiamata a rispondere alle istanze di chi lamentava, in vario modo, una indebita ingerenza nella propria sfera privata e nelle proprie abitudini di vita quotidiana. Un primo, celebre caso, ad es., vide gli eredi di un famoso cantante lirico convenire in giudizio la produzione di un film basato sulla non felice vita passata del loro congiunto. La S.C. negò la sussistenza di un diritto ad escludere il mondo esterno dalla conoscenza di fatti privati, perché non previsto, all'epoca, in nessuna norma; sicché nessun diritto alla riservatezza ostava alla realizzazione di un film di tal genere. Un diritto alla riservatezza, però, era stato configurato proprio dai giudici di primo e secondo grado che si erano invece pronunciati favorevolmente su quel caso: per essi la mancanza di una previsione normativa espressa non significava che il nostro ordinamento non prevedesse siffatto diritto, semplicemente comportava che la disciplina di esso dovesse ricostruirsi in via analogica su quella dettata con riguardo all'immagine. Solo in seguito, dopo un iniziale periodo di avversione di cui è testimonianza il caso appena citato, la S.C. si uniformò all'orientamento dei giudici di merito, e accolse l'idea dell'esistenza di un diritto alla riservatezza tutelato dall'ordinamento.

La *privacy* dei personaggi famosi

La pretesa al riserbo assume caratteri differenti a seconda del fatto che sia avanzata da una **persona nota** o meno. Si pone in questo caso l'esigenza di **bilanciare** l'interesse della persona a non subire ingerenze nella propria sfera intima con quelle del pubblico a conoscere anche gli aspetti personali più significativi di soggetti che, ad es., rivestono cariche istituzionali.

In un altro celebre caso della metà degli anni '70, proprio la S.C., nel riconoscere finalmente il diritto alla riservatezza, precisò i limiti entro i quali la sfera della vita individuale, familiare e di relazione di una persona nota possa essere tutelata. All'origine della pronuncia vi erano alcune fotografie non ancora pubblicate in cui una famosa principessa veniva sorpresa nella sua villa in atteggiamenti affettuosi con un regista. I giudici precisarono che anche il personaggio famoso è comunque titolare di un diritto alla riservatezza, e che aspetti della sua vita non pubblica possono essere divulgati – in ossequio al diritto di cronaca e, più in generale, alla libertà di manifestazione del pensiero –, solo a condizione che siano veritieri, rispondano ad un apprezzabile interesse sociale e rispettino l'onorabilità del soggetto cui si riferiscono. Con sentenze successive, a partire dagli anni '80, questi presupposti per la diffusione di fatti riservati di personaggi famosi verranno meglio precisati nella **veridicità** oggettiva dei fatti, nell'**utilità sociale** dell'informazione e nella **forma civile** dell'esposizione (c.d. "decalogo dei giornalisti": Cass. n. 5259/1984).

Relativamente agli strumenti di tutela del diritto, a parte quanto si dirà a proposito del trattamento dei dati personali, valgono, per la riservatezza, gli istituti di tutela già visti in generale a proposito dei diritti della personalità.

7. *L'identità personale*

L'elaborazione giurisprudenziale della nozione

Secondo una ormai consolidata definizione giurisprudenziale, il diritto all'**identità personale** è il diritto di ciascun soggetto ad essere rappresentato, nella realtà sociale e nelle proprie relazioni personali e pubbliche, con la sua vera identità, così come questa è conosciuta nel contesto in cui egli vive e svolge la propria attività; il diritto in questione, in altri termini, tutela l'interesse a non vedere all'esterno alterato, travisato, offuscato, contestato il proprio patrimonio intellettuale, politico, sociale, religioso, ideologico, professionale, ecc. quale si è estrinsecato o appare, in base a circostanze concrete ed univoche, destinato ad estrinsecarsi nell'ambiente sociale. Insomma, il diritto all'identità personale è il diritto ad una rappresentazione fedele di sé, delle proprie convinzioni etiche, politiche, religiose e intellettuali e del proprio operato; è il diritto a non vedersi attribuite falsamente azioni o affermazioni che alterino, nella percezione altrui, i caratteri essenziali della propria personalità.

Solo nel 1996 è stato normativamente previsto, per la prima volta, il diritto all'identità personale accanto a quello di riservatezza (art. 1, l. n. 675/1996). Non stupisce, quindi, che la sua definizione e la sua tutela siano state offerte, innanzitutto, dalla giurisprudenza: fino ad allora, sono state le azioni codicistiche specifiche per la tutela del nome e dell'immagine a tutelare l'interesse ad una corretta rappresentazione esterna della propria fisionomia morale.

Il diritto all'identità personale nelle fonti. Lo stretto legame con il diritto al nome

La protezione dell'identità personale trova il suo nucleo originario nella tutela del **nome** (art. 6; art. 22 Cost.), il quale, qui, assume rilievo non solo come mezzo necessario di individuazione del singolo all'interno della società, ma anche come segno riassuntivo della personalità individuale.

In considerazione di questa sua duplice funzione, la giurisprudenza ha potuto far riferimento alla tutela offerta dall'art. 7 anche per garantire la corrispondenza di idee e caratteri associati ad un dato nome con quelli del titolare di esso. Le nostre corti hanno operato a tal fine ampliando progressivamente i confini di applicabilità dell'azione di usurpazione dall'ipotesi in cui il terzo usi il nome altrui come proprio, a quella in cui il terzo usi il nome altrui senza appropriarsene, il che accade quando esso viene attribuito al personaggio di un'opera teatrale, letteraria o cinematografica.

Peraltro, ad un primo indirizzo che condizionava il ricorso all'azione di usurpazione alla circostanza che vi fosse una concreta possibilità di confusione, ne è seguito un secondo, che tende a considerare indebita l'attribuzione del nome di una persona reale ad un personaggio inventato quando, indipendentemente da ogni rischio di confusione, questo venga presentato in atteggiamenti ridicoli o spregevoli.

Questa **progressiva estensione** dell'ambito di operatività dell'azione di usurpazione denota una chiara tendenza a ricorrervi non più solo in funzione della protezione del nome quale segno distintivo dell'individuo, ma anche nell'ottica della tutela dell'identità personale e dell'integrità morale del soggetto. Infatti, nel momento in cui si prescinde da ogni concreta possibilità di confusione, l'illiceità dell'attribuzione del nome ad un personaggio connotato negativamente si risolve nella lesione dell'immagine sociale, cioè dell'identità personale del soggetto, e insieme nell'offesa del suo onore e della sua reputazione.

Identità personale e diritto all'immagine

Anche una lettura evolutiva del diritto all'immagine (art. 10) ha condotto negli anni all'approdo nel nostro ordinamento del diritto all'identità personale, svincolando il soggetto dall'idea che l'immagine dovesse riferirsi alla mera rappresentazione delle sembianze fisiche dell'individuo.

Così, la violazione dell'immagine altrui ha assunto rilievo anche quale **lesione del diritto all'identità personale**, andando ben al di là della tutela del ritratto e delle sembianze fisiche del soggetto.

L'identità sessuale

La l. n. 164/1982 ha previsto la possibilità che il Tribunale autorizzi con sentenza il ricorso ad un trattamento medico-chirurgico per il cambiamento dei caratteri sessuali e disponga, conseguentemente, la modifica dell'**attribuzione del sesso** negli atti dello stato civile. Tali disposizioni tutelano l'identità sessuale della persona, intesa come diritto di rivendicare la propria identità sessuale, di assumere i relativi connotati e di essere riconosciuti dall'ordinamento in senso conforme ad essa. Particolarmente significativo è anche l'art. 5, l. n. 164/1982, il quale stabilisce che le attestazioni dello stato civile, in seguito alla rettifica dell'attribuzione del sesso, devono essere rilasciate solo con l'indicazione del nuovo sesso e del nuovo nome, così riconoscendo un diritto del soggetto a cancellare ogni traccia della vecchia identità sessuale. Tale norma, peraltro, sembra riconducibile piuttosto al diverso profilo della tutela della riservatezza.

L'identità personale nella disciplina del diritto morale d'autore

Anche il **diritto morale d'autore** (art. 20 s. l.a.) può offrire fondamento alla tutela dell'identità personale del soggetto autore di opera dell'ingegno. In particolare, esso protegge la paternità della creazione e, in tal modo, risponde ad un'esigenza di tutela dell'identità personale del soggetto quale autore dell'opera dell'ingegno: per tale motivo può esser fatto valere dall'autore anche quando questi abbia ceduto i diritti di utilizzazione economica dell'opera.

Il diritto morale d'autore, il quale, a differenza del diritto patrimoniale, è **indisponibile** e **imprescrittibile** (art. 22, co. 1, l.a.), si specifica innanzitutto nel diritto di rivendicare in ogni momento la paternità dell'opera (art. 20 l.a.) – anche quando essa sia stata pubblicata originariamente in forma anonima o con uno pseudonimo (art. 21 l.a.) –, e nel diritto di non rivelare di esserne l'autore.

Il diritto morale d'autore ricomprende poi il **diritto di inedito** (art. 24, co. 1), ovvero il diritto di impedire, o di differire nel tempo, la pubblicazione dell'opera (art. 24, co. 2): tali facoltà, e lo stesso è da dirsi per il diritto a mantenere l'anonimato o a celarsi dietro ad uno pseudonimo, rispondono indiscutibilmente ad una esigenza di tutela del soggetto-autore, e mostrano ancora una volta quanto siano profondamente legati i diversi profili della personalità dell'individuo.

Infine, la legge riconosce, sempre nell'ambito del diritto morale d'autore, il **diritto di ritiro** dell'opera dal commercio (art. 142 l.a.; art. 2582), il cui esercizio, tuttavia, è subordinato al risarcimento dei danni arrecati a coloro ai quali siano stati eventualmente ceduti i diritti di utilizzazione economica dell'opera. Il ritiro postula la ricorrenza di "gravi ragioni morali": tipico è il caso dell'autore che, non riconoscendosi più in essa, sconfessi la propria opera. Sotto tale profilo, la norma in questione assume rilievo poiché, nel tutelare l'identità personale dell'autore, ne presuppone una visione dinamica e riconosce il diritto dell'individuo ad una rappresentazione attuale di sé e delle proprie convinzioni che rifletta il continuo mutare e maturare della propria personalità.

Le origini del concetto di identità personale

Come abbiamo detto, l'elaborazione di un diritto all'identità personale rappresenta l'esito ultimo di un travagliato percorso compiuto dalla dottrina e dalla giurisprudenza a partire dagli anni '70.

Le basi della configurazione di tale diritto sono individuabili, ancora una volta, nel principio personalista sancito dalla Costituzione. Il dettato dell'art. 2 Cost., nel riconoscere i diritti inviolabili della persona, non è, secondo la lettura ormai prevalente, formula meramente riassuntiva dei diritti altrove riconosciuti, ma norma elastica in grado di ricomprendere interessi inerenti la sfera personale non espressamente consacrati da altre disposizioni costituzionali.

Sono rimasti famosi, come casi di lesione dell'identità personale, quelli di un noto medico oncologo cui una campagna pubblicitaria, aveva – falsamente – attribuito parole di approvazione di una marca di sigarette e dalle quali appariva che tale prodotto fosse meno lesivo della salute rispetto a quelli delle marche concorrenti; o quella di una giovane coppia la cui immagine era stata indebitamente utilizzata nella campagna per l'abrogazione della legge sul divorzio, campagna di cui, però, i due non condividevano le finalità.

Il riconoscimento positivo nella legge sulla stampa e nel Codice dei dati personali

Il diritto all'identità personale trovava già un timido ed indiretto riscontro normativo nell'art. 8 della **legge sulla stampa** (l. n. 47/1948, modificata dalla l. n. 416/1981), il quale attribuisce un diritto di rettifica ai soggetti "di cui siano state pubblicate immagini o ai quali siano stati attribuiti atti o pensieri o affermazioni da essi ritenuti lesivi della loro dignità o contrari a verità". Tale disposizione, infatti, oltre a presentare evidenti profili di tutela dell'onore e della reputazione, offre al soggetto uno strumento per imporre una rappresentazione fedele e corretta della propria personalità anche quando l'immagine che ne viene data non abbia alcuna carica diffamatoria, ma sia semplicemente contraria al vero.

L'espresso riconoscimento del diritto all'identità personale è arrivato con l'art. 1, l. n. 675/1996. In seguito tale legge è stata trasfusa sostanzialmente nel **codice in materia di protezione dei dati personali** (d.lgs. n. 196/2003 cdp), il quale ha considerato la tutela non solo della riservatezza, ma, appunto, anche dell'identità personale, riconoscendo altresì in capo al soggetto l'autonomo **diritto alla protezione dei dati personali**, e dunque un insieme di poteri e facoltà di controllare l'uso e la circolazione dei propri dati personali. Tale diritto è ora disciplinato a livello comunitario dal Regolamento Generale sulla protezione dei dati personali (cfr. art. 1, co. 2, rgdp secondo il quale il Regolamento protegge i diritti e le libertà fondamentali delle persone fisiche, in particolare il diritto alla protezione dei dati personali).

Il pieno controllo che l'ordinamento assicura a ciascun individuo sui propri dati personali è infatti funzionale ad impedire che le informazioni raccolte offrano, del soggetto, una rappresentazione distorta, o semplicemente parziale.

Assume rilievo al riguardo non solo il diritto dell'interessato ad ottenere la correzione dei dati non veritieri – diritto che garantisce l'identità personale da ogni rappresentazione deformata –, ma anche il diritto ad ottenere l'integrazione dei dati (art. 16 rgdp). La tutela dell'identità, infatti, esige una rappresentazione non solo corretta, ma anche integrale della persona, perché fornirne un'immagine limitata solo ad alcuni aspetti, e, dunque, frammentaria, decontestualizzata, significa fornirne un'immagine distorta.

L'ampiezza dei poteri che la legge riconosce a ciascun individuo sui propri dati – poteri che giungono fino al diritto di chiederne in qualunque momento la cancellazione – risponde inoltre all'esigenza di garantire una rappresentazione attuale della propria personalità.

8. *La tutela della persona nella società dell'informazione. Il trattamento dei dati personali*

La società dell'informazione

I mutamenti della nostra società – dei rapporti sociali, dei bisogni e dei comportamenti della persona, delle tecniche di organizzazione della convivenza, ecc. – sono sovente compendiati in espressioni quali «società dei consumi», «società globale», «**società dell'informazione**», ecc. Proprio con quest'ultima espressione si vuol sottolineare il ruolo fondamentale ed imprescindibile che oggigiorno assumono le informazioni.

La circolazione delle informazioni è potenziata dai nuovi strumenti di comunicazione: le notizie sono spesso accessibili ad un pubblico vasto e indifferenziato; sono suscettibili di essere conservate, consultate e reperite con maggiore facilità rispetto al passato; sono addirittura in grado di essere combinate tra loro, ed elaborate a vari fini, da complessi *software* che costruiscono dell'individuo un'immagine virtuale cui attribuiscono gusti, preferenze, abitudini. Spesso l'idea che di quell'individuo si ricava dalle informazioni raccolte non corrisponde alla realtà o, comunque, non rappresenta che un'immagine parziale di ciò che egli effettivamente è. Correlativamente, l'individuo è esposto ad vertiginoso aumento di comunicazioni e messaggi di vario genere – spesso non richiesti e indesiderati – in grado di configurare una vera e propria compressione del già richiamato *right to be let alone*.

Bilanciamento tra diritti della persona e circolazione delle informazioni

Ciò nondimeno, la complessità della società odierna – assai più sensibile del passato alle istanze di sicurezza, di salute pubblica, di facilità dell'accesso al sapere, di rapidità degli scambi commerciali o della fornitura di servizi, ecc. –, richiede ed esige la raccolta e l'organizzazione di informazioni sull'individuo.

L'Italia ha apprestato un'apposita disciplina del fenomeno solo a partire dalla seconda metà degli anni '90. La legislazione italiana in materia è rappresentata da un sistema di regole di derivazione europea che contemperano l'interesse alla circolazione delle informazioni e il diritto della persona umana a realizzarsi tramite relazioni sociali – oggi sempre più spesso di carattere virtuale –, con quello alla tutela della persona.

La legislazione in materia di trattamento dei dati personali

Il fine della legislazione in tema di dati personali è duplice: da un lato tale disciplina sancisce alcuni diritti della personalità che hanno a lungo ricevuto nel nostro ordinamento solo un riconoscimento giurisprudenziale (si pensi al diritto all'identità personale); dall'altro, stabilisce regole e principi per l'attività di **trattamento dei dati personali** intesa come operazione economica. L'Italia ha recepito con la l. n. 675/1996 la dir. n. 95/46: la legge ha regolato per la prima volta l'attività di trattamento dei dati personali sia nei suoi aspetti generali sia per quanto concerne i singoli settori in cui le informazioni vengono scambiate, raccolte e utilizzate. Le modifiche e le integrazioni successive della normativa in materia di dati personali hanno richiesto un intervento di riordino: così nel 2003 la precedente normativa è stata abrogata e sostituita con un'unica legge, il già richiamato cdp. Questo testo normativo ha dettato le norme relative al trattamento dei dati personali sia nell'ottica della tutela della persona umana potenzialmente interessata da tale attività, sia nell'ottica della regolazione dell'attività di circolazione del dato personale.

La dir. n. 95/46 ha avuto il grande merito di aver introdotto una disciplina in materia di trattamento dei dati personali uniforme in tutto il territorio dell'Unione Europea. Nel caso dell'ordinamento italiano, peraltro, tale direttiva ha addirittura introdotto per la prima volta una disciplina del fenomeno. Tuttavia, coerentemente con la sua natura di atto sovranazionale che richiede di essere recepito con un atto statuale, la dir. 95/46 è stata attuata in forme diverse nei vari ordinamenti. Questo fatto, insieme ai nuovi rischi connessi all'evoluzione e alla diffusione tecnologica, ha condotto ad una generale riforma della disciplina europea sul trattamento dei dati personali. Tale nuova disciplina è contenuta nel Regolamento (UE) 2016/679 (c.d. Regolamento Generale in materia di protezione dei dati personali) applicabile in maniera uniforme e diretta in tutti gli Stati a partire dal 25 maggio 2018.

Nonostante l'obiettivo di realizzare una piena uniformità normativa in tutti gli Stati membri, il rgdp ha lasciato agli Stati margini più o meno significativi di adattamento delle loro discipline interne, laddove un adattamento si fosse reso necessario. In Italia il legislatore è intervenuto modificando ampiamente il cdp con il d.lgs. 10 agosto 2018, n. 101. Il cdp, nella sua ultima versione, effettua un ampio rinvio generale alla normativa europea – invero già di immediata applicazione nell'ordinamento interno –, stabilendo che il trattamento dei dati personali avviene secondo le norme del Regolamento (UE) 2016/679 e dello stesso cdp (art. 1 cdp). Al momento, pertanto, la normativa in materia di dati personali costituisce un c.d. **sistema multilivello**, in cui accanto a norme sovranazionali (rgdp) operano norme nazionali più puntuali (cdp) nonché prassi e regolamenti di vari organismi di vigilanza (es. il Garante per la protezione dei dati personali).

I dati personali

Qualunque informazione relativa ad una persona fisica, identificata o identificabile, costituisce un **dato personale** (art. 4, n. 1, rgdp). In particolare, si considera identificabile la persona fisica che può essere identificata, anche indirettamente, attraverso un nome, un numero di identificazione, dati relativi all'ubicazione, un identificativo *online* o uno o più elementi caratteristici della sua identità fisica, fisiologica, genetica, psichica, economica, culturale o sociale. Qualunque operazione o insieme di operazioni compiute con o senza l'ausilio di processi automatizzati applicate a dati personali rappresenta un'**attività di trattamento** dei dati personali (art. 4, n. 2, rgpd). Il rgdp offre un elenco esemplificativo di dette attività costituenti trattamento di dati personali, come la raccolta, la registrazione, l'organizzazione, la strutturazione, la conservazione, l'adattamento o la modifica, l'estrazione, la consultazione, l'uso, la comunicazione mediante trasmissione, diffusione o qualsiasi altra forma di messa a disposizione, il raffronto o l'interconnessione, la limitazione, la cancellazione o la distruzione di dati personali. Siffatte attività ricadono sotto la disciplina del rgdp e, per quanto più specificamente disposto, del cdp salvo alcune eccezioni (es. i trattamenti effettuati da una persona fisica per l'esercizio di attività a carattere esclusivamente personale o domestico). Mentre, tuttavia, il rgdp disciplina solo il trattamento di informazioni relative a persone fisiche in vita, agli Stati membri è consentito prevedere norme riguardanti il trattamento dei dati personali delle persone decedute. Così, il cdp al nuovo art. 2 *terdecies* disciplina i diritti riguardanti le persone decedute, stabilendo che i diritti di cui agli artt. da 15 a 22 rgdp riferiti ai dati personali concernenti persone decedute possono essere esercitati da chi ha un interesse proprio, o agisce a tutela dell'interessato, in qualità di suo mandatario, o per ragioni familiari meritevoli di protezione.

Libera circolazione dei dati personali

Il legislatore europeo ha dettato una serie di principi per attuare il bilanciamento tra l'esigenza dell'utilizzo e della circolazione delle informazioni e quella di tutela dell'**interessato**, vale a dire della persona fisica alla quale si riferiscono i dati personali. Ed infatti, il rgdp non si limita a porre norme relative alla protezione delle persone fisiche con riguardo al trattamento dei dati personali, ma disciplina e garantisce anche la **libera circolazione** dei dati personali, stabilendo che essa, all'interno dell'Unione, non può essere limitata né vietata per motivi attinenti alla protezione delle persone fisiche con riguardo al trattamento dei dati personali (art. 1 rgdp).

La patrimonializzazione dei dati personali

La prospettiva regolatoria dell'ordinamento europeo non è, dunque, quella di impedire l'accesso ai dati della persona (e dunque di garantirne il segreto e, in definitiva, di tutelare la riservatezza), quanto quella di disciplinare il trattamento dei dati personali da parte di altri soggetti. Ciò comporta che la conoscenza (e con essa l'uso) del dato personale è non solo consentita, ma presupposta e incentivata proprio facendo della libera circolazione dei dati un principio della normativa di settore.

Il rilievo è particolarmente significativo alla luce dell'evoluzione della materia con riferimento allo sviluppo di **nuovi mercati digitali** (si pensi all'offerta di servizi di *social network*, all'offerta digitale di contenuti audiovisivi, alle piattaforme telematiche, ecc.), che presenta profili **di rilevanza dei dati personali del tutto distante da un originario tema di riservatezza.**

I dati personali, infatti, acquistano un valore economico per l'impresa che offre detti servizi e contenuti digitali: essa, infatti, raccoglie, tratta e condivide con terzi i dati dei soggetti utenti con fini di profilazione e *marketing*. Dal suo canto l'utente acconsente al trattamento dei propri dati in cambio della possibilità di utilizzare il servizio o il contenuto offerto. Accanto alla tutela del dato personale come aspetto connesso alla realizzazione della persona vi è dunque quella del dato personale come valore economico di scambio. Il fenomeno, noto come **patrimonializzazione** dei dati personali, apre la strada all'applicabilità nelle ipotesi di circolazione dei dati personali anche delle tutele contrattuali e consumeristiche.

Interessato, titolare e responsabile della protezione

Il destinatario degli obblighi e dei doveri previsti nel rgdp è il **titolare del trattamento** dei dati personali, vale a dire la persona fisica o giuridica, l'autorità pubblica, o altro ente che determina le finalità e i mezzi del trattamento. Il titolare può nominare un **responsabile del trattamento**, una persona fisica o giuridica chiamata, per conto del titolare, ad eseguire il trattamento. Dal responsabile del trattamento si distingue il responsabile "per la protezione" dei dati personali (noto anche con terminologia inglese come *data protection officer*). Con le nuove previsioni del rgdp, infatti, il titolare può – ed in taluni casi deve – nominare un **responsabile per la protezione dei dati** personali, chiamato a garantire il rispetto della normativa sulla protezione dei dati personali e a fungere da punto di contatto tra il titolare e il Garante per la protezione dei dati personali nonché tra il titolare e l'interessato.

Principi applicabili al trattamento dei dati personali

Già il cdp aveva stabilito la regola generale per cui il trattamento si deve svolgere **nel rispetto dei diritti e delle libertà fondamentali**, nonché della dignità dell'interessato, con particolare riferimento alla riservatezza, all'identità personale e al diritto alla protezione dei dati personali (art. 2 cdp nella precedente formulazione) e aveva altresì previsto, all'art. 3, la possibilità di svolgere il trattamento solo nel caso di finalità non raggiungibili attraverso altre forme, ad es., rendendo anonime e non riconducibili a persone determinate le informazioni (c.d. **principio di necessità**).

I principi applicabili al trattamento dei dati personali sono ora analiticamente elencati all'art. 5 del rgdp: principio di **liceità, correttezza e trasparenza** (che richiede che i dati siano trattati in modo lecito, corretto e trasparente nei confronti dell'interessato); principio di **limitazione della finalità** (che richiede che i dati siano raccolti per finalità determinate, esplicite e legittime, e successivamente trattati in forme compatibili con tali finalità); principio di **minimizzazione dei dati** (che richiede che i dati siano adeguati, pertinenti e limitati a quanto necessario rispetto alle finalità per le quali sono trattati); principio di **esattezza** (che richiede che i dati siano esatti e, se necessario, aggiornati, imponendo l'adozione di tutte le misure ragionevoli per cancellare o rettificare tempestivamente quelli inesatti); principio di **limitazione della conservazione** (che richiede che i dati siano conservati in una forma che consenta l'identificazione degli interessati per un arco di tempo non superiore al conseguimento delle finalità per le quali sono trattati); principio di **integrità e riservatezza** (che richiede che i dati siano trattati in maniera da garantire un'adeguata sicurezza e protezione degli stessi); **principio di responsabilizzazione** (in virtù del quale spetta al titolare del trattamento far rispettare i precedenti principi e dimostrare la loro attuazione effettiva).

I diritti dell'interessato

Accanto a questi principi generali il rgdp, attribuisce all'interessato una serie di **diritti** per mezzo dei quali egli può controllare il flusso delle informazioni sul suo conto e quindi impedire che il trattamento dei suoi dati arrivi a ledere la sua sfera morale. Si tratta di poteri e facoltà costituenti il contenuto del **diritto alla protezione dei dati personali** tutelato dal rgdp. L'interessato ha diritto, tra l'altro, ad ottenere la conferma dell'esistenza o meno di dati personali che lo riguardano (art. 15 rgdp); dell'origine di tali informazioni; delle finalità per le quali i suoi dati sono trattati; ancora, ha diritto ad ottenere l'aggiornamento, la rettificazione, l'integrazione; la cancellazione. Con riferimento al diritto alla cancellazione, occorre segnalare che il nuovo rgdp lo disciplina analiticamente in relazione al diritto all'oblio (v. art. 17 rgdp; v. *infra*, par. successivo). Ma, anche se la rubrica dell'art. 17 rgdp lo mette in relazione con il diritto all'oblio, non tutte le ipotesi in cui il titolare del trattamento dei dati personali ha **l'obbligo di cancellare** senza ingiustificato ritardo i dati personali sono propriamente riconducibili ad un diritto a far dimenticare fatti ed informazioni che riguardano l'interessato (in ciò consiste, propriamente, il diritto all'oblio). Ed, infatti, il dovere di cancellare i dati personali dell'interessato sorge se essi non sono più necessari rispetto alle finalità per le quali sono stati raccolti o trattati; oppure nel caso di revoca del consenso dell'interessato ed in mancanza di altro fondamento giuridico per il trattamento; o, ancora, se l'interessato si oppone al trattamento e non sussiste alcun motivo legittimo prevalente per procedere al trattamento. Ma l'obbligo di cancellare i dati personali sorge anche se, ad es., essi sono stati trattati illecitamente; oppure se devono essere cancellati per adempiere un obbligo legale.

L'interessato, infine, ha anche diritto a conoscere gli estremi identificativi del **titolare** e i dati di contatto del **responsabile della protezione dei dati personali**.

Queste prerogative devono essergli **preventivamente comunicate** preferibilmente per iscritto o con altri mezzi, oppure anche oralmente se richiesto dall'interessato (art. 12 rgdp).

Il consenso al trattamento

Il trattamento, ad opera di privati o enti pubblici economici salvo eccezioni, di norma deve essere svolto a seguito della prestazione di un **consenso informato** dell'interessato (v. artt. 6, 7 e 8 rgdp). Si tratta di una condizione di liceità del trattamento. Il consenso è revocabile, e deve essere libero, specifico – cioè essere riferito ad un determinato trattamento – e comprovabile.

Il rgdp ha posto a sedici anni il limite di età per prestare validamente il consenso al trattamento dei dati personali, consentendo tuttavia agli Stati membri di prevedere un'età inferiore nel caso di trattamento effettuato nel contesto di un'offerta diretta di servizi della società dell'informazione ai minori (art. 8 rgdp). In sede di adattamento al rgdp e conseguente modifica del cdp il legislatore italiano ha scelto di fissare a quattordici anni il limite di età per il **consenso del minore** in relazione ai servizi della società dell'informazione (art. 2 *quinquies* cdp). La disposizione del rgdp è destinata ad operare in contesti di tipo contrattuale, nei quali cioè si concludono contratti per l'acquisto e/o l'utilizzo di beni e servizi della società dell'informazione (si pensi alle *app*, ai giochi informatici, ecc.). Ciò pone non pochi problemi di ordine sistematico in relazione all'introduzione, con riferimento al consenso al trattamento dei dati personali, di un limite di età inferiore a quello richiesto dalla legislazione nazionale al fine della valida conclusione di contratti (artt. 2 c.c., 1425 c.c.). L'art. 8, par. 3, del rgdp stabilisce che il limite di sedici anni per il consenso del minore al trattamento dei propri dati personali non pregiudica le disposizioni generali del diritto dei contratti degli Stati membri, quali le norme sulla validità, la formazione o l'efficacia di un contratto rispetto a un minore. Ciononostante, la disposizione appare problematica laddove consente per la prestazione del consenso al trattamento dei dati funzionale all'utilizzo di beni e/o servizi contrattuali, un'età inferiore a quella necessaria addirittura per acquisire contrattualmente il diritto all'uso del bene e/o servizio.

La previsione della necessità del consenso in questa materia conferma che il tema dell'informazione personale e della *privacy* non è più in grado di essere risolto, come avveniva in passato, nei termini del diritto alla segretezza e del diritto ad escludere il mondo esterno dalla conoscenza di aspetti riservati della propria persona. Al contrario, la *privacy* si manifesta oggi come uno dei momenti più importanti dell'autodeterminazione dell'individuo: egli ha il controllo delle proprie informazioni, sceglie quali divulgare e come divulgarle, in modo da far apparire all'esterno una rappresentazione di sé conforme alla percezione che egli ha di sé stesso. Il concetto di *privacy* nel tempo ha subito pertanto un'evoluzione. Dal suo originario impianto di carattere proprietario, si è passati ad un'idea di *privacy* di stampo dinamico: l'individuo ha il potere di governare le informazioni che lo riguardano, ed in tal modo non si limita, passivamente, ad impedire che altri conoscano aspetti del suo mondo, ma costruisce attivamente egli stesso la propria immagine nel mondo esterno, soprattutto controllando la circolazione delle informazioni che lo riguardano.

In caso di trattamento illecito il titolare deve provvedere senza ingiustificato ritardo alla cancellazione dei dati (art. 17, par. 1, lett. *e*, rgdp), salvo che lo stesso interessato si opponga alla cancellazione dei dati personali chiedendo invece che ne venga **limitato** il loro utilizzo (art. 18 rgdp).

Trattamento illecito

Una particolare specie di informazioni è quella dei **dati sensibili (ora individuati dall'art. 9 rgdp con l'espressione "categorie particolari di dati")**, vale a dire dei dati personali idonei a rivelare l'origine razziale ed etnica, le opinioni politiche, le convinzioni religiose o filosofiche, o l'appartenenza sindacale, nonché i dati genetici, e i dati biometrici intesi a identificare in modo univoco una persona fisica, dati relativi alla salute o alla vita sessuale o all'orientamento sessuale della persona. (art. **9 rgdp**). Si tratta di informazioni particolarmente delicate e intime, spesso in grado di incidere sulla percezione e l'accettazione di un determinato individuo sul piano sociale. La regolazione del loro trattamento, quindi, è assai rilevante anche nell'ottica dell'attuazione di politiche di non discriminazione. Per queste ragioni il rgdp ha previsto che, in via di principio, è vietato trattare tali tipologie di dati salvo alcune espresse eccezioni – ad es. l'interessato ha prestato il proprio consenso esplicito al trattamento di tali dati per una o più finalità specifiche – e che comunque gli Stati membri possono mantenere o introdurre ulteriori condizioni e limiti al trattamento di dati genetici, biometrici o relativi alla salute (art. 9 rgdp).

I dati appartenenti a categorie particolari

9. *La persona nelle reti telematiche*

Le nuove tecniche di comunicazione hanno introdotto nell'ambito dei diritti della persona ulteriori esigenze di tutela, connesse all'emergere di situazioni di pericolo o nuove occasioni e forme di lesione. Quello delle **reti telematiche**, in particolare, è il settore in cui queste nuove esigenze di tutela si manifestano con particolare urgenza. Le reti telematiche sono strutture per la trasmissione di messaggi composte da mezzi di telecomunicazione e da strumenti informatici. La più conosciuta, perché disponibile da tutti, è certamente ***internet***.

È facile comprendere come la trasmissione e la circolazione di messaggi tramite questi strumenti possa incidere in vario modo sui diritti della persona. Le implicazioni che *internet* e la telematica in genere possono avere per la tutela della persona umana **non** conoscono, però, una organica disciplina positiva; sebbene l'attuale tendenza sia quella di riunire in testi normativi (c.d. Codici) le discipline di settori o fenomeni particolari, non esiste una disciplina puntuale del fenomeno di *internet*, e la normativa che via via può interessare le vicende delle reti

Le fonti del diritto di *internet* e la globalizzazione

telematiche è distribuita in testi di legge diversi ognuno dei quali si occupa di particolari profili. Inoltre, *internet* non corrisponde ai limiti spaziali di un determinato ordinamento, essendo un tipico strumento di comunicazione globale capace di mettere istantaneamente in contatto tra loro individui che si trovano in parti opposte del mondo. Come fenomeno tipico della **globalizzazione**, quindi, *internet* soffre dell'impossibilità di far riferimento ad un dato ordinamento territoriale per la individuazione della precisa disciplina.

L'espandersi delle forme di realizzazione della persona legate ai nuovi mezzi di comunicazione

Concorre a complicare la ricostruzione giuridica del fenomeno anche la peculiare struttura della rete. Se inteso come nuovo **mezzo di comunicazione**, *internet* non ha, come noto, struttura centralizzata, né esso, nel suo complesso, è gestito e organizzato da un soggetto precisamente individuabile. Né, ancora, è predeterminabile il percorso che un messaggio compie dal momento della sua spedizione a quello della sua ricezione. Tutto ciò rende problematica l'applicazione delle tradizionali forme di tutela che richiedono l'individuazione precisa della fonte dell'aggressione al diritto della personalità. Di contro, e per un altro verso, la vocazione globale valorizza nuove forme di realizzazione della persona (art. 2 Cost.), soprattutto con riferimento ad attività e situazioni soggettive ricomprese nella libertà di manifestazione del pensiero (art. 21 Cost.).

L'accesso ad *internet*, fornito da un soggetto (***provider***) normalmente mediante linea telefonica, consente di reperire una quantità di informazioni illimitata, di selezionare e ricercare notizie anche in altre lingue, di conoscere fatti quasi immediatamente dopo che essi sono accaduti, di condividere notizie, opinioni ed esperienze. Tramite *internet* si sono sviluppate nuove forme di aggregazione sociale (ad es., *chat, social forum*), per le quali si potrà porre il problema di stabilire se esse possano considerarsi come vere e proprie "**formazioni sociali**" – sia pure soltanto virtuali – ove l'individuo svolge la propria personalità (art. 2 Cost.). L'apertura di spazi commerciali *on line* favorisce un ulteriore sviluppo della possibilità della persona di realizzare i propri bisogni nella maniera più consona alle proprie esigenze, gusti e possibilità.

Internet e i diritti della personalità

Lo sviluppo della socialità virtuale, però, sposta nel mondo virtuale i tradizionali problemi della tutela dell'individuo nella società. La questione che si pone è quella di individuare le idonee garanzie dei segni distintivi dell'individuo (il nome, l'immagine); della sua dimensione morale (l'onore, la reputazione, l'identità personale); del suo diritto alla vita privata e alla riservatezza.

Istantaneità della lesione e urgenza di tutela

Salvo taluni casi, queste tutele sono offerte, in primo luogo, dalla stessa normativa che garantisce quei diritti dalle lesioni che possono provenire dal mondo reale. Anche per la tutela al nome o all'immagine in *internet*, ad es., si dovrà fare riferimento innanzitutto agli artt. 6 s. Ma la struttura della rete introduce alcune peculiarità quando la tutela dei diritti della personalità deve svolgersi nei confronti di attività telematiche.

Si pensi, ad es., al problema del **tempo** necessario per il prodursi della lesione del diritto all'immagine o dell'onore di un individuo. La tutela **cautelare** (inibitoria) con la quale si chiede al giudice di emanare un provvedimento d'urgenza che ordini la cessazione del comportamento lesivo dei diritti della personalità (v., ad es., l'art. 10 e l'art. 700 c.p.c.) non è, in questa materia, una forma di tutela sufficiente. È vero che la tutela cautelare inibitoria dovrebbe assumere valore centrale tra i vari strumenti di tutela dei diritti della personalità in *internet*, essendo l'**urgenza** dell'intervento *in re ipsa* proprio perché la quasi istantaneità della diffusione del messaggio nella rete (che in pochi secondi è in grado di essere conosciuto da una grande quantità di persone) rende necessario intervenire il prima possibile sulla fonte della lesione. Ma è anche vero che la tutela offerta da questo strumento non sarà mai effettiva, perché per quanto il giudice possa essere celere nel bloccare la comunicazione di un'immagine o la diffusione di una notizia lesiva dell'onore, essa sarà già stata verosimilmente conosciuta da un numero enorme di soggetti e la lesione del diritto della persona si sarà già, irrimediabilmente, verificata.

In quest'ottica sono maggiormente efficaci i provvedimenti di carattere **reintegratorio** attraverso i quali, cioè, si mira a ricostituire la situazione preesistente la lesione (art. 2058) come se quest'ultima non fosse avvenuta, ma per ottenere i quali è necessario, a differenza dei provvedimenti inibitori, **provare** di aver subito un danno, la colpa o il dolo dell'autore della lesione. In applicazione del rimedio del risarcimento in forma specifica, ad es., il giudice potrebbe ordinare il ritiro dell'immagine abusivamente diffusa o potrebbe ordinare che venga portata adeguatamente a conoscenza la notizia che l'immagine o la notizia è stata abusivamente diffusa (ad es., ordinando la rettifica o pubblicando in *internet* la sentenza).

Internet e l'anonimato

Molte delle difficoltà ad apprestare un'adeguata garanzia della persona in *internet* sono riconducibili al fatto che non sempre è agevole individuare il soggetto autore della diffusione della notizia e, quindi, dell'illecito.

La rete *internet* consente, infatti, ma solo entro certi limiti tecnici (si pensi alla possibilità di risalire all'utente, tramite il codice numerico che identifica *l'hardware*, vale a dire il dispositivo collegato alla rete *internet*), di mantenere l'**anonimato** e, quindi, di comunicare, divulgare informazioni e messaggi senza essere riconosciuti o identificati.

Visto nell'ottica dell'autore della comunicazione l'anonimato consente di esprimere il proprio pensiero e le proprie opinioni con la più ampia libertà astrattamente ipotizzabile e quindi, garantisce la realizzazione del diritto costituzionale di libertà di pensiero e opinione (art.

21 Cost.). Si discute, tuttavia, circa l'esistenza di un vero e proprio diritto all'anonimato che permetta al navigatore di non svelare la propria identità.

L'anonimato può fungere da espediente per sottrarsi alla responsabilità da illecito commesso in internet, impedendo l'identificazione dell'autore delle opinioni o della divulgazione di notizie lesive dei diritti della persona. Questa considerazione deve portare ad escludere che possa parlarsi di un vero e proprio diritto all'anonimato nella rete, e a ragionare, all'opposto di un bilanciamento, da effettuare caso per caso, tra il principio di responsabilità e l'interesse a non essere identificati.

La responsabilità del *provider*

Le difficoltà nell'individuazione dell'autore degli illeciti sono parzialmente compensate dalla configurazione di una **responsabilità in capo al *provider***. Quest'ultimo, infatti, è sempre identificabile. Una parziale disciplina della materia è dettata dal d.lgs. n. 70/2003 (v. artt. 14, 15 e 16). L'art. 17 del citato d.lgs. stabilisce, comunque, che il prestatore di servizi di trasmissione o memorizzazione di informazioni non è assoggettato ad un obbligo generale di sorveglianza sulle informazioni che trasmette o memorizza, né ad un obbligo generale di ricercare attivamente fatti o circostanze che indichino la presenza di attività illecite. Egli, tuttavia, è tenuto ad informare l'autorità giudiziaria, o quella amministrativa di vigilanza, delle attività o informazioni illecite riguardanti un suo cliente di cui egli sia a conoscenza; è altresì tenuto a fornire le informazioni in suo possesso che consentano l'identificazione del destinatario dei suoi servizi.

Il *provider* è civilmente responsabile del contenuto dei servizi offerti nel caso in cui, pur innanzi ad una richiesta dall'autorità competente, non abbia impedito prontamente l'accesso al contenuto illecito, ovvero se, avendo avuto conoscenza del carattere illecito o pregiudizievole per un terzo del contenuto di un servizio al quale assicura l'accesso, non abbia provveduto ad informarne l'autorità competente (art. 17, co. 3, d.lgs. n. 70/2003).

Lo strumento telematico, inoltre, ha favorito l'emersione di nuovi interessi dell'individuo in relazione alla garanzia della propria personalità. La giurisprudenza è stata investita di istanze di tutela di ulteriori situazioni giuridiche soggettive rispetto a quelle più sopra già indicate.

Diritto all'oblio e *internet*

È il caso del **diritto all'oblio**. Quest'ultimo è il diritto soggettivo che tutela l'interesse dell'individuo a che non vengano ulteriormente divulgate notizie che, per il trascorrere del tempo, risultino ormai dimenticate o ignote alla generalità dei consociati.

Per la sua stessa struttura, infatti, *internet* consente che le notizie relative ad un soggetto – legittimamente e lecitamente fornite e pubblicate in un certo periodo – continuino a rimanere facilmente reperibili in rete nel corso del tempo. Ciò può avvenire, ad es., attraverso la messa a disposizione del pubblico degli archivi storici *on line* del giornale che fornisce la notizia, con l'effetto di rendere quell'informazione relativa ad un fatto passato sempre disponibile al pubblico.

Nel caso di notizie che l'individuo ha interesse vengano dimenticate (si pensi, ad es., a notizie relative a passati procedimenti giudiziari nei quali egli è stato coinvolto), pertanto, la giurisprudenza ha riconosciuto esistente il diritto all'oblio.

Il bilanciamento dello stesso con l'attività giornalistica ha portato a ritenere esistente, in capo all'editore di un quotidiano che memorizzi nel proprio archivio storico della rete *internet* le notizie di cronaca, un dovere di evitare che, attraverso la diffusione di fatti anche remoti, possa essere leso il diritto all'oblio delle persone che vi furono coinvolte (Cass. n. 5525/2012).

In materia di diritto all'oblio è intervenuta anche la Corte di giustizia nella causa C-131/12, con specifico riferimento al rapporto tra l'attività svolta dai titolari dei **motori di ricerca**, l'attività svolta dagli editori di **siti *web*** e il suddetto diritto. A tal proposito la Corte, dopo aver riconosciuto il diritto all'oblio, ha sancito che il trattamento dei dati effettuato nel contesto dell'attività di un motore di ricerca si distingue e si aggiunge a quello effettuato dagli editori di siti *web*. Si consideri, infatti, che, per mezzo della **indicizzazione** dei siti contenenti vecchie notizie, il motore di ricerca mette autonomamente a disposizione la notizia che il soggetto ha interesse venga dimenticata. L'attività svolta dai titolari dei motori di ricerca, dunque, è in grado di incidere ulteriormente sui diritti fondamentali della persona interessata. Di conseguenza, anche il gestore di tale motore di ricerca, quale responsabile del trattamento svolto nell'ambito della ricerca *on line*, deve assicurare che lo stesso si svolga nel rispetto del diritto all'oblio.

A tale pronuncia ha fatto seguito l'espressa previsione del diritto all'oblio nella rubrica dell'art. 17 rgdp, esercitabile attraverso la richiesta di cancellazione da parte dell'interessato. Se il titolare del trattamento ha reso pubblici dati personali ed è poi obbligato a cancellarli, egli deve adottare le misure ragionevoli, anche tecniche, per informare altri titolari che stanno trattando tali dati della richiesta dell'interessato di cancellare qualsiasi *link*, copia o riproduzione dei dati stessi, tenuto conto comunque della tecnologia disponibile e dei costi di attuazione.

Il diritto all'oblio, peraltro, è una situazione soggettiva tutelabile anche oltre lo spazio digitale. Esso è ormai riconosciuto anche nel più tradizionale ambito del diritto di cronaca (sia essa o meno esercitata *online*). La concreta prevalenza dell'interesse della persona all'oblio di fatti di cronaca con l'interesse alla pubblicazione degli stessi, va valutata attraverso gli ordinari criteri del bilanciamento tra diritti. A tal riguardo, le Sez. Un., con la sent. n. 19681/2019, hanno espresso il principio di diritto secondo cui nel **bilanciare** il c.d. diritto all'oblio e il diritto alla **rievocazione storica** giornalistica di vicende concernenti eventi del passato, il giudice di merito deve valutare l'interesse pubblico, concreto ed attuale, alla menzione delle persone che di quei fatti e di quelle vicende furono protagoniste. Il riferimento a tali personaggi in un articolo di cronaca attuale che rievoca tali passate vicende è pertanto lecito solo se dette persone destino nel momento presente l'interesse della collettività, sia per ragioni di notorietà che per il ruolo pubblico rivestito. In caso contrario prevale il diritto all'oblio degli interessati rispetto ad avvenimenti del passato che li feriscano nella dignità e nell'onore e dei quali si sia ormai spenta la memoria collettiva.

SEZIONE III

LA PERSONA GIURIDICA E GLI ENTI DI FATTO

1. *I fenomeni associativi: premessa e inquadramento logico*

Il discorso sui soggetti di diritto deve prendere in considerazione, oltre alle persone fisiche, anche i c.d. **enti**, termine quanto mai generico con il quale si designano tutte quelle realtà diverse dagli individui umani, che, però, l'ordinamento giuridico riconosce come **centri di imputazione** di situazioni giuridiche, attive e passive. Rientrano in quest'ambito le **associazioni**, le **fondazioni**, i **comitati**, ma anche – almeno a livello di teoria generale – le **società** che saranno trattate più oltre in questo volume ed il cui studio analitico forma poi oggetto del diritto commerciale. Gli enti

Lo studio degli enti si intreccia con una realtà ben nota all'esperienza umana: i **fenomeni associativi**, vale a dire la tendenza degli individui ad unirsi tra loro per perseguire determinati obiettivi, che essi singolarmente non potrebbero raggiungere, ovvero potrebbero raggiungere con maggiore difficoltà. In via di prima approssimazione, dunque, il fenomeno associativo corrisponde alla formazione di un gruppo di persone che intende svolgere una determinata attività in forma aggregata.

Dal punto di vista giuridico parlare di un'attività propria del gruppo significa individuare i presupposti e le condizioni in presenza dei quali possa essere identificata un'attività riferibile al gruppo in quanto tale, nel senso di **attività autonoma** e distinta rispetto a quella delle singole persone fisiche che hanno dato vita al fenomeno associativo considerato.

In termini esemplificativi, si ha un'attività del gruppo identificabile come tale, allorché un determinato atto, materialmente posto in essere da una persona fisica, risulta invece imputabile ad un gruppo di cui ella fa parte. Simmetricamente, il terzo con il quale la singola persona fisica pone in essere l'atto è in grado di conoscere che quell'atto produce effetti giuridici in capo al gruppo. Il terzo, infatti, deve poter conoscere che, per effetto dell'atto posto in essere dal soggetto con il quale ha contrattato, egli risulterà parte di un rapporto giuridico (non con quel singolo ma) con il gruppo.

L'attività giuridica dell'ente e il principio organizzativo

Ai fenomeni associativi risulta coessenziale un **principio organizzativo**, vale a dire una disciplina che regoli la produzione dell'attività giuridica e l'imputazione degli effetti conseguenti, perché l'aggregazione di individui e patrimoni introduce una deviazione rispetto all'impostazione tradizionale, che guarda alla dimensione puramente individuale, riferita alla sola persona fisica. Nel caso del gruppo, infatti, fermi restando gli atti concretamente posti in essere dalle persone fisiche che compongono il gruppo, la produzione dell'attività e l'imputazione degli effetti giuridici non fanno capo a quelle persone fisiche singolarmente considerate, ma competono all'ente gruppo di cui quelle persone fisiche fanno parte. Ne deriva che il fenomeno in esame presuppone la formazione di una struttura organizzativa, alla quale facciano capo la produzione e l'imputazione dell'attività del gruppo.

Tipicità dei fenomeni associativi

La disciplina del profilo organizzativo deve essere **necessariamente** stabilita dall'ordinamento. I privati, infatti, non possono dettare norme che siano rilevanti per la generalità dei consociati (v. art. 1372) e, soprattutto, non possono dettare norme che disciplinino la misura e la rilevanza dei propri impegni nei confronti dei terzi; questi effetti possono infatti scaturire solo da apposite e specifiche previsioni dell'ordinamento. Ciò significa che i fenomeni associativi sono caratterizzati dal **principio di tipicità**; in effetti, risulta estremamente problematico riconoscere ai privati la possibilità di fare ricorso a schemi organizzativi atipici, non previsti e disciplinati dall'ordinamento.

Le modulazioni del principio organizzativo

In prima approssimazione, il legislatore conosce **due diversi schemi** secondo i quali ordinare le strutture organizzative dei fenomeni associativi sotto il profilo della produzione dell'azione.

Un primo schema, che potrebbe essere designato come **debole**, si caratterizza per il fatto che ciascun componente del gruppo è – in linea di principio – titolare del potere di agire in nome e per conto del gruppo; si tratta di uno schema molto semplificato nella struttura, in quanto non è richiesto né un processo decisionale interno per la formazione della volontà del gruppo, né un'apposita attività esecutiva. In linea di massima, può ritenersi che l'attività del gruppo si identifica con l'attività posta in essere dai singoli componenti.

Il secondo schema, invece, prevede la formazione di una struttura all'interno della quale i compiti e le funzioni risultano distribuiti ed articolati in organi fra loro autonomi e distinti. Si ha così un organo deliberativo, cui compete la formazione della volontà del gruppo, ed un organo esecutivo, cui compete di darvi attuazione; in alcuni casi è altresì previsto un organo di controllo. Questo schema può essere definito come **forte**, in quanto esso non consente l'automatica identificazione fra l'attività del gruppo e quella del singolo, ma richiede il rispetto delle regole procedurali interne, ossia della specifica struttura organizzativa adottata. Conseguentemente l'atto compiuto da Tizio per conto del gruppo Alfa sarà imputabile a quest'ultimo solo nel caso in cui siano state osservate le formalità da cui discende, in capo a Tizio, il potere di agire in nome dell'ente Alfa, non essendo sufficiente che Tizio sia un membro di quest'ultimo.

L'autonoma soggettività dell'ente

Si è precedentemente osservato che la rilevanza giuridica di un fenomeno associativo presuppone la possibilità di identificare un'attività del gruppo **autonoma** e **distinta** da quella dei singoli componenti del gruppo medesimo. Autonomia dell'attività significa, del resto, autonoma configurazione dei rapporti giuridici che scaturiscono dal compimento dei singoli atti. Si consideri, ad es., il caso in cui Tizio, agendo in nome e per conto dell'ente Alfa, stipuli con Caio un contratto. Da quest'ultimo scaturirà un rapporto obbligatorio tra Caio e l'ente Alfa, non tra Caio e Tizio, che pure ha materialmente posto in essere il contratto: ciò in ragione del principio organizzativo, che comporta la deviazione in punto di produzione dell'attività giuridica e di imputazione dei relativi effetti.

Soggettività dell'ente e titolarità di un patrimonio

Dal punto di vista della struttura dei **rapporti obbligatori**, ciò significa identificare una categoria di creditori del gruppo, autonoma e distinta da quella dei creditori dei singoli componenti del gruppo. Per riprendere l'esempio sopra riportato, l'attività del gruppo Alfa comporta la formazione di un particolare ceto creditorio autonomo e distinto dall'insieme dei creditori particolari dei singoli componenti del gruppo medesimo: quello dei creditori del gruppo Alfa. In altri termini, il **profilo dinamico** dell'attività deve trovare un suo riscontro sul piano della struttura dei rapporti giuridici identificando distinte serie di rapporti e, conseguentemente, di creditori.

Come noto, nel nostro ordinamento vige il principio della **responsabilità patrimoniale** (art. 2740), in base al quale l'esistenza di un rapporto obbligatorio presuppone una massa patrimoniale sulla quale il creditore può soddisfare le sue pretese. Ne consegue che, se si ammette l'esistenza di rapporti obbligatori facenti capo all'ente associativo, dovrà esistere una massa patrimoniale propria del gruppo, e quindi distinta dai patrimoni personali dei singoli componenti.

La garanzia patrimoniale …

La massa patrimoniale del gruppo sarà vincolata a **garanzia** delle pretese dei creditori dello stesso; su essa non possono soddisfarsi i creditori dei singoli componenti, se prima non siano soddisfatti i creditori del gruppo. In altri termini, il **profilo funzionale** del fenomeno associa-

... per le obbligazioni dell'ente. I modelli

tivo, ossia l'autonomia dell'attività, deve trovare corrispondenza, sul piano strutturale, nell'esistenza di una massa patrimoniale autonoma, posta a garanzia delle pretese creditorie derivanti dallo svolgimento di quell'attività.

Anche in questo caso si possono individuare due schemi ai quali l'ordinamento si ispira nel rendere autonome due masse patrimoniali. Sembra così possibile distinguere uno schema di **autonomia bilaterale** ed uno schema di **autonomia unilaterale**. Esemplificando: date due masse patrimoniali, e due serie di creditori (dell'ente e dei singoli componenti), potrebbero, in linea teorica, verificarsi le seguenti ipotesi:

I modelli di autonomia patrimoniale

– autonomia patrimoniale **bilaterale**: su una massa concorrono solo i creditori dell'ente; sull'altra, solo quelli dei singoli. È escluso sia che i creditori dell'ente possano agire sulla seconda massa, sia che quelli dei singoli componenti possono agire sulla prima;

– autonomia patrimoniale **unilaterale**: su una massa concorrono solo i creditori del gruppo, mentre su una seconda massa concorrono, insieme, sia i creditori del singolo sia quelli del gruppo. In altri termini, i creditori dell'ente possono soddisfarsi sia sulla prima sia sulla seconda massa, mentre quelli del singolo possono agire solo sulla seconda.

È evidente che la prima ipotesi delinea un maggior grado di autonomia rispetto alla seconda; si potrebbe quindi dire che la prima ipotesi corrisponde ad un'autonomia patrimoniale forte, mentre la seconda ipotesi ad un'autonomia patrimoniale debole. Pertanto: in caso di autonomia patrimoniale bilaterale (**forte**), sulla massa patrimoniale del gruppo concorreranno solo i creditori del gruppo; distinto da essa vi sarà il patrimonio personale del singolo componente sul quale concorreranno i suoi **creditori personali**. Non sono ammesse sovrapposizioni e, pertanto, né i creditori dell'ente potranno aggredire il patrimonio personale del singolo componente, né – simmetricamente – i creditori personali di quest'ultimo potranno aggredire la massa patrimoniale del gruppo. In caso di autonomia patrimoniale unilaterale (**debole**), si avrà la massa patrimoniale del gruppo, sulla quale concorreranno i creditori del gruppo. Sul patrimonio personale del singolo membro del gruppo concorreranno – in prima battuta – i suoi creditori personali e – subito dopo – i creditori dell'ente di cui egli fa parte. In questo caso, a differenza del precedente, vi sono sovrapposizioni sia pure in un solo senso: mentre è escluso che i creditori personali del singolo possano aggredire la massa patrimoniale del gruppo, viceversa i creditori dell'ente potranno aggredire – in presenza di dati presupposti – anche il **patrimonio personale** del singolo componente.

In altri termini, perché due masse patrimoniali siano autonome, **non** è necessario che l'autonomia sia bilaterale, ma è **sufficiente** che l'autonomia sia unilaterale e quindi, che una massa risulti preordinata al soddisfacimento di un solo ordine di pretese creditorie, mentre resta irrilevante la circostanza che sull'altra massa possa soddisfarsi anche un altro e distinto ordine di crediti.

In sintesi, dunque, l'enuclearsi di un fenomeno associativo comporta – in termini giuridici – una serie di conseguenze:

a) sul piano funzionale, lo svolgimento di una determinata attività, imputabile al gruppo in quanto tale;

b) sul piano soggettivo, l'individuazione di un determinato ceto creditorio, il quale viene identificato con riferimento alla titolarità delle pretese che scaturiscono dallo svolgimento dell'attività da parte del gruppo;

c) sul piano patrimoniale, l'individuazione di una determinata massa patrimoniale propria del gruppo, la quale risulta preordinata al soddisfacimento – in via preferenziale o esclusiva – delle pretese creditorie scaturenti dallo svolgimento dell'attività del gruppo medesimo.

Secondo questo schema, dunque, autonomia dell'attività significa, da un lato, **autonomia dei soggetti creditori** e, dall'altro, **autonomia** (anche solo unilaterale) **delle masse patrimoniali**. I tre profili (soggetti, beni, attività) finiscono così per saldarsi e coordinarsi in una prospettiva unitaria.

2. *La prima distinzione:* a) *strutture organizzative non personificate*

Relazioni concettuali tra le nozioni di soggettività giuridica, autonomia patrimoniale e personalità giuridica

Per spiegare l'esistenza di una massa patrimoniale autonoma, sulla quale si appuntano le pretese creditorie che scaturiscono dall'attività del gruppo, l'impostazione tradizionale ritiene che la struttura organizzativa dell'ente assurga al rango di **soggetto di diritto**, divenendo titolare di atti e di rapporti. Sul piano strutturale, dunque, il fenomeno associativo promosso dagli individui finisce per generare un nuovo soggetto di diritto che si identifica in uno schema organizzativo tipico messo a disposizione dei privati per lo svolgimento di una determinata attività in forma collettiva. Questa struttura organizzativa assurge al rango di soggetto di diritto, sostanzialmente assimilabile alle persone fisiche, e quindi munito di capacità giuridica e di capacità di agire.

Enti di fatto

Si distinguono tradizionalmente gli enti dotati di **personalità giuridica** e quelli **privi** di tale attributo. Rientrano nella prima categoria (**persone giuridiche**) le associazioni riconosciute, le fondazioni e le società di capitali; alla seconda categoria (enti non personificati) appartengono le associazioni non riconosciute e le società di persone.

Il concetto di **personalità giuridica non** deve essere confuso con quello di **soggettività** giuridica: ognuna delle forme organizzative predisposte dall'ordinamento corrisponde ad un soggetto di diritto, indipendentemente dall'attribuzione o meno della personalità giuridica; quest'ultimo attributo, semmai, determina alcune importanti differenze di disciplina, come meglio si vedrà in seguito.

Le **strutture non personificate** tendono a coincidere con gli schemi organizzativi c.d. deboli, sopra tratteggiati. Infatti, per quanto concerne il versante dell'attività giuridica, il nostro legislatore si è ispirato alla regola secondo cui ciascun componente del gruppo è titolare del potere di agire **a nome del gruppo** e, pertanto, di porre in essere atti idonei a produrre effetti nei confronti del gruppo medesimo; ciò significa che, in linea di principio, l'attività del singolo componente si considera attività posta in essere dal gruppo e imputabile allo stesso. Lo schema «debole» adottato dal legislatore per i gruppi non personificati determina, quindi, una tendenziale identificazione fra l'attività ricondotta al gruppo e quella svolta dai singoli componenti.

Il patrimonio degli enti non personificati

Il difetto di personificazione degli enti di fatto si riflette anche sul versante patrimoniale della disciplina. A questo riguardo va premesso che in tutti i gruppi non personificati si riscontra la formazione, da parte dei componenti, di una **massa patrimoniale comune**, la cui titolarità spetta all'ente (v., ad es., l'art. 37 che parla di "fondo comune dell'associazione"). La massa patrimoniale così formata è destinata a garantire le pretese creditorie che sorgono a seguito dello svolgimento dell'attività da parte del gruppo.

Tuttavia, l'entità e la consistenza di tale massa patrimoniale è affidata alle **libere** determinazioni dei componenti del gruppo, senza alcuna forma di controllo **esterno**. L'ordinamento giuridico, a garanzia della regolarità e della certezza dei rapporti tra consociati, ritiene che, per sé considerata, tale massa patrimoniale non sia sufficiente a costituire la garanzia patrimoniale dei creditori del gruppo; al contrario, a tutela di queste pretese creditorie il legislatore coinvolge, con funzioni integrative, anche i patrimoni personali dei singoli componenti del gruppo medesimo. Così, nel caso di associazione non riconosciuta (art. 38), delle obbligazioni contratte dall'ente rispondono il fondo comune dell'associazione nonché il patrimonio personale di coloro che hanno agito; nel caso delle società di persone rispondono tutti o alcuni dei soci, a seconda del tipo di società concretamente considerato (v. artt. 2267, 2291 e 2313).

La garanzia patrimoniale generica per i debiti degli enti di fatto

In definitiva, dunque, nelle strutture non personificate la disciplina della responsabilità patrimoniale grava **in prima battuta** sulla struttura organizzativa. Tuttavia, la debolezza di tale struttura, in termini di consistenza patrimoniale, non è ritenuta tale da tutelare adeguatamente il terzo. A questa debolezza l'ordinamento supplisce chiamando a rispondere – nei confronti del terzo – **anche i singoli** componenti della struttura (tutti o alcuni, a seconda dei casi). Il fatto che, per le obbligazioni assunte da una struttura non personificata, la responsabilità patrimoniale si estenda ai singoli componenti di questa rappresenta lo sbocco logico del particolare atteggiarsi di tali strutture sul piano funzionale, vale a dire sul piano della parziale «sovrapposizione» fra attività del gruppo ed attività dei singoli. Osservata sotto il profilo della responsabilità patrimoniale, quindi, a rispondere delle obbligazioni assunte nell'interesse dell'ente è il patrimonio sociale e solo in un secondo momento quello dei singoli soci.

Anche sul piano dell'autonomia patrimoniale, quindi, le strutture non personificate corrispondono alla variante «debole» sopra evidenziata, nel senso che in esse si registra **un'autonomia di tipo unilaterale**.

In conclusione, dunque, approntando gli schemi corrispondenti alle strutture non personificate, l'ordinamento consente ai privati di svolgere attività in veste di gruppo senza imporre **vincoli** incisivi sul piano organizzativo, con particolare riguardo alla dotazione patrimoniale della struttura. Tuttavia un tale vantaggio è compensato dal fatto che i singoli membri del gruppo sono chiamati a rispondere sul piano patrimoniale nei confronti del terzo creditore.

2.1. Segue: b*) strutture organizzative personificate*

Le persone giuridiche

I gruppi muniti della **personalità giuridica** si caratterizzano per una struttura organizzativa più complessa ed articolata rispetto a quella dei gruppi non personificati, e questa maggiore complessità si manifesta nella **alterità** dell'ente rispetto alle singole persone fisiche che compongono il gruppo.

Acquisto della personalità giuridica

L'attribuzione della personalità giuridica è un effetto giuridico che scaturisce da un intervento della pubblica autorità, a seguito di un **riscontro** circa la corrispondenza tra il modello organizzativo concretamente adottato dai privati e quelli predisposti – in via astratta – dall'ordinamento. All'intervento della pubblica autorità si affianca la predisposizione di un **sistema di pubblicità**, vale a dire di un **pubblico registro**, liberamente consultabile, nel quale sono inseriti gli elementi essenziali che consentono l'identificazione della persona giuridica, della sua struttura e del suo funzionamento, nonché della sua massa patrimoniale.

L'organizzazione e gli organi

I modelli organizzativi predisposti in astratto dall'ordinamento per gli enti personificati distinguono fra attività **deliberativa**, **esecutiva** e di **controllo**; ciascuna di tali attività risulta affidata ad **organi** distinti ed operanti secondo schemi procedimentali definiti in maniera tendenzialmente inderogabile. In particolare, l'attività deliberativa è affidata all'**organo assembleare**, cui compete – tra l'altro – la nomina degli **altri** organi dell'ente, nonché l'approvazione, a cadenze periodiche (generalmente annuali) del **rendiconto** dell'attività; l'attività **esecutiva** (o meglio, gestionale) è affidata all'organo **amministrativo**, al quale spetta lo svolgimento dell'attività giuridica rilevante nei confronti dei terzi.

Formazione della volontà e imputazione dell'attività all'ente

Questa articolazione della struttura consente di individuare le persone fisiche cui compete la formazione della **volontà** della collettività organizzata, e quelle, invece, competenti a porre in essere l'attività, in nome del gruppo personificato ed in esecuzione della volontà così formata. Su queste basi l'identificazione dell'attività propria del gruppo avviene in maniera molto più precisa rispetto a quanto si verifica per gli enti di fatto. Sia il modello organizzativo delineato dal legislatore, sia il sistema di pubblicità previsto, concorrono a definire presupposti in presenza dei quali l'atto posto in essere dal singolo può ricondursi alla persona giuridica.

L'affermazione secondo cui un atto determinato **è imputabile** al gruppo assume un significato apprezzabile sotto due diversi punti di vista:

a) per il terzo, nei confronti del quale l'atto è compiuto, significa che l'atto non può essere imputato alla persona fisica che ha agito;

b) contemporaneamente, anche per gli altri componenti, significa che quell'atto non può essere loro imputato, in quanto è un atto proprio del gruppo.

In altri termini, rispetto ai gruppi personificati si riscontra una **duplice deviazione** rispetto alle regole di diritto comune in materia di produzione e di imputazione dell'azione.

La c.d. autonomia patrimoniale perfetta delle persone giuridiche

La **prima** deviazione, che si potrebbe definire come esterna, emerge con riferimento alla posizione del terzo con il quale il gruppo entra in contatto, e consiste nel fatto che il rapporto giuridico intercorre fra il terzo ed il gruppo (e non con la persona fisica che ha agito). Questo è un elemento comune anche ai gruppi non personificati.

La **seconda** deviazione, che invece si potrebbe definire come interna, emerge con riferimento al componente del gruppo e consiste nel fatto che egli resta personalmente del tutto estraneo al rapporto giuridico fra il terzo ed il gruppo.

Questo secondo profilo è ciò che distingue i gruppi personificati da quelli non personificati. Per questi ultimi, infatti, non si può affermare, per lo meno in termini assoluti, che il rapporto fra il terzo ed il gruppo non riguarda il singolo componente di quest'ultimo. Ciò è senz'altro da escludersi nelle ipotesi in cui tale componente abbia posto in essere – a nome del gruppo – l'atto nei confronti del terzo; in tal caso, infatti, esiste sempre la possibilità che tale componente venga **personalmente** coinvolto nelle conseguenze dell'atto sotto il profilo della responsabilità patrimoniale, nel senso che il terzo – a date condizioni – potrebbe aggredire anche il patrimonio personale del singolo componente del gruppo.

Viceversa, nel caso dei gruppi personificati vige la regola secondo cui il rapporto giuridico con il terzo riguarda solo la struttura organizzativa del gruppo e non i singoli componenti di questo; conseguente, dei debiti contratti dal gruppo risponde sempre e **soltanto il patrimonio dell'ente**, e mai il patrimonio personale del singolo componente, neppure nel caso in cui questi abbia concretamente posto in essere l'atto in nome e per conto dell'ente (in materia societaria questo principio conosce alcune eccezioni). Conseguentemente, la struttura organizzativa del gruppo personificato può considerarsi una struttura forte: delle obbligazioni contratte dall'ente, infatti, risponde solo l'ente con il **proprio patrimonio**, mentre è escluso il coinvolgimento del patrimonio personale del singolo. Proprio per questa ragione, gli enti personificati debbono essere **autosufficienti** sul piano della garanzia patrimoniale relativa ai rapporti obbligatori che le riguardano. Ciò spiega perché, tra l'altro, l'ordinamento prevede che, in vario modo, la pubblica autorità **controlli** la dotazione patrimoniale dell'ente sia all'atto della sua nascita, sia durante la sua esistenza.

La consistenza delle strutture personificate è tale da creare una sorta di diaframma fra i terzi ed i componenti del gruppo: questi ultimi non si trovano esposti alle pretese creditorie dei primi, neppure nel caso in cui il patrimonio dell'ente risulti insufficiente al soddisfacimento delle loro pretese. La struttura personificata **impedisce** quindi l'instaurazione di un **rapporto diretto** fra il terzo ed il componente della struttura medesima, in quanto essa intercetta ed assorbe le pretese creditorie dei terzi.

2.2. *Personalità giuridica, autonomia patrimoniale e responsabilità*

La personalità giuridica crea uno **schermo** che preserva il patrimonio dell'ente dalle pretese dei creditori individuali dei singoli componenti, nonché – simmetricamente – il patrimonio dei singoli membri dell'ente dalle pretese dei creditori dell'ente medesimo. Bisogna, però, rifuggire da un approccio troppo schematico a questa materia, nel senso che il difetto di personalità giuridica non deve essere inteso come totale assenza di autonomia patrimoniale.

La c.d. autonomia patrimoniale imperfetta degli enti di fatto

Emblematico, al riguardo, è il caso delle **associazioni non riconosciute** le quali, pur prive di personalità giuridica, godono di una forma embrionale o **imperfetta** di autonomia patrimoniale. Infatti, ai sensi dell'art. 38, i creditori dell'associazione possono fare valere le loro pretese sul fondo comune (art. 37) – ossia, il patrimonio sociale – e, solo ove questo risulti incapiente, potranno agire nei confronti di coloro che **hanno agito** in nome e per conto dell'associazione.

Se fosse vera l'equazione personalità giuridica = autonomia patrimoniale perfetta; assenza di personalità giuridica = assenza totale di autonomia patrimoniale, i creditori dell'associazione non riconosciuta potrebbero aggredire non soltanto il fondo comune, ma anche il patrimonio di tutti i singoli associati e non solo quello di coloro che hanno agito in nome e per conto dell'associazione.

L'autonomia patrimoniale imperfetta di cui godono alcuni enti non personificati rappresenta l'indice più vistoso del riconoscimento di una forma di soggettività giuridica, sia pure parziale. In questa stessa direzione, del resto, si muovono quelle norme per le quali anche gli enti non personificati agiscono tramite loro **rappresentanti** e sono considerati autonomi centri di imputazione di effetti giuridici (art. 36, co. 2; art. 2659, n. 1): e ciò conferma l'atteggiamento pragmatico del legislatore, il quale mostra di voler graduare l'attribuzione della soggettività giuridica in ragione degli obiettivi di volta in volta avuti di mira.

Dei **debiti** assunti dall'ente personificato risponde solo quest'ultimo con il proprio patrimonio, precedentemente formato con gli apporti dei singoli componenti. Dal punto di vista del terzo, quindi, la situazione cambia considerevolmente a seconda che egli sia creditore di un ente personificato o meno: nel primo caso egli potrà far valere le sue pretese solo sul patrimonio dell'ente; nel secondo caso, invece, potrà aggredire non solo il patrimonio dell'ente, ma anche quello personale dei suoi componenti (tutti o alcuni, a seconda dei casi). Mentre la consistenza del patrimonio dell'ente personificato è conoscibile **a priori** ed è anche soggetta a controlli esterni, il patrimonio dell'ente non personificato si presenta in una certa misura più evanescente.

La personalità giuridica come risposta alle esigenze dei traffici economici

Il legame tra personalità giuridica ed autonomia patrimoniale è confermato anche dall'esperienza storica. In epoca moderna il problema si è posto a partire dal momento in cui le potenze occidentali avviarono lo sfruttamento economico del Nuovo Mondo, allorché emerse l'esigenza di impiegare **ingenti risorse** nello svolgimento di iniziative imprenditoriali particolarmente rischiose. Per favorire lo sviluppo di queste attività divenne quindi fondamentale concedere dei **benefici** a coloro che si assumevano i **rischi** corrispondenti; tale beneficio risedeva appunto nella possibilità di limitare l'esposizione del proprio patrimonio personale al solo apporto nell'iniziativa, tenendo invece separata, e dunque esente dai rischi, la parte restante del patrimonio medesimo.

Per altro verso, l'insieme degli apporti dei singoli partecipanti andava a costituire una massa patrimoniale a sé stante, del tutto autonoma e separata dai loro patrimoni personali. Questa massa veniva entificata, integrando così un nuovo soggetto di diritto, del tutto autonomo e distinto dalle persone fisiche che ne avevano promosso la costituzione.

2.3. *Le tesi riduzioniste*

Le sistemazioni teoriche della soggettività degli enti

La ricostruzione sopra riferita, che riflette la spiegazione tradizionale della problematica degli enti, presenta una chiara impostazione **ipostatizzante**: essa eleva al rango di soggetto di diritto una massa patrimoniale costituita e destinata allo svolgimento di una determinata attività.

Questa ricostruzione è avversata da un orientamento dottrinale che viene denominato **riduzionista**. Secondo queste tesi (dette anche finzioniste o revisioniste), l'ipostatizzazione del gruppo, è un mero **espediente** logico per sostenere che l'atto posto in essere dall'organizzazione collettiva presenta la stessa natura, e produce gli stessi effetti, dell'atto che pone in essere la persona fisica. Una tale ipostatizzazione, in altri termini, sarebbe funzionale ad un'esigenza di economia di pensiero e di schematicità del ragionamento giuridico: consentirebbe infatti di mantenere un concetto unitario di atto e di rapporto giuridico, attraverso l'**unificazione** della categoria del soggetto di diritto, nella quale rientrerebbero sia le persone fisiche sia i gruppi organizzati.

L'alternativa teorica, sostenuta dalle tesi ora in discorso, consiste invece nel ritenere che soggetti di diritto sono **solo** gli esseri umani i quali talvolta agiscono *uti singuli* (ossia individualmente) e talvolta invece *uti soci*, ossia quali componenti di un gruppo: pertanto, la spiegazione dei fenomeni associativi richiederebbe la scomposizione del concetto di atto e rapporto giuridico, distinguendo da un lato gli atti ed i rapporti che fanno capo al singolo in quanto tale da quelli che fanno capo al singolo in quanto membro di un gruppo.

Più esattamente, si tratterebbe di differenziare l'attività della persona fisica e le situazioni soggettive ad essa riferibili, a seconda che agisca *uti singulus* ovvero *uti socius*. Si avrebbe quindi un diritto di proprietà della persona fisica, individualmente considerata, e un diritto di proprietà della persona fisica quale componente di un gruppo, e così analogamente un diritto di credito, ecc. Sennonché è evidente che questa differenziazione complicherebbe enormemente il ragionamento ed il linguaggio giuridico e, pertanto, per esigenze di economia del pensiero, si ritiene preferibile ipostatizzare il gruppo e considerarlo alla stregua di un normale soggetto di diritto.

Il dibattito sul punto è ancora molto vivace, e – del resto – l'osservazione dell'esperienza giuridica fornisce vari spunti di riflessione, non tutti coerenti tra loro.

La tesi della esistenza di due tipi di soggettività: quella delle persone fisiche e quella degli enti

Così, per un verso, la **giurisprudenza** recente mostra una certa apertura verso le tesi riduzioniste, ad es., qualificando l'ente (societario) come un centro di imputazione meramente transitorio e strumentale, posto che – in ultima analisi – le situazioni giuridiche sono pur sempre riferibili ai componenti, ossia ai soci. Per altro verso, tuttavia, il **legislatore** mostra talvolta di considerare le persone giuridiche come enti dotati di una **consistenza effettiva** e, pertanto, li ritiene passibili di un giudizio di responsabilità secondo il modello penalistico: così il d.lgs. n. 231/2001 assoggetta gli enti ad apposite sanzioni amministrative in ragione di determinati illeciti penali commessi dai loro rappresentanti, amministratori e dipendenti.

3. *La seconda distinzione: a) enti lucrativi ed enti non lucrativi*

Lo scopo di lucro come criterio di classificazione degli enti

Una **seconda** distinzione, operata all'interno della categoria delle organizzazioni collettive, concerne lo **scopo** da esse perseguito.

L'insegnamento tradizionale distingue tra organizzazioni preordinate ad un **fine lucrativo** ed organizzazioni preordinate ad un fine **non** lucrativo e che viene designato come ideale. La prima tipologia si identifica con quei fenomeni associativi attraverso i quali si persegue la realizzazione di un interesse di natura economica, ossia di un guadagno, sotto forma di maggiori utili o di riduzione dei costi. La seconda tipologia, invece, ricorre allorché lo scopo perseguito dai componenti abbia una connotazione **non economica**, quale può essere, ad es., l'appagamento di un interesse culturale o artistico.

L'attività imprenditoriale degli enti

La distinzione parrebbe destinata ad assumere grande importanza, perché su di essa si regge l'intera architettura codicistica: gli enti a **scopo non lucrativo** si identificano nelle figure dell'associazione, della fondazione e del comitato, e trovano posto nel Libro I del codice civile; gli enti a **scopo lucrativo** si identificano, invece, nei vari tipi di società e vengono disciplinati nell'ambito del Libro V. Essa sembra delineare un **collegamento biunivoco** tra ente con fine lucrativo ed attività imprenditoriale, con la conseguenza pratica di ritenere che lo svolgimento dell'attività d'impresa sarebbe sostanzialmente riservato agli enti disciplinati nel Libro V, mentre sarebbe sostanzialmente precluso agli enti contemplati nel Libro I. Sennonché, la concreta realtà socioeconomica si è mossa diversamente, fornendo numerosi esempi di **associazioni** e **fondazioni** (ossia enti a scopo ideale) che, di fatto, svolgono anche attività **imprenditoriali**. Basti pensare ad un'associazione che offra spettacoli cinematografici a prezzo di mercato, ma che per statuto destini gli utili in tal modo ottenuti al restauro del patrimonio cinematografico italiano.

Posti di fronte a questi fenomeni, gli interpreti hanno progressivamente maturato il convincimento secondo cui l'attività imprenditoriale può essere esercitata da un **qualsiasi** ente (al riguardo, si parla di **despecializzazione** delle forme giuridiche deputata all'esercizio dell'impresa), e si sono invece soffermati sul rapporto tra lo svolgimento di questa attività e lo scopo ultimo dell'ente. A tal proposito si sottolinea l'esigenza di distinguere uno **scopo-fine**, cioè lo scopo ultimo avuto di mira dai componenti dell'organizzazione ed uno **scopo-mezzo**, ossia lo scopo intermedio perseguito dall'ente in quanto tale.

In questa prospettiva, gli enti di cui al Libro V del codice civile (le società di persone, di capitali, consortili, cooperative e le mutue assicuratrici) sono accomunati dal fatto che l'attività dei soci è volta, in modo diretto o indiretto, ad ottenere un **vantaggio economico proprio** (c.d. **scopo egoistico**). Tale vantaggio può poi assumere la forma dell'utile diretto, ossia del guadagno, come avviene nelle società di persone o di capitali; oppure può assumere la veste del vantaggio **mutualistico**, ossia di una riduzione dei costi per poter accedere a determinati beni o servizi, come avviene nelle cooperative, nelle mutue assicuratrici o nei consorzi.

Siffatte finalità non ricorrono nel caso degli enti disciplinati nel Libro I del codice (associazioni, fondazioni e comitati): si tratta, infatti, di fattispecie nelle quali l'interesse immediatamente perseguito dall'associato, dal fondatore o dal promotore non è di natura economica, ma di natura ideale (per restare all'es. sopra riferito, appagare l'interesse culturale alla conservazione del patrimonio cinematografico). Ciò non toglie che la realizzazione di tale interesse finale possa transitare attraverso lo svolgimento di un'attività economica, mediante la quale l'ente a tal fine costituito si procura i mezzi per raggiungere lo scopo perseguito dagli associati. Si spiega, così, come sia possibile che un ente non lucrativo svolga un'attività d'impresa, oggettivamente redditizia ed assoggettata alla correlativa disciplina.

Il Terzo settore e le finalità civilistiche e di utilità sociale

Con riferimento proprio allo scopo avuto di mira dai singoli attraverso la costituzione dell'ente, occorre tenere presente la particolare considerazione normativa recentemente avuta degli **enti del Terzo settore** che ora trovano disciplina in un apposito atto normativo denominato **Codice del Terzo settore** (d.lgs. n. 117/2017: v. oltre n. 9).

La normativa si propone di riordinare – con alcuni limiti - le varie figure che, con il tempo, sono state previste al fine di consentire ai cittadini di poter perseguire, anche in forma associata, il bene comune e di poter esercitare interessi di "cittadinanza attiva" e di "coesione e protezione sociale" (il cts parla espressamente di "**finalità civiche, solidaristiche e di utilità sociale**": art. 2). Tali aspetti sono ricondotti dal legislatore a strumenti giuridici che, insieme alle finalità di interesse generale, consentono lo sviluppo stesso della persona nel contesto sociale, sia in termini di realizzazione personale sia in termini di realizzazione lavorativa. Conseguentemente, le finalità dell'intervento normativo sono state espressamente ricondotte all'attuazione degli artt. 2, 3, 4, 9, 18 e 118, co. 4 Cost. (art. 1, cts).

3.1. Segue: b) *le conseguenze della distinzione in punto di riconoscimento della personalità giuridica*

Le ragioni culturali alla base dei meccanismi di acquisto della personalità giuridica

La distinzione tradizionale in base allo scopo perseguito (lucrativo o meno) è rilevante soprattutto sul piano delle modalità attraverso le quali l'ordinamento giuridico attribuisce all'ente la personalità giuridica. Prima di passare all'esame degli aspetti più propriamente tecnici della questione, si rendono necessarie alcune precisazioni preliminari.

Sappiamo che il disegno complessivo della disciplina degli enti, quale contenuto nel codice civile del 1942, è debitore del *code Napoléon* del 1804 e espressione del regime corporativo che governò l'Italia nel periodo compreso tra il 1922 e la fine della seconda guerra mondiale. Tratto comune ai due regimi fu l'atteggiamento di netto favore per le organizzazioni collettive preordinate allo svolgimento di attività economiche e, al contempo, un altrettanto netta **diffidenza** verso le forme di organizzazioni collettive dedite ad altri scopi.

In particolare, nel regime liberista da cui scaturì il *code Napoléon*, lo sfavore verso le organizzazioni non lucrative si giustificava in ragione del fatto che esse costituivano gruppi sociali intermedi e rappresentavano quindi un pericoloso retaggio dell'antico regime feudale nella misura in cui, frapponendosi tra l'individuo e lo stato, potevano comprimere la libertà del primo ed appannare la sovranità del secondo. Nell'ottica del codice del 1942, invece, i gruppi sociali intermedi rappresentavano una sfida allo stato corporativo ed alla sua pretesa di controllare in maniera totalitaria il corpo sociale in tutte le sue varie manifestazioni.

Comune ad entrambi gli indirizzi è, poi, un'istanza filo-produttivistica, che induce il legislatore a valutare negativamente tutti quei fenomeni che potrebbero incentivare usi non produttivi della ricchezza, ivi incluse le **immobilizzazioni** di risorse in capo ad enti che, per definizione, perseguono scopi non lucrativi.

Questo diverso atteggiamento si è riflesso sulle modalità attraverso le quali le due tipologie di enti possono ottenere dall'ordinamento l'attribuzione della personalità giuridica.

Le ragioni sistematiche alla base dei meccanismi di acquisto della personalità giuridica

In effetti, per gli enti preordinati a fini lucrativi tale attribuzione scaturisce all'esito di un procedimento snello, caratterizzato da un **mero controllo** di legittimità e, dunque, dall'assenza di profili di discrezionalità da parte del pubblico potere. In altri termini, come meglio si vedrà successivamente, ciò che si richiede ai privati è semplicemente di creare una struttura che, in punto di organizzazione corporativa e di dotazione patrimoniale, risulti conforme ad uno dei modelli precostituiti dal legislatore (c.d. **sistema normativo**).

Viceversa, il sistema adottato per gli enti non lucrativi viene qualificato come **concessorio**, ed era caratterizzato da una forte dose di discrezionalità, posto che la p.a. veniva chiamata ad esercitare un controllo sul merito delle condizioni di accesso alla personalità giuridica. L'apparato pubblico, infatti (Presidente della Repubblica, Prefetto, ecc. a seconda della ubicazione dell'attività dell'ente), effettuava una valutazione in ordine alla particolare **meritevolezza** degli scopi perseguiti dall'ente, alla adeguatezza delle risorse patrimoniali in rapporto a quegli scopi, nonché alla struttura organizzativa concretamente adottata.

Oltre che nelle ragioni ideologiche sopra menzionate, la radicale diversità tra i due modelli di riconoscimento della personalità giuridica trova la propria spiegazione anche in motivi di ordine tecnico, e segnatamente nella oggettiva esigenza di tutelare i creditori dell'ente. Nel caso delle società di capitali, la limitazione della responsabilità patrimoniale discendente dall'attribuzione della personalità giuridica è in parte compensata dal loro assoggettamento alla **procedura fallimentare**, che – in linea di principio – garantisce al ceto creditorio una soddisfazione quantomeno ordinata delle rispettive pretese. Nel caso degli enti non lucrativi, invece, non sono previste analoghe procedure per i casi in cui il patrimonio dell'organizzazione si riveli insufficiente; ne consegue che, nel caso di questi enti, l'autonomia patrimoniale perfetta rischia di rappresentare una minaccia per le pretese dei creditori. Da qui, appunto, il controllo preventivo sui fini e sui mezzi, che la p.a. esercita in sede di riconoscimento della personalità giuridica.

Ulteriore segno della diffidenza legislativa nei confronti dei fenomeni associativi con finalità non lucrative emergeva a proposito degli **acquisti immobiliari**. Anche in questo caso, tuttavia, vengono in rilievo motivi di ordine politico, legati al timore di una estesa immobilizzazione della ricchezza, sulla falsariga della c.d. manomorta ecclesiastica. Mentre la persona fisica è soggetta all'evento morte, che determina comunque il trasferimento dei beni del defunto e quindi un reimpiego dei medesimi, la persona giuridica può avere una durata molto superiore a quella dell'esistenza umana, e ciò può comportare una sorta di **congelamento** dei beni ad essa appartenenti, e quindi la loro sottrazione al circuito produttivo.

Nel disegno originario del codice civile, pertanto, gli acquisti di beni immobili e quelli a titolo gratuito (donazioni, successioni e legati) degli enti personificati venivano subordinati ad un'autorizzazione della p.a. (art. 17); nel caso di enti non personificati, invece, gli acquisti a titolo gratuito erano subordinati all'istanza di riconoscimento, da presentarsi entro un anno decorrente dal momento in cui il testamento era eseguibile (art. 600, co. 1) o dalla stipula della donazione (art. 786, co. 1).

L'avvento della Costituzione e l'incidenza sul previgente impianto legislativo

In apparenza, lo scenario normativo cambia considerevolmente con l'entrata in vigore della Costituzione repubblicana. In particolare, l'art. 2, collocato tra i principi fondamentali, afferma solennemente che "[l]a Repubblica riconosce e garantisce i diritti inviolabili dell'uomo, sia come singolo sia nelle formazioni sociali, ove si svolge la sua personalità [...]"; l'art. 18, poi, riconosce la libertà di associazione. Sennonché gli effetti applicativi delle disposizioni costituzionali non sono stati immediati e, quindi, il quadro sopra delineato è rimasto per lungo tempo **immutato**.

In epoca recente, tuttavia, il legislatore ordinario è ripetutamente intervenuto nella materia, muovendosi su più fronti, per modificare il disegno originario del codice civile e renderlo più coerente con l'impostazione adottata nella Carta costituzionale. Come abbiamo sopra rilevato, inoltre, lo stesso Codice del "Terzo settore" si è mosso proprio nel solco di offrire piena attuazione ai principi costituzionali (v. *supra* n. 3).

Gli interventi del legislatore di adattamento della materia alla Costituzione

In primo luogo, è stato **snellito** il procedimento per l'attribuzione della personalità giuridica agli enti non lucrativi. Con d.P.R. n. 361/2000 sono state abrogate alcune norme del codice civile e si è quindi stabilito che tali enti acquisiscono la personalità giuridica in virtù della iscrizione in un apposito registro istituito presso tutte le prefetture (artt. 3-4, d.P.R. n. 361/2000). Permane il vaglio preventivo dello scopo e dell'adeguatezza patrimoniale, ma – nell'insieme – i profili di discrezionalità appaiono considerevolmente attenuati.

In secondo luogo, è stata progressivamente riformata la disciplina degli acquisti immobiliari. Già l'art. 1, l. n. 52/1985 aveva modificato l'art. 2659, n. 1, nel senso di rendere possibile la **trascrizione** di acquisti immobiliari a favore delle associazioni non riconosciute, con l'indicazione delle persone che la rappresentano. In tal modo il legislatore aveva implicitamente risolto in senso affermativo il problema (in precedenza assai controverso) della capacità degli enti non riconosciuti di essere titolari di diritti reali immobiliari. Successivamente (con la l. n. 127/1997 prima, e con la l. n. 192/2000, poi) sono stati abrogati, l'art. 17 e gli artt. 600 e 786, facendo così venir meno, per gli acquisti a titolo gratuito, la necessità dell'autorizzazione della p.a. in caso di enti personificati, nonché l'onere della richiesta di riconoscimento in caso di enti non personificati.

In terzo luogo, soprattutto a partire dagli anni '90 del secolo scorso si è registrata un'**estesa regolamentazione** di tutta la vasta area dell'associazionismo a scopi solidaristici (c.d. *non profit*) e, più in generale, dell'associazionismo a scopi non lucrativi (ONLUS). Alcuni riferimenti normativi verranno forniti più avanti e su questo ambito vi è stato il recente intervento di razionalizzazione ad opera del Codice del "Terzo settore" con l'individuazione della categoria degli **enti del Terzo settore** (v. art. 4, co. 1, cts); per il momento è importante sottolineare che questi diversi interventi attestano come il legislatore contemporaneo riconosca ormai definitivamente il valore positivo rivestito dai fenomeni associativi non lucrativi, e ciò in piena conformità ai principi costituzionali.

Una previsione costituzionale ancora inattuata: il meccanismo di acquisto della personalità giuridica dei sindacati

L'esame delle modalità attraverso le quali l'ordinamento attribuisce la personalità giuridica ai gruppi organizzati richiede di menzionare anche quella appositamente prevista dalla Costituzione (art. 39) per le **organizzazioni sindacali**. Il legislatore costituente volle infatti introdurre un procedimento specifico attraverso il quale i sindacati potevano essere riconosciuti come persone giuridiche e, in tal modo, stipulare contratti collettivi di lavoro aventi efficacia obbligatoria per tutti gli iscritti.

L'attribuzione della personalità giuridica era subordinata alla condizione che lo statuto dell'organizzazione sindacale sancisse un ordinamento interno a base democratica. Questa condizione, apparentemente neutrale, ha però vanificato l'applicazione della norma, che – difatti – è rimasta sulla carta. Nell'Italia dell'immediato dopoguerra vi era il timore che la verifica ivi prevista finisse per esporre l'organizzazione sindacale ad un controllo penetrante da parte della pubblica autorità.

Le organizzazioni sindacali, pertanto, hanno preferito **rinunciare** alla registrazione prevista dalla Carta costituzionale ed operano come enti di fatto; in tal modo, come meglio si vedrà in seguito, esse dispongono di una vasta autonomia gestionale ed operativa.

3.2. *Enti privati ed enti pubblici*

Soggetti privati e soggetti pubblici

La rilevanza dello scopo perseguito dall'ente consente di introdurre ora una **seconda distinzione**, pure menzionata nel codice civile: quella tra enti privati ed enti pubblici. Nel disegno legislativo la distinzione è formulata in termini negativi, vale a dire nel senso che gli enti pubblici sono poi soggetti alle norme di diritto pubblico (art. 11).

Impostando la distinzione sul piano sistematico, si deve ritenere che sono privati quegli enti che promanano dall'iniziativa di soggetti **privati** e che sono preordinati al perseguimento di interessi in ultima analisi riconducibili ai medesimi soggetti. Sono invece **pubblici** quegli enti che nascono su iniziativa della pubblica autorità, e che sono preordinati al perseguimento di interessi di rilievo pubblico, ossia riferibili ad una collettività più o meno vasta di soggetti. Rientrano in questa categoria sia enti che perseguono finalità di carattere generale (ad es., le Regioni, cui l'ordinamento costituzionale assegna una molteplicità di competenze in numerosi campi e settori), sia enti che perseguono finalità di carattere specifico (ad es., le università, chiamate a svolgere compiti di alta formazione e di ricerca).

La costituzione dell'ente pubblico

Il primo dato rilevante nella nozione di ente pubblico, dunque, attiene alla sua origine: l'ente pubblico sorge per effetto dell'iniziativa del pubblico potere, che può sostanziarsi o in una **legge** (anche costituzionale) o in un atto **amministrativo**. In alcuni casi (ad es., i Comuni) il pubblico potere si limita a riconoscere l'esistenza dell'ente, la cui origine rimonta a vicende storiche spesso risalenti.

Ente pubblico e titolarità di poteri pubblicistici

Il secondo dato rilevante è rappresentato alla circostanza che l'ente pubblico riunisce in sé, oltre alle ordinarie attribuzioni dell'ente in quanto tale, anche alcune **prerogative speciali**.

Infatti, per consentire all'ente il perseguimento delle proprie finalità istituzionali di rilievo pubblico, l'ordinamento gli attribuisce strumenti ulteriori dal connotato dell'**autoritatività**: per mezzo di essi, l'ente è in grado di imporre unilateralmente la propria volontà e raggiungere così l'obiettivo perseguito. Taluni enti (le Regioni e le Province autonome di Trento e di Bolzano), si vedono attribuiti strumenti di natura anche legislativa; nella generalità dei casi si tratta di strumenti amministrativi attraverso i quali l'ente dispone unilateralmente degli interessi la cui cura gli è stata concretamente affidata, e ciò con effetti vincolanti nei confronti dei terzi. Basti pensare, ad es., all'ente cui è affidata la manutenzione delle strade, il quale dispone la chiusura temporanea di una determinata via cittadina per l'effettuazione di lavori urgenti.

La disciplina dell'attività dell'ente pubblico tra diritto amministrativo e diritto privato

Ne deriva che gli enti pubblici sono sottoposti ad una **disciplina speciale**, che appartiene ai settori del diritto pubblico e, in particolare, del diritto amministrativo. Per lungo tempo questa specialità è stata radicalizzata, contrapponendo nettamente l'attività degli enti pubblici rispetto a quella degli enti privati. In realtà l'evoluzione normativa recente, soprattutto di matrice **comunitaria**, induce ad attenuare i toni di questa contrapposizione, valorizzando invece la progressiva estensione del diritto privato e dei suoi istituti all'attività degli enti pubblici. Sintomo di questa evoluzione è l'introduzione di una norma di principio, così formulata: "La pubblica amministrazione, nell'adozione di atti di natura non autoritativa, agisce secondo le **norme di diritto privato** salvo che la legge disponga diversamente" (art. 1, co. 1 *bis*, l. n. 241/1990). Specularmente, però, si registra anche il fenomeno inverso: soggetti formalmente privati che svolgono attività di **rilievo pubblico**; ad es., più Comuni che costituiscono una società per l'erogazione del servizio di scuolabus.

Giurisdizione amministrativa e giurisdizione ordinaria

Nell'ordinamento italiano la distinzione tra enti privati ed enti pubblici è rilevante anche perché ad essa si ricollega la ripartizione di competenze tra il complesso dei **giudici c.d. ordinari** (Giudice di pace, Tribunale, Corte d'appello e Corte di Cassazione) e quello formato dai **giudici c.d. amministrativi** (Tribunale Amministrativo Regionale e Consiglio di Stato).

Il connotato dell'autoritatività, che contraddistingue parte dell'operato dei soggetti pubblici, determina l'insorgere di situazioni giuridiche soggettive riconducibili alla già nota figura dell'**interesse legittimo**; orbene, le controversie vertenti su interessi legittimi, e quindi concernenti l'attività spiegata dagli enti pubblici attraverso strumenti autoritativi, sono devolute ai **giudici amministrativi**. Qualora invece la controversia verta su diritti soggettivi, sono competenti i **giudici ordinari**, i quali possono quindi sindacare l'attività dei soggetti privati, ma anche quella dei soggetti pubblici che operano attraverso strumenti (non autoritativi, bensì) privatistici (art. 113, co. 1, Cost.).

4. *Gli enti del Libro I del codice civile: generalità*

Enti non lucrativi

Come già evidenziato, nel Libro I del codice civile trova posto la disciplina degli enti preordinati al raggiungimento di finalità non economiche. Fatta salva l'assenza del carattere di lucratività, il legislatore non pone limiti alla scelta dello scopo, se non quello del rispetto del canone di **liceì-**

tà; in questo senso vi è coerenza anche con il disegno costituzionale, che riconosce e garantisce la libertà di associazione (art. 18, co. 1, Cost.).

Ferma restando – nei limiti sopra indicati – la libertà di scelta dello scopo, i privati devono invece ritenersi vincolati a scegliere tra le strutture organizzative previste in via tipica dall'ordinamento; alla luce di quanto osservato in precedenza circa la rilevanza esterna di tali strutture e dell'attività da essi spiegata, appare alquanto dubbia la possibilità, per l'autonomia privata, di creare formule organizzatorie nuove e diverse rispetto a quelle legali.

Enti a struttura associativa e enti a struttura istituzionale

A tale proposito, le tipologie di enti contemplate nel Libro I del codice civile sono le **associazioni** (riconosciute e non), le **fondazioni** ed i **comitati**. Dal punto di vista strutturale è stata quindi introdotta la distinzione tra enti a **struttura associativa** (le associazioni), ed enti a **struttura istituzionale** (le fondazioni). Gli enti a struttura associativa (fra i quali rientrano anche le società commerciali, almeno quelle pluripersonali) sorgono sulla base di un **accordo** tra una pluralità di soggetti che, per l'appunto, si associano per costituire l'ente e perseguire, in tal modo, determinate finalità.

Siffatta tipologia di enti, dunque, presenta una matrice **contrattuale**, assente, invece, negli enti a struttura istituzionale: alla base di questi ultimi, infatti, vi è un atto di natura **unilaterale**, qual è l'iniziativa del **fondatore** di destinare una determinata massa patrimoniale alla realizzazione di determinati interessi. Tale caratteristica strutturale si mantiene anche nel caso in cui l'iniziativa sia assunta da una pluralità di fondatori, ipotesi nella quale non si avrà un contratto **plurilaterale**, bensì un insieme di atti unilaterali, tutti convergenti verso la medesima finalità: la costituzione del nuovo ente.

Rilevanza della distinzione

La distinzione rileva non solo in occasione della nascita dell'ente, ma anche durante la sua esistenza; infatti, il venir meno della pluralità degli associati (ad es., per effetto di recesso, esclusione o morte dei medesimi) determina l'estinzione dell'ente medesimo (art. 27, co. 2). Analoga conseguenza non è invece prevista per gli enti a struttura istituzionale, in quanto, una volta sorto, l'ente prescinde dalle vicende che possono riguardare la persona del fondatore.

Va tuttavia rilevato che, con l'emanazione del codice del Terzo settore (il cts, d.lgs. n. 117/2017), è stata inserita una nuova disposizione nel codice civile: l'art. 42 *bis* che ha disciplinato le trasformazioni, le fusioni e le scissioni di associazioni (riconosciute o non) e di fondazioni. Detti mutamenti nella forma e nella struttura dell'ente sono possibili anche reciprocamente, a condizione che ciò non sia espressamente escluso dall'atto costitutivo o dallo statuto. La disciplina è in gran parte ricavabile da un esteso rinvio operato dalla disposizione alle ipotesi di trasformazione, fusione e scissione delle società (art. 42 *bis*, co. 2 e 3) disciplinate nel Libro V, titolo V, capo X del codice civile (v. *infra*, cap. IX, n. 3.1).

5. *Le associazioni riconosciute*

Negozialità del vincolo associativo

L'associazione è una organizzazione **stabile** di uomini e mezzi diretta al raggiungimento di uno scopo **non lucrativo**.

Elemento caratterizzante è la base di tipo personale: la presenza, cioè, di una **pluralità** di soggetti che si organizzano al fine di raggiungere uno scopo comune.

Il vincolo associativo ha natura **contrattuale**. Per l'esattezza, il contratto costitutivo dell'associazione è un contratto con **comunione di scopo** a struttura aperta. Ciò significa che è sempre possibile l'**adesione** di nuove parti al contratto. Per converso, tuttavia, si deve escludere che il singolo aspirante possa vantare un diritto soggettivo all'ingresso nell'associazione, anche quando sia in possesso dei requisiti astrattamente individuati nell'atto costitutivo e nello statuto. In altri termini, non esiste in capo all'associazione un obbligo a contrarre e ciò, probabilmente, a causa del carattere intrinsecamente fiduciario del vincolo associativo (v. art. 24, co. 1 in ordine alla tendenziale intrasmissibilità della qualità di associato).

Le associazioni riconosciute

Il codice distingue **nettamente** tra associazioni riconosciute ed associazioni non riconosciute. Alle prime riserva una disciplina alquanto minuziosa (art. 14 s.), mentre per le seconde si limita a tre sole disposizioni (artt. 36-38), per il resto lasciando campo libero all'**autonomia** degli associati.

Ci soffermeremo sulle associazioni non riconosciute dopo aver analizzato la disciplina delle associazioni dotate di personalità giuridica.

Atto costitutivo e statuto

Le finalità e l'organizzazione interna dell'associazione sono stabilite nell'**atto costitutivo** (che deve rivestire la forma dell'atto pubblico: art. 14, co. 1) e nello **statuto**, che possono esser contenuti in un unico documento o far parte di documenti distinti.

L'atto costitutivo contiene gli elementi **necessari** per l'identificazione dell'ente: i suoi membri originari, la denominazione, l'indicazione dello scopo e del patrimonio, la sede, le norme sull'ordinamento e sull'amministrazione. In esso sono determinati anche i diritti e gli obblighi degli associati e le condizioni per la loro ammissione. Può, inoltre, contenere le norme sull'estinzione dell'ente e sulla conseguente devoluzione del patrimonio.

L'assemblea

Lo statuto contiene invece il complesso delle **regole** che presiedono al funzionamento dell'ente: è il caso delle disposizioni relative all'attività dell'**assemblea**, alla composizione dell'organo amministrativo e alle modalità di **nomina** dei componenti, ai relativi poteri, ecc. (art. 16).

Il funzionamento di un'associazione necessita di almeno **due** organi: l'**assemblea** e gli **amministratori**, ai quali può aggiungersi, con funzione di controllo, il collegio sindacale.

L'assemblea è un organo **collegiale** con funzione deliberante. Tra i suoi compiti spiccano l'approvazione del bilancio e la nomina degli amministratori. Essa delibera, di regola, a maggioranza (c.d. **principio maggioritario**: art. 21, co. 1) e le sue deliberazioni possono essere impugnate dinanzi alla autorità giudiziaria "se contrarie alla legge, all'atto costitutivo o allo statuto" (v. art. 23, co. 1).

La qualità di socio

Un problema di grande rilievo riguarda l'**esclusione** degli associati deliberata dalla maggioranza che intenda estromettere dall'organizzazione associati sgraditi. La questione è affrontata dall'art. 24, co. 3, in base al quale la delibera sarà valida soltanto se adottata dall'assemblea sulla base di **gravi motivi**: in ogni caso, essa potrà essere impugnata, su istanza dell'escluso, entro sei mesi dalla sua notificazione.

Simmetrica causa di scioglimento del vincolo associativo è il **recesso** dell'associato, che è sempre possibile, a meno che questi non abbia assunto l'obbligo di fare parte dell'associazione per un tempo determinato (art. 24, co. 2).

In ipotesi di esclusione o recesso, l'associato non può ripetere i **contributi versati**, né ha alcun diritto sul **patrimonio sociale** (art. 24, ult. co.). Quest'ultima regola costituisce una significativa conferma del carattere non lucrativo di queste organizzazioni, le quali non sono dunque preordinate a soddisfare un interesse economico del singolo componente. Se così fosse, infatti, all'associato che cessa di appartenervi dovrebbe essere restituita la frazione corrispondente del patrimonio dell'ente, così come avviene per le società commerciali.

Gli amministratori, la gestione e la rappresentanza dell'associazione

Gli **amministratori** sono i soggetti cui è demandata, in concreto, la **gestione** dell'ente. Ad essi spetta, inoltre, la **rappresentanza** dell'associazione, alla quale verranno imputati gli effetti dell'atto compiuto da coloro che agiscono in suo nome e per suo conto (rappresentanza detta organica proprio perché gli amministratori sono organi dell'ente).

La loro responsabilità nei confronti dell'ente è regolata dalle norme sul **mandato**: essi, dunque, devono gestire l'associazione con la diligenza del **buon padre di famiglia**; ma, se l'attività è gratuita, la responsabilità per colpa è valutata con minor rigore (v. artt. 18, 1710). È, tuttavia, esente da responsabilità l'amministratore che non abbia partecipato all'atto che ha cagionato il danno, salvo il caso in cui, essendo a conoscenza della circostanza che l'atto stava per essere compiuto, non abbia fatto constare il proprio dissenso (art. 18).

Ai fini dell'opponibilità dell'atto ai terzi che contrattano con l'associazione, eventuali limiti al potere di rappresentanza devono risultare dal registro delle persone giuridiche, salvo che non si provi che il terzo ne fosse comunque a conoscenza (c.d. pubblicità dichiarativa: v. art. 19).

L'estinzione delle associazioni

Le associazioni, oltre che per le cause indicate nell'atto costitutivo, si **estinguono** quando lo scopo sia stato raggiunto o sia divenuto impossibile (art. 27, co. 1). Inoltre, stante la sua base personale, l'associazione si estingue quando tutti gli associati siano venuti a mancare (art. 27, co. 2).

Responsabilità patrimoniale dell'associazione

Estinzione non significa tuttavia immediata scomparsa dell'ente. Occorre infatti procedere alla definizione dei rapporti obbligatori pendenti in capo all'associazione (ad es., i rapporti di lavoro con l'eventuale personale dipendente, i rapporti di utenza). L'estinzione dell'ente, quindi, determina l'apertura di una fase nella quale si procede alla **liquidazione** del patrimonio (art. 30), alla quale attendono persone appositamente nominate, i **liquidatori**. Se, all'esito della liquidazione, residuassero dei beni, si procede alla c.d. **devoluzione**, ossia alla loro assegnazione in conformità alle prescrizioni dell'atto costitutivo o dello statuto; in mancanza di tali prescrizioni, è l'autorità amministrativa a decidere la destinazione dei beni residui, attribuendoli ad enti che perseguano finalità analoghe (art. 31).

Ricordiamo, infine, che l'associazione riconosciuta, in quanto ente personificato, gode, in punto di responsabilità patrimoniale, di **autonomia patrimoniale perfetta**.

6. *Le associazioni non riconosciute*

Associazioni non riconosciute

A fronte della analitica disciplina riservata alle associazioni riconosciute, il codice civile si limita, per quanto attiene alle **associazioni non riconosciute**, a tre sole disposizioni (artt. 36-38).

Ciò nonostante, o forse proprio per questo, le associazioni non riconosciute hanno sperimentato nel nostro paese un grande successo: basti pensare che tutti i **partiti politici** e tutti i **sindacati**, che pure sono delle associazioni e, in quanto tali, potenzialmente candidate all'attribuzione della personalità giuridica, si sono sempre ben guardati dal chiederne il **riconoscimento**.

Minori controlli e maggiore libertà rispetto alle associazioni dotate di personalità giuridica

Le ragioni di questo successo vanno rintracciate nella sostanziale **assenza di controlli** da parte della pubblica autorità e, dunque, nella maggiore autonomia di cui le associazioni non riconosciute dispongono (art. 36, co. 1). Si prenda, ad es., il caso dell'**esclusione** dell'associato che, ove abbia luogo nell'ambito di un'associazione riconosciuta, è soggetta a vincoli procedurali (la necessità che essa venga deliberata dall'assemblea), a vincoli sostanziali (la sussistenza di gravi motivi) ed è, per di più, suscettibile di impugnativa in sede giurisdizionale. Tutti vincoli e limiti che, invece, non appesantiscono la procedura di esclusione del componente di un'associazione non riconosciuta, la quale può adottare sul punto, nell'esercizio dei poteri di autonomia statutaria, una disciplina più snella e sbrigativa.

A proposito dell'esclusione dell'associato, è opportuno però ricordare che, secondo talune tesi, qui dovrebbe applicarsi **analogicamente** l'art. 24, co. 3, in quanto norma che appresta un corredo minimo di garanzie a tutela del singolo nell'ambito delle formazioni sociali (art. 2 Cost.).

Oltre che di una maggiore autonomia, le associazioni non riconosciute godono anche di una **maggiore libertà**, derivante dal non dovere venire a contatto con la p.a. a causa o a seguito del riconoscimento della personalità giuridica. Dopo l'abrogazione, per un verso, dell'art. 17 e, per altro verso, degli artt. 600, 786, le differenze sotto questo profilo si sono attenuate, anche se resta fermo che l'attribuzione della personalità giuridica, per quanto semplificato nella sua procedura, implica pur sempre un **vaglio preventivo** e non puramente formale da parte di un organo dello Stato. Ciò, appunto, può aiutare a comprendere perché numerose ed importanti associazioni non siano interessate al riconoscimento della personalità giuridica.

Atto costitutivo e Statuto

Le associazioni non riconosciute sorgono sulla base di un atto costitutivo per il quale non è richiesta alcuna forma particolare. In genere, anche qui, all'atto costitutivo si affianca uno statuto: questi due atti forniscono le regole di base per la gestione e l'**ordinamento interno** dell'associazione (art. 36, co. 1).

Gli organi

Per quanto concerne gli **organi sociali**, si ritiene che anche le associazioni non riconosciute non possano fare a meno di un'assemblea e di amministratori. Ai sensi dell'art. 36, co. 2, poi, le associazioni non riconosciute stanno in giudizio per il tramite del loro presidente o direttore.

Il fondo comune e la responsabilità patrimoniale

Le associazioni non riconosciute hanno anche un loro patrimonio, detto **fondo comune**, costituito dai contributi degli associati e dagli acquisti dell'associazione. Esso è **indivisibile** né gli associati possono, in caso di recesso, pretenderne la quota.

Infine si ricordi che, per quanto prive della personalità giuridica, le associazioni non riconosciute godono, *ex* art. 38, di un regime di autonomia patrimoniale ancorché **imperfetta**, in forza del quale i creditori dell'associazione – oltre naturalmente a poter soddisfare le loro ragioni sul fondo comune – possono rivolgere le loro pretese soltanto a coloro che abbiano agito **in nome** e **per conto** dell'associazione (e non ai singoli associati).

7. *Le fondazioni*

La **fondazione** è un ente creato da un soggetto (**fondatore**) che destina il proprio patrimonio, o parte di esso, al raggiungimento di uno scopo di utilità generale. Essa è un'organizzazione a struttura istituzionale e, come tale, si differenzia da quelli a struttura associativa.

L'atto di fondazione

La fondazione nasce da un **atto c.d. di fondazione**, che tradizionalmente si suole distinguere dall'atto di **dotazione**: con il primo atto il fondatore provvederebbe ad individuare lo scopo da raggiungere configurando, in pari tempo, la struttura organizzativa dell'ente, con il secondo atto – invece – appresterebbe i mezzi patrimoniali necessari. In realtà, si tratta di un unico atto (quello, appunto, di fondazione): un atto di disposizione patrimoniale con il quale un privato si spoglia in modo definitivo ed irrevocabile del proprio patrimonio, o di parte di esso, per destinarlo al raggiungimento di uno scopo di utilità pubblica, e nel quale vengono indicate le modalità da seguire a tal fine.

Le più importanti differenze tra la fondazione e l'associazione riguardano l'**atto costitutivo**: nel primo caso, esso ha natura di **atto unilaterale** (*inter vivos* – in questo caso sarà necessaria la forma dell'atto pubblico – o *mortis causa* – il testamento: art. 14, co. 1-2); nel secondo caso, invece, esso presenta natura **contrattuale**. Nelle fondazioni, poi, prevale l'elemento **patrimoniale**, a differenza delle associazioni, ove prevale l'elemento **personale**. Le fondazioni, infine, godono sempre di **personalità giuridica**: è infatti ancor oggi molto discussa la possibilità di dar luogo a fondazioni non riconosciute.

La gestione e la rappresentanza dell'ente

La gestione del patrimonio e la realizzazione dello scopo sono affidate agli **amministratori**, i quali rispondono verso l'ente secondo le norme del mandato (art. 18). Gli amministratori agiscono in **piena autonomia** rispetto al fondatore, sulla base delle sole direttive contenute nell'atto costitutivo, e ciò spiega perché le fondazioni siano soggette ad un penetrante **controllo** da parte della p.a. (art. 25). In particolare, quest'ultima può nominare o sostituire gli amministratori; annullare le delibere ritenute illegittime; sciogliere l'amministrazione e nominare un **commissario straordinario**.

L'estinzione e la rilevanza della volontà del fondatore

Le cause di **estinzione** della fondazione in larga parte coincidono con quelle previste per le associazioni (art. 27). Da segnalare, però, che la p.a. può, invece che dichiarare estinta la fondazione, trasformarla, allontanandosi il meno possibile dalla volontà del fondatore (art. 28, co. 1). Ciò è consentito, però, solo se i fatti che darebbero luogo alla trasformazione non siano previsti nell'atto costitutivo come cause di estinzione o di devoluzione (art. 28, co. 2).

Anche nel caso della fondazione, all'estinzione fanno seguito la **liquidazione** ed, eventualmente, la **devoluzione** secondo regole (artt. 30, 31) sostanzialmente coincidenti con quelle che si applicano alle associazioni riconosciute.

Associazioni e fondazioni a confronto. La progressiva convergenza dei modelli

Nel disegno originario del codice civile, lo schema della fondazione risulta scolpito in maniera nettamente distinta da quello dell'associazione, sia sotto il profilo della genesi dell'ente sia sotto quello delle modalità di funzionamento. L'esperienza successiva attesta, però, una progressiva convergenza tra i due modelli; in particolare è sempre più frequente il caso in cui la fondazione si doti di una struttura di tipo **assembleare**, nel quale è rappresentata una pluralità di soggetti, che – in una certa misura – incidono sul funzionamento dell'ente.

Un esempio di questa evoluzione dell'istituto della fondazione può essere indicato nelle **fondazioni bancarie**, enti risultanti dal processo di trasformazione delle Casse di risparmio (l. n. 218/1990 e d.lgs. n. 153/1999). In estrema sintesi, le preesistenti Casse di Risparmio (enti pubblici economici) sono state trasformate *ex lege* in società per azioni, ed il relativo pacchetto azionario è stato attribuito – sempre *ex lege* – a fondazioni di nuova costituzione. Agli organi direttivi delle singole fondazioni partecipano rappresentanti di vari enti pubblici (enti locali, quali comuni, province e regioni, ma anche università), i quali sono tenuti a gestire il patrimonio della fondazione in conformità a determinate finalità, stabilite – a grandi linee – dallo stesso legislatore.

Le fondazioni bancarie

Questo progressivo **avvicinamento** tra il modello della fondazione e quello dell'associazione non deve però far perdere di vista la differenza fondamentale tra le due tipologie, che investe la rilevanza dello scopo e la sua disponibilità da parte dell'ente. In termini schematici, si può ritenere che, nel caso della fondazione, lo scopo individuato dal fondatore resta **esterno** all'ente e, appunto dall'esterno, ne condiziona il funzionamento, come attestano anche i rilevanti poteri di controllo affidati alla pubblica autorità. Nel caso dell'associazione, invece, lo scopo è scelto dagli associati, i quali ne possono quindi disporre, sia pure nel rispetto delle regole di funzionamento dell'ente. Su questa base è stato opportunamente sottolineato che lo scopo sotteso alla fondazione deve corrispondere ad una **finalità di pubblica utilità**, mentre tale caratteristica non deve necessariamente ricorrere nello schema associativo.

8. *I comitati*

Il **comitato** è un ente collettivo costituito per **raccogliere fondi** presso il pubblico in vista del raggiungimento di un determinato scopo, che viene annunciato in via preventiva (ad es., comitati di soccorso, di beneficenza, ecc.: v. art. 39).

Al suo interno è possibile individuare la figura dei **promotori** (coloro che annunciano lo scopo perseguito e sollecitano presso il pubblico la raccolta dei fondi), nonché la figura dei **gestori** (coloro che, invece amministrano i fondi così raccolti in vista dello scopo annunciato). Le due figure possono anche coincidere. Una terza tipologia di soggetti collegati alla vita del comitato è quella dei **sottoscrittori**: si tratta dei soggetti, esterni all'ente, che effettuano i versamenti sollecitati; essi rispondono solo delle oblazioni promesse (art. 41).

Promotori, gestori e sottoscrittori

L'elemento caratterizzante lo schema del comitato è **il vincolo di destinazione** che grava sulle risorse raccolte presso il pubblico: ciò si desume dall'art. 40, alla stregua del quale "gli organizzatori e coloro che

Vincolo di destinazione allo scopo

assumono la gestione dei fondi raccolti sono responsabili personalmente e solidalmente della conservazione dei fondi e della loro destinazione allo scopo annunziato".

La responsabilità patrimoniale per le obbligazioni

Nella visione del legislatore del 1942, il comitato ha tendenzialmente una durata **temporanea**, corrispondente al periodo necessario per la raccolta dei fondi in vista dello scopo annunciato. Ne consegue che il comitato non necessita dell'attribuzione della personalità giuridica (la quale presuppone – invece – una stabilità dell'ente), ed opera quindi quale **ente di fatto**. In tale eventualità, che costituisce la regola, i componenti del comitato rispondono **personalmente** e **solidalmente** delle obbligazioni assunte (art. 41, co. 1); ciò delinea una certa somiglianza con la figura dell'associazione non riconosciuta, in ragione della sua base personale. Nel caso del comitato, tuttavia, la responsabilità coinvolge tutti i **componenti**, mentre nel caso dell'associazione non riconosciuta riguarda solamente coloro che hanno agito in nome e per conto di essa.

Non può però escludersi che il comitato richieda ed ottenga l'attribuzione della personalità giuridica; in questo caso, esso tende ad accostarsi allo schema della fondazione, nel quale prevale l'elemento patrimoniale, ossia la destinazione dei fondi raccolti verso un determinato scopo.

Anche nel caso del comitato, è possibile dare corso alla devoluzione dei fondi residui sulla base dei presupposti e secondo le modalità stabiliti dall'art. 42.

9. *Gli enti del Terzo settore*

Il graduale acquisto di un più spazio giuridico degli enti *non profit*

Abbiamo già anticipato che la disciplina delle **formazioni intermedie** non lucrative (c.d. enti *non profit*) è stata oggetto negli ultimi anni di una significativa revisione. Sul punto ha inciso in maniera considerevole anche l'introduzione, nella Carta costituzionale, del **principio di sussidiarietà**: l'evoluzione socio-economica ha reso evidente l'impossibilità – per l'apparato pubblico – di soddisfare tutte le esigenze e le necessità della società contemporanea; è quindi emersa l'importanza di coinvolgere anche i privati nell'**erogazione di servizi** e prestazioni finalizzati a promuovere il progresso sociale e civile. Si pensi, per fare alcuni es., ai delicati problemi connessi all'assistenza agli anziani ed ai malati, ma anche all'ampliamento dell'offerta culturale ed all'incremento delle possibilità di fruizione del patrimonio artistico del nostro Paese.

Non profit e finalità di interesse generale

Accanto a tale principio, è diventato culturalmente sempre più centrale il rinvio a principi di **solidarietà** e di **utilità sociale**. Questa considerazione ha avviato un dibattito volto ad agevolare la costituzione e le attività di formazioni intermedie non più solo caratterizzate – in negativo – dall'assenza dello scopo di lucro (strettamente il *non profit*), ma altresì orientate alla realizzazione – in positivo – di **finalità di interesse generale**.

La "revisione" della disciplina tradizionale delle formazioni intermedie alla quale si è fatto cenno è stata graduale. Essa si è prima concretizzata non solo nella eliminazione di alcune norme particolarmente sintomatiche del tradizionale sfavore legislativo nei confronti del fenomeno (artt. 17, 600, 786 co. 1), ma anche nella emanazione di alcuni provvedimenti normativi, dai quali è risultata la chiara volontà del legislatore di promuovere ed incentivare gli enti *non profit*, come strumento di sviluppo della collettività e del benessere sociale.

Associazioni di volontariato

Ad esempio la l. n. 266/1991 (e le successive leggi regionali d'attuazione) che ha disciplinato le **associazioni di volontariato**; la l. n. 383/2000 che ha istituito le associazioni di **promozione sociale;** il d.lgs. n. 460/1997 – istitutivo delle **ONLUS** (organizzazioni non lucrative di utilità sociale). Quest'ultimo provvedimento ha ancora importanza soprattutto dal punto di vista **fiscale**, per le agevolazioni previste a beneficio degli operatori del settore, ma è stato anche particolarmente significativo della tendenza ad una considerazione unitaria del settore, pur nei casi in cui le forme giuridiche prescelte per lo svolgimento dell'attività fossero differenziate (associazioni, comitati, fondazioni, ecc.).

Il Codice del Terzo Settore

Come sopra ricordato, ora il d.lgs. n. 117/2017, noto come "**Codice del Terzo settore**", è intervenuto per riorganizzare la materia degli enti non lucrativi con finalità di interesse generale, nel tentativo di dettare regole uniformi e costituire, anche normativamente, una categoria unitaria degli stessi.

È stata a tal proposito fornita una definizione normativa di **enti del Terzo settore** (con previsione legislativa dell'acronimo **ETS** che, salvo che per gli enti religiosi civilmente riconosciuti, deve essere contenuto nella denominazione sociale, in alternativa alla formula estesa di "enti del Terzo settore": art. 12 cts). In tale categoria rientrano: le organizzazioni di volontariato; le associazioni di promozione sociale; gli enti filantropici; le imprese sociali (incluse le cooperative sociali); le reti associative; le società di mutuo soccorso. Vi rientrano inoltre le associazioni (riconosciute o non riconosciute) nonché le fondazioni e gli altri enti di carattere privato (purché diversi dalle società) costituiti per perseguire, senza scopo di lucro, finalità civiche, solidaristiche e di utilità sociale per mezzo dello svolgimento, in via esclusiva o principale, di una o più attività di interesse generale in forma di azione volontaria o di erogazione gratuita di denaro, beni o servizi, o di mutualità o di produzione o scambio di beni o servizi (art. 4, co. 1 cts).

Altre tipologie di enti non lucrativi (come ad es. i sindacati) ne sono invece espressamente escluse (art. 4, co. 2 cts).

Come si nota, associazioni e fondazioni (soggetti già conosciuti e disciplinati nel codice civile) possono essere ETS (e, pertanto, ricadere nella disciplina del cts) allorquando ne adottino le finalità e missioni di interesse generale. Tuttavia, occorre rilevare a riguardo che – a dispetto del contenuto della legge delega, che invitava il legislatore delegato a procedere alla revisione della disciplina del titolo II del libro primo del codice civile in materia di associazioni, fondazioni e altre istituzioni di carattere privato senza scopo di lucro – il cts non è intervenuto a modificare il codice civile (salvo la previsione del su indicato art. 42 *bis*). Né il cts ha fornito un compiuto coordinamento tra la disciplina degli ETS e quella degli enti non lucrativi contenuta nel Libro I, titolo II del codice civile. In effetti, il cts contiene un'ampia ed articolata apposita regolamentazione dei diversi enti (v., ad es. gli artt. 20 ss. cts sulle associazioni e le fondazioni del Terzo settore) mentre, per quanto in esso non previsto, si limita a rinviare all'applicazione delle norme del codice civile "in quanto compatibili" (art. 3, co. 2, cts).

Degli ETS è conservato un **registro unico nazionale del Terzo settore** (art. 11 cts). Nel caso tali enti esercitino la propria attività esclusivamente o principalmente in forma di impresa commerciale sono soggetti altresì all'obbligo dell'iscrizione nel registro delle imprese. Non è infatti escluso che gli ETS possano esercitare la propria attività esclusivamente o principalmente in forma di impresa commerciale, ed in tal caso sono sottoposti agli obblighi di tenuta delle scritture contabili.

Le finalità di interesse generale

L'elemento comune degli ETS è, in effetti, la **finalità solidaristica, civica o sociale** dell'attività dell'ente (c.d. "attività di interesse generale"). Il cts ne offre un elenco esemplificativo, potenzialmente ampliabile con l'emergere di nuove esigenze di partecipazione individuale al perseguimento di interessi generali. Si tratta, ad es., di attività di ricerca scientifica di particolare interesse sociale; organizzazione e gestione di attività turistiche di interesse sociale, culturale o religioso; accoglienza umanitaria ed integrazione sociale dei migranti; organizzazione e gestione di attività sportive dilettantistiche; beneficenza, ecc. (v. art. 5 cts). Non è escluso che l'ente possa comunque svolgere anche attività diverse, purché esse siano secondarie e strumentali – secondo taluni parametri normativi di riferimento – rispetto alle attività di interesse generale e consentite dall'atto costitutivo o dallo statuto. Lo stesso Stato, normalmente direttamente impegnato nella realizzazione di politiche pubbliche per mezzo di proprie articolazioni di diritto amministrativo, può far ricorso a forme di partenariato con gli ETS (secondo lo schema degli accordi di **partenariato pubblico-privato**) per realizzare interessi generali (v. Corte Cost. n. 52/2021). Si pensi, ad esempio, alla realizzazione delle politiche contro la povertà o per l'assistenza a fasce deboli della popolazione. Queste possono essere direttamente assicurate dall'azione dei privati tramite gli ETS, sovente ben radicati nel territorio e dunque più efficienti, secondo programmi ed obiettivi da essi concordati con il pubblico.

Destinazione del patrimonio

Tra le finalità e il patrimonio degli ETS è posto un **vincolo normativo di destinazione** (artt. 8 ss. cts). Non solo, infatti, coerentemente con le finalità della costituzione dell'ente del Terzo settore e della sua natura è vietata la distribuzione, anche indiretta, di utili e di ulteriori guadagni a fondatori o soggetti associati o componenti dell'ente, ma il patrimonio degli ETS e le diverse entrate (ad es. eventuali ricavi, rendite, proventi, ecc.) devono essere utilizzati per lo svolgimento dell'attività statutaria ai fini dell'esclusivo perseguimento di finalità civiche, solidaristiche e di utilità sociale. Un tale vincolo permane anche dopo l'estinzione o lo scioglimento dell'ente del Terzo settore, perché in tale ipotesi il patrimonio residuo è normalmente devoluto, previo parere positivo dell'autorità amministrativa, ad altri ETS secondo le disposizioni statutarie o dell'organo sociale competente o, in mancanza, alla Fondazione Italia Sociale (art. 9 cts). Gli atti di devoluzione del patrimonio residuo compiuti in assenza o in difformità dal parere dell'autorità amministrativa sono nulli.

CAPITOLO V
I BENI

SOMMARIO: 1. Le cose ed i beni. – 1.1. Caratteri delle *res* e funzione della categoria dei beni giuridici. – 2. I beni e le situazioni soggettive. – 3. Beni mobili ed immobili. – 3.1. *Segue*: altre classificazioni. – 4. Le connessioni tra beni. I frutti. – 4.1. Le pertinenze. – 4.2. Pertinenze, servitù, accessori, parcheggi. – 4.3. Le universalità. – 5. I beni immateriali. – 6. Il corpo umano. – 7. I beni pubblici. – 7.1. I beni culturali. – 8. La teoria dei beni alla prova delle trasformazioni della scienza e della tecnica.

1. *Le cose ed i beni*

Il passaggio dalla cosa al bene

La teoria dei beni è affrontata, tradizionalmente, come questione relativa all'individuazione delle entità che costituiscono la ricchezza dei consociati, e, nell'ottica del diritto privato, come problema di determinazione dei criteri che presiedono alla loro **rilevanza giuridica**. Dal punto di vista fisico e naturalistico, i beni sono sempre entità materiali; mentre per l'economia è bene qualsiasi oggetto disponibile in quantità limitata e utile alla soddisfazione di bisogni, elemento costitutivo di un fenomeno di mercato (produzione e scambio). Vedremo che per il diritto privato, invece, non necessariamente i beni, come individuati dalle diverse scienze, assurgono ad entità dotate del requisito della giuridicità. Si pensi a questo caso: per l'economia un organo umano (ad es., un rene) è bene economico, in virtù della astratta possibilità di cederlo dietro pagamento di un corrispettivo. È noto, viceversa, che il diritto vieta un tale scambio, anche penalmente: così non può essere riconosciuta tutela alle parti di questa operazione, e pertanto l'organo che ne è oggetto non potrà mai assurgere a bene in senso giuridico, pur essendolo in senso economico.

Il diritto non si limita a selezionare le entità cui attribuire rilevanza giuridica, ma ne considera l'aspetto dinamico, regolandone la **circolazione**. Alla tradizionale prospettiva statica di studio, quindi, si deve affiancare quella dinamica relativa alla disciplina della circolazione delle ricchezze. Anzi, quest'ultima deve riconoscersi come l'aspetto centrale della teoria dei beni giuridici, poiché si assiste ad un fenomeno di ricchezza solo se e nel momento, e nella misura in cui, le entità considerate diventano oggetto di sfruttamento, di utilità, di scambio tutelati dal diritto.

Relatività del concetto

Il concetto di bene giuridico, come molti altri concetti giuridici, è **relativo**. Esso rappresenta il frutto della valutazione che un dato ordinamento fa, in un dato momento storico, delle forme di ricchezza e delle entità da tutelare e delle utilità che da esse l'uomo può trarre. Così è ovvio che in un'economia preindustriale, ove la forma di ricchezza principale è la terra, la stessa concezione di bene in senso giuridico sarà modellata sulla forma giuridica che principalmente esprime la rilevanza e l'utilità di tale entità: il diritto di proprietà, in particolare su immobili. Con l'evoluzione della tecnica e dell'economia, le forme di ricchezza si diversificano e si raffinano.

Anche la nozione di bene risente di questo cambiamento. Vedremo così che, con il tempo, accanto ai classici beni (che altro non sono che le forme giuridiche della realtà materiale), consegnatici dalla tradizione giuridica legata ad un'economia preindustriale, compaiono **altri beni giuridici**, chiamati immateriali perché privi della corporeità dei primi. Beni, questi ultimi, frutto di un'evoluzione scientifica e tecnologica della realtà contemporanea e dell'economia industriale e postindustriale. In senso stretto, queste realtà incorporee non possono essere oggetto di un diritto di proprietà, ma tutt'al più di diritti ad essa strutturalmente simili, che, come il diritto di proprietà, offrono al titolare la garanzia giuridica dell'**uso esclusivo** di una determinata utilità. Il meccanismo che determina la rilevanza giuridica dei beni immateriali è, così, simile a quello che determina la rilevanza dei beni materiali. Se le entità corporee sono beni quando sono suscettibili di divenire oggetto di diritti reali, quelli immateriali lo sono quando sono suscettibili di divenire oggetto di diritti simili a quello di proprietà (ad es. i c.d. diritti di privativa di cui ci occuperemo più avanti).

La relatività storico-concettuale della nozione di bene si coglie nella definizione contenuta nel **codice civile del 1865** per il cui art. 406 erano beni "le cose che possono formare oggetto di proprietà pubblica o privata". Nel previgente ordinamento privatistico il criterio di selezione delle realtà rilevanti per il diritto era dunque più ristretto dell'attuale: solo l'idoneità a divenire oggetto del diritto di proprietà consentiva il passaggio di una cosa al rango di bene giuridico. Nel codice del 1942, invece, si fa riferimento generico ai "diritti", lasciando così intendere che anche cose che sono oggetto di diritti diversi da quello di proprietà possono divenire "beni" per il diritto.

La definizione normativa di bene

Il termine "beni" è utilizzato in diverse disposizioni del codice civile (v., ad es., artt. 177 s.; 187 s., 460, 674, 810 s., 2740, 2910, ecc.). Tuttavia una specifica definizione apparentemente generale di essi si trova solo nell'art. 810, in base al quale "sono beni le cose che possono formare oggetto di diritti".

La questione della corporeità dei beni

I problemi che l'attuale formulazione della disposizione pone sono diversi. In primo luogo, per definire il "bene", essa si serve di altri due concetti dei quali è necessario precisare il significato. Prima di tutto occorre capire ciò che si intende per "cosa" e per "oggetto di diritti" e in che rapporto logico stanno questi vari termini tra loro. Se, infatti, è "bene" la "cosa" che può formare "oggetto di diritti", bisogna chiarire in che momento tale "cosa" assurge a entità giuridica. In altri termini, si pone un problema di qualificazione concettuale e normativa.

Ad un primo sguardo parrebbe che la disposizione normativa in esame ponga una relazione biunivoca tra **cose** (intese secondo il linguaggio corrente come **porzioni della realtà materiale**) e beni, come se questi ultimi possano essere solo entità corporee. Se così fosse, potrebbero essere considerati ricchezze giuridicamente rilevanti, e quindi beni in senso giuridico, una costruzione, una bottiglia, l'energia, ecc.; non lo sarebbero una canzone, una poesia, un'idea, una notizia, perché privi del requisito della corporeità tipica delle cose. Eppure, la disciplina positiva di alcune di queste ultime entità dimostra come abbiano particolare rilevanza giuridica anche forme di ricchezza non dotate del requisito della corporeità: si pensi ad una canzone, l'utilizzo economico e l'originalità della quale sono tutelati dalle norme sul diritto d'autore che assicura al titolare l'esclusivo sfruttamento delle utilità da essa ritraibili. È chiaro, dunque, che per il diritto vengono in considerazione come oggetto di diritti anche cose non materiali. Pertanto, si deve ipotizzare che il concetto di "cosa" non coincide con quello di bene giuridico (che è più ampio); o che, comunque, esso non è utile, se fatto coincidere con le entità dotate di corporeità, ad individuare il concetto di bene in senso giuridico.

È stato questo il motivo per il quale taluni hanno interpretato in senso lato il concetto di "cosa" contenuto nell'art. 810, sì da renderlo comprensivo delle realtà corporee e di quelle incorporee. Altri, invece, hanno mantenuto il significato limitato del termine: alcuni tra essi hanno così concluso che quando si parla di «beni immateriali» e di «**proprietà intellettuale**» si utilizzano i relativi termini in senso traslato e non tecnico, perché beni in senso proprio sarebbero solo le entità materiali che rientrano nella previsione di cui all'art. 810. Solo in relazione ad esse, infatti, si applica l'apposita disciplina codicistica generale relativa ai beni contenuta nel Libro III. Per le altre ricchezze l'uso del termine bene non serve ad inquadrarle all'interno di una categoria sottoposta ad una apposita disciplina generale, ma solo a sottolineare l'affinità teorico-concettuale delle loro forme di tutela con la tutela propria dei beni in senso stretto. Quella dei "beni", in altri termini, quando comprende anche entità immateriali, è una categoria meramente dogmatica, non normativa.

Pur mantenendo il significato ristretto del termine "cosa" è preferibile considerare l'art. 810 come non esaustivo della definizione giuridica di bene, ma semplicemente indicativo del meccanismo giuridico-formale attraverso il quale una qualsiasi entità acquista rilevanza di bene per il diritto. Siano esse porzioni della realtà materiale o entità non corporee, infatti, si deve ritenere che quando determinate entità possono essere oggetto di un'appropriazione tutelata dall'ordinamento (attraverso situazioni giuridiche che ne garantiscono l'attribuzione esclusiva ad un soggetto), l'entità in questione assurge al rango di bene giuridico in senso proprio. Per le porzioni della realtà materiale questo meccanismo è consacrato dall'art. 810, il quale assume, allora, il valore di delimitare alle cose materiali l'ambito di applicazione delle norme del Libro III. Per le entità immateriali si ritiene che il meccanismo sia lo stesso di quello di cui all'art. 810: divengono beni in senso giuridico quando esse possono essere oggetto di una forma di appropriazione tutelata con la previsione di specifiche tipologie di diritti soggettivi.

I beni immateriali

I beni immateriali rappresentano, pertanto, la forma giuridica di entità caratterizzate dall'incorporeità. Essi non esistono *in rerum natura*, ma sono il frutto di creazioni dell'intelletto umano: si tratta, ad es., dei marchi, delle invenzioni industriali (come un modello di videotelefono), delle opere dell'ingegno (ad es., un film o una canzone) e di altre entità più recenti frutto dell'evoluzione della tecnica. Mentre le cose materiali vengono trovate dall'uomo, quelle immateriali vengono create dall'uomo. Per questo, in base all'art. 45 c.p.i. non sono considerate invenzioni le scoperte (cioè la mera comprensione di ciò che avviene in natura).

Caratteri dei beni immateriali

Nei beni immateriali ricorrono due profili riferibili alle entità che li caratterizzano:

a) **intellettualità**: alla base del bene immateriale si colloca necessariamente un'idea creativa. In altri termini, il bene immateriale è una creazione di natura intellettuale, frutto dell'intelletto umano (c.d. *corpus mysticum*). La giurisprudenza ha precisato che essa non può, tuttavia, limitarsi ad essere un'elaborazione dell'intelletto, ma deve rappresentare un *novum* personale rispetto alle creazioni preesistenti, originale anche se modesto;

b) **riproducibilità**: la creazione intellettuale, così configurata, deve essere idonea ad estrinsecarsi in un *quid* di materiale e di tangibile, non potendosi tutelare semplici idee. Essa deve, in altri termini, poter essere riprodotta in una serie indefinita di esemplari concreti (*corpus mechanicum*). Classico esempio è quello della canzone, che può essere riprodotta un numero indefinito di volte.

Se il diritto di proprietà, come vedremo, attribuisce al titolare la facoltà di godere e disporre in modo pieno ed esclusivo della cosa, il **diritto d'autore** sulle opere di ingegno e il **brevetto** sulle invenzioni industriali, attribuiscono al titolare un'esclusiva in ordine alla possibilità di sfruttare economicamente la creazione secondo uno **schema appro-**

priativo non dissimile da quello proprietario. Rimandando ad altra sede un più approfondito discorso sulla disciplina del diritto d'autore e del brevetto, vale qui la pena ricordare, tuttavia, come per le opere letterarie, musicali, figurative e cinematografiche, il diritto d'autore tutela non solamente l'interesse del titolare a sfruttarle economicamente (**diritto patrimoniale**), ma anche l'interesse ad essere riconosciuto quale autore dell'opera e tutelato nei casi di violazione della propria identità personale, onore e reputazione (**diritto morale**). In tal caso, tutela della persona (o della personalità) e disciplina della ricchezza si intrecciano, pur rimanendo aspetti distinti del medesimo fenomeno.

1.1. *Caratteri delle* res *e funzione della categoria dei beni giuridici*

Res e soggetti

Da quanto detto, possiamo già precisare la funzione dell'art. 810: grazie ad esso è possibile fornire una definizione di beni come **entità esterne** al soggetto, e ad esso collegate da una relazione giuridica di appartenenza esclusiva. La definizione contenuta nell'art. 810, allora, viene tradizionalmente riconosciuta come norma che presiede alla allocazione della ricchezza. Quest'ultima, quando esistente in misura tale da poter soddisfare i bisogni di una sola parte dei consociati, genera conflitti tra soggetti che intendono godere delle relative utilità. È a questo punto che il diritto interviene stabilendo chi, tra i consociati, possa trarne le relative utilità istituendolo titolare di una situazione soggettiva per cui l'entità contesa gli appartiene.

Caratteri delle *res* e oggettivizzazione giuridica

Una volta individuato il requisito dell'appartenenza come quello posto alla base del meccanismo di oggettivizzazione giuridica delle realtà (anche ideali), si possono ricavare una serie di caratteristiche affinché esse divengano oggetto di diritti.

Se è vero che il diritto ha lo scopo di risolvere i conflitti di attribuzione, possono formare oggetto di diritti solo le cose su cui sia immaginabile un conflitto siffatto. Perciò le cose esistenti in abbondanza dovrebbero essere escluse dal novero dei beni giuridici, in quanto carattere del bene in senso giuridico è la sua **limitatezza**. Le cose comuni a tutti (*res communes omnium*), presenti cioè in quantità sovrabbondanti rispetto ai bisogni di ognuno e della collettività, quali l'aria, la luce solare e l'acqua del mare, non sono beni in senso giuridico.

Allo stesso tempo se le entità debbono poter costituire punto di riferimento oggettivo di situazioni giuridiche che si esprimono in termini di appartenenza, esse devono essere materialmente **appropriabili** e, prima ancora, autonomamente individuabili (**isolabilità** o separabilità). Perciò si ritiene che non costituiscano beni i minerali che si trovano a profondità tale della terra da essere inaccessibili a qualsiasi forma di appropriazione, così come, ad es. i giacimenti su altri pianeti, ecc.

Beni e oggetto di diritti

Chiarita la portata del termine "cosa", per completare la ricostruzione del significato di bene in senso giuridico, l'attenzione deve ora spostarsi sul secondo carattere della definizione di cui all'art. 810, per cui sono beni le cose che "**possono** formare **oggetto di diritti**". Il diritto, mediante la previsione di situazioni giuridiche soggettive, appresta tutela formale agli interessi dei consociati. Pertanto, quando qualifica un'entità naturale alla stregua di un bene, considerandola riferimento oggettivo di una situazione giuridica, esso non fa altro che selezionare, tra le varie entità del reale, quelle suscettibili di costituire centro di interessi o *utilitates* per i soggetti. Si parla a tal proposito di **qualificazione** giuridica delle entità.

Dal momento che l'art. 810 parla di cose che "possono" essere oggetto di diritti che ne sanciscano la relazione di appartenenza esclusiva ad un soggetto, occorre individuare il significato da attribuire al termine "possono".

Innanzitutto il termine va inteso come **possibilità giuridica** di divenire oggetti di diritti: in tal modo, il concetto di possibilità concorre ad operare la selezione delle cose qualificabili come beni. Certamente non saranno beni le cose che la legge vieta, per ragioni etiche, morali, religiose, ecc., possano formare oggetto di diritti di stampo proprietario (è il caso, ad es., delle parti del corpo umano): così operando si sottraggono determinate cose dal fenomeno della circolazione giuridica.

Si aggiunga a ciò un ulteriore elemento di riflessione. Abbiamo visto che, per il passaggio di una cosa al rango di bene in senso giuridico, la prima deve possedere alcuni caratteri naturali quali l'appropriabilità, la individuabilità e la presenza limitata in natura. Si potrebbe obiettare che concepire in senso meramente giuridico-formale la possibilità delle cose naturali di divenire oggetto di diritti, dovrebbe rendere meno rilevante alcuni tra tali caratteri naturali della cosa (come, ad es., il requisito della limitatezza). Ma questa conclusione trascurerebbe il fatto che alcuni caratteri naturali sono comunque il presupposto imprescindibile ed implicito per la configurabilità di un diritto soggettivo che abbia ad oggetto una cosa determinata. In ogni caso, poi, tramite le regole giuridiche, il legislatore disciplina sempre fenomeni reali, sicché egli non può prescindere completamente da quelli che sono i caratteri e le esigenze di normazione della realtà sulla quale va ad incidere (e difficilmente si può sostenere che per cose che non danno luogo a conflitti di appropriazione, perché presenti in sovrabbondanza rispetto alle richieste umane, sia richiesta una disciplina, tipica dei beni, con forme di tutela *erga omnes* dell'uso esclusivo di esse).

Infine, la possibilità giuridica di divenire oggetto di diritti, indica che, per essere considerata un bene, la cosa non deve essere necessariamente oggetto di un diritto che **attualmente** insiste su di essa, ma è sufficiente che lo sia potenzialmente. Perciò sono considerate beni anche le cose che, al momento, non appartengono a nessuno (*res nullius*), le quali, però, grazie all'occupazione, possono divenire oggetto di un diritto di proprietà.

2. *I beni e le situazioni soggettive*

Per definire e tutelare la relazione tra un soggetto ed un dato bene giuridico, l'ordinamento utilizza solo alcune delle tante tipologie di situazioni soggettive esistenti.

La principale distinzione da operare è quella tra **diritti assoluti e relativi**.

Beni, diritti assoluti e diritti relativi

Con riferimento al diritto di credito, si potrebbe pensare che la **prestazione**, in quanto oggetto di quel diritto, sia un bene in senso giuridico. Lo stesso diritto di credito sarebbe, per alcune tesi, un bene in senso giuridico, perché esso circola (v. art. 1260 sulla **cessione del credito**) e, dunque, rappresenta una forma di ricchezza giuridicamente riconosciuta.

A ben vedere, però, il diritto di credito non è strettamente un bene giuridico: è una situazione giuridica che presiede alla circolazione della ricchezza, ma che non è di per sé idonea a rappresentare una relazione in termini di appartenenza tra una cosa e un soggetto (relazione che, come abbiamo detto, indica ciò che è bene per il diritto). Tale relazione di appartenenza è, in realtà, individuata da una **situazione giuridica assoluta** (diritto di proprietà o altro diritto reale) che ha come riferimento oggettivo la cosa. Il credito (almeno nelle **obbligazioni di dare**) è solo lo strumento attraverso il quale ottenere tale appartenenza.

Si faccia l'esempio delle obbligazioni pecuniarie: qui il diritto di credito consiste nella pretesa a che il debitore consegni al creditore una determinata somma di denaro. Fino all'adempimento, tale somma non appartiene al creditore, avendo questi solo un interesse, tutelato dal diritto di credito, ad ottenere la titolarità del (bene) denaro tramite il comportamento (la prestazione) del proprio debitore. Solo una volta che quest'ultimo avrà adempiuto la propria obbligazione (c.d. pagamento), il creditore acquisterà la proprietà del denaro, e quindi, si produrrà la relazione di appartenenza qualificata tra lui e quel determinato bene. Da tutto ciò si comprende come la prestazione oggetto del credito non può essere considerata un bene giuridico in senso proprio, a meno che non si voglia rimanere nell'ambito di una nozione meramente descrittiva comprendente qualsiasi forma di ricchezza.

Ma nemmeno è possibile riconoscere nello stesso diritto di credito un bene giuridico: il diritto soggettivo è la tecnica attraverso la quale l'ordinamento fa assurgere a bene giuridico un'entità fino a quel momento priva di tale connotazione giuridica; il diritto non può dunque considerarsi allo stesso tempo strumento di qualificazione di un'entità sul piano del diritto e bene giuridico esso stesso.

Beni e titoli di credito

Discorso a parte meritano i **titoli di credito**, i quali sono, invece, veri e propri beni mobili (documenti) che incorporano un diritto (sono perciò chiamati **beni di secondo grado**). I titoli di credito sono documenti formali (ad es., la cambiale, l'assegno) nei quali è indicata la prestazione che il soggetto debitore deve compiere a vantaggio del creditore (il pagamento di quella determinata somma di denaro). Essi si caratterizzano, rispetto a tutti gli altri tipi di documenti dai quali può risultare un credito, per essere oggetto di un'apposita disciplina circolatoria. Avremo modo di analizzare nella sede opportuna la tecnica di circolazione dei titoli di credito: qui è sufficiente anticipare come, per superare le complessità dell'ordinaria forma di trasferimento dei crediti, il legislatore ha escogitato il meccanismo dei titoli di credito, stabilendo che determinati documenti con specifiche caratteristiche, non avessero un valore meramente probatorio del credito da essi risultante, ma che tramite il loro materiale trasferimento avvenisse anche il trasferimento del credito ivi indicato, senza dover passare per la disciplina della cessione del credito di cui all'art. 1260 s. In linea generale con la ricezione del documento il soggetto instaura una relazione di appartenenza con il documento (quindi con una *res* materiale) e, contemporaneamente, acquista la titolarità del credito da esso risultante. Per questo si parla di beni di secondo grado, perché la proprietà di una cosa materiale (il documento) è necessaria ad ottenere la proprietà di un'altra cosa (il denaro), che però sarà acquisita dal creditore solo con il pagamento.

Dunque, la sola situazione soggettiva idonea alla qualificazione di un'entità in termini di bene giuridico, è quella dei **diritti assoluti**. Tra questi, in primo luogo, il diritto di proprietà: e infatti, per la qualificazione giuridica delle cose materiali non è necessario far riferimento ai diritti reali su cosa altrui, perché essi presuppongono comunque l'esistenza di un altrui diritto di proprietà sul bene, e quindi, logicamente, la qualificazione tramite il diritto di proprietà precede quella operata con il corrispondente diritto reale e rende superfluo far riferimento a quest'ultimo per verificare l'avvenuta oggettivizzazione giuridica della cosa.

Beni e diritti della personalità

Un discorso più complesso va fatto per i **diritti della personalità**. Ci si è chiesto se l'interesse protetto (l'onore, la reputazione, l'immagine, ecc.) assurga a bene giuridico, in ragione del fatto che la sua tutela passa attraverso situazioni soggettive assolute. Qualora si ritenesse che, ad es., tali attributi costituiscano l'oggetto di corrispondenti diritti della personalità, si potrebbe essere tentati a configurarli quali beni in senso giuridico. Ma è ben evidente come per i diritti della personalità non possa operare il meccanismo di oggettivizzazione previsto dall'art. 810. Innanzitutto onore, reputazione, immagine, ecc. non sono entità autonomamente individuabili e separabili dal soggetto, ma sono caratteri immanenti della sua persona, e quindi, su di essi non può essere esercitato un potere di appropriazione in senso stretto.

Inoltre, tali profili della personalità individuale sono stati esclusi da vicende di trasferimento della titolarità del diritto da un soggetto ad un altro e, pertanto, dal fenomeno della circolazione della ricchezza, in coerenza con la regola di non negoziabilità dei diritti della personalità. Questa prospettiva potrebbe essere riconsiderata, tuttavia, ove si dovesse ammettere una qualche forma di disponibilità del diritto, in termini, ad es., di cessione parziale del diritto, cessione temporanea dello stesso, sfruttamento economico da parte di terzi, dietro consenso del titolare.

Beni, diritti e azioni

A conclusione di questa breve panoramica di tipologie di diritti tramite i quali viene identificato un bene giuridico, un cenno va fatto all'art. 813 in base al quale "salvo che dalla legge risulti diversamente, le disposizioni concernenti i beni immobili si applicano anche ai **diritti reali** che hanno per oggetto beni immobili e alle **azioni** relative; le disposizioni concernenti i beni mobili si applicano a tutti gli altri diritti".

Un'interpretazione letterale della disposizione conduce alla conclusione che la legge equipara i diritti ai beni, stabilendo anche quali di essi siano disciplinati dalle regole relative ai beni immobili e quali da quelle relative ai beni mobili. Ma abbiamo visto come una siffatta conclusione va contro e svilisce il disposto dell'art. 810 che chiaramente segna una differenza tra bene e diritto. Una lettura che per esigenze di coerenza voglia salvare la suddetta distinzione, è quella che considera il riferimento dell'art. 813 agli "immobili" come riferimento improprio al diritto di proprietà su beni immobili. La disposizione è articolata come una sineddoche: fa riferimento alla cosa per indicare la complessa situazione giuridica proprietaria, ove la cosa altro non è che la parte oggettiva del diritto. Ciò si giustifica con un'antica tradizione romanistica che identificava il diritto di proprietà con la *res*.

È chiaro, dunque, che il concetto di bene non coincide con quello di diritto. Il diritto soggettivo è, anzi, lo strumento attraverso il quale una determinata entità assurge al rango di bene in senso giuridico.

Patrimonio

È utile, a questo punto, precisare che il concetto di bene, o di insieme di beni, non va confuso con quello di **patrimonio**: quest'ultimo indica un insieme composito di situazioni soggettive economicamente stimabili (appunto, patrimonialità) unificate dalla legge in considerazione della loro riconducibilità ad un soggetto o ad una destinazione unitaria.

Il concetto giuridico di patrimonio non coincide con quello di uso comune. Quest'ultimo, generalmente, fa riferimento ad un insieme di cose materiali che costituiscono la ricchezza di un soggetto. Per quanto non vi sia una definizione normativa di patrimonio, si ritiene che nel diritto civile il patrimonio non sia un aggregato di cose materiali, ma un fascio di rapporti giuridici. Esso comprende, pertanto, non solo crediti, ma **anche debiti**; le cose in esso presenti non vengono di per sé in considerazione in quanto beni, ma come oggetto dei diritti che sono propriamente gli elementi costitutivi del patrimonio. Così ricostruito, il patrimonio non è indicativo di ricchezza nel senso comunemente considerato, ma semplicemente di tutte quelle situazioni giuridiche riferibili ad un soggetto e stimabili in termini monetari (anche se, per avventura, esse fossero solo debiti). Questa precisazione, però, ci aiuta a comprendere che non fanno parte del patrimonio le situazioni soggettive non economicamente valutabili (e perciò non patrimoniali) come i diritti della personalità; o le mere speranze di acquisto di situazioni giuridiche.

Il patrimonio non è a sua volta bene giuridico. Esso, di per sé considerato, non è un'*universitas juris*, perché non gode di una disciplina che lo consideri unitariamente, ad es. nella sua circolazione. Non può dirsi, pertanto, che il soggetto è proprietario di un certo patrimonio (ancorché nel linguaggio comune si usi questa espressione), né che esso possa essere usucapito o essere oggetto di usufrutto.

3. *Beni mobili ed immobili*

La qualificazione di una cosa come bene precede l'individuazione della disciplina da applicare alle vicende giuridiche che hanno ad oggetto la cosa stessa.

La più importante distinzione operata dal codice civile è quella tra beni mobili e beni immobili, ai quali si affianca il peculiare regime dei beni mobili registrati.

I beni immobili nella classificazione del codice civile

In base all'art. 812 "sono **beni immobili** il suolo, le sorgenti e i corsi d'acqua, gli alberi, gli edifici e le costruzioni, anche se unite al suolo a scopo transitorio, e in genere tutto ciò che naturalmente o artificialmente è incorporato nel suolo. Sono reputati beni immobili i mulini, i bagni e gli altri edifici galleggianti quando sono saldamente assicurati alla riva o all'alveo e sono destinati ad esserlo in modo permanente alla loro utilizzazione. Sono mobili tutti gli altri beni".

In sostanza, quindi, sono immobili i beni **incorporati** al suolo, anche artificialmente o solo transitoriamente, di modo tale che non possano essere trasportati da un luogo all'altro senza alterazione della propria sostanza o senza previa separazione dal suolo.

L'art. 812 elenca i beni che devono considerarsi beni immobili ai fini dell'applicazione della relativa disciplina:

a) il **suolo** che costituisce bene immobile, comprende la parte esterna della superficie terrestre e quella immediatamente sottostante (**sottosuolo**) sino al limite della sua normale utilizzazione. Per dottrina e giurisprudenza non è bene immobile la **colonna d'aria** sovrastante, perché costituendo uno spazio indefinito e illimitato essa non può venire in considerazione come entità a sé stante, ma come luogo nel quale si collocano altre entità;

b) **sorgenti** e **corsi d'acqua**. Vi è a proposito da ricordare che in base al disposto dell'art. 144, d.lgs. n. 152/2006 "tutte le acque superficiali e sotterranee, ancorché non estratte dal sottosuolo, appartengono al **demanio dello Stato**". La legge disciplina il loro utilizzo secondo i principi di solidarietà e sviluppo sostenibile. In base al citato art. 144, infatti, "le acque costituiscono una risorsa che va tutelata ed utilizzata secondo criteri di solidarietà; qualsiasi loro uso è effettuato salvaguardando le aspettative ed i diritti delle generazioni future a fruire di un integro patrimonio ambientale";

c) **alberi** e piante in genere. Per il combinato disposto dell'art. 956, in base al quale "non può essere costituita o trasferita la proprietà delle piantagioni separatamente dalla proprietà del suolo" e dell'art. 812, che annovera gli alberi tra i beni immobili, si deve ritenere che, non potendo gli alberi piantati formare oggetto di un autonomo diritto di proprietà rispetto a quello sul suolo, essi non possono essere considerati quali cose oggetto di diritto e, quindi, beni in senso giuridico. In tal caso gli alberi vanno considerati una qualità del fondo cui accedono. Una volta separato dal suolo, invece, l'albero è un'entità autonoma suscettibile di essere oggetto di diritto autonomo e, quindi, bene giuridico. Esso è, in tal caso, un bene mobile, perché non unito al suolo (art. 812);

d) edifici e **costruzioni** in genere. Essi sono beni immobili se uniti al suolo anche solo a scopo transitorio (art. 812). L'unione consiste nella congiunzione materiale della costruzione al suolo tale da impedirne lo spostamento senza alterazione della sua sostanza;

e) mulini, bagni e altri **edifici galleggianti**. Essi sono da considerare beni immobili se rispettano due caratteristiche: siano assicurati saldamente alla riva o all'alveo; e lo siano in modo permanente. La diversa formulazione dell'art. 812 che non li elenca tra i beni immobili, ma tra quelli che, tramite una *fictio juris*, sono reputati beni immobili, si spiega con il fatto che, in effetti, da un punto di vista naturalistico tali beni sono mobili, perché una volta separati dal suolo possono essere spostati nello spazio mantenendo la loro sostanza.

I beni mobili

I beni mobili vengono, invece, individuati in via **residuale**: sono mobili tutti i beni diversi da quelli immobili, compresi quelli per i quali la classificazione come beni immobili appare dubbia o incerta.

La distinzione tra beni mobili e beni immobili deve ritenersi vincolante ed **inderogabile** per i privati, con la conseguenza che a questi ultimi non è concesso sottrarre un bene immobile alla sua disciplina per assoggettarlo a quella dei beni mobili.

Fondamentalmente tale distinzione rileva sul piano circolatorio (vicenda che, come già detto, riguarda in senso proprio il diritto che insiste sull'oggetto).

Forma degli atti e circolazione

Per i beni immobili è previsto un regime di **pubblicità dichiarativa**, che consiste nella trascrizione in **pubblici registri** degli atti traslativi o, più in generale, dispositivi (art. 2643), necessaria a risolvere controversie fra posizioni confliggenti tra coloro che vantano diritti incompatibili sullo stesso bene. A sua volta, l'esistenza di tale sistema di pubblicità presuppone che gli atti relativi a beni immobili siano muniti di **forma scritta** (art. 1350 in relazione all'art. 2657).

Diverso dai pubblici registri immobiliari è il **catasto** (fondiario per i terreni ed edilizio per i fabbricati), registro che ha una funzione esclusivamente fiscale e non rileva in materia di circolazione dei beni immobili, se non in quanto da esso può trarsi un indizio per la prova della proprietà dell'immobile. In esso gli immobili sono censiti sulla base di dati in base ai quali vengono calcolate le imposte sui redditi immobiliari.

Nel caso di beni mobili, invece, il criterio che presiede alla risoluzione dei conflitti cui può dare vita va ravvisato in una situazione di fatto quale è il **possesso**. La scelta è dovuta alla diversa consistenza numerica dei beni mobili, che sfuggono ad una registrazione generalizzata, oltre che alla tradizionale e superata idea di un loro minor valore socioeconomico, nonché all'esigenza di una maggiore celerità nella circolazione.

Ragioni e prospettive della distinzione

Da questo punto di vista, la trascrizione ed il possesso rappresentano le due diverse tecniche attraverso le quali l'ordinamento, con riguardo ora ai beni immobili, ora ai beni mobili, soddisfa e, in pari tempo, contempera le esigenze di certezza degli acquisti e di celerità negli scambi.

È poi opinione comune, come si è già accennato, che il diverso regime previsto per i beni immobili rifletta la loro considerazione in termini di maggiore importanza sul piano socioeconomico. In altre parole, il legislatore del 1942 avrebbe ritenuto che la ricchezza dei consociati dovesse essere individuata prevalentemente con riferimento ai beni immobili; da qui un sistema idoneo a favorire il controllo sulla loro circolazione. Si è soliti aggiungere che questa impostazione, probabilmente giustificata all'epoca in cui il codice civile entrò in vigore, ha perso oggi buona parte del suo significato, dal momento che l'importanza della proprietà immobiliare è andata progressivamente scemando a favore della ricchezza mobiliare: basti pensare al ruolo svolto oggi dalla proprietà azionaria e da quella industriale ed intellettuale (c.d. **mobilizzazione della ricchezza**). Si sostiene, pertanto, che alla tradizionale *summa divisio* proposta dal codice si sia sostituita quella tra beni per la produzione e beni di consumo (i quali ultimi ricevono oggi anche un'apposita previsione: cfr. art. 128 s. cdc).

Le energie

Il legislatore del 1942 ha ritenuto opportuno precisare all'art. 814 che le **energie naturali** si considerano **beni mobili** quando hanno valore economico. Come espressamente previsto dalla norma, le energie naturali (quelle derivanti dal vento, dall'acqua, l'elettricità, ecc.) sono beni materiali (e si veda anche l'art. 624 c.p. ai sensi del quale la sottrazione di energia elettrica, o di qualsiasi altra energia che abbia un valore economico, integra gli estremi del furto).

Si ritiene prevalentemente che tra le energie naturali prese in considerazione dalla norma non rientri l'energia umana (**lavoro**): ciò non solo perché il lavoro non è un'entità materialmente isolabile o separabile dall'uomo che la produce, ma anche perché il termine "naturali" utilizzato dalla disposizione in esame, lungi dal porre una distinzione tra energie naturali o artificiali, sta invece ad indicare tutte le energie (naturali ed artificiali) diverse da quella umana.

La ragione di un'apposita previsione nel codice del 1942, con riguardo ad una specifica porzione della realtà, delle condizioni per essere considerato un bene giuridico risiede prevalentemente nella necessità di eliminare ogni riserva riguardo la natura dell'energia della quale, specialmente nei primi anni che seguirono la diffusione dell'energia elettrica, veniva posta in dubbio addirittura la materiale consistenza. Dunque, l'art. 814 non vuole essere l'introduzione, per la particolare cosa energia, di requisiti speciali di oggettivizzazione giuridica: per essa valgono i requisiti presupposti dall'art. 810 affinché una cosa possa dirsi bene in senso giuridico; in particolare quello relativo alla autonoma individuabilità dell'energia rispetto ai contenitori che la racchiudono o ai materiali che la veicolano. Da qui l'idea che, al di là dell'energia elettrica, le altre energie non siano beni giuridici: si fanno gli esempi dell'energia cinetica; del calore che non sono separabili dal corpo.

Se l'energia è bene mobile consumabile, dunque, su essa può insistere un diritto di proprietà il quale circola attraverso contratti a prestazioni continuate (ad es., il contratto di somministrazione: art. 1559 s.), in forza dei quali si produce, in capo all'utente, un effetto traslativo quando l'energia viene prodotta e trasferita nel suo circuito di utenza. In questo momento, l'utente diviene titolare di un diritto di proprietà sul bene energia. Naturalmente, il proprietario sarà anche possessore del bene, e dunque, il fenomeno circolatorio dell'energia è disciplinabile anche con riferimento alle regole del possesso e tutelabile con le relative azioni. Pertanto, avverso il terzo che abusivamente sottragga l'energia dall'impianto dell'utente, quest'ultimo può esercitare **l'azione di spoglio**. Tale rimedio non soccorre, viceversa, nel caso di interruzione del servizio di somministrazione di energia elettrica perché l'energia ancora non immessa risulta non trasferita all'utente e, quindi non posseduta. In questo caso egli potrà agire contro il soggetto erogatore con le sole azioni concesse nel caso di **inadempimento contrattuale**.

Mobili registrati

Per alcune tipologie di beni mobili, (c.d. **mobili registrati**: navi, aerei, automobili) il codice civile (art. 2683) e le leggi speciali, data la loro ritenuta maggior rilevanza socioeconomica, il numero facilmente identificabile, e la necessità di rintracciare con certezza il proprietario in caso di responsabilità da fatto illecito, prevede un regime circolatorio in parte simile a quello dei beni immobili. Infatti gli atti relativi a tali beni vanno trascritti in pubblici registri istituiti *ad hoc* con gli stessi effetti stabiliti per i beni immobili (artt. 815, 2683).

La forma dell'atto che realizza la vicenda circolatoria non è necessariamente scritta: lo è per le navi e gli aeromobili (artt. 857 e 864); per gli autoveicoli, essendo necessaria la trascrizione al P.R.A. (Pubblico Registro Automobilistico) ai fini dell'opponibilità ai terzi, si deve ritenere che sussista un onere di forma scritta anche per l'atto relativo a diritti sugli autoveicoli: (art. 94, d.lgs. n. 285/1992, c.d. Codice della Strada). Si tenga presente, inoltre, che con il disposto del d.lgs. n. 98/2017 la carta di circolazione diviene il "documento unico" contenente i dati di circolazione e di proprietà degli autoveicoli, dei motoveicoli e dei rimorchi ricadenti nel regime dei beni mobili registrati, e nel quale vanno annotati i dati relativi alla sussistenza di privilegi e ipoteche e di provvedimenti amministrativi e giudiziari che incidono sulla proprietà e sulla disponibilità del veicolo. La norma cui fare riferimento, a proposito, è contenuta nell'art. 815 in base al quale "i beni mobili iscritti in pubblici registri sono soggetti alle disposizioni che li riguardano e, in mancanza, alle disposizioni relative ai beni mobili". Da ciò si evince che, in assenza di disposizioni derogatorie specifiche, i beni in questione sono sottoposti alla disciplina generale dei beni mobili. Ed è per questo che la giurisprudenza ribadisce che, ove non si sia proceduto alla dovuta registrazione del bene negli appositi registri, esso vada comunque disciplinato dal regime dei beni mobili.

Ulteriore peculiarità di questa tipologia di beni sta nel fatto che essi, conformemente alla previsione di un onere di registrazione, non soggiacciono alla regola del **possesso vale titolo**; l'usucapione si compie in dieci anni (c.d. usucapione abbreviata), salvo il caso in cui il possesso sia stato acquistato ***a non domino***, in buona fede, in virtù di titolo astrattamente idoneo al trasferimento della proprietà, debitamente trascritto (art. 1162), nel qual caso si usucapisce il diritto di proprietà in tre anni.

3.1. Segue: *altre classificazioni*

Oltre a quella tra beni mobili e beni immobili disponiamo di ulteriori classificazioni dei beni basate su caratteri intrinseci della cosa.

a) Cosa **generica** e cosa **specifica**: la cosa generica è individuata con riferimento ad un *genus* (ad es., tutto il vino ricavato dalle zone di produzione del Chianti nell'annata 1997). La cosa specifica è, invece, individuata in concreto (quella certa bottiglia del Brunello di Montalcino dell'annata 1997). La distinzione rileva in punto di disciplina del trasferimento di proprietà: non è infatti possibile trasferire la proprietà di una cosa generica, senza che abbia avuto luogo la sua individuazione (1378);

Cose generiche e cose specifiche

b) cosa **fungibile** e cosa **infungibile**: fungibile è la cosa che può essere sostituita con un'altra appartenente allo stesso genere; cosa fungibile per eccellenza è il denaro. Infungibile è la cosa che non può essere sostituita: ad es., quel determinato quadro del pittore Picasso.

Cose fungibili e cose infungibili

La distinzione rileva sul piano dei rapporti obbligatori e, in particolare, degli obblighi di restituzione discendenti da taluni contratti. Ad es., il mutuo è un contratto che ha ad oggetto una somma di denaro e, pertanto, il mutuatario è tenuto a restituire quella somma di denaro, ma non necessariamente proprio quelle banconote consegnategli dal mutuante (art. 1813). Viceversa, nel deposito e nel comodato il depositario ed il comodatario sono tenuti a restituire esattamente la cosa che avevano ricevuto, rispettivamente, in custodia ed in prestito (artt. 1766, 1803);

c) cosa **deteriorabile** e cosa **non deteriorabile**: deteriorabile è la cosa che può subire deterioramenti con il decorso del tempo, fino al suo perimento (ad es., un macchinario). La distinzione si avvicina a (ma non coincide completamente con) quella fra **cose consumabili** e cose **inconsumabili**, là dove per consumabile si intende la cosa che perisce immediatamente a seguito dell'uso (ad es., una partita di generi alimentari) o è destinata ad essere trasformata o incorporata (ad es., materiali da costruzione); mentre per inconsumabile si intende la cosa suscettibile di godimento ripetuto nel tempo, anche se ciò può provocarne un lento logoramento (ad es., un libro). Il perimento, come detto, deve essere istantaneo. E, infatti, l'art. 996 distingue le cose che "senza consumarsi in un tratto si deteriorano poco a poco" (cose deteriorabili) dalle cose consumabili (art. 995) che, appunto, si consumano in "un tratto". Tali distinzioni rilevano in materia di usufrutto (artt. 995, 996), di locazione (art. 1590), e di trasporto (art. 1690). In via generale, i beni consumabili non possono essere oggetto di contratti di godimento in senso proprio, dal momento che da questi ultimi nasce l'obbligo di conservare e di restituire il bene. Per questo si ritiene che i contratti di godimento che hanno ad oggetto beni consumabili realizzino il trasferimento del diritto di proprietà sul bene, in genere con l'obbligo di restituire altrettante cose della stessa specie e qualità;

Cose deteriorabili e cose non deteriorabili; cose consumabili e cose inconsumabili

d) cosa **divisibile** e cosa **indivisibile**: divisibile è la cosa suscettibile di formare oggetto di divisione (art. 720 s., ovvero art. 1112 s.), ossia a dar vita a più cose tra loro uguali o comunque tali da mantenere la

Cose divisibili e indivisibili

stessa destinazione d'uso della cosa divisa. Divisibile è, ad es., un appezzamento di terreno, così come può esserlo un appartamento. Indivisibile è, ad es., un animale vivo. È opportuno precisare che le due nozioni non si esauriscono all'interno di una dimensione puramente naturalistica della divisibilità e della indivisibilità, ma si estendono fino a ricomprendere il modo in cui in concreto la cosa è stata considerata dalle parti (art. 1316): così, per tornare ad uno degli esempi precedenti, due piani di un edificio, per volontà dei comproprietari costituenti un unico appartamento e collegati da una scala che assicura la stabilità dell'immobile, risulteranno in concreto indivisibili;

Cose semplici e cose composte

e) cosa **semplice** e cosa **composta**: semplice è la cosa unitariamente considerata e non suscettibile di essere divisa o comunque frazionata (ad es., una porta). Composta è la cosa formata da più elementi semplici, fra loro diversi, i quali perdono la loro individualità fondendosi in una cosa unitaria (caso classico è quello dell'automobile, formata da più cose semplici quali portiere, finestrini, pneumatici, ecc.);

Cose produttive e cose improduttive

f) cosa **produttiva** e cosa **non produttiva**: produttiva è la cosa che ha attitudine a produrre frutti. Su tale distinzione si innesta, ad es., la differenza fra due tipi contrattuali quali l'affitto (art. 1615) e la locazione (art. 1571).

4. *Le connessioni tra beni. I frutti*

Il diritto considera e disciplina le relazioni tra uomini. Anche quando si occupa delle *res*, pertanto, lo scopo finale è sempre quello di regolare rapporti tra uomini. Nel leggere la disciplina giuridica delle diverse ipotesi di rapporti tra cose (generazione, pertinenza, unità funzionale), quindi, è opportuno non dimenticare che essa è pur sempre dettata per risolvere conflitti soggettivi che possono riguardare le diverse *res*. Con questa consapevolezza ci serviremo anche noi delle frequenti espressioni del linguaggio giuridico corrente ove si parla di rapporti fra cose (ad es., il rapporto pertinenziale, su cui torneremo più avanti, è sovente definito in giurisprudenza come "rapporto economico e giuridico di strumentalità e complementarietà funzionale").

Come detto in conclusione del precedente paragrafo, determinati beni (c.d. cose-madri) hanno l'attitudine a generare altri beni (frutti) e sono chiamati, pertanto, beni produttivi. Esistono due categorie di frutti, in verità irriducibili ad una categoria generale se non per il fatto che, dal punto di vista economico, rappresentano una sorta di reddito, di utile economico ritraibile da un'altra cosa: i frutti naturali e i frutti civili (art. 820).

I frutti naturali

I frutti naturali sono quelli che "provengono direttamente dalla cosa, vi concorra o no l'opera dell'uomo" (art. 820, co. 1). Lo stesso codice fornisce un elenco esemplificativo di essi: prodotti agricoli, legna, parti degli animali, prodotti della miniere, delle cave e delle torbiere.

Abbiamo già detto che una cosa per poter divenire bene in senso giuridico deve essere autonomamente distinguibile dalle altre. In applicazione di questa regola implicita, il legislatore stabilisce che i frutti naturali diventano beni solo a seguito di separazione dalla cosa madre. Tuttavia di essi si può disporre come di **cosa mobile futura** (art. 820, co. 2; 1472, co. 1), anche se l'efficacia traslativa dell'atto dispositivo è subordinata, ancora una volta, alla separazione. E, infatti, considerati quale cosa futura, i frutti naturali sono oggetto di disposizione attraverso **negozi ad immediati effetti obbligatori** (ad es., il pagamento del prezzo), mentre il diritto di proprietà su di essi verrà acquistato dall'acquirente solo al momento in cui i frutti siano distinguibili come autonome cose rispetto a quella che li ha generati (ad es., i frutti rispetto all'albero): ciò avviene con la **separazione** (c.d. percezione, quando essa avviene ad opera dell'uomo); prima di allora i frutti pendenti (vale a dire quelli non ancora separati dalla cosa madre), non essendo cose, non possono essere considerati oggetto di autonomi diritti.

La proprietà dei frutti naturali

La disciplina dei frutti naturali ha proprio lo scopo di individuare il soggetto titolare del diritto di proprietà su queste nuove entità. In linea di principio, una volta che i frutti siano stati separati, la proprietà su di essi spetta al proprietario della cosa madre (art. 821, co. 1), il quale, eventualmente, è tenuto a rimborsare le spese fatte da colui al cui lavoro si deve la loro produzione (art. 821). Così, il proprietario del fondo acquista la proprietà dei frutti ancorché la loro maturazione sia dovuta ad altro soggetto che, senza titolo (ad es., senza un contratto di affitto del fondo) abbia con la propria attività lavorativa determinato quella produzione. Ciò significa che per l'acquisto della proprietà dei frutti, ed in assenza di diverso titolo, l'acquisto della proprietà di essi si realizza in ragione della proprietà della cosa madre, non in virtù del lavoro svolto dal mero possessore del fondo. In tal modo, come è stato detto, la norma risolve secondo una logica squisitamente proprietaria un'ipotesi di conflitto fra capitale e lavoro. Esistono, tuttavia, parziali deroghe a tale principio: così, ad es., l'art. 1148, in base al quale il possessore di buona fede fa suoi i frutti percepiti fino al momento della domanda giudiziale di rivendica della cosa-madre da parte del proprietario; v. anche la disciplina di alcuni dei c.d. frutti spontanei, vale a dire dei frutti che crescono spontaneamente nei fondi, come i tartufi, la cui raccolta è libera per chiunque anche se crescono in fondi privati non coltivati e non occlusi: art. 3, l. n. 752/1985. Naturalmente, come già detto, il proprietario può disporre dei frutti in favore di terzi. Costoro ne acquistano la proprietà con la separazione e sono anch'essi tenuti al rimborso delle spese in favore di colui che si è adoperato per la loro produzione.

Il rapporto di generazione diretta come base della nozione codicistica di frutto

L'elenco dei frutti naturali fornito dal codice non è tassativo: da ciò il problema di individuare un criterio generale che consenta di comprendere quali cose possano essere considerate o meno frutti naturali. La soluzione va fornita avendo presente che lo stesso codice civile richiede che tra cosa-frutto e cosa-madre vi sia un rapporto di **generazione diretta** (nel senso naturalistico). Pertanto, ad es., si è escluso che siano frutti naturali le cose prodotte nell'esercizio di un'impresa (nell'ipotesi che l'azienda potesse essere considerata, corrispondentemente, la cosa-madre), e, dunque, che esse appartengano al titolare dell'azienda in virtù dell'art. 821.

I frutti civili

I **frutti civili**, invece, sono "quelli che si ritraggono dalla cosa come corrispettivo del godimento che altri ne abbia" (art. 820). Si tratta, ad es., degli interessi dei capitali, dei canoni enfiteutici, delle rendite, del corrispettivo delle locazioni.

È opportuno precisare che il godimento di cui parla la legge può trarre origine ora da un atto di autonomia privata a ciò specificamente rivolto (si pensi, appunto, al caso del contratto di locazione), ora dall'esigenza di riattribuire ad un soggetto le utilità negategli dalla mancata utilizzazione di un bene (ad es., il mutuatario che tardi a restituire la somma avuta in prestito, sarà tenuto a corrispondere gli interessi legali anche se il mutuo era stato stipulato a titolo gratuito).

Il fatto che i frutti civili siano concepiti dal legislatore come remunerazione di un godimento, ha fatto discutere in relazione alla precisione della qualificazione legislativa delle **rendite** quali frutti civili. Le rendite, a rigore, sono corrispettivi del trasferimento di un bene o di un capitale (art. 1861), e questo dovrebbe valere ad escludere che possano essere propriamente considerate quali frutti.

I frutti civili si acquistano giorno per giorno, in ragione della durata del diritto (art. 821, co. 3).

La disciplina dei frutti

I frutti sono oggetto di una disciplina particolare in relazione a vari istituti del codice civile. Si vedano, ad es., tra gli altri: l'art. 464, per il quale "l'indegno è obbligato a restituire i frutti che gli sono pervenuti dopo l'apertura della successione"; l'art. 984, in base al quale "i frutti naturali e i frutti civili spettano all'usufruttuario per la durata del suo diritto"; l'art. 1312, in base al quale "il creditore che riceve, separatamente e senza riserva, la parte dei frutti o degli interessi che è a carico di uno dei debitori perde contro di lui l'azione in solido per i frutti o per gli interessi scaduti, ma la conserva per quelli futuri"; l'art. 1775, in base al quale "il depositario è obbligato a restituire i frutti della cosa che egli abbia percepiti"; l'art. 2033 per il quale chi ha eseguito un pagamento non dovuto ha diritto, oltre alla ripetizione di quanto pagato, anche "ai frutti e agli interessi dal giorno del pagamento, se chi lo ha ricevuto era in mala fede, oppure, se questi era in buona fede, dal giorno della domanda".

Notevole importanza riveste la disciplina dei frutti in materia di possesso, cioè di quella particolare situazione in cui si trova colui che **esercita** solo di fatto i poteri del titolare del diritto sulla cosa. In base all'art. 1148, il **possessore di buona fede** fa suoi i frutti naturali separati e quelli civili fino al giorno della domanda giudiziale (ovvero della notificazione della citazione). Egli, fino alla restituzione della cosa, risponde verso il rivendicante dei frutti percepiti dopo la domanda giudiziale e di quelli che avrebbe potuto percepire dopo tale data, usando la diligenza di un buon padre di famiglia (frutti percepibili o percipiendi). Se il **possessore è in mala fede** sarà tenuto a restituire i frutti dal giorno in cui ha iniziato a possedere la cosa-madre.

Possesso della cosa e proprietà dei frutti

Aspetto particolarmente delicato, a fronte dell'obbligo di restituzione dei frutti, è quello relativo alla loro **liquidazione** (dalla quale andrà detratto l'ammontare delle spese effettuate per la produzione dei frutti medesimi: artt. 1149 e 821). In proposito in giurisprudenza si precisa che l'obbligo di restituzione dei frutti della cosa da parte del possessore in favore del proprietario è un **debito di valore** relativamente ai frutti naturali, mentre costituisce **debito di valuta**, soggetto al **principio nominalistico**, in relazione ai frutti civili, costituenti il corrispettivo del godimento della cosa. Con la conseguenza che, ad es., nella determinazione della somma che il possessore di un fondo deve pagare a rimborso dei frutti naturali (c.d. **credito di fruttificazione**), si tiene conto anche della rivalutazione del credito.

4.1. *Le pertinenze*

Le pertinenze sono le cose destinate in modo durevole a servizio o ornamento di un'altra cosa dal proprietario di quest'ultima o dal titolare di altro diritto reale su essa (art. 817).

La tipica connessione che si instaura tra due cose presa in considerazione dall'art. 817 è chiamata **vincolo pertinenziale**. In base ad esso tra una cosa c.d. principale ed un'altra cosa (pertinenza) si instaura, appunto, un vincolo di subordinazione, il quale serve a migliorare il funzionamento (servizio) o ad incrementare la qualità estetica (ornamento) della prima. Al fine di individuare tra le cose un vincolo pertinenziale vero e proprio sono necessari alcuni requisiti oggettivi (due cose distinte; apporto di utilità tra cose; durevolezza del rapporto) e soggettivi (atto di destinazione del titolare di un diritto reale sulla cosa principale).

Le cose oggetto di un rapporto pertinenziale possono essere di qualsiasi tipo. Il codice precedente non conosceva la nozione di pertinenza, ma si limitava a prevedere la categoria più ristretta dei c.d. immobili per destinazione. In base all'ampiezza del dettato dell'art. 817, il vincolo pertinenziale può, invece, instaurarsi tra cose mobili o immobili,

Le cose con vincolo pertinenziale

qualunque ne sia il rispettivo valore. È addirittura possibile, quindi, che un bene immobile sia destinato ad essere pertinenza di un bene mobile. Il caso più conosciuto venuto all'esame di una giurisprudenza risalente è quello di una macchina industriale, di cui si è ritenuta fosse pertinenza un edificio non necessario per il funzionamento della prima, ma costruito al solo scopo di contenerla o proteggerla. Ma i casi più frequenti sono quelli di bene mobile destinato a ornamento o servizio di un bene immobile. Lo stesso codice prende in considerazione i casi delle scorte vive o morte (artt. 998 e 1640 s.), vale a dire cose utili allo svolgimento dell'attività che viene svolta sul fondo: il bestiame (esempio tipico di scorte vive) o gli attrezzi agricoli (tipiche scorte morte). Altrettanto importanti nella prassi sono i casi di un bene immobile destinato a servizio di un altro bene immobile: il caso più rilevante di pertinenze immobiliari è quello dei parcheggi.

Perché possa dirsi che tra due cose sussiste un vincolo pertinenziale è necessario che esse entità siano **individuabili** come entità distinte ed autonome. La pertinenza è cosa **utile**, ma non necessaria alla principale, nel senso che quest'ultima è idonea a svolgere le proprie funzioni tipiche anche in assenza della pertinenza. Detto altrimenti, la pertinenza, per poter essere tale, non deve essere una parte costitutiva della cosa principale, né nel senso di rappresentare un fattore della sua esistenza né un fattore del suo funzionamento (al quale può solo apportare un contributo migliorativo). Lo stesso vale per la pertinenza, la quale deve essere in grado di esistere e funzionare indipendentemente da un rapporto con un'altra cosa. L'impianto di riscaldamento e gli ascensori, per queste ragioni, sono considerati in giurisprudenza parti integranti dell'edificio e non pertinenze di esso.

Titolarità dei diritti sulle cose oggetto di rapporto pertinenziale

Il vincolo tra le cose, per poter rivestire un carattere propriamente pertinenziale, deve essere instaurato da un **soggetto legittimato** (proprietario o titolare di altro diritto reale sulla **cosa principale**).

In assenza di un'apposita previsione normativa, si ritiene che non sia necessario che il titolare del diritto reale sulla cosa principale sia titolare anche del diritto reale sulla cosa adibita a pertinenza. Tuttavia, in base all'art. 819, la destinazione di una cosa al servizio o all'ornamento di un'altra non pregiudica i diritti preesistenti su di essa a favore di terzi, purché riconoscibili dagli altri consociati, cioè a loro opponibili, a tutela dell'affidamento in loro generato dalla situazione di servizio. Ne deriva che, anche ad ammettere che chi non è titolare di diritti sulla cosa servente possa comunque instaurare il vincolo pertinenziale con una cosa nella propria titolarità, la cosa può essere rivendicata dal legittimo titolare facendo in tal modo cessare il vincolo pertinenziale di fatto instaurato.

La giurisprudenza, più drasticamente, ritiene che il vincolo pertinenziale non può essere instaurato neanche di fatto da chi non ha diritti sulla cosa servente perché, come atto abusivo, non può essere riconosciuto e tutelato dall'ordinamento. Dello stesso avviso sono quelle teorie che fanno leva sul principio per cui *nemo plus iuris transferre potest quam ipse habet*: perché possa operare il particolare regime circolatorio delle pertinenze il titolare della cosa principale deve essere anche titolare della cosa accessoria. Sia che si intenda il vincolo pertinenziale come realmente esistente o come meramente apparente, in via eccezionale, ed a tutela dell'affidamento generato nei terzi acquirenti del bene principale, l'art. 819 prevede espressamente che nel conflitto tra costoro e i titolari del diritto sulla pertinenza, prevalgano i primi quando concorrono tre situazioni: siano essi in buona fede; il bene principale sia un immobile o un bene mobile iscritto in pubblici registri; manchi un atto scritto dal quale risulti il diritto sulla pertinenza avente data certa anteriore. A dirimere il conflitto negli altri casi valgono le tradizionali regole per la soluzione dei conflitti generati dalla circolazione dei beni immobili (trascrizione) e mobili (possesso vale titolo).

Il rapporto pertinenziale deve inoltre essere **durevole**, ovvero deve garantire il soddisfacimento di un interesse non transitorio connesso all'uso della cosa principale.

Effettività della destinazione

La nascita del vincolo, pertanto, è da ricondurre alla **volontà** del proprietario della cosa principale alla quale si deve accompagnare, tuttavia, **l'effettiva destinazione** della cosa a servizio o ornamento di un'altra: il vincolo deve sussistere in concreto, essere cioè effettivo, indipendentemente da particolari requisiti formali e/o esteriori. Solo così si giustificherebbe la particolare disciplina degli artt. 818 e 819 che estendono alla pertinenza gli effetti della circolazione della cosa principale. Per la stessa ragione la giurisprudenza richiede che il vincolo sia attuale, non ritenendo sufficiente, ai fini della sua sussistenza e teorica possibilità che una cosa possa eventualmente servire ad un'altra. La concreta verificabilità del vincolo in questione è esigenza che nasce del fatto che da esso derivano rilevanti conseguenze in tema di circolazione della pertinenza, sì che i terzi devono poter essere effettivamente messi in condizione di conoscere il regime giuridico cui è sottoposto il bene.

Se è indubbio che alla base della **destinazione funzionale** deve esserci la volontà del soggetto legittimato (come emerge dal co. 2 dell'art. 817), discussa rimane la qualificazione dell'atto così posto in essere. Taluno parla di atto di disposizione, intendendo che la destinazione è effettuata tramite un negozio giuridico. Anche in relazione all'esigenza di certezza dei traffici giuridici e di una loro più facile verificabilità, è preferibile parlare di mero atto (o di «atto reale»). Ai fini dell'accertamento dell'esistenza del presupposto soggettivo del vincolo pertinenziale, accanto all'effettiva destinazione funzionale, è sufficiente l'accertamento di una cosciente volontà in quel senso orientata del titolare della cosa principale, senza che sia necessario indagare sulla rappresentazione e sulla volontà degli effetti che da tale destinazione derivano. Il che dovrebbe ulteriormente facilitare i terzi nella ricostruzione del regime da applicare al bene, dal momento in cui la verifica dell'effettiva destinazione esaurisce l'indagine sulla sussistenza dell'elemento soggettivo.

Le stesse considerazioni valgono a spiegare perché il vincolo pertinenziale cessi quando viene meno, anche indipendentemente da un'espressa manifestazione di volontà del proprietario della cosa principale, l'effettiva destinazione della pertinenza a servizio ed ornamento dell'altra cosa.

È discusso se il vincolo *de quo* abbia carattere di **esclusività**. Di fronte ad una posizione dei giudici oscillante, si deve ritenere che una medesima cosa possa essere destinata a servizio o ornamento di più cose principali appartenenti a diversi proprietari, compatibilmente con il requisito della sua effettiva utilizzazione come pertinenza.

La circolazione delle pertinenze

L'esistenza del vincolo pertinenziale rileva sul piano delle **vicende circolatorie**. In base all'art. 818 gli atti (ovvero i loro effetti giuridici) e i rapporti giuridici che hanno ad oggetto la cosa principale si estendono anche alle pertinenze se non è diversamente disposto. Ne deriva che il trasferimento del diritto sulla cosa principale comporta automaticamente anche il trasferimento del diritto vantato sulla pertinenza (*accessorium sequitur principale*).

È sempre possibile disporre autonomamente delle pertinenze, facendo così cessare il vincolo pertinenziale. Ma, naturalmente, perché il titolare della cosa principale e della pertinenza possa legittimamente disporre solo di quest'ultima, è necessario che egli non abbia alienato prima la cosa principale. Inoltre, l'accordo delle parti può naturalmente prevedere che oggetto della vendita sia solo la cosa principale, restando nella disponibilità del proprietario-venditore di questa la titolarità della pertinenza, anche nella prospettiva di trasferirla autonomamente ad altro acquirente. Difatti, salvo diversa previsione contrattuale, il terzo acquirente della cosa principale acquista automaticamente anche la pertinenza. In tal caso il primo titolare non può legittimamente trasferire la pertinenza perché il diritto su essa è ormai uscito dal proprio patrimonio. Ciò è ribadito dall'art. 818, co. 3 secondo il quale la cessazione del vincolo pertinenziale non può essere opposta a chi, prima di quel momento, ha acquistato la cosa principale, perché *ex lege* ha acquistato anche i diritti sulla pertinenza.

La previsione normativa deve essere adattata al regime generale della circolazione dei beni che, come detto, per i beni immobili ha il suo cardine nel sistema della **trascrizione** (art. 2643 s.) e della forma scritta *ad substantiam*, e, per i beni mobili, nella regola del **possesso vale titolo** (art. 1153).

Per quanto riguarda il trasferimento di diritti sulle **pertinenze immobiliari**, visto che la circolazione dei diritti sulla pertinenza avviene *ope* *legis*, si ritiene non sia necessaria la forma scritta *ad substantiam*. Allo stesso modo, taluno ritiene che la trascrizione dell'atto di trasferimento della proprietà della cosa principale valga come trascrizione anche del trasferimento dell'immobile-pertinenza, perfino se il trasferimento di quest'ultima non compare espressamente nell'atto di alienazione della cosa principale trascritto. Ma questa tesi suscita qualche perplessità se solo si considera che per le vicende relative ai beni immobili il nostro ordinamento ha appositamente previsto un sistema di pubblicità svincolato dal mero possesso o dal loro materiale impiego. La condizione giuridica (titolarità e regime) di un bene immobile può emergere solo dai registri immobiliari e dalle trascrizioni ivi operate di atti scritti. D'altra parte una cosa è l'acquisto della titolarità del diritto sul bene, che può anche avvenire automaticamente *ope legis*; altra cosa è l'opponibilità ai terzi di tale acquisto, che, nel caso di immobili, necessita della trascrizione di un atto scritto che attesti (quando non realizzi) tale acquisto.

Un consolidato orientamento estende la previsione anche agli **acquisti a titolo originario** del diritto sulla cosa principale, ai quali fa conseguire l'acquisto del diritto anche sulle pertinenze. Così si ritiene che l'usucapione del diritto di proprietà sulla cosa principale, faccia acquistare il diritto di proprietà anche sulle sue pertinenze, indipendentemente dal fatto che esse siano state oggetto di possesso *ad usucapionem*. Ad ogni modo è pur sempre richiesta, ai fini della permanenza o esistenza del vincolo pertinenziale, l'effettiva utilizzazione della pertinenza.

4.2. *Pertinenze, servitù, accessori, parcheggi*

Vincolo pertinenziale e altri vincoli

Il vincolo pertinenziale **si instaura tra cose**, nel senso che una è destinata ad apportare utilità all'altra, e non al proprietario (il mutamento della figura del quale, quindi, è di per sé inidoneo a far venir meno il vincolo).

Questa particolare relazione tra cose crea il problema di distinguere, per un verso, il vincolo pertinenziale da quello di accessorietà e, per altro verso, da quello di servitù.

Pertinenze e servitù prediali

Come il rapporto pertinenziale, anche le **servitù prediali** instaurano tra due cose un vincolo di subordinazione funzionale. In base all'art. 1027 la servitù prediale consiste nel peso imposto sopra un fondo per l'utilità di un altro fondo appartenente a diverso proprietario. Di tutta evidenza, però, sono le diversità tra le due ipotesi. Le servitù prediali, a differenza dei vincoli pertinenziali, si instaurano solo tra beni immobili; questi ultimi devono appartenere a diversi titolari; ed il vantaggio arrecato al fondo dominante può anche non essere attuale ma futuro (art. 1029).

Esse, soprattutto, comportano una limitazione del diritto di proprietà del proprietario del **fondo servente** attraverso la costituzione in capo al proprietario del **fondo dominante** di un diritto reale minore. Quest'ultimo è una vera e propria figura di diritto soggettivo assoluto, con tutto ciò che ne deriva in termini di disciplina e forme di tutela, che nulla ha a che vedere con la qualificazione di vincolo di natura reale con la quale sovente la dottrina si riferisce al vincolo pertinenziale, unicamente per indicare l'opponibilità *erga omnes* degli effetti che la circolazione del diritto sulla cosa principale comporta per la titolarità del diritto sulla cosa accessoria.

La differenza più rilevante risiede, però, in questo: nelle servitù prediali la destinazione funzionale, diversamente da quanto si è visto nel rapporto pertinenziale, è costituita solo coattivamente per decisione giudiziale, per contratto o acquistata per usucapione e destinazione del padre di famiglia (art. 1031); le vicende relative al diritto di servitù, inoltre, sono specificamente soggette alla disciplina della trascrizione (art. 2643, n. 4).

Pertinenze e accessori

Il rapporto di **accessorietà** tra cose (diverso da quello tra diritti) indica il vincolo di subordinazione di una cosa rispetto ad un'altra. Il codice civile elenca separatamente gli accessori e le pertinenze (ad es., all'art. 1477 quando, per il contratto di vendita, stabilisce che la cosa venduta deve essere consegnata unitamente agli accessori, le pertinenze e i frutti dal giorno della vendita; all'art. 1617 quando, nel dettare gli obblighi del locatore prevede quello di consegnare la cosa, con i suoi accessori e le sue pertinenze in istato da servire all'uso e alla produzione a cui è destinata; all'art. 2919 in tema di estensione del pignoramento, ecc.). Su questo presupposto, e su quello che esistono ipotesi di subordinazione funzionale tra cose non pienamente riconducibili alla figura delle pertinenze, si deve distinguere tra vincolo di **accessorietà** (ossia vincolo di subordinazione funzionale in quanto tale tra cose) e vincolo **pertinenziale** (ossia vincolo di subordinazione funzionale tra cose, durevole e imposto dal proprietario o dal titolare di altro diritto reale sulla cosa principale). Non manca chi, invece, sostiene che i due termini costituiscono un'endiadi: entrambi designerebbero un vincolo di subordinazione di un bene rispetto ad un altro. Le conseguenze delle due diverse interpretazioni sono evidenti. Nel primo caso i semplici accessori non sottostarebbero alla disciplina degli artt. 818 e 819 (se non, in virtù della espressa volontà negoziale delle parti); nel secondo caso, invece, essi parteciperebbero di tale disciplina. Dal momento che, in base all'art. 817 i presupposti dell'esistenza del vincolo pertinenziale non si riducono al solo vincolo di subordinazione tra cose, ma presentano ulteriori elementi oggettivi e soggettivi, si deve ritenere che tra la nozione di accessorio e quella di pertinenza non vi sia piena coincidenza, ma continenza. Le pertinenze indicano vincoli di accessorietà qualificati da ulteriori elementi.

Il vincolo di parcheggio

Una particolare tipologia di vincolo pertinenziale ricorre nel caso dei parcheggi. La legislazione speciale ha introdotto un'articolata disciplina dei parcheggi. **I parcheggi Ponte** (così chiamati perché disciplinati dalla c.d. l. Ponte n. 765/1967) sono i posti auto realizzati negli edifici a partire dal 1° settembre 1967. Da questa data è diventato obbligatorio dotare di parcheggi tutte le nuove costruzioni, con una proporzione di almeno un metro quadrato di parcheggio per ogni 20 metri cubi di costruzione. La giurisprudenza ne ha ricavato l'indissolubilità del vincolo pertinenziale, con il conseguente divieto per il costruttore di concedere separatamente dalla proprietà dell'abitazione la proprietà o, comunque, il diritto reale d'uso del posto auto. Superando tale costante orientamento giurisprudenziale, la l. n. 246/2005 consente di vendere i parcheggi separatamente dalle abitazioni, riportando la loro disciplina sotto la previsione generale dell'art. 818, co. 2 e consentendo, quindi, una loro autonoma circolazione (c.d. **parcheggi liberi**). Tale previsione è stata però limitata dalla giurisprudenza di legittimità ai parcheggi realizzati successivamente all'entrata in vigore della summenzionata l. n. 246/2005 o, per quella data, non ancora venduti ai proprietari degli appartamenti, ritenendo tuttora esistente per i parcheggi venduti a terzi anteriormente un vincolo pertinenziale *ex lege*, indisponibile, a vantaggio del proprietario degli appartamenti che mantiene un diritto d'uso.

I parcheggi Tognoli (così chiamati perché previsti dalla c.d. l. Tognoli n. 122/1989, più volte modificata e da ultimo dal d.l. n. 212/2014) sono invece quelli costruiti nel sottosuolo o al piano terreno degli edifici. L'esclusiva destinazione a parcheggio è immodificabile; e la proprietà dei suddetti parcheggi può essere trasferita, anche in deroga a quanto previsto nel titolo edilizio che ha legittimato la costruzione e nei successivi atti convenzionali, solo con contestuale destinazione del parcheggio trasferito a pertinenza di altra unità immobiliare sita nello stesso Comune. Viceversa, i parcheggi realizzati, nell'ambito del programma urbano dei parcheggi, su aree comunali o nel sottosuolo delle stesse e destinati a pertinenza di immobili privati, a pena di nullità del relativo contratto non possono essere ceduti separatamente dall'unità immobiliare alla quale sono legati. Pertanto, con riguardo ad essi permane l'eccezione al regime di cui all'art. 818, co. 2 e l'indisponibilità del vincolo pertinenziale.

4.3. *Le universalità*

È considerata universalità di mobili la pluralità di cose che appartengono alla stessa persona e hanno una destinazione unitaria (art. 816).

Universalità di fatto e universalità di diritto

L'universalità di mobili è un fenomeno di unificazione di una pluralità di beni avente il proprio fondamento in una **situazione di fatto** (***universitas facti***), o, detto altrimenti, una pluralità di cose semplici che mantengono la loro autonomia anche se considerate come parti di un insieme (c.d. *corpora ex distantibus*). Tipici gli esempi del gregge e della biblioteca.

Quando si parla dell'universalità di mobili come *universitas facti*, si vuole sottolineare la differenza di essa dalle c.d. ***universitas juris***. Queste ultime indicano un insieme di elementi (non necessariamente solo beni) destinati ad una funzione unitaria dalla stessa **legge**. Di contro, nel caso delle universalità di fatto, la destinazione unitaria dei beni deriva da una condizione di fatto.

Nel caso delle universalità di mobili, l'unificazione non consiste nel compimento, da parte del titolare, di un apposito e formale atto di destinazione dei singoli beni ad un fine unitario: è sufficiente che, nella considerazione socio-economica, le cose siano percepite come unico insieme perché aventi una funzione economica o materiale comune.

Tipico esempio di universalità di diritto è **l'eredità**. In essa, però, a venire in considerazione unitariamente ad opera della legge, non sono solo le cose, e quindi i beni, ma la totalità dei rapporti che facevano capo al *de cuius*, vale a dire il patrimonio del defunto.

Circolazione e tutela dell'universalità di fatto

Scopo principale dell'individuazione normativa della figura dell'universalità di mobili è quello di consentire che la circolazione del complesso dei beni in quanto tale sia sottratto al regime di circolazione dei beni mobili. Quest'ultimo, infatti, quanto a presupposti di validità degli atti di disposizione, è assai meno rigoroso di quello dei beni immobili: ciò spinse il legislatore a prevedere per l'insieme di beni mobili a destinazione unitaria (che ha indubbiamente un valore superiore anche a quello della somma del valore dei singoli beni che lo compongono), un regime di circolazione solenne. Per queste ragioni, spesso, il codice civile estende all'universalità di mobili la disciplina dei beni immobili (ad es., l'art. 1160 in tema di usucapione e l'art. 1170 in tema di possesso).

In modo specifico, i beni facenti parte dell'universalità circolano in maniera unitaria: è, infatti, l'insieme dei beni in quanto tale ad essere oggetto dell'atto di disposizione. Naturalmente, è possibile che le singole cose circolino autonomamente e separatamente (art. 816, co. 2).

Caratteri dell'universalità di fatto

Perché possa applicarsi la disciplina dell'universalità di mobili sono necessarie tre condizioni:

a) deve trattarsi di un insieme di **beni mobili** (eventualmente anche non appartenenti allo stesso genere) ciascuno dei quali continua a mantenere una sua propria ed **autonoma funzione** ed è quindi potenzialmente in grado di circolare autonomamente. Per queste ragioni, in giurisprudenza, si è escluso che un'enciclopedia redatta in più volumi possa essere considerata un'universalità di mobili. Non avendo autentico valore i volumi autonomamente considerati, sarebbe assente l'individualità economica dei componenti l'insieme. Tale posizione, tuttavia, sembra considerare esclusivamente il solo profilo del normale valore oggettivo di mercato del bene, là dove, invece, dovrebbe considerarsi anche il valore economico che le parti attribuiscono al bene in ragione del fatto che per esso, in quanto utile a soddisfare un interesse anche non patrimoniale, taluno è disposto a pagare una determinata somma di denaro (art. 1174);

b) i beni devono appartenere allo **stesso proprietario**. Nonostante la lettera della legge (l'art. 816 parla di "appartenenza" alla stessa persona), il soggetto cui fa riferimento il medesimo art. 816 può essere titolare, indifferentemente, di un diritto di proprietà oppure di un diritto reale minore su di essi: ciò che conta è che egli abbia un titolo sui singoli componenti l'universalità;

c) essi devono avere una **destinazione unitaria**. Si discute in ordine alle modalità con cui tale unificazione funzionale può attuarsi. Nonostante alcune opinioni contrarie, si deve ritenere che la destinazione unitaria dei componenti l'universalità possa prescindere da un apposito atto del titolare dei beni risultando sufficiente la percezione sociale ed economica di un determinato insieme di cose mobili come complesso. A tale conclusione porta il rilievo che la "destinazione" dei componenti l'universalità (a differenza di quella delle pertinenze) non è oggetto di un'autonoma disciplina normativa e che, in particolare, l'art. 816 non prevede espressamente un atto di destinazione.

Titolarità dell'universalità nel suo complesso

Ma il fatto che l'opinione comune percepisca l'universalità come un'autonoma entità, non implica necessariamente che essa sia un autonomo bene anche per il diritto. L'universalità non è oggetto di un diritto autonomo e distinto rispetto a quelli che il soggetto titolare ha sui singoli beni che la compongono: là dove si individuasse l'esistenza di un diritto sull'insieme in quanto tale, dovrebbe conseguirne la configurazione di esso come autonomo e distinto bene giuridico rispetto a quelli che lo compongono. Dall'analisi della normativa si deve concludere che non esiste un autonomo e distinto diritto sull'universalità in quanto tale: il soggetto rimane titolare solo dei vari diritti sui singoli beni che la compongono. Quest'ultima è presa in considerazione dall'ordinamento solo al fine di indicare la particolare situazione di fatto nella quale possono trovarsi determinati beni mobili al fine di sottrarli parzialmente alla disciplina mobiliare.

5. *I beni immateriali*

Abbiamo già esaminato la genesi della categoria dei beni immateriali e delle due forme che tradizionalmente vi sono ricomprese (opere di ingegno ed invenzioni). Abbiamo poi detto che l'evoluzione di questa categoria segue il corso dell'evoluzione della tecnica e delle nuove tecnologie, sicché questa categoria, proprio perché espressione di fenomeni dell'era post-industriale, è, per definizione, categoria «aperta», suscettibile di continuo ampliamento. E dunque, accanto ai beni immateriali già disciplinati dal codice civile del 1942, oggi la nozione si è arricchita di nuove entità che si propongono per l'ingresso nel novero dei beni in esame.

I segni distintivi

Le prime discussioni sono nate attorno alla configurabilità quali beni immateriali dei **segni distintivi dell'impresa** (ditta, insegna, marchio) oggi disciplinati dal cpi.

La **ditta**, vale a dire il nome commerciale dell'imprenditore che lo contraddistingue nell'esercizio dell'impresa, non viene in considerazione quale entità a se stante oggetto di uno specifico diritto, quanto come qualità identificativa dell'imprenditore. Essa, pertanto, non può essere considerata bene giuridico. Il **marchio**, di contro, una volta registrato diviene oggetto di un diritto di uso esclusivo da parte del titolare di cui questi può disporre (art. 2569 e art. 20 cpi). Analoghe considerazioni valgono per l'**insegna**, cioè per il contrassegno che identifica i locali ove si svolge l'attività di impresa. Essa, infatti, può essere considerata oggetto di un autonomo diritto di uso esclusivo di cui il titolare può disporre.

Il *software*

Tra i nuovi beni immateriali si deve annoverare il *software*. Comunemente si intende per *software* un programma per elaboratore, ossia una serie di indicazioni o di istruzioni da utilizzare direttamente o indirettamente in un elaboratore (ad es., un computer) per lo svolgimento di determinate funzioni, quali, ad es., gestire la contabilità di un'impresa, oppure elaborare documenti (ad es., il testo di questo capitolo), oppure, ancora, assicurare il servizio di prenotazione su treni o aerei, ecc. Ad esso si contrappone usualmente l'*hardware*, cioè la macchina, l'apparecchiatura tecnologica materialmente considerata. Quest'ultima, quale cosa materiale rientra senz'altro nella definizione di beni di cui all'art. 810.

Il *software* presenta tutte le caratteristiche del bene immateriale: corrisponde ad un'idea creativa, è riproducibile in un numero indefinito di esemplari, ed è suscettibile di sfruttamento economico, in quanto chi mette a punto il programma può cedere a terzi – verso corrispettivo – il diritto di utilizzo. Si è così posto il problema di tutelare colui che crea ed elabora il programma per il computer.

Data l'assenza di una normativa specifica, ci si è chiesti, tra l'altro, quale tutela assicurare al produttore di fronte alla imitazione di videogiochi da parte di concorrenti. Inizialmente la giurisprudenza ha negato al *software* la natura di opera tutelata dal diritto d'autore, apprestando la tutela prevista per i casi di concorrenza sleale per imitazione servile o estendendo la tutela delle opere cinematografiche (sull'assunto che queste ultime dovessero comprendere non solo i film, ma ogni altra forma di rappresentazione grafica). Finalmente, la scelta legislativa è caduta sullo schema del diritto d'autore: il d.lgs. n. 518/1992 (sulla scorta della dir. n. 91/250) ha inserito nella l.a. una serie di disposizioni che estendono questo modello di tutela anche ai programmi per computer (v. art. 1, d.lgs. n. 518/1992), a condizione che i programmi per elaboratore, in qualsiasi forma espressi, siano "originali quale risultato di creazione intellettuale dell'autore". Naturalmente, in quanto in sé non originali e patrimonio di conoscenze condiviso, restano esclusi dalla tutela le idee e i principi che stanno alla base di qualsiasi elemento di un programma (art. 2, n. 8 l.a.). La disciplina particolare del *software* si ritrova, adesso, agli artt. 64 *bis*-64 *quater* l.a.

Ragioni e conseguenze dell'inserimento del *software* nel diritto d'autore

A rigore il *software* dovrebbe appartenere al novero delle invenzioni, perché consente di risolvere il problema tecnico del funzionamento delle macchine. Una scelta di politica legislativa ha tuttavia escluso la sua proteggibilità tramite lo strumento del brevetto, sia a livello internazionale (Convenzione sul Brevetto Europeo), sia nazionale. Infatti non sono considerate come invenzioni i programmi di elaboratore [ora art. 45 cpi, co. 2, lett. *b*)].

La scelta legislativa comporta talune significative conseguenze in quanto lo schema del diritto d'autore si cura solo dell'originalità dell'idea creativa, e non anche del suo contenuto applicativo. Ne consegue che sono sufficienti anche lievi differenze espressive fra due diversi programmi per ritenere sussistenti in entrambi un profilo di originalità e, pertanto, tutelarli in maniera autonoma. In altre parole, scegliendo di tutelare il *software* tramite il diritto d'autore, si è optato per una difesa della forma espressiva di esso (insomma, del linguaggio matematico utilizzato dall'elaboratore), lasciando ai terzi la possibilità di sfruttare liberamente il medesimo contenuto tecnico dell'idea (ovvero le soluzioni tecniche, gli espedienti, da essa apportate per rendere funzionante la macchina).

Per quanto riguarda il profilo contrattuale, nell'ambito del diritto dei consumatori, recentemente l'Unione europea ha emanato una direttiva sulla base della quale dovranno essere disciplinati dal legislatore nazionale determinati aspetti dei contratti di fornitura di servizi e contenuti digitali (dir. n. 770/2019). Essa mira ad introdurre alcune tutele per l'utente di prodotti tipici dell'economia digitale (come le applicazioni o le piattaforme digitali).

La banca dati

La natura di bene in senso giuridico è discussa anche riguardo la **banca di dati**, vale a dire per quella "raccolta di opere, dati od altri elementi indipendenti, sistematicamente o metodicamente disposti ed individualmente accessibili grazie a mezzi elettronici o in altro modo" (art. 1, co. 2, dir. n. 96/9 recepita con il d.lgs. n. 169/1999 che ha novellato la l.a.).

Si tratta di strumenti particolarmente utili e preziosi nell'odierna società dell'informazione. Basti pensare, per fare solo alcuni esempi, alle raccolte di giurisprudenza, in cui i singoli provvedimenti giurisdizionali vengono ordinati sulla base di vari criteri quali la pertinenza ad uno stesso argomento, ovvero la provenienza da una determinata autorità giudicante; oppure una banca di dati costituita dall'insieme degli elementi identificativi delle imprese che operano in un certo settore, o che esportano in un determinato paese, che impiegano abitualmente un certo prodotto, ecc.

La banca dati rappresenta il risultato di un lavoro di raccolta e disposizione di dati ed informazioni (in senso lato) che, singolarmente, possono essere acquisiti da chiunque: il «valore» della banca dati, quindi, risiede nel fatto che essa consente di acquisire determinate informazioni in maniera rapida ed efficiente, posto che queste ultime si presentano già ordinate secondo un certo criterio. La banca dati, pertanto, reca un valore in sé, superiore a quello rappresentato dalla somma dei suoi elementi costitutivi.

Si ritrovano, quindi, anche in questo caso, i tratti caratterizzanti i beni immateriali: l'intellettualità dell'idea creativa, la sua riproducibilità in supporti materiali da inserire nel commercio giuridico, la sua idoneità ad essere sfruttata economicamente.

Tutela della banca dati

In sede di conformazione degli strumenti di tutela il legislatore ha dovuto considerare le particolari caratteristiche che la banca dati presenta in quanto bene. La tutela della banca di dati si articola diversamente a seconda che essa soddisfi o meno il requisito della originalità (art. 1, co. 2, l.a.). Per quanto concerne l'originalità dell'idea creativa alla base della banca di dati, è opportuno precisare che deve anch'essa possedere i caratteri che contraddistinguono le opere dell'ingegno. Pertanto, per quanto piccolo, deve essere evidente il contributo personale dell'autore dell'opera che valga a distinguerla *ex aliquid novi* rispetto a quelle preesistenti. Per queste ragioni, se può trovare tutela una banca dati nella quale siano riportate le massime di giurisprudenza in tema di proprietà industriale dei giudici di legittimità dei paesi europei, non è suscettibile di tutela attraverso lo strumento del diritto d'autore l'elenco alfabetico degli abbonati alla rete telefonica nazionale. Nel primo caso, al suo artefice viene riconosciuto un diritto di utilizzazione economica ai sensi della l.a. d'autore (art. 64 *quinquies*): là dove, viceversa, la banca di dati sia priva del requisito della originalità ma abbia comportato investimenti rilevanti, al suo **costitutore** (*i.e.*, chi effettua investimenti rilevanti per la costituzione di una banca di dati o per la sua verifica o la sua presentazione, impegnando, a tal fine, mezzi finanziari, tempo o lavoro) viene attribuito il c.d. **diritto *sui generis***. Infatti, indipendentemente dalla tutelabilità della banca di dati a norma del diritto d'autore o di altri diritti, e senza pregiudizio dei diritti sul contenuto o parti di esso, al costitutore di una banca di dati viene riconosciuto il potere, per la durata e alle condizioni stabilite dalla l.a., di vietare le operazioni di estrazione ovvero reimpiego della totalità o di una parte sostanziale della stessa (art. 102 *bis* l.a.).

Come già osservato, il diritto d'autore di regola protegge solo l'originalità della forma espressiva, che, nel caso di specie, va identificata nella scelta o nella disposizione dei singoli elementi costitutivi della banca dati. Tuttavia, questo schema non si presta a tutelare il contenuto della banca di dati, nel senso che gli elementi costitutivi di quest'ultima resterebbero liberamente appropriabili ed acquisibili da parte di terzi. Proprio per ovviare a questo potenziale pregiudizio giuridico, che rischierebbe di vanificare totalmente lo sforzo creativo compiuto dall'autore e quello economico sopportato dal costitutore, all'uno e all'altro viene riconosciuto il potere di vietare operazioni di estrazione o riutilizzo del contenuto della raccolta, qualora tali operazioni investano la totalità ovvero una parte sostanziale della stessa (v. artt. 102 *bis*-102 *ter* l.a.).

Il *know-how*

Il ***know-how*** (letteralmente «sapere come») designa un complesso di informazioni segrete che ineriscono allo svolgimento di una determinata attività imprenditoriale. Ad es., l'insieme di conoscenze tecniche rilevanti in un processo produttivo, quali formule chimiche e/o accorgimenti tecnici (c.d. ***know-how* industriale**), oppure le tecniche di vendita proprie di un'impresa che produce determinati beni (c.d. ***know-how* commerciale**).

Dal punto di vista funzionale il *know-how* presenta alcuni tratti caratteristici di altri beni immateriali: infatti, esso si caratterizza sia per il fatto di consistere in un'attività creativa, sia per il fatto di essere suscettibile di sfruttamento economico. Anche se il *know-how* sembra potersi accostare all'invenzione, in realtà se ne discosta per il fatto di non essere brevettabile a causa della sua irriproducibilità in un supporto materiale.

Il *know-how* forma abitualmente oggetto di transazioni negoziali atipiche: ad es., con il **contratto di licenza** di *know-how*, un soggetto che ha elaborato un determinato processo produttivo attribuisce, verso corrispettivo, ad un altro soggetto, il diritto (esclusivo o non esclusivo) di utilizzare quelle informazioni e quelle conoscenze nello svolgimento della propria attività; o il contratto con cui si trasmettono, dietro corrispettivo, conoscenze tecniche riservate (c.d. **cessione** di *know-how*). Elemento fondamentale di questi schemi contrattuali è la **segretezza**: il soggetto a cui le informazioni vengono trasmesse si obbliga a non comunicarle a terzi né divulgarle in altro modo. Ma, a ben vedere, tramite esse non si trasferisce una posizione di appartenenza di un autonomo bene. L'effetto è quello di costituire un vincolo obbligatorio a non divulgare il patrimonio segreto di informazioni apprese. Pertanto, alla discussa questione relativa al fatto se il *know-how* possa essere considerato un bene, sembra preferibile rispondere negativamente apparendo decisivo il fatto che esso non forma oggetto di quel processo di tipizzazione (ovvero di individuazione e riconoscimento da parte della legge) che, invece, caratterizza i beni immateriali. Il *know-how*, dunque, vive solo all'interno dei fenomeni contrattuali e pertanto, non beneficia della tutela *erga omnes* accordata dall'ordinamento per quelle idee che formano oggetto di brevetto. Infatti, la tutela offerta a protezione del segreto industriale e commerciale è di carattere risarcitorio, costituendo la sua divulgazione un illecito in violazione di un diritto soggettivo (v. art. 99 cpi, in base al quale "Ferma la disciplina della concorrenza sleale, il legittimo detentore delle informazioni e delle esperienze aziendali di cui all'articolo 98, ha il diritto di vietare ai terzi, salvo proprio consenso, di acquisire, rivelare a terzi od utilizzare, in modo abusivo, tali informazioni ed esperienze, salvo il caso in cui esse siano state conseguite in modo indipendente dal terzo").

I dati personali

Infine, ci si è chiesti se anche i **dati personali** possano essere considerati beni giuridici. La nozione di dato personale (art. 4, n. 1, rgdp) ha richiamato l'attenzione dei giuristi soprattutto a seguito dell'entrata in vigore della l. n. 675/1996. La disciplina così introdotta ha inteso sottoporre l'attività di trattamento dei dati personali ad una serie di regole, allo scopo di garantire il rispetto dei diritti fondamentali degli interessati (vale a dire dei soggetti cui si riferiscono le informazioni oggetto del trattamento stesso). Una delle regole fondamentali è quella secondo cui l'attività di trattamento può svolgersi solo in presenza del **consenso** dell'interessato (art. 6, lett. *a*), rgdp), nonostante vi siano altre circostanze tipiche che rendono lecito il trattamento pur in mancanza di consenso dell'interessato (come ad es. il caso in cui il trattamento è necessario all'esecuzione di un contratto di cui l'interessato è parte o all'esecuzione di misure precontrattuali adottate su richiesta dello stesso, v. art. 6 rgdp).

I dati personali diventano così oggetto di due contrapposte pretese facenti capo, da un lato, all'interessato e, dall'altro lato, all'autore del trattamento, ossia il soggetto che utilizza quei dati per lo svolgimento di un'attività professionale. Ci si chiede se i dati personali siano suscettibili di appropriazione e se, quindi, sotto questo profilo, possano configurarsi alla stregua di un bene giuridico.

La risposta appare negativa con riferimento ad entrambe le prospettive. Dal lato dell'interessato, infatti, non sussiste una posizione di esclusiva, nel senso che l'interessato non è titolare di un potere assoluto che lo abiliti ad impedire che i terzi trattino i suoi dati nell'ambito di relazioni contrattuali e/o procedimenti amministrativi. All'interessato l'ordinamento riconosce soltanto la tutela delle situazioni soggettive riconducibili ai diritti fondamentali, fra i quali *in primis* la riservatezza e l'identità personale. Ma anche impostando la questione dal punto di vista dell'autore del trattamento, si giunge alla conclusione secondo cui non è configurabile una situazione di tipo appropriativo: neanche l'autore del trattamento, infatti, gode di un'esclusiva rispetto ai dati personali di terzi, giacché lo stesso consenso prestato dall'interessato al trattamento, nella misura in cui è sempre suscettibile di revoca, non può certo considerarsi fonte di uno stabile effetto attributivo.

L'informazione come bene

Il dato personale, così come il patrimonio di conoscenze che costituisce il *know how*, sono, in fin dei conti, particolari **informazioni** relative le une alle persone, le altre a tecniche legate alla produzione e alla commercializzazione di beni. Anche riguardo l'informazione come tale (intesa quale frutto di una creazione dell'intelletto economicamente valutabile, più che come mera manifestazione del pensiero *ex* art. 21 Cost.) si è posto il problema della sua configurabilità quale bene; e, quindi, la riflessione sulla natura della banca di dati e sul *know how* (in cui le informazioni hanno la particolare qualità della segretezza), deve essere letta anche alla luce dei risultati ottenuti in ordine alla natura dell'informazione. Naturalmente, il problema dell'informazione quale bene viene in considerazione quando con l'espressione «informazione» si intende far riferimento al contenuto di un messaggio (inteso quale entità non materiale: ad es., una notizia); l'informazione è però rilevante nel diritto privato anche come «attività dell'informare», vale a dire come comportamento prescritto, soprattutto, ma non solo, in ambito contrattuale.

L'informazione presenta alcuni caratteri del bene immateriale: è il frutto della creazione dell'intelletto ed è suscettibile di essere riprodotta un numero indefinito di volte su vari supporti (ad es., il giornale o la carta, ecc.) o nei vari procedimenti (ad es., la ricetta di una torta è un'informazione che viene ripresa e riutilizzata ogni volta che si procede alla cottura del dolce). Ma non è dato rinvenire nel nostro ordinamento una disciplina che tuteli, secondo un modello di tipo proprietario, l'informazione in quanto tale. L'informazione è protetta in via indiretta attraverso la tutela di altri interessi o beni con i quali essa è connessa: si pensi, ad es., alle informazioni contenute in una lettera privata, o a quelle di un giornale, tutelate la prime nell'ambito della segretezza della corrispondenza come libera manifestazione del pensiero (quindi tutela del diritto della personalità), e le seconde nell'ambito del diritto d'autore sull'opera contenente l'informazione.

Non si può negare, tuttavia, che l'informazione (industriale, commerciale, i dati personali, ecc.) rappresenti oggi una forma di ricchezza, talvolta anche assai più preziosa di quella immobiliare, e che ci siano veri e propri mercati delle informazioni con relativi tariffari. Se è innegabile che l'informazione costituisca oggi una forma di ricchezza, è tuttavia difficile poterla ricondurre ai beni di cui all'art. 810. Tuttavia, è ben vero che "beni" nel diritto è termine polisenso e che, comunque, nulla esclude che, così come avvenne per i c.d. beni immateriali, la dottrina giuridica arrivi a costruire altre categorie dogmatiche di beni, più adatte a rappresentare la ricchezza dei consociati e le sue tipiche forme di tutela, in una società in cui la ricchezza medesima non riveste più soltanto un carattere materiale, né, solamente, "anche" immateriale; ma è soprattutto virtuale.

6. *Il corpo umano*

La possibilità di considerare il corpo umano come bene pone oggigiorno quesiti assai complessi. Come vedremo, la stessa nozione di bene da qualche tempo è oggetto di revisione dottrinale tesa a superare il concetto di appartenenza su cui è costruita la definizione codicistica e che classicamente è il punto di riferimento per l'analisi della qualità oggettiva delle entità disciplinate dal diritto. Nonostante ciò, allo stato pare preferibile rifarsi alla nozione tradizionale o ristretta di bene. Questa, come detto, si incentra su un concetto lato di appartenenza esclusiva di una determinata risorsa a dati soggetti e sulla attribuzione ad essi di una forma reale di tutela del godimento delle *utilitates* ricavabili: ma è proprio con l'idea di appartenenza, e con la dimensione patrimonialistica del fenomeno ad essa sotteso, che viene a cozzare l'idea del corpo umano o di sue parti come beni.

Il diritto sul corpo vivo e sul corpo morto

Viene in considerazione, innanzitutto, il problema relativo alla natura del **corpo umano** e a quella del diritto del soggetto su di esso. Si ritiene che il corpo, in quanto inseparabile dal soggetto, non sia un'entità a se stante ed esterna in grado di essere oggetto di un diritto di carattere patrimoniale. Anche prima della nascita il corpo non è considerabile come bene: emblematico il caso dell'**embrione** (di cui è tra l'altro discussa la natura stessa di persona). Dopo la morte non si può parlare di un diritto della persona sul proprio cadavere. Infatti, una volta che il soggetto abbia cessato di vivere egli viene meno quale centro di imputazione di diritti: sicché viene a mancare colui che sarebbe il titolare del diritto sul cadavere. Pertanto con l'usuale locuzione **diritto sul cadavere** si intende far riferimento alla facoltà del soggetto di dare disposizioni circa la propria sepoltura o di esprimere il consenso al prelievo degli organi.

Atti di disposizione del proprio corpo

In base all'art. 5, gli **atti di disposizione del proprio corpo** che cagionino una diminuzione permanente dell'integrità fisica o che siano altrimenti contrari alla legge, all'ordine pubblico o al buon costume, sono vietati. Il limite per la patrimonializzazione delle parti del proprio corpo è dato dalla modalità di incidenza degli atti di disposizione sull'integrità fisica o dalla loro conformità alle regole normative, morali o sessuali. Sono ammissibili atti che **incidano in maniera non permanente**, come la donazione del sangue (la l. n. 107/1990, però ne vietava la vendita e ora l'art. 22 l. n. 219/2005 prevede sanzioni per chiunque cede il proprio sangue o i suoi componenti a fini di lucro) o il taglio di capelli: quest'ultimi, come il caso classico del latte oggetto del contratto di baliatico, da sempre ammesso, sono esempi classici di atti di disposizione del proprio corpo consentiti. Ma negli ultimi anni, grazie all'evoluzione delle tecniche mediche e della genetica, che permettono di sfruttare materiali e tessuti del corpo umano in grado di riprodursi, ci si è chiesti se, almeno con riferimento a queste ultime ipotesi, fosse possibile una circolazione giuridica: una volta separati dal corpo quegli organi diventerebbero veri e propri beni, là dove si ammettesse che essi possano propriamente essere oggetto di appropriazione.

Un famoso caso statunitense, ad es., riguardò la questione della proprietà sulle cellule del sangue di un uomo sottopostosi a cure per una malattia. Quelle cellule, dotate di eccezionali qualità terapeutiche, vennero utilizzate dai medici, senza alcun consenso del paziente, per creare farmaci e, addirittura, vennero brevettate. Il paziente in questione citò i medici per il risarcimento dei danni, asserendo di essere titolare di un diritto di proprietà sulle cellule. In quell'occasione le corti statunitensi riconobbero un diritto di proprietà sulle cellule e lo estesero anche ai beni da esse derivati: com'è noto, però, le corti di *common law* sono più libere di quelle di *civil law* nella composizione di conflitti di tal genere, e sulla decisione indubbiamente pesò il bilanciamento fatto dai giudici tra l'esigenza del soggetto e quelle dell'evoluzione della scienza.

Fuori dal codice civile le leggi speciali hanno registrato i passi avanti della medicina. Perciò sono state disciplinate varie ipotesi di **trapianti tra vivi**. La l. n. 458/1967 ha ammesso il trapianto di rene tra persone viventi; la l. n. 483/1999 ha disciplinato il trapianto di fegato. La l. n. 91/1999 disciplina il prelievo di organi e di tessuti non solo da soggetto di cui sia stata accertata la morte, ma anche il prelievo, espianto e trapianto da soggetto vivente, per quanto compatibili (art. 1, co. 1, l. n. 91/1999). La l. n. 167/2012 ha dettato norme per consentire il trapianto parziale di polmone, pancreas e intestino tra persone viventi. Sono, tutte queste, ipotesi per le quali il legislatore sembra aver voluto richiamare l'istituto della **donazione**: v. l'art. 1, l. n. 458/1967 in base al quale "in deroga al divieto di cui all'art. 5 del Codice civile, è ammesso disporre a titolo gratuito del rene al fine del trapianto tra persone viventi"; e l'art. 2, ove il legislatore parla propriamente di "**donazione** di un rene". In realtà la configurazione del fenomeno in termini di donazione presuppone la natura di bene giuridico dell'oggetto (la parte del corpo), mentre l'organo manca del requisito di individuabilità e isolabilità come realtà esterna al soggetto. È, però, la stessa figura della donazione che non si presta a fungere da titolo giuridico per il passaggio di un organo da un corpo all'altro. La c.d. donazione di organi è effettuata a beneficio di un destinatario sconosciuto e non determinato, come, in- I trapianti vece accade per la donazione vera e propria. Inoltre, gli organi che circolano secondo schemi giuridici non sono ricchezze: anche se tendenzialmente valutabile in termini patrimoniali, l'offerta di un organo è politicamente sottratta alla dimensione dello scambio, e rappresenta, invece, l'espressione di una solidarietà morale, considerata dal diritto in quanto appartenente alla dimensione esistenziale, più che economica. La sua regolazione, quindi, è estranea alla regolazione della circolazione delle ricchezze, e quindi al tema dei beni giuridici.

Diversi, invece, i problemi relativi all'espianto di organi dal cadavere, per i quali è sufficiente il **consenso reso in vita dal defunto** (art. 4, l. n. 91/1999). Per questi organi valgono le considerazioni già svolte per il caso di trapianti tra vivi.

Sembra, comunque, riduttivo esaurire la rilevanza giuridica e la tutela del corpo umano entro gli schemi qualificatori propri della teoria dei beni giuridici. È chiaro, infatti, che le scelte del legislatore al riguardo obbediscono fondamentalmente ad un'esigenza di tutela della dignità della persona nelle sue varie manifestazioni. Ma, come ovvio, il problema non si risolve nel solo profilo giuridico, ma presenta varie e delicate implicazioni di natura scientifica, filosofica religiosa, ecc.

Va detto, infine, che gli atti di disposizione del proprio corpo sono comunque vietati, anche quando, pur non provocando una diminuzione permanente dell'integrità fisica, siano **illeciti**, cioè contrari alla legge, all'ordine pubblico e al buon costume (ad es., il mercimonio che taluno faccia del proprio corpo).

7. *I beni pubblici*

Nell'impianto codicistico la qualità di beni pubblici dipende dall'esistenza di due requisiti: l'appartenenza a enti pubblici territoriali (**elemento soggettivo**) e la destinazione funzionale di essi alla cura, in via mediata o immediata, di interessi pubblici (**elemento oggettivo**).

Il primo requisito qualifica la relazione tra la cosa e il particolare soggetto (**ente pubblico territoriale**: Comuni, Province, Regioni, Stato) in termini di appartenenza ed, in sé, è inidoneo ad individuare la categoria dei beni pubblici. A riguardo bisogna ricordare che i beni appartenenti agli enti pubblici territoriali possono essere suddivisi in due categorie: beni **disponibili** (patrimonio disponibile) e beni **indisponibili** (beni pubblici: beni demaniali e patrimonio indisponibile).

Per quel che concerne i beni appartenenti ad **enti pubblici non territoriali**, l'art. 830 stabilisce che essi soggiacciono al regime ordinario della proprietà, salvo che le leggi speciali stabiliscano diversamente. Quando, tuttavia, i beni di tali enti sono destinati a un pubblico servizio, essi non possono essere sottratti alla loro destinazione se non nei modi stabiliti dalle leggi (secondo la regola che si applica anche al patrimonio indisponibile degli enti territoriali).

Il patrimonio disponibile

I beni del **patrimonio disponibile** in linea di massima, sono soggetti alla normativa generale della proprietà privata. La disciplina codicistica, infatti, non dedica ai beni del patrimonio disponibile disposizioni speciali (alcune norme particolari si trovano, tuttavia, nella legislazione in materia di contabilità pubblica). Il codice civile si occupa specificamente dei beni del demanio pubblico (822) e del patrimonio indisponibile (826), e stabilisce che "i beni che costituiscono patrimonio dello Stato, delle province e dei comuni sono soggetti alle regole particolari che li concernono e, in quanto non è diversamente disposto, alle regole del presente codice" (828, co. 1). I beni del patrimonio disponibile sono quelli destinati a circolare secondo le tradizionali dinamiche del mercato, a produrre reddito o a fungere da parametro per gli scambi (denaro). Tra essi, quando non ricadono nella categoria dei beni pubblici (nella specie dei beni demaniali o del patrimonio indisponibile) rientrano i beni immobili vacanti perché non in proprietà di alcuno (art. 827).

La destinazione funzionale

Oltre al requisito soggettivo, i beni pubblici si caratterizzano per la loro destinazione funzionale al soddisfacimento di un **interesse pubblico**: in ragione di essa i beni pubblici soggiacciono ad una disciplina differente rispetto a quella dei beni privati.

E infatti, i beni pubblici sono considerati dall'ordinamento idonei a soddisfare in via immediata interessi pubblici o, comunque, strettamente connessi all'esercizio delle funzioni pubbliche (cura in via mediata). La disciplina speciale è volta perciò ad assicurare la stabile destinazione al fine pubblico dei beni: rispetto a corrispondenti situazioni di appartenenza di un bene ad un soggetto privato o pubblico per i quali non esiste l'esigenza di assicurare la destinazione del bene a particolari finalità pubbliche, nella disciplina dei beni pubblici risultano alterati sia i poteri del titolare del diritto sul bene, sia le possibilità di accesso ed impiego del bene da parte di terzi.

Il demanio

La prima sottocategoria dei beni pubblici è costituita dai beni del demanio. Tali beni sono tipici e individuati sia dal codice civile (art. 822), sia dalle leggi speciali.

I beni demaniali si distinguono in beni del **demanio necessario** (immobili che possono appartenere solo allo Stato; salvo eccezioni: v. beni del demanio regionale) e beni del **demanio accidentale** (che, pur non essendo strutturalmente riconducibili allo Stato, ben possono essere da quest'ultimo acquistati in proprietà: in tal caso il loro regime giuridico è lo stesso di quello del demanio necessario). Si pensi alla differenza tra un fiume e una pinacoteca: è di tutta evidenza la loro diversità strutturale e funzionale dal punto di vista dell'interesse pubblico, ma il legislatore li ha equiparati quanto a regime giuridico, ove lo Stato, loro tramite, ritenga di dover perseguire l'interesse pubblico (v. art. 822, co. 2, e art. 11, l. n. 281/1970 sui "beni del demanio regionale").

Tra i beni del demanio necessario (822, co. 1) possiamo ricordare: spiagge, lidi marittimi, porti, foci dei fiumi, ecc. (demanio marittimo; per altri beni del demanio marittimo v. art. 28 c.n.); fiumi, torrenti, laghi ed acque pubbliche (demanio idrico); opere destinate alla difesa nazionale quali fortezze, linee fortificate – ma non caserme, armi, aeromobili militari e navi da guerra che, a norma dell'art. 826 fanno parte del patrimonio disponibile – (demanio militare).

Tra i beni del demanio accidentale (822, co. 2) possiamo ricordare: strade, autostrade, strade ferrate, raccolte di musei, pinacoteche, ecc.

Alcuni beni, pur non espressamente indicati come demaniali, sono tuttavia denominati "**beni soggetti al regime del demanio pubblico**" (art. 824). Essi sono i cimiteri e i mercati comunali e specifici beni elencati all'art. 822, co. 2 (strade, autostrade, acquedotti, ecc.) quando appartenenti a comuni e province (se appartenenti allo stato, infatti, tali beni sarebbero di per sé beni demaniali; quando appartengono a comuni e province, invece, non sono propriamente beni demaniali, ma beni soggetti al regime del demanio pubblico).

Inoltre gli artt. 53 s. del d.lgs. n. 42/2004 (c.d. **Codice dei beni culturali**), disciplinano la categoria dei beni culturali demaniali (vedi § successivo).

Ulteriore distinzione è quella tra beni del **demanio naturale**, che esistono indipendentemente dall'opera dell'uomo (ad es., fiumi o torrenti) e **demanio artificiale**, composto da cose costruite dall'uomo (ad es., strade o fortezze). I primi acquistano la qualità di beni demaniali per il solo fatto di esistere con i requisiti previsti dalla legge; i secondi acquistano tale qualità nel momento in cui sono costruiti e quando appartengano all'ente pubblico (e, se appartenenti al demanio accidentale, siano espressamente o implicitamente destinati alla soddisfazione di interessi pubblici).

Perdita del carattere demaniale

Il bene cessa di appartenere al demanio in diversi modi: distruzione, perdita dei requisiti; cessazione della destinazione. In quest'ultimo caso la cessazione può avvenire *ex lege*, o, come più spesso accade, essere riconducibile alla volontà della p.a. di sottrarre il bene alla sua destinazione. Tale volontà può essere espressa in un atto amministrativo che ne dichiara la cessazione del vincolo pubblicistico (**sdemanializzazione**), ovvero manifestarsi in forma tacita, cioè implicitamente ricavabile dal fatto che essi non risultino più effettivamente destinati allo scopo.

La giurisprudenza ha avuto modo di precisare che la sdemanializzazione tacita non può desumersi dalla sola circostanza che un bene non sia più adibito ad uso pubblico, anche se per lungo tempo, ma richiede che da tale situazione di fatto emerga inequivocabilmente la volontà dell'ente pubblico di sottrarre il bene alla sua destinazione e di rinunciare definitivamente al suo ripristino. Peraltro, si ritiene che per i beni appartenenti al demanio marittimo la sdemanializzazione non possa mai avvenire in forma tacita, ma sia necessaria una legge o un provvedimento espresso e formale della competente autorità amministrativa avente carattere costitutivo. Una particolare ipotesi di perdita della demanialità è contemplata dall'art. 829 che prevede il passaggio di un bene demaniale (accidentale) alla categoria del patrimonio dello stato. All'uopo è richiesta una dichiarazione dell'autorità amministrativa e relativa sua pubblicazione nella Gazzetta Ufficiale. Conformemente alle regole di acquisto e cessazione della demanialità si ritiene che l'atto amministrativo in questione non abbia natura costitutiva, ma meramente dichiarativa. Alla sdemanializzazione, in quanto atto che sottrae il bene al particolare regime di uso da parte dei terzi, consegue la cessazione dei diritti d'uso concessi a terzi.

Tutti i beni del demanio sono **inalienabili**, anche se generalmente si ammette che i beni del demanio accidentale, nei casi previsti dalla legge, possano essere oggetto di atti di trasferimento da un ente territoriale all'altro. Negli altri casi l'atto di disposizione è nullo per impossibilità dell'oggetto (art. 1418, co. 2). Essi non possono formare oggetto di **diritti a favore di terzi** (ad es., diritti reali) se non nei modi e nei limiti stabiliti dalle leggi che li riguardano. In questo caso, tramite concessione amministrativa, i privati sono ammessi all'uso del bene demaniale (è il caso, ad es., degli stabilimenti balneari per i quali è concesso in uso il lido marino, cioè, quella parte del suolo ad immediato contatto con il mare, compresa fra il minimo e il massimo spostamento di esso).

Dal momento che sono sottratti alle ordinarie regole sulla circolazione dei beni e ne è limitato l'accesso ai terzi, nemmeno il possesso vale a far acquistare su di essi diritti di terzi. Pertanto, qui non opera la regola del possesso vale titolo (1153) e i beni **non sono usucapibili**. L'art. 1145 stabilisce al riguardo che "il possesso delle cose di cui non si può acquistare la proprietà è senza effetto". Ma è comunque concepibile la situazione di possesso di beni pubblici da parte di privati, dal momento che l'art. 1145, co. 2 prevede che "nei rapporti tra privati è concessa l'azione di spoglio rispetto ai beni appartenenti al pubblico demanio e ai beni delle province e dei comuni soggetti al regime proprio dei beni pubblici". Per le stesse ragioni per le quali essi sono sottratti alle ordinarie regole di circolazione e godimento, i beni demaniali non sono soggetti ad esecuzione forzata (non essendo bene pubblico; lo è, invece, il denaro della p.a., salvo che non sia stato sottoposto a particolari vincoli in vista di determinate finalità pubbliche).

Ulteriore regola speciale per i soli beni demaniali, o per quelli soggetti allo stesso regime, è contenuta nell'art. 879 in base al quale essi sono sottratti al regime ordinario delle distanze tra edifici e della comunione forzosa e non è prevista la facoltà del vicino di costruire in aderenza.

La tutela dei beni del demanio (sia in via amministrativa – ad es., mediante provvedimenti di sgombero, inibitori, ecc. – sia in via giurisdizionale – ad es., attraverso l'azione di rivendicazione o l'azione di spoglio) spetta all'amministrazione (art. 823).

In base all'art. 4, co. 1, d.P.R. n. 327/2001, inoltre, finché non viene pronunciata la sdemanializzazione, i beni demaniali non possono essere espropriati per pubblica utilità.

Patrimonio indisponibile

Il **patrimonio indisponibile** può appartenere a qualsiasi ente pubblico territoriale e comprende: cave e torbiere (se la loro disponibilità è sottratta al proprietario del fondo, il che avviene, anche senza corrispettivo, in caso di mancato o insufficiente sfruttamento); acque termali e minerali; foreste (che sulla base della legge costituiscono demanio forestale dello stato: ma si noti che in tal caso l'uso del termine "demanio" è improprio); miniere (art. 826, co. 2); fauna selvatica (l. n. 157/1992); cose di interesse storico, archeologico, paletnologico, paleontologico e artistico da chiunque e in qualunque modo ritrovate nel sottosuolo; beni costituenti dotazione della Presidenza della Repubblica (l. n. 1077/1948); caserme, armamenti, aeromobili militari e navi da guerra; edifici e arredi destinati a sede di uffici pubblici.

In chiusura l'art. 826 stabilisce che sono beni del patrimonio indisponibile, in genere, tutti i beni appartenenti a enti pubblici "destinati a un pubblico servizio".

La normativa codicistica va oggi letta insieme con il d.lgs. n. 42/2004 che disciplina organicamente la materia dei beni culturali. Peraltro, riguardo le foreste, bisogna ricordare che l'art. 11, l. n. 281/1970 ha stabilito che le foreste, cave e torbiere, acque minerali e termali che a norma di legge appartengono allo Stato, sono trasferite al patrimonio indisponibile delle regioni, operando così una parziale abrogazione dell'art. 826.

La disciplina dei beni del patrimonio indisponibile

I beni che fanno parte del patrimonio indisponibile **non possono essere sottratti alla loro destinazione** se non nei modi stabiliti dalle leggi che li riguardano (art. 828).

Valgono, quanto all'acquisto ed alla cessazione della qualità di bene del patrimonio indisponibile, le stesse considerazioni svolte a riguardo dei beni demaniali.

Compatibilmente con il rispetto della loro destinazione al fine pubblico, la dottrina ritiene che tali beni possono essere oggetto di atti di disposizione o oggetto di **diritti di terzi**, ma debbono, appunto, continuare a mantenere la destinazione al fine. A tale commerciabilità sono previste eccezioni espresse: ad es., per le miniere, che sono invece assolutamente incommerciabili. La giurisprudenza, più restrittivamente, ritiene tali beni incommerciabili e attribuibili in godimento ai terzi solo attraverso lo strumento concessorio: in tal modo si estende ai beni del patrimonio indisponibile la disciplina dei beni demaniali. Egualmente in giurisprudenza è l'affermazione dell'assoluta non usucapibilità di tali beni e l'estensione ad essi dell'art. 823, co. 2 ammettendone così la tutela in via amministrativa.

In base all'art. 825 sono soggetti al regime dei beni demaniali anche i diritti reali su beni altrui dello Stato, delle Province e dei Comuni, sempre che tali diritti siano costituiti per l'utilità di beni demaniali (c.d. **servitù prediali pubbliche**) o soggetti a regime demaniale o comunque per finalità pubbliche corrispondenti a quelle cui servono i beni pubblici (c.d. **diritti di uso pubblico**; per le regioni v. art. 11, l. n. 281/1970). La disposizione in questione riavvicina i beni ai diritti, riproponendo con riguardo ai beni pubblici le stesse perplessità sollevate dall'art. 813.

Dai diritti di uso pubblico – che sono costituiti in favore di determinate collettività, spettano alla titolarità di un ente territoriale (normalmente il comune) e la cui tutela è attivabile *uti singuli* – si distinguono gli **usi civici**. Questi ultimi sono diritti reali la cui titolarità spetta a determinate collettività e hanno ad oggetto il godimento di terreni di proprietà pubblica o privata a fini di pascolo, caccia, semina, ecc.

Il dibattito sui beni comuni

Può rivestire un qualche interesse segnalare come, nel dibattito politico e giuridico sviluppatosi nel nostro paese specie dopo la celebrazione del referendum del giugno 2011 in materia di servizi pubblici locali (impropriamente noto come il referendum per la «ripubblicizzazione» del servizio idrico integrato), sia ormai stabilmente presente il richiamo alla categoria dei «beni comuni». Trattasi di nozione ancora priva di un riconoscimento normativo, anche se essa, oltre ad essere di uso frequente nella scienza economica (dove, per la verità, si parla di *commons* per designare beni a consumo rivale ma aperti alla fruizione collettiva), comincia a penetrare nel lessico e nella concettuologia delle nostre corti. Attorno alla figura dei beni comuni si è aperta una discussione che ha portato nel 2007 alla nomina di una **Commissione sui Beni Pubblici** istituita con d.m. 21 giugno 2007 che ha predisposto un disegno di legge delega che, dopo essere stato al centro del dibattito politico-giuridico, approdava all'esame del Parlamento. Tuttavia, né quel disegno di legge (né altri) sono diventati legge, ma può essere utile dar conto di taluni profili che sono stati e che tuttora sono oggetto di discussione.

Il disegno di legge perseguiva un duplice obiettivo: da un lato, una riformulazione della nozione di "bene" che privilegiasse i profili dinamico-funzionali, tale che, più che come cosa, esso venga in considerazione come un fascio di utilità, suscettibili di fruizioni plurime e contestuali (ciò che implica un notevole indebolimento del paradigma tradizionale del *dominium* e anche una più agevole inclusione nella categoria delle *res incorporales*); e, dall'altro, quello di predisporre una nuova tassonomia dei beni che superi, per quanto attiene ai beni pubblici, la vecchia classificazione fondata sulla distinzione tra demanio e patrimonio.

Nel disegno di legge si distinguevano i beni in tre categorie: beni comuni, beni pubblici e beni privati.

I **beni comuni**, tra i quali erano comprese le risorse naturali ma anche i beni archeologici, culturali, ambientali e le altre zone paesaggistiche tutelate, potevano appartenere a soggetti pubblici o privati, ferma restando in ogni caso la loro fruizione collettiva, nei limiti e secondo le modalità fissate dalla legge. Si trattava di beni che "esprimono utilità funzionali all'esercizio dei diritti fondamentali nonché al libero sviluppo della persona" e che "devono essere tutelati e salvaguardati dall'ordinamento giuridico, anche a beneficio delle generazioni future". Si prevedeva che, in caso titolari di questi beni fossero soggetti pubblici, essi non fossero commerciabili; e che la possibilità di concessione a privati fosse soggetta a limiti. Questa definizione riprendeva e generalizzava il modello di disciplina che il legislatore italiano ha già sperimentato nel caso dei beni culturali, il cui regime è caratterizzato, appunto, da una scissione tra appartenenza (che può essere individuale) e fruizione (che, almeno con riguardo a certe utilità, non può che essere collettiva): ciò che implica vistosi limiti tanto al potere di disporre del bene quanto, e ancor di più, alla facoltà di escludere altri dal godimento del bene.

I **beni pubblici**, a loro volta, non venivano più distinti in demaniali e patrimoniali, ma suddivisi in tre subcategorie a seconda delle esigenze sostanziali che le loro utilità sono idonee a soddisfare e precisamente:

a) **beni ad appartenenza pubblica necessaria** che soddisfano interessi generali fondamentali, come la sicurezza, l'ordine pubblico, la libera circolazione. Per essi si prevedeva un regime rafforzato (ad es., erano considerati inalienabili, non usucapibili, nella titolarità dello Stato e degli enti pubblici territoriali, ecc.);

b) **beni pubblici sociali** che soddisfano esigenze della persona riconducibili ai diritti civili e sociali, come la salute, l'istruzione ecc. Questi beni erano assoggettati a un vincolo di destinazione qualificato, la cui cessazione era subordinata alla condizione che gli enti titolari del potere di rimuoverlo assicurassero il mantenimento o il miglioramento della qualità dei servizi sociali erogati;

c) **beni pubblici fruttiferi**, categoria residuale rispetto alle altre due, comprensiva di beni privati ad appartenenza pubblica, alienabili e gestibili secondo le norme di diritto privato. Tuttavia, per evitare politiche di facile dismissione dei beni pubblici, l'alienazione veniva subordinata alla dimostrazione del venir meno della necessità di utilizzo pubblico e all'impossibilità di una gestione efficiente dei beni.

Per esclusione, si ricavava poi la categoria dei beni **privati**, soggetti alle regole di diritto comune.

7.1. *I beni culturali*

Sembrano ormai maturi i tempi per affermare la rilevanza autonoma della categoria dei beni culturali, oggetto di numerose disposizioni legislative, nazionali ed internazionali. Per **beni culturali** si intendono "le cose immobili e mobili che [...] presentano interesse artistico, storico, archeologico, etnoantropologico, archivistico e bibliografico e le altre cose individuate dalla legge o in base alla legge quali testimonianze aventi valore di civiltà", secondo quanto dispongono gli artt. 2 e 10, d.lgs. n. 42/2004 (c.d. **Codice dei beni culturali**).

Caratteri del bene culturale

La nozione legislativa recepisce gli esiti di un lungo dibattito, soprattutto dottrinale. Nel bene culturale convivono due diverse entità:

– il **bene culturale in senso stretto**, che si identifica con ciò che la *res* esprime in termini di valore culturale e, dunque, di idoneità a soddisfare l'interesse culturale (artistico, storico, ecc.) della collettività;

– il **bene patrimoniale**, ossia la *res* materiale che funge da supporto concreto del bene culturale e dei valori che esso esprime.

Il bene culturale è caratterizzato, dunque, da una dimensione ulteriore, che trascende la consistenza materiale della *res* e che concerne la sua attitudine ad appagare un interesse di natura spirituale, vale a dire – volendo utilizzare una celeberrima definizione, poi assurta al rango di nozione legislativa – a consentire la fruizione di una testimonianza materiale avente valore di civiltà per una data comunità, per un'epoca o per un luogo. Si tratta di un interesse senz'altro eterogeneo rispetto agli interessi di natura patrimoniale. Il soddisfacimento di questo interesse richiede, infatti, che il bene venga parzialmente sottratto al godimento individuale del proprietario per essere destinato alla fruizione da parte della collettività.

Sono ora tuttavia sottratte alla particolare disciplina vincolistica e di tutela le cose appartenenti a enti, territoriali e non, che presentano interesse artistico, storico, archeologico o etnoantropologico che siano opera di autore vivente o la cui esecuzione non risalga ad oltre cinquanta anni, se mobili, o ad oltre settanta anni, se immobili (art. 10, co. 5, d.lgs. n. 42/2004).

Beni culturali e teoria dei beni giuridici

Alle due diverse entità presenti, come si è visto, nel bene culturale, si riconducono due diversi ordini di situazioni giuridiche soggettive, attive e passive. La *res* materiale costituisce un bene patrimoniale e, dunque, forma oggetto di situazioni proprietarie concettualmente non dissimili da quelle che caratterizzano i restanti beni patrimoniali. Il bene culturale in senso stretto, invece, forma oggetto di situazioni giuridiche di stampo pubblicistico, finalizzate a consentirne la conservazione e, attraverso quest'ultima, la fruizione da parte della collettività. La vicenda giuridica dei beni culturali è quindi caratterizzata dal continuo intreccio dei due profili qui accennati e dalle conseguenti difficoltà di individuare il punto di equilibrio tra le istanze pubblicistiche e le prerogative del proprietario.

Questa prospettiva rende il bene culturale una figura profondamente diversa dal bene giuridico tradizionalmente inteso, sia esso materiale o immateriale. Il bene culturale non appare assimilabile a nessuna delle due categorie, in quanto:

– il bene materiale viene in rilievo come risorsa preordinata a soddisfare interessi e bisogni di natura materiale. Questo spiega l'esistenza di un particolare regime appropriativo e circolatorio, entrambi basati su logiche di tipo proprietario, ossia idiosincratiche. Viceversa, il bene culturale, proprio in ragione della sua specifica vocazione, è soggetto all'applicazione di regole particolari, che incidono sia sul suo regime proprietario sia sulla relativa circolazione;

– il bene immateriale poggia il suo fondamento giuridico sulla distinzione tra *corpus mysticum* e *corpus mechanicum*, vale a dire sulla netta separazione tra l'originalità dell'idea creativa e relativa riproduzione in esemplari concreti. Il fulcro della tutela verte sulla riproducibilità dell'idea creativa, e si estrinseca nel riconoscimento di una posizione di esclusiva all'autore dell'idea. Questa dicotomia non si ripropone negli stessi termini nel caso del bene culturale, stante l'inscindibilità tra supporto materiale e valore culturale che esso esprime.

8. *La teoria dei beni alla prova delle trasformazioni della scienza e della tecnica*

I beni. Teoria e prassi

Di norma, la prassi giurisprudenziale non ha avvertito tutte le complesse sfaccettature del tema dei beni né, soprattutto, si è posta un problema definitorio del concetto. L'esigenza definitoria, invece, è stata subito avvertita in dottrina: le posizioni sono state diverse, approdando a quella di autonoma porzione di realtà oggetto di un'appropriazione del soggetto tutelata *erga omnes* tramite diritti soggettivi. Tuttavia, soprattutto negli ultimi anni, in dottrina si è iniziato a contestare tale definizione, nel **tentativo di ampliare il numero degli oggetti annoverabili nella categoria** di beni giuridici, e la nozione di bene così come costruita dalla dottrina tradizionale ha iniziato a vacillare, mentre contemporaneamente, anche sul piano del diritto positivo, sono state sfumate alcune classificazioni tra beni che si ritenevano ormai acquisite e nette.

I beni pubblici nelle nuove dottrine pubblicistiche

Nella prospettiva di tracciare alcune linee evolutive della teoria dei beni possiamo segnalare come, specialmente da parte della dottrina pubblicistica, si sostenga la necessità di superare la bipartizione tra beni demaniali e del patrimonio indisponibile. Peraltro, proprio in ambito giurisprudenziale si registra un **avvicinamento tra la disciplina dei beni demaniali e quella dei beni del patrimonio indisponibile**: anche i beni del patrimonio indisponibile vengono in vario modo ricondotti alla più vincolistica disciplina dei beni demaniali, con l'effetto di mortificare tutte le potenziali utilizzazioni commerciali compatibili con le finalità pubblicistiche. Questo accade, peraltro, mentre la legislazione più recente va in direzione del tutto opposta, incentivando lo sfruttamento economico delle risorse pubbliche. Ne deriva una crisi della tradizionale concezione di bene pubblico.

Ad es., alcuni enti pubblici non territoriali sono stati **trasformati** in società private, almeno formalmente, la conseguenza è stata, quindi, che i beni pubblici nella titolarità degli enti sono passati alla titolarità di soggetti privati. Simili vicende hanno interessato la titolarità delle **reti**, ossia di quelle strutture tecniche e materiali nelle quali (e per mezzo delle quali) si svolge il tragitto e la trasmissione di cose, codici o persone: rete ferroviaria, elettrica, telefonica, stradale. La legge ne ha gestito il passaggio nella titolarità di soggetti formalmente o sostanzialmente privati, ma il regime giuridico di tale bene è rimasto pubblicistico. La **funzione strategica** delle reti nel settore dei servizi pubblici è assai importante proprio oggi che i relativi settori sono stati aperti alla libera concorrenza. È necessario che venga garantito l'accesso ad esse ad una pluralità di operatori che offrano agli utenti i loro servizi in regime di concorrenza. Per queste ragioni, **a prescindere dalla natura pubblica o privata del titolare** della rete, tali beni sono sottoposti ad una penetrante regolazione amministrativa, volta a garantirne un uso accessibile e di qualità, talvolta assai più rigida di quella dei tradizionali beni pubblici. Rispetto all'impianto codicistico nella figura del bene pubblico assume sempre maggior rilevanza quello che prima abbiamo definito **elemento oggettivo**, vale a dire la destinazione funzionale di essi alla cura, in via mediata o immediata, di interessi generali; divenendo irrilevante l'appartenenza a enti pubblici territoriali (c.d. **elemento soggettivo**).

Un altro esempio della rottura degli schemi tradizionali della teoria dei beni pubblici è quello innestato dalla complessa opera di **dismissione di immobili statali** attraverso la quale lo Stato ha cercato di far fruttare economicamente le proprie ricchezze (già con l. n. 537/1993; poi con d.l. n. 351/2001 e l. n. 289/2002 per la dismissione del patrimonio degli enti territoriali minori). In genere la vendita a privati di questi immobili non è stata diretta, ma è avvenuta tramite la cessione onerosa a società a responsabilità limitata appositamente costituite, le **società per la cartolarizzazione** degli immobili pubblici (c.d. s.c.i.p.). Queste hanno venduto gli immobili a privati nel mercato, procurandosi, a loro volta, i finanziamenti necessari ad acquistarle dallo Stato, attraverso operazioni di cartolarizzazione degli immobili pubblici.

La questione dell'appartenenza del bene

Queste due vicende scardinano la concezione del bene pubblico come frutto di un requisito soggettivo ed uno oggettivo, per focalizzare l'attenzione sul solo secondo aspetto: perché un bene sia pubblico, quindi funzionalizzato a garantire interessi pubblici o generali, non si opera più a livello legislativo attribuendone la titolarità ad un ente pubblico, ma conformandone la disciplina, specialmente quella della circolazione, a penetranti vincoli pubblicistici. Appare superato, insomma, il requisito dell'appartenenza.

Ma la centralità del concetto di appartenenza nella teoria dei beni è posta in dubbio anche da alcune teorie in ambito privatistico. La scoperta di risorse quali **l'ambiente**, la **salute**, la **concorrenza**, ha talvolta portato a parlare di esse come di nuovi beni: di queste risorse, come si comprende facilmente, non si può predicare che appartengano ad un soggetto determinato, non potendo le stesse essere oggetto di un diritto esclusivo di godimento tutelato *erga omnes*.

Eppure, la stessa Corte costituzionale ha affermato, in relazione all'ambiente che esso costituisce un "bene giuridico autonomo"; allo stesso modo la S.C. ha fatto per la concorrenza. Ebbene, se si accoglie la nozione tradizionale di bene giuridico e le peculiarità delle forme di tutela che fanno sì che determinate cose possano essere considerate beni, si deve ritenere che tali riferimenti siano impropri. Ciò che viene definito bene, nella specie immateriale, è, in realtà, ora una qualità di altri singoli beni (la contaminazione e purezza di acque, aria, ecc., nel caso dell'ambiente); ora un valore, un'ispirazione politica cui deve tendere un determinato assetto sociale o economico (nel caso della concorrenza); ora un vero e proprio diritto all'integrità psico-fisica (come nella salute, vedi art. 32 Cost.).

Il termine bene è espressione polisenso

È vero, tuttavia, che il termine bene nel linguaggio giuridico non coincide solo con quello definito all'art. 810: in esso vi è la nozione di bene utile ai fini di individuare l'ambito di applicazione della normativa contenuta nel Libro III. Ma lo stesso codice civile utilizza il riferimento al termine beni per indicare altri concetti. Ad es. l'art. 2740, stabilendo che il debitore risponde dell'adempimento con tutti i suoi beni presenti e futuri, intende far riferimento non solo ai beni c.d. materiali o a quelli immateriali, ma anche ai crediti. Peraltro, come sappiamo, agli stessi beni immateriali non si applica la disciplina del Libro III, tanto che gran parte della dottrina non li considera beni in senso stretto.

Si può dunque ritenere che il termine bene sia un'**espressione polisenso**.

In senso **tecnico** essa indica le porzioni di realtà materiale cui è applicabile la disciplina della proprietà.

In senso **dommatico** essa indica tipologie di realtà accomunate da forme di tutela assoluta simili. Esso non ha però, in questo ultimo caso, valenza positiva, perché non è utile ad individuare una tipologia generale di casi cui si applica la medesima disciplina: è una categoria scientifica attraverso la quale operare una sistemazione di forme e tecniche di normazione omogenee.

In senso lato e **descrittivo** esso comprende ogni forma di ricchezza (ivi compresi i crediti).

In senso **formale** esso indica ogni oggetto di normazione; ogni aspetto per il quale l'ordinamento predispone una regolazione. Infine, e analogamente a quest'ultimo punto, in senso **assiologico** essa indica ogni valore o interesse che l'ordinamento si pone come oggetto di tutela.

Capitolo VI
L'AUTONOMIA PRIVATA

Sezione I
AUTONOMIA PRIVATA ED ORDINAMENTO GIURIDICO

1. *La funzione dell'autonomia privata ed il suo riconoscimento da parte dell'ordinamento giuridico*

Si è già detto che l'ordinamento giuridico prende atto della opportunità di riservare ai consociati una sfera all'interno della quale essi possano disciplinare in maniera **autonoma** i propri interessi.

Funzione dell'autonomia privata

«Autonomia» significa darsi da sé la propria legge, in contrapposizione all'espressione «eteronomia». In questa prospettiva, può essere richiamato già qui l'art. 1372, co. 1, il quale afferma che "il contratto ha forza di legge tra le parti". Il significato sistematico di questa norma va al di là del principio fondamentale ed ivi contenuto della c.d. relatività degli effetti del contratto. L'espressione, seppur enfatica (e che tanto più appare tale alla luce degli interventi spesso incisivi e cogenti della legge sul contenuto contrattuale predisposto dagli autori dell'atto di autonomia privata) bene evidenzia, in effetti, la natura di regola privata che il negozio giuridico in genere ed il contratto in particolare rivestono dal punto di vista dei soggetti. Il contratto, infatti, sotto questo profilo, è effettivamente una regola destinata a produrre effetti giuridici tendenzialmente commisurati agli interessi (e quindi alla volontà) dei suoi autori.

Nel nostro ordinamento giuridico l'autonomia privata trova, in linea di principio, un riconoscimento ampio, ma la ricostruzione della sua effettiva fisionomia deve tenere conto dei correttivi richiesti ad es, dall'esigenza di tutelare la parte contrattuale ritenuta sul piano economico-sociale meritevole di protezione (affittuario coltivatore diretto; lavoratore subordinato; consumatore, ecc.) ovvero da quella di evitare che l'esercizio dell'autonomia privata determini una compressione del valore della libera concorrenza, cui largamente si ispira l'ordinamento comunitario.

Il concetto di autonomia privata può essere ulteriormente articolato, a fini descrittivi, sulla base di una tripartizione della relativa espressione.

Una prima nozione di autonomia privata, classica e connaturata all'essenza del fenomeno, è quella che rimanda all'autonomia individuale, nella quale coloro che pongono in essere l'atto di autonomia sono gli individui, cui spetta appunto il potere di autoregolamentare personalmente la propria sfera giuridica, sia pure nei limiti stabiliti dall'ordinamento giuridico.

Una seconda nozione di autonomia privata è quella che ci rimanda alla possibile dimensione collettiva della stessa: si pensi alle organizzazioni sindacali di categoria, nel momento in cui esse stipulano i contratti collettivi di lavoro. L'autonomia collettiva è stata ed è tuttora una risposta alle sostanziali disparità di potere contrattuale sussistenti tra le distinte categorie sociali e, in particolare, tra i lavoratori ed i datori di lavoro. Infatti, la contrattazione collettiva nasce appunto al fine di reagire alla debolezza ed alla frammentazione proprie delle categorie economicamente più deboli (i lavoratori subordinati) di fronte alla controparte per definizione organizzata economicamente (l'impresa datrice di lavoro).

Si può, infine, parlare anche di autonomia assistita. In tal caso, se da un lato il contratto è stipulato effettivamente da parti individuali, al contempo la parte che il legislatore reputa svantaggiata nelle condizioni di partenza è coadiuvata, ed appunto assistita nella negoziazione, dalle organizzazioni di categoria. Si pensi alle transazioni nelle controversie di lavoro che si realizzano con l'assistenza sindacale (art. 2113), o alla contrattazione in deroga alle leggi sui contratti agrari, che necessita dell'assistenza delle relative organizzazioni collettive (art. 45, l. n. 203/1982).

Ambito di operatività dell'autonomia privata

La scelta di riconoscere l'autonomia privata si basa, in sostanza, su una serie di considerazioni che sono già state in parte accennate.

In primo luogo, può ritenersi che – fino a quando tale attività autoregolatrice non si ponga in contrasto con fini o valori superiori – essa realizzi un assetto di interessi più soddisfacente rispetto a quello che potrebbe discendere dalla imposizione di regole eteronome.

Così, ad es., si può reputare che in un ipotetico mercato perfetto – un mercato, cioè, cui partecipino soggetti che ispirano le loro scelte a criteri del tutto razionali – la decisione di Tizio di vendere a Caio un determinato bene a fronte del pagamento di un corrispettivo (e di non attribuirlo invece a Sempronio o a Mevio, che hanno offerto un prezzo inferiore) realizzi un assetto economico **ottimale** quanto all'utilizzazione di quel bene. Infatti, chi offre il prezzo più alto è anche colui che annette al bene il valore maggiore e che, dunque, saprà trarne le maggiori utilità.

Naturalmente, una spiegazione di questo genere delle ragioni del riconoscimento dell'autonomia privata può essere sufficiente solo in via di prima approssimazione al problema. Non soltanto perché si basa sull'ipotesi di un mercato perfettamente funzionante (e sul presupposto, tutto ideologico, che la somma delle utilità individuali corrisponda ad una maggiore utilità generale), ma anche perché l'autonomia privata non si esaurisce in ambito patrimoniale, estendendosi anche a sfere di interessi **non** patrimoniali.

Si pensi, ad es., agli accordi tra genitori intesi a regolare aspetti della vita familiare come l'educazione dei figli o le modalità di esercizio della potestà in caso di separazione; o, ancora, a tutti quegli atti di autonomia privata che si traducono nella adesione del singolo ad associazioni che perseguano scopi ideali, di tipo assistenziale, politico, culturale, ecc.

Emerge, allora, un chiaro nesso tra autonomia privata e sviluppo della personalità individuale rilevante anche ai fini della individuazione di un possibile fondamento costituzionale della stessa autonomia privata.

Autonomia privata e Costituzione

Infatti, enfatizzando l'idoneità della autonomia privata a consentire lo sviluppo della personalità umana, essa rinverrà il proprio fondamento nell'art. 2 Cost. Ove, viceversa, si volesse circoscrivere il suo ambito di operatività alla sfera dei rapporti patrimoniali, l'autonomia privata troverebbe il proprio fondamento nell'art. 41, co. 1 Cost., incontrando così gli stessi limiti che la norma pone all'iniziativa economica privata.

Autonomia privata e Costituzione europea

Controversa è anche la possibilità di individuare un puntuale referente normativo del riconoscimento dell'autonomia privata nell'ambito della CDFUE, che sembra avere riguardo a singole manifestazioni dell'autonomia privata, come la libertà professionale ed il diritto di lavorare (art. 15) e la libertà d'impresa (art. 16).

L'alternativa tra efficienza economica e tutela della libertà individuale come chiave di lettura del problema dell'autonomia privata perde, in una certa misura, di significato di fronte alla ovvia constatazione della impossibilità per l'ordinamento giuridico di farsi carico delle decisioni in ordine al modo di amministrare le risorse o di soddisfare i bisogni di tutti i singoli consociati: impossibilità che rappresenta la costante anche storica del riconoscimento dell'autonomia privata.

2. *Le manifestazioni ed i «limiti» dell'autonomia privata*

L'autonomia privata si estrinseca in una serie di **prerogative** (libertà di concludere o non concludere il contratto, libertà di determinare il contenuto del contratto, libertà di contrarre, di stipulare contratti atipici), ciascuna delle quali va incontro a taluni **limiti**, funzionali alla tutela di interessi superiori e che rappresentano la cornice all'interno della quale essa può effettivamente esplicarsi.

Libertà di negoziare

La prima fondamentale manifestazione dell'autonomia privata è da rinvenirsi nella libertà di **stipulare** o meno il negozio giuridico. È ovvio, infatti, che non avrebbe senso parlare di autoregolamentazione dei propri interessi se la scelta di introdurre tale regola fosse obbligata.

In questa prospettiva anche di recente si è espressamente affermato che il contratto, essendo fondato sulle concordi volontà delle parti, è anche espressione di libertà: ciò nel senso che se la rispettiva sfera giuridica di ciascuna parte può essere incisa solo se e nei limiti in cui le parti medesime vogliono che ciò avvenga, ciò equivale a dire che gli autori del negozio sono liberi di decidere tale intervento sulla propria sfera giuridico economica e personale.

... e suoi limiti

In realtà, anche tale aspetto dell'autonomia privata può essere escluso o fortemente limitato, come, ad es., accade nel caso degli obblighi **legali** a contrarre (artt. 1679, 2597). Si parla significativamente, al riguardo, di contratto imposto.

Si rammentano in questo quadro la norma sui pubblici servizi di linea (art. 1679) e quella sull'obbligo di contrattare nel caso di monopolio (art. 2597), ancorché dotata ormai di interesse pressoché esclusivamente storico, dato il venir meno di situazioni di monopolio. Nelle fattispecie degli obblighi legali a contrarre, tuttavia, il rapporto discende pur sempre dalla conclusione del contratto ad opera delle parti: la legge, cioè, non determina essa stessa la costituzione del vincolo contrattuale, bensì interviene, ad es., obbligando l'esercente i pubblici servizi di linea ad accettare le richieste di trasporto che siano compatibili con i mezzi ordinari d'impresa. L'impresa, in tal caso, non potrà rifiutarsi di addivenire alla stipula del contratto che nasce comunque dall'iniziativa del soggetto che vuole essere trasportato. Analogamente, il monopolista ha l'obbligo legale di contrattare con chiunque richieda le prestazioni oggetto della sua attività aziendale, osservando la parità di trattamento.

È per questo che anche i contratti stipulati a seguito dell'adempimento di obblighi legali vengono generalmente considerati atti di autonomia privata in quanto da una parte assoggettabili alla correlativa disciplina (ad es., al rapporto di somministrazione, che intercorre tra l'impresa fornitrice dell'energia elettrica e l'utente, si applicheranno senz'altro le norme in materia di risoluzione del contratto), e dall'altra perché, come rilevato, il contratto discende in definitiva dall'iniziativa di una parte (ad es., il soggetto che richiede il trasporto) e non da un meccanismo di costituzione legale del rapporto.

Se poi l'obbligo a contrarre ha origine in una manifestazione dell'autonomia privata (contratto preliminare), non v'è neppure ragione di ravvisare in tale obbligo un limite alla libertà di contrarre.

Libertà di determinazione del contenuto del negozio

Le parti poi sono libere di **determinare** il contenuto del negozio nel modo più congruo rispetto ai propri interessi, ad es., stabilendo il corrispettivo del bene scambiato, ovvero circoscrivendo nel tempo l'efficacia del contratto (art. 1322, co. 1).

Per quanto cruciale, anche questa manifestazione dell'autonomia privata va incontro a limiti molto penetranti.

... e suoi limiti

Questi limiti si manifestano ora in **negativo**, attraverso norme imperative che inibiscono la previsione di clausole illecite (si pensi, ad es., alla clausola che fissa un saggio di interesse usurario: art. 1815, co. 2), ora in **positivo**, attraverso norme imperative che fissano in parte il contenuto del negozio (si pensi, ad es., al prezzo c.d. imposto in una compravendita, o all'inserimento di un termine minimo di durata in un contratto di locazione di immobili urbani ad uso abitativo).

In tale ultima ipotesi, il regolamento negoziale subisce l'**inserzione** di frammenti di una disciplina **eteronoma** (art. 1339). Il sacrificio dell'autonomia privata che in tal modo si realizza trova la propria giustificazione nell'esigenza di assicurare un accesso generalizzato a beni primari, altrimenti difficilmente acquisibili da chi non disponga delle risorse economiche necessarie.

Libertà di creare schemi negoziali atipici

Altra manifestazione dell'autonomia privata è il potere dei privati di predisporre schemi negoziali **atipici**, ossia non riconducibili ad un modello legislativo prefissato, o tipo legale (art. 1322, co. 2). Infatti, la varietà degli interessi che emergono dalla realtà socio economica rende spesso inadeguati gli schemi predisposti dal legislatore e, dunque, sollecita i privati a crearne di nuovi.

Ciò può avvenire, in primo luogo, modificando o combinando variamente gli schemi già disponibili (si pensi, ad es., al c.d. *leasing*, che solo da ultimo ha trovato una parziale regolamentazione legislativa nell'art. 1, co. 136-140, l. n. 124/2017, ma che nasce come frutto di una combinazione degli schemi della vendita con patto di riservato dominio – art. 1523 – e del contratto di locazione – art. 1571 –). Può avvenire, in secondo luogo, utilizzando schemi che, pur privi di riconoscimento normativo, siano già diffusi nella prassi (c.d. tipicità sociale); mentre è più che altro teorica l'ipotesi del privato che crei *ex novo* uno schema negoziale.

Anche in questo caso l'autonomia privata incontra limiti di varia natura.

... e suoi limiti

In primo luogo, viene in considerazione il limite della **meritevolezza** dell'interesse perseguito attraverso la predisposizione dello schema atipico (art. 1322 cpv.), limite che dovrà ritenersi soddisfatto allorché tale interesse risulti apprezzabile sulla base di una più generale valutazione socio-economica da condursi alla stregua dei criteri desumibili dall'ordinamento giuridico.

Al riguardo, si deve osservare che, rispetto al giudizio di meritevolezza si sono delineate in dottrina, nel corso del tempo, tre posizioni fondamentali.

Secondo una prima tesi, accreditata, in particolare, al momento dell'entrata in vigore del codice civile del 1942 e che trova riscontro anche nella ricostruzione del concetto di causa del contratto in quel momento prevalente, il giudizio di meritevolezza implicherebbe un criterio di valutazione nuovo e differente rispetto a quello di liceità, cui si affiancherebbe con una funzione ulteriore ed integrativa. Conseguentemente, il contratto atipico non sarebbe meritevole per il solo fatto di essere non illecito, in quanto l'autonomia privata non costituirebbe un valore di per sé, ma lo potrebbe essere, e in certi limiti, se ed in quanto risponda ad un interesse meritevole di tutela dal punto di vista sociale. Questa tesi risente tuttavia di una concezione funzionalizzatrice del contratto (di cui la teoria della causa quale funzione economico-sociale rappresenta l'archetipo), che, caratteristica dell'ideologia corporativa, sottostante all'impianto originario del codice civile, non pare in effetti coerente con il riconoscimento costituzionale dell'autonomia privata, desumibile, direttamente o indirettamente, dagli artt. 2 e 41 Cost.

Un'altra impostazione, rimasta tuttavia isolata, sostiene, poi, che il giudizio di meritevolezza concernerebbe la valutazione dell'idoneità del modello contrattuale atipico elaborato dai privati ad assurgere a modello giuridico di regolamentazione degli interessi, vista l'assenza di una preventiva opera di tipizzazione legislativa.

Secondo la ricostruzione che pare allo stato prevalente, infine, il giudizio di meritevolezza coinciderebbe in realtà con quello di liceità (conformità a norme imperative, ordine pubblico e buon costume), cui ha riguardo, in tema di liceità della causa, l'art. 1343. Si è osservato, al riguardo, che, già nel sistema del codice civile del 1942, i concetti di meritevolezza e di liceità, malgrado i tentativi di differenziarli, sarebbero stati in realtà coincidenti. Si tratterebbe, inoltre, di un giudizio da effettuare sempre con riguardo all'operazione contrattuale concreta. In questo contesto, si è affermato che un controllo in termini di meritevolezza sarebbe necessario nei riguardi della causa, senza distinzione tra contratti tipici ed atipici.

La tendenziale coincidenza tra giudizio di meritevolezza dell'interesse *ex* art. 1322 e giudizio di liceità della causa del contratto risulta confermata, dal punto di vista della elaborazione giurisprudenziale, ed almeno quanto ai primi decenni dall'entrata in vigore del codice civile, dalla relativa scarsità di pronunce imperniate sull'applicazione diretta di quel criterio. Negli ultimi anni, al contrario, si sono moltiplicati i casi in cui il giudizio di meritevolezza dell'interesse è stato sviluppato dalla giurisprudenza, fino ad affermare l'immeritevolezza di contratti o patti aventi lo scopo di attribuire ad una delle parti un vantaggio ingiusto e sproporzionato, senza contropartita per l'altra, oppure destinati a porre una delle parti in una posizione di indeterminata soggezione rispetto all'altra, oppure ancora tali da costringere una delle parti a tenere condotte contrastanti con i superiori doveri di solidarietà, imposti costituzionalmente.

Occorre, infine ricordare che limiti specifici al potere di utilizzare negozi atipici si riscontrano in alcuni ambiti dominati da principi di rigorosa **tipicità**. Si pensi, ad es., ai negozi costitutivi degli *status* familiari (matrimonio, adozione) o anche, in materia successoria, al testamento. Qui, la particolare natura degli interessi da regolare ha indotto il legislatore a costringere l'autonomia privata entro moduli prefissati: donde, appunto, il divieto di creare negozi atipici.

3. *La disciplina legislativa dell'autonomia privata: la categoria del contratto*

Disciplina generale del contratto

Il codice civile del 1942, che **non** ha recepito la categoria del negozio giuridico, ha invece fatto oggetto di una disciplina organica il **contratto** (Titolo II del Libro IV "Dei contratti in generale"), disciplina suscettibile di essere estesa – nei limiti della compatibilità – anche agli atti unilaterali tra vivi aventi contenuto patrimoniale (art. 1324).

Oltre a predisporre la disciplina del contratto in generale, il codice individua alcune specifiche figure di contratto (i **tipi contrattuali**) assoggettando anch'esse ad una normativa analitica (la vendita, la locazione, l'affitto, ecc.: artt. 1470-1986).

Le norme sui contratti in generale trovano applicazione a "tutti i contratti, ancorché non appartengano ai tipi che hanno una disciplina particolare" (art. 1323). In altre parole, un contratto, ancorché irriducibile ad uno dei tipi legali, verrebbe comunque assoggettato agli artt. 1321-1469 nonché agli artt. 33-37 cdc, se si trattasse di un contratto tra professionista e consumatore, anche se l'ipotesi di un contratto integralmente atipico deve ritenersi quasi esclusivamente teorica. Mentre il primo gruppo di norme (relative ai contratti in generale) si applica a tutti contratti, la serie di norme previste per i singoli tipi contrattuali vale essenzialmente per questi ultimi con la presenza talora di norme in deroga a quelle comuni proprio in ragione della specialità delle singole figure negoziali.

Contratto e *status*

Sempre più di frequente accade, poi, che il legislatore regoli fattispecie, o gruppi di fattispecie, contrattuali individuate in relazione allo *status* dei contraenti: ciò costituisce un elemento di grande novità rispetto alla disciplina tradizionale dell'autonomia privata, ispirata alla premessa dell'assoluta eguaglianza e irrilevanza delle caratteristiche soggettive delle parti. In questa prospettiva, si può rilevare che l'autonomia negoziale ha conosciuto una vicenda, per così dire, pendolare. In effetti, si è parlato in passato, con una formula enfatica, di una progressione dallo *status* al contratto per sottolineare efficacemente come nella moderna società borghese, fondata sulla libera esplicazione dell'autonomia dei privati, i soggetti potevano affermarsi nel campo delle relazioni economico-sociali indipendentemente dall'appartenenza per nascita ad un ceto o ad un ordine che ne contraddistingueva, appunto, lo *status*. Più di recente, invece, e sotto un'altra angolazione, lo *status* ha guadagnato terreno sulla disciplina generale e neutra del contratto. In questa prospettiva, si è affermato che gli *status* rivivono in forme nuove per tutelare il bisogno individuale di sicurezza rispetto alla generalizzata libertà negoziale. Così il contratto nuovamente viene risospinto verso gli *status* in ragione, ad es., dell'appartenenza a certe categorie sociali od economiche. Si pensi alle norme di tutela per i lavoratori subordinati ovvero, ed in particolare, alla materia dei contratti dei consumatori su cui ci si soffermerà in un paragrafo ad essa dedicato.

3.1. *Contratto e negozio giuridico*

Contratto e negozio giuridico

La nozione di negozio giuridico a suo tempo fornita lascia intendere che il contratto è una *species* del *genus* negozio giuridico. Infatti, il contratto è un atto di autoregolamentazione di interessi privati, che si caratterizza in quanto **accordo** di **due** o **più** parti inteso a **costituire**, **modificare** od **estinguere** un rapporto giuridico avente natura **patrimoniale** (art. 1321). Può aggiungersi che se l'oggetto, la causa e la forma, quando prescritta *ad substantiam*, sono elementi strutturali comuni alla nozione di contratto ed a quella di negozio, per quest'ultimo – in virtù della sua portata generale idonea a sussumere sia i negozi bilaterali che quelli unilaterali – l'elemento specifico dell'accordo proprio del contratto può essere utilmente sostituito con quello più generico della volontà (che, a seconda delle specie negoziali, potrà essere unilaterale, bilaterale, *inter vivos* o *mortis causa*).

Parti del contratto

I tratti caratteristici del contratto, nell'ambito della categoria negoziale, sono dunque: *a*) la necessaria presenza di due o più parti, cioè di due o più centri di interessi, destinatari degli effetti ricollegati dalla legge all'atto di autonomia (si noti che ciascuna parte può essere composta da più soggetti: ad es., se tre fratelli – proprietari in comunione di un'abitazione – la vendono a Tizio, i tre fratelli costituiscono l'unitaria parte venditrice); *b*) la necessaria patrimonialità del rapporto che attraverso il contratto si intende costituire, modificare o estinguere (ed infatti per designare i negozi bilaterali o plurilaterali che non hanno contenuto patrimoniale si è soliti usare il termine **accordo**).

Patrimonialità del rapporto

La patrimonialità comporta la non riconducibilità del matrimonio (inteso come negozio giuridico) alla categoria del contratto pur concretandosi esso in un accordo costitutivo del rapporto coniugale.

È interessante notare come l'espressione "contratto" indichi spesso fenomeni distinti anche se collegati. Il termine indica in primo luogo l'accordo e cioè il negozio giuridico (almeno) bilaterale con natura patrimoniale *ex* art. 1321 c.c. Ancora, si discorre di contratto per indicare in realtà il rapporto che è sorto dall'atto di autonomia privata: si pensi allo scioglimento del rapporto per recesso di una delle parti. Ma la terminologia comune si riferisce anche al documento che incorpora l'accordo: qui il contratto coincide con il testo in cui è stata trasfusa la volontà negoziale delle parti.

La scelta del legislatore di imperniare la disciplina dell'autonomia privata sulla categoria del contratto potrebbe indurre a ritenere superata quella del negozio giuridico, trovando così conferma le opinioni critiche relative ad una sua eccessiva astrattezza.

Utilità della categoria negoziale

Si deve tuttavia ritenere che tale scelta – dettata dalla centralità del contratto nella prassi degli affari – non abbia sminuito l'importanza del negozio giuridico il quale, viceversa, consente di individuare un denominatore **comune** a tutte le manifestazioni dell'autonomia privata.

Negozio giuridico e codice civile

A conferma di ciò può essere richiamato l'art. 1324, il quale, come già detto, estende – sia pure entro il limite della compatibilità – le norme dettate per i contratti agli atti **unilaterali** (cioè quelli che, a differenza del contratto, si perfezionano in virtù della dichiarazione di volontà di una sola parte: ad es., remissione del debito) tra **vivi** aventi contenuto **patrimoniale**. Infatti, in quel contesto, e come chiarisce la Relazione al codice, il termine "atti" è sinonimo del termine "negozi" e, dunque, esso potrà riferirsi, ad es., al negozio unilaterale nel quale si risolve la promessa al pubblico – art. 1989 – ovvero al recesso – art. 1373 –: e salva sempre, poi, la possibilità – sia pure più limitata – di estendere la disciplina del contratto anche a negozi a contenuto non patrimoniale (ad es., al matrimonio). In questo senso, si è chiarito che le norme dettate per i contratti rappresentano una sorta di disciplina comune dell'intera categoria negoziale, con la sola eccezione di quelle che, disciplinando profili od elementi specifici della struttura e della funzione proprie del contratto, non possono essere applicate ad altri schemi negoziali.

Del resto, la censura di astrattezza che viene rivolta alla costruzione del negozio giuridico potrebbe essere mossa alla stessa categoria del contratto. Quest'ultima è, a sua volta, un'astrazione rispetto alla realtà socio-economica, la quale non conosce «il» contratto in generale, bensì i singoli, concreti, contratti, a loro volta quasi sempre arricchiti e modificati anche rispetto al tipo contrattuale di riferimento (ad es., attraverso la previsione dei c.d. elementi accidentali).

3.2. *La disciplina del contratto ed i negozi giuridici unilaterali*

Disciplina del contratto e negozi unilaterali

La regola stabilita dall'art. 1324, circa l'estensione della disciplina del contratto – in quanto compatibile – ai negozi giuridici unilaterali tra vivi aventi contenuto patrimoniale, pone il problema dei **limiti** entro i quali tale estensione può avere luogo.

Il limite principale attiene all'impossibilità di applicare ad atti unilaterali disposizioni che presuppongono invece l'esistenza di un accordo tra due o più parti. Ad es., la norma fondamentale in materia di interpretazione del contratto, secondo la quale quest'ultima deve accertare la comune intenzione delle parti (art. 1362, co. 1), non può in quanto tale applicarsi là dove non vi sia una "comune intenzione", bensì una dichiarazione unilaterale di volontà.

Tipicità dei negozi unilaterali

Si ritiene poi da taluno che non sarebbe consentito all'autonomia privata dare vita a negozi unilaterali **atipici**, in quanto i negozi unilaterali sarebbero intrinsecamente idonei a produrre effetti anche nella sfera giuridica di terzi a tutela della quale opererebbe, appunto, la regola di tipicità. La questione è, però, ancora aperta e si interseca con il problema della tipicità delle promesse unilaterali (dove l'accoglimento della regola di tipicità obbedisce ad esigenze in parte diverse). In realtà, si osserva in dottrina che ciò che in definitiva è fondamentale per consentire la lecita creazione di negozi giuridici atipici è la possibilità per i terzi rimasti estranei alla vicenda perfezionativa della fattispecie unilaterale di rifiutare gli effetti così prodottisi; effetti che devono presentare, altresì, un carattere incrementativo della sfera patrimoniale del terzo, non potendosi ammettere che un soggetto possa incidere negativamente sui diritti patrimoniali di un estraneo con una manifestazione di volontà non riconducibile ad uno schema tipico e, soprattutto, non realizzata mediante un accordo.

Più in generale, è osservazione ricorrente in dottrina quella secondo la quale dal nostro sistema di diritto privato si ricava il principio in base al quale l'ordinamento tendenzialmente preferisce subordinare la produzione di un effetto anche favorevole nella sfera giuridico-patrimoniale di un terzo ad un atto negoziale con il quale quest'ultimo possa manifestare la propria adesione o comunque approvare o rifiutare la modificazione. Proprio per questo, la donazione, che pure realizza un effetto puramente incrementativo nei confronti del patrimonio del donatario, richiede *ex* art. 769 c.c. l'accettazione del beneficiario.

I negozi unilaterali, inoltre, possono avere **natura recettizia o non recettizia** a seconda che la produzione dell'effetto dipenda o meno dall'essere la relativa dichiarazione negoziale indirizzata – con predeterminazione delle modalità legali di conoscibilità in capo al terzo – nei confronti dei destinatari o del destinatario del negozio.

I negozi unilaterali non recettizi che si siano validamente perfezionati, quindi, producono effetti in maniera immediata e diretta senza che debbano essere portati a conoscenza del destinatario a tal fine.

SEZIONE II

STRUTTURA ED EFFICACIA DEL CONTRATTO

4. *La conclusione del contratto*

Perfezionamento del contratto

Poiché il contratto è l'accordo di due o più parti inteso a costituire, modificare o estinguere un rapporto giuridico patrimoniale, esso potrà perfezionarsi, di regola, soltanto quando si sia verificata una corrispondenza tra le manifestazioni di volontà delle parti. Fino a quando tale corrispondenza non si sia verificata, il contratto non può dirsi perfezionato. Ad es., se io dichiaro a Tizio di voler comprare la sua automobile al prezzo di € 5.000 e Tizio si dichiara disposto a venderla, ma al prezzo di € 6.000, il contratto di compravendita non si perfeziona, non essendovi congruenza tra l'una e l'altra manifestazione di volontà e risultando anzi un dissenso tra le stesse.

Il tema della **conclusione del contratto** individua le tecniche attraverso le quali le **parti** pervengono alla costituzione del vincolo contrattuale; e ne è dunque evidente la rilevanza teorico-pratica, posto che l'intervenuta formazione della fattispecie contrattuale (e, dunque, dell'accordo, che, secondo la nozione legislativa posta dall'art. 1321, rappresenta l'essenza stessa del contratto) è il presupposto perché si possa verificare che la medesima sia conforme ai criteri di valutazione dell'atto, predisposti dall'ordinamento e, a seguire, perché si ponga un problema di ricostruzione della portata del contratto, di integrazione del regolamento, di esecuzione e, dunque, di eventuale inadempimento del contratto.

L'esatta determinazione del **momento** e del **luogo** in cui il contratto può dirsi concluso assume, poi, rilevanza anche sotto profili ed a fini ulteriori rispetto a quelli poc'anzi tratteggiati.

Conclusione del contratto e legge applicabile

Infatti, fissare il momento del tempo ed il luogo in cui può dirsi concluso il contratto rileva ai fini della individuazione della **legge applicabile**, in relazione alla previsione dell'art. 4 della Convenzione di Roma sulla legge applicabile alle obbligazioni contrattuali (secondo il quale, in difetto di scelta delle parti in ordine alla legge da applicare, il contratto è regolato dalla legge del paese con il quale presenta il collegamento più stretto, con la presunzione che "il contratto presenti il collegamento più stretto col paese in cui la parte che deve fornire la prestazione caratteristica ha, al momento della conclusione del contratto, la propria residenza abituale").

Inoltre, e quanto al piano degli **effetti** che si ricollegano alla costituzione del vincolo contrattuale, si deve considerare che stabilire se l'effetto giuridico si è prodotto in un determinato momento del tempo può assumere rilievo, in particolare, nei **contratti ad effetto traslativo** (art. 1376): il rischio del perimento della cosa su cui insisteva il diritto trasferito ricadrà, o meno, sull'acquirente se il contratto si possa considerare già perfezionato nel momento del perimento.

Lo schema generale: proposta ed accettazione

Il problema principale da risolversi in materia è, dunque, proprio quello di individuare il momento in cui la congruenza delle manifestazioni di volontà possa dirsi verificata e, conseguentemente, il contratto perfezionato.

Lo schema, che potremmo definire, generale, postula che la conclusione del contratto sia determinata da due distinti atti, che provengono in sequenza dall'una e dall'altra parte e che, incontrandosi, determinano l'introduzione dell'assetto di interessi vincolante: la **proposta** e l'**accettazione.**

Natura della proposta e dell'accettazione ...

La proposta e l'accettazione possono essere definite, superando in tal modo i termini di un risalente dibattito, come **atti negoziali precontrattuali.** Infatti, pur non essendo né l'una né l'altra di per sé sufficienti a costituire il contratto (e, dunque, a produrre gli effetti negoziali di questo propri), sono atti negoziali, perché si configurano come dichiarazioni di volontà volte a dare vita al negozio contrattuale ed idonee a produrre (secondo la caratteristica propria degli atti negoziali) effetti conformi alla volontà dell'autore.

... e loro struttura

La proposta e l'accettazione, così come disciplinate dall'art. 1326, sono, dal punto di vista della struttura, **atti unilaterali** e **recettizi**; risultano pertanto assoggettate alla disciplina normativa degli artt. 1334 e 1335 – che del resto proprio ad esse fa innanzi tutto riferimento – con la conseguenza che producono, dunque, effetto dal momento in cui giungono a conoscenza della persona cui sono destinate (art. 1334), con l'importante precisazione (dettata dall'art. 1335), secondo la quale "la proposta, l'accettazione ... ed ogni altra dichiarazione diretta ad una determinata persona si reputano conosciute nel momento in cui giungono all'indirizzo del destinatario, se questi non prova di essere stato, senza sua colpa, nell'impossibilità di averne notizia". Si tratta di una regola finalizzata a raggiungere con facilità la certezza in ordine ad un fatto – la conoscenza della proposta e dell'accettazione da parte di colui a cui sono indirizzate – che, diversamente, come tutti i fatti di conoscenza, sarebbe assai complesso accertare; e che si fonda altresì su una *ratio* di autoresponsabilità e di ragionevole diligenza del destinatario dell'atto, ricadendo su quest'ultimo il rischio dell'ignoranza colpevole della proposta o dell'accettazione.

Così, ad es., se la raccomandata contenente l'accettazione della proposta giunge all'indirizzo del proponente e questi, sbadatamente, omette di aprire la cassetta delle lettere, il contratto dovrà in ogni caso considerarsi concluso.

Perfezionamento del contratto e scambio di proposta ed accettazione

Alla luce di tali considerazioni, può concludersi che, secondo lo schema fondamentale di perfezionamento del contratto, previsto dall'art. 1326, co. 1, il contratto è concluso nel momento in cui chi ha fatto la proposta (il **proponente**) viene a conoscenza dell'accettazione dell'altra parte (l'**oblato**: destinatario della proposta contrattuale), con la precisazione, imposta dalla lettura in combinato disposto dell'art. 1334 e dell'art. 1335, che il contratto potrà ritenersi perfezionato sia quando l'accettazione sia giunta a conoscenza del proponente, pur non essendo ancora pervenuta al suo indirizzo, sia quando l'accettazione sia giunta all'indirizzo del destinatario (e debba, dunque, ritenersi conosciuta), pur non essendosi integrato il fatto di conoscenza psicologico da parte del medesimo.

Questo schema, ricorrente, nella sua essenza logica, anche nei contratti conclusi da soggetti presenti in un medesimo contesto spazio-temporale (ad es., se vedo un amico per strada in sella ad una bicicletta e gli propongo di vendermela a € 100, incontrando subito la sua accettazione, il contratto si sarà perfezionato nell'istante in cui tale accettazione giunge a mia conoscenza), assume un rilievo particolare nel caso di contratti conclusi tra persone lontane (anche perché, qui, l'individuazione del momento e del luogo di conclusione del contratto servirà a risolvere questioni di notevole importanza, come, ad es., la fissazione della competenza in caso di controversia giudiziaria).

Si consideri l'ipotesi di Tizio, domiciliato a Roma, il quale, sapendo che Sempronio, domiciliato a Firenze, è proprietario della rara edizione di un volume al cui acquisto egli è interessato, invii allo stesso, per raccomandata, la proposta di comprare quel volume al prezzo di € 200; se Sempronio risponderà, inviando un'altra raccomandata nella quale manifesta la propria accettazione, il contratto di compravendita si perfezionerà nel luogo e nel tempo in cui il proponente (e cioè Tizio) ha conoscenza dell'accettazione dell'altra parte (e cioè presso il domicilio di Tizio, nel giorno in cui la raccomandata arriva al suo indirizzo).

I requisiti della proposta: completezza

La proposta, per potersi definire tale, deve presentare, innanzi tutto, il carattere della **completezza**, da intendersi nel senso che essa deve racchiudere in sé tutti gli elementi idonei a prefigurare il contenuto precettivo dell'instaurando assetto di interessi, cosicché l'oblato, accettandola, possa determinare senz'altro la costituzione del vincolo; mentre la proposta incompleta, ove pure fosse accettata dall'oblato, non potrebbe condurre alla conclusione del contratto.

Recettizietà della proposta

La (già sopra sottolineata) natura **recettizia** della proposta si correla, nel caso di specie, non tanto ad un'esigenza di tutela dell'interesse del destinatario della medesima (secondo quella che è invece la regola in caso di atti recettizi), posto che la proposta attribuisce all'oblato un semplice potere (di accettare); al contrario, la recettizietà corrisponde, qui, ad un interesse del proponente, assicurando che gli effetti della proposta si producano soltanto se, e nella misura in cui, essa risulti volontariamente indirizzata all'oblato. Pertanto, quest'ultimo, non potrebbe efficacemente accettare una proposta della cui esistenza sia venuto a conoscenza non già attraverso la volontaria emissione del proponente, ma per caso, salvo sempre il coordinamento con l'esigenza di tutela dell'affidamento dell'oblato: nel senso che, qualora questi non potesse riconoscere, con l'ordinaria diligenza, l'involontarietà dell'emissione (come potrebbe accadere, ad esempio, se l'emissione della proposta, ancorché non autorizzata dal proponente, provenga comunque da soggetto rientrante nella sfera di controllo di quest'ultimo), il contratto potrà perfezionarsi a seguito dell'accettazione.

Capacità del proponente

Qualificata la proposta come atto negoziale precontrattuale, ben si comprende che essa debba essere sorretta dai requisiti di **capacità** propri delle dichiarazioni negoziali, tra i quali, in particolare, la riferibilità ad un soggetto di diritto, esistente come tale, e la capacità legale d'agire: ed infatti la morte o la sopravvenuta incapacità del proponente determinano (sulla base di una regola desumibile *a contrario* dall'art. 1330) l'inefficacia della proposta (a meno che, secondo quanto si desume, appunto, dalla disposizione appena citata, non sia stata fatta dall'imprenditore nell'esercizio dell'impresa).

I requisiti dell'accettazione

L'accettazione, che è, a sua volta, atto recettizio, come si è già accennato, produce, dunque, i suoi effetti nel momento in cui giunge a conoscenza del proponente.

Il fondamento della **recettizietà** si ricollega, in questo caso, all'esigenza di tutelare il destinatario della dichiarazione (e cioè il proponente), al fine di evitare che il contratto si perfezioni a sua insaputa, benché la *ratio* di protezione del proponente – destinatario dell'accettazione – sia «bilanciata» dalla presunzione di conoscenza, posta dall'art. 1335: nel senso che all'oblato accettante sarà sufficiente verificare l'arrivo all'indirizzo del destinatario della sua dichiarazione per avere, a sua volta, certezza della formazione del vincolo contrattuale.

Naturalmente, ed a sua volta, la presunzione di conoscenza risulta temperata dalla possibilità, per il destinatario della dichiarazione, di provare di essere stato, senza sua colpa, nell'impossibilità incolpevole di averne notizia, sancita, in via generale, dall'art. 1335.

L'accettazione, per poter determinare la conclusione, deve presentare altresì alcuni requisiti attinenti al **contenuto**, alle **modalità temporali** e, eventualmente, alla **forma**.

Conformità dell'accettazione

Viene, al riguardo, in considerazione, in primo luogo, e quanto al contenuto, il requisito della **conformità** della proposta all'accettazione, che si desume dalla disposizione (art. 1326, co. 5) secondo la quale l'accettazione difforme non produce la conclusione del contratto, ma integra una nuova proposta o **controproposta**, determinando altresì l'inversione della posizione delle parti nella sequenza che può condurre alla conclusione del contratto: nel senso che l'oblato, il quale abbia formulato l'accettazione non conforme, assumerà la veste di proponente e l'originario proponente la posizione di oblato, la cui eventuale accettazione determinerà la conclusione del contratto (evidentemente, alle condizioni delineate dalla controproposta).

Controproposta

Rifiuto

Diversa dall'accettazione difforme, che integra, appunto, gli estremi di una controproposta, e dalla controproposta che sia dichiaratamente tale, è l'ipotesi del **rifiuto** della proposta, che, esprimendo il disinteresse dell'oblato per qualsiasi assetto negoziale di interessi, determina la definitiva interruzione della sequenza procedimentale intesa alla eventuale conclusione del contratto.

Varianti marginali

L'orientamento giurisprudenziale largamente consolidato è nel senso che anche una marginale difformità tra accettazione e proposta impedisca la conclusione del contratto. Tuttavia, secondo un recente indirizzo – che tiene conto delle condivisibili indicazioni della dottrina – la presenza di varianti del tutto marginali nell'accettazione, quali, ad es., l'inserimento di una specificazione o di un chiarimento, rispetto alla proposta, non impedirebbe la conclusione del contratto, ostandovi una considerazione secondo buona fede e ragionevolezza del comportamento delle parti.

Difformità apparente

Più agevole la soluzione del problema della difformità quando la stessa sia solo apparente: come, ad es., accade quando l'accettazione, pur del tutto conforme alla proposta dal punto di vista del contenuto, sia formulata in una lingua diversa.

Tempestività dell'accettazione

Ulteriore requisito dell'accettazione è la sua **tempestività**, dovendo essa giungere al proponente entro il termine ordinariamente necessario secondo la natura dell'affare o secondo gli usi ovvero entro il termine indicato dal proponente (art. 1326, co. 2).

Scaduto il termine, la proposta diventa inefficace e ciò nella prospettiva della tutela del proponente, che si vedrebbe diversamente legato, per un tempo non determinabile, alla proposta da lui formulata, restando assoggettato al potere di accettazione dell'oblato; con la *ratio* di tutela del proponente concorre anche un'esigenza di protezione della celerità ed efficienza dei traffici, essendo opportuno raggiungere quanto prima la certezza in ordine al fatto se la proposta formulata sia o meno accettata (poiché, in caso di mancato perfezionamento del procedimento di conclusione del contratto, il proponente potrà prospettare ad altri l'introduzione del programma contrattuale prefigurato nella proposta).

Rinuncia all'eccezione di tardività

Il proponente può rinunciare ad eccepire la **tardività dell'accettazione** (art. 1326, co. 3), ma, in tal caso, è tenuto a darne immediato avviso all'oblato: ciò a tutela dell'affidamento che quest'ultimo sarebbe giustificato a nutrire, a questo punto, sul fatto che il contratto non si sia perfezionato e che potrebbe indurlo ad assumere una diversa, ed ulteriore, iniziativa negoziale per soddisfare il medesimo interesse.

Forma

Al di là dell'area dei contratti formali, per prescrizione legislativa o per una previa scelta delle parti (art. 1352), il proponente può anche determinare la **forma** a mezzo della quale l'accettazione dovrà essere manifestata (art. 1326, co. 4), con la conseguenza dell'inefficacia dell'accettazione dichiarata in forma diversa e, dunque, del mancato perfezionamento del contratto; ed è da notare, al riguardo, la differenza tra l'ipotesi appena accennata e quella del contratto concluso senza l'osservanza della forma legale o convenzionale prescritta, contratto che dovrà ritenersi perfetto, ma invalido.

Trattandosi di un potere attribuito al proponente nel suo interesse, può ritenersi che lo stesso proponente ne possa disporre, reputando efficace l'accettazione benché data in forma diversa, in applicazione analogica della disposizione dell'art. 1326, co. 3.

Silenzio

Un discorso diverso si impone, invece, quanto alla possibilità che l'accettazione sia manifestata attraverso il semplice **silenzio**.

Qui, infatti, secondo l'orientamento prevalente, potrebbe assumere rilevanza un **silenzio c.d. circostanziato** e cioè un silenzio che, collocato nel complesso delle circostanze nelle quali si inserisce, possa esprimere la volontà della parte; tuttavia, nel momento in cui si attribuisce rilevanza alle circostanze nelle quali si inserisce il silenzio, sovente coincidenti con comportamenti in effetti tenuti dalla parte, si può sostenere che decisivo sia in effetti non il silenzio, ma il comportamento (così, ad es., nell'ipotesi in cui, in un contratto di durata, una parte continui ad eseguire la prestazione da essa dovuta per un arco apprezzabile di tempo, senza contestare la proposta di modifica unilaterale delle condizioni formulata dall'altra parte).

Revoca di proposta ed accettazione

Come già accennato, la proposta e l'accettazione sono, di regola, revocabili (art. 1328).

Il potere di **revoca**, espressione dell'esigenza di consentire all'una ed all'altra parte di pentirsi di avere innescato la sequenza procedimentale destinata alla conclusione del contratto, prima che questa in effetti si verifichi, deve essere contemperato, da un lato, con il principio dell'intangibilità del vincolo contrattuale (art. 1372), una volta che questo sia sorto, dall'altro con la protezione dell'affidamento che, prima ancora del perfezionamento della fattispecie contrattuale, sia sorto in capo all'una o all'altra parte.

Contenuto e forma

Il **contenuto** e la **forma** della revoca della proposta e dell'accettazione non sono disciplinati dal legislatore: e si può allora ritenere che la revoca dell'una e dell'altra possano avvenire con le modalità più congrue rispetto al fine perseguito dal revocante (e cioè rendere nota all'altra parte la propria determinazione di caducare la precedente dichiarazione), tenuta sempre presente l'esigenza, imposta dalla regola di buona fede contrattuale, di tutelare l'affidamento dell'altra parte: cosicché appare ragionevole formulare la conclusione che la parte, la quale revoca informalmente la dichiarazione dapprima resa formalmente, avrà l'obbligo, appunto *ex fide bona*, di confermare, entro un arco di tempo congruo, anche in via formale, la propria determinazione di revoca, incorrendo, diversamente, nell'obbligo di risarcire il danno che la situazione di incertezza a tale stregua determinatasi abbia potuto provocare a carico dell'altra parte.

Revoca della proposta

La questione più delicata e controversa, che si pone in materia di **revoca della proposta**, è quella relativa alla sua natura recettizia o meno.

Secondo l'orientamento in passato prevalente, la revoca della proposta, a differenza della revoca dell'accettazione, doveva essere qualificata come atto non recettizio, producendo, dunque, i suoi effetti già al momento dell'emissione e senza necessità, a tal fine, di giungere all'indirizzo del destinatario.

... e sua recettizietà

Secondo un diverso orientamento, che pare preferibile, la revoca della proposta è invece da qualificare come **atto recettizio**, dovendosi argomentare in tal senso già a partire dal tenore letterale dell'art. 1335, che considera senz'altro come atti recettizi la proposta, l'accettazione e "la loro revoca"; mentre la previsione dell'obbligo di **indennizzo** in favore dell'accettante che abbia intrapreso in buona fede l'esecuzione del contratto si spiegherebbe in relazione al più intenso affidamento sulla conclusione del contratto che l'accettante può nutrire rispetto al proponente. Di recente, la tesi della recettizietà della revoca della proposta è stata accreditata anche in giurisprudenza.

Revoca dell'accettazione

Non v'è dubbio, invece, che atto recettizio sia la **revoca dell'accettazione**, posto che la disposizione dell'art. 1328, cpv. afferma chiaramente che "l'accettazione può essere revocata, purché la revoca giunga a conoscenza del proponente prima dell'accettazione".

Infatti, perfezionandosi il contratto nel momento in cui l'accettazione giunge a conoscenza del proponente, è evidente che solo la circostanza che la revoca dell'accettazione pervenga al proponente prima dell'accettazione stessa è idonea ad impedire la conclusione del contratto, diversamente incrinandosi il principio dell'irrevocabilità del consenso contrattuale, una volta che la fattispecie si sia completata. D'altra parte, il proponente, a differenza dell'accettante (e di qui, di nuovo, la spiegazione sistematica del diritto all'indennizzo riconosciuto all'accettante che abbia intrapreso in buona fede l'esecuzione del contratto), non ha ragione di ritenere, all'atto dell'emissione della proposta, che la stessa sarà accettata, cosicché, qualora riceva la comunicazione della revoca dell'accettazione prima di quest'ultima, non potrà lamentare la delusione di alcun apprezzabile suo affidamento.

Morte o sopravvenuta incapacità

Eventi tali da caducare l'efficacia della proposta e dell'accettazione, che non dipendono da una modificata valutazione di convenienza delle parti, sono quelli, già accennati, che attengono alla **morte** ed alla **sopravvenuta incapacità** dell'una o dell'altra parte, sulla premessa che il contratto deve essere sorretto dalla volontà di parti esistenti e dotate del requisito della capacità legale di agire.

La regola è derogata soltanto in presenza di proposta o accettazione fatte dall'**imprenditore** nell'esercizio dell'impresa, perché, in quel caso, si potrà ritenere che l'una e l'altra si riferiscano non ad esigenze soggettive e transeunti delle parti che le hanno emesse, bensì ad obiettive esigenze dell'impresa; riprende tuttavia vigore la regola secondo la quale la morte o l'incapacità di una delle parti caducano l'efficacia della proposta o dell'accettazione quando si tratti di piccoli imprenditori o, comunque, allorché una soluzione diversa si imponga in relazione alla natura dell'affare o per altre circostanze, venendo meno, in questi casi, la *ratio* di rilevanza obiettiva dell'impresa e della sua attività.

Proposta irrevocabile

Se la regola, che abbiamo poc'anzi esaminato, è quella della revocabilità della proposta fino a quando il contratto non sia concluso, il proponente può obbligarsi a mantenere ferma la proposta per un certo tempo e, dunque, a non revocarla: si ha, in tal caso, la **proposta irrevocabile**, in presenza della quale la revoca, che il proponente abbia comunque dichiarato, resta priva di effetto (art. 1329, cpv.) così come restano prive di effetto, salvo che una soluzione diversa si imponga in relazione alla natura dell'affare o ad altre circostanze, la morte o la sopravvenuta incapacità del proponente.

L'irrevocabilità della proposta soddisfa, in linea di principio, l'interesse dell'oblato ad una considerazione più ponderata della stessa, alla quale egli potrà volgersi senza dover temere che un'eventuale, inopinata revoca renda privo di utilità il tempo da lui dedicato alla disamina della proposta. Di fatto, tuttavia, e dal punto di vista economico, la scelta di formulare una proposta irrevocabile può risultare conveniente anche per il proponente, il quale conseguirà il risultato di provocare un esame della proposta più accurato, e con maggiori probabilità di esito favorevole, da parte dell'oblato.

La già sottolineata qualificazione di inefficacia della revoca della proposta irrevocabile fa sì che l'oblato possa accettare la proposta, determinando la conclusione del contratto, anche qualora sia intervenuta la revoca.

Termine di irrevocabilità

Naturalmente, un vincolo così stringente alla libertà del proponente non può che essere circoscritto nel **tempo**; ed infatti la disposizione dell'art. 1329, co. 1 prevede che l'impegno a mantenere ferma la proposta possa essere assunto "per un certo tempo".

Mancata indicazione del termine

Il problema che si è posto al riguardo è quale debba essere la sorte della proposta che, pur assumendo di essere irrevocabile, non rechi l'indicazione del **termine**.

La soluzione più ragionevole appare essere quella che fa applicazione, in materia, della regola generale secondo la quale, in mancanza di fissazione di un termine, la proposta debba essere accettata nel termine "ordinariamente necessario secondo la natura dell'affare o secondo gli usi". Le altre soluzioni prospettate non sono soddisfacenti: infatti, in assenza di un'esplicita qualificazione, non sembra rispettosa dell'esigenza di tutelare, comunque, la manifestazione di autonomia privata, la qualificazione in termini di invalidità/inefficacia della proposta; d'altra parte, deve essere scartata anche la possibilità di applicare in via analogica la norma racchiusa nell'art. 1183 (che ha riguardo al termine dell'adempimento, non a quello dell'efficacia), e anche la disposizione dell'art. 1331 non pare utilmente invocabile, postulando la stessa l'esistenza di una fattispecie a struttura bilaterale (laddove la proposta irrevocabile ha natura unilaterale).

Da proposta irrevocabile a proposta semplice

Una volta scaduto il termine dell'irrevocabilità, non può tuttavia escludersi, in relazione alle circostanze del caso ed al contenuto della volontà manifestata dal proponente, che la proposta, già irrevocabile, possa continuare a produrre i propri effetti come proposta «semplice»: il relativo accertamento sarà, dunque, oggetto di un'indagine ermeneutica, da condurre tenendo conto del fatto che qui ci si trova di fronte ad un atto unilaterale del proponente.

Altre modalità di perfezionamento del contratto

Lo schema di conclusione del contratto attraverso lo scambio di proposta ed accettazione non è l'unico predisposto dal legislatore. Vengono in considerazione, infatti, altri modelli di conclusione del contratto, variamente articolati rispetto a quello descritto dall'art. 1326, co. 1.

Vi sono, in particolare, settori dell'esperienza economico-sociale nei quali – a fronte dell'invio della proposta – è normale e ragionevole attendersi che l'oblato esegua senz'altro la prestazione contrattuale.

Conclusione del contratto mediante inizio dell'esecuzione

In casi come questi (art. 1327, co. 1), il contratto è concluso nel tempo e nel luogo in cui ha avuto **inizio** l'esecuzione, ma l'oblato deve darne prontamente avviso al proponente, essendo altrimenti tenuto al risarcimento del danno (art. 1327, co. 2): danno che potrebbe insorgere qualora il proponente, nell'incertezza, concluda un contratto con un terzo al fine di procurarsi la stessa prestazione.

Interesse del proponente

Si tratta di uno schema inteso a semplificare il procedimento di formazione del vincolo contrattuale, nella prospettiva della tutela di un interesse del proponente alla sollecita conclusione del contratto, senza, peraltro, che ne sia pregiudicato alcun interesse dell'oblato, se non sotto il profilo di una limitata possibilità di revoca dell'accettazione. Infatti, nel momento in cui l'oblato inizia l'esecuzione del contratto, non v'è un suo interesse a che il contratto si reputi concluso in un momento successivo, anziché in quello stesso del principio dell'esecuzione.

Le ipotesi, nelle quali può trovare applicazione il meccanismo prefigurato dall'art. 1327, sono, secondo l'orientamento giurisprudenziale consolidato, soltanto quelle cui ha riguardo la disposizione in questione: e cioè là dove sia lo stesso proponente a richiederlo ovvero sia richiesto dalla natura dell'affare o dagli usi.

Volontà del proponente

La **volontà del proponente** in tal senso, che può esprimersi anche attraverso formule che – nella prassi degli affari – siano normalmente reputate idonee a manifestarla (come, in particolare, la clausola «pronta consegna»), incontra tuttavia limiti intrinseci nell'oggetto stesso della prestazione richiesta all'oblato: infatti, affinché questi possa manifestare attraverso l'esecuzione della prestazione la propria volontà di aderire alla proposta dovrà trattarsi di una prestazione che non rimanga interna alla sfera dell'oblato (come sono, in particolare, le prestazioni di non fare), ma che, al contrario, esca dalla medesima per entrare nella sfera del proponente (come accade, di solito per le prestazioni di beni e di servizi). Diversamente, e cioè ammettendo che il contratto si possa concludere con la modalità dell'art. 1327 anche in caso di prestazioni di non fare, si rischierebbe di pregiudicare la posizione dell'oblato, la cui inerzia potrebbe essere interpretata come inizio dell'esecuzione della prestazione cui si riferiva la proposta.

Natura dell'affare

La valutazione relativa al fatto che la **natura dell'affare** postuli la conclusione del contratto *ex* art. 1327 deve vertere sull'idoneità della prestazione a soddisfare l'interesse del proponente solo se la stessa sia eseguita con la massima sollecitudine ovvero quando si tratti di prestazioni eseguite già più volte tra le stesse parti contraenti e sulla base di condizioni standard, così da rendere incongruo per eccesso lo schema di formazione del contratto previsto dall'art. 1326: e qui il discorso finisce per saldarsi con quello degli **usi** da intendersi, nel caso di specie, come le pratiche sia generali che individuali del settore degli affari che venga di volta in volta in considerazione.

Naturalmente, l'inizio dell'esecuzione, per poter determinare la conclusione del contratto, dovrà essere veramente tale e non potrà consistere in mere attività preparatorie, che non possiedono l'univocità propria dell'esecuzione obiettivamente diretta nei confronti del proponente.

Difformità tra proposta e accettazione

Un problema di difformità tra proposta ed accettazione (mediante inizio dell'esecuzione) potrà porsi anche all'interno dello schema *ex* art. 1327 e sarà da risolvere con criteri normativi sostanzialmente analoghi: nel senso che un'esecuzione/accettazione difforme potrà integrare una controproposta, secondo quanto previsto in via generale dall'art. 1326, co. 5.

Obbligo di avviso

La posizione di vantaggio dell'oblato, cui è attribuito il potere di determinare la conclusione del contratto attraverso il semplice inizio dell'esecuzione, è bilanciata dall'obbligo di dare prontamente **avviso** all'altra parte dell'avere iniziato l'esecuzione; nel caso di inadempimento di tale obbligo, l'accettante è tenuto al risarcimento del danno (art. 1327, co. 2).

Contratto con obbligazioni a carico del solo proponente

Uno schema estremamente semplificato di formazione del contratto è poi quello previsto dall'art. 1333 con riguardo al contratto con **obbligazioni a carico del solo proponente** (ad es., un contratto con il quale ci si obblighi nei confronti del creditore a garantire un debito altrui senza alcun corrispettivo: fideiussione gratuita). In questo caso, la proposta intesa a concludere tale contratto è irrevocabile dal momento in cui giunge a **conoscenza** del destinatario ed il contratto si perfeziona qualora **non** intervenga il rifiuto dell'oblato nel termine richiesto dalla natura dell'affare o dagli usi.

Fondamento

Il **fondamento** della disposizione deve essere ravvisato nel fatto che, secondo una stregua di ragionevolezza, l'oblato di una proposta che è fonte di obblighi a carico del solo proponente, non avrà ragione di rifiutare la medesima; tuttavia, poiché non si può escludere che l'oblato abbia un interesse apprezzabile a rifiutare anche un effetto puramente vantaggioso (ad esempio, qualora egli non intenda instaurare alcun rapporto obbligatorio, sia pure dalla posizione del creditore, con colui che ha formulato l'offerta), gli è comunque attribuito il potere di rifiuto.

Area di applicazione

L'area di applicazione dell'art. 1333 è tipicamente quella dei **contratti gratuiti**, nei quali appunto il proponente si obbliga nei confronti dell'oblato senza corrispettivo da parte di questi, restando tuttavia esclusa l'applicabilità del meccanismo alla donazione, in relazione al fatto che essa è un contratto formale (art. 782).

Qualificazione

Il tema della **qualificazione** da assegnare al mancato rifiuto è molto dibattuto nell'elaborazione dottrinale.

La spiegazione all'apparenza più piana è quella che considera il mancato rifiuto come un'**accettazione tacita**; ma essa si espone alla critica che il **silenzio**, come si è visto in precedenza, non è di per sé un comportamento concludente. In un ordine di idee non dissimile si osserva, invece, che il silenzio è qui oggetto di un processo di tipizzazione legale come accettazione, sulla premessa della valutazione come normale dell'accettazione da parte dell'oblato cui sia formulata una proposta di contratto con obbligazioni a carico del solo proponente.

Pertanto, scartata la tesi – contraria al dato normativo – secondo la quale la disciplina dell'art. 1333 avrebbe in realtà riguardo ad un negozio unilaterale (tesi che consentirebbe di generalizzare, aggirando la regola di tipicità dell'art. 1987, il modello della promessa unilaterale come fonte di obbligazioni), si deve ritenere che qui si delinei chiaramente il **polimorfismo** dei modi di conclusione del contratto: nel senso che l'accettazione, necessaria quando dal contratto nascano obbligazioni per entrambi i contraenti, non è più tale allorché dal contratto derivino obbligazioni a carico del solo proponente. In questi casi, può essere utilizzato un procedimento più agile, che consenta di raggiungere l'obiettivo della conclusione del contratto con modalità più snelle, ma comunque congrue al fine, e che non altera la struttura bilaterale dell'atto.

Irrevocabilità della proposta con obbligazioni a carico del solo proponente e mancato rifiuto

La proposta di contratto con obbligazioni a carico del solo proponente produce un primo effetto – quello della **irrevocabilità** della proposta stessa – nel momento in cui giunge all'indirizzo dell'oblato: in questo momento, dunque, il contratto non è ancora concluso.

Tale ulteriore effetto – e cioè la conclusione del contratto – si determina quando non intervenga il **rifiuto** dell'oblato nel tempo richiesto dalla **natura** dell'affare e dagli **usi**: il luogo di conclusione del contratto, che, a rigor di logica, dovrebbe essere quello nel quale l'oblato si trovi al momento della scadenza del termine per manifestare il rifiuto, potrà essere più opportunamente fatto coincidere, per evidenti esigenze di certezza e razionalità della disciplina normativa, con il luogo in cui l'oblato abbia ricevuto la proposta.

Offerta al pubblico

Quanto **all'offerta al pubblico**, molto diffusa nella pratica degli affari, essa varrà come proposta contrattuale quando contenga gli estremi essenziali del contratto, salvo che diversamente risulti dalle circostanze o dagli usi (art. 1336, co. 1). Ad es., l'esposizione della merce in vetrina con l'indicazione del prezzo, è un'offerta al pubblico, in quanto contiene gli estremi essenziali del contratto (v., sul punto, anche l'art. 3, d.lgs. n. 114/1998).

Destinatari

Il **pubblico** cui l'offerta si dirige può essere, a sua volta, composto da un numero più o meno elevato di destinatari, essendo decisivo soltanto il fatto che l'offerta sia indirizzata ad una cerchia di persone definita in modo non individuale, ma collettivo, attraverso l'utilizzazione di un mezzo di comunicazione di massa.

Differenze con la proposta individualizzata

Pertanto, la proposta indirizzata singolarmente, anche se nello stesso momento, attraverso un messaggio di posta elettronica, ad un numero anche ingentissimo di destinatari non è un'offerta al pubblico; mentre è tale l'offerta di acquisto dei beni messi in vendita da un supermercato, rivolta alla collettività (pure, in ipotesi, formata da un numero ridotto di individui), degli abitanti di un comune.

La già evidenziata assimilazione che il legislatore opera dell'offerta al pubblico alla proposta contrattuale, trova un limite non tanto nella esclusione della qualificazione della prima come proposta, quando diversamente risulti dalle circostanze o dagli usi (art. 1336) – infatti, una situazione analoga può delinearsi anche con riferimento ad una (apparente) proposta individualizzata, la quale, in relazione alle circostanze o agli usi, potrà invece risultare essere un invito ad offrire – quanto nella natura **non recettizia** che, proprio perché non indirizzata ad un destinatario determinato, assume l'offerta al pubblico: con la conseguenza che essa non produrrà i propri effetti dal momento in cui giunga all'indirizzo del destinatario (che, come tale, non vi è), bensì dal momento della sua emissione.

Revoca dell'offerta al pubblico

Una rilevante differenza, almeno ove si accolga la tesi della natura recettizia della revoca della proposta, si coglie anche sul piano della **revoca dell'offerta al pubblico**, che, se fatta nella stessa forma dell'offerta, o in forma equipollente, è efficace anche nei confronti di chi non ne abbia avuto notizia (art. 1336, co. 2) (ad es., l'aspirante acquirente, che aveva visto la merce esposta in vetrina col prezzo al mattino e ripassa a fine giornata per acquistarla, non può pretendere di concludere egualmente il contratto se, nel frattempo, il commerciante l'ha ritirata dalla vetrina).

Accettazione dell'offerta al pubblico

L'**accettazione** dell'offerta al pubblico non sfugge, invece, alla regola generale della **recettizietà**, nel senso che essa produce l'effetto suo proprio, di determinare la conclusione del contratto, nel momento in cui giunga all'indirizzo dell'offerente al pubblico.

Contratti reali

Una modalità particolare di conclusione del contratto è rappresentata dai contratti **reali**, categoria che si contrappone a quella dei contratti **consensuali**.

Infatti, mentre questi ultimi si perfezionano con il semplice consenso legittimamente manifestato (in particolare, e ad es., nel rispetto della forma richiesta per la valida conclusione del contratto), i contratti reali richiedono – accanto al consenso – anche la **consegna** della cosa.

Nel nostro ordinamento, la regola – desumibile, oltre che dalla elencazione dei requisiti del contratto contenuta all'art. 1325 (accordo delle parti, causa, oggetto e forma, ove prescritta dalla legge a pena di nullità) anche dall'art. 1376, in tema di immediata efficacia traslativa del consenso – è quella per cui, ai fini del perfezionamento del contratto, è **sufficiente** il consenso delle parti legittimamente manifestato.

Proprio per la natura di principio generale di quello secondo il quale è sufficiente il consenso ai fini del perfezionamento del contratto, e per il più stringente controllo sulla causa dell'attribuzione patrimoniale che lo schema del contratto reale determina, si esclude che i privati possano trasformare in contratti reali contratti previsti come consensuali.

Le ragioni alla stregua delle quali il perfezionamento dell'accordo richiede, nei contratti reali, anche la consegna della cosa non sono coincidenti per ciascuno dei tipi contrattuali in considerazione.

Talvolta, infatti, la consegna è richiesta perché senza di essa non sembra neppure possibile realizzare la funzione tipica del contratto: così, ad es., essendo il **deposito** il contratto in forza del quale una parte riceve dall'altra una cosa mobile, con l'obbligo di custodirla e di restituirla in natura (secondo la nozione desumibile dall'art. 1766), tale funzione non potrà realizzarsi in assenza di consegna della cosa; così come la funzione tipica del **mutuo**, descritto dall'art. 1813 come il contratto "col quale una parte consegna all'altra una determinata quantità di danaro o di altre cose fungibili e l'altra si obbliga a restituire altrettante cose della stessa specie e qualità", non può compiersi in assenza della c.d. *datio rei* (la consegna, appunto).

Promessa di mutuo

Va tuttavia considerato che proprio la disciplina legislativa del mutuo attesta la configurabilità, e la piena vincolatività, della **promessa di mutuo** (art. 1822) e cioè del contratto con il quale si assume l'obbligazione di dare, in un momento futuro, a titolo di mutuo; nello stesso ordine di idee, si ammette generalmente la possibilità che i singoli tipi di contratto reale possano essere doppiati da altrettanti contratti consensuali, costitutivi dell'obbligo di porre in essere, successivamente, un contratto reale e che si configureranno, a questo punto, come contratti preliminari dei corrispondenti contratti reali, assoggettati alla disciplina propria del contratto preliminare (ma con esclusione dell'applicabilità del rimedio *ex* art. 2932, non potendo la consegna volontaria della cosa essere surrogata da una sentenza).

Il significato giuridico della consegna può allora apprezzarsi anche sul piano della **giustificazione causale** del contratto e venire in considerazione come elemento tale da rafforzare una causa, per così dire, debole qual è quella gratuita, come accade nei contratti reali naturalmente (deposito) o essenzialmente (comodato) gratuiti e, in particolare, nella donazione di modico valore, dove la consegna surroga il requisito formale necessario, secondo la disciplina generale, per la validità della donazione.

Adesione al contratto plurilaterale

Un cenno merita anche l'ipotesi cui ha riguardo l'art. 1332, che disciplina il caso del contratto al quale possano aderire **altre** parti (ad es., il contratto plurilaterale costitutivo di un'associazione non riconosciuta): se non sono determinate le modalità di adesione, la correlativa richiesta va diretta all'organo costituito per l'attuazione del contratto o, in sua assenza, a tutti i contraenti originari.

Lo schema di formazione ora in esame si può, dunque, applicare ai c.d. contratti plurilaterali aperti e cioè quelli che, pure conclusi ed operanti già tra le parti originarie, sono suscettibili di accogliere anche altri soggetti che vi possano aderire successivamente.

L'esempio più evidente è quello del contratto plurilaterale con comunione di scopo (il contratto costitutivo di una società cooperativa o di un'associazione non riconosciuta), ma occorre chiarire che non tutti i contratti plurilaterali con comunione di scopo sono necessariamente aperti (così, ad es., la società lucrativa).

Contratto telematico

Va, infine, considerata l'ipotesi del contratto concluso per via **telematica**, sempre più frequente nella pratica in relazione alla diffusione del c.d. commercio elettronico (ad es., acquisti via internet), che registra già interventi normativi di fonte comunitaria (v. in particolare la dir. n. 00/31 e l'art. 31 della l. n. 39/2002 recante la delega per l'attuazione della stessa, poi avvenuta con d.lgs. n. 70/2003, nonché il d.lgs. n. 190/2005 sulla commercializzazione a distanza di servizi finanziari ai consumatori, ora trasfuso negli art. 67 *bis* s. cdc; v. anche, ed in generale, gli art. 50 s. cdc in materia di contratti a distanza).

Perfezionamento del contratto telematico

In realtà, le modalità formative del contratto che si riscontrano nelle operazioni di commercio elettronico si presentano assai diversificate, corrispondendo ad altrettanti schemi «tradizionali» di conclusione del contratto.

Così, se la tecnologia telematica consente un immediato dialogo – orale e/o visivo – tra proponente ed oblato, il contratto potrà considerarsi concluso tra presenti, salva la necessità di stabilire chi sia il proponente e chi l'oblato quando rilevi il luogo di conclusione del contratto.

Si configurerà un'ipotesi di contratto tra persone distanti, nel caso in cui la proposta e l'accettazione vengano trasmesse a mezzo della rete telematica: e qui l'indirizzo del destinatario può ritenersi coincidente, anche ai fini dell'individuazione del luogo di conclusione del contratto, con quello del *server*.

Infine, se l'acquisto *on line* è subordinato all'immediato pagamento del corrispettivo (ad es., attraverso l'indicazione degli estremi della propria carta di credito), potrà trovare, di regola, applicazione la disciplina dell'art. 1327 in materia di contratto concluso mediante inizio dell'esecuzione.

La modalità di contrattazione telematica sollecita un'attenzione peculiare all'esigenza di assicurare un'adeguata informazione di colui che, operando quale consumatore, stipuli il contratto *on line*: v., in particolare, e proprio quanto alle informazioni relative alle modalità di conclusione del contratto, l'art. 12, lett. *a*), d.lgs. n. 70/2003.

4.1. *Le condizioni generali di contratto*

Condizioni generali di contratto

L'assetto contemporaneo della produzione e della distribuzione di massa ha evidenziato – già dai primi decenni del secolo scorso – l'esigenza che gli atti di scambio di beni o di erogazione di servizi siano assoggettati ad una disciplina **uniforme**, predisposta dallo stesso imprenditore.

Questi, infatti, deve poter pianificare la propria attività in modo da ridurre al minimo i costi, compresi quelli che deriverebbero da una negoziazione individualizzata e ripetuta per centinaia se non per migliaia di volte.

Da qui il ricorso alle c.d. **condizioni generali di contratto**, cioè a schemi regolamentari uniformi, predisposti unilateralmente dall'imprenditore e destinati a trovare applicazione sempre eguale a ciascuno dei contratti stipulati con l'utenza (si pensi al contratto di somministrazione dell'energia elettrica o di abbonamento telefonico).

Il ricorso alle condizioni generali di contratto pone due problemi fondamentali: rendere **conoscibile** alla controparte (l'aderente) il contenuto del contratto e tutelarla contro clausole particolarmente **onerose**.

Il codice civile del 1942, con uno sforzo apprezzabile tenuto conto dell'epoca, offre una soluzione a tali problemi che, nelle intenzioni del legislatore, avrebbe dovuto rappresentare un **compromesso** tra le esigenze di razionalizzazione dell'attività di impresa e quelle di tutela dell'aderente.

Efficacia delle condizioni generali di contratto

In particolare, l'art. 1341, co. 1 prevede che "le condizioni generali di contratto predisposte da uno dei contraenti sono efficaci nei confronti dell'altro, se al momento della conclusione del contratto questi le ha conosciute o avrebbe dovuto conoscerle usando l'ordinaria diligenza".

Il predisponente ha l'**onere**, dunque, di rendere quanto meno conoscibili le condizioni generali di contratto (ad es., esponendole nei locali dell'impresa); l'aderente, dal canto suo, deve fare uso dell'ordinaria **diligenza** per conoscerle, restando altrimenti comunque vincolato ad esse.

La **parificazione** di conoscenza effettiva e conoscibilità è molto importante dal punto di vista sistematico poiché incrina la regola del consenso come corrispondenza della volontà manifestata da entrambe le parti. Infatti, l'aderente può essere vincolato ad un determinato assetto contrattuale senza neppure conoscere tutte le regole che lo compongono.

Tutela dell'aderente

La tutela dell'aderente contro clausole particolarmente svantaggiose si realizza, invece, subordinandone l'efficacia alla loro specifica **approvazione** per iscritto (art. 1341, co. 2: c.d. clausole **vessatorie**).

Il requisito della specifica approvazione per iscritto, all'evidenza finalizzato a sollecitare una particolare attenzione e ponderazione dell'aderente quanto alle clausole che ne sono oggetto, postula, per ritenersi soddisfatto, che la sottoscrizione a guisa di approvazione sia, appunto,

specifica: non sarà, dunque, sufficiente una semplice ed unica sottoscrizione in calce al documento contrattuale, occorrendo, invece, l'approvazione della clausola vessatoria ovvero, ed a questo punto anche in blocco, delle clausole vessatorie contenute nelle condizioni generali di contratto.

Questa tutela ha carattere esclusivamente **procedimentale** o formale, giacché la clausola vessatoria non è oggetto di una valutazione in sé negativa. Al riguardo, del tutto diversa è la soluzione seguita dagli art. 33 s., cdc, in materia di contratti dei consumatori, la cui entrata in vigore circoscrive l'ambito applicativo dell'art. 1341 essenzialmente ai rapporti tra imprenditori e non consumatori.

Tassatività dell'elenco delle clausole vessatorie

L'elencazione delle **clausole vessatorie**, contenuta all'art. 1341, co. 2, ha – secondo l'orientamento giurisprudenziale consolidato – natura **tassativa** e non esemplificativa, essendone dunque consentita soltanto un'interpretazione estensiva, ma non analogica; mentre non è sufficiente ad integrare la natura vessatoria della clausola la mera circostanza che essa alteri, svantaggiandola, la posizione di uno dei due contraenti, ove la clausola non sia riconducibile, ad una di quelle espressamente contemplate dalla norma, alla identica *ratio*.

Conseguenze della mancata specifica approvazione per iscritto

La clausola vessatoria non specificamente approvata deve ritenersi, secondo l'orientamento che pare preferibile, radicalmente **inefficace** perché il mancato rispetto del procedimento di approvazione specifica le impedisce di entrare a far parte del regolamento contrattuale: tale soluzione consente di risolvere senz'altro il problema, che diversamente si porrebbe, di una possibile propagazione della nullità dalla singola clausola non specificamente approvata all'intero regolamento contrattuale (problema che infatti, come vedremo, è risolto, nella materia dei contratti dei consumatori, attraverso la previsione di non estensibilità all'intero contratto della nullità che colpisca la singola clausola vessatoria). Tale propagazione si risolverebbe, infatti, in danno dello stesso aderente, precludendogli di acquisire il bene o servizio che egli, con la stipula del contratto, intendeva procurarsi.

Interpretazione delle condizioni generali

Una forma di tutela sostanziale, ancorché **indiretta**, si realizza, invece, attraverso l'art. 1370, secondo il quale le clausole inserite nelle condizioni generali di contratto si interpretano, nel dubbio, a favore dell'aderente. In tal modo, viene di fatto sanzionato il comportamento del predisponente che non abbia formulato in modo chiaro le proprie condizioni generali.

Contratti conclusi mediante moduli o formulari

Va distinta dall'ipotesi delle condizioni generali di contratto quella dei contratti conclusi mediante **moduli** o **formulari**, cui ha riguardo l'art. 1342.

Qui, infatti, o il modulo è predisposto sì da una delle parti ma in vista della conclusione di un singolo contratto, ovvero è predisposto da terzi sulla base della prassi consolidata in un certo settore degli affari (ad es., i moduli che si acquistano in cartoleria per la stipula dei contratti di locazione di immobili).

I problemi derivanti dall'impiego di tali moduli solo in parte coincidono con quelli posti dalle condizioni generali di contratto. Comune ad entrambe le ipotesi è sia l'esigenza di richiamare l'attenzione dei contraenti sulle clausole vessatorie, donde l'applicazione anche ai contratti conclusi mediante moduli o formulari dell'art. 1341, co. 2 (art. 1342, co. 2), sia quella di tutelare l'aderente nel caso di modulo unilateralmente predisposto, donde l'applicazione dell'art. 1370.

Si tenga presente, infine, che, nel caso di contrasto tra le clausole contenute nel modulo o nel formulario e quelle eventualmente aggiunte, saranno queste ultime a prevalere in quanto espressione più genuina della volontà delle parti.

4.2. *I contratti del consumatore e le altre forme di tutela previste dal codice del consumo*

Ambito di applicazione

La disciplina dei contratti del consumatore, introdotta nel codice civile in attuazione della dir. n. 93/13 (artt. 1469 *bis*-1469 *sexies* poi trasfusi nel cdc artt. 33-37, restando affidata, come vedremo all'art. 1469 *bis* una funzione di raccordo tra la disciplina dei contratti in generale, quella del cdc e le altre disposizioni in materia di tutela del consumatore), e da ultimo modificata, quanto alla Parte III del cdc, dal d.lgs. n. 21/2014, mira a tutelare i **consumatori**, cioè coloro che contraggano, per scopi estranei all'attività imprenditoriale o professionale eventualmente esercitata (art. 3, co. 1, lett. *a*), cdc), con il c.d. **professionista**, cioè con colui che stipuli il contratto nel quadro della sua attività imprenditoriale o professionale (art. 3, co. 1, lett. *c*), cdc).

Nozione di consumatore

L'individuazione dei termini di riferimento soggettivo della regolamentazione della materia merita qualche approfondimento, soprattutto per quel che riguarda la nozione di consumatore. Al riguardo, si è delineato, in particolare, il quesito relativo alla possibilità di sottoporre alla disciplina a protezione del consumatore colui che stipuli il contratto per **finalità promiscue**: come può accadere, tipicamente, in contratti di acquisto di beni suscettibili di essere utilizzati (si pensi all'esempio dell'automobile o del personal computer) sia per esigenze di tipo professionale, sia per esigenze personali o, comunque, estranee all'attività professionale o imprenditoriale esercitata. Il criterio, che appare al riguardo più persuasivo, pur addossando all'interprete l'onere di un delicato accertamento da compiersi caso per caso, è quello della prevalenza, nel senso che potrà dirsi consumatore chi agisca per scopi che, prevalentemente appunto, non rientrino nella sua attività imprenditoriale o professionale.

La disciplina dei contratti del consumatore, come già osservato, segna il passaggio da una regolamentazione uniforme del contratto ad una regolamentazione diversificata in relazione allo *status* dei contraenti e costituisce il punto di approdo di una legislazione ormai molto abbondante che fa perno sulla figura del consumatore.

Fondamento della disciplina a tutela del consumatore

Quest'ultimo reclama una specifica tutela perché, da un lato, deve accedere ai beni o ai servizi offerti dal professionista e, dall'altro, non può incidere sulle condizioni alle quali quei beni o quei servizi sono offerti. E questo non tanto sotto il profilo economico, perché la determinazione del prezzo è, in linea di principio, affidata alla concorrenza, quanto sotto il profilo **normativo**, cioè dei poteri riconosciuti in contratto all'una ed all'altra parte (potere di sollevare eccezioni, di recedere dal contratto, ecc.), poiché, da questo punto di vista, le imprese operanti all'interno di un certo settore tendono a predisporre standard contrattuali tra loro più o meno uniformi, per cui al consumatore è preclusa la possibilità di scegliere l'offerta più conveniente.

Da un distinto angolo visuale, la posizione del consumatore richiede una specifica tutela trovandosi egli, rispetto al professionista, in una posizione di c.d. asimmetria informativa: nel senso che egli, disponendo di un compendio di informazioni sulle condizioni del mercato all'interno del quale si inserisce la contrattazione ovvero sulle qualità del bene o del servizio del quale ha bisogno assai inferiore a quelle sulle quali può contare il professionista, deve ricevere da quest'ultimo informazioni idonee a consentirgli la formazione di un consenso contrattuale il più possibile consapevole.

Controllo sulla vessatorietà della clausola

La tutela predisposta dagli art. 33 s., cdc abbandona l'approccio esclusivamente formale o procedimentale caratteristico dell'art. 1341 e si impernia invece su un controllo **sostanziale** delle clausole vessatorie: queste ultime sono definite in via generale come "le clausole che, malgrado la buona fede, determinano a carico del consumatore un significativo squilibrio dei diritti e degli obblighi derivanti dal contratto" (art. 33, co. 1, cdc).

Buona fede e contratti del consumatore

Nonostante l'infelice formulazione della norma, che lascerebbe pensare ad un riferimento alla buona fede in senso soggettivo, è opinione comune che qui la buona fede debba essere intesa in senso **oggettivo**, come metro di misura dell'operato del professionista, in termini analoghi, dunque, a quanto previsto dall'art. 1375.

Quanto ai criteri di accertamento della vessatorietà della clausola (art. 34, co. 1 cdc), essi hanno riguardo alla **natura** del bene o del servizio oggetto del contratto, tenuto conto delle circostanze esistenti al momento della sua conclusione, delle altre clausole contenute nel contratto o in un contratto collegato; tale ultimo criterio assume un particolare rilievo sistematico, perché conferma la necessità di una considerazione globale e complessiva del contratto, nella prospettiva dell'operazione economica che esso è volto a realizzare.

Vessatorietà della clausola e squilibrio normativo

Va, tuttavia, precisato che l'accertamento della vessatorietà della clausola **non** attiene alla determinazione dell'oggetto del contratto, né all'adeguatezza del corrispettivo dei beni e dei servizi, purché tali elementi siano individuati in modo chiaro e comprensibile (art. 34 co. 2, cdc). Questa norma è molto importante perché da essa si trae conferma del fatto che la tutela predisposta dal legislatore non attiene alla equivalenza oggettiva delle prestazioni, ma all'**equilibrio** di poteri e di diritti attribuiti all'una o all'altra parte: equilibrio che può, appunto, essere alterato da clausole del genere di quelle ricomprese nell'elenco dell'art. 33, co. 2, cdc.

La legge (art. 33, co. 3, cdc) prevede poi un elenco piuttosto articolato di clausole che si **presumono** vessatorie fino a prova contraria. In tale elenco sono comprese, tra le altre, clausole che limitano la responsabilità del professionista, clausole che prevedano penali di ammontare eccessivo, clausole istitutive di un potere di recesso a favore del professionista ma non del consumatore, ecc.

Le clausole inserite in quest'elenco, secondo una persuasiva suddivisione convenzionale proposta in dottrina, possono essere distinte in clausole di **sbilanciamento** (da intendersi come quelle che introducono un'asimmetria delle posizioni sostanziali o processuali delle parti: aggravamento della responsabilità del consumatore, esonero di responsabilità del professionista, ecc.), con riferimento alle quali il valore perseguito dal legislatore è quello del riequilibrio delle posizioni delle parti, e clausole di **sorpresa** (nelle quali lo squilibrio si manifesta nel fatto che il consumatore è esposto a subire, dopo la conclusione del contratto, situazioni contrattuali che, sorprendendolo, si configurano come diverse da quelle che egli ragionevolmente poteva attendersi; e si fanno gli esempi delle clausole che attribuiscono un potere di recesso al professionista ovvero prevedono un impegno definitivo del consumatore, subordinando, invece, la prestazione del professionista a condizioni dipendenti unicamente dalla sua volontà).

La vessatorietà della clausola – da escludersi, ovviamente, quando si tratti di clausole riproduttive di disposizioni normative – viene meno, di regola, anche quando essa sia stata oggetto di **trattativa individuale**: circostanza, quest'ultima, che va provata dal professionista (art. 34, co. 3-5, cdc).

Il professionista, inoltre, potrà vincere la presunzione di vessatorietà avvalendosi dei criteri generali di accertamento della medesima, così come previsti dall'art. 34, co. 1 cit. e, dunque, ad es., dimostrando che la clausola si inserisce in un contesto contrattuale che, presentando, per contro, significativi vantaggi per il consumatore, è in grado di bilanciare l'onerosità della clausola, in sé considerata.

La trattativa individuale non vale ad escludere la vessatorietà di clausole ritenute particolarmente onerose (art. 36, co. 2, cdc): sono considerate tali quelle che escludono o limitano la responsabilità del professionista in caso di morte o danno alla persona del consumatore, risultante da un fatto o da un'omissione del professionista, quelle che limitano i diritti e le azioni del consumatore in relazione ad un inadempimento totale o parziale o ad un adempimento inesatto del professionista, e quelle che prevedano l'adesione del consumatore a clausole che egli, prima della conclusione del contratto, non ha avuto la possibilità di conoscere.

Inefficacia delle clausole vessatorie

La clausola vessatoria è **nulla**, ma tale nullità non si estende all'intero contratto (art. 36, co. 1, cdc). Inoltre, essa opera soltanto a vantaggio del consumatore (nel senso che il professionista non può né farla valere né eccepirla) ed è rilevabile **d'ufficio** dal giudice (art. 36, co. 3, cdc). Correttamente, dunque, la rubrica dell'art. 36 cdc, fa riferimento al concetto di nullità di protezione (del consumatore), che costituisce un'ipotesi di **nullità speciale**.

Sul professionista grava, poi, un più generale obbligo di redigere le clausole in modo chiaro e comprensibile (art. 35, co. 1, cdc), potendosi dunque configurare una sua responsabilità risarcitoria allorché la clausola, indipendentemente dalla vessatorietà, sia ambigua od oscura.

Interpretazione

Anche qui, come nel caso dell'art. 1370, in caso di dubbio sul senso di una clausola, prevale l'interpretazione più favorevole all'aderente (art. 35, co. 2, cdc).

È da notare, comunque, che, ai contratti dei consumatori, si applicano pur sempre le disposizioni del codice civile (art. 38 cdc) e, in particolare, quelle del Titolo II del Libro IV "Dei contratti in generale", ove non derogate dal cdc o da altre disposizioni più favorevoli per il consumatore (art. 1469 *bis*); mentre l'art. 67 cdc richiama le disposizioni del codice civile in tema di validità, formazione o efficacia dei contratti per quanto non previsto dalle Sezioni da I a IV del Capo I.

Azione inibitoria collettiva

È prevista poi un'azione inibitoria c.d. **collettiva** (art. 37 cdc), esperibile cioè dalle associazioni rappresentative dei consumatori e dei professionisti o dalle camere di commercio, con la quale può essere richiesto al giudice competente di inibire l'uso nei contratti delle clausole delle quali sia accertata l'abusività. Si tratta, dunque, di un rimedio di natura collettiva, secondo quanto è reso evidente non solo dal soggetto che può esperirlo e da quello che ne è destinatario, ma anche dalla portata del rimedio (volto a far sì che tutti i contratti successivamente conclusi sulla base delle condizioni generali sottoposte al giudizio non contengano clausole vessatorie), e preventivo, proprio perché preclude, per il futuro, l'utilizzazione di quelle clausole.

Numerose altre disposizioni, introdotte, in particolare, a partire dai primi anni '90, sono specificamente volte alla tutela del consumatore ed hanno trovato, da ultimo, collocazione nel cdc. A parte il caso della responsabilità del produttore, possono qui ricordarsi le norme in materia di contratti conclusi **fuori** dai locali commerciali (emanate con d.lgs. n. 52/1990 ed ora inserite agli art. 49 s. cdc), che attribuiscono al consumatore il diritto di **recedere** dal contratto a fronte di decisioni negoziali non meditate (regole analoghe vigono in materia di contrattazione a distanza, come quella per corrispondenza, o, in alcuni casi, quella telematica: d.lgs. n. 185/1999, v. ora art. 51 cdc, nonché d.lgs. n. 70/2003 di attuazione della dir. n. 2000/131 sul commercio elettronico); le norme in materia di **pubblicità ingannevole** (d.lgs. n. 74/1992, ora rifuso agli art. 19 s. cdc); quelle in tema di viaggi, vacanze e circuiti 'tutto compreso' (d.lgs. n. 111/1995, poi inserito agli art. 82 s. cdc; la materia è, da ultimo, trattata nel d.lgs. n. 79/2011) nonché le norme in materia di tutela dell'acquirente dei beni di consumo (art. 1519 *bis* s., ora trasfusi negli art. 128 s. cdc), le norme in tema di tutela degli acquirenti di immobili da costruire (d.lgs. n. 122/2005), la disciplina della vendita diretta a domicilio (l. n. 173/2005), la disciplina della commercializzazione a distanza di servizi finanziari (artt. 67 *bis* s. cdc).

La tutela del consumatore si estende, però, ben al di là del momento strettamente contrattuale. Infatti, il cdc contiene, a monte, una analitica disciplina (introdotta con il d.lgs. n. 146/2007 che ha recepito la dir. 2005/29) dei comportamenti ai quali si deve ispirare il professionista in una fase che certamente precede la conclusione del contratto (artt. 18-32 cdc: pratiche commerciali); e, a valle, una parimenti dettagliata regolamentazione di taluni rimedi giurisdizionali a carattere collettivo (artt. 136-141 cdc), peraltro, da ultimo, oggetto di riforma da parte della l. n. 31/2019, che ha introdotto una disciplina unitaria di un rimedio di natura appunto collettiva denominato azione di classe, inserito all'interno del cpc (Titolo VIII *bis* del Libro IV, dall'art. 840 *bis* all'art. 840 *sexiesdecies*) entrata in vigore il 19 maggio 2021 e che ha abrogato gli artt. 139, 140 e 140 *bis* cdc.

Pratiche commerciali scorrette

Le pratiche commerciali sono definite come qualsiasi azione, omissione, condotta o dichiarazione, comunicazione commerciale, ivi compresa la pubblicità e la commercializzazione, posta in essere da un professionista in relazione alla promozione, vendita o fornitura di un prodotto ai consumatori (art. 18, lett. *d*), cdc). Esse sono **vietate se scorrette**, ovvero contrarie alla diligenza professionale, e false o idonee a falsare in misura apprezzabile il comportamento economico del consumatore medio. In particolare, sono **scorrette** le pratiche ingannevoli che fanno assumere al consumatore una decisione di natura commerciale che non avrebbe altrimenti preso, o inducendolo in errore (azioni **ingannevoli**: art. 21 cdc), ovvero omettendo informazioni rilevanti di cui il consumatore necessita per adottare una scelta consapevole di natura commerciale (omissioni ingannevoli: art. 22 cdc). Sono parimenti scorrette le pratiche **aggressive**, cioè quelle che, attraverso il ricorso a molestie, coercizione, forza fisica o indebito condizionamento, limitano o sono idonee a limitare la libertà di scelta o di comportamento del consumatore medio in relazione al prodotto, facendogli assumere una decisione che non avrebbe altrimenti preso (art. 24 cdc).

Il legislatore ha poi previsto alcune tipologie di pratiche commerciali considerate **in ogni caso** ingannevoli (art. 23 cdc) o aggressive (art. 26 cdc): non è richiesta, in tali ipotesi, la prova della contrarietà alla diligenza professionale o la idoneità di tali pratiche a falsare le scelte del consumatore.

La competenza ad applicare la disciplina sulle pratiche scorrette è devoluta all'Autorità Garante della Concorrenza e del Mercato che, d'ufficio o su istanza di chiunque vi abbia interesse, inibisce la continuazione delle pratiche scorrette, ne elimina gli effetti e irroga le relative sanzioni amministrative.

Il d.lgs. n. 21/2014, intervenendo sulla parte del cdc dedicata alla disciplina del rapporto di consumo, ha dedicato una disciplina analitica alle informazioni precontrattuali per i consumatori, sia nei contratti diversi dai contratti a distanza o negoziati fuori dai locali commerciali (ma, per questi casi, con la precisazione che gli obblighi di informazione non sussistono, qualora le informazioni siano già apparenti dal contesto), sia per i contratti a distanza e per quelli negoziati fuori dai locali commerciali. Per questi ultimi è altresì previsto che le informazioni formano parte integrante del contratto a distanza o del contratto negoziato fuori dai locali commerciali e non possono essere modificate se non con accordo espresso delle parti (art. 49, co. 5, cdc).

La tutela collettiva del consumatore; azione inibitoria, azione restitutoria

I diritti dei consumatori, alcuni dei quali proclamati solennemente nell'art. 2 cdc (ed oggetto di ulteriore disciplina nel Capo I del Titolo III del cdc, così come novellato dal d.lgs. n. 21/2014) tra cui il diritto "ad un'adeguata informazione e ad una corretta pubblicità" (art. 2, co. 2, lett. *c*) cdc), "all'esercizio delle pratiche commerciali secondo principi di buona fede, correttezza e lealtà" (art. 2, co. 2, lett. *c*) *bis* cdc) ed "alla correttezza alla trasparenza e all'equità nei rapporti contrattuali (art. 2, co. 2, lett. *e*) cdc), godevano, infine, come anticipato, già nel sistema del cdc, e salvo il riassetto della materia determinato dall'entrata in vigore della l. n. 31/2019 di una tutela in forma **collettiva** attraverso le azioni promosse dalle **associazioni dei consumatori e utenti**: è opportuno rammentare i tratti fondamentali della disciplina racchiusa negli artt. 139, 140 e 140-*bis* cdc, perché la stessa, ancorché ormai abrogata dalla l. n. 31/2019, continua ad applicarsi a tutti i fatti accaduti sotto il suo vigore. Le associazioni iscritte nell'elenco tenuto presso il Ministero dello sviluppo economico sono legittimate (art. 139 cdc) a proporre contro il professionista che compia atti e comportamenti lesivi degli interessi dei consumatori e degli utenti un'azione **inibitoria** (art. 140, co. 1, lett. *a*) cdc); esse sono altresì legittimate a chiedere la condanna del professionista ad adottare le misure idonee a **correggere** o **eliminare** gli effetti delle violazioni (art. 140, co. 1, lett. *b*), cdc). Inoltre, sempre su istanza delle associazioni dei consumatori che abbiano agito in giudizio, il giudice può ordinare che il provvedimento a carico del professionista sia pubblicato su uno o più quotidiani (art. 140, co. 1, lett. *c*), cdc).

Azione di classe

Il panorama degli strumenti di tutela collettiva messi a disposizione dei consumatori si è poi ulteriormente arricchito, come già accennato, con la previsione dell'**azione** di classe: si tratta di un'azione **collettiva con funzione risarcitoria o restitutoria**, introdotta, dapprima, all'art. 140 *bis* cdc, dalla l. n. 244/2007, la cui disciplina in realtà non è mai entrata in vigore nella formulazione originaria, e che, successivamente, è stata regolamentata dall'art. 49, co. 1, l. n. 99/2009.

Lo strumento dell'azione di classe è mutuato da analoghi istituti da tempo conosciuti in esperienze giuridiche straniere (in particolare, la c.d. *class action* del diritto statunitense) ed ha la finalità di rendere più agevole la tutela risarcitoria (o quella restitutoria, nel caso della declaratoria di nullità di un contratto) a fronte di situazioni di interesse in ipotesi lese che presentino un significativo grado di comunanza o di affinità e che si risolvano in danni, sovente – singolarmente considerati – di modesta entità, nella sfera giuridico patrimoniale di una pluralità di soggetti. In questi casi, è proprio la modesta entità del pregiudizio subito da ciascun danneggiato a disincentivarlo dall'esperire un'azione risarcitoria individuale per i costi cui tale azione lo esporrebbe, così incoraggiandosi di fatto anche i comportamenti di coloro che hanno cagionato il danno, i quali finiscono per sfuggire alle conseguenze, in termini di obblighi risarcitori, della loro condotta. Al contrario, aderendo all'azione di classe, anche mediante associazioni cui dà mandato o comitati cui partecipa, il singolo consumatore o utente vede realizzata la propria tutela risarcitoria secondo una modalità per lui più economica e che consente allo stesso tempo una più razionale ed efficiente amministrazione della giustizia, evitando il proliferare di una pluralità di controversie risarcitorie aventi ad oggetto questioni simili, ed accollando a chi ha determinato il danno il costo necessario per risarcirlo.

I diritti individuali omogenei dei consumatori e degli utenti

Proprio perché le situazioni di interesse lese debbono presentare un significativo grado di comunanza tra di loro (la mancanza del quale renderebbe inefficiente il meccanismo risarcitorio), l'art. 140 *bis*, co. 1, cdc individua i diritti tutelabili attraverso l'azione di classe "nei diritti individuali omogenei dei consumatori e degli utenti", che il co. 2 del medesimo art. 140 *bis* meglio specifica come "a) i diritti contrattuali di una pluralità di consumatori e utenti che versano nei confronti di una stessa impresa in una situazione identica, inclusi i diritti relativi ai contratti stipulati ai sensi degli artt. 1341 e 1342 ...; b) i diritti identici spettanti ai consumatori finali di un determinato prodotto nei confronti del relativo produttore, anche a prescindere da un diretto rapporto contrattuale; c) i diritti identici al ristoro del pregiudizio derivante agli stessi consumatori e utenti da pratiche commerciali scorrette o da comportamenti anticoncorrenziali".

Azione di classe e danno risarcibile

Dal punto di vista del diritto sostanziale, le principali questioni che tale regolamentazione propone attengono alla corretta individuazione del concetto di diritto individuale omogeneo (che deve tenere conto della *ratio* dell'istituto, come sopra esposta, e non postula, dunque, un'identità di situazioni giuridiche soggettive e di conseguenze dannose derivanti dalla lesione delle medesime, ma, più semplicemente, una comunanza di situazioni, tali da rendere razionale ed opportuna la trattazione delle medesime nell'ambito dell'azione di classe); alla possibilità di far valere con l'azione di classe anche danni derivanti da violazioni di obblighi sussistenti, a carico dell'impresa, nella fase delle trattative (ad es., obblighi di informazione; il nodo è da sciogliere in senso affermativo, in presenza dell'ampia formulazione dell'art. 140-*bis*, co. 2, lett. *a*); alla risarcibilità, attraverso l'azione di classe, anche del danno non patrimoniale (da ritenersi senz'altro ammissibile ove ricorrano i necessari presupposti).

Profili processuali

La disciplina dell'azione di classe prevede una fase di delibazione preliminare dell'ammissibilità dell'azione, finalizzata ad evitare la proposizione di iniziative giudiziali di mera iattanza o addirittura emulative, cui fanno seguito, in caso di ritenuta ammissibilità dell'azione, una fase intesa a consentire agli appartenenti alla classe di aderire, se lo vogliano, all'azione, ed una fase di cognizione. Quest'ultima pone capo ad una sentenza che definisce il giudizio e che fa stato anche nei confronti degli aderenti all'azione di classe, restando preclusa la possibilità di ulteriori azioni di classe per i medesimi fatti e nei confronti della stessa impresa dopo la scadenza del termine per l'eventuale adesione degli appartenenti alla classe. È invece fatta salva l'azione individuale dei soggetti che non abbiano aderito all'azione di classe.

Da ultimo, come si è già accennato, l'istituto ha trovato una nuova regolamentazione per mezzo della l. n. 31/2019. Le novità principali di quest'ultima possono ravvisarsi nello spostamento della materia all'interno del cpc e nella generalizzazione del rimedio, non più circoscritto alla tutela dei diritti dei consumatori, ma esperibile tutte le volte in cui venga in considerazione l'esigenza di risarcire danni derivanti dalla lesione di diritti individuali omogenei.

Con l'introduzione dell'azione collettiva risarcitoria, il consumatore si trova così a beneficiare di tutte le tecniche di tutela offerte dall'ordinamento giuridico, quella inibitoria, quella restitutoria e quella risarcitoria: e ciò a riprova del peso decisivo riconosciuto dal legislatore, prima comunitario, e poi nazionale, agli interessi di cui egli è portatore.

4.3. *Le trattative e la responsabilità precontrattuale*

Funzione delle trattative

La conclusione del contratto può essere preceduta da una fase più o meno lunga e complessa di **trattative** durante la quale le parti si scambiano notizie, informazioni, punti di vista in ordine al futuro contratto.

Naturalmente, l'esigenza di trattative è particolarmente pressante nei contratti di maggiore importanza economica o, comunque, nei contratti che non si riducano ad atti di scambio seriali, quali sono invece, ormai in prevalenza, gli scambi della vita quotidiana. Inoltre, per i motivi già indicati, la fase delle trattative sarà di norma assente anche nella contrattazione basata su condizioni generali unilateralmente predisposte.

Interessi in conflitto nella fase delle trattative

Nella fase delle trattative vengono in considerazione, ed in conflitto, due contrapposti interessi. Da un lato, la **libertà** delle parti di abbandonare in ogni momento la trattativa per cogliere eventuali occasioni più favorevoli; dall'altro, l'**affidamento** che l'una o l'altra abbiano potuto riporre sull'effettiva conclusione del contratto, affidamento che può averle indotte a rifiutare altre proposte e a sostenere tutte le spese che una lunga trattativa talora comporta.

Buona fede nelle trattative

Tali interessi trovano un punto di equilibrio nella **buona fede** in senso oggettivo alla quale l'art. 1337 affida il governo della fase delle trattative e della formazione del contratto.

Buona fede ed obblighi di informazione

Per quanto attiene alla nostra materia, la clausola generale di buona fede si specifica, innanzi tutto, in una serie di **obblighi di informazione** che, individuati in via interpretativa (ed appunto di concretizzazione della clausola generale) dalla dottrina e dalla giurisprudenza, sono, soprattutto nei settori dell'esperienza, dove più intensa si fa la protezione del contraente che si trovi in una posizione di c.d. **asimmetria informativa** rispetto all'altra parte (come accade, secondo quanto si è già accennato, nell'area dei contratti del consumatore), affidati a puntuali disposizioni normative.

I confini dell'obbligo precontrattuale di informazione

L'enunciazione generale, secondo la quale la parte che conosce, o dovrebbe conoscere, dati o elementi rilevanti per la conclusione del contratto e sa, o dovrebbe sapere, che l'altra parte li ignora, ha l'obbligo di comunicarli a quest'ultima, deve essere temperata con alcune precisazioni: ed infatti non ogni reticenza, in sede di formazione del contratto può essere considerata illecita, risultando, in alcuni casi, irragionevole affermare un generale obbligo della parte, anche di quella più «forte», dal punto di vista delle informazioni delle quali è depositaria, di metterle a disposizione dell'altra parte.

Deve ritenersi, per altro verso, inappagante il criterio che considera doverose solo le informazioni attinenti agli elementi capaci di incidere sulla validità o efficacia del contratto, nella misura in cui finisce per circoscrivere l'area della reticenza illecita a situazioni eccezionali – e, in parte almeno, sovrapponibili a quelle disciplinate dall'art. 1338 – apparendo invece opportuno, in materia, lasciare ampio spazio operativo alla regola di buona fede ed alle sue possibilità di concretizzazione giurisprudenziale, sia pure guidate attraverso l'individuazione di casi tipici nei quali l'omessa informazione può configurare responsabilità precontrattuale.

In particolare, in quest'ordine di idee, può ritenersi che – in ossequio al generale principio di autoresponsabilità, anch'esso ricollegabile alla regola generale di buona fede e, più a monte ancora, ai doveri di solidarietà previsti dall'art. 2 Cost. – l'obbligo di informazione non possa estendersi a circostanze facilmente conoscibili da colui che lamenti la reticenza dell'altra parte, mentre debba reputarsi rafforzato quando la reticenza faccia seguito ad un'espressa richiesta di informazioni ovvero la reticenza sia ascrivibile alla parte che, in relazione al proprio *status* professionale, si trovasse nella condizione migliore per acquisire e mettere a disposizione le informazioni richieste.

Obblighi specifici di informazione nella legislazione consumeristica

Il problema dell'individuazione dei limiti entro i quali sussiste un obbligo di informazione a carico di una delle parti del rapporto è talora risolto da una specifica **regolamentazione normativa**; in particolare, la disciplina a tutela del consumatore è costellata da obblighi di informazione posti a carico del professionista ed in favore del consumatore, che sono rafforzati dalla prescrizione di una forma scritta dell'informazione (cfr., tra gli altri, art. 50 cdc, in tema di informazioni che il consumatore deve ricevere prima della conclusione di contratti negoziati fuori dai locali commerciali , dove è previsto che il professionista fornisca al consumatore le informazioni, cui ha riguardo l'art. 49, co. 1, cdc, su supporto cartaceo o, se il consumatore è d'accordo, su un altro mezzo durevole; art. 51, co. 1, cdc, in materia di contratti a distanza, secondo il quale il professionista fornisce o mette a disposizione del consumatore le informazioni di cui all'art. 49, co. 1, in modo appropriato al mezzo di comunicazione a distanza impiegato, in un linguaggio semplice e comprensibile, con la precisazione che, nella misura in cui dette informazioni sono presentate su un supporto durevole, esse debbono essere leggibili; art. 71 cdc, che pone a carico del venditore l'obbligo di fornire, a titolo gratuito, le informazioni previste dal co. 1, su carta o su altro supporto durevole accessibile al consumatore; art. 116, d.lgs. n. 58/1998, che fa obbligo alle banche, in vista dell'eventuale conclusione di contratti con la clientela, di pubblicizzare le condizioni economiche dei servizi offerti; art. 94 ss. dello stesso d.lgs. n. 58/1998, in tema di obbligo di pubblicazione di un prospetto informativo nella prospettiva della stipula dei contratti con i risparmiatori sollecitati all'investimento; vengono, poi, in rilievo gli obblighi di informazione nei contratti aventi ad oggetto la prestazione dei servizi di investimento, individuati in maniera particolarmente dettagliata nella disciplina dettata dal d.lgs. n. 164/2007 e dal relativo reg. Consob n. 16190/2007).

Obblighi specifici di informazione sono sanciti anche nell'ambito della disciplina dei contratti tra imprenditori, che si trovino verosimilmente in una posizione asimmetrica, o sperequata, quanto alle informazioni rilevanti ai fini della conclusione del contratto. Deve essere richiamata, in questa prospettiva, la disciplina del contratto di affiliazione commerciale, agli artt. 4 e 6 l. n. 129/2004, con la correlativa previsione, contenuta nell'art. 8 della medesima legge, del potere della parte, che abbia ricevuto false informazioni, di chiedere l'annullamento del contratto in relazione alla disposizione dell'art. 1439, nonché il risarcimento del danno.

Il principio di non interferenza tra regole di validità e regole di comportamento

La recente elaborazione giurisprudenziale, in maniera particolarmente frequente nella materia dei contratti di prestazione di servizi di investimento, ha affrontato il tema delle **conseguenze** discendenti dalla violazione degli obblighi di informazione desumibili dalla disciplina legislativa speciale appena rammentata.

L'orientamento, in forza del quale la natura imperativa delle norme che sanciscono l'esistenza dei suddetti obblighi di informazione costituirebbe premessa adeguata all'affermazione della **nullità** dei contratti stipulati all'esito di una violazione dei citati obblighi di informazione, appare ormai da tempo superato dalla Cass. a SS.UU. che ha riaffermato la persistente vigenza nel nostro ordinamento del tradizionale principio di non interferenza tra regole di comportamento e regole di validità, in forza del quale la violazione del primo ordine di regole non può dar luogo all'invalidità del contratto.

Conseguentemente, colui che viola l'obbligo di informare correttamente il partner nella fase delle trattative, incorre in **responsabilità risarcitoria** per il danno che ne sia derivato (salva naturalmente la prova, con onere a carico di colui che si assume danneggiato, del nesso di causalità tra inadempimento e danno).

Obbligo di chiarezza e trasparenza

La regola di buona fede nelle trattative si concretizza anche in un obbligo di **chiarezza** o **trasparenza** nella formulazione delle clausole contrattuali, quanto meno allorché queste ultime siano predisposte da una sola delle parti, obbligo che, a sua volta, è specificamente sancito dal legislatore in taluni casi (v. il già menzionato art. 35 cdc, in tema di redazione in modo chiaro e comprensibile delle clausole che siano redatte per iscritto; art. 48 cdc, con riferimento agli obblighi di informazione nei contratti diversi da quelli a distanza o negoziati fuori dai locali commerciali; art. 49 cdc relativo agli obblighi di informazione nei contratti a distanza e nei contratti negoziati fuori dai locali commerciali; l'art. 2, l. n. 192/1998 in materia di subfornitura); la possibilità di affermare, in tali casi, una responsabilità di tipo risarcitorio per equivalente appare tuttavia residuale, venendo innanzi tutto in considerazione rimedi atti ad assicurare in forma specifica la soddisfazione dell'interesse del contraente (attribuzione alla clausola del significato più favorevole all'aderente, art. 1370, ovvero qualificazione della clausola come vessatoria).

Obbligo di segretezza

Sono, invece, ritenute estranee alle ipotesi di responsabilità precontrattuale le violazioni di obblighi di mantenere il **segreto** su circostanze o elementi, relativi all'affare o alla situazione della controparte, la cui conoscenza sia stata acquisita in occasione della trattativa: infatti, la regola di comportamento secondo buona fede nella fase delle trattative rinviene il proprio scopo nel governo della fase delle trattative e non può, dunque, riferirsi ad occasioni di danno solo genericamente occasionate dal contatto sociale nel quale si risolve la fase delle trattative.

Ipotesi tipiche di comportamento contrario a buona fede

La regola di buona fede nelle trattative si concretizza altresì nella direzione di rendere rilevanti tre possibili aree di eventi dannosi: la mancata conclusione di un contratto, qualora la stessa si ricolleghi, appunto, alla violazione dell'obbligo di buona fede; la conclusione di un contratto invalido nonché, secondo un recente orientamento, la conclusione di un contratto valido, ma pregiudizievole per colui che sia rimasto vittima del comportamento contrario a buona fede.

Recesso illegittimo dalle trattative

Sotto il primo profilo, il comportamento che tipicamente integra gli estremi di una violazione dell'obbligo di buona fede è quello di colui che **receda** in modo arbitrario dalle trattative quando queste siano giunte ad un livello tale di maturazione da legittimare l'affidamento della controparte nella conclusione del contratto. Infatti, e come si è osservato anche in precedenza, la rottura della trattativa di per sé non è illecita (ed anzi la libertà di una delle parti trattanti di non dare seguito alla trattativa medesima costituisce uno dei termini di riferimento della disciplina legislativa in materia): pertanto, al fine di configurare una responsabilità precontrattuale da interruzione delle trattative, debbono concorrere i due presupposti della intervenuta formazione di un ragionevole affidamento della parte che subisce il recesso sulla positiva conclusione delle trattative (ad es., per essere state date assicurazioni sulla prospettiva di concludere il contratto dalla parte che, poi, interrompe le trattative) e del recesso ingiustificato dalle trattative. La **giustificatezza** del recesso dalle trattative si ricollega alla valutazione di una circostanza esterna alla sfera del recedente, tale da condurre, ad una stregua di buona fede, ad una modifica di valutazione della convenienza del contratto.

Mancata comunicazione di cause di invalidità

Anche la conclusione di un **contratto invalido** può integrare un'ipotesi di responsabilità precontrattuale; infatti, secondo la disposizione dell'art. 1338, "la parte che, conoscendo o dovendo conoscere una causa di invalidità del contratto, non ne ha dato notizia all'altra parte, è tenuta risarcire il danno da questa risentito per avere confidato senza colpa nella validità del contratto".

In questa prospettiva, si ritiene che il danno precontrattuale da conclusione del contratto invalido si ricolleghi all'esigenza di non deludere l'affidamento sull'affare; ed è allora coerente l'estensione della regola desunta dall'art. 1338 anche all'ipotesi del **contratto inefficace** per fatto colpevole di una delle parti (come accade nel contratto concluso dal falso rappresentante, art. 1398) così come al comportamento delle parti necessario a creare le condizioni di efficacia del contratto (come accade nelle ipotesi dell'acquisizione di autorizzazioni o condizioni preventive all'efficacia del contratto).

Contratto valido ma svantaggioso

Integra, infine, un'ipotesi di responsabilità precontrattuale anche la conclusione di un contratto valido, ma **sconveniente** per la parte che abbia subito l'altrui comportamento contrario alla buona fede. Un punto di emersione normativo di tale evenienza è quello costituito dall'art. 1440, in tema di **dolo incidente**, là dove la parte vittima di tale vizio del consenso non può ottenere l'annullamento del contratto, ma soltanto il risarcimento del danno derivante dal fatto di avere concluso il contratto a condizioni diverse, e più svantaggiose, di quelle che sarebbero state altrimenti accettate; ed una soluzione analoga si impone in caso di errore non essenziale, discendente da un'informazione omessa o inesatta proveniente dall'altra parte del contratto.

Natura della responsabilità precontrattuale

Si discute se la responsabilità precontrattuale rappresenti un'ipotesi di responsabilità extracontrattuale o di responsabilità contrattuale: un problema non soltanto teorico, viste le significative differenze che caratterizzano la disciplina dell'una e dell'altra forma di responsabilità.

Nonostante il diverso orientamento della giurisprudenza meno recente, sembra preferibile considerare la responsabilità precontrattuale come un'ipotesi di responsabilità **contrattuale**. Essa, infatti, nasce dall'inadempimento dell'obbligo di comportarsi secondo buona fede, e quest'ultima si risolve qui in un obbligo di **protezione** dell'integrità della sfera giuridico patrimoniale della controparte, esposta al rischio di danno in ragione del contatto sociale cui la trattativa dà luogo.

Tale ricostruzione è stata accolta da una recente – e, per la verità, non consolidatasi – giurisprudenza che, ha escluso la natura extracontrattuale della *culpa in contrahendo*, sulla base della considerazione che, con l'avvio delle trattative, le parti non si confrontano l'una con l'altra come estranee, ma si pongono su un piano relazionale, dando vita ad un rapporto giuridico che trova la sua fonte nell'obbligo di comportarsi secondo buona fede. In particolare, da questo rapporto scaturiscono specifici obblighi di comportamento, alla cui violazione non può non riconnettersi una responsabilità, a questo punto, da inadempimento dell'obbligo di salvaguardare la sfera giuridica della controparte nella fase precontrattuale.

Nella fase precontrattuale, la fonte di responsabilità non sarebbe il principio generale del c.d. *neminem laedere*, ma la violazione dello specifico vincolo *inter partes*, che sorge in un momento antecedente al verificarsi dell'illecito e non dopo il concretizzarsi dell'evento lesivo.

Questo orientamento appare irrobustito dal recente affermarsi della teoria del c.d. contatto sociale qualificato, in virtù della quale vanno ricondotte all'area della responsabilità contrattuale, non solo le ipotesi di violazione di obblighi di prestazione che rinvengono la loro fonte in un contratto, ma anche tutte le ipotesi di violazione di obblighi (di protezione) nascenti da un rapporto socialmente tipico che ingenera nei soggetti coinvolti un affidamento, qualificato come meritevole di protezione dalla rilevanza che ad esso l'ordinamento attribuisce.

Responsabilità precontrattuale e risarcimento del danno

Proprio perché la responsabilità precontrattuale si configura come inadempimento non già di un obbligo di prestazione, bensì di un obbligo di protezione, il risarcimento del danno è limitato al c.d. interesse **negativo**, cioè alle spese sostenute ed alle occasioni perdute per avere confidato nella conclusione del contratto. L'interesse negativo si contrappone al c.d. interesse positivo che è invece quello relativo alla conclusione ed esecuzione del contratto ed ai profitti dallo stesso derivanti.

Si deve tuttavia precisare, sulla premessa che il fulcro della disciplina della responsabilità precontrattuale è quello della tutela dell'affidamento sulla conclusione del contratto, che, nel caso in cui, proprio per quell'affidamento, il trattante abbia perduto una specifica occasione alternativa di contratto, possa essergli riconosciuta la tutela risarcitoria in termini commisurati all'interesse che sarebbe stato soddisfatto dalla conclusione di quel contratto alternativo: pur con la ulteriore precisazione che il danno a tale stregua risarcito non potrà mai eccedere il profitto che sarebbe derivato dalla conclusione ed esecuzione del contratto poi vanificato dalla scorrettezza altrui (alla luce del principio che impedisce di collocare, con lo strumento risarcitorio, il danneggiato in una condizione più vantaggiosa di quella nella quale si sarebbe venuto a trovare in assenza dell'illecito).

Analogamente, nel caso in cui l'illecito precontrattuale abbia dato luogo alla conclusione di un contratto invalido o inefficace, la parte avrà diritto alla rifusione delle spese derivanti dalla trattativa inutile, oltre che al ristoro del danno derivante dall'eventuale perdita di occasioni alternative; mentre il danno derivante dalla conclusione di un contratto sconveniente dovrà coprire la divaricazione tra condizioni dell'affare come in effetti pattuite e condizioni che sarebbero state raggiunte in difetto del comportamento contrario a buona fede.

Non si può, poi, escludere la configurabilità di un danno non patrimoniale da violazione dell'obbligo di buona fede nelle trattative, come può accadere, in particolare, ma non solo, nei casi di violazione delle regole attinenti al principio del c.d. consenso informato in materia di responsabilità del medico.

4.4. *La formazione progressiva del contratto*

Durante le trattative le parti possono stipulare accordi in vario modo strumentali alla conclusione del contratto (c.d. accordi **preparatori**).

Può accadere, ad es., che le parti, pur non avendo raggiunto un accordo definitivo, intendano cristallizzare i punti sui quali vi è già un'intesa e che, quindi, non vanno rimessi in discussione.

Minuta o puntuazione

Si parla, al riguardo, di **minuta** o **puntuazione**. Sono, questi, accordi che non vincolano alla conclusione del contratto, ma che, nella misura in cui comprovano lo stato di avanzamento delle trattative, vincolano alla loro prosecuzione. Pertanto, colui che – dopo avere sottoscritto la minuta o puntuazione – abbandoni, senza un giustificato motivo, le trattative ovvero le prosegua, ma pretendendo arbitrariamente di rimettere in discussione i punti su cui era stato raggiunto un accordo, incorrerà in responsabilità **precontrattuale**.

Opzione e lettera di intenti

Rientrano nella categoria degli accordi preparatori anche l'**opzione**, nonché la c.d. **lettera di intenti**.

L'opzione è un accordo alla stregua del quale le parti convengono che una di esse rimanga vincolata alla propria dichiarazione, mentre l'altra resta libera di accettarla o meno; in questo caso, la dichiarazione della prima si considera quale proposta irrevocabile (art. 1331, co. 1).

L'interesse di colui che concede l'opzione è analogo, nei termini a suo tempo esposti, a quello di chi abbia formato la proposta irrevocabile, ma su di esso si innesta, proprio per la struttura bilaterale della fattispecie, l'interesse a conseguire un corrispettivo a fronte del vincolo derivante dalla irrevocabilità della proposta.

Sotto il profilo effettuale, l'opzione presenta elementi comuni alla proposta irrevocabile: e non a caso l'art. 1331 opera con la tecnica del rinvio, sul punto, alla disposizione dell'art. 1329.

Natura dell'opzione

Dal punto di vista strutturale, invece, l'opzione ha natura **contrattuale**, essendo il frutto di un accordo delle parti, reso evidente dall'uso, da parte del legislatore, del verbo "convengono"; tale differente struttura risulterà particolarmente evidente quando l'opzione sia concessa a **titolo oneroso**, mentre sfumerà quando l'opzione sia gratuita, tanto che una parte della dottrina ritiene addirittura inconfigurabile l'opzione gratuita, che sarebbe destinata a rifluire sempre nella categoria della proposta irrevocabile.

Termine

La disciplina normativa dell'opzione è circoscritta essenzialmente al problema dell'eventuale assenza della fissazione di un **termine** per l'impegno del concedente: problema che è risolto nel senso di prevedere la possibilità di un ricorso al giudice, che integrerà, attraverso il suo intervento, il regolamento contrattuale sul punto carente.

Soggezione del proponente...

L'opzione, proprio perché discende da una fattispecie contrattuale, determinerà, innanzi tutto l'effetto, caratteristico anche della proposta irrevocabile, di **soggezione** del proponente, entro il termine fissato, all'accettazione del beneficiario, con la precisazione che – secondo l'orientamento prevalente – anche un'accettazione difforme del beneficiario dell'opzione non determinerà, di per sé, la caducazione dell'opzione, che potrà essere accettata entro il termine fissato.

... ed obblighi di buona fede

Si ammette generalmente che l'opzione determini, sempre a carico del concedente, anche **effetti obbligatori**, nel senso che questi non dovrà porre in essere atti incompatibili con il diritto dell'opzionario o tali da impedire la possibilità che egli eserciti l'opzione, benché si possa ritenere che tali effetti discendano già dalla regola generale di buona fede nelle trattative ed in sede di formazione del contratto.

Vicende circolatorie dell'opzione

Sia il diritto del concedente l'opzione, sia il diritto dell'opzionario possono essere oggetto di **vicende circolatorie tra vivi**, qualora sussista il consenso del concedente; la trasmissibilità *mortis causa* della posizione del concedente discende dalla previsione dell'art. 1329 che rende la proposta in linea di principio efficace anche in caso di sopravvenuta morte del proponente, mentre, salva l'ipotesi che l'opzione sia destinata a concludere un contratto con prestazioni infungibili, deve ritenersi cedibile anche il diritto dell'opzionario.

Forma

Dal punto di vista della **forma**, infine, l'opzione richiede la stessa forma prevista per il contratto finale; ed infatti l'opzione ha l'efficacia della proposta che, se accettata, concluderà il contratto.

La lettera di intenti

La **lettera di intenti**, priva di una specifica disciplina legislativa, ma diffusa nella pratica, soprattutto nella formazione progressiva di affari di particolare rilevanza economica, presenta, accanto al nucleo ricorrente dell'essere un testo che le parti, d'accordo, scambiano nella fase delle trattative, una fenomenologia effettuale articolata.

Può configurarsi, infatti, come una dichiarazione con la quale una parte manifesta all'altra la propria disponibilità ad avviare trattative in vista della conclusione di un contratto, con la conseguenza, ancora una volta, che la parte la quale smentisca senza ragione tale disponibilità incorrerà in responsabilità precontrattuale; così come può configurarsi una dichiarazione che attesti il raggiungimento dell'accordo su alcuni punti del futuro assetto di interessi, pur non volendo ancora le parti la conclusione del contratto, perché restano da definire punti essenziali (con il corollario che la pretesa di una delle parti di rimettere in discussione i punti sui quali era già intervenuto l'accordo potrà essere censurata come contraria a buona fede).

Prelazione convenzionale

Un cenno merita – in quanto accordo che comunque interviene nella fase di formazione del contratto – il patto di **prelazione**, o prelazione **convenzionale**, in quanto contrapposta alla prelazione legale della quale ci si occuperà trattando delle successioni.

Col patto di prelazione – oggetto solo di talune specifiche previsioni (art. 1566: patto di preferenza in materia di somministrazione) – una parte si obbliga nei confronti dell'altra a **preferirla** (di solito, a parità di condizioni) nel caso in cui decida di stipulare un contratto.

Gli interessi che, attraverso questo schema pattizio, il beneficiario della prelazione può realizzare si riferiscono, da un lato, a quello a che altri non concluda il contratto oggetto del patto di prelazione col concedente, dall'altro a conseguire egli stesso quel contratto, e l'utilità economica che lo stesso è in grado di apprestare, se il concedente riterrà in effetti di stipulare.

L'interesse del concedente potrà invece essere, semplicemente, quello a conseguire un corrispettivo, ovvero potrà configurarsi come apprezzabile nell'ambito di una più complessa operazione, nella quale la concessione della prelazione si inserisca, pur nell'assenza di uno specifico nesso di corrispettività.

Il patto di prelazione si distingue dal contratto preliminare poiché non obbliga a concludere un futuro contratto, bensì soltanto a preferire taluno al momento della (eventuale) stipulazione del contratto: ad es., se accordo una preferenza a Tizio per il caso mi risolva a vendere un certo bene, è con Tizio che dovrò stipulare il contratto di compravendita nell'ipotesi in cui effettivamente decida di vendere il bene.

Termine del vincolo discendente dal patto di prelazione

Introducendo il patto di prelazione un vincolo alla libertà negoziale del concedente, lo stesso richiede la fissazione di un **termine**, scaduto il quale il predetto vincolo viene meno: la conclusione è argomentata, in via analogica, dalla previsione di un termine nell'ambito dell'unico luogo di disciplina legale del patto di prelazione (e cioè, come si è visto, il contratto di somministrazione: art. 1566) nonché, in via interpretativa più generale, dal principio di libertà dei privati da vincoli giuridici senza prefissione di termine.

Il patto di prelazione, privo della fissazione di un termine, dovrà, dunque, essere integrato, potendo operare, a tal fine, l'interpretazione analogica del combinato disposto degli artt. 1566 e 2596, ovvero il ricorso all'integrazione giudiziale del patto sul punto carente, sulla base di un'applicazione analogica dell'art. 1331, co. 2.

Il concedente, al fine di soddisfare l'interesse del prelazionario ad essere preferito, dovrà porre in essere la c.d. *denuntiatio* e cioè la dichiarazione con la quale il primo comunica al secondo la volontà di contrarre, al fine di consentirgli l'esercizio della prelazione. La qualificazione della *denuntiatio* come proposta contrattuale, o meno, dipende dai contenuti concreti che, di volta in volta, essa assume, la quale può essere, a seconda delle circostanze, semplice comunicazione della pendenza di trattative con un terzo ovvero dichiarazione di una proposta contrattuale in effetti già completa.

Efficacia del patto di prelazione

L'inadempimento dell'obbligo di preferire dà luogo a responsabilità contrattuale, mentre il contratto concluso in violazione del patto rimarrà valido ed efficace giacché il patto di prelazione **non** può produrre effetti nei confronti dei terzi.

4.5. *Il contratto preliminare*

Nell'ambito degli accordi che in vario modo preparano la conclusione del contratto, un posto a sé deve essere riservato al contratto **preliminare**: e cioè al contratto con il quale le parti si **obbligano** a stipulare, in un momento successivo, un contratto che, in opposizione al preliminare, prende il nome di **definitivo**.

Effetti del contratto preliminare

Il contratto preliminare produce un effetto ben più intenso di quanto non lo siano gli effetti che discendono dagli accordi preparatori esaminati in precedenza: si tratta, appunto, dell'obbligo di porre in essere un futuro contratto e non già, semplicemente, dell'obbligo di proseguire le trattative o di dare la preferenza a taluno nel caso in cui ci si risolva a stipulare un contratto.

Tale obbligo potrà essere assunto da entrambe le parti (preliminare **bilaterale**), ovvero da una sola di esse (preliminare c.d. **unilaterale**). A differenza dell'opzione, che attribuisce al suo beneficiario un diritto **potestativo** a seguito dell'esercizio del quale il contratto sarà senz'altro concluso, il preliminare unilaterale conferisce alla controparte un diritto di **credito**, avente ad oggetto la prestazione del consenso necessario alla stipulazione del contratto definitivo.

La circostanza che il contratto preliminare produca effetti obbligatori (di concludere il contratto definitivo, appunto), senza introdurre già l'assetto di interessi corrispondente al contratto definitivo, consente di differenziare agevolmente la sequenza preliminare – definitivo dall'ipotesi nella quale le parti, introdotto già l'assetto definitivo dei propri interessi sull'affare in considerazione, si obblighino semplicemente alla **riproduzione** del contratto (ad es., al fine di predisporre la forma contrattuale, atto pubblico o scrittura privata autenticata, necessaria per la trascrizione: art. 2657). L'accertamento sul punto se le parti abbiano inteso concludere un contratto preliminare ovvero un contratto definitivo – salva, in ipotesi, la riproduzione del medesimo – costituisce una tipica indagine di natura interpretativa che dovrà, dunque, essere condotta sulla base dei criteri ermeneutici posti dagli art. 1362 ss., senza attribuire rilevanza decisiva al mero dato della qualificazione del contratto, ad opera delle parti, in un determinato senso.

Funzione del contratto preliminare

Le parti ricorrono alla sequenza preliminare – definitivo quando sono ormai sicure di voler concludere l'affare ma vogliono riservarsi di esaminare, o risolvere, alcune questioni complementari. Ad es., in una compravendita immobiliare, la stipula del preliminare può essere funzionale alla verifica della continuità delle trascrizioni in capo al futuro alienante, o all'accertamento dell'inesistenza di trascrizioni o iscrizioni pregiudizievoli.

La giurisprudenza delle Sezioni Unite della Corte di Cassazione, innovando da ultimo un più risalente orientamento, ha ritenuto che possa essere validamente stipulato un contratto preliminare di preliminare quando emerga la configurabilità di un interesse delle parti ad una formazione progressiva del contratto basata sulla differenziazione dei contenuti negoziali e sia identificabile la più ristretta area del regolamento di interessi coperta dal vincolo negoziale originato dal primo preliminare.

Il ricorso alla sequenza preliminare – definitivo può interessare sia contratti con effetti **reali** (e cioè traslativi o costitutivi della proprietà o di altro diritto) – dove la diversificazione tra l'effetto obbligatorio proprio del preliminare e l'effetto reale proprio del definitivo emerge con particolare chiarezza (e, del resto, la figura di preliminare più diffusa nella prassi è quella del preliminare di compravendita immobiliare, detto **compromesso**) – sia contratti con effetti **obbligatori**.

È dubbia, invece, la configurabilità di un preliminare di donazione, poiché il vincolo alla stipula del definitivo comprometterebbe lo spirito di liberalità; uno spunto in senso affermativo può provenire, tuttavia, dalla disciplina della donazione obbligatoria (art. 769), che è l'atto con il quale il donante assume verso il donatario un'obbligazione, pur essendosi osservato che, in caso di ammissione di un preliminare di donazione, l'atto donativo si identificherebbe con il contratto preliminare e non già con quello definitivo ed il contratto preliminare di donazione si configurerebbe come una donazione obbligatoria di dare, da concludere per atto pubblico, la quale porrebbe capo, poi, ad un pagamento traslativo *solvendi causa*, da eseguirsi nelle forme ordinarie.

La forma del preliminare

Il codice civile si occupa, innanzi tutto, del preliminare sotto il profilo della **forma**, che deve essere quella prevista per il definitivo (art. 1351: si parla, al riguardo, di forma *per relationem*).

L'oggetto

Naturalmente, il preliminare dovrà presentare tutti i requisiti propri del contratto: e, dunque, in particolare, il suo **oggetto** dovrà essere determinato o determinabile, nel senso che – già nell'ambito del contratto preliminare – siano delineate le linee dell'operazione economica che si vuole introdurre con il definitivo.

Una disciplina particolare del contenuto del contratto preliminare stipulato in vista della conclusione di un contratto definitivo di compravendita su un immobile da costruire è ora contenuta nel d.lgs. n. 122/2005.

La causa

Quanto alla **causa** del preliminare, essa – secondo l'orientamento che pare preferibile – coincide con quella del definitivo, ma (muovendo dalla nozione di causa come funzione economico – individuale del contratto) la causa del contratto preliminare sarà arricchita ed integrata dagli interessi che, come sopra accennato, determinano le parti alla conclusione del preliminare.

Un discorso più articolato merita il problema della causa del contratto definitivo. Quest'ultimo, da un lato, ha una ***causa solvendi***, nel senso che le parti lo concludono al fine di adempiere l'obbligo assunto con il preliminare (e ciò consente di spiegare perché possa ritenersi, in linea di principio, irrilevante l'incapacità di agire sopravvenuta alla stipula del contratto preliminare prima del contratto definitivo, in applicazione della regola in tema di requisiti di capacità per l'adempimento posta dall'art. 1191, e sempreché il definitivo non contenga assetti regolamentari nuovi rispetto al preliminare); dall'altro lato, tuttavia, il definitivo ha la causa corrispondente alla funzione economico individuale che le parti intendevano realizzare con quel particolare contratto definitivo (e dunque, ad esempio, la causa propria dello specifico contratto di compravendita, dello specifico contratto di locazione, ecc.).

In effetti, il preliminare ed il definitivo si configurano sì come due contratti distinti, ma non può trascurarsi il dato che essi sono comunque legati fra loro in una sequenza concepita come operazione unitaria: ciò che dischiude il problema dell'**interdipendenza**, ovvero dell'**autonomia**, dei regimi normativi dell'uno e dell'altro contratto.

Divergenza tra preliminare e definitivo

Una prima questione che si delinea è quella della **divergenza di contenuti tra preliminare e definitivo**: in questo caso, pur dovendo l'indagine ermeneutica certamente muovere dal contratto definitivo, posto che è al contenuto precettivo del medesimo che si ricollega la disciplina del merito dell'operazione economica avuta di mira dalle parti, il contratto preliminare può costituire un prezioso elemento di interpretazione, in ossequio alla regola dell'art. 1362, co. 2, che attribuisce rilevanza ermeneutica al comportamento delle parti, sia anteriore che posteriore alla conclusione del contratto.

Un'ulteriore serie di questioni è quella che si ricollega alla evenienza che il preliminare si presenti colpito da **vizi**, o da **sopravvenienze**, che emergano prima ancora della conclusione del definitivo. In tali casi, deve ritenersi che il contraente a tanto legittimato, secondo le ordinarie regole in tema di impugnative contrattuali, possa far valere il vizio o la sopravvenienza, in via di azione o di eccezione, per ottenere l'invalidazione, lo scioglimento o, comunque, la caducazione del contratto ovvero per essere assolto dall'obbligo di concludere il definitivo.

Rimedi relativi al contratto preliminare e contratto definitivo

Si delinea, qui, l'ulteriore problema della esperibilità dei **rimedi** avverso il contratto preliminare anche nei confronti del contratto definitivo, problema che va esaminato altresì alla luce della disciplina della prescrizione delle relative azioni.

Se il rimedio esperibile avverso il preliminare non sia prescritto, la soluzione – fatti salvi i casi di nullità, dove, ovviamente, il regime dell'azione preclude in astratto qualunque possibilità di sanatoria – postula un'indagine sul punto se la parte, legittimata a far valere il vizio, quanto meno nei casi di annullabilità del contratto, conoscesse ovvero ignorasse il medesimo vizio. Nel primo caso, potrà in effetti sostenersi la tesi della convalida tacita, mentre, nel secondo caso, la parte interessata, salva la possibilità di impugnare direttamente il preliminare, entro il termine prescrizionale, potrà far valere l'errore di diritto consistente nella stipula del definitivo sulla premessa della sua natura doverosa.

Una particolare attenzione merita la questione della esperibilità dei rimedi – riconosciuti, in linea di principio, all'acquirente a fronte di una prestazione traslativa difforme dal programma contrattuale – anche di fronte al contratto preliminare ad effetti **anticipati** nel quale, a seguito della stipula del preliminare, si producono tutti gli effetti che, di regola, deriverebbero dal definitivo (consegna della cosa, pagamento del prezzo), ad eccezione del trasferimento della proprietà.

La risposta al problema è ormai generalmente affermativa, nel senso che l'acquirente, il quale, già all'esito dell'anticipazione degli effetti, abbia rilevato l'esistenza di vizi o difformità della cosa, potrà agire non soltanto con l'azione redibitoria, al fine di ottenere la risoluzione del contratto, ma anche con l'azione, *ex* art. 1492, co. 1, volta ad ottenere la riduzione del prezzo. In questo caso, infatti, l'argomento svolto a partire dalla immodificabilità del preliminare (nel senso che gli effetti del definitivo dovrebbero coincidere rigorosamente con quelli del preliminare) cede di fronte all'evidente esigenza pratica di evitare che il promissario acquirente sia obbligato a stipulare il contratto definitivo, per poi esperire l'azione di riduzione del prezzo.

Esecuzione in forma specifica

Un ulteriore aspetto della disciplina normativa del contratto preliminare è quello della tutela **giurisdizionale** del creditore per il caso di inadempimento dell'obbligo di stipulare il definitivo (art. 2932), in forza della quale la parte non inadempiente può ottenere una sentenza che produca gli effetti del contratto non concluso, qualora ciò sia possibile e non escluso dal titolo. L'accoglimento della domanda di esecuzione in forma specifica dell'obbligo di stipulare il definitivo, avente per oggetto il trasferimento della proprietà di una cosa determinata, postula che l'attore esegua la sua prestazione, o ne faccia offerta nei modi di legge.

Tale requisito ha lo scopo precipuo di preservare il sinallagma contrattuale ed evitare che la parte convenuta si trovi costretta ad adempiere senza che la controparte abbia eseguito la controprestazione o, quanto meno, abbia manifestato la disponibilità ad adempiere.

La portata applicativa dell'esecuzione specifica è stata estesa a tal punto, nell'ambito del diritto vivente, da far rientrare nel concetto di "offerta nei modi di legge", non solo l'offerta formale ai sensi degli artt. 1208 e 1209, ma anche l'offerta secondo gli usi (art. 1214), e persino le attività solo prodromiche all'adempimento, quali la dichiarazione in giudizio di essere pronto a pagare, l'invito a comparire innanzi al notaio, fino a considerare l'offerta implicita nella stessa proposizione della domanda di esecuzione in forma specifica.

Alla luce del superamento del principio di necessaria identità tra preliminare e definitivo sopra segnalato, anche il meccanismo di tutela di cui all'art. 2932 è chiamato a garantire la realizzazione dell'assetto di interessi programmato dalle parti con la stipula del preliminare, con la conseguenza che, ove ci si trovi al cospetto di una difformità non sostanziale, suscettibile di essere corretta, il giudice può senz'altro esercitare una funzione di adeguamento e riequilibrio del sinallagma funzionale. Così, si afferma, in giurisprudenza, che il giudice può emettere la sentenza *ex* art. 2932 anche in caso di sopravvenuta impossibilità parziale della prestazione oggetto del definitivo, così come l'inadempimento parziale può dar luogo ad una domanda parzialmente ridotta.

Viene in considerazione, infine, la disciplina della **trascrizione** del contratto preliminare (art. 2645 *bis*).

Trascrizione del contratto preliminare

Quanto a quest'ultima, essa è prevista solo per quei preliminari che hanno ad oggetto la conclusione di contratti che trasferiscono, costituiscono o modificano la proprietà o altri diritti reali su beni immobili (art. 2643, n. 1-4).

La previsione della trascrivibilità del contratto preliminare ha finito per accostare nella pratica il contratto preliminare ad un comune contratto traslativo con effetti obbligatori.

La *ratio* della innovazione legislativa deve essere ravvisata nell'esigenza di accrescere la tutela del promissario acquirente; infatti, prima della introduzione della regola di trascrivibilità del preliminare, se il promittente alienante trasferiva ad un terzo l'immobile già promesso in vendita, ed il terzo trascriveva il suo acquisto prima della trascrizione di quello ottenuto dall'acquirente ovvero prima della trascrizione della domanda di esecuzione in forma specifica dell'obbligo di concludere un contratto, il promissario acquirente vedeva frustrato completamente il suo interesse all'acquisto.

La tutela del promissario acquirente si realizza tipicamente con un effetto prenotativo della trascrizione, subordinato, a sua volta, a due condizioni.

La prima di esse è l'esistenza di una sequenza di trascrizioni, consistente, cioè, non solo nel preliminare, ma anche in un atto ulteriore e cioè l'atto idoneo a produrre l'effetto reale (che potrà essere, a sua volta, il contratto definitivo, concluso in adempimento del preliminare; nel caso di inadempimento dell'obbligo di concludere il definitivo, la sentenza emanata *ex* art. 2932; ovvero ogni altro atto che costituisca comunque esecuzione del preliminare).

La seconda condizione si riferisce, invece, all'esigenza che le trascrizioni poc'anzi menzionate debbono essere fatte entro un anno dalla data stabilita per la conclusione del definitivo e, comunque, entro tre anni dalla trascrizione del contratto preliminare; se la trascrizione dell'atto produttivo degli effetti reali non segue entro questo termine, gli effetti della trascrizione del contratto preliminare cessano e si hanno come mai prodotti (art. 2645 *bis*, co. 3).

5. *L'interpretazione del contratto*

Funzione

L'**interpretazione** del contratto è il procedimento giuridico attraverso il quale si ricostruisce il **significato** della regola introdotta dall'autonomia privata. Più precisamente mediante l'interpretazione si attribuisce un significato giuridicamente rilevante all'accordo delle parti ed al suo contenuto. L'interpretazione costituisce un giudizio di fatto governato da proprie regole di diritto. L'interpretazione, inoltre, implica l'accertamento degli elementi (dichiarazioni, comportamenti, atti esecutivi, ecc.) rilevanti per determinare il significato del contenuto sostanziale del contratto.

Si tratta di un momento di fondamentale importanza nella dialettica tra autonomia privata ed ordinamento giuridico, in quanto l'interpretazione costituisce il presupposto per procedere, in sequenza, alla **qualificazione** del contratto (cioè, alla sua riconduzione ad uno dei tipi contrattuali predisposti dalla legge), alla sua **valutazione** (in termini di conformità o meno degli interessi avuti di mira dalle parti ai valori recepiti dall'ordinamento: ciò che rileva ai fini del giudizio di validità), nonché all'accertamento di eventuali vizi del consenso e all'esatta **individuazione** dei diritti e degli obblighi scaturenti dal contratto. Per ciò che concerne, in particolare, la qualificazione del contratto in giurisprudenza ed in dottrina è ricorrente e consolidata l'affermazione in base alla quale il procedimento di qualificazione consta di due fasi, delle quali la prima consiste, appunto, nella ricerca della comune intenzione dei contraenti, mentre la seconda concerne l'inquadramento di quella comune volontà, così come accertata nella prima fase, nel corrispondente schema legale.

Ripartizione delle regole in materia di interpretazione

Per l'interpretazione del contratto, il codice civile detta una serie di criteri (artt. 1362-1371) che si è soliti distinguere in criteri di interpretazione **soggettiva** e criteri di interpretazione **oggettiva**. Con l'interpretazione soggettiva l'interprete ricostruisce il contenuto delle dichiarazioni contrattuali ricercando il significato concordemente attribuito loro dalle parti (la comune intenzione) al tempo della conclusione del contratto: l'interpretazione soggettiva presuppone, quindi, che la comune intenzione sia esistita e sia anche accertabile.

Secondo la sistemazione tradizionale delle regole codicistiche in materia, l'interpretazione soggettiva è regolamentata dagli artt. 1362-1365, mentre quella oggettiva è ricondotta alle norme racchiuse negli artt. 1367-1371. L'art. 1366, invece, come si chiarirà a breve, costituisce, per così dire, il *trait d'union* tra i due gruppi di norme. Quando non sia possibile, in applicazione delle regole di interpretazione soggettiva, individuare un comune e concorde significato attribuito dalle parti al contratto, l'interprete dovrà ricorrere alle regole ed ai principi di interpretazione **oggettiva** al fine di cogliere tra i diversi significati possibili quello più ragionevole e conforme alla natura del contratto. Vi è, quindi, secondo la concezione classica delle norme di interpretazione contrattuale, un rapporto gerarchico tra quelle di tipo soggettivo e quelle di tipo oggettivo.

Interpretazione e comune intenzione delle parti

In particolare, attraverso l'interpretazione **soggettiva**, il giudice dovrà procedere a ricostruire la **volontà** delle parti così come quest'ultima si è in concreto manifestata. In quest'ambito, la regola fondamentale è, appunto, quella enunciata dall'art. 1362, co. 1 che impone di "indagare quale sia stata la comune intenzione delle parti e di non limitarsi al senso letterale delle parole". Anche il **comportamento** delle parti – anteriore o successivo alla conclusione del contratto – assume rilevanza in sede interpretativa (art. 1362, co. 2), potendo fornire elementi circa il senso che esse hanno inteso attribuire al loro accordo: ad es., in presenza di un contratto di somministrazione di olio di oliva, senza ulteriori specificazioni, l'accettazione da parte del creditore delle prime partite di un olio di qualità comune potrà ragionevolmente lasciare intendere che per le parti non era cruciale che l'olio fosse extra vergine.

In giurisprudenza prevale, tuttavia, un orientamento incline a riconoscere la vigenza, nel nostro sistema delle regole di interpretazione, del principio *in claris non fit interpretatio*. In pratica, secondo tale principio, l'interprete di fronte ad un testo contrattuale chiaro ed univoco sul piano letterale dovrebbe arrestare la propria attività interpretativa, limitandosi a prendere atto del tenore delle corrispondenti dichiarazioni delle parti. Al contrario, nella dottrina e nella giurisprudenza minoritaria si è osservato che la ricerca dell'effettiva comune volontà delle parti, in relazione agli interessi concretamente perseguiti dagli autori del contratto, esige razionalmente il superamento del limite del senso letterale delle parole, anche quando le espressioni contrattuali si presentino, ad una prima lettura, prive di ambiguità.

Interpretazione complessiva

In ogni caso, con riguardo ai singoli criteri di interpretazione soggettiva, va rammentato che le clausole del contratto debbono essere interpretate le une per mezzo delle altre, assegnando a ciascuna di esse il senso che risulta dal complesso dell'atto (c.d. interpretazione **complessiva**: art. 1363).

Tale criterio può trovare applicazione anche all'ipotesi di contratti collegati.

Espressioni generali ed indicazioni esemplificative

Anche i criteri individuati dagli artt. 1364-1365 vanno inquadrati tra i canoni di interpretazione soggettiva, in quanto il dubbio ermeneutico viene risolto sulla base di indici desumibili dal contratto.

Così, nel caso dell'art. 1364, per quanto generali siano le espressioni usate nel contratto, questo non può andare al di là dell'oggetto su cui le parti si erano proposte di contrattare; mentre, nel caso dell'art. 1365, la "ragione" che consente di estendere la regola negoziale al di là delle indicazioni esemplificative usate dalle parti individua l'insieme degli obiettivi perseguiti dai contraenti.

Interpretazione secondo buona fede

L'art. 1366 (interpretazione di **buona fede**) rappresenta il punto di **sutura** tra interpretazione soggettiva ed interpretazione oggettiva, al contempo partecipando di aspetti propri dell'una e dell'altra.

Il criterio della buona fede, infatti, da un lato consente di valorizzare quegli interessi che, pur non esplicitati, sono per le parti comunque rilevanti; dall'altro, impone di assegnare al contratto un significato conforme al ragionevole affidamento nutrito da contraenti leali sulla base del contesto socio-economico di riferimento.

Sulla base di tali premesse, è stato, ad esempio, ritenuto in giurisprudenza che, in presenza – all'interno di uno stesso contratto – di due clausole le quali disciplinino in modo diverso ed esaustivo lo stesso fatto, la regola di interpretazione secondo buona fede imponga di preferire la clausola che soddisfi meglio l'interesse di entrambe le parti.

Non può invece essere attribuito alla regola ermeneutica di buona fede il compito, che qualche orientamento giurisprudenziale e qualche indirizzo dottrinale le hanno riconosciuto, di consentire al giudice un intervento correttivo sulle clausole del contratto, riconducendolo ad un rapporto di equilibrio o proporzionalità tra le prestazioni dell'una e dell'altra parte: infatti, l'interpretazione del contratto è pur sempre funzionale a ricostruire la portata del contratto e non già a modificarne il contenuto, fermo restando che anche all'integrazione del contratto è estraneo, in linea di principio, lo scopo di assicurare un equilibrio o una proporzione in senso oggettivo tra le prestazioni dedotte in contratto.

Principio di conservazione

Nell'art. 1367, che individua il primo dei criteri di interpretazione oggettiva, trova espressione il più generale principio di **conservazione** del negozio giuridico (ma v. anche l'art. 1424). Tale principio risponde all'esigenza di consentire all'atto di autonomia privata di dispiegare i propri effetti: sicché tra due possibili esiti interpretativi, egualmente plausibili, andrà sempre preferito quello che **preservi** la validità del contratto o della singola clausola.

Pratiche generali interpretative

Un'esigenza analoga a quella che sta alla base dell'interpretazione di buona fede, ossia di intendere il contratto alla luce del contesto socio-economico in cui esso si inserisce, ispira l'art. 1368, co. 1 alla stregua del quale "le clausole ambigue si interpretano secondo ciò che si pratica generalmente nel luogo in cui il contratto è stato concluso": si parla, al riguardo, di pratiche generali interpretative o usi interpretativi.

Quanto al co. 2 dell'art. 1368, che adatta lo stesso criterio al caso in cui una delle parti sia un imprenditore, esso **non** potrà trovare applicazione là dove la clausola ambigua ricorra all'interno di condizioni generali di contratto predisposte dallo stesso imprenditore perché in questo caso prevarranno o l'art. 1370 o, nel settore dei contratti dei consumatori, l'art. 35, co. 2, cdc.

Ulteriore criterio di interpretazione oggettiva è quello che prescrive, in caso di espressioni plurivoche, di intenderle nel senso meglio conveniente alla **natura** e all'**oggetto** del contratto (art. 1369). Si può osservare che qui natura del contratto sta per **tipo** contrattuale: e ciò implica che questa regola potrà applicarsi solo quando l'interpretazione si sia già in parte compiuta pervenendo, appunto, alla individuazione del tipo cui il contratto va ricondotto.

Interpretazione secondo la natura o l'oggetto del contratto

In caso di perdurante **oscurità** del contratto, dovrà farsi ricorso all'art. 1371 secondo cui il contratto deve essere inteso nel senso meno gravoso per l'obbligato se a titolo gratuito, e nel senso che realizzi un equo contemperamento degli interessi delle parti, se a titolo oneroso.

Regole finali

Se questa è la configurazione classica delle norme codicistiche dedicate all'interpretazione del contratto ed assolutamente prevalente in giurisprudenza, si deve rammentare che la dottrina civilistica, soprattutto quella più recente, ha criticato lo schematismo rigido in cui si risolverebbe il procedimento interpretativo, così come sopra descritto, sottolineando, invece, l'unitarietà del fenomeno dell'interpretazione del contratto, da vedere in stretta correlazione con il momento della controversia tra le parti, sfociata o meno nel processo, sul significato da attribuire al contratto da esse stipulato.

Le regole poste dal codice civile in materia di interpretazione del contratto si dirigono non solo al giudice, chiamato a decidere una concreta controversia, stabilendo quale sia il significato del contratto della cui ricostruzione si discuta, ma anche alle parti: queste ultime, infatti, nel momento in cui sono chiamate ad eseguire il contratto, debbono innanzi tutto intendere esattamente il contenuto delle obbligazioni gravanti su ciascuna di esse.

Si discute se le parti possano validamente derogare le regole ermeneutiche dettate dal codice civile, ad esempio stabilendo che il contratto da esse concluso debba essere interpretato solo sulla base del tenore letterale della dichiarazione, come accade sovente, soprattutto nei contratti di valore economico e di complessità particolarmente significativi, al fine di circoscrivere al massimo l'incertezza sul risultato dell'attività interpretativa. La risposta deve essere affermativa, con la sola precisazione che le parti non possono escludere a priori l'applicazione al contratto della regola ermeneutica di buona fede, poiché la stessa costituisce espressione di una norma imperativa.

6. *Regolamento contrattuale ed oggetto del contratto*

L'insieme delle regole poste dalle parti a disciplina dei propri interessi rappresenta il **contenuto** del contratto. Invero, il contenuto del

Regolamento e ...

... contenuto del contratto

contratto in una accezione restrittiva può essere riferito al complesso delle pattuizioni volute dalle parti: a tutto ciò che, in definitiva, si ricollega alla loro autoregolamentazione privata. Tuttavia, la constatazione, già accennata, secondo la quale il fenomeno dell'autonomia negoziale conosce interventi di diverso livello e differente operatività (alla costruzione del contenuto, infatti, possono concorrere fonti eteronome quali, ad es., la legge), rispetto alla regola contrattuale, suggerisce l'adozione di un concetto omnicomprensivo più aderente a tale realtà: è opportuno, cioè, parlare di **regolamento** contrattuale per indicare complessivamente non solo il «voluto» delle parti, bensì anche il «contenuto» derivante, appunto, da fonti regolamentari esterne.

Clausole del contratto

In questo quadro, le singole determinazioni o pattuizioni in cui il contenuto o regolamento del contratto si articola, quando siano dotate di autonomia, prendono il nome di **clausole**: ad es., la clausola relativa al termine di pagamento del prezzo nella compravendita integra un'unità precettiva autonoma rispetto alla clausola che stabilisca il luogo in cui il bene va consegnato.

Alcune clausole, in ragione della loro importanza, sono oggetto di specifica disciplina. Si tratta della clausola penale e della caparra confirmatoria, da un lato, della caparra e multa penitenziale, dall'altro lato, sulle quali ci soffermeremo più avanti.

Elementi essenziali, naturali ed accidentali

Tradizionalmente, si suole distinguere tra elementi **essenziali** (quelli individuati dall'art. 1325: accordo, oggetto, causa, forma quando prescritta a pena di nullità), la cui assenza determina la nullità del contratto, elementi **naturali** (corrispondenti all'insieme delle norme dispositive o suppletive) ed elementi **accidentali** (condizione, termine ed onere), inseriti dalle parti allo scopo di meglio soddisfare i propri interessi.

Essenzialità delle clausole, economia dell'affare e tipo

Questa distinzione, tuttavia, può dare luogo a qualche fraintendimento. Scontato, infatti, che l'assenza di uno dei requisiti essenziali del contratto dà sempre luogo a nullità, può accadere che, in concreto, ossia avuto riguardo al singolo specifico affare, anche un elemento c.d. accidentale risulti essenziale. Ad es., Tizio acquista un appartamento a Roma sotto la condizione sospensiva di un suo trasferimento per ragioni di lavoro in quella città: è chiaro che, qui, la condizione diventa un elemento essenziale della compravendita.

Ma una clausola può essere considerata essenziale anche in un altro senso, in quanto, cioè, da essa dipenda la possibilità di ricondurre il singolo contratto ad un tipo contrattuale o ad un altro: ad es., la concessione in godimento di un immobile, in assenza di una clausola che preveda un corrispettivo, integrerà la fattispecie del comodato; viceversa, saremo in presenza di una locazione.

Oggetto del contratto e suoi requisiti

Distinto dal contenuto nonché dal regolamento contrattuale nel senso sopra specificato, è l'**oggetto** del contratto, ossia il bene della vita (e, dunque, la concreta utilità economica) che le parti intendono conseguire. Infatti, quando si parla di oggetto del contratto, ci si riferisce – come ha chiarito la dottrina – ad una categoria più ampia di quella materiale prevista nell'art. 810 e quindi ad una categoria comprensiva non solo di cose, ma anche di valori ed utilità incorporali che costituiscono il punto di riferimento oggettivo degli interessi dedotti nel contratto.

L'oggetto del contratto deve essere, a pena di nullità, possibile, lecito, determinato o determinabile (artt. 1346, 1418).

Impossibilità

La **possibilità** dell'oggetto può essere intesa sia in termini naturalistici sia in termini giuridici. L'oggetto sarà impossibile in senso **naturalistico** quando individui un bene della vita, non suscettibile di essere conseguito sulla base delle cognizioni tecniche o scientifiche disponibili (ad es., sarà nulla la vendita avente ad oggetto l'elisir dell'immortalità), ovvero quando esso sia già andato irrimediabilmente distrutto (ad es., vendo il tal quadro dipinto dal pittore Tizio, ma la tela è già bruciata in un incendio).

L'oggetto sarà impossibile in senso **giuridico**, invece, allorché esso individui un bene della vita la cui negoziazione sia esclusa dalla legge (ad es., vendita da parte dello Stato di un bene demaniale, per il quale viga un divieto di alienazione: art. 823), ovvero quando il contratto abbia ad oggetto un'entità insuscettibile di essere considerata come un bene in senso giuridico e, dunque, di formare oggetto autonomo di diritti (come, ad es., nel caso giurisprudenziale del contratto in cui una parte si era obbligata a vendere la colonna d'aria sovrastante il proprio edificio, ritenendo, infondatamente, che la stessa potesse costituire un oggetto di diritti), ovvero, ancora, quando il contratto prefiguri una destinazione del bene non consentita da una disciplina imperativa di legge (come nell'altro caso giurisprudenziale del contratto di locazione avente ad oggetto un immobile da destinarsi a supermercato, con divieto al conduttore di apportare al bene qualsiasi modifica, in presenza di una regolamentazione urbanistica del territorio in cui era situato l'immobile locato che lo individuava, invece, come area agricola con vincolo di rispetto cimiteriale).

Va precisato che l'impossibilità dell'oggetto sussiste quando la prestazione sia oggettivamente, e non soggettivamente, impossibile da realizzare per la sussistenza di impedimenti (originari e di carattere materiale o giuridico) che ostacolino in modo assoluto il risultato cui è diretta, con la conseguenza che l'impossibilità non può farsi coincidere con la mera, ed ancorché in ipotesi elevatissima, difficoltà della prestazione.

Possibilità sopravvenuta dell'oggetto

Viene in considerazione altresì il concetto di definitività della impossibilità, la cui rilevanza si coglie nel caso in cui le parti abbiano differito nel tempo il momento della produzione degli effetti del contratto, sottoponendolo ad una condizione sospensiva ovvero facendoli decorrere da un termine iniziale. In questo caso, infatti, la validità del contratto è fatta salva quando la prestazione, inizialmente impossibile, divenga possibile prima dell'avveramento della condizione o della scadenza del termine (art. 1347).

Illiceità

La distinzione tra ipotesi di oggetto giuridicamente impossibile ed ipotesi di oggetto illecito non è del tutto agevole. In generale, si può dire che – alla luce delle esemplificazioni fin qui proposte – l'impossibilità giuridica dell'oggetto indica la semplice inidoneità dell'atto a realizzare l'effetto giuridico prefigurato dalle parti; mentre l'illiceità dell'oggetto esprime un giudizio di riprovevolezza da parte dell'ordinamento giuridico.

Il contratto, pertanto, sarà nullo per **illiceità** dell'oggetto allorché quest'ultimo individui un bene sul quale si appunta un giudizio di disvalore da parte dell'ordinamento (ad es., compravendita di armi da guerra), ovvero, quando sia la prestazione, in sé considerata, ad essere illecita (ad es., la richiesta di interessi usurari nel mutuo: art. 1815). Estendendo le ipotesi di illiceità dell'oggetto al di là di quelle appena descritte si finisce per rifluire nell'area dell'illiceità della causa (art. 1343).

Determinatezza o determinabilità

Infine, l'oggetto deve essere **determinato** o **determinabile**: infatti, il contratto può trovare attuazione solo se le parti hanno individuato esattamente i beni della vita oggetto dello scambio e le correlative prestazioni; sarà peraltro sufficiente, a tal fine, che siano indicati gli elementi essenziali dell'oggetto, i quali, attraverso il loro coordinamento logico, non lascino margini di dubbio sull'identità dello stesso, così come prevista e voluta dai contraenti.

L'oggetto sarà determinato quando il bene della vita viene individuato **direttamente** dal contratto (ad es., vendita delle azioni della società X al prezzo di € 5,00 l'una); viceversa, sarà determinabile quando il contratto si limiti a dettare i **criteri** per individuarlo (ad es., vendita delle azioni della società X al prezzo che risulterà dalla media dei listini delle borse di Londra e Milano nel giorno y) ovvero siano previsti i procedimenti o gli atti attraverso i quali pervenire a tale risultato.

Nel caso di negozi formali, l'elaborazione giurisprudenziale della materia richiede che l'intervenuta formazione dell'accordo su tutti gli elementi essenziali del contratto debba risultare dall'atto scritto, cosicché la determinazione ovvero i criteri di determinabilità dell'oggetto del contratto non possano essere ricavati altrimenti.

È controverso se, ed entro quali limiti, la determinazione dell'oggetto del contratto possa essere rimessa al successivo accordo delle parti o all'arbitrio di una di esse; il prevalente orientamento giurisprudenziale è nel senso che il semplice riferimento ad un futuro accordo delle parti non sarebbe sufficiente, esigendosi quanto meno l'indicazione dei dati che, attraverso un'operazione tecnica, permettano di individuare l'oggetto del contratto.

È stata però ritenuta la sussistenza del requisito della determinabilità dell'oggetto del contratto nel caso della c.d. fideiussione *omnibus* bancaria, reputandosi a tal fine sufficienti i cosiddetti indici di determinabilità (attraverso i debiti assunti, nel corso del tempo, dal debitore principale verso il creditore), che si realizzano successivamente sulla base di atti sottratti al mero arbitrio del debitore principale e dell'istituto erogatore del credito, trattandosi di atti soggetti alle specifiche disposizioni, anche di natura pubblicistica, che regolano l'attività bancaria; resta, tuttavia, salva l'esigenza di conformità della condotta del creditore garantito a correttezza e buona fede, con conseguente inestensibilità della garanzia alle anticipazioni accordate dalla banca in modo arbitrario.

Cose future

Attiene al discorso sull'oggetto del contratto anche la regolamentazione della ammissibilità della deduzione in contratto della prestazione di cose o beni futuri, da intendersi sia come cose non ancora venute ad esistenza nella loro essenza naturalistica sia come diritti suscettibili di discendere da fattispecie non ancora integralmente perfezionate. La soluzione legislativa (art. 1348) è nel senso della possibilità di dedurre in contratto la prestazione di cose future, salvi gli specifici divieti di legge (tra i quali si può rammentare, in particolare, quello sancito in materia di donazione dall'art. 771, co. 1).

Determinazione dell'oggetto ad opera del terzo

Le parti possono anche rimettere la determinazione dell'oggetto all'opera di un terzo (c.d. **arbitratore**: art. 1349). Ciò avverrà, naturalmente, quando le parti nutrano fiducia nella competenza e nella imparzialità del terzo, così da ritenere che questi possa trovare un apprezzabile punto di equilibrio tra i loro interessi (ad es., compravendita delle azioni della società X al prezzo che Tizio, agente di cambio presso la Borsa di Milano, vorrà indicare).

È controverso se al terzo possa essere rimessa anche la determinazione dell'intero contenuto del negozio ovvero se la determinazione debba essere, al contrario e comunque, una determinazione soltanto parziale, restando precluso alle parti il potere di rimettersi interamente alla decisione del terzo.

La clausola a mezzo della quale le parti convengono di rimettere al terzo la determinazione della prestazione (c.d. clausola di arbitraggio) si configura come clausola accessoria che presuppone, in ogni caso, l'esistenza di un rapporto giuridico da definire.

Il terzo dovrà procedere alla determinazione con equo apprezzamento, a meno che non risulti che le parti abbiano inteso rimettersi al suo mero arbitrio.

La determinazione rimessa all'equo apprezzamento del terzo, ove sia manifestamente **iniqua** od **erronea**, è impugnabile. In questo caso, così come nel caso in cui il terzo non abbia provveduto, la determinazione potrà essere devoluta al giudice (art. 1349, co. 1).

La determinazione rimessa al mero arbitrio del terzo, invece, è impugnabile solo quando si provi la sua **mala fede**: ad es., l'agente di cambio si mette d'accordo con Sempronio per fargli conseguire le azioni ad un prezzo di molto inferiore al loro valore di mercato.

L'arbitraggio si distingue dall'arbitrato, disciplinato dal codice di procedura civile (art. 806 s.) e di cui abbiamo già parlato. La differenza tra le due figure si coglie nel contenuto del mandato conferito dalle parti ad uno o più terzi. Infatti, mentre nell'arbitrato le parti demandano agli arbitri il compito di risolvere il contrasto tra di loro insorto in ordine ad un rapporto precostituito in tutti i suoi elementi, con l'applicazione di una funzione giurisdizionale ed in modo che la decisione sia destinata ad acquistare efficacia pari a quella della sentenza del giudice (arbitrato **rituale**), ovvero mediante la formazione, sul piano negoziale, di un nuovo rapporto riconducibile esclusivamente alla volontà dei mandanti, senza l'osservanza, per la natura non contenziosa dell'incarico, delle norme contenute negli art. 806 s. c.p.c. (arbitrato **irrituale** c.d. libero), nell'arbitraggio le parti demandano ad altri di determinare, in loro sostituzione, il contenuto di un contratto già concluso, ma non completo, in modo che l'arbitratore, con la propria attività volitiva, concorra alla integrazione ed alla formazione del contenuto del contratto stesso.

6.1. *Le fonti eteronome di integrazione del contratto*

Come abbiamo già anticipato, alla determinazione del regolamento del contratto possono concorrere anche fonti **eteronome**, cioè non riconducibili a manifestazioni dell'autonomia privata.

Fonti di integrazione del contratto

Secondo l'art. 1374, le fonti di integrazione del contratto sono la legge o, in mancanza della legge, gli usi e l'equità.

L'integrazione ad opera della **legge** può assumere forme molto diverse.

Norme suppletive e lacune del contratto

Si può, infatti, trattare di un'integrazione puramente **suppletiva**, volta a colmare eventuali lacune della regola privata: ad es., ai sensi dell'art. 1475, le spese del contratto di compravendita e le altre accessorie sono a carico del compratore, se non è stato pattuito diversamente. Qui, dunque, l'integrazione legislativa mira a consentire l'efficiente funzionamento del contratto. L'integrazione, nella sua accezione classica di tipo suppletivo, si fonda sul consolidato concetto di lacuna nel regolamento contrattuale ed opererebbe solo con l'applicazione di norme dispositive, nel presupposto, appunto, della assenza di una diversa manifestazione volitiva delle parti.

Norme imperative

Talora, viceversa, l'integrazione avviene per il tramite di norme **imperative** (cioè, inderogabili dalle parti in quanto esprimono valori ritenuti fondamentali dall'ordinamento), che si sovrappongono alle difformi determinazioni dell'autonomia privata. Altre volte l'inderogabilità è prevista dal legislatore a specifica protezione di una delle parti del contratto, nel senso che è fatta salva invece la derogabilità in favore di quest'ultima (v. art. 127, d.lgs. n. 385/1993, in materia di contratti bancari).

Questo secondo modello di integrazione legale si rinviene, in particolare, all'art. 1339, alla stregua del quale sono di diritto inseriti nel contratto, anche in sostituzione di quanto previsto dalle parti, le clausole ed i prezzi di beni o servizi imposti dalla legge: ad es. la clausola che fissa in quattro anni la durata della locazione di immobili adibiti ad uso abitativo, stipulata ai sensi dell'art. 2, co. 1, l. n. 431/1998, mentre sono ormai decisamente recessive, in ossequio ai principi di libertà della concorrenza, le ipotesi di prezzi imposti da parte della legge o di provvedimenti amministrativi.

Sostituzione automatica di clausole

Il meccanismo descritto dall'art. 1339 riveste una notevole importanza perché esso consente la sostituzione **automatica** della clausola pattizia difforme con la norma imperativa, anche quando la sostituzione non sia espressamente prevista dal legislatore.

... e nullità parziale

Inoltre, tale meccanismo impedisce che la nullità delle singole clausole si estenda all'intero contratto (art. 1419, co. 2). Ciò sarebbe in evidente contraddizione con l'obiettivo di agevolare alla parte economicamente più debole l'accesso al bene o al servizio: ad es., la propagazione all'intero contratto della nullità della clausola che, in ipotesi, commisuri ad un periodo inferiore a quattro anni la durata della locazione dell'immobile ad uso abitativo precluderebbe al conduttore il godimento dell'immobile.

Integrazione secondo gli usi

In mancanza della legge, il contratto potrà essere integrato dagli **usi**. Si tratta degli usi **normativi** i quali, come già sappiamo, possono entrare in gioco solo nelle materie che non siano oggetto di disciplina legale o quando espressamente richiamati dalla legge (art. 8 Prel.).

Diversi dagli usi normativi richiamati dall'art. 1374 sono gli usi **negoziali** (o clausole d'uso: art. 1340), che consistono in prassi consolidate nel contesto socio-economico nel quale si inserisce il singolo affare, ovvero nell'ambito dei rapporti che intercorrono tra quei particolari contraenti. La peculiarità delle clausole d'uso sta nel fatto che esse si intendono inserite nel contratto, se non risulta che non sono state volute dalle parti.

Infine, quale residuale fonte di integrazione del contratto, viene in considerazione l'**equità,** il cui operare presuppone, a sua volta, l'assenza di regole dettate dalla fonte legale ovvero dagli usi.

Equità ed integrazione del contratto

È bene precisare che l'equità di cui parla l'art. 1374 non svolge una funzione correttiva degli effetti del contratto (come accade alla buona fede o alla stessa equità in altre ipotesi, quale quella dell'art. 1384, dove il giudice è abilitato a ridurre equamente la penale eccessivamente onerosa) ma, appunto, una semplice funzione **integrativa** delle eventuali lacune del regolamento pattizio. In altre parole il giudice, valorizzando tutte le peculiarità del caso concreto, perviene alla creazione di una regola in grado di garantire un assetto equilibrato del rapporto, consentendo il pieno svolgersi dell'operazione economica sottostante al contratto.

Buona fede tra esecuzione ed integrazione del contratto

La buona fede non figura tra le fonti di integrazione del contratto: ad essa, viceversa, si richiama l'art. 1375 con riguardo alla esecuzione del contratto stesso.

In questa prospettiva, la buona fede si configura come criterio di controllo della **discrezionalità** di cui godono le parti in sede di attuazione del programma contrattuale: sicché un comportamento, pure in astratto ammissibile alla luce della regola pattizia, potrà invece risultare contrario a buona fede quando sia tale da avvantaggiare ingiustificatamente la parte che lo pone in essere e svantaggiare irragionevolmente l'altra. Invero, la buona fede può costituire una tecnica di verifica dell'attuazione delle situazioni giuridiche soggettive discendenti dal contratto analoga a quella del c.d. abuso del diritto: quest'ultimo principio, a sua volta, sembra ora trovare un sia pur parziale punto di emersione normativa nell'art. 54 della CDFUE, intitolato, appunto, al divieto dell'abuso di diritto.

Buona fede ed abuso del diritto

Secondo l'orientamento ormai prevalente, tuttavia, la buona fede costituisce altresì criterio di **integrazione** del contratto, secondo le due direttive della lealtà e della salvaguardia delle ragioni della controparte, pur nei limiti imposti dalla tutela degli interessi del contraente obbligato.

Esempi di obblighi imposti alle parti del contratto secondo buona fede

Sulla base di queste premesse sarà possibile imporre alle parti anche comportamenti ulteriori rispetto a quelli desumibili dalla sola regola pattizia; ad es., l'alienante di un fondo dovrà prestarsi alla rettificazione dell'indicazione erronea dei dati catastali dell'immobile eventualmente richiestagli dall'acquirente; il conduttore di un immobile, il cui contratto sia prossimo alla scadenza, dovrà consentire al locatore di far visitare l'immobile stesso a nuovi, potenziali conduttori. Alcuni di questi obblighi possono sussistere anche in un momento del tempo successivo alla cessazione del rapporto contrattuale: ad es., l'obbligo della banca di consegnare a chi, in passato, è stato suo cliente la documentazione relativa al rapporto contrattuale.

In effetti, non è contestabile che il contratto – sulla base degli artt. 1337, 1366 e 1375 nonché in virtù dei principi sull'obbligazione in generale *ex* art. 1175 c.c. – conosca, ad es., l'esistenza di obblighi c.d. di protezione accanto a quelli classici di prestazione. Tuttavia, anche l'integrazione secondo buona fede non potrà dare luogo ad una arbitraria riscrittura del contratto di cui, viceversa, andrà preservato il generale equilibrio. In effetti, si è osservato in dottrina che se, da una parte, è certamente vero che il contratto non può essere più considerato una regola esclusivamente privata, dall'altra, però, la buona fede non può introdurre nel negozio valori radicalmente diversi da quelli propri della singola operazione contrattuale posta in essere dalle parti. La buona fede, in definitiva, è strumentale alla verifica della coerenza dei comportamenti esecutivi dei contraenti con la regola contrattuale. Esemplificando, qualora le parti di un contratto d'opera abbiano attribuito ad una di esse il diritto di recesso senza preavviso dal contratto stesso, la clausola di buona fede non potrà condurre ad inserire un obbligo di dare il preavviso, appunto escluso dalle parti, ma consentirà al giudice di verificare se il recesso, pure di per sé del tutto legittimo, proprio perché consentito dal contratto, non sia stato in ipotesi dichiarato nel caso di specie in maniera sleale, perché, ad es., in contrasto con l'affidamento in precedenza creato nell'altra parte in ordine alla prosecuzione del rapporto.

Proprio nella prospettiva del ripristino di un equilibrio all'interno del singolo contratto, in ipotesi sconvolto dal sopravvenire di circostanze imprevedibili, la regola di buona fede è stata talora considerata anche come un possibile fondamento normativo dell'obbligo, a carico delle parti, di rinegoziare, in quelle ipotesi, le condizioni contrattuali. La questione – di particolare complessità sul piano del rapporto tra autonomia privata e poteri del giudice, laddove si ipotizzi un intervento diretto di quest'ultimo nella ridefinizione delle condizioni del rapporto – presenta peraltro anche profili di interferenza con l'istituto della risoluzione per eccessiva onerosità sopravvenuta (v. 15.3).

6.2. *Gli elementi accidentali del contratto e gli interessi dei contraenti*

Elementi accidentali del contratto

Secondo l'impostazione tradizionale, i c.d. elementi **accidentali** sono quelli che le parti inseriscono nel contratto al fine di assicurare il soddisfacimento di loro specifici interessi, inevitabilmente estranei alla disciplina legale del tipo. Al riguardo, si osserva comunemente che gli elementi essenziali sono quelli fondamentali per l'esistenza e la validità del contratto (v. art. 1325 c.c.). Gli elementi naturali, invece, vengono identificati tradizionalmente con gli elementi che normalmente caratterizzano il singolo tipo contrattuale, ma che sono suscettibili di essere eliminati dall'autonomia negoziale delle parti, senza che ciò incida sulla validità del contratto (si pensi, ad es., ad una compravendita immobiliare: gli elementi essenziali sono rappresentati chiaramente da accordo, causa oggetto e forma scritta; la garanzia per l'evizione, invece, costituisce un elemento naturale come tale suscettibile di essere escluso dal regolamento contrattuale senza ripercussioni in termini di invalidità negoziale). L'accidentalità, infine, indica il carattere non necessario dell'inserimento del relativo elemento contrattuale.

Tuttavia, va precisato che l'accidentalità è tale solo in astratto: in altre parole, è vero che un contratto deve necessariamente presentare i requisiti strutturali propri degli elementi essenziali (pena, altrimenti, la nullità o, nei casi più gravi, l'inconfigurabilità stessa della fattispecie contrattuale), ma è altrettanto vero che, una volta che le parti inseriscono un elemento accidentale nel contratto, esso assume un profilo di essenzialità in concreto. Se le parti, invero, subordinano l'efficacia di un negozio al verificarsi di un determinato evento, è evidente che il regolamento contrattuale è certamente fondato su tale profilo determinante per l'assetto di interessi così come predisposto dai contraenti.

In ogni caso, la funzione di inserimento degli interessi concreti propria degli ***accidentalia negotii*** è comune alle tre figure classiche della condizione, del termine e dell'onere o *modus*.

Si discute se l'evento edotto in condizione possa essere la stessa prestazione contrattuale (c.d. condizione di adempimento); ad un orientamento negativo sul punto (che pone l'accento sul fatto che le prestazioni reciprocamente a carico delle parti non possono essere dedotte in condizione, essendo la condizione elemento estraneo alla fattispecie negoziale ed accidentale, laddove gli elementi essenziali attengono all'esistenza stessa del contratto e la loro assenza determina la nullità) se ne contrappone uno più recente positivo, che ammette la deducibilità dell'adempimento come evento condizionante sulla base del principio di autonomia contrattuale.

Condizione

In particolare, attraverso la previsione di una **condizione**, le parti subordinano l'efficacia – o il venire meno dell'efficacia – del contratto al verificarsi di un avvenimento **futuro** e **incerto** (art. 1353).

In linea generale, tutti i negozi possono essere sottoposti a condizione, tranne quelli ai quali non è consentito invece apporre condizioni per espressa previsione legale ovvero per volontà delle parti (c.d. *actus legitimi*) (v. ad es., tra i casi di non apponibilità *ex lege* della condizione, l'art. 108, in materia di matrimonio; nonché gli artt. 475 co. 2 e 520 in materia di accettazione e rinuncia all'eredità).

L'evento – e più precisamente il suo verificarsi o non verificarsi – dedotto in condizione si pone necessariamente in una fase successiva rispetto al momento temporale di conclusione del contratto. Si discute se possa configurare una condizione anche un avvenimento già accaduto ma non attualmente noto alle parti contraenti; tuttavia, tale caso sembra estraneo all'istituto della condizione in senso tecnico, non potendosi ravvisare la situazione caratteristica del negozio condizionale se non in pendenza di un evento che deve, per definizione, ancora accadere.

È proprio in ragione dell'incertezza dell'evento che la condizione si distingue dal termine, il quale si riferisce ad un evento o momento futuro, ma **certo**. L'evento si considera certo anche quando ne sia incerta la collocazione nel tempo: ad es., si ha termine e non condizione quando l'efficacia del contratto sia ricollegata alla morte di una persona.

Termine dell'efficacia e termine dell'adempimento

Il termine può essere **iniziale** o **finale** a seconda che, al suo sopravvenire, gli effetti del contratto si producano o vengano meno. A differenza del termine dell'adempimento che incide soltanto sulla **esigibilità** della prestazione, il termine come elemento accidentale del contratto incide sulla **efficacia** di quest'ultimo, sospendendola o risolvendola.

L'introduzione di un termine, dunque, è funzionale a circoscrivere nel tempo l'efficacia del contratto, in conformità ad un corrispondente interesse delle parti: ad es., ho bisogno di un appartamento in Firenze per i soli tre anni nei quali dovrò lavorarvi e così stipulo una locazione triennale.

Il codice civile non contiene una disciplina specifica del termine: l'unico cenno ad esso si rinviene in materia di impossibilità sopravvenuta della prestazione nei contratti ad effetti traslativi o costitutivi (art. 1465). Vi sono, poi, talune disposizioni che escludono la possibilità di apporre il termine a determinati negozi (v., di nuovo, artt. 108, 475 e 520).

Condizione sospensiva o risolutiva

Tornando alla condizione, essa può essere sospensiva o risolutiva.

La condizione **sospensiva** sospende gli effetti del contratto fino al verificarsi dell'evento: ad es., prendo in locazione un appartamento a Firenze, sotto la condizione di un mio trasferimento in quella città.

Viceversa, nella condizione **risolutiva**, al verificarsi dell'evento, gli effetti del contratto sin lì prodottisi verranno meno: ad es., prendo in locazione un appartamento in Roma, convenendo tuttavia che, se il mio datore di lavoro mi trasferirà altrove, il contratto cesserà di produrre i propri effetti.

La condizione può essere pattuita anche nell'interesse esclusivo di uno dei contraenti che ha, in tal caso, il potere di rinunziarvi, anche per fatti concludenti, così tramutando il contratto da condizionato a semplice: si discute se, in tali casi, l'unilateralità influisca, o meno, sulla struttura del contratto. Qualora si ritenga che tale influenza non vi sia, il contratto si configura come un ordinario contratto condizionato e l'unilateralità rileva soltanto nella fase successiva al perfezionamento. Diversamente, si ritiene che il contratto sia efficace solo a seguito della dichiarazione dell'interessato di avvalersi del contratto o di rinunziarvi, così individuandosi un contratto condizionato ed un'opzione.

L'evento dedotto in condizione deve essere possibile e lecito.

Condizione impossibile o illecita

In caso di **impossibilità** dell'evento, il contratto, in presenza di una condizione sospensiva, sarà **nullo** poiché in tal caso esso non potrebbe comunque dispiegare i propri effetti. Al contrario, la condizione risolutiva impossibile si considera non apposta e non intacca, dunque, l'efficacia del regolamento contrattuale (art. 1354, co. 2).

L'**illiceità** dell'evento dedotto in condizione, invece, rende sempre **nullo** il contratto poiché, in tal caso, le parti hanno inteso vincolarne l'efficacia alla realizzazione di un interesse che si pone in contrasto con quelli tutelati da norme imperative (art. 1354, co. 1).

Condizione casuale, potestativa o mista

La condizione è **casuale** se il verificarsi dell'evento dipende dal caso o anche dal fatto di un terzo completamente sottratto al controllo delle parti (nell'esempio in precedenza fatto, il datore di lavoro che decida in piena autonomia se trasferire o meno il suo dipendente); è **potestativa** se il verificarsi dell'evento dipende dalla volontà di una delle parti per la quale, tuttavia, non sia del tutto indifferente porre in essere il comportamento che realizza la condizione (sempre assumendo l'esempio poc'anzi proposto, la domanda di trasferimento del dipendente); è **mista** se al verificarsi dell'evento concorrono il caso e la volontà dell'interessato.

Allorché l'alienazione di un diritto o l'assunzione di un'obbligazione siano fatte dipendere dalla mera volontà dell'alienante e, rispettivamente, del debitore, esse saranno nulle perché si ritiene che in questo caso manchi una reale volontà della parte di impegnarsi (art. 1355: condizione **meramente** potestativa), difettando alla radice la vincolatività e l'impegnatività che dovrebbero essere proprie della regola privata. Invece, una condizione meramente potestativa dal lato dell'acquirente, o del creditore, si risolve nella attribuzione di un diritto di recesso e, in quanto tale, è valida.

Pendenza della condizione

Durante la **pendenza** della condizione – cioè prima che l'evento si verifichi o emerga con certezza la sua impossibilità – le parti (a seconda della loro posizione rispetto al verificarsi dell'evento stesso) potranno compiere atti **conservativi** del diritto (art. 1356): ad es., chiedere al giudice competente un sequestro giudiziario del bene che il contratto condizionato deve trasferire, qualora si tema che l'altra parte voglia sottrarlo.

La pendenza della condizione si identifica, quindi, con l'arco temporale che va dalla conclusione del contratto sottoposto a condizione all'avveramento o al mancato avveramento dell'evento. Sul piano sistematico, si tratta di un classico esempio di contratto valido e, tuttavia, inefficace rispetto agli effetti tipici finali.

Sempre in pendenza della condizione, possono essere compiuti atti dispositivi del diritto, ma i loro effetti saranno subordinati alla stessa condizione (art. 1357): ad es., se ho acquistato un diritto sottoposto a condizione risolutiva e lo alieno, ove la condizione si verifichi, ne verrà travolto il mio acquisto e, per conseguenza, quello del mio avente causa (*resoluto iure dantis, resolvitur ius accipientis*).

Infine, durante la pendenza della condizione, la parte controinteressata al verificarsi della condizione (cioè, chi ha alienato un diritto o assunto un'obbligazione sotto condizione sospensiva o chi ha acquistato un diritto sotto condizione risolutiva) deve comportarsi secondo **buona fede** onde non pregiudicare le ragioni della controparte (art. 1358).

Buona fede e finzione di avveramento della condizione.

Una specifica sanzione della violazione di tale obbligo è costituita dalla c.d. **finzione** di avveramento prevista dall'art. 1359: la condizione si considera avverata quando essa non si sia verificata per una causa imputabile alla parte controinteressata al suo realizzarsi.

Retroattività

L'avveramento della condizione ha effetto **retroattivo** (art. 1360), nel senso che il contratto si considera efficace (in caso di condizione sospensiva) o inefficace (in caso di condizione risolutiva) fin dal momento della sua stipulazione. La retroattività è di tipo reale nel senso che la sua efficacia può essere opposta ai terzi (non rileva cioè solo *in-*

ter partes). Ovviamente, l'opponibilità *erga omnes* dell'effetto retroattivo propria del verificarsi della condizione deve coordinarsi, in materia di circolazione dei beni, con il principio del possesso vale titolo per quelli mobili e con le regole della trascrizione per quegli immobili. In ogni caso, l'opponibilità – con i limiti appena indicati – significa che l'effetto retroattivo comporta, ad es., la caducazione degli acquisti che i terzi hanno effettuato nel periodo di pendenza della condizione sospensiva. La retroattività è, comunque, di regola derogabile per volontà delle parti o in ragione della natura del rapporto: le parti, cioè, potrebbero aver ritenuto di dare al verificarsi o al non verificarsi dell'evento un effetto *ex nunc* e non retroattivo (*ex tunc*). L'effetto dell'avveramento o del suo mancato avveramento è di tipo automatico ed oggettivo.

Restano in ogni caso fermi gli atti di amministrazione compiuti dalla parte cui spettava l'esercizio del diritto in pendenza della condizione (art. 1361).

La condizione di cui si è parlato sin qui è una clausola introdotta dalle parti nel contratto: si tratta cioè della condizione volontaria o *condicio facti*. A volte, però, accade che l'efficacia del contratto sia condizionata non per volontà delle parti ma per volontà della legge (ad es., quando, per un contratto della p.a., sia prevista un'autorizzazione o un'approvazione da parte dell'autorità di controllo). In casi di questo genere si parla di condizione **legale** o *condicio iuris*. Si discute se la *condicio iuris* sia presupposto della validità dell'atto ovvero soltanto della sua efficacia; mentre, dal punto di vista della disciplina, si ritiene applicabile, in linea di massima, la disciplina della condizione volontaria, ad esclusione delle regole in tema di retroattività e di finzione di avveramento.

Condicio iuris

7. *La causa del contratto*

Nozione

La **causa** può essere definita come la **funzione** che il contratto è chiamato ad espletare per essere riconosciuto dall'ordinamento giuridico.

Infatti, tale riconoscimento – che si traduce, in primo luogo, nell'attribuire al contratto "forza di legge tra le parti" (art. 1372, co. 1) e nel mobilitare la risorsa forza per il caso in cui una delle parti venga meno agli impegni assunti – si giustifica soltanto nella misura in cui il contratto sia in grado di svolgere una funzione economicamente e socialmente significativa, non solo dal punto di vista dei contraenti, ma anche dal punto di vista dell'ordinamento.

Si spiega, così, perché la causa figuri, all'art. 1325, accanto agli altri elementi essenziali del contratto: lo stesso accordo, se non sorretto dal perseguimento di una funzione socialmente rilevante, non sarebbe in grado, da solo, di perfezionare la fattispecie.

Causa del contratto e causa delle attribuzioni patrimoniali

Il ruolo che alla causa spetta tra gli elementi essenziali del contratto corrisponde, del resto, al più generale principio di necessaria **causalità** delle attribuzioni patrimoniali: ogni spostamento patrimoniale deve essere giustificato da una causa, poiché, altrimenti, chi lo ha posto in essere ne potrà chiedere la eliminazione (art. 2033).

È consentita, tuttavia, la c.d. astrazione **processuale** dalla causa nelle ipotesi di promessa di pagamento o di ricognizione di debito.

Causa e prestazioni isolate

In alcuni casi, la causa dell'attribuzione patrimoniale può ricollegarsi a circostanze o a rapporti preesistenti e di per sé esterni all'atto (c.d. **prestazioni isolate**): ad es., il ritrasferimento della proprietà dell'immobile da parte del mandatario senza rappresentanza a beneficio del mandante (art. 1706, co. 2) trova la sua giustificazione nell'adempimento dell'obbligo scaturente dal contratto di mandato. In altre parole, nella fattispecie esemplificativa appena descritta, quando il soggetto provvede a trasferire la proprietà del bene, l'atto di trasferimento non è collegato al pagamento del prezzo, bensì si spiega, appunto, come adempimento dell'obbligo preesistente del mandatario nei confronti del mandante (che gli aveva conferito l'incarico di acquistare l'immobile per suo conto ma non in un suo nome). In tal caso, l'atto di trasferimento non è connesso all'operazione di scambio, ma allo scopo che vuole realizzare il mandatario: di qui l'enucleazione della nozione generale di prestazioni isolate. Esse consistono in forme di attribuzione patrimoniale che, in sé e per sé (e, quindi, isolatamente ed atomisticamente considerate), non sono caratterizzate da una funzione causale oggettiva ma, piuttosto, dallo scopo che soggettivamente a tali prestazioni imprime il soggetto: la vera giustificazione oggettiva delle prestazioni risiede, pertanto, al di fuori di esse (nell'esempio fatto, nel mandato senza rappresentanza). Il controllo di meritevolezza e giustificazione dell'operazione da parte dell'ordinamento non investe il singolo atto (di adempimento) ma lo scopo che il soggetto intende così realizzare (ad es. potrebbe far difetto l'esistenza stessa dell'obbligo). La fattispecie si spiega, quindi, con il concetto di operazione: la causa è riferibile ed apprezzabile alla luce della unitaria operazione con la quale il mandatario che ha acquistato il bene ritrasferisce successivamente l'immobile al mandante in esecuzione dell'obbligo in precedenza assunto con il mandato.

Causa e negozi traslativi della proprietà

Del tutto eccezionali sono, infatti, le ipotesi di negozi senz'altro astratti (tale è, ad es., la cambiale). Tali ipotesi sono comunque circoscritte all'area dei negozi con effetto **obbligatorio**, in quanto i contratti traslativi della proprietà debbono essere sempre «causati».

Si tratta di una regola che, certamente, incide sulla circolazione dei diritti rendendola meno sicura. La mancanza della causa, infatti, determina la nullità dell'atto per il tramite del quale si è attuato lo spostamento patrimoniale, nullità che può essere fatta valere anche contro i terzi subacquirenti.

Ciò spiega perché in altri ordinamenti (ad es., quello tedesco) il trasferimento della proprietà è astratto, non risentendo, dunque, della eventuale nullità del sottostante negozio giustificativo.

Precedentemente all'entrata in vigore del codice civile del 1942 la causa è stata riferita all'obbligazione, coerentemente all'impostazione del *Code Napoléon* ed al codice civile italiano del 1865: il contratto, invero, secondo l'interpretazione dominante conforme ai due codici ottocenteschi appena menzionati, era ritenuto esclusivamente fonte dell'obbligazione. Non vi era spazio, in questa prospettiva, per una nozione di causa del contratto diversa dall'idea del contratto quale causa (fonte) dell'obbligazione. La concezione della causa era pertanto una concezione soggettiva, identificandosi con lo scopo in virtù del quale ciascuna parte assumeva il vincolo obbligatorio mediante il contratto. Il tentativo di individuare una concezione della causa unitaria e non circoscritta al solo profilo dello scopo in virtù del quale ciascuna parte assumeva il vincolo obbligatorio mediante il contratto, unitamente alla previsione, nel codice civile del 1942, della possibilità di realizzare contratti ad effetti immediatamente traslativi, hanno fatto sì che, nel passaggio dal codice civile del 1865 a quello del 1942, la causa fosse più correttamente riferita alla funzione obiettiva del contratto da un punto di vista economico e sociale e non alla sola obbligazione.

Causa e funzione economico-sociale

Tuttavia, nelle idee del legislatore del '42 – considerato il clima politico-culturale in cui fu redatto il codice civile – la concezione della causa del contratto quale funzione **economico-sociale** si è risolta nel richiedere una esigenza di socialità (nel senso di utilità sociale) del contratto, quale presupposto del suo riconoscimento da parte dell'ordinamento giuridico e ragione giustificatrice del controllo esercitato da quest'ultimo sull'autonomia privata. Si trattava, cioè, di una funzionalizzazione dell'autonomia privata, venendo in tal modo attribuito alla causa un ruolo di controllo, per stabilire se i fini privati, perseguiti dalle parti, fossero o meno coerenti con quelli generali prefissati dall'ordinamento statuale. Successivamente, con la caduta del regime fascista e dell'ordinamento corporativo (che ne rappresentava la modalità organizzativa sul piano della disciplina della produzione e del lavoro) e con l'entrata in vigore della Costituzione repubblicana, l'autonomia privata ha recuperato il suo ruolo tradizionale, cosicché anche la causa ha ritrovato la sua effettiva valenza non di strumento di controllo nel senso sopra illustrato, ma, al massimo, di oggetto di controllo da parte dell'ordinamento statuale in relazione alla liceità dell'operazione contrattuale posta in essere dalle parti.

Del resto, come emerge dalla lettura della Relazione al codice civile, dove si parla della causa come funzione economico-sociale eguale e coincidente per tutti i contratti appartenenti ad un certo tipo (e cioè per tutti i contratti di compravendita, di locazione, di appalto, ecc.), il richiamo alla causa come funzione economico-sociale finisce per tradursi in una sua **sovrapposizione** al tipo contrattuale. Ogni tipo contrattuale (nominato in quanto previsto dal codice o da altre leggi; ovvero socialmente tipico in quanto affermatosi nella prassi ma non ancora recepito dal legislatore in una legge) è il frutto di una organizzazione privata di interessi che quel contratto è destinato a regolare, configurandosi come una sorta di contenitore, che di per sé non varia, mentre sono mutevoli gli interessi individuali perseguiti dalle parti che realizzano, sotto questo punto di vista, il variabile contenuto della concreta operazione contrattuale. La nozione astratta di causa quale funzione economico-sociale, confondendosi con il tipo, è, dunque, muta sulla liceità in concreto dell'interesse, che invece può essere indagata attraverso il concetto di causa quale funzione **economico-individuale**.

Causa e tipo

Inoltre, la sovrapposizione tra causa e tipo non è stata neppure coerentemente svolta dal legislatore.

Infatti, se l'equiparazione tra causa e tipo spiega la nullità del contratto che già in partenza non possa assolvere alla sua funzione (ad es., acquisto da Tizio una cosa che è già di mia proprietà: è chiaro che qui la funzione della compravendita è irrealizzabile), essa, viceversa, appare del tutto incongrua rispetto all'ipotesi di contratti a causa illecita di cui all'art. 1343 (per un esempio di contratto tipico a causa illecita, v. art. 2126).

Ciò perché se davvero la causa individuasse la funzione economico-sociale tipica ed eguale per ogni contratto, la sua illiceità sarebbe semplicemente inconcepibile. La funzione di scambio cosa/prezzo propria della compravendita, in astratto, è sempre lecita: semmai, saranno illeciti i concreti interessi che hanno indotto le parti stipulare quella singola compravendita.

Causa e funzione economico-individuale

Tali considerazioni inducono a ritenere che la causa possa essere più opportunamente descritta, come si è già accennato, in termini di funzione **economico-individuale** del contratto. In questa prospettiva, la causa non si configura più come il tipo astratto, bensì come la concreta funzione che le parti hanno ritenuto di imprimere al contratto e che ora ben potrà risultare illecita se illeciti sono gli interessi effettivamente perseguiti.

7.1. *La distinzione tra causa e motivi*

Causa del contratto e motivi dei contraenti

La concezione tradizionale della causa rende agevole distinguere tra la causa stessa e le ragioni o motivazioni individuali dei contraenti, i c.d. **motivi** del contratto. È evidente, infatti, che tutto ciò che è estraneo alla funzione tipica corrisponderà ad un motivo tendenzialmente irrilevante: così, ad es., il fatto che io acquisti un immobile per andarci a trascorrere le vacanze estive.

Accogliendo, invece, la nozione di causa come funzione economico-individuale, sarà necessario individuare criteri di selezione degli interessi dei contraenti onde stabilire quando questi siano rimasti allo stadio di mere prospettazioni soggettive o quando, viceversa, integrino la causa del contratto rivelando la loro natura di interessi comuni e determinanti del medesimo.

Causa, motivi ed economia del contratto

Il criterio più attendibile è quello che si propone di verificare se l'interesse sia penetrato o meno nell'**economia** del contratto e cioè nella ripartizione di costi, vantaggi e rischi che le parti hanno realizzato. In altri termini, se è stato sopportato un costo per ottenere la protezione di un interesse, si potrà ritenere che quest'ultimo concorra ad integrare la funzione economico-individuale di quel contratto.

Questa impostazione ha notevoli ricadute sia sul problema relativo alle conseguenze derivanti del **mancato** soddisfacimento di quegli interessi che siano penetrati nell'economia del contratto, sia sul problema relativo alla **illiceità** degli stessi.

Presupposizione

Il primo problema coincide, sostanzialmente, con quello della rilevanza da assegnare alla c.d. **base negoziale** o **presupposizione**. La presupposizione è istituto di origine dottrinale (in particolare la sua elaborazione risale alla dottrina germanica) e non è disciplinata in maniera espressa dal codice civile italiano, mentre, di recente, è stata introdotta in quello tedesco. Con la presupposizione si intende la situazione di fatto, comune ad entrambe le parti, sulla base della quale il regolamento contrattuale è stato edificato: di talché, la sua originaria insussistenza o il suo successivo venire meno precludono la realizzazione del programma negoziale. Ad es., se risulta che il prezzo pattuito per l'acquisto di un fondo è pari alla media dei prezzi dei fondi edificabili sarà lecito ritenere, anche se il contratto tace al riguardo, che le parti lo abbiano stipulato nel presupposto che il fondo fosse edificabile. Ne consegue che se il fondo dovesse, invece, risultare non edificabile, lo «scopo» del contratto sarebbe irraggiungibile. Ancora, si pensi al classico esempio di una manifestazione artistica o sportiva che suole tenersi in una precisa data ed in una determinata piazza. In queste occasioni, chi intenda conseguire il godimento di un balcone al fine di potersi affacciare sulla piazza ed assistere all'evento dovrà accettare di corrispondere un prezzo superiore a quello che sarebbe normalmente praticato in un altro giorno dell'anno, proprio in considerazione della natura dell'evento che deve svolgersi. Anche in questo caso, pure in assenza di una esplicita indicazione delle ragioni del contratto, è possibile rinvenire l'esistenza di una presupposizione attraverso sicuri indici interpretativi (la coincidenza temporale con la manifestazione; l'entità inusuale del corrispettivo per il godimento di un fondo di modeste dimensioni e per un periodo circoscritto).

Lo strumento privilegiato attraverso il quale definire l'ambito di rilevanza della presupposizione è quello della interpretazione secondo **buona fede** (art. 1366).

Conseguenze dell'insussistenza o del venir meno della presupposizione

Si tratterà poi di determinare quali conseguenze possano discendere dalla frustrazione dello scopo contrattuale.

Qui risulta evidente come la funzione economico-individuale non possa in alcun modo farsi coincidere con la funzione economico-sociale. Infatti, l'originaria insussistenza di quest'ultima dà luogo alla nullità del contratto, mentre la corrispondente situazione sul versante della funzione economico-individuale legittima, semmai, il ricorso ad un rimedio analogo alla risoluzione per sopravvenuta **parziale** impossibilità della prestazione (art. 1464), cioè la riduzione della prestazione dovuta, ovvero il **recesso**, allorché la parte per la quale lo scopo sia diventato, o si sia rivelato, irraggiungibile, non abbia interesse ad un adempimento parziale.

7.2. *La causa illecita ed il contratto in frode alla legge*

Illiceità della causa

Il secondo problema – quello relativo alla illiceità degli interessi in concreto perseguiti dalle parti – coinvolge l'illiceità della causa, l'illiceità dei motivi e la frode alla legge.

Secondo l'art. 1343 la causa del contratto è illecita quando risulti contraria a norme imperative, all'ordine pubblico o al buon costume.

Ordine pubblico

L'**ordine pubblico** rappresenta la sintesi di quei principi desumibili dalla Costituzione, dai Trattati comunitari, dal codice civile, ecc. che attengono a profili ordinanti della vita **politica** o **economica** della collettività. Così, ad es., si lasciano ricondurre all'ordine pubblico sia la libertà di concorrenza, sia la libertà contrattuale, di modo che saranno nulli per contrarietà all'ordine pubblico eventuali accordi che limitino in modo troppo penetrante tali libertà.

Buon costume

Il **buon costume**, dal canto suo, si risolve in un complesso di principi **etici**, costituenti la morale sociale vigente in un dato contesto storico e che possono attenere non solo alla sfera della morale sessuale (v. art. 2035), ma anche a quella dell'etica civile (si pensi ad atti con i quali si disponga della propria libertà di voto ovvero al contratto a mezzo del quale una delle parti si obblighi all'esecuzione di una prestazione patrimoniale al fine di ottenere una raccomandazione presso un ufficio pubblico). Va comunque segnalato che l'espansione della nozione di buon costume rispetto all'area, che sembrava tradizionalmente essergli riservata, della contrarietà dell'atto alla sfera della morale sessuale, può rendere difficile, nel caso concreto, distinguere tra contratto contrario all'ordine pubblico ovvero al buon costume: la distinzione tra le due ipotesi non è priva di rilievo perché solo in caso di esecuzione di una prestazione che determini un'offesa al buon costume anche per chi l'abbia eseguita opera la regola normativa (art. 2035) che sancisce l'irripetibilità di quanto sia stato prestato.

Una volta chiarito che la causa è funzione economico-individuale, risulterà abbastanza facile immaginare ipotesi di contratto a causa illecita: così, ad es., un contratto di lavoro subordinato nel quale le prestazioni del lavoratore siano funzionali allo svolgimento di un'attività illecita come la raffinazione di sostanze stupefacenti. Altra ipotesi di illiceità della causa si avrà, come recentemente affermato in giurisprudenza, nel caso di accordo preventivo in sede di separazione avente ad oggetto l'assegno di divorzio, in quanto stipulato in violazione del principio fondamentale di indisponibilità dei diritti in materia matrimoniale espresso dall'art. 160.

Ancora, illecita sarà la causa del contratto allorquando questo sia frutto specifico di attività di corruzione, e ciò anche in virtù delle novità introdotte dal d.lgs. n. 38/2017 il quale, nel recepire la decisione quadro del Consiglio dell'Unione Europea relativa alla lotta contro la corruzione nel settore privato, ha apportato significative modifiche alla corruzione tra privati descritta nell'art. 2635.

Illiceità della causa e dei motivi

L'avvicinamento, già segnalato, tra causa come funzione economico-individuale e concreti interessi che hanno determinato le parti alla stipula del contratto, renderà inevitabilmente **contigua** l'ipotesi di illiceità della causa rispetto a quella di illiceità del **motivo** comune, esclusivo e determinante (art. 1345), la quale dà luogo, a sua volta, alla nullità del contratto. Ad es., può ritenersi illecito, comune all'altro contraente, esclusivo e determinante, il motivo che induca il locatore a stipulare quando questi, locando un immobile destinato a fungere da base per operazioni terroristiche, abbia conseguito un corrispettivo particolarmente elevato.

Si discute se la disposizione dell'art. 1345, collocata sistematicamente accanto a quelle dell'art. 626 (in tema di nullità della disposizione testamentaria posta in essere per un motivo illecito risultante dal testamento e che sia il solo che ha determinato il testatore a disporre) e dell'art. 788 (che sancisce la nullità della donazione posta in essere per un motivo illecito risultante dall'atto, unico e determinante), consenta o meno di affermare un generale principio di rilevanza del motivo (anche lecito) comune, unico e determinante del contratto.

È invece pacifico che, *ex* art. 1324, l'art. 1345 possa trovare applicazione, determinandone la nullità, anche a negozi unilaterali che siano stati posti in essere esclusivamente per una finalità illecita determinante (ad es., in materia di rapporto di lavoro subordinato, il licenziamento comminato al lavoratore per ritorsione avverso una doglianza giudiziale da lui sollevata).

Frode alla legge

All'area dell'illiceità della causa il codice civile riporta anche l'ipotesi della frode alla legge, secondo quanto previsto dall'art. 1344.

Il contratto in **frode alla legge** è quello che viene piegato dai contraenti al fine di **eludere** una norma imperativa: in altre parole, il contrasto con la norma imperativa qui non è diretto, ma è il frutto di un aggiramento della norma imperativa, che si può realizzare – in particolare – attraverso il collegamento o la combinazione tra più contratti. In tal caso, l'interprete deve «leggere» l'affare contrattuale nella sua globalità. Non basta, cioè, esaminare il singolo contratto, ma occorre valutare l'operazione fraudolenta posta in essere dai privati in ipotesi servendosi di più negozi per conseguire il risultato vietato.

Paradigma del contratto in frode alla legge è la vendita con **patto di riscatto** utilizzata per eludere il divieto del patto commissorio (art. 2744, in forza del quale è nullo il patto col quale si conviene che, in mancanza del pagamento del credito nel termine fissato, la proprietà della cosa ipotecata o data in pegno passi al creditore). La vendita con patto di riscatto consente, infatti, di raggiungere, in sostanza, lo stesso risultato pratico vietato dalla norma. È il caso di Tizio il quale, invece di prendere direttamente in prestito una somma di denaro, abbia venduto un bene a Caio ricevendone in cambio il prezzo, con l'intesa che se egli, nel termine prefissato, non sarà in grado di restituire la somma e di esercitare il riscatto, la proprietà del bene passerà definitivamente a Caio.

Naturalmente, anche il contratto in frode alla legge, proprio perché la frode alla legge si risolve pur sempre in un profilo di illiceità della causa, è **nullo**.

Frode ai creditori, ai terzi, al fisco

La frode alla legge, che determina la nullità del contratto che costituisce lo strumento per attuare l'iniziativa fraudolenta, va distinta dalla frode ai creditori, dalla frode ai terzi e dalla frode al fisco.

Il contratto in frode ai creditori, infatti, non è nullo, ma attribuisce semplicemente ai creditori frodati il potere di agire con i mezzi di conservazione della garanzia patrimoniale (in particolare, con l'azione revocatoria, disciplinata dall'art. 2901).

A sua volta, la circostanza che, attraverso la stipula di un dato contratto, le parti del medesimo intendano frodare terzi, vanificando un diritto che pure gli spetta, non determina la nullità del contratto, dischiudendo soltanto la strada all'applicazione degli specifici rimedi che la disciplina normativa di volta in volta riconosce al terzo (v., ad es., l'art. 999, dal quale si può desumere la tutela spettante al nudo proprietario in caso di locazione stipulata dall'usufruttuario in frode di quest'ultimo).

Neppure la frode al fisco determina, di per sé, la nullità del contratto (salva l'ipotesi di contratto che consumi un reato tributario, discendendo in questi casi la conseguenza della nullità direttamente dalla contrarietà del contratto ad una norma imperativa), risolvendosi semplicemente nell'applicazione al contratto della disciplina normativa tributaria che le parti avevano tentato di eludere, salve le sanzioni previste dalla medesima disciplina tributaria. Si deve tuttavia segnalare la differente scelta adottata dal legislatore nella materia della locazione di contratti costitutivi di diritti personali di godimento su unità immobiliari o porzioni delle medesime: in questi casi, all'evidente scopo di porre un argine al fenomeno delle locazioni c.d. in nero, è infatti prevista la nullità dei contratti se questi, pur sussistendo i presupposti per la registrazione, non siano stati registrati, con conseguente evasione dell'obbligazione tributaria quanto all'imposta di registro (art. 1, co. 346, l. n. 311/2004).

7.3. *Causa del contratto ed operazione economica: contratti misti e collegamento negoziale*

Contratto misto

L'interesse concretamente perseguito dalle parti può risultare anche da una **combinazione** di più schemi negoziali tipici. In tal modo, si dà vita ad un contratto caratterizzato da elementi di atipicità, ma riconducibile comunque a frammenti di due o più schemi tipici. È proprio con riguardo ad ipotesi di questo genere che si parla di contratti **misti**.

Ad es., prima di diventare un contratto tipico (art. 1839), il deposito in cassette di sicurezza si configurava come un contratto atipico che risultava dalla combinazione della locazione (della cassetta) e del deposito nella stessa dei valori di proprietà del cliente.

Contratto misto e disciplina applicabile

Il problema principale sollevato dai contratti misti è quello della individuazione della disciplina ad essi applicabile, potendosi ricorrere ora alla tecnica dell'**assorbimento** (con applicazione della disciplina propria del tipo contrattuale prevalente nell'ambito del contratto misto), ora alla tecnica della **combinazione** (che assegna a ciascuno dei frammenti dell'operazione contrattuale la disciplina propria del singolo tipo). In altre parole, il contratto misto è la combinazione di distinti modelli contrattuali per dar vita ad un nuovo contratto: come tale, il contratto misto è una figura particolare di contratto atipico disciplinato dalle norme del contratto in generale e, in virtù del procedimento analogico, dalle norme dedicate alle fattispecie contrattuali delle quali costituisce la risultante (secondo un criterio di assorbimento e prevalenza, ovvero, come si è visto, di combinazione).

Negozio indiretto

Anche nel negozio **indiretto**, l'interesse concretamente perseguito dalle parti non è immanente allo schema tipico utilizzato: ad es., la vendita di un bene ad un prezzo obiettivamente irrisorio finisce per soddisfare un interesse che, di regola, dovrebbe realizzarsi per il tramite di una donazione. Naturalmente, tale interesse ulteriore potrà rilevare quando esso permei di sé l'affare e divenga, quindi, il punto di attrazione di una specifica disciplina: ad es., quella del contratto in frode alla legge ove tale interesse risulti illecito. Con il negozio indiretto i privati, pur servendosi quindi dello schema tipico, ad es., di un determinato contratto, intendono perseguire e soddisfare uno scopo (ed i correlativi interessi) ulteriore o diverso rispetto a quello formalmente riferibile al modello negoziale prescelto. Proprio la considerazione che – al di fuori della fattispecie di illiceità dell'interesse perseguito – l'uso indiretto di un negozio non sembra avere particolari conseguenze giuridiche, ha indotto la dottrina a ritenere che il concetto avesse una portata solo descrittiva. Tuttavia, quest'ultimo può presentare una sua utilità anche pratica là dove si rifletta che il negozio indiretto può essere in realtà utilizzato servendosi, ad es., di un più ampio collegamento tra contratti. Con riferimento alla disciplina del contratto indiretto, generalmente si afferma che per ciò che concerne la struttura, ed in generale gli altri elementi costitutivi del negozio, deve farsi riferimento alle norme del modello contrattuale direttamente utilizzato. Al contrario, rispetto al risultato ed al rapporto che ne consegue, l'interprete dovrà tener conto della disciplina sostanziale del contratto cui è riferibile l'interesse effettivamente – seppur in maniera indiretta – perseguito. Così, per tornare all'esempio della donazione indiretta, quest'ultima, se realizzata con lo strumento di una vendita, non esigerà sul piano formale la disciplina rigorosa propria della donazione (non si richiederanno, ad es., la stipula per atto pubblico ed i due testimoni); tuttavia, sul piano della regolamentazione del rapporto donativo, potranno applicarsi le norme sulla revocazione o sulla riduzione.

Contratto ed operazione economica

Come si è visto, nella fattispecie del contratto indiretto, talvolta, ai fini dell'esatta individuazione della funzione del contratto (e dunque, ancora una volta, dell'interesse concretamente perseguito dalle parti), è necessario prendere in esame più contratti, tutti intesi a raggiungere il medesimo risultato pratico.

È questo il c.d. **collegamento negoziale**, che si ha, appunto, quando due o più contratti – di per sé autonomi – sono avvinti da un nesso di interdipendenza funzionale, nel senso che attraverso di essi si persegue un risultato unitario: ad es., vendo un immobile di mia proprietà all'associazione che ho appena, insieme con altri, costituito per farne la sede della stessa. Mentre nel contratto misto, a fronte della combinazione di più tipi contrattuali, si ha un fenomeno di unicità contrattuale, nel collegamento ogni contratto, dal punto di vista strutturale, mantiene la sua individualità, pur delineandosi al tempo stesso una funzione unitaria perseguita attraverso i diversi contratti tra di loro collegati.

Rilevanza del collegamento negoziale

La rilevanza del collegamento negoziale si lascia apprezzare da un duplice punto di vista.

Il primo è quello dell'**interpretazione**. Infatti, allo stesso modo in cui le clausole contrattuali debbono interpretarsi le une per mezzo delle altre, al fine di intendere il senso complessivo dell'atto (art. 1363), così – nel caso di contratti collegati – la portata complessiva dell'operazione potrà desumersi solo dalla lettura combinata dei singoli contratti in cui essa si articola.

Sotto il secondo profilo, l'**invalidità** o l'**inefficacia** di uno dei contratti collegati, nella misura in cui pregiudica la funzionalità complessiva dell'operazione, colpirà anche il contratto di per sé immune da vizi; così come, del resto, l'inadempimento dell'obbligazione scaturente da un contratto legittimerà la controparte a sollevare la relativa eccezione (art. 1460), onde sottrarsi alla esecuzione del contratto collegato.

7.4. *Causa e simulazione del contratto*

Simulazione del contratto

Talvolta, la stipulazione di un contratto pone capo ad uno stato di cose soltanto fittizio, dietro il quale si cela un assetto di interessi diverso da quello che appare all'esterno o, addirittura, un assetto di interessi per nulla innovativo della preesistente realtà giuridica. È questa la c.d. **simulazione** del contratto (art. 1414 s.).

Simulazione relativa

La simulazione può essere relativa o assoluta. La simulazione è **relativa** (art. 1414, co. 2) quando cade sulla **natura** del contratto (ad es., voglio donare un bene a Tizio, ma, per sottrarre l'atto al più rigoroso regime previsto per la revocatoria degli atti a titolo gratuito, d'intesa con Tizio, simulo una compravendita e quindi creo l'apparenza di un atto diverso da quello che realmente intendevo porre in essere), o sul suo **oggetto** (ad es., voglio vendere l'immobile di mia proprietà a € 50.000, ma, al fine di assoggettare l'acquisto ad un'imposta di registro inferiore, mi metto d'accordo con l'acquirente per dichiarare un prezzo di € 25.000).

... e simulazione assoluta

La simulazione è **assoluta** quando – al di là dell'apparenza creata dal contratto – non si intende modificare la preesistente realtà giuridica: ad es., al fine di sottrarre i miei beni all'aggressione dei creditori simulo di alienarli ad un terzo, ma in realtà ne rimango proprietario.

Interposizione fittizia di persona

La simulazione può investire anche le **parti** del contratto: ad es., Caio finge di stipulare un rapporto di lavoro con Tizio, ma in realtà presta la sua opera in favore di Sempronio. In questo caso si parla di **interposizione fittizia di persona**, e Sempronio, vero destinatario degli effetti giuridici scaturenti dal contratto, sarà l'interponente, mentre Tizio, parte solo apparente, sarà l'interposto.

Intesa simulatoria

La simulazione presuppone un accordo tra le parti (la c.d. intesa **simulatoria o accordo simulatorio**) in forza del quale si crea la situazione di apparenza divergente da quella reale. L'accordo simulatorio rappresenta il fulcro della simulazione: esso priva il contratto simulato degli effetti *inter partes* per far rilevare l'effettivo assetto di interessi. La **controdichiarazione** costituisce, invece, una dichiarazione di scienza, con funzione di prova e ricognitiva dell'accordo simulatorio.

Simulazione e negozi unilaterali

L'accordo simulatorio può intervenire anche tra l'autore di un negozio unilaterale recettizio ed il destinatario di quest'ultimo (art. 1414, co. 3: ad es., il creditore simula, d'intesa con il debitore, la remissione del debito onde farlo apparire estinto e, quindi, sottrarre il credito alle pretese dei suoi creditori).

La simulazione non è di per sé vietata dall'ordinamento ma solo quando, suo tramite, si intendano perseguire interessi illeciti. Così, nella prassi è frequente il ricorso alla simulazione per frodare i creditori o per eludere le norme tributarie: tuttavia, in nessuno di questi casi il contratto simulato sarà nullo, potendo il creditore frodato soltanto esperire l'azione di accertamento della simulazione o l'amministrazione finanziaria applicare la disciplina propria del contratto effettivamente posto in essere ovvero irrogare sanzioni. Fa eccezione la disciplina in materia di contratto di locazione di immobili urbani; infatti, l'art. 13, co. 1, l. n. 431/1998 prevede la nullità di ogni pattuizione "volta a determinare un importo del canone di locazione superiore a quello risultante dal contratto scritto e registrato".

Disciplina del contratto simulato

Il contratto **simulato** (ossia, quello che appare all'esterno) non produce effetti tra le parti (art. 1414, co. 1); si discute, al riguardo, se si tratti di nullità del contratto simulato ovvero semplicemente di sua inefficacia, apparendo preferibile la seconda ricostruzione, sia alla luce del tenore letterale della disposizione, sia in presenza dei pur limitati effetti tra le parti che il contratto simulato può produrre (v. ad es. art. 1415, co. 1).

Produce invece, ed in via generale, effetto tra le parti il contratto **dissimulato** (ossia, quello realmente voluto), a condizione che ne sussistano i requisiti di **sostanza** e di **forma** (art. 1414, co. 2: ad es., se la vendita occulta una donazione, la vendita dovrà essere stipulata per atto pubblico con due testimoni e non potrà avere ad oggetto beni futuri).

Simulazione e tutela dei terzi

Occorre, però, tutelare la posizione di quanti, a seguito della simulazione, possano subire un pregiudizio.

La disciplina di questa materia è affidata alle regole di cui agli artt. 1415-1416.

Tali regole prevedono, innanzi tutto, la generale possibilità per i terzi di far **valere** la simulazione che pregiudichi i loro diritti (art. 1415, co. 2).

È poi prevista l'**inopponibilità** della simulazione (sia ad opera delle parti sia ad opera di coloro che abbiano acquistato diritti o siano creditori del simulato alienante) a quanti abbiano acquistato diritti dal titolare apparente, salvi gli effetti della trascrizione della domanda di simulazione (art. 1415, co. 1). Si pensi, ad es., ad un soggetto che abbia alienato in maniera simulata un proprio bene ad altro soggetto, il quale, violando l'accordo simulatorio, abbia venduto il medesimo bene ad un terzo. Le parti della vendita fittizia sono dette rispettivamente simulato alienante e simulato acquirente, mentre il terzo viene qualificato come avente causa dal simulato acquirente. La tutela dell'affidamento esige che non sia il terzo a dover subire gli effetti dannosi della simulazione. Il codice, pertanto, dispone, all'art. 1415, co.1, che la simulazione non potrà essere opposta dalle parti del contratto simulato (e nemmeno dai creditori o dagli aventi causa del simulato alienante) ai terzi che, in buona fede, hanno acquistato diritti dal titolare apparente (nella specie dal simulato acquirente). Ovviamente, il principio della salvaguardia dell'affidamento deve coordinarsi con le regole in materia di trascrizione proprie dei beni immobili o degli altri beni iscritti in pubblici registri. In altre parole, se il simulato alienante teme che il simulato acquirente possa rivendere a terzi, dovrà premunirsi agendo in giudizio con l'azione di simulazione che dovrà essere trascritta, secondo la disciplina propria della trascrizione delle domande giudiziali.

È ancora sancita l'**inopponibilità** della simulazione da parte dei contraenti ai creditori del titolare apparente che in buona fede abbiano compiuto atti di esecuzione sui beni oggetto del contratto simulato (art. 1416, co. 1). Con l'atto di esecuzione, invero, sorge uno specifico diritto sul bene così aggredito che risulterà opponibile ai terzi quali debbono essere considerate le stesse parti nei confronti del creditore che ha intrapreso l'azione esecutiva. Trattandosi di beni immobili o iscritti in pubblici registri, il creditore, oltre ad essere in buona fede, dovrà necessariamente aver trascritto il pignoramento anteriormente alla trascrizione della domanda giudiziale di simulazione.

È inoltre prevista la possibilità per i creditori del simulato alienante di far **valere** la simulazione che pregiudichi i loro diritti (art. 1416, co. 2). In particolare, il creditore – terzo rispetto al contratto simulato di compravendita concluso tra il suo debitore ed altro soggetto – potrà chiedere l'accertamento della simulazione per poi sottoporre ad esecuzione forzata i beni che il debitore abbia alienato simulatamente ad altri.

Conflitto tra creditori

Naturalmente, una situazione di conflitto può sorgere anche tra terzi appartenenti alla stessa categoria.

Si consideri l'ipotesi tipica del conflitto tra i creditori del simulato alienante (che hanno evidentemente interesse a far valere la natura apparente dell'atto) ed i creditori del simulato acquirente (che avranno un interesse opposto, poiché è in virtù dell'atto simulato che essi possono trovare nel patrimonio del loro debitore il cespite da aggredire).

Tale conflitto è risolto dall'art. 1416, co. 2 il quale fa prevalere – rispetto ai creditori chirografari (non assistiti da causa di prelazione) del simulato acquirente – i creditori del simulato alienante, quando il credito di costoro sia **anteriore** all'atto simulato. E ciò perché si ritiene che essi, al momento della costituzione del rapporto, abbiano legittimamente confidato sulla esistenza di quel cespite nel patrimonio del debitore.

Prova della simulazione

Poiché la simulazione rappresenta per i terzi un mero fatto giuridico, essi ne potranno fornire la prova anche a mezzo di testimoni, in deroga ai limiti stabiliti in via generale dall'art. 2721 (art. 1417).

Le parti, dal canto loro, potranno provare la simulazione senza limiti soltanto se intendano far valere **l'illiceità** del contratto dissimulato, dovendo, altrimenti, fare ricorso alla c.d. controdichiarazione (art. 1417).

La controdichiarazione costituisce, come rilevato sopra, uno strumento di prova dell'accordo simulatorio. In tal caso, l'intesa simulatoria rispetto all'effettivo intendimento delle parti si configura come un patto contrario al contenuto del contratto per cui rispetto alle parti varranno gli artt. 2722 e, ricorrendone i presupposti, l'art. 2724.

Negozio fiduciario

Nel negozio **fiduciario** un soggetto (**fiduciante**) trasferisce la proprietà di dati suoi beni ad un altro soggetto (**fiduciario**), con l'intesa che quest'ultimo faccia di detti beni un certo uso, per poi ritrasferirli allo stesso fiduciante ovvero ad un terzo.

Il negozio fiduciario assolve ad una duplice funzione, di **mandato** o di **garanzia**. Nel primo caso (c.d. fiducia *cum amico*), il fiduciario acquista la proprietà dei beni fiduciati con l'obbligo di preservarli o gestirli in modo produttivo e poi ritrasferirli al fiduciante, ovvero al terzo da questi indicato. Nel secondo caso (fiducia *cum creditore*), il fiduciario, creditore del fiduciante, acquista i beni fiduciati in garanzia del credito con l'obbligo di ritrasferirli al fiduciante una volta ottenuta la prestazione. Rispetto alla simulazione le parti con il negozio fiduciario vogliono effettivamente trasferire la proprietà dal fiduciante al fiduciario, anche se il più ampio effetto reale proprio del trasferimento del bene così realizzato, subisce, per così dire, una limitazione obbligatoria e, pertanto, efficace *inter partes* con riguardo all'obbligo di ritrasferimento del diritto o di farne un determinato utilizzo.

Dal punto di vista **strutturale**, il negozio fiduciario risulta dalla **combinazione** di due negozi: un contratto con effetti reali, che comporta il trasferimento della proprietà dei beni dal fiduciante al fiduciario; ed un contratto con effetti obbligatori, c.d. *pactum fiduciae*, che ha, appunto, per contenuto l'obbligo a carico del fiduciario di utilizzare i beni fiduciati in conformità agli scopi pattuiti.

Da questa combinazione di due negozi discende quella che suole chiamarsi l'**eccedenza** del mezzo (trasferimento della proprietà) rispetto allo scopo (mandato o garanzia), la quale instaura in capo al fiduciario la c.d. **potestà di abuso**, vale a dire il potere di disporre dei beni andando oltre gli scopi pattuiti e astenendosi dal ritrasferire il bene al fiduciante.

Tutela del fiduciante

Questi, dal canto suo, potrà agire giudizialmente contro il fiduciario onde ottenere non solo il risarcimento del danno, ma anche una sentenza, *ex* art. 2932, che surroghi l'atto di ritrasferimento. Qualora, poi, il ritrasferimento abbia ad oggetto beni immobili, attraverso la tempestiva trascrizione della domanda giudiziale (art. 2652, n. 2), il fiduciante renderà opponibile la sentenza anche al terzo acquirente. Diversamente, e proprio per l'efficacia soltanto obbligatoria dell'accordo tra fiduciante e fiduciario, residuerà soltanto una pretesa risarcitoria in favore del primo, restando invece salvi gli acquisti dei terzi.

Il negozio fiduciario rappresenta, secondo una certa prospettazione, un classico esempio di negozio **indiretto** e va tenuto distinto dal contratto simulato. Mentre, infatti, nel negozio fiduciario le parti vogliono l'effetto del trasferimento dei beni pur con le limitazioni scaturenti dal *pactum fiduciae*, nella simulazione le parti, come abbiamo visto, non vogliono alcun effetto del contratto simulato.

7.5. *Causa del contratto e classificazioni dei contratti*

I contratti sono oggetto di talune tradizionali classificazioni che si fondano, per lo più, sulla **funzione** da essi svolta e quindi, in definitiva, sulla loro causa.

Contratti a prestazioni corrispettive e contratti c.d. unilaterali

Così è, ad es., per la distinzione tra contratti a **prestazioni corrispettive** e contratti c.d. **unilaterali** (cioè, con prestazioni a carico di una sola parte): infatti, il contratto a prestazioni corrispettive assolve ad una funzione di scambio, presentandosi le prestazioni in tale prospettiva come funzione l'una dell'altra mentre, ovviamente, altrettanto non può dirsi per i contratti unilaterali.

Ne discende che, nei contratti a prestazioni corrispettive, i vizi o difetti di una delle due prestazioni si ripercuotono anche sull'altra, proprio per il legame che tra di esse intercorre. Si parla, al riguardo, di **sinallagma** – a denotare, appunto, il nesso di corrispettività tra le prestazioni – e di contratti sinallagmatici i quali sono suscettibili di risoluzione per inadempimento allorché una delle due prestazioni non venga eseguita.

I contratti unilaterali, dal canto loro, possono caratterizzarsi per le modalità di perfezionamento (art. 1333). Inoltre, pur non essendo suscettibili di risoluzione a causa della mancanza del sinallagma godono, talora, di un rimedio inteso ad attenuare la gravosità dell'unica prestazione dovuta (art. 1468).

Contratti a titolo oneroso e contratti a titolo gratuito

La distinzione appena esaminata non coincide – nonostante le apparenze – con quella tra contratti a titolo oneroso e contratti a titolo gratuito.

Nei contratti a titolo **oneroso**, come nei contratti sinallagmatici, vantaggi e sacrifici si distribuiscono fra entrambe le parti. Tuttavia, qui non sempre è dato riscontrare il nesso di corrispettività tra le prestazioni (ad es., nel mandato oneroso, la prestazione del mandatario non si ricollega sinallagmaticamente al compenso, ma si giustifica in relazione alla fiducia che sta alla base del rapporto).

Dal canto loro, i contratti a titolo gratuito si caratterizzano in quanto il sacrificio viene sopportato da una **sola** parte, a vantaggio dell'altra. L'acquirente a titolo gratuito, proprio perché dal contratto trae soltanto benefici, godrà di una tutela meno intensa di quella riservata all'acquirente a titolo oneroso (v., ad es., l'art. 1445, in materia di opponibilità dell'annullamento del contratto ai terzi; o l'art. 2901, in materia di azione revocatoria ordinaria).

Contratto a titolo gratuito ed atti di liberalità

Il contratto a titolo gratuito, tuttavia, può in concreto presentare qualche utilità per chi sopporta il sacrificio: ad es., il trasporto a titolo gratuito offerto dall'imprenditore alla futura clientela è sorretto dall'interesse a pubblicizzare la sua azienda.

Ciò permette di distinguere il contratto a titolo gratuito dall'atto di **liberalità**: tutti gli atti di liberalità sono atti a titolo gratuito, mentre non tutti gli atti a titolo gratuito sono atti di liberalità, in quanto essi – come si è visto – possono essere sorretti da un interesse ulteriore rispetto a quello di arricchire la controparte.

Contratti di scambio e contratti associativi

Sempre su base funzionale si instaura la distinzione tra contratti di **scambio** e contratti **associativi**. In questi ultimi, le prestazioni non si incrociano, essendo piuttosto finalizzate al perseguimento di uno scopo **comune** ai contraenti (ad es., il contratto con cui si dà vita ad un'associazione non riconosciuta). Lo scopo, qui, rappresenta il fulcro dell'operazione: ne consegue che le eventuali patologie del singolo vincolo contrattuale non travolgono l'intero rapporto, salvo il caso in cui la prestazione colpita non debba ritenersi essenziale (artt. 1420, 1459, 1466).

Contratti commutativi e contratti aleatori

Ha a che vedere con la funzione del contratto anche la distinzione tra contratti **commutativi** e contratti **aleatori**. I primi sono quelli nei quali vantaggi e svantaggi possono essere previsti e calcolati fin dal momento della conclusione del contratto. I secondi sono quelli nei quali vantaggi e svantaggi sono incerti (ad es., la vendita di cosa futura, allorché il corrispettivo sia dovuto anche quando la cosa non venga ad esistenza: art. 1472, co. 2).

L'aleatorietà può discendere dalla natura del contratto (è il caso, ad es., del gioco e della scommessa) o dalla **volontà** delle parti (è il caso, appunto, della vendita di cosa futura nell'ipotesi dell'art. 1472, co. 2).

L'incertezza connaturata ai contratti aleatori spiega perché agli stessi non si applichino i rimedi che presuppongono un originario equilibrio tra le prestazioni: la risoluzione per eccessiva onerosità sopravvenuta, – art. 1469 – e la rescissione per causa di lesione – art. 1448, co. 4.

8. *La forma del contratto e le sue funzioni*

"Forma" ed esternazione della volontà

Si è già visto che tutti gli atti di autonomia privata necessitano di una forma che esteriorizzi, nel senso di rendere percepibile all'esterno, la volontà di negoziare.

Forma quale requisito essenziale del contratto

Diverso, e più ristretto è, invece, il significato che la forma assume quando se ne parla come di un **requisito** del contratto (art. 1325, n. 4). Qui, infatti, si tratta non già di una generica modalità di esternazione della volontà, bensì di una forma specifica (la forma **scritta**, nelle due varianti della scrittura privata o dell'atto pubblico: art. 1350) che il contratto deve rivestire qualora risulti che essa è prescritta a pena di **nullità** (art. 1325, n. 4: c.d. forma *ad substantiam*).

La forma in questo significato più ristretto rappresenta l'eccezione, dovendo per il resto ritenersi che le parti siano libere di dare all'atto di autonomia la forma (in senso lato) da esse giudicata più congrua (principio della **libertà delle forme**).

Principio generale della libertà della forma

Le ragioni per le quali la legge impone la forma scritta possono essere le più varie.

Talora, può trattarsi del particolare peso **economico** dell'atto. Ciò spiega, ad es., la forma scritta richiesta per i contratti ed i negozi che trasferiscano o costituiscano **diritti reali immobiliari** (art. 1350, n. 1-6, 11, 12). E, sebbene oggi la proprietà immobiliare abbia perso gran parte della sua importanza, i beni immobili continuano ad essere assoggettati ad un regime circolatorio speciale che, di quegli stessi atti per i quali è prevista la forma scritta, impone la trascrizione nella forma, ancora una volta, dell'atto pubblico o della scrittura privata, sia pure autenticata (art. 2657). Concorre, in questo caso, anche l'esigenza di promuovere la certezza del rapporto, tra le parti e nei confronti dei terzi, garantendo la forma scritta una più precisa identificazione dell'oggetto del contratto e consentendo la pubblicità dell'atto.

Ragioni dell'imposizione del requisito di forma

L'esigenza della forma scritta può discendere anche dalla particolare **natura** dell'atto e dalla gravità delle **conseguenze** che esso comporta per chi lo pone in essere. È questo il caso della **donazione**. In questo caso la forma risponde all'esigenza di favorire la ponderazione della scelta delle parti, che si presenta inevitabilmente ridotta nel caso di atto posto in essere oralmente.

Forma vincolata e gravità delle conseguenze dell'atto

Più in generale, la forma scritta può essere prevista a tutela della parte **debole** del rapporto onde assicurarle il massimo di certezza in ordine al contenuto del contratto (v., ad es., l'art. 117 d.lgs. n. 385/1993, secondo il quale i contratti tra la banca ed i suoi clienti vanno redatti per iscritto a pena di nullità; art. 85 cdc, relativo al contratto di vendita di pacchetti turistici; art. 71 cdc, sui contratti relativi all'acquisizione di un diritto di godimento ripartito di beni immobili; e, con riguardo alla contrattazione fra imprese, art. 2, co. 2, l. n. 192/1998, a norma del quale il contratto di subfornitura deve essere stipulato in forma scritta a pena di nullità; art. 3, co. 3, l. n. 129/2004 che prescrive la forma scritta al contratto di affiliazione commerciale).

Forma vincolata e tutela del contraente debole

Nell'ottica della tutela del contraente debole, la forma scritta può servire anche a richiamare l'attenzione di quest'ultimo su una clausola particolarmente svantaggiosa: emblematico è il caso della specifica approvazione per iscritto delle clausole vessatorie (art. 1341, co. 2).

Viceversa, non sembrano integrare gli estremi di una forma vincolata quelle ipotesi nelle quali, secondo la più recente legislazione, la forma scritta rappresenta la modalità di adempimento dell'obbligo,

"Forma" ed obbligo di chiarezza

gravante sull'imprenditore, di presentare in modo chiaro e trasparente il contenuto del contratto (art. 35, co. 1 cdc). L'inosservanza di tale obbligo, infatti, darà luogo non alla nullità del contratto – esito questo che contraddirebbe l'esigenza di tutela che ispira la previsione dell'obbligo stesso – quanto, piuttosto, al **risarcimento** del danno.

Se è fuor di dubbio che gli obblighi di forma e contenuto, nella più recente disciplina consumeristica, sono funzionali a tutelare il contraente debole – consentendogli di comparare le diverse offerte, ponderare la convenienza dell'affare e di verificare la rispondenza di ciò che concretamente si è ottenuto con quanto promesso nelle trattative – non si può esaurire in ciò il significato del fenomeno del c.d. neoformalismo negoziale. Nel contesto della contrattazione consumeristica, infatti, la forma, attribuendo incontestabilità e univocità ai rapporti contrattuali, da ostacolo alla rapidità del commercio è divenuta strumento per la circolazione della ricchezza, garantendo un maggiore grado di certezza, e riducendo, allo stesso tempo, i margini di conflittualità.

Forma scritta ed elementi essenziali

Quanto al problema del rapporto tra contenuto e forma, dottrina e giurisprudenza prevalenti reputano rispettato l'onere formale quando siano rivestiti della forma prescritta gli **elementi essenziali** del contratto. Il vincolo di forma può estendersi agli elementi di regola non essenziali, solo ove dagli stessi, nel caso concreto, dipenda la validità del contratto (si pensi al patto di non concorrenza nell'ambito del rapporto di lavoro, art. 2125, ove i limiti di tempo e luogo entro cui l'attività del dipendente è preclusa, devono essere previsti a pena di nullità e devono essere quindi consacrati in un documento).

Obblighi di forma-contenuto

Va comunque considerato il fenomeno secondo il quale, nella legislazione di settore, per determinate classi di contratti, è prescritto, a pena di nullità, e sempre nella prospettiva della più incisiva tutela del consumatore, il necessario inserimento nel contratto di una serie di elementi attinenti al contenuto contrattuale (ad es., i contratti bancari devono indicare il tasso di interesse e ogni altro prezzo e condizioni praticati: artt. 117, co. 4 e 124 del d.lgs. n. 385/1993).

Forma *per relationem*

Allorché tra due atti giuridici esista un nesso di **strumentalità**, nel senso che l'uno è prodromico alla conclusione dell'altro o ne condiziona l'efficacia, la forma del primo si determina in relazione alla forma prevista per il secondo (c.d. forma *per relationem*). Casi tipici sono quelli del preliminare, che deve rivestire la stessa forma del definitivo (art. 1351), della *electio amici* e della accettazione nel contratto per persona da nominare (art. 1403, co. 1), della procura nella rappresentanza volontaria (art. 1392). Da ultimo, la giurisprudenza, dopo un lungo dibattito, ha sancito l'obbligo di forma scritta del mandato (senza rappresentanza) a concludere un contratto per cui è prevista la forma scritta.

Talvolta può accadere che siano le parti stesse a concludere un patto al fine di introdurre la forma scritta (c.d. forma **convenzionale**) onde assicurare ai loro futuri rapporti un adeguato grado di certezza (ad es., Tizio e Caio stabiliscono che tutti i loro futuri contratti saranno stipulati per iscritto). L'ipotesi è regolata dall'art. 1352 secondo il quale "se le parti hanno convenuto per iscritto di adottare una determinata forma per la futura conclusione di un contratto, si presume che la forma sia stata voluta per la validità di questo".

Forma convenzionale

Naturalmente, il requisito di forma scritta fissato per il contratto è soddisfatto solo se la scrittura privata nella quale consiste il documento contrattuale sia sottoscritta da ambo le parti. Alla mancata sottoscrizione può sopperirsi mediante la produzione in giudizio della scrittura privata da parte di colui che non l'ha sottoscritta e che intenda così concludere il contratto, salvo che la controparte, nel frattempo, abbia revocato il proprio consenso ovvero che ne sia venuta meno la capacità giuridica (in caso di morte) ovvero quella di agire.

L'utilizzazione di una determinata forma può essere poi richiesta dall'ordinamento non per la validità del contratto, ma per la sua **prova**.

Forma per la prova

Anche qui, le ragioni sottese alla scelta legislativa di imporre una forma per la prova (o, come pure si dice, *ad probationem*) sono le più varie: ad es., può trattarsi dell'esigenza di evitare che l'assetto di un determinato rapporto venga rimesso in discussione (ciò che spiega, probabilmente, la forma scritta richiesta per la prova della transazione, art. 1967), ovvero dell'esigenza di informare le parti, e soprattutto quella in ipotesi più debole, sui contenuti del rapporto (v. art. 1742, co. 2).

Le conseguenze della mancata osservanza della forma *ad probationem* sono completamente diverse da quelle dell'omesso rispetto della forma *ad substantiam*: il contratto sarà perfettamente valido, ma – nel caso in cui sulla sua esistenza o sul suo contenuto insorga una controversia – **non** potrà essere provato per testimoni o per presunzioni (art. 2725), a meno che non si dimostri l'incolpevole perdita del documento che forniva la prova (art. 2724, co. 3).

8.1. *La forma e l'accordo telematico*

Come si è già accennato, la recente evoluzione tecnologica ha condotto alla sempre più larga diffusione di contratti o accordi stipulati per via telematica.

Per quello che concerne più specificamente il problema della forma, le questioni principali attengono alla configurabilità di un documento su supporto informatico, alla sua idoneità a soddisfare il requisito della prova scritta e alla possibilità di individuare una tecnica idonea a con-

Documento informatico

sentire l'attribuzione della paternità del documento informatico, sulla falsariga della sottoscrizione nella scrittura privata.

Si deve rammentare, al riguardo, che da tempo è stata recepita, nel nostro ordinamento, la nozione di **documento informatico**, definito da ultimo (art. 1, lett. *b*), d.P.R. n. 445/2000) come "la rappresentazione informatica di atti, fatti o dati giuridicamente rilevanti".

Firma digitale

Quanto alla attribuzione della paternità del documento informatico, il problema è stato risolto attraverso i concetti di firma elettronica, firma elettronica qualificata e firma digitale, definita, quest'ultima, come "un particolare tipo di firma elettronica qualificata basata su un sistema di chiavi crittografiche, una pubblica ed una privata, correlate tra loro, che consente al titolare, tramite la chiave privata e al destinatario tramite la chiave pubblica, rispettivamente, di rendere manifesta e di verificare la provenienza e l'integrità di un documento informatico o di un insieme di documenti informatici" (art. 1, co. 1, lett. *s*), cad).

Per quanto attiene, poi, alla sua rilevanza, sul piano della forma contrattuale, "il documento informatico sottoscritto con firma elettronica qualificata o con firma digitale, formato nel rispetto delle regole tecniche stabilite ai sensi dell'art. 71 cad, che garantisce l'identificabilità dell'autore, l'integrità e l'immodificabilità del documento, si presume riconducibile al titolare del dispositivo di firma ai sensi dell'art. 21, co. 2 cad e soddisfa comunque il requisito della forma scritta, anche nei casi previsti, sotto pena di nullità, dall'art. 1350, co. 1, numeri da 1 a 12 del codice civile" (art. 20, co. 2, cad, come modificato dall'art. 8, co. 3, l. n. 159/2006).

Ai fini della prova, poi, "il documento informatico, sottoscritto con firma digitale o con un altro tipo di firma elettronica qualificata, ha l'efficacia probatoria dell'art. 2702 c.c. L'utilizzo del dispositivo di firma si presume riconducibile al titolare, salvo che questi dia prova contraria" (art. 21, co. 2, cad, come modificato dall'art. 9, co. 2, l. n. 159/2006).

9. *Gli effetti del contratto nei confronti delle parti*

Il contratto, in quanto atto di autonomia privata, rappresenta per le parti una regola vincolante alla quale esse non possono sottrarsi.

È alla luce di questo che deve intendersi l'enunciazione dell'art. 1372, co. 1, secondo cui il contratto ha **forza di legge** tra le parti. Con tale formula, infatti, non si vuole sancire un'equiparazione in senso tecnico tra l'efficacia vincolante della legge e quella dell'autonomia privata, bensì soltanto esprimere il senso della **irrevocabilità** per le parti del vincolo scaturente dal contratto.

Efficacia del contratto

L'efficacia del contratto – intesa come qualità del contratto, in quanto capace di produrre i suoi effetti – al di là del comune denominatore rappresentato, appunto, dalla irrevocabilità del vincolo, si può diversamente atteggiare a seconda delle modificazioni della realtà giuridica da esso prodotte.

Contratti ad effetti obbligatori e contratti ad effetti reali

In particolare, alla categoria dei contratti ad effetti **obbligatori** – ossia, dei contratti che instaurano rapporti obbligatori (v. art. 1173) – si contrappone la categoria dei contratti ad effetti **reali** – ossia dei contratti che trasferiscono la titolarità di un diritto (artt. 922, 1376).

Non si deve, però, dimenticare che i contratti ad effetti reali producono spesso anche effetti obbligatori: ad es., la compravendita, contratto ad effetti reali in quanto traslativo del diritto di proprietà, determina, per il venditore, il sorgere dell'obbligazione di consegnare la cosa, per l'acquirente, di corrispondere il prezzo, ecc. (artt. 1470, 1476, 1498).

La categoria dei contratti ad effetti obbligatori non è oggetto di una specifica disciplina legislativa; ai contratti ad effetti reali, invece, è dedicata la disposizione dell'art. 1376 in tema di immediata efficacia traslativa del consenso.

Contratti ad esecuzione istantanea e contratti ad esecuzione differita

Viene talora riportata al piano degli effetti del contratto una distinzione che – dal punto di vista terminologico – sembra riferirsi più propriamente al momento della sua esecuzione: quella tra contratti ad esecuzione **istantanea** (o ad effetti istantanei) e contratti ad esecuzione differita, **continuata** o periodica.

Nella prima categoria rientrano quei contratti che sono eseguiti appunto istantaneamente (ad es., compravendita, quando non sia pattuito il differimento nell'adempimento delle obbligazioni a carico dell'una o dell'altra parte); nella seconda, quelli in cui l'esecuzione sia rinviata ad un momento successivo rispetto alla conclusione del contratto, ovvero si protragga in maniera continuativa o periodica (ad es., contratto di somministrazione, contratto di appalto).

La distinzione rileva, tra l'altro, con riferimento all'ambito di applicabilità della risoluzione per **eccessiva onerosità sopravvenuta**, circoscritta, appunto, ai soli contratti ad esecuzione differita, ovvero continuata o periodica.

Si discute, infine, se al contratto (e, più in generale, all'atto di autonomia privata) possa attribuirsi anche un'efficacia di accertamento di situazioni giuridiche incerte, che, secondo taluni, sarebbe invece propria soltanto della sentenza emanata dal giudice all'esito del processo. Tale esplicazione dell'autonomia privata, ove ritenuta ammissibile, assume la denominazione di **negozio d'accertamento**.

9.1. *L'effetto reale*

Alcuni tipi contrattuali sono idonei a produrre un particolare effetto, denominato effetto **reale** e che consiste – secondo la nozione che se ne può ricavare dall'art. 1376 – nel **trasferimento** della proprietà di una cosa determinata, nella costituzione o nel trasferimento di un diritto reale ovvero nel trasferimento di un altro diritto (ad es., donazione, vendita, permuta, cessione del credito).

Efficacia traslativa del consenso

Per questi tipi contrattuali vale la regola della c.d. **immediata** efficacia **traslativa** del consenso legittimamente manifestato: è, in altre parole, sufficiente il consenso – rivestito della forma in ipotesi richiesta dall'ordinamento e sorretto da una causa – a produrre l'effetto reale.

Origini e ragioni del principio consensualistico

Tale regola (c.d. **principio consensualistico**) rappresenta il frutto di un'evoluzione secolare ed è stata sancita, per la prima volta, nell'ambito del *code Napoléon*.

Essa corrisponde certo ad un'istanza di tipo ideologico, tesa ad enfatizzare la forza creatrice della volontà dei privati: non va tuttavia trascurato che l'efficacia traslativa del consenso è altresì funzionale ad un'esigenza di carattere economico, particolarmente avvertita in sistemi (come quelli ottocenteschi di capitalismo nascente) caratterizzati da un'accentuata «mobilizzazione» della ricchezza. In tale prospettiva, infatti, appare necessario rendere il più possibile celere la circolazione della proprietà (ma anche dei diritti di credito: pure la cessione dei crediti è un contratto ad effetti reali, come si è accennato), affrancandola dalle formalità e dai rituali che in precedenza la rendevano invece lenta e complicata.

Sue conseguenze pratiche

La regola di cui all'art. 1376 riveste una grande rilevanza anche sul piano pratico.

Infatti, è in virtù del principio consensualistico che, ad es., nella compravendita la proprietà della cosa si trasferisce dal venditore al compratore sulla base del solo consenso legittimamente manifestato dalle parti; ed altrettanto avviene nella cessione di credito per quanto concerne la titolarità del diritto di credito.

La consegna della cosa venduta resta, invece, **irrilevante** ai fini del perfezionamento dell'effetto traslativo, individuando semplicemente l'oggetto di un'obbligazione (art. 1476, n. 1); così come la consegna dei documenti probatori del credito costituisce l'oggetto di un obbligo del cedente, ma è irrilevante ai fini del perfezionamento della cessione (art. 1262).

La compravendita, dunque, non è un contratto reale, bensì un contratto consensuale ad effetti reali.

Limiti interni: individuazione

Va detto, però, che, se il contratto ha ad oggetto il trasferimento di cose determinate soltanto nel **genere**, "la proprietà si trasmette con l'individuazione fatta d'accordo tra le parti o nei modi da esse stabiliti" (art. 1378); tale individuazione può anche avvenire mediante la consegna al vettore o allo spedizioniere, ove si tratti di cose che debbono essere trasportate da un luogo o da un altro. In tali ipotesi il contratto non cessa di essere ad effetti reali, posto che le parti hanno pur sempre di mira la produzione di effetti reali che, in tal caso, è mediata da un'obbligazione strumentale.

Al trasferimento di una **massa** di cose, anche se omogenee, torna ad applicarsi, invece, il principio dell'immediata efficacia traslativa del consenso, "ancorché, per determinati effetti, le cose debbano essere numerate, pesate o misurate" (art. 1377).

Limiti esterni

Accanto a quelli sin qui esaminati, il principio consensualistico conosce **limiti esterni**, in cui è il legislatore, per ragioni di politica del diritto, a differire l'effetto reale ad un momento successivo. Si pensi ad es. alla costituzione di garanzie reali (pegno e ipoteca) in cui accanto all'accordo (*titulus*) è necessaria un'ulteriore attività (lo spossessamento per il pegno di beni mobili, art. 2786; l'iscrizione nei registri immobiliari per l'ipoteca, art. 2808, co. 2) per la produzione degli effetti del contratto.

Contratti traslativi o costitutivi ed impossibilità della prestazione

Dal principio dell'immediata efficacia traslativa del consenso discende, in particolare, che, nel caso di perimento della cosa oggetto della compravendita per causa non imputabile al venditore, l'acquirente non è liberato dall'obbligo di eseguire la controprestazione (art. 1465, co. 1). Ad es., se Tizio acquista da Caio un quadro che, nell'intervallo di tempo tra la conclusione del contratto e la consegna, va distrutto per una causa non imputabile a Caio, Tizio sarà comunque tenuto a corrispondere il prezzo.

Problemi e limiti del principio consensualistico

L'inconveniente pratico più grave connesso al principio consensualistico risiede in ciò che l'alienante, rimasto nella materiale disponibilità del bene, potrebbe **ulteriormente** trasferirlo ad un terzo.

Sulla base dell'art. 1376, sembrerebbe ovvio doversi attribuire rilevanza esclusiva al primo acquisto, in quanto tutti gli atti di disposizione successivi al primo andrebbero considerati come posti in essere da chi, a partire già dal secondo, non era più titolare del diritto.

Una soluzione di questo genere, però, sebbene perfettamente coerente con il principio consensualistico, rappresenterebbe un sacrificio troppo grande per i terzi i quali abbiano riposto un legittimo **affidamento** sulla efficacia del contratto proprio in ragione della circostanza che l'alienante ha mantenuto la materiale disponibilità della cosa.

Temperamenti al principio consensualistico e criteri di soluzione dei conflitti

Da qui alcuni temperamenti al principio dell'immediata efficacia traslativa del consenso, temperamenti che poi si risolvono nella individuazione di criteri in base ai quali risolvere il conflitto tra più acquirenti dello stesso diritto.

Tali criteri variano a seconda che si tratti di beni **immobili** o **mobili registrati**, nel qual caso prevarrà chi per primo abbia **trascritto** l'acquisto (art. 2644); ove si tratti di **diritti personali** di **godimento**, prevarrà colui che per primo abbia acquisito il **godimento** della cosa (art. 1380); ove si tratti di beni **mobili**, prevarrà colui che per primo ne abbia ottenuto il **possesso** in buona fede (art. 1155); infine, ove si tratti di **crediti**, prevarrà colui che per primo abbia **notificato** la cessione al debitore o che si sia procurato un'**accettazione** da parte del debitore avente data certa anteriore (art. 1265, co. 1).

Il principio consensualistico non è di ordine pubblico e può quindi essere derogato dai privati, che possono stipulare contratti atipici corrispondenti a quelli ad efficacia reale, ma aventi un mero effetto obbligatorio.

9.2. *L'irrevocabilità del vincolo negoziale ed il recesso*

Abbiamo già detto che l'efficacia di legge tra le parti che l'art. 1372, co. 1 riconosce al contratto deve intendersi nel senso della **irrevocabilità** del vincolo negoziale.

Il contratto, pertanto, potrà sciogliersi soltanto quando le parti manifestino concordemente la loro volontà in tal senso (c.d. **mutuo consenso** o mutuo **dissenso**), ovvero per le **altre** cause ammesse dalla legge (art. 1372, co. 1).

Il mutuo consenso è un contratto con cui le parti sciolgono un contratto stipulato in precedenza. Si tratta di una risoluzione consensuale che conferma il principio di irrevocabilità del vincolo contrattuale.

Il problema della **forma** è risolto dalla giurisprudenza prevalente nel senso di esonerare dal vincolo di forma il mutuo consenso che sciolga un contratto per cui non era prevista, dalle parti o dalla legge, la forma scritta *ad substantiam* o *ad probationem*.

Fonti e natura del diritto di recesso

Talvolta, la legge o il contratto possono attribuire ad una o ad entrambe le parti il diritto di **recesso**, che talvolta prende anche il nome di **revoca** (del mandato da parte del mandante: art. 1722, n. 2) o di **rinunzia** (al mandato da parte del mandatario: art. 1722, n. 3). Si tratta di un diritto potestativo, l'esercizio del quale comporta lo scioglimento del vincolo contrattuale.

Recesso e contratti di durata

Il diritto di recesso può essere esercitato, in linea di massima, e salvo che le parti non stabiliscano diversamente, soltanto fino al momento in cui il contratto **non** abbia avuto un principio di esecuzione (art. 1373, co. 1). Tale regola, però, non vale per i contratti ad esecuzione **continuata** o **periodica**, dove il recesso può essere esercitato anche dopo l'inizio dell'esecuzione senza, tuttavia, che ciò pregiudichi le prestazioni sin lì eseguite, salva una diversa volontà delle parti (art. 1373, co. 2).

Sempre nei contratti ad esecuzione continuata o periodica (c.d. contratti di durata) non assistiti da termine finale, l'esercizio del diritto di recesso non necessita di una specifica previsione.

In tal caso, infatti, il recesso assolve alla funzione di integrare il regolamento contrattuale di un elemento originariamente mancante (il termine finale di efficacia, appunto; si parla, al riguardo, di recesso determinativo), così facendo salva anche la fondamentale esigenza di prevenire la costituzione di rapporti obbligatori **perpetui**. Questi ultimi comprimerebbero oltre misura le sfere giuridico patrimoniali dei privati e – vincolando in maniera tendenzialmente perpetua le prestazioni dedotte in contratto – impedirebbero a tali risorse di affluire lì dove le stesse possano essere utilizzate in modo più proficuo.

Generalmente, in tali ipotesi, il recedente è tenuto al preavviso, che assolve alla funzione di tutela dell'altro contraente che durante tale termine potrà risolvere in altro modo l'esigenza sottesa alla stipula del contratto. La mancata osservanza del preavviso potrà portare all'inefficacia del recesso (art. 1725, co. 2) ovvero all'obbligo di risarcire il danno a carico del recedente (si veda, ad es., l'art. 1750).

Recesso ed inadempimento della controparte

Attraverso il recesso, inoltre, una parte può reagire avverso un **grave** inadempimento altrui (ad es., art. 2119 in tema di recesso per **giusta causa** dal rapporto di lavoro).

Il recesso costituisce talvolta lo strumento posto a disposizione del contraente in presenza di vizi sopravvenuti (ad es., art. 1627, co. 1; art. 1660, co. 2-3; 1809, co. 2; 1810) o originari, seppur scoperti in un secondo momento (è questo il caso dell'art. 1893, co. 1, a norma del quale l'assicuratore può recedere dal contratto ove scopra che l'assicurato sia stato reticente, sia pure senza dolo o colpa grave), che, modificando un elemento del contratto, determinano un assetto di interessi diverso da quello programmato.

Analogamente, la parte può reagire, attraverso il recesso, a modificazioni unilaterali del contratto da parte dell'altro contraente (v. artt. 1660, 1809, 2307, 2437 ed art. 118 d.lgs. n. 385/1993).

Recesso e tutela del consumatore

Nella più recente legislazione a tutela del consumatore, infine, il recesso rappresenta per quest'ultimo un **rimedio** contro decisioni che – per il contesto in cui sono assunte – rischiano di essere scarsamente ponderate. Possono richiamarsi, a tal proposito, le ipotesi di recesso dai contratti negoziati **fuori** dai locali commerciali (art. 52 s. cdc: la relativa disciplina si applica anche ai contratti conclusi a distanza); di recesso dal contratto relativo all'acquisizione di un diritto di godimento ripartito di beni immobili (c.d. **multiproprietà**: art. 73 cdc); di recesso dell'investitore dai contratti di **collocamento** di strumenti finanziari o di gestione di portafogli individuali conclusi fuori sede ovvero collocati a distanza (art. 30, co. 6, d.lgs. n. 58/1998); di recesso dal contratto di **commercializzazione a distanza di servizi finanziari** (artt. 67 *duodecies* e *terdecies* cdc); di recesso dell'incaricato alla vendita diretta o a domicilio (art. 4, co. 3, l. n. 173/2005).

Deve segnalarsi, in questo contesto, la stretta connessione tra informazione e recesso, ponendo il legislatore, a carico del professionista, l'obbligo di indicare, nella fase precontrattuale, al consumatore i termini, le modalità e le condizioni per l'esercizio del diritto di recedere, riconnettendo alla violazione di tali obblighi, sul piano civilistico, la dilazione del termine per l'esercizio dello *ius poenitendi*.

Il recesso è qui concepito quale strumento di tutela del contraente che, colto di sorpresa dalla visita del venditore, non ha la possibilità di esaminare il bene e acquisire i dati idonei a valutarlo correttamente, né tanto meno è in grado di assimilare le informazioni che gli vengono fornite. La funzione protettiva è peraltro solo una delle *rationes* dello *ius poenitendi* previsto dalla legislazione consumeristica, il quale risponde, senza dubbio, anche a ragioni di efficienza, inducendo le imprese a migliorare la qualità dei prodotti e aumentando la «fiducia» dei consumatori nel particolare tipo di contrattazione in esame.

In ogni caso, il recesso – come ogni potere discrezionale attribuito dal contratto – deve essere esercitato secondo buona fede e, dunque, in maniera leale e senza mirare al raggiungimento di vantaggi ingiustificati a danno dell'altra parte.

Caparra e multa penitenziale

Talora il diritto di recesso viene attribuito ad una parte verso un corrispettivo, rappresentato in genere da una somma di denaro che, a seconda dei casi, viene consegnata sin dal momento della conclusione del contratto (c.d. **caparra penitenziale**: art. 1386), oppure nel momento in cui il diritto di recesso viene esercitato (**multa penitenziale**: art. 1373, co. 3). Nel primo caso, il recedente perde la caparra data e deve restituire il doppio di quella ricevuta (art. 1386, co. 2).

9.3. *Il contratto ed i terzi*

Relatività degli effetti contrattuali

Di regola, il contratto produce effetti **soltanto** tra le parti (art. 1372, co. 2). Del resto, se così non fosse, ne sarebbe pregiudicata la stessa idea di autonomia privata giacché l'atto in ipotesi produttivo di effetti nei confronti dei terzi sarebbe, per questi ultimi, un atto eteronomo e, per chi lo avesse posto in essere, un atto inefficace.

Il principio della intangibilità della sfera giuridica dei terzi è assoluto per quanto attiene a possibili effetti svantaggiosi derivanti dal contratto (ad es., costituzione di obblighi).

Promessa del fatto del terzo

Significativa, in tal senso, è la disciplina della **promessa del fatto del terzo** (art. 1381) e cioè del contratto sulla base del quale una parte abbia promesso l'obbligazione o il fatto di un terzo (ad es., Tizio promette a Caio che Sempronio stipulerà con lo stesso Caio una locazione).

In tal caso, il terzo **non** è in alcun modo obbligato ad adempiere, mentre il promittente sarà tenuto ad indennizzare l'altro contraente per il pregiudizio patito a seguito del rifiuto del terzo. Con riguardo alla natura dell'impegno del promittente, la dottrina oscilla tra il modello dell'obbligazione, con la conseguenza che il promittente potrà fornire la prova liberatoria di cui all'art. 1218; e quello della garanzia, in cui il promittente assume interamente il rischio della mancata esecuzione della prestazione, senza che sia possibile attribuire alcun rilievo all'imputabilità dell'inadempimento.

In secondo luogo, il contratto non può privare il terzo di diritti che gli appartengano. Una conferma in tal senso viene dalla disciplina della vendita di cosa altrui, che è risolubile (art. 1479) ovvero efficace, ma solo nel senso di obbligare il venditore a procurare all'acquirente la proprietà del bene (art. 1478). Una limitazione, di fatto, all'operare di questo principio può tuttavia ricollegarsi all'incidenza di altri principi ritenuti nel caso di specie prevalenti dal sistema normativo: così, in materia di doppia alienazione di beni immobili prevale il secondo acquirente che abbia trascritto per primo, in ossequio all'esigenza di tutela dell'affidamento ed a quella di sicurezza dei traffici.

Non rappresenta una deroga al principio in esame neppure il c.d. contratto **in danno** del terzo (ad es., patto di boicottaggio tra due imprenditori a danno di un concorrente) perché in questo caso l'effetto dannoso non discende dal contratto in quanto tale ma dalla sua attuazione ad opera delle parti: attuazione che, semmai, potrà integrare gli estremi di un illecito *ex* art. 2043.

Anche la disciplina del **divieto di alienazione** stabilito per contratto (art. 1379) è in sintonia con il principio della inefficacia del contratto nei riguardi dei terzi. Il divieto di alienazione, infatti, non soltanto esaurisce la sua efficacia tra le parti, ma in più è valido solo se circoscritto entro un limite di tempo ragionevole e se soddisfa un apprezzabile interesse di una delle parti: limiti, questi, che rispondono ad un'esigenza di tutela della circolazione della ricchezza.

Il principio di cui stiamo discorrendo conosce invece qualche eccezione là dove dal contratto scaturiscano per il terzo effetti **favorevoli** (ad es., l'acquisto di un diritto), salva comunque la facoltà del terzo di opporsi, mediante rifiuto, ad un'attribuzione patrimoniale indesiderata.

Contratto a favore del terzo

Questo risultato viene, di regola, raggiunto attraverso la stipulazione del **contratto a favore di terzo** (artt. 1411-1413), che non è un autonomo tipo contrattuale ma uno schema idoneo a consentire la produzione a beneficio del terzo di qualsivoglia effetto contrattuale (esempio tipico di contratto a favore di terzo è quello di assicurazione sulla vita, nel quale l'assicurato stipula una prestazione a favore di un familiare in caso di sua morte; allo schema del contratto a favore di terzo è ricondotto anche il deposito nell'interesse del terzo, disciplinato dall'art. 1773).

Le parti del contratto a favore di terzo sono lo **stipulante** (cioè colui che, attraverso la stipulazione, induce l'altra parte a disporre o ad obbligarsi nei confronti del terzo) ed il **promittente** (cioè colui che, appunto, dispone del diritto o si obbliga nei confronti del terzo). Il rapporto tra promittente e stipulante prende il nome di rapporto di **prov-**

vista, in quanto da esso normalmente il promittente ricava la «provvista» necessaria ad eseguire la prestazione, mentre il rapporto tra promittente e terzo prende il nome di rapporto di **valuta**.

Interesse dello stipulante

Requisito fondamentale di validità della stipulazione in favore del terzo è l'esistenza di un **interesse** dello stipulante all'attribuzione del diritto in favore del terzo (art. 1411, co. 1). Tale interesse, dalla legge richiesto ai fini della giustificazione causale dell'attribuzione a favore del terzo, può essere anche di natura non patrimoniale e consistere, ad es., nell'intento di arricchire il terzo (è questo un caso di donazione indiretta).

L'interesse dello stipulante può ricondursi anche ad un suo obbligo nei confronti del terzo: ad es., un datore di lavoro, sul quale gravi l'obbligo di versare una somma di danaro ai propri dipendenti al momento della cessazione del rapporto, stipula un contratto con un'impresa assicuratrice affinché questa provveda a tali erogazioni.

Il caso di difetto o di illiceità dell'interesse dello stipulante determina la nullità dell'attribuzione in favore del terzo, ma non anche del contratto intercorso tra promittente e stipulante, nel quale la disposizione a favore del terzo è inserita, con la conseguenza che la prestazione da eseguirsi in favore del beneficiario resta a carico del promittente, ma a vantaggio dello stipulante. Il contratto sarà invece integralmente travolto dalla nullità, in applicazione dei principi sanciti in tema di nullità parziale dall'art. 1419, quando risulti che le parti non lo avrebbero concluso senza quella porzione del regolamento contrattuale, ovvero senza l'attribuzione al terzo del beneficio, che sia risultata nulla.

Acquisto del diritto da parte del terzo

L'acquisto del diritto da parte del terzo avviene – salvo patto contrario – per effetto della sola stipulazione in suo favore, **non** essendo necessaria una sua **accettazione** (art. 1411, co. 2). Non è, infatti, un'accettazione la c.d. **adesione** del terzo alla stipulazione in suo favore (la dichiarazione di volerne profittare: art. 1411, co. 2) la quale produce il solo effetto di inibire allo stipulante la revoca o la modificazione della stipulazione.

A seguito della stipulazione in suo favore, il terzo, pur rimanendo estraneo al rapporto contrattuale, acquisisce comunque il **diritto** di esigere la prestazione da parte del promittente. Da questo punto di vista, il contratto a favore di terzo si distingue da tutte quelle ipotesi nelle quali, invece, il terzo sia un mero destinatario della prestazione (ad es., l'accollo interno).

Rifiuto del terzo

Come si è già accennato, il terzo può **rifiutare** la stipulazione in suo favore: in questo caso, così come in quello di revoca della stipulazione, la prestazione rimarrà a **beneficio** dello stipulante, salvo che diversamente risulti dalla volontà delle parti o dalla natura del contratto (art. 1411, co. 3).

Revoca dello stipulante

Come già segnalato, lo stipulante può precludere l'acquisto del diritto in capo al terzo attraverso l'esercizio di revoca, esercitabile sino a quando il terzo non abbia dichiarato di voler profittare della prestazione, ovvero non l'abbia accettata.

Prestazione da eseguirsi dopo la morte dello stipulante

Il potere di revoca subisce alcuni adattamenti nel caso in cui la prestazione a favore del terzo debba eseguirsi **dopo** la morte dello stipulante: ciò al fine di evitare possibili interferenze con la disciplina delle attribuzioni patrimoniali per causa di morte. In questa ipotesi, infatti, lo stipulante potrà revocare il beneficio per il tramite di una disposizione **testamentaria** anche qualora il terzo abbia dichiarato di volerne profittare, salva l'eventualità di una sua rinuncia scritta al potere di revoca (art. 1412, co. 2).

Eccezioni opponibili dal promittente

La circostanza che il rapporto contrattuale tra promittente e stipulante rappresenti la provvista dalla quale il terzo deriva il proprio diritto, spiega perché il promittente possa opporre al terzo le eccezioni fondate sul **contratto** dal quale questi tragga il proprio diritto, ma non quelle fondate su **altri** rapporti tra promittente e stipulante (art. 1413).

Contratti con effetti di protezione in favore del terzo

Abbiamo avuto modo di segnalare come, nell'ambito di un rapporto obbligatorio, accanto all'obbligo principale di prestazione, si possano delineare obblighi di protezione in favore della controparte. Nel caso in cui l'attuazione delle obbligazioni discendenti dal contratto possa interferire sull'integrità della sfera giuridica dei terzi, analoghi obblighi di protezione possono ammettersi anche a beneficio di soggetti che non siano parti del contratto (ad es.: il datore di lavoro, che, in esecuzione del contratto di lavoro, abbia messo a disposizione di un proprio dipendente un immobile, in cui questi potrà abitare con la propria famiglia, è responsabile per inadempimento di un'obbligazione di protezione nei confronti dei familiari del lavoratore danneggiati dalla inadeguatezza igienica dell'immobile).

In caso di violazione dell'**obbligo di protezione** assunto nei confronti del terzo, quest'ultimo potrà agire per il risarcimento dei danni. La giurisprudenza ha affrontato il problema, risolvendolo in senso positivo, con riguardo all'obbligo assunto dall'ente ospedaliero nei confronti della gestante, che, oltre alle attività necessarie al parto, si estende a tutte le prestazioni volte a preservare il feto da qualsiasi danno, con diretta responsabilità risarcitoria contrattuale dell'ente ospedaliero nei riguardi anche di colui che sia venuto a nascita all'esito della gestazione.

9.4. *Cessione del contratto. Subcontratto*

Il discorso sugli effetti del contratto si estende anche alla **cessione del contratto**, che può essere descritta come il trasferimento ad opera di una parte (**cedente**) della propria posizione contrattuale ad un altro soggetto (**cessionario**), che gli subentra nel rapporto con la controparte (**ceduto**). Questo effetto di trasferimento può essere conseguenza, come nell'ipotesi che stiamo esaminando, di un atto di autonomia privata (cessione volontaria) ovvero di una previsione di legge (così, nel caso di vendita della cosa locata, ai sensi dell'art. 1599 l'acquirente subentra nella posizione del locatore; e lo stesso è a dirsi nell'ipotesi di vendita di cosa assicurata: art. 1918).

A differenza di quanto accade nel caso delle modificazioni del lato attivo e del lato passivo del rapporto obbligatorio, la cessione del contratto (art. 1406 s.) non incide su **singoli** diritti o obbligazioni, ma trasferisce l'**intera** posizione contrattuale comprensiva, ad es., del potere di agire in giudizio per chiedere la nullità, l'annullamento o la risoluzione del contratto stesso.

Oggetto ed effetti della cessione del contratto

Ciò spiega perché l'ambito della cessione sia circoscritto ai soli contratti a **prestazioni corrispettive non** ancora eseguite (art. 1406): infatti, sia nel caso di contratti con obbligazioni a carico di una sola parte, sia nel caso di contratti a prestazioni corrispettive già eseguite per l'intero da una delle parti, finirebbe per essere trasferito il solo diritto alla controprestazione e non anche l'intera posizione contrattuale.

Natura della cessione del contratto

La cessione del contratto è, a sua volta, un **contratto** che postula – oltre che naturalmente l'accordo tra cedente e cessionario – il consenso del contraente ceduto (ed è pertanto un contratto **trilaterale**): tale consenso può essere manifestato anche in via preventiva (attraverso la c.d. autorizzazione), ed in questo caso la cessione sarà efficace nei confronti del contraente ceduto dal momento in cui essa gli venga notificata (art. 1407, co. 1). In particolare, si tratta di un contratto su un altro contratto, configurando la cessione di contratto una prestazione tipica che può formare oggetto di un contratto a titolo oneroso o a titolo gratuito, del quale di volta in volta la cessione di contratto assumerà la causa (così come accade nella cessione del credito).

Un caso particolare di cessione del contratto è quello dei c.d. contratti all'ordine (art. 1407, co. 2) in cui il contratto è formalizzato in un documento che ne consente il trasferimento, attraverso la girata del solo documento, senza le formalità della cessione (sono riconducibili a tale categoria i documenti di legittimazione: art. 2002).

Rapporti tra cedente e cessionario

Quanto ai rapporti tra cedente e cessionario, il primo è tenuto a garantire soltanto la **validità** del contratto (art. 1410, co. 1); qualora abbia invece assunto la garanzia dell'adempimento del contratto, risponderà come un fideiussore per le obbligazioni del contraente ceduto (art. 1410, co. 2).

Rapporti tra ceduto e cedente

Nei rapporti tra ceduto e cedente, invece, vige la regola secondo la quale il cedente è liberato dalle sue obbligazioni nel momento in cui la sostituzione diviene **efficace** nei confronti del ceduto (art. 1408, co. 1). Il contraente ceduto può, tuttavia, dichiarare di non liberare il cedente ed agire contro lo stesso qualora il cessionario non adempia le obbligazioni assunte (art. 1408, co. 2). In tale ipotesi, egli ha l'obbligo di dare notizia al cedente dell'inadempimento del cessionario entro quindici giorni da quello nel quale si è verificato, altrimenti sarà tenuto al risarcimento del danno (art. 1408, co. 3).

Rapporti tra ceduto e cessionario

I rapporti tra ceduto e cessionario, infine, sono retti dalla regola secondo cui il primo può opporre al secondo tutte le eccezioni derivanti dal contratto oggetto di cessione, ma non quelle che si ricollegano ad altri rapporti col cedente, salvo che ne abbia fatto espressa riserva al momento in cui ha prestato il proprio consenso (art. 1409).

Subcontratto

Diversa dall'ipotesi di cessione del contratto è quella del **subcontratto**. Qui, infatti, viene stipulato un contratto che ha ad oggetto non il trasferimento della posizione contrattuale di una delle parti, ma molto più semplicemente una situazione giuridica **collegata** ad un rapporto ancora in corso e scaturente da un precedente contratto: ad es., Tizio, conduttore di un appartamento sulla base di una locazione stipulata con Caio, attribuisce il godimento di quel bene a Sempronio.

In taluni casi, si può subcontrattare soltanto procurandosi il consenso dell'altra parte del contratto di base (ad es., art. 1624, in tema di subaffitto; art. 1656, in tema di subappalto); altre volte, tale consenso non è richiesto (art. 1594, in tema di locazione). Quanto, poi, ad eventuali rapporti diretti tra la parte estranea al subcontratto e l'altro subcontraente, si rammenti, ad es., che l'art. 1595 attribuisce al locatore un'azione nei confronti del subconduttore al fine di esigere il prezzo della sublocazione.

10. *La rappresentanza*

Scissione tra parte formale e sostanziale

Mentre, di regola, vi è perfetta **coincidenza** tra chi pone in essere l'atto (parte in senso **formale**) e chi viene investito degli effetti scaturenti da quell'atto (parte in senso **sostanziale**), in alcuni casi tale coincidenza viene meno perché la parte sostanziale non può o non vuole stipulare in prima persona l'atto.

Ciò può accadere, ad es., quando si diano condizioni di tempo e di luogo tali da rendere particolarmente oneroso per la parte il diretto svolgimento dell'attività giuridica. Ad es., Tizio, da tempo stabilitosi in Australia, è proprietario di un appartamento a Roma, che vorrebbe vendere. Per Tizio è molto più vantaggioso farsi sostituire da Caio nella conclusione del contratto che non affrontare una dispendiosa trasferta nella Capitale.

In altri casi, potrà trattarsi di una vera e propria impossibilità giuridica a compiere direttamente atti di autonomia privata: è il caso degli incapaci di agire (minori d'età o interdetti).

Per ovviare ad inconvenienti di questo tipo, l'ordinamento appresta uno strumento grazie al quale è possibile realizzare la **sostituzione** della parte sostanziale nel compimento degli atti di autonomia privata.

Rappresentanza

Tale strumento è la **rappresentanza** (artt. 1387-1400), che può interessare tutti gli atti di autonomia privata, con la sola eccezione dei c.d. negozi **personalissimi** (matrimonio, testamento, donazione).

Ambito di applicazione

È controverso se la disciplina della rappresentanza in senso tecnico, così come regolamentata dal codice civile, possa trovare applicazione anche alla materia degli atti non negoziali; l'argomento negativo, che sul punto si propone, muove dalla considerazione che, in tal caso, proprio perché si verte in materia di atti giuridici in senso stretto, non si tratta di manifestare la volontà altrui con conseguente produzione di effetti giuridici voluti dal rappresentato, bensì, coerentemente alla nozione generale di atto giuridico in senso stretto, di porre in essere una fattispecie, mero presupposto di effetti giuridici integralmente predeterminati dalla norma. Non può tuttavia negarsi che anche il compimento di atti giuridici in senso stretto, come diffide, atti di costituzione in mora, ecc., possa proporre un problema di imputazione dell'atto (e dei suoi effetti, pure modellati integralmente dalla norma) al soggetto titolare dell'interesse su cui incide l'atto, e che tale problema possa essere risolto sulla base del riferimento, operato dal dichiarante, al potere del quale egli dispone di porre in essere l'atto in sostituzione di un altro soggetto.

Rappresentanza diretta

La disciplina codicistica della materia ha riguardo specificamente alla c.d. rappresentanza **diretta**. Quest'ultima è caratterizzata dal fatto che l'effetto discendente dal contratto posto in essere da colui (c.d. **rappresentante**) che abbia agito in nome e per conto dell'interessato (c.d. **rappresentato**) si ripercuote **immediatamente** nella sfera giuridica di quest'ultimo, a condizione, beninteso, che il rappresentante si sia mantenuto nell'ambito dei poteri conferitigli dal rappresentato (art. 1388).

Decisiva, ai fini della diretta produzione dell'effetto giuridico in capo al rappresentato, è – oltre che ovviamente l'esistenza della legittimazione rappresentativa – la c.d. spendita del nome o *contemplatio domini*, che può avvenire anche in forma tacita. Ad es., se Tizio, rappresentante di Caio, al momento della conclusione del contratto non indica in Caio stesso il destinatario degli effetti, questi ultimi investiranno la sua sfera giuridica e non quella del rappresentato, a meno che dalle circostanze non risulti comunque che Tizio agiva in nome e per conto di Caio.

Spendita del nome

L'immediata produzione degli effetti del contratto concluso dal rappresentante nella sfera giuridica del rappresentato spiega perché – nel caso di rappresentanza **volontaria** – per la validità del contratto si richieda la capacità legale del rappresentato, mentre è sufficiente la capacità **di intendere e di volere** del rappresentante, avuto riguardo alla natura ed al contenuto del contratto (art. 1389, co. 1).

Capacità del rappresentante

Nello stesso ordine di idee, si comprende perché il rappresentato – parte sostanziale del contratto – non possa validamente compiere neppure a mezzo del rappresentante un contratto a lui vietato (art. 1389, co. 2).

Rappresentanza indiretta

Si contrappone alla rappresentanza diretta la c.d. rappresentanza **indiretta** (o interposizione gestoria o, ancora, interposizione reale): in quest'ultimo caso, non vi è attribuzione di legittimazione rappresentativa, bensì semplicemente conferimento ad un soggetto dell'incarico di svolgere attività giuridica nell'interesse di un altro soggetto e non anche nel suo nome.

Tale situazione può ricorrere, in particolare, nel caso del mandato senza rappresentanza.

Legittimazione rappresentativa

Il potere di rappresentanza, o legittimazione rappresentativa, è una **potestà** giacché il suo titolare non è anche il portatore dell'interesse in vista del quale tale potere viene conferito. Esso può discendere (art. 1387) o da una manifestazione di volontà dell'interessato (c.d. rappresentanza **volontaria**) o dalla legge (c.d. rappresentanza **legale**): quest'ultima ipotesi coincide, sostanzialmente, con l'area dell'incapacità legale d'agire.

Procura

In particolare, la fonte della rappresentanza volontaria è un negozio unilaterale detto **procura** il quale rivestirà la stessa forma del contratto che il rappresentante deve concludere (art. 1392). Se il contratto da concludersi è a forma libera, anche la procura può essere conferita nella forma ritenuta più congrua allo scopo: essa potrà risultare anche da un comportamento concludente, ovvero da una situazione obiettiva creata dal rappresentato (ad es., attraverso la preposizione, da parte del titolare, di un proprio dipendente all'esercizio dell'impresa: art. 2203).

Ampiezza della procura

Dal punto di vista dell'**ampiezza**, la procura potrà essere generale o speciale, in quest'ultimo caso risultando attribuito al rappresentante il potere di compiere l'atto specificamente previsto, laddove, nell'ipotesi di procura generale, sarà conferito al rappresentante il potere di compiere, in nome e per conto del rappresentato, tutti gli atti, al di fuori di quelli personalissimi.

Il soggetto, cui sia stata conferita la procura, non può, in linea di principio, rilasciare una **sub-procura** ad altro soggetto, in relazione all'evidente carattere fiduciario del conferimento del potere rappresentativo; naturalmente, ed avuto riguardo alla natura dell'interesse in gioco, lo stesso rappresentato può conferire al rappresentante il potere di nominare un sub-procuratore.

Causa

Dal punto di vista della **causa**, la procura ha una propria, autonoma funzione, che consiste nell'attribuire il potere di spendere il nome altrui, realizzando, a tale stregua, l'interesse dell'autore dell'atto a farsi sostituire nella gestione dell'affare; si delinea, peraltro, una relazione di collegamento necessario tra procura e negozio che il rappresentato deve compiere, con il corollario che l'eventuale illiceità dell'atto di autonomia privata, cui si riferisca il conferimento della procura, determina l'illiceità di quest'ultima.

Sua natura

La procura è un negozio **recettizio** nei confronti del rappresentante, ma non nei confronti dei terzi. Questi ultimi, tuttavia, possono sempre chiedere al rappresentante di giustificare i suoi poteri e, se la rappresentanza risulta da un atto scritto, pretendere una copia firmata dell'atto.

Il rappresentante, dal canto suo, è obbligato a restituire il documento dal quale risultino i suoi poteri, allorché questi siano cessati: altrimenti, si rischierebbe di ingenerare nei terzi il convincimento che tali poteri siano ancora in essere (art. 1397).

Il rappresentato, poi, deve, con mezzi idonei, portare a conoscenza dei terzi le eventuali **modificazioni** e la **revoca** della procura (art. 1396). In caso contrario, queste non saranno loro opponibili, a meno che non si dimostri che essi ne erano comunque a conoscenza al momento della conclusione del contratto (art. 1396, co. 1). Quanto alle altre cause di estinzione della rappresentanza, esse **non** sono opponibili ai terzi che le abbiano senza colpa ignorate (art. 1396, co. 2).

Il rappresentante non si limita a dichiarare all'esterno una volontà già integralmente formata dal rappresentato (come, ad es., accade nel matrimonio per procura: c.d. *nuncius*), ma si sostituisce a quest'ultimo nel compimento dell'atto esercitando, di regola, anche una certa discrezionalità.

Vizi della volontà e stati soggettivi rilevanti

Si spiegano così le regole che impongono di avere riguardo alla persona del **rappresentante** in ordine alla sussistenza di un vizio della volontà o di uno stato **soggettivo** rilevante (artt. 1390-1391). Opposta è, invece, la soluzione allorché si tratti di elementi predeterminati dal rappresentato, fermo restando che in nessun caso il rappresentato in mala fede può giovarsi dell'ignoranza o della buona fede del rappresentante (art. 1391, co. 2).

Conflitto di interessi

Il rappresentante deve esercitare il suo potere nell'interesse del rappresentato. Ove il rappresentante sia portatore di un interesse in conflitto con quello del rappresentato, il contratto è **annullabile** ad istanza di quest'ultimo, nel caso in cui il conflitto fosse conosciuto o riconoscibile dal terzo (**conflitto di interessi**: art. 1394). Ad es., il rappresentante Tizio stipula con il proprio fratello, Sempronio, una compravendita per la conclusione della quale gli era stata conferita procura dal rappresentato Caio: Tizio, a causa del legame di parentela con il terzo con il quale ha contrattato, è, in questo caso, portatore di un interesse in conflitto con quello del rappresentato. La conoscenza o conoscibilità del conflitto di interessi da parte del terzo è requisito funzionale ad assicurare la protezione dell'affidamento che il terzo abbia riposto nella validità del contratto e deve essere provata dal rappresentato.

L'annullabilità del contratto concluso in conflitto di interessi non postula l'effettivo verificarsi di un pregiudizio a carico del rappresentato, essendo sufficiente la **mera** potenzialità di tale pregiudizio. Per contro, nel caso in cui la stipula del contratto in conflitto d'interessi abbia determinato un danno per il rappresentato, ma questi non sia riuscito ad ottenere l'annullamento del contratto (ad es., per difetto di prova circa la conoscenza o conoscibilità del conflitto in capo al terzo), il rappresentato potrà convenire in giudizio il rappresentante per ottenere il risarcimento del danno, derivante dalla violazione del generale obbligo di agire secondo buona fede.

Contratto con se stesso

Un'ipotesi specifica di contratto concluso in conflitto di interessi è quella del **contratto con se stesso** (art. 1395).

L'apparente contraddizione in termini racchiusa nella formula "contratto con se stesso" (essendo, per definizione, il contratto l'accordo di due o più parti) è superata attraverso la distinzione tra parte formale e parte sostanziale. Infatti, nel contratto con se stesso, ad un'unica parte formale corrispondono **due** parti sostanziali: ad es., Tizio, cui era stata conferita procura a vendere l'automobile di proprietà di Caio, acquista per sé l'automobile, agendo così sia in proprio sia quale rappresentante della controparte. In tal caso, pertanto in Tizio, unica parte formale, si concentrano due parti sostanziali, l'alienante e l'acquirente.

Il contratto con se stesso è, di regola, **annullabile** su istanza del solo rappresentato (art. 1395, co. 2) a meno che questi non abbia specificatamente autorizzato il rappresentante a contrattare anche con se stesso (ad es., per la particolare fiducia che egli nutre sulla sua correttezza), ovvero allorché il contenuto del contratto sia stato determinato in modo tale da **escludere** in radice un conflitto di interessi (riprendendo l'esempio di prima, se Caio avesse stabilito, nel dare la procura a Tizio, che la sua automobile andava venduta ad € 10.000,00, ogni rischio di conflitto di interessi sarebbe stato scongiurato dal momento che per Caio è indifferente che la somma gli venga pagata da Tizio, il quale abbia contrattato per sé, o da chiunque altro).

Va peraltro sottolineato che l'orientamento della giurisprudenza, sul punto non rispettoso della lettera della disposizione normativa, richiede, congiuntamente, e non alternativamente, che occorra, al fine di escludere l'annullabilità del contratto concluso con se stesso, sia la specifica autorizzazione del rappresentante, sia la predeterminazione dei termini del contratto nel contesto della medesima autorizzazione, mentre la dottrina, condivisibilmente, precisa che è necessario, e sufficiente, che l'autorizzazione individui il proprio oggetto in modo sufficiente a delimitare il rischio con essa assunto, non potendo essere, in ogni caso, generica.

Carenza o eccesso di potere

Dalle ipotesi di contratto concluso in conflitto di interessi o di contratto con se stesso – nelle quali si realizza un **abuso** del potere di rappresentanza – vanno nettamente distinti i casi della **carenza** o dell'**eccesso** di potere rappresentativo (art. 1398). Ad es., Tizio, del tutto privo di poteri rappresentativi, conclude con Sempronio un contratto in nome e per conto di Caio; oppure – ipotesi dell'eccesso di potere – Tizio, cui è stata conferita da Caio una procura a locare, in realtà stipula una compravendita.

Inefficacia del contratto

Il contratto concluso dal c.d. *falsus procurator* non produce effetti né per la sfera giuridica dello pseudo-rappresentato né per la sfera giuridica dello stesso falso rappresentante: quest'ultimo, infatti, pur non essendo legittimato a farlo, ha comunque speso il nome altrui, sicché è chiaro che non intendeva vincolare se stesso.

Ratifica

Tale contratto è dunque valido ma inefficace e si discute se l'inefficacia in cui esso versa possa essere rilevata d'ufficio dal giudice. Lo pseudo-rappresentato può, tuttavia, appropriarsi dei suoi effetti attraverso la **ratifica**: si tratta di un negozio unilaterale, recettizio nei confronti del terzo che abbia contrattato con il *falsus procurator* e che deve essere rivestito della stessa forma richiesta per la conclusione del contratto da ratificare (art. 1399, co. 1).

La ratifica ha effetto **retroattivo**, ma sono salvi i diritti dei terzi, che abbiano acquistato direttamente dallo pseudo-rappresentato (art. 1399, co. 2).

Nell'attesa che intervenga l'eventuale ratifica, il terzo si trova – quanto alla possibile efficacia del contratto – in una situazione di **incertezza**, che egli può avere interesse a sciogliere al più presto, onde procurarsi altrove la prestazione che avrebbe dovuto ricavare dal contratto con il *falsus procurator*. Si spiega, così, la regola secondo la quale "il terzo contraente può invitare l'interessato a pronunziarsi sulla ratifica, assegnandogli un termine, scaduto il quale, nel silenzio, la ratifica si intende negata" (art. 1399, co. 4).

Il terzo ed il *falsus procurator*, qualora vogliano evitare gli effetti della ratifica, possono d'intesa **sciogliere** il contratto prima che questa intervenga (art. 1399, co. 3). Trova qui conferma la circostanza che il contratto concluso dal falso rappresentante è valido, ancorché inefficace, non avendo evidentemente senso ipotizzare lo scioglimento consensuale di un contratto nullo.

Responsabilità del *falsus procurator*

Infine, il terzo potrà chiedere al *falsus procurator* il risarcimento del danno per avere senza sua colpa confidato nella validità (in senso lato) del contratto (art. 1398).

Secondo il consolidato orientamento giurisprudenziale, i principi dell'apparenza del diritto e dell'affidamento incolpevole possono essere invocati, con riguardo alla rappresentanza, allorché non solo vi sia la buona fede del terzo che ha stipulato con il falso rappresentante, ma anche un comportamento colposo del rappresentato, tale da ingenerare nel terzo la ragionevole convinzione che il potere di rappresentanza sia stato effettivamente e validamente conferito al rappresentante apparente. Pertanto, in materia di rappresentanza il rilievo dell'apparenza non è dato solo dall'atteggiamento psicologico di chi invoca la situazione di apparenza, ma anche da quello – negligente o malizioso – del rappresentato.

La responsabilità del *falsus procurator* nei confronti del terzo costituisce un'ipotesi di responsabilità precontrattuale (art. 1338).

10.1. *Il contratto per persona da nominare*

Alla materia della rappresentanza può essere ricondotto il contratto per **persona da nominare** (si parla, infatti, di rappresentanza in *incertam personam*): esso non costituisce un tipo contrattuale, ma dà luogo ad una peculiare tecnica di individuazione di una delle parti in senso sostanziale del contratto.

Qui, infatti, uno dei contraenti – all'atto della conclusione del contratto – si riserva il potere "di nominare successivamente la persona che deve acquistare i diritti e assumere gli obblighi nascenti dal contratto stesso" (art. 1401).

Funzione dell'istituto

Questa tecnica è utilizzata soprattutto nei contratti traslativi della proprietà, quando l'acquirente abbia intenzione di ritrasferire ad un terzo il diritto. In tal caso, procedendo alla nomina del terzo, l'acquirente consegue l'obiettivo di evitare le spese di un doppio trasferimento (ma, agli effetti fiscali – art. 32, d.P.R. n. 131/1986 – il trasferimento si considera unico solo se la nomina sia stata eseguita entro tre giorni dalla conclusione del contratto: v. anche art. 1402, co. 1), in quanto la persona nominata acquista i diritti ed assume gli obblighi derivanti dal contratto con effetto dal **momento** della stipula (art. 1404).

Il contratto per persona da nominare può essere utilizzato anche da chi intenda celare il proprio interessamento all'affare. A tal fine, ci si può avvalere di un proprio mandatario, il quale – contrattando con la formula per sé o per persona da nominare – consegue l'effetto del subingresso del mandante nel rapporto contrattuale.

Dichiarazione di nomina

La **dichiarazione di nomina** ha effetto soltanto se accompagnata dall'**accettazione** del nominato o se integrata da una sua **procura** anteriore al contratto (art. 1402).

La dichiarazione di nomina o l'accettazione o la procura debbono rivestire la stessa forma che le parti hanno usata per il contratto, anche se non prescritta dalla legge (art. 1403, co. 1); inoltre, se per il contratto è richiesta a determinati effetti una forma di pubblicità (ad es., la trascrizione), anche la dichiarazione di nomina – recante l'indicazione della procura o dell'atto di accettazione della persona nominata – andrà trascritta (art. 1403, co. 2).

Nel caso in cui la dichiarazione di nomina non venga validamente e tempestivamente eseguita, il contratto produrrà i suoi effetti tra i contraenti originari (art. 1405).

Sezione III

PATOLOGIE STRUTTURALI E FUNZIONALI DEL CONTRATTO

11. *L'invalidità del contratto: la nullità e le nullità. L'annullabilità*

Talora l'ordinamento giuridico può compiere una valutazione così negativa dell'atto di autonomia privata da indurlo a negargli qualsiasi efficacia.

In altri casi, meno gravi, al contratto viene riconosciuta un'efficacia provvisoria ed interinale, che però può essere rimossa su iniziativa di una delle due parti.

Invalidità del contratto

Queste due ipotesi corrispondono all'area dell'**invalidità** del contratto.

La categoria dell'invalidità è di elaborazione dottrinale e non trova riscontro nella sistematica del codice, che si impernia invece sulle due figure della **nullità** e dell'**annullabilità**.

Da questo punto di vista, la nozione di invalidità soddisfa un'esigenza puramente descrittiva, ricomprendendo al suo interno tutte le varie ipotesi di difformità del contratto rispetto al paradigma normativo.

Inesistenza del contratto

Quando, invece, il contratto non sia semplicemente difforme rispetto allo schema legale ma del tutto irriducibile allo stesso, esso sarebbe **inesistente**. La distinzione tra invalidità ed inesistenza si giustificherebbe perché soltanto nel primo caso troverebbero applicazione quelle norme che annettono una pur eccezionale rilevanza al contratto nullo (ad es., conversione, art. 1424; c.d. pubblicità sanante, art. 2652, n. 6; la produzione di effetti del contratto di lavoro nullo, art. 2126).

Le ipotesi di inesistenza del contratto solitamente proposte hanno, tuttavia, una scarsissima rilevanza pratica (ad es., il contratto concluso sulla scena, nell'ambito di una rappresentazione teatrale; il contratto concluso per scherzo; il contratto concluso a seguito di una violenza fisica), e risultano difficilmente distinguibili rispetto ai casi di nullità del contratto per difetto di accordo.

Ipotesi di invalidità del contratto

Tornando alle ipotesi di invalidità, esse possono consistere, in via di prima approssimazione:

a) in un'imperfezione **strutturale** della fattispecie: ad es., difetto di determinatezza o determinabilità dell'oggetto; difetto di causa (art. 1418, co. 2);

b) nel **contrasto** tra l'interesse concretamente perseguito dalle parti e gli interessi ritenuti fondamentali dall'ordinamento giuridico: ad es., illiceità della causa; contratto in frode alla legge (art. 1418, co. 2);

c) nella **contrarietà**, altrimenti riscontrabile, del contratto rispetto a norme imperative (art. 1418, co. 1);

d) nella **violazione** di norme poste a tutela di un contraente, ritenuto debole, e finalizzate ad impedire, o a circondare di particolari cautele, l'inserimento nel contratto di clausole in grado di pregiudicarne la posizione (ad es., il vizio che colpisce le clausole vessatorie nei contratti con i consumatori, non a caso legislativamente definito come nullità di protezione dall'art. 36 cdc);

e) in un **vizio** del consenso (artt. 1427-1440);

f) nella **assenza**, in uno dei contraenti, dei requisiti di capacità richiesti dall'ordinamento giuridico (incapacità legale di agire o incapacità naturale: art. 1425; art. 428);

g) in generale, nella presenza di **vizi** del contratto ritenuti dal legislatore di minore gravità, avuto riguardo alla consistenza ed alla qualità dell'interesse da proteggere (così, ad es., nel caso del contratto concluso in conflitto di interessi: art. 1394).

La riconduzione alla categoria generale dell'invalidità di queste ipotesi ha, come si accennava, un valore puramente descrittivo. Infatti, la disciplina predisposta per i casi da *a*) a *c*) – che corrispondono all'area della **nullità** – è del tutto diversa rispetto a quella prevista per i casi elencati da *e*) a *g*), che corrispondono, invece, all'area dell'**annullabilità**.

Una considerazione a sé meritano, poi, le ipotesi *sub* d), irriducibili sia alla nullità sia all'annullabilità: tanto che, al riguardo, si è ormai soliti parlare di nullità **speciali**.

Caratteri generali della nullità

Venendo alla nullità, si può dire, in via di prima approssimazione, che essa può anche essere **virtuale**, nel senso che – ove ne ricorrano i presupposti – non è necessaria una norma che espressamente la commini; il contratto nullo è assolutamente **inefficace** e **non** può essere sanato o convalidato dalle parti; la legittimazione processuale a far valere la nullità del contratto spetta a **chiunque** vi abbia interesse, potendo altresì il vizio essere rilevato d'ufficio dal giudice, e la relativa azione è **imprescrittibile**; la sentenza che ravvisi sussistente una causa di nullità del contratto ha efficacia puramente **dichiarativa** in quanto si limita ad accertare una realtà giuridica già in essere, e cioè, appunto, la radicale inidoneità del contratto a produrre effetti giuridici.

... e dell'annullabilità

Al contrario, l'annullabilità è **testuale**, nel senso che essa insorge solo in presenza di un'esplicita previsione normativa; il contratto annullabile è bensì **produttivo** di effetti giuridici, ma si tratta di effetti interinali e provvisori. In quanto tali, essi possono essere rimossi, anche se soltanto su iniziativa della parte a tutela della quale la causa di annullabilità era prevista. Questa stessa parte potrà, altresì, **convalidare** il contratto. L'azione intesa a far valere la causa di annullabilità del contratto (c.d. azione di **annullamento**) è soggetta a **prescrizione**; la sentenza di annullamento, a sua volta, ha efficacia **costitutiva**, poiché, nella misura in cui rimuove gli effetti del contratto, muta la realtà giuridica preesistente.

«Nullità speciali»

Dal canto suo, l'area, inevitabilmente eterogenea, delle c.d. nullità **speciali** (anche questa categoria puramente descrittiva) presenta taluni profili tipici della nullità (ad es., nella nullità di protezione, la insanabilità del vizio, la rilevabilità d'ufficio dello stesso: v. n. 4.2), altri più prossimi al regime dell'**annullabilità** (ad es., la legittimazione a far valere il vizio attribuita alla sola parte contrattuale che il legislatore si propone di tutelare: così, il cliente della banca, *ex* art. 127, co. 2, d.lgs. n. 385/1993 nonché art. 36, co. 3 cdc); altri ancora, infine, assolutamente **peculiari** e dettati dall'esigenza di non vanificare la finalità di tutela del contraente protetto (ad es., la non propagabilità all'intero contratto della nullità «di protezione» della clausola vessatoria).

Fondamento della nullità

Dunque, in linea di principio, si può dire che della nullità la legge si avvale, ora per colpire le ipotesi di più grave e radicale difformità della concreta fattispecie contrattuale rispetto allo schema normativo, ora per sanzionare la illiceità degli interessi perseguiti dalle parti, cioè la loro contrarietà a valori giudicati fondamentali dall'ordinamento.

... e dell'annullabilità

Dal canto suo, l'area dell'annullabilità coincide, di regola, con i casi nei quali l'interesse pregiudicato dal contratto è quello individuale di una delle parti.

Il discrimine appena tracciato, però, è tutt'altro che sicuro, come dimostra proprio la categoria delle c.d. nullità speciali che colpiscono contratti lesivi di interessi riconducibili non alla generalità dei consociati, ma a specifiche classi di contraenti (i consumatori, i conduttori, i subfornitori, ecc.), proteggendo, in via immediata, l'interesse dell'appartenente alla categoria e, in via mediata, l'interesse ad un corretto esercizio dell'autonomia privata, che è interesse generale.

L'utilizzo di meccanismi di tutela almeno sotto alcuni profili assimilabili a quelli propri della nullità, a presidio di interessi di uno dei contraenti o dei soggetti appartenenti a determinate categorie di contraenti, si spiega perché, da un lato, si vuol evitare che il contraente protetto possa rinunciare alla tutela predisposta dalla legge (ad es., il consumatore che, sollecitato dal professionista con la prospettiva di altri vantaggi, «convalidi» la clausola vessatoria di per sé inefficace); dall'altro perché – attraverso la tutela del singolo contraente – l'ordinamento persegue altresì finalità istituzionali come l'efficiente funzionamento del mercato.

Non può assimilarsi all'invalidità la **rescissione** del contratto che si fonda su un'ipotesi, davvero eccezionale, di rilevanza dello **squilibrio** in senso oggettivo delle prestazioni dedotte in contratto.

Inefficacia ed invalidità

L'invalidità va tenuta distinta dalla **inefficacia** del contratto.

Infatti, l'invalidità esprime la difformità dell'atto negoziale dal paradigma legislativo, cui consegue l'inidoneità alla produzione degli effetti tipici riconnessi dalla legge all'atto stesso; mentre, l'inefficacia implica l'inidoneità del contratto a produrre effetti in un dato momento.

Ciò che interessa mettere in luce è che il contratto invalido non è necessariamente inefficace, ben potendo essere efficace, sia pure in modo provvisorio ed interinale (è il caso del contratto annullabile).

Dal canto suo, la circostanza che il contratto sia inefficace non implica che lo stesso sia invalido. Infatti, un contratto perfettamente valido può tuttavia essere inefficace, qualora non si sia ancora verificata la condizione sospensiva, o non sia sopraggiunto il termine iniziale.

In questo senso si distingue tra inefficacia c.d. **in senso ampio**, avente funzione rimediale, in quanto collegata a un difetto del contratto, tale da determinare l'invalidità (nullità o annullabilità) o altro rimedio (risoluzione o rescissione); e inefficacia **in senso stretto**, priva di una funzione rimediale in quanto relativa a contratti privi di difetti cui reagire (è questo il caso della condizione o dell'inefficacia conseguente all'esercizio dell'azione revocatoria).

Inefficacia relativa ed inopponibilità

Un contratto valido (ed efficace tra le parti) potrà invece essere inefficace nei confronti di taluni **terzi** o ad essi **inopponibile**, senza che tale circostanza ne intacchi in alcun modo la validità. Così, ad es., Tizio non potrà opporre a Caio, che abbia trascritto per primo, il suo titolo d'acquisto dal comune dante causa (art. 2644) o, ancora, l'atto di disposizione posto in essere da Mevio in favore di Filano ed in pregiudizio delle ragioni del creditore Cneo è inopponibile o relativamente inefficace nei confronti di quest'ultimo, ove egli abbia con successo esperito l'azione revocatoria (art. 2901).

12. *Le cause di annullabilità del contratto*

Si è già osservato che l'annullabilità del contratto può discendere: *a*) dall'esistenza di un **vizio** nella formazione del consenso contrattuale (errore, violenza, dolo); *b*) dalla condizione di incapacità **legale** di agire o di incapacità **naturale** (art. 1425; art. 428) nella quale si sia trovata una delle parti al momento della conclusione del contratto; *c*) da ulteriori situazioni, che, tuttavia, debbono essere oggetto di specifica previsione normativa.

Il gruppo di ipotesi accennate *sub* c) è eterogeneo. Vi rientrano, ad es., gli acquisti vietati ai genitori di beni o diritti di proprietà dei figli minori (art. 323, co. 2); il contratto concluso in conflitto di interessi e il contratto con se stesso (artt. 1394-1395); le compravendite stipulate in violazione dell'art. 1471, n. 3-4 (art. 1471, co. 2); gli atti di straordinaria amministrazione aventi ad oggetto beni immobili o mobili registrati in comunione legale e compiuti senza l'assenso dell'altro coniuge (art. 184, co. 1-2). Come è agevole constatare, si tratta di fattispecie tutte accomunate da una esigenza di tutela di un interesse individuale, come è, del resto, nella logica della annullabilità del contratto.

12.1. *I vizi della volontà*

Un primo gruppo di cause di annullabilità è rappresentato, come si è già detto, dai vizi della **volontà**, o vizi del **consenso**, suscettibili di insorgere, appunto, nella fase formativa del consenso contrattuale.

Tutela della volontà e tutela dell'affidamento

La disciplina dei vizi del consenso deve tenere conto di una duplice esigenza. Per un verso, va assicurata l'integrità del consenso di ciascuno dei contraenti, in quanto esso rappresenta il nucleo fondamentale del contratto; per altro verso, va tutelato l'**affidamento** riposto dalla controparte sulla validità del contratto.

Le regole accolte in materia dal codice civile vigente appaiono ispirate – rispetto a quelle fatte proprie dal codice del 1865 – ad una più **accentuata** tutela dell'affidamento: ciò si desume, in particolare, dalla previsione della **riconoscibilità** come requisito di rilevanza dell'errore.

12.1.1. *L'errore*

Errore vizio

L'**errore** può consistere, innanzi tutto, in una **falsa** rappresentazione ovvero in un'**ignoranza** della realtà alla quale il contratto si riferisce, tale da pregiudicare la corretta formazione del consenso. Ad es., acquisto un mobile dall'antiquario Caio, ritenendo che sia un pezzo originale del XVI secolo, mentre si tratta soltanto di una rifacitura del XXI secolo; stipulo un contratto d'opera con Tizio avente ad oggetto la progettazione di un ponte, ritenendo che egli sia un ingegnere, mentre in realtà è semplicemente un geometra. Si parla, in tali casi, di errore **vizio** o di errore **motivo**.

È ovvio, però, che se ogni errore portasse alla annullabilità del contratto, ne verrebbe pregiudicato l'affidamento della controparte e, più in generale, ne risulterebbe messa a repentaglio la sicurezza dei traffici giuridici.

Requisiti di rilevanza dell'errore

Di qui la scelta del legislatore di fissare requisiti di **rilevanza** dell'errore, consistenti nell'**essenzialità** e **riconoscibilità** dell'errore stesso (art. 1428); e di qui, anche, la diversità della disciplina in materia di **donazione** e di **testamento**, dove la unilateralità dell'atto e la gratuità dell'acquisto affievoliscono l'esigenza di tutela dell'affidamento.

Essenzialità dell'errore

L'errore può, dunque, ritenersi essenziale quando:

a) cada sulla **natura** o sull'**oggetto** del contratto (ad es., stipulo una locazione convinto di avere stipulato una compravendita: art. 1429, n. 1) Alla prima categoria deve essere ricondotto l'errore sul «tipo» contrattuale (ad es., Caio, convinto di assumere la qualità di confideiussore, scopre di essere stato coinvolto in una fideiussione autonoma), ipotesi che va distinta dalla erronea denominazione data dalle parti al contratto, che può essere corretta dal giudice. La seconda categoria riguarda, invece, la prestazione in quanto tale (ad es., Tizio, convinto di acquistare una vettura appartenuta a Caio, persona di sua fiducia, scopre che l'autovettura era appartenuta ad un altro soggetto);

b) cada sulla **identità** dell'oggetto della prestazione o su talune sue **qualità** che, in base al comune apprezzamento o in relazione alle circostanze, debbano ritenersi **determinanti** del consenso (art. 1429, n. 2). Ad es., acquisto un quadro convinto che si tratti di un Picasso mentre invece è una volgare «crosta»; acquisto una partita di «Brunello di Montalcino» del 2002 convinto che si tratti della (assai più pregiata) annata 2015, ecc.

L'art. 1429 fissa due criteri per identificare le qualità determinanti del consenso: uno, **oggettivo**, per cui sono essenziali le qualità che risultino tali "secondo il comune apprezzamento", tenuto conto di *standard* obiettivi e della tipologia di affare e della qualità delle parti; e uno **soggettivo** che pone al centro, ai fini della individuazione della natura determinante dell'errore, le circostanze concrete.

Errore sul valore

Il c.d. errore sul **valore** è rilevante nei limiti in cui si traduca in errore sulle **qualità** dell'oggetto della prestazione: ad es., compro, e pago, un quadro ritenendolo opera originale di Picasso, mentre si tratta soltanto di una copia. Viceversa, l'errore sul valore è irrilevante quando si presenti sotto forma di una stima erronea dell'effettivo valore di un bene: ad es., pago € 10.000 una macchina usata che vale al massimo € 7.000. In quest'ultimo caso, l'errore cade su una qualità dell'oggetto – il valore economico – che non è annoverabile tra quelle essenziali, in forza della regola generale di insindacabilità dell'adeguatezza del corrispettivo;

c) cada sull'**identità** o sulle **qualità** della persona dell'altro contraente, ove l'una o le altre siano **determinanti** del consenso (art. 1429, n. 3). Ad es., dovendomi sottoporre ad un delicato intervento chirurgico, mi rivolgo a Tizio, convinto che si tratti di un luminare della materia ed invece è soltanto un neolaureato, omonimo del grande cattedratico. Qui non viene in rilievo, come nei contratti personali (o *intuitu personae*), l'esigenza di tutelare il terzo subentrante in un rapporto giuridico instaurato da altri (si pensi alla norma che prevede l'estinzione del mandato in caso di morte del mandante), ovvero il contraente di fronte al subentrare nel rapporto di un soggetto diverso da quello prescelto (è il caso della facoltà di recesso attribuita al mandante in caso di morte del mandatario o all'appaltante in caso di morte dell'appaltatore), ma si vuole tutelare la parte caduta in errore sulla persona della controparte, in ragione di un connotato che può essere tanto oggettivo quanto soggettivo;

d) quando, trattandosi di errore di **diritto**, sia stata la ragione unica o **principale** del consenso (art. 1429, n. 4). Ad es., acquisto un fondo per costruirvi un palazzo ignorando, però, che esso è gravato da un vincolo di inedificabilità.

Il problema della apparente interferenza tra l'errore di diritto ed il principio generale del nostro ordinamento in forza del quale *ignorantia legis non excusat* va risolto in base alla considerazione che le due discipline operano su piani diversi: infatti, mentre il principio da ultimo richiamato mira ad impedire che il soggetto possa pretendere di eludere l'applicazione di norme giuridiche, invocandone la mancata conoscenza, la disciplina dell'errore di diritto è volta alla tutela del contraente caduto in errore su una norma giuridica, la quale, comunque, non potrebbe trovare applicazione (così, ad es. chi ha acquistato un terreno credendo, erroneamente, fosse edificabile, potrà chiedere l'annullamento, ma non potrà comunque costruirvi).

La rilevanza dell'errore di diritto è espressamente esclusa per la **transazione** (art. 1969) e per la **confessione** (art. 2732).

Errore sui motivi

Errore di previsione

Come risulta anche dagli esempi proposti, l'errore è essenziale nella misura in cui cade su circostanze **intrinseche** al contratto. Non è invece essenziale, e non conduce all'annullamento del contratto, l'errore che, pur essendo stato in concreto determinante del consenso, cada su circostanze **estrinseche**. Tale è, in particolare, l'errore sui **motivi** (ad es., prendo in locazione un appartamento a Roma perché convinto che lì sarò presto trasferito, mentre invece vengo trasferito a Palermo) o, anche, l'errore di **previsione** (ad es., prenoto una settimana in albergo a Vulcano perché convinto che il tempo sarà bellissimo, ma, al contrario, piove tutti i giorni).

In entrambi i casi l'errore cade su elementi estranei alla sfera obiettiva del contratto, ma riguarda l'aspettativa e i bisogni soggettivi delle parti. La non essenzialità dell'errore sui motivi rinviene la sua *ratio* nello stesso principio di irrilevanza dei motivi: non è razionale accollare alla parte non in errore la mancata realizzazione di vantaggi che l'errante sperava di realizzare, ma che non sono penetrati nell'economia del contratto.

L'irrilevanza dell'errore sui motivi, ai fini dell'annullamento, trova un'eccezione nel testamento (art. 624) e nella donazione (art. 787), purché il motivo risulti dall'atto e sia l'unico determinante: la ragione di tale eccezionale rilevanza è da attribuire al ruolo assunto in questi casi dai motivi che assurgono quasi a vera e propria causa dell'attribuzione patrimoniale, e alla circostanza che un motivo risultante dall'atto assume un rilievo obiettivo che trascende la sfera personale dell'autore della dichiarazione negoziale.

Anche l'errore di diritto, per risultare essenziale, deve riferirsi a circostanze intrinseche al contratto, nonostante che l'art. 1429, n. 4 possa lasciar credere ad un'ipotesi di eccezionale rilevanza dell'errore sul motivo (ad es., se acquisto una tenda speciale per campeggiare in una zona desertica di un paese mediorientale, ignaro della circostanza che l'ingresso in quel paese è temporaneamente interdetto, l'errore sarà di certo determinante del mio consenso, ma sarà anche irrilevante in quanto cade su un elemento estrinseco al contratto).

Errore di calcolo

Una disciplina particolare è riservata all'errore di **calcolo** (art. 1430). In realtà, non si tratta di un vero e proprio errore ma di una imperfetta applicazione dei criteri di calcolo: ad es., in una compravendita di grano, pattuito il prezzo di € 0,5 al chilo e la cessione di 100 chili, il prezzo complessivo viene fissato in € 60.

Rettifica

In tal caso, non si fa luogo ad annullamento del contratto, ma soltanto alla sua **rettifica**, da tenersi ben distinta dalla rettifica prevista dall'art. 1432 come rimedio alternativo all'annullamento.

Se, però, l'errore di calcolo si risolve in errore sulla **quantità**, a sua volta determinante del consenso, saremo in presenza di un errore sull'oggetto del contratto (art. 1429, n. 1), come tale essenziale. Ad es., il prezzo di una partita di grano viene fissato ad € 1.000 nel presupposto che dentro il silos ve ne siano 5 tonnellate e invece ve ne sono solo 3.

Errore riconoscibile

Ulteriore requisito di rilevanza dell'errore è la sua **riconoscibilità** che sussiste quando la controparte, tenuto conto del contenuto e delle circostanze del contratto, nonché della qualità dei contraenti, avrebbe potuto accorgersi dell'errore usando l'ordinaria diligenza (art. 1431). Ad es., l'esperto antiquario può facilmente accorgersi dell'errore in cui sta incorrendo il cliente che acquista al prezzo dell'originale una banale riproduzione.

Tutela dell'affidamento

Come, e più, della essenzialità, la riconoscibilità dell'errore è funzionale alla tutela dell'**affidamento** legittimamente riposto dalla controparte nella stabilità del contratto. Ne consegue che ove l'errore sia stato in concreto riconosciuto, ogni indagine sulla sua astratta riconoscibilità sarà superflua.

Del tutto irrilevante, a differenza di quanto previsto dal codice civile del 1865, è la **scusabilità** dell'errore: un errore scusabile, purché essenziale e riconoscibile, può, dunque, dare luogo all'annullamento del contratto.

Connessa al concetto di riconoscibilità è la questione della rilevanza dell'errore comune ad entrambe le parti, seppur non riconoscibile. In tal caso, il contratto è senz'altro annullabile, a prescindere da un'autonoma indagine circa la riconoscibilità dell'errore, poiché non vi è alcun affidamento da tutelare, essendo entrambe le parti in errore.

Errore ostativo

A differenza dell'errore-vizio, l'errore **ostativo** cade non sul processo di formazione della volontà ma sulla sua **dichiarazione** o **trasmissione**: ad es., nella proposta trasmessa via telegrafo dall'ufficio postale risulta un prezzo diverso da quello da me indicato.

L'errore ostativo, purché essenziale e riconoscibile, dà luogo all'annullamento del contratto (art. 1433). Si tratta di una soluzione innovativa rispetto a quella accolta nel codice civile del 1865 e che, ancora una volta, risponde ad un'esigenza di tutela dell'affidamento fortemente avvertita dal legislatore del 1942: qui, infatti, il dichiarante, ove l'errore non sia essenziale o non sia riconoscibile, rimarrà vincolato ad una dichiarazione difforme rispetto a quanto realmente voluto.

Rimane estranea alla sfera di applicazione dell'art. 1433 la dichiarazione contrattuale trasmessa contro la volontà del dichiarante, o comunque non riferibile alla sua sfera, venendo in tal caso evidentemente a mancare la volontà dell'agente di indirizzare all'esterno la dichiarazione, presupposto per il rilievo del principio di autoresponsabilità.

Rettifica dell'errore

L'azione di annullamento può essere preclusa dalla offerta della controparte di eseguire il contratto in modo conforme a quanto voluto da chi è caduto in errore (c.d. **rettifica** del contratto: art. 1432).

12.1.2. *Il dolo*

Dolo

Il **dolo** è anch'esso un vizio del consenso. In quanto tale, va tenuto rigorosamente distinto dal dolo come elemento soggettivo dell'illecito contrattuale o extracontrattuale.

Il dolo consiste in una **falsa rappresentazione** o **ignoranza** della realtà non spontaneamente determinatasi, bensì indotta da un **raggiro** o da un **artifizio** della controparte (art. 1439, co. 1) o di un terzo (ma in questo caso il contratto sarà annullabile solo se i raggiri erano noti al contraente che ne ha tratto vantaggio: art. 1439, co. 2).

Irrilevanza del *dolus bonus*

Ai fini della annullabilità del contratto, il raggiro o l'artifizio debbono essere tali da indurre in errore una persona normalmente ragionevole e sensata. Non integra, pertanto, gli estremi del dolo il c.d. *dolus bonus*, e cioè l'enfatizzazione – largamente diffusa nella pratica commerciale – delle qualità della prestazione o della merce offerta, poiché chiunque è in grado di rendersi conto che si tratta di semplici espedienti pubblicitari (v., però, la tutela apprestata dagli art. 19 s. cdc a fronte della **pubblicità ingannevole**).

Il dolo può dirsi integrato dal **raggiro**, che si esprime nella sua massima intensità nella **macchinazione**, intesa come comportamento positivo finalizzato a costituire una falsa rappresentazione della realtà, idoneo ad incidere sul processo di formazione della volontà del contraente in modo tale da indurre la vittima in un errore determinante del consenso.

La menzogna

Diversa dalla macchinazione è, invece, la **menzogna**, cioè l'affermazione del falso o la negazione del vero, non qualificata da ulteriori raggiri, la cui irrilevanza è sancita espressamente con riguardo al contratto del minore (art. 1426) ma non può essere esclusa sul piano del dolo, purché si appunti su dati che escano della sfera del dichiarante e incidano obiettivamente sulla sfera della controparte.

La reticenza

Anche il semplice **silenzio** (c.d. **reticenza**) può integrare gli estremi del dolo quando la natura del contratto, o le concrete circostanze dello stesso, impongano ad una parte di comunicare all'altra informazioni essenziali nell'economia dell'affare (ed in tal caso il silenzio potrà anche essere fonte di responsabilità **precontrattuale**). Ad es., Caio, famoso antiquario, pur sapendolo, omette di informare il cliente che l'opera che questi sta acquistando è una copia e non l'originale. In taluni casi è poi la stessa legge ad attribuire rilevanza ad una reticenza particolarmente qualificata (v. art. 1892 in materia di assicurazione). E qui il discorso refluisce sul piano dei limiti entro cui la parte è tenuta ad informare il partner nella fase di formazione del contratto.

Proprio perché nel dolo l'errore è indotto dalla controparte e, dunque, viene meno ogni esigenza di tutela dell'affidamento, esso rileverà anche quando dovesse cadere su circostanze **estrinseche** al contratto: ad es., Tizio, per indurmi ad acquistare un appartamento a Roma, mi fa credere di aver saputo dal mio datore di lavoro, suo caro amico, che presto sarò trasferito in quella città.

Dolo determinante ...

Ai fini della annullabilità del contratto, il dolo deve essere stato **determinante**, tale cioè da indurre la controparte a stipulare (art. 1439, co. 1). Nel caso in cui, invece, i raggiri non siano stati tali da indurre la stipula del contratto, ma abbiano fatto sì che il contratto venisse concluso a condizioni diverse, il dolo è definito **incidente**: in tal caso, resta esclusa l'annullabilità del contratto, ma il contraente in **mala fede** è tenuto al **risarcimento** del danno (anche qui siamo in presenza di un'ipotesi di responsabilità precontrattuale), che sarà commisurato al minor vantaggio o maggior aggravio economico determinato dalla condotta scorretta della controparte.

... e dolo incidente

Dolo e risarcimento del danno

Un obbligo risarcitorio potrà configurarsi anche nel caso di dolo determinante, essendo comunque contrario a buona fede (e rilevante, dunque, quale fonte di responsabilità precontrattuale) il comportamento di chi carpisca con l'inganno il consenso altrui. In tal caso il risarcimento sarà limitato al c.d. interesse negativo. Nel caso in cui il dolo venga posto in essere da un terzo, con la responsabilità di questi concorrerà quella del contraente che abbia tratto vantaggio dall'inganno.

12.1.3. *La violenza*

Violenza morale e violenza fisica

L'ulteriore ipotesi di vizio del consenso, causa di annullabilità del contratto, è la **violenza morale**, così detta per distinguerla dalla **violenza fisica**. Quest'ultima ricorrerebbe nel caso, quasi soltanto teorico, in cui una parte sia fisicamente costretta alla conclusione di un contratto (ad es., la mano del contraente viene forzata alla sottoscrizione in calce al testo del contratto) e darebbe luogo alla nullità (se non alla inesistenza) del contratto per mancanza dell'accordo delle parti.

Caratteri della violenza

Ai fini dell'annullabilità del contratto, "la violenza deve essere di tal natura da fare impressione sopra una persona sensata e da farle temere di esporre sé o i suoi beni a un male ingiusto e notevole" (art. 1435).

Il male minacciato deve essere di **notevole** entità; **esterno** al contratto, nel senso che non può consistere nella privazione del bene della vita atteso dalla prestazione dedotta in contratto; e, soprattutto, deve essere **ingiusto**, tale, quindi, che se attuato darebbe luogo a responsabilità civile.

L'idoneità della minaccia va commisurata alle caratteristiche del destinatario: ad es., la minaccia di interrompere una lunga amicizia può non condizionare una persona matura ed autosufficiente, ma potrebbe, viceversa, influenzare in modo decisivo un anziano, bisognoso di affetto e di assistenza morale. Opportunamente, dunque, il codice civile prevede che si abbia riguardo, in questa materia, all'età, al sesso ed alla condizione delle persone (art. 1435, ult. parte).

Minaccia nei confronti di terzi

La violenza dà luogo all'annullabilità del contratto anche quando sia rivolta contro il **coniuge**, un **ascendente** o un **discendente** della controparte o i loro beni (art. 1436, co. 1). Nel caso, invece, in cui essa si indirizzi contro altre persone, l'annullamento del contratto è rimesso al prudente apprezzamento del **giudice** (art. 1436, co. 2).

Minaccia posta in essere da terzi

La violenza può provenire anche da un **terzo**. In questo caso, a differenza di quanto accade nel dolo, il contratto sarà **sempre** annullabile anche quando la parte che ha beneficiato della violenza ne fosse all'oscuro (art. 1434): e ciò si spiega in ragione della maggiore gravità della minaccia (che, se attuata, può mettere a repentaglio anche la vita o l'integrità fisica della controparte) rispetto ai raggiri o artifizi del dolo.

Minaccia di far valere un diritto

Anche la **minaccia** di far valere un **diritto** può dare luogo all'annullabilità del contratto, ove sia diretta a conseguire vantaggi **ingiusti** (art. 1438). Ad es., minaccio Tizio di sottoporre il suo patrimonio ad esecuzione forzata se egli non mi venderà la sua casa ad un prezzo inferiore a quello di mercato: qui il vantaggio che mi riprometto di ottenere è ingiusto perché non vi è alcun rapporto tra il diritto fatto valere ed il vantaggio stesso. In altre parole, il diritto viene utilizzato per scopi che nulla hanno a vedere con l'interesse alla cui realizzazione il diritto stesso è tipicamente dedicato.

Sarebbe invece giusto, in quanto congruo rispetto all'interesse tutelato, il vantaggio perseguito da chi minacci di richiedere un decreto ingiuntivo onde indurre il debitore a costituire un'ipoteca.

Nesso di causalità

Ai fini dell'annullamento è poi essenziale la sussistenza del nesso di causalità fra la minaccia e la conclusione del contratto, pertanto, è necessario che la parte abbia stipulato il contratto stesso al fine specifico di sottrarsi al male oggetto di minaccia.

Se la minaccia non è idonea a determinare la conclusione del contratto, c.d. **violenza incidente**, non si potrà dar luogo all'annullamento del contratto, ma la vittima avrà diritto al risarcimento del danno, commisurato alla sconvenienza del negozio concluso, essendo pur sempre la condotta della parte contraria a buona fede e, quindi, fonte di responsabilità precontrattuale.

Timore reverenziale

Non dà luogo alla annullabilità del contratto il **timore reverenziale** (art. 1437: ad es., il desiderio di non scontentare una persona verso la quale si abbia un sentimento di soggezione psicologica), poiché qui il condizionamento non proviene dall'esterno ma è un frutto di un processo psichico interno alla parte.

12.2. *Le incapacità*

Incapacità di agire ed annullabilità

Qualora una delle parti del contratto sia affetta da incapacità **legale** d'agire, il contratto è annullabile (art. 1425).

In questo caso, il fondamento dell'annullabilità è da ravvisarsi nell'esigenza di proteggere quanti non siano in grado di provvedere da sé alla cura dei propri interessi (minori di età; interdetti giudiziali).

Diversa è invece la *ratio*, squisitamente sanzionatoria, dell'annullabilità dei contratti posti in essere dall'**interdetto legale**.

Sono annullabili anche gli atti di **straordinaria** amministrazione compiuti dai soggetti limitatamente capaci (inabilitato, minore emancipato), in difetto dell'assistenza del curatore (artt. 396, 427, co. 2).

L'annullabilità del contratto concluso dagli incapaci legali di agire, dipendendo da una valutazione legale della loro condizione, **prescinde** dalla circostanza che essi fossero, in concreto, perfettamente consapevoli della natura e della portata economica dell'operazione: si pensi, ad es., al caso di un sedicenne espertissimo di finanza *on line*.

Raggiri usati dal minore

Tuttavia, nel caso in cui il minore abbia occultato con **raggiri** la sua età (raggiri che non possono consistere nella mera dichiarazione di essere maggiorenne), il contratto non è annullabile (art. 1426). In tal modo si intende sanzionare la condotta di un minorenne che abbia dimostrato, ricorrendo ai raggiri, una precoce, ancorché diabolica, maturità.

Annullamento degli atti di straordinaria amministrazione dei rappresentanti degli incapaci

Annullabili sono anche i contratti relativi ad **affari** di c.d. **straordinaria** amministrazione (ad es., atti di alienazione di diritti, mutui o locazioni ultranovennali) conclusi dai rappresentanti legali degli incapaci in **assenza** delle previste autorizzazioni (v., ad es., artt. 320, 374-375, 377).

Incapacità naturale

Il contratto è altresì annullabile per incapacità **naturale** di uno dei contraenti (art. 428).

Incapacità naturale e contratti

Per quanto attiene ai **contratti**, ai fini del loro annullamento, oltre allo stato di incapacità naturale, andrà provata la malafede dell'altro contraente (art. 428, co. 2) e ciò, ancora una volta, a tutela dell'**affidamento** da questi riposto nella stabilità del contratto.

Ai sensi dello stesso art. 428, co. 2, la malafede può risultare dal **pregiudizio** che all'incapace naturale derivi dalla conclusione del contratto (ad es., Tizio conclude un contratto di vendita di un bene di sua proprietà ad un prezzo inferiore a quello di mercato), dalla **natura** del contratto (ad es., Tizio è un ultracentenario che, sotto i fumi dell'alcool, stipula un vitalizio assistenziale con Caio cedendogli l'intero suo patrimonio), ovvero da altre circostanze. In tal senso, si potrebbe dire che il requisito della mala fede si oggettivizza, tramutandosi nella violazione di un dovere di diligenza che, ove osservato, avrebbe consentito al contraente di rendersi conto dello stato di incapacità della controparte.

Incapacità naturale e negozi unilaterali

Trattandosi di negozi giuridici **unilaterali** (art. 428, co. 1), l'annullamento non richiede ovviamente la prova della malafede di una controparte che, in questo caso, neppure esiste: l'autore del negozio, che ne voglia ottenere l'invalidazione, dovrà tuttavia dimostrare, oltre allo stato di incapacità naturale nel quale egli versava al momento dell'atto, che da questo gli sia derivato un grave pregiudizio. Sembra sul punto doversi preferire la tesi secondo cui può trattarsi sia di pregiudizio patrimoniale, che non patrimoniale. La tesi che circoscrive i pregiudizi a tal fine rilevanti a quelli del primo tipo non convince, sia perché escluderebbe dall'ambito di applicazione della norma tutte le operazioni che non implicano lo scambio di valori economicamente valutabili, sia perché non tiene conto che possono esservi pregiudizi non patrimoniali che provocano una maggiore sofferenza all'incapace (si pensi al caso in cui venga venduto un bene al prezzo di mercato, ma che l'incapace non avrebbe venduto in condizioni di lucidità, in quanto legato allo stesso da ragioni di affettività).

Dell'incapacità naturale nel testamento, nella donazione e nel matrimonio si parlerà nelle rispettive sedi.

12.3. *L'azione di annullamento*

Legittimazione all'azione di annullamento

L'annullabilità del contratto può essere fatta valere solo dalla parte nel cui interesse è stabilita dalla legge (art. 1441, co. 1: legittimazione **relativa**). Quindi, ad es., l'annullamento del contratto può essere domandato solo da chi sia incorso in un errore essenziale e riconoscibile, o da colui il cui consenso sia stato estorto con la violenza o carpito con il dolo, ecc.

Eccezionalmente, la **legittimazione** a far valere l'annullabilità è **assoluta** nel caso del contratto concluso dal condannato in stato di **interdizione legale** (art. 32 c.p.), poiché qui l'annullabilità ha una finalità non protettiva ma punitiva (art. 1441, co. 2).

In taluni casi eccezionali, l'azione di annullamento può essere promossa anche dal p.m. (art. 23).

Prescrizione

L'azione di annullamento si prescrive in **cinque** anni (art. 1442, co. 1) ed il termine decorre – in caso di vizio del consenso – dal giorno in cui sia cessata la violenza, sia stato scoperto l'errore o il dolo, ovvero – in caso di incapacità legale – dal giorno in cui sia cessato lo stato di interdizione o di inabilitazione ovvero il minore abbia raggiunto la maggiore età (art. 1442, co. 2).

In tutti gli altri casi il termine decorre dalla **conclusione** del contratto (art. 1442, co. 3).

È idonea a produrre l'effetto interruttivo la sola domanda giudiziale, e non anche un qualsiasi atto di messa in mora, poiché il diritto all'annullamento è un diritto potestativo e, dunque, al titolare dell'azione di annullamento non si contrappone un soggetto obbligato cui chiedere l'adempimento dell'obbligazione.

Imprescrittibilità dell'eccezione

L'annullabilità del contratto può essere **eccepita** dalla parte legittimata ad esercitare l'azione anche quando quest'ultima sia ormai prescritta (art. 1442, ult. co.). Ad es., stipulata una compravendita tra Tizio, alienante, e Caio, acquirente, se il consenso del primo è stato estorto con violenza, Tizio, a fronte della pretesa di Caio di ottenere la consegna della cosa, potrà far valere in via d'eccezione l'annullabilità del contratto anche dopo otto anni dal momento in cui è cessata la violenza.

Effetti dell'annullamento

Esperita con successo l'azione di annullamento, gli effetti del contratto vengono rimossi **retroattivamente**. Ne consegue che la parte che abbia già eseguito la sua prestazione, potrà chiederne la restituzione in base alle norme sulla ripetizione dell'indebito (art. 2033).

Ripetizione a carico del contraente incapace

Tuttavia, nel caso in cui il contratto sia stato annullato a causa dell'**incapacità** di una delle parti, quest'ultima **non** è tenuta a restituire la prestazione ricevuta se non nei limiti in cui la stessa sia stata rivolta a suo vantaggio (art. 1443).

Questa regola costituisce espressione di un più generale principio di tutela dell'incapace (art. 1190). Si ritiene, infatti, che l'incapace, proprio per la sua condizione soggettiva, possa non essere stato in grado di acquisire definitivamente al suo patrimonio la prestazione, cosicché sarebbe irragionevole obbligarlo alla restituzione della stessa nella sua interezza.

Retroattività dell'annullamento e tutela dei terzi

La retroattività dell'annullamento potrebbe pregiudicare i diritti eventualmente acquisiti dai **terzi subacquirenti**, e cioè da quanti abbiano acquistato diritti da colui che, a sua volta, aveva acquistato sulla base del contratto poi annullato.

Onde evitare questo effetto, che frustrerebbe il legittimo affidamento sulla stabilità del loro acquisto, l'art. 1445, co. 1 sancisce l'**inopponibilità** dell'annullamento ai terzi di **buona fede** acquirenti a titolo **oneroso**: la buona fede, unita all'onerosità dell'acquisto, rende qui l'affidamento del terzo particolarmente meritevole di tutela.

Se, però, l'annullabilità dipende da incapacità legale (che è situazione conoscibile attraverso la consultazione dei registri dello stato civile), la buona fede è esclusa in radice e l'annullamento del contratto sarà sempre opponibile, così come sarà sempre opponibile, quale che sia la causa di annullabilità, agli acquirenti di mala fede e a quelli a titolo gratuito, ancorché di buona fede. In quest'ultimo caso, però, potrà trovare applicazione l'art. 2652, n. 6.

Naturalmente, come sempre, sono fatti salvi gli effetti della trascrizione per quanto attiene agli acquisti immobiliari, e dell'applicazione della regola possesso vale a titolo per quanto attiene agli acquisti mobiliari.

Convalida del contratto annullabile

Come già anticipato, il contratto annullabile può essere **convalidato** dalla parte legittimata ad esercitare l'azione di annullamento (art. 1444).

La convalida può essere **espressa** o **tacita**.

Convalida espressa

Nel primo caso, il contratto annullabile viene sanato mediante un **atto,** che dovrà avere la stessa forma di quello da convalidare (si tratta di un altro caso di forma c.d. *per relationem*) e che contiene la menzione del contratto e del motivo di annullabilità, nonché la dichiarazione che si intende convalidarlo (art. 1444, co. 1).

Convalida tacita

Nel secondo caso, il contratto annullabile viene sanato quando la parte che avrebbe potuto esercitare l'azione di annullamento vi dà **volontaria esecuzione** pur conoscendo il motivo di annullabilità. Ad es., l'acquirente, il cui consenso era viziato da errore, consapevole di quest'ultimo, paga egualmente il prezzo.

La convalida è un negozio giuridico **unilaterale** per il quale valgono le ordinarie regole in materia di capacità d'agire: si spiega così quanto disposto dall'art. 1444, ult. co. alla stregua del quale "la convalida non ha effetto, se chi l'esegue non è in condizione di concludere validamente il contratto".

Annullabilità e contratto plurilaterale con comunione di scopo

Nel caso di contratti **plurilaterali** con comunione di scopo, l'annullamento del vincolo contrattuale relativo ad una sola parte non determina l'annullamento dell'intero contratto, salvo che la partecipazione della stessa non debba considerarsi **essenziale** (art. 1446).

13. *Le cause di nullità del contratto*

Nullità ed incompletezza della fattispecie

La nullità discende, innanzi tutto, dalla **difformità** del contratto rispetto allo schema legale (art. 1418, co. 2: c.d. nullità strutturali).

In primo luogo, determina nullità del contratto la mancanza dell'**accordo** tra le parti.

Rientrano in quest'ambito – e sempre che non si voglia parlare di inesistenza del contratto – le ipotesi nelle quali difetti totalmente l'intento delle parti di dar vita ad una regola giuridicamente vincolante (ad es., i già menzionati casi del contratto concluso per scherzo o per le esigenze di una rappresentazione teatrale), ovvero manchi un sia pur minimo elemento volitivo ascrivibile al dichiarante (ad es., il già citato caso estremo della violenza fisica o quello, altrettanto estremo, del contratto concluso in stato di ipnosi, di sonnambulismo, ecc.).

Anche le ipotesi di contratto concluso in nome di un soggetto inesistente o non più esistente perché defunto, o quelle, di maggiore rilevanza pratica, del contratto concluso dallo **straniero** non ammesso al godimento dei diritti civili nell'ambito dell'ordinamento giuridico italiano (art. 16 Prel.), danno luogo a nullità per mancanza dell'accordo tra le parti.

Il contratto è altresì nullo per difetto di **causa**, da intendersi nel senso della irrealizzabilità della sua funzione tipica (ad es., assicurazione contro il rischio di incendio di un immobile già andato distrutto). Viceversa, l'irrealizzabilità o il venir meno della funzione in concreto svolta dal contratto possono dare luogo soltanto alla risoluzione.

La nullità del contratto può discendere, poi, dalla mancanza dell'**oggetto** o dalla mancanza nell'oggetto dei requisiti di possibilità, determinatezza o determinabilità; o ancora, dal difetto della **forma scritta** *ad substantiam*.

Nullità del contratto per illiceità degli interessi

Ma la nullità del contratto può discendere anche dalla **illiceità** degli interessi perseguiti dalle parti (c.d. nullità politiche).

In tale ambito si collocano le ipotesi già esaminate dell'illiceità della **causa** o del **motivo** nonché della **frode alla legge**, ed ancora, i casi di illiceità dell'**oggetto**.

Nullità e norme imperative

Nello stesso ordine di idee, debbono essere inquadrati i casi di nullità del contratto per **contrarietà a norme imperative** (art. 1418, co. 1) e cioè, appunto, a norme non derogabili dai privati, in quanto espressione di interessi o valori ritenuti fondamentali dall'ordinamento giuridico. Si parla, qui, di nullità **virtuali**, in quanto la nullità del contratto non è testualmente posta dal legislatore, bensì è ricavata dall'interprete in ragione della imperatività o meno della norma con la quale il contratto si pone in contrasto.

Nullità virtuale

La corretta ricostruzione dell'ambito di operatività della nullità virtuale passa, allora, attraverso la valorizzazione dell'inciso finale del primo comma dell'art. 1418 c.c., che esclude il rimedio invalidatorio ogni qualvolta la legge disponga diversamente.

Talvolta può accadere che sia la legge, in considerazione della particolare natura degli interessi coinvolti, ad escludere che dalla contrarietà ad una norma imperativa discenda la nullità del contratto (v., ad es., art. 2098, co. 1, per il quale l'assunzione di un lavoratore in violazione delle norme sul collocamento dà luogo non a nullità ma ad annullabilità).

Si ritiene che la clausola di riserva, contenuta nell'inciso finale dell'art. 1418, co. 1, possa operare sia quando il legislatore esplicitamente salvi il contratto dalla nullità prevedendo un altro specifico rimedio, sia quando la diversa disposizione di legge derivi anche, per successive deduzioni e interpretazioni, dallo spirito complessivo delle norme violate. Tale ultima opzione ermeneutica, che pone al centro la *ratio* della norma imperativa violata, attribuisce di nuovo un ruolo decisivo all'interprete, che dovrà di volta in volta bilanciare gli interessi sottesi al singolo regolamento contrattuale con gli interessi che il legislatore ha inteso garantire mediante la predisposizione della norma imperativa.

Nullità virtuale e obblighi di condotta

La S.C., chiamata a risolvere il contrasto giurisprudenziale sorto in merito alle conseguenze della violazione degli obblighi precontrattuali di condotta e alla possibilità di applicare in questo caso l'art. 1418, co. 1, ha affermato che, salvo che non sia il legislatore ad elevare la norma di comportamento al rango di norma di validità (con ricaduta nell'art. 1418, co. 3), la contrarietà alla buona fede non vale a determinare l'applicazione dell'art. 1418, co. 1, il quale, seppure prescinde dalla specifica comminatoria di invalidità, presuppone comunque l'esistenza di una previsione legislativa, che vieti il regolamento contrattuale, mentre non è a tal fine sufficiente la regola che impone un comportamento nella fase precontrattuale.

Né pare possibile una generalizzazione delle soluzioni adottate dalle più recenti disposizioni normative che riconnettono la nullità alla violazione di obblighi precontrattuali di informazione (art. 52, co. 3, cdc; art. 67 *septies decies*, co. 4 e 5, cdc; art. 100 *bis*, d.lgs. n. 58/1998), alla luce del carattere sempre più frammentario e sempre meno sistematico della moderna legislazione.

Da questa prospettiva discende che la violazione di una norma imperativa non è sufficiente a giustificare la declaratoria di nullità del contratto, la quale si verifica esclusivamente ove gli interessi generali protetti siano stati violati per effetto della stipula del contratto e non in conseguenza di un comportamento di una delle parti. Quindi, nel caso di violazione di norme di condotta, la reazione deve essere rivolta nei confronti dell'autore dell'atto e non avverso l'atto stesso.

Contratti illeciti e ...

La dottrina tradizionale distingue i contratti illeciti, relativi alle ipotesi in cui il contrasto con la norma imperativa investe la causa, l'oggetto, il motivo comune o la condizione (art. 1418, co. 2), dai contratti illegali, riconducibili all'art. 1418, co. 1, in cui il contrasto si appunta su profili diversi, pur attinenti alla struttura o al contenuto del contratto. La distinzione riveste tuttora una sua rilevanza pratica, posto che l'illiceità del contratto esclude l'applicazione dell'art. 2126 (contratto di lavoro nullo), dell'art. 799 (conferma della donazione nulla), dell'art. 1367 (conservazione del contratto) e dell'art. 1424 (conversione del contratto).

... contratti illegali

Vi sono, infine, casi nei quali la nullità del contratto è espressamente prevista (art. 1418, co. 3). Si tratta, tuttavia, di ipotesi che non danno luogo a particolari difficoltà né pratiche (proprio perché la sanzione di nullità è espressamente comminata), né sistematiche (in quanto si ricollegano pur sempre alla incompletezza strutturale della fattispecie o alla illiceità dell'interesse perseguito dai contraenti).

In quest'ambito si inseriscono le **nullità speciali** di cui già ci siamo occupati.

Nullità sopravvenuta

La nullità si configura come un vizio genetico del contratto, per cui il contratto deve essere viziato al momento della conclusione del contratto, altrimenti resterà valido. Tale principio è stato messo alla prova con riguardo alla **nullità sopravvenuta**, conseguente ad una mutata valutazione normativa sopraggiunta dopo la conclusione di un contratto di durata. In realtà, come osservato da attenta dottrina, la nullità sopravvenuta non opera sull'atto ma sul rapporto, facendone venir meno solo gli effetti, con efficacia *ex nunc*, come avviene con la risoluzione.

Nullità parziale ...

La nullità può colpire anche solo singole clausole del contratto (nullità **parziale**: art. 1419).

In casi di questo genere si tratta di stabilire se la nullità della singola clausola si propaghi, o meno, all'intero contratto. Secondo la regola accolta dall'art. 1419, co. 1 ciò si verificherà soltanto quando "risulti che i contraenti non lo avrebbero concluso (il contratto) senza quella parte del suo contenuto che è colpita dalla nullità".

Dunque, deve trattarsi di una clausola **essenziale** nell'economia dell'affare: e tali saranno non soltanto quelle clausole che ineriscono ad elementi essenziali del contratto, ma tutte quelle che, in concreto, appaiono determinanti ai fini del soddisfacimento degli interessi perseguiti dalle parti (ad es., una clausola istitutiva di una condizione sospensiva se il verificarsi dell'evento è il fulcro attorno al quale ruota l'intera operazione). L'art. 1419, co. 1, trova quindi la sua *ratio* nel principio della causa e nella buona fede. La valutazione di essenzialità va condotta sulla base di criteri obbiettivi, che tengano conto degli interessi dedotti in contratto e della misura entro cui gli stessi divergano dall'assetto conseguente alla cancellazione della clausola.

... e sostituzione automatica di clausole

La nullità della singola clausola non si propaga mai all'intero contratto quando la clausola nulla sia **sostituita di diritto** da norme imperative (art. 1419, co. 2), secondo il meccanismo previsto dall'art. 1339.

Vi sono poi dei casi, in materia di nullità c.d. speciali, in cui è la stessa norma che commina la nullità a prescrivere che la clausola rimane in vita senza la clausola nulla.

Nullità e contratto plurilaterale con comunione di scopo

Nel caso di contratto **plurilaterale** con comunione di scopo, la nullità che colpisce il singolo vincolo non si estende all'intero contratto, salvo che quella partecipazione debba ritenersi **essenziale** (art. 1420).

13.1. *L'azione di nullità*

Sono stati già richiamati i caratteri principali della nullità e dell'azione intesa a farla valere.

Il contratto nullo è assolutamente **improduttivo** di effetti e **non** può essere convalidato (art. 1423).

Conferma o esecuzione volontaria di donazioni o disposizioni testamentarie nulle

Non possono considerarsi eccezioni a questa regola generale la conferma o l'esecuzione volontaria di donazioni (art. 799) o disposizioni testamentarie (art. 590) nulle, perché qui non si ha una vera e propria sanatoria del negozio giuridico, quanto piuttosto una mera **preclusione** a far valere la nullità nei confronti di chi al negozio stesso abbia dato volontaria esecuzione.

Neppure integrano un'eccezione al principio di insanabilità della nullità le ipotesi nelle quali viene circoscritta **temporalmente** l'efficacia della sentenza di nullità. È questo il caso, ad es., dell'art. 2126, co. 1 o dell'art. 2332, co. 2, il quale fa salvi gli atti compiuti dalla società dichiarata nulla dopo la sua iscrizione nel registro delle imprese. In tali ipotesi, infatti, siamo al cospetto di una fattispecie complessa costituita dal contratto nullo e da un ulteriore elemento di volta in volta individuato dalla legge (esecuzione del contratto, pubblicità, ecc.).

Rinnovazione del contratto nullo

Alla nullità del contratto le parti possono rimediare attraverso una manifestazione di volontà, sostitutiva di quella viziata: si parla, in tal caso, di **rinnovazione** del contratto. Ad es., Tizio e Caio, accortisi di avere stipulato una compravendita nulla per mancata determinazione del prezzo, concludono un nuovo contratto di compravendita che contiene invece l'indicazione del corrispettivo: l'effetto traslativo, ed ogni altro effetto, decorrono dalla stipula del contratto «rinnovato».

Conversione del contratto nullo

Fenomeno ben diverso dalla rinnovazione, è la **conversione** del contratto nullo (art. 1424), istituto nel quale trova espressione il più generale principio di conservazione degli atti giuridici.

Perché possa darsi luogo a conversione, debbono ricorrere due presupposti: *a*) il contratto nullo deve avere i requisiti di **sostanza** e di **forma** di un diverso contratto; *b*) si possa ritenere, avuto riguardo allo **scopo** delle parti, che queste, ove fossero state a conoscenza della causa di nullità, avrebbero voluto il contratto diverso. Ad es., una locazione immobiliare ultranovennale stipulata verbalmente, e come tale nulla *ex* art. 1350, n. 8, può essere convertita in una locazione infranovennale, sempre che sia possibile desumere che le parti, tra la locazione ultranovennale nulla e quella infranovennale valida, avrebbero preferito quest'ultima.

Il fondamento dell'istituto va dunque individuato nella c.d. volontà ipotetica delle parti, l'accertamento in ordine alla quale non deve tuttavia essere condotto sulla base di criteri soggettivi che tengano conto di una volontà inesistente, ma sulla base di criteri oggettivi che valutino, alla luce del criterio di buona fede, la difformità del contratto convertito rispetto all'assetto di interessi programmato.

La conversione del contratto nullo va tenuta rigorosamente distinta dalla convalida del contratto annullabile per due ragioni fondamentali. La prima è che, mentre nella convalida vi è perfetta **identità** tra il contratto viziato e il contratto sanato, nella conversione il contratto produttivo di effetti è **diverso** da quello stipulato dalle parti; la seconda è che mentre la convalida discende da una manifestazione di volontà della **parte** che avrebbe potuto chiedere l'annullamento, la conversione è posta in essere dal **giudice** una volta che ne abbia accertato i presupposti.

Legittimazione a far valere la nullità

La nullità può essere fatta valere da **chiunque** vi abbia interesse (art. 1421), e cioè da chiunque si trovi in una situazione giuridica tale che gli consenta di ricavare un vantaggio dalla declaratoria di nullità del contratto. Ad es., Tizio vende a Caio lo stesso immobile che aveva in precedenza venduto a Sempronio il quale, però, procede alla trascrizione in ritardo rispetto a Caio. Ovvio l'interesse di Sempronio a far valere una eventuale nullità della seconda compravendita.

Rilevabilità d'ufficio della nullità

La nullità può anche essere rilevata **d'ufficio** dal giudice (art. 1421). Ciò significa che non è necessaria un'eccezione di parte affinché il giudice dichiari la nullità del contratto. Ad es., Tizio agisce in giudizio per ottenere la condanna di Caio all'esecuzione di un contratto nullo. Caio si difende eccependo la prescrizione del diritto ma non la nullità del contratto che, però, viene autonomamente rilevata dal giudice.

Negli ultimi anni, il principio della rilevabilità d'ufficio della nullità ha conosciuto una significativa evoluzione per opera della giurisprudenza delle Sezioni Unite della Corte di Cassazione. Infatti, queste ultime – nel comporre dapprima il contrasto giurisprudenziale in ordine alla questione della rilevabilità d'ufficio della nullità del contratto, in giudizio nell'ambito del quale fosse stata domandata la risoluzione – si sono pronunciate nel senso che il giudice di merito, investito della domanda di risoluzione del contratto, ha il potere-dovere di rilevare dai fatti allegati e provati, o comunque emergenti *ex actis*, una volta provocato il contraddittorio sulla questione, ogni forma di nullità del contratto stesso, fermo restando che egli accerta la nullità *incidenter tantum*, senza effetto di giudicato, a meno che sia stata proposta la relativa domanda, anche a seguito di rimessione in termini. Tale conclusione trova peraltro la sua ragione nella considerazione che il giudizio di nullità è volto ad impedire che il contratto nullo, il quale costituisce oggetto di un giudizio di disvalore da parte dell'ordinamento, possa spiegare i propri effetti, cosicché negare la rilevabilità d'ufficio della nullità del contratto di cui si sia domandata la risoluzione finisce per svilire la categoria della nullità, la cui specificità deve essere ravvisata nella tutela di interessi generali e di valori fondamentali che trascendono quelli del singolo.

Un successivo intervento delle Sezioni Unite ha esteso questi principi anche alle ipotesi di domanda di annullamento e di rescissione, precisando anche che il giudice può rilevare d'ufficio una causa di nullità diversa da quella fatta valere dalla parte.

Il principio della rilevabilità d'ufficio trova un parziale temperamento con riguardo alle nullità di protezione, che debbono essere rilevate d'ufficio dal giudice a meno che il consumatore non vi si opponga.

Imprescrittibilità dell'azione di nullità

L'azione di nullità è **imprescrittibile**. Sono fatti salvi, tuttavia gli effetti dell'usucapione e della prescrizione delle azioni di ripetizione (art. 1422). Ad es., Tizio trasferisce la proprietà di un immobile a Caio sulla base di un contratto nullo perché stipulato verbalmente: ora, questo contratto potrà in ogni tempo essere dichiarato nullo, ma se sono maturati i presupposti dell'usucapione, Caio non potrà essere condannato alla restituzione del bene. Allo stesso modo, non potrà ripetere la prestazione ove sia maturato il termine di prescrizione decennale dell'azione *ex* art. 2033.

Opponibilità ai terzi della nullità

La nullità del contratto è sempre **opponibile a tutti i terzi**, in applicazione del principio generale in materia di acquisti a titolo derivativo *resoluto iure dantis, resolvitur et ius adquirentis*.

Tale principio trova qui un parziale temperamento all'art. 2652, n. 6 (c.d. **trascrizione sanante**).

Resta comunque ferma, anche in caso di nullità del contratto e per ciò che concerne gli acquisti mobiliari, l'operatività del principio possesso vale titolo (art. 1153).

14. *La rescissione del contratto*

Normale irrilevanza dell'equilibrio oggettivo tra le prestazioni

L'ordinamento, in linea di massima, non si preoccupa della circostanza che tra le prestazioni dedotte in contratto vi sia un equilibrio oggettivo.

In altre parole, la libertà di cui ciascuna parte gode trae con sé il rischio che si concluda un contratto economicamente anche molto svantaggioso, senza che ciò, di per sé, possa costituire motivo di doglianza (c.d. principio di equivalenza **soggettiva** delle prestazioni).

Tuttavia, è dato oggi cogliere alcuni, sia pure timidi, segnali che vanno nel senso di un parziale superamento di tale principio. Il discorso non riguarda tanto la disciplina dei contratti del consumatore, dove la vessatorietà della clausola prescinde dall'adeguatezza del corrispettivo, quanto piuttosto la materia dell'**abuso di dipendenza economica** (art. 9, l. n. 192/1998) e, soprattutto, quella dell'**usura** dove l'art. 644, co. 3 c.p., come novellato dalla l. n. 108/1996, ha introdotto una nozione tanto ampia di vantaggi e compensi usurari, da identificarli con quelli che "risultano comunque sproporzionati rispetto alla prestazione di danaro o di altra utilità, quando chi li ha dati o promessi si trova in condizione di difficoltà economica o finanziaria".

Nello stesso senso paiono, del resto, orientati i *PECL* (v., ad es., l'art. 4: 109 in materia di "ingiusto profitto o vantaggio iniquo").

Di recente, l'art. 62 della l. 24 marzo 2012, n. 27 che ha convertito in legge il d.l. 24 gennaio 2012, n. 1 (c.d. decreto *"cresci Italia"*), ha previsto per i contratti concernenti la cessione dei prodotti agricoli e alimentari, ad eccezione di quelli conclusi con il consumatore finale, *l'esigenza che i contratti stessi siano informati a principi di trasparenza, correttezza,* ***proporzionalità*** *e reciproca corrispettività delle prestazioni, con riferimento ai beni forniti.*

Rilevanza genetica del sinallagma

Il principio di equivalenza soggettiva può operare, tuttavia, nei limiti in cui l'equilibrio tra le prestazioni sia il frutto di una libera valutazione delle parti non alterata da peculiari circostanze soggettive o oggettive. Quando ciò non si verifichi, saremo in presenza di un vizio **genetico** del **sinallagma**, ossia del nesso di corrispettività tra le prestazioni: ciò che, per altro, spiega perché la rescissione – come la risoluzione – si applichi ai soli contratti a **prestazioni corrispettive**.

Rescissione

In tale prospettiva si colloca il rimedio della **rescissione**. Esso si articola nelle due ipotesi – differenti quanto ai presupposti e, in parte, anche quanto alla disciplina – della rescissione del contratto concluso in stato di pericolo, e dell'azione generale di rescissione per lesione.

Contratto concluso in stato di pericolo

Il contratto concluso in stato di **pericolo** è rescindibile allorché una parte abbia assunto obbligazioni a condizioni **inique** per la necessità, **nota** alla controparte, di salvare sé od altri dal **pericolo** attuale di un danno grave alla persona (art. 1447, co. 1), restando così esclusa dall'ambito della norma l'ipotesi in cui si tratti del rischio di perimento di beni. Ad es., Tizio, il cui figlio Caio è bloccato in alta montagna, si vede chiedere dalla guida alpina Sempronio, a conoscenza della situazione, un compenso di € 5.000 per raggiungere il congiunto e trarlo in salvo, là dove, in condizioni normali, il compenso per la scalata non supera gli € 500. In tal caso, l'iniquità dell'assetto patrimoniale – a differenza di quanto avviene nell'ipotesi prevista dall'art. 1448 – non è condizionata al superamento di un determinato livello quantitativo. Essa dovrà essere valutata sulla base di indici variabili. In particolare, si dovrà tener conto del valore economico delle rispettive prestazioni e, al contempo, della giustificabilità ad una stregua sociale dell'assunzione di quel tipo di obbligazione, dovendosi considerare anche l'eventuale gravosità della concreta prestazione (nell'esempio fatto si valuterà il grado di pericolosità della prestazione effettuata dalla guida alpina in relazione alle condizioni del tempo, all'altezza della scalata, alla esigibilità della prestazione rispetto ad interventi comuni: la valutazione dell'insieme di queste circostanze sarà di ausilio essenziale per accertare l'iniquità).

Azione generale di rescissione per lesione

In questo caso il giudice, nel pronunciare la rescissione, può assegnare alla parte in mala fede un **equo** compenso per l'opera comunque prestata (art. 1447, co. 2).

Ai fini della valutazione del requisito della gravità del danno alla persona si potrà ricorrere per analogia all'art. 1435, là dove per accertare i requisiti della violenza, si tiene conto dell'età, del sesso e della condizione della persona. Inoltre, lo stato di necessità, si precisa, deve corrispondere ad un pericolo concreto ed effettivo e non di tipo putativo.

L'azione generale di rescissione **per lesione** può essere proposta nel caso in cui vi sia tra le due prestazioni una **sproporzione**, dipendente dallo **stato di bisogno** di una parte, del quale l'altra abbia approfittato per trarne vantaggio (art. 1448, co. 1). Lo stato di bisogno deve essere inteso non come generica esigenza di acquisire la prestazione offerta dall'altra parte (poiché altrimenti il rimedio avrebbe un ambito di applicazione vastissimo), ma come condizione di **grave difficoltà** economica o finanziaria. Lo stato di bisogno non va tuttavia identificato con una situazione di indigenza economica assoluta, in quanto, ai fini dell'applicabilità della norma, si è ritenuto rilevante anche una contingente carenza di liquidità che abbia indotto il soggetto alla conclusione per sé sfavorevole del contratto iniquo.

Dal canto suo, l'approfittamento non richiede una specifica iniziativa del contraente che abbia beneficiato dello stato di bisogno, giacché è sufficiente che questi si sia reso conto della circostanza che la controparte ha accettato di stipulare condizioni palesemente inique proprio a causa della situazione in cui si trovava al momento della conclusione del contratto.

Lesione *ultra dimidium*

Quanto alla lesione, essa è rilevante nella misura in cui ecceda la **metà del valore** che la prestazione eseguita o promessa dalla parte danneggiata aveva al tempo del contratto, e deve perdurare fino al tempo in cui la domanda è proposta (art. 1448, co. 2-3). Ad es., Tizio, trovandosi sprovvisto di liquidi e dovendo far fronte a pagamenti indifferibili, aliena al prezzo di € 10.000,00 a Caio, che approfitta della situazione, un immobile che vale effettivamente € 30.000,00. Per l'accertamento della lesione si dovrà, da una parte, tener conto dei valori di mercato e, dall'altra, anche del valore delle prestazioni accessorie contenute nel contratto, ai fini di una completa determinazione dell'incidenza economica della lesione. È importante sottolineare che la norma – sotto il profilo quantitativo della sproporzione – a differenza della fattispecie di cui all'art. 1447 (che rinvia ad una iniquità generica e da valutare caso per caso), esige ai fini dell'azione esclusivamente la lesione *ultra dimidium*.

Non possono essere rescissi per causa di lesione i contratti **aleatori** (art. 1448, co. 4), in quanto qui l'incertezza in ordine a vantaggi e svantaggi derivanti dall'affare è immanente al tipo contrattuale e, come tale, liberamente e scientemente accettata e condivisa dalle parti al momento della conclusione del contratto.

Rescissione ed usura

Problemi assai complessi di coordinamento sorgono, soprattutto a seguito delle modifiche introdotte dalla l. n. 108/1996, tra l'azione generale di rescissione per lesione, la disciplina penalistica del reato di **usura** e la disciplina del mutuo **usurario**.

Infatti, ai sensi dell'art. 644, co. 1, c.p., la convenzione usuraria può consistere non soltanto in un contratto di credito, ma anche in un qualsiasi contratto a prestazioni corrispettive, in cui le prestazioni siano affette da una sproporzione tale da consentire di qualificare come usurari i vantaggi o compensi conseguiti da una delle due parti. In particolare, l'art. 644 c.p. statuisce che "chiunque (...) si fa dare o promettere, sotto qualsiasi forma, per sé o per altri, in corrispettivo di una prestazione di denaro o di altra utilità, interessi o altri vantaggi usurari, è punito (...); il comma 3, parte prima, chiarisce che "la legge stabilisce il limite oltre il quale gli interessi sono sempre usurari". La soglia è individuata con decreto del Ministro dell'Economia, pubblicato sulla Gazzetta Ufficiale sulla base della rilevazione trimestrale del tasso effettivo globale medio (TEGM) degli interessi praticati dagli istituti bancari e dagli intermediari finanziari. In sostanza, è considerato usurario l'interesse che supera della metà l'interesse medio rilevato per operazioni economiche della stessa natura di quella comparata. Tuttavia, la norma precisa che "sono altresì usurari gli interessi anche se inferiori a tale limite, e gli altri vantaggi o compensi che, avuto riguardo alle concrete modalità del fatto e al tasso medio praticato per operazioni similari, risultano comunque sproporzionati rispetto alla prestazione di denaro o di altra utilità, ovvero all'opera di mediazione, quando chi li ha dati o promessi si trova in condizioni di difficoltà economica o finanziaria".

Dal canto suo, in materia di mutuo, l'art. 1815, co. 2 prevede che – in caso di pattuizione di interessi usurari (questi ultimi sono individuati sulla base del c.d. tasso soglia, periodicamente fissato dalle autorità monetarie) – la clausola è **nulla** e non sono dovuti interessi.

Può dirsi al riguardo, sinteticamente, che – qualora si tratti di un mutuo con interessi usurari – troverà applicazione proprio l'art. 1815, co. 2.

Si può allora osservare che l'art. 644 c.p. ha introdotto due fattispecie di usura, ciascuna con corollari distinti in ambito civilistico. La fattispecie regolamentata dal primo comma è stata definita come quella dell'usura base: la norma prescinde da qualsivoglia riferimento alla condizione del soggetto leso per incentrarsi sul fatto in sé della sproporzione così come accertata sulla base del TEGM. La seconda ipotesi di fatto è, invece, quella prevista dal terzo comma – che non si basa su un preciso dato quale quello rappresentato dal TEGM – che rinvia ad un concetto variabile e relativizzato alle concrete condizioni di difficoltà economiche del soggetto passivo del reato. Si ritiene al riguardo che, quando si rientra nell'ipotesi dell'usura base, la sanzione civilistica sarà quella della nullità *ex* art. 1815, co. 2, affermandosi che la norma dell'art. 1815 costituisce lo specchio civilistico del reato di usura penale.

Problematico, invece, appare l'inquadramento civilistico della fattispecie dell'usura (relativa) prevista dall'art. 644, co. 3, c.p. Il rischio, infatti, è quello di una abrogazione sostanziale ed implicita dell'istituto della rescissione rispetto ai negozi usurari così come regolamentati dall'art. 644 c.p.

Invero, quando il contratto usurario sia diverso dal mutuo, la maggiore latitudine della fattispecie penale (v. art. 644, co. 3, c.p.) rispetto alla disciplina civilistica della rescissione rischia di dare luogo a risultati paradossali nel senso che, ad es., ove la lesione non ecceda la metà, potrebbe trovare applicazione l'art. 644, co. 3, c.p., ma non l'azione generale di rescissione, mentre quando ci si trovi di fronte ad un negozio usurario con lesione *ultra dimidium,* l'ammissibilità del rimedio della rescindibilità cozzerebbe sul piano logico con il rilievo che si tratta di fattispecie più grave della prima assoggettata, in questa prospettiva, alla nullità. Conseguentemente, secondo una ricostruzione, il contratto usurario sarebbe sempre nullo a prescindere dall'incidenza quantitativa della lesione con correlativa esautorazione dell'istituto della rescissione: ciò significherebbe privare la rescissione di ogni autonomo margine operativo in quanto il contratto rescindibile, proprio perché integrante comunque la fattispecie dell'usura, sarebbe invariabilmente nullo.

Tenendo conto di tale preoccupazione sistematica, un'altra ricostruzione ha sottolineato che, nelle ipotesi di usura c.d. relativa ai sensi dell'art. 644, co. 3 c.p., occorre comunque distinguere il piano civilistico da quello sanzionatorio penale. Su tale premessa, ferma restando la punibilità penale del reo, sul piano del diritto privato il relativo contratto usurario sarà tuttora rescindibile se la lesione è *ultra dimidium*, mentre in caso di contratto con lesione *infra dimidium* – pur non potendosi invocare la rescissione – non vi sarà una tutela basata sulla nullità, ma solo di tipo risarcitorio da far valere nei confronti dell'usuraio in virtù del combinato disposto dell'art. 2043 e dell'art. 185 c.p. Al contrario, come si è visto, nell'ipotesi di usura base, la norma di cui all'art. 1815, co. 2 determinerà la sanzione della nullità del negozio.

Rescissione e riduzione ad equità

La disciplina positiva della rescissione conferma che il fulcro dell'istituto è rappresentato dall'eccezionale rilevanza attribuita all'equilibrio oggettivo delle prestazioni e non già dalla tutela della volontà contrattuale cui hanno riguardo, viceversa, le norme in materia di vizi del consenso.

Infatti, la rescissione può essere inibita dall'offerta, proveniente dalla parte che si è avvantaggiata, di ricondurre il contratto ad **equità** (art. 1450), mentre, per converso, è **inammissibile** la convalida del contratto rescindibile (art. 1451).

Prescrizione dell'azione

Ulteriori differenze rispetto al regime dell'annullabilità ineriscono al termine di **prescrizione** dell'azione di rescissione (**un** anno, salva l'applicazione del termine di prescrizione previsto per il reato, se il fatto è anche penalmente rilevante: art. 1449, co. 1), alla **impossibilità** di eccepire la rescissione, una volta che si sia prescritta l'azione (art. 1449, co. 2) e, infine, alla generale **inopponibilità** della rescissione ai terzi, salvi sempre gli effetti della trascrizione della domanda di rescissione (art. 1452).

Rescissione e terzi

15. *La risoluzione del contratto*

Il vincolo che lega le parti del contratto può essere sciolto (oltre che per le cause a suo tempo esaminate: recesso unilaterale, nei limiti in cui esso sia ammesso; mutuo dissenso), anche in relazione al sopravvenire di circostanze che compromettono, o rendono senz'altro impossibile, la realizzazione dell'assetto di interessi concordato.

Fondamento generale della risoluzione

Tali evenienze sono considerate idonee ad influire sulla permanenza del vincolo contrattuale perché il loro verificarsi ne mette in discussione la stessa ragion d'essere: non ha più molto senso tenere impegnate le parti se l'obiettivo che queste si erano date è diventato irraggiungibile.

Anche sotto il profilo dell'efficienza, è opportuno «liberare» la risorsa impegnata nel contratto la cui funzionalità sia stata ormai compromessa, onde consentirne un'utilizzazione alternativa.

Vizi funzionali del sinallagma

Qui, dunque, non vengono in considerazione patologie **strutturali** dell'atto, come nel caso della nullità o della annullabilità (o, anche, entro certi limiti, della rescissione), bensì patologie **funzionali**, inerenti all'attuazione del rapporto contrattuale. Per usare la formula classica, si tratta di ipotesi di rilevanza **funzionale** del sinallagma o nesso di corrispettività tra le prestazioni.

La **risoluzione**, che è dunque un modo di scioglimento dei contratti a prestazioni corrispettive, può ricollegarsi all'inadempimento di uno dei contraenti (artt. 1453-1462), all'impossibilità sopravvenuta della prestazione (artt. 1463-1466) nonché all'eccessiva onerosità sopravvenuta della prestazione (artt. 1467-1469). Gli effetti della risoluzione sono espressamente previsti dall'art. 1458 solo per la risoluzione per inadempimento. Tuttavia, non si dubita che tale disciplina valga anche per l'impossibilità sopravvenuta e per l'eccessiva onerosità sopravvenuta. La risoluzione opera in maniera retroattiva solo tra le parti. È tutelato pertanto l'eventuale acquisto dei terzi, fatta salva in materia di beni immobili l'applicazione dell'art. 2652, n. 1. L'effetto retroattivo anche *inter partes* non opera nei contratti ad esecuzione continuata o periodica per le prestazioni già eseguite.

Secondo un certo orientamento, potrebbe rilevare ai fini della risoluzione del contratto anche il venir meno della **presupposizione**, inquadrabile tra le ipotesi di impossibilità parziale (art. 1464) ovvero di sopravvenuta, eccessiva onerosità della prestazione (art. 1467).

15.1. *I rimedi preventivi e successivi a fronte dell'inadempimento. La risoluzione per inadempimento*

Inadempimento e tutela del contraente adempiente

L'inadempimento delle obbligazioni scaturenti dal contratto può attivare una pluralità di meccanismi di tutela del creditore.

Alcuni di essi hanno carattere **preventivo** e costituiscono oggetto di una disciplina pattizia.

Caparra confirmatoria

Così, già al momento della conclusione del contratto, una parte può chiedere all'altra la dazione di una certa quantità di danaro o di cose fungibili (c.d. **caparra confirmatoria**: art. 1385).

La caparra soddisfa una pluralità di esigenze diverse: confermare la serietà dell'impegno assunto, costituire un acconto sulla prestazione cui è tenuta la parte che la versa e, infine, assicurare un risarcimento del danno forfettizzato alla parte non inadempiente, in caso di inadempimento dell'altra parte.

Infatti, nel caso di inadempimento della parte che ha versato la caparra, la controparte può recedere dal contratto e trattenere la caparra; se inadempiente è, invece, la parte che ha ricevuto la caparra, l'altra può pretendere il doppio della caparra data e recedere dal contratto (art. 1385, co. 2).

È fatta salva, comunque, la possibilità per la parte non inadempiente di domandare l'esecuzione o la risoluzione del contratto. In questo caso, il danno sarà liquidato secondo le regole ordinarie in materia (art. 1385, co. 3).

Dato che la caparra confirmatoria si configura come uno strumento di liquidazione anticipata e convenzionale del danno volta ad evitare l'instaurazione di un giudizio contenzioso, qualora la parte adempiente preferisca, invece, attivare la tutela giudiziaria per ottenere la risoluzione ed il risarcimento giudiziali, non può successivamente introdurre una domanda nuova finalizzata ad ottenere la declaratoria del recesso con ritenzione della caparra (o pagamento del doppio), perché così facendo vanificherebbe la descritta funzione della caparra incentrata sulla liquidazione extragiudiziale e preventiva delle conseguenze dannose dell'inadempimento.

Clausola penale

Un'altra modalità di difesa preventiva avverso l'inadempimento è rappresentata dalla **clausola penale**: si tratta di una pattuizione in forza della quale si conviene che, in caso di inadempimento o di ritardo nell'adempimento, uno dei contraenti è tenuto ad una determinata prestazione (art. 1382). Qui, dunque, la prestazione non viene immediatamente eseguita – come nella caparra confirmatoria – ma costituisce oggetto di un obbligo assunto nei confronti dell'altra parte.

Funzioni della penale

Anche la clausola penale si presta ad una varietà di usi. Accanto ad una funzione di preventiva determinazione **forfettaria** del danno (art. 1382, co. 1), si può cogliere anche una finalità **sanzionatoria** dell'inadempimento, che avvicina la clausola penale alle c.d. **pene private**: infatti, la penale è dovuta a prescindere dalla prova del danno (art. 1382, co. 2).

Il creditore non può, però, domandare insieme la prestazione principale e quella dedotta nella penale, a meno che quest'ultima non sia stata pattuita per il semplice **ritardo** (art. 1383).

Ove la penale risulti manifestamente **eccessiva** avuto riguardo all'interesse del creditore, il giudice può disporne, in via equitativa ed anche d'ufficio, la riduzione (art. 1384).

Clausole limitative della proponibilità di eccezioni

Altra tecnica di tutela anticipata contro l'inadempimento è la previsione di clausole **limitative** della facoltà per il debitore di proporre eccezioni tese ad evitare o ritardare la prestazione dovuta. Tali clausole incontrano una certa ostilità da parte del legislatore: intanto esse non possono riguardare le eccezioni di **nullità**, **annullabilità** e **rescissione** (art. 1462, co. 1) e poi, anche se efficaci, il giudice può, per gravi motivi, sospendere la condanna e imporre, se del caso, una cauzione (art. 1462, co. 2).

In altre ipotesi, la tutela avverso l'inadempimento costituisce manifestazione di un eccezionale potere di **autotutela del privato**, immediatamente attivabile, salvo sempre il successivo controllo circa la legittimità del suo esercizio da parte degli organi giurisdizionali.

Eccezione di inadempimento

Può essere inquadrata in quest'ambito la c.d. **eccezione di inadempimento** (art. 1460). Ciascuna delle parti di un contratto a prestazioni corrispettive può rifiutarsi di adempiere la propria obbligazione se l'altra non adempia o non offra di adempiere contemporaneamente la propria, a meno che termini diversi per l'adempimento siano stati stabiliti dalle parti o risultino dalla natura del contratto. Ad es., Caio, lavoratore subordinato alle dipendenze di Tizio, può astenersi dall'eseguire la prestazione lavorativa se il datore di lavoro omette di corrispondergli la retribuzione.

L'esecuzione della prestazione non può essere rifiutata, però, se tale rifiuto, avuto riguardo alle circostanze del caso, risulti **contrario** alla buona fede (art. 1460, co. 2).

Ciò può accadere, in particolare, se l'inadempimento al quale si pretende di reagire rifiutando del tutto di eseguire la propria prestazione rivesta una importanza secondaria nell'economia del rapporto: così, per riprendere l'esempio precedente, sarà contrario a buona fede il rifiuto da parte di Caio di eseguire la prestazione lavorativa se l'inadempimento datoriale non investe l'intera retribuzione, ma soltanto l'erogazione di una specifica indennità di circoscritto importo.

Sospensione della prestazione

Rappresenta, del pari, esercizio di un potere di autotutela la possibilità accordata ad un contraente di **sospendere** l'esecuzione della prestazione se le **condizioni patrimoniali** dell'altro sono divenute tali da porre in evidente pericolo il conseguimento della controprestazione, e sempre che non gli sia prestata idonea garanzia (artt. 1461, 1822).

Una volta verificatosi l'inadempimento, la parte non inadempiente dispone di un'ulteriore gamma di strumenti di tutela (art. 1453): l'**azione di esatto adempimento**, la **risoluzione del contratto** (giudiziale o stragiudiziale), il **risarcimento del danno**.

L'azione di esatto adempimento e l'azione di risoluzione del contratto sono finalizzate ad ottenere due risultati evidentemente inconciliabili e vanno, dunque, coordinate.

Coordinamento tra azione di risoluzione e di esatto adempimento

La risoluzione – ed altresì il risarcimento del danno derivante dall'inadempimento – possono essere domandati anche quando il giudizio sia stato promosso per ottenere l'adempimento, mentre non può chiedersi l'adempimento quando sia stata domandata la risoluzione (art. 1453, co. 2). Qui deve ravvisarsi un profilo di tutela della stessa parte inadempiente, che – una volta proposta la domanda di risoluzione – ha ragione di ritenere che l'altro contraente non abbia più interesse all'adempimento e può, dunque, disporre diversamente della prestazione.

L'adempimento è, poi, definitivamente precluso a far data dalla domanda di risoluzione, ossia dal momento in cui è chiaro che il creditore vi ha perso interesse (art. 1453, co. 3).

Importanza dell'inadempimento

Presupposto della risoluzione del contratto non è un qualsiasi inadempimento, ma soltanto l'inadempimento che risulti di **non** scarsa importanza, avuto riguardo all'**interesse** del creditore (art. 1455). In altre parole, si dovrà verificare – ancora una volta alla luce del canone di buona fede – se l'inadempimento fosse **obiettivamente** idoneo a pregiudicare la funzionalità del rapporto: ad es., nel contratto di noleggio di un'automobile, il mancato funzionamento dell'impianto di climatizzazione potrà integrare gli estremi di un inadempimento di non scarsa importanza, avuto riguardo al clima o alle condizioni di salute dell'utilizzatore.

Risoluzione di diritto del contratto

L'esigenza di pervenire ad un rapido scioglimento del vincolo contrattuale che abbia ormai perso la propria funzionalità spiega perché – accanto alla risoluzione giudiziale – siano previste ipotesi di risoluzione **stragiudiziale** (o **di diritto**) del contratto.

Infatti, la risoluzione **giudiziale** consegue all'accertamento, appunto ad opera del giudice, dei suoi presupposti (in particolare, la non scarsa importanza dell'inadempimento *ex* art. 1455), affidato ad una sentenza **costitutiva** che scioglie il vincolo contrattuale.

Al contrario, la risoluzione stragiudiziale si produce di diritto (e cioè senza la mediazione del giudice) in **tre** casi.

Diffida ad adempiere

La parte non inadempiente può, innanzi tutto, intimare per iscritto all'altra parte di adempiere entro un termine che non può essere inferiore a quindici giorni (salvo che un termine inferiore risulti congruo in relazione alla natura dell'affare o agli usi), con l'avvertenza che – spirato inutilmente il termine – il contratto si intenderà senz'altro risolto (**diffida ad adempiere**). Se entro il termine indicato il debitore non adempie, il contratto è risolto di diritto (art. 1454).

La diffida ad adempiere può, tuttavia, legittimamente intimarsi solo per un inadempimento di non scarsa importanza, ai sensi dell'art. 1455.

La diffida ad adempiere si configura come un atto negoziale che si concreta in un potere unilaterale idoneo a determinare la risoluzione del vincolo contrattuale.

Clausola risolutiva espressa

Le parti possono poi convenire, in sede di stipula del contratto, che il medesimo si risolva nel caso in cui una determinata obbligazione non sia adempiuta secondo le modalità stabilite: è questa la **clausola risolutiva espressa** (art. 1456).

Le parti dovranno individuare in modo **specifico** l'obbligazione o le obbligazioni il cui inadempimento determinerà la risoluzione (un generico riferimento a tutte le obbligazioni scaturenti dal contratto integra gli estremi di una **clausola di stile**, come tale priva di effetti). Qui il limite della non scarsa importanza dell'inadempimento non opera giacché la rilevanza di quest'ultimo è consacrata, in via preventiva, nella stessa clausola risolutiva. Resta fermo che anche in presenza di una clausola risolutiva espressa le parti sono tenute a rispettare il principio della buona fede ed il divieto di abuso del diritto; nell'ambito della fattispecie dell'art. 1456, in particolare, il principio di buona fede si pone come canone di valutazione sia dell'esistenza dell'inadempimento, sia del conseguente esercizio del potere di risolvere il contratto; ne discende che, ad esempio, saranno esclusi comportamenti puramente pretestuosi del contraente che asserisce l'inadempimento della controparte, comportamenti che, proprio perché contrari a buona fede, non riceveranno tutela dall'ordinamento.

La risoluzione del contratto opera di diritto allorché la parte interessata dichiari all'altra che intende **avvalersi** della clausola (art. 1456, co. 2).

Termine essenziale

Il contratto si risolve di diritto anche nel caso di inutile decorrenza del **termine essenziale** (art. 1457).

L'essenzialità del termine va accertata, ancora una volta, avuto riguardo all'**interesse** del creditore: è chiaro che se la cerimonia nuziale è fissata per il 9 luglio e l'abito della sposa viene consegnato soltanto il giorno dopo, il creditore non ha più interesse a ricevere la prestazione ed il contratto è risolto di diritto.

Scaduto il termine essenziale, il creditore che conservi pur sempre un interesse alla prestazione (ad es., il matrimonio è rinviato di un mese) deve darne notizia all'altra parte entro **tre** giorni: in caso contrario, il contratto è, ancora una volta, risolto di diritto (art. 1457, co. 2).

Anche qui il legislatore mostra attenzione per la posizione dell'inadempiente il quale, scaduto il termine, potrebbe del tutto ragionevolmente considerare risolto il contratto e disporre della prestazione a favore di terzi.

Risoluzione di diritto ed accertamento giudiziale

È ben possibile che sorgano contestazioni in ordine alla sussistenza dei presupposti richiesti per ciascuna delle tre forme di risoluzione stragiudiziale esaminate: ad es., il debitore potrebbe contestare l'essenzialità del termine. Ma qui la sentenza che verifichi la sussistenza di quei presupposti avrebbe natura di **mero accertamento** di un effetto risolutivo già prodottosi.

Effetti della risoluzione

La risoluzione, come rammentato, ha effetto **retroattivo** tra le parti, determinando quindi l'obbligo dell'una e dell'altra parte di restituire le prestazioni eseguite; tuttavia, nei contratti ad esecuzione continuata o periodica l'effetto della risoluzione non travolge le prestazioni già eseguite, che rimangono ferme (art. 1458, co. 1).

Risoluzione e diritti dei terzi

I diritti dei terzi **non sono pregiudicati** dalla risoluzione del contratto che è, dunque, ad essi inopponibile, salvi, in ogni caso, gli effetti della trascrizione della domanda di risoluzione (art. 1458, co. 2: si tratta di una regola analoga a quella esaminata in materia di rescissione).

Risoluzione e contratti plurilaterali con comunione di scopo

Nei contratti **plurilaterali** con comunione di scopo – secondo un principio già più volte illustrato – la risoluzione del singolo vincolo contrattuale non dà luogo alla risoluzione dell'intero contratto, a meno che la prestazione mancata non debba considerarsi **essenziale** secondo le circostanze (art. 1459).

15.2. *La risoluzione per impossibilità sopravvenuta*

Impossibilità sopravvenuta e risoluzione

L'impossibilità sopravvenuta della prestazione per causa non imputabile al debitore è una delle cause di estinzione dell'obbligazione (art. 1256).

Se essa si verifica all'interno di un rapporto a prestazioni corrispettive, il debitore liberato **perde** il diritto alla controprestazione e deve restituire quella che abbia già ricevuto (art. 1463).

Impossibilità parziale della prestazione

Nell'ipotesi in cui l'impossibilità della prestazione sia soltanto **parziale**, l'altra parte ha diritto ad una corrispondente riduzione della prestazione da essa dovuta. Criterio decisivo di valutazione della situazione è, comunque, sempre l'**interesse** del creditore, in quanto, ove egli non abbia interesse a ricevere un adempimento parziale, potrà recedere dal contratto (art. 1464).

Contratti con effetti traslativi o costitutivi ed impossibilità: rinvio

Del regime dell'impossibilità sopravvenuta della prestazione nei contratti con effetti reali si è già detto altrove. Qui bisogna soltanto aggiungere che se il contratto era sottoposto a condizione **sospensiva**, l'acquirente è liberato dalla controprestazione (art. 1465, ult. co.), mentre non è così là dove il contratto fosse sottoposto a **termine iniziale** (art. 1465, co. 2). La diversa soluzione accolta nelle due ipotesi si spiega tenuto conto della circostanza che, in presenza di una condizione sospensiva, l'effetto traslativo non è soltanto differito, ma anche incerto; invece, in presenza di un termine iniziale tale effetto è differito ma è certo.

Quanto all'incidenza dell'impossibilità della singola prestazione sul contratto **plurilaterale** (art. 1466) ed all'opponibilità della risoluzione nei confronti dei **terzi**, vigono regole del tutto coincidenti con quelle previste in materia di risoluzione per inadempimento.

15.3. *La risoluzione per eccessiva onerosità sopravvenuta*

Ambito di applicazione del rimedio

Il rimedio della risoluzione per **eccessiva onerosità sopravvenuta** (artt. 1467-1469) può essere esperito, nell'ambito della categoria dei contratti a prestazioni corrispettive, con riguardo ai contratti ad esecuzione **continuata o periodica** (c.d. contratti di durata), ovvero ad esecuzione **differita**.

È chiaro, infatti, che se il contratto trovasse immediata esecuzione, l'eventuale sopravvenienza verrebbe ad incidere su rapporti già esauriti, risolvendosi allora nella fisiologica maggiore o minore convenienza dell'affare per chi l'ha posto in essere, in relazione alla sua capacità di prevedere al meglio gli sviluppi del mercato. Ad es., concludo, ed eseguo immediatamente, un contratto di acquisto di microprocessori molto sofisticati, ma – dopo poche settimane – un'imprevedibile scoperta tecnica azzera il valore di quei microprocessori: in questo caso, nulla posso fare per rimediare al cattivo affare.

Sono esclusi dall'applicazione del rimedio i **contratti aleatori** (art. 1469). Qui deve evidenziarsi che ai contratti aleatori per loro natura (e cioè quelli intrinsecamente caratterizzati di per sé da uno specifico elemento di rischio), devono aggiungersi quelli in cui l'alea è riconducibile alla volontà delle parti. L'intento dei contraenti – analogamente ai contratti aleatori tipici – configura ed introduce l'alea come un aspetto essenziale del sinallagma per cui lo scambio si pone tra una prestazione certa ed una invece incerta.

Presupposti dell'eccessiva onerosità sopravvenuta

Presupposto della risoluzione per eccessiva onerosità sopravvenuta è che la prestazione di una delle parti sia divenuta eccessivamente onerosa per il verificarsi di avvenimenti **straordinari** ed **imprevedibili** (art. 1467, co. 1): ad es., in un contratto di somministrazione di petrolio, nel quale era stato pattuito un prezzo fisso, l'incremento dei prezzi del greggio dovuto ad una guerra in Medio Oriente può dar luogo ad eccessiva onerosità della prestazione del debitore.

Alea normale del contratto

Il parametro di valutazione dell'eccessiva onerosità non è ancorato ad un criterio quantitativo preciso, dovendo ritenersi eccessiva l'onerosità che esorbiti dall'alea normale del contratto (ad es., in un contratto di finanziamento la cui provvista debba avvenire in dollari, rientra nell'alea normale del contratto un'oscillazione anche significativa dei tassi di cambio).

È appena il caso di notare che la rilevanza dell'eccessiva onerosità sopravvenuta di una delle prestazioni non intacca, ma anzi conferma, quanto osservato in ordine alla generale vigenza nel nostro sistema del principio di equivalenza soggettiva delle prestazioni: infatti, il rimedio entra in gioco a fronte di uno sconvolgimento **radicale** del rapporto di scambio pattuito in contratto.

Gli **effetti** della risoluzione sono, ancora una volta, quelli stabiliti dall'art. 1458 (art. 1467, co. 1).

Riduzione ad equità

La parte convenuta con l'azione di risoluzione per eccessiva onerosità sopravvenuta può evitarla, offrendo di modificare **equamente** le condizioni del contratto (art. 1467, co. 3). Il risultato della modifica ad equità non consiste in un vero e proprio riallineamento del valore delle prestazioni, bensì, più limitatamente, nell'eliminazione della sproporzione eccedente l'alea del contratto.

Contratti con obbligazioni a carico di una sola parte

Nell'ambito dei contratti con obbligazioni di **una sola parte**, ai quali non si applica il rimedio risolutorio, la parte obbligata può comunque chiedere una **riduzione** della sua prestazione ovvero una **modificazione** nelle modalità di esecuzione, sufficiente a ricondurla ad **equità** (art. 1468). In queste ipotesi, pertanto, contrariamente a quanto avviene nei contratti a prestazioni corrispettive *ex* art. 1467, non vi è possibilità tra la scelta della risoluzione e quella della modifica ad equità del contratto, posto che l'unico rimedio è proprio la modifica.

Eccesiva onerosità e sopravvenienza

L'istituto della risoluzione per eccessiva onerosità sopravvenuta è stato talora considerato il punto di emersione – all'interno del sistema del c.c. – di una regolamentazione del fenomeno delle c.d. sopravvenienze contrattuali nei rapporti di durata: questi ultimi, infatti, proprio perché tali, si presentano fortemente innervati dalle relazioni e dalle interazioni sussistenti tra le parti, legittimate ad attendersi, l'una dall'altra, una più accentuata disponibilità a condividere gli oneri ed i benefici derivanti dal contratto. È stato tuttavia sottolineato che la disciplina dell'istituto della risoluzione per eccessiva onerosità sopravvenuta è inadeguata a risolvere il problema delle sopravvenienze, in quanto sbilanciata sul piano dei rimedi risolutori, a detrimento, dunque, di quelli conservativi reputati tendenzialmente di maggiore efficienza nella misura in cui consentono di preservare l'operazione economica dedotta in contratto, ad onta appunto delle circostanze sopravvenute.

Il problema delle sopravvenienze contrattuali è stato, da ultimo, portato al centro della riflessione dottrinale e dell'elaborazione giurisprudenziale dalle conseguenze, dirette ed indirette, della pandemia Covid-19. Infatti, il legislatore è intervenuto con una serie di norme, alcune di portata generale (v. cap. X, n. 3.5) altre riferite a singoli tipi o sottotipi contrattuali (v. cap. VII, n. 3.1) al fine di tenere conto degli sconvolgimenti che la pandemia in quanto tale ovvero i provvedimenti normativi adottati per contenerla abbiano prodotto sui singoli rapporti.

Capitolo VII
I CONTRATTI TIPICI

1. *La regolamentazione dei contratti tipici*

Il codice, all'interno del Titolo III del Libro IV (artt. 1470-1986), predispone una regolamentazione dei singoli contratti e cioè degli schemi contrattuali che, o per avere acquisito una particolare rilevanza, in termini di diffusione, nell'esperienza giuridica concreta, ovvero perché corrispondono a tipi di tradizione risalente e consolidata sono, appunto, fatti oggetto di una disciplina specifica, relativa agli aspetti principali dell'operazione economica per mezzo degli stessi realizzata.

La regolamentazione dei tipi contrattuali tra codice civile e leggi speciali

Naturalmente, la regolamentazione specifica in tal modo introdotta non esclude, ma anzi presuppone, la disciplina dei contratti in generale, contenuta nel Titolo II del Libro IV, la quale, a sua volta, troverà applicazione anche a schemi contrattuali in ipotesi irriducibili alla disciplina dei singoli tipi. Va peraltro notato, a quest'ultimo proposito, che l'elevato numero dei tipi oggetto di disciplina da parte del codice e la loro idoneità a coprire le principali funzioni economiche suscettibili di essere perseguite attraverso gli strumenti dell'autonomia privata rendono pressoché meramente teorica l'ipotesi di un contratto a tal punto atipico da non poter essere ricondotto, sia pure attraverso gli strumenti dell'interpretazione analogica, ad uno dei tipi nominati (e, dunque, soggetto soltanto alle regole di parte generale racchiuse nel Titolo II del Libro IV).

La considerazione appena proposta si rafforza ove si tenga conto che la tendenza ad individuare tipi contrattuali (ulteriori, rispetto a quelli contenuti nel codice) ed a farli oggetto di una regolamentazione puntuale ha trovato significative manifestazioni anche all'interno di testi normativi estranei al codice: possono essere menzionati, in tale prospettiva, la disciplina del *franchising*, quella della locazione finanziaria dettata dall'art. 1, co. 136-140, l. n. 124/2017 e, soprattutto, alcune ipotesi di tipi, o sotto – tipi (rispetto a quelli regolati dal codice), contrattuali contemplate dal cdc (artt. 69-81: contratti relativi all'acquisizione di un diritto di godimento ripartito di beni immobili); queste ultime, peraltro, presentano profili di interesse ricostruttivo essenzialmente attinenti alla materia della tutela del consumatore, cosicché si può rinviare a quanto osservato sul punto in precedenza salvi i brevi cenni che, di volta in volta, saranno proposti nel corso dell'esposizione.

In questa sede, invece, i tipi contrattuali saranno trattati, per gruppi, avuto riguardo alle funzioni dagli stessi perseguite.

2. *I contratti di scambio*

Una delle esigenze più frequentemente avvertite nella realtà socioeconomica è quella di scambiare un bene, del quale si dispone, con un altro bene, del quale non si dispone e che risulta invece necessario per soddisfare un proprio bisogno.

Atto di scambio e realtà economica

Lo **scambio** corrisponde, anzi, ad una modalità caratteristica dell'attività economica, nel momento in cui ad un assetto primitivo, basato sull'autosufficienza del singolo individuo (che produce e consuma senz'altro i beni necessari alla propria esistenza), se ne sostituisce un altro, imperniato, invece, sulla circolazione della proprietà dei beni da una sfera giuridica all'altra al fine di consentire il soddisfacimento degli interessi – inevitabilmente diversificati – di ciascuno dei consociati.

Scambio tra beni ovvero tra un bene e danaro

A sua volta, lo scambio può presentarsi in termini più o meno sofisticati, a seconda che i termini dello stesso siano beni (ad es., il pastore che baratta la lana della pecora di sua proprietà con il grano prodotto dall'agricoltore), ovvero un bene, da un lato, ed il danaro dall'altro. Quest'ultima modalità di scambio è di solito predominante in assetti economici maggiormente evoluti, dove il danaro ha già assunto la funzione, che gli è propria, di strumento generale di determinazione del valore delle cose che sono offerte sul mercato.

Nel vigente sistema giuridico, una **funzione di scambio** è assolta da una pluralità di schemi contrattuali tipici. Oltre alla compravendita ed alla permuta, vengono in considerazione tra gli altri, la somministrazione nonché – almeno in parte, nel senso che in essi accanto alla funzione di scambio sono presenti altre funzioni – il riporto ed il contratto estimatorio.

La **somministrazione** (art. 1559) è il contratto con il quale una parte (**somministrante**) si obbliga verso corrispettivo di un prezzo ad eseguire, a favore dell'altra (**somministrato**), prestazioni periodiche o continuative di cose. Somministrazione

La differenza con la compravendita si coglie sotto il profilo della **periodicità** della consegna, caratteristica esclusiva della somministrazione: infatti, nella somministrazione la periodicità o la continuità delle prestazioni rappresentano elementi essenziali del contratto, in funzione del fabbisogno del somministrato. La somministrazione costituisce, dunque, un esempio caratteristico di contratto ad esecuzione **continuata** o **periodica** (c.d. contratto di **durata**).

Il **riporto** (art. 1548) è un contratto di **borsa** (nel senso che è un tipo contrattuale utilizzato nell'ambito delle contrattazioni di borsa), attraverso il quale il **riportato** trasferisce in proprietà al riportatore titoli di credito di una data specie per un determinato prezzo, ed il **riportatore** assume l'obbligo di trasferire al riportato, alla scadenza del termine stabilito, la proprietà di altrettanti titoli della stessa specie, verso **rimborso** del prezzo, che può essere aumentato o diminuito nella misura convenuta. Riporto

Il riporto è un contratto **reale**, in quanto si perfeziona con la consegna dei titoli (art. 1549). Realità

La funzione di scambio, attraverso di esso realizzata, presenta la peculiarità che le attribuzioni dei beni scambiati sono soltanto **temporanee**, in quanto gli stessi sono destinati a ritornare ai patrimoni dei rispettivi titolari originari: ciò in relazione alle finalità ulteriori, rispetto al mero scambio (acquisizione della disponibilità di una somma di danaro; speculazione sulle variazioni di valore dei titoli nel corso dell'esecuzione del contratto) che le parti intendono perseguire.

Il contratto **estimatorio** (art. 1556) è quello a mezzo del quale una parte (*tradens*) consegna una o più cose mobili all'altra (*accipiens*), mentre questa si obbliga a pagare il prezzo, salvo che restituisca le cose nel termine stabilito: la facoltà di **scelta** attribuita all'*accipiens* (restituire la cosa nel termine pattuito ovvero pagarne il prezzo) costituisce elemento essenziale per la configurabilità del tipo contrattuale. Contratto estimatorio

È dubbio se tale contratto postuli, per il proprio perfezionamento, la consegna delle cose ovvero semplicemente il consenso delle parti e, dunque, se sia reale o consensuale. Natura del contratto

La sua ragione economica risiede nell'utilità che entrambe le parti traggono dall'immettere in commercio una cosa, senza che il *tradens* sia onerato della ricerca del compratore e senza che l'*accipiens* sia obbligato al pagamento del prezzo, nel caso in cui la vendita a terzi non avvenga (si consideri, ad es., il rapporto che si instaura tra l'editore del giornale ed i singoli distributori).

2.1. *La compravendita e la permuta*

Compravendita

La **compravendita** (art. 1470) è il contratto con il quale una parte (**venditore** o **alienante**) trasferisce all'altra parte (**compratore** o **acquirente**) la **proprietà** di una cosa o un altro diritto a fronte del corrispettivo di un prezzo.

Le parti della compravendita sono l'alienante e l'acquirente.

Profili speciali di capacità

Con riferimento alla capacità di concludere una compravendita, la disciplina generale del contratto deve essere integrata con la previsione dell'art. 1471, che pone divieti speciali di comprare in capo: 1) agli amministratori di beni dello Stato, dei comuni, delle provincie o degli altri enti pubblici, rispetto ai beni affidati alla loro cura; 2) agli ufficiali pubblici rispetto ai beni che sono venduti per loro ministero; 3) a coloro che, per legge o per atto della pubblica autorità, amministrano beni altrui, rispetto ai beni medesimi; 4) ai mandatari, rispetto ai beni che sono stati incaricati di vendere, salvo il disposto dell'art. 1395. Nei primi due casi il contratto è **nullo**; negli altri è **annullabile**.

La natura dei divieti in esame è stata a lungo dibattuta. Autorevole dottrina individua, in particolare, nei divieti di cui ai n. 1 e 2 dell'art. 1471, un'ipotesi di incapacità giuridica speciale e in quelli di cui ai n. 3 e 4, impedimenti soggettivi all'acquisto. Altri, con riferimento alle ipotesi di nullità, parlano di incapacità giuridica relativa ed in relazione ai divieti di cui ai n. 3 e 4, di incapacità speciale d'agire.

Ciò che qui interessa mettere in luce, al di là delle qualificazioni, è che la sanzione di nullità trova una spiegazione nella tutela di interessi di carattere pubblicistico che legittimano la deroga al principio generale della libera circolazione dei diritti patrimoniali; mentre, le ipotesi di annullabilità mirano a prevenire possibili conflitti d'interesse, nell'ambito di rapporti tra privati.

L'**oggetto** della compravendita può consistere sia nel trasferimento della proprietà di un bene, mobile o immobile, sia nel trasferimento di un altro diritto (reale o di credito). Possono essere trasferiti anche i beni immateriali (i segni distintivi dell'impresa; le opere d'ingegno; le invenzioni industriali), nonché l'azienda, i diritti reali di garanzia e l'eredità. Unico limite oggettivo è quello della incommerciabilità o inalienabilità del diritto o del bene (ad es., non potranno essere venduti il sangue, un rene; ovvero, un edificio abusivo).

Onerosità

La compravendita, in quanto contratto a prestazioni corrispettive e, dunque, a titolo oneroso, postula, a fronte del trasferimento del diritto, l'esistenza di un prezzo, che può anche essere inferiore al valore di mercato del bene, purché esso sia dotato di un valore economico reale ed intrinseco, pena la nullità del contratto per mancanza di un elemento essenziale. Dottrina e giurisprudenza hanno più volte precisato che la nullità non consegue alla pattuizione di un prezzo tenue o irrisorio: solo l'omessa previsione di un prezzo, o la sua indeterminabilità, danno luogo alla caducazione del contratto. In altre parole, ove vi sia un corrispettivo oggettivamente **accertabile**, il contratto è valido e non potrà essere sindacato l'eventuale squilibrio economico delle prestazioni, la cui determinazione è rimessa all'autonomia negoziale. Semmai, ove il prezzo pattuito sia eccessivamente esiguo, la causa di scambio si integra con quella di liberalità, venendo, allora, in considerazione una vendita mista a donazione, con conseguente applicazione delle regole previste per quest'ultima (art. 809).

Proprio la circostanza che la compravendita postuli l'esistenza di uno scambio tra cosa e prezzo consente di differenziare la compravendita dalla **donazione** (art. 769), attraverso la quale possono del pari essere trasferiti diritti ma per spirito di liberalità e, dunque, senza alcun corrispettivo.

Prezzo

Il prezzo, in quanto elemento essenziale del contratto di compravendita deve essere determinato o determinabile. Le parti possono affidare la determinazione del prezzo anche ad un terzo, che assume la veste di **arbitratore**. A norma dell'art. 1473, co. 2, se il terzo non vuole o non può accettare l'incarico, ovvero le parti non si accordano per la sua nomina, quest'ultima è fatta, su richiesta di una delle parti, dal presidente del Tribunale del luogo in cui è stato concluso il contratto.

La determinazione del prezzo può essere rimessa anche ad una delle parti, purché siano fissati dei parametri obiettivi che escludano in radice ogni arbitrio.

Qualora le parti nulla abbiano stabilito, l'art. 1474 individua tre criteri legali di determinazione del prezzo: i primi due, di carattere suppletivo, fanno riferimento al prezzo abituale praticato dal venditore ovvero al prezzo di borsa o di mercato; il terzo, di natura integrativa, prevede, nel caso in cui le parti abbiano inteso riferirsi al giusto prezzo, l'applicazione dei predetti criteri, ovvero, ove ciò non sia impossibile, la determinazione da parte di un terzo nominato a norma dell'art. 1473, co. 2.

Permuta

Il contratto di **permuta** si distingue dalla compravendita, in quanto lo stesso ha ad oggetto lo scambio reciproco della proprietà di cose o di altri diritti da un contraente all'altro (ad es., Tizio trasferisce a Caio la proprietà della sua automobile usata non a fronte del corrispettivo di un prezzo, ma dell'attribuzione della proprietà della motocicletta di Caio). La disciplina della permuta è, comunque, in larga misura coincidente con quella della compravendita, entro il limite di compatibilità imposto dal diverso oggetto dello scambio (artt. 1553, 1555).

Disciplina

Natura della compravendita

Il contratto di compravendita è un contratto **consensuale** ad **effetto reale**, che si perfeziona, dunque, secondo la regola generale dell'art. 1376, in virtù del consenso delle parti legittimamente manifestato.

Il legislatore ha così optato per il modello consensualistico di matrice francese, in base al quale, appunto, il semplice consenso produce effetti traslativi immediati, senza necessità della consegna del bene, a differenza del modello romano o di quello tedesco, in cui si verifica una scissione tra il *titulus* ed il *modus adquirendi*, connettendosi l'effetto traslativo non al contratto ma ad un successivo negozio traslativo astratto ovvero alla consegna materiale del bene.

Pagamento traslativo

Ci si è però chiesti se il principio consensualistico possa essere derogato dalle parti e, pertanto, se sia possibile, nel nostro ordinamento, una scissione della fase obbligatoria (*titulus*) dalla fase traslativa (*modus adquirendi*). La dottrina tradizionale, sulla base del principio di tipicità dei negozi che trasferiscono diritti reali, ritiene che ove si scindessero il momento della prestazione del consenso da quello traslativo, lo spostamento patrimoniale avverrebbe in forza di uno schema atipico privo di giustificazione causale e come tale nullo *ex* art. 1325, n. 2.

In senso contrario si è osservato che, in realtà, in tal caso, l'astrattezza sarebbe solo apparente, essendo la giustificazione causale del trasferimento rinvenibile nell'ambito del primo negozio di cui il secondo costituisce adempimento (c.d. **causa esterna**). Tale pagamento traslativo, avente natura negoziale, viene dalla dottrina prevalente ricondotto al procedimento di formazione del contratto previsto dall'art. 1333.

La giurisprudenza ormai da tempo sembra aver accolto questa ricostruzione, ammettendo, in particolare, nel nostro ordinamento, la figura del **contratto preliminare ad effetti anticipati** in cui si rinviene una sequenza costituita da un contratto ad effetti obbligatori (consistenti principalmente nell'obbligo di consegna del bene e di pagamento del prezzo) ed un successivo negozio traslativo esecutivo del primo.

Una deroga al principio consensualistico, ritenuta da una parte della dottrina ammissibile, si ha anche quando l'adempimento dell'obbligazione di pagamento del prezzo sia qualificata dalle parti come condizione sospensiva di efficacia del contratto, con la conseguenza che la proprietà non passa fino a quando il prezzo non risulti in effetti pagato.

Effetti reali ed effetti obbligatori

In ogni caso, si deve osservare che il contratto di compravendita non produce soltanto **l'effetto** reale (il trasferimento della proprietà), ma anche effetti **obbligatori**, a carico, rispettivamente, del venditore o del compratore.

Obblighi del venditore

In particolare, può rammentarsi l'obbligo del venditore di **consegnare** la cosa al compratore (art. 1476, n. 1).

Infatti, come a suo tempo si è osservato, la consegna, proprio per la natura consensuale del contratto, non attiene al momento perfezionativo del medesimo, bensì a quello della sua esecuzione. La natura giuridica da attribuire alla consegna è stata a lungo dibattuta. Gli autori più risalenti ne hanno sostenuto la natura negoziale, mentre la dottrina più recente, ed ormai dominante, ha ricondotto l'attribuzione del bene venduto alla categoria degli atti giuridici in senso stretto a struttura unilaterale, come tale sottoposta alla disciplina dell'adempimento dell'obbligazione (art. 1180 s.).

Inoltre, a carico del venditore, può esservi l'obbligazione **di far acquistare** al compratore la proprietà della cosa o il diritto, qualora l'acquisto non sia effetto immediato del contratto.

Compravendita ad effetti obbligatori

Vi sono, infatti, ipotesi in cui la compravendita produce effetti **soltanto** obbligatori e non già immediatamente traslativi della proprietà: si tratta della vendita di cose generiche, della vendita di cose future e della vendita di cose altrui. In questi casi si parla comunemente di vendita ad effetti obbligatori, ma si deve rilevare che anche qui, in realtà, si producono effetti reali, seppure non immediatamente, comunque automaticamente, a seguito dell'adempimento dell'obbligazione. La dottrina prevalente è più incline a parlare allora di vendita ad effetti traslativi **mediati** o **differiti**.

Vendita di cose generiche

Nella vendita di **cose generiche** (art. 1378), la proprietà si acquista con l'**individuazione** fatta d'accordo tra le parti o nei modi da esse stabiliti. Controversa è la natura dell'individuazione. Secondo una parte della dottrina, si tratta di un negozio giuridico bilaterale se compiuto da entrambe le parti ovvero unilaterale se compiuto da una sola parte; secondo un'altra opinione ci troveremmo al cospetto di un atto giuridico in senso stretto, in quanto atto esecutivo del contratto, privo di efficacia traslativa.

Vendita di cose future

Nella vendita di **cose future, o *emptio rei speratae*** (art. 1472), invece, la proprietà si acquista non appena la cosa viene ad esistenza; nel caso in cui la vendita abbia ad oggetto gli alberi o i frutti di un fondo, la proprietà si acquista al momento in cui gli alberi sono tagliati o i frutti separati.

La cosa è futura quando non può (ancora) essere oggetto di appropriazione, o perché non esistente *in rerum natura* (es., edifici da costruire), ovvero perché non separata dalla cosa-madre (ad es., i frutti naturali non staccati dagli alberi); o ancora in quanto opera umana non formata; o, infine, perché giuridicamente inesistente (si pensi alle *res nullius*).

Parte della dottrina ha configurato l'istituto in esame come un «negozio a consenso anticipato», cioè un negozio in formazione che produrrà effetti definitivi solo al momento della venuta ad esistenza dell'oggetto, mancante al momento della conclusione del contratto. Altra opinione parla di contratto ad efficacia sospesa sino alla venuta ad esistenza della cosa. L'opinione oggi prevalente in dottrina e giurisprudenza configura la vendita di cosa futura come vendita obbligatoria idonea a produrre l'effetto traslativo automaticamente con il venire in essere della cosa. Si rileva, infatti, che, contrariamente a quanto opinato in passato, l'oggetto del contratto è in realtà esistente sin dall'origine (dovendosi ammettere ai sensi dell'art. 1348 il contratto su beni futuri) e che, in contrasto con la seconda ricostruzione proposta, non può qualificarsi in termini di inefficacia quello che è invece un momento esecutivo del contratto, e cioè il comportamento al quale il venditore è tenuto onde far acquisire il bene al compratore.

Tale conclusione permette ora di affrontare il problema dei rimedi esperibili in caso di mancata venuta ad esistenza del bene. Infatti l'art. 1472, co. 2, con formulazione ambigua e ritenuta non risolutiva, prevede che la vendita è nulla, a meno che le parti non abbiano inteso concludere un contratto **aleatorio**.

In primo luogo, si deve, distinguere tra bene prodotto dall'**uomo** (ad es., vendita di un edificio da costruire) e bene prodotto dalla **natura** (ad es., frutti di un fondo). Nel primo caso, richiedendosi un'attività positiva del venditore, difficilmente potrà parlarsi di nullità del contratto, la quale può derivare da vizi genetici del contratto ma non dipendere da fattori sopravvenuti, quale è l'inadempimento dell'obbligo di fare in capo al venditore, cui si risponde con la risoluzione (congiunta eventualmente a risarcimento) del contratto. Solo nel secondo caso potrà, pertanto, trovare applicazione il rimedio caducatorio di cui all'art. 1472, co. 2, il quale peraltro, accanto all'*emptio rei speratae* – in cui le parti definiscono con certezza il bene oggetto di vendita la cui mancata venuta ad esistenza determinerà senza dubbio la nullità – menziona la vendita aleatoria (c.d. ***emptio spei***), ove l'entità della prestazione è, in un certo senso, affidata alla sorte e il rischio della mancata venuta in essere, nei termini sperati, della cosa oggetto del contratto, è e rimane in capo all'acquirente, con conseguente validità del contratto.

La cosa futura può essere oggetto di contratto preliminare che obbliga le parti alla conclusione di un contratto definitivo che può avere ad oggetto una cosa presente o una cosa futura. Se il bene viene ad esistenza nelle more della conclusione del definitivo, e il promittente venditore non adempie, il promissario acquirente può domandare l'esecuzione in forma specifica *ex* art. 2932.

Ipotesi particolare di *emptio rei speratae* è poi quella della vendita di immobili da costruire, oggetto di un intervento legislativo risalente ormai a più di un decennio fa (d.lgs. n. 122/2005). In particolare, il legislatore, con riferimento al contratto preliminare e ad ogni altro contratto comunque diretto al successivo acquisto in capo ad una persona fisica della proprietà o di un altro diritto reale su un immobile da costruire, è intervenuto a fissare un contenuto minimo del contratto medesimo, individuando, in altre parole, nella prospettiva della tutela dell'acquirente, una serie di elementi ed informazioni che dovranno essere inseriti nel regolamento negoziale a pena di invalidità (art. 6).

Vendita di cosa altrui

Terza ipotesi di vendita c.d. obbligatoria è la vendita di **cosa altrui** (art. 1478), ove la proprietà si acquista dal compratore nel momento in cui il venditore la acquisti, a sua volta, dall'attuale titolare. Sul punto, peraltro, un recente orientamento giurisprudenziale delle **SS.UU.** della S.C. ha precisato che la prestazione del venditore può essere eseguita procurando il trasferimento del bene direttamente dall'effettivo proprietario, senza necessità di una doppia vicenda traslativa.

Si deve sottolineare che la vendita di cose altrui è un contratto perfettamente valido, ma inefficace per difetto, in capo all'alienante, della **legittimazione** a disporre del bene.

Nel caso in cui l'acquirente fosse a conoscenza del fatto che l'alienante non era titolare del diritto di proprietà, egli può risolvere il contratto – secondo le regole generali in materia di risoluzione per inadempimento – soltanto quando l'alienante non adempia l'obbligazione di far acquistare la proprietà del bene.

Vendita di cosa altrui e tutela del compratore

È, invece, consentito al compratore che, al momento della conclusione del contratto, fosse ignaro che la cosa non era di proprietà del venditore chiedere la **risoluzione**, sempre che nel frattempo il venditore non gliene abbia fatto acquistare la proprietà (art. 1479, co. 1). Inoltre è prevista una tutela restitutoria in favore dell'acquirente, cui si affianca l'ordinaria tutela risarcitoria (art. 1479, co. 2-3).

Nell'ipotesi di vendita di **cosa parzialmente altrui** (art. 1480), il compratore può chiedere la risoluzione del contratto ed il risarcimento del danno, secondo le disposizioni appena rammentate, qualora debba ritenersi che – alla luce delle circostanze del caso – egli non avrebbe acquistato la cosa senza la parte della quale non è divenuto proprietario. In caso contrario, può solo ottenere la riduzione del prezzo, oltre al risarcimento del danno.

Cosa gravata da oneri o da diritti di godimento di terzi

Regole analoghe si applicano nel caso in cui la cosa sia gravata da **oneri** o **da diritti reali o personali non apparenti** che ne diminuiscano il libero godimento e non siano stati dichiarati in contratto (art. 1489, co. 1; ma v. anche il co. 2 che richiama, entro i limiti di applicabilità, la disciplina in materia di evizione).

Un ulteriore obbligo del venditore è quello di garantire il compratore dall'**evizione** (art. 1476, n. 3).

Garanzia per evizione

L'evizione si verifica nel caso in cui un terzo, dopo la stipula del contratto, **rivendichi** con successo la proprietà della cosa nei confronti del compratore. L'evizione, dunque, si fonda sull'impossibilità per l'acquirente di acquistare il diritto, non necessitando lo spossessamento. Superata la concezione dell'evizione nei termini di garanzia in senso tecnico, l'opinione prevalente colloca la figura nell'alveo della **responsabilità**, secondo la dottrina prevalente, di natura contrattuale, seppure non manchino voci isolate che fanno riferimento alla responsabilità precontrattuale.

L'evizione, seppure affine alla situazione che può determinarsi in caso di vendita di cosa altrui, se ne differenzia, per la necessaria privazione del bene, accanto all'altruità.

Tema tuttora dibattuto è quello della necessaria persistenza o meno delle cause di evizione rispetto alla conclusione del contratto. Se la giurisprudenza prevalente si esprime in senso positivo, la dottrina più recente – evidenziando una contraddizione tra la necessaria preesistenza e la natura contrattuale dell'evizione – è maggiormente incline a ricomprendere nella garanzia anche fattispecie lesive perfezionatesi in seguito all'acquisto.

La copiosa casistica giurisprudenziale ha indotto la dottrina a raggruppare i fatti evizionali in tre macro-categorie. Si parla, allora, di evizione **rivendicatoria**, con riferimento ad una sentenza passata in giudicato di condanna al rilascio del bene; evizione **risolutoria**, che può a sua volta essere giudiziale (sentenza passata in giudicato che elimina il *titulus alienandi*) o stragiudiziale (ad es., esercizio del diritto di prelazione o riscatto); evizione **espropriativa**, in relazione a vincoli di natura privatistica (ad es., espropriazione forzata all'esito di procedimento esecutivo) o pubblicistica (ad es., espropriazione per pubblica utilità) gravanti sul bene.

Lo stato soggettivo di buona o mala fede dell'alienante è ritenuto, dalla dottrina maggioritaria, del tutto irrilevante ai fini della risoluzione del contratto.

L'evizione può essere **totale** (art. 1483) o **parziale** (art. 1484).

Nel primo caso, il venditore deve innanzi tutto risarcire il danno subito dal compratore secondo la disciplina già richiamata dell'art. 1479 (co. 2-3: ma v. anche, per le obbligazioni poste a carico del venditore, l'art. 1483, co. 2).

Nell'ipotesi di evizione parziale, trova applicazione la disciplina, già rammentata, relativa alla vendita di cosa parzialmente altrui (artt. 1484, 1480). La medesima disciplina si applica anche all'evizione **limitativa**, nel caso in cui la cosa sia gravata da oneri o diritti, reali o personali, che ne diminuiscono il libero godimento e non sono stati dichiarati nel contratto (art. 1489).

L'evizione, infine, può essere **invertita**, nell'ipotesi in cui il compratore acquisti il diritto dal terzo che potrebbe agire in rivendica o comunque in difetto della cooperazione del venditore.

Derogabilità della garanzia per evizione

Le regole in materia di evizione possono essere oggetto di deroga **pattizia**, con gli effetti previsti dall'art. 1488: tuttavia, il venditore è sempre tenuto per l'evizione derivante da fatto suo proprio (ad es., nel caso in cui l'evizione discenda da una doppia alienazione), essendo **nullo** il patto contrario (art. 1487, co. 2).

Garanzia per vizi

Il venditore, ancora, è tenuto a garantire il compratore per i **vizi materiali** della cosa che la rendano inidonea all'uso a cui è destinata, ovvero ne diminuiscano in modo apprezzabile il valore (art. 1490, co. 1: ad es., acquisto un materasso che si rivela tanto duro da non consentirmi di dormire).

Derogabilità della garanzia

La natura giuridica delle tutele apprestate dal legislatore in tema di garanzia per vizi è stata oggetto di una disputa dottrinale assai risalente nel tempo. Se un'autorevole dottrina riconduce tale figura nell'alveo della responsabilità contrattuale da inadempimento dell'obbligazione di esatta esecuzione del contratto, l'opinione ormai prevalente, facendo leva sulle peculiarità della disciplina di cui agli artt. 1492 s., configura la garanzia per i vizi del bene nei termini di una responsabilità «speciale» derivante dalla oggettiva inattuazione o imperfetta attuazione dell'effetto traslativo, e non dall'inadempimento di un'obbligazione nascente dal contratto di vendita.

In questa prospettiva si ritiene che i vizi debbano essere preesistenti alla conclusione del contratto stesso o, anche se manifestatisi successivamente, dovuti a cause pregresse. In presenza, invece, di vizi insorti tra il momento della conclusione del contratto e la consegna del bene, ove essi siano imputabili al venditore, il compratore potrà azionare gli ordinari rimedi contrattuali, ove, invece, siano incolpevoli, rimarranno a carico dell'acquirente in forza della regola *res perit domino* correlata al principio consensualistico.

Si tratta, anche in questo caso, di una garanzia **derogabile**, salva l'ipotesi in cui il venditore abbia in mala fede taciuto al compratore i vizi della cosa (art. 1490, co. 2). Avranno, peraltro, valenza modificativa solo i patti coevi alla stipula del contratto, ritenendosi, invece, novativi i patti successivi, in quanto incidenti su un rapporto obbligatorio già sorto.

Vizi occulti

La garanzia si riferisce ai vizi **occulti**, e cioè a quelli che il compratore non conosceva o non poteva conoscere con l'ordinaria diligenza, a meno che il venditore non avesse dichiarato che la cosa era esente da vizi: in tal caso, la garanzia opera anche per i vizi **conoscibili** (art. 1491).

Tutela del compratore

Azione redibitoria ed estimatoria

In virtù della garanzia per i vizi della cosa, l'acquirente ha diritto di ottenere la risoluzione del contratto (c.d. **azione redibitoria**), con le conseguenze previste dall'art. 1493, ovvero la riduzione del prezzo (c.d. **azione estimatoria** o *quanti minoris*): la scelta è irrevocabile quando sia fatta con la domanda giudiziale (art. 1492, co. 1-2).

Inoltre, il venditore è tenuto al **risarcimento del danno** nei confronti del compratore, se non dimostri di avere ignorato senza colpa i vizi della cosa e deve altresì risarcire al compratore i danni derivati da tali vizi (art. 1494).

Decadenza

La garanzia è soggetta ad un termine di **decadenza**, in quanto l'acquirente decade dal diritto di farla valere se non denuncia i vizi al venditore entro **otto** giorni dalla scoperta (salvo che un termine diverso sia stato stabilito dalle parti o dalla legge: art. 1495, co. 1). La denunzia non è necessaria se il venditore ha riconosciuto l'esistenza del vizio ovvero lo ha occultato (art. 1495, co. 2).

Prescrizione

Il diritto alla garanzia è soggetto altresì ad un termine di **prescrizione** di un **anno** dalla consegna. Tuttavia, il compratore convenuto per l'esecuzione del contratto può far valere la garanzia in via d'eccezione, a condizione che il vizio della cosa sia stato denunciato entro otto giorni dalla scoperta e, comunque, entro un anno dalla consegna (art. 1495, co. 3).

Si deve, infine, rilevare sul punto che tra i rimedi a favore del compratore non è annoverata l'azione di esatto adempimento. Ci si è chiesti allora se possa essere domandato al venditore, in alternativa alle azioni edilizie, di eliminare i vizi del bene a sue spese. L'opinione prevalente è nel senso di escludere tale opzione, non potendosi porre in capo all'alienante un'obbligazione di *facere* – consistente nell'eliminazione dei vizi – aggiuntiva rispetto a quella di *dare*, correttamente adempiuta.

Allo stesso tempo nulla esclude che il venditore, di sua spontanea volontà, si offra di eliminare i vizi. Sul punto, peraltro, si è acceso un vivace dibattito giurisprudenziale tra chi configurava tale accordo come novazione e chi, in senso contrario, rilevava l'assenza, nel caso di specie, sia dell'*animus novandi* che dell'*aliquid novi*. Tale contrasto è stato di recente risolto dalle SS.UU. della Cass., nel senso che l'offerta del venditore non presenta i requisiti della novazione, ma costituisce un riconoscimento di debito che interrompe la prescrizione ed esonera il compratore dal rispetto del termine di decadenza e delle condizioni di cui all'art. 1495. Ciò non toglie che le parti, espressamente o per fatti concludenti, possano accordarsi al fine di estinguere l'obbligazione originaria e sostituirla con una nuova per oggetto e per titolo.

Una recente giurisprudenza ha poi evidenziato che l'azione di esatto adempimento volta alla eliminazione dei vizi della cosa venduta non è un rimedio generale a tutela dell'acquirente del bene, ma compete soltanto in particolari casi previsti espressamente dalla legge (garanzia di buon funzionamento, vendita di beni di consumo) o qualora il venditore si sia specificamente obbligato alla riparazione del bene, fermo restando, in tal caso, che sorge un'autonoma obbligazione di *facere* soggetta al termine ordinario di prescrizione, mentre l'originario diritto del compratore alla riduzione del prezzo e alla risoluzione del contratto resta assoggettato alla prescrizione annuale di cui all'art. 1495.

Garanzia di buon funzionamento

La garanzia per vizi non deve essere confusa con la garanzia di **buon funzionamento** cui ha riguardo – in materia di vendita di cose mobili – l'art. 1512.

La garanzia di buon funzionamento non è, infatti, oggetto di una disciplina, sia pure derogabile, di legge, in quanto va **espressamente** pattuita, come accade di frequente soprattutto per prodotti di largo consumo (elettrodomestici, automobili, ecc.: e v., da ultimo, sulla tutela dell'acquirente di beni di consumo, gli art. 1519 *bis* s., ora trasfusi agli art. 128 s., cdc, sui quali si ritornerà anche di qui a breve), a meno che non vi siano **usi** che la stabiliscano pure in mancanza di un patto espresso (art. 1512, co. 3).

Nel caso in cui la garanzia di buon funzionamento sia stata pattuita, il compratore, salvo il patto contrario, deve **denunziare** al venditore il difetto di funzionamento entro **trenta** giorni dalla scoperta, mentre l'azione si prescrive in **sei** mesi. Salvo il diritto dell'acquirente al risarcimento del danno, il giudice può – secondo le circostanze – assegnare al venditore un termine per sostituire o riparare la cosa in modo da assicurarne il buon funzionamento (art. 1512, co. 2).

Un'ipotesi distinta (art. 1497) da quella di vizi della cosa si ha quando quest'ultima manchi delle qualità **promesse** ovvero di quelle **essenziali** per l'uso cui è destinata: ad es., Tizio acquista un'automobile nuova dal concessionario Caio, che gliene consegna invece una usata; Sempronio acquista da Mevio un fondo del quale gli era stata promessa l'edificabilità e che risulta invece vincolato a verde agricolo.

Difetto di qualità

In tal caso, il compratore può avvalersi della tutela prevista dalle disposizioni generali sulla risoluzione per inadempimento, a condizione che il difetto di qualità ecceda i **limiti** di tolleranza stabiliti dagli usi (art. 1497, co. 1).

Il diritto alla risoluzione è soggetto ai termini di decadenza e di prescrizione già richiamati (art. 1497, co. 2). Tale azione, peraltro, va distinta dall'azione di annullamento per errore sulle qualità essenziali del bene (art. 1429, n. 2), non venendo in rilievo, nel caso di mancanza delle qualità essenziali (o premesse), una falsa rappresentazione della realtà in capo all'acquirente.

Aliud pro alio

Si ritiene, invece, che spetti all'acquirente l'ordinaria tutela prevista dalle disposizioni in materia di risoluzione per inadempimento nel caso di consegna del c.d. ***aliud pro alio***. Si tratta di una figura frutto dell'elaborazione giurisprudenziale, finalizzata a sottrarre le ipotesi più gravi di inadempimento del venditore ai ristretti termini di decadenza e di prescrizione stabiliti in materia di garanzia per vizi e di difetto di qualità.

L'*aliud pro alio*, secondo l'impostazione prevalente, ricorre nel caso di consegna di una cosa di genere **diverso** rispetto a quella compravenduta, ovvero mancante delle qualità **necessarie** a soddisfare la sua destinazione economico sociale: ad es., consegna di acqua non potabile in luogo di acqua potabile; consegna di immobile privo del certificato di abitabilità in luogo della casa di abitazione oggetto del contratto.

La dottrina, per lungo tempo, ha esaminato il problema nella ricerca dei criteri distintivi delle diverse ipotesi di «difetti» della cosa venduta, senza giungere ad una sistemazione definitiva della materia. Così, si è ritenuto di poter distinguere il vizio, inteso come difetto strutturale; la mancanza di qualità, come appartenenza del bene ad una specie diversa rispetto a quella convenuta; l'*aliud pro alio*, quale radicale diversità di genere della *res*. Altri autori individuano solo nelle qualità promesse una categoria autonoma, accanto ai vizi e alla mancanza di qualità (indistinguibili tra loro), contrapponendo tutte queste categorie all'*aliud pro alio*. In senso solo parzialmente difforme è, invece, orientata quell'opinione che riconduce la mancanza di qualità promesse nell'alveo dell'*aliud pro alio*.

Peraltro, giova sottolineare che la distinzione tra le tre categorie di vizi materiali del bene venduto ha perso rilevanza pratica a seguito della ratifica della Convenzione di Vienna del 1980 sulla vendita mobiliare internazionale, la quale predispone un apparato di tutela per il compratore omogeneo per tutte le ipotesi di difformità del bene rispetto alle condizioni pattuite.

Tutela dell'acquirente di beni di consumo

Tale disciplina è stata presa a modello dal legislatore comunitario, da ultimo, nella normativa a tutela dell'acquirente di beni di consumo posta dagli artt. da 1519 *bis* a 1519 *nonies* inseriti dal d.lgs. n. 24/2002, in sede di attuazione della dir. n. 99/44, ora trasfusi negli art. 128 s. cdc.

La normativa in questione, che si inserisce a pieno titolo nel quadro della tutela del consumatore, è imperniata sull'affermazione di un generale obbligo del venditore di consegnare al consumatore beni **conformi** al contratto di vendita (art. 129 cdc); sulla individuazione analitica dei diritti del consumatore (art. 130 cdc); sulla previsione dei contenuti minimi essenziali della garanzia convenzionale offerta (art. 133 cdc); sulla espressa affermazione di nullità – suscettibile di essere fatta valere dal solo consumatore e rilevabile d'ufficio dal giudice – dei patti volti ad escludere o limitare i diritti riconosciuti al consumatore (art. 134, co. 1, cdc).

In particolare, l'art. 129 cdc, introducendo la nozione di "conformità del bene al contratto", mette ordine nella disciplina dei vizi della cosa, della mancanza di qualità e dell'*aliud pro alio*, ammettendo il compratore ad esercitare l'azione di esatto adempimento, cioè la riparazione o sostituzione del bene a spese del venditore (oltre alle azioni edilizie).

La norma precisa che i beni di consumo si presumono conformi al contratto in presenza di una serie di circostanze tra cui l'idoneità all'uso al quale servono beni dello stesso tipo (lett. *a*), la conformità alla descrizione fatta dal venditore e al "campione" o "modello" (lett. *b*); la presenza di qualità e prestazioni abituali di un bene dello stesso tipo, "che il consumatore può ragionevolmente aspettarsi, tenuto conto della natura del bene e, se del caso, delle dichiarazioni pubbliche sulle caratteristiche specifiche dei beni fatte al riguardo dal venditore, dal produttore o dal suo agente o rappresentante, in particolare nella pubblicità o sull'etichettatura" (lett. *c*); e, infine, l'idoneità all'uso particolare voluto dal consumatore e portato a conoscenza del produttore e da questi accettato, anche per fatti concludenti (lett. *d*).

Per quello che concerne le obbligazioni gravanti sul compratore, questi deve, fondamentalmente, corrispondere il **prezzo** (art. 1498).

Obbligazioni del compratore

Sono altresì a carico dell'acquirente le **spese** del contratto: ma è consentito alle parti di regolarsi diversamente (art. 1475).

La disciplina della compravendita contempla, poi, talune ipotesi che si caratterizzano in relazione alla peculiarità dell'oggetto della stessa.

Si tratta, in particolare, della vendita di **cose mobili** (art. 1510 s.: v. anche, per la vendita **internazionale** di cose mobili, la già menzionata Convenzione di Vienna dell'11 aprile 1980 ratificata con l. n. 765/1985); della vendita a **termine di titoli di credito** (artt. 1531-1536), della vendita di **cose immobili** (artt. 1537-1541) e della vendita di **eredità** (artt. 1542-1547).

Regole specifiche, poi, sono dettate anche in relazione ad alcune particolari clausole che possono variamente arricchire o articolare gli effetti del contratto.

Vendita con patto di riscatto

In questa prospettiva, merita di essere ricordato, innanzi tutto, il **patto di riscatto** (art. 1500), con il quale il venditore si riserva il diritto di riavere la proprietà della cosa venduta mediante la restituzione del prezzo ed i rimborsi stabiliti dagli art. 1502 s. Ad es., Tizio vende la sua abitazione a Caio poiché confida di poterne reperire una più grande ed adatta alle proprie esigenze in breve tempo: ma si cautela contro il cattivo esito della ricerca riservandosi di riscattare la proprietà dell'appartamento venduto.

A lungo si è dibattuto circa la natura giuridica del patto di riscatto e della dichiarazione attraverso la quale il correlativo diritto viene esercitato. Una teoria configura la vendita con patto di riscatto come una vendita sottoposta a condizione risolutiva potestativa, ove la dichiarazione di riscatto sarebbe un mero fatto giuridico. Un'altra tesi si richiama alla revoca retroattiva, che consentirebbe al venditore di recedere dal contratto con effetti *ex tunc*. Meritano poi un cenno le teorie della proprietà temporanea ovvero risolubile (figura la cui ammissibilità nel nostro ordinamento è tuttora controversa) e quella, meritevole di condivisione, secondo cui la facoltà di riscatto integrerebbe gli estremi di un diritto potestativo.

Il patto di riscatto può espletare anche una funzione di **garanzia**, prospettandosi, in tal caso, la possibilità di interferenze con il **divieto del patto commissorio** (art. 1500, co. 2).

La prevalente giurisprudenza richiede la stipula coeva del patto di riscatto rispetto alla vendita, ammettendone la validità anche ove esso sia contenuto in un atto separato, purché costituisca espressione di un'unica volontà negoziale.

Quanto alla **forma**, si ritiene pressoché unanimemente che il patto debba rivestire la stessa forma del contratto in cui si inserisce.

Il riacquisto della proprietà da parte del riscattante si ha mediante una sua **dichiarazione unilaterale**, attraverso la quale – come detto – egli esercita un diritto potestativo. Tale dichiarazione deve essere effettuata entro un **termine** che non può essere superiore a quelli previsti dalla legge (art. 1501: due anni per i beni mobili e cinque per i beni immobili): la *ratio* di tale previsione va ravvisata nell'esigenza di evitare il protrarsi della situazione di incertezza nella quale si trova l'acquirente circa la stabilità del suo acquisto.

Ai fini del riacquisto non è sufficiente la sola dichiarazione, ma è necessario che il venditore originario rimborsi il prezzo. Quando il compratore rifiuta la corresponsione del prezzo, il venditore è tenuto, a pena di decadenza, nel termine di otto giorni dalla scadenza del termine di riscatto, a fare offerta reale della somma dovuta.

L'esercizio del diritto di riscatto, in virtù dell'efficacia reale di cui è dotato, consente al riscattante di ottenere il rilascio della cosa anche dai **subacquirenti**, a condizione che il patto sia ad essi opponibile (art. 1504, co. 1). Ai fini dell'opponibilità, per i beni immobili e mobili registrati, è necessaria la trascrizione del patto (artt. 2643 e 2659), nonché la trascrizione della dichiarazione di riscatto da compiersi nei sessanta giorni dalla scadenza del termine per il riscatto, pena l'inopponibilità di quest'ultimo al terzo acquirente del bene dopo la scadenza del termine in base ad atto trascritto anteriormente alla trascrizione della dichiarazione. Con riferimento ai beni mobili, invece, l'opponibilità del patto è subordinata alla data certa, fatti salvi i diritti acquistati in buona fede dal terzo (art. 1153).

La disciplina della figura in esame si conclude con le norme che regolano il riscatto nelle ipotesi di vendita di quota indivisa, di vendita congiunta e separata di cosa indivisa e di riscatto nei confronti degli eredi del compratore (artt. 1506-1509).

Vendita con riserva di gradimento

Può poi rammentarsi la vendita con **riserva di gradimento** (art. 1520), che si caratterizza in quanto essa non si perfeziona fino a quando il gradimento non sia comunicato al venditore: l'ipotesi può, dunque, essere ricondotta entro lo schema dell'opzione.

Vendita a prova

La vendita a **prova** è, invece, quella che si presume fatta sotto la condizione **sospensiva** che la cosa abbia le qualità pattuite o sia idonea all'uso cui è destinata (art. 1521).

Vendita su campione

Viceversa, non incide né sul perfezionamento del contratto né sull'efficacia del medesimo la vendita su **campione** o su **tipo** di campione (art. 1522): la caratteristica di quest'ultima deve ravvisarsi, infatti, nell'assunzione di un campione quale termine di riferimento **esclusivo** per la qualità della merce. Da ciò deriva che qualsiasi difformità dal campione attribuisce al compratore il diritto alla **risoluzione** del contratto (art. 1522, co. 1).

Vendita a rate con …

Nella compravendita, poi, può convenirsi una **rateazione** del prezzo di modo che la proprietà passerà all'acquirente soltanto al momento del pagamento dell'ultima rata di prezzo (vendita con **riserva della proprietà**: artt. 1523-1526).

... riserva della proprietà

La funzione pratica di tale figura va ravvisata nella possibilità, in questo modo offerta all'acquirente, di (cominciare a) godere di un bene, pur **non** avendone ancora pagato integralmente il prezzo: di regola, infatti, la consegna del bene avviene già al momento del pagamento della prima rata o, comunque, ben prima del trasferimento della proprietà. Ad es., Tizio acquista a rate un'automobile, che gli viene subito consegnata; l'effetto traslativo della proprietà si produce solo al momento del pagamento dell'ultima rata di prezzo, ma Tizio comincia subito ad utilizzare l'automobile.

Le tesi dottrinali sulla natura giuridica dell'istituto sono davvero numerose e vanno da quella più tradizionale, che parla di vendita sottoposta a condizione sospensiva (concezione che mal si accorda, tuttavia, con l'irretroattività dell'acquisto), alla teoria della vendita obbligatoria (che trova il suo punto debole nell'assenza di un'obbligazione del venditore), passando per le ricostruzioni della doppia proprietà e della proprietà risolubile, fino a giungere, alle tesi più recenti che fanno leva sulle situazioni giuridiche che sorgono in capo ai contraenti.

In questo senso vanno lette sia la proposta ricostruttiva che delinea una vendita con effetto traslativo immediato in capo all'acquirente, e il contemporaneo sorgere di un diritto reale di garanzia in capo al venditore, sia quel filone dottrinale che qualifica la posizione del compratore come una situazione giuridica complessa nella quale confluiscono un diritto reale di godimento ed un'aspettativa (reale) di acquisto della proprietà, proprietà che permane fino al pagamento dell'ultima rata in capo al venditore.

Rischio del perimento della cosa

Così si spiegherebbe anche il passaggio in capo all'acquirente con riserva dei **rischi** relativi alla cosa già al momento della consegna (riprendendo l'esempio di prima: la distruzione dell'automobile di Tizio, ancorché senza colpa di quest'ultimo, non lo esonera dall'obbligo di pagare le rate di prezzo ancora a scadere), nonché l'immediata opponibilità del diritto ai terzi, creditori o aventi causa del venditore.

La riserva è opponibile ai creditori dell'acquirente se risulta da atto scritto avente data certa anteriore al pignoramento (art. 1524, co. 1), mentre è inopponibile agli aventi causa dell'acquirente, fatta salva l'ipotesi di cui all'art. 1524, co. 2.

Tutela del venditore

In caso di inadempimento del compratore, il venditore può ottenere la **risoluzione** del contratto. Occorre, tuttavia, che l'ammontare della rata non pagata superi l'**ottava** parte del prezzo, poiché diversamente il contratto non può essere risolto ed il compratore conserva anche il beneficio del termine rispetto alle rate non ancora scadute (art. 1525).

Quando sia pronunciata la risoluzione del contratto, l'effetto di caducazione delle attribuzioni patrimoniali eseguite si estende anche alle rate di prezzo già pagate, salvo il diritto del venditore ad un **equo compenso** per l'uso della cosa, ed al **risarcimento del danno** (art. 1526, co. 1).

Nell'ipotesi in cui il contratto stabilisca l'acquisizione al venditore delle rate già riscosse a titolo di indennità, il giudice, tenuto conto delle circostanze, può **ridurre** l'indennità pattuita (art. 1526, co. 2-3): si tratta di una concretizzazione del generale principio di riducibilità in via equitativa della clausola penale.

3. *I contratti di godimento*

Funzione di godimento

L'esame della realtà economico-sociale permette di individuare ipotesi in cui il bisogno, che si intende realizzare attraverso la stipula di un contratto, è quello di conseguire (e, correlativamente, di attribuire) il **godimento** di un bene, senza porre in essere il trasferimento della proprietà di quest'ultimo.

Si consideri, ad es., il caso di Tizio che, proprietario di un'abitazione in una località di villeggiatura, sa che non potrà utilizzarla nella stagione estiva 2020 a causa di gravosi impegni lavorativi: pur non volendosi privare della proprietà della villa, egli potrà avere interesse ad attribuirne il godimento, a fronte di un corrispettivo, a Sempronio, ovvero, in ipotesi, a Mevio pure in assenza di corrispettivo (poiché, in tal modo, conseguirà quanto meno l'obiettivo di far conservare e custodire l'appartamento).

Dal lato di colui che ha necessità di conseguire il godimento di un certo bene, l'acquisizione della proprietà potrebbe risultare in taluni casi eccessiva rispetto ad un'esigenza di utilizzazione soltanto temporanea (ad es., Tizio deve trasferirsi in un'altra località soltanto per un anno), ovvero troppo onerosa.

La funzione di godimento può essere realizzata attraverso una pluralità di schemi contrattuali, tipici o atipici.

Nell'esame della categoria dei contratti di godimento appare opportuno muovere dal comodato.

Comodato

Il **comodato**, o **prestito d'uso** (per contrapporlo al mutuo che è detto prestito di **consumo**), è il contratto col quale una parte (**comodante**) consegna all'altra (**comodatario**) una cosa mobile o immobile affinché quest'ultima se ne serva per un tempo o per un uso determinato, con l'obbligo di restituire la stessa cosa avuta in prestito (art. 1803). Dalla definizione emerge chiaramente che il comodato è un contratto **reale**, il quale si perfeziona con la consegna della cosa: consegna necessaria, appunto, a realizzare la funzione di godimento sua propria. Secondo una parte della dottrina, prima della *traditio* il rapporto che si instaura tra le parti è di pura cortesia; secondo altra opinione, si tratterebbe di un rapporto *in itinere*, con effetti prodromici e conservativi.

Il comodato è **essenzialmente** gratuito (art. 1803, co. 2). Ciò implica che la pattuizione di un corrispettivo determina la fuoriuscita da quel tipo contrattuale e l'applicazione della disciplina propria della locazione o dell'affitto.

Gratuità

Il comodatario è obbligato a custodire ed a conservare la cosa con la **diligenza del buon padre di famiglia** e non può servirsene per usi diversi rispetto a quello determinato in contratto o in relazione alla natura della cosa stessa (art. 1804, co. 1). Inoltre, il comodatario non può concedere ad un terzo il godimento della cosa senza il consenso del comodante (art. 1804, co. 2) e l'inadempimento di questi obblighi legittima il comodante a richiedere l'immediata **restituzione** della cosa, oltre che il **risarcimento** del danno (art. 1804, co. 3).

Obblighi del comodatario

La **gratuità** del comodato è alla base di taluni aspetti della disciplina del tipo: la possibilità per il comodante di ottenere la restituzione della cosa prima della scadenza del termine eventualmente pattuito o prima che il comodatario abbia cessato di servirsene, nel caso in cui sia sopravvenuto per il comodante un urgente ed impreveduto bisogno di disporre della cosa stessa (art. 1809, co. 2); la responsabilità del comodatario per il perimento della cosa oggetto di comodato, nell'ipotesi in cui questa perisca per un caso fortuito a cui avrebbe potuto sottrarla sostituendola con la cosa propria, ovvero nell'ipotesi in cui, potendo salvare una delle due cose, abbia preferito la propria (art. 1805, co. 1); la responsabilità del comodante per danni derivanti al comodatario da vizi della cosa comodata soltanto nell'ipotesi in cui il comodante, conoscendo tali vizi, non abbia avvisato il comodatario (art. 1810).

Responsabilità del comodatario

Responsabilità del comodante

L'obbligo di restituzione è obbligazione essenziale nell'ambito del contratto di comodato; pertanto, ove le parti pattuiscano che la restituzione debba avvenire solo se il comodante abbia necessità di utilizzare l'immobile, si è in presenza di un contratto atipico di comodato, non riconducibile né al modello legale del comodato a termine (art. 1809) né a quello di comodato a tempo indeterminato (art. 1810).

Una funzione di godimento può essere realizzata anche attraverso il c.d. *leasing*, che, nella sua variante di *leasing* finanziario (o locazione finanziaria) ha trovato di recente – come si è già accennato – una tipizzazione, ed una disciplina, nell'art. 1, co. 136-140, l. n. 124/2017.

Leasing

Il *leasing* può essere operativo o finanziario.

Nel *leasing* **operativo**, una parte concede all'altra, a fronte del corrispettivo di un canone periodico e per un tempo determinato, il godimento di un bene, con la pattuizione che – alla scadenza del contratto – il conduttore potrà scegliere se **restituire** la cosa ovvero **rinnovare** il contratto (in relazione allo stesso bene, nel qual caso il canone sarà ridotto stante la diminuzione di valore del bene, derivante dalla sua utilizzazione, oppure in relazione ad un bene diverso, ancorché analogo dal punto di vista della destinazione economica), ovvero, ancora, **ac-**

Leasing operativo

quistare la proprietà del bene, a fronte del pagamento di un'ulteriore somma di danaro.

L'inserimento di queste clausole in uno schema contrattuale – per il resto assai simile alla locazione – è giustificato dalla circostanza che, in genere, il bene oggetto del contratto è un bene strumentale (macchinari industriali) o di consumo (autoveicoli, elettrodomestici), esposto ad una rapida obsolescenza.

Nel caso, invece, in cui colui che acquisisce il godimento abbia di mira l'acquisto finale della proprietà del bene, lo schema contrattuale si avvicina notevolmente all'ipotesi della vendita con riserva di proprietà.

Leasing finanziario

Nel *leasing* finanziario (ormai legislativamente denominato locazione finanziaria) alla funzione di godimento si giustappone quella di finanziamento dell'utilizzatore. Quest'ultimo, infatti, indica al concedente (solitamente, un imprenditore esercente professionalmente operazioni di *leasing*) il bene del quale ha interesse ad acquisire il godimento; il concedente, dal canto suo, acquista (attraverso un contratto di compravendita, distinto da quello di *leasing*, ancorché ad esso collegato) il bene presso il **fornitore** – in tal modo anticipando il capitale necessario per l'operazione – e conviene con questi che il bene stesso sia installato presso l'utilizzatore che ne viene, dunque, a godere per il periodo stabilito, pagando correlativamente un canone periodico.

Il pagamento dei canoni, a fronte del godimento da parte dell'utilizzatore, assume anche la funzione di **restituzione** del finanziamento accordato, dal concedente, il quale – alla scadenza del termine – avrà di fronte a sé le possibilità già viste per il *leasing* operativo.

La disciplina normativa di questo schema contrattuale muove (art. 1, co. 136) dalla definizione di esso, che ricalca quella accreditatasi nella elaborazione giurisprudenziale e poc'anzi richiamata, prevedendo la necessità che il concedente sia una banca o un intermediario finanziario iscritto nell'albo previsto dall'art. 106 del d.lgs. n. 385/1993. Viene, quindi, fissata (art. 1, co. 137) la nozione di grave inadempimento dell'utilizzatore, consistente nel mancato pagamento di almeno sei canoni mensili o di due canoni trimestrali, ancorché non consecutivi, o un importo equivalente per i *leasing* immobiliari, ovvero di quattro canoni mensili, benché non consecutivi o un importo equivalente per gli altri contratti di locazione finanziaria. È, poi, prevista (art. 1, co. 138-139) una disciplina in caso di risoluzione del contratto, in caso di inadempimento dell'utilizzatore come in precedenza tipizzato, che contempla il diritto del concedente alla restituzione del bene ed il suo obbligo di corrispondere all'utilizzatore il ricavato della vendita, o della diversa collocazione, del bene, dedotti gli importi pari ai canoni scaduti e non pagati, dei canoni a scadere, quanto alla sola sorte capitale, del prezzo pattuito per l'esercizio dell'opzione finale di acquisto e delle spese necessarie per il recupero del bene, la stima e la conservazione del medesimo fino alla vendita.

La regolamentazione legislativa è, dunque, chiaramente ispirata all'esigenza di contemperare l'esigenza di tutela dell'utilizzatore – predeterminando i casi in cui il concedente può domandare la risoluzione del contratto a causa dell'inadempimento del medesimo – e quella del concedente, a cui è consentito di ottenere, in quei casi, la restituzione del bene, salvo l'operare del meccanismo di riequilibrio delle posizioni dell'una e dell'altra parte del quale si è in precedenza riferito.

Sale and lease back ...

Ancora più spiccata è la funzione di finanziamento nel c.d. *sale and lease back*, che ricorre quando il proprietario di un bene (di solito, beni immobili o macchinari industriali di notevole valore) lo **aliena** all'impresa esercente l'attività di *leasing*, la quale subito dopo concede lo stesso bene in **godimento** all'alienante, a fronte del pagamento di un canone. Il vantaggio per l'alienante consiste nell'acquisizione di un finanziamento, che viene restituito di fatto attraverso il pagamento dei canoni; l'impresa di *leasing* consegue poi l'obiettivo di acquisire la garanzia della proprietà del bene a fronte del finanziamento erogato.

... e possibile violazione del divieto del patto commissorio

L'operazione è uno strumento molto efficace per l'imprenditore che necessiti di liquidità e, allo stesso tempo, non voglia definitivamente privarsi della proprietà del bene. Il prezzo corrisposto dalla società di *leasing*, infatti, è sostanzialmente un finanziamento erogato all'imprenditore-alienante, che deve poi essere restituito mediante i canoni periodici corrisposti nel corso del godimento e il pagamento del prezzo del riscatto a seguito dell'esercizio dell'opzione. Si tratta, in altre parole, di un finanziamento con garanzia reale atipica, ove la garanzia è costituita dal trasferimento del bene al finanziatore. Dottrina e giurisprudenza, stante l'evidente sovrapponibilità dell'operazione in esame alle c.d. alienazioni in garanzia, fin dal primo apparire del *lease back*, sono state chiamate a verificarne la contrarietà o meno al divieto del patto commissorio *ex* art. 2744 c.c.

Per un primo, lungo periodo, la giurisprudenza – prendendo le mosse dalla distinzione tra alienazione in garanzia risolutivamente condizionata, lecita, e alienazione in garanzia sospensivamente condizionata, integrante il patto vietato dall'art. 2744 – non ha dubitato della generale liceità del *lease back*.

Solo con il superamento del discrimine fondato esclusivamente sulla struttura negoziale e il passaggio ad una concezione funzionale – che tiene cioè conto non del mezzo utilizzato, ma del risultato in concreto perseguito dalle parti – si è assistito ad un cambiamento di prospettiva nella riflessione sulla liceità del *lease back*.

Cosicché se, da un lato, dottrina e giurisprudenza sono concordi nell'affermare la generale liceità del *lease back* – da intendersi quale contratto **socialmente** tipico in cui la vendita non è stipulata a scopo di garanzia, non preesistendo, peraltro, un credito da garantire – dall'altro lato, allorquando l'operazione concretamente posta in essere dalle parti presenti deviazioni, appunto, rispetto allo schema socialmente tipico, tali da non consentire la realizzazione del normale assetto di interessi cui è fisiologicamente preordinato il *lease back*, ma tese ad assicurare all'impresa bisognosa di liquidità un finanziamento, dovrà dedursi che lo scopo in realtà perseguito dai contraenti era la costituzione in garanzia del bene, che assurge a causa del contratto di vendita, realizzando il risultato in contrasto col divieto di cui all'art. 2744, con conseguente nullità del patto.

L'analisi si è allora necessariamente spostata alla ricerca di un discrimine tra *lease back* «normale» e «anomalo», conseguente ad un uso fraudolento dello schema contrattuale (socialmente) tipico.

A tal fine, la giurisprudenza ha individuato una serie di indici rivelatori dell'intento di costituire una garanzia reale atipica. Si possono così distinguere anomalie relative al contenuto del negozio (ad es., durata eccessivamente breve della locazione finanziaria; la normativa nettamente sfavorevole per l'utilizzatore; l'addossamento allo stesso del rischio per il perimento del bene; la previsione di clausole penali elevate), e anomalie relative alle circostanze di fatto in cui l'operazione si inserisce (ad es., la natura del bene, strumentale all'attività dallo stesso svolta; la situazione economica del venditore-utilizzatore; la stima del valore di mercato del bene).

3.1. *La locazione. L'affitto*

Schema generale della locazione: locazione ed affitto

La **locazione** costituisce – secondo la sistematica del codice vigente (v. l'intestazione del Capo VI del Titolo III) – un *genus* all'interno del quale si collocano disposizioni destinate a disciplinare due *species*: la **locazione**, propriamente intesa, e l'**affitto**, che, dunque, si configurano come sotto – tipi del (generale) tipo locazione.

La disciplina normativa si articola, poi, ulteriormente, sia per la locazione sia per l'affitto, in relazione alla natura della cosa della quale viene concesso il godimento: ad es., **locazione di fondi urbani**, art. 1607 s. o **affitto di fondi rustici**, art. 1628 s.

Incidenza della legislazione speciale

Va subito notato che queste ultime materie sono caratterizzate da un'incidenza particolarmente marcata della **legislazione speciale**, introdotta per assicurare tutela agli specifici interessi di volta in volta coinvolti in relazione alla natura del bene del quale viene attribuito il godimento (ad es., immobili urbani ad uso abitativo o fondi rustici). Pertanto, la disciplina codicistica, pur ancora formalmente vigente nella sua interezza, riveste qui una portata poco più che residuale.

Locazione: nozione

La **locazione** è il contratto con il quale una parte (**locatore**) si obbliga a far godere all'altra (**locatario**-conduttore) un bene mobile o immobile verso un determinato corrispettivo e per un dato tempo (art. 1571). La locazione di beni mobili è usualmente detta **noleggio** (ad es., di un autoveicolo), ma va, comunque, tenuta distinta dal tipo contrattuale omonimo, oggetto di una specifica disciplina (art. 384 s. c.n.).

Noleggio

Nel codice civile la **durata** della locazione non può eccedere i trenta anni e, se pattuita per un periodo più lungo o addirittura in perpetuo, si riduce al termine predetto (art. 1573). Si tratta di una regola finalizzata a tutelare l'esigenza di **libertà** dei beni.

Durata

Nel caso in cui la locazione sia pattuita **senza** che ne venga predeterminata la durata, si applicheranno alcune regole che consentono egualmente di stabilire la durata del contratto (art. 1574).

La distinzione tra l'ipotesi in cui il termine di durata sia stato pattuito dalle parti, ovvero sia stato determinato sulla base dei criteri posti dall'art. 1574, ha rilievo sotto il profilo della **cessazione** del rapporto. Infatti, nel primo caso, la locazione cessa **senza** necessità di disdetta (art. 1596, co. 1) (salva la rinnovazione tacita del contratto, ove il conduttore rimanga e sia lasciato nel godimento del bene: art. 1597, co. 1); mentre nel secondo caso – **in mancanza** di disdetta nel termine fissato dalle parti o dagli usi –, la locazione **non** cessa (art. 1596, co. 2), in quanto la mancata disdetta vale come tacita rinnovazione (art. 1597, co. 2).

Durata del contratto e cessazione del rapporto

Tra le obbligazioni principali del locatore viene innanzi tutto in considerazione quella di **consegnare** al conduttore la cosa locata in buono stato di manutenzione (art. 1575, n. 1).

Obbligazioni del locatore

Nel caso in cui, al momento della consegna, la cosa locata risulti affetta da **vizi** suscettibili di diminuirne in modo apprezzabile l'idoneità all'uso pattuito, il conduttore può domandare la **risoluzione** del contratto, ovvero una **riduzione** del corrispettivo, a meno che non si tratti di vizi conosciuti o facilmente riconoscibili (art. 1578, co. 1). Il locatore, dal canto suo, deve **risarcire** il danno subito dal conduttore in relazione ai vizi della cosa, se non provi di averli ignorati senza colpa al momento della consegna (art. 1578, co. 2).

Vizi della cosa locata

La responsabilità stabilita dalla legge a carico del locatore per i vizi della cosa può essere **convenzionalmente** esclusa o limitata, ma la limitazione non ha effetto nel caso in cui il locatore abbia in **mala fede** taciuto i vizi al conduttore, ovvero se gli stessi erano di entità tale da rendere impossibile il godimento della cosa (art. 1579). Inoltre, se i vizi della cosa, o di una sua parte notevole, espongono a serio pericolo la **salute** del conduttore (o dei suoi familiari o dipendenti), questi può chiedere la risoluzione del contratto, ancorché i vizi gli fossero noti e nonostante qualunque rinunzia (art. 1580).

Clausole limitative della responsabilità del locatore

Il locatore è inoltre obbligato a mantenere la cosa in condizioni tali da servire all'uso **convenuto** (art. 1575, co. 2). Pertanto, egli è tenuto ad eseguire tutte le riparazioni necessarie durante la locazione, salvo quelle di piccola manutenzione, le quali, invece, sono a carico del conduttore (ma, in caso di cose mobili, le spese di conservazione e di

Manutenzione della cosa locata

ordinaria manutenzione gravano, salvo patto contrario, sul conduttore: art. 1576).

Il conduttore è, comunque, tenuto a dare avviso al locatore del fatto che la cosa abbisogna di riparazioni che non siano a suo carico: qualora si tratti di riparazioni **urgenti**, il conduttore può eseguirle direttamente, salvo rimborso, ma è tenuto a darne contestuale avviso al locatore (art. 1577).

Quest'ultimo, infine, è tenuto a garantire al conduttore il **pacifico** godimento della cosa (art. 1575).

Garanzia di pacifico godimento

Tale garanzia si riferisce, in particolare, alle pretese di **terzi** che vantino diritti sulla cosa locata, arrecando così molestie che diminuiscono l'uso o il godimento della cosa (art. 1585). In questo caso, il conduttore deve darne pronto avviso al locatore, sotto pena del risarcimento dei danni (art. 1586).

La giurisprudenza pressoché unanime afferma l'illegittimità della sospensione del pagamento del canone da parte del locatario, in caso di diminuzione del godimento del bene. Tale condotta sarebbe contraria al principio di buona fede nell'esecuzione del contratto e provocherebbe uno squilibrio nel sinallagma del contratto. Semmai, qualora il conduttore non abbia interesse al ripristino della qualità del bene, può chiedere la rinegoziazione del canone, sempre possibile nei rapporti di durata, non solo in forza del principio di buona fede, ma anche in virtù di un'interpretazione analogica dell'art. 1584, il quale prevede la possibilità di una riduzione del canone in caso di riparazioni che si protraggano oltre il sesto della durata del contratto e, comunque, oltre i venti giorni (art. 1584, co. 1) nonché lo scioglimento del rapporto se l'esecuzione delle riparazioni renda la cosa inabitabile (art. 1584, co. 2).

Nel caso, invece, in cui la molestia patita dal conduttore sia solo **di fatto** – non si accompagni, cioè, all'affermazione di diritti sulla cosa – il locatore non è tenuto a garantire il conduttore, il quale può, tuttavia, agire contro i terzi in **nome proprio** (art. 1585).

Obblighi del conduttore

Responsabilità del conduttore

Il conduttore, dal canto suo, è obbligato a prendere in consegna la cosa, osservando la **diligenza del buon padre di famiglia** nel servirsene per l'uso determinato in contratto o per quello che può presumersi secondo le circostanze. Egli è responsabile della **perdita** o del **deterioramento** della cosa che avvengono nel corso della locazione, a meno che non provi che essi si sono verificati per una causa a lui **non imputabile** (art. 1588, co. 1).

Il conduttore è inoltre obbligato al **pagamento** del corrispettivo e deve, infine, **restituire** la cosa nello stesso stato in cui l'ha ricevuta, sulla base della descrizione fattane dalle parti (art. 1590, co. 1). Non danno luogo a responsabilità del conduttore il deterioramento o il consumo derivanti dall'uso della cosa in conformità del contratto, così come non implicano una sua responsabilità il deterioramento o il perimento dovuti a **vetustà** (art. 1590, co. 3).

Ritardo nella restituzione

In caso di inadempimento dell'obbligo di restituzione, il conduttore è tenuto a dare al locatore il corrispettivo convenuto fino al momento dell'**effettiva riconsegna**, salvo comunque l'obbligo di risarcire il maggior danno (art. 1591).

Sublocazione

Il conduttore, salvo il patto contrario, può **sublocare** la cosa, ma è necessaria l'autorizzazione del locatore o l'esistenza di usi conformi, se la locazione abbia ad oggetto una cosa mobile: si tratta di un'ipotesi di **subcontratto.** È prevista un'azione **diretta** del locatore nei confronti del subconduttore al fine di esigere il prezzo della sublocazione e di ottenere l'esatto adempimento delle altre obbligazioni derivanti dal contratto di sublocazione: ciò non pregiudica, tuttavia, la possibilità del locatore di far valere i propri diritti nei confronti del conduttore (art. 1595).

Cessione del contratto di locazione

Secondo la regola generale in materia di **cessione del contratto** (art. 1406), il conduttore non può cedere il contratto senza il consenso del locatore (art. 1594, co. 1).

Opponibilità del contratto di locazione

In caso di alienazione del bene locato, il contratto di locazione è **opponibile** all'acquirente a condizione che esso abbia data certa anteriore all'alienazione della cosa (art. 1599, co. 1): si tratta di un'eccezione al principio della **relatività degli effetti contrattuali**, giustificata dall'esigenza di tutelare la posizione del conduttore ed il suo affidamento in ordine al godimento del bene.

Tuttavia, nel caso di locazione di beni mobili non iscritti in pubblici registri, la regola non si applica nel caso in cui l'acquirente ne abbia conseguito il possesso in buona fede (art. 1599).

Locazione di immobili urbani

La **locazione di immobili urbani**, già oggetto di una specifica disciplina codicistica, ha costituito negli ultimi decenni il punto di riferimento di una abbondante **legislazione speciale** concernente, in particolare, la locazione di immobili ad uso abitativo. Del resto, in questo caso la locazione coinvolge un bisogno **fondamentale** della persona, quello di disporre di una casa nella quale vivere.

Legge sull'equo canone e l. n. 431/1998

La materia ha trovato una prima sistemazione organica nella l. n. 392/1978, ispirata, sostanzialmente, all'idea di realizzare un meccanismo di determinazione legale del canone ritenuto **equo** sulla base di una serie di parametri oggettivi. Questa impostazione dirigistica ha causato gravi distorsioni del mercato delle abitazioni (da un lato, rarefacendo il numero degli immobili messi a disposizione sul mercato ufficiale, stante la scarsa convenienza per i locatori a concedere gli stessi in locazione, dall'altro, dando vita ad un rigoglioso mercato nero, elusivo della disciplina di legge), cosicché il legislatore, in sintonia con la rinnovata fiducia nei confronti del mercato, ha realizzato un radicale ripensamento dell'intera materia attraverso la l. n. 431/1998 ("Disciplina delle locazioni e del rilascio degli immobili urbani ad uso abitativo").

Linee dell'attuale assetto normativo della materia

Quest'ultima si impernia, essenzialmente, su una **duplice** modalità di contrattazione.

Il locatore ed il conduttore possono, infatti, stipulare il contratto sulla base di **modelli tipo**, frutto di accordi definiti in sede locale fra le organizzazioni della proprietà edilizia e le organizzazioni dei conduttori maggiormente rappresentative (art. 2, co. 3): in tal caso, i contratti di locazione non possono avere durata inferiore ai **tre** anni (salvo quelli di natura transitoria, così come individuati dall'art. 5, l. n. 431/1998), con proroga **automatica**, alla scadenza, di altri due anni.

Nel caso in cui invece le parti ritengano di **prescindere** dai modelli contrattuali predisposti dalle organizzazioni di categoria, la durata del contratto non può essere inferiore a **quattro** anni, con rinnovo **automatico**, alla scadenza, per un ulteriore periodo di quattro anni (art. 2, co. 1).

Inoltre, in questo secondo caso, il conduttore può far valere un **diritto di prelazione**, nel caso in cui il locatore manifesti il proposito di vendere onde potersi sottrarre al rinnovo del contratto (art. 3, co. 1), ed ha diritto al ripristino del rapporto nell'ipotesi in cui il locatore, pur essendosi legittimamente opposto al rinnovo, entro dodici mesi non destini l'immobile agli usi invocati per giustificare il diniego di rinnovo (art. 3, co. 5).

Sinteticamente, può dirsi che la **conformità** del contratto ai modelli tipo predisposti dalle organizzazioni di categoria costituisce, per il legislatore, garanzia dell'equilibrio complessivo dell'assetto di interessi realizzato dalle parti e giustifica una maggiore elasticità di disciplina sotto altri profili.

Forma del contratto

Sempre a proposito della l. n. 431/1998, meritano poi di essere ricordate la regola che impone la **forma scritta**, sotto pena di **nullità**, dei contratti di locazione di immobili adibiti ad uso abitativo (art. 1, co. 4), nonché una serie di disposizioni che sanciscono la nullità di eventuali patti contrari a norme imperative (art. 13, co. 1, 3-4).

Taluni profili della materia sono, però, ancora disciplinati dalla l. n. 392/1978.

Successione nel contratto di locazione

Si pensi, in particolare, alla regola in materia di **successione** nel contratto di locazione (art. 6), secondo la quale – in caso di morte del conduttore – gli succedono nel contratto il coniuge, gli eredi ed i parenti ed affini con lui abitualmente conviventi (nonché – sulla base della sent. Corte cost. n. 404/1988 – anche il convivente, che pure abbia cessato la convivenza, nel caso in cui vi sia prole naturale); ed ancora alla generale previsione di **nullità** della clausola che stabilisca la risoluzione del contratto in caso di alienazione della cosa locata (art. 7).

Locazione di immobili urbani non abitativi

Alla l. n. 392/1978 è tutt'ora affidata, poi, la disciplina dei contratti di locazione di immobili urbani adibiti ad uso **diverso** rispetto a quello abitativo (art. 27 s.).

La disciplina di questa sottocategoria risponde all'esigenza di favorire la **continuità** dell'attività svolta nell'immobile, con la previsione di una durata minima di **sei** anni delle locazioni e sublocazioni, in caso di destinazione degli immobili ad attività industriali, commerciali e artigianali ovvero ad attività di interesse turistico, e di **nove** anni nel caso di immobili adibiti ad uso alberghiero. Ad ogni modo, il mancato rinnovo alla prima scadenza è legittimo soltanto nei casi espressamente previsti dal legislatore (artt. 28-29).

Il tradizionale orientamento giurisprudenziale afferma, sulla base dell'art. 1575, che il locatore di immobili urbani non abitativi sia obbligato soltanto a conservare lo stato esistente al momento della stipulazione della locazione e non sia mai tenuto a compiere modificazioni e trasformazioni, non previste dal contratto, attinenti alla idoneità dell'immobile all'esercizio dell'attività per la quale il bene è stato locato, anche se tale trasformazione sia imposta da una sopravvenuta disposizione di legge o della P.A. Questa rigorosa ricostruzione ha subito una recente revisione da parte della Cassazione che ha evidenziato come il locatore debba mantenere la cosa locata in stato da servire all'uso convenuto e adeguare l'immobile agli atti normativi e amministrativi attinenti all'attività per la quale il bene è stato locato, posto che il godimento della cosa locata non è un godimento astratto e generico, ma pur sempre quello pattuito dalle parti in contratto.

Diritto di prelazione e di riscatto

L'art. 38 attribuisce al conduttore un **diritto di prelazione** assistito, nel caso di sua violazione ad opera del locatore, da un **diritto di riscatto** nei confronti dell'acquirente o di ogni successivo avente causa (art. 39).

La locazione di immobili urbani destinati ad uso commerciale è stata incisa in modo particolarmente significativo dai provvedimenti normativi di contenimento della pandemia Covid-19, che, determinando la sospensione di numerose attività (in ipotesi esercitate appunto in immobili condotti in locazione), hanno pregiudicato la posizione dei conduttori, nella misura in cui questi ultimi restavano obbligati a pagare il canone, pur non potendo utilizzare l'immobile per la destinazione commerciale prefigurata (v., in generale, sulla disciplina normativa in materia di impatto delle conseguenze della pandemia sull'adempimento delle obbligazioni, cap. X, n. 3.5).

Il problema – che costituisce un punto di emersione della più generale questione delle sopravvenienze contrattuali (v. cap. VI, n. 15.3) – è stato oggetto di uno specifico intervento normativo da parte dell'art. 216, d.l. n. 34/2020 convertito in l. n. 77/2020 per quel che concerne in particolare il contratto di locazione di palestre, piscine e impianti sportivi di proprietà di soggetti privati. Si è, infatti, previsto – in ragione dello squilibrio che la sospensione delle attività aveva determinato nell'economia del contratto – il diritto del conduttore, «limitatamente alle cinque mensilità da marzo 2020 a luglio 2020, ad una corrispondente riduzione del canone locatizio che, salva la prova di un diverso ammontare a cura della parte interessata, si presume pari al cinquanta per cento del canone contrattualmente stabilito».

Più di recente, l'art. 6-*novies* del d.l. n. 41/2021 convertito in l. n. 69/2021 ha previsto un percorso condiviso per la ricontrattazione delle locazioni commerciali, nella prospettiva della «condivisione dell'impatto economico derivante dall'emergenza epidemiologica ... a tutela delle imprese e delle controparti locatrici ... nei casi in cui il locatario abbia subito una significativa diminuzione del volume d' affari, del fatturato o dei corrispettivi, derivante dalle restrizioni sanitarie, nonché dalla crisi economica di taluni comparti e dalla riduzione dei flussi turistici legati alla crisi pandemica in atto». Si tratta, com'è evidente, di una formulazione piuttosto vaga e priva di reale contenuto precettivo; mentre è stato più incisivo, nell'esperienza delle controversie innescate dallo scatenarsi della pandemia, l'intervento della giurisprudenza, spesso affidato alla concretizzazione della clausola generale di buona fede, tale da qualificare come sleale, e dunque meritevole di essere inibita, la condotta del locatore che continuasse a pretendere il pagamento dell'intero canone, pure in presenza di una sostanziale inutilizzabilità del bene per lo scopo originariamente programmato.

Affitto: natura produttiva del bene

L'**affitto** si differenzia dalla locazione a causa della natura **produttiva** del bene che ne costituisce oggetto (art. 1615: ad es., affitto di un'azienda, di un fondo rustico).

Obblighi dell'affittuario

La natura produttiva del bene spiega i peculiari **obblighi** che gravano sull'affittuario, sotto il profilo della gestione della cosa in conformità alla sua destinazione economica (artt. 1615, 1618).

Correlativamente, molto stringenti sono i poteri di controllo attribuiti all'affittante (art. 1619); questi, poi, in caso di inadempimento degli obblighi da parte dell'affittuario, può chiedere la **risoluzione** del contratto (art. 1618).

Rilevanza dell'elemento fiduciario

La rilevanza dell'elemento **fiduciario**, che fortemente connota l'affitto, si traduce nel divieto di **subaffitto** (art. 1624) e nello **scioglimento** del contratto in caso di interdizione, inabilitazione e o insolvenza dell'affittuario (art. 1626).

Affitto di fondi rustici

Anche l'affitto dei **fondi rustici** – paradigma dei contratti agrari – è oggetto di una disciplina speciale (l. n. 203/1982), le cui linee ispiratrici possono essere ravvisate nell'**equilibrio**, nella **stabilità** e nella tendenziale **trasformazione** del rapporto (v. la disciplina della **prelazione** a favore, tra gli altri, dell'affittuario coltivatore diretto di cui all'art. 8, l. n. 590/1965).

La recente legislazione speciale (art. 23, d.l. n. 133/2014, convertito nella l. n. 164/2014), al fine di dare uno stimolo al rilancio dell'edilizia, ha introdotto la disciplina dei contratti di godimento in funzione della successiva alienazione di immobili (c.d. *rent to buy*), tipo contrattuale che può inserirsi nell'ambito, qui esaminato, dei contratti che realizzano il risultato della concessione del godimento di un bene. Le caratteristiche essenziali di questo schema contrattuale possono essere così riassunte: esso può riferirsi solo ad un bene immobile di qualunque natura e realizza, immediatamente, l'effetto di consentire al conduttore il godimento del bene; è invece solo eventuale l'ipotesi che, al termine del periodo pattuito per il godimento, si possa verificare l'acquisto della proprietà da parte del conduttore, che è comunque titolare di un diritto ad acquistarlo entro un tempo determinato, imputando al corrispettivo del trasferimento la parte di canone indicata nel contratto; il contratto deve essere trascritto e la trascrizione produce gli stessi effetti di quelli previsti per la trascrizione del preliminare dall'art. 2643, co. 1, n. 8, c.c. (art. 23, co. 1); il contratto si risolve in caso di mancato pagamento, anche non consecutivo, di un numero minimo di canoni, determinato dalle parti, non inferiore ad un ventesimo del loro numero complessivo (art. 23, co. 2).

4. *I contratti di prestazione di servizi*

Accanto allo scambio ed al godimento si colloca una terza macrocategoria, quella della **collaborazione**, che ricomprende tutti quei contratti nei quali una parte esegua un servizio o presti un'attività a beneficio dell'altra.

La disciplina legislativa di questa vasta area di schemi contrattuali si caratterizza per alcuni profili, che possono essere individuati nel modo che segue.

In primo luogo, l'esecuzione del servizio o la prestazione dell'attività assumono connotati differenti in fatto, e ricevono un diverso trattamento, a seconda che l'uno o l'altra siano posti in essere mediante un'attività prevalentemente **personale**, ovvero per il tramite di un'**organizzazione imprenditoriale** (si tratta, come vedremo, del profilo che differenzia il contratto d'opera dall'appalto).

Prestazione di servizi ed oggetti dell'attività

In secondo luogo, la disciplina normativa si diversifica in relazione alla circostanza che il servizio prestato si risolva in un'attività **materiale** (ad es., la confezione di un abito), ovvero in un'attività **giuridica** (ad es., la conclusione di un contratto): in quest'ordine di idee, si coglie la differenza tra contratto d'opera e mandato.

Catering

Contratto di vendita di pacchetti turistici

Anche nell'ambito della prestazione dei servizi, la prassi contrattuale conosce numerosi **schemi atipici** (come ad es. il c.d. *catering*, e cioè il contratto con il quale si fornisce il servizio di ristorazione ad alberghi, navi, aerei, organizzazioni aziendali e che risulta da una combinazione tra appalto di servizi e somministrazione), ovvero schemi che, pur essendo nati come atipici, hanno trovato poi una disciplina normativa specifica (ad es., il già menzionato contratto di vendita di **pacchetti turistici**).

4.1. *Il contratto d'opera. L'appalto. Il trasporto. Il deposito. Il mandato. L'agenzia. La mediazione*

Nozione

Nel contratto **d'opera** (c.d. *locatio operis*), una parte (**prestatore d'opera**) si obbliga a compiere, con lavoro prevalentemente proprio e senza vincolo di subordinazione, un'opera o un servizio in favore dell'altra (**committente**), verso il pagamento di un corrispettivo (art. 2222).

Questa nozione si presta, in realtà, a ricomprendere una serie di molteplici schemi contrattuali, sicché la disciplina dettata per il contratto d'opera finisce per essere **residuale**, in quanto essa troverà applicazione soltanto nei limiti in cui non si debba invece riconoscere, nel caso concreto, l'esistenza dei tratti di altri tipi contrattuali (ad es., mandato, agenzia, ecc.).

Differenze con l'appalto

La circostanza che l'opera eseguita dal prestatore debba essere, almeno in prevalenza, frutto del suo lavoro, consente di cogliere la differenza con l'appalto, che postula invece un'organizzazione imprenditoriale.

Per le stesse ragioni, il contratto d'opera si basa sul c.d. *intuitus personae*, nel senso che rilevano sia l'identità sia le qualità personali del prestatore d'opera.

Contratto d'opera e lavoro subordinato

L'assenza del vincolo della **subordinazione**, invece, vale a distinguere il contratto d'opera dal rapporto di lavoro subordinato: proprio per questa ragione, il contratto d'opera viene anche denominato contratto di lavoro **autonomo** (Titolo III del Libro V) e rappresenta un'altra delle possibili forme giuridiche di collaborazione nell'impresa.

Lavoro parasubordinato

In particolare, si configurano come contratti di lavoro autonomo i contratti a mezzo dei quali venga resa una prestazione **coordinata** e **continuativa**, di natura prevalentemente **personale** (art. 409, n. 3, c.p.c.). Si parla, al riguardo, di rapporti di lavoro **parasubordinato**, ma la formula ha un rilievo prevalentemente processualistico nella misura in cui la parasubordinazione implica l'assoggettamento del rapporto alle regole del c.d. **processo del lavoro** (art. 409 s. c.p.c.). L'area del lavoro parasubordinato è stata fortemente incisa dal d.lgs. n. 276/2003 (poi modificato dalla l. n. 92/2012), che – facendo sempre salva la disciplina in materia di agenti e rappresentanti di commercio – ha introdotto un principio di necessaria riconducibilità dei rapporti parasubordinati ad un **progetto**, difettando il quale il rapporto parasubordinato si qualifica come subordinato.

Da ultimo, poi, è intervenuto in materia il d.lgs. n. 81/2015 (uno dei decreti dei quali si compone il c.d. *Jobs Act*), che, nella prospettiva della predisposizione di una disciplina organica dei contratti di lavoro, ha previsto che, con decorrenza dal 1° gennaio 2016, la disciplina del rapporto di lavoro subordinato trova applicazione «anche ai rapporti di collaborazione che si concretano in prestazioni di lavoro esclusivamente personali e le cui modalità di esecuzione sono organizzate dal committente anche con riferimento ai tempi e al luogo di lavoro», con la precisazione – introdotta dal d.l. n. 101/2019 convertito in l. n. 128/2019 e di particolare importanza nella prospettiva di regolamentare i problemi della c.d. *gig economy* – che «le disposizioni di cui al presente comma si applicano anche qualora le modalità di esecuzione della prestazione siano organizzate mediante piattaforme anche digitali».

Contratto d'opera e vendita

Nel caso in cui la **materia** per l'esecuzione dell'opera o servizio sia fornita dal prestatore stesso (ad es., l'elettricista cui ho commesso la realizzazione dell'impianto elettrico di casa fornisce le prese, i contatori, ecc.), ci si può chiedere se la fattispecie vada inquadrata nello schema del contratto d'opera ovvero in quello della compravendita. Il problema è risolto nel senso dell'applicabilità delle norme sul contratto d'opera, salvo il caso che le parti abbiano avuto prevalentemente riguardo alla **fornitura** della materia, poiché allora troveranno applicazione le norme in materia di compravendita (art. 2223). La prevalenza del *facere* sul *dare* consente di spiegare la distinzione tra contratto d'opera e vendita di cosa futura, incentrato, invece, sull'obbligo di *dare*.

Modalità e criteri di determinazione del corrispettivo

Quanto al **corrispettivo**, se non è stato convenuto dalle parti, e non sia possibile determinarlo sulla base delle tariffe professionali o degli usi, viene stabilito dal giudice in relazione al risultato ottenuto e al lavoro normalmente necessario per ottenerlo (art. 2225).

Il prestatore è tenuto ad eseguire l'opera a **regola d'arte**, e cioè in conformità agli standards qualitativi accreditati per quel particolare tipo di prestazione (art. 2224).

Accettazione della prestazione e responsabilità per vizi

Nel caso in cui il committente accetti espressamente o tacitamente la prestazione, il prestatore è liberato da responsabilità per **vizi** o **difformità** della medesima, ove gli stessi – all'atto dell'accettazione – fossero noti o facilmente conoscibili e sempre che egli non li abbia dolosamente occultati (art. 2226).

Là dove l'opera presenti vizi **occulti**, ovvero **difformità** rispetto a quanto pattuito, il committente – secondo una regola sostanzialmente analoga a quella esaminata in materia di compravendita – ha l'onere di **denunciarli** al prestatore entro **otto** giorni dalla scoperta (art. 2226, co. 2), salva in ogni caso la prescrizione dell'azione nel termine di un anno dalla consegna.

La tutela spettante al committente è la stessa rispetto a quella riconosciuta all'appaltante, della quale tra breve si dirà.

Recesso dal contratto

Il committente può **recedere** dal contratto anche dopo l'inizio dell'esecuzione dell'opera, ma deve tenere indenne il prestatore d'opera delle spese, del lavoro eseguito e del mancato guadagno (art. 2227).

Impossibilità sopravvenuta

L'**impossibilità sopravvenuta** dell'opera per causa non imputabile alle parti non esclude il diritto del prestatore ad un compenso per il lavoro prestato, in relazione all'utilità della parte di opera compiuta (art. 2228).

Professioni intellettuali

Sotto il Titolo III del Libro V del codice civile trova posto anche la disciplina delle **professioni intellettuali**, per l'esercizio delle quali sia necessaria l'**iscrizione** in appositi albi o elenchi: ad es., avvocati, ingegneri, architetti (art. 2229).

La disciplina ricalca sostanzialmente quella dettata per il contratto d'opera, salve alcune disposizioni che si ricollegano appunto al necessario presupposto dell'iscrizione in albi o elenchi (v., ad es., artt. 2231-2233, co. 2-3). Pertanto, qualora la prestazione sia eseguita da un soggetto non iscritto, questi non potrà agire per il pagamento della retribuzione (art. 2231, co. 1). Se, invece, intervenga la cancellazione dall'albo in corso di rapporto, il contratto sarà risolto *ex lege*, con diritto del prestatore a ricevere il rimborso delle spese sostenute (art. 2231, co. 2). L'esercizio abusivo della professione per la quale è richiesta una specifica abilitazione, integra anche il reato di cui all'art. 348 c.p.

Allocazione del rischio

Dalla disposizione dell'art. 2233, co. 2, a norma del quale il compenso in ogni caso deve essere adeguato all'importanza dell'opera e al decoro della professione, si evince che, a differenza delle prestazioni d'opera manuale (in cui la misura della retribuzione risente del risultato ottenuto), il **rischio** del mancato raggiungimento del risultato è posto interamente a carico del cliente. Tale conclusione deriva dalla configurazione, ricorrente in giurisprudenza, dell'obbligazione del professionista in termini di obbligazioni di mezzi, per cui questi si obbliga a tenere un comportamento diligente e non a conseguire un determinato risultato. Si deve, tuttavia, segnalare il recente orientamento che critica l'effettiva utilità della distinzione tra obbligazione di mezzi e di risultato, tenuto conto che in ogni caso la prestazione è rivolta al soddisfacimento del risultato avuto di mira dal creditore.

Alle prestazioni d'opera intellettuale si applica l'art. 1176, co. 2, per cui la diligenza del professionista andrà valutata con riguardo alla natura dell'attività esercitata e quindi alle conoscenze proprie della categoria di appartenenza del debitore-professionista. La diligenza è allora criterio di valutazione dell'esecuzione della prestazione: anche ove fosse raggiunto il risultato perseguito, il creditore potrebbe dimostrare l'inesattezza dell'adempimento perché non eseguito in conformità alle regole tecniche (perizia) proprie di quella specifica attività esercitata. La giurisprudenza prevalente, con particolare riferimento alle prestazioni sanitarie, ritiene poi che, in caso di mancato raggiungimento del risultato, il debitore-cliente sia tenuto solo ad allegare l'esito negativo, incombendo, invece, sul professionista l'onere di provare l'evento impeditivo, inevitabile alla luce delle regole tecniche della professione.

Alla luce di quanto detto, la diligenza che il professionista è tenuto a prestare è pur sempre la diligenza media, parametrata al modello tipico di adempimento, tenuto conto della natura della prestazione e delle circostanze del caso, salvo che la prestazione da eseguire implichi la soluzione di problemi tecnici di **speciale** difficoltà, nel qual caso, il prestatore d'opera risponde soltanto limitatamente ai casi di dolo o colpa grave (art. 2236). Con tale disposizione il legislatore ha voluto contemperare l'esigenza di punire l'inerzia del prestatore, da una parte, e la necessità di garantire un margine d'iniziativa al professionista, dall'altra. La giurisprudenza prevalente, riferisce la limitazione di responsabilità solo all'imperizia. Secondo tale opinione, quindi, risponde per colpa lieve il professionista che provochi un danno al cliente attraverso una condotta negligente o imprudente. Così, in particolare, in campo medico, si afferma che, in caso di interventi di *routine* il medico sarà chiamato a rispondere anche per colpa lieve, peraltro presunta in caso di peggioramento delle condizioni di salute.

I rapporti di lavoro autonomo cui ha riguardo il Titolo III del V Libro del codice civile sono ora assoggettati altresì alla disciplina normativa introdotta dalla l. n. 81/2017 (c.d. Jobs Act dei lavoratori autonomi) le cui disposizioni, riguardanti la materia della tutela del lavoro autonomo, si applicano, anche a «i rapporti di lavoro autonomo che hanno una disciplina particolare ai sensi dell'art. 2222 del codice civile»; al contrario, per esplicita scelta del legislatore, non si applicano agli imprenditori ed ai piccoli imprenditori. Tra le novità introdotte, vi è l'estensione dell'applicazione delle disposizioni del d.lgs. n. 231/2002 anche alle transazioni commerciali tra lavoratori autonomi e imprenditori, e la previsione di abusività delle clausole che attribuiscono al committente la facoltà di modificare unilateralmente le condizioni contrattuali e di recedere senza congruo preavviso e del rifiuto del committente di stipulare il contratto in forma scritta.

Appalto

L'**appalto** è il contratto con il quale una parte (**appaltatore**) assume – con organizzazione dei mezzi necessari e gestione a proprio rischio – il compimento di un'opera (appalto d'**opere**) o di un servizio (appalto di **servizi**) a beneficio della controparte (**committente**) la quale, dal canto suo, è tenuta al pagamento di un corrispettivo in danaro (art. 1655). Come già osservato, il carattere **imprenditoriale** dell'attività svolta dall'appaltatore vale a distinguere l'appalto dal contratto d'opera.

Appalto e somministrazione

Nel caso in cui l'appalto abbia ad oggetto prestazioni continuative o periodiche di servizi, la sua disciplina si integra con quella dettata in materia di somministrazione (art. 1677).

Subfornitura

Affine all'appalto dal punto di vista funzionale è, poi, un contratto oggetto di recente tipizzazione normativa: la **subfornitura** nelle attività produttive (l. n. 192/1998).

Appalto di lavori pubblici

L'**appalto di lavori pubblici**, molto diffuso nella prassi, è oggetto di una normativa *ad hoc* (v., da ultimo, il d.lgs. n. 50/2016), che tiene conto della natura pubblicistica degli interessi coinvolti.

L'appaltatore è, di norma, tenuto a fornire la **materia** necessaria per

Differenza rispetto alla compravendita

l'esecuzione dell'opera o servizio (art. 1658). È chiara, però, la linea di discrimine tra **appalto** e **compravendita**, in quanto nell'appalto ciò che rileva non è tanto l'attribuzione in proprietà di uno o più beni, bensì la realizzazione di un'opera o servizio. Ad es., è un appalto il contratto con cui Tizio dà incarico a Caio di realizzare un impianto di depurazione degli scarichi della propria industria; è, invece, compravendita il contratto con il quale si acquista un macchinario già disponibile nel magazzino dell'altra parte o che, comunque, va costruito sulla base di modalità rigidamente standardizzate.

Elemento fiduciario

Subappalto

Anche nel contratto d'appalto assume rilievo la **fiducia** che il committente ripone sull'appaltatore e sulla sua organizzazione **imprenditoriale**: ciò spiega la regola che vieta il **subappalto**, salvo che il committente non ritenga di autorizzarlo (art. 1656).

Tuttavia, la circostanza che l'appaltatore esegua la prestazione dovuta a mezzo di un'organizzazione imprenditoriale fa sì che la fiducia rilevi qui in termini in parte diversi rispetto a quelli propri di altri schemi contrattuali.

Morte dell'appaltatore e recesso del committente

Infatti, il contratto d'appalto, di regola, non si scioglie a causa della **morte** dell'appaltatore, poiché si reputa che per la controparte siano state decisive le caratteristiche dell'impresa, la quale ben può essere proseguita da altri dopo la morte dell'imprenditore. Può accadere, tuttavia, che la considerazione della persona dell'appaltatore sia stata motivo **determinante** per la conclusione del contratto ed in tal caso il contratto si scioglie; è fatto salvo, in ogni caso, il diritto del committente di **recedere** dal contratto, nell'ipotesi in cui gli eredi dell'appaltatore non diano affidamento per la buona esecuzione dell'opera o del servizio (art. 1674).

Sopravvenienza

Affinché possa parlarsi di appalto è necessario che l'appaltatore assuma la gestione dell'opera a proprio rischio (art. 1655). Sono pertanto posti a carico dell'appaltatore i maggiori costi e gli eventi imprevisti che ne rendano più onerosa l'esecuzione dell'opera.

Poiché normalmente l'esecuzione dell'opera si prolunga nel tempo, possono verificarsi aumenti o diminuzioni nel costo dei materiali o della mano d'opera dovuti a **sopravvenienze** imprevedibili. In tal caso, ove le sopravvenienze siano tali da dare luogo ad un aumento o ad una diminuzione superiori al **decimo** del corrispettivo complessivamente pattuito, l'appaltatore o il committente possono richiedere, per la differenza eccedente il decimo, la **revisione** del prezzo (art. 1664, co. 1).

«Sorpresa geologica»

Nel caso in cui l'appaltatore debba fronteggiare difficoltà di esecuzione derivanti da cause **geologiche** o **idriche** non previste, e che ne rendano notevolmente più onerosa la prestazione, egli ha diritto ad un **equo** compenso (art. 1664, co. 2).

Tale disciplina è parzialmente derogatoria rispetto a quella generale della risoluzione per eccessiva onerosità sopravvenuta (art. 1467), facendosi riferimento a fattori imprevisti, seppur non straordinari né prevedibili. Trattasi di disciplina speciale, volta a garantire la massima collaborazione tra committente e appaltatore, al fine di realizzare le esigenze del primo senza che ciò che il secondo abbia nel frattempo realizzato vada perduto.

Variazioni in corso d'opera

La circostanza che, nel corso dell'esecuzione dell'opera, possa rendersi necessario variare l'originario programma contrattuale, è alla base della disciplina delle **variazioni** in corso d'opera (artt. 1659-1661).

Le variazioni sono **concordate** nel caso in cui siano apportate ad iniziativa dell'appaltatore e previa autorizzazione del committente. Tale autorizzazione deve rivestire la **forma scritta**, al fine di evitare che il committente debba sopportare spese non previste o ricevere un'opera differente da quella richiesta. L'appaltatore non ha diritto a compenso ulteriore se le variazioni non sono state autorizzate, anche ove esse avessero apportato miglioramenti, ovvero se il prezzo dell'opera era stato stabilito *à forfait*.

In caso di variazioni **necessarie**, imposte da regole tecniche, l'appaltatore ha diritto ad un compenso (determinato dal giudice se le parti non si accordano) e può recedere dal contratto nei limi fissati dall'art. 1660, co. 2.

Infine, le variazioni possono essere **ordinate** dal committente. Si tratta di uno *ius variandi* escluso ove siano superati i limiti di cui all'art. 1661, co. 1, ed, in ogni caso quando comporti notevoli modificazioni della natura dell'opera o dei quantitativi nelle singole categorie di lavori previste nel contratto per l'esecuzione dell'opera medesima (art. 1661, co. 2). La valutazione della misura delle variazioni legittimanti il recesso del committente non dovrà compiersi in astratto, ma andrà operata in concreto, avuto riguardo a tutte le caratteristiche del singolo contratto.

Altro connotato del contratto di appalto è l'autonomia di cui gode l'appaltatore nell'esecuzione dell'opera, che non è esclusa dalla possibilità concessa al committente di controllare l'andamento dei lavori.

Verifica e collaudo

La **verifica** circa la conformità dei lavori a quanto pattuito può avvenire in corso d'opera (art. 1662), ovvero appena prima di ricevere la consegna dell'opera (art. 1665: c.d. **collaudo**): se il committente riceve senza riserve la consegna, l'opera si considera accettata indipendentemente dalla verifica.

Accettazione dell'opera e diritto al corrispettivo

L'**accettazione** dell'opera da parte del committente costituisce, salvo patto o uso contrario, il presupposto per il sorgere del diritto dell'appaltatore al pagamento del corrispettivo (art. 1665, co. 5).

Nei casi in cui il progetto sia predisposto dallo stesso committente, l'appaltatore, conservando una propria autonomia, è tenuto a controllare l'esattezza del progetto e ad eseguire l'opera a regola d'arte; pertanto, egli sarà responsabile per vizi del progetto conoscibili in base all'ordinaria diligenza, salvo che l'appaltatore insista per l'esecuzione del progetto senza le modifiche suggerite ovvero che l'appaltatore agisca per contratto come *nudus minister* del committente. Egualmente l'autonomia non è esclusa se il controllo avviene mediante un direttore dei lavori, che opera quale rappresentante, per le questioni tecniche, del committente.

Conseguenza dell'autonomia dell'appaltatore e dell'assunzione a proprio carico dei rischi di gestione è la responsabilità dell'appaltatore per i danni a terzi nell'esecuzione dell'opera, salva *culpa in eligendo* del committente.

Garanzia per vizi e difformità

Il committente ha diritto ad essere garantito a fronte delle **difformità** e dei **vizi** dell'opera, a meno che egli non abbia accettato l'opera e le difformità, ovvero i vizi, fossero conosciuti o riconoscibili. La riconoscibilità del vizio non incide sulla garanzia, se il vizio era stato in **mala fede** taciuto dall'appaltatore (art. 1667, co. 1).

Onere di denuncia

Anche in questo caso il committente ha un onere di **denuncia** dei vizi o delle difformità: la denuncia, che non è necessaria nel caso in cui l'appaltatore abbia riconosciuto le difformità o i vizi o li abbia occultati, va fatta entro **sessanta** giorni dalla scoperta (art. 1667, co. 2).

L'azione contro l'appaltatore si prescrive invece in **due** anni dalla consegna dell'opera. La prescrizione dell'azione, tuttavia, non toglie al committente la possibilità di far valere i vizi in via d'**eccezione**, sempre che la denunzia fosse stata fatta entro sessanta giorni dalla scoperta e prima dei due anni dalla consegna (art. 1667, co. 3), decorrenti non già dal momento della consegna anticipata dell'opera, con riserva di verifica, bensì dal momento della consegna definitiva, a seguito di verifica ed accettazione dell'opera.

In ogni caso, anche in forza del consolidato principio secondo cui il dovere di buona fede impone alle parti di sopportare le conseguenze derivanti da propri comportamenti, deve ritenersi che, ove l'appaltatore abbia dato inizio alla rimozione dei vizi denunciati dal committente, riconoscendo tacitamente i medesimi vizi, non possa poi invocare i termini di decadenza e prescrizione del diritto di garanzia.

Tutela del committente

La tutela accordata al committente tiene conto del suo ovvio interesse a conseguire l'opera o il servizio immuni da vizi. È previsto, infatti, che il committente possa chiedere che le difformità o i vizi siano eliminati **a spese** dell'appaltatore; egli può anche chiedere una corrispondente **diminuzione** del prezzo, salvo il risarcimento del danno in caso di colpa dell'appaltatore (art. 1668, co. 1).

Il committente può invece domandare la **risoluzione** del contratto, quando le difformità o i vizi dell'opera siano tali da renderla del tutto inadatta alla sua destinazione (art. 1668, co. 2).

Per gli edifici o altre cose immobili destinate, per loro natura, a lunga durata, il legislatore predispone una disciplina più rigorosa, stabilendo che se l'edificio, nel corso dei dieci anni dal compimento dell'opera, rovina ovvero è in pericolo di rovina o presenta gravi vizi, per vizio del suolo e difetto di costruzione, l'appaltatore è responsabile nei confronti del committente e dei suoi aventi causa, purché sia fatta denunzia entro un anno dalla scoperta (art. 1669).

La giurisprudenza prevalente configura la responsabilità per rovina come **extracontrattuale**, in quanto posta a tutela degli interessi di carattere generale alla conservazione del patrimonio edilizio e dell'incolumità pubblica, con la conseguenza che legittimati ad agire sono tutti coloro che siano danneggiati dalla rovina. La gran parte della dottrina, invece, è più incline ad affermare la natura contrattuale di tale responsabilità, individuando nella tutela dell'interesse del committente, garantito per più dei due anni previsti dagli artt. 1667-1668, il solo scopo avuto di mira dall'art. 1669.

Pertanto, il committente e i suoi aventi causa, in caso di rovina, potranno agire direttamente nei confronti dell'appaltatore *ex* art. 1669, anche in via di rivalsa ove chiamati a rispondere dei danni causati ai terzi *ex* art. 2053, se si tratta di vizi di costruzione. Il terzo, a sua volta potrà agire in via diretta nei confronti dell'appaltatore con l'azione di cui all'art. 1669 (se intesa quale responsabilità di natura extra contrattuale), sia nei confronti del proprietario ai sensi dell'art. 2053.

In ogni caso, si è concordi nel ritenere che la responsabilità in esame sia fondata sulla colpa dell'appaltatore. Una volta dimostrata la rovina (o il pericolo e il grave vizio) l'appaltatore per andare esente da responsabilità non potrà limitarsi a provare di avere agito diligentemente, ma dovrà provare la mancanza di una sua responsabilità. Anche ove si fosse limitato ad eseguire il progetto, l'appaltatore dovrà comunque dimostrare di aver tempestivamente segnalato l'errore del progetto stesso ovvero di aver agito da *nudus minister* totalmente privo di autonomia.

La disciplina del **recesso** (art. 1671) e dell'**impossibilità** di esecuzione dell'opera (art. 1672) ricalca quella del contratto d'opera.

Realizzano parimenti una prestazione di servizi anche altri tipi contrattuali, cui è opportuno dedicare qualche cenno essenziale.

Con il contratto di **trasporto**, una parte (**vettore**) si obbliga, verso corrispettivo, a trasferire **persone** o **cose** da un luogo ad un altro (art. 1678). Il contratto è consensuale, a prestazioni corrispettive, ad effetti obbligatori ed a forma libera. Trasporto

Il contratto di trasporto è a titolo oneroso. Si parla di **trasporto gratuito**, nel caso in cui il vettore si impegni ad eseguire il trasporto non a fronte di un corrispettivo di denaro ma, comunque, in forza di un interesse di carattere patrimoniale, anche mediato. In tale ipotesi si applicherà la disciplina generale delle obbligazioni e, ove compatibili, le disposizioni previste per il trasporto oneroso. Il **trasporto gratuito** va invece distinto dal c.d. trasporto di cortesia (ad es., autostop), in cui è assente un vincolo giuridico.

Il vettore può eseguire personalmente il trasporto o farlo eseguire ad un **subtrasportatore**, permanendo, tuttavia, in capo al primo i rischi dell'esecuzione.

Ipotesi particolare, diffusasi soprattutto con riferimento al trasporto ferroviario internazionale, è quella del **trasporto cumulativo**, in cui la prestazione viene assunta da più vettori con un unico contratto. Secondo una parte della dottrina tale fattispecie si perfeziona per effetto della proposta del viaggiatore e le singole accettazioni dei singoli vettori, secondo lo schema dell'art. 1327. Secondo altra opinione, il contratto è concluso tra viaggiatore e primo vettore che agisce quale mandatario degli altri. In deroga alle regole generali, i vettori rispondono in solido per l'esecuzione del trasporto (art. 1700). La ragione della previsione in esame risiede nella difficoltà di individuare a quale segmento di prestazione, e, quindi, a quale dei diversi vettori, vada imputato l'inadempimento.

La disciplina codicistica si impernia sulla distinzione fra trasporto di **persone** e trasporto di **cose**.

Trasporto di persone

Nel trasporto di persone, il vettore è gravato da uno specifico obbligo di **protezione** della persona del viaggiatore, rispondendo dei sinistri che si verifichino durante il viaggio e della perdita, o dell'avaria, delle cose che il viaggiatore portava con sé (art. 1681). Il vettore si libera da tale responsabilità solo se dimostra di avere adottato **tutte** le misure idonee ad evitare il danno.

La giurisprudenza, seppur con qualche oscillazione, è propensa ad ammettere il cumulo della responsabilità contrattuale *ex* art. 1681 con la responsabilità extracontrattuale *ex* artt. 2043 o 2054, ravvisando nell'evento dannoso la violazione di un duplice diritto: quello nascente dal contratto di trasporto e quello di carattere generale, alla tutela dell'incolumità fisica del passeggero. Va peraltro segnalato che l'affermazione, cui è pervenuta la giurisprudenza più recente delle Sezioni Unite della Suprema Corte, di risarcibilità del danno non patrimoniale da inadempimento del contratto, ove lo stesso derivi dalla lesione dei diritti inviolabili, costituzionalmente riconosciuti, della persona è probabilmente destinata a determinare il superamento del problema del cumulo: a questo punto, infatti, il danneggiato avrà normalmente, e senz'altro, interesse a far valere il carattere contrattuale della responsabilità, più favorevole dal punto di vista dell'onere della prova e del termine prescrizionale.

Sono poi senz'altro **nulle** le clausole che limitano la responsabilità del vettore per i sinistri dai quali sia colpito il viaggiatore (art. 1681, co. 2).

Per il ritardo o l'inadempimento nell'esecuzione del trasporto v., invece, l'art. 1681, co. 1.

Trasporto di cose

Il legislatore disciplina poi in maniera analitica il trasporto di **cose**, dal momento della consegna della merce al vettore, all'indicazione delle coordinate del destinatario, ai documenti da consegnare al vettore, sino alla riconsegna al destinatario e alle conseguenze di impedimenti e ritardi nell'esecuzione del trasporto.

Il mittente deve rilasciare, al vettore che ne faccia richiesta, la c.d. **lettera di vettura** contenente le informazioni necessarie all'esecuzione della prestazione e le condizioni convenute per il trasporto (art. 1683, co. 1). Il vettore consegna al mittente un duplicato della lettera di vettura sottoscritta. In caso di mancanza della lettera di vettura, il vettore consegna una ricevuta di carico avente lo stesso contenuto (art. 1683, co. 2). Entrambi i documenti possono essere rilasciati con la c.d. clausola d'ordine, in forza della quale i diritti nascenti dal contratto si trasferiscono in capo al possessore del duplicato o della ricevuta (titolo rappresentativo di merci), il quale sarà legittimato a pretendere dal vettore la riconsegna delle cose trasportate (art. 1691).

In tema di trasporto di cose, opera, con riguardo alla responsabilità del vettore per perdita o avaria, una regola sostanzialmente corrispondente a quella dell'art. 1218: la **responsabilità del vettore** sussiste dal momento in cui riceve le cose a quello in cui le riconsegna al destinatario, salvo che non provi che la perdita o l'avaria dipendano dal caso fortuito, dalla natura o dai vizi delle cose, dal loro imballaggio, ovvero dal fatto del mittente o da quello del destinatario (art. 1693, co. 2). Così, il furto, la rapina o l'incendio, sono stati considerati dalla giurisprudenza, pressoché costante, ipotesi di caso fortuito solo ove imprevedibili e quindi inevitabili.

Deposito

Attua la prestazione di un servizio anche il **deposito**, contratto con il quale una parte (**depositario**) riceve dall'altra (**depositante**) una cosa mobile con l'obbligo di custodirla e di restituirla in natura (art. 1766): il servizio consiste qui, appunto, nella **custodia** della cosa.

Realità del deposito

Il deposito è un contratto **reale**, e si perfeziona dunque con la consegna della cosa.

La giurisprudenza più volte si è pronunciata sulla modalità richiesta per la consegna, pervenendo alla conclusione, ormai condivisa, che ai fini del perfezionamento del contratto di deposito, essa può anche non avvenire mediante la tradizione materiale del bene, ma è in ogni caso necessaria l'attribuzione della detenzione al depositario, oltre alla volontà di affidare il bene in custodia. In altre parole, per aversi affidamento in custodia, non è necessaria la materiale apprensione, ma è sufficiente l'entrata della cosa nella sfera di controllo del depositario. Il consenso può anche non essere espresso, ma implicito nella consegna e accettazione della cosa.

Deposito irregolare

Il deposito è detto **irregolare** (art. 1782) ove abbia ad oggetto una quantità di danaro o di cose fungibili, con facoltà per il depositario di servirsene. In questo caso, infatti, il depositario acquista la **proprietà** delle cose depositate, con obbligo di restituirne altrettante della stessa specie e qualità: la disciplina applicabile è, in quanto compatibile, quella del mutuo.

Autorevole dottrina nega la sovrapponibilità del deposito irregolare al mutuo, poiché se in quest'ultima fattispecie la disponibilità della cosa costituisce lo scopo tipico del contratto, nel deposito irregolare, invece, la facoltà di disporre del bene rappresenta un patto accessorio al contratto.

Presunzione di gratuità

Il deposito si presume **gratuito**, a meno che dalla professionalità del depositario, o da altre circostanze, non si debba desumere una diversa volontà delle parti (art. 1767). Diverso dal deposito gratuito è il deposito di **cortesia**, in forza del quale l'*accipiens* riceve la cosa per puro spirito di cortesia. Dubbia è l'ammissibilità di tale figura all'interno del nostro ordinamento, non potendosi configurare, secondo parte della giurisprudenza, l'assunzione di un obbligo nell'interesse di un altro soggetto, per poi relegare tale obbligo nella sfera del giuridicamente irrilevante. Parte della dottrina, viceversa, ritenendo ammissibile il deposito per cortesia, esclude che dallo stesso derivino obblighi contrattuali, e ritiene che dalla ricezione della cosa discenda un mero dovere di non danneggiamento della medesima che trova la sua fonte nell'art. 2043.

Responsabilità ed obblighi del depositario

Nel custodire, il depositante deve usare la diligenza del buon padre di famiglia (art. 1768, co. 1), ma, nel caso di deposito **gratuito**, la responsabilità del depositario è valutata con minor rigore (art. 1768, co. 2). Si discute se l'obbligo di custodia sia un'obbligazione di mezzi o di risultato. L'opinione più recente sembra propendere per questa seconda soluzione. In quest'ordine di idee il depositario non si libererà dalla responsabilità *ex recepto* provando di aver agito con la diligenza del buon padre di famiglia, ma dovrà provare – a norma dell'art. 1218 – che l'inadempimento è derivato da una causa a lui non imputabile.

Il depositario non può servirsi della cosa custodita, né darla in deposito ad altri senza il consenso del depositante (art. 1770); egli, inoltre, è tenuto a **restituire** la cosa non appena il depositante gliela richieda, a meno che non sia convenuto un termine nell'interesse del depositario (art. 1771).

Se non è stabilito un termine nell'interesse dell'una o dell'altra parte, trattandosi di un contratto ad esecuzione continuata, le parti possono recedere in ogni momento. Se, però, tale facoltà è esercitata dal depositario, il giudice può concedere al depositante un congruo termine per ricevere la cosa (art. 1771).

Particolari tipi di deposito

Regole specifiche sono dettate, poi, quanto al deposito in **albergo** (art. 1783 s.) e al deposito nei **magazzini generali** (art. 1787 s.).

La **responsabilità dell'albergatore** per i danni ai beni introdotti dal cliente è regolata in maniera parzialmente difforme da quella del deposito, tanto da indurre taluno a configurare il deposito alberghiero come un autonomo contratto tipico. La disciplina è imperniata sulla distinzione tra cose portate in albergo e cose consegnate in custodia. Nel primo caso, l'obbligo di custodia è accessorio rispetto al contratto alberghiero; pertanto, la responsabilità dell'albergatore per il deterioramento o per la distruzione delle cose portate in albergo (individuate nelle cose del cliente che si trovano nell'albergo durante il soggiorno; le cose di cui l'albergatore, un membro della sua famiglia o un suo ausiliario assumono la custodia, fuori dell'albergo, durante l'alloggio o anche in un periodo ragionevolmente anteriore o successivo) è limitata al valore di quanto deteriorato, distrutto o sottratto sino all'equivalente di cento volte il prezzo di locazione dell'alloggio per giornata (art. 1783).

La responsabilità è invece illimitata quando si tratti di cose consegnate in custodia all'albergatore o che questi non ha ricevuto pur essendone obbligato (art. 1784).

L'albergatore è esente da responsabilità se il deterioramento, la distruzione e la sottrazione delle cose sono dovuti al cliente (o alle persone che lo accompagnano o al suo servizio o che gli fanno visita); a forza maggiore; alla natura della cosa.

Nell'ipotesi di **deposito nei magazzini**, la responsabilità del magazzino per la conservazione delle merci è disciplinata come quella del vettore di cose (v. art. 1693, co. 2). In casi determinati è prevista a favore dei magazzini la possibilità di procedere alla vendita delle merci ai sensi dell'art. 1515.

I magazzini possono emettere titoli rappresentativi della merce depositata, che contengono una serie di indicazioni identificative della cosa depositata e del depositante (art. 1790 s.). Si tratta, in particolare, della **fede di deposito**, che conferisce al possessore il diritto alla restituzione delle merci depositate, e della **nota di pegno**, che attribuisce il diritto di pegno sulle cose depositate. I titoli possono circolare, anche separatamente, mediante girata.

Ipotesi particolare è poi il deposito alla rinfusa, avente ad oggetto beni infungibili, dei quali però, a differenza del deposito irregolare, il depositario non ha la facoltà di fare uso. Ogni depositante, acquista il diritto alla restituzione non delle stesse cose depositate, ma di una quota di esse.

È configurato in termini di contratto atipico il contratto di **parcheggio**. La disciplina è affidata, ove compatibile, alle norme sul deposito; infatti, l'offerta della prestazione di parcheggio, cui segue l'accettazione mediante l'immissione del veicolo nell'area (ad es., attraverso l'inserimento del biglietto e il superamento della sbarra), fa sorgere in capo al gestore un obbligo di custodia.

Sequestro convenzionale

Un peculiare servizio, connesso ad una lite tra le parti, è quello reso dal sequestratario nel **sequestro convenzionale**. Si tratta del contratto con cui due o più persone affidano ad un terzo una cosa, o una pluralità di cose, oggetto di una controversia, con l'obbligo per il sequestratario di conservarle e di restituirle alla parte che risulterà vittoriosa (artt. 1798-1800).

Un discorso a parte meritano i tipi contrattuali nei quali il servizio prestato consiste nell'esecuzione, da parte di un contraente, di **atti giuridici**.

Mandato: nozione

In primo luogo dobbiamo occuparci del contratto di **mandato** (art. 1703), che è appunto quello in forza del quale una parte (**mandatario**) si obbliga a compiere uno o più atti giuridici per conto dell'altra parte (**mandante**): ad es., Tizio, dovendo acquistare un immobile in una città diversa dalla sua, conclude con Caio un mandato, avente ad oggetto la stipula da parte di quest'ultimo di una compravendita immobiliare.

Mandato e procura

Come si è visto, al mandato può accedere una **procura** (art. 1704).

Non si debbono confondere **mandato** e **procura**.

Vi è innanzi tutto tra essi una differenza strutturale, giacché il mandato è un **contratto**, mentre la procura è un negozio **unilaterale**.

In secondo luogo, l'esistenza di un mandato non implica di per sé il conferimento di una procura, né il conferimento di una procura postula necessariamente che i rapporti tra rappresentante e rappresentato siano disciplinati da un contratto di mandato: anche se quest'ultima è certo l'ipotesi più ricorrente, il conferimento di una procura può innestarsi anche su altri schemi contrattuali idonei a realizzare una funzione gestoria (ad es., l'imprenditore può conferire una procura a vendere ad un proprio dipendente).

Mandato senza rappresentanza

Nel caso in cui il mandato sia **senza** rappresentanza, e dunque il mandatario agisca in proprio nome, egli acquista i diritti ed assume gli obblighi derivanti dagli atti compiuti con i terzi, anche se questi abbiano avuto conoscenza dell'esistenza del mandato (art. 1705, co. 1).

Obbligo di ritrasferimento degli acquisti

Naturalmente, il mandatario è tenuto a **riversare** gli effetti dell'attività svolta nella sfera giuridica del mandante: in particolare, per quel che concerne gli acquisti di beni **immobili** e di beni mobili **registrati**, il mandatario dovrà ritrasferirli al mandante e quest'ultimo, in caso di inadempimento del primo, potrà ottenere una sentenza che produca gli effetti del contratto non concluso (artt. 1706, co. 2; 2932).

Mandato ad acquistare beni mobili

Una regola diversa si applica là dove il mandato abbia ad oggetto beni **mobili**: in tal caso, il mandante può rivendicare **direttamente** la proprietà delle cose stesse, salvi i diritti acquistati dai terzi per effetto del possesso di buona fede (art. 1706, co. 1).

Esercizio dei diritti di credito

Pur **non** essendovi rapporti tra i terzi ed il mandante, questi può esercitare – sostituendosi al mandatario – i diritti di credito derivanti dall'esecuzione del mandato, nei limiti imposti dagli artt. 1705, co. 2 e 1721.

L'art. 1705, co. 2 a norma del quale il mandante, sostituendosi al mandatario, può esercitare i diritti di credito derivanti dall'esecuzione del mandato, introduce – per ragioni di tutela dell'interesse del mandante – un'eccezione al principio generale del co. 1, la cui operatività pertanto, secondo l'orientamento maggioritario, è limitata alla facoltà di esercizio dei soli diritti (sostanziali) di credito derivanti al mandatario dall'esecuzione dell'incarico, con esclusione della possibilità di esperire contro il terzo le azioni contrattuali (in particolare, risoluzione per inadempimento e di risarcimento dei danni).

Pur non disciplinando il codice il mandato (senza rappresentanza) ad alienare, la dottrina è concorde nell'ammetterne la configurabilità, salvo poi dividersi sulla sua struttura. Secondo una prima impostazione, si avrebbe un unico negozio tra mandante e terzo, che si compie per mezzo del mandatario; un'altra ricostruzione, viceversa, rinviene nell'operazione in esame un duplice trasferimento: dal mandante al mandatario (mediante un negozio a causa esterna, secondo taluni, mediante un negozio sospensivamente condizionato al realizzarsi del secondo trasferimento, secondo altri) e dal mandatario al terzo.

Elemento fiduciario

La circostanza che il contratto abbia ad oggetto il compimento di atti giuridici rende particolarmente intensa la rilevanza dell'elemento **fiduciario.**

Revocabilità del mandato

Morte del mandatario e scioglimento del mandato

Si spiegano così aspetti della disciplina, quali – in particolare – la normale **revocabilità** del mandato (artt. 1722, n. 2; 1723), il suo **scioglimento** per la morte, l'interdizione o l'inabilitazione del mandatario (art. 1722, n. 4), nonché i limiti posti alla facoltà del mandatario di sostituire altri a sé nell'esecuzione del mandato (art. 1717).

Così, il mandato è normalmente revocabile per volontà del mandante (art. 1723, co. 1). La revoca è un atto unilaterale recettizio con effetti *ex nunc* a forma libera, che si perfeziona nel momento in cui è posta in essere la dichiarazione (o tenuto il comportamento concludente), quindi, indipendentemente da qualsiasi manifestazione di volontà del destinatario. Anche nel caso in cui le parti pattuiscano l'irrevocabilità del mandato, il mandante può recedere, ma risponderà dei danni, salvo che non ricorra una **giusta causa** (art. 1723). In dottrina e giurisprudenza, nella prospettiva di un bilanciamento tra carattere fiduciario e tutela degli interessi del mandatario, si è concordi nel ritenere che non è sufficiente ad integrare la giusta causa il venir meno della fiducia nel mandatario, ma occorre il sopravvenire di fatti oggettivi, pregiudizievoli per il recedente, che non consentano la prosecuzione del rapporto. Nel mandato a tempo **indeterminato** la revoca è ammessa in qualsiasi momento anche a prescindere dalla giusta causa. Il mandante è tenuto a risarcire i danni se recede dal contratto senza un congruo preavviso, salvo, anche qui, che non provi la sussistenza di una giusta causa. Analogamente è disciplinata la rinuncia del mandatario (art. 1727).

Mandato anche nell'interesse del mandatario

Le altre cause di estinzione del mandato, tassativamente previste, sono la scadenza del termine, e la morte o interdizione o inabilitazione del mandatario. In quest'ultima ipotesi, una rilevanza peculiare della posizione del mandatario si ha poi quando il mandato venga pattuito anche nel suo **interesse**: ad es., Tizio, debitore di Caio, conferisce a questi un mandato ad incassare i crediti che lo stesso Tizio vanta verso Sempronio, autorizzandolo ad incamerare il ricavato fino a concorrenza del soddisfacimento del suo credito. In tal caso la normale revocabilità del mandato cede alla opposta regola di **irrevo-**

cabilità, salva un'espressa pattuizione di segno contrario o la sussistenza di una giusta causa (art. 1723, co. 2). Regola analoga vale per il mandato conferito anche nell'**interesse** del terzo (art. 1723, co. 2).

Il mandatario può sostituire altri a sé nell'esecuzione del mandato, se autorizzato dal mandante e se ciò risulti necessario in relazione alla natura dell'incarico, e, in tali ipotesi, il mandante può agire direttamente contro la persona sostituita dal mandatario, sempreché lo stesso non abbia approvato l'opera. In difetto di autorizzazione, il mandante può rifiutare l'opera del mandante e il mandatario ne risponde (art. 1717).

Il mandato si presume **oneroso** (art. 1709). Il mandante è tenuto non solo a somministrare al mandatario i mezzi **necessari** per l'esecuzione del mandato e per l'adempimento delle obbligazioni assunte dallo stesso mandatario in proprio nome (art. 1719), ma anche a rimborsare le **anticipazioni** da lui eseguite, a corrispondergli il compenso ed a **risarcirgli** il danno che abbia subito a causa dell'esecuzione dell'incarico (art. 1720).

Ulteriori obblighi del mandatario

Oltre al già rammentato obbligo di ritrasferimento degli acquisti, il mandatario è tenuto ad eseguire l'incarico con la diligenza del buon padre di famiglia; la responsabilità per colpa del mandatario è valutata con minor rigore in caso di mandato **gratuito** (art. 1710, co. 1).

Il mandatario deve inoltre mantenere la propria attività gestoria nei **limiti** dell'incarico conferitogli: ne discende che resterà a suo carico, in difetto di ratifica del mandante, l'attività svolta eccedendo tali limiti (art. 1711, co. 1). Nello stesso ordine di idee, il mandatario è obbligato ad attenersi alle **istruzioni** ricevute dal mandante: da esse potrà discostarsi solo nell'ipotesi di cui all'art. 1711, co. 2.

In giurisprudenza si è ritenuto configurabile l'eccesso di mandato tutte le volte in cui si sia in presenza di una incompatibilità tra lo scopo perseguito dal mandatario e quello del mandante. In dottrina, si è sostenuto che non si possa ammettere la prevalenza dello scopo rispetto alle istruzioni; pertanto, il problema dei limiti del mandato sorgerebbe solo ove le istruzioni non ci siano o siano imprecise. Altra dottrina, distinguendo tra limiti del mandato e istruzioni, ritiene che solo le seconde possano essere disattese nelle ipotesi previste la secondo comma dell'art. 1711. Autorevole opinione distingue tra mandato c.d. **generico**, ove assume rilievo il raggiungimento dello scopo anche in presenza di lievi scostamenti dalle istruzioni; e mandato c.d. **specifico**, nel quale si dovrà tener conto, ai fini della valutazione di conformità, degli atti che il mandatario pone in essere disponendo di un certo margine di discrezionalità.

In ogni caso, gli atti compiuti dal mandatario, esorbitando dai limiti impostigli, non sono affetti da nullità ma, come affermato di recente, sono inefficaci nei confronti del mandante. Per quanto riguarda i terzi, nell'ipotesi di mandato con rappresentanza, ove siano superati i limiti esterni del mandato (cioè quelli fissati nella procura), troveranno applicazione gli artt. 1398 e 1399; ove siano, invece, superati i limiti interni del mandato, il mandante risponderà delle obbligazioni assunte nei confronti del terzo e potrà rivalersi nei confronti del mandatario. Nel mandato senza rappresentanza il mandatario non potrà riversare sul mandante gli effetti degli atti compiuti eccedendo i limiti del mandato.

Il legislatore precisa, poi, che il mandatario potrà discostarsi dalle istruzioni impartitegli qualora circostanze ignote al mandante, e tali che non possono essergli comunicate, facciano ragionevolmente presumere che lo stesso mandante avrebbe dato la sua approvazione (art. 1711, co. 2). Secondo un'autorevole opinione, in presenza di tali presupposti, sussisterebbe in capo al mandante un vero e proprio obbligo, e non una mera facoltà, di discostarsi dalle istruzioni, sempre che ciò non comporti un eccessivo aggravio per il mandatario, e che l'impossibilità di comunicare con il mandante non dipenda da un suo comportamento colposo.

Inoltre, il mandatario è tenuto ad informare il mandante dell'avvenuta esecuzione dell'opera (art. 1712) ed a rendere conto al mandante del proprio operato (art. 1713).

Dal mandato va tenuto distinto, nonostante qualche analogia, il contratto di agenzia.

Agenzia: nozione

Nel contratto d'**agenzia**, una parte (**agente**) assume stabilmente nei confronti dell'altra (**preponente**), verso retribuzione, l'obbligo di promuovere la **conclusione** di contratti in una zona determinata (art. 1742).

Funzione

Si tratta di una figura contrattuale molto importante dal punto di vista economico, in quanto attraverso di essa l'imprenditore provvede a **distribuire** presso la clientela i propri prodotti (ad es., l'imprenditore vinicolo Tizio attribuisce a Caio l'incarico di promuovere la conclusione di contratti di vendita del suo vino presso tutti i ristoranti di una data regione). Non rientra, allora, nello schema dell'art. 1742 la mera promozione del prodotto da cui può scaturire solo indirettamente l'incremento delle vendite.

Differenze rispetto al lavoro subordinato

Il contratto d'agenzia realizza, dunque, una forma di **collaborazione** all'attività imprenditoriale: tuttavia, al contrario di quanto accade per il lavoro subordinato, l'agente **non** opera alle dipendenze dell'imprenditore.

Agenzia e parasubordinazione

Pur non essendo l'agente un lavoratore subordinato, il carattere di norma prevalentemente **personale** dell'attività, la sua **continuità** ed il suo intenso **coordinamento** all'attività imprenditoriale, sono alla base della riconduzione di questa fattispecie all'area della c.d. **parasubordinazione**, salvo il caso in cui lo stesso agente non sia, a sua volta, un imprenditore.

La natura prevalentemente personale della prestazione dell'agentelavoratore parasubordinato spiega l'estensione al rapporto di agenzia di alcune regole dettate per il lavoro subordinato, tra le quali, innanzi tutto, l'intera disciplina processuale del c.d. rito del lavoro, così come regolamentata dagli artt. 409 s. c.p.c.

Nello stesso ordine di idee, è applicabile al rapporto di agenzia che si configuri come rapporto di lavoro parasubordinato la regola dettata dall'art. 2113 c.c., in tema di impugnabilità delle rinunzie o transazioni poste in essere dall'agente ed a mezzo delle quali questi abbia rinunziato a diritti derivanti da disposizioni inderogabili della legge o di accordi collettivi.

Numerose norme di origine comunitaria hanno notevolmente rafforzato la tutela spettante all'agente (v., ad es., l'art. 1751, in materia di **indennità** in caso di cessazione del rapporto o l'art. 1751 *bis*, che attribuisce un'indennità all'agente che stipuli un patto di **non concorrenza** per il periodo successivo alla cessazione del rapporto).

Caratteristica principale del rapporto di agenzia, che vale a differenziarlo dal rapporto di lavoro subordinato, è l'autonomia di cui gode l'agente, il quale collabora con il preponente mantenendo una propria indipendenza organizzativa (non ha obbligo di osservare orari, sceglie la propria clientela e sopporta i rischi e le spese connessi all'organizzazione dell'attività).

L'autonomia trova, poi, una parziale limitazione nella stabilità dell'incarico, per cui l'agente non è tenuto al compimento di un singolo affare, ma alla promozione di un numero indefinito di affari per un certo tempo in una data zona.

Le caratteristiche appena esaminate spiegano la differenza tra il contratto di agenzia e le altre figure negoziali ad esso apparentemente assimilabili.

Così, l'agente si distingue dal **procacciatore d'affari**, poiché quest'ultimo assume l'incarico di raccogliere e trasmettere al preponente le ordinazioni dei clienti, senza assumere, invece, l'obbligo di stabile promozione della conclusione dei contratti nell'interesse del preponente, che è caratteristico della materia dell'agenzia.

Quanto poi al ***broker*** – figura dalla controversa qualificazione giuridica, che ha il compito di consigliare ed assistere l'assicurando nella stipula di un contratto di assicurazione – esso non è riconducibile, per l'assenza di collaborazione e stabilità nel rapporto con l'impresa assicuratrice, alla figura dell'agente ed è semmai assimilabile ad un mediatore.

Agente con rappresentanza

L'attività dell'agente si differenzia, poi, da quella del mandatario poiché egli, di regola, si limita a **promuovere** la conclusione del contratto alla stipulazione del quale, invece, provvederà direttamente l'imprenditore. Se, però, all'agente è conferita la **rappresentanza**, si applicano comunque le norme dettate in tema di agenzia (art. 1752).

Nella stabilità propria del rapporto di agenzia trova la sua *ratio* il diritto di esclusiva (art. 1743), che, salvo patto contrario, obbliga sia l'agente sia il preponente a non intrattenere rapporti con altre imprese in concorrenza, il primo, o con altri agenti, il secondo, nella stessa zona e per lo stesso ramo di attività. La *ratio* dell'esclusiva risiede proprio nell'esigenza di evitare una concorrenza tra agente e preponente.

L'agenzia è un contratto **di durata**, tendenzialmente a tempo indeterminato, ciò non toglie che le parti possano stabilire un termine, senza che con ciò venga meno la stabilità del rapporto. In tal caso il contratto diviene a tempo indeterminato se continua ad essere eseguito oltre il termine (art. 1750, co. 1). Ove, invece, nessun termine sia stato stabilito, le parti possono recedere, previo preavviso entro il termine fissato dalla legge o dal contratto (purché superiore rispetto a quello inderogabilmente previsto dall'art. 1750), salve le ipotesi di inadempimento e, ovviamente di mutuo consenso.

Obblighi dell'agente

L'obbligo principale dell'agente consiste nell'adempiere l'incarico affidatogli in conformità alle **istruzioni ricevute** e, dunque, in particolare, di promuovere la conclusione di contratti nella **zona** che gli sia stata assegnata.

Egli deve agire, nell'esecuzione del rapporto, con lealtà e buona fede (art. 1746). In particolare, sull'agente gravano obblighi informativi, sia attinenti alle condizioni di mercato nella zona assegnatagli e alle strategie da adottare, sia ai singoli clienti.

Inoltre, a seguito della modifica attuata con la l. n. 526/1999, è vietato il patto che ponga a carico dell'agente una responsabilità per inadempimento del terzo (c.d. **star del credere**). Le parti possono, però, concordare la concessione di una apposita garanzia da parte dell'agente, purché prevista per particolari affari, per un importo che non superi la provvigione prevista a favore dell'agente per quello specifico affare ed a fronte di un corrispettivo in favore dell'agente (art. 1746, co. 3).

Provvigione

L'agente è remunerato attraverso una **provvigione**, che gli è riconosciuta nel caso in cui il contratto venga effettivamente concluso (art. 1748, co. 1). La provvigione, pertanto, non costituisce la retribuzione per il lavoro svolto, ma il corrispettivo per l'utile realizzato. La determinazione è rimessa alla libera volontà delle parti e non soggiace al principio del giusto compenso (art. 36 Cost.). La giurisprudenza prevalente esclude, sotto pena dello snaturamento del rapporto d'agenzia, la possibilità di stabilire una provvigione fissa, possibilità peraltro ammessa dalla legislazione comunitaria con la dir. 86/653.

Obblighi del preponente

Il preponente, oltre ad essere obbligato a corrispondere la provvigione all'agente, deve mettergli a disposizione la documentazione relativa ai beni e servizi trattati e fornirgli le informazioni necessarie all'esecuzione del contratto (art. 1749).

Alla cessazione del rapporto di agenzia il preponente è tenuto a corrispondere all'agente un'**indennità** di fine rapporto (art. 1751). La norma subordina il diritto all'indennità sia all'acquisizione di vantaggi da parte del preponente attraverso l'opera dell'agente, sia alla persistenza di tali vantaggi, in termini soprattutto di incremento della clientela, in capo al preponente e in ragione dell'opera dell'agente, sia al fatto che il pagamento dell'indennità sia equo, tenuto conto di tutte le circostanze del caso concreto e, in particolare, delle provvigioni che l'agente perde. La *ratio* dell'indennità è, quindi, quella di compensare l'agente per l'apporto dato all'incremento della clientela del preponente, nonché quella di tenerlo indenne dal pregiudizio che l'interruzione del rapporto, con il conseguente venir meno della possibilità di continuare a promuovere affari presso la clientela procacciata al preponente, è in grado di determinare.

Nell'ottica dell'armonizzazione della normativa comunitaria e della promozione della concorrenza all'interno del mercato europeo si colloca l'art. 1751 *bis*, che fissa limiti precisi al **patto di non concorrenza**. Tale patto deve farsi per iscritto, deve riguardare la medesima zona, clientela e genere di beni e servizi per i quali era stato concluso il contratto di agenzia e la sua durata non può eccedere i due anni successivi all'estinzione del rapporto. In ogni caso, l'agente ha diritto alla corresponsione di un'indennità affidata alla contrattazione tra le parti tenuto conto degli accordi economici nazionali di categoria o, in difetto, determinata in via equitativa dal giudice (art. 1751 *bis*, co. 2).

Mediazione

Ancora diversa sia dall'agenzia, sia dal mandato, è la **mediazione** (art. 1754), della quale il legislatore non fornisce una definizione, soffermandosi solo sulla nozione di mediatore, individuato in colui che **mette in relazione** due o più parti per la conclusione di un affare senza essere legato ad alcuna di esse da rapporti di collaborazione, di dipendenza o di rappresentanza (ad es., Tizio, avendo saputo che Caio intende vendere e che Sempronio intende acquistare, mette in contatto l'uno e l'altro).

Natura

Tale circostanza ha dato origine ad un acceso dibattito in dottrina e giurisprudenza, tuttora vivo, sulla natura contrattuale o non contrattuale della mediazione.

Secondo un primo orientamento, la mediazione, così come configurata dal legislatore, avrebbe natura **non** negoziale e comporterebbe il sorgere di un'obbligazione *ex lege*, pur non escludendosi che le parti possano, nell'esercizio della propria autonomia contrattuale, dar vita ad un contratto atipico di mediazione. All'interno di questo filone, se ormai recessiva sembra la teoria della mediazione come fatto giuridico, tutt'ora autorevolmente sostenuta è la tesi che configura l'attività del mediatore in termini di **atto giuridico** in senso stretto.

La dottrina e la giurisprudenza ad oggi prevalenti optano, invece, per la teoria **contrattuale** della mediazione, seppur non vi sia univocità di vedute, soprattutto con riferimento alla unilateralità o bilateralità del contratto. In quest'ottica, il rapporto scaturisce dal consenso delle parti, espresso o tacito, ed esso si perfeziona nel momento in cui viene concluso il contratto tra le parti messe in relazione dal mediatore, momento dal quale sorge anche il diritto alla provvigione. In giurisprudenza si nega poi che il rapporto in questione sia configurabile quando le parti, senza colpa, abbiano ignorato l'intervento del mediatore.

La natura contrattuale della mediazione ha non poca influenza anche sul diverso problema dei **rimedi** esperibili in caso di affare concluso mediante l'opera di un mediatore non iscritto nel Ruolo istituito presso ogni camera di commercio (artt. 2 e 3, l. n. 89/1993). Il legislatore riconnette espressamente alla mancata iscrizione, il venir meno del diritto alla provvigione (art. 6), oltre ad una sanzione di carattere amministrativo (art. 8). La tesi largamente maggioritaria propende, in questi casi, per la **nullità**, salvo poi dividersi sulla causa della stessa: si va dalla nullità per mancanza di legittimazione in capo ad una delle parti, alla nullità per illiceità della causa o dell'oggetto, fino alla teoria più recente, della nullità per violazione di norme imperative, essendo l'obbligo di iscrizione posto a tutela dell'interesse generale a che l'attività di mediazione sia svolta da soggetti professionalmente competenti.

Non mancano peraltro voci discordanti che, sulla scorta dell'art. 1418, co. 1, a mente del quale, ove la legge disponga diversamente, la contrarietà a norme imperative non dà luogo a nullità, negano che il contratto possa considerarsi invalido, proprio perché è prevista, nel caso di specie, una sanzione amministrativa (o, eventualmente, penale), oltre al mancato diritto alla provvigione.

Sempre in virtù della *ratio* dell'art. 3, l. n. 39/1989, si deve esigere l'iscrizione da tutti i soggetti, anche collaboratori del mediatore, che siano entrati in contatto con i terzi al fine della conclusione del contratto.

Obblighi del mediatore

Alla necessaria assenza di rapporti di collaborazione, dipendenza o rappresentanza tra mediatore e parti, si riconnette, generalmente, l'obbligo di **imparzialità** del mediatore nella prestazione della sua opera. Alcuni autori lo ritengono elemento essenziale; altri, invece, osservano come sarebbe inspiegabile la previsione di un tale obbligo, per lo meno in tutti i casi in cui il mediatore ha ricevuto l'incarico da una delle parti; altri, ancora, distinguono l'imparzialità, riferibile alle modalità di svolgimento dell'attività, dall'indipendenza, condizione obiettiva del soggetto rispetto ad altri.

Dottrina e giurisprudenza sono concordi nell'ammettere la facoltà delle parti di recedere in qualsiasi momento, fino alla conclusione del contratto, anche a prescindere da una giusta causa e senza incorrere in responsabilità *ex* art. 1337. Tale facoltà, secondo taluni sarebbe connaturata all'istituto; secondo altri, deriverebbe dalla natura di rapporto di durata propria della mediazione.

Presupposti del diritto alla provvigione

Il mediatore ha diritto alla **provvigione** nei confronti di entrambe le parti, qualora il contratto venga **effettivamente** concluso in virtù del suo intervento (art. 1755). L'affare, qui inteso come operazione in grado di portare una qualche utilità di carattere economico alle parti, può dirsi concluso quando vi sia un vincolo idoneo a generare una pretesa all'adempimento azionabile in giudizio. Perché sorga il diritto alla provvigione, non è sufficiente la conclusione di un affare, ma è necessario che questo sia l'effetto dell'opera del mediatore. In altre parole, si ritiene che debba sussistere un nesso di causalità diretta tra l'attività del mediatore e la conclusione del contratto, che senza quell'attività non si sarebbe concluso. Non necessariamente il contributo del mediatore deve essere il fattore esclusivo che ha condotto al buon esito dell'operazione, potendo esso concorrere con altre concause. È, in ogni caso, necessario che il mediatore metta in relazione le parti; pertanto, si nega il diritto alla provvigione al soggetto che si limiti a segnalare l'affare ad un'altra persona che poi provvederà essa a mettere in contatto le parti (c.d. mediazione **indiretta**). Egualmente non sorge il diritto alla provvigione quando il contratto concluso abbia natura diversa da quello proposto (ad es., il mediatore mette in contatto le parti per la vendita di un immobile che poi viene solo concesso in locazione). La dottrina più recente, interpreta in senso più largo il concetto di nesso di causalità ricomprendendovi anche l'utilità dell'opera del mediatore ai fini della conclusione del contratto, per non lasciare fuori tutti quei casi in cui il negozio si sarebbe comunque concluso, pur essendo stato favorito dall'attività intermediatrice.

Si deve poi ammettere il diritto alla provvigione nel caso in cui, grazie al mediatore venga concluso un contratto **preliminare** (essendo il diritto alla conclusione del contratto definitivo azionabile *ex* art. 2932); egualmente è dovuta la provvigione nel caso di contratto risolutivamente condizionato (in caso di condizione sospensiva il diritto a ricevere sorge con l'avverarsi dell'evento futuro e incerto), **annullabile** ovvero **rescindibile**, sempre che il mediatore non conoscesse la causa di invalidità (art. 1757); mentre, nel caso di contratto nullo nessuna provvigione è dovuta, salva conversione.

Pluralità di mediatori

Se nell'affare sono intervenuti più mediatori, a ciascuno spetta una quota della provvigione. Non si tratta, peraltro, di un credito solidale e, secondo l'opinione prevalente, la ripartizione interna non risente dell'importanza dei diversi contributi.

Obblighi di informazione

Il mediatore è tenuto a comunicare alle parti tutte quelle circostanze, relative alla valutazione ed alla sicurezza dell'affare, che possano influire sulla sua conclusione (art. 1759). In altre parole, il mediatore è tenuto a rendere entrambe le parti edotte su tutti i dati in grado di influire sulla valutazione della convenienza economica dell'operazione e sulla rispondenza di questa ai rispettivi obiettivi.

La giurisprudenza si è più volte cimentata nella ricerca dei confini dell'obbligo in questione: così, si è detto che l'informazione dovuta non può essere limitata alle circostanze che, se conosciute, avrebbero evitato la conclusione del contratto, ma si estende anche a quelle che avrebbero portato a concludere il contratto a condizioni diverse; vanno inoltre comunicati i vizi o le qualità del bene, l'esistenza di procedure concorsuali e, più in generale, le condizioni di mercato.

L'obbligo di informazione a carico dell'intermediario si configura, in negativo, come divieto di fornire informazioni non veritiere (con conseguente obbligo di verifica dei dati acquisiti) e, in positivo, come dovere di comunicare alle parti non solo le circostanze a lui note ma anche quelle conoscibili con la diligenza del professionista medio, fermo restando che il mediatore non è tenuto a svolgere specifiche indagini in merito all'adeguatezza giuridico-economica dell'operazione, salvo che non ne sia richiesto dalla parte.

In caso di reticenza o mendacio, il mediatore è tenuto al risarcimento del danno (art. 1218), indipendentemente dalla conclusione o meno dell'affare.

4.1.1. *Il* franchising

Franchising o affiliazione commerciale

Deve trovare probabilmente collocazione all'interno della macroarea dei contratti volti a realizzare una forma di collaborazione anche il *franchising*: infatti, pur presentando lo stesso – come si dirà – aspetti riconducibili altresì ad una funzione di godimento di peculiari beni o diritti, prevalente appare, all'interno di tale schema, il momento della collaborazione.

Disciplina legislativa

Il *franchising*, da tempo accreditato nella prassi degli affari come schema socialmente tipico, ha trovato, in epoca relativamente recente, una specifica disciplina legislativa nella l. n. 129/2004, che lo denomina altresì – ed anche qui nel solco dell'uso linguistico invalso nella prassi – **contratto di affiliazione commerciale**.

Nel contratto di *franchising*, o affiliazione commerciale, così come elaborato nella realtà degli affari, una parte, il c.d. *franchisor* (o **affiliante**) concede all'altra parte, il c.d. *franchisee* (o **affiliato**), di affiliarsi alla propria catena distributiva; a tal fine, l'affiliante attribuisce all'affiliato anche il diritto di sfruttare i propri segni distintivi, il *know how* e le eventuali invenzioni industriali di cui sia titolare.

Si realizza, in tal modo, un'ipotesi di **collaborazione** tra imprese, una delle quali, nella normalità dei casi quella affiliante, ha un potere economico e contrattuale di gran lunga superiore all'altra.

La stessa attribuzione all'affiliato dei diritti cui si è fatto cenno appare strumentale alla creazione di un rapporto di collaborazione: in particolare, mentre l'affiliante consegue il vantaggio di un'ulteriore penetrazione della propria impresa sul mercato, l'affiliato si assicura la possibilità di svolgere un'attività distributiva, avvalendosi, appunto, del marchio e, più in generale, del patrimonio di conoscenze proprio della controparte contrattuale. Di regola, l'affiliato corrisponde all'affiliante, oltre che un corrispettivo in cifra fissa a fronte dell'autorizzazione all'ingresso nella rete distributiva, anche un compenso parametrato al giro d'affari che il primo riesca a realizzare a seguito dell'inserimento nella rete distributiva del secondo.

I principali problemi pratici che l'utilizzazione di tale schema contrattuale determina, sullo sfondo della già rilevata disparità di potere contrattuale tra le parti, possono essere ravvisati nell'esigenza di **completezza** e **veridicità** delle informazioni che l'una e l'altra parte si scambiano, nella fase delle trattative (alla luce della rilevanza che, soprattutto per l'affiliato, assume l'esatta conoscenza della struttura e delle potenzialità dell'impresa dell'affiliante), nella tutela dell'affiliato a fronte della determinazione dell'affiliante di recedere dal contratto e nell'esigenza di **riservatezza** che si pone per le notizie ed i dati posti dall'affiliante a disposizione dell'affiliato.

Obblighi di informazione

La centralità dell'informazione precontrattuale nell'affiliazione commerciale si spiega, per un verso, in ragione della situazione di debolezza del potenziale affiliato, dovuta alla sua dipendenza nei confronti dell'affiliante, accresciuta dagli investimenti effettuati dal *franchisee* ed alla minaccia da parte del *franchisor* di porre termine al rapporto, e, per altro verso, con la particolare complessità dell'operazione, sia dal punto di vista economico, sia per la sua durata. Pertanto, solo attraverso uno scambio proficuo di informazioni nel corso delle trattative il *franchisee* potrà valutare al meglio la convenienza dell'affare.

Forma

La disciplina legislativa introduce, in tale prospettiva, puntuali requisiti di contenuto e di **forma** (scritta, sotto pena di nullità) del contratto (art. 3, l. n. 129/2004), sancendo altresì obblighi precontrattuali di comportamento (in termini di lealtà, correttezza e buona fede) a carico dell'affiliante e dell'affiliato.

Il legislatore, in questo contesto, non si affida al principio generale di buona fede (salvo poi richiamarlo all'art. 6, co. 1 e 3), ma fissa in maniera analitica le **informazioni** che l'affiliante deve trasmettere su supporto cartaceo all'aspirante affiliato, almeno trenta giorni prima della stipula – unitamente a copia "completa" del contratto (art. 4), del quale è individuato il contenuto (art. 3, co. 4) – in modo tale da garantire all'aspirante affiliato uno *spatium deliberandi* sufficientemente ampio onde valutare i vantaggi e gli svantaggi del contratto e confrontare le varie offerte.

L'obbligo di fornire i dati specificamente individuati dall'art. 4 va poi coordinato con l'obbligo posto in capo alle parti di fornirsi reciprocamente i dati necessari od opportuni ai fini della comprensione del regolamento contrattuale (art. 6). Secondo un'autorevole opinione, la peculiarità di tale previsione risiede nella circostanza che l'obbligo ivi previsto si atteggia in maniera differente per l'affiliato rispetto all'affiliante. Infatti, in primo luogo, solo l'affiliante può rifiutarsi di fornire le informazioni ove siano oggettivamente riservate o violino diritti di terzi; in secondo luogo, mentre il *franchisor* deve fornire tempestivamente al *franchisee* solo le informazioni che lo stesso ritiene necessarie o utili, l'aspirante affiliato è tenuto a comunicare tutti i dati necessari o opportuni.

La norma, ad una prima lettura, ingiustificatamente sfavorevole per il *franchisee*, in quanto gli imporrebbe la valutazione in termini oggettivi dell'opportunità delle informazioni da comunicare e allo stesso tempo l'onere di richiedere alla controparte i dati che vuole ottenere, in realtà rinviene la sua giustificazione nella circostanza che a carico dell'affiliante è già posto uno specifico obbligo di informazione (art. 4), che appare equo estendere nel suo oggetto solo nei termini in cui sia richiesto dall'aspirante affiliato.

False informazioni ed annullamento del contratto

La falsità delle informazioni rese dall'una all'altra parte legittima l'esperimento dell'azione di **annullamento** del contratto alla stregua dell'art. 1439 (art. 8), venendo così senz'altro tale ipotesi equiparata a quella del dolo.

È poi previsto l'obbligo dell'affiliato di osservare, e di far osservare ai propri collaboratori, anche dopo lo scioglimento del contratto, la massima riservatezza in ordine al contenuto dell'attività oggetto dell'affiliazione commerciale.

La tutela dell'affiliato in caso di recesso imprevisto dell'affiliante dal contratto pattuito a tempo indeterminato resta invece affidata, nell'assenza di una specifica disciplina di legge, all'operare della clausola generale di **buona fede** (art. 1375).

5. *I contratti aleatori. L'assicurazione*

Anche la categoria dei contratti aleatori ricomprende una pluralità di figure diverse per contenuto e disciplina.

Rendita vitalizia onerosa

L'incertezza per l'una e per l'altra parte dei vantaggi o degli svantaggi che derivano dal contratto si rinviene, innanzi tutto, nella **rendita vitalizia onerosa** (art. 1872, co. 1), attraverso la quale una parte (**vitaliziante**), a fronte di un corrispettivo, si obbliga a corrispondere all'altra (**vitaliziato**) una prestazione periodica per tutta la durata della vita del beneficiario o di altra persona (art. 1873).

L'alea consiste in ciò, che la misura del sacrificio del vitaliziante dipenderà dalla durata della vita del vitaliziato o della persona contemplata. La giurisprudenza ha escluso la sussistenza dell'alea, quando l'ammontare della prestazione periodica è corrispondente ai frutti del bene alienato in corrispettivo al vitaliziato (venendo meno in questo caso ogni dubbio sulla convenienza per il vitaliziante) ovvero, quando il beneficiario sia gravemente malato. Nulla toglie che le parti possano escludere l'aleatorietà concludendo una donazione o un *negotium mixtum cum donatione*, o, ancora, ponendo in essere un contratto di vitalizio atipico. In questo caso non si applicherà la disciplina codicistica della rendita vitalizia maggiormente condizionata dall'elemento dell'aleatorietà.

Modalità di costituzione

Tra le **fonti** del vitalizio il codice contempla, oltre al contratto oneroso, la donazione, il testamento (art. 1872, co. 2) e il contratto a favore di terzo (art. 1875). La rendita vitalizia può trovare peraltro origine in fonti atipiche. Si pensi, in tal senso, all'assicurazione, alla promessa la pubblico. La rendita può inoltre essere di fonte legale (ad. es., assegno successorio al coniuge superstite separato con addebito, art. 548, co. 2) o anche giudiziale.

Il contratto si estingue, oltre che per la morte del vitaliziato, anche per risoluzione. Il creditore potrà domandare la risoluzione ove il debitore diminuisca le garanzie pattuite (art. 1877), mentre, in caso di inadempimento, potrà solo chiedere il sequestro o la vendita dei beni del debitore al fine di rifarsi sul ricavato (art. 1878). È esclusa, poi, la risoluzione del contratto per eccessiva onerosità sopravvenuta, secondo alcuni a causa della natura aleatoria della rendita, secondo altri in ragione della natura previdenziale dell'istituto.

Il debitore, salvo patto contrario non può liberarsi dall'obbligazione periodica offrendo il rimborso dell'intero capitale, anche se rinuncia alla ripetizione di quanto corrisposto. La dottrina si divide tra chi configura l'ipotesi in esame come un divieto di riscatto e chi parla, invece, di divieto di scioglimento unilaterale del rapporto.

Vitalizio alimentare

Affini alla rendita vitalizia onerosa sono anche alcuni contratti atipici, quali il vitalizio **alimentare** o **assistenziale**, con i quali si assume l'obbligazione di mantenere o assistere una persona per tutta la durata della sua vita.

La differenza rispetto alla rendita è da ravvisare nel fatto che la prestazione dovuta dall'obbligato si risolve qui in un *facere* (ad es., accogliere in casa propria il beneficiario, accudendolo ed assistendolo), piuttosto che in un *dare*.

Evidente è, anche qui, l'aleatorietà, essendo la misura del sacrificio dell'obbligato strettamente collegata alla vita del beneficiario.

Gioco e scommessa

Contratti aleatori sono pure il **gioco** e la **scommessa**, là dove abbiano efficacia obbligatoria.

La precisazione è necessaria perché, di regola, il debito da gioco o da scommessa integrano la figura dell'**obbligazione naturale**.

Possono invece dare luogo ad **azione in giudizio** le pretese derivanti dai giochi che addestrino al maneggio delle armi, dalle corse di ogni specie e da ogni altra competizione sportiva (art. 1934, co. 1).

Danno infine luogo ad azione in giudizio le lotterie **legalmente** autorizzate (ad es., lotto, bingo, lotterie nazionali).

Assicurazione: nozione

Aleatoria è poi l'**assicurazione** (art. 1882 s.), e cioè il contratto in forza del quale una parte (**assicuratore**) si obbliga a rivalere l'altra parte, (**assicurato**), a fronte del pagamento di un premio ed entro i limiti pattuiti, del danno ad esso prodotto da un sinistro (assicurazione **contro i danni**), ovvero a pagare un capitale o una rendita al verificarsi di un evento relativo alla vita umana (assicurazione **sulla vita**).

L'aleatorietà si coglie in relazione al fatto che il rapporto di valore tra le prestazioni rispettivamente dovute dalle parti è **originariamente** incerto, dipendendo ora dal concretizzarsi o meno del rischio assicurato (ad es., l'incendio della casa), ora dal momento in cui si verifichi l'evento attinente alla vita umana (ad es., la morte del contraente).

L'aleatorietà dell'assicurazione è confermata altresì dal fatto che il contratto è nullo, per **difetto** di causa, se il rischio non esisteva al momento della conclusione del contratto: ad es., assicurazione contro i danni derivanti dalla distruzione di un edificio che, prima della stipula del contratto, era già crollato (art. 1895).

Una parte della dottrina nega la natura aleatoria del contratto di assicurazione proprio sotto il profilo causale. Si sostiene, infatti, che se, in relazione al singolo contratto, l'assicuratore, assume su di sé il rischio di pagare un indennizzo superiore ai premi percepiti, l'esercizio dell'attività assicurativa in forma imprenditoriale, determina la neutralizzazione di tale rischio in relazione al complesso dei contratti stipulati dall'impresa, venendosi a determinare una compensazione nel rapporto costi-benefici per la legge dei grandi numeri, venendo così meno l'aleatorietà del contratto di assicurazione; la tesi non appare, tuttavia, condivisibile, perché l'aleatorietà, o meno, di un contratto va indagata con riferimento al singolo contratto.

L'assicurazione si configura altresì come un contratto a prestazioni **corrispettive**, in quanto – a fronte del premio corrisposto dall'assicurato – l'assicuratore eroga la prestazione consistente nell'assunzione del rischio.

Inoltre, l'assicurazione è un contratto di **durata**, in quanto l'assunzione del rischio da parte dell'assicuratore si protrae nel tempo.

Forma

L'assicurazione deve essere stipulata per iscritto, ma ai soli fini della **prova** (art. 1888). L'assicuratore è obbligato a rilasciare all'assicurato la **polizza**, fonte di prova, privilegiata ma non esclusiva, che incorpora gli elementi essenziali del contratto. Quando la polizza è rilasciata all'ordine o al portatore, questa assume le vesti del titolo di credito improprio e può essere trasferita, legittimando il cessionario (giratario o portatore) ad esercitare nei confronti dell'assicuratore i diritti spettanti all'assicurato.

Contratto d'assicurazione ed impresa di assicurazione

L'assicurazione è un tipico contratto di **impresa**: l'attività assicurativa può essere svolta, oltre che da istituti di diritto pubblico, solo da società per azioni (art. 1883). La disciplina delle imprese esercenti l'attività assicurativa è ora largamente dettata dal cdass.

L'impresa assicuratrice si avvale generalmente di agenti, collaboratori autonomi dell'impresa preponente, per i quali è richiesta l'iscrizione all'albo apposito, istituito presso il Ministero dello Sviluppo Economico. Gli agenti hanno poteri di modifica e risoluzione dei contratti di assicurazione, fatti salvi i limiti stabiliti dalla procura (art. 1903). Distinto dall'agente è poi il *broker* assicurativo, il quale svolge un'attività di intermediazione, volta a mettere in relazione soggetti che intendono stipulare una polizza, con imprese di assicurazione, alle quali non è legato da alcun impegno contrattuale, provvedendo, in particolare, a presentare i vari prodotti sul mercato e a prestare attività di assistenza e consulenza (art. 106 cdass).

Sotto il profilo soggettivo, è possibile che il soggetto beneficiario dell'assicurazione non coincida con il contraente. Si distinguono tre ipotesi: l'assicurazione nell'**interesse del terzo**; l'assicurazione a **favore di terzo** e l'assicurazione **in nome altrui**.

Nel primo caso, il contraente non stipula la polizza nel proprio interesse, ma in quello di un terzo, il quale rimane unico legittimato ad esercitare il diritto alla prestazione assicurativa, ed il contraente non può farli valere senza il consenso dell'assicurato. All'interno di questa categoria, si distinguono poi l'assicurazione **per conto altrui**, in cui il beneficiario viene indicato al momento della stipula, e l'assicurazione **per conto di chi spetta**, ove l'identificazione viene individuata al momento della verificazione dell'evento dannoso, cosicché al trasferimento del bene assicurato consegue automaticamente il trasferimento della garanzia assicurativa.

L'assicurazione **a favore di terzo** (art. 1920) fa sorgere un obbligo indennitario a favore di un soggetto diverso dal contraente, al verificarsi di un evento dannoso non riguardante, però, il beneficiario (come nelle ipotesi di assicurazione nell'interesse del terzo), ma il contraente.

L'assicurazione **in nome altrui**, invece, è stipulata in nome altrui da chi non ne ha il potere (art. 1890). Tale figura è disciplinata in maniera parzialmente difforme dalla rappresentanza. In primo luogo, infatti, è prevista la possibilità, per l'interessato, di una ratifica dell'attività del *falsus procurator* anche dopo il verificarsi del sinistro; in secondo luogo, in deroga all'art. 1399, il contraente è tenuto a pagare i premi e ad adempiere gli altri obblighi nascenti dal contratto, sino al momento in cui l'assicuratore abbia notizia della ratifica o del rifiuto.

Il **rischio**, oltre ad afferire al profilo causale, incide anche sullo svolgimento del rapporto.

Incidenza del rischio ed attuazione del rapporto

Infatti, ove il rischio si dissolva in pendenza del contratto, quest'ultimo si scioglie, ma l'assicuratore conserva il diritto al pagamento dei premi fino a quando la cessazione del rischio non gli sia stata comunicata o non sia in altro modo venuta a sua conoscenza (art. 1896).

La **diminuzione** del rischio in una misura tale che, ove conosciuta al momento della conclusione del contratto, avrebbe dato luogo alla pattuizione di un premio minore, fa sì che l'assicuratore non possa richiedere, per il prosieguo, se non quel minor premio, fermo restando il suo diritto di **recesso** (art. 1897).

Anche l'**aggravamento** del rischio in misura tale che l'assicuratore non avrebbe affatto concluso il contratto, o l'avrebbe concluso per un premio superiore, può dare luogo al recesso dell'assicuratore (art. 1898).

Inesatta rappresentazione del rischio

Al fine di consentire all'impresa assicuratrice di perseguire la tendenziale corrispondenza tra rischio c.d. **reale** e rischio c.d. **rappresentativo**, il legislatore riconnette il rimedio dell'annullabilità alle inesatte o reticenti dichiarazioni rilasciate con dolo o colpa grave dall'assicurato, ove si possa legittimamente presumere che l'assicuratore non avrebbe concluso il contratto o comunque non lo avrebbe concluso a quelle condizioni se fosse stato a conoscenza delle informazioni taciutegli (art. 1892). Se, invece, l'assicurato non ha agito in mala fede, l'assicuratore può recedere dal contratto (art. 1893). In entrambi i casi il rimedio è sottoposto a termine di decadenza di tre mesi, a far data dal momento in cui l'assicuratore ha avuto conoscenza dell'inesattezza delle dichiarazioni. In ogni caso, l'assicuratore non è tenuto a pagare, o ha diritto ad una riduzione dell'indennizzo, ove il sinistro si sia verificato prima della conoscenza dell'inesattezza o reticenza o, comunque, prima che abbia potuto esercitare il diritto di recesso.

La dottrina tradizionale, facendo leva sulla lettera della norma inquadra la disciplina dell'art. 1892 nell'alveo dei **vizi del consenso**, individuandone la *ratio* nella tutela della parte caduta in errore.

L'eccezionalità della disciplina appena delineata, sia sotto il profilo dell'oggetto dell'informazione (estesa a profili di convenienza economica), sia, soprattutto in relazione alla disciplina comune dei vizi del consenso, si giustifica sulla base della considerazione che il rischio è fatto riferibile all'assicurato e rispetto al quale l'assicuratore viene trattato, nell'ottica del legislatore del 1942, come contraente debole, in quanto meno informato.

La situazione è notevolmente mutata rispetto al momento in cui fu emanato il codice: le imprese oggi possiedono mezzi organizzativi idonei a distribuire vantaggi e svantaggi del singolo contratto nel complesso delle sue operazioni secondo un calcolo statistico – suddividendo gli assicurati in diverse classi sulla base del rischio di verificazione dell'evento assicurato alle quali è poi riconnessa la fissazione di un determinato premio – e predispongono unilateralmente il regolamento contrattuale attraverso condizioni generali che possono essere solo rifiutate o accettate dall'assicurando.

Proprio in vista di un riequilibrio delle posizioni, autorevole dottrina ritiene che l'impresa assicuratrice, contraente professionale, debba guidare nella formazione del contratto l'assicurato, contraente inesperto, che non sarebbe più tenuto, in quest'ottica, a comunicare tutte le circostanze essenziali per una corretta percezione del rischio, ma solo quelle che la controparte indica come tali nel questionario predisposto dall'impresa.

Tale conclusione, però, si scontrerebbe con il tenore della disciplina codicistica, che non pone in capo all'assicuratore l'obbligo di predisporre un questionario, né tanto meno limitano l'obbligo di informazione a carico dell'assicurato alle sole circostanze su cui è richiesto di pronunciarsi.

Per superare tale obiezione si osserva come la necessità di una più intensa cooperazione tra le parti non solo si deduce dalla valorizzazione del principio di buona fede precontrattuale (art. 1337), ma è fatta propria anche dal legislatore più recente, che, con riguardo alla fase precontrattuale, ha imposto all'impresa assicuratrice, sempre più stringenti obblighi di informazione e consegna di documenti. Emblematico in tal senso è l'obbligo di consegnare la c.d. **nota informativa**, documento contenente informazioni relative all'impresa e al contenuto del contratto (art. 185, co. 2, cdass). È da notare, infine, che il cdass, nel fare salve – fermo quanto in talune ipotesi diversamente disposto dallo stesso – la disciplina codicistica generale dei contratti di assicurazione, coassicurazione e riassicurazione, introduce, all'art. 166, l'obbligo di redigere il contratto ed ogni altro documento consegnato dall'impresa al contraente in modo chiaro ed esauriente, nonché l'obbligo di riportare, mediante caratteri di particolare evidenza, le clausole che indicano decadenze, nullità o limitazione delle garanzie ovvero oneri a carico del contraente o dell'assicurato: si tratta di una disposizione di grande rilievo, perché la disciplina qui apprestata dal legislatore trova applicazione, indipendentemente dalla circostanza che l'assicurato sia un consumatore o meno.

Ancora al fine di salvaguardare il rapporto rischio-premio, il legislatore ha previsto, poi, che l'assicurazione non copre i sinistri cagionati con dolo o colpa grave del contraente, dell'assicurato o del beneficiario, salvo patto contrario, ma limitatamente alle sole ipotesi di colpa grave (art. 1900, co. 1). L'assicuratore rimane, invece, obbligato per i fatti causati, anche con dolo o colpa grave, da coloro dei cui fatti è tenuto a rispondere l'assicurato, ai sensi degli artt. 2047-2049, 1228.

La responsabilità dell'assicuratore rimane viva, nonostante patto contrario, anche nel caso in cui gli atti del contraente, dell'assicurato e del beneficiario, siano compiuti per dovere di solidarietà o a tutela di un interesse comune all'assicuratore (art. 1900, co. 3).

La definizione del contratto di assicurazione di cui all'art. 1882 ha riguardo ai due grandi ambiti (nel linguaggio corrente, «rami») in cui si espleta l'attività assicurativa: ramo danni e ramo vita.

Funzione dell'assicurazione danni

L'assicurazione contro i **danni** ha la funzione di coprire rischi che possono determinare ora la **perdita** di un valore attivo già presente nel patrimonio dell'assicurato (ad es., la distruzione di un bene, ma anche l'impossibilità di soddisfare un credito), ora il venir meno di un profitto sperato (ad es., assicurazione contro il rischio di un'inondazione che distrugga il raccolto: art. 1905, co. 2).

Indennizzo

Elemento essenziale dell'assicurazione contro i danni è l'**interesse** dell'assicurato all'indennizzo, che deve essere presente al momento della conclusione del contratto e permanere per tutta la durata del rapporto. Come precisato in dottrina, non è necessario che l'assicurato sia proprietario del bene, ma è sufficiente che egli sia titolare di un rapporto giuridico-economico in forza del quale sarebbe chiamato a sopportare le conseguenze dell'evento dannoso subito dal bene stesso (art. 1904).

Fulcro dell'assicurazione danni è il principio **indennitario**, in forza del quale l'assicurato non può ricevere a titolo di indennizzo più del danno effettivamente subito, commisurato al valore del bene danneggiato al momento della verificazione dell'evento (art. 1905, co. 1). Le parti possono peraltro stabilire clausole di esonero di una parte del danno fino ad un certo ammontare (c.d. franchigia) senza che ciò integri il divieto di cui all'art. 1229, non trattandosi di clausole limitative della responsabilità ma dell'oggetto del contratto.

Allo stesso modo il contratto di assicurazione, quando non riguarda un solo bene ma un intero patrimonio, può prevedere un tetto massimo dell'indennizzo al quale è tenuto l'assicuratore (c.d. **massimale**).

Le parti possono, al momento della conclusione del contratto, determinare di comune accordo il valore del bene assicurato. La stima è un accordo di natura negoziale, come tale, impugnabile per vizio del consenso, e, inoltre, modificabile dall'autorità giudiziale, ove sproporzionata a danno di una parte (art. 1908, co. 2).

Sempre in ossequio al principio indennitario è nulla la c.d. **soprassicurazione dolosa**, in forza della quale l'assicurato, in mala fede, individua un valore del bene assicurato superiore al valore reale (art. 1909, co. 1). È invece efficace sino a concorrenza del valore reale del bene la c.d. soprassicurazione dipendente da errore delle parti (art. 1909, co. 2). Le parti possono stipulare concordemente una soprassicurazione, sulla base di un interesse comune, ma in tal caso, venendo meno la necessaria proporzionalità tra valore del bene e indennizzo, si esorbita dal tipo assicurazione per dar vita ad una fattispecie contrattuale atipica.

Diversa è l'ipotesi della c.d. **sottoassicurazione**, in cui al bene assicurato è attribuito un valore inferiore a quello reale. In tale circostanza l'assicuratore risponderà in proporzione alla parte del valore della cosa coperta da assicurazione; in altre parole, la parte di indennità cui sarà tenuto l'assicuratore starà al danno subito dal bene nella medesima proporzione in cui il valore assicurato sta al valore reale del bene stesso (art. 1907).

Sempre con l'intento di evitare che l'assicurato percepisca più di quanto dovutogli per il danno effettivamente subito, il legislatore obbliga l'assicurato che, per il medesimo rischio stipuli più assicurazioni (c.d. assicurazione **cumulativa**), a comunicare tale circostanza a tutti gli assicuratori che, solo a seguito di tale assicurazione, saranno tenuti all'obbligazione indennitaria in solido (art. 1910).

Diversa dall'assicurazione cumulativa è la c.d. **coassicurazione**, in cui il rischio è ripartito tra più assicuratori, ognuno tenuto a corrispondere l'indennità in proporzione alla propria quota (art. 1911).

Salvo patto contrario, l'assicuratore non è tenuto ad indennizzare l'assicurato per i danni derivanti da vizio intrinseco della cosa assicurata, che non sia stato denunziato (art. 1906, co. 1). La possibilità per le parti di derogare alla disposizione ora esaminata, appare contraddittoria rispetto alla previsione dell'annullabilità o del recesso per reticenza o false informazioni (artt. 1892-1893). Un coordinamento è possibile solo ove si intenda la disposizione dell'art. 1906, come derogatoria non solo rispetto alla regola generale dalla stessa norma direttamente dettata, ma anche delle altre norme con essa confliggenti, quali anche gli artt. 1892 e 1893.

Surrogazione dell'assicuratore

Una volta pagata l'indennità, l'assicuratore è **surrogato**, sino a concorrenza della stessa, nei diritti dell'assicurato verso i terzi responsabili dell'evento dannoso. Il diritto di surroga è escluso nei confronti del coniuge, i figli, gli affiliati, gli ascendenti, altri parenti o affini dell'assicurato stabilmente conviventi con l'assicurato, o domestici, salvo che questi non abbiano agito dolosamente (art. 1916).

La Corte Costituzionale ha dichiarato costituzionalmente illegittima la norma in esame sia nella parte in cui ammette il diritto di surrogazione dell'assicuratore anche per somme dovute all'assicurato a titolo di risarcimento del danno biologico, sia nella parte in cui non annovera tra le persone nei cui confronti non è ammessa la surrogazione, il coniuge dell'assicurato.

Dottrina e giurisprudenza si dividono sulla natura della surrogazione, tra chi la configura come un'ipotesi particolare di surrogazione legale (art. 1203) e chi, evidenziando le distonie della disciplina dell'art. 1916 rispetto all'art. 1203, con particolare riferimento alla necessaria comunicazione dell'avvenuto pagamento, configura la surrogazione dell'assicuratore in termini di una successione a titolo particolare nel credito spettante all'assicurato. In ogni caso, il terzo avverso il quale l'assicuratore agisca in via surrogatoria può opporre all'assicuratore tutte le eccezioni che avrebbe potuto opporre all'assicurato, salve quelle scaturenti dal contratto di assicurazione.

Assicurazione della responsabilità civile

Un sottotipo particolarmente importante di assicurazione contro i danni è rappresentato dall'assicurazione della **responsabilità civile**, con la quale l'assicuratore si obbliga a tenere indenne l'assicurato dal risarcimento dovuto da quest'ultimo per avere commesso un illecito. L'assicurazione non copre, tuttavia, i danni che derivino dal fatto **doloso** dell'assicurato (art. 1917, co. 1).

Secondo la regola generale in materia di relatività degli effetti contrattuali, l'indennizzo va pagato all'assicurato e non al terzo danneggiato: tuttavia, l'assicuratore può comunque pagare **direttamente** al terzo danneggiato, dandone previa comunicazione all'assicurato, ed è senz'altro obbligato a farlo quando sia quest'ultimo a richiederlo (art. 1917, co. 2).

Assicurazione obbligatoria della r.c.a. ed azione diretta

L'azione **diretta** del terzo nei confronti dell'assicuratore rappresenta, invece, uno dei profili più significativi della disciplina dell'assicurazione obbligatoria per la responsabilità civile **automobilistica** (l. n. 990/1969): essa è imposta da ovvie esigenze di tutela delle vittime degli incidenti stradali. Di recente, è stata introdotta una norma (art. 150 cdass) che, al ricorrere di determinate circostanze, facoltizza il danneggiato ad esercitare un'azione per il risarcimento del danno subito in seguito a sinistro tra veicoli a motore, non già verso la compagnia assicuratrice del danneggiante, ma direttamente nei confronti del proprio assicuratore (c.d. risarcimento diretto).

Funzione dell'assicurazione vita

Il ramo vita è caratterizzato da una funzione **previdenziale**. Come già detto, l'assicurato si cautela a fronte di eventi relativi alla vita umana e che possono consistere nella morte (ad es., stipulo con l'assicuratore un contratto che preveda l'attribuzione di un capitale a mio figlio al momento della mia morte) o, anche, nella stessa sopravvivenza oltre una certa soglia anagrafica (ad es., stipulo con l'assicuratore un contratto in base al quale mi sarà versata una somma capitale al compimento del sessantesimo anno di età).

Le due modalità possono anche combinarsi (riprendendo l'ultimo esempio: se morrò prima dei sessant'anni, il capitale dovrà essere erogato a mio figlio).

L'assicurazione sulla vita ha natura previdenziale, in quanto volta principalmente a sopperire allo stato di bisogno o difficoltà in cui potrebbero trovarsi l'assicurato o la sua famiglia. Da ciò deriva che, venendo meno il necessario rispetto del principio indennitario, le parti possono fissare liberamente la misura del capitale o della rendita.

La disciplina della designazione del **beneficiario** della prestazione per il caso di morte (artt. 1920-1922) è sostanzialmente coincidente con quella già esaminata in tema di contratto a favore di terzi (art. 1412).

Infine, un breve cenno si deve dedicare alla **riassicurazione**, contratto in forza del quale l'assicuratore, a fronte del pagamento di un premio, assicura il rischio assunto nei confronti dell'assicurato, per cui, in caso di verificazione dell'evento dannoso, l'assicuratore (riassicurato) terrà indenne l'assicurato, mentre, il riassicuratore rimborserà il riassicurato nei limiti e nei modi stabiliti dal contratto di riassicurazione. Diverso è ancora il caso della **retrocessione**, in forza della quale il riassicuratore si riassicura a sua volta attraverso un nuovo contratto riassicurazione.

6. *I contratti di credito. Il mutuo*

Anche la funzione **creditizia** – che consiste nell'apprestare ad un soggetto la disponibilità di una somma di denaro – è comune ad una pluralità di schemi contrattuali, tipici o atipici, i quali si differenziano poi l'uno dall'altro sotto ulteriori profili.

Così, si è visto in precedenza che anche il *leasing* finanziario svolge una funzione di credito, accanto a quella di attribuzione del godimento di un bene; ed una funzione di credito è naturalmente ravvisabile nella maggior parte dei contratti **bancari** (apertura di credito, art. 1842; anticipazione bancaria, art. 1846), giacché l'erogazione del credito rappresenta, insieme con la raccolta del risparmio, il cuore dell'attività bancaria.

Ma il contratto paradigmatico della funzione creditizia rimane il mutuo.

Mutuo: nozione

Nel **mutuo**, una parte (**mutuante**) consegna una determinata quantità di danaro o di altre cose fungibili, all'altra (**mutuatario**), che si obbliga a restituire altrettante cose della stessa specie e qualità (art. 1813).

Realità del contratto

Il mutuo è un contratto **reale**, che si perfeziona con la consegna del danaro o delle cose mutuate.

Effetto reale

Il mutuatario acquista la **proprietà** delle cose dategli a mutuo (che è, dunque, un contratto reale con effetti **reali**: art. 1814), le quali entrano nel suo patrimonio e possono essere da lui anche integralmente consumate.

Obblighi di restituzione

Ciò spiega perché il mutuatario sia tenuto a restituire non esattamente quanto ha ricevuto in prestito, ma l'**equivalente** in quantità e qualità.

Promessa di mutuo

Anche se il mutuo è un contratto reale, le parti possono stipulare una promessa di **mutuo** e cioè un contratto **consensuale**, dal quale discende l'obbligo di dare successivamente a mutuo; tale elemento, come si è visto, vale a distinguere il mutuo dal comodato. Ciò è quanto si desume dall'art. 1822, ove è previsto che chi ha promesso di dare a mutuo può rifiutarsi di adempiere se le condizioni economiche della controparte siano divenute tali da rendere notevolmente difficoltosa la restituzione e non gli vengano offerte idonee garanzie.

Proprio la disposizione da ultima menzionata è posta a fondamento della tesi, secondo cui il mutuo sarebbe un contratto consensuale.

Fra le diverse ricostruzioni che tentano di conciliare il disposto dell'art. 1813 (mutuo come contratto reale) e l'art. 1822 (promessa di mutuo), si deve menzionare quell'opinione giurisprudenziale che delinea il mutuo in termini di contratto a formazione progressiva; o, ancora, quella teoria che ritiene in realtà prefigurati dal legislatore due contratti di mutuo: uno reale e uno consensuale. La dottrina più recente qualifica, invece, la promessa di mutuo come contratto preliminare di mutuo, ed il contratto di mutuo come contratto reale.

In ogni caso, dottrina e giurisprudenza sono concordi nel lasciare all'autonomia privata il potere di concludere un contratto consensuale atipico.

Interessi

Salva una diversa volontà delle parti, il mutuo è un contratto a titolo **oneroso** (art. 1815, co. 1), sicché il mutuatario dovrà corrispondere al mutuante gli interessi nella misura del tasso **legale**, ove non sia stata pattuita una misura diversa. In questa ultima ipotesi, se la misura degli interessi è superiore a quella legale, essa andrà determinata per iscritto a pena di **nullità** (art. 1284, co. 3).

Interessi usurari

Nel caso in cui siano stati pattuiti interessi **usurari** (art. 1815, co. 2), la clausola è nulla e non sono dovuti interessi: si tratta di una norma istitutiva di una **sanzione civile** a carico dell'usuraio.

Un acceso dibattito si è avuto circa l'applicabilità del nuovo art. 1815, co. 2 (a fronte della sostituzione automatica prevista in precedenza), anche ai contratti stipulati antecedentemente alla riforma, con conseguente nullità delle clausole che prevedono un tasso di interessi al di sotto del tasso di soglia al momento della stipula, e divenuti usurari solo in un secondo momento (c.d. **usura sopravvenuta**). A dirimere il conflitto è intervenuto il legislatore, con una interpretazione autentica (art. 1, l. n. 24/2001), stabilendo che l'usurarietà va valutata al momento della stipula del contratto, con conseguente non ipotizzabilità della usura sopravvenuta.

Il mutuante ha l'obbligo di consegnare una cosa non affetta da vizi. Infatti, è responsabile dei danni cagionati al mutuatario per i vizi della cosa se non prova di averli ignorati senza colpa (art. 1821, co. 1).

In caso di mutuo oneroso, il mutuante è tenuto al risarcimento del danno e si applicheranno in via analogica le norme sui vizi della cosa venduta (art. 1494); nell'ipotesi di mutuo gratuito, invece, è previsto un regime di responsabilità meno gravoso, sostituendosi alla conoscibilità dei vizi, l'effettiva conoscenza (art. 1821, co. 2). Il mutuatario deve restituire quanto ricevuto nel termine fissato dalle parti (art. 1816) o, in mancanza, dal giudice (art. 1817). Nel mutuo gratuito il termine pattizio si presume stipulato nell'interesse del mutuatario, il quale però decade dal beneficio ove sia divenuto insolvente o abbia diminuito le garanzie che aveva dato, o non ha dato le garanzie promesse (art. 1186).

Non configura, secondo la dottrina prevalente, una decadenza dal beneficio del termine, quanto piuttosto l'esercizio di un diritto di recesso, l'obbligo dell'immediata restituzione dell'intero capitale mutuato, nel caso in cui il mutuatario non paghi anche una sola rata, avuto riguardo alle circostanze del caso (art. 1819).

Mutui di scopo

Un cenno meritano, infine, i c.d. mutui di **scopo**, largamente diffusi nella legislazione che prevede forme di accesso agevolato al credito da parte delle imprese.

Perfezionamento

I mutui di scopo si discostano dal mutuo codicistico, in primo luogo, quanto alle modalità di **perfezionamento**: non si tratta, infatti, di contratti reali, bensì **consensuali**.

Causa del mutuo di scopo

Un ulteriore tratto distintivo è rappresentato dall'obbligo di **destinazione** della somma mutuata alle finalità di volta in volta individuate dalle leggi d'incentivo.

Ne consegue che l'originaria pattuizione ad opera delle parti di uno scopo diverso rispetto a quello legislativamente predeterminato dà luogo a **nullità** del contratto, mentre l'inadempimento dell'obbligo di destinazione ne può determinare la **risoluzione**.

CAPITOLO VIII

IL FATTO ILLECITO

1. *Le funzioni della responsabilità civile*

Responsabilità civile

L'istituto della **responsabilità civile** (ovvero «aquiliana», dalla *Lex Aquilia de damno*, che la disciplinava in epoca romana o, ancora, **extracontrattuale**, per contrapporla alla responsabilità contrattuale) entra in gioco quando si verifichi un'interferenza tra due sfere giuridico-patrimoniali, le quali **non** siano legate da un preesistente rapporto obbligatorio.

Ove tale interferenza determini una **perdita di utilità** a carico dell'una, ed ascrivibile all'altra, e qualora tale perdita, sulla base dei criteri di valutazione espressi dall'ordinamento e riassunti nella formula normativa del **danno ingiusto** di cui all'art. 2043, non risulti giustificata, la responsabilità civile interviene a **trasferire** dalla prima alla seconda sfera giuridica il costo necessario a riparare il danno, sulla base di meccanismi di traslazione del danno, i c.d. **criteri di imputazione** dell'obbligo risarcitorio, previsti dall'ordinamento giuridico.

La considerazione della realtà di tutti i giorni ci consente di avere un immediato riscontro di tale modo di operare della responsabilità aquiliana: è proprio invocando le norme in materia di responsabilità civile, ad es., che l'automobilista, il quale sia stato tamponato dal conducente di un'altra autovettura, richiede che quest'ultimo sia condannato a pagargli il costo delle riparazioni, gli esborsi fronteggiati per acquisire una vettura sostitutiva durante il periodo necessario alle riparazioni ed ogni altra perdita di utilità riconducibile a quel fatto.

Allo stesso modo, è sulla base delle regole in tema di responsabilità civile che l'imprenditore, la cui reputazione economica sia stata lesa dalle notizie pubblicate da un periodico (con conseguente calo della clientela e decremento degli introiti), farà valere nei confronti dell'editore della pubblicazione, del direttore della medesima e del giornalista la sua pretesa al risarcimento del danno corrispondente ai minori guadagni conseguiti.

Funzione primaria della responsabilità civile

L'istituto della responsabilità civile soddisfa, dunque, un'esigenza di immediata percezione empirica. Tale esigenza consiste nell'accordare il diritto a ricevere una prestazione (di solito, una prestazione pecuniaria che integra gli estremi del risarcimento per **equivalente**) a chi abbia subito una perdita di utilità giuridicamente rilevante (**danno ingiusto**), ponendo correlativamente in capo al danneggiante un'**obbligazione risarcitoria**. L'attitudine del **fatto illecito** a fondare l'obbligazione risarcitoria trova conferma, del resto, nella sua collocazione tra le fonti delle obbligazioni (art. 1173).

La **riparazione** del danno, nell'assetto attuale del sistema normativo, è la funzione centrale della responsabilità civile e vale, dunque, a caratterizzarla nel quadro delle diverse tecniche di tutela dei diritti.

Non bisogna però dimenticare che l'istituto in esame può soddisfare anche altre esigenze, sebbene accessorie rispetto a quella riparatoria.

Altre funzioni della responsabilità civile

In particolare, la responsabilità civile esercita una funzione **deterrente**, nel senso che scoraggia l'adozione di comportamenti potenzialmente dannosi. Tale funzione della responsabilità civile è stata molto valorizzata nell'ambito dell'**analisi economica del diritto** in quanto idonea a promuovere il valore dell'**efficienza economica**. In questa prospettiva, infatti, il danno è un costo sociale che va fatto gravare su colui che meglio di chiunque altro era in grado di prevenirlo e che, evidentemente, si è astenuto dal farlo perché i costi della prevenzione erano superiori a quelli implicati dal risarcimento del danno. In entrambi i casi si registrerà un incremento netto della ricchezza collettiva che è, appunto, l'obiettivo perseguito dalla *law and economics*.

Assai più discutibile, invece, ed infatti il punto è tuttora controverso, è che tra le funzioni tipiche della responsabilità civile possa annoverarsi anche quella di **sanzionare** comportamenti illeciti e cioè difformi dalle prescrizioni dell'ordinamento giuridico. Non si deve dimenticare, infatti, che la semplice circostanza di porre in essere un comportamento difforme dal diritto non dà luogo all'insorgere dell'obbligazione risarcitoria in favore della vittima se non vi sia anche una perdita di utilità in capo a quest'ultima. La giurisprudenza delle Sezioni Unite della Corte di Cassazione ha tuttavia di recente affermato che, nell'ordinamento vigente, alla responsabilità civile non è assegnato solo il compito di restaurare la sfera patrimoniale del soggetto che ha subito la lesione, essendo interne al sistema la funzione di deterrenza e quella sanzionatoria del responsabile civile. Su questa premessa, e superando un precedente orientamento, la medesima giurisprudenza ha ritenuto possibile, in linea di principio, recepire nel nostro sistema una sentenza straniera di condanna al risarcimento per c.d. danni punitivi, e cioè danni nei quali l'entità della prestazione risarcitoria prescinde dalla dimensione della perdita effettivamente determinatasi nella sfera giuridica della vittima e si commisura, invece, a criteri attinenti al grado di riprovevolezza della condotta del danneggiante (intensità del dolo o gravità della colpa; profitto che egli abbia conseguito attraverso l'illecito, ecc.).

Danni punitivi

Già prima di questo intervento era, comunque, abbastanza diffusa l'opinione secondo la quale la responsabilità civile svolga una funzione anche, se non prevalentemente, sanzionatoria in presenza di fatti produttivi di **danno non patrimoniale**, rispetto ai quali il rimedio risarcitorio non viene in considerazione come mezzo per ricostituire il saldo negativo verificatosi nella sfera giuridica della vittima.

1.1. *La tutela risarcitoria nel quadro delle tecniche di tutela dei diritti*

Responsabilità civile ed altre tecniche di tutela dei diritti

L'avere individuato nella riparazione del danno la funzione primaria della responsabilità civile consente di distinguere l'istituto in esame dalle altre tecniche di tutela dei diritti.

La tutela giurisdizionale delle situazioni giuridiche soggettive si articola in una pluralità di **rimedi** che variano a seconda del modo di atteggiarsi della lesione subita o minacciata. Ciò al fine di rendere **effettiva** la tutela stessa, ossia, più congrua all'obiettivo di rimediare alla lesione e di restaurare la situazione lesa, secondo la direttiva desumibile anche dall'art. 24 Cost. Nella prospettiva dell'interpretazione di questa disposizione, va considerato che la tutela risarcitoria, somministrata dall'istituto della responsabilità civile, costituisce il livello minimo di protezione, del quale ogni situazione giuridica soggettiva deve poter godere, diversamente risultandone, appunto, vanificata l'esigenza di effettività della tutela giurisdizionale.

1.1.1. *La tutela inibitoria*

In particolare, allorché la lesione si risolva nella **violazione** (in atto, o anche soltanto preannunciata) della situazione giuridica soggettiva, il rimedio più congruo consiste nell'adozione di un ordine che **inibisca** il comportamento lesivo, determinandone la **cessazione**. Tale ordine presuppone, dunque, la semplice violazione del diritto, restando invece irrilevante che la violazione del diritto abbia, o meno, determinato una perdita di utilità.

Ad es., se qualcuno utilizza in modo illecito la mia immagine, io potrò chiedere al giudice di ordinare la cessazione di tale condotta indipendentemente dalla circostanza che un danno si sia prodotto oppure no.

Tutela inibitoria

Tale rimedio prende il nome di **azione inibitoria** (ovvero azione di cessazione o in cessazione), e tutela **inibitoria** si denomina quella assicurata attraverso l'esercizio di tale azione.

L'azione inibitoria è espressamente prevista in diversi luoghi dell'ordinamento giuridico. Ad es., a presidio di taluni **diritti della persona**, in particolare il diritto al nome ed il diritto all'immagine (artt. 7, 10, dove risulta particolarmente chiara la differenza di funzione rispetto alla tutela risarcitoria, essendo i due rimedi contemplati distintamente), in presenza di fatti di **concorrenza sleale** (art. 2599), in presenza dell'utilizzazione da parte di un professionista o di una associazione di professionisti di condizioni contrattuali **abusive** nei contratti dei consumatori (artt. 37 e 139 s. cdc; v., ora, art. 840 *sexiesdecies* cpc, così come introdotto dalla l. n. 31/2019).

Nonostante talune perduranti riserve, dettate da preoccupazioni di tipo garantistico, è oggi opinione abbastanza diffusa che il rimedio inibitorio abbia portata **generale**, e cioè che sia attivabile anche in assenza di una specifica previsione di legge (e v. ora l'art. 9, co. 3, l. n. 192/1998: "Disciplina della subfornitura nelle attività produttive").

1.1.2. *La tutela restitutoria*

Tutela restitutoria

La lesione della situazione giuridica soggettiva può, altresì, manifestarsi sotto il profilo della sottrazione al titolare della disponibilità del bene oggetto del diritto.

Ad es., il proprietario di un bene illecitamente privato della disponibilità del medesimo potrà, attraverso l'azione di rivendica (art. 948), chiedere la condanna della controparte sia alla **restituzione** del bene sottratto, sia al **risarcimento** del danno che abbia subito a seguito della sottrazione. Così, dall'art. 948 emerge in modo netto che quello restitutorio e quello risarcitorio sono due rimedi ben distinti.

La circostanza che la tutela restitutoria sia finalizzata a rimediare ad una lesione della situazione sotto il profilo della **disponibilità** del bene – e non del suo godimento, come accade nel risarcimento del danno – consente di distinguere tale modalità di tutela anche dal risarcimento del danno **in forma specifica**, il quale reagisce pur sempre ad una perdita delle utilità ricavabili dal bene.

1.2. *Responsabilità contrattuale ed extracontrattuale*

Differenza tra responsabilità contrattuale ed extracontrattuale

L'individuazione dei contesti nei quali entra in gioco la responsabilità extracontrattuale ci permette di chiarire la differenza tra quest'ultima e la responsabilità contrattuale.

Infatti, come si vedrà meglio più avanti, mentre la responsabilità contrattuale (più correttamente, da inadempimento di un'obbligazione preesistente) postula l'esistenza di un **previo** rapporto obbligatorio, la responsabilità extracontrattuale ne prescinde completamente.

Tale differenza giustifica le diversità di regime delle due forme di responsabilità, in particolare sotto il profilo dell'onere probatorio, del termine prescrizionale e della sfera dei danni risarcibili.

Onere della prova

Per quello che concerne l'**onere probatorio**, infatti, in sede di responsabilità c.d. contrattuale, il creditore dovrà limitarsi a provare l'esistenza dell'obbligazione ed a dedurre il mancato soddisfacimento dell'interesse che il rapporto obbligatorio doveva invece realizzare, nonché il ricollegarsi a ciò di un danno, spettando, invece, al debitore di dedurre e provare che l'inadempimento è dipeso da impossibilità sopravvenuta e non imputabile della prestazione.

Al contrario, in sede di responsabilità extracontrattuale, il danneggiato dovrà dimostrare di avere subito una perdita patrimoniale derivante da un fatto illecito così come descritto dall'art. 2043 e, dunque, dovrà provare tutti gli elementi identificativi dell'illecito aquiliano desumibili da questa disposizione: danno ingiusto derivante da un comportamento altrui, colposo o doloso, e che sia fonte del danno lamentato sulla base di un adeguato nesso di causalità.

Tuttavia, bisogna precisare che in numerose ipotesi (artt. 2048-2054) l'onere probatorio si articola diversamente, nel senso che mentre al danneggiato spetterà sempre di provare l'ingiustizia del danno, la perdita patrimoniale ed il nesso di causalità, al danneggiante spetterà di provare il fatto di volta in volta considerato dal legislatore idoneo ad inibire la formulazione del giudizio di responsabilità (si tratti, ad es., del caso fortuito degli artt. 2051-2052, o dell'adozione di tutte le misure idonee a prevenire il danno dell'art. 2050).

È significativo, dunque, che, allorquando in ambito extracontrattuale venga utilizzato un criterio di imputazione diverso dal dolo o dalla colpa, l'onere probatorio si distribuisca secondo modalità che riecheggiano molto da vicino quelle operanti in materia di responsabilità contrattuale che, come si dirà, è una responsabilità di tipo oggettivo.

Prescrizione

Per quello che attiene, poi, al termine prescrizionale, il diritto al risarcimento del danno extracontrattuale si prescrive in soli **cinque** anni (art. 2947, co. 1), che si riducono addirittura a **due** là dove si tratti di danni derivanti dalla circolazione di autoveicoli (art. 2947, co. 2).

Danni risarcibili

Infine, per quanto attiene alla **sfera del danno risarcibile**, il limite posto dall'art. 1225 alla risarcibilità dei danni non prevedibili al momento in cui è sorta l'obbligazione, limite in forza del quale tali danni saranno risarcibili solo se l'inadempimento dipende da dolo o colpa grave, vale per la responsabilità contrattuale ma non anche per quella extracontrattuale. Del resto, l'esigenza di preservare il calcolo economico fatto dal debitore al momento dell'insorgere dell'obbligazione non sussiste in ambito aquiliano, dove l'obbligazione nasce a seguito ed a causa del verificarsi del danno.

Concorso di responsabilità contrattuale ed extracontrattuale

Sul piano operativo, un importante corollario della distinzione tra le due forme di responsabilità, e delle differenze di disciplina che le caratterizzano, viene ravvisato nella regola, solidamente accreditata in giurisprudenza, che ammette il **concorso** delle due forme di responsabilità.

In altre parole, quando uno stesso fatto può qualificarsi come inadempimento di un'obbligazione e come illecito extracontrattuale, spetta al danneggiato **scegliere** il rimedio più favorevole: con la conseguenza, ad es., che egli potrà esperire l'azione di responsabilità contrattuale quando quella aquiliana sia ormai prescritta o, viceversa, nell'ipotesi – si pensi al caso del contratto di trasporto (v. art. 2951) – in cui il termine prescrizionale risulti più favorevole sul versante della responsabilità extracontrattuale.

I casi classici di concorso sono quello dell'**albergatore**, per le lesioni riportate dal cliente a causa della caduta da una scala scarsamente illuminata; o quello del **medico**, per le lesioni riportate dal paziente, ad es., a seguito di un intervento chirurgico sbagliato.

Nonostante la strutturale diversità delle due figure di responsabilità, il fatto che in entrambi i casi si debba porre rimedio ad una perdita di utilità spiega, infine, perché la determinazione della concreta entità della prestazione risarcitoria venga affidata a regole tendenzialmente coincidenti. Infatti, l'art. 2056 richiama, ai fini della stima del danno extracontrattuale i criteri fissati dagli artt. 1223, 1226-1227 con riguardo al danno contrattuale.

Area di confine tra responsabilità contrattuale ed extracontrattuale

La considerazione della recente casistica giurisprudenziale consente di individuare ipotesi di responsabilità che paiono collocarsi in un'area di confine tra responsabilità contrattuale e responsabilità extracontrattuale. Si tratta, infatti, di casi nei quali il danno si verifica a seguito del contatto tra due sfere giuridiche, l'interferenza tra le quali non è puramente accidentale, dato che le stesse si erano venute a trovare in una previa relazione qualificata: si pensi all'ipotesi del paziente che, nell'ambito del contratto di cura concluso con la clinica o con l'ospedale presso il quale si sia recato, si affidi alla competenza professionale del medico operante presso la clinica o presso l'ospedale, pur non avendo stipulato con esso alcun contratto.

Appare inadeguato applicare a queste ipotesi la disciplina della responsabilità extracontrattuale, proprio perché qui la sostanza economica del fenomeno esibisce una relazione, tra paziente e medico, fondata sull'affidamento che il primo ripone sullo *status* professionale e sulla competenza del secondo. Si potrà allora dire che la responsabilità del medico si configura, in questi casi, come da inadempimento di un'obbligazione preesistente (di protezione e cura dell'integrità psicofisica del paziente), fondata sullo *status* professionale del medico fonte di obbligazioni *ex* art. 1173 ult. parte, trattandosi di un fatto idoneo a produrle sulla base di una valutazione dell'ordinamento giuridico nel suo complesso e, in particolare, del principio di solidarietà sancito dall'art. 2 Cost. Naturalmente, configurando la responsabilità fondata sullo *status* di un soggetto come responsabilità da inadempimento di un'obbligazione preesistente, sia pure di fonte non contrattuale, troveranno alla stessa applicazione tutte le regole previste per la responsabilità c.d. contrattuale (in materia di onere della prova, prescrizione, determinazione del danno risarcibile).

Responsabilità da *status*

Va tuttavia considerato che già la l. n. 189/2012, pur dettata principalmente per offrire parametri più certi e prevedibili in sede di formulazione del giudizio di responsabilità medica, sembrava offrire argomenti per riaffermare la natura aquiliana dell'esercente la professione sanitaria.

Ponendosi in continuità con tali argomenti interpretativi, la l. n. 24/2017 – dedicata, oltre che alla sicurezza delle cure e della persona assistita, anche alla materia della responsabilità professionale degli esercenti le professioni sanitarie – se, da un lato, afferma la natura contrattuale, ai sensi degli artt. 1218 e 1228, delle strutture sanitarie e sociosanitarie, pubbliche e private, dall'altro dispone che il medico che svolge la propria attività nell'ambito di una struttura risponde del proprio operato ai sensi dell'art. 2043.

Il modello della responsabilità da *status* si presta ad essere esteso anche ad altre ipotesi, tra le quali, in particolare, quelle di responsabilità della p.a. per affidamento ingenerato nel cittadino (ad es.: responsabilità da certificazioni poi rivelatesi inesatte, in casi in cui il cittadino avesse confidato su quelle certificazioni per assumere una scelta negoziale o avviare un'attività imprenditoriale).

2. *L'ingiustizia del danno*

Ingiustizia del danno

Si è già avuto modo di osservare che il rimedio della responsabilità aquiliana entra in funzione quando la perdita di utilità subita dal danneggiato risulti non giustificata sulla base dei criteri di valutazione espressi dall'ordinamento.

Si tratta, in tale prospettiva, di selezionare quali siano i beni/interessi giuridicamente rilevanti ai fini dell'attivazione della responsabilità extracontrattuale, poiché non ogni pregiudizio in senso **economico** può considerarsi un danno in senso **giuridico**.

Si consideri l'esempio di un avvocato che operi – in situazione di sostanziale monopolio – in una piccola località. L'ingresso sulla scena da parte di un altro avvocato più bravo il quale riesca ad acquisire la clientela già assistita dal collega, causerà a quest'ultimo un pregiudizio economico: ma tale pregiudizio non sarà un danno in senso giuridico, almeno fino a quando il secondo avvocato non si sia avvalso di mezzi illeciti o scorretti (ad es., denigrando l'attività del «concorrente»).

Dal punto di vista normativo, la selezione dei beni o interessi la cui lesione può attivare il rimedio risarcitorio si risolve nella ricostruzione del significato dell'attributo **ingiusto**, che troviamo – riferito al danno risarcibile – nella formulazione dell'art. 2043.

Secondo la ricostruzione che pare preferibile, ingiusto deve ritenersi il danno arrecato tramite la **lesione** di una altrui **situazione giuridica soggettiva** che privi il titolare delle utilità riservategli dalla norma giuridica: e sempre che tale lesione non risulti altrimenti giustificata.

Esemplificando, la norma che attribuisce al proprietario il diritto di godere della cosa (art. 832) gli riserva, al contempo, le utilità derivanti dal godimento. È, dunque, in linea di principio ingiusto il danno che si sostanzi nella privazione di quelle utilità, cosicché Tizio, proprietario dell'automobile, che se la veda sottratta da Caio, potrà chiedere a quest'ultimo il risarcimento del danno, commisurato – in particolare – al costo del noleggio di un mezzo di trasporto sostitutivo.

2.1. *La portata operativa dell'ingiustizia del danno*

Art. 2043 come norma generale

Se questo è il significato da attribuirsi all'ingiustizia del danno, sarà possibile ravvisare nell'art. 2043 una **norma generale** che, nella misura in cui contiene un rinvio a tutte le situazioni soggettive giuridicamente protette, estende a ciascuna di esse la tutela risarcitoria.

Pertanto, il sistema di responsabilità civile disciplinato dal codice civile del 1942 può essere descritto, piuttosto che come un sistema decisamente **atipico** (e cioè come un sistema nel quale l'individuazione delle ipotesi di illeciti giuridicamente rilevanti è affidata essenzialmente all'opera del giudice, in sede di concretizzazione di una **clausola generale** di responsabilità), come un sistema a **tipicità evolutiva**. Dove tipicità evolutiva vuole appunto significare che il sistema è strutturato in modo da attribuire rilevanza, ai fini risarcitori, alle situazioni giuridiche soggettive, di volta in volta, riconosciute in seno all'ordinamento giuridico: a cominciare dalla Costituzione, che, anzi, ha esercitato una notevole influenza sulla recente evoluzione in materia di responsabilità civile, come vedremo parlando, in particolare, del danno biologico e del danno non patrimoniale.

Da questo punto di vista, il nostro sistema della responsabilità civile differisce sia da quelli che accolgono una regola di atipicità (v. l'art. 1382 *code Napoléon*), sia da quelli che accolgono una regola di tipicità **enumerativa**, in base alla quale possono essere risarcite solo le lesioni prodottesi a carico delle situazioni soggettive espressamente previste dal legislatore (v. il § 823 *BGB*). Va comunque notato che, nelle concrete soluzioni applicative, la portata della distinzione tra i sistemi di responsabilità civile che accreditano la regola dell'atipicità e quelli imperniati su una regola di tipicità si attenua notevolmente, dato che – nel primo caso – la prassi giurisprudenziale si incarica di operare una sorta di tipizzazione dei casi più ricorrenti nei quali viene affermata la sussistenza di danni risarcibili, mentre, nel secondo caso, è sovente lo stesso sistema normativo a predisporre, accanto all'elencazione enumerativa degli illeciti rilevanti, regole che valgano ad attenuare la rigidità della medesima.

La centralità che assume, nel nostro sistema di responsabilità civile, una norma generale, qual è, appunto, quella che individua il presupposto della risarcibilità del danno nell'ingiustizia del medesimo, spiega la particolare importanza rivestita dalla ricognizione dell'elaborazione giurisprudenziale al fine di intendere la latitudine, e la portata operativa, del concetto di ingiustizia del danno.

Sulla base di queste premesse, si può convenire con gli indirizzi di giurisprudenza e dottrina ormai prevalenti i quali – superando posizioni generalmente condivise ancora fino a pochi decenni or sono – ritengono senz'altro risarcibile non soltanto il danno da lesione di **diritti assoluti**, ma anche il danno da lesione di **diritti relativi** (in particolare, diritti di credito: si pensi al caso del danno subito dal creditore di una prestazione infungibile a seguito dell'uccisione del proprio debitore), da lesione di **aspettative legittime** e da lesione di **interessi legittimi**. A quest'ultimo proposito, occorre peraltro tenere conto della possibilità, che si è poc'anzi illustrata, di ricondurre alcune ipotesi di responsabilità della p.a. ad altrettanti casi di responsabilità da inadempimento di obblighi discendenti dallo *status* professionale del soggetto: ciò che conduce a sospingere gli stessi al di fuori dell'area della responsabilità aquiliana e verso quella, appunto, della responsabilità da inadempimento di obbligazioni.

L'area del danno risarcibile si estende altresì a situazioni di fatto come il possesso, essendo stata appunto riconosciuta la risarcibilità, in favore del possessore spogliato, del danno causato dallo spoglio.

Si discute se sia risarcibile in sede aquiliana la c.d. *chance* e cioè l'aspettativa di un risultato utile. L'orientamento giurisprudenziale è in senso favorevole, affermandosi che la c.d. perdita di *chance* costituisce un'ipotesi di danno patrimoniale futuro, in quanto tale risarcibile a condizione che il danneggiato dimostri (anche in via presuntiva, ma pur sempre sulla base di circostanze di fatto certe e puntualmente allegate) la sussistenza di un idoneo nesso causale tra il fatto e la ragionevole probabilità della verificazione futura del danno.

Espansione dell'area del danno risarcibile

Il processo di **espansione** dell'area del danno risarcibile rappresenta una delle linee di tendenza più significative della responsabilità aquiliana e costituisce una conferma della sua particolare **permeabilità** a recepire le istanze di tutela di interessi e valori emergenti dalla realtà socio-economica.

Infatti, così come l'affermazione secondo la quale il danno risarcibile era solo quello derivante dalla lesione di un diritto assoluto risentiva di un sistema economico-sociale, e di un assetto normativo, nel quale la ricchezza veniva riconosciuta proprio attraverso l'attribuzione di diritti assoluti (la proprietà, gli altri diritti reali), l'odierna rilevanza, in sede aquiliana, anche delle altre situazioni giuridiche soggettive costituisce il riflesso di un sistema di appropriazione e distribuzione della ricchezza nella quale sempre maggior peso assumono, in particolare, i diritti di credito e le situazioni di interesse ricollegabili allo svolgimento di attività imprenditoriali.

C.d. diritto all'integrità del patrimonio

Tuttavia, debbono essere considerati con cautela quegli orientamenti che hanno prospettato (anche sulla scorta del principio di libertà di iniziativa economica di cui all'art. 41 Cost.) l'esistenza di una situazione giuridica soggettiva a generale tutela del patrimonio (c.d. **diritto all'integrità del patrimonio**), in virtù della quale ogni perdita patrimoniale giuridicamente ricollegabile ad un comportamento colpevole altrui sarebbe sempre risarcibile.

Infatti, l'affermazione di questa generale situazione giuridica soggettiva determinerebbe il superamento del limite dell'ingiustizia del danno imposto dall'art. 2043: e ciò nella misura in cui non sarebbe più necessario stabilire se lo specifico interesse leso sia giuridicamente tutelato o meno.

Non può, dunque, ritenersi risarcibile in sede aquiliana il **danno meramente patrimoniale**, cioè, appunto, la perdita patrimoniale secca derivante da un fatto colposo o doloso altrui, non accompagnata dalla correlativa lesione di una situazione giuridica soggettiva (così, ad es., nel caso di danno da informazioni inesatte somministrate ad un soggetto al quale non si sia legati da un preesistente rapporto obbligatorio).

Nella concretizzazione, in prospettiva diacronica, del concetto di ingiustizia del danno entrano in gioco anche fattori legati all'evoluzione dei costumi sociali e dei valori ritenuti, di volta in volta, eticamente condivisi in un determinato momento storico. Basti considerare, al riguardo, che è recente – e frutto di un giudizio mutato e non più di tendenziale disvalore del fenomeno della c.d. convivenza *more uxorio* – l'accreditamento del principio secondo il quale colui che conviva con il proprio *partner* in assenza di un formale rapporto di coniugio sia legittimato ad ottenere il risarcimento del danno patrimoniale, derivante dall'uccisione del medesimo *partner,* nel caso in cui tale evento gli precluda la possibilità di conseguire il sostentamento economico su cui in precedenza poteva contare.

2.2. *Le cause di giustificazione*

Cause di giustificazione

Può accadere, però, che la perdita di utilità risulti altrimenti giustificata in relazione alle **modalità** della condotta o alle **circostanze** nelle quali la stessa si inserisce. Così, tornando all'esempio proposto in precedenza, se Caio si appropria della macchina di Tizio per portare in ospedale Sempronio, colpito da infarto, egli non sarà tenuto al risarcimento del danno, avendo agito in **stato di necessità** (art. 2045). E, del resto, non è un caso che lo stesso art. 2045 riconosca al danneggiato soltanto un'**indennità**, ossia una prestazione pecuniaria non commisurata – come è invece il risarcimento – all'entità del pregiudizio subito: ciò vale a confermare, appunto, che l'ordinamento giuridico non considera quell'atto come illecito.

Allo stesso modo, per tornare ad un altro esempio già proposto, la privazione che un imprenditore subisca delle utilità assicurategli dalla sua buona reputazione commerciale rappresenta, in linea di principio, un danno ingiusto. Ma se tale lesione è stata cagionata da un giornalista che abbia riferito, in modo corretto, notizie vere e con riguardo alle quali vi fosse un interesse generale a conoscerle, allora essa dovrà considerarsi giustificata e non darà luogo all'obbligo risarcitorio.

Le situazioni che consentono di ritenere giustificato un danno ingiusto prendono il nome **cause di giustificazione**: alcune di esse sono disciplinate dal codice civile (art. 2044: **legittima difesa**; art. 2045: **stato di necessità**), altre si ricavano dal codice penale (art. 51 c.p.: **esercizio di un diritto** o **adempimento di un dovere**).

Il giudizio in ordine all'operatività, o meno, nel singolo caso, di una causa di giustificazione assume aspetti di particolare complessità quando la situazione di interesse leso e quella sottostante alla condotta lesiva siano dotate di analoga protezione normativa (come accade, ad es., nella materia della diffusione attraverso gli organi di stampa di notizie lesive dell'onore o della reputazione della persona, ma che possa risultare di pubblico interesse conoscere: qui vengono in conflitto, infatti, due diritti di rango costituzionale, quali l'art. 2 e l'art. 21 Cost,). In questi casi, l'interprete è chiamato a svolgere un'opera di c.d. bilanciamento di interessi, sulla base di criteri attinenti alle modalità in concreto assunte dalla condotta del danneggiante (nell'esempio fatto, e come già a suo tempo accennato, oltre che l'interesse pubblico alla conoscenza della notizia, la verità della medesima e la modalità corretta dell'esposizione).

Un recentissimo intervento normativo (l. n. 36/2019) ha modificato la disciplina della legittima difesa contenuta nell'art. 2044, coordinandola con la riforma della materia in sede penale, volta ad estendere – sulla base di una scelta connotata da chiare, e discutibili, finalità ideologiche – l'area di operatività di questa causa di giustificazione. In particolare, l'art. 2044, co. 3 prevede ora che, nel caso cui ha riguardo l'art. 55, co. 2, c.p. (e cioè, essenzialmente, nel caso in cui taluno agisca per respingere l'intrusione altrui e si trovi in stato di grave turbamento: ipotesi che esclude, in sede penale, la punibilità) al danneggiato è dovuta un'indennità la cui misura è rimessa all'equo apprezzamento del giudice, tenuto altresì conto della gravità, delle modalità realizzative e del contributo causale della condotta posta in essere dal danneggiato.

3. *L'imputazione dell'obbligo risarcitorio. Colpa e responsabilità oggettiva*

Criteri di imputazione

Affinché insorga l'obbligazione risarcitoria, oltre al danno ingiusto, deve ricorrere uno dei **criteri di imputazione** individuati dal legislatore.

I criteri di imputazione possono essere raffigurati, in generale, come i meccanismi attraverso i quali si realizza la **traslazione** del costo del danno dalla sfera giuridico patrimoniale ove esso si è verificato alla sfera giuridico patrimoniale chiamata a ristorarlo alla quale, dunque, si **imputa** l'obbligo risarcitorio.

Infatti, l'accadimento dannoso, una volta prodottosi, non può più essere eliminato dalla realtà, ma può essere soltanto **spostato** dalla sfera giuridica della vittima a quella di colui che deve risarcirlo.

Nel sistema della responsabilità civile, il momento della traslazione del danno (in altre parole, il momento della scelta della sfera giuridica sulla quale far ricadere il costo necessario per riparare il danno) occupa uno spazio non meno importante di quello riservato alla individuazione degli interessi meritevoli di tutela; e non meno del primo esso è storicamente mutevole, in relazione al modo in cui le istanze maturate al livello della realtà socio – economica vengono recepite dal diritto.

Evoluzione storica dei criteri di imputazione

Esemplificando, si può dire che assetti economico-sociali caratterizzati dalla prevalenza della proprietà terriera (quali quelli conosciuti, in larga parte dell'Europa occidentale, per quasi tutto il XIX secolo) non avvertiranno ragioni per discostarsi dall'applicazione di criteri di imputazione imperniati sulla individuazione di una attitudine **colpevole** del danneggiante. E ciò tanto più in presenza di coordinate ideologiche accentuatamente individualistiche e, quindi, ostili all'idea che la responsabilità possa prescindere da un giudizio di riprovevolezza soggettiva della condotta tenuta.

Una scelta analoga – ma per ragioni diverse – sarà fatta nelle società dell'industrialismo nascente, venendo qui in considerazione l'esigenza di non far ricadere sulle spalle ancora gracili degli imprenditori industriali gli effetti pregiudizievoli della loro attività produttiva, in quanto foriera di benefici in termini di complessivo progresso socio-economico.

La situazione cambia radicalmente quando il maturare dello sviluppo industriale – e dunque l'incremento di forza economica delle imprese – consente di ascrivere sempre più massicciamente alle stesse il costo dei danni che provocano attraverso il processo produttivo. In pari tempo, l'accreditarsi di ideologie solidaristiche impone che le conseguenze del fatto dannoso non siano lasciate a carico della vittima, bensì addossate a colui alla cui sfera giuridica possano accollarsi anche sulla base di criteri che prescindono da un giudizio di riprovevolezza soggettiva: criteri che si imperniano, piuttosto, sulla **relazione** tra il soggetto che ha svolto l'attività ed il danno che ne sia derivato ovvero sulla **natura** dell'attività stessa.

L'evoluzione fin qui descritta ha trovato una conferma, ed un rafforzamento, nella diffusione sempre più significativa dei meccanismi di assicurazione della responsabilità civile, resi obbligatori per legge nei settori dove è particolarmente incidente dal punto di vista statistico la ricorrenza di eventi dannosi (v. ad es. l'assicurazione obbligatoria per la responsabilità civile automobilistica, introdotta con l. n. 990/1969; la materia è ora disciplinata dagli art. 122 ss., d.lgs. n. 209/2005). Infatti, la stipula di un contratto di assicurazione, a fronte dell'obbligo risarcitorio discendente, a carico di un soggetto, da un fatto produttivo di danno risarcibile, attenua di molto, fino ad eliderla, la funzione della responsabilità civile come sanzione di un comportamento colpevole e negligente, che ne possa risultare, in questo modo, prevenuto. Allo stesso tempo, la predisposizione del meccanismo assicurativo, soprattutto se corredata dalla possibilità, riconosciuta al danneggiato, di agire direttamente contro l'assicuratore del danneggiante per ottenere il risarcimento del danno subito (art. 144, d.lgs. n. 209/2005), rende assai più facile la realizzazione dell'esigenza riparatoria sottostante all'istituto aquiliano, sollevando il danneggiato dal rischio di incapienza del patrimonio del danneggiante.

Assetto normativo attuale dei criteri di imputazione

La disciplina vigente riflette l'evoluzione sopra descritta e si presenta, dunque, caratterizzata da una grande varietà delle regole di imputazione dell'obbligo risarcitorio. Queste ultime, infatti, individuano ora criteri di natura **soggettiva** (il **dolo** e la **colpa**: art. 2043), ora criteri che dall'elemento della colpa si discostano più o meno accentuatamente, essendo invece basati sulla particolare **relazione** del responsabile con il **soggetto** (artt. 2047-2049) o con la **cosa** (artt. 2051-2054, co. 3) che abbiano cagionato il danno o, ancora, sulla particolare **natura** dell'attività esercitata (art. 2050).

Responsabilità oggettiva per rischio d'impresa

La varietà ed articolazione dei criteri di imputazione, varietà ancora maggiore qualora la considerazione si estenda alle c.d. responsabilità speciali, rende difficile da condividere la tesi, proposta in dottrina, secondo la quale il sistema dei criteri di imputazione si baserebbe, da un lato, sulla colpa, dall'altro su una responsabilità oggettiva per **rischio d'impresa**, una responsabilità cioè che prescinde completamente dalla colpa del responsabile e che si collega allo svolgimento di un'attività imprenditoriale.

Infatti, una tale regola di responsabilità non è posta, né è desumibile, da alcuna delle norme in materia di criteri di imputazione, cosicché la sua proclamazione non può dirsi normativamente fondata. E desta altresì perplessità, anche qui per la difficoltà di fondarla sul dato normativo, la contrapposta concezione che ravvisa nella colpa il criterio **finale** e **residuale** di imputazione dell'obbligo risarcitorio.

3.1. *Dolo e colpa: profili generali*

Dolo e colpa

Le norme sulla responsabilità civile non contengono una definizione del dolo e della colpa, definizione che tradizionalmente si desume dalla disciplina penalistica. Alla stregua di quest'ultima il fatto è **colposo** quando "l'evento, anche se preveduto, non è voluto dall'agente e si verifica a causa di negligenza, imprudenza o imperizia, ovvero per inosservanza di leggi, regolamenti, ordini o discipline", mentre è **doloso** allorché "l'evento dannoso o pericoloso, che è il risultato dell'azione od omissione ... è dall'agente preveduto e voluto come conseguenza della propria azione od omissione" (art. 43 c.p.).

Evoluzione del concetto di colpa

Il criterio della colpa ha tuttavia conosciuto, nel corso del tempo, una significativa evoluzione che ne ha determinato lo sganciamento da un giudizio in termini di riprovevolezza della condotta dell'agente, per approdare a standard **oggettivi**, posti direttamente dalla norma che di volta in volta debba trovare applicazione, ovvero desumibili da una considerazione dei modelli di condotta accreditati nella realtà sociale.

La colpa può anche consistere nell'**omissione** di un comportamento che si sarebbe dovuto porre in essere non soltanto sulla base di un'espressa previsione di legge (v. art. 40, co. 2, c.p.: "non impedire un evento che si ha l'obbligo di impedire, equivale a cagionarlo"), ma anche in relazione ad una specifica situazione che imponga una determinata attività a tutela di un diritto altrui (ad es., la banca che ometta di rendere noto con mezzi congrui che un suo dipendente è cessato dal servizio, risponde dei danni subiti dalla clientela per il fatto di avere ritenuto il rapporto di lavoro ancora in essere). Si possono, dunque, ammettere anche ipotesi di colpa omissiva atipica, e cioè non desumibile dalla violazione di obblighi specificamente posti dalla legge, pur dovendo ipotesi di tale portata essere affermate con particolare cautela, al fine di evitare un'eccessiva compressione della sfera di libertà della persona, discendente dall'accreditamento generalizzato di obblighi di azione a protezione della sfera giuridica altrui.

Colpa omissiva

3.2. *Imputabilità e colpevolezza*

La necessità che il fatto dannoso sia **imputabile**, ossia riconducibile ad una condotta umana, sia sotto il profilo **materiale**, sia sotto il profilo **psicologico**, trova conferma nell'art. 2046, secondo il quale è esclusa la responsabilità di chi non fosse **capace di intendere** o **di volere** al momento in cui ha commesso il fatto (salvo che l'incapacità derivi da colpa dello stesso agente il quale, in tal caso, risponderà del danno cagionato).

Imputabilità

Ci si chiede se la colpevolezza presupponga l'imputabilità, nel senso che, ad avviso di taluni, non sarebbe neppure possibile formulare quel giudizio di difformità della condotta dai parametri di valutazione della colpa nel caso in cui l'agente **non** fosse capace di intendere e di volere. Appare tuttavia più in linea con l'idea della colpa c.d. **oggettiva** ritenere che anche la condotta dell'incapace possa essere oggetto di un giudizio in termini di colpa, là dove quella condotta si discosti dai parametri di diligenza accreditati nella realtà sociale.

Rapporti tra imputabilità e colpevolezza

Una conferma della bontà di tale soluzione si desume dalla disciplina della responsabilità, per il danno cagionato dall'incapace, di colui che era tenuto alla **sorveglianza** dello stesso (responsabilità che incombe sul sorvegliante, qualora non provi di non aver potuto impedire il fatto: art. 2047, co. 1). Infatti, affermare la responsabilità del sorvegliante per un danno, del quale il soggetto che lo ha materialmente cagionato non sarebbe comunque chiamato a rispondere (perché non in colpa), equivarrebbe ad attribuire al danneggiato un trattamento ingiustificatamente più favorevole rispetto all'ipotesi in cui il danneggiante fosse capace di intendere e di volere.

Responsabilità per il danno cagionato dall'incapace

Indennità e risarcimento

La necessità di formulare, sia pure in astratto, una valutazione in termini di colpa anche quanto al comportamento dell'incapace consente poi di spiegare la soluzione normativa apprestata con riguardo all'ipotesi in cui la vittima del danno non abbia potuto ottenere il risarcimento. In questo caso è previsto che il giudice, tenuto conto delle **condizioni economiche** delle parti, condanni l'autore del danno ad un'equa **indennità** (art. 2047, co. 2: indennità che si differenzia dal risarcimento in quanto costituisce non già – come quest'ultimo – una riparazione integrale del danno subito dalla vittima, bensì soltanto un **parziale** ristoro dello stesso).

Ora, tale misura potrà essere adottata, appunto, soltanto nel caso in cui, con riferimento alla condotta del danneggiante, sia comunque possibile formulare un giudizio in termini di **colpa**.

Questa disposizione merita di essere segnalata anche in quanto costituisce una delle rarissime ipotesi nelle quali l'ordinamento giuridico attribuisce rilevanza – al fine di determinare la misura di un'obbligazione – alle condizioni economiche delle parti.

3.3. *Il principio di equivalenza tra dolo e colpa e le sue eccezioni*

Equivalenza tra dolo e colpa

La circostanza che il danno derivi da una condotta colposa o dolosa **non** incide, di regola, sulla sussistenza della fattispecie di responsabilità, e neppure sulla determinazione quantitativa dell'obbligo risarcitorio.

Esemplificando, la distruzione da parte di Tizio di un mobile antico di proprietà di Caio comporterà per il primo l'obbligo di risarcire il danno nella stessa misura **indipendentemente** dal fatto che egli abbia agito con dolo o con colpa.

Illeciti di dolo

Tale regola incontra, tuttavia, talune eccezioni, che si riferiscono, in particolare, ai c.d. **illeciti di dolo**: e cioè a quei fatti che possono qualificarsi illeciti **soltanto** se sorretti da un elemento soggettivo configurabile in termini di dolo, se non addirittura di dolo **specifico** o **qualificato**.

Esempi al riguardo possono essere rinvenuti, tra gli altri, nella materia dei c.d. **atti emulativi** (e cioè i comportamenti del titolare del diritto di proprietà che non abbiano altra finalità se non quella di arrecare danno ad altri: art. 833) ed, ancora, con riguardo alle fattispecie di responsabilità processuale aggravata (art. 96 c.p.c.: in quest'ultima ipotesi, tuttavia, rileva anche la **colpa grave**, che viene così equiparata al dolo).

Si tratta, in entrambe le ipotesi, di situazioni nelle quali il danneggiante agisce facendo valere un interesse in astratto protetto dalla norma, sicché la qualificazione di illiceità della condotta può scattare soltanto quando le modalità del comportamento inducono a ritenere che il titolare del diritto abbia **esorbitato** dai limiti posti dall'ordinamento alla tutela di quell'interesse.

La recente disciplina speciale esibisce un'altra ipotesi in cui le modalità soggettive della condotta possono rilevare ai fini della determinazione dell'obbligo risarcitorio: si tratta dell'art. 7, co. 3 della l. n. 24/2017, in materia di responsabilità dell'esercente la professione sanitaria, laddove esso prevede che il giudice, nella determinazione del risarcimento del danno, tiene conto della condotta dell'esercente la professione sanitaria ai sensi dell'art. 5 della medesima legge, dedicato alle buone pratiche clinico-assistenziali ed alle raccomandazioni previste dalle linee guida (oltre che dell'art. 590 *sexies* c.p. il quale, nel disciplinare la responsabilità penale colposa per morte o lesioni personali in ambito sanitario, fa, appunto, del pari riferimento alle linee guida ed alle buone pratiche), valorizzando, in questo modo, il grado della colpa dell'esercente nella causazione del danno.

3.4. *Criteri di imputazione basati sul rapporto intercorrente con l'autore del danno*

Responsabilità per fatto altrui

In taluni casi, il criterio di imputazione della responsabilità civile opera sulla base del **rapporto** che lega il soggetto, il quale ha materialmente cagionato il danno, ad altro soggetto, sul quale l'ordinamento giuridico reputa opportuno far ricadere il costo del danno.

Questa scelta può derivare dalla circostanza che il responsabile avesse il potere, o il dovere, di **controllare** l'attività altrui (così nella già richiamata ipotesi del danno cagionato dall'incapace – art. 2047, co. 1 –, ovvero nel caso del danno cagionato dai figli minori non emancipati o dalle persone soggette alla tutela – art. 2048, co. 1 – o, ancora, nel caso del danno prodotto dagli allievi ed apprendisti nel tempo in cui si trovavano sotto la vigilanza dei precettori e dei maestri d'arte – art. 2048, co. 2 –), oppure dal fatto che l'agente fosse stato assegnato o "preposto" all'attività che ha costituito occasione per la causazione del danno da altro soggetto, le cui direttive ed istruzioni egli era tenuto a seguire (art. 2049).

In realtà, queste ipotesi si presentano alquanto diversificate al loro interno, sia quanto al **fondamento**, sia quanto al *modus operandi* dei singoli criteri di imputazione.

Infatti, vengono qui in considerazione sia fattispecie certamente qualificabili in termini di **responsabilità oggettiva** (nelle quali, dunque, si prescinde del tutto dalla colpa: art. 2049), sia fattispecie nelle quali invece, stando almeno al tenore testuale della norma, non è dato prescindere da una valutazione in termini di **colpa** del presunto responsabile, sia pure con onere probatorio **invertito** rispetto alla regola generale (art. 2048, ult. co.): sicché, appunto, sarà il presunto responsabile a dover fornire la prova dell'impossibilità di impedire il fatto.

Occorre tuttavia avvertire che, nella concreta elaborazione giurisprudenziale, il rigore con cui viene intesa la prova liberatoria finisce per accostare anche queste ultime ipotesi a fattispecie di responsabilità oggettiva. Non è estranea a tale scelta interpretativa l'esigenza di far ricadere il costo del danno su soggetti verosimilmente più facoltosi di colui che ha materialmente posto in essere il comportamento dannoso, così da garantire al massimo il soddisfacimento della vittima.

3.4.1. *La responsabilità per il danno cagionato dai figli minori*

Responsabilità dei genitori *ex* art. 2048 …

Per quanto attiene alla responsabilità dei genitori per il danno cagionato dai **figli minori non emancipati**, va detto che il criterio di imputazione stabilito dall'art. 2048, co. 1 si applica, in relazione ai figli minori **coabitanti**, nell'ipotesi in cui il minore fosse comunque capace di **intendere e di volere** al momento del fatto, mentre in caso contrario si applicherà l'art. 2047.

… ed il suo coordinamento con l'art. 2047

Da qui una significativa differenza quanto al concreto configurarsi dell'onere probatorio che grava sui presunti responsabili.

Secondo l'interpretazione prevalente, infatti, nel caso in cui trovi applicazione l'art. 2047, il genitore dovrà dimostrare di non avere potuto in concreto impedire il fatto nonostante la diligente sorveglianza esercitata sul figlio (si parla al riguardo, di *culpa in vigilando*), là dove, nell'ipotesi in cui trovi applicazione l'art. 2048, co. 1, l'oggetto della prova consisterà nel fatto di avere dato al figlio un'educazione adeguata al fine di prevenire il compimento di fatti illeciti (ed allora si parlerà di *culpa in educando*).

Si tratta di un onere probatorio particolarmente difficile da assolvere, secondo la già accennata elaborazione giurisprudenziale, ove si consideri – per quel che concerne la c.d. *culpa in vigilando* – che la sua esclusione è affidata alla dimostrazione, da parte del genitore, di non avere mai creato o lasciato permanere, con riferimento allo stato di incapacità del figlio minore, situazioni di pericolo nelle quali questi potesse dare luogo, col proprio comportamento, ad eventi dannosi. Per quel che attiene alla *culpa in educando* (e, dunque, alla prova liberatoria prevista dall'art. 2048), si ritiene che l'inadeguatezza dell'educazione impartita dai genitori possa ricavarsi anche dalla condotta del figlio, ove tale condotta si sia risolta nella violazione di leggi e di regolamenti.

È agevole rendersi conto come, in ambedue i casi, la stessa verificazione dell'evento dannoso finisca per escludere l'assolvimento, da parte dei genitori, degli obblighi di vigilanza o di educazione.

3.4.2. *La responsabilità di precettori e maestri d'arte*

Responsabilità dei c.d. precettori e maestri d'arte

La fattispecie di responsabilità dei **precettori** e dei **maestri d'arte**, per il modo in cui è configurata nell'art. 2048, ha perso oggi gran parte della sua importanza.

Essa, infatti, per un verso, è attratta nell'ambito dell'art. 2049 (essendo la figura del maestro d'arte ormai di fatto scomparsa e potendo, semmai, venire in considerazione profili di responsabilità del datore di lavoro nei riguardi del lavoratore subordinato apprendista), mentre, per quel che attiene la responsabilità del precettore, notevoli sono le interferenze con la **legislazione scolastica** (v. art. 6, l. n. 312/1980, che limita la responsabilità del docente ai soli casi di dolo o colpa grave, ponendo a carico del danneggiato l'onere di provare la sussistenza di tale elemento soggettivo, e, al contempo, individua nella p.a. il solo legittimato passivo all'azione di danno, salvo il regresso nei confronti del docente).

Per quello che concerne la residua area di operatività della fattispecie di responsabilità dei c.d. precettori (docenti di scuole private, ma anche istruttori di attività sportive nell'ambito di organizzazioni diverse dalla scuola statale), va osservato che la responsabilità di costoro è ovviamente limitata al periodo temporale durante il quale gli allievi sono sotto la loro **vigilanza.** Tuttavia, la prova liberatoria comprenderà anche la dimostrazione dell'apprestamento, da parte del c.d. precettore, delle misure **organizzative** e **disciplinari** idonee a prevenire il danno.

Va, infine, segnalato che la responsabilità dei precettori per *culpa in vigilando* può concorrere con quella dei genitori *per culpa in educando*: ad es., là dove il comportamento di un minore imputabile fonte del danno risulti correlato, da un lato, all'inadeguata vigilanza dell'istruttore in una disciplina sportiva, dall'altro, alla carente educazione fornitagli dai genitori.

3.4.3. *La responsabilità dei padroni e dei committenti*

Responsabilità dei c.d. padroni e committenti

Un particolare rilievo va attribuito alla fattispecie descritta dall'art. 2049 in termini (anche qui un po' arcaici) di responsabilità dei **padroni** e dei **committenti** "per i danni arrecati dal fatto illecito dei loro domestici e commessi nell'esercizio delle incombenze cui sono adibiti".

L'importanza di tale criterio di imputazione risulta chiaramente ove si consideri che esso copre tutta l'area dei danni cagionati da **soggetti che operano nell'interesse di altri**, in quanto preposti ad una determinata attività ed assoggettati ad un potere direttivo e gerarchico.

Fondamento del criterio di imputazione

Il fondamento logico ed economico del criterio in parola è abbastanza discusso, facendosi riferimento ora alla generica esigenza che chi trae vantaggio da una certa attività sia chiamato anche a sopportarne i costi, ora al più generale principio di responsabilità oggettiva per rischio d'impresa.

Entrambe le prospettive, peraltro, sono compatibili con un'istanza di **garanzia** del danneggiato, che si trova in tal modo a poter contare anche sulla responsabilità del padrone o del committente: e ciò spiega perché, in taluni settori della legislazione speciale, un criterio analogo venga riproposto, pur in assenza di un rapporto di preposizione in senso stretto (v., in particolare, l'art. 31, co. 3, d.lgs. n. 58/1998 in ordine alla responsabilità di chi conferisca l'incarico al promotore finanziario).

Responsabilità dei padroni e committenti e responsabilità d'impresa

Va precisato, però, che il criterio di imputazione in esame **non** è affatto circoscritto all'area dei danni cagionati da coloro che operino nell'ambito dell'impresa, ma si estende, ad es., anche ad ipotesi di danni prodotti nell'area del lavoro c.d. **domestico** (i collaboratori familiari), o del lavoro presso soggetti **non** qualificabili tecnicamente come imprenditori (ad es., la segretaria dell'avvocato o l'aiutante di studio del medico): donde, la più volte richiamata inaccoglibilità della teoria della responsabilità oggettiva per rischio di impresa sviluppata proprio a partire dall'art. 2049.

D'altra parte, anche la generica esigenza di accollare a colui nel cui interesse si agisce il costo del danno correlativo non è da sola in grado di spiegare il criterio di imputazione in esame. Tale criterio, infatti, è destinato a non operare là dove chi agisce nell'interesse altrui, lo faccia sulla base di un rapporto non qualificabile in termini di preposizione a causa della insussistenza di un potere direttivo. Si consideri l'esempio dell'avvocato che, andando in udienza, investa un pedone: in questo caso, per le ragioni dette, l'art. 2049 non troverà applicazione.

Rapporto di preposizione

Si deve concludere, dunque, che elemento decisivo – per inquadrare la *ratio* dell'art. 2049 – è proprio il **rapporto di preposizione**, da intendersi come **assegnazione** (ancorché non stabile) di un soggetto da parte del preponente all'esecuzione di un certo incarico, con il **potere** in capo al preponente stesso di impartire direttive puntuali circa l'attuazione di tale incarico.

Tale nozione coincide largamente con l'area del **rapporto di lavoro subordinato**, perché è proprio nel contesto di quest'ultimo che si registra l'assoggettamento del preposto al controllo stringente ed alle direttive puntuali del datore di lavoro: anche se non si possono escludere, ed anzi la giurisprudenza ne ha espressamente affermato la configurabilità, ipotesi di rapporti di preposizione non riconducibili alla sfera della subordinazione in senso proprio.

Nesso di occasionalità necessaria

Ulteriore presupposto perché entri in gioco il criterio posto dall'art. 2049 è quello espresso dalla formulazione normativa "nell'esercizio delle incombenze" (riferita appunto all'attività cui il preposto è assegnato). Si parla, al riguardo, di **nesso di occasionalità necessaria** tra il danno cagionato e l'espletamento delle incombenze, nesso che la giurisprudenza intende in termini abbastanza elastici (si pensi al caso della responsabilità del datore di lavoro per la lesione cagionata da un dipendente all'altro nel corso di una rissa, responsabilità che viene affermata quando la rissa tragga origine da questioni pertinenti all'attività lavorativa).

I presupposti fin qui illustrati (rapporto di preposizione e nesso di occasionalità necessaria) vanno provati dal danneggiato. Una volta provato tutto questo, la responsabilità del preponente sorgerà in ogni caso, senza che egli possa andarne esente neppure dimostrando di avere adottato tutte le possibili cautele idonee a prevenire il verificarsi del danno.

Proprio l'irrilevanza della condotta del preponente consente di ascrivere il criterio in esame all'area della **responsabilità oggettiva**.

Naturalmente, una volta che il preponente abbia risarcito il danno in favore del terzo danneggiato, potrà agire in regresso nei confronti del preposto, chiedendone la condanna al pagamento di quanto egli abbia dovuto corrispondere al danneggiato.

3.5. *Il danno da cose*

Danno da cose

Un'ulteriore classe di criteri di imputazione si basa sull'esistenza di un rapporto tra una **cosa** – dalla quale, per così dire, scaturisce il danno – ed il responsabile.

L'esigenza comune a tali criteri di imputazione è quella di accollare il costo del danno a chi – trovandosi appunto in una relazione, variamente qualificata, con la cosa – sia meglio in grado di **controllarne** la rischiosità e, dunque, di apprestare le cautele necessarie affinché il rischio non si traduca in danno.

La relazione con la cosa, che deve sussistere affinché operi il criterio di imputazione, non è descritta in termini sempre coincidenti. Si parla, infatti, di danno cagionato da **cose** che si abbiano in **custodia** (art. 2051), di danno cagionato da **animali** dei quali si sia **proprietari** ovvero dei quali ci si sia, a vario titolo, serviti (art. 2052), di danno cagionato dall'**edificio** di cui si sia **proprietari** (art. 2053), di danno cagionato dal **veicolo** di cui si sia **proprietari**, o **acquirenti** con patto di riservato dominio o, ancora, **usufruttuari** (art. 2054).

Danno da cose in custodia

Le maggiori difficoltà ricostruttive sono date dal concetto di custodia, che non corrisponde ad un titolo giuridico specifico, riferendosi, invece, a tutte le ipotesi nelle quali, come dicevamo, sussista un potere di controllo sulla **rischiosità** della cosa: si consideri il caso della responsabilità della banca per il danno subito dal cliente che scivoli sul pavimento appena lucidato di una sua filiale, responsabilità che sussiste a prescindere dal fatto che l'impresa bancaria operi nei locali di quella filiale in quanto proprietaria, conduttrice o comodataria.

Riassuntivamente, si potrà dire che la custodia coincide con situazioni di potere esercitato sulla cosa nell'**interesse proprio**, restandone così esclusa, in particolare, l'ipotesi della **detenzione nell'interesse altrui** (ad es., Tizio, ospite di Caio, non risponderà *ex* art. 2051 del danno subito da chi scivoli sul pavimento della stanza che egli, momentaneamente, occupa).

Prova liberatoria

Anche la prova liberatoria, ammessa nelle varie ipotesi di danno da cose, non è disciplinata in maniera uniforme e ciò incide sulla qualificazione delle stesse in termini di **responsabilità oggettiva** ovvero di **responsabilità per colpa**, sia pure con onere della prova invertito rispetto alla regola generale.

Così, nelle ipotesi previste dagli artt. 2051-2052, andrà dimostrato il **caso fortuito**, da intendersi come caso di forza maggiore, ovvero come fatto riconducibile alla stessa vittima o ad un terzo (ad es., il cliente scivola sì sul pavimento sdrucciolevole della filiale, ma perché – distratto dalla lettura del giornale – non si era accorto della recente lucidatura, pur adeguatamente segnalata).

Nell'ipotesi prevista dall'art. 2053, andrà dimostrato che la rovina di edificio **non** è dovuta a **difetto** di **manutenzione** o a **vizio di costruzione**.

Nell'ipotesi prevista dall'art. 2054, co. 1, andrà provato che **tutto il possibile** era stato fatto per evitare il danno.

Nell'ipotesi dell'art. 2054, co. 3, andrà dimostrato che la circolazione del veicolo è avvenuta **contro la volontà** del proprietario, dell'acquirente con patto di riservato dominio o dell'usufruttuario.

È, infine, **esclusa** ogni prova liberatoria nel caso di danno derivato da vizi di costruzione o da difetti di manutenzione del veicolo (art. 2054, co. 4).

Sulla base di questi dati, si può affermare senz'altro la natura **oggettiva** della responsabilità *ex* art. 2054, co. 3 e ad analoga conclusione può pervenirsi per la responsabilità da cose in custodia e da animali, ove si intenda il caso fortuito nei termini sopra indicati.

Un profilo di **rilevanza** della condotta del responsabile, viceversa, è presente sia nel danno da rovina di edificio, là dove si dimostri (presuntivamente) che il danno stesso non derivi da vizio di manutenzione, sia nel danno da circolazione dei veicoli, là dove al presunto responsabile venga offerta la possibilità di provare di avere compiuto ogni sforzo possibile per prevenire il danno.

L'assolvimento di tale onere probatorio viene di solito ricondotto alla dimostrazione di avere osservato scrupolosamente le norme del codice della strada.

È opportuno poi ricordare che, in caso di scontro tra autoveicoli, si presume che entrambi i conducenti abbiano concorso in eguale misura alla produzione del danno subito dai singoli veicoli (art. 2054, co. 2).

La materia della responsabilità civile per il danno cagionato da circolazione di autoveicoli va considerata altresì alla luce della disciplina dell'**assicurazione obbligatoria**, cui si è già fatto cenno.

3.6. *Il danno da attività qualificate*

Tra i criteri di imputazione disciplinati dal codice civile viene in considerazione, da ultimo, quello imperniato sulla particolare qualificazione – in termini di **pericolosità** – dell'attività espletata dal presunto responsabile (art. 2050).

Ratio del criterio è quella di accollare a colui che svolga un'attività pericolosa tutti i danni che da essa discendano, così da indurlo ad adottare ogni possibile cautela tenuto conto delle risorse tecnologiche in quel momento disponibili.

Attività pericolose e responsabilità

L'applicazione del criterio postula un'**attività** e, dunque, una serie di atti organizzati e coordinati in vista di un fine determinato, restando affidata alla disciplina generale dell'art. 2043 l'ipotesi del **singolo** atto pericoloso: così risponderà *ex* art. 2050 l'impresa che professionalmente si incarichi del trasporto di esplosivi, mentre risponderà *ex* art. 2043 colui che, occasionalmente, si sia trovato a trasportare un carico di dinamite.

Il richiamo all'attività rende evidente la ragione per la quale tale criterio interessi prevalentemente, anche se non esclusivamente, le imprese (art. 2082).

Concetto di pericolosità dell'attività

L'attività, poi, deve essere **pericolosa**: il giudizio di pericolosità, ove non possa essere formulato sulla base della qualificazione ad altri fini contenuta in leggi speciali (come quelle di pubblica sicurezza o in materia di infortuni sul lavoro), postula una disamina della **natura** dell'attività o della natura dei **mezzi adoperati**. L'attività o i mezzi, per poter dare luogo all'applicazione dell'art. 2050, debbono essere **intrinsecamente** pericolosi, mentre un'attività normalmente innocua, ma che diventi pericolosa in relazione agli errori di chi la svolge, ricade nella previsione generale dell'art. 2043.

Prova liberatoria

L'esercente l'attività pericolosa si libera dalla responsabilità dando la prova di avere adottato **tutte** le misure idonee a prevenire il danno. Tale prova liberatoria è intesa con particolare rigore dalla giurisprudenza, secondo cui è insufficiente la mera prova negativa di non avere violato alcuna norma di legge o di comune prudenza, occorrendo invece la prova positiva di avere impiegato ogni cura o misura volta ad impedire l'evento dannoso.

La rilevanza in tal modo assegnata alla condotta dell'agente preclude la qualificazione di tale fattispecie in termini di **responsabilità oggettiva**. Sotto un altro profilo, è evidente anche la distanza dalla previsione generale dell'art. 2043 dell'ipotesi disciplinata dall'art. 2050, poiché in quest'ultimo caso non è il danneggiato a dover provare la colpa del danneggiante, ma è quest'ultimo a dover fornire la prova di avere adottato ogni possibile cautela per evitare il danno.

4. *Il danno non patrimoniale*

Danno non patrimoniale

Si è visto in precedenza che la funzione della responsabilità civile si articola in termini non coincidenti a seconda che la perdita di utilità lamentata dalla vittima si riferisca ad utilità apprezzabili patrimonialmente o meno: nel caso di utilità non apprezzabili economicamente (per le quali, in altre parole, non sia dato ravvisare, in quel momento storico almeno, un mercato, dove le stesse possano essere offerte e scambiate) non vi è, infatti, un saldo economico negativo da riportare a pareggio nella sfera giuridica della vittima.

Tale articolazione della responsabilità civile – insieme alla tendenza storica del diritto privato a concentrarsi sulla tutela degli interessi e dei beni patrimoniali – spiega perché il nostro ordinamento giuridico, accanto ad una regola generale di risarcibilità del danno patrimoniale, conosca una regola di risarcibilità del **danno non patrimoniale** circoscritta, invece, ad alcune, limitate ipotesi.

Ambito di risarcibilità del danno non patrimoniale

Ai sensi dell'art. 2059, infatti, il danno non patrimoniale è risarcibile nei soli casi previsti dalla legge: dove per danno non patrimoniale deve intendersi ogni perdita di utilità **non suscettibile di un'immediata valutazione in danaro**.

Al riguardo, è opportuno sottolineare che **non** vi è un'immediata **correlazione** tra patrimonialità (o non patrimonialità) dell'interesse leso e patrimonialità della perdita, nel senso che dalla lesione di un interesse di natura patrimoniale può anche discendere un danno non patrimoniale e viceversa. Si consideri, sotto il primo profilo, l'esempio della lesione del diritto di proprietà su un bene che abbia per il proprietario un valore affettivo e, sotto il secondo, la lesione di un diritto della personalità (l'onore o la reputazione), di per sé certo costituente un interesse non patrimoniale, ma suscettibile di significative ricadute patrimoniali (la perdita della clientela, qualora la lesione dell'onore o della reputazione sia stata consumata nei confronti dell'esercente un'attività professionale).

Premesso che la risarcibilità del danno non patrimoniale si ricollega, di solito, al particolare disvalore normativo della **condotta** dell'autore dell'illecito ovvero all'esigenza di rafforzare la tutela di una determinata situazione giuridica soggettiva, l'opinione largamente prevalente era, fino a tempi relativamente recenti, nel senso che, alla stregua dell'art. 2059, il danno non patrimoniale fosse risarcibile solo in presenza di una specifica previsione normativa.

Art. 185 c.p.

Il più importante di questi luoghi normativi era considerato certamente l'art. 185 c.p., secondo il quale "ogni reato, che abbia cagionato un danno patrimoniale o non patrimoniale, obbliga al risarcimento il colpevole e le persone che, a norma delle leggi civili, debbono rispondere per il fatto di lui".

Da tale disposizione si desumeva, e si desume, dunque, la regola secondo la quale, quando il fatto illecito integri altresì un **reato**, la vittima ha diritto anche al risarcimento del danno non patrimoniale. È tuttavia sufficiente che il reato sia ritenuto sussistente in **astratto**, nel senso che non è necessaria una sentenza penale di condanna a carico del responsabile, ben potendo il giudice civile accertare incidentalmente la ricorrenza del fatto corrispondente a quello descritto dalla norma incriminatrice.

A quest'ultimo proposito, l'opinione fino a poco tempo fa dominante richiedeva che il fatto fosse accertato in tutte le sue componenti, compreso l'elemento soggettivo, il quale, trattandosi di verificare la sussistenza di un reato, non avrebbe potuto essere presunto: e da questa premessa si faceva discendere l'inapplicabilità, al fine di fondare la sussistenza di un danno non patrimoniale risarcibile, dell'art. 2054, co. 2, in quanto, appunto, istitutivo di una presunzione di colpa.

Di recente, tuttavia, si è sostenuto da autorevole giurisprudenza che alla risarcibilità del danno non patrimoniale sulla base del combinato disposto dell'art. 2059 e dell'art. 185 c.p. non costituisce ostacolo la mancanza del positivo accertamento della colpa dell'autore del danno se la stessa, come nei casi previsti dall'art. 2054, debba ritenersi sussistente in base ad una presunzione di legge e se, ricorrendo la colpa, il fatto sarebbe qualificabile come reato.

Al di fuori del diritto penale, e a parte qualche altra ipotesi di minor rilievo pratico (come ad es. quella del danno derivante da espressioni sconvenienti o offensive contenute in scritti difensivi in giudizio: art. 89, co. 2, c.p.c.; o, più di recente, quella del danno derivante dal mancato rispetto del termine ragionevole del processo, prevista dagli art. 2 s. della l. n. 89/2001 ed ancora la risarcibilità del danno non patrimoniale derivante da atti, comportamenti o condotte discriminatorie a causa della razza o dell'origine etnica delle persone, introdotto dall'art. 4, co. 4, d.lgs. n. 215/2003), l'ambito più ampio di risarcibilità del danno non patrimoniale a livello di specifiche previsioni normative è da tempo quello disegnato dalle disposizioni degli artt. 11 e 15, co. 2, cdp, ora sostituito dal d.lgs. n. 101/2018, dalle quali si desume che un trattamento di dati personali in violazione della regola di correttezza, ovvero difforme o non pertinente rispetto alle finalità legittime per le quali i dati erano stati raccolti, dà luogo al risarcimento del danno non patrimoniale in favore dell'interessato.

Trattamento dati personali

La portata di tale regola si coglie agevolmente, ove si consideri l'ampiezza della nozione di **dato personale**. Si segnala che la materia del trattamento dei dati personali e delle conseguenze risarcitorie derivanti da un illegittimo trattamento di tali dati è ora affidata, ma sul punto si tornerà anche in seguito, al Regolamento 2016/679/UE (ed al d.lgs. n. 101/2018, emanato per adeguare ad esso la disciplina interna in materia) relativo alla protezione delle persone fisiche con riguardo, appunto, al trattamento dei dati personali, nonché alla loro libera circolazione. Molto più controversa è la risarcibilità del danno non patrimoniale nell'ipotesi di cui all'art. 123, co. 1, lett. *a*), cdc).

Danno non patrimoniale ed elaborazione della giurisprudenza

Ma l'ampliamento della sfera di risarcibilità del danno non patrimoniale va ricollegato, fondamentalmente, all'elaborazione della giurisprudenza.

In particolare, secondo un indirizzo giurisprudenziale accreditatosi presso la Corte di Cassazione nei primi anni di questo secolo, tutte le volte che si fosse verificata la lesione di un interesse della personalità costituzionalmente protetto, il pregiudizio consequenziale integrante un danno non patrimoniale, o anche un danno morale soggettivo, doveva dirsi risarcibile benché il fatto non fosse configurabile come reato.

Questo indirizzo, tuttavia, doveva essere letto alla luce della precisazione che l'accertamento della protezione costituzionale di un interesse, di per sé certo idonea ad assicurare la rilevanza normativa del medesimo, anche ai fini del giudizio di ingiustizia del danno, non era invece in quanto tale sufficiente a fondare la conclusione della sussistenza di un danno risarcibile, occorrendo, a tal fine, che il soggetto leso desse la prova della perdita di utilità personali di vita, a seguito della lesione lamentata (c.d. principio della effettività del danno, desunto dall'art. 1223) e non potendo il danno ritenersi sussistente *in re ipsa*.

Nello stesso arco temporale, e nel solco di linee di pensiero dottrinali, la giurisprudenza è venuta accreditando anche categorie come quella del c.d. **danno esistenziale**. Si tratta di una figura che è stata costruita al fine di eludere i limiti al risarcimento del danno non patrimoniale posti dall'art. 2059, affermandosi, così, che l'art. 2043, in correlazione con l'art. 2 Cost., dovrebbe essere inteso sino a ricomprendervi il risarcimento di tutti i pregiudizi che ostacolano le attività realizzatrici della persona umana, a prescindere dalle loro ricadute patrimoniali (le c.d. attività areddituali). In altre parole, l'elaborazione della nozione del danno esistenziale riproponeva un percorso di pensiero analogo a quello che aveva condotto alla costruzione della categoria del danno biologico, utilizzando, in luogo della norma costituzionale dell'art. 32, quella dell'art. 2, intesa come clausola generale a protezione della personalità umana.

Peraltro, anche la possibilità di ottenere un risarcimento del danno c.d. esistenziale, derivante dalla privazione – a seguito del fatto illecito – di attività areddituali, fonti di utilità personali di vita per la vittima, postulava che quest'ultima allegasse, e provasse, l'esistenza di tali perdite, che non potevano considerarsi senz'altro insite nel fatto stesso della lesione. Esemplificando, la vittima del fatto dannoso, al fine di ottenere la liquidazione in proprio favore del danno c.d. esistenziale avrebbe dovuto dimostrare di avere interrotto la frequentazione di un'associazione, alle cui attività in precedenza partecipava con regolarità, ovvero di avere cessato la pratica di un *hobby*, ecc.

La categoria del danno esistenziale è stata tuttavia oggetto, nel corso degli anni, di serrate critiche che, dal punto di vista sistematico, ponevano l'accento sul fatto che la stessa finiva per determinare un aggiramento della **concezione c.d. bipolare** della responsabilità civile: secondo la quale, nel nostro sistema giuridico, ed appunto in presenza dell'art. 2059, solo il danno patrimoniale sarebbe risarcibile in via generale, in presenza del requisito dell'ingiustizia del danno, oltre che evidentemente di un fatto dannoso ascrivibile ad un responsabile sulla base del dolo, della colpa o di un altro criterio di imputazione, mentre il danno non patrimoniale sarebbe risarcibile solo in presenza dell'ulteriore requisito della previsione di legge in tal senso.

Dal punto di vista applicativo, poi, gli orientamenti critici della categoria del danno esistenziale sottolineavano che la stessa aveva dato vita ad un proliferare di pretese risarcitorie bagatellari, nelle quali il danno lamentato si ricollegava ad aspetti marginali o del tutto evanescenti della vita della persona (ad es., l'interesse del tifoso ad assistere alla partita della squadra del cuore, leso dalla interruzione colposa del servizio di erogazione dell'energia elettrica; l'interesse del cittadino ad essere lasciato tranquillo rispetto a richieste di pagamento di somme da parte della p.a., in ipotesi infondate). Era inoltre avvertito il rischio della duplicazione o triplicazione delle pretese risarcitorie a titolo di danno non patrimoniale, poiché, a questo punto, potevano venire in considerazione, ai fini della determinazione della condanna, quattro distinte voci di danno non patrimoniale (danno non patrimoniale in senso ampio, danno biologico, danno esistenziale, danno morale soggettivo).

Di qui, nel 2008, un ulteriore intervento della Cass. SS.UU. che ha affermato l'unitarietà della categoria del danno non patrimoniale, insuscettibile di articolazioni al proprio interno, se non sul piano meramente descrittivo, con conseguente tendenziale assorbimento nella categoria unitaria così costruita di ogni profilo di danno non patrimoniale, dal danno biologico a quello morale soggettivo, al pregiudizio di tipo esistenziale (corrispondente alla figura che l'elaborazione in precedenza menzionata aveva denominato danno esistenziale *tout court*): tale affermazione è dichiaratamente funzionale allo scopo di evitare duplicazioni risarcitorie, ma, nella produzione normativa (v. art. 1, co. 1, lett. *b*), d.P.R. 30 ottobre 2009 n. 181 e, soprattutto, gli artt. 138 e 138 cdass), così come nell'elaborazione giurisprudenziale successive, continuano ad essere largamente utilizzate le categorie del danno morale soggettivo, del danno o pregiudizio esistenziale o del danno biologico, sia pure come aspetti o profili dell'unitaria categoria del danno non patrimoniale.

Inoltre, le SS.UU. hanno ritenuto che presupposto per la risarcibilità del danno non patrimoniale sia che lo stesso venga arrecato in violazione di un **diritto inviolabile** della persona costituzionalmente garantito (c.d. ingiustizia del danno costituzionalmente qualificata): non è, dunque, sufficiente la mera protezione costituzionale dell'interesse al fine di fondare la sussistenza di un danno non patrimoniale risarcibile, ma è necessario anche che l'interesse stesso corrisponda ad un diritto inviolabile. Tuttavia, il novero dei diritti inviolabili rilevanti in tale prospettiva non è circoscritto a quelli espressamente definiti come tali nella Carta Costituzionale (ad es., libertà personale, art. 13 Cost.; domicilio, art. 14 Cost.; libertà e segretezza della corrispondenza, art. 15 Cost.), ma comprende anche quelli suscettibili di qualificazione in tal senso in via interpretativa, in quanto funzionali all'esigenza di protezione del nucleo essenziale della personalità umana.

Un problema applicativo di notevole rilievo che l'elaborazione giurisprudenziale successiva ha subito messo in luce attiene alla possibilità di considerare anche diritti a contenuto tipicamente patrimoniale (qual è, in particolare, il diritto di proprietà) come diritti inviolabili, ai fini della risarcibilità del danno non patrimoniale. Alla soluzione affermativa, che sottolinea lo statuto di inviolabilità assegnato al diritto di proprietà dalla Convenzione europea dei diritti dell'uomo, pare preferibile l'opinione contraria, dato che il requisito della inviolabilità del diritto deve essere inteso, come si accennava, nella prospettiva della protezione del nucleo essenziale della personalità umana.

In quest'ultimo ordine di idee, ed anche alla luce della rilevanza che la CDFUE, all'art. 1, attribuisce al valore della dignità dell'uomo (definita, appunto, come inviolabile e tale da dover essere rispettata e tutelata), si può ulteriormente precisare l'area dei diritti inviolabili nel senso che gli stessi sono tutti quelli che, secondo l'apprezzamento dell'interprete, svolto in un dato momento storico, sono coessenziali all'affermazione del valore della dignità umana. In questa prospettiva deve essere inquadrata anche l'affermazione, da ultimo contenuta in una sentenza della Corte di Cassazione, della risarcibilità del danno da perdita della vita, quale perdita del bene principale dell'uomo e tale da acquisirsi dalla vittima immediatamente al momento della lesione mortale, a prescindere dalle distinzioni, che un orientamento giurisprudenziale precedente aveva proposto, imperniate sull'arco temporale che aveva separato la lesione causa della morte da quest'ultima. La questione, che fornisce spunti di grande interesse anche con riferimento al problema generale delle funzioni della responsabilità civile, è stata da ultimo decisa dalle Sezioni Unite della Corte di Cassazione che hanno confermato l'orientamento tradizionale, ribadendo la funzione tipicamente reintegratoria e riparatoria della responsabilità civile.

Le SS.UU., nell'intervento del 2008 menzionato poc'anzi, hanno ancora precisato che il danno non patrimoniale è risarcibile solo in presenza degli ulteriori requisiti della gravità della lesione e della serietà del danno, in tal modo attuandosi il bilanciamento tra il principio di solidarietà verso la vittima e quello di tolleranza, a sua volta desunto proprio dall'affermazione dei doveri inderogabili di solidarietà sanciti dall'art. 2 Cost. Ne discende la regola che il risarcimento del danno non patrimoniale è dovuto solo nel caso in cui sia superato il livello di tollerabilità ed il pregiudizio non sia futile. Questa precisazione è evidentemente rivolta ad evitare appunto il proliferare delle c.d. pretese bagatellari, che, come si è visto, avevano caratterizzato la concretizzazione giurisprudenziale della categoria del danno esistenziale.

L'affermazione della regola di irrilevanza del danno non patrimoniale bagatellare ha suscitato qualche dubbio in termini di coerenza sistematica, se non addirittura di legittimità costituzionale, nella misura in cui una regola analoga non vige in materia di danno patrimoniale. Infatti, a questo punto, il danno patrimoniale, anche se di rilevanza irrisoria, dovrebbe dirsi sempre risarcibile.

L'ultimo aspetto di rilievo del nuovo orientamento giurisprudenziale deve essere ravvisato nella affermazione di risarcibilità del danno non patrimoniale derivante dall'inadempimento di un'obbligazione (c.d. danno non patrimoniale contrattuale).

Risolta allo stato, nei termini fin qui esposti, la questione dei limiti di risarcibilità del danno non patrimoniale, il problema di maggiore complessità resta quello della liquidazione.

4.1. *Il danno biologico*

Danno biologico: le origini della categoria

La categoria del **danno biologico** è il frutto di un'elaborazione dottrinale e giurisprudenziale di particolare interesse, che prende le mosse dall'esigenza di predisporre un rimedio risarcitorio a fronte di fatti lesivi dell'integrità psico-fisica della persona umana, che non si risolvano in una diminuzione del suo reddito o della sua capacità lavorativa: si pensi al caso del danno alla salute di soggetti che non producano ancora reddito, come i bambini, o che abbiano cessato di produrlo, come i pensionati. Si tratta, dunque, di ipotesi, di lesione della salute in sé e per sé considerata, senza alcuna ricaduta patrimoniale.

Fondamento costituzionale

Tale esigenza, che rinviene il suo fondamento normativo nell'art. 32 Cost., trovava tuttavia un ostacolo nella limitata risarcibilità del danno non patrimoniale. Infatti, data la natura non patrimoniale del danno biologico, quest'ultimo poteva essere risarcito solo nei casi in cui il fatto lesivo della salute costituisse altresì un reato.

Natura del danno biologico

Da qui sono originati, per un verso, frequenti dubbi di legittimità costituzionale dell'art. 2059, se interpretato nel senso di non consentire la risarcibilità del danno biologico: dubbi risolti in senso negativo, ma con argomentazioni (Corte cost., sent. n. 184/1986) che miravano ad affermare la risarcibilità del danno biologico, circoscrivendo l'operare dell'art. 2059 ai soli casi di c.d. **danno morale soggettivo** (e cioè al dolore, alla sofferenza, al patema d'animo).

Nello stesso contesto si comprende, per altro verso, il tentativo di parte della dottrina e della giurisprudenza di sottrarre il danno alla salute all'applicazione dell'art. 2059, per ricondurlo invece alla norma generale dell'art. 2043, sulla base di una nozione di patrimonialità imperniata più sul valore d'uso che non sul valore di scambio del bene.

Teoria del danno evento

L'esigenza di assicurare una adeguata tutela risarcitoria alla salute ispira, con ogni probabilità, anche l'orientamento secondo cui la risarcibilità del danno biologico andrebbe ancorata alla lesione della salute, in sé considerata (teoria del danno biologico come c.d. **danno evento**).

Danno biologico e perdita di utilità personali di vita

Gli sviluppi successivi della giurisprudenza della Corte costituzionale (sent. n. 372/1994) e della Cass. hanno però riproposto la tesi della natura di danno non patrimoniale del danno biologico, proclamandone comunque la risarcibilità sulla base di un'interpretazione costituzionalmente orientata dell'art. 2059. Infatti, si è ritenuto, sulla base degli artt. 24, 32 Cost., che una tutela del bene salute monca del rimedio risarcitorio non garantirebbe un adeguato livello di effettività.

La stessa giurisprudenza costituzionale ora richiamata ha anche superato la teoria del danno biologico come danno evento, escludendo la sufficienza del mero fatto lesivo della salute e ribadendo la funzione della responsabilità civile come strumento destinato ad attivarsi soltanto in presenza di perdite di utilità personali di vita, relative appunto all'integrità psico-fisica dell'individuo.

Si è già visto che l'ultima evoluzione giurisprudenziale della categoria del danno biologico è quella che ne fa una componente della complessiva voce di danno non patrimoniale, pur con rilevanti peculiarità, in particolare, in materia di liquidazione.

Prima definizione normativa di danno biologico

Per la valutazione della consistenza di tali perdite assume un particolare rilievo l'**accertamento medico legale**. Ciò emerge anche da due recenti prese di posizione del legislatore in materia di danno biologico, la prima relativa al campo degli infortuni sul lavoro e delle malattie professionali (art. 13, d.lgs. n. 38/2000); la seconda relativa al risarcimento dei danni alla persona di entità non lieve e lieve (artt. 138-139 cdass).

L'esigenza di pervenire ad una liquidazione del danno biologico il più possibile uniforme, nell'ambito del territorio nazionale e per evidenti ragioni di eguaglianza, è stata alla base di interventi della giurisprudenza della Corte di Cassazione che hanno affermato la generale utilizzabilità delle c.d. tabelle di liquidazione del danno biologico elaborate presso il Tribunale di Milano; tuttavia, anche sul punto si nota, da ultimo, qualche spunto di rimeditazione, avendo la giurisprudenza della Suprema Corte rilevato che – in taluni casi – le tabelle milanesi non appaiono in grado di soddisfare al meglio le esigenze di equità nella liquidazione che si delineano in materia. Così, in particolare, per il danno da perdita del rapporto parentale – e cioè per il danno che possa lamentare chi sia legato, alla vittima primaria di un illecito con esiti mortali o di lesioni gravissime, da un rapporto di parentela, affinità o da una relazione a questi rapporti equiparabile dal punto di vista della intensità, soprattutto se connotata dalla convivenza,– per il quale le tabelle milanesi non adottano il sistema del c.d. punto variabile, ma individuano semplicemente un minimo ed un massimo, peraltro fortemente divaricati.

Il problema della uniformità e della certezza di liquidazione del danno non patrimoniale su tutto il territorio nazionale sarebbe verosimilmente risolto dall'adozione della tabella unica nazionale prefigurata dagli artt. 138 e 139 cdass.

5. *Il risarcimento del danno e la causalità giuridica*

Risarcimento del danno

Abbiamo visto che, in presenza dei requisiti individuati dalla legge (ingiustizia del danno, imputabilità, configurabilità di uno dei criteri di imputazione normativamente previsti e, per lo più, sussistenza di una perdita di utilità patrimoniali) sorge, a carico del responsabile, l'obbligo di risarcire il danno. Il problema successivo è rappresentato dalla **delimitazione** del danno risarcibile.

A tal fine, è necessario compiere una serie di operazioni logico-giuridiche, la prima delle quali consiste nel **selezionare** le conseguenze (in termini, appunto, di produzione di perdite) ascrivibili a quel determinato fatto illecito.

Causalità giuridica e causalità in fatto

È questo il problema della **causalità giuridica**, da non confondersi con quello della c.d. **causalità in fatto**, la quale investe, piuttosto, il piano dell'imputazione del fatto illecito ed è più prossima alla tematica del rapporto di causalità, così come disciplinato dal codice penale (artt. 40-41 c.p.). Ad es., se ferisco una persona, è un problema di causalità in fatto stabilire se il ferimento sia imputabile effettivamente a me e se lo sia sulla base del dolo o della colpa; rappresenta, invece, un problema di causalità giuridica stabilire se la mia condanna al risarcimento del danno debba limitarsi alle spese mediche sopportate dal ferito e ai redditi che questi non ha potuto produrre durante la convalescenza, ovvero estendersi anche al mancato guadagno del coniuge del ferito, che ha abbandonato il lavoro per assisterlo.

Volgendoci, dunque, alla considerazione del problema della causalità giuridica, dobbiamo prendere le mosse dal rilievo che ogni fatto umano – e dunque anche il fatto illecito – si pone come antecedente causale di una serie pressoché infinita di conseguenze a carico della vittima: si tratta, appunto, di stabilire quali di queste conseguenze debbano essere accollate, in termini di risarcimento del danno, al responsabile.

Esemplificando, se Tizio, per la sofferenza ed il dolore causatigli dalla diffamazione di Caio, è costretto a trasferirsi in un'altra città ed ivi, passeggiando per la strada, viene travolto ed ucciso da un automobilista, si potrebbe a prima vista dire che la morte di Tizio rinvenga il proprio originario antecedente causale nella diffamazione.

È già il buon senso a suggerire che una regola siffatta, la quale addebiti al responsabile anche le conseguenze ultime e più remote del suo agire, sarebbe del tutto irrazionale: ognuno di noi verrebbe esposto al rischio di costi risarcitori altissimi per avere commesso un fatto, sia pure illecito, ma in sé di modesta rilevanza, il quale abbia innescato, in maniera mediata ed indiretta, una sequenza causale rovinosa.

Conseguenze immediate e dirette del fatto illecito

Non è un caso, quindi, che l'ordinamento giuridico accolga una regola profondamente diversa da quella in precedenza ipotizzata: esso, infatti, accolla al responsabile, le sole conseguenze **immediate** e **dirette** del suo illecito, secondo quanto previsto dall'art. 1223, dettato in materia di responsabilità contrattuale, ma richiamato anche in sede di risarcimento del danno extracontrattuale (art. 2056, co. 1).

Si tratta, ora, di chiarire l'effettivo significato di tale regola.

Causalità giuridica e scopo della norma violata

In primo luogo, l'obbligazione risarcitoria non può estendersi al di là del confine segnato dallo **scopo di protezione** della norma violata dall'illecito. Ad es., se io ferisco gravemente una persona, lasciandola sulla strada con un arto semi-amputato, rispondo naturalmente dei danni derivanti dalla lesione della sua integrità psico-fisica, poiché la situazione giuridica soggettiva che ho leso mirava a presidiare, appunto, quegli interessi. Non rispondo, invece, del danno alla salute subìto da un passante che, sconvolto per la visione del corpo straziato della vittima, sia colpito da infarto, giacché tale danno deve considerarsi estraneo allo scopo di protezione della norma da me violata.

Causalità giuridica ed esposizione al rischio

In secondo luogo, l'obbligazione risarcitoria non può ricomprendere danni ai quali la vittima era **comunque** esposta: è il caso del tamponamento subìto da chi si stava recando all'aeroporto per prendere un aereo e che, a causa del ritardo derivante dal modesto incidente stradale, salga sul volo successivo per la stessa destinazione, finendo coinvolto in un disastro aereo.

È abbastanza agevole rendersi conto che entrambe tali direttive assecondano un uso razionale della responsabilità civile: sarebbe, infatti, del tutto incongruo accollare al danneggiante il costo di danni che egli non avrebbe mai potuto ragionevolmente prevedere e, dunque, neppure evitare.

Va comunque segnalato che – secondo l'orientamento prevalente –

la sussistenza del nesso di causalità tra il fatto ed il danno in materia civile deve essere verificata con criteri di minor rigore rispetto a quelli accreditati, per l'analoga problematica, in sede penale, in relazione alla minore gravità delle conseguenze che discendono dall'accertamento della responsabilità civile (il risarcimento del danno) rispetto a quelle che si delineano in materia di responsabilità penale (la condanna del reo). Su tali premesse, la regola giurisprudenziale è che sia sufficiente che il fatto dannoso ascrivibile alla condotta del danneggiante come conseguenza della medesima sia «più probabile che non», non richiedendosi invece un giudizio di certezza tendenzialmente assoluta.

5.1. *Il risarcimento del danno ascrivibile a più responsabili*

Fatto dannoso imputabile a più persone

Inerisce al piano della causazione del fatto dannoso il problema relativo alla sua imputabilità a **più** persone. Ad es., l'incendio che distrugge una casa dipende dalla negligenza di Tizio, che lascia acceso un fornello nella propria abitazione, contigua a quella del danneggiato, ma anche dalla negligenza di Caio, custode dell'immobile, che – pur essendo tenuto a farlo – omette di attivare l'impianto automatico di spegnimento incendi di cui l'immobile è dotato.

La regola posta dall'art. 2055 prevede, in tal caso, che **tutti** i responsabili siano obbligati **in solido** al risarcimento del danno. Tale regola è dettata al fine evidente di offrire la massima tutela al danneggiato, che – secondo le regole della responsabilità solidale – potrà agire contro uno qualsiasi dei responsabili, ottenendo l'integrale risarcimento del danno.

La ripartizione del peso economico del debito tra i danneggianti è invece affidata ai criteri della gravità della colpa di ciascuno e delle conseguenze che ne sono derivate, presumendosi, nel dubbio, eguali le singole colpe.

5.2. *Differenze funzionali tra risarcimento del danno patrimoniale e risarcimento del danno non patrimoniale*

Le differenze funzionali in precedenza segnalate tra danno patrimoniale e danno non patrimoniale si riflettono anche in sede di risarcimento del danno.

Funzione del risarcimento del danno patrimoniale ...

Infatti, il risarcimento di un danno che consista nella perdita di utilità patrimoniali sarà tipicamente finalizzato a riattribuire alla vittima – secondo la previsione dell'art. 1223 – tutta la perdita subita (c.d. **danno emergente**) e tutto il mancato guadagno (c.d. **lucro cessante**): è il principio della riparazione integrale del danno, che possiamo desumere ancora una volta dall'art. 1223 e secondo il quale il danneggiato, dopo il risarcimento, deve essere posto, almeno tendenzialmente, nella stessa condizione nella quale si trovava prima del fatto dannoso.

Ad es., se colui che ha visto la propria automobile distrutta in un incidente automobilistico fa il tassista e, a causa di ciò, si è dovuto fermare per quindici giorni, e poi ha dovuto noleggiare una vettura sostitutiva per altri quindici giorni, egli avrà diritto ad ottenere un importo comprensivo del mancato guadagno per i primi quindici giorni (da stimarsi alla luce del guadagno che la vittima aveva realizzato nel corrispondente periodo dell'anno o del mese precedente), del costo dell'automobile sostitutiva per i secondi quindici nonché, naturalmente, dell'importo pari al costo delle riparazioni alla propria automobile (ovvero pari al costo sul mercato di un'automobile dello stesso tipo di quella andata distrutta).

... e del danno non patrimoniale

Invece, le perdite di utilità (non patrimoniali) che la vittima subisce in caso di danno non patrimoniale non sono suscettibili di dare luogo ad un giudizio di equivalenza con valori di mercato, proprio perché non si prestano ad un'immediata valutazione in danaro.

Ne consegue che il risarcimento del danno non patrimoniale **non** avrà qui la funzione di **ricostituire** valori patrimoniali alterati o distrutti: ed è proprio per questo che il risarcimento del danno non patrimoniale finisce, addirittura, per **arricchire** (in termini di saldo monetario) la vittima.

Si consideri l'esempio dell'avvocato Caio che, tacciato pubblicamente di essere un incapace ed avendo sofferto per tal ragione un decremento di reddito pari ad € 10.000,00, ottenga un risarcimento del danno patrimoniale, pari a tale importo e del danno non patrimoniale, pari ad € 1.000,00: in termini di saldo monetario, egli – a seguito del fatto dannoso – si sarà arricchito di € 1.000,00.

Il risarcimento del danno non patrimoniale potrà allora assumere, come nel caso appena citato, la funzione di soddisfare il senso di giustizia della vittima, ovvero consentire alla vittima stessa di acquisire utilità in grado di ristabilire il suo personale equilibrio di vita (si pensi al caso della vittima di un grave incidente stradale che utilizzi il risarcimento per ritemprarsi con una crociera).

È altresì presente, nel risarcimento del danno non patrimoniale, come più volte segnalato, una componente **sanzionatoria** da ricollegarsi, con ogni probabilità, alla tendenziale coincidenza dell'area della risarcibilità del danno non patrimoniale con quella dei fatti penalmente rilevanti: la prestazione risarcitoria finisce, cioè, per assumere la funzione di una sorta di **pena privata**, finalizzata a prevenire la commissione di futuri illeciti.

Liquidazione del danno non patrimoniale

I rilievi appena svolti circa l'assenza, in materia di risarcimento di danno non patrimoniale, di un parametro pecuniario di immediato riferimento, consentono di comprendere perché la liquidazione del danno non patrimoniale abbia natura intrinsecamente **equitativa**, muovendosi il giudice sulla base di una valutazione complessiva di tutte le circostanze del caso di specie.

Infatti, proprio perché qui vengono in considerazione perdite di utilità irriducibili ad un'immediata valutazione in danaro, non può operare il criterio dell'equivalenza (della condanna risarcitoria alla perdita cagionatasi nella sfera giuridico patrimoniale), che costituisce invece quello largamente utilizzato in materia di risarcimento del danno patrimoniale. Pertanto, al di fuori dell'area del danno biologico, per la quale assumono rilevanza, sia pure non esclusiva, come si dirà, gli esiti dell'accertamento medico legale dell'entità della lesione dell'integrità psico-fisica, diventa decisiva la commisurazione della condanna risarcitoria a tutte le particolarità del caso. Ad es., e quando si tratti di liquidare il danno non patrimoniale da uccisione di un congiunto, la liquidazione del danno dovrà avvenire tenendo conto degli elementi relativi alla intensità del legame affettivo tra essi e l'ucciso, suscettibili di essere provati per presunzioni – in caso di legame stretto di parentela – ovvero sulla base delle prove articolate dagli attori in giudizio.

Quali elementi di concretizzazione del potere equitativo del giudice in sede di liquidazione del danno non patrimoniale, potranno anche venire in considerazione quelli attinenti all'elemento soggettivo della condotta del responsabile, così delineandosi, nei termini già in precedenza accennati, pure una possibile funzione sanzionatoria del risarcimento del danno non patrimoniale.

Nella prassi giurisprudenziale, tuttavia, l'equità è guidata da una serie di criteri, desunti, ad es., da precedenti resi in casi analoghi: così, negli illeciti di diffamazione, la qualità del soggetto leso, la gravità dell'addebito, la sua diffusione, ecc.

Liquidazione del danno biologico

L'esigenza di armonizzare **equità** (e, dunque, valorizzazione delle circostanze del caso concreto) ed **eguaglianza** nel trattamento di casi simili, è molto avvertita in materia di danno biologico, tuttora in forte evoluzione normativa anche sotto questo profilo.

Si può dire che, allo stato, il metodo di risarcimento del danno biologico largamente prevalente è quello che combina un'**uniformità** risarcitoria di base, assicurata da tabelle in uso presso i vari distretti giudiziari, in relazione ai "punti di invalidità" riscontrati in sede di accertamento medico legale, con un'**individualizzazione equitativa**, che tiene conto delle eventuali peculiarità del singolo caso.

Nella più recente elaborazione giurisprudenziale della Corte di Cassazione, l'importanza, nella liquidazione del danno biologico, delle tabelle considerate più diffuse sul territorio nazionale – e cioè quelle elaborate presso il Tribunale di Milano – è stata enfatizzata attraverso l'affermazione di censurabilità in sede di legittimità della sentenza di merito che non le abbia applicate (ma v., per gli ultimi sviluppi della questione, n. 4.1).

Pubblicazione della sentenza di condanna

La non immediata valutabilità in danaro delle perdite subite dalla vittima di un danno non patrimoniale spiega perché – soprattutto in presenza di fatti lesivi di beni della personalità come l'onore o la reputazione – si utilizzi un rimedio in grado di ripristinare l'integrità della personalità lesa, quale la **pubblicazione della sentenza** di condanna prevista in via generale dall'art. 120 c.p.c.: rimedio da taluno considerato alla stregua di un **risarcimento in forma specifica** del danno non patrimoniale.

5.3. *Il risarcimento del danno in forma specifica*

Risarcimento in forma specifica

Il **risarcimento in forma specifica** (art. 2058) mira ad attribuire al danneggiato lo stesso bene alterato dal fatto dannoso (opportunamente ricostituito nella sua integrità), oppure un bene simile: chi abbia distrutto l'automobile altrui in un incidente stradale potrebbe dunque essere condannato – in alternativa alla corresponsione alla vittima di una somma di danaro, pari al valore dell'automobile – alla riparazione a proprie spese dell'automobile, o all'acquisto di una vettura con caratteristiche simili.

La modalità risarcitoria **ordinaria** (nonostante tendenze dottrinali inclini a valorizzare il risarcimento in forma specifica, in quanto idoneo a realizzare una più specifica e, dunque, più effettiva tutela del danneggiato) è tuttavia il risarcimento per **equivalente**, secondo quanto desumiamo proprio dall'art. 2058.

Limiti

Il risarcimento del danno in forma specifica, infatti, potrà essere richiesto solo quando sia in tutto o in parte **possibile** (in senso naturalistico: è precluso il risarcimento in forma specifica consistente nella ricostruzione del pregiato oggetto di ceramica che il fatto illecito del danneggiante abbia disintegrato). Inoltre, il giudice potrà disporre che il risarcimento avvenga per equivalente quando il risarcimento in forma specifica sia troppo **oneroso** per il debitore (art. 2058, co. 2: se l'automobile altrui è stata distrutta gettandola nel fondo di un lago, sarebbe evidentemente troppo oneroso imporre al danneggiante di noleggiare un sottomarino per recuperarla, sicché il danneggiante sarà piuttosto condannato a pagare una somma di danaro che permetta al danneggiato di acquistare un'automobile con caratteristiche simili a quelle della vettura andata distrutta).

È proprio il limite della non eccessiva onerosità a rendere palese che la modalità risarcitoria generale è quella per equivalente. Infatti, il danneggiante va sempre condannato al risarcimento del danno per equivalente per quanto tale condanna risulti onerosa, giacché qui il termine di riferimento dell'obbligazione risarcitoria è la perdita subìta dal patrimonio della vittima. Nel risarcimento in forma specifica, viceversa, si può dare una **sfasatura** (in pregiudizio del responsabile) tra entità del **danno** ed entità del **costo** da sopportare per la reintegra del bene leso.

6. *Le "responsabilità speciali"*

Responsabilità speciali

La legislazione speciale ha costruito, negli ultimi decenni, diverse nuove fattispecie di responsabilità civile caratterizzate dalla natura del **bene** leso, dalla **qualità soggettiva** del danneggiante, ovvero ancora dall'**attività** fonte del danno.

Si tratta di fattispecie molto eterogenee, difficilmente riconducibili ad un comune denominatore. Tuttavia, può essere di una qualche utilità segnalarne i profili di più marcata diversificazione rispetto alla normativa codicistica.

Così, in alcune di queste ipotesi, sono i **criteri di imputazione** a seguire regole non riconducibili alla disciplina di diritto comune.

Responsabilità speciali e criteri di imputazione

Ciò accade, in particolare, in materia di responsabilità civile dipendente dall'**impiego pacifico dell'energia nucleare** (art. 15 s., l. n. 1860/1962), ove si configura un'ipotesi di **responsabilità assoluta**, basata sul mero nesso di causalità materiale tra il fatto ed il danno.

La responsabilità per danno ambientale

Qualche cenno più articolato merita la materia del **danno ambientale** (introdotta dall'art. 18, l. n. 349/1986 ed ora disciplinata, in termini profondamente innovativi anche quanto alle modalità di accertamento del fatto dannoso e di condanna al risarcimento del responsabile, dagli art. 300 s. d.lgs. n. 152/2006).

In particolare, questa disciplina definisce il danno ambientale come "qualsiasi deterioramento significativo e misurabile, diretto o indiretto, di una risorsa naturale o dell'utilità assicurata da quest'ultima" (art. 300), attribuendo al Ministro dell'ambiente e della tutela del territorio la legittimazione ad ottenerne il risarcimento "in forma specifica e, se necessario, per equivalente patrimoniale" (art. 311, co. 1). La legittimazione del Ministero ad agire per il risarcimento si spiega in quanto il danno ambientale si configura come il danno subito dalla collettività che vede compresso o addirittura precluso il godimento della risorsa naturale incisa dall'illecito. Proprio per questo, il risarcimento del danno ambientale non interferisce in alcun modo con la pretesa risarcitoria di coloro che abbiano subito, a seguito del medesimo fatto produttivo di danno ambientale, danni su beni di loro proprietà o alla propria salute, pretesa suscettibile di essere fatta valere secondo le regole ordinarie.

Gli aspetti caratteristici della disciplina, rispetto a quella generale racchiusa nel codice civile, possono essere ravvisati: nella definizione della fattispecie produttiva di danno risarcibile (che lo individua nella realizzazione di un fatto illecito ovvero nella omissione di "attività o comportamenti doverosi, con violazione di legge, di regolamento o di provvedimento amministrativo, con negligenza, imperizia, imprudenza o violazione di norme tecniche" tali da arrecare "danno all'ambiente, alterandolo, deteriorandolo o distruggendolo in tutto o in parte"); nella preminenza assegnata al rimedio del risarcimento in forma specifica, definito all'art. 311, co. 2, d.lgs. n. 152/2006, come ripristino della "precedente situazione", rispetto al modello codicistico che – come si è visto – ravvisa nel risarcimento per equivalente la modalità risarcitoria di portata generale.

La responsabilità civile dei magistrati

Quanto alla materia della responsabilità civile dei **magistrati** (art. 2, l. n. 117/1988, da ultimo modificata con l. n. 18/2015), la stessa si presenta caratterizzata da un'accentuazione particolare del profilo sanzionatorio, dato che i magistrati rispondono **solo** per dolo e colpa grave (e le ipotesi di colpa grave sono oggetto di elencazione da parte della stessa legge, nel senso della loro sussistenza in caso di violazione manifesta della legge nonché del diritto dell'Unione Europea, di travisamento del fatto o delle prove, ovvero l'affermazione di un fatto la cui esistenza è incontrastabilmente esclusa dagli atti del procedimento o la negazione di un fatto la cui esistenza risulta incontrastabilmente dagli atti del procedimento, ovvero l'emissione di un provvedimento cautelare personale o reale fuori dai casi consentiti dalla legge oppure senza motivazione). L'art. 2, co. 2, peraltro, ha cura di precisare che, salvi i casi di colpa grave e di dolo, nell'esercizio delle funzioni giudiziarie, non può dare luogo a responsabilità l'attività di interpretazione di norme di diritto né quella di valutazione del fatto e delle prove.

Un'ulteriore particolarità della disciplina dell'istituto, che si collega all'esigenza di evitare che il rischio di incorrere in responsabilità condizioni la serenità del magistrato, sta nel fatto che il danneggiato potrà convenire in giudizio per ottenere il risarcimento non direttamente il magistrato che abbia cagionato il danno, ma lo Stato. Sarà lo Stato a dover esercitare obbligatoriamente la rivalsa nei confronti del magistrato responsabile, nel caso di diniego di giustizia ovvero quando il traviamento del fatto o delle prove siano stati determinati da dolo o negligenza inescusabile entro il limite quantitativo della metà dello stipendio annuo in godimento del medesimo, limite inapplicabile in caso di fatto commesso dolosamente.

Il danno da prodotti difettosi

La materia del danno da **prodotti difettosi** (ipotesi introdotta dal d.P.R. n. 224/1988 ora trasfuso negli art. 114 s. cdc) rinviene la propria peculiarità nel fatto di configurare, secondo il prevalente orientamento, un caso di **responsabilità oggettiva.**

I principi fondamentali che disciplinano tale istituto possono essere così riassunti: il produttore è responsabile del danno cagionato da difetti del suo prodotto (art. 114 cdc); il prodotto è "difettoso quando non offre la sicurezza" che dal medesimo ci si poteva legittimamente attendere alla luce di una serie di circostanze, tra le quali assumono rilievo il modo ed il tempo in cui il prodotto è stato messo in circolazione e l'uso al quale il prodotto poteva essere ragionevolmente destinato, oltre che i comportamenti che, in relazione ad esso, si potevano ragionevolmente prevedere (art. 117 cdc); la responsabilità è esclusa (art. 118 cdc): quando il produttore non abbia messo il prodotto in circolazione; se il difetto che ha cagionato il danno non esisteva al momento della messa in circolazione del prodotto; se il produttore non ha fabbricato il prodotto per la vendita o per altra forma di distribuzione a titolo oneroso, né lo ha fabbricato o distribuito nell'esercizio della sua attività professionale; qualora il difetto sia dovuto alla conformità del prodotto ad una norma giuridica imperativa o ad un provvedimento vincolante; quando lo stato delle conoscenze, al momento della messa in circolazione del prodotto, non consentiva di considerarlo come difettoso; quando il produttore o il fornitore abbia fornito una parte componente o una materia prima, nell'ipotesi in cui il difetto sia interamente dovuto alla concezione del prodotto in cui la parte o componente siano state incorporate; il danno risarcibile (art. 123 cdc) è limitato – oltre che a quello cagionato dalla morte o da lesioni personali – a quello riferito alla "distruzione o al deterioramento di una cosa diversa dal prodotto difettoso, purché di tipo normalmente destinato all'uso o consumo privato e così principalmente utilizzata dal danneggiato", e ciò nella misura in cui ecceda il limite di € 387,00.

Il danno da trattamento dei dati personali

Profili di specialità presenta anche la materia del **danno da trattamento dei dati personali**, con la previsione di **generale risarcibilità** del danno non patrimoniale: art. 15, co. 2 cdp nonché, quale criterio di imputazione dell'obbligo risarcitorio, di quello previsto, per l'esercizio di **attività pericolose**, dall'art. 2050.

La disciplina di tale materia è stata peraltro innovata dal Regolamento 2016/679/UE, già in precedenza citato, che riconosce, a chiunque subisca un danno materiale o immateriale causato da una violazione del medesimo regolamento, il diritto di ottenere il risarcimento del danno dal titolare del trattamento (o dal responsabile del trattamento), a meno che questi non dimostri che l'evento dannoso "non gli è in alcun modo imputabile"; ne consegue che il meccanismo di esonero dalla responsabilità è nel senso che, in mancanza di tale dimostrazione, una responsabilità sarà comunque ritenuta accertata in capo a detti soggetti.

Capitolo IX

L'ATTIVITÀ ECONOMICA ORGANIZZATA: IMPRESA, LAVORO, CONCORRENZA E MERCATO

1. *La nozione di imprenditore*

Il Libro V del codice civile, intitolato "Del Lavoro" disciplina le attività economiche nelle varie forme che queste possono assumere: **lavoro subordinato** (art. 2094 s.), **lavoro autonomo** e **professioni intellettuali** (art. 2222 s.), **impresa individuale** (art. 2082 s.), **società** (art. 2247 s.).

Costituzione economica

In particolare, in un sistema economico come il nostro, di tipo capitalistico, l'impresa assume un ruolo di primo piano. Anche la Costituzione infatti, all'art. 41, si cura di garantire la libertà di iniziativa economica privata, di cui l'impresa è la massima espressione assolvendo a una funzione di raccordo tra capitale e lavoro da un lato, e consumatori dall'altro.

Tuttavia, la tutela costituzionale dell'impresa non è incondizionata, poiché deve bilanciarsi con la tutela di valori primari quali la sicurezza, la libertà e la dignità umana, e inoltre non deve svolgersi in contrasto con l'utilità sociale. Di conseguenza si pone l'esigenza non solo di coordinare la disciplina dell'impresa con le norme poste a tutela del lavoro subordinato e dell'ambiente, ma anche di affiancare l'intervento pubblico all'attività privata (artt. 41, co. 3 e 43 Cost.), seppure nei limiti, oggi sempre più stringenti, posti dai Trattati dell'Unione Europea, che impongono un modello economico imperniato sulla libertà del mercato e sulla concorrenza.

Impresa e imprenditore

Nel codice civile l'art. 2082 individua i tratti costitutivi dell'impresa privilegiando un approccio di tipo soggettivo: l'impresa viene dunque definita attraverso la nozione di **imprenditore**, un po' come accade all'art. 832 dove la proprietà viene definita attraverso l'elencazione delle facoltà spettanti al proprietario.

In base a questa norma "è imprenditore chi esercita professionalmente un'attività economica organizzata al fine della produzione o dello scambio di beni o di servizi".

Dall'analisi della norma emergono i caratteri essenziali dell'impresa. Essa infatti è:

1. **attività**, cioè insieme coordinato di una pluralità di atti;

2. **economica**, ovvero operante con un criterio, appunto, di economicità che mira al pareggio tra costi e ricavi. È invece controverso in dottrina se sia requisito necessario dell'impresa anche lo scopo di lucro, cioè l'intento dell'imprenditore di conseguire un guadagno personale. Se è vero infatti che normalmente l'imprenditore è animato dall'intento di realizzare il massimo profitto consentito dal mercato (c.d. lucro soggettivo), è anche vero che un mero movente psicologico non può ritenersi essenziale per qualificare l'impresa: l'applicazione della relativa disciplina, in quanto volta anche, come vedremo, a tutelare i terzi che entrano in contatto con l'imprenditore, deve fondarsi infatti su dati esteriori e oggettivi. Al massimo può discutersi se sia essenziale il c.d. lucro oggettivo, cioè lo svolgimento dell'attività secondo modalità astrattamente lucrative. Tuttavia, poiché la nozione di imprenditore è unitaria, e deve essere tale da comprendere sia l'impresa privata sia quella pubblica, sia l'attività svolta da società lucrative, sia quella svolta da enti istituzionalmente volti a uno scopo non lucrativo (associazioni e fondazioni) o da enti mutualistici, si deve concludere nel senso che è sufficiente a caratterizzare l'impresa lo svolgimento dell'attività con metodo economico, indipendentemente dallo scopo di lucro;

3. **professionale**, perché svolta in modo stabile e non occasionale. Non è invece necessario che essa abbia carattere continuativo (si pensi alle attività di carattere stagionale). Così come non è necessaria l'esclusività dell'esercizio, essendo possibile anche il contemporaneo svolgimento di più attività di impresa da parte dello stesso soggetto. Inoltre,

anche una singola iniziativa economica, che si esaurisce in un unico episodio, può concretamente assumere i caratteri dell'imprenditorialità (ad es., la costruzione di un immobile e la vendita dei singoli appartamenti);

4. **organizzata**, perché fondata su un capitale e su un apparato produttivo costituito dalla forza lavoro e da un complesso di beni (materiali e immateriali) funzionalmente destinati all'esercizio dell'impresa, che prende il nome di **azienda** (disciplinata agli art. 2555 s.). Ci si chiede, tuttavia, se si possa parlare di impresa anche quando il processo produttivo si fondi esclusivamente sul lavoro personale del soggetto agente, difettando la c.d. etero-organizzazione. Sul punto la dottrina è divisa, e muovendo dalla nozione di piccolo imprenditore (art. 2083) trae argomenti ora a favore, ora contro l'ammissibilità di un'impresa siffatta;

5. volta alla produzione o allo scambio di beni o servizi, perché l'attività economica deve essere prevalentemente destinata al mercato, sia tramite la produzione di nuovi beni, sia tramite lo scambio dei medesimi che, una volta distribuiti ai consumatori, accrescono la loro pregressa utilità. Non ha, dunque, carattere imprenditoriale, secondo la dottrina maggioritaria, la c.d. impresa per conto proprio, quella cioè volta alla produzione di beni o servizi destinati ad uso o consumo personale dell'imprenditore. Tuttavia, è sufficiente che l'impresa produca anche per un unico consumatore, come avviene nei contratti di fornitura in esclusiva.

Si ritiene, invece, che non sia requisito essenziale per la configurazione dell'impresa la liceità dell'attività svolta: il carattere illecito della stessa, infatti, si ripercuote sulla validità dei negozi e sulla responsabilità personale dell'imprenditore, ma non impedisce l'applicazione della normativa sull'impresa.

Occorre precisare, però, che lo svolgimento di attività rispondente ai requisiti sopra individuati, non sempre determina l'acquisto della qualità di imprenditore. Vi sono, infatti, attività sicuramente produttive per le quali la qualifica di imprenditore è esclusa in via di principio dal legislatore. È questo il caso delle **professioni intellettuali**, come si desume dall'art. 2238, co. 1, ai sensi del quale, le norme in tema di impresa si applicano ai professionisti solo se "l'esercizio della professione costituisce elemento di un'attività organizzata in forma di impresa". Dunque, i liberi professionisti in quanto tali non sono mai imprenditori.

L'imprenditore, ai sensi dell'art. 2086, è il **capo** dell'impresa e da lui dipendono gerarchicamente i suoi collaboratori. Di questi ultimi, però, l'imprenditore è responsabile dovendo adottare, nell'esercizio dell'attività, le misure che, secondo la particolare tipologia di lavoro, l'esperienza e la tecnica, sono necessarie a tutelare l'integrità fisica e la personalità morale dei prestatori di lavoro.

Con l'entrata in vigore del nuovo Codice della crisi d'impresa, prevista per il 1° settembre 2021, la rubrica dell'art. 2086 sarà modificata dall'attuale "Direzione e gerarchia dell'impresa" alla nuova formulazione "Gestione dell'impresa", con l'aggiunta di un nuovo co. 2, a norma del quale "l'imprenditore, che operi in forma societaria o collettiva, ha il dovere di istituire un assetto organizzativo, amministrativo e contabile adeguato alla natura e alle dimensioni dell'impresa, anche in funzione della rilevazione tempestiva della crisi dell'impresa e della perdita della continuità aziendale, nonché di attivarsi senza indugio per l'adozione e l'attuazione di uno degli strumenti previsti dall'ordinamento per il superamento della crisi e il recupero della continuità aziendale".

Il novellato art. 2086, nell'intenzione del legislatore, mira a favorire l'emersione tempestiva della crisi, obbligando l'imprenditore diverso dall'imprenditore individuale a istituire un assetto organizzativo, amministrativo e contabile, adeguato alla natura e alle dimensioni dell'impresa e idoneo alla rilevazione tempestiva della crisi dell'impresa che gli consenta di attivarsi senza indugio per l'adozione e l'attuazione di uno degli strumenti previsti dall'ordinamento per il superamento della crisi e il recupero della continuità aziendale.

La qualità di imprenditore si acquista a titolo originario con l'inizio dell'attività di impresa e si perde automaticamente quando detta attività cessa. L'esistenza o meno di un'impresa è, dunque, una questione di fatto. Quando viene preventivamente creata una stabile organizzazione aziendale, anche un solo atto di esercizio sarà sufficiente a consacrare l'inizio dell'attività. Qualora invece manchi una fase preparatoria solo la ripetizione nel tempo di atti di impresa omogenei e coordinati dà luogo a quell'attività professionale e organizzata che identifica il sorgere dell'impresa.

La cessazione dell'attività di impresa è di solito preceduta da una fase di **liquidazione** durante la quale si definiscono i rapporti pendenti. La fase di liquidazione costituisce ancora esercizio dell'impresa e, dunque, la qualità di imprenditore si perde solo con la chiusura della liquidazione.

Occorre segnalare che la nozione di impresa codicistica non coincide pienamente con quella dell'UE. Per il diritto europeo svolge attività di impresa qualsiasi soggetto che esercita un'attività economica, vale a dire l'offerta di beni e servizi su un determinato mercato, indipendentemente dalla struttura giuridica o organizzativa, dalla natura pubblica o privata, nonché dalle modalità di finanziamento e dalle finalità di lucro. L'elaborazione di una siffatta ampia nozione si deve ad un ormai consolidato orientamento della Corte di Giustizia. La più ampia nozione di impresa nel diritto dell'Unione rileva per l'ambito di applicazione del diritto *antitrust*; ad essa occorre far riferimento per individuare i soggetti che devono svolgere la propria attività nel rispetto del principio di concorrenza.

2. *Le diverse categorie di imprenditori*

Statuto generale dell'imprenditore

La nozione generale di impresa, come sopra individuata, funge da presupposto per l'applicazione di alcune norme comuni a tutti gli imprenditori. Si tratta del c.d. **statuto generale** dell'imprenditore, che comprende la disciplina dell'azienda e dei segni distintivi (art. 2555 s.; art. 2563 s.), la disciplina della concorrenza e dei consorzi (art. 2595 s. e art. 2602 s.), la disciplina del rapporto di lavoro (art. 2094 s.) nonché alcune norme speciali in tema di contratti sparse nel Libro IV del codice civile (tra le quali gli artt. 1330, 1368, 1722 n. 4).

Tipi di impresa

Tuttavia, l'impresa non è fattispecie a disciplina unitaria. Il codice civile distingue, infatti, diversi tipi di imprese utilizzando tre criteri:

a) l'**oggetto** dell'impresa, in base al quale si distingue tra imprenditore agricolo (art. 2135 c.c.) e commerciale (art. 2195);
b) la **dimensione** dell'impresa, in base alla quale si distingue tra piccolo imprenditore (art. 2083 c.c.) e imprenditore medio-grande;
c) il **soggetto** che esercita l'impresa, in base al quale si distingue tra impresa individuale, impresa in forma societaria e impresa pubblica.

Detti criteri, operano su piani diversi e, dunque, sono cumulabili tra loro ai fini della qualificazione di una determinata impresa e dell'applicazione della relativa disciplina.

Statuto dell'imprenditore commerciale

Inoltre, accanto allo statuto generale dell'imprenditore, è possibile rinvenire uno specifico statuto dell'imprenditore **commerciale** che integra il primo. Esso comprende l'iscrizione nel Registro delle Imprese con effetti di pubblicità legale (art. 2188 s.), la disciplina della rappresentanza commerciale (art. 2203 s.), le scritture contabili (art. 2214 s.) il fallimento e le altre procedure concorsuali (r.d. n. 267/1942 recentemente oggetto di una profonda riforma di cui si dirà *infra*). Tuttavia, il suo ambito di applicazione non è perfettamente coincidente con la nozione di imprenditore commerciale, poiché taluni istituti che lo compongono si applicano alle società pure se non commerciali e altri non trovano applicazione nei confronti di imprenditori commerciali perché qualificati come piccoli imprenditori o perché soggetti pubblici.

Viceversa, non è rintracciabile nel nostro sistema normativo un vero e proprio statuto dell'imprenditore agricolo o della piccola impresa. Siffatte qualifiche hanno dunque un rilievo essenzialmente **negativo** essendo volte a delimitare l'ambito di applicazione della disciplina dell'impresa commerciale.

2.1. *L'imprenditore agricolo*

Art. 2135

Il primo dei criteri classificatori delle imprese, individuati più sopra, si fonda sull'oggetto dell'impresa, e consente di distinguere tra imprenditore agricolo e commerciale. In particolare, è imprenditore **agricolo** chi svolge una della attività indicate dall'art. 2135.

Ciclo biologico

Alla luce di tale disposizione, è imprenditore agricolo chi svolge un'attività di coltivazione del fondo, la selvicoltura, l'allevamento di animali e le attività connesse. Il co. 2 della norma in esame precisa che deve trattarsi di "attività dirette alla cura ed allo sviluppo di un ciclo biologico o di una fase necessaria del ciclo stesso, di carattere vegetale o animale, realizzate utilizzando o potendo utilizzare il fondo, il bosco o le acque dolci, salmastre o marine".

La nuova definizione, introdotta dal d.lgs. n. 228/2001, abbandona la precedente impostazione che ruotava intorno allo stretto rapporto tra la produzione e la terra. In passato, infatti, l'attività agricola si caratterizzava per la presenza di un duplice fattore di rischio, imprenditoriale e ambientale, e ciò giustificava l'applicazione di una normativa di favore e l'esonero dallo statuto dell'impresa commerciale: tale soluzione non aveva, invece, ragion d'essere nel caso di colture artificiali.

Oggi, al contrario, ciò che rileva è esclusivamente l'inerenza della produzione con un **ciclo biologico**, indipendentemente dal legame con la terra e dalla presenza del rischio ambientale. Rientrano, dunque, nell'attività agricola l'orticoltura, la coltivazione in serra o in vivai, la floricoltura, le coltivazioni idroponiche e aeroponiche (c.d. coltivazioni fuori terra).

Anche l'allevamento oggi comprende non più solo il bestiame tradizionalmente allevato sul fondo, ma anche gli animali da cortile, o allevati in batteria, o gli animali da corsa e da pelliccia. Inoltre, è agricola anche l'attività di acquacoltura e l'impresa ittica. La selvicoltura, per parte sua, consiste nella cura del bosco per ricavarne i relativi frutti.

Attività connesse

Per quanto concerne le "**attività connesse**" a cui fa riferimento l'ultima parte del co. 1 dell'art. 2135, esse consistono:

– nelle attività dirette alla manipolazione, conservazione, trasformazione, commercializzazione e valorizzazione di prodotti ottenuti prevalentemente da una delle tre attività agricole essenziali sopra individuate;

– nelle attività dirette alla fornitura di beni o servizi mediante l'utilizzazione prevalente di attrezzature o risorse normalmente impiegate nell'attività agricola esercitata, comprese quelle di valorizzazione del territorio e del patrimonio rurale e forestale, ovvero di ricezione ed ospitalità (attività agrituristiche).

Si tratta di attività oggettivamente commerciali, che però sono definite *ex lege* agricole quando sono esercitate in connessione con una delle tre attività agricole essenziali. È necessario, dunque, che il soggetto che le esercita sia già qualificabile come imprenditore agricolo, in quanto svolge in forma di impresa una delle tre attività agricole tipiche che sia coerente con quella connessa (connessione **soggettiva**). Inoltre, deve ricorrere una connessione **oggettiva** che viene stabilita attraverso il criterio della **prevalenza**: deve trattarsi infatti di attività aventi ad oggetto prodotti, beni o servizi forniti mediante uso prevalente di risorse dell'azienda agricola. È, infine, necessario che le attività connesse non prevalgano, per rilievo economico, sull'attività agricola essenziale.

L'imprenditore agricolo è assoggettato allo statuto generale dell'imprenditore, ma sottratto a quello dell'imprenditore commerciale. Pertanto, non ha obbligo di tenuta delle scritture contabili (art. 2214), né è assoggettato alle procedure concorsuali. Va tuttavia segnalato come l'art. 23, co. 43, d.l. n. 98/2011, convertito in l. n. 111/2011, abbia introdotto, per l'imprenditore agricolo che versi in stato di crisi o di insolvenza, la possibilità di accedere alle procedure di cui agli artt. 182 *bis* (accordi di ristrutturazione dei debiti) e 182 *ter* (transazione fiscale) l.f. Quanto all'iscrizione nel Registro delle Imprese, originariamente esclusa, essa è stata oggi estesa anche a tali imprenditori. L'art. 2, d.lgs. n. 228/2001 prevede, infatti, che l'iscrizione degli imprenditori agricoli, dei coltivatori diretti e delle società semplici esercenti attività agricola nell'apposita sezione speciale del Registro delle Imprese, oltre alle funzioni di certificazione anagrafica e a quelle previste dalle leggi speciali, dispieghi l'efficacia di cui all'art. 2193 garantendo dunque l'**opponibilità** ai terzi dei fatti iscritti.

2.2. *L'imprenditore commerciale. L'impresa civile*

È imprenditore commerciale chi esercita una delle attività elencate nell'art. 2195, co. 1, e in particolare: Art. 2195

1. attività **industriale** diretta alla produzione di beni o di servizi;
2. attività **intermediaria** nella circolazione dei beni;
3. attività di **trasporto** per terra, per acqua o per aria;
4. attività **bancaria** o **assicurativa**; essa ha per oggetto la raccolta del risparmio tra il pubblico e l'esercizio del credito ed è disciplinata per lo più dalla legislazione speciale (d.lgs. n. 385/1993). Anche l'attività bancaria è, in sostanza, attività di intermediazione nella circolazione del bene denaro, e in quanto tale rappresenta una specificazione del n. 2;
5. altre attività **ausiliarie** delle precedenti. Si tratta di tutte quelle attività che producono servizi (e in quanto tali riconducibili al n. 1) di supporto all'altrui attività di impresa. Si pensi alle imprese di agenzia, mediazione, deposito, spedizione, commissione, pubblicità commerciale, marketing, ecc.

Dalla norma emerge chiaramente, dunque, come gli elementi che individuano l'impresa commerciale rispetto all'impresa agricola siano essenzialmente il carattere **industriale** ed il carattere **intermediario** dell'attività, individuati dai nn. 1 e 2 della norma in esame, dato che le attività indicate nei nn. 3, 4 e 5 non sono altro che specificazioni delle prime due categorie. Tuttavia, ad una più attenta analisi, non risulta ben chiaro in cosa consistano l'industrialità e l'intermediazione, e in che senso queste categorie aiutino a identificare l'impresa commerciale: infatti la produzione e lo scambio di beni e servizi sono già indicati dall'art. 2082 c.c. quali requisiti dell'impresa in generale.

Imprese civili

L'incertezza classificatoria appena evidenziata ha suscitato negli interpreti il dubbio che il sistema codicistico lasciasse spazio ad una terza categoria di imprese, né agricole né commerciali: le c.d. **imprese civili**. Infatti, se il requisito dell'industrialità viene interpretato in senso stretto, nel suo significato tecnico-economico di attività che implichi l'impiego di materie prime e la loro trasformazione in nuovi beni, rimarrebbero escluse dalla nozione di impresa commerciale, e dunque sarebbero imprese civili, quelle imprese che producono beni senza trasformare materie prime (ad es., le imprese minerarie), nonché le imprese che producono servizi ausiliari ad attività non commerciali.

Anche per quanto riguarda il requisito dell'intermediazione, se esso viene interpretato in senso stretto, ritenendo cioè che esso ricorra solo qualora si proceda sia all'acquisto sia alla vendita di beni, non potrà qualificarsi come imprenditore commerciale, e sarà pertanto imprenditore civile, chi alieni beni propri o eroghi credito con mezzi propri.

Tuttavia, la dottrina contraria all'idea di dare autonoma cittadinanza alla nozione di impresa civile ritiene che in realtà la lettura dell'art. 2195 debba essere un'altra: l'attività industriale consisterebbe, semplicemente, nella produzione di beni o servizi non agricoli mentre l'intermediazione andrebbe intesa in senso ampio come attività di scambio e circolazione di beni non qualificabile come agricola per connessione. Se dunque viene definita commerciale l'impresa che svolge attività non agricola, non residua alcuno spazio per la categoria delle imprese civili. L'accettazione dell'una o dell'altra tesi non è scevra da ricadute applicative: riconoscere l'esistenza delle imprese civili consentirebbe, ad es., di ampliare l'area delle attività produttive sottratte allo statuto dell'imprenditore commerciale.

2.2.1. *Lo statuto dell'imprenditore commerciale*

Registro delle imprese

a) Le imprese commerciali, ai sensi dell'art. 2195 devono essere iscritte presso il **Registro delle Imprese** di cui all'art. 2188, tenuto, ai sensi dell'art. 8, l. n. 580/1993 (come modificato, recentemente, dall'art. 1, co. 10, d.lgs. n. 23/2010), presso le Camere di commercio. In esso vanno iscritti i fatti inerenti alla vita dell'impresa in modo da renderli accessibili ai terzi interessati, e di garantirne, pertanto, la **conoscibilità legale**: infatti, ai sensi dell'art. 2193, la mancata iscrizione determina l'inopponibilità di tali fatti ai terzi salvo che si provi che questi ne abbiano comunque avuto conoscenza.

Scritture contabili

b) Inoltre, ai sensi dell'art. 2214, gli imprenditori commerciali (fatta eccezione per i piccoli imprenditori), sono obbligati alla tenuta delle **scritture contabili**. A quest'obbligo sono assoggettate anche tutte le società, tranne la società semplice, pure se non esercitano attività commerciale.

L'imprenditore deve tenere quelle scritture che sono richieste dalla natura e dalle dimensioni dell'impresa. In ogni caso è però obbligato a tenere: il **libro giornale**, che è un registro cronologico-analitico in cui vengono annotate giorno per giorno le operazioni relative all'esercizio dell'impresa; il **libro degli inventari** che è un registro periodico-sistematico che contiene l'indicazione e la valutazione delle attività e delle passività dell'impresa. L'inventario si chiude con il **bilancio** (art. 2217), comprensivo dello **stato patrimoniale** e del **conto economico**, il quale deve dimostrare con evidenza e verità gli utili conseguiti o le perdite subite.

Tutte le scritture contabili, ai sensi dell'art. 2219, devono essere tenute secondo le regole di un'ordinata contabilità. Le scritture contabili possono essere sempre utilizzate dai terzi come **mezzo di prova** contro l'imprenditore, senza, però, poterne scindere il contenuto onde avvalersi solo della parte ad essi favorevole (art. 2709). Perché invece l'imprenditore possa utilizzare le sue scritture contabili come mezzo di prova contro i terzi è necessario, ai sensi dell'art. 2710, che esse siano regolarmente tenute, che la controparte sia un imprenditore e che la controversia riguardi rapporti inerenti all'esercizio dell'impresa.

Ausiliari dell'imprenditore

c) Per l'impresa commerciale sono poi previste dagli art. 2203 s., norme speciali relative alla **rappresentanza** che, derogando alla disciplina generale di cui agli art. 1387 s., individuano alcune figure tipiche di ausiliari dell'imprenditore: institori, procuratori e commessi.

In particolare, **l'institore** è colui che è preposto dal titolare all'esercizio di un'impresa commerciale o a un ramo o una sede secondaria della stessa. L'institore ha ampi poteri di gestione e rappresentanza potendo compiere tutti gli atti pertinenti all'esercizio dell'impresa a cui è preposto, salve le limitazioni contenute nella procura. Inoltre, egli può stare in giudizio in nome dell'imprenditore. Il suo potere deriva, dunque, dalla **legge** e non da una procura la quale potrà eventualmente essere rilasciata al solo fine di limitare i poteri dell'institore o, al contrario, per autorizzarlo al compimento di particolari atti, quale l'alienazione o la costituzione di ipoteca su beni immobili dell'imprenditore, che normalmente gli sono vietati (art. 2204).

Tuttavia, perché le limitazioni contenute nella procura siano opponibili ai terzi, è necessario che esse vengano pubblicate nel registro delle imprese: in mancanza, la rappresentanza si reputa generale, salva la prova di un'effettiva conoscenza da parte dei terzi dei limiti di essa (art. 2206). Analogo principio vale ovviamente anche per un'eventuale modifica o revoca della procura medesima.

Poteri più circoscritti rispetto a quelli dell'institore spettano al **procuratore**. Questi, in base all'art. 2209, pur non essendo preposto all'esercizio dell'impresa, è legittimato, in base ad un rapporto continuativo con l'imprenditore, a compiere gli atti pertinenti all'esercizio dell'impresa. Il procuratore esercita funzioni sostanzialmente esecutive, non avendo poteri autonomi di gestione ma solo poteri rappresentativi. Non è investito, dunque, della rappresentanza processuale dell'imprenditore, né è tenuto insieme con questi all'adempimento degli obblighi inerenti all'impresa. Si applicano, però, anche al procuratore le norme di cui agli artt. 2206-2207 relative alla pubblicità della procura.

Infine, **i commessi**, i quali, ai sensi dell'art. 2210, sono degli ausiliari con mansioni meramente esecutive e materiali, abilitati a compiere gli atti che ordinariamente comporta la specie delle operazioni di cui sono incaricati. Dunque, hanno anch'essi un potere di rappresentanza dell'imprenditore, ma più limitato rispetto a quello degli altri ausiliari.

Procedure concorsuali: rinvio

d) L'imprenditore commerciale è assoggettato in caso di insolvenza alle **procedure concorsuali**, sulle quali ci soffermeremo più avanti.

2.3. *Il piccolo imprenditore. L'impresa artigiana*

Piccolo imprenditore

Il secondo dei criteri di classificazione delle imprese, individuati più sopra, si basa sulle dimensioni di queste ultime, e consente di distinguere il **piccolo** imprenditore dall'imprenditore **medio-grande**. Ai sensi dell'art. 2083 "sono piccoli imprenditori i coltivatori diretti del fondo, gli artigiani, i piccoli commercianti e coloro che esercitano un'attività professionale organizzata prevalentemente con il lavoro proprio e dei componenti della famiglia". L'ultima parte della disposizione, per un verso, riveste valore di norma di chiusura, in grado di abbracciare, quindi, ipotesi diverse da quelle enunciate nella prima parte; mentre, per altro verso, assurge alla dignità di criterio generale, destinato a valere per le tre figure tipicamente individuate di piccolo imprenditore. In definitiva, costituisce carattere distintivo di tutti i piccoli imprenditori la prevalenza qualitativo-funzionale del lavoro **personale** e **familiare** rispetto al lavoro altrui e al capitale investito.

La qualifica di piccolo imprenditore, come visto per l'imprenditore agricolo, ha un rilievo essenzialmente negativo, nella misura in cui preclude l'applicazione dello statuto dell'imprenditore commerciale. Infatti, il piccolo imprenditore, anche se esercita attività commerciale, è esonerato dalla tenuta delle scritture contabili (art. 2214, co. 2) e dall'assoggettamento alle procedure concorsuali (art. 2221). L'iscrizione nel registro delle imprese, originariamente esclusa (art. 2202) è oggi prevista con funzione di pubblicità notizia (art. 8, l. n. 580/1993).

Impresa artigiana

Come visto, ai sensi dell'art. 2083 sono piccoli imprenditori anche gli **artigiani**. L'impresa artigiana, tuttavia, è oggetto anche di una disciplina speciale, la quale contiene autonomi criteri di identificazione della figura che, nella misura in cui, non coincidono puntualmente con quelli dettati in sede civilistica, danno luogo ad alcuni problemi di coordinamento normativo.

La l. n. 443/1985 agli artt. 2 e 3 definisce imprenditore artigiano chi esercita l'impresa personalmente, professionalmente e in qualità di titolare, assumendone la piena responsabilità con tutti gli oneri e i rischi inerenti alla sua direzione e gestione, e svolgendo in misura prevalente il proprio lavoro, anche manuale, nel processo produttivo. Tale impresa deve avere per scopo prevalente l'attività di produzione di beni o di prestazione di servizi, escluse le attività agricole e le attività di prestazione di servizi commerciali, di intermediazione nella circolazione di beni o ausiliarie di queste ultime, di somministrazione al pubblico di alimenti e bevande, salvo il caso che siano solamente strumentali e accessorie all'esercizio dell'impresa. Si può esercitare impresa artigiana anche in forma societaria, purché non si tratti di società per azioni o in accomandita per azioni.

Da questa definizione emerge come non sia necessario, ai fini della configurazione dell'impresa artigiana, la prevalenza del lavoro proprio e dei componenti della propria famiglia sul lavoro altrui e sul capitale investito, come è richiesto, invece, dall'art. 2083 per il piccolo imprenditore.

Le due norme hanno, dunque, un ambito di applicazione diverso, anche perché la definizione di impresa artigiana fornita dalla legge speciale non è più considerata "valida a tutti gli effetti di legge", come accadeva invece con l'abrogata l. n. 860/1956. La nozione contenuta nella legge speciale fissa adesso solo i criteri che dovranno essere osservati dalle Regioni per l'emanazione di provvidenze e agevolazioni a favore dell'artigianato. Ma perché l'impresa artigiana sia anche piccola impresa e, dunque, sottratta allo statuto generale dell'imprenditore commerciale, è necessario che ricorrano i requisiti di cui all'art. 2083.

2.4. *L'impresa pubblica*

Il terzo dei criteri di classificazione delle imprese, individuati in precedenza, si basa sul profilo soggettivo e consente di distinguere l'impresa individuale, di cui abbiamo trattato finora, dall'impresa pubblica e da quella societaria.

L'**impresa pubblica** è quella svolta dallo Stato o da altri enti pubblici (cfr. artt. 41 e 43 Cost.).

In particolare, le forme di intervento pubblico nell'economia possono essere di tre tipi:

1. gli enti pubblici possono svolgere direttamente attività d'impresa avvalendosi di proprie strutture organizzative: si parla in proposito di imprese-organo, nelle quali però l'attività d'impresa rimane secondaria e accessoria rispetto ai fini istituzionali dell'ente;
2. possono essere istituiti enti pubblici economici, il cui compito istituzionale esclusivo o principale è l'esercizio di attività d'impresa. Molti di questi enti, a partire dall'inizio degli anni '90 sono stati posti in liquidazione o soggetti a privatizzazione;
3. gli enti pubblici possono infine svolgere attività di impresa attraverso la costituzione di società, di solito per azioni nelle quali detengono una partecipazione più o meno consistente: si tratta delle società a partecipazione pubblica.

Gli enti pubblici economici, se esercitano attività commerciale sono soggetti allo statuto dell'imprenditore commerciale salvo, ai sensi dell'art. 2221, l'esonero dal fallimento e dalle procedure concorsuali minori, sostituiti dalla liquidazione coatta amministrativa o da altre procedure speciali.

Quanto alle imprese-organo, dall'analisi dei dati normativi (artt. 2093, 2201, 2221) emerge la loro esclusione dalle procedure concorsuali e dall'obbligo di iscrizione nel registro delle imprese, ma non dalla tenuta delle scritture contabili. Tuttavia, secondo una diversa e molto diffusa opzione interpretativa, esse sarebbero del tutto escluse dall'applicazione della disciplina dell'imprenditore commerciale, e soggette solo a quella dell'imprenditore in generale.

3. *L'impresa esercitata in forma collettiva: la società*

Come già detto, l'impresa può essere esercitata, oltre che da un singolo individuo, anche da una pluralità di soggetti. La modalità più comune di esercizio in forma collettiva dell'impresa è la **società**. Tuttavia, essa non è l'unica: è possibile, infatti, che l'impresa venga esercitata anche da altri enti collettivi (ad es., associazioni e fondazioni), che non perseguono istituzionalmente un fine di lucro ma che pure possono svolgere un'attività imprenditoriale.

Fonte convenzionale o …

Normalmente, la società nasce in forza di un atto volontario dei soci che stipulano un **contratto**. Si tratta di un contratto a carattere **associativo**, a struttura generalmente **plurilaterale** e caratterizzato dalla **comu-**

nione di scopo. Non tutte le società, però, hanno una fonte convenzionale: le c.d. società **legali**, infatti, nascono sulla base di un provvedimento di tipo legislativo. In questa categoria rientrano, ad esempio, le società nate dalla privatizzazione degli enti pubblici economici (ENEL, ENI, IRI) avvenuta con d.l. n. 333/1992 convertito in l. n. 359/1992.

... legale della società

Ai sensi dell'art. 2247 "con il contratto di società, due o più persone conferiscono beni o servizi per l'esercizio in comune di un'attività economica allo scopo di dividerne gli utili".

Da questa definizione è possibile trarre indicazione circa gli elementi che caratterizzano una società.

Caratteri della società

a) La **plurilateralità**. Generalmente la società nasce tra due o più persone che stipulano il contratto sociale. Questa regola generale, tuttavia, subisce ormai una vistosa eccezione nella fattispecie, di origine comunitaria, della società **unipersonale**. Quest'ultima viene costituita con atto unilaterale e può assumere esclusivamente la forma della società a responsabilità limitata o della società per azioni. In questo modo si consente all'imprenditore individuale di godere del privilegio della responsabilità limitata che è tipico di queste forme sociali, rispettando, al contempo, determinati obblighi relativi ai conferimenti (artt. 2342 e 2464) e alla pubblicità (artt. 2250, co. 4; 2362 e 2470);

b) i **conferimenti**. La società, per realizzare il suo scopo deve dotarsi di strumenti che le consentano di esercitare l'attività economica prescelta. Questi strumenti sono forniti dai soci (capitale di **rischio**) o, in alcuni casi, anche da terzi che ne ricavano un rendimento in termini di interessi e hanno diritto al rimborso alla scadenza pattuita (capitale di **credito**). In linea di massima, può essere conferita in società qualsiasi utilità economica, con le eccezioni che derivano di volta in volta dalla disciplina del singolo tipo sociale;

c) l'esercizio in **comune** di un'attività economica. Per aversi società, è necessaria l'assunzione da parte di tutti i soci del rischio di impresa e della direzione dell'attività, non essendo sufficiente la comunanza dei mezzi o dei risultati. Pertanto, non è riconducibile alla società l'**associazione in partecipazione** (art. 2549). Quest'ultima, infatti, non è un contratto associativo ma di scambio, in forza del quale l'associante imprenditore attribuisce all'associato una partecipazione agli utili della sua impresa verso il corrispettivo di un determinato apporto. L'associato partecipa alle perdite nella stessa misura in cui partecipa agli utili e, comunque, mai in misura superiore al suo apporto; egli, inoltre, è escluso dalla gestione dell'impresa. Si segnala che, da ultimo, l'art. 1, co. 28, l. n. 90/2012 ha inserito nell'art. 2549 il co. 2, a mente del quale "Qualora l'apporto dell'associato consista anche in una prestazione di lavoro, il numero degli associati impegnati in una medesima attività non può essere superiore a tre, indipendentemente dal numero degli associanti, con l'unica eccezione nel caso in cui gli associati siano legati all'associante da rapporto coniugale, di parentela entro il terzo grado o di affinità entro il secondo. In caso di violazione del divieto di cui al presente comma, il rapporto con tutti gli associati il cui apporto consiste anche in una prestazione di lavoro si considera di lavoro subordinato a tempo indeterminato".

L'oggetto sociale (ossia, l'attività svolta dalla società), d'altra parte, non può neppure consistere nel mero godimento di beni comuni, perché questa fattispecie esula dal fenomeno societario, ricadendo sotto la disciplina della **comunione** (art. 1100 s.). Per aversi società, dunque, è necessario lo svolgimento di un'attività di carattere, almeno astrattamente, produttivo;

d) la **divisione** degli utili. Con il contratto di società le parti perseguono uno scopo di **lucro** (in senso **soggettivo**), il cui antecedente logico è costituito dal perseguimento di uno scopo di lucro in senso **oggettivo**, cioè da parte della società in quanto tale.

Tuttavia, la nozione generale di società dovrebbe essere tale da adattarsi ad ogni tipo sociale, e dunque anche alle cooperative e alle società consortili, le quali non sono caratterizzate da uno scopo di lucro in senso stretto: le prime, infatti, nascono per far conseguire ai soci un risparmio di spesa o occasioni di lavoro; le seconde, viceversa, sono volte a far conseguire a ciascuno degli imprenditori consorziati un vantaggio tramite un'organizzazione comune. Per questo si parla spesso di tramonto dello scopo lucrativo, ritenendolo elemento non essenziale della nozione di società. La società diventa così uno schema organizzativo astratto destinato a occupare un'area residuale per l'esercizio delle attività economiche anche non dichiaratamente lucrative.

3.1. *I tipi di società. Trasformazione, fusione e scissione delle società*

Classi e tipi di società

Il contratto di società si configura diversamente a seconda del tipo di società prescelto dalle parti. Sono essenzialmente tre i criteri classificatori dei tipi societari:

a) società di **persone** e società di **capitali**. Appartengono alla prima categoria la società semplice, la società in nome collettivo, e la società in accomandita semplice.

Appartengono, invece, alla seconda categoria la società per azioni, la società in accomandita per azioni e la società a responsabilità limitata. La distinzione è basata sul grado di **autonomia** dell'ente societario in quanto tale rispetto alla persona dei singoli soci. Nelle società di persone tende infatti a prevalere l'aspetto contrattuale, mentre nelle società di capitali prevale l'aspetto organizzativo con la creazione di un ente diverso e distinto rispetto agli originari contraenti;

b) società idonee, o meno, all'esercizio di attività **commerciali**. L'art. 2249, infatti, ordina i tipi sociali in base all'**oggetto** della loro attività. Le società che hanno per oggetto l'esercizio di un'attività commerciale possono costituirsi secondo qualsiasi tipo, tranne la società semplice. Tuttavia, là dove non vi sia una precisa opzione dei contraenti a favore di un tipo sociale, l'attività commerciale si eserciterà nelle forme della società in nome collettivo.

Nessun limite tipologico, invece, incontra l'esercizio dell'attività agricola, anche se in mancanza di un'espressa scelta dei soci essa sarà *ex lege* regolata dalle norme sulla società semplice. Sono salve le norme riguardanti le società cooperative e quelle delle leggi speciali che per l'esercizio di particolari attività prescrivono la costituzione della società secondo un determinato tipo.

La società semplice e quella in nome collettivo, pertanto, sono tipi sociali residuali che troveranno applicazione solo ove le parti non abbiano disposto diversamente. È ravvisabile un grado di complessità crescente fra i vari tipi, dai più elementari a quelli superiori, tale per cui le lacune di disciplina di un tipo possono essere integrate ricorrendo al tipo inferiore e non viceversa.

I contraenti possono arricchire il contenuto tipico del contratto di società, nei limiti posti dalle norme inderogabili, ma non possono dar vita a società atipiche o a società miste;

Personalità giuridica, soggettività e autonomia patrimoniale delle società

c) società munite, o meno, di **personalità giuridica**. Nella relazione al Libro V del codice si legge che la personalità giuridica è riconosciuta alle società di capitali, mentre è negata alle società di persone, pur attribuendosi alla società in nome collettivo e alla società in accomandita semplice una limitata autonomia patrimoniale. Ciò nonostante, dall'analisi delle norme che concretamente disciplinano le società di persone, emerge la consapevolezza da parte del legislatore che, con la nascita di una società, sorge un nuovo soggetto titolare di diritti e doveri, con un patrimonio che, in quanto destinato all'esercizio dell'impresa e al soddisfacimento dei creditori sociali, non può che essere, almeno in linea di massima, sottratto alle pretese dei creditori personali dei soci. Sotto questo profilo, è fuor di dubbio che, pur in difetto della personalità giuridica, la società tenda, comunque, ad esibire tratti di una propria, autonoma soggettività giuridica.

L'autonomia patrimoniale delle società si misura sul piano dei rapporti con i creditori sociali. La società, infatti, è dotata di un suo patrimonio, che può, tuttavia, risultare insufficiente a garantire l'estinzione dei debiti sociali. Occorre, allora, verificare se ed in quale misura i creditori sociali possano aggredire anche il patrimonio dei singoli soci, e sotto questo profilo i singoli tipi sociali presentano differenze anche vistose che saranno illustrate più avanti. Va subito evidenziato, però, che la responsabilità illimitata del socio si accompagna sempre all'attribuzione allo stesso del potere di amministrare la società: esiste, quindi, uno stretto legame tra gestione dell'impresa e responsabilità diretta per le obbligazioni della stessa.

Trasformazione, fusione e scissione delle società

La previsione di una pluralità di tipi sociali offre ai privati l'opportunità di scegliere la forma giuridica più adatta alle dimensioni e alle caratteristiche dell'impresa che intendono avviare Nell'esercizio della loro autonomia organizzativa, i soci sono altresì liberi, entro certi limiti, di modificare, *in itinere*, il tipo sociale inizialmente adottato, ponendo così in essere le c.d. **operazioni straordinarie** (trasformazione, fusione e scissione) disciplinate nel Capo X, Titolo V del Libro V del codice civile.

a) Si ha **trasformazione** quando una società, durante la sua attività, modifica il tipo originariamente prescelto. Ai sensi dell'art. 2498 "con la trasformazione l'ente trasformato conserva i diritti e gli obblighi e prosegue in tutti i rapporti anche processuali dell'ente che ha effettuato la trasformazione". Pertanto, la trasformazione **non** comporta l'estinzione dell'ente originario e la creazione di un nuovo soggetto giuridico, né produce un effetto di tipo successorio: si tratta piuttosto di una vicenda modificativo-evolutiva, caratterizzata da un principio di **continuità** dei rapporti giuridici.

Esistono diversi tipi di trasformazione. Si ha trasformazione **omogenea** quando una società lucrativa si trasforma in un'altra società lucrativa (ad es., una società di persone si trasforma in una società di capitali).

Si ha, invece, trasformazione **eterogenea** quando una società lucrativa si trasforma in un ente di altro tipo (ad es., fondazioni, associazioni, comunioni d'azienda) o in una società non lucrativa (società cooperative o società consortili), e viceversa.

La trasformazione può essere classificata poi come **progressiva** o **regressiva**: nel primo caso si ha trasformazione di una società in un'altra di un tipo "superiore", cioè dotata di una disciplina più organica e articolata (ad es., trasformazione di una società in nome collettivo in una società per azioni); nel secondo caso si verifica il contrario.

La disciplina codicistica dell'istituto si compone di alcune norme di carattere generale e, dunque, applicabili ad ogni trasformazione, e di norme invece espressamente dedicate a particolari tipi di trasformazione.

L'atto di trasformazione è soggetto alla disciplina e alle forme di pubblicità previste per il tipo sociale che si vuole adottare all'esito dell'operazione, ma è altresì necessario assolvere agli adempimenti pubblicitari richiesti per la cessazione dell'ente che si trasforma (art. 2500).

La pubblicità, realizzata tramite l'**iscrizione** della vicenda nel registro delle imprese, assume una determinante funzione di tutela nei confronti dei terzi che entrano in contatto con la società interessata dall'operazione. Infatti, la trasformazione ha effetto dal momento in cui è stato effettuato l'ultimo degli adempimenti pubblicitari previsti, e una volta eseguita la pubblicità, l'invalidità dell'atto di trasformazione non può essere pronunciata, salvo il diritto al risarcimento del danno per i soci o i terzi danneggiati dall'operazione (art. 2500 *bis*). Tale regola subisce una parziale deroga nelle ipotesi di trasformazione eterogenea, per le quali l'art. 2500 *novies* sancisce la sospensione degli effetti dell'operazione per un termine di sessanta giorni dall'ultimo dei prescritti adempimenti pubblicitari, onde consentire ai creditori di fare opposizione.

b) La **fusione** di più società, *ex* art. 2501, può eseguirsi o mediante la costituzione di una nuova società nella quale confluiscono quelle preesistenti (c.d. fusione per **unione**), o mediante l'incorporazione in una società preesistente di una o più altre (c.d. fusione per **incorporazione**). È discussa in dottrina la natura giuridica della fusione, sottolineandosi da alcuni la struttura **successoria** del fenomeno, da altri invece l'efficacia meramente **modificativa** e **riorganizzativa** dello stesso.

Anche la fusione può essere **omogenea**, se ricorre tra società dello stesso tipo, o **eterogenea** se coinvolge organismi di tipo diverso. In quest'ultimo caso, però, l'operazione comporta anche una trasformazione e sarà dunque necessario applicare le norme di cui agli art. 2500 *septies* e *octies*.

Così come previsto in materia di trasformazione, anche nella fusione, ai sensi dell'art. 2504 *bis*, la società che risulta dalla fusione o quella incorporante assumono i diritti e gli obblighi delle società partecipanti alla fusione, proseguendo in tutti i loro rapporti anteriori, anche processuali. Anche per quel che concerne l'**invalidità** dell'operazione, l'art. 2504 *quater* riproduce la regola dettata in materia di trasformazione dall'art. 2500 *bis*. Inoltre, ai sensi dell'art. 2504 *bis*, co. 5, la fusione non libera i soci a responsabilità illimitata dalla responsabilità per le obbligazioni delle rispettive società partecipanti anteriori alla pubblicità prevista per la fusione, sempre salvo che i creditori non abbiano prestato il loro consenso all'operazione.

Regole particolari sono dettate dall'art. 2501 *bis* (come da ultimo modificato *ex* art. 37, co. 31, d.lgs. n. 39/2010) nel caso di fusione tra società una delle quali abbia contratto debiti per acquisire il controllo dell'altra, allorché, per effetto della fusione, il patrimonio di quest'ultima si costituisca quale garanzia generica o fonte di rimborso di detti debiti (c.d. *leveragedbuy out*).

Sono inoltre previste procedure semplificate nell'ipotesi di fusione per incorporazione di una società in un'altra che possiede tutte le azioni o le quote della prima (art. 2505) o che le possiede al novanta per cento (art. 2505 *bis*) – con disciplina recentemente modificata dall'art. 1, co. 7-8, d.lgs. n. 123/2012 (in attuazione della dir. 2009/109) – o, ancora, nel caso di fusione cui non partecipano società con capitale rappresentato da azioni (art. 2505 *quater*).

c) Con la **scissione** una società (c.d. **scissa**) assegna l'intero suo patrimonio a più società (c.d. **beneficiarie**), preesistenti o di nuova costituzione, ovvero assegna solo una parte del suo patrimonio a una o più società, con contestuale assegnazione ai soci della scissa di azioni o quote delle società beneficiarie (art. 2506). Nel primo caso si parla di scissione **totale**; nel secondo, di scissione **parziale**. La scissione può essere **omogenea** o **eterogenea**, a seconda che le società partecipanti siano dello stesso tipo o di tipo diverso. In questo secondo caso troverà applicazione anche la disciplina della trasformazione. Inoltre, la scissione si dirà per **incorporazione** se le società beneficiarie preesistono all'operazione; se invece si tratta di società create *ex novo* si avrà scissione **in senso stretto**.

La scissione ha effetto dall'ultimo degli adempimenti pubblicitari previsti dall'art. 2506 *quater* In ogni caso, ciascuna società coinvolta è solidalmente responsabile, nei limiti del patrimonio netto ad essa assegnato, dei debiti della scissa rimasti insoddisfatti.

3.1.1. *La società semplice*

La **società semplice** costituisce il modello base di disciplina di tutte le società di persone. Il contratto sociale, ai sensi dell'art. 2251, non è soggetto a particolari forme, salvo quanto eventualmente richiesto in relazione alla natura dei beni conferiti. Esso può venire modificato solo con il consenso di tutti i soci, a meno che non sia stata adottata la regola maggioritaria. Trattandosi di un contratto fortemente caratterizzato dall'*intuitus personae*, anche il trasferimento di una quota di partecipazione sociale comporta una modifica degli accordi e, conseguentemente, il consenso unanime dei soci, salvo che il contratto non disponga diversamente. In caso di trasferimento della quota *mortis causa*, valgono invece le regole di cui all'art. 2284.

Ogni socio è obbligato ad eseguire i conferimenti previsti nel contratto sociale. Se nulla è stato pattuito al riguardo, si presume che i soci siano obbligati a conferire in parti uguali tra loro quanto è necessario per il conseguimento dello scopo sociale (art. 2253). Può essere conferita qualsiasi utilità suscettibile di valutazione economica e, dunque, oltre al denaro, anche diritti di credito, servizi, beni in natura. Questi ultimi possono essere conferiti sia in proprietà, sia in godimento. È possibile anche conferire il proprio lavoro: in questo caso la partecipazione ai guadagni e alle perdite del socio d'opera, se non è determinata dal contratto, è fissata secondo equità dal giudice.

Nella società semplice non esistono organi (assemblea, consiglio di amministrazione) analoghi a quelli previsti in materia di società di capitali. Pertanto, le decisioni assunte dai soci non possono essere considerate delibere, intese come atti collegiali, ma veri e propri accordi risultanti dalla somma delle singole dichiarazioni dei membri della compagine sociale, raccolte anche informalmente.

Amministrazione

L'amministrazione della società spetta a ciascuno dei soci **disgiuntamente**, salvo che il contratto sociale stabilisca diversamente, ad es., prevedendo forme di amministrazione **congiuntiva**. In quest'ultimo caso è necessario il consenso di tutti i soci amministratori per il compimento delle operazioni sociali, salvo che vi sia urgenza di compiere un atto per evitare un danno alla società. I diritti e gli obblighi degli amministratori sono regolati dalle norme sul mandato. Gli amministratori sono solidalmente responsabili verso la società per l'adempimento degli obblighi ad essi imposti. Tuttavia, la responsabilità non si estende a chi dimostri di essere esente da colpa. I soci non amministratori hanno nei confronti degli amministratori il diritto di essere informati e di ricevere notizie sull'andamento degli affari, oltre che un vero e proprio rendiconto, qualora l'attività duri da oltre un anno.

Partecipazione agli utili

La misura della partecipazione dei soci agli utili è stabilita del contratto, o in mancanza, proporzionalmente ai conferimenti, i quali a loro volta si presumono di uguale valore. Anche la partecipazione alle perdite, in assenza di diversa pattuizione, si presume uguale a quella relativa ai guadagni. In ogni caso è nullo, ai sensi dell'art. 2265, il **patto leonino**, cioè il patto con il quale uno o più soci sono esclusi da ogni partecipazione agli utili o alle perdite.

Per quanto concerne la **responsabilità** per le obbligazioni sociali, i creditori potranno soddisfarsi innanzitutto sul patrimonio sociale. Qualora questo non risulti sufficiente, risponderanno personalmente e solidalmente i soci che hanno agito in nome e per conto della società nonché, salvo patto contrario, gli altri soci (art. 2267). La responsabilità diretta è però temperata dal *beneficium excussionis*, perché il socio richiesto del pagamento dei debiti sociali può domandare la preventiva escussione del patrimonio sociale, indicando i beni sui quali il creditore può agevolmente soddisfarsi. Invece, il creditore particolare del socio, durante tutto l'arco di vita della società, può far valere i suoi diritti sugli utili spettanti al debitore e compiere atti conservativi sulla quota di quest'ultimo. Inoltre, se gli altri beni del suo debitore sono insufficienti, può chiedere in ogni tempo la liquidazione della quota.

Scioglimento

Lo **scioglimento** del rapporto sociale limitatamente ad un socio può avvenire per morte, recesso, esclusione deliberata dai soci, fallimento o liquidazione della quota ad iniziativa del creditore particolare del socio. In tutti questi casi il socio uscente, o i suoi eredi, hanno diritto al pagamento entro sei mesi di una somma di denaro pari al valore della quota.

Invece, le cause di **scioglimento della società**, elencate dall'art.

2272, sono: il decorso del termine previsto; il conseguimento o la sopravvenuta impossibilità di conseguire l'oggetto sociale, la volontà dei soci; il venir meno della pluralità dei soci se non viene ricostituita nel termine di sei mesi; le altre cause previste nel contratto sociale.

3.1.2. *La società in nome collettivo*

Alla società in nome collettivo si applica, dove non previsto diversamente (art. 2293), la disciplina della società semplice, che costituisce il tipo sociale residuale in materia di società di persone. Ci si concentrerà quindi in questo paragrafo sulle differenze di disciplina dei due modelli.

Anche nella società in nome collettivo l'atto costitutivo non necessita, ai fini della sua validità, di particolari forme. Tuttavia, la forma scritta è richiesta onde procedere alla **iscrizione** nel registro delle imprese, modalità pubblicitaria imprescindibile trattandosi di società commerciale. Se manca tale iscrizione si avrà una società **irregolare**, che non è una società invalida, ma una società disciplinata nei confronti dei terzi dalle norme che regolano la società semplice, ferma restando, però, la responsabilità solidale e illimitata di tutti i soci (art. 2291). Nel Registro devono poi essere iscritte tutte le vicende modificative o estintive del contratto sociale.

L'art. 2295 individua analiticamente il contenuto dell'**atto** costitutivo. Alcune di queste previsioni, ad es., quelle riguardanti l'amministrazione della società, i conferimenti, la partecipazione agli utili, ove non soddisfatte dall'atto costitutivo, sono integrate dalla legge (artt. 2253, 2257, 2263). Per quanto concerne gli altri elementi (generalità dei soci, sede e oggetto dell'attività, ragione sociale), la loro mancata previsione determina l'irregolarità della società per impossibilità di registrazione, ma non la sua nullità.

Autonomia patrimoniale

Quanto all'autonomia patrimoniale della società, ai sensi dell'art. 2291, tutti i soci rispondono **solidalmente** e **illimitatamente** per le obbligazioni sociali, e l'eventuale patto contrario non ha effetto di fronte ai terzi, ma solo nei rapporti tra i soci, salvo sempre il divieto di patto leonino. La responsabilità dei soci, tuttavia, riveste un carattere di **sussidiarietà**: infatti, i creditori sociali non possono pretendere il pagamento dai singoli soci se non dopo l'escussione del patrimonio sociale (art. 2304).

Amministrazione

In difetto di diversa previsione nell'atto costitutivo, **tutti** i soci sono amministratori e hanno la rappresentanza della società, potendo compiere gli atti che rientrano nell'oggetto sociale, pur se di straordinaria amministrazione, salve le limitazioni che risultano dall'atto costitutivo o dalla procura, le quali però sono opponibili solo se iscritte nel registro delle imprese, ovvero si provi che i terzi ne fossero comunque a conoscenza.

Scioglimento e cancellazione

La società si scioglie per le stesse cause previste dall'art. 2272 in materia di società semplice ma anche, là dove essa svolga un'attività commerciale, per la dichiarazione di fallimento. L'estinzione della società, nei confronti dei terzi, discende, però, solo dalla sua cancellazione dal registro delle imprese. Eseguita la cancellazione, i creditori sociali rimasti insoddisfatti potranno fare valere le loro pretese creditorie nei confronti dei soci e, se il mancato pagamento sia dipeso da colpa dei liquidatori, anche di questi ultimi (art. 2312), potendo altresì richiedere entro l'anno dalla cancellazione della società dal registro delle imprese la sua dichiarazione di fallimento (art. 10, co. 1, l.f.).

3.1.3. *La società in accomandita semplice*

Categorie di soci, responsabilità, amministrazione

Anche alla società in accomandita semplice si applica la disciplina relativa alla società in nome collettivo e, quindi, e di risulta, quella della società semplice, salvo quanto espressamente previsto per questo tipo sociale (art. 2315). Nella società in accomandita semplice sono presenti **due** categorie di soci: gli **accomandatari** e gli **accomandanti**. I primi, ai sensi dell'art. 2313, rispondono **solidalmente** e **illimitatamente** per le obbligazioni sociali; i secondi, invece, rispondono **limitatamente** alla quota conferita. L'atto costitutivo deve indicare queste due categorie di soci: in mancanza la società non potrà essere iscritta nel Registro delle Imprese e sarà irregolare, anche se la responsabilità dei soci accomandanti rimarrà sempre limitata alla loro quota. Gli accomandatari hanno, in definitiva, una posizione analoga a quella dei soci di società in nome collettivo: sebbene, dunque, siano responsabili solidalmente e illimitatamente, godono del beneficio della preventiva escussione ai sensi dell'art. 2304. La responsabilità illimitata degli accomandatari, dal canto suo, si accompagna all'attribuzione a questi ultimi del potere di **amministrazione** (art. 2318, co. 2).

Per gli accomandanti è, invece, previsto il c.d. divieto di **immistione**: essi, cioè, non possono amministrare la società né concludere affari in nome di quest'ultima se non in forza di procura speciale. La mancata osservanza di tale divieto importa la loro responsabilità illimitata e solidale verso i terzi, nonché l'estensione ad essi dell'eventuale fallimento della società, senza che, per converso, tutto questo comporti l'assunzione della veste di accomandatari e, dunque, di amministratori della società (art. 2320, co. 1). La regola è funzionale ad un'esigenza di tutela dell'affidamento che l'accomandante, comportandosi in pratica come un accomandatario, abbia generato nei terzi.

Il potere di amministrare la società presuppone la qualità di socio accomandatario: ma non discende automaticamente da essa, giacché si può essere accomandatari senza essere amministratori. Gli amministratori sono nominati, e revocati con il consenso di tutti gli accomandatari e con l'approvazione di tanti soci accomandanti che rappresentino la maggioranza del capitale da essi sottoscritto.

La presenza di due distinte categorie di soci incide anche sul diverso regime di **circolazione** della quota: infatti per il trasferimento *inter vivos* della quota di accomandatario è necessario il consenso di tutti i soci, trattandosi di modifica del contratto sociale, mentre per il trasferimento *mortis causa* si applica la disciplina di cui all'art. 2284. La quota dell'accomandante, viceversa, è liberamente trasmissibile per causa di morte, e *inter vivos*, con il consenso dei soci che rappresentano la maggioranza del capitale. Gli accomandanti, infatti, sono, come visto, soci di capitale che non assumono responsabilità illimitata e poteri gestori: pertanto, la cessione della loro partecipazione non costituisce modifica dell'atto costitutivo.

Scioglimento

La società in accomandita semplice si scioglie per le cause di cui agli artt. 2272 e 2308, ma anche per una particolare causa che è propria di questo tipo sociale. Infatti, là dove venga meno una delle due categorie di soci, la società si scioglie se nel termine di sei mesi non sia stato sostituito il socio che è venuto meno (art. 2323). Dopo la liquidazione i creditori possono rivalersi non solo sui soci accomandatari e sui liquidatori, ma anche sui soci accomandanti, limitatamente però alla quota di liquidazione.

3.1.4. *La società per azioni*

La società per azioni è una delle tre società di capitali contemplate dal codice civile. È indubbiamente il tipo sociale la cui disciplina presenta maggiori profili di complessità, differenziandosi, tra l'altro, a seconda che si tratti di società per azioni **aperta** o **chiusa**.

Vari modelli di società per azioni

La società è aperta se fa ricorso al mercato del capitale di rischio e le sue azioni sono diffuse tra il pubblico in misura rilevante o quotate in mercati regolamentati. In quest'ultimo caso si parla di società **quotata** e la sua disciplina è contenuta nel d.lgs. n. 58/1998 (modificato, da ultimo, con d.l. n. 179/2012 convertito in l. n. 221/2012). Questa legislazione speciale è improntata ai principi della trasparenza del mercato finanziario e della tutela della concorrenza: per questo motivo vengono attribuiti significativi poteri di ispezione e controllo alla CONSOB (Commissione Nazionale per la Società e la Borsa), autorità indipendente deputata fin dal 1974 a vigilare sul corretto funzionamento della Borsa (il riferimento fondamentale è il reg. CONSOB n. 11971/1999, recentemente novellato dal reg. n. 18523/2013 e dalla delibera n. 20710/2018).

La riforma del 2003

Le società chiuse, invece, sono regolate dal codice civile. Tuttavia, la disciplina codicistica della società per azioni e delle altre società di capitali è stata oggetto di una profonda riforma ad opera del d.lgs. n. 6/2003, emanato in attuazione della l. n. 366/2001. Tale riforma è ispirata, per un verso, dall'esigenza di garantire alla società la massima autonomia statutaria, e, per altro verso, da quella di facilitare il ricorso al capitale di debito, apportato cioè dai finanziamenti di soggetti terzi.

Modalità di costituzione

La società per azioni nasce nel momento in cui l'**atto costitutivo**, che deve essere stipulato nella forma dell'**atto pubblico**, viene iscritto nel registro delle imprese. La mancata iscrizione dunque, non rileva, come invece accade nel caso delle società di persone, ai soli fini della regolarità della società: infatti, non può esistere una società per azioni irregolare o di fatto, perché la mancata iscrizione impedisce l'acquisto della personalità giuridica. Avvenuta l'iscrizione nel registro delle imprese, la nullità della società può essere pronunciata solo in casi tassativi, individuati dall'art. 2332.

La società può essere costituita per **pubblica sottoscrizione** o in unico contesto. Nel primo caso si addiviene alla stipula dell'atto costitutivo all'esito di un complesso procedimento che inizia con la redazione di un programma da parte dei **promotori**. Detto programma viene reso pubblico al fine di raccogliere adesioni presso terzi sottoscrittori, i quali si impegnano a effettuare i versamenti in denaro necessari a dar vita alla società. Infine, viene convocata l'assemblea dei sottoscrittori che, accertata la presenza delle condizioni previste dalla legge, delibera in ordine al contenuto dell'atto costitutivo.

Nella **costituzione simultanea**, viceversa, le parti, o l'unico socio nel caso di società unipersonale, stipulano immediatamente e contestualmente l'atto costitutivo. Questo deve avere il contenuto di cui all'art. 2328, tra cui, in particolare, l'indicazione di un capitale minimo non inferiore a cinquantamila euro (art. 2327, cosi come modificato dall'art. 20, co. 7, del d.l. n. 91/2014, convertito in l. n. 116/2014, che ha ribassato il precedente limite di euro centoventimila) e – a seguito della novellazione di cui all'art. 37, co. 1, d.lgs. n. 39/2010 – della nomina dei primi amministratori e sindaci ovvero dei componenti del consiglio di sorveglianza e, quando previsto, del soggetto incaricato di effettuare la revisione legale dei conti. Il capitale, tuttavia, può subire variazioni nel tempo a seguito di aumenti (a pagamento o gratuiti) e riduzioni (nominali o reali).

Responsabilità

La società per azioni, così come le altre società di capitali, gode di un'autonomia patrimoniale **perfetta**, nel senso che per le obbligazioni sociali risponde solo la società con il suo patrimonio (art. 2325). Il patrimonio personale dei soci, dunque non potrà mai essere aggredito dai creditori sociali. L'unica vistosa deroga a questo principio è contenuta al co. 2 della disposizione testé richiamata e concerne la società **unipersonale**: infatti, in caso di insolvenza della società, nel periodo in cui le azioni siano appartenute a una sola persona, quest'ultima risponde illimitatamente qualora i conferimenti non siano stati integralmente effettuati e non sia stata attuata la pubblicità prescritta dall'art. 2362.

La riforma del 2003 ha inoltre introdotto **la possibilità** di costituire uno o più **patrimoni separati** destinati a specifici affari; ovvero, di convenire che nel contratto relativo al finanziamento di uno specifico affare il finanziamento medesimo venga rimborsato esclusivamente con i proventi dell'affare stesso, senza intaccare in alcun modo le altre risorse sociali (art. 2447 *bis*).

Nella società per azioni possono essere conferiti denaro, crediti e beni in natura, ma non prestazioni di servizi, le quali potranno formare oggetto soltanto di c.d. prestazioni accessorie, disciplinate dall'art. 2345. Gli utili, in mancanza di un diverso accordo, sono ripartiti in misura proporzionale ai conferimenti.

Azioni

La partecipazione sociale è incorporata in **azioni** che – stando alla previsione di cui all'art. 2354, co. 1 – possono essere titoli di credito nominativi o al portatore, a scelta del socio. In realtà il r.d.l. n. 1148/1941, già prima dell'entrata in vigore del codice del '42, introdusse nel nostro ordinamento la regola di nominatività obbligatoria dei titoli azionari che, alla data odierna, sconta tre sole eccezioni: azioni di risparmio, azioni di società di investimento a capitale variabile ed azioni di società di investimento a capitale fisso (deroga, quest'ultima, introdotta dall'art. 4, co. 5, d.lgs. n. 44/2014). Le azioni hanno tutte il medesimo valore, sicché l'influenza di ciascun socio nella società dipenderà dal numero di azioni possedute. Esse, salvo diversa previsione dello statuto, possono circolare liberamente secondo le norme che disciplinano i titoli di credito. Il possesso delle azioni è presupposto indefettibile per l'esercizio dei diritti sociali, e in particolare del diritto di voto e del diritto agli utili. Accanto alle azioni **ordinarie**, lo statuto può creare anche azioni **speciali**, veicolo di particolari diritti.

La società può anche deliberare l'emissione di **obbligazioni** (art. 2410 s.) destinate ad un pubblico di soggetti estranei alla compagine sociale. Esse danno vita ad un rapporto assimilabile al mutuo: chi acquista un'obbligazione, infatti, accorda un prestito alla società e consegue il diritto di percepire gli interessi sulle somme versate, nonché di ottenere alla scadenza la restituzione del capitale. È inoltre prevista la possibilità di emettere strumenti finanziari ibridi, diversi dalle azioni e dalle obbligazioni (art. 2346, co. 6).

Modelli di amministrazione

Per quanto concerne gli organi sociali, in seguito alla riforma del 2003 sono stati introdotti due modelli alternativi l'uno all'altro di amministrazione della società, i quali vanno ad affiancarsi a quello tradizionale già contemplato dal codice civile. Il modello tradizionale prevede l'**assemblea dei soci** con compiti deliberativi; l'**organo amministrativo**, che può essere un amministratore unico o un consiglio di amministrazione, con compiti di gestione dell'impresa; e, infine, il **collegio sindacale** con compiti di controllo e di vigilanza sulla gestione. A questi organi interni alla società, possono aggiungersi il revisore contabile o la società di revisione, incaricati dell'attività di revisione legale dei conti (art. 2409 *bis*).

Il primo dei due modelli di amministrazione alternativi è il c.d. sistema **dualistico** (art. 2409 *octies* s.). Qui non è presente il collegio sindacale. Accanto al soggetto incaricato del controllo contabile, obbligatoriamente presente, e all'assemblea dei soci, sono contemplati un **consiglio digestione**, che, appunto, gestisce l'attività di impresa, e un **consiglio di sorveglianza**, con funzioni miste di gestione e controllo, poiché funge da *trait d'union* tra l'assemblea, di cui assorbe alcune funzioni, e l'organo gestorio.

Amministratore di fatto

L'altro modello di amministrazione alternativo introdotto dalla riforma è il sistema **monistico** (art. 2409 *sexiesdecies*). Anche qui scompare il collegio sindacale, le cui funzioni di controllo vengono espletate da un **comitato per il controllo sulla gestione** che è organo interno al consiglio di amministrazione.

Una figura particolare di organo amministrativo, dapprima elaborata in via ermeneutica dalla dottrina e successivamente riconosciuta in via generale anche dalla giurisprudenza, è quella dell'"amministratore di fatto". Tale soggetto è colui il quale, pur non essendo investito formalmente della carica di amministratore della società, svolge in modo continuativo l'attività gestoria ed esercita i poteri relativi alla qualifica o alle funzioni dell'amministratore di diritto (su cui v. Cass. n. 2714/2020). La prova della posizione di amministratore di fatto esige l'accertamento di elementi che evidenzino l'inserimento organico del soggetto con funzioni direttive in qualunque fase della sequenza produttiva, organizzativa o commerciale dell'attività sociale, ovvero in ogni settore gestionale dell'attività dell'ente, sia quest'ultimo produttivo, amministrativo, aziendale, contrattuale o disciplinare.

La conseguenza principale del riconoscimento della figura dell'amministratore di fatto consiste nel suo assoggettamento al rispetto dei doveri previsti dall'ordinamento con riferimento all'amministratore di diritto, la cui violazione comporta la configurabilità di una fattispecie di responsabilità, con i conseguenti obblighi risarcitori nei confronti della società, dei soci, dei creditori sociali e del singolo socio o terzo, ai sensi degli articoli, rispettivamente, 2392, 2393 *bis*, 2394 e 2395.

La responsabilità dell'amministratore di fatto, peraltro, non esclude di per sé quella dell'amministratore di diritto, potendosi riscontrare in capo a quest'ultimo la violazione, autonoma o in concorso, dei generali obblighi di vigilanza e controllo sulla gestione della società.

Scioglimento

Lo scioglimento della società per azioni avviene nei casi indicati dall'art. 2484. Contestualmente all'accertamento della causa di scioglimento, gli amministratori devono convocare l'assemblea per le deliberazioni relative alla liquidazione. Approvato il bilancio finale di liquidazione, i liquidatori devono chiedere la cancellazione della società dal registro delle imprese: la cancellazione, tuttavia, non implica estinzione della società se sono ancora pendenti rapporti giuridici.

Con l'entrata in vigore del nuovo Codice della crisi d'impresa all'art. 2486 è stato aggiunto un nuovo co. 3 che introdurrà il criterio di liquidazione dei danni conseguenti all'inosservanza dell'obbligo di gestire la società, successivamente al verificarsi di una causa di scioglimento, al solo fine di preservare integrità e valore del patrimonio. La norma mira a riscrivere, anche in funzione deflattiva del contenzioso giudiziario, il contrasto giurisprudenziale esistente in materia e a far fronte all'obiettiva difficoltà di quantificare il danno in tutti i casi, nella pratica molto frequenti, in cui mancano le scritture contabili o le stesse sono state tenute in modo irregolare. Il nuovo comma dell'art 2486 dispone, infatti, che il danno risarcibile in caso di prosecuzione illegittima dell'attività in presenza di una causa di scioglimento si presume "pari alla differenza tra il patrimonio netto alla data in cui l'amministratore è cessato dalla carica o, in caso di apertura di una procedura concorsuale, alla data di apertura di tale procedura e il patrimonio netto determinato alla data in cui si è verificata una causa di scioglimento, detratti i costi sostenuti e da sostenere, secondo un criterio di normalità, dopo il verificarsi della causa di scioglimento e fino al compimento della liquidazione".

Per la diversa ipotesi di apertura di una procedura concorsuale, la disposizione sancisce che se "mancano le scritture contabili o se a causa dell'irregolarità delle stesse o per altre ragioni i netti patrimoniali non possono essere determinati, il danno è liquidato in misura pari alla differenza tra attivo e passivo accertati nella procedura".

3.1.5. *La società a responsabilità limitata*

La società a responsabilità limitata e la riforma del 2003

La società a responsabilità limitata è stata profondamente modificata dalla riforma del 2003. In precedenza, infatti, era un tipo sociale caratterizzato da scarsa autonomia rispetto alla società per azioni, sulla cui disciplina tendeva ad appiattirsi. Pur essendo stata introdotta dal legislatore del '42 con lo scopo di offrire agli operatori un modello che, conservando il vantaggio della responsabilità limitata, garantisse anche un coinvolgimento più stretto dei soci nell'attività, non ha riscosso nella pratica il successo e la diffusione sperati. Il legislatore del 2003 ha, dunque, cercato di rilanciare la società a responsabilità limitata proponendola come il tipo sociale che nel nostro sistema economico, caratterizzato per lo più da imprese medio-piccole, dovrebbe dar veste alla maggior parte delle iniziative economiche esercitate in forma collettiva, affidando, viceversa, al modello della società per azioni il compito di governare le imprese di grandi dimensioni.

La società a responsabilità limitata nella sua attuale configurazione, assume il ruolo di cerniera tra società di persone e società di capitali, garantendo, in un regime pur sempre di autonomia patrimoniale perfetta, una maggiore elasticità nella gestione dei rapporti interni. La sua disciplina, dunque, risulta oggi più nettamente distinta e autonoma rispetto a quella della società per azioni, pur presentando con essa alcune evidenti analogie.

La s.r.l. semplificata

Accanto alla società a responsabilità limitata "tradizionale", nel corso del 2012 il legislatore (art. 3, d.l. n. 1/2012, convertito in l. n. 27/2012) ha introdotto e disciplinato la c.d. società a responsabilità limitata semplificata (art. 2463 *bis*), inizialmente riservata ai giovani che non avessero compiuto i trentacinque anni di età alla data di costituzione (previsione soppressa dall'art. 9, co. 13, lett. a), d.l. n. 76/2013, convertito in l. n. 99/2013), richiedendo un capitale sociale minimo "pari almeno ad 1 euro e inferiore all'importo di 10.000 euro previsto dall'art. 2463, co. 3, n. 4, sottoscritto e interamente versato alla data della costituzione" (art. 2463 *bis*, co, 2, n. 3).

Costituzione

Anche la società a responsabilità limitata, tanto tradizionale quanto semplificata, può essere costituita per **contratto** o per **atto unilaterale**, per i quali è prevista la forma dell'atto pubblico e la iscrizione nel registro delle imprese.

Era anche prevista un'ulteriore forma di società a responsabilità limitata, ossia quella "a capitale ridotto", a metà strada tra quella tradizionale e quella semplificata. L'art. 44 d.l. n. 83/2012 prevedeva, infatti, un modello sociale a responsabilità limitata per sole persone fisiche che avessero già compiuto trentacinque anni (e che, quindi, non avrebbero potuto beneficiare dell'originaria s.r.l. semplificata) con un capitale inferiore a 10.000 euro. Il già citato art. 9, co. 13, d.l. n. 76/2013 – nel più ampio quadro di riforma di queste nuove figure sociali – ha però abrogato, con la lett. *c*), tale ulteriore modello di società a responsabilità limitata divenuto inutile data l'introduzione (con il co. 15 *ter* del d.l. n. 76/2019) del nuovo co. 4 all'art. 2463 secondo il quale è ora possibile costituire una società a responsabilità limitata ordinaria, ma con capitale inferiore a 10.000 euro (ma almeno pari a un euro), purché il conferimento sia fatto in denaro e sia interamente versato dalle persone a cui è affidata l'amministrazione.

Quote di partecipazione

Le **quote di partecipazione** dei soci non possono essere rappresentate da azioni né possono costituire oggetto di sollecitazione all'investimento. Tuttavia, ai sensi dell'art. 2483 possono essere emessi dalla società a responsabilità limitata titoli di debito, se l'atto costitutivo lo prevede, i quali però vanno sottoscritti soltanto da investitori professionali soggetti a vigilanza prudenziale, che continueranno a rispondere della solvenza della società anche in caso di successivo trasferimento.

La quota di partecipazione alla società a responsabilità limitata è unica e indivisibile. I diritti sociali, salvo diversa previsione nell'atto costitutivo, spettano in misura proporzionale alla partecipazione e, quindi, al conferimento. Tuttavia, ai sensi dell'art. 2468, co. 3, l'atto costitutivo può attribuire ai soci particolari diritti riguardanti l'amministrazione della società o la distribuzione degli utili (ma v. il regime derogatorio introdotto per le *start-up* innovative dall'art. 26, d.l. n. 179/2012). Le quote, a differenza delle azioni, **circolano** secondo le regole proprie della **cessione del contratto.** Il trasferimento ha effetto di fronte alla società dal momento del deposito dell'atto presso il registro delle imprese.

Responsabilità

Anche nella società a responsabilità limitata, ai sensi dell'art. 2462, per le obbligazioni sociali risponde **soltanto** la società con il suo patrimonio, tranne nelle ipotesi in cui l'intera partecipazione appartenga ad un solo socio, analogamente a quanto visto in materia di società per azioni.

Amministrazione

Sul piano **organizzativo** la novità più significativa introdotta dalla riforma è rappresentata dall'abolizione del metodo collegiale quale strumento necessario per l'adozione delle delibere sociali. L'art. 2479, infatti, riserva alla competenza dei soci l'approvazione di alcune decisioni espressamente indicate, ma precisa anche che l'atto costitutivo può stabilire che le stesse siano adottate non in forma assembleare ma mediante i più semplici procedimenti della consultazione scritta o del consenso espresso per iscritto. Resta salvo però quanto previsto al co. 4 dello stesso articolo che prevede comunque la competenza assembleare in alcuni specifici casi.

Per quanto riguarda l'amministrazione, essa può affidarsi ad uno o più soci. In quest'ultimo caso si forma un **consiglio di amministrazione**, salvo che l'atto costitutivo preveda una modalità non collegiale di amministrazione, che potrà poi essere **congiuntiva** o **disgiuntiva.** La presenza dell'organo di controllo – in mancanza di diversa previsione statutaria, costituito da un solo membro effettivo (art. 2477, co. 1) – nella società a responsabilità limitata è sempre facoltativa: diventa obbligatoria soltanto nel caso in cui siano superati i limiti dimensionali di cui all'art. 2477, co. 3 (come novellato dall'art. 35, co. 2, lett. *b*), d.l. n. 5/2012 convertito in l. n. 35/2012). Se l'atto costitutivo non prevede espressamente la nomina di un revisore, il controllo contabile può essere esercitato dallo stesso collegio sindacale.

Altra significativa novità della riforma è rappresentata da una forte valorizzazione dello strumento del **recesso** del socio (art. 2473: ma v. anche art. 2437 in materia di società per azioni). Per questa via si è voluto tutelare il socio di minoranza di fronte a decisioni della maggioranza lesive dei suoi interessi consentendogli, mediante l'attribuzione di un diritto di ***exit***, di recuperare il proprio investimento.

Per ciò che attiene alla responsabilità degli amministratori di una società a responsabilità limitata, il nuovo Codice della crisi di impresa prevede l'inserimento del co. 6 nell'art. 2476, finalizzato a responsabilizzare maggiormente gli amministratori delle società a responsabilità limitata rispetto agli obblighi di conservazione del patrimonio sociale. La nuova disposizione prevede espressamente quanto sinora sancito in virtù dell'estensione giurisprudenziale alle società a responsabilità limitata dell'art. 2394, co. 2, ossia che gli amministratori rispondono verso i creditori quando il patrimonio sociale risulti insufficiente al soddisfacimento dei loro crediti.

Inoltre, merita menzione la modifica del co. 2 e del co. 3 dell'art. 2477 c.c., prevista dal nuovo Codice della crisi d'impresa, che amplia le ipotesi in cui nelle società a responsabilità limitata è obbligatoria la nomina degli organi di controllo o del revisore. Le società a responsabilità limitata saranno obbligate alla nomina di un organo di controllo o di un revisore, nonché ad adeguare i relativi atti costitutivi e gli statuti, qualora siano tenute alla redazione del bilancio consolidato, ovvero controllino una società obbligata alla revisione legale dei conti, oppure qualora abbiano superato per due esercizi consecutivi almeno uno dei seguenti limiti: un totale dell'attivo dello stato patrimoniale di 2 milioni di euro, oppure ricavi delle vendite e delle prestazioni per 2 milioni di euro, ovvero un numero di dipendenti occupati in media durante l'esercizio per dieci unità.

Lo scioglimento, la liquidazione e la cancellazione della società a responsabilità limitata sono soggetti alle stesse regole previste per le società per azioni e in accomandita per azioni agli art. 2484 s.

3.1.6. *La società in accomandita per azioni*

Categorie di soci

Anche nella società in accomandita per azioni, come nella società in accomandita semplice, sono presenti due categorie di soci: gli **accomandatari**, che rispondono solidalmente e illimitatamente delle obbligazioni sociali, e gli **accomandanti**, obbligati nei limiti della quota di capitale sottoscritta. La posizione degli accomandanti è, dunque, in tutto simile a quella dei soci di società per azioni, mentre per quanto concerne gli accomandatari, la loro responsabilità verso i terzi è disciplinata dall'art. 2304 in materia di società in nome collettivo: pertanto, i creditori sociali non possono pretendere il pagamento dai singoli soci se non dopo avere escusso il patrimonio sociale.

La quota di partecipazione nella società in accomandita per azioni, come nella società per azioni, è rappresentata da **azioni**. Nella denominazione sociale deve comparire il nome di almeno uno dei soci accomandatari (art. 2453 c.c.). Ai sensi dell'art. 2455, i soci accomandatari sono **di diritto** amministratori: ciò diversamente da quanto accade nella società in accomandita semplice, dove gli amministratori non possono che essere accomandatari ma non tutti gli accomandatari sono di diritto amministratori. In caso di sostituzione di uno o più amministratori, i nuovi nominati, al momento dell'accettazione della carica, assumono automaticamente la qualifica di socio accomandatario.

Anche nella società in accomandita per azioni, come nella società in accomandita semplice, è necessaria la compresenza di entrambe le categorie di soci. Per questo, ai sensi dell'art. 2458, in caso di cessazione dall'ufficio di tutti gli amministratori, la società si scioglie se nel termine di centottanta giorni non si è provveduto alla loro sostituzione e i sostituti non hanno accettato la carica.

I soci accomandatari, in quanto amministratori, non hanno diritto di voto nelle delibere di nomina e revoca dei sindaci e dei componenti del consiglio di sorveglianza e per l'esercizio dell'azione di responsabilità nei loro confronti: e ciò per l'ovvia esigenza di evitare il manifestarsi di conflitti d'interesse.

Per tutto il resto, alla società in accomandita per azioni, si applicano in quanto compatibili le norme che disciplinano la società per azioni (art. 2454).

3.1.7. *Le società cooperative e le mutue assicuratrici*

Scopo mutualistico

Le cooperative e le mutue assicuratrici sono enti caratterizzati dalla compresenza degli elementi tipici dell'impresa societaria accanto a una finalità prevalentemente non lucrativa. Il loro scopo precipuo è quello **mutualistico** che consiste nel far realizzare ai soci un risparmio nell'acquisto di determinati beni o servizi: sono, infatti, gli stessi soci a produrre i beni o servizi di cui usufruiscono e, dunque, il prezzo finale è depurato dai costi dell'intermediazione commerciale e del profitto capitalistico.

Le **cooperative** trovano tutela e riconoscimento costituzionale anche nell'art. 45 Cost. per il quale "la Repubblica riconosce la funzione sociale della cooperazione a carattere di mutualità e senza fini di speculazione privata".

I tratti essenziali delle cooperative sono:

Caratteri della cooperativa

– la **gestione del servizio**: accanto al rapporto sociale si formano autonomi rapporti giuridici aventi ad oggetto le prestazioni mutualistiche;

– la «**porta aperta**»: la cooperativa non è un organismo chiuso e pertanto l'organo amministrativo può ammettere nuovi soci che si trovino in possesso dei requisiti soggettivi previsti dalla legge e dallo statuto;

– la **variabilità del capitale** che consegue alla variabilità del numero dei soci e, dunque, comporta l'inapplicabilità delle norme dettate per le società a tutela del capitale;

– il **carattere personale e paritario della partecipazione**: ogni socio, infatti, ha diritto a un voto qualunque sia il valore della quota o il numero delle azioni detenuta.

Tuttavia, è ormai frequente che nelle cooperative, accanto allo scopo mutualistico, siano presenti anche forme di remunerazione del capitale: l'art. 2521, in materia di atto costitutivo, indica al n. 8 anche le regole per la ripartizione degli utili e dei ristorni. Si parla in proposito di mutualità **impura**.

Tipi di cooperative

Occorre distinguere le cooperative a mutualità **prevalente** dalle altre. Le prime, infatti vengono iscritte in un apposito albo e godono di particolari benefici fiscali. Sono a mutualità prevalente quelle cooperative che, *ex* art. 2512, si avvalgono essenzialmente delle prestazioni dei soci (cooperative di **produzione**) o svolgono la loro attività prevalentemente a favore degli stessi soci (cooperative di **consumo**). Esse, inoltre, devono rispettare i limiti di cui all'art. 2513 relativamente ai costi ed ai ricavi dell'attività, nonché prevedere nei propri statuti i requisiti di cui all'art. 2514.

Le cooperative, ai sensi dell'art. 2519, sono disciplinate dalle norme sulla società per azioni in quanto compatibili. Tuttavia, le cooperative che rispettano determinati limiti dimensionali possono essere soggette alle norme sulla società a responsabilità limitata. In ogni caso per le obbligazioni sociali risponde solo la società con il suo patrimonio (art. 2518).

Ai sensi dell'art. 2545 *quaterdecies* le cooperative sono soggette alle autorizzazioni, alla vigilanza e agli altri controlli sulla gestione previsti dalle leggi speciali.

Le **mutue assicuratrici** sono disciplinate agli art. 2546 s. Qui la qualità di socio si può acquistare solo assicurandosi presso la società e si perde con l'estinguersi dell'assicurazione. Dunque, in questo caso, il contratto di società coincide con il contratto di assicurazione ed il premio coincide con il conferimento.

3.1.8. *Consorzi e società consortili*

Con il contratto di consorzio più imprenditori istituiscono un'**organizzazione comune** per la disciplina e per lo svolgimento di determinate fasi delle rispettive imprese (art. 2602). Il consorzio può essere costituito con funzione anticoncorrenziale oppure con funzione di coordinamento, al fine, ad es., di acquistare in comune determinati strumenti onde ridurre i costi di gestione delle singole imprese.

Tipi di consorzio

Occorre distinguere i consorzi che svolgono solo attività **interna** da quelli con attività **esterna**. In entrambi si dà luogo a un'organizzazione comune, ma solo nei secondi è prevista l'istituzione di un ufficio comune destinato a svolgere attività con i terzi nell'interesse delle imprese consorziate (art. 2612).

Il contratto di consorzio può essere stipulato solo tra imprenditori, necessita della forma scritta a pena di nullità e, salva diversa scelta delle parti, ha validità decennale. È un contratto tendenzialmente **aperto** (art. 1332), sicché è sempre possibile l'adesione di nuovi imprenditori.

L'organizzazione interna del consorzio si basa su un organo deliberativo composto da tutti i consorziati (assemblea) e da un organo direttivo con funzioni gestorie ed esecutive.

Per i consorzi con attività esterna è previsto l'obbligo di iscrizione nel registro delle imprese di un estratto del contratto (art. 2612).

Lo scopo consortile può essere realizzato anche ricorrendo allo strumento societario. Possono essere utilizzati a tal fine tutti i tipi di società di capitali e di società di persone ad eccezione della società semplice (art. 2615 *ter*). In tal caso occorre coordinare la disciplina del consorzio con quella del tipo sociale prescelto. L'atto costitutivo, tuttavia, può prevedere l'obbligo dei soci di versare contributi in denaro. Si tratta di una deroga ai principi societari in base ai quali non è consentito richiedere ai soci ulteriori conferimenti oltre a quelli inizialmente previsti in sede di costituzione della società.

4. *Le procedure concorsuali*

La l. del 1942 e la sua riforma del 2005

La disciplina delle procedure concorsuali (con l'esclusione dell'amministrazione straordinaria delle grandi imprese in stato di insolvenza) è contenuta nella l.f., recentemente oggetto di una riforma organica attuata dal legislatore a più riprese (prima con il d.l. n. 35/2005, convertito in l. n. 80/2005, che ha modificato la disciplina del concordato preventivo e della revocatoria fallimentare; poi con il d.lgs. n. 5/2006 da ultimo emendato dal d.lgs. n. 169/2007; poi ancora, con il d.l. n. 83/2012 convertito in l. n. 134/2012, il d.l. n. 179/2012 convertito in l. n. 221/2012, con la l. n. 228/2012 e con il d.l. n. 69/2013, convertito in l. n. 98/2013; per finire, ulteriori modifiche sono state operate con il d.l. n. 145/2013, convertito in l. 9/2014 e, da ultimo, con il d.l. n. 1/2015), fino ad arrivare a una radicale riscrittura della normativa concernente la crisi d'impresa e l'insolvenza con il d.lgs. n. 14/2019 – destinato a sostituire la l.f. e le norme collegate appena citate – di cui l'entrata in vigore è prevista per il 1° settembre 2021, salvo alcune disposizioni già oggi efficaci, ma sul punto v. *infra*.

A seguito dell'emergenza dovuta al Covid-19 è stato emanato il d.l. n. 23/2020, convertito in l. 7 giugno 2020, n. 40, c.d. "Decreto Liquidità", con il quale, per far fronte alle conseguenze economiche del Coronavirus, è stata prevista la momentanea sospensione di quanto disposto dalle norme del codice civile che affrontano i diversi gradi di criticità aziendale e che richiedono una diversa risposta da parte degli organi sociali (per le società di capitali, le azioni da porre in essere per fronteggiare tali situazioni sono disciplinate dal Codice civile agli artt. 2446 e 2447 per le società per azioni e agli artt. 2482 *bis* e 2482 *ter* per le società a responsabilità limitata; tali disposizioni devono essere raccordate con quelle degli artt. 2484 e 2545 *duodecies* c.c. che contengono quale causa di scioglimento delle società di capitali e delle società cooperative la riduzione del capitale sociale al di sotto del minimo legale).

Tra gli effetti negativi dell'emergenza Covid-19 vi è, infatti, la rilevazione da parte delle imprese di ingenti perdite economiche maturate durante (e non solo) il periodo di *lockdown* imposto dal Governo, con la possibilità di una significativa riduzione del patrimonio netto che intacca anche il capitale sociale. In particolare, il provvedimento legislativo disapplica temporaneamente i meccanismi di riduzione obbligatoria del capitale sociale e di scioglimento delle società di capitali in caso di perdite per gli esercizi sociali in chiusura nel periodo 9 aprile-1° dicembre 2020 e, inoltre, non prevede che vengano postergati, rispetto agli altri creditori sociali, i finanziamenti nel medesimo periodo effettuati dai soci a favore delle società. È stato previsto che tali disposizioni produrranno effetti non solo sull'esercizio 2020 delle società in perdita, ma anche su quelli successivi.

Secondo la visione tradizionale, la disciplina delle procedure concorsuali assecondava la necessità di eliminare dal mercato un'impresa ormai dissestata (e, quindi, distruttrice e non più creatrice di ricchezza) mediante la liquidazione del suo patrimonio e la distribuzione del ricavato ai creditori (nel rispetto del c.d. principio della *par condicio creditorum*). La recente novella legislativa ha affiancato a tale *ratio* quella di evitare, per quanto possibile, la dichiarazione di fallimento, agevolando l'accesso alle procedure di composizione preventiva della crisi d'impresa (concordato preventivo ed accordi di ristrutturazione dei debiti) e favorendo il salvataggio dei complessi produttivi.

Le procedure concorsuali, per precisa scelta del nostro legislatore, coinvolgono esclusivamente l'imprenditore commerciale non piccolo. Per gli altri continuano ad applicarsi le azioni esecutive individuali.

È stato, poi, recentemente introdotto dalla l. n. 3/2012 il c.d. fallimento civile, concernente il debitore non soggetto a procedure concorsuali e, pertanto, sono interessati sia gli imprenditori che non soddisfano i requisiti subiettivi di cui si dirà nel prosieguo, sia i consumatori.

4.1. *Il fallimento*

I presupposti per la dichiarazione di fallimento sono:

a) la qualità di **imprenditore commerciale** del debitore. Neppure la cessazione dell'attività d'impresa o la morte dell'imprenditore sono d'o- Presupposti stacolo alla dichiarazione di fallimento. Quest'ultimo, però, potrà essere dichiarato solo ove non sia trascorso più di un anno dalla cancellazione dal registro delle imprese. È però necessario che lo stato di insolvenza si sia manifestato prima di tale evento o entro l'anno successivo (artt. 10 e 11 l.f.);

b) lo stato di **insolvenza**, che si verifica quando l'imprenditore non è più in grado di soddisfare regolarmente le proprie obbligazioni (art. 5 l.f.). L'insolvenza può risultare non solo dall'inadempimento di una o più obbligazioni, ma anche da altri indici rivelatori quali il pagamento con mezzi anomali, la chiusura dei locali dell'impresa, ecc. (art. 7 l.f.). L'insolvenza dunque non è strettamente connessa con l'inadempimento: l'imprenditore può essere insolvente senza essere inadempiente e viceversa. Pertanto, affinché possa avviarsi la procedura fallimentare, è necessario che ricorrano entrambe le circostanze;

c) il **superamento di almeno uno dei limiti dimensionali** di cui all'art. 1 l.f. Infatti, non è soggetto a fallimento l'imprenditore commerciale che dimostri il possesso congiunto dei seguenti requisiti:

– avere avuto un attivo patrimoniale annuo non superiore ad € 300.000,00 nei tre esercizi antecedenti la data di deposito dell'istanza di fallimento;

– avere realizzato, sempre nei tre esercizi antecedenti questa data, ricavi lordi annui non superiori ad € 200.000,00;

– avere un ammontare di debiti non superiore ad € 500.000,00;

d) la **presenza di inadempimenti che complessivamente superano l'importo fissato per legge**. Infatti, non si fa luogo alla dichiarazione di fallimento se l'ammontare dei debiti scaduti e non pagati risultanti dagli atti dell'istruttoria fallimentare è complessivamente inferiore ad € 30.000,00 (art. 15 l.f.). In questo senso il legislatore del 2006 ha recepito una prassi invalsa nei tribunali secondo cui non veniva dichiarato il fallimento se gli inadempimenti erano di scarso valore onde concedere all'imprenditore l'opportunità di trovare con i creditori soluzioni concordate della crisi.

Procedimento

Il fallimento, ai sensi dell'art. 6 l.f. può essere dichiarato su ricorso di uno o più creditori, su richiesta dello stesso debitore o su istanza del pubblico ministero. È competente per la dichiarazione di fallimento il tribunale del luogo dove l'imprenditore ha la sede principale dell'impresa (art. 9 l.f.). Qualora la sede principale si trovi all'estero, il fallimento può essere dichiarato in Italia quando l'impresa abbia qui la sede secondaria più importante.

Il fallimento è dichiarato con **sentenza** che viene annotata nel registro delle imprese: da quel momento è efficace nei confronti dei terzi.

Organi

Gli organi preposti al fallimento sono:

– il **tribunale fallimentare** (artt. 23-24 l.f.). Esso sovrintende all'intera procedura, nomina il giudice delegato, sostituisce i componenti del comitato dei creditori, decide le controversie insorte e può in ogni momento chiedere chiarimenti alle parti coinvolte;

– il **giudice delegato** (artt. 25-26 l.f.). Questi vigila sulle varie operazioni e controlla la regolarità della procedura, nomina il comitato dei creditori, forma lo stato passivo del fallimento, emette o provoca i provvedimenti urgenti per la conservazione del patrimonio, decide sui reclami proposti contro gli atti del curatore e del comitato dei creditori;

– il **curatore** (artt. 27-39 l.f.). Si tratta dell'organo preposto all'amministrazione del patrimonio fallimentare, compito che viene svolto sotto la vigilanza del giudice delegato e del comitato dei creditori;

– il **comitato dei creditori** (artt. 40-41 l.f.) vigila sull'operato del curatore, ne autorizza gli atti ed esprime pareri nei casi previsti dalla legge. Ha, inoltre, poteri informativi e ispettivi sulle scritture contabili e i documenti del fallimento. È composto da tre o cinque membri scelti fra i creditori. Il comitato può fare istanza per la revoca del curatore e può esercitare nei suoi confronti l'azione di responsabilità.

Effetti

Il fallimento spiega nei confronti del fallito effetti **patrimoniali**, **personali** e **penali**.

Per quanto riguarda i primi, va detto che il fallito perde l'amministrazione e la disponibilità dei suoi beni, anche di quelli sopravvenuti nel corso della procedura: essi, infatti, passano in mano al curatore (art. 42 l.f.), eccezion fatta per alcuni diritti di carattere strettamente personale individuati dall'art. 46 l.f. Tuttavia, il fallito non perde né la proprietà dei beni né la capacità di agire, sicché gli atti dispositivi compiuti dopo la dichiarazione di fallimento sono validi e vincolanti ma inefficaci rispetto alla massa dei creditori.

Quanto agli effetti personali, con la dichiarazione di fallimento, il fallito vede limitati alcuni diritti costituzionalmente garantiti, come la segretezza della corrispondenza (art. 15 Cost.) e la libertà di circolazione (art. 16 Cost.): il curatore, infatti, deve prendere in consegna la corrispondenza riguardante i rapporti compresi nel fallimento, e deve ricevere comunicazioni relative al cambiamento di residenza e domicilio del fallito. Inoltre, il fallito non può essere amministratore, sindaco, revisore o liquidatore di società, tutore, arbitro, notaio, e non può essere iscritto all'albo degli avvocati o dei commercialisti. Queste limitazioni e incapacità cessano però automaticamente con la chiusura del fallimento.

Le conseguenze penali, infine, consistono nell'esposizione del fallito all'imputazione per alcuni reati quali la bancarotta fraudolenta, la bancarotta semplice, il ricorso abusivo al credito (artt. 216, 217 e 218 l.f., ma v. le esenzioni dai reati di bancarotta recentemente introdotte con l'art. 217 *bis*, dal d.l. n. 78/2010 convertito in l. n. 122/2010, come novellato dal d.l. n. 179/2012 e, da ultimo, dall'art. 2, co. 7, d.l. n. 1/2015).

Concorso

Il fallimento, in base all'art. 52 l.f., apre il **concorso dei creditori** sul patrimonio del fallito. I creditori concorsuali possono partecipare alla ripartizione dell'attivo fallimentare in seguito all'accertamento giudiziale del loro credito nel rispetto della *par condicio creditorum*, salvo il rispetto delle cause legittime di prelazione. I creditori privilegiati, dunque, hanno diritto di prelazione sul bene oggetto della loro garanzia e per il residuo concorrono alla pari con i creditori chirografari su ciò che rimane dell'attivo fallimentare. I chirografari possono invece soddisfarsi solo sul residuo in proporzione del loro credito. Vi sono poi i creditori della massa che devono essere soddisfatti in **prededuzione**, prima dei creditori concorrenti e per l'intero. A questa categoria appartengono, ad es., coloro il cui credito è sorto proprio in forza della dichiarazione di fallimento, per atti compiuti dagli organi fallimentari.

Ai sensi dell'art. 51 l.f., dal giorno della dichiarazione di fallimento nessuna azione esecutiva individuale può essere iniziata sui beni del fallimento, salvi speciali previsioni di legge. Al fine di cristallizzare, e dunque rendere certa e determinata, la situazione debitoria del fallito, tutti i suoi debiti pecuniari si considerano scaduti alla data di dichiarazione del fallimento; inoltre la dichiarazione di fallimento sospende il corso degli interessi, di talché i creditori partecipano al concorso per l'importo maturato al momento della dichiarazione (art. 55 l.f.). Sono poi previste norme speciali per la compensazione (art. 56 l.f.) e per le obbligazioni solidali (artt. 61-63 l.f.).

Azione revocatoria fallimentare

Di regola, tra il manifestarsi dello stato di insolvenza e la dichiarazione di fallimento, intercorre un certo lasso di tempo, durante il quale l'imprenditore può avere compiuto una serie di atti di disposizione che alterano l'integrità del patrimonio ed arrecano pregiudizio ai creditori. Per neutralizzare questo pregiudizio la legge prevede lo strumento dell'**azione revocatoria fallimentare** (artt. 64-70 l.f.). Attraverso questa azione è possibile o promuovere l'accertamento dell'inefficacia *ex lege* dell'atto, ovvero provocare una pronunzia costitutiva che determina essa stessa il venir meno degli effetti dell'atto.

L'azione revocatoria fallimentare si distingue per molteplici aspetti, da quella ordinaria (art. 2901 s.) che, pure, ai sensi dell'art. 66 l.f. può essere esercitata dal curatore.

In primo luogo, la revocatoria fallimentare non viene esercitata dal singolo creditore nel proprio interesse ma dal curatore fallimentare nell'interesse di **tutti** i creditori, al fine di tutelare la *par condicio creditorum*. In secondo luogo, mentre l'azione revocatoria ordinaria richiede la prova di uno specifico danno, consistente nella diminuzione della garanzia patrimoniale provocata dall'atto di disposizione del debitore, la revocatoria fallimentare, viceversa, **prescinde** da tale prova e il suo scopo è quello di recuperare i beni alienati ed i pagamenti effettuati dall'imprenditore insolvente onde distribuirne il relativo valore ai creditori nel rispetto del principio di proporzionalità nella soddisfazione del credito, salve sempre le cause legittime di prelazione. Inoltre, per quanto concerne l'elemento **soggettivo**, nella revocatoria ordinaria è sempre necessaria la prova della mala fede del debitore e, ove si tratti di atti a titolo oneroso, anche del terzo; nella revocatoria fallimentare tale prova è richiesta solo nell'ipotesi in cui gli atti da revocare rientrino nel normale esercizio dell'impresa (art. 67, co. 2, l.f.), mentre nelle altre ipotesi o se ne prescinde completamente (così, ad es., per la inefficacia degli atti a titolo gratuito: art. 64 l.f.) o si presume, come nel caso dei pagamenti con mezzi anomali o degli atti a titolo oneroso fortemente sperequati a danno del fallito (art. 67, co. 1, l.f.).

Atti passibili di revocatoria

La revocatoria fallimentare, colpisce gli atti posti in essere dal fallito **prima** della dichiarazione di fallimento secondo criteri che variano in base alla particolare tipologia degli stessi: più l'atto appare **anomalo**, cioè estraneo a una normale prassi imprenditoriale, ovvero sintomatico dell'insolvenza, più esso è instabile e dunque revocabile. Il già richiamato d.l. n. 35/2005 è intervenuto su questa disciplina riducendo il periodo di tempo precedente la dichiarazione di fallimento nel quale si presume un danno alla massa dei creditori o la conoscenza dello stato di insolvenza.

Così, gli atti a titolo gratuito sono senz'altro inefficaci se compiuti nei **due anni** anteriori alla dichiarazione di fallimento (art. 64 l.f.), gli atti di cui all'art. 67, co. 1, l.f. (pagamenti con mezzi anomali o atti a titolo oneroso fortemente sperequati a danno del fallito) possono essere revocati se compiuti nell'**anno** anteriore alla dichiarazione di fallimento; mentre, infine, gli atti a titolo oneroso, i pagamenti e la costituzione di garanzie contestuali all'assunzione del debito sono revocabili solo se compiuti entro i **sei mesi** precedenti la dichiarazione di fallimento e se il curatore riesce a provare la mala fede del terzo, cioè la conoscenza da parte di questo dello stato di insolvenza (art. 67, co. 2, l.f.). Il legislatore della riforma, inoltre, ha individuato una serie di atti che non possono essere revocati, tra i quali le vendite ed i preliminari di vendita trascritti ai sensi dell'art. 2645 *bis* (art. 67, co. 3, lett. c), l.f.) e le operazioni di credito su pegno e di credito fondiario (art. 67, co. 4, l.f.).

Effetti

In caso di utile esperimento della revocatoria fallimentare, chi aveva ricevuto un pagamento o acquistato un bene dal fallito nel periodo sospetto, dovrà **restituirli** al fallimento e sarà poi ammesso al passivo e soddisfatto secondo le regole del concorso con gli altri creditori (art. 70 l.f.).

Sorte dei rapporti pendenti

Il fallimento incide su tutta l'attività dell'imprenditore e, dunque, anche sui contratti **in corso di esecuzione** (art. 72 s. l.f.). Alcuni di questi (i contratti di appalto, i contratti di borsa a termine su merci e titoli, l'associazione in partecipazione in caso di fallimento dell'associante, il conto corrente ordinario e bancario, la commissione e il mandato nel caso di fallimento del mandatario), si sciolgono **di diritto** a seguito della dichiarazione di fallimento. Altri rapporti contrattuali, invece, proseguono tra le parti poiché sono ritenuti dalla legge vantaggiosi per la massa dei creditori. Tra questi, in particolare, possiamo annoverare il contratto di locazione di immobili, l'affitto di azienda, l'assicurazione contro i danni, il contratto di edizione, il *factoring*, il *leasing* finanziario in caso di fallimento del concedente.

Vi è poi un terzo, residuale gruppo di contratti che rimangono **sospesi** in seguito alla dichiarazione di fallimento di uno dei due contraenti. Il curatore, previa autorizzazione del comitato dei creditori, deciderà se sciogliere o mantenere il contratto e in quest'ultimo caso, tutte le obbligazioni scaturenti dallo stesso saranno adempiute dal curatore in prededuzione (art. 72 l.f.). Nel caso in cui il curatore opti per lo scioglimento, l'altro contraente si trasformerà in un creditore concorsuale e potrà insinuarsi al passivo onde far valere le proprie pretese. Rientrano in questa categoria la vendita con effetti obbligatori, la vendita a termine o con riserva di proprietà, il preliminare di vendita di immobili, la somministrazione, il mandato in caso di fallimento del mandante, il *leasing* finanziario in caso di fallimento dell'utilizzatore nonché tutti i contratti per i quali la legge non preveda diversamente, tra i quali l'associazione in partecipazione in caso di fallimento dell'associato e il contratto di agenzia in caso di fallimento del preponente.

Varie fasi della procedura fallimentare

Di regola, la procedura fallimentare procede con l'accertamento del passivo che si apre con la **domanda di ammissione dei creditori** (art. 93 l.f.). Analoga domanda va presentata per la rivendica o restituzione di beni di proprietà di terzi che sono stati appresi alla massa fallimentare perché detenuti o posseduti dal fallito.

In base alle domande presentate il curatore prepara un progetto di stato passivo (art. 95 l.f.) nel quale indica i crediti ammessi, quelli non ammessi e quelli ammessi con riserva. Prepara inoltre un elenco di titolari dei beni posseduti dal fallito. Il progetto viene esaminato in udienza dal giudice delegato che, infine, forma lo **stato passivo** definitivo, lo dichiara esecutivo e lo deposita in cancelleria. A questo punto è preclusa ogni ulteriore questione in merito ai crediti verificati, salva la possibilità di proporre istanza di revocazione e salve le opposizioni e impugnazioni di cui agli artt. 98-99 l.f.

Esaurita questa fase, si procede alla **liquidazione dell'attivo**, cioè alla conversione in denaro dei beni del fallito.

Le somme ottenute nel corso della liquidazione vengono distribuite fra i creditori, tenendo conto della loro posizione di creditori prededucibili, privilegiati o chirografari. Le assegnazioni vengono effettuate tramite periodiche ripartizioni parziali cui segue una ripartizione finale. Compiuta la liquidazione dell'attivo, e prima del **riparto finale**, il curatore presenta al giudice delegato il conto della sua gestione, che viene approvato in udienza (art. 116 l.f.). A quel punto il giudice delegato ordina il riparto finale (art. 117 l.f.).

Chiusura del fallimento

Il fallimento **si chiude** in forza di una delle cause elencate nell'art. 118 l.f. Tra queste ricordiamo la mancata presentazione da parte dei creditori di domande di ammissione allo stato passivo; il pagamento integrale dei creditori ammessi al passivo e di tutti i debiti e le spese da soddisfare in prededuzione; la ripartizione integrale dell'attivo; l'impossibilità di continuare utilmente la procedura per insufficienza dell'attivo. Il decreto di chiusura è pubblicato mediante annotazione nel registro delle imprese. Tale decreto determina la decadenza degli organi preposti alla procedura e la cessazione degli effetti del fallimento sia per il fallito sia per i creditori.

Esdebitazione

Il debitore rimane, comunque, obbligato verso i creditori concorsuali che il fallimento non ha interamente soddisfatto i quali quindi potranno proporre azioni esecutive individuali. Ciò tranne nel caso in cui il fallimento si chiuda per concordato o quando il debitore abbia ottenuto l'**esdebitazione** (ora estesa dall'art. 14 *terdecies*, l. n. 3/2012, di cui si dirà oltre, ai debitori persone fisiche non fallibili). Si tratta di un beneficio concesso al fallito persona fisica in possesso dei requisiti di cui all'art. 142 l.f. (avere cooperato con gli organi della procedura, non avere già usufruito negli ultimi dieci anni di altra esdebitazione; non avere distratto beni dell'attivo o dichiarato passività inesistenti; non essere stato condannato per bancarotta fraudolenta o altri delitti connessi all'attività d'impresa). Ricorrendo questi presupposti, il tribunale, con il decreto di chiusura del fallimento, dichiarerà d'ufficio inesigibili i debiti non soddisfatti, salve le eccezioni di cui all'art. 142, co. 3, l.f.

Ai sensi dell'art. 121 l.f., il fallimento, chiuso per ripartizione integrale o per insufficienza dell'attivo, può essere riaperto entro cinque anni dal decreto di chiusura qualora si rinvengono nuove attività nel patrimonio del fallito.

Concordato fallimentare

Oltre che per le cause già sopra ricordate, il fallimento si chiude anche nell'ipotesi di **concordato fallimentare** (art. 124 s. l.f.). Esso consiste nella proposta avanzata dal fallito, da uno o più creditori o da un terzo, di un piano finalizzato alla ristrutturazione dei debiti e alla soddisfazione dei crediti anche in misura parziale. Nell'ambito del piano i creditori possono essere suddivisi in diverse classi sulla base della loro posizione giuridica e degli interessi economici di cui sono portatori, con trattamenti differenziati per i creditori appartenenti a classi diverse.

Tramite il concordato la chiusura del fallimento si realizza in via **negoziale**, in base all'accordo delle parti coinvolte. I creditori possono così sottrarsi alle lungaggini della procedura concorsuale il cui esito è sempre incerto e l'imprenditore anticipa il momento in cui riacquistare la propria libertà di azione ed eventualmente rilanciare l'impresa.

Procedura

La proposta di concordato va approvata dalla maggioranza dei creditori e, ove siano previste classi diverse, anche dalla maggioranza delle classi. Una volta approvata, la proposta viene sottoposta al controllo del Tribunale per l'**omologazione**. Il giudizio, di regola, sarà ispirato ad un criterio di mera legittimità; esso potrà entrare nel merito della convenienza economica della proposta solo nel caso in cui siano state previste diverse classi ed un creditore appartenente ad una classe dissenziente abbia proposto opposizione (art. 129 l.f.). L'omologazione del concordato fa venire meno gli effetti del fallimento. Tuttavia, il concordato potrà essere risolto, ai sensi dell'art. 137 l.f. quando non vengano adempiute le obbligazioni da esso derivanti, o annullato, ai sensi dell'art. 138 l.f., quando si scopra che è stato dolosamente esagerato il passivo o dissimulata una parte rilevante dell'attivo.

Fallimento delle società

Il fallimento riguarda tutti gli imprenditori commerciali e, dunque, anche le **società** che esercitino un'attività commerciale ai sensi dell'art. 2195. La l.f. prevede, a tal fine, una serie di norme specifiche di adattamento della procedura all'impresa esercitata in forma collettiva. Ad es., ogni volta che la legge richiede che sia sentito il fallito, dovranno essere sentiti gli amministratori o i liquidatori della società fallita; il fallimento è causa legale di scioglimento delle società di persone (art. 2308). Inoltre, il fallimento della società spiega nei confronti dei soci effetti che variano a seconda del tipo sociale. Ai soci a responsabilità limitata il giudice delegato può ingiungere di eseguire i conferimenti ancora dovuti anche prima della scadenza del termine previsto. Invece ai soci a responsabilità illimitata, ai sensi dell'art. 147, co. 1, l.f. si estende il fallimento della società, senza che sia necessario accertare la loro personale insolvenza, e anche nel caso in cui si tratti di **soci occulti**.

Allo stesso modo fallisce la c.d. **società occulta**: ciò può accadere quando, dopo la dichiarazione di fallimento di un imprenditore individuale, risulti che in realtà l'impresa era in fatto esercitata da una società di cui il fallito è socio illimitatamente responsabile.

4.2. *Il concordato preventivo. Gli accordi di ristrutturazione dei debiti*

La l.f. prevede modalità di risoluzione della crisi dell'impresa alternative al fallimento.

Il **concordato preventivo** (artt. 160-186 *bis* l.f.), oggetto di recenti riforme (d.l. n. 35/2005, convertito in l. n. 80/2005; d.lgs. n. 169/2007; d.l. n. 69/2013, convertito in l. n. 98/2013; d.l. n. 145/2013, convertito in l. n. 9/2014; d.l. n. 83/2015, convertito con mod. in l. n. 132/2015; d.l. n. 32/2019 convertito con mod. in l. n. 55/2019 per ciò che concerne le imprese in concordato che partecipano ad appalti pubblici), persegue una duplice finalità che è quella di agevolare il risanamento dell'impresa, ove ancora possibile, consentendo la prosecuzione dell'attività (art. 186 *bis*l.f.), ovvero di sostituire al fallimento una procedura meno traumatica, là dove la crisi dovesse rivelarsi irreversibile. Sotto questo profilo, l'istituto in esame si differenzia dal concordato fallimentare che invece, come visto, è uno strumento di chiusura del fallimento, del quale, peraltro ricalca struttura e disciplina.

Procedura ed effetti

Può presentare domanda di ammissione al concordato preventivo, anche nella forma di domanda c.d. in bianco (art. 161, co. 6), qualsiasi imprenditore commerciale in stato di crisi economica che superi i limiti dimensionali di cui all'art. 1, co. 2, l.f. La domanda va presentata al tribunale competente per la dichiarazione di fallimento, il quale svolge un'istruttoria preliminare al fine di accertare la sussistenza dei presupposti di legge e, in caso di esito positivo, emana il decreto di ammissione, nominando gli organi della procedura: il **giudice delegato** e un **commissario giudiziale** con funzioni di vigilanza e controllo. Gli effetti del concordato sui creditori sono analoghi a quelli provocati dalla dichiarazione di fallimento. L'imprenditore, invece, **mantiene** l'amministrazione dei suoi beni e prosegue nell'esercizio dell'impresa, salva l'autorizzazione del giudice delegato per gli atti di straordinaria amministrazione. La procedura si articola in due fasi: approvazione della proposta da parte dei creditori e successiva omologazione del concordato ad opera del tribunale, il quale, peraltro, si limita a verificare la regolarità della procedura e il risultato della votazione senza entrare nel merito della convenienza economica dell'operazione.

Al pari del concordato fallimentare, anche il concordato preventivo è obbligatorio per tutti i creditori anteriori all'apertura della procedura. Con il decreto di omologazione la procedura si chiude e il concordato viene eseguito sotto la sorveglianza del commissario giudiziale e secondo le modalità stabilite nel medesimo decreto. In caso di annullamento o di risoluzione del concordato, il Tribunale, su istanza dei creditori o del p.m., valuterà se sussistano i presupposti per la dichiarazione di fallimento.

Un ulteriore strumento per la soluzione della crisi d'impresa, alternativo al fallimento, è stato introdotto dal d.l. n. 35/2005 attraverso il nuovo art. 182 *bis* l.f. (poi modificato a più riprese negli anni) il quale disciplina gli **accordi di ristrutturazione dei debiti**. Questi ultimi vengono stipulati tra l'imprenditore in stato di crisi e una maggioranza qualificata di creditori: una volta ottenuta l'omologazione del tribunale, sono pubblicati nel Registro delle Imprese. A quel punto, gli atti compiuti in esecuzione di tali accordi non potranno essere oggetto di revocatoria fallimentare qualora il fallimento sopraggiunga egualmente.

Gli accordi di ristrutturazione dei debiti differiscono sia dal concordato preventivo perché non vengono stipulati nel corso di una procedura giudiziale e perché non vincolano tutti i creditori, ma solo quelli che vi aderiscono, sia dai piani di risanamento di cui all'art. 67, co. 3, lett. *d*), l.f. perché questi ultimi non presuppongono un accordo preventivo con i creditori, né richiedono l'omologazione del tribunale e la pubblicità nel registro delle imprese. L'imprenditore è libero di pattuire con i creditori le modalità di soddisfazione dei debiti a suo avviso più opportune, purché idonee a garantire il regolare pagamento dei creditori aderenti. I creditori estranei agli accordi di esdebitazione restano liberi di compiere atti esecutivi e di presentare domanda di fallimento: ciò che ai creditori aderenti sarà consentito solo quando il debitore non adempia agli obblighi assunti.

4.3. *La liquidazione coatta amministrativa*

La liquidazione coatta amministrativa è la procedura concorsuale **alternativa** al fallimento alla quale sono sottoposte alcune imprese che, per la loro natura o per la particolare rilevanza degli interessi coinvolti, sono soggette alla vigilanza della p.a. Si tratta in particolare di enti pubblici economici, imprese operanti nel settore bancario o assicurativo, SIM, SGR, SICAV, società di revisione.

La l.f. detta, agli art. 194 s. una disciplina generale della procedura, applicabile in mancanza di diversa previsione nelle varie leggi speciali in materia. Inoltre, ai sensi dell'art. 2 l.f., le imprese soggette a liquidazione coatta sono sottratte al fallimento, salvo che la legge disponga diversamente.

Presupposti

La liquidazione coatta può essere disposta non solo in caso di insolvenza, ma anche per gravi irregolarità di gestione o per violazione di norme di legge. Obiettivo della liquidazione è l'eliminazione dal mercato dell'impresa colpita dal provvedimento.

Organi e procedura

L'autorità competente a disporla non è l'autorità giudiziaria come avviene nel caso del fallimento, bensì l'autorità **governativa** che ha la vigilanza sull'impresa, la quale nomina anche gli organi della procedura, ovvero il **commissario liquidatore** che ha il compito di svolgere l'attività di liquidazione sotto il controllo dell'autorità di vigilanza, e il **comitato di sorveglianza** con funzioni consultive e di controllo. L'autorità giudiziaria conserva una competenza residua e limitata all'accertamento dell'eventuale stato di insolvenza. Detto accertamento rileva agli effetti del provvedimento di liquidazione coatta: infatti, solo qualora venga accertato lo stato di insolvenza potranno trovare applicazione al procedimento le disposizioni della l.f. relative alle sanzioni penali e agli atti pregiudizievoli per i creditori con la conseguenza, ad es., che sarà esperibile l'azione revocatoria fallimentare.

Più in generale, la procedura in esame ricalca quella del fallimento sviluppandosi attraverso le fasi della formazione dello stato passivo, della liquidazione e, infine, della ripartizione dell'attivo; inoltre, anche la liquidazione coatta, al pari del fallimento, può chiudersi con un concordato. Vi sono, però, anche importanti differenze: in particolare, non è previsto che i creditori approvino il piano di riparto essendo loro consentito solo di presentare opposizione al tribunale contro di esso.

4.4. *L'amministrazione straordinaria delle grandi imprese insolventi*

L'amministrazione straordinaria delle grandi imprese insolventi è stata introdotta dal d.l. n. 26/1979 convertito in l. n. 95/1979, riformata poi ad opera del d.lgs. n. 270/1999. È stata poi, più di recente, introdotta anche un'amministrazione straordinaria speciale per le imprese di maggiori dimensioni che intendono perseguire un programma di risanamento (d.l. n. 347/2003, convertito in l. n. 39/2004).

Finalità e procedura

L'amministrazione straordinaria è una procedura concorsuale che, oltre alla tradizionale funzione di tutela dei creditori dell'impresa, assolve anche a finalità **conservative** del patrimonio produttivo, mediante prosecuzione, riattivazione o riconversione delle attività imprenditoriali (art. 1, d.lgs. n. 270/1999). Per questo l'apertura della procedura è subordinata all'accertamento delle concrete prospettive di recupero dell'attività imprenditoriale.

La procedura in esame è, insieme, **giudiziaria** e **amministrativa**: infatti, l'autorità giudiziaria dichiara lo stato di insolvenza nominando il giudice delegato e uno o tre commissari giudiziali. La gestione della procedura è, invece, devoluta all'autorità amministrativa e in particolare al Ministero dello sviluppo economico.

I requisiti di ammissione alla procedura sono individuati negli artt. 2 e 27, d.lgs. n. 270/1999. Oltre allo stato di insolvenza e alla possibilità di rilanciare l'impresa, sono richiesti alcuni requisiti di ordine quantitativo, ovvero, che l'impresa impieghi un numero di dipendenti non inferiore a duecento da almeno un anno, e che, nel corso dell'ultimo esercizio, essa abbia accumulato debiti per un importo pari ad almeno due terzi dell'attivo e dei ricavi dell'ultimo esercizio. I requisiti appena esposti non sono però necessari se ad essere assoggettata alla procedura di amministrazione straordinaria è un'impresa confiscata alla criminalità organizzata secondo quanto previsto dalla legge Rognoni-La Torre (l. n. 575/1965).

La sentenza che accerta lo stato di insolvenza produce effetti simili all'ammissione al concordato preventivo: i creditori non possono intraprendere azioni esecutive individuali; l'imprenditore conserva l'amministrazione dei beni e continua l'esercizio dell'impresa sotto la vigilanza del commissario giudiziale. Tuttavia, l'esercizio dell'impresa può essere anche affidato direttamente al commissario.

La dichiarazione di insolvenza di un'impresa societaria estende i suoi effetti anche ai soci illimitatamente responsabili, pure se esclusi o defunti, purché in questo caso l'insolvenza sia stata dichiarata entro un anno da quando lo scioglimento del rapporto sociale è divenuto opponibile ai terzi.

Accertato lo stato di insolvenza, il Tribunale deve verificare l'esistenza di concrete prospettive di risanamento dell'impresa: questo può realizzarsi o tramite un programma di **cessione** del complesso aziendale, o tramite un programma di **ristrutturazione**. Nel primo caso verrà avviata una fase di liquidazione destinata a soddisfare i creditori con il ricavato delle cessioni, mentre, dal canto suo, l'impresa sarà eventualmente portata avanti dai cessionari; viceversa, attraverso il programma di ristrutturazione, vengono stabiliti tempi e modi affinché l'imprenditore sia messo in grado di soddisfare i creditori. Il programma viene presentato al Ministero e deve essere conforme non solo agli indirizzi nazionali di politica industriale, ma anche alle disposizioni comunitarie in materia di aiuti di stato. L'art. 2 *bis* del d.l. n. 26/1979, ancora in vigore, prevede una garanzia da parte dello Stato a favore delle banche che eroghino finanziamenti alle imprese sotto amministrazione per la gestione corrente e per la riattivazione delle stesse. Inoltre, viene agevolata la vendita in blocco di beni aziendali.

Se il Tribunale ritiene che non sussistano concrete prospettive di risanamento, dichiara aperto il fallimento. Altrimenti si apre la procedura di amministrazione: la gestione dell'impresa viene quindi affidata al commissario giudiziale fino alla nomina, da parte del ministero di uno o tre commissari straordinari. Questi hanno la gestione dell'impresa e l'amministrazione dei beni dell'imprenditore insolvente. Il ministero nomina anche un comitato di sorveglianza.

All'amministrazione straordinaria si applicano le disposizioni sulla liquidazione coatta amministrativa in quanto compatibili con la sua finalità conservativa. La ripartizione dell'attivo può avvenire in due modi: o tramite acconti che hanno carattere provvisorio, possono essere disposti in qualsiasi momento della procedura ma sono ripetibili; oppure tramite riparti che hanno carattere definitivo ma possono essere effettuati solo dopo che lo stato passivo è reso esecutivo e solo quando è adottato un programma di cessione del complesso aziendale.

La chiusura della procedura si verifica nell'ipotesi in cui si addivenga a un concordato, ovvero per mancata presentazione di domande di ammissione al passivo o, ancora, per il recupero da parte dell'imprenditore della capacità di soddisfare regolarmente le proprie obbligazioni. Nel caso in cui sia attuato un programma di cessione la procedura si chiude anche quando tutti i crediti ammessi sono soddisfatti o estinti, o quando si sia perfezionata la ripartizione finale dell'attivo. Altra ipotesi di chiusura dell'amministrazione straordinaria si ha quando, constatato che essa non può utilmente proseguirsi, se ne disponga la conversione in fallimento.

Più recenti sviluppi della disciplina dell'amministrazione straordinaria

Il d.l. n. 347/2003, convertito in l. n. 39/2004 e in seguito più volte modificato (da ultimo con il codice della crisi d'impresa e dell'insolvenza di cui al d.lgs. n. 14/2019), ha previsto una speciale procedura di amministrazione straordinaria per le **imprese di maggiori dimensioni**, volta a consentire un più celere avvio e svolgimento della procedura, e a privilegiare l'attuazione di un programma di ristrutturazione piuttosto che di cessione. Per l'applicazione della disciplina speciale è necessario che l'impresa abbia alcuni requisiti dimensionali, avendo impiegato da almeno un anno non meno di cinquecento dipendenti, e accumulato debiti per non meno di € 300.000.000,00.

L'ammissione alla procedura viene disposta direttamente dal Ministro dello sviluppo economico. La gestione dell'impresa passa nelle mani del commissario straordinario e i creditori non possono intraprendere azioni esecutive individuali. L'accertamento giudiziale dello stato di insolvenza è comunque necessario, ma avviene a procedura già avviata: se il tribunale ritiene non sussistente l'insolvenza o le altre condizioni richieste, gli effetti dell'ammissione alla procedura cessano.

Il commissario straordinario deve presentare il programma di ristrutturazione al Ministro perché questi lo autorizzi, e nelle more può pagare i debiti anteriori alla procedura quando ciò si riveli necessario onde evitare un grave pregiudizio alla continuazione dell'impresa; inoltre, egli è abilitato al compimento di tutte le operazioni necessarie funzionali alla salvaguardia della integrità dell'organismo produttivo.

Se il programma di ristrutturazione non viene autorizzato dal Ministro, o se la eventuale proposta di concordato presentata dal commissario straordinario è respinta, questi può sottoporre all'autorità governativa un programma di cessione del complesso aziendale. Qualora anche questo non venga approvato la procedura si converte in fallimento.

4.5. *Il sovraindebitamento*

Come si è detto, le procedure concorsuali rappresentano una modalità di liquidazione «amministrata» dei crediti vantati da una pluralità di soggetti che, tradizionalmente, ha trovato applicazione ai soli imprenditori commerciali non piccoli. Oggi, tuttavia, vuoi a causa della dipendenza sempre maggiore del consumo dalla possibilità di indebitarsi (conseguenza, questa, della necessità, per l'attuale sistema economico, di rimediare alla caduta della domanda provocata dalla drastica riduzione dei redditi da lavoro dipendente proprio agevolando oltre ogni limite l'accesso al credito), vuoi a causa della grave crisi economica che ormai da anni colpisce molti paesi il problema di una regolazione della crisi di solvibilità del debitore si pone in modo drammatico anche quando essa investa soggetti tradizionalmente esclusi dalle procedure concorsuali, ovvero i piccoli imprenditori, gli imprenditori agricoli e perfino i consumatori. Queste tecniche, peraltro, nella misura in cui consentono al debitore di sottrarsi ad una indiscriminata aggressione al proprio patrimonio secondo la logica propria dell'esecuzione individuale, perseguono anche finalità di tutela di soggetti oggi considerati «deboli».

Sovraindebitamento e insolvenza

Così, il legislatore italiano, sulla scia delle esperienze già maturate oltre Atlantico e in alcuni importanti paesi europei, ha introdotto una disciplina delle crisi da **sovraindebitamento** – oggi contenuta nella l. n. 3/2012 come modificata dall'art. 18, d.l. n. 179/2012 convertito in l. n. 221/2012 – applicabile, appunto, a tutti i debitori non fallibili, e per certi versi simile a quella del concordato preventivo e dell'accordo di ristrutturazione dei debiti. Per "sovraindebitamento" si intende "la situazione di perdurante squilibrio tra le obbligazioni assunte e il patrimonio prontamente liquidabile per farvi fronte, che determina la rilevante difficoltà di adempiere le proprie obbligazioni, ovvero la definitiva incapacità di adempierle regolarmente" (art. 6, co. 2, lett. *a*). La nozione in esame si rivela, già d'acchito, ben più ampia di quella di insolvenza accolta dall'art. 5, co. 2, l.f. nella misura in cui, qui, la norma, diversamente da quanto accade nel caso avuto presente dal legislatore del fallimento, contempla ipotesi nelle quali sussiste una mera, per quanto rilevante, **difficoltà** ad adempiere (là dove l'insolvenza è sinonimo di incapacità "di soddisfare regolarmente le proprie obbligazioni"). Inoltre, il sovraindebitamento trova nel deficit di liquidità il suo presupposto strutturale, mentre, come si è visto, può aversi insolvenza anche in presenza di una perdurante liquidità. La ragione di tale, importante differenza risiede in ciò che, mentre le procedure concorsuali tradizionali si applicano ad organismi di regola corredati da compendi patrimoniali più o meno cospicui (i c.d. *asset* aziendali), di talché la crisi dell'impresa non è mai tanto, o soltanto, crisi di liquidità quanto, piuttosto, crisi di efficienza produttiva, il "sovraindebitamento" riguarda i soggetti rispetto ai quali il problema avuto presente, di tutto principio, dal legislatore è proprio quello della difficoltà (o, addirittura, dell'impossibilità) di far fronte ai propri debiti. In altre parole, mentre nel caso dell'insolvenza l'inadempimento (così come, ad es., il pagamento con mezzi anomali) è solo uno dei possibili indici della crisi, nel caso del sovraindebitamento l'inadempimento è l'elemento a cui la norma affida il compito di rivelare lo squilibrio strutturale che ormai affetta il patrimonio del debitore.

Accordo e piano di ristrutturazione ...

La l. n. 3/2012 contempla due modalità di composizione della crisi fra loro alternative: l'**accordo** del debitore con i creditori secondo quanto previsto dall'art. 7, co. 1, il **piano** riservato al consumatore (art. 7, co. 1 *bis*). La procedura intesa all'accordo con i creditori, che si esprimeranno a maggioranza, comporta che il debitore possa essere ammesso a pagare i propri debiti anche in misura non integrale, a determinate condizioni e purché rispetti gli impegni assunti con la proposta di accordo. Analogo scopo ha la procedura di composizione consistente nel piano del consumatore, con la differenza che in questo caso non è necessario l'accordo con i creditori, ma il piano può essere omologato (cioè reso efficace nei confronti dei creditori) sulla sola base della valutazione del tribunale. Il debitore deve proporre la ristrutturazione dei propri debiti e la soddisfazione dei creditori in qualsiasi modo, anche con l'eventuale cessione di propri crediti futuri. Occorre che il debitore dia conto di tutta la propria consistenza patrimoniale e che indichi elementi tali da far ritenere che l'accordo o il piano che egli propone sia fattibile. Qualora sia necessario a tal fine l'intervento di terzi che offrano garanzie, occorre acquisire il loro consenso scritto con l'indicazione dei redditi o beni che essi mettono a disposizione. Dopo il deposito della richiesta ha luogo un procedimento inteso a verificare se sussistono le condizioni per l'omologazione (cioè il provvedimento che rende vincolante l'accordo o il piano per tutti i creditori).

... del debito: sovrapposizioni e differenze

Il procedimento ha connotazioni diverse per la proposta di accordo e per il piano del consumatore. La proposta di accordo comporta che il tribunale ordini determinate forme di pubblicità. Il tribunale provvede quindi all'interpello di tutti i creditori e occorre che vi sia il consenso di tanti creditori che rappresentino almeno il 60% dell'ammontare dei crediti. L'omologazione del piano del consumatore è più semplice, ma comporta anch'essa la convocazione dei creditori per la loro audizione, ma non per la raccolta di un voto o consenso.

Il giudice omologa il piano quando:

– verifica la sua idoneità ad assicurare il pagamento dei crediti che devono essere necessariamente soddisfatti (impignorabili, ecc.);

– esclude che il consumatore abbia assunto obbligazioni senza la ragionevole prospettiva di potervi adempiere;

– esclude che il consumatore abbia colposamente determinato il proprio sovraindebitamento anche per mezzo di un ricorso al credito non proporzionato alle proprie capacità patrimoniali.

Nel corso di entrambe le procedure ogni creditore non consenziente può sollevare delle contestazioni circa la convenienza dell'accordo o del piano. In tal caso il giudice provvede alla omologazione solo se ritiene che il credito di chi solleva la contestazione possa essere soddisfatto dall'esecuzione dell'accordo o del piano in misura non inferiore a quella che deriverebbe dalla liquidazione dell'intero patrimonio del debitore.

Liquidazione dei beni

Diversa da quelle intese a promuovere una vera e propria composizione della crisi è la procedura per ottenere la **liquidazione dei beni** (art. 14 *ter*) la quale comporta:

– che essa abbia ad oggetto tutti i beni del debitore e sia intesa a far concorrere alla ripartizione del ricavato tutti i creditori;

– che restino esclusi solo i beni assolutamente impignorabili e i crediti alimentari e di mantenimento limitatamente a quanto occorre per il mantenimento del debitore e della sua famiglia;

– che ricadano nella liquidazione anche i beni eventualmente sopravvenuti nel corso del quadriennio successivo al deposito della domanda, dedotte le passività incontrate per il loro acquisto e conservazione;

– che il giudice disponga forme di pubblicità e, nel caso in cui si tratti di imprenditori, l'annotazione nel registro delle imprese, oltre alle formalità di trascrizione per i beni immobili e per i mobili registrati;

– la nomina di un liquidatore che avrà il compito di: amministrare i beni oggetto della liquidazione; verificare l'elenco dei creditori e sollecitarne l'intervento alla partecipazione alla procedura; formare lo stato passivo, cioè l'elenco dei titolari dei crediti da soddisfare; predisporre un programma di liquidazione e dare attuazione allo stesso e cioè alla realizzazione (di norma vendita a condizioni di mercato o comunque cessione a terzi dietro corrispettivo) di tutto il compendio patrimoniale sottoposto alla procedura, compresa la realizzazione di eventuali diritti ancora non esercitati (acquisizione della disponibilità di beni del debitore esistenti presso terzi, recupero dei crediti); distribuire il ricavato fra i creditori. Il pagamento dei crediti derivanti dalle necessità della procedura ha luogo con preferenza rispetto agli altri, salvo solo il ricavato dalla liquidazione dei beni oggetto di pegno o di ipoteca per la parte destinata ai creditori garantiti. La procedura può essere di norma chiesta solo dal debitore. Può essere chiesta dai creditori solo in determinati casi, quali la perdita di efficacia delle procedure di composizione delle crisi da sovra indebitamento.

4.6. *Il Codice della crisi e dell'insolvenza*

La l.f. è destinata ad essere superata completamente con il Codice della crisi d'impresa e dell'insolvenza (d.lgs. n. 14/2019 cod. ins.), la cui entrata in vigore varia a seconda delle singole disposizioni in esso contenute (la maggior parte delle norme entrerà in vigore il 1° settembre 2021, ma già dal 16 marzo 2019 sono applicabili alcune disposizioni in materia di amministrazione straordinaria, albo degli incaricati della gestione e del controllo delle nuove procedure, competenza delle sezioni specializzate dei tribunali, certificazione dei debiti contributivi e altre disposizioni di modifica del codice civile in materia di società e di modifica del d.lgs. n. 122/2005 in materia di immobili da costruire) e che comunque si completerà entro diciotto mesi dalla pubblicazione nella Gazzetta ufficiale (avvenuta il 14 febbraio 2019). Esulano dall'applicazione della nuova disciplina le procedure pendenti al momento dell'entrata in vigore del citato codice.

Il codice in parola contempla tra le principali novità: *i)* la sostituzione del termine "fallimento" con l'espressione "liquidazione giudiziale"; *ii)* l'introduzione della procedura di liquidazione controllata; *iii)* l'introduzione di un sistema di "allerta" della crisi dell'impresa perché siano messi in campo interventi tesi a scongiurare l'insolvenza o, se ciò risultasse inevitabile, liquidare i beni dell'impresa in crisi con maggior soddisfazione dei crediti; *iv)* la predisposizione obbligatoria per l'imprenditore di strumenti per rilevare per tempo lo stato di crisi; *v)* una procedura privilegiata per la prosecuzione dell'attività imprenditoriale; *vi)* l'unificazione dei riti speciali in materia concorsuale; *vii)* l'istituzione dell'albo dei professionisti da cui il Tribunale dovrà attingere per l'amministrazione e il controllo delle procedure; *viii)* l'allargamento delle maglie di accesso alla procedura di sovraindebitamento (attuale l. n. 3/2012 confluita nel codice).

La liquidazione giudiziale (artt. 49 ss. cod. ins.), come il fallimento, ha l'obiettivo di eliminare giuridicamente ed economicamente l'impresa in crisi irreversibile soddisfacendo il più possibile i creditori dell'imprenditore decotto. La differenza con la vecchia procedura fallimentare investe la fase precedente alla liquidazione giudiziale e, in questo senso, prosegue l'*iter* già avviato dalle precedenti riforme alle procedure concorsuali: la nuova normativa mira a evitare o, meglio, a prevenire le crisi irreversibili mediante il risanamento delle situazioni di difficoltà anche piuttosto radicate dell'impresa.

Da questo punto di vista, assumono rilevanza le procedure di allerta (artt. 12 ss. cod. ins.) che si sostanziano in una sorta di avviso volto a rendere edotto l'imprenditore del superamento degli indicatori di crisi, ossia degli indicatori di squilibri di carattere reddituale, patrimoniale e finanziario in relazione alle dimensioni economiche dell'operatore e dell'attività esercitata.

L'*alert* proviene da parte degli organi di controllo societari (art. 14 cod. ins.) e dei creditori pubblici qualificati (art. 15 cod. ins.: Agenzia delle entrate, Inps, ecc.). In quest'ultimo caso, i creditori qualificati sono abilitati a rivolgersi all'Organismo di composizione della crisi d'impresa (OCRI), secondo quanto previsto dall'art. 15, co. 4, cod. ins., qualora, passati novanta giorni dalla ricezione dell'avviso da parte del debitore, quest'ultimo non abbia fornito alternativamente la prova di: aver estinto il proprio debito o di averlo altrimenti regolarizzato per intero con le modalità previste dalla legge; essere in regola con il pagamento rateale; aver presentato istanza di composizione assistita della crisi o domanda per l'accesso ad una procedura di regolazione della crisi e dell'insolvenza.

L'OCRI viene istituito presso ciascuna Camera di Commercio e ha il compito di assistere l'imprenditore nel tentativo di superare la crisi senza sostituirsi allo stesso nell'esercizio dell'attività. L'imprenditore continua, infatti, a condurre l'azienda e propone un piano di superamento della crisi la cui attuazione può essere corredata da misure cautelari e protettive disposte dal Tribunale (art. 54 cod. ins.). Occorre distinguere il piano redatto con l'ausilio dell'OCRI dagli strumenti di regolazione della crisi previsti dagli artt. 56 ss. cod. ins. Questi ultimi sono: *i)* gli accordi; *ii)* le procedure di composizione della crisi da sovraindebitamento, *iii)* il concordato preventivo.

Tra le procedure di composizione della crisi da sovraindebitamento va rammentato il concordato minore (artt. 74 ss. cod. ins.), il quale risulta precluso, però, ai consumatori. Tramite tale forma di concordato il debitore in crisi propone un accordo con i creditori che permetta la prosecuzione dell'attività economica o che, grazie all'apporto di risorse esterne, consenta di aumentare in misura apprezzabile la soddisfazione dei creditori. Il concordato minore va depositato nel Tribunale territorialmente competente per il tramite di un **Organismo di composizione della crisi da sovraindebitamento** (OCC), il quale è presente in ogni circondario di Tribunale e predispone una relazione particolareggiata che viene allegata alla proposta di concordato. La proposta di concordato ritenuta ammissibile viene approvata dalla maggioranza dei creditori ammessi al voto e viene omologata dal giudice in una procedura che è molto simile a quella stabilita per il concordato preventivo, prevedendo delle semplificazioni.

5. *L'azienda*

Come abbiamo già visto, uno dei tratti distintivi dell'impresa è di essere un'attività economica organizzata (art. 2082). Ciò va inteso nel senso che per svolgere la propria attività, l'imprenditore necessita sempre di beni della più varia specie (capannoni, macchine, attrezzature informatiche, ecc.) che saranno organizzati, appunto, e utilizzati secondo le esigenze proprie dell'impresa.

Nozione

L'insieme di questi beni, funzionalmente destinati all'esercizio dell'impresa, rappresenta l'**azienda** (art. 2555). È bene precisare subito che non tutti i beni che compongono l'azienda sono necessariamente di proprietà dell'imprenditore: ad es., i locali che ospitano le varie sedi della società "X" nel mondo potrebbero essere stati acquisiti alla disponibilità della società mediante la stipula di contratti di locazione. Ne consegue che l'appartenenza di un bene al complesso aziendale segue regole diverse da quelle proprietarie, derivando tale appartenenza da quella che abbiamo chiamato destinazione funzionale del bene all'esercizio dell'impresa; e ciò si riflette anche sul regime circolatorio dell'azienda stessa.

Circolazione

In particolare, l'acquirente subentra nei **contratti** stipulati per l'esercizio dell'azienda stessa che non abbiano carattere strettamente personale a prescindere dal consenso del contraente ceduto (art. 2558, co. 1). Questa regola deroga a quella stabilita dall'art. 1406: ciò si spiega in ragione della esigenza di favorire una più agevole e rapida circolazione del compendio aziendale. Un parziale correttivo, tuttavia, è previsto dallo stesso art. 2558, co. 2 il quale accorda al contraente ceduto la possibilità di recedere dal contratto entro tre mesi.

Anche nel caso della **cessione di crediti** relativi all'azienda ceduta (art. 2559), il meccanismo risulta semplificato rispetto alla disciplina ordinaria perché qui la cessione è opponibile al debitore ceduto anche in mancanza di notifica o di sua accettazione a partire dalla iscrizione del trasferimento nel registro delle imprese: tuttavia, il debitore che abbia pagato in buona fede è liberato.

Per quanto riguarda, infine, i **debiti** relativi all'azienda ceduta, l'alienante non ne è liberato a meno che i creditori non lo abbiano consentito (art. 2560, co. 1). Ove poi si tratti della cessione di aziende collegate ad un'impresa commerciale, dei debiti risponderà anche l'acquirente nella misura in cui essi risultino dai libri contabili obbligatori (art. 2560, co. 2).

Il contratto mediante il quale si realizza la cessione dell'azienda va provato per **iscritto**, almeno là dove si tratti di imprese soggette a registrazione. Naturalmente, poi, l'alienazione dei singoli beni segue le regole sue proprie: ad es., se all'interno del compendio aziendale si trova un bene immobile di proprietà dell'imprenditore che questi intende vendere all'acquirente dell'azienda, sarà necessario rispettare la forma scritta *ad substantiam* (art. 2556, co. 1).

Da ultimo, bisogna ricordare che l'art. 2557 pone a carico di colui che aliena l'azienda un **divieto di concorrenza**. Si tratta di una misura finalizzata ad impedire che l'investimento effettuato da chi ha acquistato l'azienda, ripromettendosi di proseguire l'attività d'impresa già avviata dall'alienante, non sia vanificato dal fatto che quest'ultimo, approfittando della sua maggiore esperienza e notorietà, avvii "una nuova impresa che per l'oggetto, l'ubicazione o altre circostanze sia idonea a sviare la clientela dell'azienda ceduta" (art. 2557).

Le parti possono convenire limiti più ampi, ma il patto di non concorrenza non può comunque eccedere i cinque anni dal trasferimento dell'azienda, né impedire all'alienante di svolgere una qualsiasi attività professionale (art. 2557, co. 2).

6. *La proprietà industriale ed intellettuale: segni distintivi, invenzioni, diritto d'autore*

Proprietà intellettuale e industriale

Il complesso dei beni aziendali può comprendere, oltre a beni materiali, anche c.d. beni immateriali oggetto di diritti di **proprietà industriale e intellettuale**. Si tratta di due categorie che nel nostro ordinamento risultano normativamente distinte. Al di là di quanto previsto in via generale nel codice civile, infatti, i diritti di proprietà industriale sono disciplinati dal codice della proprietà industriale (cpi), mentre i diritti di proprietà intellettuale fanno capo alla legge sul diritto d'autore (l.a.). Ciò nondimeno le due categorie hanno dal punto di vista funzionale e teleologico parecchi tratti in comune tanto che le loro discipline spesso si intersecano fino al punto di sovrapporsi, soprattutto in materia di tutela giurisdizionale.

I **segni distintivi d'impresa** rientrano nella categoria della proprietà industriale. Si tratta di tutta una serie di strumenti di cui si avvale l'imprenditore nel corso della sua attività al fine di potersi distinguere dagli altri imprenditori e, dunque, rendersi riconoscibile ai consumatori. Del resto, sia l'una sia l'altra cosa sono fondamentali ai fini della concorrenza perché soltanto in questo modo il mercato può svolgere la sua basilare funzione di differenziazione dei beni e dei servizi offerti dalle imprese.

Gli strumenti in questione sono il marchio, che individua il prodotto, la ditta che individua l'imprenditore, l'insegna che individua i locali in cui si svolge l'attività d'impresa.

Requisiti del marchio

Il **marchio** – oggetto di disciplina agli artt. 2569-2574 ma anche, e molto più analiticamente, agli artt. 7 s. cpi – può essere costituito da qualsiasi segno o denominazione rappresentabili graficamente che siano idonei ad individuare e distinguere i **prodotti** o i **servizi** offerti dall'impresa che lo utilizza. Per potere soddisfare questa finalità distintiva, il marchio deve possedere il requisito della **novità** e non può limitarsi a indicare una generica classe merceologica (ad es., "Vino" o "penne a sfera").

Registrazione

In presenza di questi requisiti, il marchio può essere **registrato**: a seguito della registrazione, il titolare del marchio acquista la facoltà di farne uso in via **esclusiva** per i prodotti o i servizi in relazione ai quali è stato registrato (c.d. principio di specialità del marchio: art. 2569). I diritti scaturenti dalla registrazione durano dieci anni e possono essere protratti nel tempo attraverso la **rinnovazione** della stessa. Il marchio registrato deve, a pena di **decadenza**, essere effettivamente ed ininterrottamente utilizzato dal suo titolare, o dai suoi aventi causa, per i prodotti o i servizi per i quali è stato registrato. Il termine di decadenza è di cinque anni. Ove qualcuno abbia fatto uso del marchio non registrato ha facoltà di continuare ad usarne, nonostante la registrazione da altri ottenuta, nei limiti in cui se ne è avvalso sino al momento della registrazione (**preuso**: art. 2571).

Oggi il marchio può essere trasferito **indipendentemente** dall'azienda in ragione della circostanza che esso, di frequente, rappresenta un valore economico autonomo. Il marchio può essere trasferito per la totalità o per una parte dei prodotti o servizi per i quali è stato registrato così come può essere oggetto di licenze sia esclusive sia non esclusive. Tuttavia, per evitare fenomeni di tipo confusorio che pregiudicherebbero la funzione distintiva del marchio, ed in ossequio al principio di non decettività dei segni distintivi, dal suo trasferimento o dalle licenze non deve derivare inganno in quei caratteri dei prodotti o servizi che sono essenziali nell'apprezzamento del pubblico (art. 2573, co. 1).

Funzione e requisiti della ditta

La **ditta** è il segno distintivo attraverso il quale è possibile individuare l'imprenditore in relazione all'attività svolta. Questi ha diritto all'uso esclusivo della ditta che, comunque formata, deve recare l'indicazione del **cognome** o della **sigla** dell'imprenditore (principio di **verità**: art. 2563). Comunemente si ritiene che la ditta debba possedere i requisiti tipici dei segni distintivi e cioè un certo grado di capacità distintiva, la novità e la liceità, quest'ultima da intendersi soprattutto nel senso che non deve risultare ingannevole per il pubblico. Così, se la ditta è uguale o simile a quella di un altro imprenditore, ed esistono le condizioni perché si crei confusione tra il pubblico (ad es., due rivenditori di scarpe che usino la ditta "Rossicalzature"), essa va modificata o integrata così da differenziarla (art. 2564, co. 1).

Diversamente dal marchio, la ditta non può essere trasferita separatamente dall'azienda: in caso di trasferimento dell'azienda *inter vivos*, la ditta passa all'acquirente solo con il consenso dell'alienante mentre, in caso di trasferimento a causa di morte, la ditta di regola si trasmette automaticamente all'erede (art. 2566).

L'**insegna**, come detto, svolge la funzione di individuare i locali in cui l'imprenditore svolge la propria attività. Per la sua disciplina il codice rinvia a quella della ditta (art. 2568).

Sotto il Titolo II, intestato all'azienda, il codice civile disciplina anche i **brevetti** per invenzioni industriali e il **diritto d'autore** sulle opere dell'ingegno letterarie e artistiche. Ora, mentre marchio, ditta e insegna sono i segni distintivi dell'imprenditore, invenzioni industriali e opere dell'ingegno non sono legate in modo imprescindibile all'impresa.

Brevetto, diritto d'autore e impresa

Tuttavia, questa loro ubicazione in seno al codice civile, se per un verso può considerarsi un tributo alla categoria dei **beni immateriali**, di cui essi farebbero parte, appunto, insieme con marchio ditta e insegna, per altro verso anticipa e registra la tendenza, oggi diventata in larghissima misura realtà, della ricerca scientifica e tecnologica ma anche dell'attività culturale, a svolgersi in una dimensione di tipo imprenditoriale.

Non si può, tuttavia, non ribadire che invenzioni ed opere dell'ingegno sono, comunque, oggetto di una regolamentazione analitica da parte di due leggi speciali, rispettivamente gli art. 45 s. cpi e la l.a., in ossequio alla già ricordata perdurante distinzione normativa tra proprietà industriale, da una parte, e proprietà intellettuale dall'altra parte.

Esclusiva

Invenzioni industriali e opere dell'ingegno hanno in comune il ricorso alla tecnica dell'**esclusiva**: in entrambi i casi la legge attribuisce, rispettivamente, all'inventore e all'autore il diritto di realizzare o utilizzare il loro ritrovato o la loro creazione in via esclusiva, senza doverne condividere i frutti con alcuno (v. artt. 2584 e 2577). Così, l'essenza del diritto di brevetto e del diritto d'autore si manifesta attraverso il potere, rispettivamente dell'inventore e dell'autore, di vietare ai terzi lo sfruttamento (anche indirettamente) economico dei risultati dell'attività inventiva o creativa (art. 66 cpi; artt. 12 e 156 l.a.).

L'esclusiva risponde alla ben precisa esigenza di incentivare la ricerca in campo scientifico-tecnologico e in campo artistico-culturale: è evidente, infatti, che se l'invenzione o la creazione cadessero subito in pubblico dominio, la spinta all'innovazione si attenuerebbe fortemente. Per converso, questa esigenza va temperata con quella di un'utilizzazione da parte della collettività del bene oggetto dell'esclusiva: donde la durata limitata nel tempo dell'esclusiva che è di **venti** anni, calcolati dalla data di deposito della domanda, per le invenzioni industriali (art. 60 cpi) e di **settanta** anni, calcolati dalla data della morte dell'autore, per il diritto d'autore (art. 25 l.a.).

Presupposti e modalità di acquisto dell'esclusiva

Invenzioni industriali e opere dell'ingegno differiscono quanto a modalità di attribuzione dell'esclusiva. Nel primo caso questa discende dal rilascio di un **brevetto** (art. 2585) e, dunque, prevede l'adempimento di alcune formalità costitutive da espletarsi innanzitutto attraverso il deposito presso un ufficio amministrativo di una apposita domanda (art. 160 cpi); nel secondo caso, viceversa, l'esclusiva si acquista per il solo fatto della **creazione** dell'opera (art. 2576).

Variano, ovviamente, anche i **presupposti** per il riconoscimento dell'esclusiva: le invenzioni brevettabili sono le **nuove** invenzioni che implicano una attività inventiva e che sono atte ad avere un'applicazione industriale o anche l'applicazione tecnica di un principio scientifico, purché essa dia immediati risultati industriali (art. 2585; art. 45 cpi); formano, invece, oggetto del diritto d'autore le **opere dell'ingegno** di carattere creativo che appartengono alle scienze, alla letteratura, alla musica, alle arti figurative, all'architettura, al teatro e alla cinematografia, qualunque ne sia il modo o la forma di espressione (art. 2575: da ricordare che anche il *software* le banche di dati creative e il disegno industriale godono oggi della tutela apprestata dal diritto d'autore: v. art. 1, co. 2, l.a.).

Il brevetto, come abbiamo visto, dà all'inventore il diritto di attuare l'invenzione in via esclusiva: peraltro la mancata attuazione protratta per **tre** anni determina una **decadenza** dal brevetto. Il diritto d'autore attribuisce al suo titolare il diritto esclusivo di **pubblicare** l'opera e di utilizzarla economicamente in ogni forma e modo, nei limiti fissati dalla l.a. (art. 2577, art. 12 l.a.).

In genere, lo sfruttamento economico dell'invenzione brevettata e dell'opera dell'ingegno non avviene direttamente ad opera del singolo inventore o autore, che non ne avrebbero le risorse economico-imprenditoriali, ma mediante la **cessione** dell'esclusiva dietro pagamento di un corrispettivo. La cessione in oggetto, va precisato, riguarda i soli diritti di utilizzazione economica, e non anche il **diritto morale**, cioè il diritto al riconoscimento della paternità e all'integrità dell'invenzione o dell'opera che, in quanto diritto della persona, è indisponibile (artt. 2589, 2577, co. 2).

Ricordiamo, infine, che brevetto, marchio e diritto d'autore godono di un'ampia tutela giurisdizionale, comprensiva di rimedi inibitori, restitutori e risarcitori (art. 156 l.a.; art. 124 s. cpi).

Direttiva Copyright UE 2019/790

Da ultimo, merita di essere richiamata la **direttiva UE 2019/790**, approvata il 17 aprile 2019 ed entrata in vigore il 6 giugno 2019, che modifica le direttive 96/9/CE e 2001/29/CE e che si applica a tutte le opere e ad altri materiali protetti dal diritto d'autore a partire dal 7 giugno 2021, è stata recepita dal nostro legislatore con la legge di delegazione europea 2019-2020 (l. n. 53/2021). In particolare, va segnalato l'art. 18 della direttiva che prevede la possibilità dei titolari di diritto d'autore (autori, giornalisti, editori e creatori di contenuti in generale) di negoziare accordi più equi in merito alla remunerazione per l'utilizzo di opere presenti online.

7. *La disciplina della concorrenza*

Libertà di iniziativa economica e concorrenza

Nei sistemi ad economia di mercato l'iniziativa economica è, in linea di principio, **libera** (v. l'art. 41, co. 1, Cost.). La libertà di iniziativa economica è il presupposto perché gli operatori economici concorrano nell'offerta di prodotti e servizi sul mercato: è, dunque, il presupposto della **concorrenza**. Che i mercati debbano essere aperti ad una pluralità di operatori economici è, tuttavia, un assunto storicamente condizionato. Per secoli, e cioè prima dell'affermazione del liberalismo anche in materia economica, si ritenne che la miglior forma di regolazione dell'economia fosse la riserva nell'esercizio delle attività economiche a determinati soggetti, circoscritti all'ambito degli appartenenti ad una corporazione (un'arte o un mestiere).

La genesi dei concetti di libertà di iniziativa economica e di concorrenza risale alla fine del Settecento, quando, caduti i vincoli imposti dall'*ancien régime*, si affermò il principio della libertà di commercio.

A quell'epoca, tuttavia, si riteneva che il mercato desse vita ad un ordine naturale. Si riteneva, in altri termini, che una volta affermato il principio della libertà di commercio, le regole giuridiche avessero esaurito il proprio compito, perché il mercato avrebbe funzionato spontaneamente.

La storia ha smentito quest'ipotesi, mostrando che il mercato concorrenziale, lasciato a se stesso, tende a chiudersi e ad autodistruggersi, trasformandosi a poco a poco nel suo contrario, e cioè in un mercato monopolistico. Per questa ragione, oggi quasi nessuno dubita più del fatto che il mercato non sia un luogo naturale ma un luogo artificiale e che, di conseguenza, per funzionare abbia bisogno di regole.

L'insieme di queste regole, che si è andato ispessendo nel corso del tempo fino a dar vita ad un vero e proprio sistema, prende nome di **diritto della concorrenza**.

Il diritto della concorrenza racchiude dunque al suo interno regole di varia matrice, ma tutte convergenti nella direzione, chiaramente indicata dal Trattato istitutivo della Comunità europea (v. l'art. 4, co. 1, Tr.; va precisato, però, che nella sua attuale versione, il Tr., all'art. 3, co. 3, parla di "economia sociale di mercato fortemente competitiva"), di stimolare e proteggere un'economia di mercato aperta e in libera concorrenza. Nell'ottica dell'ordinamento comunitario (e, in genere, di tutti gli ordinamenti capitalistici) il processo concorrenziale è, infatti, il mezzo migliore per assicurare il benessere economico generale.

Benefici della concorrenza

La concorrenza agisce su più fronti. Ad un livello basilare essa tende ad abbassare i **prezzi**: secondo un principio elementare di microeconomia, se più soggetti offrono lo stesso bene, a parità di domanda il prezzo di quel bene tenderà progressivamente a ridursi. Ad un livello più avanzato stimola l'**innovazione**: per prevalere sui concorrenti, un'impresa tenderà ad apportare miglioramenti alla sua produzione, in modo da offrire sul mercato beni tecnicamente più complessi ed evoluti. In ogni caso, la concorrenza tende sempre ad innescare un processo di distruzione creatrice, spostando costantemente in avanti, sotto il profilo qualitativo, la gamma dei prodotti immessi sul mercato, ed intercettando in modo più puntuale la domanda potenziale dei consumatori.

Disciplina giuridica della concorrenza e tutela della concorrenza

Il diritto della concorrenza è composto da regole di vario tipo, le quali, a loro volta, danno vita ad autonome discipline specialistiche. Il diritto della concorrenza può quindi essere disarticolato nei distinti rami del diritto **antitrust**, del diritto della **concorrenza sleale**, del diritto degli **abusi di dipendenza economica**.

Questi distinti rami risalgono a periodi storici diversi e, in origine, avevano finalità diverse. Negli ultimi anni, tuttavia, si è progressivamente affermata una diversa lettura, che mira a valorizzare una prospettiva **unificata** delle discipline a tutela della concorrenza, nel segno della loro comune convergenza verso le sempre più marcate esigenze di protezione dei consumatori. In quest'ottica, sebbene con modalità diverse, tanto le regole del diritto antitrust e degli abusi di dipendenza economica, quanto le regole del diritto della concorrenza sleale sono accomunate dal fatto di vietare comportamenti delle imprese atti a pregiudicare il c.d. **benessere del consumatore**. Così, in particolare, si va sempre più affermando, con riguardo a tutte le discipline che compongono il diritto della concorrenza, una nozione unitaria di "impresa", diversa e molto più ampia rispetto a quella codicistica desumibile dall'art. 2082 che, come si è visto, funge da presupposto per l'applicazione del c.d. statuto dell'imprenditore. Nel diritto della concorrenza, infatti, vige da sempre una concezione funzionale, secondo la quale la nozione di impresa abbraccia qualsiasi entità che esercita un'attività economica, a prescindere dal suo *status* giuridico e dalle sue modalità di finanziamento.

Concorrenza sleale

Questo processo di rilettura sistematica di disposizioni di diversa matrice storica e culturale ha investito soprattutto il diritto della concorrenza sleale, il quale ha perso oggi la veste di diritto di classe, volto a proteggere gli interessi corporativi degli imprenditori, ed è stato invece oggetto di una rilettura in chiave **proconcorrenziale**. Questa diversa impostazione, suffragata peraltro da importanti novità legislative (e, in particolare, dall'introduzione sul finire degli anni '90 di una compiuta disciplina della c.d. pubblicità comparativa a sua volta trasfusa in un'organica disciplina delle pratiche commerciali scorrette: artt. 18-27 *quater* cdc, come da ultimo novellati, in attuazione della direttiva 2011/83/EU, dall'art. 1 del d.lgs. n. 21/2014), ha avuto ricadute in punto di interpretazione delle tradizionali regole dettate dall'art. 2598 (le quali pongono capo al divieto di atti idonei a creare **confusione** nel pubblico, ad appropriarsi di **pregi** del concorrente o a gettare discredito su quest'ultimo) e, in particolare, della norma generale che vieta il compimento di atti non conformi ai principi della "correttezza professionale": tale clausola generale viene infatti oggi per lo più intesa come una clausola che riassume i principi generali della costituzione economica, e dunque come una clausola che vieta le condotte imprenditoriali volte ad ottenere un vantaggio concorrenziale non fondato su meriti imprenditoriali.

A presidio della disciplina della concorrenza sleale, peraltro, sta un ricco apparato rimediale, che va dall'inibitoria al risarcimento del danno, passando per la pubblicazione della sentenza di condanna, sanzione particolarmente efficace nel contesto delle dinamiche mercantili (artt. 2599-2601).

Il cuore del diritto della concorrenza è rappresentato, tuttavia, dal diritto antitrust. Quest'ultimo detta, come si suole dire, le regole del gioco concorrenziale. La metafora del gioco non è casuale, ma fa parte del tradizionale bagaglio degli studiosi dell'antitrust, che se ne servono per spiegare il funzionamento del mercato concorrenziale, e ha permeato anche il linguaggio legislativo (v., ad es., l'art. 2 l.a.).

Diritto antitrust: origine USA e sviluppi europei

Sebbene in uso pressoché in tutti gli ordinamenti capitalistici, nel suo significato giuridico l'utilizzo dell'espressione «antitrust», per designare l'insieme delle regole sul funzionamento del gioco concorrenziale, è in realtà una sineddoche. Tale espressione si afferma infatti storicamente negli Stati Uniti sullo scorcio del XIX secolo per ragioni connesse allo sviluppo economico di quel paese, il quale, in fase di piena industrializzazione, vide proprio nel *trust* lo strumento utilizzato dalle grandi società per ampliare il proprio potere di mercato ai danni dei piccoli imprenditori e dei consumatori e, di conseguenza, si munì di regole volte a contrastarlo. Questo rilievo non ha soltanto una finalità etimologica, ma serve anche a rimarcare la forte impronta nordamericana che da sempre grava sul diritto antitrust, a cagione del fatto che fu proprio in quel paese che, ormai più d'un secolo fa, fu approvata la più importante legislazione a tutela della concorrenza (c.d. *Sherman Act*, del 1890): per tale ragione, l'esperienza statunitense è sempre stata il metro di paragone di ogni altra esperienza antimonopolistica.

In Europa l'introduzione di una disciplina antitrust risale invece alla seconda metà del XX secolo ed è legata, più che a vicende legate alle modalità dello sviluppo industriale, a ben più tragiche esperienze storiche.

Nel periodo della ricostruzione economica successiva alla Seconda guerra mondiale affiorò, infatti, la consapevolezza degli stretti legami tra potere politico e potere economico, specie in settori, come quello siderurgico o carbonifero, da sempre considerati strategici. Si affacciò così l'idea che, per contenere i rischi di una nuova deriva totalitaria, si dovesse controllare il potere economico attraverso stringenti regole giuridiche.

Quest'idea indirizzò la prima fase della storia della Comunità europea, e fu alla base del Trattato CECA, istitutivo della Comunità economica del carbone e dell'acciaio, approvato nel 1952. È proprio in quella sede che, non casualmente, videro la luce le prime regole antitrust comunitarie. Da lì le regole antitrust trasmigrarono, qualche anno dopo, nel Trattato di Roma, il quale, agli artt. 81, 82 e 86, dettò disposizioni che costituiscono ancor oggi l'architrave del diritto comunitario della concorrenza.

Esse vietano, rispettivamente, la costituzione di intese anticoncorrenziali e l'abuso di posizioni dominanti su di una parte significativa del mercato comune, nonché gli aiuti di Stato. La disciplina delle concentrazioni è invece successiva (v. reg. n. 4064/1989, oggi sostituito dal reg. n. 139/2004).

Se paragonato all'antitrust nordamericano, l'antitrust europeo mostra dunque un'anima diversa. Le sue regole, infatti, sono sia strettamente economiche, perché fondative di un certo tipo di mercato e di concorrenza, sia strettamente politiche, perché strumentali al raggiungimento dell'integrazione comunitaria. Ciò spiega perché, almeno nei primi decenni di vita, l'applicazione della normativa antitrust comunitaria non abbia scalfito la massiccia presenza del settore pubblico nell'economia, tradottasi ora nella diretta partecipazione dello stato al processo economico (fenomeno dello **Stato imprenditore**), ora nel tentativo di dirigere il processo economico stesso (fenomeno del **governo democratico dell'economia**).

Solo sul volgere degli anni '80 dello scorso secolo il diritto antitrust comunitario ha subito una marcata torsione e si è indirizzato lungo il percorso già sperimentato oltreoceano quasi un secolo prima. Ciò è avvenuto in seguito alla massiccia ondata di **liberalizzazioni** di interi settori di attività economica ancora riservati a soggetti formalmente o sostanzialmente pubblici, fortemente voluta dalla Commissione europea. Lo **smantellamento dei monopoli legali** rappresenta il punto d'avvio della seconda stagione del diritto antitrust comunitario, che lo sta pian piano riavvicinando alla sua originaria matrice, autenticamente liberale, di separazione dello stato dal mercato.

L'ordinamento italiano, a sua volta, si è munito di una legislazione antitrust soltanto nel 1990 (con l'approvazione della l. at.). La legislazione italiana è pressoché integralmente ricalcata su quella comunitaria, poiché prevede le stesse fattispecie vietate e adopera le stesse definizioni. Inoltre, per espressa previsione legislativa (v. l'art. 1, co. 4, l. at.), dall'ordinamento comunitario mutua anche i principi interpretativi.

Sia il diritto comunitario sia quello italiano vietano alcune condotte d'impresa, ritenute incompatibili con il gioco della concorrenza.

In primo luogo vietano la collusione tra le imprese, attraverso il divieto di **intese anticoncorrenziali**; in secondo luogo impediscono che l'impresa che abbia acquisito sul mercato una posizione che le consente di tenere comportamenti relativamente indipendenti rispetto a quelli dei suoi concorrenti abusi della sua posizione di primazia, attraverso il divieto di **abuso di posizione dominante**; in terzo luogo, controllano che sul mercato non vengano acquisite posizioni di primazia non basate sui meriti, attraverso la disciplina delle **concentrazioni** tra imprese.

Più in dettaglio, l'art. 101 TFUE e l'art. 2 l. at. vietano che le imprese colludano per fissare i prezzi da praticare su un dato mercato (c.d. **cartello**); limitare la produzione di certi beni ovvero impedire l'accesso ad altri potenziali concorrenti; ripartire i mercati; discriminare i clienti; subordinare l'acquisto di un bene all'acquisto di un altro bene non necessario per la fruizione del primo. Questi accordi, che non devono necessariamente rivestire la forma di un contratto, sono **nulli** di pieno diritto. Tale rimedio si mostra tuttavia poco idoneo a prevenire le intese realizzate attraverso le c.d. **pratiche concordate**, ossia i comportamenti delle imprese non esecutivi di contratti ma comunque sintomatici di un'intesa anticoncorrenziale. Inoltre, la nullità, colpendo esclusivamente l'intesa a monte tra le imprese ma non i contratti stipulati a valle dalle singole imprese colluse con i consumatori, è un rimedio funzional- Intese mente inadeguato per offrire ristoro alle pretese dei singoli consumatori danneggiati dall'accordo collusivo.

Invero, il problema della tutela da offrire ai consumatori lesi da intese a monte, sorto soprattutto con riguardo ad eclatanti accordi di cartello, è stato oggetto negli ultimi anni di un vivace dibattito giurisprudenziale, all'esito del quale, valorizzando proprio il ruolo servente del diritto della concorrenza rispetto alle esigenze di protezione del consumatore, si è ritenuto che il consumatore finale che abbia subito un danno da una contrattazione che non ammette alternative per l'effetto di una collusione "a monte", sebbene non partecipe di un rapporto di concorrenza con gli imprenditori autori della collusione, possa agire sia per l'accertamento della nullità dell'intesa, sia per il risarcimento del danno patito a causa dell'intesa, ai sensi dell'art. 33 l. at.

Abuso di posizione dominante

L'abuso di posizione dominante, invece, è disciplinato dall'art. 102 TFUE e dall'art. 3 l. at., i quali vietano sostanzialmente le condotte **unilaterali** dell'imprese in posizione di supremazia economica sul mercato tese a raggiungere gli stessi esiti anticoncorrenziali già esemplificati con riguardo al divieto di intese.

Concentrazioni

Le concentrazioni, invece, non sono di per sé vietate, trattandosi, anzi, di una tipica manifestazione di autonomia imprenditoriale, che si realizza attraverso istituti propri del diritto societario come le fusioni per incorporazione (c.d. acquisizioni) e le fusioni in senso stretto. Se le imprese coinvolte, tuttavia, sono di dimensioni tali che dalla loro fusione potrebbe scaturire un'entità economica in posizione **dominante** sul mercato, la concentrazione deve essere previamente autorizzata.

L. n. 192/1998 e la tutela delle imprese «dipendenti»

A cavallo tra la disciplina antitrust e la disciplina dei contratti sta l'istituto dell'**abuso di dipendenza economica**, di cui all'art. 9, l. n. 192/1998 in materia di subfornitura nelle attività produttive. L'istituto, il cui ambito di applicazione è esteso a tutti i rapporti **verticali** d'impresa, mira a contrastare quelle situazioni di potere economico diffuso che, pur senza integrare gli estremi di un abuso di posizione dominante, possono tuttavia compromettere dal basso il grado di concorrenzialità del sistema economico, scoraggiando gli investimenti specifici.

L'art. 9 contiene il divieto di abusare, nei rapporti contrattuali in essere o in divenire tra più imprese, della situazione di debolezza in cui può versare l'impresa che abbia effettuato degli investimenti difficilmente riconvertibili sul mercato. È frequente, infatti, soprattutto nei rapporti che i grossi produttori instaurano o con piccoli fornitori specializzati esclusivamente nella produzione di pochi e specifici beni (c.d. **decentramento produttivo**), ovvero con piccoli distributori che vivono soprattutto grazie al prestigio del marchio e di altri segni distintivi di titolarità dello stesso produttore (c.d. **integrazione distributiva**), che i primi soggioghino economicamente il piccolo fornitore o il piccolo distributore, attraverso l'imposizione di condizioni contrattuali ingiustificatamente gravose o discriminatorie. In questi casi l'ordinamento reagisce con la **nullità** del patto attraverso cui si realizza l'abuso di dipendenza economica, nonché attribuendo all'impresa vessata il potere di agire in via inibitoria o risarcitoria.

Obblighi legali a contrarre

Una disciplina estranea al diritto della concorrenza inteso nel senso qui proposto, e che rappresenta il retaggio di una stagione socio-economica caratterizzata da una massiccia presenza di imprese pubbliche, è dettata dall'art. 2597 in tema di **obbligo legale a contrarre** (e v. pure, con riguardo ai trasporti pubblici, l'art. 1679). Il presupposto di questa disciplina è, infatti, l'assenza legale di concorrenza: e dunque un mercato monopolistico in cui l'unico operatore economico è in mano pubblica.

Ciò spiega perché, in epoca di liberalizzazioni e di apertura dei mercati, tale disciplina sia ormai recessiva. I **nuovi obblighi a contrarre** trovano origine, infatti, non già nella scelta politica di riservare una determinata attività economica ad un soggetto legalmente predeterminato, quanto nell'opposta esigenza di evitare che un'impresa, che per ragioni tecniche o strutturali si trovi in una posizione di monopolio, possa impedire lo sviluppo dei mercati a valle. È questa la tematica delle c.d. **infrastrutture essenziali** (fisiche: come un porto o una linea ferroviaria; ovvero immateriali: come un sistema operativo per computer). Il titolare di una infrastruttura essenziale può infatti impedire, rifiutando di contrattare con chi ne faccia richiesta, che si sviluppi un contiguo mercato aperto e concorrenziale. Se ricorrono queste condizioni, la scelta di obbligare il monopolista a contrarre non funge, come nella logica che informa l'art. 2597 c.c., da contrappeso alla scelta legale di chiusura del mercato, ma si mostra, al contrario, uno strumento per stimolare la concorrenza e aprire i mercati: è per questa ragione che il problema delle infrastrutture essenziali è oggi centrale in ogni legislazione antitrust e trova in quella sede la risposta più acconcia.

La più recente legislazione economica e le liberalizzazioni

A proposito di liberalizzazione dei mercati – obiettivo che, come già ricordato, l'UE considera fondamentale per la crescita delle economie dell'area – va ricordato come il legislatore italiano, anche sotto la spinta della grave crisi economica e finanziaria che investe il nostro, come altri paesi, abbia adottato numerose misure intese, per l'appunto, a promuovere l'apertura dei mercati ed il loro dinamismo concorrenziale. In realtà, un esame più ravvicinato di questa normativa evidenzia un uso quanto meno promiscuo del termine «liberalizzazioni». Essa contempla infatti disposizioni normative tra loro molto eterogenee quanto a finalità e obiettivi.

Da un lato stanno regole che, in qualche modo, si approssimano alle classiche misure liberalizzatrici, intese come rimozioni di barriere all'ingresso. Si pensi all'eliminazione o alla riduzione di autorizzazioni e controlli amministrativi (art. 3, co. 6-11 *bis*, d.l. n. 138/2011; art. 34, d.l.

n. 201/2011; art. 1, d.l. n. 1/2012) i quali rappresentano, appunto, un ostacolo alla presenza di una pluralità di operatori economici e, quindi, sia pure indirettamente, allo sviluppo della concorrenza: venendo essi meno, ne dovrebbe discendere, almeno potenzialmente, un incremento del tasso di competitività di quei mercati. In questo contesto sono significative le norme che dettano una disciplina finalizzata a creare un mercato competitivo in settori ancora sostanzialmente sottratti alle regole della concorrenza (si pensi al caso dei trasporti e all'istituzione di un'apposita Autorità di regolazione dei trasporti, con il compito di regolare e vigilare sul relativo mercato, art. 36, d.l. n. 1/2012).

D'altro lato, però, si registra la presenza di norme rispetto alle quali è molto più difficile riscontrare un'attitudine propriamente liberalizzatrice. Si pensi all'abolizione delle tariffe professionali (art. 9, d.l. n. 1/2012), all'obbligo di preventivo nel settore delle assicurazioni connesse all'erogazione di mutui (art. 34, d.l. n. 1/2012) e alla possibilità di costituire società di capitali tra professionisti (art. 10, l. n. 183/2011): in tutti questi casi si tratta di misure intese a rafforzare la vocazione concorrenziale di mercati già, in una certa misura, aperti; in altri casi si introducono disposizioni di conio tipicamente consumeristico, come la nullità delle commissioni bancarie, l'obbligo della forma scritta per i contratti aventi ad oggetto prodotti agricoli (artt. 27 *bis*, co. 1 e 62, d.l. n. 1/2012); estensione della tutela consumeristica alle microimprese anche in materia di rapporti interimprenditoriali (art. 7, d.l. n. 1/2012 che ha modificato gli artt. 18, co. 1 e 19, co. 1, cdc). Alcuni strumenti, infine, presentano poi un imprevedibile profilo dirigistico come, ad es., la istituzione di un osservatorio ministeriale sulle condizioni di accesso e di erogazione del credito, soprattutto alle piccole e medie imprese (art. 27 *bis*, co. 1 *bis*, d.l. n. 1/2012).

8. *Il lavoro nell'impresa*

Lavoro subordinato e lavoro autonomo

Il codice civile del 1942 regola nel Libro V anche il contratto di lavoro **subordinato** (artt. 2094-2134) ed il contratto di lavoro **autonomo** (artt. 2222-2238).

Con il primo, il prestatore d'opera assume l'obbligo di svolgere la sua attività lavorativa alle **dipendenze** e sotto la **direzione** del datore di lavoro, contro il pagamento di una **retribuzione** (art. 2094).

Il contratto di lavoro autonomo si svolge invece nelle due forme principali del contratto d'**opera** (art. 2222) e della **prestazione di opera intellettuale** (art. 2229), ed è oggetto di una disciplina meno estesa di quella riservata al contratto di lavoro subordinato, per lo più rimessa alla libera determinazione delle parti.

I rapporti di lavoro autonomo, ove riconducibili a collaborazioni coordinate e continuative senza vincolo di subordinazione ai sensi dell'art. 409 c.p.c. (disposizione processuale che determina l'ambito di applicazione del rito del lavoro) sono definiti parasubordinati.

Subordinazione

Elemento distintivo dei due contratti è l'esistenza o meno del vincolo della **subordinazione.** Questa consiste per il lavoratore in un vincolo di assoggettamento **gerarchico**, e per il datore di lavoro nel potere di imporre direttive non soltanto generali, in conformità alle esigenze organizzative e funzionali della sua organizzazione, ma anche specifiche, concernenti l'intrinseco svolgimento della prestazione. Tale vincolo è in concreto identificabile nell'inserimento del lavoratore in modo continuativo e sistematico nell'organizzazione datoriale e nell'esercizio di una costante vigilanza del datore di lavoro sull'operato del lavoratore.

Il contratto di lavoro subordinato si caratterizza in origine come un mezzo per flessibilizzare l'impiego della forza lavoro. Nel sistema produttivo introdotto dalla rivoluzione industriale, il datore di lavoro si assicura, attraverso tale strumento, la costante fornitura di energie lavorative da parte di persone assoggettate al suo potere direttivo, evitando i costi di transazione altrimenti necessari per il coordinamento dei fattori di produzione attraverso il mercato. Stipulare di volta in volta un contratto avente ad oggetto prestazioni d'opera comporterebbe, infatti, costi superiori per l'impresa, nonché l'impossibilità di programmare l'attività da svolgere.

La prestazione del lavoratore si inserisce in un sistema rigido, estremamente parcellizzato, caratterizzato da compiti prestabiliti e dalla ripetizione di gesti tendenzialmente predefiniti. Tale realtà produttiva si accompagna però, ad una notevole flessibilità nell'impiego della forza lavoro, determinata da un insieme di fattori.

Tra questi possiamo annoverare il cronico **squilibrio** del mercato, nel quale il numero di soggetti che offrono la loro prestazione è tendenzialmente superiore all'offerta di impiego, l'identificazione del lavoro subordinato come fonte esclusiva o prevalente di sostentamento per il lavoratore e la sua famiglia, che rende lo stesso vulnerabile nei confronti delle pretese datoriali, e la debolezza del prestatore all'interno del contratto, il quale prevede la subordinazione, istituzionalizzata dall'ordinamento, all'altrui potere decisionale ed organizzativo. Lo squilibrio di forza all'interno del contratto rende infatti possibile alla parte più forte di imporre modifiche, anche rilevanti, al contenuto del contratto.

Forme di tutela del lavoro subordinato

Dal canto suo, la concentrazione dei lavoratori sui luoghi di lavoro favorisce il sorgere di loro aggregazioni, dalle quali nascono i moderni **sindacati**, la cui attività è tutelata dal legislatore costituzionale (art. 39 Cost.). I prestatori d'opera possono così porsi nei confronti della controparte datoriale in modo unitario, bilanciando, almeno in parte, lo squilibrio determinato dalla loro posizione deteriore dal punto di vista socio-economico. L'esito di tale attività può consistere nella stipula di **contratti collettivi**, che fissano in prima battuta i **minimi** di trattamento economico e normativo dei dipendenti dell'impresa.

Nell'evoluzione della disciplina del rapporto di lavoro in Italia, un ruolo fondamentale hanno assunto lo Stat. lav., volto a tutelare la libertà e la dignità del lavoro e dell'attività sindacale, e la l. n. 533/1973, di riforma del processo del lavoro, che nelle intenzioni del legislatore avrebbe dovuto assicurare la celere definizione delle controversie in materia. Disposizioni successive, in attuazione di direttive comunitarie, hanno esplicitato il divieto per il datore di lavoro di adottare atti o comportamenti discriminatori nelle assunzioni, nella gestione del rapporto e nel licenziamento (l. n. 903/1977; l. n. 125/1991; d.lgs. n. 215/2003; d.lgs. n. 216/2003).

Lo Stat. lav., nel rafforzare la presenza del sindacato sui luoghi di lavoro, ha previsto poi uno speciale procedimento, assai celere, per la repressione dei comportamenti del datore di lavoro volti a limitare la libertà sindacale o il diritto di sciopero (garantito dalla stessa Costituzione all'art. 40), che può essere proposto dagli organismi locali delle associazioni sindacali nazionali che vi abbiano interesse, e con il quale è possibile ottenere che il Tribunale ordini la **cessazione** del comportamento e la **rimozione** degli effetti (art. 28 Stat. lav.).

Caratteri del contratto di lavoro subordinato

La tutela introdotta dal legislatore si è caratterizzata in un primo tempo per il favore verso il rapporto a tempo **pieno** e **indeterminato**. A partire dalla fine degli anni '70, peraltro, la disciplina è stata progressivamente modificata, e sono stati introdotti sempre maggiori elementi di gestione flessibile del rapporto, spesso attraverso deroghe da parte della contrattazione collettiva alla disciplina generale, deroghe peraltro autorizzate dalla stessa legge.

Nuove tipologie contrattuali

Tale evoluzione verso la flessibilità nella disciplina dei rapporti di lavoro è culminata, sotto un primo profilo, nel cospicuo allargamento dell'ambito entro il quale è possibile stipulare contratti di lavoro a tempo **determinato** (cfr. d.lgs. n. 368/2001, così come modificato dalla l. n. 92/2012 e dal d.l. n. 34/2014, convertito con l. n. 74/2014; in progresso di tempo cfr. d.lgs. n. 81/2015, che ha abrogato il d.lgs. n. 368/2001). In particolare, gli ultimi interventi normativi hanno ulteriormente liberalizzato l'accesso a tale tipologia negoziale, abolendo l'obbligo di indicare, all'interno del contratto, le ragioni legittimanti l'apposizione del termine di durata. Con l. n. 96/2018 si è registrata una parziale inversione di tendenza, essendo previsto l'obbligo di giustificazione causale in caso di proroghe e rinnovi in materia di lavoro a termine. Sotto un distinto angolo visuale, poi, ed in termini persino più significativi dal punto di vista sistematico, si deve segnalare il d.lgs. n. 276/2003 (c.d. legge Biagi). Quest'ultimo provvedimento normativo – nel contesto di una complessiva rivisitazione della disciplina del mercato del lavoro – ha introdotto un ampio catalogo di tipologie contrattuali flessibili, che hanno aumentato la precarizzazione dei rapporti di lavoro; dall'altro, però, contempla alcuni istituti in controtendenza, come il lavoro a progetto; le norme al riguardo hanno tentato di regolare attraverso la riconduzione dei rapporti di lavoro parasubordinato a progetti o programmi di lavoro la c.d. zona grigia della parasubordinazione, dove si nascondono i maggiori rischi di elusione della disciplina inderogabile del lavoro subordinato (art. 2094), e ciò attraverso la previsione di diritti del collaboratore a progetto in caso di malattia, infortunio o gravidanza, così come disciplinati dall'art. 66, d.lgs. n. 276/2003. La riforma "Biagi" è intesa a contemperare l'esigenza datoriale di disporre, secondo schemi di accentuata duttilità, delle prestazioni lavorative necessarie al raggiungimento delle finalità dell'impresa, con la necessità di promuovere la crescita dei livelli occupazionali ed apprestare, comunque, un livello minimo di tutela anche per i prestatori di lavoro impegnati sulla base di modelli contrattuali alternativi rispetto a quello del rapporto di lavoro subordinato.

In controtendenza rispetto alla riforma "Biagi", si colloca la riforma "Fornero", l. n. 92/2012 in cui il legislatore, ha introdotto una serie di presunzioni per la riconduzione alle collaborazioni a progetto dei rapporti a partita Iva non espletati da soggetti a ridotto rischio di elusione (iscritti in albi professionali, percettori di reddito più elevati, ecc.). Tali presunzioni sono volte alla successiva riqualificazione di tali rapporti come subordinati.

L'impianto complessivo della riforma "Biagi" e della legge "Fornero" viene però riscritto da una serie di più recenti provvedimenti, attuativi della l. n. 183/2014, che dà avvio a un complessivo intervento sul mercato del lavoro (c.d. *Jobs Act*). Questo, finora ha riguardato, una serie di settori del diritto del lavoro (si segnalano al riguardo il d.lgs. n. 22/2015 in materia di ammortizzatori sociali; il d.lgs. n. 23/2015 che introduce il c.d. contratto a tutele crescenti; il d.lgs. n. 80/2015 per la conciliazione delle esigenze di cura, vita e lavoro e, infine, il d.l.gs. n. 81/2015 contenente la disciplina organica dei contratti di lavoro e la revisione della normativa in tema di mansioni). Tra questi interventi, sul piano della fattispecie, il più significativo concerne l'abolizione del lavoro a progetto e la riconduzione alla subordinazione dei rapporti di collaborazione che si concretino in prestazioni di lavoro esclusivamente personali, continuative, di contenuto ripetitivo e le cui modalità di esecuzione siano organizzate dal committente anche con riferimento ai tempi e al luogo di lavoro. Vengono fatte, comunque, salve le collaborazioni di cui all'art. 409 c.p.c., da ora in poi esonerate dai pesanti vincoli formali e sostanziali introdotti dal d.lgs. n. 276/2003 e, successivamente, dalla l. n. 92/2012. Viene invece previsto il superamento dell'associazione in partecipazione nella quale l'apporto dell'associato consiste nell'apporto di lavoro, attraverso una modifica dell'art. 2549.

Il d.lgs. n. 81/2015, confermando che il contratto di lavoro subordinato a tempo indeterminato costituisce la forma comune di rapporto di lavoro, regola varie forme di lavoro flessibile: le collaborazioni organizzate dal committente (art. 2), il lavoro a tempo parziale (artt. 4-12), il lavoro intermittente (artt. 13-18), il lavoro a tempo determinato (artt. 19-29), la somministrazione di lavoro (artt. 30-40), l'apprendistato (artt. 41-47). Il lavoro a tempo parziale è un contratto di lavoro subordinato, a termine o a tempo indeterminato, che prevede un orario inferiore rispetto a quello a tempo pieno. Il lavoro intermittente risponde all'esigenza dei datori di lavoro di ottenere forza lavoro per prestazioni con una frequenza non predeterminabile, chiamandolo all'occorrenza. Il lavoro a tempo determinato è invece un contratto di lavoro che prevede un termine finale, una durata prestabilita. La somministrazione è infine un particolare contratto di lavoro subordinato che coinvolge tre soggetti ossia il somministratore (un soggetto autorizzato come agenzia di somministrazione), l'utilizzatore e il lavoratore. Il lavoratore viene assunto dal somministratore, ma viene inviato a svolgere la propria attività presso l'utilizzatore. Questa fattispecie era vietata in Italia dall'ormai abrogata l. n. 1369/1960 sul divieto di intermediazione e interposizione nelle prestazioni di lavoro.

Va segnalato nell'ambito del lavoro atipico, che il legislatore aveva poi introdotto una tipologia contrattuale, come il contratto di **formazione e lavoro**, nel quale la causa veniva arricchita da un obbligo formativo a carico del datore di lavoro, e che presenta delle deroghe al trattamento del lavoratore in senso peggiorativo rispetto al normale contratto di lavoro (art. 3, l. n. 863/1984). Tale contratto non è più utilizzabile, ma in un ordine di idee sostanzialmente analogo si muove oggi la disciplina dell'apprendistato, ora contenuta negli artt. da 41 a 47 del d.lgs. n. 81/2015.

Il contratto di lavoro subordinato rientra tra i contratti di durata a prestazioni corrispettive, ed è a tempo indeterminato o a tempo determinato.

Scioglimento del rapporto

Nel contratto a **tempo indeterminato** il **recesso** da parte del datore di lavoro (licenziamento), tranne ipotesi limitate (dirigenti, domestici, lavoratori in prova, lavoratori ultrasessantenni con diritto alla pensione), è ammesso soltanto qualora sussista una giusta causa o un giustificato motivo soggettivo o oggettivo, mentre non vi sono limiti alle dimissioni del lavoratore, tranne l'obbligo di dare un **preavviso** alla controparte, qualora non sussista una giusta causa (l. n. 604/1966).

Per **giusta causa** si intende un **gravissimo** inadempimento contrattuale, o un comportamento, estraneo allo svolgimento della prestazione, che faccia venire meno la fiducia in un corretto adempimento della controparte. Il **giustificato motivo** può essere **soggettivo** o **oggettivo:** il primo consiste in un notevole inadempimento degli obblighi contrattuali dal prestatore di lavoro, mentre nel secondo rientrano le ragioni inerenti all'attività produttiva, all'organizzazione del lavoro ed al regolare funzionamento di essa (art. 3, l. n. 604/1966).

Per i rapporti alle dipendenze di datori di lavoro che abbiano meno di quindici dipendenti nell'unità produttiva in cui era impiegato il lavoratore licenziato, e meno di sessanta nel complesso, il licenziamento intimato **senza giusta causa o giustificato motivo** risolve comunque il contratto di lavoro. Il datore di lavoro può però scegliere se riassumere il dipendente, ovvero corrispondergli una indennità, determinata dal Giudice in misura variabile da 2,5 a 6 mensilità (che possono arrivare a 14 in particolari casi). Per gli altri datori di lavoro trova applicazione **l'art. 18 dello Stat. lav.**, come modificato dalla l. n. 92/2012, solo per i contratti di lavoro subordinato a tempo indeterminato sottoscritti prima dell'entrata della disciplina del contratto di lavoro a tutele crescenti. Secondo il nuovo articolo 18, che continuerà ad applicarsi a tutti gli assunti prima del 7 marzo 2015, il lavoratore illegittimamente licenziato viene reintegrato nel posto di lavoro, e percepisce una indennità variabile, in misura però non superiore a 12 mensilità della retribuzione globale di fatto, ove il fatto contestato non sussista, ovvero sia considerato dai contratti collettivi punibile con una sanzione meno grave del licenziamento, o ancora il giustificato motivo oggettivo sia manifestamente insussistente. Nei casi di licenziamento discriminatorio invece la somma dovuta è pari a tutte le retribuzioni maturate, dedotto quanto percepito dal lavoratore per altre attività lavorative. Tuttavia, nel caso in cui il licenziamento presenti solo vizi formali, e nelle altre ipotesi in cui non ricorrano gli estremi di una giusta causa o un giustificato motivo, il lavoratore non ha diritto alla reintegrazione, ma solo ad una indennità, in misura variabile da 6 a 24 mensilità della retribuzione globale di fatto.

Viene mantenuta, invece, la vecchia disciplina sanzionatoria (reintegrazione e risarcimento del danno commisurato alle retribuzioni dal giorno del licenziamento all'effettiva reintegrazione) per il licenziamento discriminatorio, per motivo illecito (art. 1344) e intimato in forma orale.

Se la riforma "Fornero" aveva costituito un segnale di forte crisi dell'istituto della reintegrazione, attraverso la sostituzione della tutela reale (ripristinatoria) con forme di tutela indennitaria a seconda della tipologia di vizio del licenziamento, tale tendenza ha trovato compimento con la disciplina del contratto a tutele crescenti (d.lgs. n. 23/2015), che si applica a quanti siano stati assunti a partire dal 7 marzo 2015. Infatti, per il caso di licenziamento per giusta causa, giustificato motivo oggettivo e soggettivo illegittimi, la nuova disciplina dispone che il lavoratore non possa essere reintegrato nel posto di lavoro, ma avrà diritto unicamente alla corresponsione di una indennità risarcitoria, il cui ammontare è predeterminato ed aumenta con la maggiore anzianità di servizio maturata dal lavoratore: più in particolare, il lavoratore avrà diritto a un'indennità pari a due mensilità dell'ultima retribuzione di riferimento per il calcolo del trattamento di fine rapporto per ogni anno di servizio, in misura comunque non inferiore a sei e non superiore a trentasei mensilità. A seguito di un recente intervento della Corte costituzionale (sent. n. 194/2018), ai fini della determinazione dell'indennità risarcitoria il giudice dovrà tenere conto non solo dell'anzianità di servizio, ma anche di ulteriori criteri desumibili in chiave sistematica dalla evoluzione della disciplina sui licenziamenti (numero dei dipendenti occupati, dimensioni dell'attività economica, comportamento e condizioni delle parti).

Invece, sempre per i licenziamenti per giusta causa e giustificato motivo soggettivo, la reintegrazione nel posto di lavoro verrà disposta solo nelle ipotesi di insussistenza del fatto materiale contestato al lavoratore. Nelle ipotesi di licenziamento disciplinare il legislatore ha dunque eliminato qualunque riferimento alla elencazione delle sanzioni disciplinari conservative contenute nei contratti collettivi, nonché la possibilità per il giudice di accertare la proporzionalità del recesso rispetto ai fatti addebitati.

Nel d.lgs. n. 23/2015 la tutela reintegratoria permane, tuttavia, sempre nei casi di licenziamento discriminatorio, nullo, ed intimato in forma orale. In tali fattispecie, il giudice dichiara nullo il licenziamento ed ordina al datore di lavoro la reintegrazione del lavoratore nel posto di lavoro, oltre al pagamento di una indennità risarcitoria commisurata all'ultima retribuzione.

Nel caso in cui il licenziamento presenti solo vizi formali il lavoratore non ha diritto alla reintegrazione, ma solo ad una indennità, in misura variabile da 2 a 12 mensilità dell'ultima retribuzione di riferimento per il calcolo del trattamento di fine rapporto.

Il contratto a **tempo determinato** si risolve, invece, alla scadenza del termine. Prima della scadenza le parti possono recedere solo per giusta causa (art. 2119).

La cessione dell'azienda non costituisce causa di risoluzione del rapporto di lavoro, che prosegue con l'acquirente (art. 2112).

Categorie di lavoratori subordinati

I lavoratori subordinati vengono distinti dal codice civile in quattro categorie: gli **operai**, gli **impiegati**, i **quadri** ed i **dirigenti** (art. 2095). Mentre per i lavoratori inquadrati nelle prime tre **categorie** sussistono differenze di trattamento legislativo marginali, i dirigenti sono tuttora assoggettati ad una disciplina particolare, per quanto riguarda l'orario di lavoro, le ferie e la tutela contro i licenziamenti.

Peculiarità del contratto di lavoro

Il contratto di lavoro si differenzia dagli altri contratti regolati dal codice civile per la circostanza che la sua disciplina è in buona parte sottratta alla disponibilità dei singoli interessati. La maggior parte delle disposizioni contenute nel codice civile e nelle leggi speciali sono norme imperative, le quali non possono essere derogate neppure con il consenso dell'interessato. Inoltre, la disciplina del rapporto derivante dal contratto è, almeno nelle aree nelle quali trova applicazione la contrattazione collettiva, rimessa per lo più ad una fonte eteronoma (il contratto collettivo, appunto), al quale il contratto individuale, salvo casi indicati dalla legge, non può apportare deroghe peggiorative (art. 2077).

A tutela di tale sistema il codice civile sancisce la **nullità** delle rinunzie e delle transazioni aventi ad oggetto diritti primari derivanti da norme inderogabili di legge o di contratto collettivo (ad es., il diritto alle ferie), mentre per i diritti patrimoniali conseguenziali (ad es., il diritto alla indennità per ferie non godute) viene prevista la possibilità di impugnare le **rinunzie** e le **transazioni** entro il termine di sei mesi, decorrente dalla cessazione del rapporto di lavoro, o dalla loro stipula, se posteriore, a meno che le stesse non siano state adottate nelle forme previste dall'art. 2113, co. 4.

In base ad alcune sentenze della Corte costituzionale, inoltre, il termine di prescrizione per fare valere il diritto alla retribuzione rimane sospeso durante il rapporto di lavoro, a meno che il lavoratore non abbia sufficienti garanzie nei confronti di un eventuale licenziamento da parte del datore di lavoro. La questione della decorrenza della prescrizione potrebbe però essere oggetto di diversa interpretazione alla luce della diffusa riduzione dei casi in cui è prevista oggi la reintegrazione nel posto di lavoro.

Poteri del datore di lavoro

L'ordinamento attribuisce inoltre rilievo alle esigenze del datore di lavoro di conformare la prestazione del lavoratore in relazione alle esigenze tecnico-produttive, sia riguardo al contenuto delle mansioni ed al luogo di svolgimento della prestazione (art. 2103), sia relativamente alla distribuzione dell'orario di lavoro, attribuendogli un potere **direttivo** (art. 2104) e **disciplinare** (art. 2106) nei confronti della controparte.

Da ultimo la disciplina delle mansioni è stata oggetto del d.lgs. n. 81/2015, il cui art. 3 ha riscritto il testo dell'art. 2103 prevedendo che, in caso di modifica degli assetti organizzativi aziendali che incida sulla posizione del lavoratore, lo stesso può essere assegnato a mansioni appartenenti al livello di inquadramento inferiore, purché rientranti nella medesima categoria legale.

Il lavoratore deve osservare l'obbligo di **diligenza** e l'obbligo di **fedeltà** (artt. 2104-2105). È ammessa la stipula di un patto di non concorrenza per il tempo successivo alla conclusione del rapporto, ma questo deve a pena di nullità risultare da atto scritto, prevedere un corrispettivo per il lavoratore ed essere contenuto entro limiti determinati di oggetto, di luogo e di tempo (art. 2125).

Retribuzione

La retribuzione deve essere **proporzionata** alla quantità ed alla qualità del lavoro prestato, e comunque sufficiente ad assicurare al lavoratore ed alla sua famiglia un'esistenza **libera** e **dignitosa** (art. 36 Cost.). Qualora la retribuzione non fosse conforme al dettato costituzionale, il giudice potrà dichiarare nulla la clausola retributiva, e sostituirla sulla base di una valutazione equitativa, che tenga conto di quanto previsto dai contratti collettivi (art. 2099).

La dichiarazione di nullità o l'annullamento del contratto di lavoro non produce effetto nel periodo in cui il rapporto ha avuto esecuzione, per cui al lavoratore spetta comunque la retribuzione, a meno che la nullità derivi dall'illiceità dell'oggetto o della causa. In ogni caso sussiste il diritto al trattamento retributivo se il lavoro è stato prestato in violazione di norme poste a tutela del prestatore d'opera (art. 2126).

Una maggiorazione retributiva viene prevista per il lavoro straordinario (cioè prestato oltre il termine legale) e notturno (art. 2108); è riconosciuto inoltre il diritto al riposo settimanale (art. 2109) ed alle ferie annuali retribuite (art. 36 Cost.).

Al lavoratore è garantita la **conservazione** del posto di lavoro in caso di infortunio, malattia, servizio militare o richiamo alle armi, gravidanza e puerperio (artt. 2110-2111). In queste ipotesi restano sospesi gli obblighi principali (prestazione lavorativa e corresponsione della retribuzione), ma il rapporto rimane in vita. Egualmente in caso di sciopero, pur costituendo l'astensione dal lavoro sul piano civilistico un inadempimento contrattuale, viene esclusa la responsabilità del dipendente, e dunque ogni conseguenza sul piano del rapporto diversa dalla perdita della retribuzione.

Al termine del rapporto spetta al lavoratore una particolare indennità, denominata **trattamento di fine rapporto** (art. 2120). Il d.p.c.m. n. 29/2015 ha previsto recentemente la possibilità per i lavoratori del settore privato di chiedere la corresponsione del trattamento di fine rapporto in busta paga, alterandone la natura di retribuzione differita con finalità anche previdenziali.

Previdenza sociale

La tutela dei lavoratori oltre la cessazione del rapporto è assicurata tramite un sistema di previdenza sociale (oggetto in questi anni di numerosi interventi di riforma), finanziato attraverso una contribuzione posta a carico del datore di lavoro e, in misura minore, dei lavoratori stessi (art. 38 Cost.). Al raggiungimento dell'età prevista dalla legge, dunque, il lavoratore non presterà più la propria attività lavorativa, e riceverà dagli enti previdenziali un trattamento economico, denominato **pensione**. Questo potrà essere integrato dall'intervento di fondi di **previdenza complementare**, ai quali il lavoratore abbia spontaneamente aderito, e che sono finanziati dal trattamento di fine rapporto maturato dopo il 1° gennaio 2007 (d.lgs. n. 252/2005).

Capitolo X
L'OBBLIGAZIONE

Sezione I
LA FISIOLOGIA DEL RAPPORTO OBBLIGATORIO

1. *Il rapporto obbligatorio: caratteri fondamentali*

Elementi

L'obbligazione è quel rapporto giuridico in virtù del quale un soggetto (detto **debitore**) è tenuto ad adottare in favore di un altro soggetto (detto **creditore**) un determinato comportamento (**prestazione**), che può consistere in un fare, in un non fare ovvero in un dare. Anzi, l'obbligazione è il paradigma sul quale è stata costruita la nozione stessa di rapporto giuridico, intendendosi con questa locuzione la relazione tra due soggetti istituita e governata da una regola del diritto.

Tale regola, nel caso in esame, attribuisce ad una parte (il creditore, appunto) il **diritto di credito**, che consiste nella pretesa giuridicamente tutelata alla esecuzione della prestazione, e, specularmente, impone al debitore l'**obbligo** di porre in essere quella medesima prestazione. Nel linguaggio giuridico si usa, pertanto, designare il tutto – ovvero il rapporto obbligatorio nel suo insieme – attraverso il *nomen* della situazione giuridica gravante sul debitore (**obbligazione**).

Ciò non è affatto casuale, ma rappresenta il retaggio di una impostazione teorica che, risolvendo la norma giuridica in un imperativo, riconosceva la primazia logica del dovere sul diritto, perché riteneva che il secondo fosse un riflesso della posizione del primo. Impostazione – questa – superata, atteso che oggi si individua nella norma giuridica semplicemente un giudizio ipotetico che lega ad un antecedente (la fattispecie) una determinata conseguenza (l'effetto), secondo il noto schema logico: «se è A, allora deve essere B». Onde diritto del creditore e obbligo del debitore sorgono simultaneamente quale effetto congiunto della norma che individua in una determinata fattispecie la fonte di un'obbligazione, senza che sia possibile riconoscere la priorità logica di una situazione giuridica sull'altra: credito e debito sono legati da un rapporto di complementarità; si fronteggiano e si sostengono reciprocamente.

Il diritto di credito

Il credito è un **diritto soggettivo**, ma presenta notevoli differenze rispetto allo schema dei diritti assoluti; esso, infatti, è riconducibile allo schema dei diritti relativi, di cui costituisce il paradigma.

Nei primi – si pensi al diritto di proprietà – il titolare soddisfa da sé l'interesse che l'ordinamento ha inteso riconoscere e tutelare attribuendogli il diritto: l'esercizio delle prerogative che costituiscono il contenuto del diritto è difatti sufficiente alla realizzazione dell'interesse; il titolare del diritto può colmare autonomamente, avvalendosi di tali prerogative, la distanza che separa l'interesse di cui è portatore (inteso come tensione ad un risultato) dalla sua realizzazione, senza che sia necessaria la collaborazione di un soggetto diverso. Il proprietario di un bene, ad es., realizza il proprio interesse a goderne esercitando le facoltà di cui è titolare in quanto proprietario.

Questa immediatezza nell'attuazione dell'interesse, tipica dei diritti assoluti, difetta nel caso del credito, poiché il soddisfacimento dell'interesse di cui il creditore è portatore è sempre mediato dalla **prestazione** del debitore.

Interesse del creditore e cooperazione del debitore

In effetti, a monte di un rapporto obbligatorio si colloca, sul piano fattuale, l'aspirazione o la tensione ad un determinato risultato, che non si può realizzare se non con la **cooperazione** di un terzo: si pensi al malato che necessita di una cura medica per guarire, all'imprenditore cui occorre la somministrazione di energia elettrica per il funzionamento del proprio impianto industriale o, ancora, al turista al quale torna utile il trasporto ferroviario o aereo per raggiungere la propria destinazione. In tutti i casi appena menzionati l'interessato si rivolgerà ad un terzo affinché questi, a fronte del pagamento di un corrispettivo, presti l'attività (il trattamento medico, l'erogazione di energia, il servizio di trasporto) necessaria al primo per raggiungere il risultato perseguito. A tal fine le parti concluderanno un contratto in virtù del quale il medico, il fornitore di energia elettrica, il vettore aereo saranno obbligati ad eseguire la prestazione di volta in volta pattuita.

L'obbligazione rappresenta, dunque, la forma giuridica delle relazioni di collaborazione; esprime, detto altrimenti, la categoria attraverso la quale si manifesta la doverosità dell'attività in cui si sostanzia la dialettica del rapporto obbligatorio. Si comprende allora in che senso il soddisfacimento della posizione di interesse del creditore, richiedendo l'esecuzione della prestazione, è mediato dall'intervento di un soggetto diverso (il debitore); e si comprende – ancora – in cosa il diritto di credito si differenzi rispetto ai diritti assoluti.

Dalle brevi considerazioni svolte emerge che il motore del rapporto obbligatorio è costituito dall'**interesse** del creditore: la prestazione cui il debitore è obbligato è infatti preordinata alla realizzazione di tale interesse. Questa dinamica risulta chiaramente scolpita nell'art. 1174, a mente del quale: "la prestazione che forma oggetto dell'obbligazione deve essere suscettibile di valutazione economica e deve corrispondere a un interesse, anche non patrimoniale, del creditore".

Questa previsione potrebbe apparire anomala, perché contempla l'eventualità che un interesse non patrimoniale possa essere soddisfatto da una prestazione patrimoniale. Ma tale asimmetria non implica, in realtà, alcuna contraddizione logica: la prestazione cui il gestore di una sala cinematografica si obbliga nei confronti dello spettatore ha certamente carattere patrimoniale, come risulta dal prezzo da questi corrisposto per l'ingresso, ma risponde ad un interesse di carattere ricreativo e culturale, certamente privo del connotato della patrimonialità.

Caratteri della prestazione

In realtà, il problema sollevato dall'art. 1174 è un altro: ci si potrebbe chiedere, invero, perché l'obbligazione, quantunque intesa al soddisfacimento di un interesse anche non patrimoniale, debba avere ad oggetto una prestazione **patrimoniale**, cioè suscettibile di valutazione economica.

Secondo la spiegazione più immediata, l'esigenza della patrimonialità della prestazione sarebbe imposta dalla disciplina stessa dell'obbligazione, discendendo dalla necessità di disporre di un parametro al quale ancorare, in caso di inadempimento, la determinazione della misura del risarcimento del danno. Questa tesi, però, non convince pienamente, perché il danno risarcibile deve essere commisurato non al valore economico della prestazione, ma al pregiudizio che la sua mancata esecuzione ha arrecato all'interesse creditorio. La logica sottesa a questa interpretazione condurrebbe dunque ad affermare, ove condotta rigorosamente, che patrimoniale debba essere l'interesse del creditore; esito – questo – in palese contrasto con la chiara previsione dell'art. 1174.

Peraltro, secondo la tesi prevalente, il requisito della patrimonialità della prestazione deve essere inteso non in senso oggettivo, ma in senso **soggettivo**: esso, cioè, ricorre non solo quando il bene o il servizio viene normalmente scambiato nel mercato (onde risulta avere un valore di mercato), ma anche quando le parti di quel rapporto, fissando un corrispettivo monetario, lo abbiano assunto quale oggetto di una prestazione patrimonialmente rilevante. Si pensi al classico esempio dell'obbligo contratto dal violinista nei confronti dei propri vicini di non suonare in determinate ore del giorno: se a fronte di questo impegno i vicini si obbligano a pagare un corrispettivo, la prestazione dedotta presenterà certamente per le parti un carattere patrimoniale, a prescindere da qualsiasi altra considerazione.

D'altra parte, se la patrimonialità della prestazione dovesse essere intesa in termini puramente oggettivi, la determinazione del danno risarcibile in caso di inadempimento dovrebbe sempre muovere dal valore di mercato della prestazione, anche quando le parti avessero attribuita a quest'ultima un valore diverso, stabilendo un prezzo maggiore o minore; il che appare inammissibile, perché condurrebbe a sganciare l'ammontare del risarcimento dall'elemento – l'interesse del creditore e la lesione arrecatagli dall'inadempimento – cui esso invece va riferito.

Ora, se si ammette che la valutazione della patrimonialità della prestazione deve riecheggiare nella volontà delle parti, l'ipotesi secondo cui questo requisito sarebbe stato posto dal codice al fine di disporre di un parametro per la quantificazione del danno risarcibile, perde di consistenza, poiché il prezzo attribuito dalle parti alla prestazione offre già tale parametro.

A ciò potrebbe obiettarsi che, così argomentando, si consentirebbe di dedurre quale oggetto di obbligazione anche beni o servizi (organi umani, prestazioni sessuali) non suscettibili di una valutazione economica oggettiva perché esclusi dal mercato sulla base di considerazioni di ordine etico-politico. Ma a questa obiezione può replicarsi che il problema della compatibilità con i valori accolti dall'ordinamento trova soluzione non sul piano del rapporto obbligatorio, ma sul piano del **titolo contrattuale** dal quale questo deriva: quando una incompatibilità sussiste, essa investe tutto il rapporto contrattuale nel quale l'obbligazione si iscrive, determinandone la nullità sotto il profilo della illiceità della causa o dell'oggetto. Non a caso la disciplina dell'obbligazione non conosce una regola relativa alla liceità della prestazione, ed esibisce un silenzio che – lungi dall'esprimere indifferenza al problema – semplicemente rimanda alle regole poste in seno alla disciplina del contratto.

Ragioni non dissimili conducono poi ad escludere che il requisito della patrimonialità della prestazione si leghi all'esigenza di distinguere la dimensione dei vincoli giuridici da quella dei vincoli apprezzabili solo su un piano sociale: ancora una volta questi problemi trovano una risposta nella disciplina del contratto, in quanto attengono al piano della ricorrenza dell'accordo (inteso quale volontà di vincolarsi giuridicamente) e della valutazione della causa (cioè della meritevolezza degli interessi perseguiti).

Probabilmente, la chiave di lettura del requisito fissato dall'art. 1174 va ricercata nell'esigenza di circoscrivere l'ambito di applicazione della disciplina del rapporto obbligatorio, onde prevenire una sua estensione a tipologie di rapporti che, per quanto giuridicamente rilevanti, sono estranei a quella logica patrimonialistica che, anche storicamente, rappresenta la cifra caratteristica dell'obbligazione.

Sotto questo profilo, l'incidenza concreta del requisito in esame si apprezza non in relazione alle obbligazioni di fonte contrattuale (per le quali la patrimonialità della prestazione è il precipitato della patrimonialità del rapporto che il contratto costituisce, regola o estingue), ma in relazione a vicende che si svolgono al di fuori di una cornice contrattuale, e nelle quali risulta dirimente stabilire quali doveri siano sussumibili nella figura del rapporto obbligatorio, e siano conseguentemente assoggettabili alla sua disciplina, e quali invece non lo siano. Emblematico, al riguardo, il caso del matrimonio (che non è un contratto, perché esso dà vita ad un rapporto – quello coniugale – certamente non patrimoniale ma) che è fonte di molteplici doveri, nessuno dei quali riconducibili allo schema dell'obbligazione.

1.1. *Le fonti dell'obbligazione*

Il rapporto obbligatorio costituisce un **effetto** giuridico e, in quanto tale, presuppone una **fattispecie** dalla quale esso discenda: tale fattispecie rappresenta, qui, la **fonte** dell'obbligazione.

Le fonti delle obbligazioni tra tipicità

Ai sensi dell'art. 1173 fonti delle obbligazioni sono il contratto, il fatto illecito, nonché "ogni altro atto o fatto idoneo a produrle in conformità dell'ordinamento giuridico".

Nel caso del **contratto** l'assunzione del vincolo obbligatorio è conseguenza della volontà manifestata dalle parti. È noto che i contratti non hanno solo effetti obbligatori, perché possono determinare anche il trasferimento di un diritto (cioè un effetto reale: art. 1376) o allocare il rischio (e il costo) di un determinato evento a carico di una sfera giuridica diversa da quella in cui esso incide (si allude alla garanzia, che è figura concettualmente irriducibile all'obbligazione: art. 1490). Non vi è però contratto che non sia anche fonte di obbligazioni a carico di una o di entrambe le parti; onde la tradizionale distinzione tra contratti ad effetti reali e contratti ad effetti obbligatori è fuorviante sul piano terminologico, poiché – in realtà – ai contratti che hanno solo effetti obbligatori si contrappongono i contratti che hanno anche effetti reali.

Anche il **fatto illecito** è fonte di una obbligazione: al perfezionarsi della fattispecie di cui all'art. 2043 sorgerà, infatti, un'obbligazione risarcitoria a carico del soggetto cui l'evento lesivo sia imputabile e a favore del danneggiato.

Il profilo più interessante e problematico dell'art. 1173 è costituito, però, dalla seconda parte della disposizione, ove si riconosce che un'obbligazione possa nascere anche da ogni altro atto o fatto idoneo a produrla in conformità dell'ordinamento giuridico.

È certo che il codice abbia inteso riferirsi, con questa espressione, ad una serie di fattispecie diverse dal contratto e dal fatto illecito dalle quali discende, per espressa previsione normativa, una obbligazione. Si pensi, ad es., alla **gestione di affari altrui** (art. 2028), al **pagamento dell'indebito** (art. 2033), all'**arricchimento senza causa** (art. 2041), alla **promessa al pubblico** (art. 1989), **all'obbligo di prestare gli alimenti** (art. 433).

e atipicità

Il problema, però, è stabilire se possa configurarsi un rapporto obbligatorio anche in assenza di una espressa previsione normativa, sulla base di una considerazione complessiva del sistema giuridico e dei principi che esso esprime. Ciò è in effetti quanto sembra suggerire il tenore letterale dell'art. 1173 là dove assume l'ordinamento giuridico quale parametro di riferimento per valutare l'idoneità di un atto o di un fatto a produrre un effetto obbligatorio, lasciando intendere che tale idoneità possa emergere non solo da una espressa, puntuale previsione normativa, ma dai principi ricavabili dall'ordinamento medesimo.

In altri termini, l'alternativa si pone tra un sistema **chiuso** di fonti delle obbligazioni, circoscritto alle ipotesi tipicamente previste dalla legge, e un sistema, viceversa, **aperto**, improntato ad una regola di **atipicità**. Ed è alternativa dalle ricadute molto delicate, perché optare per il secondo dei due modelli indicati equivale ad ammettere che il giudice possa assumere una fattispecie concreta quale fonte di obbligazione anche in assenza di una disposizione di legge e, dunque, dilatare l'ambito in cui le sfere individuali vengono assoggettate ad un vincolo obbligatorio al di là della volontaria assunzione di un impegno giuridicamente rilevante.

La giurisprudenza, oggi, è apertamente incline a riconoscere l'atipicità delle fonti delle obbligazioni. Esemplare, sotto questo punto di vista, è la figura della **responsabilità da contatto**, elaborata con riguardo al problema della qualificazione della relazione intercorrente tra il medico dipendente di una struttura ospedaliera pubblica o privata e il paziente. Orbene, poiché tra questi due soggetti non è mai stato stipulato un contratto, giacché il paziente negozia soltanto con la struttura presso la quale il medico svolge la propria attività professionale, ne discende che, ove mai il medico cagionasse un danno al paziente, questi potrebbe far valere le proprie ragioni, a titolo di responsabilità contrattuale (art. 1218), solo nei confronti della struttura ospedaliera. La responsabilità del medico nei confronti del paziente avrebbe invece natura extracontrattuale (art. 2043): un esito, questo, che, però, aprirebbe uno iato paradossale tra il piano del fatto, con riguardo al quale il paziente si affida concretamente alle cure del medico, e il piano della sua qualificazione giuridica, con riguardo al quale tale relazione viene privata di qualsiasi rilevanza.

Ora, al fine di ricomporre questa contraddizione e di dare al fatto la veste giuridica più appropriata, la giurisprudenza ha ritenuto che l'**affidamento** riposto dal paziente nella professionalità del medico sia fonte di una obbligazione, in virtù della quale il secondo – pur difettando un contratto – è tenuto ad operare nel rispetto degli standard di diligenza, prudenza e perizia propri dell'attività medico-chirurgica. L'assenza di un impegno contrattuale comporta che il medico non sia obbligato nei confronti del paziente a prestare la propria attività (lo sarà solo nei confronti della struttura ospedaliera, in forza del rapporto di lavoro intrattenuto con questa); tuttavia, qualora paziente e medico vengano comunque a contatto, allora il medico sarà obbligato ad assumere una condotta connotata da diligenza, prudenza e perizia, perché l'affidamento suscitato dalla sua qualifica professionale comporta il sorgere a suo carico di un obbligo di **protezione** della salute del paziente.

Il fondamento giuridico invocato dalla giurisprudenza per dare la veste di un rapporto obbligatorio all'esigenza di protezione della sfera personale del paziente si rinviene nell'art. 1337, alla stregua del quale le parti, durante le trattative debbono comportarsi secondo buona fede. Infatti, da tale disposizione viene ricavato un più generale principio di tutela dell'altrui affidamento suscitato dal **contatto sociale** instauratosi tra le parti. Questa ricca elaborazione giurisprudenziale ha trovato oggi un compimento coerente con l'affermazione, ad opera della giurisprudenza di legittimità, della riconducibilità all'art. 1218 della c.d. responsabilità precontrattuale, ossia, appunto, della responsabilità nascente dalla violazione dell'obbligo di buona fede *ex* art. 1337.

Come già ricordato parlando del fatto illecito, il legislatore è intervenuto nella materia della responsabilità del medico, per affermarne perentoriamente la natura aquiliana (art. 7, co. 3, l. n. 24/2017). Al di là delle discutibili finalità giuspolitiche di questa scelta (che rafforza la posizione processuale del medico nella misura in cui ne assoggetta la responsabilità alle più favorevoli regole, in punto di onere della prova e di termine per la prescrizione), resta il fatto che la figura della responsabilità sociale da contatto è entrata stabilmente a far parte del corredo culturale dei nostri giudici, come dimostrato anche dalla più recente giurisprudenza della Cass. in tema di responsabilità precontrattuale.

Riprendendo le fila del nostro discorso, è chiaro, in definitiva, che l'idea secondo cui un **fatto** – nel caso di specie, l'affidamento nelle altrui qualità professionali – non espressamente ricompreso nella elencazione di cui all'art. 1173 sarebbe, comunque, idoneo a fondare un'obbligazione, implica l'adesione ad una lettura in chiave di atipicità del sistema delle fonti delineato dal medesimo art. 1173.

1.2. *Le obbligazioni naturali*

Rilevanza giuridica dei doveri della morale sociale

L'art. 2034 offre una risposta al problema della sorte delle attribuzioni patrimoniali poste in essere in esecuzione di una **obbligazione naturale**, cioè di un dovere apprezzabile sul piano della morale sociale, ma estraneo, in quanto tale, all'ordinamento giuridico. Si pensi, ad es., alle attribuzioni patrimoniali in favore del convivente *more uxorio*: in assenza di una disposizione normativa che le imponga, esse non potranno assimilarsi all'adempimento dell'obbligo giuridico di assistenza materiale posto dall'art. 143 a carico dei coniugi. Nondimeno, la giurisprudenza riconduce tale ipotesi alla categoria delle obbligazioni naturali, purché ricorra un rapporto di proporzionalità tra le somme erogate ed il dovere morale di assistenza reciproca.

La circostanza che i doveri in parola siano estranei all'ordinamento implica che essi siano privi di sanzione giuridica: essi, cioè, non sono **coercibili**, poiché non è data azione alcuna per farli osservare. Ciò comporta l'irriducibile alterità delle obbligazioni naturali rispetto alle obbligazioni civili; e impone il definitivo superamento dell'idea che le prime configurino un vincolo comunque giuridico, modellato secondo il calco del rapporto obbligatorio, dal quale si discosterebbero solo in ordine al profilo della *denegatio actionis*.

L'irrilevanza giuridica dei doveri dai quali muove la vicenda delle obbligazioni naturali è però attenuata dalla circostanza che l'art. 2034 esclude la **ripetibilità** di quanto è stato prestato in esecuzione degli stessi (***soluti retentio***). Detto altrimenti: si esclude che l'*accipiens* (ossia, colui che ha beneficiato della prestazione) sia tenuto alla restituzione di quanto ricevuto dal *tradens* (ossia, colui che ha reso la prestazione): e ciò sebbene, in mancanza di un obbligo giuridico di cui l'attribuzione possa essere considerata adempimento, il caso in esame integri, in linea astratta, gli estremi del pagamento di indebito (art. 2033).

Il dovere morale o sociale in esecuzione del quale l'attribuzione è stata compiuta opera quale fondamento giustificativo dell'attribuzione medesima. Questa rinviene nell'obbligazione naturale la propria **causa**, in difetto della quale la prestazione risulterebbe indebita e, dunque, ripetibile. Si comprende, allora, la ragione della collocazione della figura in esame nel titolo dedicato al pagamento dell'indebito.

Adempimento dell'obbligazione naturale e pagamento dell'indebito

Insomma: il senso ultimo dell'art. 2034 non è tanto quello di attribuire ai doveri morali e sociali presi in considerazione la dignità e la sostanza di un vincolo giuridico più o meno imperfetto e più o meno prossimo allo schema dell'obbligazione (civile) quanto, piuttosto, quello di riconoscere come meritevoli gli interessi che in essi trovano espressione.

La rilevanza giuridica delle obbligazioni naturali, tuttavia, non supera la soglia della mera *soluti retentio* (cioè della irripetibilità di quanto prestato). L'art. 2034, co. 2, si preoccupa infatti di precisare che le obbligazioni naturali "non producono altri effetti"; ciò al fine di chiarire che esse non sono suscettibili, ad es., né di novazione, né di compensazione, come invece si riteneva sotto il codice abrogato, muovendo dall'assunto – oggi, come si è detto, inaccoglibile – che le obbligazioni naturali fossero obbligazioni imperfette, cui difetterebbe solo la coercibilità.

Natura giuridica e requisiti di validità della *solutio*

La irriducibilità delle obbligazioni naturali allo schema delle obbligazioni civili spiega inoltre perché la prestazione del *tradens* non possa essere considerata un adempimento (il quale, invece, è un atto dovuto). È coerente con questo assunto la regola enunciata dall'art. 2034 la quale, discostandosi da quanto previsto dall'art. 1191 (il debitore incapace può adempiere validamente l'obbligazione), àncora l'irripetibilità del prestato alla **capacità** del *tradens*.

La disposizione in esame, inoltre, specifica espressamente che la prestazione del *tradens* sia irripetibile solo ove questi abbia agito "spontaneamente".

Il significato di questa precisazione può essere apprezzato solo ove si consideri che l'attribuzione patrimoniale di cui viene esclusa la ripetibilità si concretizza in un **negozio** dispositivo (a titolo gratuito), al quale, dunque, risulterà applicabile la disciplina dei vizi del consenso; onde la spontaneità della prestazione rimanda all'esigenza – sottesa a tale disciplina – che la volontà del *tradens* sia libera e consapevole, come sempre deve esserlo ogni volontà negoziale. È da dire però che secondo un'opinione diffusa, e accolta dalla giurisprudenza, la *soluti retentio* non è esclusa ove la prestazione sia stata posta in essere con l'erroneo convincimento che essa fosse giuridicamente dovuta. Viene interpretata in questo senso la scelta del codice del 1942 di sostituire al requisito della volontarietà dell'attribuzione, contemplato dal codice abrogato, quello della sua spontaneità. Da questa interpretazione consegue l'irrilevanza dell'errore sulla natura giuridica dell'obbligo assolto, irrilevanza che configura una significativa deviazione rispetto al regime dei vizi del consenso.

Peraltro, il riconoscimento della natura negoziale della fattispecie in esame consente di sciogliere i dubbi relativi al tipo di capacità richiesta dall'art. 2034 ai fini della irripetibilità di quanto prestato: da questo dato può infatti desumersi che sia richiesta non solo la capacità di agire, ma anche quella naturale.

Obbligazioni naturali tipiche

Merita infine un'ultima osservazione quanto previsto dall'art. 2034, co. 2. Qui ai doveri morali e sociali di cui al co. 1 viene accostato, e assimilato sul piano della disciplina, ogni altro dovere "per cui la legge non accorda l'azione, ma esclude la ripetizione di ciò che è stato spontaneamente pagato". L'infelice formulazione della disposizione potrebbe indurre a pensare che questi ulteriori doveri costituiscano un *genus* diverso rispetto alle obbligazioni naturali, cui i primi sarebbero assimilati solo sul piano della disciplina, a dispetto della loro reciproca irriducibilità strutturale. Se però si considerano da vicino le fattispecie tradizionalmente assimilate al paradigma delle obbligazioni naturali, oggetto di una previsione legale tipica – ovvero: il **pagamento dei debiti di gioco** (art. 1933, co. 2) e l'**esecuzione della disposizione testamentaria fiduciaria** (art. 627, co. 2) – ci si avvede che nessuna differenza è ravvisabile rispetto ai doveri morali o sociali di cui all'art. 2034, co. 1. Deve dunque concludersi che tra le ipotesi individuate in termini generali dal co. 1, e le ipotesi tipicamente previste dalla legge richiamate dal co. 2 non sussiste alcuna differenza né in punto di struttura, né in punto di disciplina: le prime rappresentano il *genus*, le seconde le singole *species*.

Sembra, invece, improprio ricondurre allo schema delle obbligazioni naturali il **pagamento del debito prescritto** (art. 2940). Deve infatti ritenersi, alla luce della regola che ne esclude la rilevabilità d'ufficio (art. 2938), che la prescrizione non comporta l'estinzione dell'obbligazione *ipso iure*, ma solo qualora venga eccepita dal debitore; pertanto il pagamento del debito prescritto non è ripetibile non perché all'obbligazione estinta sopravviva un dovere morale e sociale di pagare il debito, ma perché esso costituisce, a tutti gli effetti, adempimento di una obbligazione civile ancora in essere.

… e atipiche

Infine, tra le altre ipotesi che la giurisprudenza, in assenza di una specifica previsione, riconduce allo schema generale dell'art. 2034, co. 1 possono invece ricordarsi – oltre alle attribuzioni patrimoniali in favore del convivente *more uxorio* – il **pagamento di interessi ultralegali** pur in difetto di una pattuizione scritta (art. 1284, co. 3) e l'**esecuzione di una disposizione testamentaria nulla**.

1.3. *La regola di buona fede*

L'art. 1175 dispone che "creditore e debitore devono comportarsi secondo le regole della correttezza". Su questa norma occorre soffermarsi, perché ad essa compete un ruolo fondamentale nella dinamica del rapporto obbligatorio.

Correttezza e buona fede

In primo luogo, conviene chiarire che, secondo la dottrina e la giurisprudenza, la correttezza rimanda al medesimo contenuto della **buona fede** in senso **oggettivo**, che viene esplicitamente menzionata, invece, ad es., nell'art. 1375 (disposizione – questa – la quale ribadisce in ambito contrattuale la regola posta dall'art. 1175 per i rapporti obbligatori). Nei fatti i due termini sono considerati intercambiabili: l'obbligo di correttezza (o, se si preferisce, di buona fede) impone uno standard di condotta improntato a valori di lealtà, serietà e onestà, valori che l'ordinamento rinviene al di fuori di sé, recependoli nei termini in cui essi sono avvertiti dalla coscienza sociale nel momento storico considerato.

La norma, però, non descrive in modo puntuale il comportamento che si intende imporre o vietare alle parti, ma detta solo una direttiva di giudizio, rinviando all'interprete il compito di stabilire se nel caso concreto la condotta posta in essere dal debitore o dal creditore sia o non sia conforme ad un parametro di correttezza. È questa una particolare tecnica di costruzione della fattispecie normativa, caratterizzata dal ricorso ad una **clausola generale** (tali sono, appunto, la buona fede in senso oggettivo e la correttezza), che, come si è già visto nell'Introduzione, si discosta nettamente dal modello della fattispecie puntuale, nella quale invece l'oggetto dell'obbligo o del divieto è descritto in modo dettagliato.

Si consideri, ad es., l'art. 1658, ai sensi del quale l'appaltatore deve fornire il materiale necessario per la realizzazione dell'opera. Qui l'oggetto dell'obbligo è descritto in modo analitico; il giudice pertanto si limiterà ad accertare se l'obbligo sia stato adempiuto, confrontando il caso sottoposto alla sua cognizione con la disposizione che individua in termini generali e astratti il comportamento dovuto. È facile constatare quanto si discosti da questo schema l'art. 1175, ove invece il giudice deve costruire la regola specifica, immediatamente riferita al caso di specie, in cui si concretizza il parametro della correttezza.

Si comprende allora che il ricorso ad una clausola generale comporta un ampliamento dei margini di **discrezionalità** del giudice: questi non si limiterà alla sussunzione del caso concreto nella fattispecie generale e astratta delineata dalla legge, ma – ancora prima – creerà la regola applicabile al caso, inferendola dalla direttiva di giudizio che la norma scritta gli pone.

Tutto questo comporta un costo e, insieme, un vantaggio. Il costo è rappresentato dai maggiori spazi rimessi alla discrezionalità dell'interprete, dalla conseguente contrazione del tasso di prevedibilità e di sindacabilità delle decisioni del giudice e, in ultima istanza, dal *vulnus* potenzialmente arrecato alle esigenze di certezza del diritto. Il vantaggio, invece, è individuabile nella disponibilità di una regola del rapporto estremamente duttile e flessibile. In effetti, la clausola di correttezza offre un criterio di giudizio idoneo a far fronte anche ad evenienze che sfuggono al regolamento negoziale, il quale – constando di fattispecie puntuali che individuano analiticamente le ipotesi di volta in volta considerate – non potrebbe mai contemplare ogni sviluppo possibile del rapporto.

Emerge da queste prime considerazioni quale sia il ruolo dell'art. 1175 nel contesto di una normativa già ricca di previsioni e prescrizioni qual è quella dell'obbligazione. La clausola di buona fede è destinata a governare gli sviluppi del rapporto irriducibili alla sua disciplina di fonte legale o pattizia: eventualità – quest'ultima – che si verifica quando il caso concreto è riconducibile all'ambito di azione di una determinata regola, ma presenta connotati specifici che la regola non prende in considerazione e che invece reclamano un trattamento differenziato. In termini più sintetici, il raggio operativo della clausola della correttezza si lega sempre ad una lacuna normativa (configurabile quando difetta una regola applicabile al caso) o ad una lacuna assiologica (configurabile quando la regola applicabile non è appropriata al caso, perché ne ignora le peculiarità).

Questioni più complesse sono quelle relative al modo in cui la clausola di buona fede opera nel rapporto e all'incidenza che esso ha sulla struttura di quest'ultimo.

Funzioni della buona fede

In primo luogo la correttezza assolve certamente una funzione **integrativa** del rapporto. Essa, infatti, costituisce la fonte di una serie di obblighi che arricchiscono il rapporto conferendogli una eccedenza di contenuto rispetto alla prestazione. In effetti, se l'obbligo di eseguire la prestazione esaurisse il contenuto del rapporto risulterebbe difficilmente comprensibile, ad es., la ragione per cui l'art. 1175 riconduce l'obbligo di correttezza non solo al debitore, ma anche al creditore. Questa previsione offre dunque un (primo) argomento testuale per sostenere che l'obbligazione ha una struttura complessa, di cui la prestazione costituisce il nucleo centrale, intorno al quale però si dispongono in posizione ancillare fasci di obblighi ulteriori, che investono sia il debitore sia il creditore.

Ovviamente non è possibile elencare in modo completo tutti gli obblighi in cui, di volta in volta, la regola di correttezza può concretizzarsi: la loro individuazione è strettamente legata alla specificità del caso di specie per prestarsi ad una previa enumerazione. La clausola di buona fede può, infatti, tradursi in obblighi ora di custodia, ora di informazione, ora di avviso, ora di assistenza. Essi però sono accomunati da un dato: tutti concorrono a precisare le modalità di attuazione del rapporto e a condurlo nella direzione del puntuale soddisfacimento dell'interesse del creditore, secondo quella logica della collaborazione che è sottesa al rapporto obbligatorio e che deve sempre contrassegnarne lo svolgimento.

Peraltro, proprio l'esigenza della cooperazione cui, in ultima istanza, la regola di correttezza rimanda spiega perché gli obblighi discendenti da questa regola investano anche la posizione del creditore. Infatti, accanto all'esigenza di precisare modalità e termini del comportamento dovuto dal debitore, si pone il problema di imporre al creditore un atteggiamento collaborativo che renda possibile una regolare esecuzione del rapporto, senza caricare il debitore di un impegno eccedente la misura necessaria alla realizzazione dell'interesse del creditore medesimo.

In questo senso, la regola di correttezza, come si legge nella Relazione al codice civile, "richiama nella sfera del creditore la considerazione dell'interesse del debitore, e nella sfera del debitore il giusto riguardo all'interesse del creditore". Su questa scia, peraltro, si colloca anche la giurisprudenza, là dove ripete che "la regola di buona fede si sostanzia in un generale obbligo di solidarietà, che impone a ciascuna delle parti di agire in modo da preservare gli interessi dell'altra a prescindere da specifici obblighi contrattuali, trovando tale impegno solidaristico il suo limite precipuo unicamente nell'interesse proprio del soggetto, tenuto – pertanto – al compimento di tutti gli atti giuridici o materiali che si rendano necessari alla salvaguardia dell'interesse della controparte, nella misura in cui essi non comportino un apprezzabile sacrificio a suo carico".

Tra gli obblighi riconducibili alla regola di correttezza assolvono un ruolo del tutto peculiare gli **obblighi di protezione**.

È indubbio che il rapporto obbligatorio, costituendo occasione di un contatto sociale qualificato, espone le sfere giuridiche delle due parti al rischio di subire un pregiudizio. Muovendo da questo dato fattuale, e valorizzando la logica della lealtà e dell'affidamento reciproco implicata dalla regola di correttezza, la giurisprudenza ritiene che ciascuna delle parti del rapporto sia gravata da un **obbligo di cura** diretto a preservare la persona e i beni dell'altra parte dai danni di cui lo svolgimento del rapporto potrebbe essere occasione.

La configurazione di questi obblighi di protezione implica che l'eventuale lesione della sfera giuridica dell'altra parte del rapporto non rilevi più quale fatto illecito ai sensi dell'art. 2043, ma – essendo mediata dalla violazione di un obbligo (appunto, di protezione) preesistente – integri gli estremi di un **inadempimento** del rapporto obbligatorio in essere. È improprio, dunque, affermare che attraverso la costruzione in esame venga ampliata l'area del danno risarcibile. Piuttosto, e semplicemente, muta la qualificazione del fatto, riconducibile non più allo schema della responsabilità extracontrattuale, ma a quello dell'inadempimento del vincolo obbligatorio (con tutte le conseguenze che ne discendono sul piano della disciplina applicabile e, soprattutto, della distribuzione dell'onere probatorio).

La peculiarità degli obblighi di protezione è rappresentata dalla loro **autonomia** rispetto al nucleo del rapporto, alla cui orbita rimangono mediatamente avvinti (il che, del resto, vale a tenerli distinti dalle mere regole di condotta, esterne al piano prospettico della cooperazione teleologicamente orientata al soddisfacimento dell'interesse del creditore). A differenza di tutti gli altri obblighi, che presentano un carattere **accessorio**, se non addirittura strumentale o preparatorio, rispetto all'esecuzione della prestazione principale, gli obblighi di protezione si collocano in una dimensione autonoma, come dimostra peraltro la loro perfetta reciprocità, cioè la loro indifferenza al dato della posizione – ora di creditore, ora di debitore – del soggetto su cui gravano e verso il quale si dirigono.

Accanto alla funzione integrativa, la regola di correttezza assolve anche una funzione **correttiva**, apprezzabile soprattutto *in executivis*, cioè in sede di attuazione del rapporto.

In questa prospettiva, il giudice è chiamato a valutare il comportamento delle parti non solo alla luce della sua corrispondenza allo *strictum jus* (cioè ad una lettura rigida, aderente ad una interpretazione letterale, del regolamento negoziale), ma anche in virtù di un criterio elastico attraverso il quale si possa attribuire rilievo alle esigenze poste dalle circostanze del caso concreto e alla necessità di conformare ad esse l'attuazione del programma obbligatorio. In questa prospettiva, dunque, la clausola della buona fede fonda un giudizio di secondo grado, condotto *a posteriori* al fine di garantire l'effettiva realizzazione dell'assetto di interessi delineato dal regolamento contrattuale, eventualmente correggendo gli esiti di una sua applicazione formalistica.

In realtà, la contrapposizione tra funzione integrativa e funzione correttiva, più che esprimere due volti diversi della regola di buona fede, sembra dipendere dalla diversità del punto di osservazioni prescelto. In un caso prevale una considerazione **statica** del rapporto, considerato nel momento della *positio* degli obblighi destinati a sovraintendere al suo svolgimento; nell'altro prevale l'attenzione per il momento **dinamico** dell'attuazione del rapporto, e la preoccupazione di garantire che, al di là della sua mera aderenza formale al regolamento contrattuale, il comportamento delle parti realizzi la sostanza dell'assetto di interessi ad esso sotteso.

2. *L'adempimento dell'obbligazione*

Il momento centrale della vita dell'obbligazione è rappresentato dall'**adempimento**, cioè dall'esecuzione della prestazione che ne costituisce oggetto (a volte il codice utilizza un termine diverso – pagamento – a rigore improprio, perché riferibile alle sole obbligazioni pecuniarie).

Efficacia

L'adempimento soddisfa l'interesse del creditore e, conseguentemente, **estingue** il rapporto obbligatorio: esso dunque libera il debitore e realizza la pretesa creditoria, operando simmetricamente su entrambi i lati – quello attivo e quello passivo – del rapporto. In realtà questa correlazione tra l'assolvimento dell'obbligo e la realizzazione del diritto di credito può anche venire meno, come nell'ipotesi della offerta reale seguita da deposito (art. 1210) in cui vi è adempimento ma non vi è soddisfacimento dell'interesse creditorio; e in quella dell'adempimento del terzo (art. 1180) in cui, viceversa, è il soddisfacimento del credito a risultare slegato dall'assolvimento dell'obbligo.

Queste fattispecie normative hanno dato adito ad un ampio dibattito teorico in ordine al problema della individuazione del contenuto (o dell'oggetto: la terminologia è oscillante) del rapporto obbligatorio, rappresentato secondo alcuni dall'obbligo gravante sul debitore, secondo altri dalla pretesa del creditore. Tuttavia questo dibattito rischia di risultare ozioso, anche perché le figure che lo hanno alimentato trovano nel codice le regole necessarie a risolvere i problemi che potrebbero suscitare.

Natura giuridica

Desta certamente maggiore interesse la questione relativa alla natura giuridica dell'adempimento, sulla quale convergono le regole dettate dagli artt. 1190 e 1191 in ordine alla capacità di chi riceve e di chi esegue la prestazione. In dottrina sono state sostenute tesi diverse: l'adempimento è stato considerato ora un **fatto giuridico**, ora un **atto giuridico in senso stretto**, ora un **atto negoziale**.

L'art. 1191

Secondo la tesi che ravvisa nell'adempimento un mero fatto giuridico, l'ordinamento riconoscerebbe al compimento della prestazione un effetto solutorio per il fatto stesso che la prestazione sia stata eseguita, prescindendo da qualsivoglia considerazione circa la volontarietà della condotta. Questa tesi sembra trovare una conferma nell'art. 1191, ai sensi del quale è irrilevante che il debitore fosse incapace al momento in cui ha eseguito la prestazione. Se l'adempimento avesse natura negoziale – si obietta – sarebbe stata richiesta la capacità del debitore, in linea con quanto prescrivono gli artt. 1425 e 428 (per i quali la capacità di agire e la capacità naturale costituiscono requisiti di validità del contratto e, in termini generali, di qualsiasi atto negoziale).

In effetti l'art. 1191 rende difficile la riproposizione di tesi che, ritenendo necessaria la volontà del debitore di destinare la prestazione all'attuazione del rapporto obbligatorio, attribuiscano all'adempimento natura negoziale. Queste tesi muovevano dalla constatazione che il compimento della prestazione è in sé un fatto neutro, che assume un effetto solutorio solo se e in quanto assistito dall'*animus solvendi*: la dazione di una somma di denaro dal debitore al creditore – si osservava – non necessariamente è compiuta per estinguere l'obbligazione, potendo essere accompagnata, ad es., da un intento donativo. Ma questa tesi è palesemente contraddetta proprio dall'art. 1191. L'*animus solvendi*, dunque, è irrilevante: l'obiettiva corrispondenza tra la prestazione dovuta e quella eseguita è dato sufficiente a qualificare quest'ultima quale adempimento, cioè quale attuazione del programma obbligatorio; il problema della attitudine solutoria della prestazione è assorbito dalla **preesistenza** dell'obbligazione.

I termini della questione, però, sono più complessi.

In primo luogo, l'art. 1191 non specifica a quale genere di incapacità esso si riferisca. Sicché si potrebbe ritenere che la disposizione in esame escluda la rilevanza della incapacità di agire, ma richieda la capacità naturale del soggetto, senza la quale alla prestazione non sarebbe dunque riconosciuto effetto solutorio; ciò che renderebbe la previsione del tutto compatibile con la diversa tesi che riconosce nell'adempimento (né un fatto giuridico, né un atto negoziale, ma) un **atto giuridico** in senso stretto.

In secondo luogo, non si può dimenticare che, almeno in alcune ipotesi, l'adempimento di una obbligazione prende forma in un'attività di carattere certamente **negoziale**: da un contratto preliminare, ad es., sorge l'obbligo di prestare il consenso alla stipulazione di un contratto definitivo; il mandatario che abbia acquistato un bene immobile in nome proprio, in quanto sprovvisto di legittimazione rappresentativa, è obbligato a ritrasferirne la proprietà al mandante (art. 1706, co. 2).

In realtà, il dibattito sulla natura giuridica dell'adempimento sembra affetto da una certa confusione, poiché sovrappone piani che dovrebbero essere distinti: il piano dell'adempimento e il piano della prestazione. L'adempimento è sempre e solo un atto dovuto, con il quale si dà attuazione ad una regola – la regola del rapporto – preesistente. La prestazione, invece, può atteggiarsi in modi sempre diversi, perché può consistere ora nella conclusione di un contratto (in esecuzione di un preesistente obbligo a contrarre), ora in un comportamento materiale (in un *facere*), ora persino in un contegno omissivo (in un *non facere*).

Nel primo caso, ma solo nel primo caso, troveranno applicazione le regole dettate dal codice in ordine alla capacità richiesta per la conclusione di un contratto, senza che la negozialità del comportamento con il quale il debitore esegue l'obbligazione incida sul dato – diverso, perché si pone su un piano diverso – della qualificazione dell'adempimento.

L'adempimento, pertanto, dal punto di vista **funzionale** presenta una fisionomia unitaria, costituendo un atto dovuto, ma dal punto di vista **strutturale** si articola in una pluralità di schemi operativi, non sempre riconducibili alla categoria del fatto giuridico.

L'art. 1191, dunque, risulta avere una portata (non generale, ma) residuale, perché se la prestazione consiste nel compimento di un'attività negoziale essa è necessariamente soggetta alla disciplina dettata dagli artt. 1425 e 428.

Insomma: alla domanda sulla natura dell'adempimento può e deve rispondersi solo che esso costituisce un **atto dovuto**, cioè un comportamento esecutivo di una regola – il programma obbligatorio – già data. In questa prospettiva, non ha senso alcuno porsi il problema della rilevanza dell'*animus solvendi*, perché esso è assorbito dalla preesistenza dell'obbligazione di cui la prestazione costituisce attuazione: la mera e obiettiva corrispondenza tra la prestazione dovuta e quella eseguita è dato necessario e sufficiente a qualificare quest'ultima quale adempimento. Questione differente è, invece, quella della natura del comportamento in cui la prestazione si concretizza: solo su questo diverso piano, che concerne la qualificazione della prestazione (non dell'adempimento), assume rilievo l'alternativa tra le ipotesi prospettate (atto negoziale, atto giuridico in senso stretto e fatto giuridico), che risulta funzionale alla individuazione della regola relativa alla capacità del *solvens*.

È, invece, estranea al problema della natura dell'adempimento la regola dettata dall'art. 1190 in ordine all'ipotesi dell'incapacità del creditore: qui l'esecuzione della prestazione non libera il debitore "se questi non prova che ciò che fu pagato è stato rivolto a vantaggio del creditore". L'art. 1190

La previsione in esame potrebbe indurre *prima facie* a riaccreditare concezioni risalenti, che attribuivano all'adempimento natura (non semplicemente negoziale, ma) contrattuale, nel presupposto che l'effetto solutorio discendesse da un accordo tra debitore e creditore (onde la necessità non solo dell'*animus solvendi* del primo, ma anche di una consapevole accettazione della prestazione da parte del secondo). Tuttavia questa lettura muove da una sopravalutazione del ruolo che la capacità del creditore assume nella disciplina dell'adempimento. Invero, se essa costituisse un requisito di validità di una supposta fattispecie negoziale solutoria, non si spiegherebbe come possa prevedersi che la prestazione eseguita nelle mani del creditore incapace risulti idonea ad estinguere l'obbligazione ove il debitore dimostri che il primo ne abbia tratto vantaggio.

Siffatta deroga alla regola della inefficacia della prestazione eseguita nei confronti del creditore incapace mostra che questa norma nulla dice in ordine alla natura dell'adempimento, poiché essa risponde ad una esigenza di tutela dell'incapace esterna rispetto alla struttura dell'adempimento, ma convergente con l'articolata disciplina dettata dal codice in ordine all'attività giuridica dei soggetti incapaci.

Peraltro, tale interpretazione dell'art. 1190 trova una chiara conferma non appena ci si chieda in cosa consista il **vantaggio** del creditore incapace cui la prestazione deve essere diretta affinché il debitore sia liberato.

Quest'ultimo, infatti, non va commisurato all'interesse di cui egli è portatore in quanto creditore, perché la corrispondenza dell'esatto adempimento dell'obbligazione all'interesse creditorio è un dato strutturale del rapporto obbligatorio: l'esatto adempimento, cioè, soddisfa per definizione la pretesa creditoria.

La valutazione richiesta dall'art. 1190 attiene, piuttosto, al modo in cui l'incapace abbia utilizzato la prestazione ricevuta. In effetti, l'esigenza di tutela che la disposizione in esame persegue trova esauriente risposta nel momento in cui venga escluso che l'incapace, ad es., usando impropriamente la somma ricevuta, abbia cagionato a sé un pregiudizio. L'accertamento richiesto al fine di riconoscere efficacia solutoria all'adempimento concerne, dunque, una vicenda **successiva** allo stesso, estranea al rapporto obbligatorio e inerente alla sfera del soggetto incapace. Onde risulta logicamente scorretto il tentativo di inferire dall'art. 1190 elementi relativi alla natura giuridica dell'adempimento.

Risulta invece, ancora una volta, controverso se la disposizione faccia riferimento solo all'incapacità legale o anche all'incapacità naturale.

Sembra preferibile, però, la prima soluzione. Diversamente, a tacer d'altro, non disponendo l'incapace naturale di un rappresentante legale, si precluderebbe al debitore la possibilità di adempiere, pregiudicandone l'interesse a liberarsi, appena possibile, del vincolo obbligatorio.

2.1. *Le parti del rapporto obbligatorio*

Necessaria bilateralità dell'obbligazione

È precisazione persino ovvia che il rapporto obbligatorio implichi la presenza di **due** parti: il debitore e il creditore. Questo dualismo, peraltro, deve protrarsi per tutto l'arco di vita del rapporto: come vedremo più avanti, infatti, tra le modalità di estinzione dell'obbligazione diverse dall'adempimento il codice contempla la confusione, che ricorre "quando le qualità di debitore e di creditore si riuniscono nella stessa persona" (art. 1253). Ciò può accadere in virtù delle vicende circolatorie che, talora, investono il lato attivo o il lato passivo del rapporto (si pensi al caso in cui il creditore muoia e il debitore risulti essere suo erede).

Non è dunque configurabile un rapporto giuridico **unisoggettivo**, una obbligazione, cioè, le cui parti facciano capo alla medesima persona. Questa regola sembrerebbe conoscere, invero, alcune eccezioni: in caso di accettazione con beneficio di inventario, l'erede conserva verso l'eredità i diritti e gli obblighi che aveva nei confronti del defunto (art. 490); in materia societaria, qualora venga costituito un patrimonio destinato ad uno specifico affare (art. 2447 *bis*), tra tale patrimonio e la società possono instaurarsi rapporti obbligatori.

Tuttavia, qui, l'eventualità che lato attivo e lato passivo del rapporto confluiscano nello stesso soggetto è solo una conseguenza del fatto che l'eredità beneficiata e il patrimonio destinato ad uno specifico affare, pur non avendo alcuna soggettività giuridica, costituiscono masse separate rispetto al residuo patrimonio del soggetto. Questa segregazione patrimoniale comporta una deroga al principio per cui ad ogni soggetto corrisponde un solo patrimonio (*melius*: comporta una deroga al principio per cui tutti i diritti di cui il soggetto sia titolare costituiscono un unico complesso patrimoniale, con il quale egli risponde di tutte le obbligazioni contratte: art. 2740). Così, credito e debito si concentreranno nello stesso soggetto, ma risulteranno imputabili a due patrimoni distinti e autonomi; il che costituisce condizione sufficiente a preservare il dato della dualità delle parti del rapporto.

Normalmente le parti del rapporto obbligatorio – creditore e debitore – sono determinate sin dal momento in cui esso sorge. Vi sono però alcune fattispecie normative, note come obbligazioni *in incertam personam*, in cui ciò non accade: si pensi alla **promessa al pubblico** (art. 1989), nonché al **legato** (art. 631, co. 2) e alla **donazione** (art. 778, co. 2) là dove sia rimessa ad un terzo la scelta del beneficiario.

Determinazione e determinabilità delle parti del rapporto obbligatorio

In queste ipotesi il creditore, se non è determinato, è però **determinabile** sulla base di criteri prestabiliti. La promessa al pubblico (da non confondersi con l'offerta al pubblico di cui all'art. 1336, che non è fonte di un'obbligazione, ma semplice proposta contrattuale) vincola il promittente nei confronti di chi si trovi nella situazione o compia l'azione da esso stesso richieste; il legato e la donazione rimessi all'arbitrio del terzo sono validi purché il disponente abbia circoscritto la categoria o il gruppo di soggetti tra i quali la scelta del beneficiario deve essere compiuta. È bene chiarire, tuttavia, che queste fattispecie presentano peculiarità tali da renderle inidonee a fondare, in via interpretativa, una regola generale in virtù della quale la determinatezza delle parti del rapporto obbligatorio avrebbe un equipollente nella loro determinabilità.

Diverso è invece il caso delle obbligazioni ***propter rem*** (o **reali**).

Qui il soggetto passivo del rapporto è sin dal principio determinato, ma può mutare perché l'obbligazione inerisce alla proprietà di un bene e circola unitamente alla stessa (onde si parla di obbligazioni **ambulatorie**): si pensi, solo per fare qualche esempio, all'obbligo dei comunisti e dei condomini di contribuire alle spese di manutenzione del bene comune (art. 1104) e delle parti comuni dell'edificio (artt. 1118 e 1123); all'obbligo gravante sui comproprietari di partecipare alle spese per la riparazione o la ricostruzione del muro divisorio comune (art. 882).

Casi e caratteri dell'obbligazione reale

Il tratto caratterizzante queste obbligazioni è la loro **accessorietà** rispetto alla titolarità di un diritto reale. Ciò comporta che il soggetto passivo potrà liberarsi dell'obbligo soltanto rinunziando al diritto (artt. 882, 1104 e 1070); e che cesserà di essere debitore soltanto qualora trasferisca il diritto ad un terzo, indipendentemente dal fatto che il titolo negoziale contempli la trasmissione dell'obbligazione inerente al bene (questa regola, però, deve essere coordinata con il regime della trascrizione). Una (parziale) eccezione è dettata in materia di comunione dall'art. 1104, co. 3, ai sensi del quale il cedente rimane obbligato, sia pure in solido con il cessionario, al pagamento dei contributi di cui risultava ancora debitore al momento del trasferimento della quota; peraltro questa regola è certamente applicabile, in virtù del rinvio operato dall'art. 1139, al condominio negli edifici.

Le obbligazioni *propter rem* rappresentano una deviazione significativa dai principi che governano il sistema.

Esse, infatti, si pongono in contrasto con l'esigenza di mantenere i beni liberi da pesi e gravami che ne comprimano il godimento e ne intralcino la circolazione. Per questa ragione si ritiene che non possano esservi obbligazioni reali diverse da quelle previste in via tipica dalla legge.

Inoltre, l'ordinamento, mentre predispone regole che facilitano la circolazione del credito (si pensi alla disciplina della cessione del credito, ai fini della quale non si richiede il consenso del debitore: art. 1260), si mostra più prudente a fronte delle vicende che realizzano una modificazione del soggetto passivo del rapporto (avremo modo, più avanti, di esaminare le regole dettate in materia di espromissione, delegazione e accollo, accomunate dalla circostanza che la liberazione dell'originario debitore necessita sempre del consenso del creditore).

La spiegazione di questo diverso atteggiamento è facilmente comprensibile: il debitore risponde dell'adempimento dell'obbligazione con il proprio patrimonio (art. 2740), sul quale il creditore potrà soddisfarsi in caso di inadempimento attraverso il processo esecutivo. L'affidamento del creditore nella capienza del patrimonio del debitore appare, pertanto, un elemento decisivo nella vicenda del rapporto; e questo affidamento subirebbe un *vulnus* molto grave se si consentisse una modificazione nel lato passivo del rapporto slegata dal consenso del creditore.

Anche sotto questo profilo le obbligazioni *propter rem* si presentano, dunque, come una deviazione dalla regola; onde risulta ancor più coerente il loro assoggettamento ad un principio di tipicità legale. Deve però aggiungersi che l'esigenza di tutelare le aspettative di soddisfacimento delle proprie ragioni che il creditore, in ultima analisi, ripone nel patrimonio del debitore, si manifesta, nelle obbligazioni reali, con minore intensità, perché la titolarità del bene cui l'obbligazione accede costituisce pur sempre una garanzia (sia pure generica) che sempre assiste il rapporto, qualunque sia la sua vicenda circolatoria.

Dalle obbligazioni reali si è soliti distinguere gli **oneri reali**. Si tratta di pesi gravanti su beni immobili, in virtù dei quali il proprietario è obbligato ad una prestazione periodica di denaro (o di altre cose fungibili).

In realtà la distinzione, riconducibile ad una tradizione risalente, non sembra avere una concreta consistenza al di là del piano terminologico, perché gli oneri reali presentano i medesimi caratteri – **accessorietà** e **ambulatorietà** – delle obbligazioni *propter rem*. Peraltro, la categoria degli oneri reali, ammesso che abbia autonomia concettuale, suscita ben poca attenzione, poiché rappresenta il relitto di regimi appropriativi tipici di un'organizzazione feudale delle terre. In effetti le figure ad essa riconducibili sono del tutto desuete (canoni, rendite ecclesiastiche, censi), e tendono a scomparire (secondo alcuni autori, ma l'opinione è contrastata, l'unica fattispecie di onere reale contemplato dal codice civile sarebbe rappresentata dal canone enfiteutico: art. 967).

2.1.1. *Il soggetto legittimato a ricevere la prestazione*

Il debitore si libera solo eseguendo la prestazione nelle mani del creditore.

Soggetti diversi dal creditore legittimati a ricevere la prestazione

Questa regola generale, tuttavia, va precisata e integrata alla luce della disciplina dettata dall'art. 1188 con riguardo al **destinatario del pagamento** (problema che, va da sé, si pone solo quando la natura della prestazione renda necessaria l'individuazione del soggetto a beneficio del quale essa va attuata: il che non accade, ad es., quando oggetto dell'obbligazione sia un *non facere*).

Ora, l'art. 1188 stabilisce che sono legittimati a ricevere la prestazione anche il **rappresentante** del creditore ovvero la persona che questi ha indicato (più brevemente, l'**indicatario**, il quale peraltro corrisponde, nella terminologia codicistica, all'*adiectus solutionis causa* delle fonti romane). Queste due figure – rappresentante e indicatario – vanno tenute distinte.

Il rappresentante, infatti, agisce – in forza di una procura o della legge, a seconda che la rappresentanza sia volontaria o legale – in nome (oltre che per conto) del rappresentato. Pertanto, in questa ipotesi, non può ritenersi che ricorra propriamente una deroga alla regola che individua solo nel creditore il soggetto legittimato a ricevere la prestazione: l'attività giuridica posta in essere dal rappresentante (accettare la prestazione, eventualmente rilasciare una quietanza) è riferibile in via diretta ed esclusiva alla sfera giuridica del creditore. Sono rappresentanti, ad es., i commessi preposti alla vendita nei locali commerciali dell'impresa, i quali possono esigere il prezzo delle merci vendute in nome dell'imprenditore (art. 2213).

Differenze tra rappresentante e indicatario

L'indicatario, viceversa, agisce in nome proprio, sicché in questa ipotesi la legittimazione a ricevere la prestazione viene effettivamente estesa ad un altro soggetto. Nella prassi, ad es., le clausole del contratto di conto corrente bancario autorizzano gli istituti di credito a riceversi i pagamenti in luogo dei loro correntisti, senza però conferire loro alcuna legittimazione rappresentativa.

L'atto con il quale il creditore designa un soggetto quale suo indicatario è un negozio **autorizzativo** con un duplice effetto: per un verso, suo tramite, si autorizza il designato a ricevere il pagamento che, altrimenti, risulterebbe indebito *ex latere accipientis*; per altro verso, si autorizza il debitore ad adempiere nelle mani dell'indicatario con effetto egualmente liberatorio.

Solo in ordine ad un profilo le figure del rappresentante e dell'indicatario sono assimilabili: in entrambi i casi il creditore conserva la legittimazione a ricevere la prestazione (eccezion fatta per l'ipotesi del creditore incapace, nella quale la legittimazione a ricevere la prestazione compete al rappresentante legale: art. 1190). Tuttavia – a differenza del rappresentante il quale, nei limiti dei poteri conferitigli con la procura, può richiedere il pagamento e far valere la relativa pretesa, sempre in nome del creditore – l'indicatario non ha alcuna legittimazione ad azionare il diritto, l'unico effetto della indicazione essendo quello di rendere disponibile al debitore una modalità ulteriore e facoltativa di adempiere l'obbligazione.

Ulteriori figure di soggetti legittimati a riceversi il pagamento

Dalla indicazione di pagamento bisogna distinguere anche la **delegazione attiva di pagamento**, la quale ricorre allorché il creditore (delegante) incarichi il proprio debitore (delegato), il quale accetta, di eseguire la prestazione nelle mani di un terzo (delegatario). È opportuno precisare che la delegazione attiva di pagamento, figura che il codice non contempla, va tenuta distinta dalla delegazione passiva di pagamento (su cui ci soffermeremo più avanti), che, invece, almeno nella sua configurazione normativa, ricorre quando il delegante è debitore del delegatario e incarica un terzo di eseguire nei riguardi del creditore la prestazione cui egli è tenuto (art. 1269).

Ciò premesso, può chiarirsi in cosa consista la differenza che passa tra indicazione e delegazione attiva di pagamento. La prima, come si è detto, designa semplicemente un ulteriore legittimato a ricevere la prestazione, senza privare di tale legittimazione il creditore. La seconda, invece, **obbliga** il debitore nei confronti del delegante ad adempiere nelle mani del delegatario, e solo nelle sue mani: non a caso essa ha una struttura **contrattuale**, perfezionandosi con l'accettazione dell'incarico da parte del debitore. D'altra parte, della delegazione attiva di pagamento – che ha dunque effetti molto più pregnanti della indicazione perché realizza una modificazione del lato attivo del rapporto obbligatorio – ci si avvale quando il creditore ha uno specifico interesse a che il debitore adempia nei confronti del delegatario, interesse il più delle volte determinato dalla circostanza che il creditore è, a sua volta, debitore del delegatario.

Infine destinatario del pagamento, sempre ai sensi dell'art. 1188, è colui che sia stato autorizzato a ricevere la prestazione dal **giudice** o dalla **legge**.

Rientra nella prima di queste due ipotesi la fattispecie contemplata dall'art. 156, co. 6, per il caso di separazione legale: qualora il coniuge tenuto a corrispondere l'assegno di mantenimento sia inadempiente, il giudice può imporre al debitore del coniuge obbligato (ad es., il datore di lavoro dal quale questi percepisce una retribuzione mensile) di corrispondere direttamente le somme dovute all'avente diritto al mantenimento. Rientra nella seconda ipotesi, invece, la fattispecie prevista dall'art. 494 c.p.c., ai sensi del quale il debitore può sottrarsi al pignoramento versando nelle mani dell'ufficiale giudiziario la somma dovuta al creditore che ha agito esecutivamente nei suoi confronti.

Al di fuori dei casi previsti dall'art. 1188, co. 1, il debitore che esegue la prestazione nei confronti di un soggetto diverso dal creditore, e da colui che era eventualmente legittimato a riceverla, resta obbligato (ferma restando la ripetibilità, secondo le regole dell'indebito, del pagamento inefficace). Tuttavia, anche in questo caso alla prestazione può conseguire un effetto liberatorio qualora successivamente il creditore **ratifichi** il pagamento, ovvero ne abbia, comunque, approfittato (art. 1188, co. 2).

L'art. 1188, co. 2

L'ipotesi della ratifica rappresenta un'applicazione nella materia *de qua* della regola, dettata in materia di rappresentanza volontaria, in forza della quale l'interessato può sempre, appunto ratificandone l'operato, appropriarsi degli effetti dell'atto posto in essere dal falso rappresentante (art. 1399). La ratifica equivale ad una procura conferita *ex post*, ma con effetti retroattivi: pertanto, sotto il profilo strutturale, l'ipotesi considerata è assimilabile a quella della prestazione eseguita nelle mani del rappresentante del creditore.

Risponde, invece, ad una esigenza di economia dell'attività giuridica la regola secondo cui, ove il creditore abbia comunque conseguito l'oggetto della prestazione, il pagamento eseguito in favore di un soggetto non legittimato a riceverlo sortirà egualmente un effetto liberatorio. Si pensi al caso in cui l'acquirente di un elettrodomestico corrisponda la somma dovuta a titolo di prezzo ai dipendenti del venditore che abbiano provveduto al trasporto presso il suo domicilio, i quali, anche se non legittimati a ricevere il pagamento, immediatamente procedono a consegnare il denaro al venditore. In una ipotesi del genere imporre la restituzione della somma corrisposta e un nuovo adempimento in favore del soggetto legittimato rappresenterebbe un costo del tutto ingiustificato, perché in ultima istanza, sebbene per una via indiretta, il pagamento è pervenuto nelle mani del venditore e il suo interesse creditorio è stato pienamente soddisfatto.

2.1.2. *Il pagamento al creditore apparente*

La regola secondo cui il debitore si libera solo eseguendo la prestazione in favore del creditore (o del soggetto eventualmente legittimato a riceverla) trova una importante eccezione nell'art. 1189, che disciplina l'ipotesi del pagamento al creditore apparente.

Apparenza e affidamento

In base a questa disposizione "il debitore che esegue il pagamento a chi appare legittimato a riceverlo in base a circostanze univoche è liberato, se prova di essere stato in buona fede". La *ratio* della norma è evidente: tutelare l'**affidamento** suscitato nel debitore da una situazione di fatto nella quale un terzo appariva creditore senza esserlo. A tal fine, al pagamento compiuto nelle mani del creditore apparente è riconosciuta, comunque, un'efficacia liberatoria.

La *ratio* cui l'art. 1189 risponde non rappresenta una anomalia isolata nel sistema codicistico. Diverse, infatti, sono le ipotesi normative nelle quali si attribuisce rilievo all'affidamento da taluno nutrito in ordine all'essere la situazione di diritto pienamente corrispondente a ciò che appare: si pensi alla figura dell'**erede apparente** (art. 535), alla regola «**possesso vale titolo**» (art. 1153) o alla disciplina degli effetti della **simulazione** nei riguardi dei terzi (artt. 1415 e 1416). Anzi, si ritiene che in queste fattispecie trovi espressione un principio generale che riconosce rilevanza all'**apparenza** e protezione all'**affidamento** da essa suscitato; un principio che ha condotto la giurisprudenza ad elaborare, pur in assenza di una disposizione normativa che le codifichi, le figure della rappresentanza apparente e del condominio apparente.

Effetti e presupposti

Coerentemente con la gravità delle conseguenze che derivano dal pagamento al creditore apparente – il debitore si **libera** del suo obbligo anche se il creditore non ha conseguito la prestazione –, l'art. 1189 individua con rigore il proprio ambito di azione. In particolare, la configurabilità della fattispecie è legata alla ricorrenza di due presupposti specifici, uno di carattere **oggettivo**, l'altro di carattere **soggettivo**.

In primo luogo è necessario che l'*accipiens* apparisse creditore in forza di **circostanze univoche**; è necessario, in altri termini, che la situazione di fatto potesse indurre a ritenere, sulla base di una valutazione oggettiva, che egli fosse il creditore.

In secondo luogo, occorre che il debitore fosse in **buona fede** (in senso soggettivo), cioè che fosse convinto di adempiere in favore dell'effettivo creditore. Qui la buona fede deve essere intesa quale condizione psicologica del debitore, cioè quale **ignoranza** della realtà dei fatti. Il paradigma normativo della buona fede soggettiva è scolpito nell'art. 1147, dal quale, però, la regola dettata dall'art. 1189 si discosta perché qui la buona fede non è oggetto di una presunzione, ma deve essere provata in giudizio dal debitore.

Ovviamente deve riconoscersi effetto liberatorio – ai sensi dell'art. 1189 – non solo al pagamento al creditore apparente, ma anche al pagamento a chi apparisse legittimato a ricevere la prestazione (ad es., quale indicatario) pur senza esserlo. L'ipotesi più frequente è certamente quella del pagamento effettuato nelle mani di chi appariva quale rappresentante del creditore. Ma qui la giurisprudenza, a tacere di alcune isolate pronunce di segno contrario, si discosta dal dettato dell'art. 1189, perché condiziona la liberazione del debitore alla circostanza che la situazione di apparenza determinatasi sia imputabile ad una condotta del creditore, che abbia colposamente suscitato o comunque avallato l'erroneo convincimento del terzo. In altri termini, la giurisprudenza – muovendo dalle regole elaborate in relazione alla contigua figura della rappresentanza apparente – introduce un presupposto ulteriore rispetto a quelli individuati dall'art. 1189: ovvero, che le circostanze univoche sulle quali poggia l'affidamento del debitore scaturiscano da una condotta imputabile al creditore.

Dal punto di vista funzionale, la previsione dell'art. 1189 ha un impatto anomalo sul rapporto obbligatorio, nella misura in cui provoca una **scissione** tra adempimento dell'obbligo e realizzazione del diritto: l'obbligo si estingue, onde l'effetto della liberazione del debitore, senza che la pretesa creditoria abbia trovato attuazione. La ricomposizione di questa asimmetria è affidata alla regola dettata dal co. 2 dello stesso art. 1189, ai sensi del quale "chi ha ricevuto il pagamento è tenuto alla restituzione verso il vero creditore secondo le regole stabilite per la ripetizione dell'indebito".

L'ordinamento, infatti, intende tutelare l'affidamento del debitore, ma non può consentire che ciò permetta all'*accipiens* di realizzare un ingiustificato arricchimento. Occorre dunque riallocare nella sfera del creditore il risultato utile di cui l'*accipiens* ha beneficiato. A tal fine l'art. 1189, co. 2, stabilisce, appunto, che questi è obbligato a restituire la prestazione al creditore secondo la disciplina del pagamento dell'indebito. Il rinvio a questa disciplina ha l'effetto di estendere la sua applicazione ad una fattispecie estranea al suo ambito di azione, atteso che il codice – sotto il Titolo VII del Libro IV – prevede solo la ripetibilità del pagamento non dovuto (indebito oggettivo: art. 2033) e del pagamento del debito altrui (indebito soggettivo *ex latere solventis*: art. 2036); ipotesi – queste – diverse rispetto a quella contemplata dall'art. 1189, ove l'indebito è apprezzabile, piuttosto, *ex latere accipientis*.

Sotto questo profilo, può dirsi che l'art. 1189 ravvisi nel pagamento al creditore apparente una fonte legale di obbligazione, ulteriore e diversa rispetto al pagamento dell'indebito, pur estendendo al primo le regole proprie del secondo.

2.1.3. *Luogo dell'adempimento*

Il codice detta un'analitica disciplina del **luogo** in cui la prestazione deve essere eseguita (art. 1182). È questo un profilo del rapporto solo apparentemente marginale, perché da esso, in realtà, dipende in che modo saranno allocati i costi legati al trasporto del bene oggetto della prestazione, ovvero perché, più semplicemente, sulla base di esso viene individuata la parte che dovrà recarsi presso l'altra al fine di eseguire la prestazione, sopportando, appunto, il costo, anche in termini di tempo impiegato, dello spostamento. Insomma, la determinazione del luogo dell'adempimento incide sull'assetto degli interessi cui il rapporto condurrà, condizionando – ove l'obbligazione si inserisca in una cornice contrattuale – l'equilibrio economico del rapporto.

Fonti e criteri di determinazione del luogo dell'adempimento

Proprio l'inerenza del problema del luogo dell'adempimento al contenuto economico del rapporto, cioè al nucleo duro dell'autonomia privata, spiega perché le regole dettate dall'art. 1182 abbiano natura **suppletiva**: esse operano solo se le parti nulla abbiano disposto al riguardo. Dunque, nel caso di un'obbligazione contrattuale, dovrà, in primo luogo, accertarsi cosa eventualmente il regolamento negoziale stabilisca circa il luogo in cui la prestazione deve essere eseguita. Tuttavia, anche in difetto di una volontà delle parti, il ricorso alle regole dettate in via suppletiva dall'art. 1182 è comunque precluso ove il luogo dell'adempimento sia determinato dagli usi o possa essere desunto "dalla natura della prestazione o da altre circostanze".

Per quanto concerne il riferimento agli usi, sorge il problema di stabilire se il codice intenda attribuire rilievo solo agli usi normativi (art. 8 Prel.), ovvero anche agli usi negoziali (consistenti – conviene rammentarlo – in quelle prassi che, pur non presentando i caratteri della consuetudine normativa, risultano ampiamente consolidate nel contesto socioeconomico in cui si inserisce l'operazione contrattuale, ovvero nell'ambito dei rapporti che intercorrono abitualmente tra le due parti). Appare preferibile, però, la seconda ipotesi, perché più coerente con l'impronta meramente suppletiva della disciplina dettata dal codice.

Più problematici, perché connotati da una certa vaghezza, risultano, invece, gli ulteriori parametri – **natura della prestazione** e **altre circostanze** – indicati dall'art. 1182 per la determinazione del luogo dell'adempimento. Qui, come ovvio, viene in gioco una valutazione affidata alla discrezionalità dell'interprete, perché necessariamente legata al caso concreto (ad es., l'obbligazione assunta da una impresa edile di ristrutturare un immobile va adempiuta presso l'immobile stesso; il tecnico del suono che abbia concluso un contratto d'opera con una società che organizza eventi musicali dovrà prestare la propria attività nel luogo in cui si terrà il concerto).

I criteri di fonte legale

Ove i criteri individuati dal co. 1 non possano trovare applicazione, allora subentreranno le regole dettate dai co. 2, 3 e 4 dell'art. 1182, i quali distinguono tre diverse ipotesi.

a) Se la prestazione dovuta consiste nella consegna di una cosa certa e determinata, essa deve essere eseguita nel luogo in cui la cosa si trovava quando l'obbligazione è sorta.

b) Se l'obbligazione ha ad oggetto una somma di denaro, essa deve essere adempiuta al domicilio che il creditore ha al tempo della sua scadenza. L'obbligazione – si suol dire – è *portable*.

c) In ogni altro caso, l'obbligazione è invece *quérable*: essa, cioè, deve essere adempiuta al domicilio che il debitore ha al tempo della sua scadenza.

Contrariamente a quanto potrebbe pensarsi, la regola di cui al punto *b*) non riguarda tutte le obbligazioni pecuniarie. La giurisprudenza ha, infatti, chiarito che essa si applica solo quando il titolo (negoziale o giudiziale) dal quale il credito discende ne stabilisca l'ammontare e la scadenza. Dunque, le obbligazioni aventi ad oggetto il risarcimento di un danno contrattuale o extracontrattuale e, in genere, i debiti pecuniari illiquidi, sono (non *portables*, ma) *quérables*.

Inoltre, le obbligazioni *portables* diventano *quèrables* quando il domicilio che il creditore ha al momento della scadenza del rapporto è diverso da quello che egli aveva quando esso è sorto "e ciò rende più gravoso l'adempimento". In questo caso, infatti, il debitore può eseguire il pagamento al proprio domicilio, purché lo dichiari previamente al creditore (art. 1182, co. 3). Questa regola è ritenuta applicabile in via analogica anche nell'ipotesi della cessione del credito, atteso che anche qui si registra uno spostamento del luogo dell'adempimento, individuabile nel domicilio non più del cedente, ma del cessionario.

Alcune regole speciali

Giova poi aggiungere che la disciplina dettata dall'art. 1182, oltre ad avere natura suppletiva, riveste una portata **generale**. Essa, dunque, trova ora una mera specificazione, ora una vera e propria deroga, nelle regole speciali dettate dal codice con riferimento ai singoli tipi contrattuali. Ad es., l'art. 1774, relativo al contratto di deposito, stabilisce che "salvo diversa convenzione, la restituzione della cosa deve farsi nel luogo in cui doveva essere custodita", luogo che non necessariamente coincide con quello – cui dovrebbe farsi riferimento ai sensi dell'art. 1182, co. 2 – in cui essa si trovava al tempo in cui l'obbligazione è sorta.

Merita poi di essere ricordata – sia per la sua notevole rilevanza concreta, sia per la sua (parziale) divergenza rispetto alle regole generali – la disciplina dettata in materia di compravendita. In particolare, l'art. 1498 stabilisce che, là dove il contratto nulla contempli al riguardo, il pagamento del prezzo deve avere luogo "al momento della consegna e nel luogo dove questa si esegue": viene dunque imposta, per evidente esigenza di tutela reciproca delle parti, la contestualità dell'adempimento delle obbligazioni (consegna del bene e pagamento del prezzo). Solo "se il prezzo non si deve pagare al momento della consegna" riemergerà, quale regola residuale, il criterio del domicilio del creditore (cioè, qui, del venditore).

Per quanto concerne invece il luogo della consegna del bene, e con particolare riferimento alla compravendita di cose mobili, l'art. 1510 ricalca la regola dettata dall'art. 1182, co. 2 (in difetto di una diversa pattuizione, la consegna deve avvenire nel luogo in cui la cosa si trovava al momento della conclusione del contratto): tuttavia, quando le parti ignoravano il luogo in cui la cosa allora si trovava, la consegna deve avvenire nel luogo in cui il venditore aveva il domicilio al momento della conclusione del contratto (particolare – questo – che segna la differenza tra questa regola e il regime delle obbligazioni *quérables*).

2.1.4. *Tempo dell'adempimento*

Termine per l'adempimento dell'obbligazione e termine di efficacia del contratto

Anche la disciplina dettata dagli artt. 1183 e 1184 in ordine al tempo dell'adempimento ha natura meramente **suppletiva**, perché essa opera solo allorché il titolo negoziale dal quale l'obbligazione discende non stabilisca termine alcuno. Giova precisare che qui si fa riferimento al termine di adempimento dell'obbligazione, dal quale occorre distinguere il termine di **efficacia** eventualmente apposto al contratto, che invece individua il momento a partire dal quale o sino al quale questo dispiegherà i suoi effetti. Si pensi ad un contratto di assicurazione: di solito sono previsti un termine iniziale e uno finale di efficacia che circoscrivono temporalmente la copertura assicurativa; ma è previsto anche un termine di adempimento relativo al pagamento del premio da parte dell'assicurato.

Ove il titolo non contempli un termine di adempimento, il creditore – questa è la regola generale dettata dall'art. 1183 – può esigere la prestazione **immediatamente** (*quod sine die debetur, statim debetur*). La giurisprudenza però attenua il rigore di questa previsione aggiungendo che, in ogni caso, dall'obbligo di correttezza discende l'esigenza di riconoscere al debitore il tempo materialmente necessario ad adempiere.

Modalità di determinazione del termine e sua pendenza

Aggiunge poi l'art. 1183: "se in virtù degli usi o per la natura della prestazione ovvero per il modo o il luogo dell'esecuzione sia necessario un termine, questo – in mancanza di accordo tra le parti – è stabilito al giudice". È, dunque, data alle parti la possibilità di ricorrere al giudice; questi, se accerta che ricorre una delle circostanze che rendono necessario spostare nel tempo l'adempimento, stabilirà discrezionalmente un termine.

Mentre l'art. 1183 è preordinato a fissare l'eventuale termine di adempimento, gli artt. 1184 e 1185 stabiliscono il modo in cui esso opera. Una volta individuato un termine, occorre stabilire, infatti, se esso sia vincolante per una sola delle parti del rapporto, ovvero se lo sia per entrambe. In particolare, il termine si dice fissato nell'interesse (o a favore) del **debitore** quando il creditore deve attendere la sua scadenza prima di esigere la prestazione, mentre il debitore può eseguirla anche prima di tale momento; in questa ipotesi il termine vincola solo il creditore.

Il termine si dice, invece, fissato nell'interesse (o a favore) del **creditore**, e vincola solo il debitore, quando il secondo non può eseguire la prestazione prima del tempo stabilito, mentre il primo può esigerla immediatamente. Ove, invece, il termine sia posto nell'interesse di **entrambe** le parti, il termine opera specularmente nelle due direzioni: prima della sua scadenza, né il creditore potrà esigere la prestazione, né il debitore potrà eseguirla.

Ora, l'art. 1185 dispone che il termine deve sempre intendersi fissato a favore del debitore, salvo che risulti stabilito nell'interesse del creditore o di entrambi. Dunque, nel silenzio del titolo il termine vincola solo il creditore, mentre è data al debitore la facoltà di liberarsi immediatamente.

È questo un primo momento di emersione di un *favor* per l'adempimento che ispira, in più luoghi normativi, la disciplina delle obbligazioni, traducendosi in regole che spingono il rapporto verso la sua compiuta definizione. Questo *favor* non è funzionale solo all'interesse di cui il debitore è portatore ad adempiere e a liberarsi dal vincolo obbligatorio (interesse certamente rilevante, come confermato dall'istituto della mora del creditore e dalla possibilità di una liberazione coattiva del debitore). Esso risponde anche alla più generale esigenza di promuovere la circolazione della ricchezza, liberandolo dai vincoli che la persistenza di rapporti obbligatori comunque comporta.

La c.d. **tensione all'adempimento** trova, poi, una chiara espressione nell'art. 1185, co. 2. Secondo questa disposizione, il debitore che esegue la prestazione anticipatamente, sebbene il termine fosse previsto nel suo interesse, non può chiedere la restituzione di quanto prestato. Gli è data solo la possibilità di ottenere la ripetizione della minor somma tra la perdita che egli ha patito per avere adempiuto prima del tempo e il vantaggio che il creditore ha lucrato per avere conseguito la prestazione prima del tempo (c.d. ***interusurium***): trattasi di una tutela restitutoria modellata secondo lo schema dell'azione di ingiustificato arricchimento (art. 2041).

La disposizione in esame circoscrive l'irripetibilità della prestazione effettuata prima del termine alle ipotesi in cui il termine sia fissato nell'interesse del debitore. Nessun problema sorge, invece, ove esso sia fissato nell'interesse del creditore: qui non si pone alcuna esigenza di tutelare il debitore, cui può essere richiesto l'adempimento anche prima del termine: al più, ci si dovrebbe preoccupare dell'interesse del creditore – rilevante in ragione del fatto che il termine è posto nel suo interesse – a non ricevere la prestazione prima della scadenza. Ma il creditore può sempre rifiutare un adempimento anticipato; e il fatto che lo accetti, implicando che egli lo abbia ritenuto profittevole, fa venire meno qualsiasi esigenza di tutela (*nulla quaestio* – va da sé – ove sia il creditore a richiedere la prestazione prima del termine).

Ovviamente, le ragioni che escludono la ripetibilità della prestazione adempiuta anticipatamente, sia per un verso, quando il termine è fissato a favore del debitore, sia, per altro verso, quando è fissato a favore del creditore, conducono ad escludere la ripetibilità della prestazione adempiuta anticipatamente anche là dove il termine sia fissato nell'interesse di entrambe le parti del rapporto.

La tensione all'adempimento – ancora – non è affatto estranea alla previsione dell'art. 1183, co. 2, con particolare riferimento all'ipotesi in cui la determinazione del termine sia rimessa alla volontà del **creditore**:

è, infatti, stabilito che il debitore, nel caso di inerzia della controparte, possa ricorrere al giudice affinché questi fissi il termine (da intendersi sempre nell'interesse del creditore). Questa determinazione giudiziale del tempo dell'adempimento costituisce un intervento sull'autonomia privata più incisivo di quanto *prima facie* potrebbe apparire: la fissazione del termine – che le parti avevano rimesso al creditore, riservandogli la valutazione del momento in cui la prestazione avrebbe utilmente realizzato il suo interesse – viene affidata al giudice, il quale dovrà contemperare l'interesse del creditore a scegliere il momento in cui conseguire la prestazione con l'interesse del debitore a liberarsi del vincolo contrattuale.

Diversa è invece la *ratio* della previsione – sempre collocata nell'art. 1183, co. 2, – relativa all'ipotesi in cui la determinazione del termine sia rimessa alla volontà del debitore. Anche in questo caso è previsto l'intervento del giudice, ora, però, ad istanza del creditore e nell'ottica di tutelare il suo interesse ad ottenere la prestazione.

2.1.5. *L'adempimento del terzo*

Normalmente è il debitore ad eseguire la prestazione; normalmente, ma non necessariamente: al riguardo, infatti, bisogna considerare la disciplina dell'adempimento del terzo (art. 1180).

Dalla lettura di questa disposizione emergono una regola generale – non esplicitata espressamente, ma chiaramente presupposta – e due eccezioni.

La regola generale esclude che il creditore possa legittimamente rifiutare la prestazione eseguita da un terzo, purché essa integri gli estremi di un **esatto adempimento**. Precisazione – questa – ovvia, atteso che il creditore può sempre rifiutare un inadempimento inesatto, sia che provenga dal debitore, sia che provenga da un terzo, come si argomenta da una lettura complessiva dagli artt. 1218, 1206 e 1181 e come risulta – in ultima istanza – dal primato riconosciuto nella dinamica del rapporto all'interesse del creditore (art. 1174).

Dunque, il terzo può intervenire solo nei limiti in cui la sua prestazione attui pienamente l'interesse del creditore. Ma, entro questi limiti, il terzo può sempre intervenire: del resto, almeno in via tendenziale, è **indifferente** al creditore che la sua pretesa venga soddisfatta dal debitore o da altri.

Alle origini dell'adempimento del terzo possono esservi ragioni molteplici, ma esse, in ogni caso, rimangono estranee all'orizzonte descritto dall'art. 1180: ad es., l'intervento del terzo può integrare gli estremi di una donazione indiretta (art. 809), ovvero riannodarsi ad un incarico conferito dal debitore (delegazione di pagamento), magari fondato su un preesistente rapporto in virtù del quale il debitore medesimo era, a sua volta, creditore del terzo.

In realtà, la nozione di adempimento presuppone la preesistenza di una obbligazione a carico del soggetto che esegue la prestazione. Sotto questo punto di vista, adempimento e terzo sono termini incompatibili, perché il terzo – per definizione – non è obbligato; onde la terminologia usata dal codice non è del tutto appropriata. Ciononostante, il codice definisce la figura di cui all'art. 1180 come adempimento del terzo, volendo in tal modo evidenziare l'identità funzionale – sotto il profilo dell'effetto estintivo del rapporto – tra la prestazione eseguita dal debitore e quella eseguita dal terzo. Deve aggiungersi, però, che al creditore che riceve la prestazione dal terzo è data facoltà di **surrogare** quest'ultimo nel proprio diritto verso il debitore (art. 1201). In questo caso, secondo la tesi che ravvisa nella surrogazione solo una vicenda modificativa del lato attivo del rapporto obbligatorio (tesi, come si vedrà, contrastata), l'adempimento del terzo non avrebbe effetto estintivo alcuno.

Surrogazione

La regola che preclude al creditore di opporsi alla prestazione del terzo rappresenta l'indice più significativo della regola riassunta nella formula della **tensione all'adempimento**: qui risulta palese il primato riconosciuto al momento realizzativo dell'interesse creditorio, che prevale rispetto ad ogni altra istanza contraria. In particolare non rileva, in senso contrario (e fatte salve le due eccezioni di seguito illustrate), né che il creditore possa aspirare a ricevere la prestazione dal debitore (ad es., perché preferisce non avere alcun contatto con il terzo che si offre di adempiere), né che il debitore non gradisca l'intervento del terzo (ad es., perché non voglia ritrovarsi obbligato nei suoi confronti, come può accadere ove abbia luogo la surrogazione prevista dall'art. 1201).

La regola generale – si è detto – conosce, però, due eccezioni.

La prima ricorre quando il creditore "ha interesse a che il debitore esegua **personalmente** la prestazione" (art. 1180, co. 1).

Interesse del creditore a ricevere la prestazione dal debitore

Su questa previsione occorre soffermarsi. Bisogna infatti escludere che possa rilevare un interesse meramente **soggettivo** del creditore a ricevere la prestazione dal debitore: ciò significherebbe lasciare all'arbitrio del creditore la possibilità di paralizzare l'intervento del terzo e, in ultima istanza, svuotare di ogni contenuto precettivo l'art. 1180, per il quale, invece, tale intervento può aver luogo "anche contro la volontà del creditore".

Deve, dunque, ritenersi che solo la sussistenza di un interesse **oggettivamente** apprezzabile concretizzi l'eccezione in esame e, dunque, legittimi il rifiuto del creditore. E un interesse oggettivamente apprezzabile ricorre solo quando tra le **qualità soggettive** del debitore e l'idoneità della prestazione ad attuare il programma obbligatorio sussista un nesso così forte che imporre al creditore l'adempimento del terzo significherebbe precludergli la piena realizzazione dell'interesse di cui questi è portatore.

Infungibilità e *intuitus personae*

L'ipotesi in cui più chiaramente emerge un simile nesso è quella delle prestazioni **infungibili**: qui l'incidenza delle qualità personali del soggetto che esegue la prestazione sulle caratteristiche di quest'ultima, e sul risultato cui essa mette capo, è così marcata da far sì che una prestazione eseguita da un soggetto diverso dal debitore risulti, per definizione, difforme rispetto al programma obbligatorio e incongruente rispetto alla pretesa creditoria. Si pensi al classico esempio del celebre pittore cui sia stato commissionato un ritratto: l'infungibilità di questa prestazione è evidente, perché il ritratto dipinto da un altro pittore costituirebbe un *quid alii* rispetto alle attese del committente. Deve però aggiungersi che il rifiuto della prestazione infungibile offerta dal terzo risulterebbe legittimo, anche in assenza della previsione in esame, già in forza dei principi che sovraintendono alla disciplina delle obbligazioni, perché qui la prestazione del terzo non costituisce esatto adempimento dell'obbligazione.

L'art. 1180, co. 1, riguadagna un'autonoma portata precettiva con riguardo ad un'altra serie di ipotesi, nelle quali l'interesse del creditore a che la prestazione sia posta in essere dal debitore discende dalla natura **fiduciaria** del rapporto che lega le parti. Questa particolare rilevanza dell'***intuitus personae*** rende non sostituibile il debitore, per quanto la prestazione – in sé considerata – possa venire utilmente adempiuta anche da un soggetto diverso, risultando pur sempre conforme all'interesse del creditore. Si pensi al mandato: l'incarico conferito al mandatario (ad es., avente ad oggetto l'acquisto di un bene) non presenta alcun tratto di infungibilità; ma l'affidamento che il mandante ripone nella persona del mandatario assume, in ragione della natura fiduciaria del rapporto, un rilievo tale da legittimare l'eventuale opporsi del mandante all'iniziativa del terzo che volesse sostituirsi al mandatario medesimo.

Non è facile stabilire quando il rapporto di fiducia che lega le parti assuma un rilievo tale da fondare l'interesse del creditore a che la prestazione sia eseguita dal debitore. L'affidamento nella serietà, nella lealtà e nelle qualità reciproche connota quasi sempre i rapporti obbligatori, in misura ora maggiore, ora minore. Spetta, dunque, al giudice accertare di volta in volta se la rilevanza dell'*intuitus personae* superi la soglia al di là della quale il principio della tensione all'adempimento soccombe a fronte dell'interesse del creditore a che la prestazione venga eseguita personalmente dal debitore. In termini generali può solo affermarsi che quanto più ampio è il margine di discrezionalità riservato dal programma obbligatorio al debitore in ordine alle modalità attuative del comportamento dovuto, tanto maggiore è la rilevanza del profilo fiduciario del rapporto.

La seconda eccezione alla regola generale ricorre quando il debitore abbia manifestato la propria **contrarietà** all'intervento del terzo: in questa ipotesi il creditore **può** – senza però esservi tenuto – rifiutarne la prestazione (art. 1180, co. 2).

Interesse del debitore a eseguire la prestazione

La *ratio* di questa previsione è agevolmente comprensibile: ove entrambe le parti del rapporto obbligatorio avversino l'intervento del terzo, imporre loro di subirlo segnerebbe una invasione troppo marcata degli spazi riservati all'autonomia privata. Il principio della tensione all'adempimento, qui, recede a fronte della volontà manifestata dalle parti.

Nella dinamica dell'adempimento del terzo, non emergendo a livello causale la controprestazione in favore del disponente, la giurisprudenza tende a presumere che l'atto sia connotato da gratuità, con tutte le conseguenze che ne derivano – in ordine all'onere probatorio del creditore beneficiario – sul versante della sua revocabilità.

Terzo e ausiliario del debitore

Un'ultima precisazione. Per terzo deve intendersi chi sia **estraneo** al rapporto obbligatorio. Assume però una posizione certamente peculiare, sebbene resti terzo rispetto al rapporto, il soggetto che collabora con il debitore nell'attività nell'ambito della quale l'obbligazione è stata contratta. Al riguardo occorre un breve chiarimento.

È esperienza comune che l'imprenditore – questo è l'esempio più immediato – si avvale sempre di una struttura organizzativa complessa nella quale sono inseriti, in virtù di rapporti di lavoro variamente qualificabili, dipendenti e collaboratori (ovvero ausiliari, per usare la terminologia del codice). Accade dunque di frequente che l'esecuzione della prestazione dovuta dall'imprenditore avvenga ad opera, appunto, di un ausiliare.

Qui la prestazione, sebbene sia stata eseguita materialmente da un terzo (rispetto al rapporto), resta riferibile da un punto di vista giuridico al debitore, perché ha avuto luogo nell'ambito della sua sfera di direzione e di controllo. Ciò trova una conferma indiretta nell'art. 1228: questa disposizione, prevedendo che il debitore risponde dei fatti dolosi e colposi commessi dai terzi di cui si sia avvalso nell'adempimento dell'obbligazione, mostra chiaramente che l'operato degli ausiliari è sempre imputabile al debitore medesimo.

Quanto precede non significa però che l'ipotesi considerata si sottragga all'ambito di applicazione dell'art. 1180.

Ove abbia un interesse oggettivamente apprezzabile a che il debitore esegua la prestazione personalmente, il creditore può sempre impedire (rifiutando la prestazione) che il debitore sostituisca a sé un proprio ausiliare. Ma – questo è il valore precettivo dell'art. 1228 – ove la prestazione sia eseguita da un ausiliare, del suo operato risponderà sotto ogni profilo il debitore, come se fosse stato proprio lui a compierla.

2.1.6. *L'imputazione del pagamento*

Quando creditore e debitore sono legati da una **pluralità** di rapporti aventi titolo diverso, ma omogenei nell'oggetto, si pone il problema di individuare l'obbligazione cui il pagamento si riferisca. Si pensi al caso in cui Tizio debba corrispondere a Caio sia il prezzo pattuito per la compravendita di un bene, sia il canone relativo ad un immobile condotto in locazione.

Il problema, che si pone per le obbligazioni pecuniarie là dove la somma corrisposta non sia sufficiente a estinguere integralmente tutti i debiti, sorge dalla circostanza che le parti possono avere interessi contrastanti in ordine alla individuazione del rapporto cui imputare il pagamento: e ciò a causa delle condizioni previste dal titolo da cui i diversi rapporti scaturiscono. Il debitore, ad es., avrà interesse ad estinguere prioritariamente l'obbligazione in ordine alla quale gli interessi decorrono ad un tasso maggiore, perché più onerosa, mentre il creditore plausibilmente aspirerà a veder soddisfatta in primo luogo quella, tra le sue pretese, assistita da minori garanzie.

In queste ipotesi l'imputazione del pagamento a questo o a quel rapporto, se non è il frutto di un accordo tra le parti, è rimessa al **debitore** il quale "può dichiarare, quando paga, quale debito intende soddisfare" (art. 1193, co. 1), senza che al creditore sia concesso di opporsi a tale determinazione.

Favor debitoris

Il codice dunque, al di là dei casi in cui le parti raggiungano un accordo sulla imputazione, assume, al fine di risolvere tale conflitto, il criterio della volontà del debitore, che prevale sulla (eventualmente contraria) aspettativa del creditore ad una diversa imputazione. Si consideri, però, che al creditore è pur sempre data la possibilità di rifiutare un adempimento parziale della prestazione (art. 1181). Egli, pertanto, è tenuto a subire l'imputazione decisa dal debitore solo se e nei limiti in cui il pagamento offertogli costituisca integrale adempimento dell'obbligazione cui esso è imputabile; fermo restando che, ove così non sia, il creditore potrà solo rifiutare il pagamento, ma non imporgli una destinazione diversa da quella dichiarata dal debitore.

Imputazione e quietanza

Se il debitore non indica a quale rapporto debba essere imputato il pagamento, allora è data al creditore la possibilità di compiere questa scelta, dichiarando la propria volontà nella **quietanza** di pagamento. Ma l'imputazione indicata dal creditore può essere rifiutata dal debitore, perché essa opera solo se il debitore "accetta la quietanza", e sempre che "non vi sia stato dolo o sorpresa da parte del creditore" (art. 1195). Appare abbastanza evidente, quindi, che la volontà del creditore non rileva in sé, ma solo ove essa si sposi con la volontà del debitore, poiché l'imputazione dichiarata dal primo opera soltanto se condivisa dal secondo, attraverso l'accettazione della quietanza che tale dichiarazione contenga.

Non è difficile scorgere in questo complesso dispositivo, al di là delle apparenze, una fattispecie contrattuale, nella quale la manifestazione del consenso del debitore è affidata, *per facta concludentia*, all'accettazione della quietanza. D'altra parte sarebbe ben difficile negare la rilevanza della volontà del debitore a fronte di una disciplina nella quale l'imputazione risulta invalida ove l'accettazione della quietanza – nella quale, appunto, tale volontà si concretizza – sia stata determinata da dolo o sorpresa. Anzi, è significativo il fatto che si attribuisca rilievo – quale fattore che inficia tale volontà – non solo al dolo, che è un tipico vizio del consenso, ma anche alla patologia che essa presenta ove il debitore sia stato indotto dalle contingenze del caso a non valutare con adeguata ponderazione il contenuto della quietanza. È questa l'ipotesi cui l'art. 1195 allude quando parla della **sorpresa**, figura invero sconosciuta alla disciplina dei vizi del consenso nel contratto, ma significativa di una esigenza particolarmente avvertita di garantire la piena consapevolezza della volontà: obiettivo che viene conseguito, appunto, attribuendo rilievo a fattispecie nelle quali l'induzione in errore del debitore si colloca al di sotto della soglia del dolo.

Un dato è comunque certo: a dispetto di quanto potrebbe apparire, il codice non contempla una imputazione *a parte creditoris*, perché il debitore può sempre rifiutare la quietanza e imporre una imputazione diversa, sicché la dichiarazione del creditore ha solo il valore di una proposta.

Criteri legali

Ove l'imputazione non risulti dalla volontà delle parti, operano – dunque in via **residuale** e secondo un ordine gerarchico rigidamente individuato – i criteri legali individuati dall'art. 1193, co. 2, ai sensi del quale il pagamento deve essere imputato al debito scaduto; tra più debiti scaduti, a quello meno garantito; tra più debiti ugualmente garantiti, a quello più oneroso per il debitore (in relazione al quale, cioè, decorrono interessi ad un tasso più elevato); tra più debiti ugualmente onerosi, a quello discendente da un titolo più antico. Ove neanche quest'ultimo criterio sia risolutivo, il pagamento sarà imputato proporzionalmente a ciascun debito.

Questi criteri – giova rilevare – operano anche in deroga all'art. 1181, poiché possono condurre ad un adempimento parziale del debito che il creditore non potrà rifiutare (là dove è certo che il creditore possa rifiutare l'adempimento parziale quando l'imputazione sia opera del debitore). Al riguardo, conviene ricordare che il pagamento è integrale solo quando ricomprende, oltre al capitale, gli interessi e le spese (queste ultime sono infatti poste dall'art. 1196 a carico del debitore).

Adempimento parziale

Ove il creditore accetti un adempimento parziale, si pone il problema di stabilire a quale voce (capitale, interessi o spese) il pagamento debba essere imputato (sempre che ciascuna di queste voci sia liquida ed esigibile).

Tale problema trova soluzione nell'art. 1194, ai sensi del quale il debitore può imputare le somme al capitale, piuttosto che agli interessi e alle spese, solo ove vi sia l'accordo del creditore. In assenza di un accordo tra le parti, il pagamento è imputato *ex lege* agli interessi e alle spese (anzi, prima agli interessi e in via successiva alle spese: art. 1194, co. 2), essendo preclusa al debitore la possibilità di determinare una imputazione diversa. La regola riflette un evidente *favor creditoris*, poiché mira ad evitare che il debitore – rimborsando il capitale senza dar luogo alla definitiva estinzione dell'obbligazione – impedisca che decorrano gli interessi.

Ovviamente il creditore che riceva la prestazione è tenuto, ove il debitore lo richieda, a rilasciare quietanza del pagamento, la quale costituisce prova dell'adempimento, configurando ad ogni effetto una confessione **stragiudiziale** del creditore (art. 2735). Anzi, ove il creditore – a fronte dell'offerta (anche non formale) della prestazione – dichiari preventivamente la propria indisponibilità a rilasciare la quietanza, il debitore può sospendere l'adempimento, senza peraltro incorrere in mora (art. 1220).

Il creditore è inoltre tenuto, ove il debitore lo richieda, ad annotare il dato dell'avvenuto pagamento nel titolo (art. 1199). Tale annotazione è assimilabile, sul piano probatorio, alla quietanza.

3. *Modi di estinzione dell'obbligazione diversi dall'adempimento*

L'obbligazione normalmente si estingue con l'esecuzione della prestazione dovuta: questo, almeno, è il suo esito fisiologico. In realtà però, in diversi casi il regolare svolgimento del rapporto e la sua compiuta attuazione possono essere pregiudicati da evenienze di vario tipo.

A parte l'inadempimento, di cui si dirà diffusamente in seguito, si considerino, ad es., le fattispecie in cui si verifica una scissione tra l'adempimento dell'obbligo e l'attuazione della pretesa creditoria (si pensi all'adempimento del terzo, al pagamento al creditore apparente ovvero alla liberazione coattiva del debitore). Qui la vicenda estintiva (in senso lato) è circoscritta ad una sola delle posizioni soggettive che costituiscono i poli del rapporto.

Ancora: determinano l'estinzione dell'obbligazione, ma rispondono a logiche estranee alla sua struttura e alla sua disciplina, sia la prescrizione del diritto di credito, sia la caducazione del titolo contrattuale dal quale l'obbligazione discende (nullità, annullamento, risoluzione, rescissione, avveramento della condizione risolutiva, recesso).

Viceversa, non mette capo ad una vicenda estintiva la morte di una delle parti del rapporto (tranne che regole speciali siano dettate in ordine ai singoli contratti: si veda, ad es., la disciplina del mandato: art. 1728): credito e debito ricadono, quali componenti del patrimonio, nella successione *mortis causa* del loro titolare. Costituisce una eccezione solo apparente a questa regola l'ipotesi in cui muoia il debitore di una prestazione infungibile: qui, infatti, l'estinzione del vincolo è, in realtà, provocata dall'impossibilità sopravvenuta e non imputabile della prestazione (art. 1256).

Al di fuori di queste ipotesi, modi di estinzione dell'obbligazione diversi dall'adempimento sono la **novazione**, la **compensazione**, la **remissione**, la **confusione** e l'**impossibilità sopravvenuta della prestazione non imputabile al debitore**. Essi sono tradizionalmente distinti in modi **satisfattori** e modi **non satisfattori**, a seconda che l'interesse del mediatore trovi o non trovi, comunque, attuazione. Va detto, peraltro, che questa distinzione, oltre a presentare notevoli margini di incertezza (donde, ad es., la problematica collocazione della novazione), ha una portata puramente classificatoria.

3.1. *La novazione*

La novazione è l'**accordo** con il quale creditore e debitore sostituiscono all'obbligazione originaria un'obbligazione **nuova**, avente oggetto o titolo **diverso** (art. 1230). Il termine, dunque, designa tanto la fattispecie (un vero e proprio contratto), quanto l'effetto da essa scaturente.

Elementi essenziali perché ricorra una novazione, sono l'*animus novandi* e l'*aliquid novi*.

Modalità

L'*animus novandi* (art. 1230, co. 2) consiste nella **volontà** di estinguere l'obbligazione preesistente, volontà che deve risultare in modo non equivoco (sebbene possa ricavarsi anche da un comportamento concludente), ed essere comune ad entrambe le parti. L'*aliquid novi*, invece, ricorre quando la nuova obbligazione differisca dalla precedente per l'**oggetto** (perché muta la prestazione dovuta) o per il **titolo** (si pensi all'accordo raggiunto tra danneggiante e danneggiato in ordine all'ammontare del risarcimento e ai termini di pagamento: qui il fatto illecito viene sostituito, quale fonte del rapporto, da un titolo negoziale).

L'accento posto dal codice – e, sulla sua scia, da una giurisprudenza molto rigorosa – sui requisiti della novazione risponde all'esigenza di distinguere tale vicenda da figure contigue ma differenti: di talché, in assenza di una chiara volontà novativa l'accordo raggiunto tra le parti andrà considerato quale fonte di una obbligazione che, invece di sostituirsi, si aggiunge a quella preesistente.

L'aspetto più problematico è costituito, però, dalla necessità di distinguere tra la novazione e una mera **modificazione** del contenuto del rapporto preesistente; distinzione, questa, per nulla oziosa poiché la novazione comporta – salvo patto contrario – l'**estinzione** delle garanzie reali (privilegi, pegno e ipoteche) del credito (art. 1232), mentre è certo che esse persistano in caso di modificazione del contenuto del rapporto. Lo stesso è da dirsi per la fideiussione prestata da un terzo, la quale anch'essa non sopravvive alla novazione del rapporto garantito, come risulta dall'art. 1300, co. 1.

Effetti

Sul piano teorico la distinzione in parola è netta: la novazione è contraddistinta da un duplice e contestuale effetto: **estintivo** (dal rapporto preesistente) e **costitutivo** (del nuovo rapporto), mentre la modificazione del contenuto del rapporto implica la persistenza di quest'ultimo.

Sul piano pratico, però, non sempre è facile individuare la soglia oltre la quale una diversa regolamentazione del rapporto cessa di rappresentare una sua modificazione e comporta il sorgere, in luogo di quello preesistente, di un rapporto diverso. Il problema trova un principio di soluzione nell'art. 1231, il quale isola una serie di ipotesi (il rilascio o la rinnovazione di un documento, l'apposizione o l'eliminazione di un termine e ogni altra modificazione **accessoria**) che non realizzano una vicenda novativa. Tuttavia, è facile osservare che la previsione in esame, più che risolvere il problema, lo sposta su un piano diverso, ponendo l'interprete di fronte alla necessità di stabilire cosa, in un rapporto obbligatorio, sia accessorio e cosa, invece, essenziale.

Presupposti

Presupposto necessario della novazione è l'**esistenza** dell'obbligazione novata, in **difetto** della quale l'accordo novativo sarà nullo perché privo di causa (art. 1234, co. 1). Diverse sono le ipotesi riconducibili alla formula, che il codice adotta con terminologia volutamente atecnica, dell'inesistenza della obbligazione novata: inesistente è l'obbligazione già estinta o fondata su un contratto, ad es., rivelatosi nullo, o che sia stato successivamente annullato, risolto o rescisso.

Non costituisce una eccezione a questa regola, la previsione dell'art. 1234, co. 2, ai sensi della quale, ove l'obbligazione novata derivi da un contratto annullabile, l'accordo novativo è valido se il debitore lo ha concluso con la piena **consapevolezza** del vizio che inficiava il titolo del rapporto originario e senza che la volontà manifestata sia da tale vizio inficiata: qui la validità della novazione costituisce una logica conseguenza della tacita convalida (art. 1444) del contratto da cui discende l'obbligazione novata, convalida della quale ricorrono – nell'ipotesi considerata – tutti i presupposti.

3.2. *La remissione*

Struttura

La remissione è un negozio **unilaterale** con il quale il creditore manifesta la volontà di rimettere al debitore l'obbligazione di cui questi è gravato. Essa comporta l'estinzione dell'obbligazione non appena la dichiarazione venga comunicata al debitore (onde la sua natura **recetti-**

zia). Tuttavia, l'effetto estintivo cade *ex tunc* ove, entro un congruo termine, il debitore dichiari di non volere approfittare della remissione, cioè manifesti il proprio **rifiuto** (art. 1236).

Invero, una parte della dottrina – soprattutto in passato – sosteneva che la remissione avesse una struttura contrattuale: il silenzio del debitore costituirebbe, secondo questa tesi, una accettazione della remissione manifestata *per facta concludentia* (sulla falsariga dell'art. 1333), sicché l'effetto estintivo sarebbe comunque riconducibile all'accordo delle parti. Questa tesi però non è condivisibile. Ovviamente, è sempre data la possibilità che la remissione si inserisca in una più ampia cornice contrattuale; ma la fonte dell'effetto estintivo resta la volontà **unilaterale** del creditore. Per altro verso, anche quando alla dichiarazione del creditore segua l'accettazione del debitore, questa non rileva ai fini del perfezionamento della fattispecie della remissione, che conserva una struttura unilaterale, ma configura, al più, un autonomo negozio avente una efficacia meramente preclusiva, nel senso di impedire al debitore un successivo rifiuto della remissione.

La tesi contrattualistica muoveva dall'assunto che, in assenza della volontà dell'interessato, non sarebbe ammissibile interferire nella sfera giuridica del terzo, neanche là dove quest'ultimo ne ricavi un vantaggio. Ma questo assunto è superato dal rilievo che, al fine di preservare l'intangibilità della sfera altrui, è sufficiente riservare al soggetto la possibilità di **rifiutare** il beneficio: condizione, questa, che la disciplina della remissione certamente soddisfa nel momento in cui attribuisce al debitore il potere di impedire l'estinzione dell'obbligazione con una dichiarazione che opera, nei fatti, come una condizione risolutiva potestativa apposta *ex lege* alla remissione.

Causa

Sul piano **causale** la remissione rappresenta uno schema neutro: essa, infatti, può fondarsi su un intento liberale configurando, dunque, una donazione indiretta; ma può anche essere posta in essere *solvendi causa*, cioè al fine di adempiere un obbligo preesistente. Né può escludersi che la remissione si inquadri in una più ampia vicenda contrattuale, del cui assetto causale l'effetto estintivo costituisca solo un frammento (come accade quando la remissione funga da corrispettivo dell'attribuzione patrimoniale che il creditore abbia ricevuto dal debitore).

Per quanto attiene alla **forma**, il codice non detta regola alcuna. La remissione, dunque, può risultare anche da un comportamento concludente. Al riguardo, assume particolare rilievo la consegna volontaria al debitore del titolo originario del credito: questo fatto è ritenuto, in base ad una valutazione legale tipica (che dà luogo ad una presunzione **assoluta**), manifestazione della volontà di rimettere il debito. La remissione è, invece, oggetto di una presunzione soltanto **relativa**, là dove il creditore abbia consegnato una copia autentica dell'atto pubblico che costituisce il titolo del credito (art. 1237, co. 1 e 2).

Effetti

La remissione ovviamente comporta, in ragione della loro accessorietà, il venir meno di tutte le garanzie, reali e personali, che assistevano il credito (art. 1239, co. 1). Al contrario, la rinunzia alle garanzie che assistono il credito non è in alcun modo espressiva della volontà di rimettere il debito (art. 1238). In particolare, la rinunzia ad una fideiussione si sostanzia nella remissione accordata al singolo fideiussore; in questo caso, ove vi siano altri fideiussori, questi sono liberati solo nei limiti della quota del debito che sarebbe gravata, in sede di regresso, sul fideiussore che ha beneficiato della remissione. Tuttavia, ove abbiano acconsentito alla liberazione di quest'ultimo, gli altri garanti continuano a rispondere per l'intero ammontare del debito.

3.3. *La compensazione*

Tipi di compensazione

Il meccanismo della compensazione è delineato, in termini generici, dall'art. 1241, ai sensi del quale "quando due persone sono obbligate l'una verso l'altra, i due debiti si estinguono per la quantità corrispondente". Questo elemento – la **reciprocità** delle obbligazioni – è necessario ma non ancora sufficiente a definire il nostro istituto, il quale, peraltro, si articola in **tre** figure distinte, da esaminare separatamente.

La prima, e la più importante, è la compensazione **legale** (art. 1243, co. 1), che si verifica in presenza di tre presupposti.

Presupposti della compensazione legale

In primo luogo, i due crediti devono essere tra loro **omogenei**, cioè devono avere ad oggetto, entrambi, cose fungibili dello stesso genere (nella prassi l'ipotesi più ricorrente e più rilevante è quella di due obbligazioni pecuniarie). Ulteriori requisiti sono poi la **liquidità** e la **esigibilità** di entrambi i crediti: essi, cioè, devono essere determinati nel loro ammontare e non essere soggetti, ad un termine (posto nell'interesse del debitore) non ancora scaduto o ad una condizione sospensiva non ancora verificatasi. Al riguardo, giova ricordare che la concessione al debitore di una dilazione a titolo gratuito non esclude l'esigibilità (art. 1244).

Così, se Tizio è creditore di € 100,00 nei confronti di Caio, ma è al contempo suo debitore per € 150,00 non sarà necessario ai due distinti pagamenti, perché le due obbligazioni si saranno compensate fino alla concorrenza del debito di minore ammontare, onde residuerà solo un credito di Caio per € 50,00.

Il **vantaggio** offerto dalla compensazione è evidente: essa, infatti, realizza un significativo risparmio sul piano dell'attività giuridica che le parti dovrebbero svolgere, consentendo loro di risparmiare costi altrimenti inevitabili. Inoltre, la compensazione elimina il rischio dell'insolvenza del debitore, perché in questa ipotesi il soddisfacimento della pretesa del creditore non passa attraverso lo svolgimento di un'attività propriamente esecutiva, sempre esposta ad un qualche margine di incertezza.

Modalità operative

Secondo l'insegnamento tradizionale, ove ricorrano i tre presupposti illustrati, la compensazione legale si verifica automaticamente (***ipso iure***): l'effetto estintivo, dunque, rappresenterebbe una conseguenza immediata e necessaria della mera coesistenza di obbligazioni reciproche omogenee, liquide ed esigibili. Ciò troverebbe una conferma positiva nell'art. 1242, co. 1, ai sensi del quale "la compensazione estingue i due debiti dal giorno della loro coesistenza". Questa ricostruzione, tuttavia, risulta difficilmente conciliabile con la circostanza che la medesima disposizione vieta al giudice di rilevare d'ufficio la compensazione d'ufficio, come invece dovrebbe accadere se l'effetto estintivo operasse realmente *ipso iure*, atteso che, in questo caso, il giudice non potrebbe fare altro che accertare la situazione in essere.

La contraddizione può essere sciolta solo rivedendo l'assunto secondo cui la compensazione legale opera automaticamente in ragione della mera ricorrenza dei presupposti stabiliti.

Invero – come la dottrina più attenta evidenzia – l'effetto estintivo si realizza non *ope legis*, ma se e in quanto la compensazione venga opposta anche in via **stragiudiziale** da una delle parti, ciascuna delle quali sarebbe investita – in questa prospettiva – del diritto potestativo di invocare la compensazione medesima. L'esercizio di tale diritto provoca l'estinzione delle due obbligazioni (nei limiti della loro concorrenza) con efficacia **retroattiva**, cioè dal giorno della **coesistenza** dei due crediti liquidi ed esigibili. Pertanto, il richiamo al momento della coesistenza dei crediti contenuto nell'art. 1242, non allude ad un presunto automatismo dell'effetto estintivo, ma individua il termine temporale della sua decorrenza.

Una conferma di tutto ciò si ricava dall'art. 1251. Invero, se l'effetto estintivo operasse *ipso iure*, il pagamento del proprio debito compiuto da chi avrebbe potuto invocarne la compensazione con un proprio credito risulterebbe, sotto ogni punto di vista, il pagamento – indebito – di un'obbligazione già estinta, e risulterebbe ripetibile ai sensi dell'art. 2033. L'art. 1251 invece esclude implicitamente tale ripetibilità, poiché si limita a prevedere che il *solvens* non possa far valere il proprio credito nei confronti dei garanti (salvo che ignorasse senza colpa l'esistenza del credito che avrebbe potuto opporre in compensazione).

Tale precisazione risulterebbe superflua se il credito del *solvens* si fosse già estinto in virtù della compensazione legale, perché in questo caso sarebbero venute meno anche le garanzie che lo assistevano: onde essa dimostra che la compensazione, nonostante ne ricorressero tutti i presupposti, non ha operato, e rivela, *ex adverso*, che la compensazione legale ha luogo soltanto se opposta.

La decadenza delle garanzie costituisce una forma di tutela dei garanti, i quali – in assenza della disposizione richiamata – sarebbero esposti all'azione promossa dal creditore, perché privati della possibilità di opporre in compensazione il credito del debitore garantito, come invece avrebbero potuto (*ex* art. 1247) se questi non avesse adempiuto il proprio debito, così estinguendolo e precludendone l'opponibilità in compensazione.

Merita infine un ultimo accenno l'art. 1248, che disciplina le interferenze tra compensazione e cessione del credito.

Fin qui si è detto della compensazione legale, cui si affiancano quella **giudiziale** e quella **volontaria**.

Presupposti della compensazione giudiziale

La prima ricorre quando difetti il requisito della liquidità di uno dei due crediti (art. 1243, co. 2), ma esso risulti, comunque, "**di facile e pronta liquidazione**". In questa ipotesi il giudice può dichiarare la compensazione fino alla concorrenza dell'importo del credito non liquido di cui riconosce l'esistenza, ovvero può sospendere la condanna del soggetto convenuto per il pagamento del debito liquido fino all'accertamento del credito opposto in compensazione. In entrambi i casi la compensazione, e l'effetto estintivo che ne consegue, sono il frutto della pronuncia del giudice, di cui è pertanto indiscussa la natura **costitutiva** (là dove la sentenza che accerta la ricorrenza dei presupposti della compensazione legale ha natura **dichiarativa**). L'effetto estintivo opera in questo caso *ex nunc*, senza alcuna decorrenza retroattiva.

Modalità operative della compensazione volontaria

Quanto alla compensazione volontaria, l'art. 1252 si limita ad affermare che essa può avere luogo anche in assenza dei presupposti previsti per le altre forme di compensazione. La ragione di una previsione così scarna è facilmente intuibile: la compensazione volontaria è, dal punto di vista strutturale, un **contratto**, e le parti sono libere di articolarne gli effetti, atteso che la materia dei diritti patrimoniali è rimessa all'autonomia privata. Si spiega, dunque, perché le parti, godendo di una piena disponibilità dell'effetto estintivo, possano slegare quest'ultima dalla omogeneità, dalla liquidità e dalla esigibilità dei crediti reciproci.

Tuttavia, il raggio d'azione della compensazione, inclusa quella volontaria, incontra un limite insuperabile, rappresentato dalla necessità che debito e credito sorgano da rapporti **diversi**. Ove, infatti, essi discendano dal medesimo titolo (ad es., da un contratto a prestazioni corrispettive), l'operare della compensazione impedirebbe la concreta realizzazione della causa negoziale. Ciò non significa che le parti di un contratto a prestazioni corrispettive non possano convenire di ritenere estinte (in tutto o in parte) le reciproche obbligazioni: in tal caso, però, saremo in presenza non di una compensazione volontaria, ma di un accordo modificativo o estintivo del rapporto obbligatorio che la giurisprudenza designa con il sintagma "**compensazione impropria o atecnica**".

3.4. *La confusione*

Presupposti

Il rapporto obbligatorio implica necessariamente la presenza di due parti. Ecco perché esso si estingue per **confusione** "quando le qualità di creditore e di debitore si riuniscono nella stessa persona" (art. 1253). Ciò può accadere a causa delle vicende circolatorie del lato attivo o del lato passivo del rapporto (si pensi, ad es., al caso in cui il debitore succede *mortis causa* al creditore o acquista il credito).

Bisogna però precisare che condizione necessaria e sufficiente perché l'obbligazione sussista è il suo ricorrere tra due centri di imputazione di interessi distinti, risultando poi irrilevante che essi siano riconducibili allo stesso soggetto. In caso di accettazione con beneficio di inventario, ad es., l'erede conserva verso l'eredità i diritti e gli obblighi che aveva nei confronti del defunto (art. 490); in materia societaria, ove venga costituito un patrimonio destinato ad uno specifico affare (art. 2447 *bis*), tra questo e la società possono sussistere rapporti obbligatori.

Tuttavia, come si è già osservato, in queste fattispecie la circostanza che lato attivo e lato passivo del rapporto facciano capo allo stesso soggetto è solo una conseguenza del fatto che l'eredità beneficiata e il patrimonio destinato ad uno specifico affare, pur non avendo alcuna soggettività giuridica, costituiscono masse separate rispetto al residuo patrimonio del soggetto. Così credito e debito si concentrano nello stesso soggetto, ma risultano imputabili a due patrimoni distinti e autonomi; il che costituisce condizione sufficiente a preservare la dualità delle parti del rapporto.

La nozione di **parte**, pertanto, va distinta da quella di **soggetto**, perché essa sta ad indicare, semplicemente, un autonomo centro di interessi. Normalmente ad ogni soggetto corrisponde un solo patrimonio (tutte le situazioni giuridiche di cui egli è titolare costituiscono un'unica massa) e, dunque, un unico centro di interessi; ma questa coincidenza tra la parte del rapporto e il soggetto che la incarna può venir meno in ragione, appunto, dei cennati fenomeni di separazione patrimoniale. In questi casi può aversi un rapporto giuridico unisoggettivo, senza che ciò costituisca una eccezione alla regola perché – la precisazione è essenziale – in ogni caso persiste la dualità delle parti.

Effetti

La confusione estingue, con l'obbligazione, tutte le **garanzie** personali e reali che ad essa accedevano (art. 1253). Essa, però, non opera là dove un terzo abbia acquistato un diritto di **pegno** o di **usufrutto** sul credito (art. 1254): in questa ipotesi, infatti, gran parte delle prerogative in cui si sostanzia il contenuto della posizione creditoria sono riservate all'usufruttuario o al creditore pignoratizio; pertanto, sebbene lato attivo e lato passivo del rapporto coincidano nella stessa parte (titolare del credito è pur sempre il debitore), il rapporto conserva quel tratto di dualità necessario a mantenerlo in vita.

Qualora, infine, si riuniscano nella medesima persona le qualità di fideiussore e di debitore principale, la garanzia personale rimane in vita (art. 1255), purché il creditore vi abbia interesse (ciò accade nell'ipotesi in cui, ad esempio, il titolo dal quale deriva il rapporto principale sia annullabile).

3.5. *L'impossibilità sopravvenuta non imputabile della prestazione*

L'ultima tra le cause di estinzione dell'obbligazione è l'**impossibilità sopravvenuta della prestazione non imputabile al debitore** (art. 1256). Detta impossibilità – per determinare l'estinzione dell'obbligazione – deve però essere **definitiva** e **totale**. Deve risultare, cioè, che la prestazione non potrà eseguirsi, né ora, né in un momento successivo (impossibilità definitiva); e che non potrà eseguirsi neanche solo in parte (impossibilità totale).

I caratteri che devono connotare l'impossibilità si ricavano dall'art. 1256, co. 2 e dall'art. 1258, che disciplinano – rispettivamente – l'impossibilità temporanea e quella parziale, escludendo che l'una e l'altra, almeno di regola, determinino l'estinzione dell'obbligazione.

Impossibilità temporanea

In particolare, se l'impossibilità è solo **temporanea**, il debitore resta vincolato ad adempiere l'obbligazione non appena l'impossibilità cesserà; l'unica conseguenza di una impossibilità temporanea è quella di escludere che il debitore risponda del ritardo. Ciò riflette una logica rigorosa: l'inadempimento presuppone concettualmente la possibilità della prestazione; onde – nell'ipotesi considerata – il ritardo non configura un inadempimento.

La regola testé illustrata conosce, però, due eccezioni: l'obbligazione, infatti, si estinguerà in ogni caso qualora l'impossibilità perduri fino al momento in cui "il debitore non può più essere ritenuto obbligato ad eseguire la prestazione ovvero il creditore non ha più interesse a conseguirla".

Entrambe le eccezioni rappresentano un corollario della struttura del rapporto obbligatorio.

La norma che ricollega l'estinzione dell'obbligazione al venir meno dell'interesse del creditore ribadisce la centralità di quest'ultimo nell'economia del rapporto obbligatorio (art. 1174): il suo esaurirsi in coincidenza con il perdurare dell'impossibilità temporanea estingue il vincolo, poiché ne fa cadere il fondamento causale.

Esigibilità della prestazione

La seconda eccezione alla regola ricorre quando il debitore, ove la prestazione ridiventi possibile, non possa, comunque, ritenersi obbligato ad eseguirla. Qui l'estinzione dell'obbligazione traduce l'accoglimento di una nozione di impossibilità non assoluta, ma **relativa**. Come si è visto, ai fini dell'estinzione dell'obbligazione non è necessario che ricorra una impossibilità assoluta della prestazione: l'obbligazione si estingue anche quando la prestazione, pur se oggettivamente ancora possibile, tale non sia alla luce dello sforzo **esigibile** nel caso concreto dal debitore, anche in relazione agli elementi che specificano e circoscrivono il contenuto del rapporto, individuando, ad es., i mezzi con i quali il debitore si è obbligato a realizzare il risultato utile oggetto della pretesa creditoria.

Ciò premesso, non stupisce che l'art. 1256, co. 2 si preoccupi di chiarire che l'obbligazione si estingue ove il debitore non può più essere ritenuto obbligato ad eseguire la prestazione: la circostanza che essa sia ridivenuta, sul piano materiale, possibile, non implica necessariamente che essa possa essere considerata tale anche sul piano giuridico. Non è un caso, del resto, che i due parametri alla stregua dei quali accertare la (im)possibilità della prestazione – il **titolo** dell'obbligazione e la natura dell'**oggetto** – rinviino al modo in cui si atteggia nel caso concreto il rapporto obbligatorio. Questa seconda eccezione, dunque, è tale solo in apparenza: essa, in ultima istanza, individua una ipotesi in cui ad una impossibilità in origine temporanea subentra una impossibilità definitiva, alla quale consegue la inevitabile estinzione dell'obbligazione.

Una peculiare ipotesi di impossibilità definitiva è rappresentata dal **perimento** della cosa dovuta. Al perimento è assimilabile lo **smarrimento**: al riguardo l'art. 1257 detta una regola *ad hoc* per l'ipotesi in cui il bene, oggetto della prestazione, sia stato, appunto, smarrito, lasciando l'obbligazione in uno stato di **incertezza** potenzialmente illimitato nel tempo, atteso che non può escludersi – peggio: non potrà mai escludersi – che il bene venga ritrovato e che la prestazione ridiventi possibile. Proprio al fine di risolvere questo problema, l'art. 1257 equipara *in toto* lo smarrimento al perimento: quando ha ad oggetto una cosa determinata e questa venga smarrita, la prestazione si considera impossibile nonostante non ne sia stato provato (e non possa esserne provato) il perimento.

In altri termini, la norma pone una presunzione **assoluta** in virtù della quale lo smarrimento comporta che la cosa venga considerata perita. Tuttavia, se in un momento successivo il bene viene ritrovato (onde l'impossibilità della prestazione si rivela *a posteriori* solo temporanea) troverà applicazione il disposto dell'art. 1256, co. 2 in forza del quale il debitore sarà tenuto ad eseguire la prestazione, senza rispondere del ritardo, tranne che egli non possa essere ritenuto obbligato o che il creditore non abbia più interesse a conseguire la prestazione.

Impossibilità parziale

Come si è premesso, l'impossibilità non imputabile al debitore estingue l'obbligazione solo se, oltre ad essere definitiva, è anche **totale**. Infatti, ai sensi dell'art. 1258, l'impossibilità parziale ha un effetto estintivo solo parziale, poiché il debitore permane obbligato ad eseguire la prestazione "per la parte che è rimasta possibile". Ovviamente questa disposizione si riferisce soltanto alle obbligazioni **divisibili**, le uniche per le quali sia immaginabile un'esecuzione frazionata (cioè della parte residua, quella rimasta possibile) della prestazione; e, ancora, le uniche in ordine alle quali un adempimento parziale risulti, comunque, idoneo a soddisfare (sia pure in parte, cioè nei limiti della parte adempiuta) l'interesse del creditore.

È opinione diffusa che l'art. 1258 vada coordinato con l'art. 1181, per il quale il creditore può rifiutare un adempimento parziale anche se la prestazione è divisibile. A questa regola generale l'art. 1258 introdurrebbe una eccezione giustificata dalla circostanza che qui il carattere parziale dell'adempimento discende dall'impossibilità (non imputabile al debitore) del segmento di prestazione rimasto ineseguito. Il richiamo all'art. 1181, tuttavia, non persuade, poiché se l'impossibilità parziale della prestazione estingue, *pro parte*, l'obbligazione, allora l'esecuzione della frazione residua può essere considerata solo impropriamente (avuto riguardo al contenuto originario dell'obbligazione) un adempimento parziale, trattandosi, piuttosto dell'adempimento totale di ciò che dell'obbligazione residua in seguito alla sopravvenuta impossibilità di una parte della prestazione.

All'impossibilità parziale viene, in un certo senso, assimilato il **deterioramento** (sempre determinato da causa non imputabile al debitore) del bene oggetto della prestazione (art. 1258, co. 2): il debitore, qui, si libera prestando il bene nello stato in cui esso si trova. Ovviamente, però, quando il deterioramento della cosa renda la prestazione del tutto inidonea a soddisfare l'interesse del creditore, la prestazione dovrà considerarsi come divenuta impossibile.

Impossibilità della prestazione e contratti a prestazioni corrispettive

L'art. 1258, poi, va coordinato con l'art. 1464, che disciplina l'ipotesi in cui la prestazione divenuta parzialmente impossibile si inquadri in un contratto **a prestazioni corrispettive**. Anche in questo caso l'obbligazione, di regola, sopravvive, sebbene il suo oggetto si riduca alla parte residua di prestazione. Tuttavia, il creditore, può sempre recedere dal contratto "quando egli non abbia un interesse apprezzabile all'adempimento parziale".

Il rilievo accordato qui all'interesse del creditore a non ricevere una prestazione parziale (diversamente da quanto accade ove l'obbligazione non si inserisca in un sinallagma contrattuale), discende dal carattere **oneroso** del rapporto. Invero, la persistenza del vincolo obbligatorio (che sopravvive all'impossibilità parziale della prestazione) non implica solo che il creditore riceverà la parte della prestazione rimasta possibile, ma implica anche che egli dovrà a sua volta eseguire, sia pure ridotta in misura proporzionale, la propria; e ciò, appunto, spiega perché, a differenza di quanto accade con l'art. 1258, il creditore possa decidere se farsi carico della sua parte di prestazione, conservando il vincolo, ovvero recedere dal contratto, estinguendolo.

A seguito dell'emergenza epidemiologica da Covid-19 il legislatore è stato indotto ad adottare misure di natura emergenziale che hanno toccato quasi ogni aspetto della vita privata e sociale dei cittadini. In particolare, meritano di essere segnalati gli interventi normativi che hanno interessato la materia delle obbligazioni e dei contratti, facendo riferimento soprattutto alla responsabilità del debitore per ritardati o omessi adempimenti.

In proposito, la disposizione normativa più significativa è rappresentata dall'art. 3, co. 6 *bis*, del d.l. n. 6/2020, convertito in l. 5 marzo 2020, n. 13, poi richiamato dall'art. 91 del d.l. n. 18/2020 c.d. "Cura Italia", convertito in l. 24 aprile 2020, n. 27, in forza del quale: "il rispetto delle misure di contenimento è sempre valutato ai fini dell'esclusione, ai sensi e per gli effetti degli articoli 1218 e 1223 c.c., della responsabilità del debitore, anche relativamente all'applicazione di eventuali decadenze o penali connesse a ritardati o omessi adempimenti". Tale disposizione, per quanto chiara nella sua redazione, ha di fatto stravolto il sistema della responsabilità per inadempimento, rivelandosi, indiscutibilmente, quale disposizione di maggiore impatto sul versante civilistico, in quanto prevede una misura di contenimento in punto di responsabilità per inadempimento da parte del debitore che, se scaturente dalla misure restrittive imposte dal governo per il contrasto della pandemia, è considerato un inadempimento di natura esclusivamente formale, dovuto all'osservanza delle disposizioni di governo connesse al rischio sanitario da Covid-19. Ne deriva che qualsiasi altro inadempimento dipendente da circostanze estranee alla pandemia non ricadrebbe nell'ambito di applicazione della disposizione richiamata dall'art. 91 del decreto "Cura Italia", con la conseguenza che il debitore risulterebbe normalmente responsabile *ex* art. 1218.

La norma in commento delinea dunque, temporaneamente, una causa straordinaria di giustificazione dell'inadempimento, oltreché una causa legale di sospensione dell'adempimento, che è ispirata dal medesimo principio che soggiace all'eccezione di inadempimento.

Invero, tenendo in considerazione la disciplina generale del contratto, l'art. 91 del decreto "Cura Italia", richiamando l'art. 3, co. 6 *bis* del d.l. n. 6/2020, pare integrare un riconoscimento *ex lege* dell'impossibilità temporanea non imputabile al debitore *ex* art. 1256, co. 2. È necessario precisare, tuttavia, che tale previsione non è stata prevista quale giustificazione generalizzata dell'inadempimento, sicché la sua applicazione deve essere valutata caso per caso.

Ovviamente, ciò comporta un ribaltamento dei pesi probatori, in quanto il debitore adesso può limitarsi a invocare la previsione normativa, allegando le prescrizioni di contenimento del contagio che precludono la sua attività solutoria e altrettanto può fare il creditore in caso di impossibilità per inutilità della prestazione.

Com'è naturale, è possibile che il protrarsi della causa di impossibilità da temporanea diventi definitiva, come prevede d'altronde l'art. 1256, co. 2, prevedendo l'estinzione dell'obbligazione e comportando sul terreno del contratto il ricorso alla risoluzione per impossibilità sopravvenuta totale *ex* art. 1463.

Ben diverse sono le conseguenze della norma sulle obbligazioni di durata (si pensi ai contratti di fornitura o di abbonamento), le quali, com'è noto, sono caratterizzate dalla centralità rivestita dal tempo. Qui, la causa temporanea di impossibilità, infatti, determina una impossibilità definitiva delle prestazioni che avrebbero dovuto essere eseguite *medio tempore* ma, allo stesso modo, esclude che si possa ritenere che vi sia un'impossibilità definitiva dell'intero rapporto. In questo caso, è più opportuno parlare di una decurtazione della misura oggettiva della prestazione, calcolata sia in funzione del tempo, sia dell'entità del corrispettivo.

È opportuno ribadire che le regole fin qui illustrate presuppongono sempre che l'impossibilità sopravvenuta della prestazione **non** sia imputabile al debitore: in caso contrario, difatti, come si vedrà in seguito, l'obbligazione non si estingue, e, anzi, alla prestazione originariamente dovuta subentra l'obbligazione risarcitoria (responsabilità contrattuale).

Un dato, però, è evidente: il **rischio** della impossibilità sopravvenuta e non imputabile al debitore è posto a carico del creditore, il quale, estinta l'obbligazione, non conseguirà la controprestazione eventualmente prevista dal titolo contrattuale.

Il codice, però, tempera questa regola, contemplando, ove la prestazione abbia ad oggetto una cosa determinata, il **subingresso** *ex lege* del creditore nella tutela risarcitoria che competa al debitore *ex* art. 2043 nei riguardi del terzo responsabile della distruzione della cosa. Se, poi, il debitore ha già conseguito dal terzo il risarcimento, il creditore può esigerne l'importo (art. 1259). Insomma: il creditore, che di norma è chiamato a sopportare le conseguenze dell'impossibilità della prestazione, ha diritto di ricevere – in luogo della cosa – quanto il debitore possa conseguire, o abbia conseguito, a titolo di risarcimento.

È da dire però che questo meccanismo (per un'applicazione specifica del quale si veda l'art. 1780, co. 2) ha un ambito operativo limitato, perché implica che il proprietario del bene, al momento del perimento, sia il debitore. Tuttavia, quando l'obbligazione di consegnare una cosa determinata accede al trasferimento della proprietà della cosa medesima, poiché l'effettivo traslativo si produce contestualmente al perfezionamento del contratto (art. 1376) il rischio del perimento della cosa grava sull'acquirente, il quale resta obbligato ad eseguire la prestazione a proprio carico "ancorché la cosa non gli sia stata consegnata" (art. 1465: *res perit domino*). E se – sempre in questa ipotesi – il perimento della cosa è imputabile ad un terzo, che dunque ne debba rispondere ai sensi dell'art. 2043, allora la tutela risarcitoria compete al creditore non già in virtù del meccanismo del subingresso stabilito dall'art. 1259, ma in ragione della sua qualità di proprietario del bene.

Sezione II

LE VICENDE DEL RAPPORTO OBBLIGATORIO

4. *La cessione del credito*

Attraverso la cessione del credito si produce la **modificazione** del rapporto obbligatorio *ex latere creditoris*.

La cessione del credito nella prospettiva del codice civile

Il più delle volte la cessione del credito consegue ad un **accordo** tra il creditore (**cedente**) ed il terzo avente causa (**cessionario**), per il perfezionamento del quale non è necessario il consenso del debitore **ceduto**. In questo caso, la cessione del credito avrà dunque un fondamento negoziale, cioè discenderà da un contratto ad **effetti reali** (tale essendo – ai sensi dell'art. 1376 – anche il contratto traslativo di un diritto di credito), il quale potrà essere a titolo oneroso (compravendita) ovvero a titolo gratuito (eventualmente realizzando, in presenza di un intento liberale, una donazione).

È bene precisare, però, che la disciplina di cui agli art. 1260 s. guarda alla cessione del credito non quale atto, ma quale **effetto**: essa, dunque, troverà applicazione ogni qual volta si realizzi il trasferimento di un credito, indipendentemente dalle sue modalità. La giurisprudenza tende a rimarcare, infatti, che il momento traslativo non costituisce la causa bensì l'oggetto del negozio di cessione, al perfezionamento del quale il cessionario acquista esclusivamente il diritto alla realizzazione del credito ceduto.

Qualunque sia la fattispecie da cui la cessione discende, insieme con il credito si trasferiscono i privilegi, le garanzie personali e reali e tutti gli accessori (art. 1263). Ciò costituisce una ovvia conseguenza della natura derivativa dell'acquisto del cessionario. Salvo patto contrario, la cessione non comprende, invece, gli interessi già maturati.

Tutti i crediti sono cedibili, eccezion fatta per quelli strettamente **personali** (art. 1260, co. 1: si pensi al credito alimentare o all'assegno di mantenimento dovuto in caso di separazione o di divorzio) e per quelli di cui la legge espressamente vieti la cessione (art. 1261).

L'incedibilità può anche essere convenuta dalle parti del rapporto obbligatorio (creditore e debitore), ma questo patto sarà **inopponibile** spiegando un'efficacia puramente obbligatoria, tranne che il soggetto interessato a farlo valere (il debitore) dimostri in giudizio che il cessionario ne fosse a conoscenza al momento della cessione (art. 1260, co. 2).

Quanto precede è indicativo del ***favor*** a cui l'ordinamento giuridico si ispira in punto di **circolazione** dei crediti. Tale *favor* viene normalmente giustificato anche invocando la circostanza che per il debitore sarebbe del tutto indifferente adempiere nelle mani dell'originario creditore o in quelle del cessionario. Orbene, ciò è senz'altro vero per le obbligazioni pecuniarie: quello dell'ipotetico maggior costo che potrebbe presentare, per il debitore, l'adempimento presso il domicilio del cessionario è un problema risolto dall'art. 1182, co. 3, il quale stabilisce che il mutamento del domicilio del creditore attribuisce al debitore il diritto di adempiere presso il proprio.

Tuttavia, ove si sposti l'attenzione su obbligazioni – si pensi a quelle che hanno ad oggetto un *facere* – in cui maggiore è il peso della cooperazione del creditore ai fini dell'attuazione del rapporto, risulta assai più problematico postulare l'indifferenza al debitore della persona del creditore. Ma, è questo il profilo da tener ben presente, su ogni altra istanza fa premio quella di una circolazione rapida e sicura dei crediti.

Opponibilità della cessione

Sebbene non sia richiesto il suo consenso, la cessione deve comunque essere **notificata** al debitore onde rendergliela **opponibile** (art. 1264). Finché non gli sia stata notificata, la cessione, è dunque, per il debitore, *tamquam non esset*, con la conseguenza che egli potrà eseguire la prestazione, con effetto pienamente liberatorio, nei confronti del cedente, sebbene questi, ormai, non sia più il creditore. D'altra parte, il debitore, cui la cessione non sia stata notificata, che esegua la prestazione nelle mani del cedente, adempie in buona fede in favore di colui che, in base a circostanze univoche, appariva essere (ancora) il creditore. Insomma, ricorre in questa ipotesi un'applicazione specifica della disciplina del pagamento al creditore apparente.

Ciò spiega la ragione per cui l'esecuzione della prestazione libera il debitore dal vincolo obbligatorio; e spiega – ancora – la previsione dell'art. 1264, co. 2 ai sensi del quale il debitore cui non sia stata notificata la cessione e che adempie nelle mani del cedente, non è liberato ove il cessionario (in quanto soggetto interessato ad escludere l'effetto liberatorio della prestazione già eseguita) dimostri che il debitore fosse comunque a **conoscenza** della cessione.

In questo caso deve escludersi la buona fede del debitore; e con questa, cade la riconducibilità della fattispecie allo schema del pagamento al creditore apparente (rispetto al quale la fattispecie dell'art. 1264, co. 2, diverge solo sotto il profilo della distribuzione dell'onere probatorio relativo allo stato soggettivo del debitore: laddove l'art. 1189 richiede che il debitore provi la propria buona fede, la disposizione in esame la presume, spostando a carico del cessionario l'onere della prova della mala fede del debitore).

Alla notificazione è assimilata la dichiarazione con la quale il debitore abbia **accettato** la cessione. Deve però esser chiaro che tale accettazione rileva pur sempre al solo fine dell'**opponibilità** della cessione, non concorrendo in alcun modo al trasferimento del credito.

Conflitto tra più cessionari

La notificazione della cessione, sempre surrogabile con la sua accettazione (che in questo caso deve però risultare da atto scritto avente data certa), assume rilievo anche in ordine ad un diverso profilo: ove il medesimo credito sia stato ceduto dal creditore a più soggetti, il conflitto tra costoro è risolto riconoscendo poziore, anche se cronologicamente successiva, la cessione che sia stata notificata **per prima** o che sia stata accettata con atto di data certa anteriore (art. 1265).

È questa una disposizione assimilabile, sotto il profilo funzionale, alle altre regole deputate – in relazione alle diverse fattispecie – alla soluzione dei conflitti tra due acquirenti del medesimo diritto, conflitti resi possibili (quando il trasferimento abbia ad oggetto un bene materiale) dall'efficacia traslativa del consenso manifestato nelle forme di legge. Sul piano della circolazione dei crediti, invero, l'art. 1265 assolve ad una funzione analoga a quella svolta: per i diritti reali sui beni immobili, dal sistema della trascrizione (art. 2643 s.); per i beni mobili, dal possesso (art. 1155); per i diritti personali di godimento dalla detenzione (art. 1380).

Rischio della cessione

Il cessionario, ovviamente, assume su di sé il rischio tanto dell'inadempimento, quanto dell'insolvenza, del debitore: la cessione, infatti, avviene di regola ***pro soluto***. Tuttavia, le parti possono convenire che il cedente garantisca la solvenza del debitore ceduto. In questa ipotesi (cessione ***pro solvendo***), il cedente risponde solo nei limiti del corrispettivo ricevuto, corrispettivo che – scontando l'incidenza del fattore tempo – sarà presumibilmente inferiore rispetto all'ammontare del credito (un credito pari ad € 100,00 con scadenza tra un anno, ove lo si voglia vendere oggi, avrebbe certamente un valore inferiore, poiché chi lo cede realizza immediatamente una liquidità di cui avrebbe avuto la disponibilità solo tra un anno, mentre chi lo acquista assume su di sé il costo della immobilizzazione del capitale fino alla scadenza del credito: il vantaggio realizzato dal cedente e il costo sostenuto dal cessionario – l'uno e l'altro pari agli interessi sul capitale – si traducono nella differenza tra il valore nominale del credito e il suo valore di mercato).

Tuttavia, l'importo massimo del quale il cedente risponde non è limitato al prezzo pagato dal cessionario: ad esso, infatti, occorre sommare gli interessi *medio tempore* maturati sul prezzo; inoltre è previsto che il cedente rimborsi al cessionario sia le spese della cessione, sia le spese che questi abbia sostenuto per escutere il debitore; e che risarcisca il danno patito dal cessionario.

Questa disciplina, che, ripetiamo, si applica solo là dove la cessione sia *pro solvendo* (cioè solo là dove il cedente abbia assunto la garanzia del *nomen verum*), risulta, peraltro, parzialmente inderogabile: le parti, cioè, possono attenuare, ma non aggravare, la portata della garanzia assunta dal cedente. In ogni caso detta garanzia non opera ove la mancata realizzazione del credito sia dipesa dalla negligenza del cessionario nell'agire avverso il debitore.

Al di fuori delle ipotesi in cui abbia assunto la garanzia della solvenza del debitore, il cedente – ove la cessione sia stata a titolo **oneroso** – risponde solo dell'**esistenza** del credito. Questa limitata garanzia, che dunque opera anche nel caso di una cessione *pro soluto*, può essere esclusa dalle parti; in questo caso, però, "il cedente resta sempre obbligato per il fatto proprio" (art. 1266).

Allorché, invece, la cessione abbia avuto luogo a titolo **gratuito**, il cedente garantisce l'esistenza del credito solo nelle ipotesi cui è circoscritta l'operatività della garanzia per evizione nella donazione (artt. 1262, co. 2 e 797).

Cessione dei crediti di impresa e cartolarizzazione

La l. n. 52/1991 ("Disciplina della cessione dei crediti di impresa") ha introdotto, nel nostro ordinamento giuridico, una figura di cessione del credito modellata sullo schema del ***factoring*** (contratto ben noto all'esperienza nordamericana) e caratterizzata dalla circostanza che sia il cedente sia il cessionario sono **imprenditori**, dalla possibilità di cedere crediti **futuri** o **in massa**, e dalla **garanzia della solvenza** come effetto naturale della cessione che può essere escluso soltanto dalla rinuncia del cessionario.

Altro caso di cessione in blocco di crediti è quello contemplato dalla l. n. 130/1999 ("Disposizioni sulla cartolarizzazione dei crediti"), la quale prevede la possibilità che il titolare di un alto numero di crediti li ceda ad una società cessionaria in cambio di **quote di partecipazione** o **titoli negoziabili** sul mercato finanziario. La **cartolarizzazione** è uno strumento attraverso il quale è possibile conseguire l'obiettivo di una più rapida smobilizzazione dei crediti e dunque, da questo punto di vista, rappresenta un ulteriore incentivo alla loro circolazione.

4.1. *Il pagamento con surrogazione*

Il pagamento con surrogazione (detto anche surrogazione per pagamento) ricorre quando la prestazione venga eseguita da un terzo e questi subentri nel diritto che il creditore (ora soddisfatto) vantava nei confronti del debitore.

La vicenda testé richiamata può svilupparsi in relazione a **tre** diverse fattispecie.

Tipi di surrogazione

La prima ricorre quando il creditore, nel ricevere il pagamento del terzo, dichiari espressamente la volontà di surrogarlo nei diritti già vantati verso il debitore (**surrogazione per volontà del creditore**: art. 1201).

La seconda, invece, ricorre quando il debitore, al fine di procurarsi la provvista finanziaria necessaria ad estinguere l'obbligazione, contragga un mutuo con un terzo. In questo caso, il debitore può surrogare il mutuante nei diritti del creditore, anche senza il consenso di quest'ultimo. Si parla, al riguardo, di **surrogazione per volontà del debitore** (art. 1202), poiché il motore della vicenda è qui, appunto, la volontà espressa dal debitore di porre il mutuante nella medesima posizione del creditore.

Ai fini della surrogazione, tuttavia, la volontà del debitore, per quanto necessaria, non è ancora sufficiente. Devono, infatti, ricorrere **tre** ulteriori condizioni: 1) sia il mutuo, sia la quietanza rilasciata dal creditore soddisfatto devono risultare da atto avente data certa; 2) il contratto di mutuo deve contenere l'espressa indicazione della destinazione della somma mutuata al pagamento del credito oggetto di surrogazione; 3) la quietanza deve contenere l'espressa indicazione della provenienza della somma dal mutuo contratto dal debitore.

La complessità della disciplina, unita alla circostanza che il terzo surrogato è, comunque, già creditore in virtù di un titolo contrattuale (il mutuo) che presumibilmente gli offre adeguate garanzie, spiega perché questa ipotesi di surrogazione sia ben poco frequente nella prassi. Peraltro, sul piano della ricostruzione teorica dell'istituto, essa costituisce un'anomalia, poiché il pagamento del credito oggetto di surrogazione è posto in essere (non da un terzo, ma) dal debitore medesimo, sebbene con risorse provenienti dal terzo (cioè dal mutuante). Ciò significa che l'accostamento tra surrogazione per pagamento e adempimento del terzo non può essere prospettato nei termini di una corrispondenza biunivoca e necessaria, perché la surrogazione può operare anche in favore di un terzo (il mutuante) che non interviene quale *solvens*, se non indirettamente, e che può essere considerato tale solo in senso economico.

L'art. 1203 prevede, o richiama, infine, una serie di ipotesi in cui la surrogazione del *solvens* nel credito soddisfatto opera *ipso iure*, indipendentemente dalla volontà delle parti coinvolte (surrogazione **legale**). Tra questi casi ulteriori, il più importante è senza dubbio quello della surrogazione dell'assicuratore che abbia corrisposto all'assicurato l'indennità nella pretesa risarcitoria che a questi compete nei confronti del terzo responsabile del danno oggetto della copertura assicurativa (art. 1916; si veda anche, in materia di indebito soggettivo, quanto previsto dall'art. 2036, co. 3).

Il terzo surrogato nel diritto del creditore, qualunque sia la fattispecie da cui la vicenda surrogatoria discende, subentra anche nelle ga-

ranzie che assistevano il credito (art. 1204). Il passaggio delle garanzie – che, là dove la surrogazione operi per volontà di una delle parti, si realizza indipendentemente dalla circostanza che sia stata prevista, costituendo un effetto naturale della surrogazione – assume peculiare rilievo ai fini della ricostruzione dogmatica dell'istituto.

Natura giuridica della surrogazione

Invero, proprio sulla base di tale effetto si è ritenuto che la surrogazione per pagamento realizzi una vicenda **successoria**, iscrivendosi, al pari della cessione del credito, tra le modificazioni del lato attivo del rapporto obbligatorio: in altri termini, il fatto che il *solvens* subentri anche nelle garanzie viene considerato un indice della circostanza che la surrogazione attuerebbe il trasferimento del medesimo diritto di cui era già titolare il creditore, con tutti i suoi accessori. L'argomento, tuttavia, non è convincente, perché qui il passaggio delle garanzie non è una conseguenza della loro accessorietà (onde la necessità di postulare che il *solvens* subentri nel medesimo credito dell'*accipiens*), scaturendo, viceversa, da un'esplicita previsione di legge.

In realtà risulta più convincente una diversa tesi secondo la quale il pagamento posto in essere dal *solvens* non realizza una successione nel credito, ma lo **estingue** e determina il sorgere di un credito nuovo e distinto (sebbene identico nel contenuto a quello estinto), il quale, per espressa volontà della legge, appunto, è assistito dalle medesime garanzie che accompagnavano il credito originario. In effetti, il pagamento posto in essere dal *solvens* estingue, e non può che estinguere, il credito, impedendo di prospettarne una circolazione ulteriore. Ciò è tanto più evidente ove si consideri che nella fattispecie della surrogazione per volontà del debitore è il debitore medesimo a eseguire la prestazione, sebbene con provvista fornitagli dal mutuante; onde risulterebbe davvero anomalo che il pagamento posto in essere dal debitore non estingua l'obbligazione.

La surrogazione per pagamento, d'altra parte, risponde all'esigenza di **incentivare** l'adempimento dell'obbligazione, anche da parte di un terzo (o con mezzi forniti da un terzo): a tal fine, la posizione di quest'ultimo viene rafforzata, ponendolo nella medesima posizione del creditore già soddisfatto, anche sotto il profilo delle garanzie che assistevano il rapporto.

5. *La modificazione del lato passivo del rapporto obbligatorio*

Mentre, come si è visto, la circolazione del credito prescinde dal consenso del debitore (art. 1260), una eventuale modificazione del lato **passivo** del rapporto obbligatorio non può attuarsi senza il consenso del creditore. La ragione di ciò è intuitiva: il creditore verrebbe pregiudicato da tale modificazione, se il nuovo debitore risultasse meno solvibile disponendo di un patrimonio meno capiente (il patrimonio, come si vedrà più avanti, rappresenta, infatti, la garanzia patrimoniale generica del credito). Inoltre, ove la prestazione abbia carattere infungibile, la sua esecuzione da parte del nuovo debitore non costituirebbe esatto adempimento del programma obbligatorio e lascerebbe insoddisfatto l'interesse creditorio. E anche là dove la prestazione non possa qualificarsi infungibile, in ogni caso non può escludersi che rilevi un interesse oggettivamente apprezzabile del creditore a che essa sia adempiuta dal debitore, come risulta chiaramente dalla disciplina dell'adempimento del terzo.

Il principio per cui alla modificazione del soggetto passivo del rapporto deve concorrere il consenso del creditore conosce solo due eccezioni.

La prima è rappresentata dalla **morte** del debitore. Al riguardo – al di là delle ipotesi in cui l'evento della morte determina l'estinzione del rapporto (cfr., ad es., l'art. 1674 in materia di appalto e gli artt. 1722 e 1728 in materia di mandato) – occorre considerare che l'erede succede nell'intero patrimonio del *de cuius*; sicché il creditore non perde la garanzia generica del proprio credito. E se è vero che il patrimonio personale dell'erede, confondendosi con quello ereditario (in caso di accettazione pura e semplice), può incidere negativamente sulla garanzia patrimoniale, è anche vero che – proprio con riferimento a questa evenienza – il codice mette a disposizione del creditore del defunto, quale strumento di tutela, l'istituto della separazione dei beni (art. 512).

La seconda eccezione è rappresentata dalle obbligazioni ***propter rem***, nelle quali la titolarità del debito è legata alla (titolarità e alla) circolazione del bene al quale il debito inerisce. Qui, però, la proprietà del bene cui l'obbligazione accede costituisce già una garanzia (sia pure generica) che sempre assiste il rapporto, qualunque sia la sua vicenda circolatoria: per cui l'esigenza di tutelare l'affidamento del creditore nel patrimonio del debitore si pone con minore intensità.

Modalità attuative

In linea teorica, la modificazione del lato passivo del rapporto obbligatorio può realizzarsi in due modi: attraverso una **cessione del debito**, ovvero attraverso una **novazione soggettiva** (nella quale, cioè, l'*aliquid novi* concerna la persona del debitore). L'alternativa non è irrilevante: mentre lo schema della cessione implica che il debito si **trasferisca** con le garanzie reali e personali che lo assistevano (si v. l'art. 1263), lo schema della novazione comporta l'**estinzione** di queste ultime (si v. l'art. 1232). Inoltre, in caso di cessione il rapporto continua ad essere disciplinato dal titolo originario, per cui il nuovo debitore conserva la possibilità di opporre al creditore le eccezioni (fondate su tale titolo) che gli avrebbe potuto opporre il precedente debitore; al contrario, in caso di novazione soggettiva, l'obbligazione, pur se di contenuto uguale a quello del debito novato, risulta avere la sua fonte esclusiva nell'atto con il quale il nuovo debitore la assume, onde questi non può opporre al creditore le eccezioni fondate sul titolo originario del rapporto.

Novazione soggettiva

Ora, il codice civile non contempla la cessione del debito. Contempla invece, la novazione soggettiva – definendola come la vicenda per cui "un nuovo debitore è sostituito a quello originario, che viene liberato" (art. 1235) –, ma solo al fine di rinviare alla disciplina della **delegazione**, dell'**espromissione** e dell'**accollo**.

In effetti, nella sistematica del codice queste tre figure assorbono ed esauriscono il fenomeno delle modificazioni del lato passivo del rapporto obbligatorio, nel senso che esso deve, comunque, realizzarsi attraverso uno di questi schemi. D'altra parte delegazione, espromissione e accollo sono oggetto di una disciplina molto accurata, nella quale trovano risposta tutti i problemi posti dall'alternativa tra cessione e novazione soggettiva, sia sotto il profilo della sorte delle garanzie, sia sotto il profilo delle eccezioni opponibili al creditore.

5.1. *La delegazione*

La delegazione è l'**incarico** conferito da un soggetto, (**delegante**), ad un altro soggetto (**delegato**), di adempiere (***delegatio solvendi***: art. 1269) o di obbligarsi ad adempiere (***delegatio promittendi:*** art. 1268) una determinata prestazione a favore di un terzo (**delegatario**).

Modi di essere della delegazione

Il codice, nel disciplinare l'istituto, fa riferimento all'ipotesi in cui il delegante sia debitore del delegatario (in base al c.d. **rapporto di valuta**) e, appunto, "assegna al creditore un nuovo debitore": si parla, in questo caso, di delegazione **passiva**. La delegazione, invece, si dice **attiva** quando il delegante è creditore del delegato (in base al c.d. **rapporto di provvista**).

In realtà l'istituto non rifletterebbe altro che la morfologia della delegazione passiva scrutata da un corno prospettico differente, a meno che non si accolga l'impostazione per cui, in questa ipotesi applicativa, delegato è il creditore autorizzato dal delegante a ricevere la prestazione dal delegatario (a sua volta debitore del delegante). Declinata in questi termini, la delegazione attiva integrerebbe gli estremi di una cessione del credito, cui, d'altro canto, non sembra del tutto riducibile, non risolvendosi in un fenomeno traslativo bensì in una successione o novazione attiva. Peraltro, mentre nella cessione del credito il consenso del debitore non è necessario, nella delegazione attiva esso è sempre richiesto. Sembra, dunque, che tale figura rispecchi una fattispecie atipica non rispondente a finalità pratiche apprezzabili e meritevoli di tutela da parte dell'ordinamento (art. 1322, co. 2), anche perché nella prassi negoziale la delegazione risulta essere, il più delle volte, sia attiva sia passiva: il delegante, cioè, è, al contempo, debitore del delegatario e creditore del delegato. In questo modo il pagamento eseguito dal delegato al delegatario estingue sia il rapporto di valuta, sia il rapporto di provvista, di talché, con un **unico** atto solutorio, vengono adempiute due obbligazioni.

Neutralità

Tuttavia, lo schema della delegazione si presta ad essere utilizzato anche in contesti diversi, nei quali il delegante non è debitore del delegatario, ma intende – attraverso il pagamento del delegato – attribuirgli una somma di denaro a titolo, ad es., di mutuo o di donazione. In effetti, la delegazione, in sé, è uno schema neutro: l'elemento costante è rappresentato dalla **simultanea** estinzione di due distinti rapporti obbligatori; ma la causa dell'operazione va ricercata in questi ultimi (rapporto di valuta e rapporto di provvista) che, suo tramite, trovano attuazione. Sono questi rapporti a fondare e a connotare sul piano causale l'ordine impartito dal delegante e l'esecuzione che ad esso viene data dal delegato.

Quanto alla struttura della delegazione, alla tesi, sostenuta principalmente dalla giurisprudenza, secondo la quale essa integrerebbe gli estremi di un accordo necessariamente **trilaterale**, si contrappongono ricostruzioni che disarticolano la nostra figura in più vicende negoziali, sia pure tra di loro collegate.

Struttura

Un dato, comunque, è evidente: l'ordine del delegante deve essere **accettato** dal delegato (come si deduce dall'art. 1269, co. 2), perché è essenziale allo schema della delegazione che il delegato risulti obbligato nei confronti del delegante ad eseguire la prestazione a beneficio del delegatario, ovvero ad obbligarsi nei confronti di quest'ultimo.

Ancora: è indefettibile, nella *delegatio promittendi*, che il delegato si obblighi nei confronti del delegatario attraverso una distinta manifestazione di volontà (lo si deduce dall'art. 1270, che individua l'assunzione di tale obbligo quale termine ultimo entro il quale il delegante può revocare l'incarico conferito al delegato). È, invece, controverso se ai fini dell'assunzione di questo obbligo (del delegato nei confronti del delegatario) sia sufficiente una promessa unilaterale del primo (sarebbe questo uno dei casi previsti dalla legge in cui ad una promessa unilaterale vengono riconosciuti effetti obbligatori: art. 1987); ovvero se sia necessario anche il concorso della volontà del delegatario, come opinato dalla giurisprudenza. Al riguardo, può osservarsi, a sostegno della prima tesi, che l'art. 1268, co. 2, sembra ricollegare al consenso del delegatario solo un effetto ulteriore – l'imposizione, a carico del delegatario, di un onere di preventiva richiesta della prestazione al delegato –, che, in quanto tale, potrebbe anche non ricorrere.

Effetti

La *delegatio promittendi* (più precisamente: l'assunzione da parte del delegato dell'obbligo nei confronti del delegatario) di regola non libera il delegante, che resta dunque obbligato nei confronti del delegatario (la delegazione è, dunque, **cumulativa**). Sotto questo punto di vista la delegazione assolve alla funzione di rafforzare la posizione del delegatario, poiché affianca un nuovo debitore a quello originario, instaurando tra i due un vincolo di **solidarietà**.

È bene chiarire, però, che sarà comunque il delegato ad assumere la veste di debitore **principale** (sicché anche in questa ipotesi si realizza una modificazione del soggetto passivo del rapporto), mentre l'obbligazione del delegante assumerà un carattere sussidiario, in funzione, appunto, di garanzia. Tale sussidiarietà risulta ancor più evidente ove si consideri che sul delegatario, una volta accettato l'impegno del delegato, graverà l'onere di rivolgersi prima a quest'ultimo e, solo dopo, al delegante (*beneficium ordinis*: art. 1268, co. 2).

La delegazione sarà invece (non cumulativa, ma) **liberatoria** quando il creditore, accettando l'obbligazione del delegato, dichiari espressamente di liberare il delegante (art. 1268, co. 1). Come si vede, il mutamento della persona del debitore (con contestuale liberazione del soggetto originariamente obbligato) esige il consenso del creditore.

Quando la delegazione è liberatoria, il delegatario sopporta il rischio dell'insolvenza del delegato, poiché egli si è spogliato della possibilità di agire nei confronti del delegante. Questa regola soffre, però, due eccezioni. La prima ricorre quando il creditore ha sì liberato il delegante, riservandosi però, in pari tempo, la possibilità di agire nei suoi riguardi in caso di insolvenza del delegato (art. 1274, co. 1): qui, in realtà, il debitore originario non viene affatto liberato, ma gli viene riconosciuto soltanto il *beneficium excussionis*, nel senso che il delegatario potrà agire nei suoi riguardi solo dopo avere escusso infruttuosamente il delegato. La seconda eccezione, invece, ricorre quando il delegato era insolvente già al tempo in cui ha assunto il debito nei confronti del delegatario: anche in questo caso il debitore originario non sarà liberato (art. 1274, co. 2).

La *delegatio promittendi* può essere **astratta** ovvero **titolata**. Ricorre la prima ipotesi quando il delegato, nell'obbligarsi verso il delegatario, non faccia riferimento alcuno né al rapporto di provvista, né al rapporto di valuta. Al contrario, il richiamo all'uno o all'altro dei due rapporti, o ad entrambi, rende la delegazione titolata.

Questa distinzione assume rilievo ai fini del regime delle **eccezioni opponibili** dal delegato al delegatario (art. 1271).

Regime delle eccezioni

Quando la delegazione è astratta, il delegato non può opporre al delegatario né le eccezioni fondate sul rapporto di provvista (che intercorre tra il delegante e il delegato: art. 1271, co. 2), né le eccezioni fondate sul rapporto di valuta (che intercorre tra il delegante e il delegatario: art. 1271, co. 3). In questo caso, dunque, le patologie che affliggono il rapporto di provvista o quello di valuta dovranno esser fatte valere in un momento successivo, con gli opportuni rimedi restitutori, ora dal delegato nei confronti del delegante, ora dal delegante nei confronti del delegatario. L'inopponibilità delle eccezioni fondate sui rapporti sottostanti risponde ad una esigenza di tutela dell'affidamento del delegatario e, in ultima istanza, di certezza del traffico giuridico. L'inopponibilità incontra, però, un limite nella nullità o nell'inesistenza di entrambi i rapporti di base (art. 1271, co. 2: c.d. **nullità della doppia causa**). A ben vedere, tuttavia, il requisito della doppia causa di nullità sembra ridondante non tanto alla luce del tenore codicistico (art. 1271, co. 2, c.c. "salvo che sia nullo il rapporto tra delegante e delegatario") quanto per la considerazione che la nullità del rapporto tra delegante e delegatario è comunque sufficiente a privare quest'ultimo (creditore) della legittimazione a ricevere la prestazione dal delegato, giustificando l'opponibilità dell'eccezione relativa da parte di quest'ultimo.

Ove, invece, la delegazione sia titolata, il delegato potrà opporre al delegatario le eccezioni fondate sul rapporto sottostante cui egli si è richiamato nell'assumere l'obbligazione verso il delegatario (a seconda dei casi, le eccezioni fondate sul rapporto di valuta, su quello di provvista o su entrambi).

5.2. *L'espromissione*

L'espromissione è il negozio con il quale un soggetto (**espromittente**) si obbliga nei confronti del creditore (**espromissario**) a eseguire la prestazione cui un terzo (**espromesso**) è obbligato nei confronti del creditore medesimo (art. 1272). Ciò che caratterizza l'espromissione è la circostanza che l'espromittente assume su di sé il debito altrui "senza delegazione del debitore". Difetta dunque, in questa ipotesi, il collegamento funzionale con un ordine previamente rivolto dal debitore, ordine che invece connota la delegazione: l'assunzione del debito altrui – suol dirsi – è una iniziativa personale e spontanea dell'espromittente.

Espromissione e *delegatio promittendi*

È opinione comune, però, che non osti alla configurabilità della espromissione la circostanza che l'espromittente sia, ad es., debitore dell'espromesso (o che, comunque, tra i due intercorra un rapporto di provvista). L'elemento distintivo rispetto alla ***delegatio promittendi*** sarebbe allora individuabile nella circostanza che il terzo dichiari, o non dichiari, di agire quale delegato del debitore. Anche questo criterio, tuttavia, appare inadeguato a fondare la differenza tra l'espromissione e la delegazione astratta, nella quale – analogamente a quanto accade nell'espromissione – non viene fatta menzione alcuna del rapporto di provvista che lega il delegato al delegante.

Invero, la reale differenza è individuabile altrove: l'espromittente – a differenza del delegato – è terzo del tutto **estraneo** al debitore (e al suo rapporto con il creditore), mentre la delegazione è comunque riconducibile allo schema dell'agire **autorizzato** nell'interesse altrui, autorizzato perché il delegato è destinatario di un incarico. Sotto questo punto di vista l'espromissione presenta una certa analogia con la figura dell'adempimento del terzo, dalla quale, per altro verso, è facilmente distinguibile, perché l'espromissione consiste nell'assunzione di un obbligo nei confronti del creditore, là dove la fattispecie dell'art. 1180 contempla, direttamente, una attività solutoria del terzo non mediata da un suo previo obbligarsi.

Espromissione e fideiussione

Al pari della delegazione, l'espromissione è, di regola, **cumulativa**: l'espromittente si affianca al debitore originario, instaurandosi, così, tra i due un vincolo di solidarietà passiva. Sarà però l'espromittente ad assumere la veste di debitore principale, mentre l'obbligazione dell'espromesso avrà carattere sussidiario. Ciò non risulta espressamente dalla legge; se però così non fosse (se, cioè, i termini del rapporto di accessorietà fossero invertiti, e l'obbligazione dell'espromittente fosse considerata accessoria rispetto a quella del debitore originario), l'espromissione risulterebbe nei fatti un doppione della fideiussione, dalla quale non sarebbe per nulla distinguibile.

Non a caso la giurisprudenza, muovendo proprio dal carattere **sussidiario** riconosciuto all'obbligazione gravante sul debitore espromesso, ritiene che all'espromissione possa applicarsi in via analogica la previsione dell'art. 1268, co. 2, il quale pone a carico del creditore, che abbia accettato la dichiarazione di assunzione dell'obbligo del terzo, un onere di preventiva richiesta della prestazione al terzo.

Anche nel caso dell'espromissione è prevista l'eventualità che il debitore originario venga liberato dal creditore con una dichiarazione necessariamente espressa (espromissione **liberatoria**). In tal caso l'espromittente rimarrà l'unico soggetto obbligato.

La differenza tra espromissione cumulativa e liberatoria rileva anche sul piano della **struttura** della fattispecie: mentre la prima può anche assumere la veste di negozio **unilaterale**, la seconda ha necessariamente natura **contrattuale**, atteggiandosi, peraltro, secondo lo schema del contratto a favore del terzo (art. 1411): il terzo in questione è, ovviamente, il debitore espromesso, cui l'obbligazione viene rimessa.

Resta da considerare il regime delle eccezioni, in parte divergente da quello previsto per la delegazione.

Disciplina delle eccezioni

Nessuna differenza tra le due figure ricorre per quel che concerne le eccezioni fondate sul rapporto tra **debitore e terzo**, che il secondo non potrà opporre al creditore. La ragione è ovvia, posto che, per l'espromissario, i rapporti interni tra espromittente ed espromesso sono del tutto privi di rilievo. Resta salva, ovviamente, l'eventualità che l'opponibilità di tali eccezioni sia stata espressamente convenuta dalle parti (espromittente e creditore: art. 1272, co. 2).

La disciplina della espromissione diverge invece da quella della delegazione per quel che concerne le eccezioni fondate sul **rapporto (di valuta)** tra il debitore espromesso e il creditore. Alla regola della inopponibilità che contraddistingue la delegazione (se astratta), qui si contrappone un regime diverso: l'espromittente può sempre opporre al creditore le eccezioni che avrebbe potuto opporre il debitore espromesso, sempre che non siano fondate su fatti sopraggiunti rispetto all'espromissione e sempre che non siano personali a quest'ultimo (detto altrimenti, sono opponibili le eccezioni fondate sul rapporto di valuta, non le eccezioni che discendono da altri rapporti tra i medesimi soggetti: art. 1272, co. 3).

La ragione di questa differenza deve essere ricercata nella circostanza che il delegato opera su incarico del delegante, mentre l'espromittente opera di propria iniziativa; onde, considerato che l'intervento di quest'ultimo risponde all'interesse del creditore perché ne rafforza la posizione, al fine di incentivare tale intervento si riconosce all'espromittente una posizione di maggior favore, consentendogli di opporre al creditore eccezioni fondate sul rapporto di valuta che il delegato – se la delegazione non è titolata – non può opporre.

5.3. *L'accollo*

L'accollo (art. 1273) è il contratto tra il debitore e un terzo con il quale quest'ultimo (**accollante**) assume su di sé l'obbligo che il debitore (**accollato**) ha nei confronti del creditore (**accollatario**). Ad es., accade di frequente che il compratore di un immobile si accolli – con una pattuizione apposta al contratto di compravendita – l'obbligo di corrispondere alla banca le rate residue del mutuo acceso a suo tempo dal venditore per l'acquisto dell'immobile medesimo, mutuo garantito da una ipoteca iscritta sul bene.

Accollo ed espromissione

Accollo ed espromissione mettono capo, dunque, ad un analogo risultato: l'**assunzione di un debito altrui**. Ma la differenza tra le due figure è notevole, perché l'accollo consiste in un contratto tra debitore e terzo, mentre l'espromissione, sempre che non rivesta la struttura di un negozio unilaterale posto in essere dal terzo espromittente, consiste in un accordo tra questi e il creditore.

Accollo e delegazione

Per altro verso, l'accollo si distingue anche dalla delegazione, sebbene questa, al pari del primo, muova da un accordo tra il debitore delegante e il terzo delegato. Nella delegazione, infatti, il debitore incarica il terzo di eseguire una prestazione in favore del delegatario, ovvero di obbligarsi ad eseguirla; ma finché non assume questo impegno con una ulteriore manifestazione di volontà, il delegato non è obbligato nei confronti del delegatario: questi continuerà ad avere azione (solo) nei riguardi del delegante. L'accollo, invece, determina l'immediato sorgere di un'obbligazione dell'accollante nei confronti del creditore. Esso, infatti, è riconducibile allo schema del **contratto a favore del terzo** (art. 1411), ove il terzo è ovviamente il creditore, il quale acquista immediatamente, quale effetto della stipulazione in suo favore, il diritto di esigere la prestazione dall'accollante.

Accollante e accollato possono però revocare tale stipulazione, facendo così venir meno l'obbligazione assunta dal primo verso il creditore del secondo. Questo potere viene meno se e dal momento in cui il creditore medesimo renda la stipulazione **irrevocabile** con una dichiarazione di adesione alla convenzione, dichiarazione che equivale *quoad effectum* a quella con la quale il terzo dichiara di volere approfittare della stipulazione in suo favore *ex* art. art. 1411, co. 2.

L'accollo è di regola **cumulativo**: al debitore originario, che non viene liberato, si affianca, quale obbligato in **solido**, l'accollante (art. 1273, co. 3): debitore **principale** dovrà considerarsi l'accollante, mentre l'obbligazione dell'accollato assumerà carattere sussidiario. Tuttavia, fino a quando il creditore non aderisca all'accollo, tale sussidiarietà rileverà solo nei rapporti interni: mentre, a seguito dell'adesione da parte dell'accollatario, sorgerà in capo a quest'ultimo un onere di preventiva richiesta della prestazione all'accollante, secondo il modello del *beneficium ordinis* contemplato dall'art. 1268, co. 2, e ritenuto applicabile in via analogica anche alla fattispecie in esame.

La regola della cumulatività viene meno – e l'accollo si dirà **liberatorio** – in due ipotesi: ove il creditore, aderendo alla convenzione tra debitore e terzo, dichiari espressamente di liberare il primo; e ove tale liberazione sia "condizione espressa della stipulazione" tra accollante e accollato (art. 1274, co. 3).

Quando l'accollo è liberatorio, il creditore sopporta il **rischio** dell'insolvenza dell'accollante, poiché egli si è spogliato della possibilità di agire nei confronti dell'accollato. A questa regola sono, però, poste due eccezioni, entrambe operanti solo allorché la liberazione del debitore sia stata, come si è visto, condizione espressa della stipulazione tra accollante e accollato. La prima ricorre quando il creditore si è comunque riservato la possibilità di agire nei riguardi dell'accollato in caso di insolvenza dell'accollante (art. 1274, co. 1); qui, in realtà, il debitore originario non viene affatto liberato, ma gli viene semplicemente riconosciuto un *beneficium excussionis*. La seconda eccezione, invece, ricorre quando l'accollante era insolvente già al tempo della conclusione dell'accollo (art. 1274, co. 2).

L'oggetto dell'obbligazione assunta dall'accollante è ritagliato sull'oggetto dell'obbligazione dell'accollato: in questo senso si dice che il primo assume il debito del secondo (con conseguente mutamento del soggetto passivo del rapporto). Tuttavia, ove il creditore abbia aderito all'accollo, indipendentemente dal fatto che esso sia cumulativo o liberatorio, l'accollante risponderà nei soli limiti in cui ha assunto il debito. Della eventuale parte residua continuerà a rispondere in via esclusiva il debitore originario (art. 1273, ult. co.).

Anche l'accollo si caratterizza, sul piano causale, in ragione dei rapporti ad esso sottesi: quello di **valuta** (tra debitore accollato e creditore) e quello di **provvista** (tra accollante e accollato). Nel caso illustrato più sopra, ad es., il rapporto di valuta è il mutuo, il rapporto di provvista è invece la compravendita. Anche qui, dunque, si pone il problema del regime delle eccezioni fondate su tali rapporti.

Regime delle eccezioni

Al riguardo, l'art. 1273, ult. co., stabilisce che l'accollante può opporre al creditore le eccezioni "fondate sul contratto in base al quale l'assunzione è avvenuta", cioè fondate sul rapporto di provvista, in tal modo escludendo l'opponibilità delle eccezioni fondate su altri rapporti tra il debitore accollato e il creditore. Giova osservare che questa regola ricalca quella dettata dall'art. 1413, confermando ulteriormente che l'accollo costituisce un'applicazione dello schema del contratto a favore del terzo.

Nulla, invece, l'art. 1273 dice in ordine alle eccezioni fondate sul **rapporto di valuta**. Tuttavia è opinione comune, sostanzialmente inferita dal modello della successione nel debito cui l'accollo è informato, che l'accollante possa opporre al creditore anche queste eccezioni.

Accollo interno

La figura sin qui analizzata è il c.d. accollo **esterno**, dal quale va distinto l'accollo **interno**, non contemplato dal codice ma certamente ammissibile in ragione della libertà, riconosciuta ai privati *ex* art. 1322, di concludere anche contratti atipici.

L'accollo interno produce effetti **solo** tra le parti (onde la sua alterità rispetto allo schema del contratto a favore del terzo). L'accollante, in questo caso, assume un'obbligazione, appunto, nei soli confronti del debitore, consistente nell'impegno del primo di tenere indenne il secondo del costo della prestazione che questi deve al creditore, fornendogli le risorse necessarie all'adempimento o rimborsandogli le spese a tal fine sostenute. Il creditore, però, non acquista alcun diritto nei riguardi dell'accollante: l'unico soggetto obbligato è e rimane, nei suoi riguardi, il debitore originario. Ciò, ovviamente, non esclude che l'accollante possa, nei fatti, provvedere direttamente a prestare quanto dovuto dal debitore al creditore; ma tale ipotesi integrerà soltanto un adempimento del terzo.

Infine, dalle figure fin qui esaminate, aventi natura contrattuale, occorre distinguere nettamente le ipotesi nelle quali l'assunzione del debito altrui rappresenta l'effetto legale di una determinata fattispecie normativa (si parla al riguardo – con terminologia da taluno ritenuta equivoca, ma ormai consolidata – di accollo **legale**). Si pensi al caso della cessione di azienda: l'art. 2560, co. 2, stabilisce, quale conseguenza *ex lege* della cessione, che l'acquirente risponderà in solido con l'alienante dei debiti inerenti all'esercizio dell'azienda contratti prima del trasferimento (e risultanti dai libri sociali).

Inoltre, alla figura dell'accollo legale si è soliti ricondurre anche ipotesi nelle quali la successione nel debito si inquadra nell'ambito di una **vicenda più ampia**, che vede l'assuntore subentrare al debitore nella posizione contrattuale fondata sul titolo dal quale l'obbligazione discende. Si pensi al caso dell'acquirente di un bene in relazione al quale l'alienante aveva contratto un'assicurazione contro i danni: l'assunzione da parte dell'acquirente dell'obbligo di corrispondere le rate del premio rappresenta la logica conseguenza del subingresso dello stesso nel contratto di assicurazione (art. 1918).

Risulta dunque evidente che, in questi casi, il richiamo all'accollo, sia pure legale, risulta del tutto improprio: lo schema di riferimento è, al più, quello della **cessione del contratto** (artt. 1406 e 1408), che qui discende non dalla volontà delle parti, ma da una specifica previsione normativa.

5.4. *Regole comuni*

La disciplina della delegazione, dell'espromissione e dell'accollo si chiude con due regole comuni alle tre figure.

La prima concerne le **garanzie** che assistevano l'obbligazione del debitore, le quali permangono ove il debitore resti obbligato, e si estinguono ove, invece, questi venga liberato dal creditore. Lo stabilisce l'art. 1275, il quale aggiunge che le garanzie non si estinguono, nonostante la liberazione del debitore originario, ove il garante dichiari espressamente di mantenerle in vita. Questa disposizione interessa le sole garanzie reali (pegno, ipoteca e privilegi) perché, nel caso della fideiussione, la circostanza che la liberazione del debitore comporti l'estinzione della garanzia personale che assisteva il debito, è già deducibile dall'art. 1301, atteso che il fideiussore è coobbligato in solido con il debitore principale e la liberazione di quest'ultimo costituisce, nei fatti, una remissione del debito.

La seconda regola, invece, concerne l'ipotesi in cui il debitore sia stato liberato e risulti nullo, o venga annullato, l'atto con il quale il terzo ha assunto l'obbligazione nei confronti del creditore. In questa ipotesi si ha la **reviviscenza** dell'obbligazione del debitore originario. Ritornano in vita anche le garanzie (reali) che questi aveva concesso, ma non quelle (reali o personali) prestate da terzi (art. 1276).

SEZIONE III

ALCUNE SPECIE DI OBBLIGAZIONI

SOMMARIO: 6. Le obbligazioni pecuniarie. – 6.1. Gli interessi. – 7. Obbligazioni alternative ed obbligazioni facoltative. – 8. Le obbligazioni soggettivamente complesse. – 8.1. Solidarietà e parziarietà passive. – 8.1.1. Le applicazioni della solidarietà passiva. – 8.1.2. Altre ipotesi di obbligazioni soggettivamente complesse. – 8.2. Solidarietà e parziarietà attive. – 8.3. Obbligazioni divisibili ed indivisibili.

6. *Le obbligazioni pecuniarie*

Si dicono pecuniarie le obbligazioni che hanno ad oggetto una **somma di denaro**. Nell'economia moderna esse rivestono una importanza assai rilevante, perché il denaro rappresenta non solo la misura del valore dei beni e dei servizi, ma anche lo strumento che ne consente lo scambio. Il denaro, peraltro, costituisce un bene *sui generis*: la sua stessa riconducibilità alla più ampia categoria delle cose generiche risulta problematica, perché esso presenta caratteri peculiari, che sottraggono le obbligazioni pecuniarie all'applicazione delle regole (si pensi agli artt. 1178 e 1378) proprie delle prestazioni aventi ad oggetto cose generiche.

Non stupisce dunque che il codice – alla luce della loro importanza e della loro peculiarità – detti alcune regole speciali per le obbligazioni pecuniarie (artt. 1277-1284). Conviene aggiungere, però, che norme specificamente riferite alle obbligazioni pecuniarie si ritrovano anche altrove (si pensi all'art. 1182, per quanto concerne il luogo dell'adempimento) e, soprattutto, che molte delle disposizioni che costituiscono la disciplina comune del rapporto obbligatorio sono certamente modellate sul calco delle obbligazioni pecuniarie, come la stessa terminologia del codice rivela ove, per indicare l'esecuzione della prestazione, usa un termine – pagamento – che immediatamente rimanda alla dazione di una somma di denaro.

Le obbligazioni pecuniarie sono soggette a due regole fondamentali, entrambe compendiate nell'art. 1277, co. 1.

Moneta

Alla stregua della prima, "i debiti pecuniari si estinguono con moneta avente **corso legale** nello Stato al momento del pagamento" (anche quando – aggiunge l'art. 1277, co. 2 – la somma dovuta era determinata in una moneta che non ha più corso legale al momento del pagamento): insomma, le obbligazioni pecuniarie devono essere adempiute utilizzando, quale moneta, l'euro, anche se sono state contratte quando ancora la moneta in corso era la lira. Su questa scia si colloca anche l'art. 1278, in forza del quale "se la somma dovuta è determinata in una moneta non avente corso legale nello Stato, il debitore ha facoltà di pagare in moneta legale, al corso del cambio nel giorno della scadenza": ad es., un cittadino italiano che contragga un debito in dollari ha sempre facoltà di adempiere l'obbligazione restitutoria in euro (salvo che il contratto espressamente preveda, mediante la clausola "**effettivo**", che il pagamento debba avvenire in dollari: art. 1279).

Valore reale e valore nominale

Sempre l'art. 1277, co. 1, sancisce il c.d. **principio nominalistico**: l'ammontare del debito è dato dal valore **nominale** della somma dovuta. Ad esempio, il mutuo ventennale contratto nel 2005 per un importo di € 200.000,00 determina l'obbligo di restituire, al termine del rapporto, il medesimo importo, senza che rilevi il mutamento che *medio tempore* il potere di acquisto del denaro risulterà avere subito. Ora, considerato che l'inflazione è un dato fisiologico nelle economie moderne, che essa comporta il deprezzamento della moneta e si traduce nella riduzione del potere di acquisto di quest'ultima, l'adozione del principio nominalistico svantaggia il creditore, al quale – tornando all'esempio di cui sopra – verrà restituita una somma che avrà un uguale valore nominale (€ 200.000,00), ma un valore reale minore (minore in una misura direttamente proporzionale all'inflazione registrata nell'arco di vita del rapporto).

Tecniche di sterilizzazione della svalutazione

Insomma, il combinato disposto del principio nominalistico e dei processi inflattivi pone a carico del creditore il costo della svalutazione monetaria. Ciò spiega il frequente ricorso alle clausole di **indicizzazione**, che prevedono la rivalutazione della somma dovuta in funzione dell'indice di andamento dei prezzi rilevato periodicamente dall'ISTAT, le quali rispondono proprio all'esigenza di attenuare o neutralizzare l'impatto del deprezzamento del denaro sull'equilibrio economico del rapporto.

Il principio nominalistico, però, non opera in relazione a tutte le obbligazioni pecuniarie: esso riguarda solo i debiti di **valuta**, cui si contrappongono – secondo una distinzione non presente nel codice, ma saldamente radicata nella giurisprudenza – i debiti di **valore**.

Mentre i debiti di valuta hanno ad oggetto una somma di denaro **liquida** (cioè determinata), i debiti di valore hanno ad oggetto il **valore economico**, espresso in termini monetari, che un determinato bene presenterà al momento della scadenza del debito medesimo. I debiti di valore sono dunque, per definizione, illiquidi; ma, al momento della loro liquidazione, si trasformano in debiti di valuta.

Sono debiti di valore, innanzitutto, le obbligazioni risarcitorie (sia che derivino da un fatto illecito, sia che derivino da un inadempimento), perché la somma dovuta a titolo di risarcimento è commisurata all'entità del danno, valutato al momento della sua liquidazione. Ma sono debiti di valore, ad es., anche l'indennizzo dovuto dall'assicuratore nell'assicurazione contro i danni, l'obbligazione che sorge dall'ingiustificato arricchimento (art. 2041), nonché le indennità dovute al possessore (art. 1150) o al conduttore (art. 1592) in relazione ai miglioramenti apportati al bene.

Discussa è invece la qualificazione del debito ove una clausola (inserita nel titolo negoziale), al fine di contenere gli effetti della svalutazione monetaria, ancori la determinazione della misura dell'importo dovuto all'andamento del valore di mercato di un bene (è il caso della **clausola-oro**: il mutuatario, ottenuto oggi un prestito di € 100.000,00, si obbliga a restituire tra cinque anni un importo pari a quello che alla scadenza occorrerà per acquistare la stessa quantità di oro che oggi si acquista, appunto, con € 100.000,00). Clausole del genere non si limitano a modulare l'importo dovuto in funzione di un parametro esterno (come nel caso della clausola ISTAT), ma nei fatti assumono quale oggetto dell'obbligazione il valore monetario che, alla scadenza prevista, risulterà determinato in relazione a quello corrispondente ad una data quantità di uno specifico bene; il che è sufficiente a collocare l'obbligazione tra i debiti di valore.

6.1. *Gli interessi*

L'aspetto più importante della disciplina delle obbligazioni pecuniarie è costituito dalla disciplina degli interessi, i quali – tecnicamente – costituiscono i **frutti civili** di un capitale monetario (art. 820, co. 3).

In prima approssimazione, la circostanza che un terzo goda di una somma di denaro messagli a disposizione da un terzo comporta il sorgere di una obbligazione avente ad oggetto, appunto, gli interessi maturati e maturandi in ragione del decorso del tempo (secondo la regola dettata dall'art. 821, co. 3).

Trattasi di una obbligazione **accessoria** rispetto a quella avente ad oggetto il pagamento (o la restituzione, a seconda dei casi) del capitale. Così, ad es., la cessione del credito (art. 1263, co. 1) ricomprende anche gli interessi. Più articolata è, invece, la disciplina delle garanzie: salvo patto contrario, la fideiussione ricomprende anche gli interessi maturati sul debito (art. 1942); ma regole parzialmente difformi sono dettate per i privilegi (art. 2749), per il pegno (art. 2788) e per l'ipoteca (art. 2855, co. 3).

Gli interessi corrispettivi

Bisogna distinguere diversi tipi di interessi, a seconda dalla fattispecie da cui essi derivano.

La prima categoria – radicata nella giurisprudenza, ma invero non contemplata dal codice – è quella degli interessi **corrispettivi**, così detti perché costituiscono il corrispettivo del godimento che un soggetto abbia di una somma di denaro di cui è debitore. Il fondamento normativo degli interessi corrispettivi è rappresentato dall'art. 1282, co. 1, ai sensi del quale i crediti **liquidi** (cioè determinati nel loro ammontare) ed **esigibili** (ciò non sottoposti ad una condizione sospensiva non ancora verificatasi, ovvero ad un termine non ancora scaduto) producono interessi di pieno diritto, salvo che la legge o il titolo dispongano diversamente. È il caso del co. 2 del medesimo art. 1282, secondo il quale "i crediti per fitti e pigioni" (si pensi al canone di locazione) producono interessi solo con la costituzione in mora del debitore; ed è il caso, ancora, dell'obbligazione restitutoria che sorge in caso di pagamento dell'indebito, allorché l'*accipiens* fosse in buona fede: in questa ipotesi, infatti, gli interessi sono dovuti solo dal giorno della domanda (artt. 2033 e 2036, co. 2).

Gli interessi corrispettivi – si è detto – sono dovuti *ope legis* su tutti i crediti liquidi ed esigibili: la relativa obbligazione ha fonte **legale**. Bisogna però aggiungere che l'art. 1282, co. 1, è norma dispositiva: ciò significa che il titolo negoziale dal quale l'obbligazione discende può escludere che gli interessi siano dovuti, come può anche disciplinarne diversamente presupposti e misura. In questo caso gli interessi, pur sempre corrispettivi, avranno una fonte **negoziale**.

Sono, ad es., corrispettivi, e hanno fonte negoziale, gli interessi dovuti dal mutuatario *ex* art. 1815: qui, peraltro, essi maturano anche prima della scadenza del termine di restituzione del capitale, cioè in relazione ad un credito non ancora esigibile (diversamente da quanto previsto dall'art. 1282, co. 1). Per altro verso, la disciplina del mutuo conferma il carattere dispositivo delle norme che regolano questa materia, nella misura in cui è consentito alle parti di concludere un mutuo a titolo gratuito, in relazione al quale, cioè, non decorrono interessi (né prima, né dopo la scadenza del termine di restituzione del capitale: il che però non esclude che il creditore possa chiedere gli interessi moratori in caso di ritardo). Ma occorre anche ricordare che l'obbligazione relativa agli interessi rappresenta un effetto naturale del contratto di mutuo: sulla somma mutuata gli interessi decorrono anche nel silenzio del titolo, ed è necessaria una espressa pattuizione per escluderne la spettanza (art. 1815).

Compensativi

Una seconda tipologia di interessi è costituita dagli interessi **compensativi**. Di questi ultimi vi è traccia solo nella rubrica dell'art. 1499: ai sensi di questa disposizione il venditore ha diritto agli interessi sul prezzo, sebbene esso non sia ancora esigibile, quando egli abbia già consegnato il bene al compratore e questi si appropri dei relativi frutti (*a fortiori*, gli interessi maturano – in virtù della regola dettata dall'art.

1282, co. 1, anche là dove il prezzo sia esigibile; ma in questo caso essi avranno carattere corrispettivo). Qualora, d'altronde, il bene sia stato consegnato anticipatamente al compratore in esecuzione di apposita clausola contenuta in un contratto preliminare (c.d. ad effetti anticipati), tali interessi non sono dovuti, se non altro perché – almeno nell'ottica della giurisprudenza – l'appropriazione dei frutti del bene riguarda l'autonomia negoziale dei contraenti.

È facile constatare che la distinzione tra interessi corrispettivi e interessi compensativi è molto labile e incerta, ammesso pure che essa abbia una effettiva consistenza, data la sua estraneità al dettato codicistico. In entrambi i casi, difatti, gli interessi intendono remunerare il creditore della temporanea **disponibilità** che un terzo – il debitore – abbia della somma di denaro al primo dovuta; e il loro fondamento è pur sempre rintracciabile nel principio della naturale produttività del denaro (*melius*, del credito avente ad oggetto una somma di denaro). Tuttavia – questa è la differenza più significativa – gli interessi compensativi prescindono dalla esigibilità del credito, là dove quelli corrispettivi la presuppongono.

Tasso degli interessi

La **misura** degli interessi (cioè la percentuale del capitale sulla base della quale ne viene determinato l'ammontare), trova la sua disciplina all'art. 1284, che sostanzialmente distingue due ipotesi. Quando hanno fonte legale gli interessi maturano al tasso **legale**, che viene periodicamente aggiornato con decreto ministeriale (ad oggi, il tasso legale è pari al 0,8%). Quando, invece, gli interessi hanno fonte **contrattuale**, il tasso è determinato dal titolo del rapporto; se il titolo però nulla dispone al riguardo, troverà applicazione il tasso legale. Queste due ipotesi vengono distinte definendo gli interessi ora come **legali**, ora come **convenzionali**; ma deve essere chiaro che questa distinzione opera su un piano – quello della **misura** degli interessi – diverso da quello – relativo al loro **fondamento** – in relazione al quale riemerge la distinzione tra interessi corrispettivi, compensativi e, come vedremo da qui a breve, moratori.

La legge riconosce all'autonomia privata la possibilità di fissare liberamente la misura degli interessi (convenzionali), ponendo, al contempo, due limiti.

Innanzitutto, la pattuizione con la quale le parti fissano un tasso superiore a quello legale deve rivestire, a pena di nullità, forma **scritta**; in caso contrario gli interessi saranno dovuti in una misura corrispondente al tasso legale (art. 1284, co. 3). Si verifica in questo caso la sostituzione automatica della clausola nulla, secondo quanto previsto in termini generali dall'art. 1339.

Il limite più penetrante posto, in questa materia, all'autonomia privata rinviene dalla disciplina dell'**usura**. L'ordinamento, infatti, non si accontenta della repressione penale del fenomeno (art. 644 c.p.), ma si preoccupa delle sue ricadute anche sul versante civilistico, apprestando un meccanismo di tutela del soggetto che, a causa della condizione di debolezza in cui versa, abbia contratto un prestito ad un tasso di interesse sproporzionato.

Al riguardo occorre richiamare l'art. 1815, co. 2 (come modificato dalla l. n. 108/1996): questa disposizione, sebbene dettata nell'ambito della disciplina del mutuo, ha certamente una portata generale, che ricomprende qualunque fattispecie contrattuale da cui discenda una obbligazione pecuniaria produttiva di interessi. Ora, in base a tale disposizione, la clausola che preveda interessi usurari è **nulla**; in questo caso – aggiunge il legislatore, animato da un'evidente finalità sanzionatoria – "non sono dovuti interessi", di talché il mutuo, da oneroso che era, si converte *ope legis* in gratuito.

È chiaro che qui il problema principale è rappresentato dalla individuazione di un criterio sulla base del quale gli interessi possano dirsi usurari. A tal fine occorre fare riferimento all'art. 644 c.p., nonché all'art. 2, l. n. 108/1996, dai quali emergono due ipotesi.

Criteri di determinazione del tasso usurario

In primo luogo, l'art. 2, l. n. 108/1996 stabilisce che il Ministro dell'Economia rilevi trimestralmente con un proprio decreto (pubblicato sulla Gazzetta Ufficiale) il **tasso effettivo globale medio applicato** dalle banche e dagli intermediari finanziari per ogni singola tipologia di operazioni: si considera usurario il tasso che superi della **metà** il saggio medio rilevato in ordine alla categoria di operazioni considerata.

La prima applicazione di questa disciplina ha dato luogo ad aspri contrasti, determinati dalla circostanza che essa non specificava come dovessero qualificarsi i tassi di interesse che al momento della conclusione del contratto risultassero inferiori al tasso soglia, ma che, a seguito delle oscillazioni subite *in itinere*, avessero superato tale soglia. Il problema è stato risolto da un nuovo intervento del legislatore (d.l. n. 394/2000, convertito dalla l. n. 24/2001), alla stregua del quale debbono considerarsi usurari solo gli interessi che superino il limite legale nel momento in cui vengono convenuti, risultando dunque irrilevante una loro eventuale usurarietà **sopravvenuta**.

In realtà, gli interessi avranno carattere usurario anche in una seconda ipotesi – quella contemplata dall'art. 644, co. 2, c.p. – quando, pur inferiori al tasso soglia, risultino comunque **sproporzionati**, in ragione delle condizioni di difficoltà economica o finanziaria in cui versava chi li ha dati o promessi. Qui, dunque, l'illiceità della clausola relativa agli interessi non scaturisce più da un raffronto oggettivo tra l'interesse pattuito e il tasso soglia, ma da un apprezzamento discrezionale del giudice.

Interessi con funzione risarcitoria

Fin qui si è detto degli interessi con funzione remuneratoria (cioè corrispettivi o compensativi). Hanno, invece, un fondamento diverso gli interessi **moratori**: essi rappresentano la peculiare forma che assume, nelle obbligazioni pecuniarie, il risarcimento del danno cagionato dal **ritardo** nell'adempimento dell'obbligazione (art. 1218). La peculiarità di tale forma di risarcimento, come si vedrà da qui a breve, risiede nelle modalità tendenzialmente forfettarie di determinazione dell'ammontare del risarcimento medesimo.

Il ritardo assume rilievo ai fini della produzione degli interessi moratori solo se il debitore è costituito, appunto, in mora. Si rammenti, al riguardo, che le obbligazioni pecuniarie, se il titolo negoziale non dispone diversamente, sono *portables* (ovvero devono essere adempiute presso il domicilio del creditore): e che nelle obbligazioni *portables* il debitore versa in mora sin dal momento della scadenza del termine (mora *ex re*), senza che sia necessaria una intimazione scritta (art. 1219, n. 3).

La distinzione tra interessi moratori e interessi con funzione remuneratoria appare chiara in linea teorica, poiché solo nel primo caso il fatto generatore dell'obbligazione integra gli estremi di un inadempimento. Tuttavia, in concreto, il discorso risulta più complesso, perché il danno (inteso quale conseguenza pregiudizievole dell'inadempimento) cui gli interessi intendono dare riparazione si risolve nella circostanza che il creditore è stato privato del legittimo godimento di una somma di denaro. Sotto questo profilo la distanza che separa le varie tipologie di interessi si accorcia perché, come si è visto, anche gli interessi corrispettivi e quelli compensativi remunerano la temporanea disponibilità che il debitore abbia del capitale.

Si spiega così per quale ragione interessi moratori e interessi con funzione remuneratoria possano sovrapporsi, generando anche una certa confusione. Ad es., il mutuatario che ritardi la restituzione delle somme ricevute in prestito è tenuto a corrispondere gli interessi moratori. Il più delle volte, però, egli era già obbligato in forza del titolo al pagamento degli interessi corrispettivi sul capitale. Si pone, dunque, un problema di concorso, che non può risolversi ritenendo che agli interessi corrispettivi si sommino quelli moratori, perché questa duplicazione consentirebbe al creditore di conseguire un risultato complessivo più vantaggioso rispetto alla situazione in cui si sarebbe trovato se il debitore avesse adempiuto tempestivamente.

Nella prassi si dice che gli interessi moratori si sostituiscono a quelli corrispettivi, ma anche questa affermazione, pur evidenziando l'alternatività delle due specie di interesse, è equivoca. In realtà, è più corretto affermare che il tempo successivo alla costituzione in mora del debitore è estraneo al raggio di azione della volontà contrattuale delle parti, raggio cui è circoscritta l'ammissibilità di interessi corrispettivi, e risulta ricompreso nel raggio di una fattispecie diversa (il ritardo) dalla quale discende, appunto, l'obbligo di corrispondere gli interessi moratori.

Resta, infine, da considerare il problema della **misura** degli interessi moratori.

Al riguardo l'art. 1224 stabilisce che gli interessi moratori sono dovuti nella misura del tasso legale, indipendentemente dalla circostanza che il creditore provi di avere sofferto un danno a causa del ritardo. Trattasi di una chiara deroga rispetto alla regola generale dettata dall'art. 1218, per il quale, viceversa, il danno è risarcibile solo se il creditore ne fornisca la prova in giudizio; ed è evidente che questa deroga si fonda, ancora una volta, sul principio della naturale produttività del denaro, in base al quale il codice assume che il creditore abbia subito una perdita pari alle utilità di cui avrebbe beneficiato se avesse potuto disporre tempestivamente della somma capitale.

Quando, invece, il debitore fosse già obbligato, in virtù del titolo, a corrispondere al creditore interessi (corrispettivi) in una misura superiore al tasso legale, gli interessi moratori saranno dovuti nella medesima misura.

Gli interessi moratori non per forza assicurano una riparazione integrale del pregiudizio causato dal ritardo: coerentemente, dunque, l'art. 1224, co. 2, riconosce un risarcimento ulteriore al creditore che dimostri di aver subito un **maggior danno**.

Tra le voci di danno che il creditore può in ipotesi lamentare, e che potrebbero non essere coperte dalla corresponsione degli interessi moratori, merita una particolare attenzione quella relativa alla **svalutazione monetaria**. Essa, però, assume rilievo, ai fini del risarcimento del maggior danno, solo nelle obbligazioni di valuta, poiché in quelle di valore l'incidenza della svalutazione monetaria è già assorbita dalla liquidazione del danno che, come si è detto, viene determinato con riguardo al momento della pronuncia e che, dunque, ricomprende in sé l'impatto dell'eventuale deprezzamento subito dalla moneta successivamente all'insorgere dell'evento lesivo.

Al fine di scoraggiare il ricorso a meccanismi presuntivi attingibili dalla prassi, la giurisprudenza ha tracciato un vero e proprio statuto della risarcibilità del danno da svalutazione monetaria, stabilendone la generale riconoscibilità per ogni creditore (imprenditore o consumatore) nella misura della differenza tra il tasso di rendimento annuo netto dei titoli di Stato di durata non superiore a dodici mesi ed il saggio degli interessi legali determinato anno per anno.

La risarcibilità del danno ulteriore è però esclusa – sempre ai sensi dell'art. 1224, co. 2 – allorché le parti abbiano predeterminato la misura degli interessi moratori. Questa previsione è riconducibile alla disciplina della **clausola penale**, perché, a ben vedere, la pattuizione con la quale le parti stabiliscono la misura degli interessi moratori in caso di ritardo rappresenta la particolare forma che la clausola penale assume nelle obbligazioni pecuniarie. L'esclusione della risarcibilità del danno ulteriore è dunque coerente con questo dato, poiché riproduce la logica forfettaria tipica della liquidazione preventiva e pattizia del danno assicurata dalla clausola penale.

Le alterne vicende dell'anatocismo bancario

Alla materia degli interessi si lega, infine, la disciplina dell'**anatocismo**, intendendosi con questo termine il fenomeno della maturazione di interessi sugli interessi già maturati (cioè la loro **capitalizzazione**). L'ordinamento guarda con sfavore questo meccanismo, per ragioni non dissimili rispetto a quelle sottese alla condanna dell'usura, perché esso aumenta esponenzialmente gli interessi di cui il debitore è in ultima istanza gravato. Anzi, la periodica capitalizzazione degli interessi, rendendo calcolabile solo *a posteriori* e, dunque opaco il tasso di interesse realmente applicato, ha sempre rappresentato una via attraverso la quale gli operatori creditizi pongono in essere in modo surrettizio comportamenti sostanzialmente usurari, approfittando della circostanza che il cliente, il più delle volte, non dispone delle competenze tecniche necessarie ad avvedersi della misura effettivamente raggiunta dagli interessi grazie all'effetto moltiplicatore prodotto dalla capitalizzazione.

Il disfavore dell'ordinamento nei confronti dell'anatocismo si esprime nell'art. 1283, alla stregua del quale, infatti, gli interessi già maturati possono essere considerati quale base per la produzione di nuovi interessi solo in due ipotesi: *a*) quando ciò venga chiesto dal creditore con la domanda giudiziale volta ad ottenere la condanna del debitore al pagamento delle somme dovute; *b*) quando la capitalizzazione degli interessi sia frutto di un accordo delle parti, purché essa sia circoscritta agli interessi precedentemente maturati. In entrambe le ipotesi, peraltro, è necessario che gli interessi di cui viene chiesta o convenuta la capitalizzazione siano maturati in relazione ad un arco temporale pari, almeno, ad un semestre.

Questi limiti non operano in presenza di **usi contrari**. A lungo la giurisprudenza ha ritenuto che ad integrare tale presupposto fosse sufficiente una prassi negoziale. Sicché, ad es., venivano considerate lecite le clausole inserite nei contratti bancari che prevedevano in via anticipata la periodica capitalizzazione degli interessi maturati sulle esposizioni debitorie dei clienti: ciò che consentiva un'agevole elusione del divieto legale.

Alla fine degli anni novanta è emerso e si è consolidato un nuovo orientamento giurisprudenziale, secondo il quale gli usi contrari di cui all'art. 1283 sono solo gli usi **normativi**, con la conseguenza che le clausole anatocistiche di cui si è detto prima risultavano, adesso, tutte nulle per illiceità. La necessità di tutelare gli equilibri economici del sistema bancario, improvvisamente esposto ad ingenti pretese restitutorie, ha, così, indotto il legislatore ad intervenire dettando (oltre ad una disciplina transitoria per i rapporti in essere) una norma speciale (art. 120, co. 2, d.lgs. n. 385/1993) ai sensi della quale le clausole di capitalizzazione sono lecite purché **bilaterali**, nel senso che la capitalizzazione medesima deve essere prevista con eguale periodicità per gli interessi passivi e per quelli attivi. Tuttavia, da ultimo, l'art. 17 *bis*, d.l. n. 18/2016 ha aggiunto all'art. 120, co. 2, d.lgs. n. 385/1993 le lett. *a*) e *b*) che reintroducono l'anatocismo sugli interessi di mora relativamente alle operazioni su carte di credito e aperture di credito in conto corrente.

7. *Obbligazioni alternative ed obbligazioni facoltative*

Un'obbligazione è detta **alternativa** quando essa ha ad oggetto **due** prestazioni, appunto, alternative, nel senso che il debitore si libera eseguendo l'una o l'altra delle due.

Il momento cruciale nella vita di un'obbligazione alternativa è rappresentato dalla scelta, a seguito della quale si ha la c.d. **concentrazione**: consumata la scelta, l'obbligazione diventa **semplice**, onde il debitore risulterà obbligato ad eseguire la sola prestazione prescelta.

Scelta

La scelta compete al **debitore**, tranne che il titolo la riservi al creditore ovvero ad un terzo (art. 1286, co. 1). Essa si realizza, e diviene irrevocabile, con una dichiarazione comunicata all'altra parte del rapporto; alla dichiarazione è assimilata l'esecuzione della prestazione (art. 1286, co. 2).

Il potere di scelta è certamente un **diritto potestativo**, poiché il suo esercizio incide sulla struttura del rapporto e, conseguentemente, sulla sfera dell'altra parte del rapporto, la quale, dunque, dal canto suo, versa in una condizione di soggezione.

Naturalmente, termini e modalità dell'esercizio del potere di scelta risentono del diverso interesse di cui sono portatori il debitore e il creditore. Così, allorché il potere di scelta spetti al debitore, la legge tutela il creditore attribuendogli la possibilità di ricorrere al giudice affinché questi fissi un termine entro il quale il debitore avrà l'onere di esercitare la scelta, e scaduto il quale il potere di scelta passerà al creditore (art. 1287, co. 1). Tuttavia, il creditore potrà ricorrere al giudice solo dopo avere ottenuto una sentenza che condanni il debitore ad adempiere (più precisamente, ad eseguire una delle due prestazioni, atteso che ancora la concentrazione dell'obbligazione non si è verificata); ciò significa che nessun rimedio è dato al creditore fino a quando l'obbligazione non risulti esigibile.

Ove, viceversa, il titolo attribuisca il potere di scelta al creditore, la legge si fa carico, questa volta, dell'interesse del debitore prevedendo che l'inosservanza del termine stabilito dal titolo, o fissato dal debitore, determini l'automatico passaggio di quel potere al debitore (art. 1287, co. 2).

Effetti della sopravvenuta impossibilità della prestazione non imputabile

Un importante banco di prova per comprendere la struttura delle obbligazioni alternative è costituito dalla disciplina dell'**impossibilità sopravvenuta e non imputabile** della prestazione (art. 1288).

Detto evento, se ha luogo **prima** che la scelta sia stata compiuta, determina la concentrazione del rapporto, a prescindere dalla parte cui la scelta spettava. Viceversa, se l'impossibilità dovesse sopraggiungere in un momento **successivo** alla scelta, poiché l'obbligazione divenuta *medio tempore* semplice si comporta come una normale obbligazione, il vincolo si estinguerà senz'altro.

Differente è l'ipotesi in cui, prima della scelta, una delle due prestazioni diventi impossibile per causa **imputabile** al debitore o al creditore. Al riguardo, l'art. 1289 detta una complessa disciplina, che individua soluzioni che variano a seconda della parte cui la scelta competa ed alla quale l'impossibilità della prestazione sia imputabile.

In particolare, ove la scelta spetti al debitore e l'impossibilità sia a lui imputabile, l'obbligazione diventa semplice, senza che sia previsto alcun meccanismo di tutela a favore del creditore: questi, essendo comunque soggetto alla scelta del debitore, non può lamentare pregiudizio alcuno per il fatto che la concentrazione, invece di essere il frutto della scelta del debitore, sia stata una conseguenza della sopravvenuta impossibilità dell'altra prestazione.

Diversamente, ove la scelta spetti al debitore e l'impossibilità di una delle due prestazioni sia imputabile al creditore, si pone l'esigenza di tutelare l'interesse del debitore medesimo alla scelta della prestazione. Tale tutela è assicurata secondo due diverse modalità. La prima contempla l'**estinzione** dell'obbligazione: ciò nel presupposto che il debitore avrebbe potuto scegliere la prestazione poi divenuta impossibile, dal momento che imporgli l'esecuzione di una prestazione (quella rimasta possibile) che egli avrebbe potuto non scegliere, equivarrebbe a vanificare il suo potere di scelta.

In alternativa, il debitore rimarrà obbligato ad eseguire la prestazione ancora possibile, ma egli avrà diritto al **risarcimento** del danno patito per avere perduto la facoltà di scegliere quale prestazione eseguire: in questo caso, dunque, l'impossibilità di una delle due prestazione sostituisce la scelta del debitore quale fattore determinante la concentrazione dell'obbligazione, ma il costo della perdita della facoltà di scelta viene traslato, attraverso lo strumento risarcitorio, dal debitore al creditore.

Diversa è la disciplina prevista con riferimento all'ipotesi in cui la scelta competa al creditore.

Qui, ove l'impossibilità di una delle prestazioni sia imputabile al debitore, il creditore ha due opzioni: esigere la prestazione rimasta possibile, ovvero chiedere il risarcimento del danno commisurato al mancato conseguimento dell'altra. Come è facile intuire, le due opzioni mirano a realizzare l'esito ultimo che si sarebbe determinato ove il creditore avesse potuto esercitare la facoltà di scelta e avesse optato – rispettivamente – per la prestazione rimasta possibile o per quella divenuta impossibile.

Infine, ove la scelta spetti al creditore e l'impossibilità sia a lui imputabile, al creditore medesimo è data la possibilità di scegliere tra l'estinzione del rapporto o il conseguimento della prestazione rimasta possibile, accompagnato, però, dal risarcimento del danno cagionato al debitore.

Dalle obbligazioni alternative occorre distinguere le obbligazioni **facoltative**.

I punti di contatto tra le due figure sono evidenti: anche nelle obbligazioni facoltative sono previste due diverse prestazioni, ed è data al debitore la possibilità di liberarsi eseguendo l'una o l'altra. Solo **una** delle due, però, costituisce **oggetto** dell'obbligazione, mentre l'altra è offerta al debitore *in facultate solutionis*: detto altrimenti, il debitore è tenuto ad eseguire solo una prestazione, ma gli è consentito di liberarsi anche eseguendo l'altra la quale, però, rimane estranea all'obbligazione.

La particolare struttura delle obbligazioni facoltative risulta ancor più evidente se si assume la prospettiva del creditore. Questi, infatti, potrà chiedere l'esecuzione della sola prestazione dedotta quale oggetto del rapporto, perché l'altra come non è dovuta dal debitore, così non è esigibile dal creditore. Ancora: in caso di inadempimento, il risarcimento del danno sarà commisurato alla sola prestazione dovuta.

Infine, ove questa diventi impossibile per causa non imputabile al debitore, l'obbligazione si **estingue**, a nulla rilevando la circostanza che persista la possibilità di eseguire la prestazione data *in facultate solutionis*; ciò consente di apprezzare fino in fondo la differenza rispetto alle obbligazioni alternative, nelle quali, finché non sia intervenuta la scelta, l'impossibilità sopravvenuta di una delle due prestazioni, non imputabile al debitore implica che il vincolo obbligatorio si concentri automaticamente sull'unica prestazione rimasta possibile.

8. *Le obbligazioni soggettivamente complesse*

Si definiscono soggettivamente complesse le obbligazioni caratterizzate dalla presenza di **una** pluralità di debitori o di creditori, tutti tenuti a eseguire, o legittimati a ricevere, la prestazione oggetto del rapporto.

Già questa prima sommaria descrizione segnala la problematicità della figura: tra il dato dell'unicità della prestazione e quello della pluralità dei debitori o dei creditori sussiste una tensione logica, che si riflette sull'annosa contrapposizione tra chi ritiene configurabile un **fascio** di rapporti convergenti sul medesimo oggetto (onde, ad es., ciascuno dei debitori sarebbe legato al creditore da un rapporto distinto, ma avente ad oggetto sempre la medesima prestazione); e la tesi che, viceversa, ritiene configurabile un unico rapporto che presenta, dal lato attivo o dal lato passivo, una parte **plurisoggettiva**, cioè costituita da più soggetti legati dalla comunanza dell'interesse di cui sono portatori.

Nella prospettiva del codice civile, il fenomeno della pluralità di debitori e/o creditori viene in considerazione con riguardo alle modalità di esecuzione della prestazione (donde la coppia **solidarietà/parziarietà**) e all'oggetto dell'obbligazione (donde la coppia **divisibilità/indivisibilità**).

8.1. *Solidarietà e parziarietà passive*

Si consideri, innanzitutto, l'ipotesi in cui vi siano più debitori (ad es., Tizio e Caio acquistano in comunione un'automobile, risultando coobbligati al pagamento del prezzo; Tizio e Caio, eredi di Sempronio, sono coobbligati al pagamento del debito che questi aveva nei confronti di Mevio).

Solidarietà passiva

Quando obbligazioni di questo tipo sono soggette al regime della **solidarietà**, il creditore potrà chiedere l'esecuzione dell'**intera** prestazione a ciascuno dei condebitori, perché ciascuno di essi è obbligato in **solido** (ovvero per l'intero). Ciò, ovviamente, non significa che il creditore possa conseguire la medesima prestazione più volte (precisamente, un numero di volte pari al numero dei debitori): l'esecuzione della prestazione posto in essere dal singolo condebitore **estingue** il rapporto obbligatorio, liberando dunque, nei confronti del creditore, anche gli altri condebitori.

Quanto al profilo dei rapporti **interni** tra i condebitori, l'art. 1298 stabilisce che la prestazione deve essere divisa tra i diversi debitori (aggiungendo poi che le parti di ciascuno si considerano uguali, tranne che risulti diversamente dal titolo del rapporto): ne discende che il debitore adempiente potrà agire in via di **regresso** nei confronti degli altri, ripetendo però da ciascuno di essi soltanto la parte sullo stesso gravante (art. 1299, co. 1: nei rapporti interni, dunque, il regime della solidarietà non opera).

Parziarietà passiva

L'obbligazione è, invece, **parziaria** quando ciascuno dei debitori è obbligato ad eseguire solo la **parte** di prestazione a suo carico. Il creditore, in questa ipotesi, non potrà pretendere l'intera prestazione dal singolo condebitore, ma sarà costretto ad agire *pro quota* nei confronti di ciascuno di essi (art. 1314, ove la parziarietà – il cui *nomen* non viene espressamente menzionato – viene presentata quale regime delle obbligazioni divisibili non soggette alla regola della solidarietà).

Differenze tra i due regimi e allocazione del rischio

Il confronto tra questi due regimi – solidarietà passiva e parziarietà passiva – mostra come il primo assicuri un notevole vantaggio al **creditore**. Per questi, infatti, è meno oneroso poter esigere l'intera prestazione da uno dei solo condebitori, piuttosto che doverla richiedere *pro quota* a ciascuno di essi. Se a ciò si aggiunge la possibilità, sempre per il creditore, di selezionare il condebitore con il patrimonio più capiente, è evidente che la regola della solidarietà passiva si traduce in una notevole attenuazione del **rischio** dell'insolvenza. È verosimile, infatti, che il creditore riesca ad ottenere, agendo contro il condebitore più capiente e, se del caso, escutendone il patrimonio, quanto gli spetta. Sarà il debitore che ha pagato (o che ha subito l'esecuzione) ad agire in via di regresso nei confronti degli altri condebitori.

Se, in questa fase successiva, uno dei condebitori risulta insolvente, la perdita viene **ripartita** *pro quota* tra tutti gli altri (art. 1299, co. 2); onde il rischio e il costo dell'insolvenza di uno dei condebitori vengono suddivisi tra gli altri, senza intaccare la posizione del creditore, il quale, dal canto suo, ha già conseguito in via definitiva l'intera prestazione. È evidente la differenza rispetto al regime delle obbligazioni parziarie, ove il rischio e il costo dell'insolvenza di uno dei condebitori resta a carico del creditore, il quale non conseguirà la parte della prestazione rimasta inadempiuta, non potendo vantare, in ragione di tale insolvenza, alcuna pretesa ulteriore nei confronti degli altri debitori.

Determinazione del regime da applicarsi al caso concreto

Ora, in presenza di un'obbligazione con più debitori si tratta di stabilire se essa sia soggetta al regime della solidarietà o a quello della parziarietà. Il problema trova soluzione nell'art. 1294, ai sensi del quale "i condebitori sono tenuti in solido, se dalla legge o dal titolo non risulta diversamente". In altri termini, in difetto di una disposizione normativa o di una clausola pattizia che introducano la parziarietà, l'obbligazione dovrà considerarsi solidale.

Una particolare ipotesi di solidarietà passiva quella che sussiste (art. 2055) tra più soggetti cui sia imputabile in concorso il medesimo evento lesivo: costoro sono infatti obbligati in solido al risarcimento del danno. Qui, sul piano dei rapporti interni, la somma risarcita dovrà essere ripartita, in sede di regresso, "in una misura determinata dalla entità della rispettiva colpa e delle conseguenze che ne sono derivate".

È parziaria, viceversa, l'obbligazione gravante su più soggetti tenuti, nel medesimo grado, alla prestazione degli alimenti nei confronti del loro congiunto (art. 441); ma l'ipotesi più significativa di obbligazione parziaria è certamente quella dei debiti ereditari, per i quali ciascuno degli eredi risponde solo *pro quota* (art. 754). I crediti ereditari, al contrario, non s'innestano sul terreno della parziarietà, entrando piuttosto a far parte della comunione ereditaria. Sovvertendo l'impostazione tradizionale di questa particolare dinamica successoria, la giurisprudenza ritiene oggi di poter approdare a tale conclusione muovendo da un'esegesi endosistematica delle coordinate codicistiche (e, pertanto, valorizzando il contenuto degli artt. 727, 757 e 760 e non anche degli artt. 1295 e 1314, ritenuti inconferenti alla fattispecie ed incastonati, in ogni caso, in un plesso normativo differente da quello dedicato agli atti *mortis causa*).

8.1.1. *Le applicazioni della solidarietà passiva*

Il regime della solidarietà passiva, tuttavia, opera anche in ipotesi in cui tra i condebitori non sussista una comunione di interesse, potendosi distinguere una obbligazione **principale** ed una obbligazione **accessoria**: al debitore principale si affianca un altro soggetto, coobbligato a eseguire la prestazione dovuta dal primo, sia pure sulla base di una distinta vicenda di costituzione del vincolo.

Si pensi al **fideiussore** (cioè al soggetto che, obbligandosi personalmente verso il creditore, garantisce l'adempimento di un'obbligazione altrui: art. 1936), il quale è obbligato in solido con il debitore principale (art. 1944). Si pensi, ancora, alle figure della delegazione, dell'espromissione e dell'accollo: quando il debitore originario **non** viene liberato, tra questi e il nuovo debitore si instaura il regime della solidarietà; ma anche in questo caso i due condebitori non possono essere posti sul medesimo piano, perché l'obbligazione dell'uno risulta **sussidiaria** rispetto all'obbligazione dell'altro (rispondendo *lato sensu* ad un'esigenza di garanzia, in termini non dissimili da quel che accade con la fideiussione).

Dunque, il regime della solidarietà può trovare applicazione in contesti diversi.

Pluralità di soggetti e comunione di debito

Una prima volta (si pensi all'ipotesi, già menzionata, di due soggetti che acquistano in comunione il medesimo bene e risultano pertanto coobbligati al pagamento del prezzo) i condebitori condividono l'interesse sotteso alla vicenda da cui l'obbligazione discende e si collocano in una posizione equiordinata rispetto alla prestazione dovuta. Questa comunanza di interesse lega i condebitori costituendoli quali parte plurisoggettiva di un rapporto obbligatorio che conserva la sua **unitarietà**.

Pluralità di rapporti e sussidiarietà

Una seconda volta, viceversa, si registra la presenza di una **pluralità** di rapporti: al debito principale si affianca, ma in posizione sussidiaria, una obbligazione accessoria, avente ad oggetto la medesima prestazione. I due rapporti, distinti sul piano strutturale, sono però funzionalmente connessi, perché l'uno funge da **garanzia** dell'altro. E questa connessione funzionale si realizza, appunto, attraverso il meccanismo della solidarietà: il creditore può chiedere l'esecuzione della prestazione (dell'intera prestazione) anche al coobbligato; ma questo adempimento libererà anche il debitore principale.

La differenza tra le due ipotesi si manifesta con particolare nettezza sul piano dei rapporti **interni** tra i condebitori. Invero, la regola in forza della quale qui l'obbligazione in solido si divide, in via di regresso, tra tutti i condebitori, trova una eccezione nel caso in cui l'obbligazione "sia stata contratta nell'interesse esclusivo di alcuno di essi" (art. 1298). Questa eccezione riguarda proprio le fattispecie in cui tra i debitori in solido non vi sia un vincolo di comunione e all'obbligazione principale si affianchi una obbligazione accessoria: qui, infatti, la prestazione è destinata a gravare interamente, in ultima istanza, sul debitore principale, con la conseguenza che, ad es., la possibilità di agire in regresso dopo aver eseguito la prestazione è accordata al fideiussore, ma non anche al debitore principale.

Un'altra differenza è individuabile nella circostanza che (solo) quando operi quale strumento di connessione tra una obbligazione principale e una accessoria, il regime della solidarietà può attenuarsi, consentendo al creditore di agire verso il coobbligato solo dopo essersi rivolto infruttuosamente al debitore principale. Peraltro, questo indebolimento della solidarietà può risultare ora maggiore, ora minore, a seconda che si ponga a carico del creditore un mero onere di preventiva **richiesta** della prestazione al debitore principale (*beneficium ordinis*: art. 1268, co. 2), ovvero un onere di preventiva **escussione** dello stesso (*beneficium excussionis*: cfr. art. 1944, co. 2).

La disciplina della solidarietà dettata dal codice sembrerebbe ispirato al modello dell'unica obbligazione. In realtà, le disposizioni (artt. 1300-1311) relative all'incidenza sull'obbligazione medesima delle diverse vicende che la possono riguardare (modi di estinzione diversi dall'adempimento, transazione, sentenza, inadempimento, mora, riconoscimento del debito, prescrizione e rinunzia alla solidarietà) trovano applicazione, in assenza di una regola *ad hoc*, anche là dove la solidarietà inerisca ad obbligazioni tra loro in rapporto di sussidiarietà.

In alcuni casi, comunque, l'inapplicabilità della regola alle obbligazioni sussidiarie risulta evidente, perché essa presuppone necessariamente una comunione del debito. Si pensi, ad es., all'art. 1307: se la prestazione è divenuta impossibile per causa imputabile ad uno dei condebitori, gli altri non sono liberati e sono obbligati al risarcimento del danno (sia pure nei limiti del valore della prestazione originariamente dovuta, atteso che il danno ulteriore grava in via esclusiva sul condebitore cui è imputabile l'impossibilità della prestazione). Questa previsione risulterebbe incomprensibile se i condebitori non costituissero un'unica parte plurisoggettiva, perché altrimenti l'impossibilità della prestazione imputabile ad uno di essi rileverebbe, nei riguardi degli altri, come una ipotesi di impossibilità non imputabile e ne determinerebbe la liberazione (art. 1256).

Analogamente, l'art. 1310 – ai sensi del quale l'atto con il quale il creditore interrompe la prescrizione nei riguardi di un debitore ha effetto anche nei riguardi degli altri – costituisce una conseguenza necessaria della struttura unitaria che l'obbligazione solidale presenta quando sussista un vincolo di comunione tra i debitori: in questo caso, infatti, all'unitarietà del rapporto corrisponde un solo diritto di credito, per il quale non è certo configurabile una vicenda prescrittiva diversamente modulata nei riguardi dei vari condebitori.

8.1.2. *Altre ipotesi di obbligazioni soggettivamente complesse*

L'alternativa tra solidarietà e parziarietà, tuttavia, non esaurisce il campo delle obbligazioni soggettivamente complesse.

Una figura particolare, non contemplata dal codice, è quella delle obbligazioni plurisoggettive (aventi ad oggetto una prestazione indivisibile) ad attuazione **congiunta**. Si pensi al caso in cui due musicisti si impegnino a suonare in un teatro eseguendo alcuni brani per pianoforte e violino: ora, è evidente che a questa obbligazione non potrà applicarsi né la regola della solidarietà, perché la natura della prestazione è tale da imporre un adempimento, appunto, congiunto, né quella della parziarietà, incompatibile con il carattere indivisibile della prestazione.

Non possono neppure considerarsi obbligazioni plurisoggettive le c.d. obbligazioni **collettive**: formula questa, peraltro di uso non univoco, con la quale si indicano le obbligazioni riconducibili a collettività organizzate, dotate di una più o meno accentuata autonomia patrimoniale, ma prive di personalità giuridica (associazioni non riconosciute, comitati, società di persone). In queste ipotesi è previsto, talora, che delle obbligazioni dell'ente rispondano anche, in via solidale, gli aderenti ad esso (artt. 38, 2267, 2291 e 2313); ricorre qui lo schema della sussidiarietà, atteso che l'obbligazione gravante sul socio o sull'associato è certamente accessoria rispetto a quella dell'ente e risponde ad una funzione di garanzia.

Infine, tra le obbligazioni collettive e quelle plurisoggettive si collocano alcune figure intermedie in cui la comunione di interesse che lega i condebitori, pur non concretizzandosi in una collettività organizzata dotata di una propria soggettività giuridica, trascende la singola e contingente vicenda negoziale, perché deriva dalla **contitolarità** della situazione giuridica in relazione alla quale l'obbligazione è stata contratta: si pensi alla comunione ordinaria, alla comunione legale tra i coniugi, alla comunione ereditaria e al condominio. Queste ipotesi, nelle quali certamente ricorre il dato della pluralità dei debitori, sono inquadrabili nello schema delle obbligazioni plurisoggettive; ma il regime ad esse applicabile è determinato dalla disciplina dell'istituto che, di volta in volta, viene in rilievo. Così, mentre le obbligazioni contratte per la cosa comune sono assoggettate dall'art. 1115 al regime della solidarietà, per i debiti ereditari vige quello della parziarietà (artt. 752 e 754).

8.2. *Solidarietà e parziarietà attive*

Pluralità di creditori

Fin qui si è parlato solo delle ipotesi in cui la plurisoggettività dell'obbligazione dipende dalla presenza di più debitori. Tuttavia il codice contempla anche l'ipotesi in cui il rapporto sia caratterizzato dalla presenza di più creditori: il che, invero, accade con frequenza decisamente minore.

Anche in questo caso si distinguono solidarietà e parziarietà (attiva). La prima comporta che ciascuno dei creditori possa chiedere al debitore l'esecuzione dell'**intera** prestazione; tale adempimento **libera** il debitore anche nei confronti degli altri creditori (art. 1292). Per altro verso, il debitore può scegliere a favore di quale creditore in solido eseguire la prestazione, almeno fino a quando non sia stata proposta nei suoi riguardi una domanda giudiziale da uno di essi (art. 1296). Anche in questo caso resta poi aperto il fronte dei rapporti interni tra i creditori, poiché la prestazione ricevuta da uno dovrà essere condivisa con gli altri (art. 1298).

L'obbligazione è, invece, parziaria quando ciascuno dei creditori può pretendere solo la **parte** della prestazione a lui spettante (art. 1314). Al contempo, il debitore non può eseguire l'intera prestazione nelle mani di un singolo creditore, conseguendo la liberazione dal vincolo; egli deve dunque eseguire, nei confronti di ciascuno dei creditori, la parte della prestazione che a questi compete. È evidente, pertanto, che il regime della solidarietà rappresenta per il debitore un vantaggio rispetto a quello della parziarietà, perché è certamente meno oneroso eseguire l'intera prestazione nelle mani di un singolo creditore (potendo anche scegliere quello nei confronti del quale risulti più agevole adempiere), piuttosto che dover porre in essere più adempimenti frazionati.

La regola per cui l'obbligazione plurisoggettiva è sempre solidale, tranne che dalla legge o dal titolo non risulti diversamente (art. 1294), riguarda solo l'ipotesi in cui vi siano più debitori. Nel caso in cui vi siano più creditori la solidarietà opera solo se la legge o il titolo del rapporto la prevedano espressamente (il che accade, ad es., nell'ipotesi del conto corrente bancario cointestato a più soggetti: art. 1854). Ove così non sia, vige il regime della parziarietà (peraltro sempre applicabile – ai sensi degli artt. 752 e 754 – ai crediti ereditari).

8.3. *Obbligazioni divisibili ed indivisibili*

L'alternativa tra solidarietà e parziarietà si dà solo per le obbligazioni divisibili, perché "le obbligazioni indivisibili sono regolate dalle norme relative alle obbligazioni solidali, in quanto compatibili" (art. 1317).

L'obbligazione è **indivisibile** quando abbia ad oggetto una prestazione insuscettibile di essere frazionata in parti idonee a soddisfare, sia pure proporzionalmente, l'interesse del creditore (art. 1316). In particolare, l'indivisibilità della prestazione può risultare direttamente e necessariamente dalla natura del suo oggetto (indivisibilità **oggettiva**: si pensi al restauro di una cornice antica), ovvero può desumersi dal modo in cui detto oggetto è stato considerato dalle parti contraenti (indivisibilità **soggettiva**). La nozione giuridica di indivisibilità, pertanto, non è del tutto sovrapponibile al dato empirico, perché le parti di un contratto possono assumere come indivisibile anche una prestazione che – da un punto di vista naturalistico – è certamente divisibile; ciò accade quando esse convengano che solo un adempimento integrale, non frazionato, sia idoneo a soddisfare l'interesse del creditore.

Indivisibilità e solidarietà

Come si è detto, mentre le obbligazioni divisibili possono essere tanto parziarie, quanto solidali (art. 1314), le obbligazioni indivisibili sono necessariamente soggette al regime della solidarietà (art. 1317): l'indivisibilità della prestazione è d'ostacolo a quel frazionamento della stessa tipico della parziarietà. Anche i debiti e i crediti ereditari, se hanno ad oggetto una prestazione indivisibile, sono soggetti al regime della solidarietà (art. 1318), non potendosi applicare la regola della parziarietà dettata – in via generale – dagli artt. 752 e 754.

In conclusione, va ribadito che le coppie solidarietà/parziarietà e divisibilità/indivisibilità individuano profili diversi dell'obbligazione (rispettivamente, cioè, l'**esecuzione** della prestazione e l'**oggetto**): ciò al fine di evitare gli equivoci in cui può indurre la (non felice) impostazione della disciplina codicistica. Ad es., tutte le obbligazioni parziarie sono certamente divisibili (anzi, possono essere parziarie proprio perché divisibili); ma non è vero il contrario, poiché nulla osta che una obbligazione divisibile risulti soggetta al regime della solidarietà. E neanche gli ambiti della solidarietà e della indivisibilità coincidono. Ciò non solo in ragione della configurabilità di obbligazioni solidali (per quanto) divisibili, ma anche perché vi sono obbligazioni indivisibili non soggette al regime della solidarietà: tali sono le già ricordate obbligazioni ad attuazione congiunta.

Questo è verosimilmente il significato da attribuire all'inciso ("in quanto applicabili") con il quale l'art. 1317 pone un limite insuperabile alla immediata e automatica estensione alle obbligazioni indivisibili del regime della solidarietà. Esso, infatti, implica non solo l'esigenza di valutare se questa o quella regola dettata in materia di solidarietà sia compatibile con la natura indivisibile della prestazione, ma richiede anche di accertare se il rapporto si presti a quella peculiare modalità di attuazione che la solidarietà rappresenta. Il che, appunto, non accade quando il rapporto richiede una attuazione congiunta da parte di tutti i condebitori, non tollerando l'adempimento integrale (in solido) della prestazione da parte di uno di essi.

Sezione IV

L'ATTUAZIONE DEL RAPPORTO OBBLIGATORIO

9. *Il comportamento del creditore*

Il comportamento del creditore assume rilievo principalmente sotto due diversi profili: la richiesta al debitore di eseguire la prestazione e la ricezione di quest'ultima.

La richiesta di adempimento integra gli estremi dell'esercizio **stragiudiziale** della pretesa creditoria. Al riguardo occorre distinguere la richiesta **informale** della prestazione dalla **intimazione** ad adempiere contemplata dall'art. 1219. La prima rappresenta un mero invito, il più delle volte privo di rilevanza sul piano giuridico, salvo il caso in cui, spettando al creditore la determinazione del termine per l'adempimento, la richiesta della prestazione non finisca, sia pure indirettamente, per assolvere a tale funzione (art. 1183, co. 2).

Esercizio stragiudiziale della pretesa creditoria

Dalla richiesta di adempimento va tenuta distinta la intimazione di adempiere di cui all'art. 1219, alla quale si ricollega un duplice effetto: per un verso, qualifica il ritardo già in essere, dando ingresso all'applicazione della disciplina della mora del debitore; per altro verso, interrompe il corso della prescrizione (art. 2943). Proprio in ragione degli effetti che essa produce, l'intimazione di adempiere necessita della forma **scritta**, sebbene non siano richieste particolari formule sacramentali.

L'intimazione *ex* art. 1219, poi, non va confusa con la **diffida ad adempiere** prevista dall'art. 1454 con riguardo ai contratti a prestazioni corrispettive, i cui effetti giuridici sono ancora più pregnanti perché ad essa consegue – ove la prestazione non venga eseguita entro il termine intimato – l'automatica risoluzione del contratto da cui l'obbligazione discende.

Il comportamento del creditore assume rilievo, poi, come si è detto, sotto il profilo della ricezione della prestazione.

In effetti, il più delle volte l'esecuzione della prestazione non sarebbe possibile senza un'adeguata **cooperazione** del creditore, il quale deve essere disponibile a riceverla (si pensi alla consegna di un bene o al pagamento di una somma di denaro) o, in termini più generali, deve prestare la propria collaborazione al debitore (si pensi ad una prestazione medica, alla quale il paziente deve materialmente sottoporsi). Vi sono, però, anche casi in cui l'esatto adempimento prescinde del tutto dalla cooperazione del creditore: si pensi alle obbligazioni aventi ad oggetto un *non facere*.

Il momento della ricezione della prestazione assume rilievo anche sotto il profilo del controllo della stessa: si rammenti che il creditore può sempre rifiutare la prestazione ove essa non costituisca esatto adempimento dell'obbligazione.

Controllo sulla prestazione

L'inesattezza della prestazione può concernere, intanto, il **luogo** o il **tempo** in cui essa va eseguita. Quanto al tempo, però, il discorso vale solo per i casi in cui il termine sia fissato (anche) nell'interesse del creditore e il debitore pretenda di adempiere prima della scadenza; là dove, invece, il termine sia scaduto, il creditore non può rifiutare la prestazione adducendo quale motivo il ritardo, tranne che non abbia più interesse a conseguirla (art. 1256, co. 2).

L'inesattezza, ancora, può atteggiarsi come inesattezza **qualitativa** o **quantitativa**. Circa la prima ipotesi, è certo che il creditore possa sempre rifiutare una prestazione diversa, anche se di valore maggiore (arg. *ex* art. 1197). Tuttavia, il rifiuto di una prestazione che si presenti come marginalmente difforme rispetto a quella dovuta può sempre risultare illegittimo alla luce di un sindacato condotto alla stregua del canone della buona fede.

Anche una inesattezza quantitativa legittima il rifiuto della prestazione, come risulta testualmente dall'art. 1181, secondo il quale il creditore può rifiutare un adempimento **parziale** anche se la prestazione è divisibile. Questa norma, oltre che nella volontà delle parti, può trovare una deroga in specifiche previsioni di legge, le più rilevanti delle quali sono dettate in materia di pagamento della cambiale e dell'assegna bancario (art. 45, co. 2, r.d. n. 1669/1933 e art. 37, co. 2, r.d. n. 1736/1933).

9.1. *La prestazione in luogo dell'adempimento*

Si è appena detto che solo l'esatto adempimento dell'obbligazione estingue il vincolo: una prestazione quantitativamente o qualitativamente inesatta, anche se di maggiore valore rispetto a quella dovuta, può dunque essere legittimamente rifiutata dal creditore.

Ovviamente, vertendosi in una materia in larga misura rimessa all'autonomia delle parti, è pur sempre data a queste ultime la possibilità di convenire che il debitore si liberi eseguendo una prestazione diversa da quella originaria. Ciò è quanto accade quando le parti concludono quel particolare accordo solutorio noto, secondo una terminologia risalente, come ***datio in solutum*** (dazione in pagamento) e disciplinato dall'art. 1197 (il quale parla, più modernamente, di **prestazione in luogo dell'adempimento**).

Datio in solutum e novazione

La *datio in solutum* è vicenda diversa dalla novazione; mentre quest'ultima determina l'estinzione dell'obbligazione preesistente e la sua sostituzione con un'obbligazione nuova e diversa, nel primo caso l'obbligazione rimane in vita, senza che il suo oggetto muti: l'unica prestazione dovuta dal debitore ed esigibile dal creditore è, e rimane, quella originaria. Tuttavia, al debitore è accordata la facoltà di liberarsi anche eseguendo una prestazione diversa, la quale però resta estranea al vincolo obbligatorio. Insomma, la *datio in solutum* trasforma un'obbligazione semplice in un'obbligazione **facoltativa**, perché affianca alla prestazione dovuta una prestazione ulteriore, non dovuta ma solo offerta *in facultate solutionis*.

Ciò significa che in caso di inadempimento la tutela del creditore è modulata sulla prestazione originaria: quest'ultima costituisce l'unica prestazione di cui potrà chiedersi l'esecuzione, nonché il parametro sulla base del quale quantificare la pretesa risarcitoria.

Non contrasta con questo assunto il disposto dell'art. 1197, co. 2, che disciplina l'ipotesi in cui la prestazione offerta in pagamento consista nel **trasferimento della proprietà** di un bene determinato. Vero è, infatti, che questa norma estende al creditore la garanzia per l'evizione e per i vizi prevista in materia di compravendita; ma questi rimedi – che costituiscono peraltro effetto naturale della vicenda traslativa – non possono assimilarsi ad un'azione di esatto adempimento dell'obbligazione avente ad oggetto la prestazione offerta *in facultate solutionis*, atteso che, nel caso di specie, detta prestazione consiste (e si risolve) nel trasferimento della proprietà del bene, trasferimento che si compie contestualmente al perfezionarsi dell'accordo solutorio. Anzi, a ben vedere, la regola per cui l'unica prestazione esigibile dal creditore è quella originaria trova nell'art. 1197, co. 2, una conferma, perché la disposizione precisa espressamente che l'accesso ai rimedi inerenti alla garanzia non esclude che il creditore possa richiedere l'adempimento e il risarcimento del danno, l'uno e l'altro, però, riferiti, appunto, alla prestazione originaria.

Un ulteriore indice del fatto che l'unica prestazione dovuta sia quella **originaria** è offerto dalla circostanza che l'impossibilità (sopravvenuta e) non imputabile al debitore di tale prestazione comporta sempre l'estinzione dell'obbligazione, a nulla rilevando la circostanza che sia sempre possibile eseguire quella pattuita in luogo dell'adempimento.

La differenza tra la dazione in pagamento e la novazione è, poi, ulteriormente ribadita dall'inciso finale dell'art. 1197, co. 1, che ricollega l'effetto estintivo dell'obbligazione non al raggiungimento dell'accordo solutorio, ma alla concreta **esecuzione** della prestazione convenuta in luogo dell'adempimento. Netta è, appunto, la distanza rispetto allo schema dell'accordo novativo, che determina immediatamente, nel momento stesso in cui si perfeziona, l'estinzione dell'obbligazione originaria.

Nell'inciso in questione una parte della dottrina rinviene la conferma della tesi, radicata in una tradizione risalente, secondo la quale la *datio in solutum* sarebbe un contratto **reale**: essa, cioè, si perfezionerebbe solo con la concreta esecuzione della prestazione convenuta. Questa ricostruzione non costituisce, però, l'unica via ad una soddisfacente spiegazione della disciplina dettata dall'art. 1197. Invero, essa sembra ancorata all'idea, funzionale ad un'esigenza di tutela del creditore, che debba esservi una coincidenza tra il momento in cui la dazione in pagamento si perfeziona e il momento, individuato dall'esecuzione della nuova prestazione, in cui si realizza l'effetto estintivo.

Datio in solutum e obbligazione facoltativa

È facile, però, osservare che tale esigenza di protezione del creditore non postula necessariamente la realità della *datio in solutum*, ben potendosi ritenere, invece, che l'accordo solutorio abbia natura consensuale e, al contempo, che l'effetto estintivo si realizzi solo quando la prestazione convenuta in luogo dell'adempimento venga eseguita. Donde il ricorso allo schema dell'obbligazione **facoltativa**, in cui l'estinzione dell'obbligazione segue la individuazione della prestazione destinata ad affiancarsi a quella originaria.

Una ipotesi particolare di dazione in pagamento ricorre quando, in luogo della prestazione dovuta, il debitore cede al creditore un proprio **credito** verso un terzo (art. 1198).

Qui – come accade, del resto, nella fattispecie, sopra esaminata, in cui oggetto della *datio in solutum* è il trasferimento della proprietà di una cosa determinata (art. 1197, co. 2) – l'accordo solutorio realizza immediatamente, in virtù del principio consensualistico, l'effetto traslativo e, dunque, dà luogo all'immediata estinzione dell'obbligazione. Tuttavia, la (già rilevata) esigenza di tutela del creditore fa sì che in questa ipotesi, a differenza di quanto previsto in via generale), la cessione si intende convenuta, salvo patto contrario, *pro solvendo* (onde il cedente è tenuto a garantire la solvenza del debitore ceduto).

9.2. *La mora del creditore*

Si è già osservato che il più delle volte il debitore non può adempiere se il creditore non presta la propria cooperazione, offrendosi di ricevere la prestazione, ovvero mettendo il debitore nelle condizioni di eseguirla. La **mancata cooperazione** del creditore può causare un pregiudizio al debitore, sotto il profilo, ad es., dei maggiori costi che egli si ritrova a sostenere per la custodia del bene che il creditore rifiuta di ricevere, ovvero sotto il profilo della immobilizzazione di risorse che potrebbero essere impiegate altrimenti (l'appaltatore che ferma il cantiere, nell'attesa delle istruzioni necessarie per ultimare l'opera, subisce una perdita pari al conseguente decremento di produttività della sua impresa).

Esiste, dunque, un interesse del debitore a liberarsi dell'obbligazione, eseguendo la prestazione dovuta. Questo interesse, che si riannoda al più generale sfavore dell'ordinamento per il protrarsi dei vincoli su beni e persone, trova espressione negli istituti della mora del creditore e della liberazione coattiva del debitore.

Mora del creditore

Ai sensi dell'art. 1206 il creditore è in **mora** quando, senza un **legittimo motivo**, non riceve il pagamento offertogli dal debitore nelle forme previste dalla legge (artt. 1208, 1209 e 1214), ovvero non compie quanto è necessario affinché il debitore possa eseguire la prestazione (artt. 1216 e 1217; art. 73 s. disp. att.).

Modalità dell'offerta

In particolare, quando l'obbligazione abbia ad oggetto la consegna di cose mobili, e questa debba eseguirsi al domicilio del creditore (come tipicamente avviene nel caso di obbligazioni pecuniarie), l'offerta deve essere **reale**: il pubblico ufficiale incaricato (un notaio o un ufficiale giudiziario) deve cioè recarsi al domicilio del creditore con il denaro o la cosa che costituisce l'oggetto della prestazione (art. 1209, co. 1).

Si procede invece all'offerta **per intimazione** quando la prestazione consista nella consegna di una cosa mobile da compiersi in un luogo diverso dal domicilio del creditore (art. 1209, co. 2); nella consegna di un bene immobile (art. 1216); ovvero in un *facere* (art. 1217); in questi casi dovrà procedersi con la notificazione nelle forme prescritte per la citazione di un atto mediante il quale si intima al creditore di presentarsi, un giorno e in un luogo determinato, al fine di ricevere la prestazione.

L'aspetto ovviamente più interessante di questa disciplina è quello relativo ai suoi **effetti** (art. 1207), conformati in funzione dell'esigenza di trasferire sul creditore tutti i costi e i rischi che il protrarsi del vincolo obbligatorio comporta. In questo modo vengono neutralizzate le conseguenze pregiudizievoli subite dal debitore a causa dell'ingiustificato rifiuto di ricevere la prestazione opposto dal creditore. Non viene meno, però, l'obbligazione: la mora del creditore, ad es., non esclude la responsabilità del debitore ove la prestazione, nel momento in cui il creditore accetta di riceverla, si riveli inesatta, mentre è, come ovvio, esclusa una responsabilità del debitore per il ritardo con cui la prestazione risulta adempiuta, essendo tal ritardo imputabile al solo creditore.

Rischio della controprestazione

Tornando al discorso sugli effetti, va osservato, in primo luogo, che quando il creditore è in mora "è a suo carico l'impossibilità della prestazione sopravvenuta per causa non imputabile al debitore" (art. 1207, co. 1). Il senso di questa regola si coglie in relazione a quanto previsto dall'art. 1463 a mente del quale ove la prestazione dovuta da una delle due parti diventi impossibile (per causa ad essa non imputabile), il contratto si risolve e l'altra parte non può esigere la controprestazione (e deve restituirla, ove la abbia già ricevuta). L'art. 1207, appunto, deroga alla previsione di cui all'art. 1463: infatti, il creditore in mora sopporta il rischio della controprestazione nel senso che egli, pur non conseguendo la prestazione cui aveva diritto, resta obbligato ad adempiere la propria.

Quanto agli altri effetti della mora del creditore, va ricordato che, trattandosi di un'obbligazione pecuniaria, non maturano più gli interessi corrispettivi. Ancora, se l'obbligazione ha ad oggetto la consegna di un bene di cui il debitore abbia il godimento, l'obbligazione restitutoria relativa ai frutti sarà circoscritta a quelli effettivamente percepiti, e non si estende a quelli che il debitore avrebbe potuto percepire impiegando il bene in modo più proficuo; previsione – questa – che libera il debitore dell'onere, cui altrimenti sarebbe soggetto, di adoperarsi al fine di utilizzare il bene in modo profittevole. Infine il creditore in mora è obbligato a rimborsare al debitore le spese che questi ha sostenuto per la conservazione e la custodia del bene, nonché a risarcire ogni altro danno che il debitore abbia potuto patire proprio a causa del perdurare del vincolo.

Gli effetti illustrati si verificano *ex tunc*, cioè dal giorno dell'offerta, ma solo ove essa venga **accettata** dal creditore, ovvero sia stata dichiarata valida con **sentenza passata in giudicato**. La *ratio* di questa previsione è evidente: la gravità degli effetti della mora del creditore hanno indotto il codice non solo a ricollegare detto regime ad una procedura – quella dell'offerta – rigidamente scandita e certificata dall'intervento di un pubblico ufficiale, ma anche ad esigere che l'offerta sia accettata dal debitore ovvero che la sua validità – cioè la regolarità della procedura e l'esattezza della prestazione – sia accertata nell'ambito di un giudizio contenzioso dall'esito definitivo.

Riassumendo: la mora del creditore consegue solo ad una offerta effettuata nel rispetto delle forme prescritte dal codice, la cui validità sia stata accertata giudizialmente o riconosciuta dal creditore. Un'offerta non conforme alle modalità prescritte, viceversa, avrà come sola conseguenza di escludere che il debitore possa essere considerato in mora (art. 1220).

Oltre l'offerta formale e quella non formale il codice contempla una terza possibilità, rappresentata dall'offerta **secondo gli usi** (art. 1214).

Anche a prescindere dalla difficoltà di individuare i contorni esatti della fattispecie, in ogni caso, essa è destinata ad occupare uno spazio applicativo molto circoscritto, perché qui gli effetti della mora del creditore si verificano solo dal giorno in cui il debitore esegua il deposito liberatorio (su cui ci intratterremo poco più avanti), e sempre che esso venga successivamente dichiarato valido con sentenza passata in giudicato (o accettato dal creditore). In concreto, dunque, l'offerta secondo gli usi risponde all'esigenza di consentire al debitore di accedere al deposito liberatorio, senza passare attraverso le rigide forme prescritte per l'offerta reale o per intimazione.

Liberazione del debitore

Mentre la mora del creditore pone il debitore al riparo dalle conseguenze pregiudizievoli del persistere dell'obbligazione, il **deposito liberatorio** (art. 1210 s.) gli consente di liberarsi in via definitiva dal vincolo.

Modalità del deposito

Al deposito si può dare corso solo dopo che il debitore abbia proceduto (invano) alla offerta formale della prestazione: esso consiste, appunto, nel deposito della somma di denaro, ovvero della cosa mobile ora presso un istituto di credito, ora presso un locale idoneo, a seconda dei casi. Ove la prestazione consista nel rilascio di un bene immobile, si procede invece alla consegna dello stesso ad un sequestratario nominato dal giudice.

La liberazione del debitore consegue, nel caso del deposito, dalla sua accettazione da parte del creditore, ovvero dall'accertamento della sua validità – sulla base dei requisiti individuati dall'art. 1212 – con sentenza passata in giudicato. Questo ulteriore passaggio non è richiesto nel caso in cui, avendo la prestazione ad oggetto un bene immobile, si proceda nelle forme del **sequestro**: qui, infatti, il debitore risulterà liberato sin dal momento in cui ha consegnato il bene al sequestratario (art. 1216, co. 2).

Non è invece prevista una procedura per la liberazione coattiva del debitore ove la prestazione consiste in un *facere*: qui la natura stessa della prestazione preclude il ricorso ad espedienti, come quello del deposito, che consentano al debitore di adempiere e al creditore di appropriarsi, in un momento successivo ma pur sempre utilmente, della prestazione. Si ritiene, pertanto, che in questo caso la liberazione del debitore si verifichi solo quando ricorra una delle ipotesi previste dall'art. 1256 (ossia, quando "in relazione al titolo dell'obbligazione o alla natura dell'oggetto, il debitore non può più essere ritenuto obbligato ad eseguire la prestazione, ovvero il creditore non ha interesse a conseguirla").

Invero, non è affatto improprio applicare in via analogica detta disposizione, che disciplina l'ipotesi dell'impossibilità temporanea e non imputabile al debitore della prestazione, al caso in cui il creditore rifiuti illegittimamente di ricevere la prestazione, atteso che detto rifiuto rende almeno temporaneamente impossibile la prestazione, per una causa non imputabile al debitore.

Sezione V
LA PATOLOGIA DEL RAPPORTO OBBLIGATORIO

10. *L'inadempimento*

Una terminologia equivoca

L'inadempimento dell'obbligazione comporta il sorgere di una **responsabilità** a carico del debitore, il quale sarà tenuto a risarcire i danni che la mancata attuazione del programma obbligatorio ha cagionato al creditore. Questa responsabilità si dice **contrattuale** in ragione di un uso terminologico tanto consolidato, quanto improprio, giacché il fatto dal quale essa discende è semplicemente l'**inadempimento** di una obbligazione che può avere, ma può anche non avere, fonte contrattuale.

La prima domanda che occorre porsi attiene alla stessa nozione di inadempimento accolta dal codice. Al riguardo, una indicazione fondamentale proviene dall'art. 1218, dal quale si evince che l'inadempimento non è circoscritto all'ipotesi della mancata esecuzione della prestazione, ma ricomprende anche quella in cui la prestazione posta in essere dal debitore risulti non pienamente conforme al programma obbligatorio e, dunque, inidonea a soddisfare compiutamente l'interesse creditorio. Alla mancata esecuzione, pura e semplice, della prestazione è, infatti, assimilata la sua **inesattezza**, che può rilevare sotto il profilo **quantitativo**, **qualitativo** o – nel caso di ritardo – **temporale**. Le differenze tra questi modi di essere dell'inesattezza, tutti riconducibili allo schema dell'inadempimento, riemergono, come si dirà, sotto il profilo della quantificazione del danno risarcibile, atteso che muta – a seconda dell'ipotesi considerata – l'incidenza sul risultato atteso dal creditore.

L'attrazione dell'adempimento inesatto nell'area dell'inadempimento comporta la necessità di individuare i parametri normativi sulla base dei quali determinare se e quando la prestazione posta in essere dal debitore costituisca esatto adempimento dell'obbligazione.

Invero, non sempre è agevole stabilire se il debitore abbia esattamente eseguito la prestazione: si pensi al caso di un avvocato che difende un cliente in un processo penale senza riuscire ad ottenere l'assoluzione, ovvero al caso di un'impresa edile incaricata di eseguire i lavori di ristrutturazione di un immobile che si discosti parzialmente dal progetto consegnatole adducendo di esservi stata costretta da esigenze tecniche.

A questo primo problema si aggiunge, poi, quello relativo all'**imputabilità** dell'inadempimento, dovendosi stabilire se il debitore incorra in responsabilità contrattuale anche quando la mancata, ritardata o inesatta esecuzione della prestazione non gli sia ascrivibile né a titolo di dolo, né a titolo di colpa.

I rapporti tra l'art. 1176 e l'art. 1218

Le questioni appena poste, che individuano uno snodo nevralgico della disciplina del rapporto obbligatorio, trovano risposta, sul piano normativo, negli artt. 1176 e 1218. Trattasi, però, di una risposta tutt'altro che univoca, perché da queste due disposizioni emergono indicazioni contrastanti non facilmente riconducibili ad un quadro unitario e coerente.

Ai sensi dell'art. 1218 "il debitore che non esegue esattamente la prestazione dovuta è tenuto al risarcimento del danno, se non prova che l'inadempimento o il ritardo è stato determinato da impossibilità della prestazione derivante da causa a lui non imputabile". Il significato di questa norma è abbastanza chiaro: tanto il mancato adempimento, quanto l'inesatto o il ritardato adempimento, configurano di per sé un inadempimento imputabile, di cui il debitore risponde sempre, tranne che egli riesca a dimostrare di non avere adempiuto a motivo della impossibilità sopravvenuta della prestazione, a sua volta determinata da una causa a lui non imputabile.

Fondamento oggettivo della responsabilità contrattuale

Duplice è, pertanto, l'oggetto della prova che il debitore deve fornire per sottrarsi all'insorgere dell'obbligazione risarcitoria: per un verso, l'**impossibilità sopravvenuta dalla prestazione**; per altro verso la **non imputabilità** della medesima impossibilità alla sua condotta. Egli, in altri termini, dovrà dimostrare che l'impossibilità è stata cagionata da un evento straordinario e imprevedibile sottratto alla sua sfera di controllo e di intervento perché riconducibile al **caso fortuito** o alla **forza maggiore o al *factum principis***. Fornita questa prova, egli risulterà libero dall'obbligazione a seguito dell'estinzione di quest'ultima (art. 1256).

Al di fuori di questa ipotesi, nella quale il venir meno del vincolo esclude in radice la configurabilità di un inadempimento, il debitore risponde sempre della mancata, inesatta o ritardata esecuzione della prestazione. È dunque improprio, a dispetto di un uso terminologico assai diffuso, distinguere tra inadempimento imputabile e inadempimento non imputabile: se vi è inadempimento questo è sempre imputabile e il debitore ne risponde in termini **oggettivi**.

La linearità di questo quadro è offuscata, però, dall'art. 1176, co. 1, a mente del quale nell'adempiere l'obbligazione il debitore deve usare la **diligenza del buon padre di famiglia**. Allorché l'obbligazione inerisca all'esercizio di un'attività professionale, la diligenza andrà valutata con riguardo alla natura dell'attività esercitata: formula attraverso la quale l'art. 1176, co. 2 rinvia alle competenze e alle tecniche che devono informare l'esecuzione della prestazione, tenuto conto dello stato dell'arte raggiunto nel settore di volta in volta considerato.

Ora, il richiamo alla diligenza e alla **perizia** (che, insieme con la **prudenza**, costituiscono i parametri di valutazione della colpa) sembra andare in una direzione opposta a quella indicata dall'art. 1218, nella misura in cui esso parrebbe voler ancorare il giudizio di responsabilità all'eventuale negligenza, imperizia (o imprudenza) del debitore. In altri termini, mentre per l'art. 1218 la responsabilità contrattuale avrebbe un fondamento oggettivo, perché chiama il debitore a rispondere sempre dell'inadempimento, ove un inadempimento sia configurabile, per il fatto, in sé considerato, della inattuazione del programma obbligatorio, per l'art. 1176 il fondamento della responsabilità del debitore andrebbe rintracciato nella **colpa** a lui ascrivibile: sicché occorrerebbe distinguere tra inadempimento imputabile (perché colposo) e inadempimento non imputabile (perché non colposo), e limitare al primo la responsabilità nella quale il debitore incorre ai sensi dell'art. 1218.

Obbligazioni di mezzo e obbligazioni di risultato

A lungo la giurisprudenza ha ritenuto di comporre la presunta antinomia tra le due regole avvalendosi della distinzione tra obbligazioni di **mezzi** e obbligazioni di **risultato**, nel senso che le prime venivano assegnate alla giurisdizione dell'art. 1176, le seconde a quella dell'art. 1218. Le obbligazioni di risultato, secondo questa distinzione, sarebbero quelle caratterizzate da una perfetta **coincidenza** tra l'utilità assicurata dalla prestazione oggetto dell'obbligazione e l'interesse ultimo di cui è portatore il creditore (ad es., la restituzione da parte del mutuatario della somma a suo tempo prestatagli dal mutuante); le obbligazioni di mezzo, invece, sarebbero quelle nelle quali la prestazione è costituita dall'agire con diligenza, perizia, prudenza, collocandosi il pieno soddisfacimento dell'interesse creditorio al di fuori del perimetro del rapporto obbligatorio (esempio classico: l'obbligazione gravante sul chirurgo il quale deve fare tutto ciò che la sua disciplina impone di fare per salvare il paziente ma che non è tenuto a salvarlo effettivamente).

Stando così le cose, si comprende bene il senso della divisione dei compiti tra l'art. 1218 (regola di responsabilità oggettiva fondata sul puro e semplice inadempimento del debitore) e l'art. 1176 (regola di responsabilità per colpa fondata sulla inadeguatezza della condotta del debitore).

A ben vedere, però, la distinzione tra obbligazioni di mezzi e obbligazioni di risultato, se sottoposta ad un'accurata analisi critica, tradisce una inemendabile inconsistenza teorica. È, infatti, frutto di un equivoco ritenere che nelle c.d. obbligazioni di mezzi il debitore sia tenuto non a realizzare un determinato risultato, ma soltanto a porre in essere il comportamento strumentale alla realizzazione del medesimo. Si consideri ancora una volta l'esempio del rapporto tra il chirurgo e il paziente: qui il professionista è tenuto ad agire in modo diligente, e tale condotta individua l'oggetto dell'obbligazione e, in pari tempo, l'utilità assicurata al creditore.

Sotto questo profilo, pertanto, non vi è alcuna differenza tra le due tipologie di obbligazione le quali presentano, e non possono non presentare, la medesima struttura elementare incentrata sulla coppia prestazione del debitore – interesse del creditore, anche se, come ovvio, tanto l'una quanto l'altro potranno atteggiarsi diversamente a seconda delle circostanze.

L'inconsistenza teorica della distinzione tra obbligazioni di mezzi e di risultato vanifica anche la possibilità di articolare, proprio muovendo da questa distinzione, il regime della responsabilità contrattuale in un sistema a doppio binario, assumendo gli artt. 1218 e 1176 come regole alternative destinate a presidiare ambiti diversi.

Le due nozioni di impossibilità

In realtà l'errore di fondo è di ritenere che l'art. 1176 rappresenti una regola alternativa all'art. 1218, in tal modo aprioristicamente escludendo che, viceversa, le due disposizioni concorrano, sia pure su piani diversi, a fondare un regime di responsabilità **unitario**. Al contrario, si può dire che l'art. 1218 è la sola regola di responsabilità dettata dal codice, ma è una regola incompleta perché, pur attribuendo una posizione centrale al dato della impossibilità sopravvenuta della prestazione, nulla dice in ordine al modo in cui quest'ultima debba essere intesa. L'art. 1218 infatti non chiarisce se rilevi, al fine di escludere la responsabilità del debitore, solo una responsabilità (non imputabile) **assoluta** e **oggettiva**, ovvero anche una impossibilità (non imputabile) **relativa** e **soggettiva**.

Per comprendere questa differenza si consideri il seguente esempio. Un autotrasportatore si obbliga a trasportare in 24 ore una partita di tessuti da Palermo a Roma. A causa di uno sciopero nazionale del personale marittimo vengono sospesi tutti i servizi attivi sullo Stretto sicché il carico di tessuti giunge a destinazione con due giorni di ritardo, dopo essere rimasto bloccato al porto di Messina.

In questo caso si pone il problema di stabilire se il ritardo con cui la merce è stata consegnata possa essere ricollegato ad una impossibilità (temporanea) della prestazione (di cui, si rammenti, è indiscussa la non imputabilità al debitore: art. 1256, co. 2). A questa domanda possono darsi due diverse risposte, in funzione della nozione di impossibilità che si reputa corretto assumere. Se si ritiene che, ai fini della liberazione del debitore, rilevi solo una impossibilità assoluta e oggettiva, ne discende che il trasportatore dovrà comunque rispondere del ritardo, posto che egli avrebbe potuto pur sempre noleggiare un cargo privato per attraversare lo Stretto e consegnare la merce puntualmente. Se, invece, si ritiene di estendere i confini della fattispecie liberatoria sino a ricomprendervi una impossibilità relativa e soggettiva, la conclusione potrebbe essere diversa ove si accerti, ad es., che, in relazione allo sforzo dovuto dal debitore e in ragione delle circostanze del caso, fosse impossibile adempiere nel termine convenuto.

Orbene, l'art. 1176, attraverso il richiamo al parametro della diligenza del buon padre di famiglia, determina la **misura** dello sforzo esigibile dal debitore, al di là della quale la prestazione diviene impossibile. Ciò significa che l'impossibilità di cui all'art. 1218 è un'impossibilità **relativa**; ma significa anche che l'individuazione della soglia al di là della quale la prestazione risulta impossibile richiede un accertamento legato alla specificità del caso, in relazione al quale assumono rilievo la natura della prestazione e, soprattutto, allorché l'obbligazione abbia fonte in un contratto, l'assetto di interessi consacrato dal regolamento negoziale.

Si consideri ancora, per maggior chiarezza, il seguente esempio.

La tipografia che si sia impegnata a stampare e a consegnare in cinque giorni diecimila volantini elettorali, non può invocare, al fine di giustificare il suo ritardo nell'adempiere, il fatto che il fornitore a cui essa si era rivolta abbia ritardato la consegna di quanto necessario per la stampa: infatti, almeno in astratto, la tipografia avrebbe pur sempre potuto rivolgersi ad altro fornitore. Tuttavia, qualora il contratto espressamente preveda l'impiego di materiale proveniente da un fornitore determinato, quella che altrimenti sarebbe stata una (irrilevante) difficoltà ad adempiere, si trasforma in una vera e propria impossibilità relativa, dal momento che il risultato dovuto viene qui individuato attraverso una puntuale descrizione delle modalità della prestazione. Ciò implica, altresì, una parimenti puntuale delimitazione della portata dello sforzo esigibile dal debitore, atteso che una condotta in termini assoluti non impossibile, tale poi risulta essere in ragione del modo in cui la prestazione dovuta viene scolpita dal regolamento negoziale.

Per riassumere. 1) Con riguardo all'ipotesi di inadempimento dell'obbligazione da parte del debitore l'art. 1218 istituisce una regola di **responsabilità oggettiva**; 2) il limite di siffatta responsabilità – al di là del quale non è configurabile un inadempimento, determinandosi, piuttosto, l'estinzione del rapporto obbligatorio (art. 1256) – è rappresentato dall'**impossibilità della prestazione non imputabile al debitore**; 3) l'impossibilità in questione è un'impossibilità relativa dovendosi essa commisurare allo sforzo **esigibile** dal debitore valutato secondo il parametro della diligenza di cui all'art. 1176.

Danno non patrimoniale da inadempimento

Infine, è opportuno ricordare che la Cass. SS.UU., con una pronuncia del 2008 di cui si è già fatto cenno parlando del danno non patrimoniale aquiliano, ha inteso dare consacrazione definitiva al danno non patrimoniale da inadempimento (o da contratto), ossia, sulla base di una "interpretazione costituzionalmente orientata" dell'art. 2059, ammettere il risarcimento del danno non patrimoniale che sia conseguenza della mancata esecuzione (imputabile al debitore) della prestazione. Purtroppo, l'argomentazione sviluppata dalle SS.UU. e la correlativa costruzione dogmatica appaiono inficiate da una inemendabile subalternità al paradigma del danno aquiliano con il risultato che, in definitiva, il c.d. danno non patrimoniale da inadempimento altro non è che l'inadempimento medesimo colto nei suoi risvolti esistenziali di frustrazione e sofferenza che esso può comportare per il creditore deluso nelle sue aspettative. Viceversa, un caso positivamente asseverato di danno non patrimoniale da inadempimento è quello oggi contemplato dall'art. 46 cdt, a mente del quale "nel caso in cui l'inadempimento delle prestazioni che formano oggetto del pacchetto non è di scarsa importanza ai sensi dell'articolo 1455 del codice civile, il viaggiatore può chiedere all'organizzatore o al venditore, secondo la responsabilità derivante dalla violazione dei rispettivi obblighi assunti con i rispettivi contratti, oltre ed indipendentemente dalla risoluzione del contratto, un risarcimento del danno correlato al tempo di vacanza inutilmente trascorso ed all'irripetibilità dell'occasione perduta" (c.d. danno da vacanza rovinata).

10.1. *Le conseguenze dell'inadempimento*

Chiarite le condizioni in presenza delle quali il debitore potrà dirsi responsabile *ex contractu*, è tempo ora di soffermarsi sulle **conseguenze** che dalla formulazione del giudizio di responsabilità discendono.

Tutela risarcitoria e

Dalla lettura degli art. 1223 s. emerge chiaramente che l'inadempimento si presenta quale elemento costitutivo di una fattispecie dalla quale discende una obbligazione **risarcitoria**. Tale obbligazione si sostituisce a quella originaria; ovvero si aggiunge ad essa, ove l'inadempimento consista nel semplice **ritardo** con cui la prestazione viene eseguita: in questo caso, difatti, andrà ristorato solo l'eventuale danno che il creditore abbia patito per non avere potuto beneficiare tempestivamente dell'utilità assicuratagli dalla prestazione.

Il creditore, a fronte dell'inadempimento, dovrà dunque rivolgersi al giudice per chiedere la condanna del debitore al risarcimento del danno. Ove poi questi non ottemperi spontaneamente all'eventuale sentenza di condanna, il creditore potrà agire in via **esecutiva** nei suoi confronti. L'esecuzione forzata, come si vedrà meglio più avanti, consisterà nell'espropriazione di singoli beni del debitore, nella loro vendita giudiziale e nell'assegnazione al creditore del ricavato realizzato, fino alla concorrenza dell'importo dovuto.

Il risarcimento del danno, si suol dire, tutela l'interesse del creditore solo per **equivalente**, perché gli consente di ottenere una somma di denaro corrispondente al pregiudizio subito a causa dell'inadempimento. Il rimedio risarcitorio, pertanto, non tutela l'interesse del creditore a conseguire la prestazione dovuta, ma l'interesse, **succedaneo**, a ritrovarsi, sul piano patrimoniale, nella medesima situazione in cui egli si sarebbe trovato se l'obbligazione fosse stata regolarmente adempiuta.

tutela reale del credito

In realtà, l'ordinamento munisce il creditore, oltre che di una tutela risarcitoria, anche di una tutela **reale**, intesa a fargli ottenere esattamente ciò che avrebbe ottenuto se il debitore avesse eseguito la prestazione. Un importante riscontro normativo al riguardo offre l'art. 1453, ai sensi del quale nei contratti a **prestazioni corrispettive**, quando uno dei contraenti non adempia l'obbligazione, l'altro può chiedere alternativamente l'**adempimento** o la **risoluzione** del contratto. Come è evidente, questa norma introduce un rimedio diverso dal risarcimento del danno, perché diretto ad ottenere l'adempimento in natura dell'obbligazione, cioè ad assicurare al creditore il conseguimento del bene o dell'*utilitas* che egli attendeva dalla regolare attuazione del rapporto.

Orbene, secondo l'opinione oggi largamente prevalente, l'azione di adempimento di cui all'art. 1453 sarebbe rimedio di portata generale, applicabile a qualsivoglia tipologia di rapporto obbligatorio, a prescindere dalla sua fonte, e tradurrebbe, sul versante della tutela giurisdizionale, quella istanza della tensione all'adempimento che abbiamo visto permeare di sé tutta la disciplina dell'obbligazione.

Del resto, il primato dell'adempimento in natura trova un'ulteriore, eloquente conferma nelle disposizioni in materia di **esecuzione forzata in forma specifica**. Con questa locuzione si intende la peculiare forma che il processo esecutivo assume allorché la sentenza condanni il debitore a consegnare o a rilasciare un bene (art. 2930), a eseguire una prestazione consistente in un *facere* (art. 2931), a distruggere l'opera che è stata realizzata in violazione di un obbligo di *non facere* (art. 2933) o, ancora, produca gli effetti del contratto non concluso allorché il debitore si sia sottratto, appunto, all'obbligo di concludere un contratto (art. 2932).

Esecuzione per espropriazione ed esecuzione in forma specifica

In tutte queste ipotesi, appunto, il processo esecutivo mira a procurare al creditore il medesimo risultato che sarebbe scaturito dall'adempimento spontaneo dell'obbligazione. Netta è, dunque, la distanza che separa la tutela reale (o specifica o in natura: trattasi di formule sostanzialmente equivalenti), affidata alla sequenza **azione di adempimento/esecuzione forzata in forma specifica**, dalla tutela meramente risarcitoria, affidata alla sequenza **azione di danni/esecuzione per espropriazione** la quale, viceversa, come si è visto, realizza un risultato succedaneo rispetto a quello atteso (si parla, infatti, di riparazione per equivalente), essendo preordinata non già a fare conseguire al creditore l'*utilitas* attesa, ma a compensare in denaro il pregiudizio patito per non averla conseguita.

Naturalmente l'ordinamento non può, neanche attraverso l'esecuzione forzata in forma specifica, imporre materialmente al debitore di eseguire la prestazione (*ad factum nemo cogi potest*): la tutela dei diritti patrimoniali non può spingersi oltre la soglia della garanzia costituzionale della libertà personale (art. 13 Cost.). In effetti, la misura in discorso non si propone l'(impossibile) obiettivo di costringere il debitore ad eseguire il comportamento dovuto, ma, molto più semplicemente, di procurare al creditore l'utilità attesa. Così, nel caso di un obbligo avente ad oggetto la **consegna** o il **rilascio** di un bene, sarà l'ufficiale giudiziario, eventualmente assistito dalla forza pubblica, a sottrarre il bene al debitore e ad immettere nel suo possesso il creditore.

Quando l'obbligo abbia ad oggetto un ***facere***, attraverso l'esecuzione forzata in forma specifica il creditore ottiene che la prestazione sia eseguita da un terzo, ma a spese del debitore. Analogamente, ove l'inadempimento abbia riguardato una obbligazione avente ad oggetto un ***non facere***, l'attuazione forzosa di tale obbligo implica la distruzione dell'*opus* realizzato in violazione dell'impegno assunto dal debitore.

L'apice della incoercibilità della prestazione dovuta dal debitore si raggiunge allorché essa consista, come nel caso dell'obbligo di concludere un contratto, in una dichiarazione di volontà (***facere* giuridico**): tanto è vero che qui il rimedio approntato dall'ordinamento è rappresentato non da una sentenza di condanna (la quale risulterebbe perfettamente inutile, esaurendosi nella pura e semplice reiterazione di un obbligo già disatteso dal debitore), ma da una sentenza costitutiva, che produce, cioè, gli stessi effetti che sarebbero scaturiti dal contratto non concluso (art. 2932, ove si precisa che il ricorso alla tutela specifica deve essere possibile e non escluso dal titolo).

Le modalità attraverso le quali l'esecuzione in forma specifica si compie rendono ragione dei suoi limiti operativi. Ad es., essa non potrà avere luogo ove la prestazione consista in un *facere* infungibile, poiché in questa ipotesi il suo compimento ad opera di un terzo non sarebbe idoneo a soddisfare l'interesse del creditore. Ancora, l'esecuzione specifica risulterà impraticabile allorché la prestazione consista in un *non facere* e non sia possibile eliminare le conseguenze dell'inadempimento. Ad es., qualora il titolare di un diritto si sia impegnato a non trasferirlo ad un terzo, l'inosservanza del correlativo obbligo non è suscettibile di coercizione in forma specifica perché qui la pretesa del creditore incontra un limite insuperabile nella sfera possessoria del medesimo terzo acquirente (e, del resto, ai sensi dell'art. 1379, il divieto di alienazione ha efficacia solo tra le parti).

Esecuzione indiretta

È opportuno segnalare, però, che il limite della infungibilità della prestazione può essere superato, sia pure indirettamente, attraverso rimedi come quello ora contemplato dall'art. 614 *bis* c.p.c. il quale prevede che il giudice possa condannare il debitore al pagamento di una somma di denaro per ogni giorno di ritardo nell'esecuzione del provvedimento di condanna dell'adempimento dell'obbligazione. In altri termini, in questo modo, sia pure indirettamente (tanto è vero che si parla al riguardo di «esecuzione indiretta»), si può ottenere che il debitore, sulla base di un calcolo dei costi che il persistere nell'adempimento comporterebbe per lui, decida di dare corso all'esecuzione di una prestazione altrimenti non surrogabile. Si noti che, nella sua nuova formulazione, introdotta dall'art. 13, co. 1, lett. *cc-ter* d.l. n. 83/2015 (poi convertito in l. n. 132/2015), l'ambito di applicazione della misura di esecuzione indiretta è stato esteso a tutte le obbligazioni, salvo quelle che abbiano ad oggetto una somma di denaro (quindi, al di là del perimetro originario segnato dalle obbligazioni di fare e di non fare infungibili).

In conclusione, dunque, l'ordinamento offre al creditore **due** distinti rimedi contro l'inadempimento. Il primo mette capo ad una tutela di tipo risarcitorio, per il tramite della quale si attua una riparazione per equivalente del pregiudizio subito; il secondo, invece, mette capo ad una tutela di tipo reale, per il tramite della quale l'interesse del creditore viene soddisfatto in natura.

Questi rimedi, come si è detto, sono alternativi. Tuttavia, è bene precisare che il conseguimento tardivo della prestazione implica sempre e comunque un danno per il creditore, sicché la misura risarcitoria (per quanto limitata al solo pregiudizio da ritardo) è, in ogni caso, destinata a coesistere con la tutela in natura.

La tutela del credito nelle obbligazioni pecuniarie

Infine, deve essere chiaro che nel caso, molto frequente, per la verità, in cui l'obbligazione abbia ad oggetto una **somma di denaro**, l'alternativa tra tutela reale e tutela risarcitoria, azione di esatto adempimento e azione di danni, esecuzione per espropriazione ed esecuzione in forma specifica perde di significato, giacché il creditore, tenuto conto della particolare natura del bene denaro, potrà sempre agire per ottenere la prestazione primaria (quindi, chiederà sempre l'adempimento), **incrementata** del risarcimento del danno da ritardo. In altri termini, quindi, la tutela del creditore nelle obbligazioni pecuniarie può abbinare l'azione di adempimento all'esecuzione per espropriazione, ma solo perché quest'ultima, per una volta, riesce a far conseguire al creditore medesimo proprio ciò che egli avrebbe conseguito se il debitore avesse adempiuto spontaneamente, ossia, appunto, la somma di denaro oggetto dell'obbligazione fin dall'origine.

Il sovraindebitamento: rinvio

Il discorso attorno agli strumenti di realizzazione del credito deve oggi tenere conto della introduzione nel nostro ordinamento, ad opera della l. n. 3/2012, della disciplina del **sovraindebitamento**; disciplina che sarà regolata anche dagli artt. 25-73 e 282-283 del Codice della crisi di impresa e dell'insolvenza quando questi entreranno in vigore, ossia a decorrere dal 15 agosto 2020. Si tratta, come meglio si è visto parlando della crisi dell'impresa e delle procedure concorsuali, di un complesso di regole applicabili ai piccoli imprenditori, agli imprenditori agricoli ma anche ai consumatori, in virtù delle quali tutti questi soggetti, ricorrendo l'impossibilità, o una rilevante difficoltà, di adempiere le proprie obbligazioni, possono conseguire, sulla base di un accordo (o, nel caso del consumatore, di un piano la cui omologazione prescinde dal consenso del ceto creditorio), di ristrutturazione del debito sottoposti a verifica da parte dell'autorità giudiziaria, la liberazione dal vincolo senza dover passare attraverso l'assoggettamento all'esecuzione forzata.

Si segnala, da ultimo, l'intervento della l. n. 176/2020 che ha introdotto importanti novità in relazione alla legge sul sovraindebitamento (l. n. 3/2012) prevedendo, all'art. 4 *ter*, una semplificazione delle procedure di accesso per le imprese e per i consumatori, applicabili anche alle procedure pendenti alla data di entrata in vigore della stessa legge. In particolare, è fornita una definizione più estesa di consumatore, sostituendo l'art. 6, co. 2, lett. *b*), l. n. 3/2012: deve considerarsi tale non solo la persona fisica che agisce per scopi estranei all'attività imprenditoriale, commerciale, artigiana o professionale eventualmente svolta ma anche l'eventuale socio di una delle società appartenenti ad uno dei tipi regolati nei capi III (s.n.c.) IV (s.a.s.) e VI (s.a.p.a.) del titolo V del libro quinto del codice civile, per i debiti estranei a quelli sociali.

L'art. 7, l. n. 3/2012 è stato modificato, inoltre, con la previsione di ulteriori circostanze a causa delle quali il debitore sovraindebitato non può formulare la proposta (co. 2): se ha già beneficiato dell'esdebitazione per due volte; se, limitatamente al piano del consumatore, ha determinato la situazione di sovraindebitamento con colpa grave, malafede o frode; se, limitatamente all'accordo di composizione della crisi, risulta abbia commesso atti diretti a frodare le ragioni dei creditori. Al riguardo, è stato espressivamente previsto che l'accordo di composizione della crisi della società produce i suoi effetti anche nei confronti dei soci illimitatamente responsabili.

La l. n. 176/2020 prevede anche l'inserimento nella l. n. 3/2012 del nuovo art. 7 *bis* che disciplina le procedure familiari, di fatto anticipando un istituto innovativo previsto con il Codice della Crisi di Impresa e dell'Insolvenza, cioè la possibilità che i membri di una stessa famiglia possano presentare un'unica procedura di composizione della crisi da sovraindebitamento, quando siano conviventi o quando il sovraindebitamento abbia un'origine comune. Possono essere considerati membri della stessa famiglia, oltre al coniuge, i parenti entro il quarto grado e gli affini entro il secondo, nonché le parti di un'unione civile e i conviventi di fatto.

Infine, fra le novità di maggior rilievo apportate dalla l. n. 176/2020 alla l. n. 3/2012 si cita anche l'inserimento dell'art. 14 *quaterdecies*, relativo al debitore incapiente, che anticipa un istituto previsto col Codice della Crisi.

Il debitore persona fisica meritevole, che non sia in grado di offrire ai propri creditori alcuna utilità, nemmeno in prospettiva futura, può accedere all'esdebitazione solo per una volta, fatto salvo l'obbligo di pagamento del debito entro quattro anni dal decreto del giudice, nel caso in cui sopravvengano utilità rilevanti che consentano il soddisfacimento dei creditori in misura non inferiore al 10 per cento. A tal fine, non sono da considerarsi utilità eventuali finanziamenti ricevuti.

10.1.1. *La mora del debitore*

Come si è più volte osservato, anche il **ritardo** con cui la prestazione viene eseguita costituisce una forma di inadempimento. Esso, tuttavia, assume rilievo autonomo, anche ai fini della determinazione del danno risarcibile, solo quando il debitore abbia poi eseguito la prestazione, sia pure tardivamente: in questa ipotesi, infatti, residuerà un danno commisurato al maggior tempo atteso dal creditore per conseguire la prestazione, cui l'ordinamento risponde ponendo a carico del debitore un'obbligazione risarcitoria diretta alla riparazione di tale pregiudizio.

Ritardo e inadempimento

Non sempre, però, al ritardo segue l'adempimento (tardivo). Può accadere, infatti, che il ritardo si cristallizzi in un inadempimento definitivo, ad es. perché il creditore chieda e ottenga la risoluzione per inadempimento del titolo contrattuale dell'obbligazione. In questa ipotesi il ritardo non rileva autonomamente quale fonte della responsabilità contrattuale del debitore, perché è assorbito dall'inadempimento definitivo, onde il danno sarà commisurato *tout court* al mancato conseguimento della prestazione.

Può anche accadere che la prestazione (non ancora eseguita nonostante la scadenza del termine) diventi *medio tempore* impossibile per causa non imputabile al debitore: ciò, fatta salva la disciplina della mora del debitore, determina l'estinzione dell'obbligazione (art. 1256), ed elide alla radice la rilevanza del ritardo in cui il debitore versava quando la prestazione è divenuta impossibile e del danno che in relazione ad esso il creditore avrebbe potuto lamentare.

Il tema del ritardo dell'adempimento si lega strettamente all'istituto della **mora del debitore**, che nel ritardo ha, appunto, il suo principale, anche se non esclusivo, presupposto.

Forma

In particolare è necessario – questa è la regola generale (*mora ex persona*) – che il debitore sia stato costituito in mora dal creditore "mediante **intimazione** o **richiesta fatta per iscritto**" (art. 1219, co. 1). In questa ipotesi, dunque, la mora consegue alla notificazione di un atto di intimazione, per il quale è richiesta *ad substantiam actus* la forma scritta, anche se non è richiesta l'adozione di formule sacramentali.

Natura

Sul piano strutturale l'intimazione (o costituzione in mora che dir si voglia) è atto unilaterale **recettizio**, di cui, peraltro, si esclude la natura negoziale, atteso che esso produce l'effetto della costituzione in mora del debitore indipendentemente dalla circostanza che a tale effetto fosse consapevolmente preordinata la volontà del creditore: onde la riconducibilità dell'intimazione alla categoria degli atti giuridici in senso stretto, e l'inapplicabilità ad essa della disciplina del contratto, estesa dall'art. 1324 ai soli atti negoziali.

Mora automatica

Vi sono tuttavia tre ipotesi – individuate dall'art. 1219, co. 2 – in relazione alle quali il regime della mora opera automaticamente, senza, cioè, che sia necessaria una intimazione scritta (*mora ex re*). Ciò accade: 1) quando l'obbligazione derivi da un **fatto illecito** (qui il debitore è considerato in mora sin dal momento in cui si verifica l'evento lesivo, sebbene a quella data l'obbligazione fosse ancora illiquida); 2) quando il debitore, già in ritardo, ha dichiarato per iscritto di **non volere adempiere** (sempre che, beninteso, il rifiuto di adempiere non integri gli estremi dell'autotutela ai sensi dagli artt. 1460 e 1461); 3) quando, infine, l'obbligazione vada adempiuta al **domicilio del creditore** e sia scaduto il termine posto nell'interesse del debitore (è il caso, ove il titolo non disponga diversamente, delle obbligazioni pecuniarie: art. 1182, co. 3).

Effetti

Quanto agli effetti della mora, vengono in considerazione gli artt. 1221 e 1224. Quest'ultimo, come si è visto più sopra, individua nell'insorgere dell'obbligo di corrispondere gli interessi moratori l'incidenza della mora sulle obbligazioni pecuniarie.

L'art. 1221, invece, si occupa del profilo inerente all'allocazione del rischio dell'impossibilità sopravvenuta della prestazione non imputabile al debitore.

Come si è visto, in generale accade che l'impossibilità non imputabile provochi l'estinzione dell'obbligazione (art. 1256), e la risoluzione del contratto a prestazioni corrispettive (art. 1463). Viceversa, ove sia intervenuta la mora, il debitore non soltanto non è liberato, ma, anzi, sarà chiamato a rispondere dell'inattuazione dell'interesse creditorio. A questo regime, che dunque contempla il passaggio del rischio della impossibilità della prestazione in capo al debitore, quest'ultimo può, tuttavia, sottrarsi ove riesca a fornire la prova che l'oggetto della prestazione, se questa fosse stata adempiuta tempestivamente, prima che diventasse impossibile, sarebbe comunque perito presso il creditore.

Resta da considerare l'art. 1222, ai sensi del quale la disciplina della *mora debendi* non si applica alle obbligazioni **negative**, cioè a quelle aventi ad oggetto un non fare. Questa disposizione non delinea, come pure potrebbe sembrare *prima facie*, un ambito in cui il ritardo rilevi a prescindere dalla mora. Questa regola rappresenta la pura e semplice traduzione giuridica della impensabilità, sul piano logico, di un adempimento ritardato di obbligazioni negative posto che "ogni fatto compiuto in violazione di queste costituisce di per sé inadempimento".

10.2. *Il risarcimento del danno*

Il primo problema posto dalla previsione del rimedio risarcitorio concerne la definizione di un concetto – quello di **danno** – che è di immediata percezione sul piano pratico, ma risulta quanto mai sfuggente sul piano teorico.

Nozione di danno

È evidente, infatti, che non può accogliersi una nozione puramente realistica del danno, che lo identifichi, cioè, nel perimento o nel deterioramento del bene, perché non sempre la prestazione dovuta ha quale suo sostrato materiale una *res* e perché, in ogni caso, il metro sul quale il risarcimento va misurato è rappresentato dall'interesse del creditore, ovvero, per meglio dire, dall'*utilitas* che questi si aspetta di ottenere dall'esecuzione della prestazione, rispetto alla quale il bene che dovesse costituire l'oggetto di quest'ultima assolve ad una funzione puramente strumentale. Si comprende bene, allora, perché oggi domini pressoché incontrastata l'idea che il danno consista nella **differenza** che passa tra la situazione patrimoniale in cui il creditore si trova per effetto dell'inadempimento e quella in cui si sarebbe trovato ove, invece, l'obbligazione fosse stata regolarmente adempiuta.

Questa concezione del danno, tuttavia, solleva diversi problemi sul piano applicativo, riconducibili, per un verso, alla difficoltà di appurare, sulla base di una valutazione necessariamente ipotetica, per di più bisognosa di una traduzione in termini monetari, quale sarebbe stata la situazione patrimoniale del creditore ove il rapporto avesse avuto regolare attuazione; e, per altro verso, all'esigenza di circoscrivere l'area dei danni risarcibili in modo da evitare una ingiusta ed irrazionale penalizzazione del debitore.

Valga a chiarire i termini del problema il seguente esempio.

Tizio vende a Caio, imprenditore edile, una partita di calcestruzzo di pessima qualità che cagiona un cedimento strutturale del palazzo nella costruzione del quale Caio medesimo è impegnato. Questo incidente spinge i promissari acquirenti dei vari appartamenti ubicati nel palazzo a recedere dai contratti preliminari sin lì conclusi e ad esigere la restituzione del doppio della caparra confirmatoria versata. Da qui la decisione di Caio, in forte crisi di liquidità, di vendere ad un prezzo notevolmente inferiore al valore di mercato un terreno edificabile, sul quale egli aveva previsto di costruire un nuovo palazzo, sulla base di un progetto già realizzato da uno studio di ingegneri; onde la perdita delle spese di progettazione e del profitto che l'affare avrebbe presumibilmente comportato.

Come è facile constatare, l'inadempimento di Tizio ha messo in moto una catena di conseguenze pregiudizievoli che amplificano a dismisura il danno subito dal creditore. Si pone, dunque, il problema di stabilire entro quali limiti questo danno vada risarcito.

Vengono in considerazione, al riguardo, le regole di cui agli artt. 1223, 1225 e 1227.

Poste di danno

La prima di tali regole prevede che il risarcimento deve comprendere tanto la perdita subita (**danno emergente**), quanto il mancato guadagno (**lucro cessante**). Il danno risarcibile, dunque, non è circoscritto alle perdite immediatamente patite – pari al valore della prestazione non conseguita e alle spese che il creditore ha sostenuto al fine di riceverla –, ma si estende anche al profitto che il creditore avrebbe potuto realizzare se avesse potuto utilizzare il bene o il servizio che il debitore non ha prestato.

Ad es., si immagini che Tizio, titolare di una piccola impresa avente ad oggetto la realizzazione di arredi, acquisti da Caio una partita di un legno molto pregiato e difficilmente reperibile sul mercato. Il contratto prevede che la consegna abbia luogo presso il domicilio del venditore, sicché Tizio ingaggia un vettore perché provveda al trasporto. Il giorno della consegna Caio dichiara di non essere in grado di effettuare la fornitura. In questo caso il danno emergente sarà pari al valore della partita di legno non consegnata, e al corrispettivo inutilmente pagato al vettore. Si immagini poi che Tizio si fosse già impegnato a realizzare per Sempronio alcuni mobili con il tipo di legno acquistato da Caio; si immagini – ancora – che Sempronio, non disponibile ad attendere il maggior tempo necessario a Tizio per reperire sul mercato altro legno di quel genere, preferisca dar luogo alla risoluzione del contratto per inadempimento. In questo caso oltre al danno emergente, la pretesa risarcitoria di Tizio ricomprenderà, quale lucro cessante, il profitto che egli avrebbe realizzato se il contratto con Sempronio non fosse caduto a seguito dell'inadempimento di Caio.

Nesso di causalità

Danno emergente e lucro cessante sono risarcibili solo in quanto siano "conseguenza **immediata** e **diretta** dell'inadempimento". È necessario, cioè, che sussista un **nesso di causalità** tra l'evento (l'inadempimento) ed il danno di cui si chiede il risarcimento. Giova precisare che qui si allude non alla causalità materiale, cioè al nesso eziologico tra condotta del debitore ed evento lesivo, che nell'ambito della responsabilità contrattuale non richiede accertamento alcuno, atteso che il debitore risponde dell'inadempimento in termini oggettivi; si allude, piuttosto, alla causalità giuridica, cioè al nesso eziologico che deve legare all'inadempimento il pregiudizio di cui si pretende il ristoro. Ovviamente, la sussistenza di tale nesso costituisce l'oggetto di un accertamento affidato all'apprezzamento del giudice e legato alle circostanze del caso concreto.

A proposito di tale accertamento, va segnalato che la prevalente giurisprudenza adotta il criterio della **regolarità causale**, in forza del quale la risarcibilità di un danno implica la ricorrenza di due presupposti. In primo luogo, il danno deve presentarsi, sul piano fattuale, come una conseguenza dell'inadempimento; deve risultare, cioè, che esso non si sarebbe verificato se la prestazione fosse stata eseguita (*condicio sine qua non*). Inoltre, non tutti i danni che hanno nell'inadempimento il loro antecedente storico – fattuale sono risarcibili, ma soltanto quelli che si lasciano ricondurre all'inadempimento quale esito di una serie causale regolare, cioè conforme all'*id quod plerumque accidit*. Ove, infatti, la serie causale che ha condotto dall'inadempimento (antecedente) al danno (conseguenza) risulti anomala, il danno si colloca al di là dell'area del rischio (inteso come costo dell'inadempimento) sopportabile dal debitore, in relazione alla natura ed alle caratteristiche del rapporto.

È chiaro, dunque, che l'art. 1223, nel circoscrivere il risarcimento alle conseguenze immediate e dirette dell'inadempimento, esprime semplicemente una direttiva che impone di contenere l'area del danno risarcibile (del resto, il lucro cessante è sempre, in un certo senso, un danno mediato e indiretto); e di questa esigenza si fa interprete il criterio della regolarità causale, che consente di attrarre nell'area del risarcibile anche danni non immediati e diretti in senso naturalistico, purché sempre suscettibili di essere inclusi tra le conseguenze normali dell'inadempimento.

Particolarmente problematica appare l'ipotesi in cui l'inadempimento abbia concorso al determinarsi di una certa conseguenza pregiudizievole insieme ad altre serie causali autonome. In questo caso l'inadempimento, pur rappresentando uno degli antecedenti in senso naturalistico del danno, non può essere considerato quale sua causa in senso giuridico: trova qui, infatti, applicazione il principio della **causalità efficiente**, in base al quale viene selezionato, tra gli antecedenti individuati attraverso il criterio della *condicio sine qua non*, soltanto quello che ha effettivamente provocato il danno.

Sempre sul tema della determinazione del danno è bene menzionare il problema della possibile esistenza di effetti economici positivi per il danneggiato correlati all'inadempimento o all'illecito. Si pensi alla ritardata consegna di un bene che consente al compratore di lucrare su un inaspettato incremento di prezzo o un'assicurazione che indennizza il creditore in caso di inadempimento. In queste ipotesi bisogna decidere se sottrarre il beneficio collaterale al *quantum* del risarcimento (c.d. *compensatio lucri cum damno*) oppure ammettere il cumulo tra le due poste economiche, così proiettando il danneggiato in una situazione migliore di quella in cui si sarebbe trovato se l'inadempimento (o l'illecito) non si fosse verificato. La regola generale che sul tema si è andata formando prevede la sottrazione dal risarcimento del beneficio nel caso in cui anche quest'ultimo appaia come una conseguenza immediata e diretta dell'inadempimento o dell'illecito. In tempi recenti la Cass. SS.UU ha precisato che là dove il titolo delle attribuzioni sia differente – questo è ad esempio il caso dell'assicurazione per l'inadempimento – bisognerà indagare la funzione del beneficio. Se la funzione è indennizzare il danneggiato come farebbe il risarcimento: il beneficio andrà sottratto; se invece la funzione del beneficio è diversa – si pensi ad una forma di previdenza pubblica o privata – le due poste si cumuleranno

Queste regole, elaborate dalla giurisprudenza nello sforzo di precisare le indicazioni desumibili dall'art. 1223, risultano peraltro coerenti con il disegno che emerge dagli artt. 1225 e 1227.

Danni risarcibili

Il primo stabilisce che risarcibile è solo il danno **prevedibile** al momento del sorgere dell'obbligazione. Questa regola rimanda alla già segnalata esigenza di evitare al debitore rischi e, quindi, costi ultronei rispetto a quelli originariamente assunti. Ciò, peraltro, spiega la ragione per la quale il limite della prevedibilità del danno non opera in caso di inadempimento **doloso**: qui, infatti, è come se il debitore, scegliendo di non eseguire la prestazione, avesse in un certo senso rideterminato le condizioni del suo impegno originario accollandosi tutte le conseguenze dell'inadempimento.

Ancora più importanti sono le due regole di cui all'art. 1227. Il co. 1 contempla l'ipotesi in cui il creditore abbia **concorso**, con la sua condotta colposa, all'insorgere del danno, stabilendo che il risarcimento dovrà essere diminuito in una misura corrispondente all'entità della colpa del creditore e della gravità delle conseguenze.

Secondo quanto previsto dall'art. 1227, co. 2, poi, non sono risarcibili i danni che il creditore avrebbe potuto evitare ove avesse usato l'**ordinaria diligenza**.

Una posizione particolare, tra le regole attinenti la quantificazione del danno, è occupata dall'art. 1226, che consente al giudice di liquidarlo in via **equitativa** qualora esso non possa provarsi nel suo preciso ammontare. L'equità rappresenta, qui, un parametro suppletivo cui si può ricorrere ove non sussistano elementi certi (si pensi al valore di mercato del bene) di determinazione del danno, e risulti conseguentemente impossibile fornire una prova in ordine, appunto, a tale ammontare.

Le disposizioni dettate dal codice per la determinazione del danno sono **derogabili** dalle parti, cui è rimessa la facoltà di diversamente disciplinare le conseguenze dell'inadempimento: ciò di cui offre inequivoca conferma la clausola penale, attraverso la quale – come vedremo più avanti – si perviene ad una liquidazione convenzionale, preventiva e forfettaria, del danno che il debitore dovrà risarcire in caso di inadempimento (art. 1382).

Clausole di limitazione o esclusione della responsabilità

Tuttavia, la derogabilità di queste regole incontra un limite invalicabile nell'art. 1229, co. 1, che sancisce la **nullità** del patto che **escluda** o **limiti** preventivamente la responsabilità del debitore anche in relazione alle ipotesi in cui l'inadempimento dipenda da **dolo** o da **colpa grave**.

Si pensi, ad es., ad un contratto di somministrazione periodica di merce ove si preveda che il somministrante (produttore della merce medesima) non debba rispondere di un ipotetico inadempimento provocato da un'interruzione della fornitura di energia elettrica e dal conseguente arresto del ciclo produttivo, qualunque ne sia la causa. Una simile clausola sarebbe nulla nella parte in cui esonera il somministrante da ogni responsabilità nei confronti del somministrato anche con riferimento all'eventualità in cui l'interruzione nell'erogazione dell'energia elettrica sia stata determinata non da una forza maggiore, ma da una condotta gravemente colposa del somministrante medesimo.

Più frequenti, invero, sono le clausole che (non escludono, ma) limitano la responsabilità del debitore ad un determinato importo: di nuovo la clausola sarà nulla nella parte in cui estende tale limitazione all'ipotesi in cui la condotta del debitore sia dolosa o gravemente colposa. È da aggiungere, però, che clausole del genere sono all'origine di un nutrito contenzioso, poiché è difficile stabilire quando la limitazione incida in via diretta sulla responsabilità e quando, viceversa, attenga all'oggetto del contratto e si rifletta solo in via mediata sul *quantum* dell'obbligazione risarcitoria.

Esemplare, al riguardo, è la vicenda dei contratti aventi ad oggetto il servizio bancario delle cassette di sicurezza (art. 1839), i quali spesso prevedono che la banca risponda in caso di furto solo fino ad un determinato importo; previsione, questa, suscettibile di essere interpretata sia come una clausola limitativa della responsabilità della banca, sia come una clausola diretta a circoscrivere l'oggetto della prestazione di custodia cui la banca si obbliga. Alternativa – questa – dirimente, perché solo nel primo caso la pattuizione deve considerarsi nulla ai sensi dell'art. 1229, co. 1, mentre, al contrario, la seconda interpretazione impone di ammetterne la piena validità.

Quanto alla *ratio* che ispira la disposizione in esame, va detto che in essa, più che una generica esigenza di tutela del creditore, o una parimenti generica finalità sanzionatoria, si riflette piuttosto la stessa impossibilità logica di immaginare un rapporto obbligatorio privo di carattere impegnativo quale, in definitiva, sarebbe quello in cui si consentisse al debitore di decidere impunemente se adempiere o meno.

A mente dell'art. 1229, co. 2 è altresì **nulla** la clausola di esonero o limitazione della responsabilità "per i casi in cui il fatto del debitore o dei suoi ausiliari costituisca violazione di obblighi derivanti da norme di ordine pubblico".

Così sarà nulla, ad es., la clausola che limiti o escluda la responsabilità del vettore per i danni patiti dai trasportati, poiché qui l'inadempimento incide sulla tutela di un diritto (il diritto alla salute) fondamentale nella gerarchia di valori assunta dall'ordinamento. Come si vede, la previsione in esame risponde all'esigenza di impedire che l'autonomia privata, derogando al regime ordinario della responsabilità contrattuale, leda interessi sottratti alla disponibilità delle parti.

11. *La responsabilità patrimoniale*

Come si è visto, allorché il debitore sia inadempiente, e la prestazione dovuta non sia suscettibile di esecuzione forzata in forma specifica, al creditore spetta una tutela meramente risarcitoria.

Questa sostituzione della prestazione dovuta (*melius*: del risultato utile che essa avrebbe realizzato) con il suo equivalente monetario consente, ove anche l'obbligazione risarcitoria resti inadempiuta, di agire esecutivamente sul **patrimonio** del debitore nelle forme dell'espropriazione forzata.

A tal fine il creditore deve essere munito di un **titolo esecutivo**, ossia di uno degli atti indicati dall'art. 474 c.p.c. A questo punto il creditore potrà procedere al **pignoramento** del bene o dei beni che intende aggredire, così individuando nell'ambito del patrimonio del debitore l'oggetto specifico sul quale intende rivalersi. Il creditore è libero di scegliere quali beni pignorare: là dove però il valore dei beni pignorati ecceda considerevolmente l'ammontare del credito, il giudice dell'esecuzione potrà disporre la riduzione del pignoramento, restringendolo ad alcuni dei beni individuati (art. 496 c.p.c.).

Del bene pignorato il giudice disporrà la **vendita forzata**, secondo le modalità previste dal c.p.c. (ossia, l'**incanto**, cioè la pubblica asta, o la **trattativa privata**); il relativo ricavato sarà attribuito al creditore fino alla concorrenza dell'importo dovuto, mentre la differenza residua spetterà al debitore.

Patrimonio del debitore e garanzia del creditore

Il patrimonio del debitore rappresenta, dunque, la **garanzia** ultima del soddisfacimento del credito, poiché su di esso il creditore può rivalersi in caso di inadempimento. È questo il significato di quanto statuisce l'art. 2740, a mente del quale "il debitore risponde dell'adempimento dell'obbligazione con tutti i suoi beni, presenti e futuri". Questa disposizione, assoggettando il patrimonio del debitore alla pretesa del creditore, fonda la **responsabilità patrimoniale** del primo, mediante la quale all'obbligazione è assicurata quella coercibilità (diretta, nel caso delle obbligazioni pecuniarie, indiretta, perché riferita ad un'obbligazione risarcitoria succedanea rispetto al debito originario, in tutti gli altri casi) in cui risiede la sanzione giuridica del vincolo.

Debito e responsabilità

Ne deriva che il rapporto obbligatorio non si esaurisce nel dovere (*necesse agere*) di porre in essere un determinato comportamento – la prestazione – finalizzato al soddisfacimento dell'interesse creditorio. Accanto al **debito** si colloca, infatti, un elemento ulteriore – la **responsa-**

bilità –, che consiste nel vincolo cui il patrimonio del debitore è assoggettato in funzione del soddisfacimento coattivo dell'interesse del creditore.

Debito e responsabilità rappresentano i due segmenti, essenziali e inscindibili, in cui si articola l'obbligazione. Tuttavia il modo in cui si atteggia la componente della responsabilità è affatto peculiare.

Invero, il vincolo che grava sul patrimonio del debitore è, inizialmente, solo generico e potenziale esaurendosi, in questa fase, nella possibilità accordata al creditore di ricorrere ai c.d. **mezzi di conservazione della garanzia patrimoniale** (azione surrogatoria, azione revocatoria e sequestro conservativo). Trattasi di rimedi di natura **cautelare**, intesi ad impedire che il debitore disperda il proprio patrimonio prima che il creditore possa aggredirlo: infatti, l'insufficienza di beni sui quali possa rivalersi impedirebbe al creditore di ottenere il soddisfacimento coattivo del proprio credito.

Il carattere generico della garanzia patrimoniale spiega perché l'art. 2740 preveda che il debitore risponde dell'obbligazione con tutti i suoi beni, **presenti** e **futuri**. Il riferimento ai beni futuri non implica soltanto, in positivo, che la garanzia si estenda anche ai beni che non facevano parte del patrimonio del debitore quando l'obbligazione è sorta; esso implica anche, in negativo, che i beni originariamente appartenenti al debitore, ma successivamente fuoriusciti dal suo patrimonio (ad es., in seguito ad una donazione o ad una compravendita) non possano essere più aggrediti dal creditore. La garanzia patrimoniale del credito è, dunque, una realtà dinamica, e il creditore può soddisfarsi sì su tutti i beni, ma solo se presenti nel patrimonio al momento in cui egli agisce esecutivamente.

Tutto questo dipende dalla circostanza che la responsabilità patrimoniale si attualizza solo quando, consumatosi l'inadempimento, il creditore si sia procurato un titolo esecutivo sulla base del quale promuovere l'azione esecutiva su singoli beni. Al contempo, il vincolo che grava sul patrimonio del debitore si concretizza e si concentra nel singolo cespite – acquistando in questo modo una maggiore intensità – solo in occasione del pignoramento: gli atti di disposizione del bene compiuti dal debitore successivamente al pignoramento medesimo, infatti, sono **inefficaci**, ovvero inopponibili al creditore, sicché quest'ultimo potrà soddisfarsi su di esso anche presso il terzo acquirente (art. 2913).

11.1. *Il principio della* par condicio creditorum

Par condicio creditorum

L'art. 2740 deve essere letto unitamente all'art. 2741, ai sensi del quale "i creditori hanno uguale diritto ad essere soddisfatti sui beni del debitore". È questo il principio della *par condicio creditorum*, che poi si concretizza in una serie di regole dirette ad assicurare a tutti i creditori del medesimo debitore la possibilità di concorrere – in posizione paritaria – sul patrimonio del debitore. Così, se A e B, i cui crediti ammontano rispettivamente ad € 120,00 e ad € 40,00, agiscono esecutivamente sul bene del loro comune debitore, bene il cui valore è pari ad € 100,00, il ricavato della vendita forzata dello stesso, insufficiente a soddisfare integralmente i due creditori, dovrà essere ripartito proporzionalmente (al primo spetterà una somma pari ad € 75,00 e al secondo una somma pari ad € 25,00).

In realtà il principio della *par condicio creditorum* si atteggia diversamente a seconda che l'esecuzione forzata abbia carattere **individuale** o **collettivo**. Nel primo caso, è il singolo creditore ad avviare l'esecuzione, nella quale gli altri creditori hanno la possibilità di intervenire per fare valere il loro credito sui beni già pignorati. In questo modo dell'iniziativa del creditore procedente si avvantaggiano anche i creditori intervenuti, e la *par condicio* si risolve nella parità di trattamento in sede di distribuzione del ricavato della vendita forzata.

Del tutto peculiari sono, invece, le ipotesi in cui la legge impone una liquidazione concorsuale del patrimonio – di tutto il patrimonio – del debitore, vietando le esecuzioni individuali e predisponendo, al contempo, meccanismi di avviso tesi a coinvolgere tutti i creditori del soggetto. L'esempio più significativo di concorso è offerto certamente dal **fallimento**, procedura attraverso la quale si fa fronte allo stato di insolvenza dell'imprenditore. Carattere concorsuale riveste, inoltre, la procedura di liquidazione dell'**eredità accettata con beneficio di inventario** (art. 498).

Il principio della *par condicio*, ancora, costituisce la ragione per la quale il debitore risponde con tutti i propri beni delle obbligazioni assunte. In effetti, se all'autonomia privata fosse consentito di modulare la responsabilità patrimoniale, riportandola, per ciascun debito, ad una porzione del patrimonio, ne sarebbero avvantaggiati, in violazione della *par condicio*, quelli tra i creditori cui fosse riservata la possibilità di far valere il proprio diritto sui beni di maggior valore. Ecco perché la garanzia patrimoniale si estende a tutto il patrimonio del debitore e non può essere segmentata attraverso la creazione di patrimoni separati e asserviti a rapporti diversi. **Unicità** del patrimonio (ad ogni soggetto corrisponde un patrimonio e uno solo), **universalità** della garanzia (che ricomprende tutti i beni del debitore) e ***par condicio*** dei creditori (realizzata dalla equivalenza della garanzia che assiste il loro diritto) rappresentano, dunque, gli elementi fondanti e, insieme, inscindibili del regime normativo della responsabilità patrimoniale.

Patrimoni separati

Per la verità, la legge contempla alcune fattispecie in cui si realizza una separazione tra più patrimoni imputabili al medesimo soggetto: si pensi, ancora, all'**eredità accettata con beneficio di inventario** (art. 490); al **fondo patrimoniale costituito per i bisogni della famiglia** (art. 170); ai **vincoli di destinazione** su singoli beni funzionali al soddisfacimento di interessi di particolare rilievo e natura (art. 2645 *ter*); e, nell'ambito della disciplina delle società per azioni, ai **patrimoni destinati ad uno specifico affare** (art. 2447 *bis*). In tutte queste ipotesi, la garanzia patrimoniale segue i patrimoni separati: ciò determina una speculare frammentazione del ceto creditorio e, indirettamente, anche un indebolimento del principio della *par condicio*.

Questi fenomeni di limitazione della responsabilità patrimoniale sono soggetti ad una riserva di legge (art. 2740, co. 2) che, almeno nelle intenzioni del legislatore del '42, avrebbe dovuto salvaguardare l'integrità della regola generale (unicità della garanzia patrimoniale) contro possibili eccessi o abusi dell'autonomia privata e, in pari tempo, confinare le deroghe ad essa in un ambito puramente residuale. Tuttavia, il moltiplicarsi di tali deroghe, grazie alle quali, peraltro, hanno ricevuto cittadinanza nel nostro ordinamento modalità di separazione dei patrimoni caratterizzate da un elevato grado di astrattezza (si pensi agli atti di cui all'art. 2645 *ter*), ha comportato che sia proprio la regola enunciata dall'art. 2740, co. 1 ad atteggiarsi sempre più a disposizione di carattere residuale, destinata a trovare applicazione solo quando la materia non sia governata da una regola diversa.

Si rammenti, infine, che fenomeni di separazione patrimoniale ricorrono nel caso delle persone giuridiche, ossia soggetti collettivi dotati di autonomia patrimoniale perfetta (società di capitali, fondazioni, associazioni riconosciute).

11.1.1. *Il divieto del patto commissorio*

Il discorso sulla responsabilità patrimoniale non sarebbe completo se non si parlasse anche della **nullità** del patto commissorio (art. 2744), ossia del patto con il quale si conviene che, in caso di inadempimento, la proprietà del bene ipotecato o costituito in pegno **passi** al creditore.

Non è agevole individuare la *ratio* di questo divieto. Secondo l'opinione tradizionale, in esso si esprimerebbe lo sfavore dell'ordinamento verso una modalità di garanzia del credito che, là dove il valore del bene risulti superiore all'entità del debito, pregiudica fortemente sia il debitore, dando luogo ad un potenziale abuso nei suoi confronti, sia gli altri creditori, ai quali viene negata la possibilità di concorre sulla differenza tra il ricavato della vendita forzata del bene e l'importo del credito soddisfatto. Questa spiegazione, però, lascia in ombra la ragione per la quale il patto commissorio è nullo anche quando il valore del bene corrisponda all'importo del debito garantito.

Fondamento del divieto

E non è certo un caso che la giurisprudenza ritenga valido il c.d. **patto marciano**, sulla base del quale si prevede che, in caso di inadempimento, la proprietà del bene oggetto di pegno o di ipoteca passi al creditore, dietro pagamento al debitore della differenza tra il valore del bene – stimato al momento dell'inadempimento – e l'importo del credito.

Più convincente appare, allora, la tesi secondo cui la *ratio* dell'art. 2744 andrebbe rintracciata nell'ostilità dell'ordinamento verso una forma di soddisfacimento coattivo del credito destinata a dispiegarsi al di fuori del processo esecutivo: il divieto del patto commissorio, in sostanza, trarrebbe alimento dal più generale divieto di esercizio arbitrario delle proprie ragioni e dalla conseguente, tendenziale eccezionalità del ricorso all'autotutela privata.

Elusione del divieto e contratto in frode alla legge

Il divieto del patto commissorio è, però, facilmente aggirabile attraverso operazioni negoziali che, sia pure indirettamente, mettono capo ad un risultato analogo. Si pensi, ad es., ad una **compravendita con patto di riscatto**. Questo schema – in sé pienamente lecito (art. 1500) – si presta ad essere utilizzato per la realizzazione di una causa (non di scambio, ma) di finanziamento: il prezzo corrisposto dal compratore (che, nei fatti, opera quale mutuante) è il capitale prestato; l'esercizio del patto di riscatto da parte del venditore (nei fatti, il mutuatario), con il conseguente rimborso del prezzo *illo tempore* ricevuto, corrisponde alla restituzione del capitale finanziato. Come è evidente, qui il compratore/mutuante è garantito dalla proprietà del bene acquisita già al momento della conclusione del contratto e, cioè, ben prima di un eventuale inadempimento: dunque, nella sostanza, un assetto di interessi molto vicino a quello lasciato intravedere da un comune patto commissorio.

Si comprende, dunque, l'atteggiamento molto rigoroso assunto dalla giurisprudenza, per la quale fattispecie del genere, integrando gli estremi di un **contratto in frode alla legge** (art. 1344: la norma imperativa elusa qui è, ovviamente, quella istitutiva del divieto *ex* art. 2744), debbono considerarsi nulle. Ovviamente, non tutte le vendite con patto di riscatto, per tornare all'esempio proposto, sono affette da nullità, ma soltanto quelle nelle quali lo scambio tra il bene e il prezzo (e, in caso di riscatto, tra il prezzo e il bene) rappresenti non il fine, ma il semplice strumento di un'operazione di finanziamento qualificata dal trasferimento al creditore, a garanzia del suo diritto, della proprietà di un bene. Da qui la necessità di un'accurata indagine, caso per caso, degli interessi e degli obiettivi effettivamente perseguiti dalle parti.

Tuttavia, come la *par condicio creditorum*, anche il divieto del patto commissorio subisce una lenta erosione ad opera di una legislazione speciale qui mossa dall'esigenza di agevolare l'accesso al credito da parte di consumatori e imprenditori alle prese con gli effetti della crisi finanziaria. In questa prospettiva va segnalato, in primo luogo, il d.lgs. n. 72/2016, di attuazione della dir. n. 2014/17, il quale, in materia di credito per l'acquisto di beni immobili residenziali, prevede che, là dove il consumatore/mutuatario superi il limite delle 18 rate mensili non pagate, la banca possa procedere, previa stima del valore del bene dato in garanzia da parte di un terzo, alla sua vendita. Qualora la somma ricavata risulti inferiore al debito, l'acquirente sarà comunque liberato, mentre se di ammontare superiore, la differenza andrà corrisposta al mutuatario. Una medesima *ratio*, a segno invertito, presiede alla disposizione di cui all'art. 48 *bis* T.U.B., introdotto dal d.l. n. 59/2016. La nuova disposizione prevede che il contratto di finanziamento concluso tra un imprenditore e una banca o un altro soggetto autorizzato a concedere finanziamenti nei confronti del pubblico possa essere garantito dal trasferimento, sospensivamente condizionato all'inadempimento del debitore, in favore del creditore o di una società dallo stesso controllata o collegata, della proprietà di un immobile o di un altro diritto immobiliare appartenenti allo stesso imprenditore o ad un terzo. È evidente che un meccanismo così congegnato rappresenta una deroga al divieto di cui all'art. 2744. Al medesimo ordine di fenomeni può essere ricondotta anche la figura del **pegno mobiliare non possessorio** a proposito del quale qualcosa si dirà parlando del pegno in generale.

11.1.2. *Le cause legittime di prelazione*

Cause legittime di prelazione

Il principio della *par condicio creditorum* incontra un ulteriore limite nelle c.d. cause legittime di prelazione, cioè i **privilegi**, il **pegno** e l'**ipoteca** (art. 2741). Il creditore **privilegiato** (ossia, genericamente, il creditore assistito da una causa di prelazione), infatti, è preferito ad ogni altro creditore nella ripartizione del ricavato della vendita forzata del bene sul quale egli vanti un titolo di prelazione. In altri termini, tale ricavato dovrà essere destinato innanzitutto al soddisfacimento del creditore munito di una causa di prelazione; gli altri creditori concorreranno solo sulla eventuale somma residua.

Caratteristica comune al pegno, all'ipoteca e ai privilegi (ma solo ai privilegi **speciali**, cioè aventi ad oggetto un bene specifico) è, inoltre, la circostanza che il creditore privilegiato possa aggredire un bene anche quando quest'ultimo sia stato alienato ad un terzo in un momento successivo al sorgere del titolo di prelazione (**diritto di sequela**).

Inoltre, ove il bene soggetto a privilegio, pegno o ipoteca sia coperto da una assicurazione contro i danni, in caso di suo perimento o deterioramento, le somme dovute dall'assicuratore risultano vincolate al pagamento del credito assistito dalla causa di prelazione, salvo che esse vengano impiegate per la riparazione della cosa (art. 2742).

In assenza di una copertura assicurativa, anche quando il perimento o il deterioramento dipendano da caso fortuito, il creditore che veda compromessa la garanzia del proprio diritto può chiedere che gli venga prestata una idonea garanzia su altri beni e, in mancanza di quest'ultima, egli potrà chiedere immediatamente il pagamento del credito (art. 2743). Ricorre, qui, un'ipotesi di decadenza dal beneficio del termine ulteriore rispetto a quella contemplata dall'art. 1186 dove la diminuzione o la mancata prestazione delle garanzie date o promesse rilevano soltanto se imputabili a fatto proprio del debitore.

Giova aggiungere che l'art. 2743 si riferisce, testualmente, solo al creditore ipotecario o pignoratizio; si ritiene però che la disposizione in esame sia applicabile in via analogica – sussistendo una evidente identità di *ratio* – anche quando il credito sia presidiato da un privilegio **speciale**. L'analogia, viceversa, non può ricomprendere il privilegio generale, giacché quest'ultimo ha per oggetto tutti i beni mobili del debitore: ciò che impedirebbe, in ogni caso, al debitore di prestare una garanzia su altri beni.

11.1.3. *I privilegi*

Secondo quanto previsto dall'art. 2745 "il privilegio è accordato dalla legge in considerazione della causa del credito". Vi sono – è vero – ipotesi nelle quali il sorgere del privilegio è subordinato dalla legge ad una specifica **convenzione** tra le parti (si veda, ad es., l'art. 46 T.U.B.): ma in questi casi l'autonomia privata si limiterà ad attivare una garanzia che, per il resto, è individuata e disciplinata dalla legge, non potendo tale convenzione derogare, ad es., all'ordine dei privilegi.

I privilegi possono essere distinti in due categorie (art. 2746).

La prima è costituita dal privilegio **generale**, il quale si esercita su tutti i beni **mobili** del debitore.

La seconda è, invece, costituita dal privilegio **speciale**, il quale si esercita su un singolo bene (mobile o immobile), spesso, anche se non sempre, collegato con la vicenda generatrice del credito (ad es., il credito che l'artigiano matura in ragione della prestazione resa per la conservazione e per il miglioramento di una cosa mobile è assistito da un privilegio sulla cosa medesima, almeno fino a quando essa si trovi presso l'artigiano medesimo: art. 2756).

Contenuto del privilegio speciale

La differenza tra privilegio generale e privilegio speciale è molto rilevante.

Il privilegio speciale è considerato, al pari del pegno e dell'ipoteca, una garanzia **reale**, sicché esso assicura al creditore un diritto di **prelazione** (soddisfacimento preferenziale sul bene oggetto della garanzia) e un diritto di **sequela** (opponibilità della garanzia ai terzi acquirenti). Quest'ultimo è riconosciuto al creditore dall'art. 2747, co. 2, ai sensi del quale il privilegio speciale sui beni mobili "può esercitarsi in pregiudizio dei diritti acquistati dai terzi posteriormente al suo sorgere". Talora (ad es., art. 2760, co. 2) è addirittura previsto che il privilegio possa essere fatto valere anche in pregiudizio di terzi titolari di diritti sulla cosa anteriori al sorgere del credito, purché il creditore ne ignorasse l'esistenza.

Per quanto concerne il privilegio speciale sui beni immobili, è opinione comune che, nonostante il silenzio dell'art. 2747, co. 2, anche qui al creditore spetti sempre un diritto di sequela, al di là dei casi (artt. 2772 e 2774) nei quali ciò è espressamente previsto.

Il privilegio generale

Il privilegio generale, invece, **non** è una garanzia reale. Infatti, come emerge chiaramente, dal disposto dell'art. 2747, co. 1, al creditore, qui, non è riconosciuto un diritto di sequela. Ovviamente, saranno inopponibili al creditore privilegiato gli atti di disposizione posti in essere dal debitore sul bene già pignorato (in questo senso l'art. 2747, co. 1, fa salva la disciplina dettata dagli artt. 2913-2916); ma questa inopponibilità consegue al pignoramento del bene, non al carattere privilegiato del credito.

In effetti, i beni che costituiscono l'oggetto del privilegio generale non sono vincolati al soddisfacimento del credito; e il creditore che vanta tale causa di prelazione non ha – anche sul piano processuale – una posizione dissimile da quella di qualunque altro creditore chirografario, eccezion fatta per il titolo di preferenza che gli compete in sede di ripartizione del ricavato della loro vendita.

Ciò spiega la ragione per la quale la dottrina sottolinea che il privilegio generale, pur costituendo una causa di prelazione, non è riconducibile allo schema delle garanzie reali e si risolve, semplicemente, in una **qualità** del credito.

Può accadere che sul medesimo bene insistano più privilegi a garanzia di crediti diversi. In questo caso occorre stabilire quale dei privilegi prevalga, cioè quale dei creditori privilegiati avrà diritto di rivalersi sul ricavato della vendita forzata del bene in via preferenziale rispetto agli altri. Questo conflitto non può essere risolto facendo riferimento – come nel caso del pegno e dell'ipoteca – al momento in cui la garanzia viene costituita, perché il privilegio accompagna il credito sin dal suo sorgere in ragione della sua natura, e non è neppure soggetto ad una forma di pubblicità che ne segnali l'esistenza.

Ecco perché il codice detta un **ordine dei privilegi** (art. 2777 s.), cioè istituisce una gerarchia tra gli stessi in funzione della causa del credito. Pertanto, il conflitto tra più creditori privilegiati dovrà essere risolto sulla base della collocazione che i rispettivi privilegi occupano nell'ordine stabilito dal codice: ove, poi, più crediti siano assistiti dal medesimo privilegio o da privilegi di pari grado, essi concorreranno tra di loro in misura proporzionale al rispettivo importo (art. 2782, co. 1).

Può anche verificarsi che sul medesimo bene vantino un titolo di prelazione un creditore privilegiato e uno pignoratizio (nel caso di cose mobili) o ipotecario (nel caso di cose immobili). A dirimere tale, ulteriore conflitto provvede l'art. 2748, dettando una regola secondo la quale, in linea di massima e salvo deroghe, il pegno prevale sul privilegio speciale sui beni mobili, mentre il privilegio speciale sui beni immobili prevale sull'ipoteca.

Va da sé che il pegno prevale anche sul privilegio generale: e ciò a cagione della già richiamata inopponibilità di quest'ultimo nei confronti dei terzi (art. 2747, co. 1). Se a ciò si aggiunga che nell'ordine dei privilegi quelli generali, di regola, sono posposti a quelli speciali (art. 2778), emerge un quadro che individua nel privilegio generale la causa di prelazione che meno intensamente tutela la posizione del creditore: tutto ciò a conferma del suo carattere di garanzia non reale.

Ipotesi di privilegio generale rafforzato

Occorre però aggiungere che, in taluni casi, il privilegio generale gode di un trattamento più favorevole. Si pensi, ad es., al privilegio previsto dall'art. 2751 *bis* che assiste, tra gli altri, il credito avente ad oggetto la retribuzione e il trattamento di fine rapporto dovuti al lavoratore subordinato e il credito avente ad oggetto il compenso dovuto ai prestatori d'opera intellettuale: tale privilegio prevale su ogni altro privilegio, anche speciale, eccezion fatta per quello relativo al credito per spese di giustizia (art. 2777).

Inoltre, in caso di infruttuosa escussione dei beni mobili del debitore, al creditore munito del privilegio di cui all'art. 2751 *bis* che concorra – come è certamente sua facoltà – nella esecuzione forzata sugli immobili del debitore medesimo, è riconosciuto un titolo di preferenza nei confronti degli altri creditori chirografari (art. 2776).

11.1.4. *Il pegno*

Il pegno è un **diritto reale di garanzia**. Ciò significa che esso, da un lato, consente al creditore di soddisfarsi in via preferenziale (salvo, come si è visto, i creditori eventualmente muniti di un privilegio speciale eccezionalmente prevalente rispetto al pegno) sul bene che ne costituisce l'oggetto (art. 2787, co. 1); dall'altro, che esso, in quanto diritto reale, è sempre opponibile anche agli eventuali terzi acquirenti.

Caratteri

Caratteristica del pegno è la sua **accessorietà** al credito garantito: ne consegue che esso si estinguerà nel momento in cui, per una ragione qualsiasi, il rapporto obbligatorio dovesse venire meno.

Possono essere costituiti in pegno (art. 2784, co. 2) le **cose mobili**, le **universalità di mobili**, i **crediti** e altri **diritti aventi per oggetto beni mobili** (in particolare, i diritti reali di godimento relativi a beni mobili soggetti, *ex* art. 813, alla stessa disciplina dei beni mobili).

Modalità di costituzione

La costituzione del pegno avviene in virtù di un **contratto** (le cui parti sono, da un lato, il creditore e, dall'altro, il debitore ovvero il terzo datore di pegno) che deve presentare forma scritta, data certa e un contenuto idoneo ad indicare con sufficiente certezza sia il credito garantito, sia il bene costituito in pegno (art. 2787, co. 3). La giurisprudenza ritiene che questi requisiti formali non siano richiesti *ad substantiam actus*, ma solo ai fini dell'opponibilità del pegno agli altri creditori che concorrano sul ricavato della vendita del bene. Questa tesi, fondata sul dato letterale – ai sensi del quale, in difetto dei requisiti indicati, "la prelazione non ha luogo" – appare però discutibile, poiché non si comprende quale contenuto residui al diritto di pegno nei rapporti interni tra le parti ove esso non possa operare quale causa di prelazione rispetto agli altri creditori.

Inoltre, il contratto costitutivo di pegno ha natura **reale**, poiché ai fini del suo perfezionamento è necessaria la consegna della cosa (o – come accade nel caso dei titoli rappresentativi di merce di cui all'art. 1996 – del documento che conferisce l'esclusiva disponibilità della stessa: art. 2786, co. 1). È, tuttavia, previsto (art. 2786, co. 2) che la cosa o i documenti possano essere consegnati ad un terzo designato dalle parti, ovvero possono essere affidati alla custodia di entrambe, purché – in quest'ultimo caso – "il costituente (cioè il debitore o il terzo datore di pegno) sia nell'impossibilità di disporne senza la cooperazione del creditore".

Funzione della realità

Il perché della realità del contratto costitutivo di pegno risulterà più chiaro ove si consideri che, a differenza dell'ipoteca, quest'ultimo non è soggetto ad un sistema di pubblicità formale: una funzione *lato sensu* **pubblicitaria** è assolta, però, proprio dalla consegna del bene, nel senso che lo spossessamento del proprietario dovrebbe, nelle intenzioni del legislatore, risultare indicativo della esistenza del pegno. In questa prospettiva si spiega la ragione per la quale, secondo un orientamento unanime, ai fini della conclusione del contratto e del sorgere del diritto, è necessaria la consegna materiale del bene, non bastando, ad es., una *traditio ficta*; e si spiega pure la ragione per la quale là dove il codice consente che il bene sia affidato alla custodia di entrambe le parti, secondo lo schema del compossesso, si premura di aggiunge che il debitore va messo nelle condizioni di non poterne disporre senza la cooperazione del creditore.

D'altra parte, ove il bene costituito in pegno non sia più – al momento dell'esecuzione – nel possesso del creditore o del terzo designato dalle parti, il primo non può vantare titolo di prelazione alcuna (art. 2787, co. 2). Insomma: non solo la consegna del bene è essenziale al perfezionamento del contratto con il quale il diritto di pegno viene costituito, ma, in più, la perdita del possesso paralizza la prelazione.

Posizione del creditore pignoratizio

In quanto possessore, il creditore pignoratizio è legittimato ad esperire sia le azioni possessorie, sia, ove necessario, l'azione di rivendicazione (art. 2789). In questo caso, però, il creditore non agisce *iure proprio*, ma in via **surrogatoria**, poiché egli non è titolare del diritto di proprietà, pur avendo interesse a farlo valere onde recuperare il possesso del bene.

Il creditore pignoratizio ha l'obbligo di **custodire** la cosa: sicché, in caso di perimento e di deterioramento di quest'ultima, egli sarà chiamato a risponderne secondo le regole generali in materia di responsabilità contrattuale (art. 2790, co. 1). Per altro verso, sebbene gli sia attribuito il possesso del bene, il creditore pignoratizio – quale titolare di un semplice diritto reale di garanzia – non può né disporre, né godere della cosa (art. 2792), a meno che ciò non gli sia stato consentito dal debitore, ovvero l'uso della cosa sia necessario alla conservazione della medesima (si pensi, ad es., al pegno di una azienda, dove la conservazione della cosa implica l'esercizio dell'impresa). Inoltre, quando oggetto di pegno sia una cosa fruttifera, il creditore ha sempre facoltà di appropriarsi dei frutti a titolo di rimborso del proprio credito (art. 2791).

Qualora il creditore **abusi** della cosa, ossia ne disponga, o ne goda al di fuori dei casi in cui ciò gli è consentito, il debitore o il terzo datore di pegno potranno chiederne il sequestro (art. 2793).

La restituzione del bene può essere pretesa dal debitore (o dal terzo datore) solo allorché il diritto di pegno viene meno: ciò accade quando l'obbligazione venga adempiuta o si estingua altrimenti, ovvero quando spiri il termine finale o si verifichi la condizione risolutiva cui è soggetto il titolo costitutivo del pegno. Tuttavia, il creditore può trattenere presso di sé il bene finché non siano stato state rimborsate, oltre al capitale e agli interessi, le spese sostenute per la conservazione della cosa (artt. 2794, co. 1). Secondo un'opinione diffusa, questa norma attribuirebbe al creditore un **diritto di ritenzione**, ma, in realtà, qui siamo, piuttosto, in presenza di un'applicazione dell'art. 2799, alla stregua del quale il bene costituito in pegno garantisce nella sua interezza, anche se teoricamente divisibile, il pagamento del credito: sicché l'inesigibilità della restituzione della cosa data in pegno è solo un riflesso della perduranza di quest'ultimo.

La principale prerogativa del creditore pignoratizio è costituito dalla facoltà di **far vendere** la cosa ricevuta in pegno (*ius distrahendi*), onde soddisfarsi in via preferenziale sul ricavato.

Ius distrahendi

L'esercizio del *ius distrahendi*, oltre che nella forma ordinaria della espropriazione mobiliare disciplinata dal codice di procedura civile, può aver luogo attraverso la procedura semplificata prevista dagli artt. 2796 e 2797: il creditore deve notificare al debitore, a mezzo di un ufficiale giudiziario, una intimazione di pagamento, contenente l'avvertimento che in difetto di pagamento si procederà alla vendita del bene costituito in pegno. Se il debitore non si oppone entro cinque giorni, o se l'opposizione è rigettata, il creditore può incaricare un ufficiale giudiziario della vendita all'incanto (o al prezzo corrente di mercato) della cosa (secondo uno schema analogo a quello previsto per la esecuzione coattiva del contratto di vendita di beni mobili: art. 1515), sempre che le parti non abbiano concordato forme di vendita diverse. Come può intuirsi, questo procedimento è molto più snello e veloce rispetto alla via ordinaria dell'espropriazione mobiliare, anche perché non impone al creditore di munirsi di un titolo esecutivo.

Ovviamente, in alternativa alla vendita forzata del bene, al creditore è sempre accordata la facoltà di chiederne al giudice l'**assegnazione** (come, peraltro, è previsto in termini generali dalla disciplina della espropriazione forzata). In questo caso al creditore sarà imputato il valore del bene, fino alla eventuale concorrenza con l'importo del credito (art. 2798).

Pegno di beni fungibili

Possono essere costituiti in pegno anche **somme di denaro**, **merci** e **titoli di credito**: si pensi ad una somma di denaro attribuita al creditore a titolo di deposito cauzionale. In questi casi, accomunati dalla natura **fungibile** del bene offerto in garanzia, il creditore acquista la proprietà delle cose pignorate ed è obbligato a restituirne la stessa quantità dello stesso genere. Come è chiaro, ciò comporta una deviazione di questa figura – nota come **pegno irregolare** – dallo schema tradizionale: ad es., non saranno applicabili le disposizioni relative alla custodia, all'uso e alla disposizione del bene costituito in pegno, poiché esse presuppongono che il creditore debba restituire, esauritosi il rapporto, esattamente lo stesso bene, di cui ha solo il possesso.

Inoltre, in caso di inadempimento del debitore, al creditore non sarà necessario attivare la procedura di vendita (o di assegnazione) del bene: tutto si risolverà in una mera operazione contabile di compensazione, fino alla reciproca concorrenza, tra l'importo del credito e l'ammontare della somma di denaro (o il valore della merce o dei titoli) dati in garanzia. Il paradigma normativo di riferimento è rappresentato da quella particolare ipotesi di pegno irregolare prevista all'art. 1851 dove il debitore, a garanzia della propria esposizione verso una banca, vincola un deposito di denaro costituito presso la banca medesima: quest'ultima potrà disporne liberamente, e dovrà restituire, al termine del rapporto, solo la somma che eccede l'ammontare del credito garantito.

Ovviamente, non sono riconducibili alla figura del pegno irregolare, e rientrano invece nello schema generale, le ipotesi in cui le cose costituite in pegno, pur se fungibili, siano state esattamente individuate. Ad es., la costituzione in garanzia di una partita di grano può aver luogo a titolo di pegno ora regolare, ora irregolare, a seconda che la partita sia stata puntualmente individuata o meno. In un caso il creditore non può *medio tempore* disporre della merce, perché ne ha solo il possesso, e deve provvedere alla sua custodia; la violazione di questi obblighi determina un abuso, a fronte del quale il debitore può attivare il rimedio del sequestro del bene. Nell'altro caso, invece, il creditore è proprietario della merce data in garanzia e *medio tempore* può disporne liberamente (ad es., al fine di speculare sull'andamento dei prezzi), essendo obbligato solo alla restituzione – al termine del rapporto – di un *tantundem eiusdem generis*.

Altre applicazioni della figura

Molto frequente nella prassi bancaria è il ricorso – avallato dalla giurisprudenza – al c.d. pegno **rotativo** (normalmente su titoli di credito). La peculiarità di questa figura è data dalla circostanza che le parti pattuiscono la possibilità di sostituire i titoli originariamente costituiti in garanzia con titoli diversi, senza che ciò implichi una novazione del rapporto originario. Questo meccanismo risponde all'esigenza di evitare che i titoli costituiti in garanzia restino immobilizzati, in pari tempo consentendo operazioni di investimento in titoli diversi.

Una figura del tutto peculiare, oggetto di una specifica disciplina codicistica, è infine, il **pegno di crediti.**

In questo caso al creditore pignoratizio spetta il *ius exigendi*, cioè il diritto di riscuotere, alla sua scadenza, il credito sul quale è stato costituito il pegno (art. 2803), oltre agli interessi maturati *medio tempore* (art. 2802). Anzi, il creditore è anche obbligato, nei riguardi del proprio debitore, a provvedere alla riscossione delle somme dovute (a titolo di capitale o di interessi). Si consideri, infatti, che il costituente – assimilabile sotto questo profilo al cedente – perde la legittimazione a far valere il credito costituito in pegno, e che il creditore pignoratizio è l'unico soggetto nelle cui mani la prestazione che ne costituisce oggetto possa essere adempiuta con efficacia liberatoria.

La costituzione di un pegno su un credito, per la quale ovviamente non è possibile lo spossessamento, si perfeziona sulla base di un contratto concluso in **forma scritta**; essa, inoltre, deve essere notificata al debitore del credito dato in pegno o da questi accettata con atto scritto avente data certa (art. 2800). Da questo punto di vista, sono evidenti le analogie con la disciplina della **cessione del credito**. Non è invece necessaria, ai fini del perfezionamento della fattispecie, la consegna dell'eventuale documento probatorio del credito costituito in pegno, consegna cui, tuttavia, il costituente è obbligato (art. 2801).

Una volta che abbia riscosso il credito costituito in pegno, qualora il suo credito sia già esigibile, il creditore pignoratizio potrà trattenere le somme riscosse nella misura necessaria all'integrale soddisfacimento delle proprie ragioni, restituendo al debitore la differenza residua. Se, invece, il credito costituito in pegno ha ad oggetto cose diverse dal denaro, il creditore può farle vendere o chiederne l'assegnazione secondo quanto previsto dagli artt. 2797 e 2798. Può anche accadere che la riscossione del credito costituito in pegno abbia luogo prima che il credito garantito sia divenuto esigibile: in questa ipotesi, nei fatti, il pegno si trasferisce sull'oggetto della prestazione ricevuta dal creditore pignoratizio e si comporta, sotto ogni profilo, come un comune pegno su un bene mobile, con l'unica differenza che, ove il debitore lo richieda, la *res* conseguita dal creditore pignoratizio in virtù della prestazione ricevuta deve essere depositata dal creditore pignoratizio nel luogo convenuto dalle parti o, in assenza di un accordo, stabilito dall'autorità giudiziaria (art. 2803).

Regime delle eccezioni

Un regime particolare, infine, concerne le **eccezioni** opponibili dal debitore del credito dato in pegno al creditore pignoratizio: il primo può opporre al secondo tutte le eccezioni che avrebbe potuto opporre al proprio creditore (art. 2805, co. 1). Una regola diversa – inferibile dal combinato disposto degli artt. 1250 e 2805, co. 2 – è dettata, però, con riguardo all'eccezione di compensazione: se i presupposti della compensazione si verificano dopo la costituzione del pegno, il debitore non potrà opporre la relativa eccezione; potrà invece opporla, se si erano già verificati al momento della costituzione del pegno, tranne che il debitore abbia accettato quest'ultimo senza riserve.

Come già anticipato parlando del divieto del patto commissorio e del suo progressivo superamento, con il d.l. n. 59/2016 (poi convertito in l. n. 119/2016) è stata introdotta nel nostro ordinamento la figura del **pegno mobiliare non possessorio (che una piccola menzione riceve anche nel nuovo Codice della crisi di impresa e dell'insolvenza, art. 153, co. 5)**, in forza del quale, nel caso di alienazione del bene pignorato, il vincolo reale si trasferirà sul corrispettivo. È chiaro l'intento del legislatore di agevolare l'accesso al credito degli imprenditori (i soli che, se iscritti al registro delle imprese, possano concedere questo tipo di pegno), in pari tempo promuovendo la più agevole negoziazione dei beni pignorati (che possono essere solo beni destinati all'esercizio dell'impresa). Nel caso in esame, la consegna quale modalità di perfezionamento del pegno viene soppiantata dalla redazione in forma scritta del correlativo contratto e dalla sua iscrizione presso un apposito registro istituito presso l'Agenzia delle Entrate.

11.1.5. *L'ipoteca*

Contenuto del diritto di ipoteca

Anche l'ipoteca, al pari del pegno, è un **diritto reale di garanzia**: infatti, come risulta chiaramente dall'art. 2808, co. 1, l'ipoteca attribuisce al creditore il diritto di soddisfarsi sul ricavato della vendita della cosa in via preferenziale, salvo che non vi siano creditori assistiti da un privilegio speciale, i quali prevalgono *ex* art. 2748 (**diritto di prelazione**); inoltre, l'ipoteca è opponibile anche al terzo acquirente (**diritto di seguito**). Dunque, ricorrono entrambe le prerogative che identificano il contenuto minimo essenziale dei diritti reali di garanzia.

La differenza tra pegno e ipoteca attiene all'**oggetto**. Mentre possono essere costituiti in pegno (solo) beni mobili e crediti, l'ipoteca – ai sensi dell'art. 2810 – può investire (solo) i beni **immobili** e i beni **mobili registrati** (navi, aeromobili e autoveicoli). Quanto ai beni immobili, l'ipoteca può gravare non solo sul diritto di proprietà, ma anche sui diritti di usufrutto, superficie ed enfiteusi. Sono, infine, capaci di ipoteca anche le rendite dello Stato: trattasi di una fattispecie del tutto peculiare, soggetta alla disciplina speciale dettata dal d.P.R. n. 398/2003.

Modalità di costituzione

L'ipoteca sorge solo con la sua **iscrizione** nei registri immobiliari (art. 2827), i quali, in questa ipotesi, realizzano una forma di pubblicità **costitutiva.** A sua volta, l'iscrizione è possibile solo sulla base di un titolo idoneo, che investe il creditore (non ancora del diritto reale di garanzia, ma) del diritto potestativo di procedere alla iscrizione del vincolo. Al riguardo il codice distingue, in base al titolo, o fonte, tre diversi modi di costituzione dell'ipoteca la quale, pertanto, sotto questo profilo, potrà essere **volontaria**, **legale** o **giudiziale**.

Nel caso dell'ipoteca volontaria il titolo è costituito da un **contratto** o da un **negozio unilaterale**, per i quali è prescritta, a pena di nullità, la forma dell'**atto pubblico** o quella della **scrittura privata** (art. 2821). Si rammenti, però, che ai fini dell'iscrizione la sottoscrizione della scrittura privata deve essere autenticata, o accertata giudizialmente (art. 2835).

L'ipoteca, dunque, può avere titolo solo in un atto *inter vivos*: difatti, è espressamente previsto che essa non possa costituirsi sulla base di un testamento (art. 2821, co. 2). Ciò, peraltro, non esclude che il testatore possa porre a carico dell'erede, per il tramite di un legato o di un *modus*, l'obbligo di costituire una ipoteca a favore di un terzo, poiché, in questo caso, il titolo dell'ipoteca sarà rappresentato dall'atto (*inter vivos*) posto in essere dall'erede al fine di attuare la volontà del *de cuius*.

L'ipoteca è **legale**, invece, quando il diritto di procedere all'iscrizione venga dalla legge attribuito al creditore in relazione al verificarsi di una delle fattispecie individuate dall'art. 2817. In particolare, l'alienante gode di una ipoteca legale (nel senso che ha diritto di iscriverla) sul bene alienato, a garanzia delle obbligazioni assunte nei suoi confronti dall'acquirente (nel caso di una compravendita, ad es., a garanzia dell'obbligo gravante sul compratore di corrispondere il prezzo convenuto). La seconda ipotesi di ipoteca legale ricorre in materia di divisione della comunione (ordinaria ed ereditaria): se uno dei condividenti risulta obbligato al pagamento di un conguaglio, gli altri – a garanzia di questo credito – possono iscrivere ipoteca sull'immobile assegnato in sede di divisione al soggetto obbligato. Infine, lo Stato vanta una ipoteca legale sui beni della persona imputata di un reato a garanzia del pagamento delle spese processuali.

Da ultimo, l'ipoteca **giudiziale**: qualunque sentenza che contempli una condanna al pagamento di una somma di denaro, anche a titolo di risarcimento del danno, o all'adempimento di una obbligazione avente altro oggetto, costituisce titolo per iscrivere ipoteca sui beni del debitore (art. 2818).

Caratteri

L'art. 2809 individua nella **specialità** e nella **indivisibilità** due connotati essenziali dell'ipoteca, indipendentemente dalla fonte.

La specialità comporta che l'ipoteca abbia ad oggetto beni **specificamente** individuati: l'atto di costituzione (nel caso dell'ipoteca volontaria) deve fornire tutti gli estremi per l'identificazione catastale dell'immobile sul quale il vincolo potrà essere iscritto (art. 2826); e la conseguente iscrizione dovrà avere luogo per ognuno dei beni sui quali si intende costituire la garanzia, specificando, inoltre, l'importo massimo garantito, ossia specificando il limite dell'importo entro il quale il creditore ipotecario potrà far valere il proprio diritto di prelazione sul ricavato della vendita forzata dell'immobile. Tale importo, noto nella terminologia corrente come **montante ipotecario**, non coincide necessariamente con l'ammontare del debito garantito: ad es., è prassi che le ipoteche volontarie vengano costituite per montanti maggiori rispetto al debito, al fine di garantire anche il pagamento degli interessi e delle spese legali.

L'indivisibilità, invece, significa che se a garanzia di un debito di € 100.000,00 viene iscritta ipoteca su due diversi immobili del debitore, tale ipoteca graverà per l'intero su ciascuno di essi; e graverà, in caso di divisione di uno di essi, su ciascuna delle parti risultanti dal frazionamento.

Il fatto che l'ipoteca possa iscriversi, a garanzia del medesimo credito, su più beni, gravando per l'intero su ciascuno di essi, implica l'eventualità che il valore dei beni ipotecati superi l'ammontare del credito garantito. Proprio in considerazione di tale eventualità il codice attribuisce al debitore la facoltà di promuovere una domanda giudiziale diretta ad ottenere la **riduzione** dell'ipoteca, secondo due modalità alternative: o attraverso la riduzione del montante per cui l'ipoteca è stata iscritta, ovvero restringendo l'ipoteca ad alcuni soltanto dei beni sui quali essa è stata iscritta (art. 2872).

L'ipoteca (volontaria) può essere concessa anche su un bene **altrui** (art. 2822) o su un bene **futuro** (art. 2823): in questo caso, il titolo negoziale sarà immediatamente valido, ma potrà procedersi all'iscrizione solo quando il concedente acquisterà la proprietà del bene, o quando quest'ultimo verrà ad esistenza.

In realtà, non è facile immaginare ipotesi in cui possa configurarsi propriamente la concessione di una ipoteca su un bene futuro. Il pensiero corre immediatamente ai fabbricati da costruire o in corso di costruzione: ma dalla lettura coordinata degli artt. 2811 e 2826 emerge che qui si procederà immediatamente all'iscrizione dell'ipoteca sul terreno, destinata poi ad estendersi, secondo lo schema dell'accessione, al fabbricato. D'altra parte, l'art. 2825 *bis* contempla espressamente l'ipotesi di una ipoteca (già) iscritta su un edificio da costruire o in corso di costruzione, confermando che questa ipotesi non è riconducibile all'art. 2823. Sicché, per individuare casi cui quest'ultima disposizione sia applicabile occorre supporre, ad es., che il titolare di un diritto di superficie, prima ancora di realizzare la costruzione (della quale acquisterà la proprietà superficiaria), conceda ad un terzo una ipoteca sulla stessa: qui, effettivamente, sembrerebbe ricorrere la concessione di una ipoteca su cosa futura, fermo restando che il superficiario conserva pur sempre la possibilità di costituire l'ipoteca anche sul diritto di superficie (art. 2810, n. 3), ipoteca immediatamente suscettibile di iscrizione.

Pluralità di ipoteche

Su un bene possono essere costituite **più** ipoteche a garanzia di crediti diversi. L'eventuale conflitto tra i creditori è risolto in base al criterio temporale dell'**ordine** con cui le ipoteche sono state iscritte: l'ipoteca, si dice, prende **grado** dal momento della sua iscrizione (art. 2852), e il creditore che vanti un'ipoteca di grado successivo potrà rivalersi sul ricavato della vendita del bene (prima dei creditori chirografari, ma) dopo che sia stato soddisfatto il creditore titolare di un'ipoteca di grado poziore.

Grado dell'ipoteca

Peraltro, il momento dell'iscrizione è determinante ai fini dell'attribuzione del grado anche quando il credito cui la garanzia accede non sia ancora sorto (si veda, al riguardo, l'art. 2852 il quale consente di iscrivere ipoteca a garanzia di un credito sospensivamente condizionato, o a garanzia dei crediti che potrebbero nascere in dipendenza di un rapporto già esistente). In queste ipotesi, appunto, l'ipoteca sarà comunque suscettibile di iscrizione: tuttavia, essa acquisterà efficacia, munita del grado risultante dal momento dell'iscrizione, solo se e quando il credito cui essa accede dovesse sorgere. Altrimenti, la garanzia rivestirà un carattere, come si dice, meramente **cartolare**.

Il grado è determinante ai fini della solidità della garanzia ipotecaria di un credito (sebbene non sia decisivo: rilevano anche altri elementi, quali il montante delle ipoteche di grado poziore, l'importo dei crediti cui esse si riferiscono e il valore di mercato del bene). Può accadere, ad es., che il creditore ipotecario di secondo grado resti del tutto insoddisfatto, perché il ricavato della vendita forzata del bene viene *in toto* assorbito dal credito di primo grado. Esiste però un particolare meccanismo di tutela a favore del creditore ipotecario soccombente, meccanismo che opera allorché l'ipoteca di grado poziore si estenda anche ad altri beni del debitore sui quali, invece, il creditore rimasto insoddisfatto non ha iscritto ipoteca.

Supponiamo, ad es., che Tizio e Caio siano creditori di Mevio. Il credito di Tizio è garantito da una ipoteca di primo grado sugli immobili Alfa e Beta; Caio, invece, vanta solo una ipoteca di secondo grado sull'immobile Alfa. Si immagini che Tizio scelga di aggredire quest'ultimo immobile, ottenendo in questo modo l'integrale soddisfacimento del proprio credito, senza che nulla residui per gli altri creditori. La scelta di Tizio, che avrebbe potuto aggredire l'immobile Beta, danneggia Caio, il quale si ritroverà a concorrere sul restante patrimonio di Mevio, ormai nella stessa posizione di ogni altro creditore chirografario. È, però, previsto (art. 2856) che Caio possa avvalersi dell'ipoteca di Tizio sull'immobile Beta "con preferenza rispetto ai creditori posteriori alla propria iscrizione".

Per meglio comprendere il senso di questa precisazione si immagini, ancora, che sull'immobile Beta gravi anche una ipoteca di secondo grado a garanzia del credito di Sempronio. In questo caso si profila un conflitto tra Caio, subentrato nell'ipoteca di Tizio, e Sempronio. Detto conflitto viene risolto facendo riferimento alla data in cui Caio e Sempronio hanno iscritto le loro ipoteche, rispettivamente, sugli immobili Alfa e Beta: Caio dunque potrà rivalersi sull'immobile Beta con preferenza rispetto a Sempronio solo se la sua ipoteca (sull'immobile Alfa) risulta precedente rispetto a quella di Sempronio (sull'immobile Beta).

Questa regola, apparentemente anomala, risponde, in realtà, ad un criterio logico: il valore dei due immobili (Alfa e Beta) non è sufficiente a soddisfare tutti i creditori iscritti (Tizio, Caio e Sempronio). Tra Caio e Sempronio, entrambi muniti di una ipoteca di secondo grado, uno dei due deve necessariamente soccombere. La regola dettata dal codice, piuttosto che rimettere l'esito di questo conflitto alla scelta (arbitraria e casuale) di Tizio (cioè alla scelta di aggredire questo o quel bene), assume il criterio – oggettivo – della data a cui risalgono le ipoteche di Caio e Sempronio. La rubrica dell'art. 2856 definisce questo complesso meccanismo quale "**surrogazione del creditore perdente**". È evidente, però, che questo *nomen* è improprio, perché – ritornando all'esempio proposto – se fosse surrogato nell'ipoteca (di primo grado) di Tizio, Caio dovrebbe sempre prevalere su Sempronio (la cui ipoteca ha grado successivo).

Illustrato il *modus operandi* del grado ipotecario, può ora analizzarsi l'ipotesi – del tutto peculiare – dell'ipoteca concessa sulla cosa **comune** da uno dei comproprietari (art. 2825).

Ipoteca sulla cosa comune

Al riguardo, occorre chiarire che il comproprietario può disporre solo della propria quota e costituire ipoteca solo su di essa; pertanto, l'ipoteca che egli conceda sull'intero bene, come se ne fosse l'esclusivo proprietario, è assimilabile in tutto e per tutto all'ipoteca concessa su un bene altrui, ed è soggetta alla medesima disciplina.

Il problema posto dalla fattispecie in esame discende dalla circostanza che l'ipoteca non può essere iscritta sulla quota, ostandovi la regola della specialità, che impone la dettagliata individuazione del bene – inteso nella sua materialità – sul quale il vincolo viene costituito. Ecco perché, in questo caso, dovrà pur sempre procedersi alla iscrizione dell'ipoteca su una parte dei beni in comunione corrispondente alla quota del concedente. Tuttavia, ben può accadere che in sede di divisione al concedente vengano assegnati beni (o porzioni di beni) diversi rispetto a quelli sui quali l'ipoteca è stata iscritta.

Onde risolvere questo problema, l'art. 2825, co. 1 stabilisce che l'ipoteca costituita sulla propria quota da uno dei partecipanti alla comunione produce effetto rispetto ai beni (o alla loro porzione) che a questi verranno assegnati in sede di divisione. In pratica, si verifica un anomalo trasferimento dell'ipoteca dai beni sui quali è stata iscritta ai beni che vengono assegnati al concedente. A tal fine il creditore ha l'onere di procedere, entro novanta giorni dalla trascrizione della divisione, ad una nuova iscrizione della ipoteca già iscritta, questa volta sui beni di cui il debitore risulta proprietario esclusivo in seguito alla divisione. Tuttavia, il grado di questa nuova iscrizione "sarà quello derivante dall'originaria iscrizione": in altri termini, la nuova iscrizione prenderà grado dalla data della iscrizione compiuta su altri beni della comunione prima della divisione, la quale finirà per rivestire, dunque, una funzione *lato sensu* **prenotativa**. Ciò significa che l'ipoteca concessa dal comproprietario sulla sua quota e poi trasferita sul bene a questi assegnato in sede di divisione prevarrà sulle ipoteche già gravanti su tale bene, purché le une siano state iscritte in un momento successivo alla data in cui l'altra è stata originariamente iscritta, prima della divisione, su un bene poi assegnato ad un altro comunista.

Un esempio chiarirà quanto detto.

Si immagini che Tizio, titolare di una quota pari al 25% di una comunione avente ad oggetto quattro immobili di ugual valore, conceda a Caio una ipoteca sulla propria quota, che viene iscritta il 20 ottobre 2007 sull'immobile Alfa; si immagini, ancora, che, in sede di divisione, a Tizio venga assegnato un bene diverso (l'immobile Beta), sul quale Caio, ai sensi dell'art. 2825, co. 2, iscrive nuovamente l'ipoteca il 14 gennaio 2009; si immagini, infine, che su Beta risulti iscritta in data 18 novembre 2007 una ipoteca concessa a Mevio da un altro comunista: in questa ipotesi l'ipoteca di Caio, sebbene successiva, prevale su quella di Mevio, perché prende grado dalla data (20 ottobre 2007) dell'ipoteca iscritta, prima della divisione, sull'immobile Alfa. D'altra parte, anche Mevio – procedendo ad una nuova iscrizione della sua ipoteca sull'immobile effettivamente assegnato in sede di divisione al suo debitore – potrà avvalersi del medesimo meccanismo di retrodatazione della garanzia in forza del quale è risultato soccombente nei riguardi di Caio. Non vengono invece pregiudicate dall'effetto prenotativo dell'ipoteca concessa dal singolo comunista sulla propria quota le ipoteche iscritte contro tutti i comproprietari e l'ipoteca legale riconosciuta dall'art. 2817, n. 2 a garanzia del pagamento dei conguagli previsti in sede di divisione.

L'ipoteca decade decorsi **venti anni** dalla sua iscrizione, salvo che il creditore provveda a **rinnovarla** prima della scadenza di questo termine (art. 2847). Il creditore che abbia omesso la rinnovazione (e che ne abbia ancora titolo) conserva il diritto ad iscrivere una nuova ipoteca Durata sul bene, la quale, però, prenderà un grado successivo rispetto alle ipoteche iscritte *medio tempore* (art. 2848, co. 1); inoltre, egli soccomberà a fronte del terzo che, sempre *medio tempore*, abbia acquistato il bene e trascritto l'acquisto (art. 2848, co. 2).

La mancata rinnovazione, dunque, è causa di estinzione dell'ipoteca in quanto diritto reale di garanzia, ma non investe il titolo ad essa sotteso: sicché, appunto, sulla base di esso potrà sempre procedersi ad una nuova iscrizione.

ed estinzione dell'ipoteca

L'ipoteca si **estingue** nei casi indicati dall'art. 2878. Al riguardo bisogna distinguere le cause di estinzione che investono direttamente il **diritto di ipoteca** (ad es., la cancellazione dell'iscrizione, la sua mancata rinnovazione, la rinunzia da parte del creditore), da quelle che, viceversa, investono il **rapporto obbligatorio** cui la garanzia accede (adempimento dell'obbligazione, prescrizione del diritto di credito, ecc.).

Tuttavia, è opportuno precisare che, tra le fattispecie indicate dall'art. 2878, a parte la mancata rinnovazione, l'unica che determini un'estinzione, per così dire, tombale dell'ipoteca, è la **cancellazione**. Quest'ultima si esegue con un'annotazione a margine dell'iscrizione, per la quale è necessario presentare al conservatore dei registri immobiliari la sentenza che ordini la cancellazione (art. 2884), ovvero un atto negoziale del tutto simmetrico – per quanto concerne i requisiti di forma e di sostanza – rispetto all'atto di concessione dell'ipoteca (art. 2882).

Orbene, a differenza di tutte le altre cause estintive, le quali privano di contenuto, l'iscrizione ipotecaria, lasciandola, tuttavia, sopravvivere sul piano formale, soltanto la cancellazione travolge l'ipoteca sotto questo profilo. Ciò ha notevoli conseguenze sul piano pratico. Si immagini, ad es., che il creditore rinunzi all'ipoteca, e che l'atto di rinunzia venga successivamente annullato: in questo caso, qualora l'ipoteca sia già stata cancellata, il creditore, in base all'art. 2881, potrà solo procedere ad una nuova iscrizione, la quale prenderà grado dalla data in cui viene compiuta (onde egli soccomberà rispetto ai creditori *medio tempore* iscritti). Se, invece, l'ipoteca non era stata cancellata, il venir meno dell'atto di rinunzia comporta la piena reviviscenza degli effetti dell'originaria iscrizione.

Costituisce causa di estinzione dell'ipoteca anche la sua **prescrizione** (art. 2880), che è vicenda distinta dalla prescrizione del credito garantito nella misura in cui essa investe direttamente il rapporto di garanzia. La prescrizione dell'ipoteca, però, opera solo in favore del terzo acquirente del bene ipotecato, decorsi venti anni dalla trascrizione del suo acquisto, salvo che si siano prodotti atti interruttivi o cause di sospensione.

Tutela del terzo acquirente

Terzo acquirente è considerato chi, avendo trascritto il proprio acquisto dopo l'iscrizione dell'ipoteca, è tenuto a subire l'espropriazione forzata promossa dal creditore ipotecario. Egli può evitare l'espropriazione forzata del bene **pagando** tutti i crediti su di esso iscritti: soluzione, questa, verso la quale il terzo plausibilmente si orienterà ove il valore del bene sia maggiore rispetto all'importo complessivo dei crediti. Il terzo, poi, dispone di due ulteriori strumenti per evitare l'espropriazione.

Rilascio del bene

Il primo è rappresentato dal **rilascio** del bene ai creditori, che si esegue con una dichiarazione depositata presso la cancelleria del Tribunale entro i dieci giorni successivi al pignoramento (art. 2861). Con il rilascio, il terzo non dismette la proprietà del bene, tanto che, venduto il bene e soddisfatti i creditori, ove residui una parte del ricavato, questo competerà al terzo medesimo (art. 2863, co. 2). Il rilascio consente però a quest'ultimo di essere estromesso dal processo esecutivo, che prosegue nei confronti di un amministratore giudiziario nominato dal Tribunale, cui peraltro il bene deve essere consegnato.

Purgazione dell'ipoteca

Il secondo strumento offerto al terzo è rappresentato dalla **purgazione** delle ipoteche. La legge, infatti, prevede la possibilità che il terzo notifichi a tutti i creditori iscritti un atto nel quale egli si offre di pagare loro una somma pari al prezzo corrisposto per l'acquisto del bene o, se l'acquisto è avvenuto a titolo gratuito o senza determinazione di un prezzo (si pensi ad una permuta), pari al valore che il terzo stesso dichiara imputabile al bene (art. 2890). Da questo momento ciascun creditore dispone di un termine di quaranta giorni per chiedere, con ricorso al Tribunale, che si proceda all'esecuzione forzata sul bene secondo le regole dell'espropriazione immobiliare (art. 2891). Tuttavia, con il ricorso il creditore deve anche indicare il prezzo al quale egli si obbliga ad acquistare l'immobile in sede di vendita forzata, un prezzo che deve essere superiore di un decimo rispetto alla somma offerta dal terzo ai sensi dell'art. 2890.

Il ricorso promosso da uno dei creditori iscritti **preclude** la purgazione delle ipoteche: ciò al fine di evitare che il terzo liberi il bene dalle ipoteche pagando un importo inferiore a quello che si confida possa essere ricavato dalla vendita forzata. Al contempo, obbligando il creditore che chiede l'espropriazione forzata del bene ad offrirsi di acquistare il bene ad un prezzo superiore di un decimo rispetto alla somma offerta dal terzo, si scongiura il rischio che l'espropriazione forzata imposta dal creditore consegua un risultato peggiore rispetto a quello che l'offerta del terzo avrebbe consentito di realizzare in tempi più brevi e con costi minori.

Liberazione del bene

Se nessuno dei creditori iscritti propone ricorso, il terzo – depositando la somma offerta nei modi e nei termini stabiliti dal codice di procedura civile – consegue la **liberazione** del bene dalle ipoteche (art. 2893). In caso contrario si procede alla vendita forzata dell'immobile, alla quale, peraltro, potrà partecipare anche il terzo (art. 2896). Naturalmente, ove sia proprio questi ad aggiudicarsi l'immobile, il decreto di trasferimento non costituisce titolo di acquisto della proprietà, perché il terzo è già proprietario, rilevando esso ai soli fini della liberazione del bene dalle ipoteche. In questa ipotesi al terzo è attribuito un diritto di regresso contro il suo dante causa in una misura pari alla differenza tra il prezzo *illo tempore* pagato e il maggiore importo per il quale l'aggiudicazione ha avuto luogo (art. 2897).

Al terzo acquirente che subisca l'aggressione del creditore ipotecario la legge accorda il rimedio previsto in punto di evizione dalla disciplina della compravendita: è questo, verosimilmente, il significato da attribuirsi all'art. 2866, co. 1, là dove esso prevede che il terzo "ha ragione di indennità verso il suo autore", anche quando abbia acquistato a titolo gratuito. Il credito che il terzo matura verso il dante causa gode, inoltre, della particolare tutela predisposta dall'art. 2866, co. 2, tutela che ricalca il meccanismo della surrogazione del creditore perdente di cui all'art. 2856: è infatti previsto il **subingresso** del terzo nelle ipoteche iscritte sugli altri beni del debitore a garanzia del credito soddisfatto, cioè del credito al quale era vincolato il bene acquistato dal terzo. Questi, però, non potrà giovarsi di detto subingresso ove tali beni siano stati acquistati da altri soggetti in forza di atti trascritti prima che il terzo medesimo trascrivesse il proprio titolo.

Deve infine precisarsi che terzo acquirente, ai fini della disciplina in questione, è anche chi acquisti un diritto di superficie o di enfiteusi su un bene già gravato da una ipoteca (art. 2812, co. 3). Non può invocare la disciplina in oggetto, viceversa, chi acquisti, su un bene già gravato da ipoteca, il diritto di servitù, di usufrutto, di uso o di abitazione: è solo previsto che il titolare, estinto il diritto con l'espropriazione del bene, possa rivalersi sul ricavato della vendita forzata nei limiti dell'obbligazione risarcitoria che egli vanti nei confronti del suo dante causa, con preferenza rispetto ai creditori che abbiano iscritto ipoteca dopo la trascrizione del suo acquisto (art. 2812, co. 1 e 2).

Terzo datore di ipoteca

La persona del debitore può non coincidere con quella del proprietario del bene oggetto dell'ipoteca anche quando quest'ultima sia stata concessa da un **terzo** a garanzia del debito altrui.

Anche il terzo datore di ipoteca, al pari del terzo acquirente del bene ipotecato, è esposto al rischio di subire l'espropriazione del bene. Tuttavia, a differenza del terzo acquirente, egli ha una sola possibilità di sottrarsi a tale evenienza, che è quella di pagare integralmente tutti i crediti iscritti. Del resto, il terzo datore di ipoteca è un vero e proprio **garante**; come testimoniato da alcune vistose analogie con la posizione del fideiussore (si veda, ad es., l'art. 2869, in rapporto all'art. 1955): e ciò spiega il trattamento deteriore riservatogli dalla legge in confronto al terzo acquirente del bene.

Il terzo datore di ipoteca non gode del beneficio della preventiva escussione del debitore, tranne che esso sia stato convenuto (art. 2868). Ovviamente, pagati i creditori iscritti, o comunque subita l'espropriazione, egli, ai sensi dell'art. 2871, co. 1, ha azione di **regresso** nei confronti del debitore (in alternativa all'azione che il creditore soddisfatto avrebbe potuto esperire nei confronti del debitore, nella quale il terzo datore di ipoteca – come si è visto – è surrogato). Inoltre, ai sensi dell'art. 2871, co. 2, egli potrà agire in regresso nei confronti dei fideiussori del debitore, nonché degli altri datori di ipoteca, ripetendo da ciascuno di questi la rispettiva porzione; e potrà avvalersi del subingresso nelle ipoteche iscritte sugli altri beni del debitore a garanzia del credito soddisfatto, secondo lo schema previsto a tutela del terzo acquirente del bene ipotecato dall'art. 2866, co. 2.

11.2. *La fideiussione e le altre garanzie personali. Cenni ad alcuni strumenti di tutela stragiudiziale del creditore contro l'inadempimento*

Il creditore può rafforzare la propria posizione attraverso il ricorso a garanzie personali, come la **fideiussione**, la **lettera di *patronage*** o il **contratto autonomo di garanzia** che, a differenza di quanto accade con le cause di prelazione, non gli attribuiscono il diritto di soddisfarsi in via preferenziale sui beni del debitore, ma gli consentono di rivolgersi, ai fini dell'adempimento dell'obbligazione, ad un soggetto ulteriore rispetto al debitore originario.

In particolare, la fideiussione (artt. 1936-1957) è un contratto in forza del quale un soggetto – detto **fideiussore** – garantisce l'adempimento di un'obbligazione altrui impegnandosi personalmente nei confronti del creditore (art. 1936). Ciò significa che il creditore, nel caso in cui il debitore principale dovesse rivelarsi insolvente, potrà agire nei confronti del fideiussore soddisfacendosi sul suo patrimonio *ex* art. 2740. Quindi, mentre il beneficio assicurato dalle garanzie reali consiste nel destinare in via preferenziale un certo bene al soddisfacimento del credito, il beneficio assicurato dalle garanzie personali consiste nell'offrire al creditore un secondo compendio patrimoniale verso il quale indirizzare le proprie pretese.

Caratteri della fideiussione

L'obbligazione fideiussoria è **accessoria** rispetto a quella principale: sicché la fideiussione non sarà valida se non è valida l'obbligazione principale (art. 1939), non può eccedere ciò che è dovuto dal debitore o essere prestata a condizioni più onerose (art. 1941, co. 1) ed il fideiussore può opporre al creditore tutte le eccezioni inerenti al rapporto principale (art. 1945).

L'accessorietà vale a distinguere la fideiussione dal **contratto autonomo di garanzia** caratterizzato, viceversa, dalla circostanza che il soggetto garante (per lo più, un istituto di credito o di assicurazione) sarà tenuto ad eseguire la prestazione anche qualora il rapporto principale sia **invalido**.

È possibile prestare fideiussione per obbligazioni condizionate o future (fideiussione ***omnibus***) a patto che, in quest'ultimo caso, sia previsto l'importo massimo garantito (art. 1938).

Fideiussore e debitore principale sono tenuti **in solido** (art. 1944, co. 1); tuttavia le parti possono convenire il **beneficio di escussione** a favore del fideiussore, nel qual caso quest'ultimo, ove sia richiesto dell'adempimento dell'obbligazione da parte del creditore, se vuole avvalersi del beneficio, dovrà indicare i beni del debitore sui quali il creditore stesso potrà soddisfarsi (art. 1944, co. 2).

Infine, il fideiussore che abbia pagato il debito è **surrogato** nei diritti del creditore (art. 1949) ed ha azione di **regresso** nei confronti del debitore (art. 1950).

Altri strumenti di tutela del creditore

In un'ipotetica gerarchia degli strumenti di cui il creditore può avvalersi onde assicurarsi l'utilità connessa alla prestazione del debitore, si collocano, senz'altro, al livello più basso la **decadenza dal beneficio del termine** (art. 1186) collegata, tra l'altro, alla sopravvenuta insolvenza del debitore – e il **diritto di ritenzione** riconosciuto al creditore in talune specifiche ipotesi (artt. 748, co. 4; 975, co. 2; 1006; 1011; 1502 cpv.; 1152, 2040) ma al quale si vorrebbe attribuire una portata generale, e grazie al quale il creditore può rifiutarsi di restituire la cosa al debitore sino a quando questi non abbia saldato il suo debito (esempio classico è quello del carrozziere che non riconsegna la macchina al legittimo proprietario sino a quando questi non provveda a saldare il suo debito). Se sulla cosa ritenuta il creditore ha anche un **privilegio**, il diritto di ritenzione è **opponibile** anche al terzo, ad es., all'acquirente della macchina ancora trattenuta in carrozzeria.

Ad una logica parzialmente diversa obbediscono strumenti come quelli contemplati dagli artt. 1461 e 1822, rispetto ai quali l'esigenza primaria sembra essere quella di evitare al creditore un depauperamento ormai ingiustificato tenuto conto dell'irreversibile aggravarsi delle condizioni patrimoniali del debitore. In ogni caso, essi operano piuttosto sul versante della tutela contro l'**inadempimento** del debitore, che non su quello della tutela contro la sua **insolvenza**.

11.3. *I mezzi di conservazione della garanzia patrimoniale*

Si è già detto che il patrimonio del debitore costituisce la garanzia ultima di cui il creditore dispone. Una garanzia generica, atteso che l'asservimento del singolo bene al soddisfacimento coattivo del credito re si realizza solo con il pignoramento; e, ancora, una garanzia potenziale, atteso che, fino a quando non si munisce di un titolo esecutivo – il quale, a sua volta, presuppone l'inadempimento – il creditore non ha il potere di aggredire il patrimonio del debitore.

L'ordinamento, però, tutela, sin dal momento in cui il credito sorge, l'interesse del creditore alla conservazione della integrità del patrimonio del debitore. Questa tutela si attua per il tramite, appunto, dei c.d. **mezzi di conservazione della garanzia patrimoniale** (azione surrogatoria, azione revocatoria e sequestro conservativo), cioè attraverso rimedi diretti proprio a preservare il patrimonio del debitore e, con esso, la possibilità di una realizzazione coattiva del credito.

Caratteri comuni

Tali rimedi rivestono un carattere, in pari tempo, **preventivo** e **cautelare**: preventivo, perché vi si può ricorrere prima che l'inadempimento si consumi e che la responsabilità patrimoniale del debitore si concretizzi nell'azione esecutiva; cautelare, perché la conservazione del patrimonio del debitore, va da sé, non è in grado di soddisfare l'interesse del creditore, ma è prodromico e funzionale a tale soddisfacimento, nella misura in cui preserva le condizioni materiali idonee a consentirlo.

Ovviamente, è ben difficile che un creditore garantito da un pegno, da un'ipoteca o da un privilegio speciale ricorra ad uno dei rimedi indicati, perché egli è già ampiamente tutelato sia dal diritto di seguito attribuitogli sul bene, sia dal titolo di preferenza attribuitogli sul ricavato della sua vendita. Difficile, ma non impossibile, potendosi immaginare, ad es., che il valore del bene costituito in garanzia non copra integralmente l'ammontare del credito, ovvero che sull'immobile gravino ipoteche di grado poziore. È però innegabile che i mezzi di conservazione della garanzia patrimoniale siano funzionali, soprattutto, alla tutela dei creditori chirografari.

Occorre infine sottolineare che, accanto all'azione surrogatoria, all'azione revocatoria e al sequestro conservativo, l'ordinamento contempla anche altri rimedi diretti a preservare la garanzia patrimoniale del credito, il cui ambito di operatività, tuttavia, non ha portata generale, ma è legato ad ipotesi specifiche.

Si pensi, ad es., all'istituto della separazione dei beni del defunto da quelli dell'erede (artt. 512-518), attraverso il quale i creditori del *de cuius* preservano la garanzia patrimoniale del loro credito dal concorso con i creditori dell'erede. Sempre in materia successoria, assume rilievo l'art. 524, ai sensi del quale i creditori del chiamato all'eredità che vi abbia rinunziato possono surrogarsi al loro debitore nel potere di accettarla, al solo scopo di soddisfarsi sui beni ereditari fino alla concorrenza del loro credito. E si consideri, infine, l'art. 2939, ai sensi del quale il creditore può, in luogo del debitore, opporre al terzo che faccia valere un proprio credito nei confronti del debitore medesimo la prescrizione che quest'ultimo abbia omesso di eccepire.

11.3.1. *L'azione surrogatoria*

L'art. 2900 attribuisce al creditore la legittimazione a **sostituirsi** al debitore nell'esercizio di un diritto o di un'azione che questi, pur essendone titolare, ometta di far valere nei confronti dei terzi. Tale **inerzia**, infatti, incide negativamente sul patrimonio del debitore, sia perché ne impedisce un possibile incremento (si pensi alla mancata riscossione di un credito pecuniario e alla sua conseguente prescrizione), sia perché ne può causare un decremento (si pensi al mancato esercizio di una azione di risoluzione del contratto per eccesiva onerosità sopravvenuta). Incidendo negativamente sul patrimonio del debitore, l'inerzia pregiudica anche la garanzia patrimoniale del credito, riducendo le possibilità che il creditore consegua il soddisfacimento coattivo del proprio diritto.

Precisazioni terminologiche e concettuali

Il rimedio in parola è noto come azione **surrogatoria**. Tuttavia, sarebbe preferibile dire – in termini più generali – che al creditore è attribuita una legittimazione surrogatoria all'esercizio dei diritti del proprio debitore. Ciò per due ragioni: in primo luogo, questa surrogazione può risolversi anche in un'attività stragiudiziale (si pensi all'atto con il quale il creditore interrompe la prescrizione di un credito che il proprio debitore vanti verso un terzo); in secondo luogo, quando il creditore agisce in giudizio in luogo del proprio debitore, egli non esercita un'azione individuata dal legislatore in via tipica – come la formula codicistica potrebbe lascerebbe supporre – ma promuove in via surrogatoria l'azione che di volta in volta compete al debitore (che può essere, ad es., un'azione diretta ad ottenere l'adempimento di un'obbligazione *ex contractu* o il risarcimento di un danno *ex delicto*).

Un punto, comunque, merita di essere sottolineato: il creditore in surrogatoria opera, certo, nel proprio interesse, perché è mosso dall'esigenza di preservare la garanzia patrimoniale, ma agisce pur sempre ***nomine alieno***, cioè in luogo del proprio debitore, poiché fa valere un diritto di costui. A ciò si potrebbe obiettare che l'art. 2900 investe il creditore del diritto potestativo di sostituirsi al proprio debitore inerte: ma il contenuto di questo diritto potestativo si specifica pur sempre nel diritto che di volta in volta il creditore fa valere in luogo del debitore medesimo (dunque, appunto, *nomine alieno*).

Le osservazioni precedenti trovano un riscontro irrefutabile nella circostanza per cui gli effetti dell'utile esperimento delle prerogative nelle quali, di volta in volta, il creditore si sostituisce al debitore ricadono nel patrimonio di quest'ultimo. In effetti, l'azione surrogatoria non ha e non può avere – anche per ovvie esigenze di tutela della *par condicio creditorum* – un esito direttamente satisfattorio delle ragioni del creditore; e, d'altra parte, il risultato della conservazione della garanzia patrimoniale già realizza pienamente l'interesse cautelare che muove, almeno in questa fase del rapporto, il creditore.

L'azione surrogatoria è esperibile solo in presenza di **tre** presupposti.

In primo luogo, è necessario che l'attore vanti effettivamente un **credito** nei confronti di colui al quale si sostituisce. Non è necessario, però, che tale credito sia liquido ed esigibile: l'esigenza di tutela della garanzia patrimoniale impone di prescindere dalla ricorrenza di questi requisiti.

Presupposti

Il secondo presupposto è rappresentato dall'**inerzia** del debitore, la quale rileva indipendentemente dalla circostanza che essa sia imputabile, o meno, al debitore medesimo.

Infine, il terzo presupposto è individuabile nel ***periculum damni***: è necessario, cioè, che l'inerzia del debitore determini il pericolo attuale di un pregiudizio futuro: pregiudizio consistente anche in una mera diminuzione delle possibilità di ottenere il soddisfacimento coattivo del credito attraverso l'espropriazione forzata. Dunque, non è necessaria, ai fini dell'esercizio dell'azione surrogatoria, la prova che il patrimonio del debitore, a causa dell'inerzia, risulti incapiente.

L'aspetto più problematico della disciplina in esame, tuttavia, è rappresentato dalla esatta individuazione dei diritti che il creditore può esercitare in luogo del debitore.

Ambito di applicazione

Una prima indicazione, al riguardo, si ricava dalla circostanza che l'art. 2900 esplicitamente si riferisca ai diritti e alle azioni che spettano al debitore verso **terzi**, ossia a posizioni di vantaggio che, dirigendosi nei confronti di un soggetto determinato, si radicano all'interno di un rapporto giuridico. Da ciò si desume che il creditore non può sostituirsi al proprio debitore nell'esercizio dei diritti reali, i quali, come è noto, prescindono da un contesto relazionale. D'altra parte, attribuire al creditore il potere di intromettersi nella gestione di un bene di proprietà del debitore significherebbe pregiudicare l'autonomia di quest'ultimo ben al di là di quanto imposto dalle finalità perseguite attraverso la previsione di un rimedio come l'azione surrogatoria.

La legittimazione surrogatoria, inoltre, è circoscritta dall'art. 2900 ai diritti che abbiano contenuto **patrimoniale** e che possano essere esercitati anche da un soggetto **diverso** dal loro titolare.

Quanto al limite della patrimonialità, esso inerisce strutturalmente al rimedio in discorso perché l'azione surrogatoria, quale mezzo di conservazione della garanzia patrimoniale, ha un senso solo in relazione a quelle situazioni giuridiche il cui (mancato) esercizio può incidere su quest'ultima.

Tuttavia, la concreta applicazione di tale limite è più problematica di quanto potrebbe apparire d'acchito, perché quasi tutte le situazioni giuridiche presentano, direttamente o indirettamente, un qualche profilo di ordine patrimoniale in tesi idoneo a giustificare una legittimazione surrogatoria del creditore. Questi, ad es., potrebbe aspirare a promuovere in via surrogatoria una domanda di separazione giudiziale, al fine di ottenere che il coniuge del proprio debitore sia obbligato a corrispondere a quest'ultimo un assegno di mantenimento; o, ancora, potrebbe aspirare a promuovere in via surrogatoria una domanda diretta ad ottenere che il suo debitore venga riconosciuto giudizialmente quale figlio, e dunque, successore necessario, del proprio padre. Il fatto che un'azione possa avere conseguenze indirette sul piano patrimoniale non è, però, sufficiente a riconoscere carattere patrimoniale alla situazione giuridica fatta valere: ciò che qualifica, sotto questo profilo, un diritto sono solo le ricadute **immediate** del suo esercizio. Ciò porta ad escludere dall'ambito di operatività dell'azione surrogatoria tutte le azioni preordinate ad una qualche modificazione degli *status* e dei rapporti familiari.

Ancora più complesso risulta identificare la classe dei diritti nei quali il creditore non può sostituirsi al debitore perché inerenti alla persona di quest'ultimo. La formula utilizzata dal codice (diritti che "per loro natura o per disposizione di legge non possono essere esercitati se non dal loro titolare") è, infatti, alquanto vaga.

L'interpretazione prevalente ritiene che la disposizione in esame riguardi quelle situazioni giuridiche il cui esercizio è connotato da una **discrezionalità**, per così dire, qualificata, ove la scelta in ordine all'opportunità di esercitare o di non esercitare il diritto rimanda a valutazioni strettamente personali rispetto alle quali il creditore non può pretendere di sostituirsi al debitore: e ciò perché il diritto, pur avendo contenuto patrimoniale, finirebbe per investire, se esercitato, anche una dimensione morale o affettiva. Così, ad es., si ritiene che abbia carattere strettamente personale il diritto agli alimenti, il diritto di chiedere lo scioglimento di una comunione, quello di revocare una donazione per ingratitudine o, ancora, quello di convalidare un contratto annullabile.

11.3.2. *L'azione revocatoria ordinaria*

Ove il debitore abbia compiuto un atto di disposizione che "rechi pregiudizio alle ragioni del creditore", questi può promuovere l'azione **revocatoria** al fine di ottenere che l'atto di disposizione sia dichiarata inefficace nei suoi confronti, ossia **inopponibile** (art. 2901).

Finalità

Si immagini, ad es., che il debitore doni un proprio bene ad un terzo: è evidente che questo atto, depauperando il patrimonio dell'obbligato, incide negativamente sulla posizione del creditore, giacché questi viene privato di un cespite sul quale, in caso di inadempimento, avrebbe potuto agire esecutivamente. Si spiega, dunque, perché l'ordinamento predisponga, quale mezzo di conservazione della garanzia patrimoniale, un rimedio diretto a rendere inopponibile al creditore l'atto di disposizione posto in essere dal debitore: ciò al fine di consentirgli di assoggettare alle sue pretese il bene che di quell'atto ha costituito oggetto (o di chiederne il sequestro conservativo, ove non siano maturate le condizioni per procedere all'esecuzione forzata), come se esso non fosse mai fuoriuscito dal patrimonio del debitore.

È opportuno precisare, però, che l'atto revocato resta valido ed efficace *erga omnes*: la sua **inefficacia**, difatti, riguarda il solo creditore attore in revocatoria. Ciò significa che, nella procedura esecutiva da questi promossa, gli altri creditori del disponente non potranno intervenire; potranno intervenire, viceversa, i creditori del **terzo** acquirente del bene, come è ovvio che sia, atteso che il bene medesimo era ormai diventato parte integrante del patrimonio di quest'ultimo.

Anche sotto il profilo **oggettivo**, l'inopponibilità che consegue all'utile esercizio dell'azione revocatoria risulta circoscritta a quanto strettamente necessario alla conservazione della garanzia patrimoniale e, dunque, alla pura e semplice rimozione dell'ostacolo che l'alienazione del bene comporta per la sua aggredibilità da parte del creditore. Si spiega così perché l'azione revocatoria non dispieghi un effetto restitutorio, che sarebbe ultroneo rispetto all'esigenza di tutela cui il rimedio risponde (ritornando all'esempio precedente, il bene donato resterà nelle mani del donatario, almeno fino al momento dell'espropriazione forzata).

e presupposti del rimedio

Venendo ora ai presupposti dell'azione revocatoria, va detto che il primo di essi è rappresentato dalla effettiva sussistenza del credito, ancorché soggetto a termine o condizione.

L'azione revocatoria, inoltre, può colpire solo gli **atti di disposizione**. Tali sono gli atti con i quali si trasferisce la proprietà di un bene; quelli con cui si costituisce su un bene un diritto reale di godimento o di garanzia; quelli, infine, con cui il debitore assume un'obbligazione verso un terzo. In realtà, la categoria degli atti di disposizione ricomprende – a rigore – solo i negozi con effetto reale.

Tuttavia, è innegabile che anche l'assunzione di un'obbligazione può compromettere la garanzia patrimoniale del creditore, nella misura in cui amplia il novero di coloro che concorreranno sul patrimonio del comune debitore. Peraltro, l'art. 2901, co. 2 espressamente contempla la revocabilità degli atti con i quali viene prestata una **garanzia**, senza distinguere tra garanzie reali e garanzie personali: e se è suscettibile di revoca, ad es., una fideiussione, non c'è ragione di escludere che possa esserlo ogni altro atto con il quale il debitore assume un'obbligazione.

Non è invece soggetto a revoca, per espressa previsione normativa e diversamente dal debito prescritto, l'adempimento di un debito già **scaduto**, trattandosi di un atto dovuto che non comporta alcuna ricaduta negativa per il patrimonio del debitore (art. 2901, co. 3).

In secondo luogo, perché un atto di disposizione possa essere revocato, esso deve recare **pregiudizio** alle ragioni del creditore. Questo ulteriore presupposto, noto come *eventus damni*, ricorre quando l'atto comporta una diminuzione – sul piano quantitativo – del patrimonio del debitore o, comunque, renda più difficoltosa il soddisfacimento delle ragioni creditorie. Ciò spiega perché, secondo un'opinione assai diffusa, l'azione revocatoria possa colpire, ad es., la vendita di un bene ad un prezzo corrispondente, o addirittura superiore, al suo valore di mercato: in questo caso, sebbene l'ammontare complessivo del patrimonio del debitore non subisca alcuna riduzione, la sua nuova e diversa composizione renderà certamente più problematico il soddisfacimento coattivo del credito, poiché il denaro è un bene che con più facilità può essere occultato e, quindi, sottratto alla procedura esecutiva.

Infine, la legge individua un presupposto di carattere **soggettivo**, il quale si atteggia diversamente a seconda che l'atto di disposizione posto in essere dal debitore sia a titolo **gratuito** o a titolo **oneroso**. Nel primo caso, infatti, è sufficiente che il debitore fosse consapevole del pregiudizio procurato dall'atto al suo creditore (*scientia damni*). Peraltro, secondo un consolidato orientamento giurisprudenziale, non è necessario provare la conoscenza effettiva dell'*eventus damni*, essendo sufficiente che quest'ultimo fosse quanto meno conoscibile.

Quando, viceversa, l'atto di cui si chiede la revoca sia a titolo oneroso, il creditore dovrà provare che anche il **terzo acquirente** era a conoscenza dell'incidenza negativa dell'atto sul patrimonio del debitore.

La ragione di questo inasprimento dell'onere probatorio a carico del creditore è abbastanza ovvia: trattandosi di atto a titolo oneroso, che ha comportato per il terzo un sacrificio economico, il legislatore ne subordina la revoca alla **mala fede** dell'acquirente secondo quel principio di meritevolezza dell'**affidamento** nella stabilità dell'atto che trova applicazione in numerose altre ipotesi (si pensi agli artt. 428, co. 2, 1431, 1445).

L'atto pregiudizievole potrà essere revocato perfino se posto in essere **prima** del sorgere del credito: ma, in questo caso, soltanto se il creditore riuscirà a dimostrare la **dolosa preordinazione** (*consilium fraudis*) – quindi non la semplice consapevolezza, ma la volontà di arrecargli pregiudizio, che, secondo un recente ed opinabile orientamento giurisprudenziale, non deve necessariamente trasfigurarsi in dolo specifico, bastando il mero dolo generico – da parte del debitore e, ove l'atto sia a titolo oneroso, anche da parte del terzo (*partecipatio fraudis*).

Effetti

Come si è già detto, la conseguenza del vittorioso esercizio dell'azione revocatoria è rappresentata dalla **inefficacia relativa** dell'atto revocato. Quest'ultimo, in altri termini, sarà perfettamente valido e produrrà i suoi effetti nei confronti di **tutti** – ciò significa, ad es., che il terzo acquirente del bene alienato dal debitore ne diventerà proprietario, potendo a sua volta cedere il bene ad un altro soggetto – **tranne** che nei confronti del **creditore**, al quale l'atto revocato non sarà opponibile.

Ne discende che il creditore potrà agire in via conservativa o anche esecutiva presso il terzo (art. 2902, co. 1: ma vedi anche gli art. 543 s.; 602 s. c.p.c.) collocandosi in tal modo sullo stesso piano di un creditore pignoratizio o ipotecario (art. 602 c.p.c.) anche se, a partire dai terzi **subacquirenti** – cioè, a partire da coloro che hanno acquistato il bene dall'avente causa del debitore – l'opponibilità della revocatoria sarà subordinata alla **trascrizione** della domanda giudiziale (art. 2901, co. 3).

In ogni caso, il creditore sarà legittimato a domandare la condanna al risarcimento del danno nei confronti del terzo che, dopo aver acquistato un bene dal debitore altrui, lo abbia a sua volta alienato a terzi sottraendolo all'azione revocatoria (c.d. revocatoria risarcitoria).

Lo stesso effetto si produrrà là dove il creditore intraprenda la cosiddetta "revocatoria semplificata" prevista dal 2015 all'art. 2929 *bis* (come modificato dalla l. 30 giugno 2016, n. 119 di conversione del d.l. 3 marzo 2016, n. 59). Tale norma permette al creditore munito di titolo esecutivo di agire direttamente in esecuzione forzata – trascrivendo il pignoramento entro un anno dalla trascrizione dell'atto di depauperamento – ancorché non abbia preventivamente ottenuto la sentenza dichiarativa dell'inefficacia dell'atto di disposizione; purché quest'atto sia successivo al sorgere del credito (ma può essere anche precedete alla formazione del titolo esecutivo) e abbia ad oggetto la costituzione di un vincolo di indisponibilità (ad esempio la destinazione del bene ad un fondo patrimoniale) o di alienazione di beni immobili o mobili registrati compiuto a titolo gratuito. Coerentemente con l'inefficacia relativa della revocatoria ordinaria, questa azione esecutiva non può essere esercitata contro il terzo acquirente a titolo oneroso salvi gli effetti della trascrizione del pignoramento. Il debitore, il terzo assoggettato all'espropriazione e ogni altro interessato alla conservazione del vincolo possono comunque proporre le opposizioni all'esecuzione previste dal codice di procedura quando contestano la sussistenza dei presupposti di cui all'art. 2929 *bis*, co. 1, c.c. nonché la conoscenza da parte del debitore del pregiudizio che l'atto arrecava alle ragioni del creditore. Muovendo da ciò, alcuni descrivono la "revocatoria semplificata" in parola come una revocatoria ordinaria capovolta riguardo ai temi di prova.

Il rimedio si prescrive in **cinque** anni dalla data dell'atto (art. 2903).

È opportuno ribadire che dei benefici effetti della revocatoria si potrà avvalere solo il creditore che ha esperito l'azione là dove, viceversa, nel caso della surrogatoria saranno tutti i creditori, al momento dell'esecuzione forzata, a giovarsi dell'ingresso nel patrimonio del debitore dei beni recuperati da colui che si è sostituito al debitore stesso nell'esercizio dei diritti e delle azioni.

11.3.3. *Il sequestro conservativo*

Il sequestro conservativo di un bene (mobile o immobile) è una misura di carattere **cautelare** che il creditore può chiedere al giudice quando, avendo promosso o essendo in procinto di promuovere una domanda diretta ad ottenere la condanna del debitore all'adempimento di un'obbligazione (anche risarcitoria), nutra il fondato timore di perdere – nelle more del giudizio di merito – la garanzia patrimoniale del credito che il bene di cui si chiede il sequestro offre (art. 2905; v. anche art. 671 c.p.c.).

Effetti

L'accoglimento dell'istanza di sequestro comporta, fondamentalmente, che gli atti di disposizione posti in essere dal debitore, per il resto validi ed inefficaci, risultino, tuttavia, **inopponibili** al creditore sequestrante (art. 2906, co. 1). Sotto questo profilo, il sequestro conservativo ricalca gli effetti dell'azione revocatoria, differenziandosene perché precede, e non segue, il compimento dell'atto.

Il sequestro conservativo, in quanto misura cautelare, è destinato a spiegare i suoi effetti limitatamente alla pendenza del giudizio di merito. Se all'esito di tale giudizio la pretesa creditoria si rivela infondata, il sequestro perde ogni effetto; se, invece, il giudizio si chiude con la condanna del debitore all'adempimento dell'obbligazione, il sequestro si converte nel **pignoramento** del bene (art. 686 c.p.c.). Ciò, peraltro, è in perfetta sintonia con la finalità pratica della misura in esame che è quella di anticipare in via cautelare l'assoggettamento del bene a quel vincolo di indisponibilità, prodromico all'attuazione coattiva del credito, che, di regola, consegue appunto al pignoramento.

Quando, però, il creditore, nel domandare la revoca di un atto di disposizione posto in essere dal proprio debitore, chieda il sequestro conservativo del bene nei confronti del terzo acquirente, onde evitare che questi lo alieni ulteriormente (art. 2905, co. 2), in caso di accoglimento della domanda di merito, la misura cautelare, ove accordata, non si convertirà in un pignoramento: qui, infatti, il sequestro conservativo è inteso ad anticipare non il vincolo di indisponibilità che sorgerà con il pignoramento, ma l'effetto – cioè, appunto, l'inopponibilità al creditore dell'atto compiuto dal debitore – dell'azione revocatoria.

Anche i **crediti** possono costituire oggetto di sequestro conservativo, il quale anticiperà qui gli effetti del pignoramento presso terzi nel quale è destinato a convertirsi (art. 678 c.p.c.).

Infine, è opportuno sottolineare che il sequestro conservativo va tenuto ben distinto dal **sequestro giudiziario** (art. 670 c.p.c.) disposto dal giudice al fine di sottrarre il bene controverso alle parti in lite.

Sezione VI

LE FONTI DELLE OBBLIGAZIONI DIVERSE DAL CONTRATTO E DAL FATTO ILLECITO

12. *Premessa*

Come si è visto, accanto al contratto e al fatto illecito può costituire fonte di un'obbligazione "ogni altro atto o fatto idoneo a produrla in conformità dell'ordinamento giuridico" (art. 1173).

Ora – prescindendo dal problema relativo all'ammissibilità di fonti atipiche, problema sul quale ci siamo già intrattenuti – va detto che questa disposizione si riferisce ad una serie di fattispecie **tipiche** alle quali la legge riconosce, per l'appunto, la dignità di fonti dell'obbligazione. Si tratta delle promesse unilaterali, dei titoli di credito, della gestione di affari altrui, del pagamento dell'indebito e dell'arricchimento senza causa, cui sono dedicati i Titoli IV-VIII del Libro IV del codice civile, collocati esattamente a metà tra la disciplina del contratto e quella del fatto illecito.

È bene precisare, tuttavia, che quelle appena ricordate sono soltanto alcune delle fonti di obbligazioni (diverse dal contratto e dal fatto illecito) oggetto di espressa previsione normativa, poiché, in realtà, già il codice è disseminato di fattispecie produttive di effetti obbligatori: si pensi, in materia testamentaria, ad un onere (artt. 648 e 793) o ad un legato con effetti obbligatori; si pensi, ancora, al diritto di regresso attribuito al debitore in solido nei confronti dei coobbligati (1299); si pensi, infine, all'indennità che, al momento della restituzione del bene, il nudo proprietario deve corrispondere all'usufruttuario in ragione dei miglioramenti apportati (art. 985).

La speciale attenzione riservata alle figure di cui ci occupiamo nella presente sezione trova, comunque, una spiegazione nella rilevanza pratica di questi istituti la quale impone di dettare regole puntuali circa le condizioni di insorgenza del vincolo obbligatorio.

12.1. *Le promesse unilaterali*

In linea di massima, l'ordinamento non consente che taluno assuma un'obbligazione sulla base di una dichiarazione unilaterale di volontà. È questo il significato dell'art. 1987: le promesse unilaterali producono effetti obbligatori **solo** nei casi in cui ciò sia previsto da una espressa disposizione di legge. Al di fuori delle (rare) fattispecie contemplate in via tipica, dunque, la promessa unilaterale di eseguire una determinata prestazione non produce alcun effetto giuridico: all'autonomia privata è dato di porsi quale fonte di un'obbligazione solo attraverso lo strumento del contratto, nel quale l'insorgere del vincolo è il frutto dell'incontro delle volontà di entrambe le parti del costituendo rapporto.

La ragione di un atteggiamento così rigoroso nei riguardi delle promesse unilaterali è tradizionalmente individuata nel concorso di due fattori. Per un verso, esse si porrebbero in contrasto con il principio secondo cui non si può incidere **unilateralmente** sulla sfera giuridico-patrimoniale di un soggetto terzo, neanche quando da questo dovessero derivare, per il destinatario dell'atto, conseguenze benefiche.

Giustificazione tradizionale della tipicità

Per altro verso, le promesse unilaterali sembrano sottrarsi ad un ulteriore, fondamentale principio, quello in forza del quale ogni attribuzione patrimoniale deve poggiare su una **causa**. Insomma, riconoscere effetti obbligatori ad una nuda promessa (ad es., «prometto di corrisponderti € 500,00») equivarrebbe ad ammettere la piena legittimità di negozi astratti, nei quali, cioè, non essendo, per così dire, visibile la tipologia degli interessi perseguiti dal dichiarante, all'ordinamento verrebbe impedito di esercitare un controllo sulla circolazione della ricchezza.

Entrambe le ragioni invocate a sostegno della scelta di rigore operata dal codice del 1942 appaiono, per la verità, tutt'altro che insuperabili: di talché oggi settori significativi della dottrina, sulla scorta di una radicale rilettura dell'art. 1333 che ravvisa nella fattispecie ivi disciplinata non un contratto ma un negozio unilaterale ad effetti obbligatori, si orientano nel senso di circoscrivere l'ambito di applicazione dell'art. 1987 alle sole ipotesi di promesse unilaterali atipiche ed **astratte**.

12.1.1. *La promessa al pubblico, la promessa di pagamento e la ricognizione di debito*

Tra le promesse unilaterali oggetto di una specifica previsione normativa va considerata, innanzitutto, la **promessa al pubblico**. Trattasi della promessa di eseguire una prestazione in favore di chi si trovi in una **determinata situazione** («mi farò carico dei costi per la iscrizione all'università del ragazzo più povero della città») o compia una **determinata azione** («darò € 10.000,00 a chi ritroverà il mio cane») (art. 1989, co. 1).

La promessa al pubblico deve essere distinta dall'**offerta al pubblico** (art. 1336), che è solo una proposta diretta alla conclusione di un contratto, indirizzata però – questa la sua peculiarità – ad una cerchia di soggetti indeterminati: eventuali obbligazioni, pertanto, scaturiranno dal successivo, eventuale contratto, e non dall'offerta in quanto tale.

Efficacia

La promessa, secondo quanto previsto dall'art. 1989, vincola il suo autore non appena è resa **pubblica**. Al riguardo si discute se l'obbligazione, sebbene *in incertam personam*, sorga immediatamente, ovvero se essa si perfezioni solo quando si verifichi lo stato di cose divisato dal promittente. Questa seconda ipotesi appare preferibile, non già perché l'indeterminatezza della persona del creditore osti alla configurabilità di un rapporto obbligatorio (a tal fine è infatti sufficiente che la persona del creditore sia determinabile), quanto, piuttosto, perché la situazione o l'azione indicate nella promessa potrebbero non verificarsi. L'una e l'altra, dunque, operano quale **condizione legale** di efficacia del negozio: sicché, fino a quando quest'ultima non si verifichi, il vincolo che grava sul promittente – secondo lo schema dell'effetto preliminare riconducibile ad una fattispecie a formazione progressiva – si esamina nella sola **irrevocabilità** della promessa.

Tale vincolo, peraltro, sperimenta un duplice temperamento.

Revoca

In primo luogo, in presenza di una **giusta causa**, la promessa sarà comunque revocabile: a sua volta, la revoca sarà efficace solo se resa pubblica con modalità uguali o equivalenti a quelle utilizzate per rendere pubblica la promessa (art. 1990, co. 1).

In secondo luogo, sul piano temporale, la promessa vincola il suo autore solo fino alla scadenza del termine da questi stabilito, o ricavabile dalla natura o dalle finalità della promessa medesima; se poi non è stato posto termine alcuno, allora, trascorso un anno dal momento in cui essa è stata resa pubblica "il vincolo del promittente cessa qualora ... non gli sia stato comunicato l'avveramento della situazione o il compimento dell'azione prevista nella promessa" (art. 1989, co. 2).

Perfezionamento

Un altro aspetto controverso della disciplina in esame concerne la **comunicazione** con la quale l'interessato informa il promittente del fatto di trovarsi nella situazione o di avere compiuto l'azione cui la promessa si riferisce. Il problema sorge in relazione all'art. 1989, co. 2, il quale, come si è visto, prevede che "il vincolo del promittente cessa" se entro il termine stabilito, o entro l'anno dalla promessa, "non gli sia stato comunicato l'avveramento della situazione o il compimento dell'azione prevista nella promessa".

Questa disposizione, infatti, potrebbe indurre a ritenere che l'obbligazione sorga non già nel momento in cui si verifichino la situazione o l'azione, ma, piuttosto, nel momento in cui ciò venga comunicato al promittente. Un simile assunto, poi, sembrerebbe trovare conferma nell'art. 1991 alla stregua del quale, ove più persone compiano separatamente l'azione o si ritrovino nella situazione stabilita, "la prestazione promessa spetta a colui che per primo ne ha dato comunicazione al promittente" (tranne che il promittente non si sia impegnato ad eseguire la prestazione nei confronti di tutti coloro che abbiano compiuto l'azione o si trovino nella situazione).

In senso insuperabilmente contrario si muove, però, l'art. 1990, co. 2, il quale stabilisce che la revoca della promessa non può più aver luogo se la situazione o l'azione richieste dal promittente si sono **verificate**, a prescindere dalla comunicazione di esse: da questa norma, infatti, è agevole desumere che l'evento in forza del quale l'efficacia obbligatoria della promessa si perfeziona è rappresentato, appunto, dal solo subentrare della situazione o dell'azione indicate nella promessa medesima.

Pertanto, il richiamo alla comunicazione di cui all'art. 1989, co. 2, va inteso nel senso che essa costituisce materia di un **onere** posto a carico dell'interessato, il mancato assolvimento del quale entro il termine stabilito importa la decadenza da un diritto di credito già acquisito. La comunicazione in parola, poi, rileva quale criterio di soluzione del conflitto che insorge tra quanti abbiano compiuto separatamente l'azione o si ritrovino contemporaneamente nella situazione stabilita: in base all'art. 1991, infatti, la prestazione promessa spetterà a chi per primo ne abbia dato notizia al promittente.

Il codice (art. 1988) pone tra le promesse unilaterali anche la **ricognizione di debito** («ammetto di dover dare a Tizio € 10.000») e **la promessa di pagamento** («pagherò a Tizio € 10.000»).

A differenza della promessa al pubblico, però, in questi due casi gli effetti che si producono sono di natura puramente **processuale** determinando essi non l'insorgere di un rapporto obbligatorio, ma soltanto un'**inversione** dell'onere della prova (**astrazione processuale della causa**). Infatti, mentre di regola spetta al creditore provare i fatti che stanno a fondamento del suo diritto (art. 2697), là dove il debitore abbia effettuato una ricognizione di debito o una promessa di pagamento incomberà su di lui l'onere di provare l'inesistenza del rapporto da cui trae origine la pretesa del creditore.

12.1.2. *I titoli di credito*

A ridosso delle promesse unilaterali, il codice civile disciplina i **titoli di credito**.

Questi ultimi hanno rappresentato, rispetto allo strumento tradizionale della cessione del credito, una notevole evoluzione nella tecnica di circolazione dei crediti, la quale si è realizzata attraverso l'**incorporazione** del diritto (cioè, della promessa di eseguire la prestazione indicata, donde la contiguità con la materia delle promesse unilaterali) in un documento cartaceo (il **titolo**, appunto) destinato a circolare secondo le modalità proprie dei beni **mobili** (art. 1153 s.).

Ciò ha due conseguenze fondamentali. La prima è che il **proprietario** del documento è anche il **titolare** del diritto di credito ivi incorporato; la seconda, ancora più importante, è che essendo **legittimato** ad esigere la prestazione indicata nel titolo colui che **possiede** quest'ultimo nelle forme previste dalla legge (art. 1992, co. 1), troveranno applicazione le regole in materia di possesso buona fede (art. 1147) e, in particolare, quella relativa agli acquisti *a non domino* (artt. 1994 e 1153).

In definitiva, quindi, l'acquisto del diritto si presumerà avvenuto sempre a titolo originario, di modo che **non** sarà possibile opporre al portatore del documento nessuna delle eccezioni che, in teoria, sarebbe stato possibile opporre al precedente possessore (ad es., l'avvenuto pagamento del debito, la compensazione, ecc.): ed è questa la basilare differenza rispetto alla circolazione dei crediti tramite cessione del credito.

Regole circolatorie e differenti tipologie di titoli di credito

Quelle appena enunciate sono le regole circolatorie comuni a tutti i titoli di credito, imperniate sulla triade possesso di buona fede – acquisto *a non domino* – legittimazione ad esigere la prestazione. Poi, per ciascuna tipologia di titoli di credito, valgono regole circolatorie specifiche.

Così, i titoli **al portatore** (ad es., titoli del debito pubblico o titoli obbligazionari) si trasferiscono sulla base della semplice **consegna** (art. 2003 s.); i titoli **all'ordine** (ad es., cambiale, assegno bancario) si trasferiscono sulla base di una **girata**, cioè dell'ordine scritto sul titolo dal trasmittente (girante) di eseguire la prestazione a beneficio del prenditore del titolo (giratario) (art. 2008 s.); infine, i **titoli nominativi** (ad es., i titoli azionari) si trasferiscono con la **consegna** e con l'**annotazione** del nome dell'acquirente sul titolo e nel registro dell'emittente, oppure con il **rilascio** di un nuovo titolo intestato al nuovo titolare (art. 2021 s.).

Un'ulteriore distinzione si fonda sul **contenuto** del titolo di credito. I titoli di credito **in senso stretto** (cambiale, assegno) sono quelli nei quali è incorporato un diritto di credito; i titoli **rappresentativi di merce** (fede di deposito, polizza di carico, ecc.) sono quelli che attribuiscono al possessore il diritto alla consegna delle merci in essi specificate, il possesso delle medesime e il potere di disporne mediante trasferimento del titolo (art. 1996); infine, i **titoli di partecipazione** (titoli azionari) sono quelli nei quali è incorporato il diritto di partecipare alla vita di un ente collettivo esercitando il diritto di voto, partecipando alla divisione degli utili, ecc.

Infine, si suole distinguere tra titoli **causali** (fede di deposito o polizza di carico) e titoli **astratti** (cambiale, assegno), a seconda che nel titolo venga fatta menzione, oppure no, del rapporto fondamentale, cioè del rapporto nell'ambito del quale ha luogo l'emissione del titolo stesso.

Regime delle eccezioni

In linea di massima, il rapporto fondamentale rimane **estraneo** alle vicende circolatorie del titolo, nel senso che, come abbiamo già detto, al possessore **non** potrà opporsi nessuna eccezione inerente a tale rapporto o anche a tutti i rapporti successivi che hanno dato causa al trasferimento del titolo (inopponibilità delle eccezioni **personali**), salvo che non si realizzi una perfetta identità tra i soggetti del rapporto cartolare (il possessore del titolo e colui al quale il titolo viene presentato per l'adempimento) e quelli del rapporto fondamentale (il creditore e il debitore), e sempre che l'attuale possessore, nell'acquistare il titolo, non abbia agito **intenzionalmente** a danno del debitore (art. 1993, co. 2).

La regola della inopponibilità delle eccezioni personali si compendia nel principio dell'**autonomia** del titolo di credito e, naturalmente, avvantaggia il portatore del titolo; mentre la regola secondo la quale la prestazione da eseguirsi è solo ed esclusivamente quella indicata nel titolo si compendia nel principio della **letteralità** del titolo di credito e, naturalmente, avvantaggia il debitore.

Sono, viceversa, opponibili a qualunque portatore le eccezioni **reali**, cioè quelle fondate, appunto, sul tenore letterale del titolo, sulla forma, sulla falsità della firma, ecc. (art. 1993, co. 1).

La legge contempla un'apposita procedura per il caso di **smarrimento** o **sottrazione** del titolo di credito i quali, stante l'incorporazione del diritto di credito nel documento, dovrebbero determinare la **estinzione** del diritto. In realtà, grazie a tale procedura, che prende il nome di **ammortamento** e che non si applica ai titoli al portatore per i quali vigono le diverse regole dell'art. 2006, il titolare del diritto potrà, una volta che essa sia stata esperita con successo, ottenere il pagamento o, se il titolo non è scaduto, la **duplicazione** del titolo stesso (artt. 2016-2019).

Documenti di legittimazione

Dai veri e propri titoli di credito vanno distinti i **documenti di legittimazione** (ad es., il biglietto del cinema o del teatro, lo scontrino rilasciato al guardaroba) che servono semplicemente ad identificare il titolare del diritto, ed i **titoli impropri** (vaglia postale o polizza di assicurazione), la cui funzione è soltanto quella di rendere più spedita la circolazione del credito che, però, in questi casi, rimane governata dai principi propri della cessione (art. 2002).

Un fenomeno oggi molto diffuso è quello della c.d. **smaterializzazione** dei titoli di credito. Si tratta di un fenomeno che interessa, in modo particolare, i titoli di massa (ad es., azioni quotate in borsa) che non circolano ormai più tramite la materiale consegna del documento, ma attraverso una registrazione elettronica delle operazioni di trasferimento che ha luogo sulla base di ordine, pur essi elettronici. È questo uno dei tanti aspetti della diffusione delle tecnologie informatiche e della nascita di quella che ormai tutti chiamano *new economy*.

In quest'ordine di idee, merita di essere rammentata anche la recentissima novellazione dell'art. 1, d.lgs. n. 385/1993, ad opera dell'art. 55, l. n. 39/2002, attraverso la quale – in attuazione delle dir. 2000/46 e 2000/28 – è stato introdotto l'istituto della c.d. **moneta elettronica**, definita come "un valore monetario rappresentato da un credito nei confronti dell'emittente che sia memorizzato su un dispositivo elettronico, emesso previa ricezione di fondi di valore non inferiore al valore monetario emesso e accettato come mezzo di pagamento da soggetti diversi dall'emittente".

Ricordiamo, infine, che la disciplina analitica dei più importanti e diffusi titoli di credito, è contenuta in leggi speciali: così il r.d. n. 1669/1933 per cambiale e vaglia cambiario e il r.d. n. 1736/1933 per gli assegni bancario e circolare.

12.2. *La gestione di affari altrui*

La gestione di affari altrui (*negotiorum gestio*) è fonte di obbligazioni sotto due distinti profili.

Per un verso, il gestore – cioè colui che, **senza** esservi obbligato, assume **scientemente** la gestione di un affare altrui – è tenuto a continuare l'attività intrapresa e a condurla a termine, finché l'interessato non sia in grado di provvedervi da sé (art. 2028). Per altro verso, "qualora la gestione sia stata **utilmente** iniziata", essa è fonte di obbligazioni anche a carico del **gerito** (art. 2031), secondo uno schema che ricalca – come si vedrà – quello del **mandato**.

Gestione d'affari altrui e mandato

In effetti, la gestione di affari altrui è istituto assai prossimo al mandato, poiché in entrambi i casi si ha una **sostituzione** nell'altrui attività giuridica. Ciò risulta evidente anche sul piano degli effetti: il gestore nel continuare e nel condurre a termine l'attività intrapresa, è soggetto alle stesse obbligazioni che deriverebbero da un mandato (art. 2030, co. 1); si pensi, ad es., all'obbligo di operare con la diligenza del buon padre di famiglia (art. 1710), o a quello di presentare il rendiconto al termine della gestione (art. 1713).

Ne discende che l'interruzione dell'attività intrapresa o l'inosservanza del canone della diligenza configureranno un inadempimento, del quale il gestore sarà chiamato a rispondere ai sensi dell'art. 1218. D'altra parte, anche la regola che attribuisce al giudice il potere di moderare il risarcimento "in considerazione delle circostanze che hanno indotto il gestore ad assumere la gestione" (art. 2030, co. 2), appare ispirata alla stessa logica in forza della quale la responsabilità del mandatario va valutata con minor rigore ove il mandato sia a titolo gratuito (art. 1710).

La prossimità tra le due fattispecie risulta ancora più evidente ove si consideri che le obbligazioni gravanti sul gerito – rimborsare le spese, necessarie e utili, sostenute dal gestore; adempiere le obbligazioni che questi abbia assunto in nome di lui o, comunque, tenerlo indenne di quelle assunte in nome proprio: art. 2031, co. 1 – coincidono, nella sostanza, con quelle gravanti sul mandante. Deve, però, rammentarsi che la gestione impegna il gerito solo quando essa sia stata utilmente iniziata (*utiliter coeptum*). Al riguardo sono necessarie due precisazioni.

In primo luogo, va chiarito che nessun peso riveste l'**esito** della gestione, essendo sufficiente, appunto, che l'attività intrapresa dal gestore apparisse utile allorché venne avviata. L'irrilevanza dei risultati ai quali la gestione approda è una regola finalizzata ad incentivare l'assunzione della gestione; peraltro, come già ricordato, il gestore è tenuto ad osservare il canone della diligenza.

Quanto poi ai criteri sulla base dei quali stabilire che la gestione sia stata utilmente avviata, è indubbio che tale valutazione debba rivestire carattere **prognostico**: essa, cioè, va effettuata con riguardo, per un verso, al momento in cui il gestore è intervenuto, e, per altro verso, alle sole circostanze di fatto che gli fossero all'epoca note. Inoltre, l'*utilitas* va apprezzata sulla base di un criterio **oggettivo**: occorre, cioè, chiedersi come avrebbe operato, in quella medesima situazione, una persona normalmente avveduta e diligente che si attenga alle regole della buona amministrazione.

Oggetto della gestione

Naturalmente, non è possibile individuare a priori ciò in cui può concretizzarsi la gestione: non a caso, dunque, il codice tace circa il contenuto di essa e, sul piano terminologico, la ricollega ad un oggetto – gli "**affari**" altrui – dai contorni quanto mai generici, che include attività materiali o negoziali.

Quanto alla latitudine dell'intervento del gestore, è opinione comune che essa si estenda sino a ricomprendere gli atti di **straordinaria** amministrazione. Se, ad es., il gerito conserva in un proprio magazzino derrate alimentari soggette ad un rapido deterioramento, il gestore certamente può provvedere alla loro vendita. Inoltre, il gestore può intraprendere non solo le attività che risultino strettamente necessarie, ma quelle che appaiano semplicemente opportune o convenienti alla conservazione del patrimonio del gerito: lo si deduce anche dall'art. 2031, che impone a quest'ultimo di rimborsare al gestore sia le spese necessarie, sia quelle utili.

Limiti

Si ritiene, invece, che la gestione di affari non possa ricomprendere atti negoziali diretti (non già a preservare un interesse del gerito, e ad evitare un pregiudizio che questi, altrimenti, patirebbe, ma) a conseguire, almeno secondo la valutazione del gestore, un **vantaggio**. Ad es., il gestore non potrà investire denaro del gerito in un'operazione finanziaria potenzialmente vantaggiosa (ma anche rischiosa), così come si esclude che il gestore – conoscendone la passione per le arti figurative – possa acquistare per conto del gerito un dipinto o una scultura. L'ingerenza del gestore nella sfera del gerito, infatti, non è più giustificata allorché essa superi i limiti della mera conservazione e amministrazione della sfera patrimoniale del gerito, e finisca per investire la libertà di autodeterminarsi del gerito medesimo.

La già segnalata contiguità tra la gestione di affari e il mandato non può, poi, oscurare però un'ulteriore, fondamentale differenza.

Il mandatario opera sulla base di un incarico ricevuto dall'interessato: egli, dunque, è obbligato e, in pari tempo, autorizzato a porre in essere l'attività oggetto del mandato. Ne discende, per un verso, che la mancata esecuzione dell'incarico configura ad ogni effetto un inadempimento; e, per altro verso, che i risultati dell'attività espletata dal mandatario sono destinati a ricadere sulla sfera giuridica del mandante, poiché l'operare del primo nell'interesse del secondo muove, in definitiva, dalla volontà di quest'ultimo (la traslazione in discorso, ovviamente, si attuerà attraverso modalità diverse a seconda che il mandato sia assistito, o meno, da una procura).

L'intervento del gestore, viceversa, non muove da una volontà dell'interessato tanto è vero che l'art. 2028, co. 1 chiarisce immediatamente, proprio per segnare i confini con il mandato, che il gestore opera senza esservi tenuto. Sono, dunque, estranee allo spazio applicativo della *negotiorum gestio* le ipotesi in cui l'intervento del gestore costituisca adempimento di una previa obbligazione discendente, ad es., da un contratto di mandato o di lavoro subordinato.

Carattere ulteriore della gestione di affari altrui è la c.d. ***absentia domini***: lo si desume dall'inciso finale dell'art. 2028, co. 1, ove si stabilisce che il gestore è obbligato a proseguire l'attività intrapresa nell'interesse del gerito finché questi non sia in grado di provvedervi da sé.

È opportuno ricordare che, pur a fronte di un dato testuale almeno apparentemente inequivoco, nel senso che l'*absentia domini* sembrerebbe esaurirsi in un impedimento materiale del gerito, la giurisprudenza tende ad interpretare il requisito in oggetto con una certa larghezza, ritenendo sufficiente che il gerito, per un verso, non curi i propri interessi e, per altro verso, non si opponga all'intervento del gestore (art. 2031, co. 2).

Ulteriore requisito della fattispecie in esame è quello individuato sempre dall'art. 2028, co. 1 per il quale il gestore è chi assuma "**scientemente**" un affare altrui, cioè nella piena consapevolezza della inerenza dell'affare medesimo ad una sfera giuridico-patrimoniale terza.

Gestione d'affari e potere rappresentativo

Un'ultima considerazione. Si è già visto che l'art. 2031, co. 1 distingue le obbligazioni gravanti sul gerito a seconda che il gestore si sia obbligato in nome proprio, ovvero in nome del gerito: nel primo caso questi sarà obbligato ad adempiere personalmente, mentre, nel secondo caso, egli dovrà tenere indenne il gestore dei costi dell'adempimento.

Dunque, come emerge chiaramente dalla regola testé richiamata, la gestione potrà essere **rappresentativa** o **non rappresentativa**.

Più precisamente, il gestore, nel curare gli interessi del gerito può spendere il nome di questi, oppure agire in nome proprio. Nel primo caso dovrà farsi riferimento alla disciplina della rappresentanza (onde gli effetti degli atti posti in essere dal gestore investiranno direttamente la sfera giuridica del gerito); nel secondo caso troverà applicazione, su base analogica, la disciplina del mandato senza rappresentanza (sicché gli effetti degli atti posti in essere dal gestore investiranno la sua sfera giuridica). È superfluo precisare, tenuto conto di quanto detto sin qui, che, ove si dia una gestione rappresentativa, la legittimazione ad agire in nome altrui spesa dal gestore non discenderà da una procura, bensì, direttamente, dalla legge.

Quanto alla **ratifica** di cui all'art. 2032, in forza della quale la gestione produce "gli effetti che sarebbero derivati da un mandato", essa non comporta, come potrebbe pensarsi d'acchito, la postuma conversione di una gestione non rappresentativa in una gestione rappresentativa. In realtà, qui, attraverso la ratifica, il gerito si appropria di una gestione che, altrimenti, risulterebbe inefficace a causa della mancanza di uno dei requisiti stabiliti dalla legge. Va da sé che gli effetti della gestione ratificata si atteggeranno diversamente a seconda che il gestore avesse agito a nome proprio o altrui: in sostanza, quindi, la ratifica rende a posteriori efficace una gestione altrimenti inefficace, ma non incide sul carattere rappresentativo o non rappresentativo di essa, rispetto al quale è decisivo solo il nome concretamente speso dal gestore.

12.3. *Il pagamento dell'indebito*

Anche l'esecuzione di un pagamento **indebito** costituisce fonte di un'obbligazione: l'*accipiens* (ossia, colui che ha ricevuto la prestazione) dovrà restituire al *solvens* (ossia, colui che ha eseguito la prestazione) quanto ricevuto, poiché lo ha ricevuto, appunto, senza avervi titolo. L'*accipiens*, inoltre, dovrà corrispondere frutti e interessi, a far data dal giorno del pagamento o dal giorno della domanda di restituzione a seconda che egli abbia ricevuto la prestazione, rispettivamente, in mala fede o in buona fede (art. 2033).

Indebito oggettivo

La regola appena illustrata riguarda sia l'indebito **oggettivo**, sia l'indebito **soggettivo** *ex latere accipientis*.

Il primo ricorre quando il rapporto obbligatorio al quale si intendeva dare esecuzione non esiste (si pensi al caso in cui il contratto da cui è scaturita l'obbligazione adempiuta dal *solvens* venga in un momento successivo dichiarato nullo, o annullato, o risolto).

Al riguardo giova precisare che non integra gli estremi di un indebito oggettivo il pagamento dal debitore erroneamente effettuato *ante tempus*, cioè prima della scadenza del termine. La circostanza che la prestazione non sia esigibile non significa, infatti, che essa non sia dovuta: il termine incide sulle modalità dell'adempimento, cioè sul contenuto dell'obbligazione, non sulla sua esistenza.

Si spiega, così, perché l'art. 1185, co. 2, **esclude** che il debitore possa pretendere la ripetizione di quanto "ha pagato anticipatamente, anche se ignorava l'esistenza del termine". È invece ripetibile, nei limiti della perdita lamentata dal debitore per avere adempiuto prima della scadenza del termine, il vantaggio che il creditore abbia conseguito per avere ricevuto la prestazione anticipatamente (vantaggio noto come *interusurium*). Questo vantaggio, infatti, costituisce uno spostamento patrimoniale privo di causa e, dunque, ripetibile secondo lo schema, di cui qui ricorre una concreta applicazione, dell'azione di ingiustificato arricchimento (art. 2041).

Indebito soggettivo *ex latere accipientis*

L'indebito soggettivo *ex latere accipientis* ricorre, invece, quando il debitore esegua la prestazione (cui è effettivamente obbligato) nei confronti di un soggetto **diverso** dal creditore. Anche in questa ipotesi, infatti, il pagamento viene ricevuto da un soggetto non legittimato a riceverlo e che, conseguentemente, è tenuto alla restituzione, salvo che ricorrano gli estremi del pagamento al creditore apparente (art. 1189).

Le due figure – indebito oggettivo e indebito soggettivo *ex latere accipientis* – sono equiparate sotto ogni riguardo, con un'unica eccezione: nel secondo caso è sempre possibile che il creditore **ratifichi** il pagamento o che, comunque, ne **tragga profitto** (art. 1188, co. 2), di talché l'anomalia determinata dalla (erronea) direzione soggettiva della prestazione viene ricomposta, non potendosi più parlare, dunque, di pagamento indebito; con la conseguenza che il debitore risulterà liberato dal vincolo nei confronti del vero creditore e l'*accipiens* nulla dovrà restituire al debitore medesimo.

ed *ex latere solventis*

Dalle fattispecie fin qui considerate bisogna invece distinguere l'indebito **soggettivo *ex latere solventis*** (art. 2036) il quale ricorre allorché taluno, **erroneamente** (ciò che vale a distinguere l'ipotesi in esame dall'adempimento del terzo) esegua una prestazione da lui non dovuta nelle mani del creditore.

In particolare, il *solvens* avrà diritto alla ripetizione di quanto prestato solo quando abbia eseguito la prestazione credendosi debitore in base ad un errore **scusabile**. In questa ipotesi, gli spetteranno anche i frutti e gli interessi maturati a far data dal giorno del pagamento o dal giorno della domanda di restituzione, a seconda che il creditore abbia ricevuto la prestazione in mala fede o in buona fede, ossia sapendo o ignorando che il *solvens* non fosse il debitore (art. 2036, co. 2).

Solo in un caso il creditore, nonostante la scusabilità dell'errore del *solvens*, non è tenuto a restituire la prestazione ricevuta: quando si sia privato in buona fede del **titolo** ovvero delle **garanzie** del credito (art. 2036, co. 1). La *ratio* di questa eccezione è facilmente individuabile in una esigenza di tutela del creditore il quale, liberandosi della prova o della garanzia del proprio credito, ha diminuito grandemente la possibilità di ottenerne il soddisfacimento: così la ripetizione viene esclusa, appunto, quando il creditore abbia agito in **buona fede**, cioè ignorando senza sua colpa che il *solvens* non fosse il soggetto tenuto ad eseguire la prestazione.

La prestazione risulterà egualmente irripetibile anche quando essa sia stata eseguita sulla base di un errore **non** scusabile; tuttavia, in questo caso, in base al disposto dell'art. 2036, co. 3, il *solvens* medesimo è automaticamente **surrogato** nella posizione del creditore (ricorre qui un'ipotesi di surrogazione legale ulteriore rispetto a quelle tipicamente contemplate dall'art. 1203).

Deve poi aggiungersi che il pagamento dell'indebito, oggettivo o soggettivo che sia, mette capo ad un'obbligazione restitutoria solo quando l'*accipiens* goda della **capacità di agire** (e, secondo parte della dottrina, anche di quella **naturale**). In caso contrario, infatti, egli sarà tenuto alla restituzione della prestazione ricevuta solo nella misura in cui "essa è stata rivolta a suo vantaggio" (art. 2039: trattasi di regola in tutto identica a quella dettata dall'art. 1190).

Restituzione dell'indebito

La disciplina dell'indebito è chiaramente ispirata al modello delle obbligazioni **pecuniarie** (o aventi ad oggetto cose fungibili), le quali più facilmente si prestano al meccanismo della restituzione: ne è un chiaro indice l'uso di "pagamento" in luogo del più comprensivo "adempimento". Si ritiene, però, che la disciplina dell'indebito sia applicabile anche nel caso in cui la prestazione consista in un *facere*; sarebbe infatti arbitrario escludere dal suo raggio di azione ipotesi nelle quali, risultando comunque l'attribuzione patrimoniale *sine causa*, si manifesta pur sempre un'esigenza di tutela del *solvens*.

È, tuttavia, fuor di dubbio che una prestazione avente ad oggetto un *facere* non è suscettibile di restituzione in senso stretto, potendosi ripetere in questo caso, al più, l'equivalente **monetario** della prestazione medesima: qui, pertanto, l'azione di ripetizione dell'indebito, rispondendo ad una logica di tipo indennitario, finirà per gravitare nell'orbita dell'azione di ingiustificato arricchimento, con ciò rivelando la prossimità dei due rimedi.

Regole puntuali, viceversa, disciplinano l'ipotesi in cui la prestazione indebita abbia ad oggetto una cosa **determinata** (si pensi al caso di un bene già consegnato al compratore in forza di un contratto risultato in seguito nullo). Al riguardo, l'art. 2037, co. 1 stabilisce che l'*accipiens* è obbligato a restituire la *res* trasferitagli *sine causa*; il *solvens*, pertanto, che non ha mai cessato di essere proprietario del bene, disporrà, per il recupero di quest'ultimo, oltre che dell'azione di rivendicazione, anche dell'azione di ripetizione dell'indebito, la quale, però, sul piano probatorio, si presenta di assai più agevole esperimento.

Buona e mala fede nella restituzione dell'indebito

Nel caso in esame, la buona o la mala fede dell'*accipiens* rilevano non solo ai fini della decorrenza dell'obbligazione relativa alla restituzione dei frutti, ma anche in ordine alle conseguenze del **perimento** e del **deterioramento** del bene. Più precisamente, l'*accipiens* in buona fede non risponde mai né del perimento, né del deterioramento del bene, neppure quando l'uno o l'altro gli siano imputabili. Egli, infatti, ignorava di essere tenuto alla restituzione della cosa; anzi, riteneva di essere arbitro, quale proprietario, del modo in cui utilizzarla. Ecco perché, in caso di perimento, l'obbligazione restitutoria si estingue, e, in caso di deterioramento, il bene sarà riconsegnato al *solvens* nelle condizioni in cui si trova; fermo restando che l'*accipiens* sarà tenuto a corrispondere, in via sostitutiva o integrativa, una somma di denaro nei soli limiti dell'**arricchimento** conseguito (art. 2037, co. 3). Ad es., se il bene godeva di un'assicurazione contro i danni, l'*accipiens* dovrà restituire al *solvens* l'indennità percepita, dedotto l'ammontare dei premi corrisposti. Anche qui, però, siamo in presenza di un'applicazione della regola in materia di ingiustificato arricchimento, piuttosto che di una misura propriamente restitutoria.

Al contrario, l'*accipiens* che abbia ricevuto la cosa in mala fede risponde **sempre** del perimento o del deterioramento della stessa, anche se dipendenti da caso fortuito, giacché egli sapeva di dover procedere alla sua restituzione. Così, in caso di perimento del bene, l'*accipiens* dovrà corrisponderne l'equivalente monetario: in caso di deterioramento, il *solvens* potrà scegliere, secondo lo schema delle obbligazioni alternative, tra due opzioni: il pagamento di una somma pari al valore che il bene avrebbe avuto se non si fosse deteriorato; ovvero la restituzione del bene nello stato in cui esso si trova più la corresponsione di una indennità pari alla perdita di valore causata dal deterioramento (art. 2037, co. 2). È opportuno chiarire che qui il rimedio accordato al *solvens* non riveste natura risarcitoria, bensì **restitutoria**, anche se oggetto della prestazione posta a suo carico non è più la cosa, ma il valore (o la perdita di valore) della stessa.

Può anche accadere che l'*accipiens* abbia a sua volta alienato la cosa ad un **terzo**. Questa eventualità è contemplata dall'art. 2038 che, ancora una volta, detta due regole distinte, applicabili – rispettivamente – a seconda che l'*accipiens* fosse in buona o in mala fede (non già al momento in cui ha ricevuto la cosa, ma) al momento in cui l'ha alienata (onde si considera in mala fede chi abbia avuto conoscenza dell'indebito dopo avere ricevuto la cosa, ma prima di averla alienata).

L'*accipiens* in buona fede è obbligato a restituire al *solvens* il corrispettivo ricevuto dal terzo acquirente. In caso di alienazione a titolo gratuito, viceversa, il *solvens* non potrà vantare alcuna pretesa restitutoria: egli potrà solo agire direttamente nei confronti del terzo, nei limiti dell'arricchimento da questi conseguito (dunque, sostanzialmente, con l'azione prevista dall'art. 2041).

L'*accipiens* in mala fede, invece, è sempre tenuto – a scelta della controparte – alla restituzione del bene in natura o a corrisponderne il valore, indipendentemente dal fatto che il bene sia stato alienato a titolo oneroso o gratuito. In caso di alienazione a titolo gratuito, però, al *solvens* che abbia inutilmente escusso l'*accipiens*, è data la possibilità di agire direttamente nei confronti del terzo, sempre nei limiti del solo arricchimento da questi conseguito.

Infine, ove l'alienazione sia stata a titolo oneroso e il terzo non abbia ancora corrisposto il prezzo, il *solvens* (sia in buona, sia in mala fede) è surrogato *ex lege* nel relativo credito: questo rimedio, tuttavia, ove l'*accipiens* sia in mala fede, non esaurisce la tutela riconosciuta al *solvens*, il quale potrà comunque agire nei riguardi della controparte onde recuperare la differenza tra il prezzo dovuto dal terzo e il valore del bene.

12.4. *L'arricchimento senza causa*

Allorché taluno, senza averne titolo, si appropri di **utilità** riservate dalla legge ad un altro soggetto, sorgerà, a suo carico, l'obbligo di indennizzare colui che ha subito il correlativo depauperamento: questi, dunque, vanterà una pretesa creditoria da farsi valere attraverso l'azione di **ingiustificato arricchimento** (art. 2041). Il rimedio in questione, tuttavia, potrà essere esperito solo quando non si disponga di nessun altro strumento di tutela: donde la **sussidiarietà** dell'azione di ingiustificato arricchimento (art. 2042).

Sussidiarietà

In ogni caso, è necessario che l'arricchimento di una parte e il depauperamento dell'altra discendano dalla medesima vicenda, e che siano legati da un nesso di **correlazione**, presentandosi l'uno e l'altro come effetto di un unico spostamento patrimoniale.

Ingiustificato arricchimento e ripetizione dell'indebito

L'azione di ingiustificato arricchimento pone complessi problemi teorici, legati ai suoi rapporti con discipline limitrofe. Si è già evidenziata, ad es., la prossimità di arricchimento senza causa e pagamento dell'indebito, giacché, in entrambi i casi, l'ordinamento – a fronte di uno spostamento patrimoniale privo di causa – concede una tutela tipicamente restitutoria; l'azione di ripetizione dell'indebito, però, presenta una fisionomia più precisa, perché chiamata a dare risposta a quel particolare squilibrio che origina dall'esecuzione di una prestazione non dovuta.

L'azione di ingiustificato arricchimento, viceversa, rappresenta una tecnica di tutela finalizzata a neutralizzare acquisizioni di ricchezza altrui **non** negoziate con il legittimo titolare della risorsa che vanno ben oltre l'ipotesi di un'attribuzione patrimoniale *sine causa* (si pensi al caso, oggi frequentissimo, dei profitti realizzati attraverso la vendita di cd o dvd contraffatti: qui il contraffattore si arricchisce usurpando una prerogativa – il diritto di riproduzione dell'opera dell'ingegno – che la legge riserva all'autore).

Ingiustificato arricchimento e risarcimento del danno

Sotto questo profilo è netta anche la differenza con l'azione di risarcimento del danno *ex* art. 2043: quest'ultima, infatti, mira, in primo luogo, a ristorare la vittima per la perdita patrimoniale (il danno, appunto) subita a seguito dell'altrui condotta illecita, mentre l'azione di ingiustificato arricchimento non presuppone affatto una distruzione di ricchezza, ma solo che la ricchezza sia stata creata attraverso l'esercizio di poteri che, per legge, spetterebbero in via esclusiva ad altri.

Questa differenza si traduce nel diverso contenuto delle due obbligazioni, quella risarcitoria e quella indennitaria: infatti, mentre la prima è commisurata al danno complessivamente patito (che dovrà essere integralmente riparato), la misura della seconda incontra il doppio limite del **depauperamento** subito da una parte e dell'**arricchimento** conseguito dall'altra (sicché se, a fronte di un depauperamento pari a € 1.000,00, il correlativo arricchimento ammonta a € 800,00, l'indennizzo dovuto scenderà a € 800,00).

Capitolo XI

LA PROPRIETÀ E GLI ALTRI DIRITTI REALI. IL POSSESSO

Sezione I

IL DIRITTO DI PROPRIETÀ. FONDAMENTO ED EVOLUZIONE STORICA

1. *La proprietà e gli altri diritti reali di godimento. Caratteri e problemi*

Si ricorderà come i diritti **reali** costituiscono una grande sottocategoria dei diritti **assoluti**. Ora ci occuperemo dei diritti reali che attribuiscono poteri di godimento su un bene (**proprietà** e **diritti reali minori** di godimento), rinviando ad altra parte del volume la trattazione dei **diritti reali di garanzia**, che, pur presentando i tratti tipici dei diritti reali, attribuiscono al titolare non un diritto di godimento sul bene, ma la possibilità di soddisfarsi su esso in caso di inadempimento del debitore.

Diritti reali e titolo del potere sul bene

I diritti reali di godimento permettono, appunto, di trarre godimento dall'uso della cosa (da ciò il termine «reali» che richiama il latino *res*, cosa).

Tra essi il principale è il diritto di **proprietà**. Il titolare di questo diritto può godere e disporre del bene: può venderlo, usarlo, innovarlo, locarlo, prestarlo, ecc. Tutte queste facoltà e poteri sul bene gli sono consentiti in virtù del fatto che egli ha un **titolo**, il diritto (di proprietà), che non solo lo **legittima** all'esercizio di tali attività, ma lo **tutela** anche nei confronti di chiunque voglia rivendicare a sé tali poteri, o privarlo di essi o, ancora, ostacolarne il legittimo esercizio. Lo stesso vale per i

diritti reali su cosa altrui (o *iura in re aliena*: usufrutto, superficie, ecc.) che, in ragione del loro contenuto più limitato, sono anche detti diritti reali «minori». Questi ultimi presuppongono l'esistenza di un altrui diritto di proprietà sul bene: il problema per l'ordinamento è quello di disciplinare la coesistenza sulla stessa *res* di due diversi diritti, in capo a due diversi soggetti.

La contemporanea insistenza di due diritti reali (il diritto di proprietà e il diritto reale minore) sulla medesima cosa fa sì che al proprietario sia precluso l'esercizio di talune sue normali prerogative. Così, ad es., nel caso di coesistenza con l'usufrutto, i frutti spetteranno all'usufruttuario e non al proprietario. Tuttavia, nel caso in cui il diritto minore si estingua, il diritto di proprietà riacquisterà la sua originaria pienezza (c.d. **elasticità** del dominio). Egualmente, nel caso in cui lo stesso soggetto acquisti sul medesimo bene la proprietà e un diritto reale limitato, quest'ultimo si estinguerà (c.d. **consolidazione**): infatti, la contemporanea esistenza su una stessa cosa di un diritto di proprietà e di un diritto reale limitato presuppone che i due diritti appartengano a soggetti diversi.

Iura in re aliena e circolazione della proprietà

I diritti reali minori di godimento incidono sul **godimento** della cosa da parte del proprietario, ma non sul potere di disposizione: il **proprietario potrà** comunque **disporre** del bene vendendolo, ipotecandolo, ecc.

Il bene (o, meglio, il diritto di proprietà sul bene) circolerà però gravato del peso costituito dal diritto minore opponibile *erga omnes* e, quindi, anche al terzo acquirente. È questa una manifestazione della realità del diritto che inerisce alla cosa e la segue nei suoi trasferimenti (**diritto di seguito**). Naturalmente, anche fermo restando il diritto di proprietà in capo allo stesso soggetto, il diritto reale su cosa altrui, quando consentito dalla legge, potrà a sua volta circolare.

Le obbligazioni reali

Alla materia dei diritti reali sono da ricollegare anche le obbligazioni reali. Si pensi al caso delle **servitù prediali**: il proprietario del fondo servente può essere obbligato dalla legge o dal titolo costitutivo della servitù a prestazioni accessorie che rendano possibile l'esercizio della servitù da parte del proprietario del fondo dominante (art. 1030), come, ad es., occuparsi delle spese per il mantenimento della strada nella quale il proprietario del fondo dominante ha diritto a passare. Si parla, in questi casi, di **obbligazioni reali**, le quali vanno tenute distinte dagli oneri reali (l'esame di entrambe queste figure verrà svolto nell'ambito del capitolo dedicato all'obbligazione).

Prescrizione ventennale dei diritti reali su cosa altrui

I diritti reali minori di godimento sono tutti soggetti ad un termine di prescrizione **ventennale**, a differenza del diritto di proprietà il quale, invece, è **imprescrittibile**. Ciò è da ricollegare al fatto che le limitazioni al diritto di proprietà sono considerate **eccezionali** e ne è ammessa l'esistenza solo per periodi di tempo limitati e a patto che siano effettivamente utili a soddisfare interessi meritevoli dei titolari di diritti reali minori.

Tradizionalmente si ritiene che la classe dei diritti reali minori sia a **numero chiuso**, nel senso che non è consentito all'autonomia privata costituire sui beni vincoli di carattere reale al di fuori di quelli espressamente previsti dalla legge. Questo principio di rigorosa **tipicità** dei diritti reali minori riflette l'esigenza di contenere, entro limiti prestabiliti dal legislatore, i pesi che possono gravare sulla cosa pregiudicandone il godimento da parte del proprietario e, quindi, anche la sua attitudine circolatoria: è chiaro, infatti, che in linea di massima un bene appesantito da un vincolo è meno appetibile di quanto non lo sia un bene libero da qualsiasi gravame. Numero chiuso

Vedremo meglio anche oltre le ragioni e le forme di una tale tradizionale opinione che, per quanto non sancita espressamente in alcuna disposizione di legge, continua ad essere ripetuta come punto fermo in dottrina e in giurisprudenza (v. Cass. SS.UU. n. 28972/2020). Per il momento dobbiamo segnalare, però, che l'introduzione nel nostro ordinamento di figure non ricomprese in quelle disciplinate nel codice ha più volte posto in dubbio l'attuale esistenza positiva di un tale principio. Avremo modo di verificare, infatti, che l'introduzione di vincoli nell'uso della cosa sostanzialmente estranei alla nostra tradizione (si pensi al *trust* o alla multiproprietà) è stata puntualmente accompagnata da discussioni relative alla natura di tali vincoli, e quindi dal ciclico riproporsi del tema relativo alla possibilità per i privati di creare nuove forme di limitazione del diritto di proprietà.

Naturalmente, tutto questo ragionamento vale per i vincoli di tipo reale che, come abbiamo visto, seguono il bene nella circolazione giuridica e sono sempre opponibili al terzo acquirente, ma non anche per i vincoli di tipo **obbligatorio** che esauriscono la loro efficacia tra le parti del rapporto. Tipico è il caso delle c.d. **servitù personali** che, a ben vedere neanche dovrebbero ricondursi al fenomeno delle servitù di cui si è già detto, poiché in questo caso ci si deve riferire ad un rapporto obbligatorio in senso stretto, svincolato, cioè, da qualunque relazione tra diritti reali. Valga l'esempio che segue. Tizio, **non titolare** di alcun fondo, contratta con Sempronio il diritto di lasciarlo passare attraverso il fondo di proprietà di quest'ultimo: tale diritto ha un'efficacia puramente obbligatoria (dunque **non** è opponibile *erga omnes*) e, così, in caso di alienazione del fondo ad un terzo, questi non potrà vederselo opposto.

2. *Proprietà ed autonomia privata*

La **proprietà** è istituto fondamentale che presiede ai meccanismi allocativi della ricchezza e garantisce al titolare la possibilità di godere e disporre di un bene e di tutte le utilità che da esso derivano. Il nostro codice civile definisce la proprietà a partire dalle facoltà del titolare (proprietario o ***dominus***, secondo la terminologia latina alla quale si fa ricorso anche con il termine «**diritto dominicale**» per indicare la proprietà) del diritto: "Il proprietario ha diritto di godere e disporre delle cose in modo pieno ed esclusivo, entro i limiti e con l'osservanza degli obblighi stabiliti dall'ordinamento giuridico" (art. 832).

Il fondamento della proprietà nella tradizione

Come si ricorderà, è proprio il diritto di proprietà a rappresentare giuridicamente quella relazione di appartenenza esclusiva tra una «cosa» e un soggetto che è utile al fine di classificare una determinata entità come bene in senso giuridico. Secondo una tradizionale impostazione, come più volte detto, il diritto ha il compito principale di dirimere **conflitti di tipo appropriativo** che nascono dalla scarsa disponibilità di beni materiali: il diritto risolve questi conflitti attraverso la previsione di regole che stabiliscono chi e come possa appropriarsi di una cosa, escludendo tutti gli altri. Il diritto di proprietà è, appunto, il principale strumento giuridico che individua chi, tra due o più soggetti che aspirano a godere e disporre di una determinata cosa e le utilità che da essa promanano, ha la garanzia di essere tutelato dall'ordinamento nel godimento e utilizzo di essa. Questa teoria implica che tutti gli altri diritti e posizioni soggettive siano strumentali all'acquisizione di un diritto di proprietà e, quindi, alla soluzione, tramite esso, di conflitti appropriativi.

La previsione della situazione giuridica proprietaria **garantisce in prima battuta** l'interesse del soggetto individuato come titolare del rapporto con la cosa a usare e disporre del bene, impedendo a qualsiasi altro soggetto di interferire con l'esercizio di tali facoltà; in questo senso si parla di «soluzione di un conflitto di interessi di carattere appropriativo» ad opera della situazione soggettiva, perché tramite quest'ultima tutti coloro che non sono titolari del diritto hanno il dovere di astenersi da qualunque pretesa sul bene.

Ma la tutela non si ferma a questo profilo, poiché l'ordinamento appresta anche rimedi da far valere nelle sedi giudiziali. Così, nel caso in cui qualcuno non si sia spontaneamente uniformato al comando di non interferire nel rapporto tra proprietario e bene, e abbia quindi violato la situazione soggettiva del titolare, ad es. pretendendo di avere poteri sulla cosa, il proprietario ha la possibilità di adire l'autorità giudiziaria perché si ristabilisca la situazione violata e si indichi alle parti in contesa qual è la situazione di fatto conforme al diritto, vale a dire chi, tra i due, è effettivamente titolare del diritto di proprietà, ponendo così i presupposti per un'eventuale esecuzione forzata nel caso in cui la parte soccombente non si adegui alla decisione giudiziale. Per tali ragioni, nel codice civile la relazione di appartenenza è tutelata prima attraverso la disciplina del diritto di proprietà (**profilo sostanziale**), poi attraverso la disciplina delle **azioni a difesa della proprietà** (profilo di **tute-**

la giurisdizionale), e che, sia pure operanti su piani diversi, sono entrambi momenti riconducibili, nell'ottica tradizionale, alla soluzione di conflitti di tipo appropriativo.

I fenomeni di carattere appropriativo sono da sempre stati al centro delle economie classiche e ciò spiega perché il diritto di proprietà, che ne rappresenta la giuridificazione e la prima forma di tutela sul campo formale, è stato posto al centro del sistema privatistico e su di esso è stata anche modellata la figura del diritto soggettivo. Per mezzo del diritto di proprietà il titolare viene garantito da qualsiasi interferenza esterna nel suo **rapporto con la cosa** e nel godimento delle *utilitates* da esso traibili in via immediata (senza cioè la necessità di intermediazioni di altri soggetti).

Coerentemente con la ricostruzione descritta, la dottrina ha individuato i caratteri del diritto di proprietà, ricavandoli prevalentemente dal modello di proprietà dominante (quello della proprietà terriera): **assolutezza**; **esclusività**; **immediatezza**; **inerenza, perpetuità.**

Fondamenti ideologici del diritto di proprietà. I codici liberali

D'altra parte, l'idea della proprietà, soprattutto quella terriera, è stata sempre considerata come il presupposto indefettibile di tutta una serie di altre situazioni giuridiche, in particolare di quelle di **libertà**: libertà della persona; libertà di iniziativa economica; garanzia per i traffici economici. Tra tutti i diritti, quindi, quello di proprietà era sovente definito nelle Carte dei diritti liberali e borghesi, con echi giusnaturalistici, diritto "sacro" e "inviolabile", anche per sancire solennemente il definitivo superamento del sistema feudale in cui la proprietà era caratterizzata da limiti e oneri e da un godimento condizionato dall'esistenza, sullo stesso bene, la terra, di una sorta di doppia proprietà, quella c.d. «utile» del contadino e quella «eminente» del sovrano.

Coerentemente con queste concezioni, il **Codice civile del 1865**, che bene rifletteva tale idea del *dominium*, poteva tranquillamente essere denominato un «codice della proprietà». La proprietà veniva definita nell'art. 436 come "diritto di godere e disporre della cosa nella maniera più assoluta purché non se ne faccia un uso vietato dalle leggi o dai regolamenti". La stessa organizzazione topografica esprimeva questa concezione. Il codice era composto di tre libri. Secondo un modello ormai consolidato, il primo libro regolava il diritto delle persone e della famiglia, il secondo i beni e la proprietà e il terzo le discipline che, oggi, sono distribuite in ben tre distinti libri: successioni, obbligazioni e tutela dei diritti. Nel codice ottocentesco, quindi, non solo queste materie non avevano adeguato spazio autonomo, ma venivano tutte disciplinate sotto un titolo che ne sottolineava la strumentalità rispetto al diritto di proprietà: "dei modi di acquistare e di trasmettere la proprietà e gli altri diritti sulle cose". In definitiva, tutti gli istituti diversi dalla proprietà, erano riconosciuti e disciplinati solo ed in quanto funzionali all'acquisto, al godimento, alla circolazione del diritto soggettivo per antonomasia, la proprietà.

Proprietà e autonomia privata

Lo stesso contratto, quindi, che oggi è al centro delle nostre economie ed organizzazioni sociali, allora veniva disciplinato quale modo di acquisto della proprietà, ed i limiti alla autonomia privata venivano strutturati in ragione delle esigenze di disciplina del fenomeno proprietario. Questa impostazione ha fortemente condizionato le relazioni logiche e normative tra i diritti reali e il **principio di autonomia privata**. L'esigenza liberale di affermare, in contrapposizione al sistema feudale, l'esclusività e la pienezza della proprietà sul bene, stava alla base non solo di una serie di previsioni normative che limitavano i casi di legittima compressione o aggressione dell'altrui proprietà ad opera del potere pubblico o di terzi, ma anche di norme che limitavano lo stesso potere di autonomia del proprietario, impedendogli di apporre vincoli duraturi alla proprietà se non tramite forme tipicamente disciplinate dal legislatore. Il principio del *numerus clausus* dei diritti reali c.d. minori (o diritti su cosa altrui) esprime proprio un limite al principio di autonomia privata del proprietario cui, al di là dei casi e delle forme consentiti dalla legge, si è ritenuto di dover negare la possibilità di spogliarsi di parte delle prerogative e delle facoltà che il diritto di proprietà gli attribuisce.

L'essenzialità dello schema ideologico e delle trame economiche presenti fino ai primi decenni del secolo scorso e costituite prevalentemente dalla proprietà terriera (che ben si riflettono nella nitidezza del paradigma codicistico di proprietà), hanno così permesso di elaborare un modello di situazione giuridica soggettiva attiva particolarmente stabile, lineare e tendenzialmente universale.

Il diritto di proprietà oltre la tradizione

Una serie di mutamenti sociali, economici e normativi, ha imposto, successivamente, un radicale **stravolgimento delle ricostruzioni tradizionali**.

In primo luogo il mutamento della realtà **economica**, con il passaggio da un'economia agricola ad una industriale, ha avuto notevole incidenza anche nella materia relativa ai diritti reali. La terra ha perso la centralità che aveva nel sistema economico precedente; abbiamo già visto, trattando dei beni, come si sia progressivamente affermato un processo di smaterializzazione della ricchezza. Questo fenomeno ha condotto al superamento della concezione del godimento della proprietà come rendita, passivo sfruttamento delle ricchezze della terra, e all'affermazione del godimento della *res* come produzione di ricchezza. Ciò è ben evidente nel rilevante mutamento di prospettiva del Codice civile del 1942, che esalta la proprietà produttiva, rispetto alla concezione statica del diritto di proprietà espressa nel codice del 1865.

Il progresso tecnico e culturale ha affiancato al classico modello di proprietà terriera (per il quale, tuttavia, si continua ancora a parlare di "proprietà" in senso proprio), altri modelli di dominio su nuovi beni, così che oggi si parla anche di **proprietà commerciale**, con riferimento all'avviamento dell'azienda esercitata dal commerciante in locali non di sua proprietà e di **proprietà industriale**, alla quale vengono ricondotte le ipotesi di creazioni intellettuali suscettibili di sfruttamento imprenditoriale. Queste ultime, per quanto strutturalmente simili al classico diritto di proprietà, consistendo nella garanzia giuridica di un loro sfruttamento esclusivo, non sono soggette alla disciplina civilistica di esso né alle forme di tutela predisposte dal codice; essi, inoltre, si caratterizzano per la peculiare forma di appropriazione e di uso delle relative utilità.

Nella legislazione precedente e successiva al codice civile del 1942, il diritto di proprietà, accanto alla disciplina generale come prevista nel codice (agli art. 832 s.) ha conosciuto discipline di settore, a seconda della cosa oggetto del diritto e, quindi, delle specifiche esigenze di regolazione (proprietà edilizia, proprietà terriera, ecc.). Questo fenomeno ha portato a parlare di una frantumazione dell'unitario modello di proprietà dei codici borghesi, sintetizzata nella formula, elaborata da un'illustre dottrina, «dalla» proprietà «alle» proprietà.

Né è estranea al superamento della tradizionale concezione dell'istituto la stessa funzione del **diritto oggettivo**, ora estesa alla gestione e alla tutela di interessi di fatto giudicati meritevoli di tutela giuridica ben oltre il tradizionale approccio in termini di soluzione di conflitti di attribuzione tra diritti. Si è infatti acquisita consapevolezza che il diritto non disciplina solo conflitti di carattere appropriativo; oggigiorno, cioè, il diritto oggettivo non viene più concepito in termini rigorosamente e meramente patrimoniali in funzione della miglior allocazione di risorse scarse, ma come strumento per garantire la soddisfazione di interessi umani della più varia natura, anche di carattere non patrimoniale. Negli ultimi anni, poi, è apparso ancora più chiaro il definitivo superamento dell'idea di una corrispondenza biunivoca tra la titolarità del diritto di proprietà e i vari diritti di libertà, ad es. la libertà di iniziativa economica. Ciò sia perché nei fenomeni economici di maggior importanza la proprietà è stata separata dalla gestione e, quindi, dall'uso dei beni; sia perché le libertà di cui si è detto hanno iniziato ad essere esercitate anche grazie a beni altrui, in questo favorite dallo stesso ordinamento. Anzi, vedremo come, nel diritto della concorrenza, questa prospettiva sia stata rovesciata. La proprietà di **impianti** e attrezzature strategiche per lo svolgimento di attività economiche è parsa essere uno dei principali aspetti in grado di limitare la libertà di iniziativa economica di quanti, privi della disponibilità di tali beni indispensabili per lo svolgimento dell'attività di impresa, aspirerebbero ad operare in quel dato mercato. Se, in altri termini, la proprietà di impianti strategici (ad es., delle **reti** di trasporto ferroviario o delle reti telefoniche) rimane concentrata in capo ad alcuni soltanto, essa può costituire uno degli aspetti che più è in grado di comprimere le libertà di iniziativa economica di quanti vogliano intraprendere determinate attività di impresa (per tornare ai nostri esempi, quella di trasporto ferroviario o dai telefoni).

3. *La proprietà nella codificazione. Dal Codice del 1865 al Codice del 1942*

Il modello di proprietà sopra descritto come modello tradizionale è quello dei codici liberali e del codice civile del 1865 (come sappiamo ispirato al *code Napoléon*). Già nel passaggio da quel codice all'attuale codice civile, però, si notano importanti cambiamenti nel modo di concepire la proprietà e, di conseguenza, nel modo di disciplinarla.

La definizione codicistica

Un primo elemento di differenziazione è evidente già nella definizione normativa del fenomeno proprietario. L'art. 436 del codice civile del 1865 definisce la proprietà come "diritto di godere e disporre della cosa nella maniera più assoluta purché non se ne faccia un uso vietato dalle leggi o dai regolamenti"; l'art. 832 del codice del 1942 definisce le facoltà e i limiti del proprietario: "Il proprietario ha diritto di godere e disporre delle cose in modo pieno ed esclusivo, entro i limiti e con l'osservanza degli obblighi stabiliti dall'ordinamento giuridico".

Il riferimento, poi, nel codice del 1865, era alla assolutezza delle modalità di esercizio del diritto, in cui il termine assolutezza veniva inteso in senso letterale e con evidente connotazione ideologica come tutela del privato proprietario rispetto all'ingerenza del potere pubblico. Nel codice del 1942, invece, non si fa più riferimento alla assolutezza, in quell'accezione, ma solo alla pienezza ed esclusività, e quindi implicando un riferimento all'assolutezza come carattere tipico dei diritti reali che sta ad indicare il rapporto diretto tra il proprietario e la *res*, il quale, dunque, prescinde dalla prestazione, cooperazione, attività di terzi.

Secondo le interpretazioni che sono state date in dottrina, l'accento sulla figura del titolare e la scomparsa del riferimento alla assolutezza del diritto, nella nuova formulazione traducono la diversa prospettiva del codice del 1942, che tende a responsabilizzare il proprietario. Nella visione del codice liberale del 1865, la proprietà rappresentava l'ambito, giuridicamente garantito e tutelato, in cui il titolare era libero di compiere o meno tutto ciò che voleva, con l'unico **limite negativo** di non violare leggi e regolamenti: perciò era libero di esercitarlo nella maniera più assoluta, svincolato, cioè, da obblighi o doveri di sorta. Ben poteva, insomma, anche abbandonare il fondo, non svilupparne il potenziale economico e sociale, non servirsene; era sufficiente che, nell'usarne, non violasse divieti di legge.

Dall'idea della signoria assoluta alla «funzione sociale»

Nel 1942, accanto alle facoltà e ai limiti negativi all'esercizio del diritto, compaiono anche obblighi di fare: il proprietario non deve solo evitare di violare la legge nel momento in cui utilizza il bene, ma deve anche, attivamente, osservare gli obblighi che la legge gli impone. Il diritto, quindi, non è più esercitabile a capriccio, ma deve essere esercitato anche nel rispetto di obblighi di comportamento positivi.

A livello sistematico questo mutamento di prospettiva è ancor più percepibile. Se abbiamo visto come il codice del 1865 consentiva al titolare anche il disinteresse verso i beni oggetto di proprietà, e, anzi, faceva di quella possibilità il carattere più evidente dell'assolutezza e della libertà da vincoli o condizionamenti nell'esercizio del diritto, il codice del 1942 scoraggia un atteggiamento passivo del proprietario verso i beni, agevolando le diverse forme di sfruttamento economico e produttivo dello stesso.

In parte, questo nuovo approccio al tema dello sfruttamento delle risorse è da ricollegarsi alla concezione corporativistica imperante negli anni in cui il codice venne emanato. Ne è un esempio il richiamo ricorrente nel codice all'**ordinamento corporativo**. Tuttavia, è da condividersi l'affermazione diffusa che il codice abbia risentito assai poco della visione fascista dei fenomeni giuridici privatistici, o che, quantomeno, anche le disposizioni che, almeno inizialmente si giustificavano nell'ottica di esso, sono poi risultate perfettamente compatibili con impostazioni più liberali e democratiche. È il caso, appunto, della c.d. **proprietà produttiva**. L'ordinamento dello stato fascista ha iniziato a favorire in vari modi l'effettiva utilizzazione di beni rispetto alla semplice relazione di appartenenza di essi ad un soggetto, in ragione di interessi ricollegabili alla produzione nazionale o a prevalenti interessi pubblici. Nelle previsioni del codice, il proprietario che "abbandona la conservazione, la coltivazione o l'esercizio di beni che interessano la produzione nazionale, in modo da nuocere gravemente alle esigenze della produzione stessa" può essere **espropriato** del diritto (art. 838, co. 1). Molti dubitano della vigenza di questa norma alla luce della Costituzione (art. 42, co. 3, Cost.): quest'ultima ammette il solo esproprio per ragioni di interesse generale (o per "pubblica utilità"); tuttavia, la disposizione codicistica in esame esprime un principio tipico e perdurante del nostro ordinamento per il quale il proprietario non può legittimamente trascurare l'esercizio di beni produttivi.

Il *favor* legislativo per l'esercizio produttivo della proprietà

La stessa idea è alla base del *favor* legislativo per chi si dimostra disposto all'**esercizio produttivo della proprietà**: ciò è evidente in diversi aspetti di disciplina della c.d. proprietà coltivatrice del fondo agricolo (ad es., nel caso del diritto di prelazione dell'affittuario coltivatore diretto; nella conversione in affitto dei rapporti agrari, ecc.) o in materia di proprietà degli immobili urbani adibiti ad uso diverso da quello abitativo (adibiti, quindi, allo svolgimento di attività in senso lato economiche, v. art. 27, l. n. 392/1978), per i quali la legge prevede a favore del conduttore un diritto di prelazione sulla vendita e un'indennità per la perdita di avviamento (artt. 36-40, l. n. 392/1978).

Ma le **esigenze della produzione** sono in grado di sacrificare anche le esigenze di garanzia di non interferenza altrui sull'utilizzo del bene da parte del proprietario: quest'ultimo, ad es., non può impedire le **immissioni intollerabili** (vale a dire di propagazioni di fumo, rumori o altre forme di disturbo al godimento che provengano dal fondo vicino) legate alle esigenze della produzione (art. 844).

Vi è da ricordare, poi, che fino al 1997 (v. art. 13, l. n. 127/1997 come sostituito dalla l. n. 192/2000) gli acquisti immobiliari o le acquisizioni gratuite a qualsiasi titolo, degli enti senza scopo di lucro, erano direttamente o indirettamente sottoposti a controlli governativi. In tal modo si voleva evitare la concentrazione di beni nelle mani di enti non votati alla produzione e, quindi, la creazione di forme di proprietà parassitarie e scarsamente produttive (v. gli, ora abrogati, artt. 17, 600, 782, co. 4 e 786).

Tutto ciò dimostra che, con il nuovo codice, si è passati da una concezione della proprietà come luogo della signoria assoluta del titolare, in ossequio alle idee dello stato liberale e alle filosofie individualiste di esso, ad una concezione di essa quale strumento di realizzazione di fini sociali e di produzione di ricchezza e benessere generale. L'espressione e la sottoposizione del diritto di proprietà alla "funzione sociale", però, nonostante sia la Relazione al codice civile che più voci in dottrina, facessero ad essa riferimento, non compaiono nel testo del codice civile del 1942. Solo la Costituzione repubblicana farà esplicito riferimento alla "funzione sociale" della proprietà.

4. *La proprietà nella Costituzione*

L'art. 42 della Costituzione

L'art. 42 Cost. distingue una proprietà pubblica e una privata.

Quest'ultima è "riconosciuta e garantita dalla **legge**, che ne determina i modi di acquisto e di godimento e i limiti allo scopo di assicurarne la **funzione sociale** e di renderla **accessibile** a tutti". Corrispondentemente "la legge stabilisce le norme ed i limiti della successione legittima e testamentaria e i diritti dello Stato sulle eredità".

Il riconoscimento della proprietà a livello costituzionale

La Costituzione accoglie un'idea di proprietà parzialmente lontana da quella che la configurava come diritto assoluto, signoria intangibile *ab externo*. Rimangono echi di carattere giusnaturalistico: l'art. 42 riconosce e garantisce il diritto di proprietà, ma, contemporaneamente, prevede la possibilità di assoggettarlo a limiti, sia pure soltanto attraverso la legge (**riserva di legge**) e al solo scopo di assicurarne la funzione sociale e l'accesso.

Ci si è interrogati, in dottrina, sul significato da attribuire al **riconoscimento costituzionale** del diritto di proprietà.

In sede costituente, il suggerimento era quello di garantire non ogni tipo di proprietà, ma soltanto quella che si fondasse sul risparmio o sul lavoro. La proposta non venne accolta, sicché dal testo risultano garantite tutte le forme di proprietà. Tuttavia, lo sfavore per forme di proprietà meramente parassitarie e improduttive penetrò parzialmente anche nel testo costituzionale attraverso la riconosciuta possibilità di limitare il diritto in ragione di una sua "funzione sociale".

Contenuto minimo del diritto di proprietà

Il collegamento tra le due parti della previsione costituzionale (quella che garantisce la proprietà e quella che ne consente limitazioni) è stato oggetto di dibattiti orientati a comprendere se la Costituzione garantisce un **contenuto minimo del diritto di proprietà** oltre il quale non è consentito apporre limiti di sorta. La Corte costituzionale (v. Corte cost., sent. n. 55/1968 ed altre) si è trovata a dover affrontare il problema in occasione del giudizio su normative urbanistiche talmente limitative del diritto di proprietà da risultare di portata sostanzialmente espropriativa. **L'espropriazione** (vale a dire la privazione del diritto di proprietà a vantaggio degli enti pubblici per la realizzazione di un'opera pubblica) può essere disposta entro gli stretti limiti dell'art. 42, co. 3, Cost., il quale prevede **l'obbligo di indennizzo** per il proprietario spogliato del proprio diritto. Si vedrà che la normativa statale può essere a tal punto limitativa del diritto di proprietà, da comprimerne quei caratteri minimi che la caratterizzano come diritto (ad es., lo *jus aedificandi*, ovvero il diritto alla costruzione sul suolo di proprietà) e privare di fatto (senza cioè passare per una vera e propria espropriazione) il titolare del diritto di tutte quella facoltà che tipicamente competono al proprietario. In una situazione simile, il proprietario non sarebbe più titolare di un diritto di proprietà ancorché molto limitato, ma di un diritto che non è più riconoscibile come vero e proprio diritto di proprietà in senso pieno, i cui caratteri minimi (quali, ad es., la facoltà di goderne e di disporne) sono stati aggrediti e spazzati via definitivamente dalla legge.

La funzione sociale della proprietà

Anche la formula della **funzione sociale** ha creato nella dottrina non pochi problemi interpretativi.

I problemi di maggiore valenza concettuale erano rappresentati dalla difficoltà di riempire di un concreto contenuto quella formula generale e dal timore di introdurre una sorta di funzionalizzazione del diritto di proprietà.

La dottrina si è divisa tra coloro che hanno sostenuto che la funzione sociale riguardasse il diritto di proprietà, il suo contenuto; e coloro che hanno ritenuto che riguardasse l'istituto della proprietà, cioè la disciplina normativa che lo concerneva.

I primi hanno sostenuto che la funzione sociale, in virtù della previsione costituzionale, era divenuta una componente della struttura del diritto, al pari delle facoltà a giovamento del proprietario quali, ad es., la libertà di godere o disporre del bene. In questo modo, il diritto di proprietà avrebbe comportato un vero e proprio dovere per il proprietario di perseguire l'utilità collettiva e, per il giudice, l'obbligo, nel conflitto tra interesse del proprietario ed interesse collettivo, di far prevalere quest'ultimo. Queste tesi conducevano ad un'idea di funzionalizzazione in senso proprio della proprietà.

Viceversa, l'idea di una lettura **normativa** della formula ritiene che il perseguimento di fini sociali sia compito del legislatore che detta la disciplina dell'istituto e non del titolare del diritto: solo il legislatore è, infatti, chiamato dalla Costituzione a limitare il diritto privato in funzione di quegli obiettivi. Questa idea appare essere quella più vicina al dettato costituzionale il quale, mediante la previsione di una riserva di legge, consente, ma anche, in un'altra prospettiva, incarica il legislatore di far in modo che la proprietà sia non solo strumento per soddisfare interessi individuali del titolare, ma anche interessi collettivi.

L'espressione "funzione sociale", indubbiamente ambigua, è stata intesa prevalentemente come apporto di un vantaggio per la comunità. Con essa, però, non si è voluto far riferimento ad una qualche forma di collettivizzazione o comunitarizzazione del diritto, ma si è inteso solo sottolineare il mutato cambiamento di una prospettiva che non concepiva più la proprietà come istituto strettamente individualistico. Questo modo di guardare alla proprietà come strumento di produzione ed accumulazione di ricchezza, piuttosto che come ad un attributo primario ed essenziale della personalità umana, è evidente anche nel fatto che l'art. 42 è collocato sotto il Titolo III dedicato ai "rapporti economici" e non, invece, sotto il Titolo II relativo ai "rapporti civili".

L'accesso alla proprietà

Un breve riferimento va fatto allo scopo dell'ordinamento di rendere la proprietà **accessibile** a tutti. L'espressione è stata intesa comunemente in senso ampio. Le forme di accesso alla proprietà sono classificabili sostanzialmente in due tipologie: quelle che non incidono su precedenti situazioni di proprietà e quelle che, viceversa, realizzano un fenomeno di avvicendamento nella titolarità dei beni. Alle prime appartengono le agevolazioni o le tutele relative, ad es., all'abitazione (si pensi alla disciplina delle locazioni degli immobili adibiti ad uso abitativo, oppure alla previsione di un diritto reale di abitazione); alle seconde le varie discipline che tendono a favorire l'acquisto della proprietà in capo a soggetti che hanno dimostrato particolari doti nel gestirne l'aspetto produttivo (abbiamo visto sopra gli esempi dei diritti di prelazione di cui godono alcune categorie di affittuari).

5. *La proprietà nel quadro normativo europeo*

La proprietà nel Trattato istitutivo della Comunità

Seguendo l'evoluzione normativa, vi è da segnalare come il diritto di proprietà non sia espressamente disciplinato nel TFUE, il quale, all'art. 345 espressamente afferma che "Il presente trattato lascia del tutto impregiudicato il regime di proprietà esistente negli Stati membri".

Non bisogna dimenticare, però, che in base all'art. 5 Tr. UE nei settori che non sono di sua esclusiva competenza, come, appunto, quello del diritto di proprietà, la UE interviene, secondo il **principio della sussidiarietà**, vale a dire soltanto se e nella misura in cui gli obiettivi che essa si prefigge non possono essere sufficientemente realizzati dagli Stati membri e possono dunque, a motivo delle dimensioni o degli effetti dell'azione in questione, essere realizzati meglio a livello comunitario.

La Convenzione europea per la salvaguardia dei diritti dell'uomo e delle libertà fondamentali

Parallelamente al diritto dell'UE, la **Convenzione europea per la salvaguardia dei diritti dell'uomo e delle libertà fondamentali** del 1950, nel Primo Protocollo del 1952, all'art. 1 relativo alla "Protezione della proprietà", dispone che "ogni persona fisica o giuridica ha diritto al **rispetto dei suoi beni**. Nessuno può essere privato della sua proprietà se non per causa di **utilità pubblica** e nelle condizioni previste dalla legge e dai principi generali del diritto internazionale. Le disposizioni precedenti non portano pregiudizio al diritto degli Stati di mettere in vigore le leggi da essi ritenute necessarie per disciplinare l'uso dei beni in modo conforme all'**interesse generale** o per assicurare il pagamento delle imposte o di altri contributi o delle ammende".

Il diritto di proprietà riceve, dunque, **tutela anche al livello internazionale**, dal momento che, per assicurare il rispetto della Convenzione, la Corte europea dei diritti dell'uomo (CEDU) con sede a Strasburgo, ha il potere di decidere sui ricorsi ad essa presentati da ogni persona fisica, ogni organizzazione non governativa o gruppo di privati che pretendano d'essere vittime di una violazione da parte di una delle Alte Parti contraenti (ossia degli Stati che hanno sottoscritto la Convenzione) dei diritti riconosciuti nella Convenzione o nei suoi protocolli (art. 34 Convenzione). La Corte, però, non può essere adita se non dopo l'esaurimento delle vie di ricorso interne. Peraltro, in seguito all'entrata in vigore del **Trattato di Lisbona**, oggi anche il diritto dell'UE si è appropriato dei principi espressi nella Carta dei diritti dell'Uomo (art. 6 del Tr. UE).

Come vedremo più oltre, le decisioni della Corte sono state molto importanti in materia di espropriazione e di limitabilità del diritto di proprietà ad opera della legge. In merito a questi aspetti, la Corte europea dei diritti dell'uomo ha chiarito che spetta ai singoli Stati precisare cosa debba intendersi per "pubblica utilità" e "interesse generale", parlando esplicitamente, a proposito, di un "margine di apprezzamento statale" nella ricostruzione delle nozioni che, per la loro intrinseca vicinanza e dipendenza dal tessuto economico e sociale, meglio possono essere conosciute dagli Stati membri.

La Carta dei diritti fondamentali dell'Unione Europea

Diversa portata ha la previsione del diritto di proprietà nella **CDFUE**. Quest'ultima riunisce ed esprime i valori condivisi dagli Stati membri dell'Unione che costituiscono i diritti civili, politici, economici e sociali, e con la ratifica e l'entrata in vigore del Trattato di Lisbona, modificativo dei Trattati, la Carta ha acquistato un valore vincolante.

L'art. 17 della CDFUE, rubricato "diritto di proprietà", recita testualmente: "Ogni individuo ha il diritto di godere della proprietà dei beni che ha acquistato legalmente, di usarli, di disporne e di lasciarli in eredità. Nessuno può essere privato della proprietà se non per causa di pubblico interesse, nei casi e nei modi previsti dalla legge e contro il pagamento in tempo utile di una giusta indennità per la perdita della stessa. L'uso dei beni può essere regolato dalla legge nei limiti imposti dall'interesse generale. La proprietà intellettuale è protetta".

Proprietà europea e proprietà nell'ordinamento nazionale

Una prima dissonanza è evidente con i testi normativi del nostro ordinamento e, soprattutto, con la tradizione esegetica, laddove la proprietà viene riconosciuta in senso proprio anche come **proprietà intellettuale**. Questo dovrebbe portare a superare, anche a livello di categorie dogmatiche, le tesi tradizionali e assai radicate nel nostro ordinamento, che distinguono tra una proprietà in senso proprio (quella avente ad oggetto cose materiali) ed una in senso non proprio, quella intellettuale. Altre dissonanze con la concezione della proprietà nel nostro ordinamento come sopra descritte sono evidenti: la proprietà è prevista nella Carta sotto il Capo II, dedicato alle libertà ed elencante quelli che sono tradizionali diritti civili, e questo ripropone quel collegamento tra libertà e proprietà che con il codice civile, ma soprattutto con la Costituzione, l'ordinamento italiano aveva inteso superare.

Viceversa, analogamente a quanto succede nelle previsioni di diritto interno, solo il legislatore può disciplinare e quindi limitare l'uso dei beni con il solo scopo di garantire l'**interesse generale**; per questo motivo si deve ritenere che anche al livello comunitario il contenuto del diritto di proprietà non si esaurisca nelle facoltà elencate dall'art. 17 della CDFUE, ma vada individuato, in negativo, in tutte le facoltà che non sono vietate dalla legge, e quindi si deve ritenere che anche la proprietà comunitaria sia **piena**, per quanto non assoluta.

Particolari perplessità ha creato l'apposita previsione espressa di un **diritto di lasciare in eredità** i propri beni. La previsione di un apposito diritto di questo genere a livello sovranazionale e, soprattutto, la previsione che esso (in quanto contenuto del diritto di proprietà) possa essere limitato solo per motivi di interesse generale, ha fatto pensare che, se e quando la previsione dell'art. 17 dovesse divenire vincolante, potrebbe comportare problemi di coordinamento con il nostro diritto successorio. In quest'ultimo, come avremo modo di vedere, la libertà del titolare di diritti di lasciare in eredità le proprie sostanze tramite un testamento è limitata dalla legge, che assicura a determinati soggetti appartenenti alla cerchia familiare del testatore una determinata porzione di beni ereditari. La conseguenza è che il testatore può liberamente lasciare in eredità solo una parte dei suoi beni (c.d. disponibile), perché per legge l'altra parte (c.d. indisponibile) al momento della sua morte verrà automaticamente destinata ad alcuni suoi familiari individuati dall'ordinamento.

Lo scopo di queste limitazioni al diritto di lasciare in eredità i propri beni è quello di rispondere all'interesse del **gruppo** familiare a mantenere parte del patrimonio nell'ambito della famiglia. Ma una tale finalità, alla luce dell'art. 17, apparentemente non giustificherebbe l'apposizione di limiti al diritto di disporre dei propri beni per il periodo successivo alla morte, perché questo diritto potrebbe essere limitato solo per motivi di interesse **generale**. Ad ogni modo, non bisogna dimenticare che, come ha chiarito la Corte Europea dei Diritti dell'Uomo, il significato di concetti quali "interesse pubblico" o "interesse generale", appunto, non può essere adeguatamente apprezzato a livello sovranazionale, ma la loro concretizzazione richiede l'intermediazione di istituzioni più vicine alla comunità e alla collettività locale; ciò lascerebbe, quindi, al nostro ordinamento la possibilità di chiarire cosa sia "interesse generale" e se in esso rientri l'esigenza di assicurare la trasmissione di una parte della ricchezza all'interno del gruppo familiare.

SEZIONE II

LA DISCIPLINA DEL DIRITTO DI PROPRIETÀ

SOMMARIO: 6. Contenuto e caratteri del diritto di proprietà. – 7. L'esercizio del diritto. I limiti al diritto di proprietà. – 7.1. Le immissioni. – 7.2. L'espropriazione per pubblica utilità. – 8. «Le proprietà». La proprietà agraria. – 8.1. La proprietà edilizia. – 9. Titolarità del diritto di proprietà. La proprietà pubblica. – 9.1. Il *trust*. – 9.2. La comunione ed il condominio.

6. *Contenuto e caratteri del diritto di proprietà*

In virtù dell'art. 832 il proprietario ha diritto di **godere** e **disporre** delle cose in modo pieno ed esclusivo, entro i limiti e con l'osservanza degli obblighi stabiliti dall'ordinamento giuridico.

Pienezza del diritto

La norma è assai significativa nella sua strutturazione, soprattutto oggi che si è affermata l'idea che il diritto soggettivo non è un blocco compatto, ma una figura complessa, un fascio unitario di facoltà, poteri e doveri. Elencate le due facoltà principali, la disposizione puntualizza anche i modi con cui esse possono essere esercitate. Ma quelle indicate non esauriscono il catalogo delle prerogative del proprietario. Molte di queste, poi, cambiano a seconda dell'oggetto del diritto di proprietà (come si vedrà più oltre). Come anche la legge afferma, infatti, quello del proprietario è un diritto **pieno**: seppure non più arbitrario e svincolato da ogni direttiva di legge, il diritto di proprietà garantisce al titolare la possibilità di tenere tutti quei comportamenti che non siano vietati dalla legge. La pienezza vale a connotare, all'interno della categoria dei diritti reali, un attributo della proprietà laddove per gli altri diritti rientranti nella medesima categoria si coglie la limitatezza del contenuto, proprio per la convivenza strutturale di questi ultimi con il primo.

Perciò, le varie facoltà o attività che può esercitare il proprietario altro non sono che modi di estrinsecazione del diritto: nell'impossibilità di elencare tutte le facoltà del diritto, il contenuto di esso può essere individuato solo in negativo; il titolare, in altre parole, può fare tutto ciò che non gli è vietato.

La facoltà di godimento

Le facoltà di godimento e di disposizione del bene, però, sono espressamente previste nel codice. La facoltà di **godimento** indica una possibilità, riconosciuta e tutelata giuridicamente, di fruire della cosa, in tutti i modi ritenuti dal proprietario più congeniali al proprio interesse. Il proprietario è libero di non usare il bene, ma come abbiamo detto, quando si tratta di bene produttivo, l'ordinamento appresta strumenti tali da facilitare ed agevolare l'avvicendamento di altri soggetti, se non nella titolarità del diritto, quanto meno nella facoltà di goderne. Pertanto, la vecchia massima secondo cui il proprietario avrebbe uno *ius utendi et abutendi*, ossia di usare ed abusare del bene, non ha piena ed indiscriminata cittadinanza nell'attuale ordinamento, almeno per i beni produttivi.

La facoltà di **disporre** indica la prerogativa del proprietario di porre in essere negozi giuridici aventi ad oggetto il bene.

Tradizionalmente si individuano vari caratteri del diritto di proprietà.

I caratteri del diritto di proprietà

a) **Realità**. Il diritto di proprietà è il diritto reale fondamentale, l'unico in relazione al quale gli altri possono essere pensati: ad es., perché si possa configurare un usufrutto su una biblioteca, è necessario che esista un proprietario della stessa sulla quale un altro soggetto ha il diritto reale di godimento (il diritto di usufrutto, appunto). Il diritto reale si caratterizza per il fatto di garantire al titolare l'utilità traibile dalla cosa senza la necessità dell'intervento di un altro soggetto (si dice, infatti, che il rapporto tra soggetto e bene è **immediato**); per essere fatto valere nei confronti di chiunque (**assolutezza**). A quest'ultimo carattere, in dottrina spesso si aggiunge l'elemento della **inerenza del diritto alla cosa**, con il quale si vuole sottolineare che esso è opponibile dal titolare a **chiunque**, ad es. a colui che ne ha la materiale disponibilità (possessore o detentore), sulla base del principio che il diritto segue la cosa.

b) **Pienezza**. Abbiamo già detto che il diritto di proprietà attribuisce al proprietario tutte le prerogative sul bene che non siano espressamente vietate.

c) **Esclusività**. Il significato più arcaico del termine, voleva evidenziare il fatto che su una stessa cosa non potevano insistere due distinti e autonomi diritti di proprietà (similmente a quanto succedeva con il dominio utile ed il dominio eminente dell'epoca feudale); ma, al massimo, forme di comproprietà (nelle quali rientra, come vedremo, l'ipotesi della comunione). Il significato più attuale e generalmente riconosciuto, però, fa riferimento alla possibilità del proprietario di escludere gli altri dal godimento del bene (*jus excludendi alios*).

La c.d. elasticità del diritto

d) **Elasticità**. Con questo termine si vuol fare riferimento alla possibilità del diritto di proprietà di rimanere tale nonostante la costituzione sullo stesso bene di altri diritti reali; una volta venuti meno questi, infatti, la proprietà riacquista la sua originaria pienezza ed estensione.

La proprietà temporanea

e) **Perpetuità.** È idea diffusa che la proprietà sia un diritto che non tollera limiti di tempo, cioè non sono ad essa apponibili **scadenze temporali.** La proprietà, cioè, non sarebbe configurabile come diritto a scadenza o temporaneo (perciò il problema viene indicato come quello della c.d. "proprietà temporanea"). In via generale, ad es., non si ammette che Tizio possa essere proprietario, a *priori*, di un libro per due settimane, scadute le quali viene meno il diritto di proprietà. Tizio è proprietario del libro in via astratta per un tempo infinito ed indefinito (naturalmente, con la morte, il centro soggettivo di imputazione della situazione giuridica proprietaria verrà meno, sicché il diritto cesserà in capo a Tizio e si trasferirà in capo agli eredi); egli potrà privarsi del diritto cedendolo ad altri o distruggendo o abbandonando il bene o nel caso altri ne acquistino la proprietà. In ogni caso, però, il diritto di proprietà di Tizio non è, in quanto tale, a termine. Il problema, al più, può sorgere nel caso di una serie di ipotesi nelle quali la permanenza del diritto nella titolarità di Tizio è variamente condizionata. Si faccia il caso della vendita condizionata risolutivamente (art. 1353); della vendita con patto di riscatto (art. 1500 s.) o di donazione con patto di reversibilità (art. 791). Ma anche in queste ipotesi la proprietà non è effettivamente temporanea, dal momento che non nasce già con la data di scadenza, ma al più è indefinito il tempo del permanere della titolarità in capo al soggetto (alcuni hanno proposto, a riguardo, di parlare di proprietà "provvisoria", o "risolubile", ipotesi cui sono ricondotte le varie discipline dettate dal legislatore).

Imprescrittibilità ed estinzione del diritto

f) Non bisogna confondere con il carattere della perpetuità quello della **imprescrittibilità.** Quest'ultimo indica che il diritto di proprietà non si perde con il **non uso.** Questo carattere fa riferimento alla possibilità di agire sempre, in ogni tempo, in giudizio per la tutela del proprio diritto di proprietà; possibilità che, a differenza di altri diritti, non viene meno anche se il proprietario non esercita il proprio diritto per lungo tempo, vale a dire non gode né dispone in alcun modo del bene (non a caso il fatto che il diritto di proprietà è imprescrittibile lo si ricava proprio dalla imprescrittibilità dell'**azione di rivendicazione**; art. 948).

Tutto ciò, però, a patto che nessun altro abbia acquistato la proprietà del bene per effetto di un fenomeno acquisitivo, l'**usucapione**, il cui fondamento è il possesso del bene da parte di terzi per un certo lasso di tempo, senza interruzioni e nell'inerzia del proprietario (art. 1158 s.). Tale disinteresse del proprietario porta l'ordinamento a favorire colui che, al contrario, utilizza il bene, lo sfrutta, vi svolge attività, ammettendone l'acquisizione in termini di proprietà (attraverso, appunto, l'usucapione). Valga qui l'esempio che segue. Tizio è proprietario di un fondo, e tuttavia su questo bene non svolge nessuna attività, non raccoglie i frutti, non edifica alcunché, non lo concede in affitto, ecc.: in altri termini non esercita in alcun modo il diritto di cui è titolare. Su questo fondo, Caio, al contrario, di fatto svolge attività volte allo sfruttamento del bene, nella totale indifferenza del proprietario Tizio. A fronte di uno stato di assoluta inerzia del primo e, viceversa, dell'attività del secondo, l'ordinamento prevede che Caio, pur trovandosi sul fondo senza alcun titolo, possa acquistarne la proprietà.

Siccome, come abbiamo visto, la proprietà è un diritto esclusivo, quando un terzo usucapisce la proprietà del bene, il diritto del primo proprietario si **estingue**. E allora, se è vero che il mancato esercizio della proprietà non comporta la prescrizione del diritto, tale comportamento passivo espone, tuttavia, il proprietario al rischio che altri acquisiscano un diritto di proprietà sul bene e, quindi, con conseguente estinzione del suo.

g) Altri caratteri sono più che altro individuati per distinguere la proprietà da altri diritti reali. Ad es., il carattere dell'**indipendenza**, con cui si intende far riferimento al fatto che la proprietà non necessita, per il suo esistere, di altri diritti (a differenza, come abbiamo già detto, dei diritti reali su cosa altrui).

7. *L'esercizio del diritto. I limiti al diritto di proprietà*

Accanto alla indicazione di poteri e facoltà il codice impone l'osservanza al proprietario degli obblighi stabiliti dall'ordinamento giuridico. La proprietà, cioè, non è una situazione giuridica rappresentativa di un potere illimitato sulla cosa, ma di un potere limitabile in vista di una funzione sociale o dell'esigenza di garantire altri interessi privati di pari rango e dignità.

Pertanto, si è soliti tradizionalmente distinguere i limiti del diritto di proprietà in due categorie: limiti dovuti all'esistenza di altri diritti privati; limiti a tutela di interessi **pubblici**. Questi ultimi, posti dal legislatore, sono previsti sia nel codice civile sia nella legislazione speciale.

Atti emulativi

Nel codice civile un primo limite è previsto dall'art. 833, a norma del quale "il proprietario non può fare atti i quali non abbiano altro scopo che quello di nuocere o recare molestia ad altri": in altri termini, egli non può compiere atti che astrattamente rientrano tra le facoltà esercitabili dal proprietario, ma che concretamente non gli arrecano alcuna utilità, avendo il solo scopo di nuocere o molestare altri. Questi atti sono chiamati atti **emulativi** e sono stati disciplinati per la prima volta nel codice civile del 1942 proprio in ragione della nuova concezione del diritto di proprietà. La figura viene tradizionalmente ricondotta al fenomeno dell'**abuso del diritto**.

Come è evidente dalla disposizione dell'art. 833 perché si abbia un atto emulativo non è sufficiente che dall'atto discenda per i terzi un nocumento, ma è necessario che esso venga compiuto al **solo fine di recare danno**, senza che, in pari tempo, il suo autore ne tragga qualche beneficio.

Pertanto, ogni volta che sia possibile individuare un'intenzione del proprietario di trarre da un determinato uso del proprio bene un qualche beneficio, anche minimo, questo vale ad escludere il carattere emulativo dell'atto, indipendentemente dal fatto che esso abbia arrecato danni a terzi o che fosse preordinato anche a realizzare a terzi un nocumento.

Facciamo l'esempio di un fondo di proprietà di Tizio (c.d. fondo servente), prospiciente la strada comunale, sul quale sia costituita una servitù di passaggio a favore di un altro fondo appartenente a Caio (c.d. fondo dominante) che, invece, non ha uno sbocco sulla strada e che, proprio per questo motivo deve utilizzare il terreno di Tizio per raggiungerla. La legge assicura a Caio il diritto di passare sul fondo di Tizio per raggiungere il proprio. Poniamo il caso che Tizio, pur senza impedire il passaggio, ne complichi l'esercizio, decidendo di recintare il proprio terreno con l'apposizione di un cancello, costringendo così Caio a godere della propria servitù di passaggio in modo meno agevole. La possibilità di chiudere il fondo è astrattamente una facoltà del proprietario; indubbiamente, nella situazione concreta, ciò provoca un nocumento al terzo (Caio), per il quale diviene meno comodo l'utilizzo del passaggio. Tuttavia, come stabilito dalla giurisprudenza in vari casi simili, apporre un cancello che ostacola il passaggio non costituisce un atto emulativo, perché il proprietario Tizio ne ricava anche un'utilità per la propria sicurezza e riservatezza.

Viceversa, se Tizio, pur non avendo piante nel suo terreno, dovesse disporre lungo la strada, ricavata sul proprio fondo e su cui Caio ha diritto di passare, una serie di innaffiatoi automatici predisposti per accendersi proprio nelle ore in cui Caio passa sul fondo, tale atto potrebbe essere qualificato emulativo, non ravvisandosi alcuna utilità per Tizio nella posa di annaffiatoi.

Animus nocendi

Nel caso non si possa riconoscere un'utilità di sorta per il proprietario che compie l'atto, secondo l'opinione dominante e la giurisprudenza sarà necessario ricostruire la sua volontà di creare danno (c.d. ***animus nocendi***) e, quindi, l'atteggiamento soggettivo, le intenzioni dell'autore dell'atto. Egli deve, cioè, essere consapevole del pregiudizio che potrà arrecare, e volere il danno (il suo atteggiamento dovrà perciò essere configurabile come **doloso**). Un'altra dottrina ritiene, invece, che la intenzionalità dannosa si debba ricostruire in senso oggettivo e non soggettivo, perché l'art. 833 non parla di dolo e non specifica una rilevanza dello scopo in senso soggettivo. Dovrebbe, cioè, essere verificata l'obiettiva direzione dell'atto verso il nocumento, indipendentemente dalla consapevolezza o dalla volontà dell'autore. È chiaro che le due posizioni potrebbero condurre a due esiti opposti in relazione alla qualificazione come emulativo di un certo atto del proprietario. Per tornare al nostro esempio: se Tizio non conoscesse gli orari effettivi di passaggio nel fondo di Caio, secondo la prima tesi potrebbe non aver compiuto atti emulativi; secondo la seconda egli avrebbe comunque posto in essere atti emulativi, dal momento che l'atto è obbiettivamente nocivo per Caio e inutile per Tizio.

Va precisato che il fatto che determinati usi del bene non siano qualificabili come emulativi, non determina per ciò solo la loro liceità, potendo il soggetto che ne ha ricevuto nocumento agire per la loro inibizione e per il risarcimento del danno subito nel caso in cui la situazione concreta dovesse rientrare in altre ipotesi normative che apprestano strumenti di tutela contro atti illeciti (ad es., art. 844; art. 2043, ecc.).

Limiti al diritto di proprietà vengono tradizionalmente considerati anche quelli desumibili dalle norme che disciplinano i c.d. **rapporti di vicinato**. Quando i limiti alla proprietà nell'ambito dei rapporti di vicinato sono posti a tutela non solo del reciproco interesse dei proprietari, ma anche a tutela di interessi della collettività o pubblici, allora le relative norme sono inderogabili.

Tra queste viene in considerazione per primo l'art. 873 il quale fissa in un minimo di tre metri la **distanza** tra costruzioni, salvo che i regolamenti locali non prevedano una distanza maggiore. Distanze

Il proprietario di un fondo contiguo può chiedere ed ottenere dal giudice la **comunione forzosa** del muro posto sul confine, a patto che paghi la metà del suo valore e di quello del suolo su cui esso è costruito (art. 874). Quando, invece, il muro si trova ad una distanza dal confine inferiore ad un metro e mezzo o inferiore alla metà della distanza stabilita dai regolamenti locali, il vicino può chiedere la comunione del muro soltanto per fabbricare contro il muro, pagando, oltre al valore della metà del muro, il valore del suolo da occupare con la nuova fabbrica (art. 875).

In alternativa alla domanda di comunione forzosa del muro posto sul confine, il vicino può **costruire in aderenza**, senza appoggiarsi al muro costruito sul confine (art. 877). La giurisprudenza ha chiarito che, affinché si dia costruzione in aderenza è necessario che la nuova opera e la preesistente combacino perfettamente da uno dei lati, in modo tale che non rimanga tra i due muri nessuno spazio vuoto. Trattandosi di muro di cinta, di altezza non superiore a tre metri, non troverà applicazione l'art. 873 relativo alle distanze minime tra costruzioni (art. 878).

Alla disciplina sulle distanze soggiacciono anche i pozzi, le cisterne e i tubi per i quali è prevista una distanza minima di due metri dal confine (art. 889), mentre i fossi (ad es., una piscina) e i canali devono avere una distanza dal confine uguale alla loro profondità (art. 891).

Luci e vedute

Il proprietario deve rispettare una serie di limiti, inerenti sia alla modalità di costruzione sia alle distanze, nel caso in cui intenda aprire una luce o una veduta sul fondo del vicino (art. 901 s.). Il codice contempera, in tal modo, l'esigenza che ciascun proprietario ha di ricevere luce ed aria nel proprio fondo con quella del vicino di essere protetto da ingerenze esterne. A tal fine l'art. 900 distingue tra **luci** e **vedute**. Le prime danno passaggio alla luce e all'aria, ma non permettono di affacciarsi sul fondo del vicino; le vedute (o prospetti) permettono di affacciarsi o di guardare di fronte, obliquamente o lateralmente.

7.1. *Le immissioni*

In base all'art. 844 "il proprietario di un fondo **non può impedire** le immissioni di fumo o di calore, le esalazioni, i rumori, gli scuotimenti e simili propagazioni derivanti dal fondo del vicino, se non superano la normale tollerabilità, avuto anche riguardo alla condizione dei luoghi. Nell'applicare questa norma l'autorità giudiziaria deve contemperare le esigenze della produzione con le ragioni della proprietà. Può tener conto della priorità di un determinato uso".

Le immissioni

La disposizione ora richiamata rende lecite le **immissioni**, vale a dire le **propagazioni materiali** di fumo, calore, rumori, ecc. da un fondo al fondo vicino. Tale vicinanza non viene più intesa soltanto in senso spaziale come contiguità, ma come potenziale assoggettabilità di un fondo alle influenze indirette di attività svolte su un altro. In altri termini, quando l'attività svolta su un fondo può avere ripercussioni negative indirette su un altro (c.d. fondo immesso), posto anche a distanza, per la giurisprudenza e la dottrina odierne tale circostanza è sufficiente a qualificare il rapporto tra i due fondi in termini di vicinanza.

Il problema dell'illiceità del comportamento

A differenza di quanto accade per gli atti emulativi, qui l'**illiceità della condotta** non deriva dal fatto che essa sia inutilmente e volutamente dannosa, ma dalla circostanza che l'esercizio del diritto determina, a carico del fondo vicino, un pregiudizio di entità tale da mettere a repentaglio la fruibilità del fondo stesso. Vi è da segnalare, tuttavia, che parte della dottrina e della giurisprudenza ritiene che la norma non disciplini un atto illecito, ma un atto lecito dannoso, e ciò in quanto la condotta costituisce comunque una facoltà astrattamente rientrante nel diritto del proprietario di godere del proprio fondo nella maniera da lui ritenuta più idonea; anche se poi, in concreto, tale condotta può arrecare un danno al proprietario vicino. La conseguenza di questa tesi sarebbe che nel caso della condanna al pagamento di una somma di denaro per nocumenti provocati da immissioni provenienti dal proprio fondo, il proprietario verrebbe condannato **non** a titolo di **risarcimento del danno** (il che presupporrebbe un illecito), ma a diverso titolo, di **indennizzo** (che è nozione distinta e più ristretta del risarcimento). Con l'ulteriore conseguenza che il giudizio sulle immissioni prescinde da una valutazione un ordine alla colpa dell'autore.

Tuttavia, letto specularmente, il diritto del proprietario di invocare una tutela giurisdizionale contro le immissioni provenienti dal fondo vicino che risultassero intollerabili, rappresenta un **limite** all'esercizio del diritto di proprietà del vicino il quale, quindi, ancora una volta mostra di essere titolare di un diritto pieno ma non illimitato, con la conseguenza che un esercizio del diritto oltre il limite di legge va qualificato come **non lecito**, presupponendo, la legge, pertanto, la colposità della condotta (art. 2043).

La norma in esame pone un limite al diritto di proprietà del soggetto il cui fondo subisce le propagazioni. Quest'ultimo, infatti, sarà limitato nel suo ***jus excludendi alios*** (cioè nel suo potere di escludere terzi dalla sua proprietà) nel caso in cui la legge consenta le immissioni: egli avrà, insomma, il dovere di tollerare tali ingerenze indirette sul proprio fondo.

La normale tollerabilità

Il criterio offerto dalla legge per giudicare della illiceità delle immissioni è quello della **normale tollerabilità**. Con esso vanno contemperati i criteri della **condizione dei luoghi** e quello delle **esigenze della produzione**, tenuto conto della **priorità** di un determinato uso.

Facendo riferimento alla normale tollerabilità delle immissioni, l'art. 844 consente le azioni svolte su un fondo, e in grado di avere ripercussioni materiali negative su un altro, che siano sopportabili alla stregua della **coscienza sociale**. Al fine di qualificare tollerabile o meno secondo la coscienza sociale una determinata propagazione materiale, il giudice deve tener presente la **condizione dei luoghi** (vale a dire la destinazione d'uso degli immobili). Nello schema legislativo, allora, quest'ultimo è un parametro del giudizio di normale tollerabilità, e un medesimo uso di un bene può essere ritenuto legittimo o meno a seconda del luogo ove esso si trova.

Per quanto attiene alla condizione dei luoghi, l'intento del legislatore è quello di ancorare il giudizio di normale tollerabilità ad una realistica valutazione della situazione di fatto: infatti, una cosa è la normale tollerabilità in un quartiere residenziale, altra cosa è la normale tollerabilità in una zona industriale.

Le esigenze della produzione

Molto più complesso è il criterio che invoca il contemperamento delle **esigenze della produzione** con le ragioni della proprietà, anche perché qui entrano in conflitto interessi non omogenei (l'impresa e la proprietà). Questo criterio, invece, si aggiunge a quello di tollerabilità nella valutazione della illiceità dell'azione causativa della propagazione materiale, nel senso che esso è idoneo a considerare legittime e, quindi, consentite, anche le immissioni che risultino essere non tollerabili.

Si può dire che le esigenze della produzione prevarranno tutte le volte in cui si tratti di **un'attività produttiva di rilievo economico-sociale** tale che, ove se ne decretasse la cessazione, questo comporterebbe costi insopportabili per la collettività. In questo senso i limiti al diritto di proprietà vengono ricondotti alla funzione sociale di essa prevista dalla Costituzione (art. 42 Cost.). È ovvio, ad es., che nessuno può illudersi di poter ottenere la chiusura dello stabilimento Fiat di Mirafiori, per quanto in ipotesi siano intollerabili le immissioni prodotte da questo impianto. Viceversa, è probabile che al proprietario di una piccola officina artigiana di recente installatasi in un quartiere residenziale, possa essere impedito di emanare esalazioni e rumori oltremodo molesti.

L'equa indennità

Anche qui è possibile riscontrare un segno della concezione filo-produttivistica accolta dal codice civile, a discapito delle ragioni della proprietà. In questo bilanciamento di valori, si ritiene che le ragioni del proprietario non debbano essere del tutto sacrificate e che quindi, pur in assenza di una previsione normativa in proposito, al proprietario chiamato a sopportare le immissioni intollerabili ma legittime in ragione di esigenze della produttività, vada però corrisposta un'**equa indennità** (torneremo più oltre sulla differenza tra indennità e risarcimento del danno). È discussa in dottrina la natura della situazione creata dall'accertamento giudiziale delle ragioni della produzione e, quindi, dal corrispondente obbligo del proprietario del fondo immesso di tollerarle. Per alcuni si tratterebbe di una servitù coattiva, per altri di una semplice concretizzazione dei limiti al diritto di proprietà astrattamente previsti dalla funzione sociale di cui parla la Costituzione.

Nel primo caso il fondamento dell'obbligo di indennizzo sarebbe direttamente riconducibile alla normativa in tema di servitù che, variamente, prevede tale obbligo; nel secondo caso, la normativa sull'indennità in caso di servitù coattive sarebbe applicabile solo analogicamente. Ad ogni modo, l'indennizzo si ritiene dovuto nei soli casi in cui le immissioni superino la soglia della normale tollerabilità.

La priorità d'uso

Infine, la **priorità d'uso** va considerato un criterio di applicazione **residuale** (vale a dire facoltativo e di per sé non determinante) che introduce una misura di buon senso nella valutazione della prevalenza tra le ragioni dell'industria e quelle della proprietà. Tale principio si ritiene operante, però, anche nel giudizio relativo alla ricostruzione della tollerabilità delle immissioni: è evidente che se acquisto un appartamento sopra la sede storica di un famoso e frequentatissimo ristorante, dovrò sopportarne tutte le conseguenze, per quanto spiacevoli. In altri termini si può dire che, rapportato a quello della priorità d'uso, il criterio della normale tollerabilità implica che lo standard cui fare riferimento sia quello imposto da chi sul luogo si trova da più tempo, tenuto conto, naturalmente, delle caratteristiche oggettive dell'attività svolta.

La giurisprudenza, comunque, configura il preuso come un autonomo terzo criterio di liceità delle immissioni accanto a quello della normale tollerabilità e delle esigenze della produzione.

La tutela giurisdizionale e gli interessi protetti

La norma, collocata nel capo relativo alla proprietà fondiaria, ha una portata di carattere generale e si applica tutte le volte in cui sia possibile individuare i caratteri del **conflitto interproprietario** descritto nella disposizione. È ben vero, però, che la potenzialità applicativa dell'art. 844 ne fa un utile strumento di tutela anche dei diritti della persona e, in particolar modo, del diritto alla **salute**. In caso di immissioni lesive del diritto alla salute viene in considerazione un'esigenza di bilanciamento non solo tra i valori della proprietà e/o quello della produzione, ma anche con quello della salute. Quest'ultimo, quando assume la forma di diritto all'integrità e non semplicemente di un diritto al benessere psico-fisico, è considerato in ogni caso prevalente (sicché le immissioni intollerabili lesive della salute non potrebbero mai essere legittimate da ragioni legate alla produzione). È stata così superata, in dottrina e nella giurisprudenza, sebbene permangano alcune voci contrarie, la visione restrittiva della disciplina giuridica delle immissioni consacrata dalle Sezioni Unite della S.C. con la sent. n. 4263/1985 che aveva voluto confinare l'art. 844 alla gestione dei conflitti interproprietari, rinviando alla disciplina della responsabilità extracontrattuale per la tutela dei diritti della persona (artt. 2043 e 2058).

Per quanto riguarda il ricorso all'art. 844 per finalità di tutela dell'ambiente, nonostante alcune pronunce giurisprudenziali in tal senso, bisogna riconoscere che la disciplina civilistica delle immissioni non rappresenta un efficace strumento di reazione agli **illeciti ambientali**, considerate le ristrette maglie della **legittimazione** attiva dell'azione inibitoria. Infatti la possibilità di chiedere la cessazione delle immissioni è concessa al solo proprietario del fondo immesso, al titolare di diritto reale o, secondo una giurisprudenza non sempre uniforme, in via analogica al detentore (ma in quest'ultimo caso si ritiene che l'azione abbia natura personale). L'azione va esercitata nei confronti del proprietario del fondo nel quale viene svolta l'attività causa di immissioni o, per una parte della giurisprudenza, anche nei confronti del locatario (cioè del detentore), ma in tal caso non gli potranno essere imposte modificazioni irreversibili dell'immobile.

Inibitoria e risarcimento del danno

Il proprietario che abbia subito immissioni intollerabili può chiedere il **risarcimento** del danno e la cessazione delle immissioni (ordine **inibitorio**) o, quantomeno, la loro riconduzione entro i limiti della tollerabilità. L'azione per la cessazione delle immissioni ha carattere reale ed è imprescrittibile.

7.2. *L'espropriazione per pubblica utilità*

L'espropriazione

L'art. 42, co. 3, Cost. prevede che la proprietà privata può essere, nei casi previsti dalla legge, e salvo indennizzo, **espropriata** per motivi di interesse generale. In questo modo si realizza la più forte limitazione del diritto di proprietà, che arriva fino al punto di sacrificare, mediante un provvedimento amministrativo, l'interesse del proprietario a godere del proprio bene. Tramite il provvedimento di espropriazione, infatti, la p.a. realizza un trasferimento del diritto di proprietà dal suo attuale titolare ad un soggetto pubblico in virtù del fatto che quel determinato bene è utile a soddisfare un interesse pubblico (ad es., la costruzione di una strada pubblica). Tutto ciò, naturalmente, dietro il pagamento di un **indennizzo** al proprietario privato del suo diritto.

Analoghe previsioni sono contenute nel codice civile (art. 834); all'art. 1 del Primo Protocollo della Convenzione europea per la salvaguardia dei diritti dell'uomo e delle libertà fondamentali; e all'art. 17 della Carta dei diritti fondamentali dell'Unione Europea. Sia la Costituzione sia il codice civile, poi, richiamano la legge per la definizione di presupposti e procedimenti per realizzare l'espropriazione.

La materia trova, da ultimo, disciplina organica nel **Testo Unico in materia di espropriazione per pubblica utilità** (d.P.R. n. 327/2001). Questo testo elenca una serie di principi che hanno lo scopo di evitare abusi e illegittime compressioni del diritto del privato, e ribadisce che l'espropriazione dei beni immobili o di diritti relativi ad immobili può essere disposta nei soli casi previsti dalle leggi e dai regolamenti (v. l'art. 2 che enuncia il **principio di legalità** dell'azione amministrativa).

Autorità e autonomia privata nei rapporti tra p.a. e privato

Normalmente, l'espropriazione avviene, infatti, con un **provvedimento** amministrativo, vale a dire con un atto emanato dalla p.a. (l'ente che realizza l'opera pubblica o di pubblica utilità: v. art. 6, co. 1, d.P.R. n. 327/2001) al termine di un procedimento amministrativo e frutto dell'esercizio di un **potere di autorità**, che consente alla medesima p.a. di modificare la sfera giuridica del privato senza il consenso di quest'ultimo (potere unilaterale).

Il procedimento ha inizio con l'emanazione della **dichiarazione di pubblica utilità** (atto che, esprimendo la ragione stessa della previsione in capo all'ente pubblico di un tal potere, è necessario per evitare l'illegittimità della procedura di esproprio) e si conclude con l'emanazione del **decreto di esproprio**.

In base all'art. 8, d.P.R. n. 327/2001, infatti, il procedimento è diviso per fasi; tra esse ha particolare rilevanza quella relativa alla determinazione, anche in via provvisoria, dell'indennità di esproprio. Il decreto di esproprio dispone il passaggio del diritto di proprietà, o del diritto oggetto dell'espropriazione, sotto la **condizione sospensiva** che il medesimo decreto sia successivamente notificato ed eseguito (art. 23, co. 1, lett. *f*), d.P.R. n. 327/2001) mediante l'immissione in possesso del beneficiario dell'esproprio, che avviene attraverso la redazione di un apposito verbale. Come ogni atto che riguarda vicende relative alla circolazione di diritti reali su immobili, la legge prevede che il decreto di esproprio venga trascritto senza indugio presso l'ufficio dei registri immobiliari.

Il decreto di esproprio può essere sostituito da un accordo tra p.a. e privato, in virtù del quale il privato evita di divenire mero soggetto passivo dell'esercizio di un potere unilaterale di imperio della p.a. e, viceversa, presta il proprio consenso, negoziando con quest'ultima le condizioni dell'esproprio (**cessione volontaria**). L'art. 45 del d.P.R. n. 327/2001, infatti, prevede che fin da quando è dichiarata la pubblica utilità dell'opera e fino alla data in cui è eseguito il decreto di esproprio, il proprietario ha il diritto di stipulare col soggetto beneficiario dell'espropriazione l'atto di cessione del bene o della sua quota di proprietà. Quest'ultimo aspetto esprime una tendenza diffusa nelle ultime riforme dell'attività amministrativa con le quali si cerca di abbandonare il tradizionale impianto autoritativo dell'azione della p.a. e di promuovere soluzioni concordate e consensuali con i soggetti interessati (v., ad es., art. 11, l. n. 241/1990).

Ablazione ed effetto traslativo

L'espropriazione realizza, come detto, un **trasferimento del diritto** dal proprietario ad un ente pubblico, con conseguente sottrazione del diritto dalla sfera patrimoniale del proprietario (c.d. **ablazione**). In realtà l'oggetto di un provvedimento di esproprio può essere non solo un diritto di proprietà, ma un qualsiasi diritto reale limitato; tuttavia, in ragione del fatto che le ipotesi più frequenti di espropriazione riguardano il diritto di proprietà e del fatto che questo provvedimento acquista un significato concettuale ben diverso quando riferito a quello che a lungo è stato ritenuto un diritto assoluto ed inviolabile, e di cui rappresenta la tipologia di limite più intensa, si è soliti riferire il discorso nell'ambito delle trattazioni relative al diritto di proprietà.

Vincoli espropriativi

Tuttavia, la Corte costituzionale ha parlato di **limitazioni a contenuto espropriativo** anche riguardo ad ipotesi che non realizzano una vera e propria ablazione del diritto. Tali sono le ipotesi in cui un soggetto, pur rimanendo titolare del diritto, si vede comprimere a tal punto le facoltà di godimento del bene ad opera del potere pubblico, da versare sostanzialmente in una situazione in cui la sua qualità di proprietario risulta essere più formale che reale. In altri termini, pur senza incidere sulla titolarità del diritto di proprietà, la p.a. la svuota di significato e contenuti. Così sono stati dichiarati costituzionalmente illegittimi i vincoli urbanistici che comprimono la facoltà di edificare a tempo indeterminato, considerati dalla Corte, appunto, a "contenuto espropriativo" (vale a dire comportanti un sacrificio al diritto ed alle facoltà del proprietario tale da snaturare il diritto di proprietà) e, quindi, necessitanti il pagamento di un'indennità al proprietario (Corte cost., sent. n. 55/1968).

L'indennità di esproprio

I maggiori problemi in materia di espropriazione si sono riscontrati in merito al *quantum* dell'**indennità** spettante al proprietario. Il problema è stato quello di individuare un criterio in grado di soddisfare le esigenze del proprietario di essere ristorato adeguatamente della perdita subita, e della p.a. a non veder ostacolata la realizzazione del fine pubblico da criteri di indennizzo troppo rigidi. L'evoluzione storica dimostra come la tendenza sia quella del ritorno al criterio del **valore venale** del bene (vale a dire al valore che esso avrebbe in una contrattazione privata) che era il criterio originariamente previsto dalla prima normativa in tema di espropriazione (art. 39, l. n. 2359/1865) e che è stato, invece, via via superato. E, infatti, l'art. 39, l. n. 2359/1865 stabiliva che l'entità della indennità di espropriazione dovesse essere pari al valore venale del bene espropriato.

Successivamente questo criterio fu sostituito in una serie di leggi con altri criteri più o meno complessi che si distaccavano in diversa misura da quello del valore venale. Tra le varie leggi merita un accenno la l. n. 865/1971 (titolata "Programmi e coordinamento per l'edilizia residenziale pubblica", ma le cui determinazioni in materia di indennità di esproprio hanno acquisito con il tempo una portata via via più ampia, in pratica comportandone l'applicabilità ad ogni tipo di espropriazione). Essa indicava quale criterio di calcolo dell'indennità di esproprio quello del **valore agricolo medio**. La Corte costituzionale dichiarò illegittima l'attribuzione di un valore medio agricolo anche alle aree edificabili e, dunque, a vocazione non agricola (Corte cost., sent. 30 gennaio 1980, n. 5), censurando criteri troppo astratti che non tenessero conto del tipo e dei caratteri del bene espropriando. Dal canto suo, la prassi giurisprudenziale si è via via orientata ad utilizzare criteri sempre più vicini al **valore di mercato** del bene.

Attualmente i criteri di determinazione dell'indennizzo sono contenuti negli artt. 32-42, d.P.R. n. 327/2001. In base all'art. 32, d.P.R. n. 327/2001, "salvi gli specifici criteri previsti dalla legge, l'indennità di espropriazione è determinata **sulla base delle caratteristiche del bene** al momento dell'accordo di cessione o alla data dell'emanazione del decreto di esproprio". In particolare, l'indennità di espropriazione di un'area edificabile è determinata nella misura pari al **valore venale del bene** (art. 37, co. 1, d.P.R. n. 327/2001, così come modificato dall'art. 2, co. 89, l. n. 244/2007).

La requisizione

Ad esigenze in parte diverse risponde la **requisizione** (art. 835) della quale la p.a. si può avvalere nei soli casi di **emergenza** o di **grave necessità**, come calamità naturali, guerre. È una misura di carattere temporaneo per la quale è comunque prevista una "giusta indennità" al proprietario (c.d. **requisizione in uso**). Si parla anche di una **requisi-**

zione in proprietà, in cui, invece, la p.a. realizza coattivamente il trasferimento del diritto. Quest'ultima ipotesi pone problemi di distinzione rispetto all'espropriazione, dalla quale, però, come detto, si differenzia in ragione dei diversi presupposti che legittimano il provvedimento (che, nel caso della requisizione, richiede la necessità ed urgenza).

8. *«Le proprietà». La proprietà agraria*

Le proprietà

Il mutato atteggiamento del legislatore del 1942 nei confronti del diritto di proprietà si coglie anche nella frantumazione dell'unitarietà del concetto. Il diritto di proprietà viene diversamente disciplinato a seconda del tipo di bene sul quale il titolare esercita il potere, con la conseguenza che esistono più statuti normativi di tale diritto, il quale, quindi, anche nella letteratura giuridica, ha iniziato ad essere declinato al plurale. Non si è parlato più di un unico, costante e unitario diritto di proprietà, ma di tanti tipi di diritti di proprietà a seconda dei tipi di beni che ne costituiscono oggetto; non si è più fatto riferimento "alla" proprietà, ma "alle" proprietà.

La proprietà agraria

La **proprietà fondiaria** (vale a dire la proprietà di beni immobili) è disciplinata nel Capo II del Titolo II del Libro III; in tale capo ricevono disciplina sia la c.d. **proprietà agraria**, sia quella **edilizia**, per le quali il codice detta sia normative specificamente applicabili all'una o all'altra proprietà (che si distinguono in ragione della edificabilità o meno del suolo), sia disposizioni di carattere generale. Queste ultime, peraltro, salvo la norma disciplinante le immissioni (art. 844), paiono effettivamente applicabili alla sola proprietà agraria, sì che non è infrequente leggere in alcuni testi che la proprietà fondiaria codicistica è, in realtà, la sola proprietà agraria, quella destinata alla coltivazione agricola.

La prima disposizione relativa alla proprietà agraria da considerare, peraltro, si trova nella Costituzione. L'art. 44 Cost. dispone che "al fine di conseguire il razionale sfruttamento del suolo e di stabilire equi rapporti sociali, la legge impone obblighi e vincoli alla proprietà terriera privata, fissa limiti alla sua estensione secondo le regioni e le zone agrarie, promuove ed impone la bonifica delle terre, la trasformazione del latifondo e la ricostituzione delle unità produttive; aiuta la piccola e la media proprietà. La legge dispone provvedimenti a favore delle zone montane".

La legislazione codicistica in tema di proprietà fondiaria prevede diverse tipologie di limiti che possono variamente essere ricondotti agli obiettivi costituzionali indicati (sfruttamento razionale del suolo; equi rapporti sociali; produttività dei suoli).

I limiti spaziali

I limiti spaziali possono essere ricondotti al principio di produttività e all'esigenza di mantenere e garantire equi rapporti sociali.

Il sottosuolo

L'art. 840 stabilisce che la proprietà del suolo si estende al **sottosuolo**, con tutto ciò che vi si contiene, e il proprietario può fare qualsiasi escavazione od opera **che non rechi danno** al vicino. La norma risolve anche il problema della proprietà di ciò che si trova sotto il suolo: sia il terreno sia le altre cose in esso contenute, appartengono al proprietario del suolo. Tuttavia, **tale principio generale non opera** riguardo le miniere, le cave e torbiere, le opere di antichità e le belle arti, le acque e le opere idrauliche, per le quali valgono i criteri stabiliti dalle leggi speciali, limitativi del diritto di proprietà del titolare del fondo. Naturalmente, essendo il sottosuolo configurato come possibile autonomo oggetto di diritto di proprietà, l'autonomia privata può derogare al principio generale, sicché deve ritenersi ammessa per il proprietario la possibilità di cedere a terzi la proprietà del sottosuolo (c.d. **diritto di superficie nel sottosuolo**).

Il proprietario del suolo **non può opporsi** ad attività di terzi che si svolgano a tale profondità nel sottosuolo o a tale altezza nello spazio sovrastante, che egli non abbia **interesse** ad impedire. Questa previsione smentisce il vecchio brocardo secondo cui la proprietà si estenderebbe *usque ad sideras, usque ad inferos*, ponendo un limite allo sfruttamento di quanto si trova sopra e sotto il suolo rapportato all'interesse del proprietario ad impedire tali attività di terzi. Ciò è più che evidente per lo spazio aereo sovrastante per il quale il proprietario non è in grado, naturalmente, ad es., di escludere la navigazione aerea (disciplinata da normative speciali); ma vale anche per lo spazio sottostante il suolo. Si prenda, ad es., il caso di scuola della costruzione di una galleria sotto una collina in cima alla quale si trova il fondo del proprietario: quest'ultimo non avrà, naturalmente, un concreto interesse ad impedire l'escavazione.

La colonna d'aria

Si è discusso se la previsione di un limite allo sfruttamento di ciò che si trova sopra o sotto il suolo implichi per ciò stesso anche il riconoscimento di un diritto di proprietà su tali beni in capo al titolare del fondo. Infatti, a differenza del codice del 1865, l'attuale codice civile mentre espressamente prevede che il sottosuolo spetti in proprietà al titolare del suolo, non è altrettanto esplicito per quanto concerne il diritto vantabile da questi sullo spazio aereo sovrastante il suolo (c.d. **colonna d'aria**). I dubbi nascono non solo dal fatto che il codice non è esplicito in tal senso, ma anche dal fatto che l'aria è un bene comune che, in quanto tale, non può spettare in proprietà esclusiva al titolare del fondo.

Ma, se si considera che oggetto del diritto di proprietà del titolare del suolo non è l'aria, ma lo **spazio fisico** sovrastante (né più né meno di quanto accade per il sottosuolo), si deve dedurre che su tale cosa il titolare del suolo vanti un diritto di proprietà, o, più esattamente, sia proprietario anche della colonna. Tuttavia, egli non può trasferire il diritto di proprietà della colonna d'aria separatamente dalla proprietà del suolo. La conseguenza di ciò è che, ad es., la vendita o la donazione che trasferisca la proprietà della colonna d'aria sovrastante il fondo del donante è nulla, posto che detto spazio aereo non può essere oggetto di un autonomo diritto di proprietà. In questi termini si esprime la stessa giurisprudenza.

Il fatto che il proprietario del suolo non possa trasferire la proprietà della colonna d'aria separatamente dalla proprietà del suolo si ricava da una serie di considerazioni. Innanzitutto bisogna evidenziare come non è concepibile uno sfruttamento del suolo che non comporti anche un minimo sfruttamento dello spazio sovrastante (si pensi, ad es., alla coltivazione di piante, alla costruzione di edifici). Ebbene, se la proprietà del suolo e quella della colonna d'aria appartenessero a due distinti proprietari, la proprietà della colonna d'aria limiterebbe la proprietà del suolo, perché il proprietario di questo non potrebbe liberamente compiere nessuna attività che richiedesse di occupare lo spazio fisico sovrastante: egli non potrebbe, quindi, esercitare il proprio diritto di proprietà sul suolo. La proprietà del suolo sarebbe compressa dalla presenza di un altro diritto reale (la proprietà della colonna d'aria). Sappiamo però che tali tipi di limiti rivestono un carattere di tipicità, e quindi non sono ammissibili se non in virtù di previsioni di legge (ne è espressione il principio del numero chiuso dei diritti reali).

Per queste ragioni il proprietario del suolo non potrà comprimere il diritto di proprietà esercitabile su questo trasferendo ad altri la proprietà della colonna d'aria. Potrà comprimerlo, invece, nelle forme tipicamente previste dalla legge, quindi concedendo a terzi diritti reali minori. La colonna d'aria quindi, sebbene non acquistabile in proprietà separatamente dal suolo, può essere al più oggetto di un diritto reale limitato (**diritto di superficie**) in capo ad altro soggetto.

I cc.dd. limiti orizzontali

Per quanto concerne i limiti spaziali orizzontali, l'art. 841 stabilisce che il proprietario può **chiudere** in qualunque tempo il fondo (tipica manifestazione dello *jus excludendi alios*), ma non potrà impedire l'accesso al fondo a chi vi entri per l'esercizio della **caccia**, a meno che il fondo non sia stato chiuso o esistano colture che possono essere danneggiate (art. 842, co. 2). Per la **pesca**, invece, il consenso del proprietario è sempre necessario (art. 842, co. 3). Il proprietario deve poi assentire l'accesso al fondo in tutta una serie di ipotesi (recupero di un animale o di una costa smarrita, costruzione o riparazione di un muro da parte del vicino) indicate dall'art. 843.

I limiti al contenuto del diritto

Due limiti fondamentali posti al proprietario nell'uso del fondo sono da ravvisarsi nel divieto di atti emulativi e nell'obbligo di sopportare le immissioni tollerabili (art. 833, il quale ha, peraltro, una portata che va oltre i limiti alla proprietà fondiaria; 844). Sono, questi, esempi di **limiti all'esercizio del diritto di godimento**.

I limiti funzionali

Abbiamo poi già parlato dei **limiti funzionali** ponendo in evidenza che, sebbene la funzionalizzazione della proprietà non intacchi il diritto nel suo contenuto, essa lo assoggetta a tutta una serie di regole particolari per il conseguimento di scopi di pubblico interesse nei casi previsti dalle leggi speciali e dalle disposizioni contenute nel codice civile.

La riforma agraria e i patti agrari

Nell'ambito della disciplina della proprietà agraria vanno, poi, segnalate le normative speciali volte ad assicurare uno sfruttamento più razionale delle terre, ad es., attraverso la eliminazione delle colture latifondiste, eccessivamente dispersive. La **riforma agraria** a partire dagli anni '50 (l. n. 841/1950, titolata proprio "norme per la espropriazione, bonifica, trasformazione ed assegnazione dei terreni ai contadini") ha costituito appositi enti aventi il compito di espropriare i latifondi non coltivati e successivamente assegnarli ai contadini, realizzando così una redistribuzione delle terre più rispondente alle esigenze della produttività e, contemporaneamente, l'accesso dei contadini alla proprietà (art. 42 Cost.). Questi ultimi due obiettivi, peraltro, sono stati perseguiti anche con la successiva disciplina dei c.d. **patti agrari** (l. n. 203/1982). Ulteriori disposizioni concernenti l'attività agricola saranno dettate in esecuzione della l. n. 154/2016 che ha delegato il Governo ad adottare un codice agricolo contenente misure di semplificazione, razionalizzazione e competitività dei settori agricolo e agroalimentare.

Le altre proprietà

Trattando dei beni abbiamo già visto come la disciplina del diritto di proprietà, anche per ciò che concerne la titolarità del bene, cambi a seconda della natura della cosa. Così si parla anche di proprietà dei **beni culturali** e **ambientali** o di proprietà delle acque, tutti casi in cui variamente la normativa pubblica di diritto speciale è volta ad assicurare un uso di tali beni conforme ai principi costituzionali e all'interesse pubblico e in cui è possibile individuare differenti statuti del diritto dominicale.

8.1. *La proprietà edilizia*

La proprietà edilizia

La **proprietà edilizia**, vale a dire quella relativa a edifici e suoli edificabili, è disciplinata soprattutto da leggi speciali, perché il codice civile dedica ad essa pochi articoli (artt. 869 e 872). La legislazione speciale si è preoccupata di regolare l'utilizzazione del territorio, prevedendo strumenti urbanistici e forme di controllo amministrativo contro gli abusi edilizi. Carattere della proprietà edilizia è, dunque, quello di essere sottoposta a limiti di tipo pubblicistico riconducibili a politiche di governo del territorio. Essa è, quindi, una proprietà **conformata**, termine utilizzato in dottrina per indicare la configurazione che il diritto dominicale assume quando viene limitato con obiettivi di perseguimento di interessi generali. Il punto di riferimento principale è la l.u., insieme al d.P.R. n. 380/2001 (Testo unico dell'edilizia). In materia è poi, da ultimo, intervenuto il d.lgs. n. 222/2016, noto come "decreto SCIA 2" con cui viene disposta una semplificazione del panorama normativo riguardante i procedimenti da seguire per la realizzazione degli interventi edilizi.

Gli **strumenti urbanistici** attraverso i quali si regola l'attività edilizia e si attuano le politiche di governo del territorio sono di carattere generale o speciale.

I piani regolatori e gli altri strumenti urbanistici

Tra i primi vengono in considerazione innanzitutto i P.R.G. o **piani regolatori generali** (art. 869), attraverso i quali i Comuni provvedono alla individuazione nel loro territorio di aree aventi caratteristiche diverse (centro storico, zona agricola, zona industriale, ecc.) e, quindi, regolano la facoltà di edificare. In base a quanto disposto dall'art. 11 l.u. il piano regolatore generale del Comune, che deve essere approvato dalla Regione, ha vigore a tempo indeterminato, ed i proprietari degli immobili hanno **l'obbligo** di osservare nelle costruzioni e nelle ricostruzioni le linee e le prescrizioni di zona che sono indicate nel piano. Ad ogni modo, le indicazioni dei P.R.G. che incidono su beni determinati e li assoggettano a vincoli preordinati all'espropriazione od a vincoli che comportino l'inedificabilità, **perdono ogni efficacia** qualora entro cinque anni dalla data di approvazione del piano regolatore generale non siano stati approvati i relativi piani particolareggiati e di lottizzazione (in tal modo si è cercato di impedire, a livello legislativo, la nascita dei vincoli di carattere espropriativo più volte denunciati dalla Corte costituzionale).

La c.d. **zonizzazione,** effettuata tramite il piano regolatore, permette così di stabilire dove, e nel rispetto di quali vincoli, sia possibile edificare, indicando gli usi che dovranno essere fatti di una data porzione di territorio (c.d. **zonizzazione d'uso**) o i requisiti che edifici e abitazioni dovranno possedere.

Accanto a quelli generali, esistono i piani **regolatori particolareggiati**, deputati all'**attuazione** dei primi per singole aree del territorio comunale (art. 13 l.u.), ed il programma di fabbricazione.

Ciascun Comune, poi, è dotato di un **regolamento edilizio** (art. 871 e art. 4, d.P.R. n. 380/2001), attraverso il quale si individuano le aree edificabili nel rispetto dell'igiene, del decoro e della stabilità degli edifici.

Con questi strumenti il suolo viene qualificato dall'ordinamento come edificabile o meno e, quindi, la proprietà risulta conformata in relazione ad un possibile uso piuttosto che ad un altro. Non va dimenticato che per i proprietari di aree determinate è possibile stipulare **convenzioni urbanistiche** con i Comuni relativamente all'edificazione in determinate zone (comparti). Anche in questa materia, quindi, gli strumenti privatistici affiancano quelli autoritativi.

Lo *jus aedificandi*

Come è evidente lo ***jus aedificandi*** è l'aspetto del contenuto della proprietà edilizia su cui incidono tutti i vari strumenti urbanistici. L'appartenenza di quest'ultima facoltà al contenuto del diritto di proprietà, peraltro, è stata posta in dubbio quando la facoltà di edificare venne subordinata al rilascio di una **concessione amministrativa** (l. n. 10/1977), vale a dire di un atto che non si limita semplicemente a rimuovere un ostacolo all'esercizio di una facoltà di cui il privato è già titolare (come può essere ad es. un provvedimento amministrativo di **autorizzazione**), ma di un atto che costituisce nella sfera giuridica del soggetto una posizione soggettiva della quale egli non era ancora titolare.

Oggi, in base al d.P.R. n. 380 /2001 la concessione edilizia è stata sostituita dal **permesso di costruire** (art. 10 s., d.P.R. n. 380/2001) il quale ha natura autorizzatoria, con la conseguenza che la facoltà di edificare non nasce in capo al proprietario per effetto del rilascio del permesso, ma esiste già: il permesso ne consente soltanto il legittimo esercizio. Anch'esso è un provvedimento della p.a. rilasciato al proprietario dell'immobile o a chi abbia titolo per richiederlo (art. 11, d.P.R. n. 380/2001), sul presupposto della conformità dell'opera alle previsioni degli strumenti urbanistici, dei regolamenti edilizi e della disciplina urbanistico-edilizia vigente, nonché della esistenza delle opere di urbanizzazione primaria (ad es., i condotti idonei alla raccolta ed allo scarico delle acque nere, la rete idrica, ecc.), o della previsione da parte del Comune dell'attuazione delle stesse nel successivo triennio, ovvero dell'impegno degli interessati di procedere all'attuazione delle medesime contemporaneamente alla realizzazione dell'intervento oggetto del permesso.

L'edificazione in assenza di permesso dà luogo a sanzioni penali ed amministrative, quali la demolizione dell'opera e il ripristino dei luoghi o, ancora, l'acquisizione gratuita al Comune. La vicenda però ha anche immediata rilevanza civilistica: sono infatti **nulli** – ove da essi non risultino, per dichiarazione dell'alienante, gli estremi del permesso di costruire – tutti gli atti aventi ad oggetto il trasferimento o la costituzione o lo scioglimento della comunione di diritti reali, relativi ad edifici la cui costruzione è iniziata dopo il 1985 (art. 46, d.P.R. n. 380/2001). Per le costruzioni di epoca precedente, è nullo qualsiasi atto di trasferimento o di costituzione di un diritto reale ove non risultino gli estremi della concessione ad edificare: l'ipotesi è quella delle **nullità formali**.

Ove, poi, l'opera abusiva sia fonte di danno per la proprietà di un altro soggetto, questi ha diritto ad essere risarcito, salva la facoltà di chiedere il ripristino della situazione iniziale qualora si tratti della violazione delle norme sul rispetto delle distanze tra costruzioni o della violazione di norme amministrative (art. 872, co. 2).

La capacità edificatoria

L'art. 41 *quinquies* l.u., stabilisce che "nei Comuni dotati di piano regolatore generale o di programma di fabbricazione, nelle zone in cui siano consentite costruzioni per volumi superiori a tre metri cubi per metro quadrato di area edificabile, ovvero siano consentite altezze superiori a metri 25 non possono essere realizzati edifici con volumi ed altezze superiori a detti limiti, se non previa approvazione di apposito piano particolareggiato o lottizzazione convenzionata estesi alla intera zona e contenenti la disposizione planovolumetrica degli edifici previsti nella zona stessa". La legge, insomma, prevede alcuni **standard edilizi** relativi alla volumetria delle costruzioni, in modo tale che, quand'anche il suolo fosse edificabile, il costruttore deve comunque rispettare un limite di volume riconosciuto come sfruttabile a fini edificatori per una determinata **zona** ed in rapporto alla sua estensione (si parla a proposito di **capacità edificatoria**). La cubatura massima individuata dagli strumenti urbanistici per una data **zona** va suddivisa tra le singole **aree** di proprietà situate nella zona stessa, in modo tale che ad ogni proprietario di aree edificabili spetti una parte della volumetria totale della zona. Ebbene, nel caso il proprietario di un fondo non sfrutti tutta la capacità edificatoria della propria area, egli può cedere al proprio vicino confinante tutta o parte della propria volumetria non utilizzata, in modo tale da consentirgli di costruire utilizzando una cubatura maggiore di quella che altrimenti gli sarebbe spettata.

Natura del negozio di cessione di cubatura

Questa operazione prende il nome di **cessione di cubatura** e, nonostante non sia un contratto normativamente tipizzato, è da ritenersi meritevole di tutela (art. 1322), perché realizza l'interesse dei singoli contraenti senza, però, alterare la densità volumetrica della zona (quella totale, stabilita negli strumenti urbanistici). Naturalmente, il proprietario **cedente perde la parte della propria capacità edificatoria** ceduta, di regola verso pagamento di corrispettivo. Non va dimenticato, infatti, che gli standard edilizi e i limiti da essi posti al diritto di proprietà tutelano interessi pubblici e generali e sono pertanto inderogabili: sicché in tanto sono ammesse operazioni del tipo descritto, in quanto esse non comportino una modifica della previsione normativa della cubatura complessiva della zona; il che equivale a dire che se il cessionario guadagna una maggior capacità edificatoria, il cedente perde la corrispondente quantità e non potrà più costruire.

Quest'ultimo aspetto ha creato il problema di qualificare la posizione del proprietario cedente in ordine all'impegno di non costruire.

I primi orientamenti della giurisprudenza di legittimità ritenevano che mediante la cessione di cubatura si realizzasse il trasferimento di una facoltà inerente al diritto di proprietà (lo *jus aedificandi*), e che, quindi il negozio fosse un negozio ad effetti reali con oggetto il trasferimento della facoltà di edificare (c.d. **diritto di cubatura**). Questa soluzione, che in un certo senso implicava la costruzione del diritto di edificare come diritto reale autonomo da quello di proprietà, non può essere accettata se si ritiene che lo *jus aedificandi* sia già contenuto del diritto di proprietà, e che esso sia solo limitato nella sua possibilità di esercizio da una serie di norme pubblicistiche.

La tesi più convincente ritiene che la cessione faccia sorgere una **servitù negativa** della quale è possibile riconoscere i tratti caratterizzanti: il proprietario cedente dovrà rispettare il **peso** (di non costruire) gravante **sul proprio fondo** per l'utilità del fondo del vicino. Il contratto ha, dunque, **effetti reali** ed è trascrivibile. La conseguenza più rilevante di questa qualificazione è che mediante la cessione di cubatura sorge un diritto reale che esprime un rapporto tra fondi e non tra soggetti; con l'effetto che chiunque in futuro dovesse acquistare il fondo cedente, dovrà rispettare l'obbligo di non costruire. Ciò, appunto, perché tale obbligo non deriva da un'obbligazione assunta dal soggetto cedente verso il ceduto, ma dal diritto di servitù negativa che vanta il proprietario (chiunque esso sia) del fondo cessionario verso il proprietario (chiunque esso sia) del fondo cedente. Da parte sua, il cessionario potrà richiedere alla p.a. il rilascio del permesso di costruire vantando una maggiore disponibilità di capacità edificatoria rispetto a quella che avrebbe avuto senza la cessione di cubatura.

Questa rimane solo una delle soluzioni offerte in dottrina. Infatti, altri autori ritengono che il negozio abbia **effetti obbligatori** e che quindi il proprietario cedente si obblighi, per mezzo di esso, a non richiedere il permesso di costruire e ad acconsentire all'uso della cubatura ceduta fatto dal cessionario. Il valore *inter partes* dell'accordo, però, sarebbe difficilmente in grado di spiegare l'adesione della p.a. ad una tale operazione, priva di sufficienti requisiti di certezza dei traffici giuridici e stabilità, all'atto del rilascio del permesso di costruire.

Altri ancora hanno ritenuto che l'effetto del contratto di cessione di cubatura sia solo quello di ridurre l'ampiezza del diritto del proprietario cedente, mediante una sua **abdicazione** alla facoltà di costruire: il trasferimento di cubatura si realizzerebbe, invece, solo con il rilascio dell'atto amministrativo che autorizza la costruzione. Di questo parere è la giurisprudenza del Consiglio di Stato che concepisce la cessione di cubatura come un contratto atipico ad effetti obbligatori avente natura di atto preparatorio, finalizzato al trasferimento di volumetria, che si realizza soltanto con il provvedimento amministrativo.

Anche la S.C., nelle sue più recenti pronunce ha sostenuto che l'accordo tra cedente e cessionario non rileva e non necessita di forme particolari, poiché il trasferimento della cubatura tra le parti e nei confronti dei terzi si determina solamente con l'emissione da parte del Comune del provvedimento concessorio dell'ente che presuppone la rinuncia alla cubatura espressa dal cedente anche tramite la sua semplice adesione al progetto edilizio presentato dal cessionario.

9. *Titolarità del diritto di proprietà. La proprietà pubblica*

La rilevanza della titolarità del diritto

Come abbiamo già visto, la qualità del titolare del diritto di proprietà di un bene è in grado di determinarne la disciplina giuridica e, dunque, i diversi **regimi giuridici** cui può essere assoggettato un determinato bene.

Le differenze principali sono quella tra **proprietà pubblica** e privata, le cui discipline abbiamo già visto quando abbiamo parlato dei beni; e quella tra proprietà e comproprietà, come vedremo in seguito.

La titolarità del diritto di proprietà, però, viene presa in considerazione dall'ordinamento anche come **autonoma realtà**, in grado di determinare utilità o svantaggi per la collettività o per gruppi di soggetti, indipendentemente dall'esercizio del diritto corrispondente. In altri termini, il nostro ordinamento, in talune ipotesi, scinde il momento della titolarità del diritto di proprietà da quello dell'esercizio del suo contenuto, incoraggiando, presupponendo, imponendo o consentendo che il soggetto titolare del bene sia diverso da quello che lo gestisce. Gli esempi di un siffatto atteggiamento sono stati opinabilmente individuati in tema di proprietà azionaria o di *trust*, per i quali si è parlato di una proprietà sostanziale distinta da una proprietà formale del medesimo bene. Ma, come vedremo oltre, è in fenomeni recenti del diritto dell'economia che si può individuare effettivamente una considerazione distinta del valore della titolarità del diritto sul bene e rispetto a quello della gestione di esso.

La c.d. proprietà passiva

Alcuni, parlando di **proprietà passiva** dei soci sui beni della società, portano come esempio del primo fenomeno quello delle società per azioni. Queste ultime sono società in cui la titolarità del capitale sociale è espressa in quote minime di valore (**azioni**): ogni socio sarà titolare di un numero più o meno alto di azioni che rappresentano una data percentuale del capitale sociale e, quindi, dei beni della società (che spetteranno al singolo socio in proporzione alla sua percentuale di partecipazione al capitale, quindi in proporzione alle sue azioni, quando la società sarà posta in liquidazione). Ebbene, si dice, il patrimonio della società è gestito dagli amministratori; i soci titolari delle azioni non hanno influenza decisiva sull'attività della società. Alla loro «titolarità» sui beni di cui è attualmente intestataria la società (titolarità del diritto di proprietà che, in riferimento ai soci è detta «passiva» proprio perché spettante loro solo in fase di liquidazione) non corrisponde un potere dei soci di gestirli o goderne liberamente. Tuttavia, il riferimento che queste teorie operano alla scissione tra titolarità e gestione nella «proprietà passiva» appare forzato, perché, finché la società non è posta in liquidazione, i soci non sono titolari dei beni sociali i quali sono in proprietà di un unico nuovo e distinto soggetto (la società) cui spetta la gestione dei beni medesimi tramite gli amministratori.

La proprietà delle reti di servizi

Più appropriato sarebbe il riferimento ad un recente caso di separazione tra titolarità e gestione della proprietà. Il riferimento è alla proprietà delle **reti** nei c.d. servizi a rete. Questi ultimi sono quei servizi la cui erogazione richiede la predisposizione di strutture ramificate di trasmissione lungo le quali passano le merci o lungo le quali vengono effettuati i servizi richiesti. Ebbene, l'appartenenza del nostro paese all'Unione Europea, ha costretto ad aprire alla concorrenza tutti questi servizi che venivano tradizionalmente svolti da un'unica impresa monopolistica pubblica che era anche proprietaria della rete. Quindi se in passato un solo imprenditore forniva, ad es., l'energia elettrica o il servizio di trasporto ferroviario, oggi il **principio** è che più imprenditori devono essere **messi in grado** di fornire lo stesso servizio, in maniera tale che gli utenti abbiano la possibilità di scegliere a quale impresa rivolgersi. Per far questo, però, i vari imprenditori debbono poter utilizzare le reti necessarie ad erogare il servizio. Si pensi al caso del contratto di utenza telefonica, che in passato veniva offerto da un unico soggetto (la Telecom) e per il quale oggi è invece possibile rivolgersi a più di un operatore. Tuttavia, affinché il servizio possa essere erogato, i vari operatori debbono avere la possibilità di utilizzare le «linee» del telefono o, più precisamente, la rete telefonica.

Il problema è stato quindi quello di garantire a tutti gli imprenditori il diritto ad utilizzare la rete necessaria per erogare il proprio servizio. In astratto le soluzioni prospettabili sono tante: ad es., si può attribuire la rete in comproprietà a tutti gli imprenditori; si possono creare tante reti quanti gli operatori del mercato, ognuno dei quali è proprietario della sua rete, ecc. Tra le varie soluzioni si è scelto di mantenere la rete nella proprietà del vecchio titolare. Agli imprenditori che erogano il servizio in concorrenza tra loro, quindi, il diritto ad usare la rete non è stato garantito attraverso l'attribuzione di un diritto di proprietà sulla stessa.

Si è dovuto evitare, però, che il **proprietario della rete** (fosse o meno anche imprenditore che eroga il relativo servizio), sacrificasse in vario modo il diritto degli **imprenditori erogatori** del servizio ad utilizzare la rete (ad es., concedendo solo ad alcuni e non ad altri di usarla, o richiedendo ad alcuni contributi per l'utilizzazione più onerosi rispetto ad altri). Per evitare che questo accadesse è stata prevista la costituzione di apposite e **nuove società pubbliche** (diverse dal proprietario della rete e dagli operatori erogatori del servizio) alle quali è stata attribuita la gestione della rete (ad es., per la rete elettrica questo è stato previsto dall'art. 3, d.lgs. n. 79/1999 che ha disposto l'istituzione di una apposita società, il Gestore della rete di trasmissione nazionale).

Questo modello in cui il proprietario della rete rimane tale ma viene spogliato di poteri gestionali, si è rivelato presto antieconomico, anche perché esso può incentivare un sostanziale disinteresse del proprietario a fronte della necessità di ammodernamento o cura della rete medesima. È così che, ad es., nel settore elettrico è stata disposta la riunificazione della titolarità della rete con la gestione della stessa. Ma anche di recente (v. art. 4, co. 28, d.l. n. 138/2011), in materia di servizi pubblici locali, è stato disposto che "ferma restando la proprietà pubblica delle reti, la loro gestione può essere affidata a soggetti privati", con questo, comunque, prevedendo una facoltà, e non un obbligo, nella separazione tra proprietà e gestione.

9.1. *Il* trust

Il *trust* è l'istituto in base al quale taluni beni, di proprietà di un soggetto (*settlor*), vengono trasferiti ad un altro soggetto (*trustee*), con l'intesa che questi disponga di detti beni nell'interesse del primo, di altro o altri soggetti (*beneficiaries*) o per un fine specifico. Il *trust*

La proprietà dei beni costituenti il *trust* viene trasferita nella titolarità del *trustee*, ma **non si confonde con il suo patrimonio** (c.d. effetto **segregativo**). I creditori del *trustee*, infatti, non potranno compiere atti esecutivi sui beni costituenti il *trust*. Questi ultimi e i loro frutti possono essere impiegati solo per la realizzazione del fine di destinazione, così che possono saranno suscettibili di esecuzione forzata solo per i debiti contratti a tale scopo.

A seconda del modo in cui vengono costituiti si distinguono gli ***express trusts*** e gli ***implied trusts***. Nei primi la costituzione del *trust* dipende da una espressa manifestazione di volontà da parte del *settlor*, o con atto *inter vivos* (***living trust***), ovvero *mortis causa* (***testamentary trust***); mentre i secondi nascono in dipendenza della valutazione legale di un dato atto, pur non espressamente indirizzato alla costituzione del *trust*.

L'effetto, come detto, è quello del trasferimento della proprietà; trasferimento, però, necessario e funzionale al solo scopo di permettere al *trustee* la gestione e l'amministrazione dei beni (secondo le regole di legge e quelle individuate nell'accordo costitutivo del *trust*). Perciò, al termine del rapporto, la proprietà dei beni conferiti **verrà ritrasferita** al *settlor*. Per queste ragioni talvolta la dottrina si è riferita al *trust* parlando di **scissione** della titolarità del diritto di proprietà e individuando una proprietà **formale** in capo al *trustee* (al quale spetterebbe, invece, in senso sostanziale solo la gestione del bene) ed una proprietà **sostanziale** in capo al *settlor*.

Si è discusso se questo istituto, molto diffuso nell'esperienza giuridica anglo-americana, potesse trovare accoglienza anche negli altri ordinamenti. *Trust* e ordinamento italiano

I maggiori problemi creati dall'istituto del *trust* sono da ricondurre al fatto che l'attribuzione della titolarità di un diritto sui beni è funzionale ad uno scopo e destinata ad essere temporanea in vista del ritrasferimento al *settlor*. Ciò ha fatto dubitare della circostanza che il diritto trasferito fosse effettivamente un diritto di proprietà (di cui, come detto, si ritiene tradizionalmente non possa predicarsi la temporaneità), e non, invece, un diritto reale di nuovo conio. Anche questa tesi, però, deve superare le obiezioni di quanti ad essa oppongono il principio del numero chiuso dei diritti reali.

Di non poco conto, poi, era la notazione che la limitazione funzionale del *trust* e dei poteri del proprietario non godeva nel nostro ordinamento di forme di **pubblicità** a beneficio dei terzi. Occorreva garantire a questi ultimi, infatti, la possibilità di sapere che determinati beni in proprietà del *trustee* fossero destinati a scopi determinati (e che, pertanto, tali beni non avrebbero potuto costituire una garanzia patrimoniale cui fare affidamento per i crediti che i terzi medesimi vantavano verso il *trustee*). Specularmente, in base ai principi generali del diritto civile, il coinvolgimento di affidamenti e possibili pretese di terzi nella vicenda, non consentiva, in assenza di apposite previsioni del legislatore volte a tutelare anche le posizioni di questi ultimi, che un atto di autonomia con efficacia limitata tra le parti potesse alterare le normali regole della circolazione e della pubblicità dei diritti. E infatti, in base all'art. 2915 "non hanno effetto in pregiudizio del creditore pignorante e dei creditori che intervengono nell'esecuzione gli atti che importano vincoli di indisponibilità, se non sono stati trascritti prima del pignoramento, quando hanno per oggetto beni immobili o beni mobili iscritti in pubblici registri".

La Convenzione dell'Aja del 1985

Il problema si è proposto all'attenzione generale in questi ultimi anni, a seguito della entrata in vigore della l. n. 364/1989, con la quale il legislatore italiano ha dato attuazione alla **Convenzione dell'Aja** del 1° luglio 1985 sulla **legge applicabile** ai *trusts* e sul loro riconoscimento.

Ai sensi dell'art. 2 di quest'ultima, il *trust* è l'insieme dei "rapporti giuridici istituiti da una persona, il costituente – con atto tra vivi o *mortis causa* – qualora dei beni siano stati posti sotto il controllo di un *trustee* nell'interesse di un beneficiario o per un fine specifico". La Convenzione, poi, si incarica di individuare i tratti del *trust* che abbiamo già descritto cioè che:

– "i beni del *trust* costituiscono una massa distinta e non fanno parte del patrimonio del *trustee*" (costituiscono allora un **patrimonio separato**);

– "i beni del *trust* sono intestati a nome del *trustee*" o di un'altra persona per conto del *trustee*;

– il "*trustee* è investito del potere e onerato dell'obbligo, di cui deve rendere conto, di amministrare, gestire o disporre dei beni secondo i termini del *trust* e le norme particolari impostegli dalla legge".

Trust e negozi fiduciari

La dottrina ha cercato di ricondurre la figura individuata in astratto dall'art. 2 Convenzione ad un qualche istituto di diritto interno, così da poter colmare la lacuna di disciplina prodotta dalla medesima Convenzione. Più che ad un genuino recepimento del *trust* americano, infatti, la Convenzione sembra implicarne l'adattamento ad una gamma molto ampia di situazioni, reperibili sia negli ordinamenti di *common law* sia in quelli di *civil law*, tra i quali, per quel che concerne direttamente la nostra esperienza giuridica, la **fiducia**, e, specialmente, la ***fiducia cum amico***.

Con il **negozio fiduciario** di tradizione romanistica un soggetto trasferisce ad un altro la proprietà di un bene; il ricevente (fiduciario) si impegna a fare del bene un certo uso e a ritrasferirlo al fiduciante o ad un terzo dopo un certo periodo. I negozi fiduciari, come si è soliti dire, realizzano una situazione in base alla quale la consistenza della titolarità del diritto di proprietà viene corretta da un impegno di natura **obbligatoria** (***pactum fiduciae***) assunto dalle parti.

Per descrivere questo fenomeno talvolta si è parlato di una forma di scissione tra proprietà sostanziale e proprietà formale, perché chi appare essere proprietario lo è, in realtà, solo formalmente, spettando invece la proprietà sostanziale (cioè l'utilità che dal bene si può trarre), al solo beneficiario, il quale avrebbe sul bene trasferito una sorta di potere, la proprietà sostanziale, appunto. La distinzione, a ben vedere, non appartiene al nostro ordinamento che non ammette la possibilità che su un medesimo bene insistano due diritti di proprietà differenti.

La trascrizione dei vincoli di destinazione

La questione dell'ammissibilità del *trust* nel nostro ordinamento è ora positivamente ma parzialmente risolta dal nuovo art. 2645 *ter*, inserito nel nostro codice civile dal d.l. n. 273/2005. Inoltre, il *trust* è istituto previsto in varie normative nazionali quali la c.d. Legge "dopo di noi", nella quale tale istituto rileva sotto il profilo di possibili benefici fiscali associati all'istituzione del *trust* o dei vincoli di destinazione di cui all'art. 2645 *ter* in favore delle persone con disabilità grave (art. 6, l. n. 122/2016). L'istituto è previsto anche nella l. n. 170/2016 che ha delegato il Governo ad adottare una serie di misure che, nell'ambito di obiettivi di antiterrorismo e antiriciclaggio, consentano di registrare informazioni relative al *trust* consultabili dalle autorità competenti.

L'art. 2645 *ter* è prevista la possibilità di trascrivere, e dunque rendere opponibili ai terzi, i **vincoli di destinazione** impressi sui beni immobili o mobili registrati, in vista del perseguimento di interessi meritevoli di tutela ai sensi dell'art. 1322. Il vincolo di destinazione non può avere una durata superiore a novanta anni, o alla durata della vita della persona fisica beneficiaria.

In dottrina, però, nonostante la tendenziale riconducibilità del *trust* a tale previsione normativa, si discute se effettivamente quest'ultima basti a fondare un riconoscimento dell'istituto in esame.

La Convenzione, infatti, ha previsto una tipologia di *trust* (c.d. ***trust* internazionale**) caratterizzato dalla presenza di un elemento di estraneità della vicenda ad un dato ordinamento e, quindi, dal tipico conflitto di norme che si determina nelle ipotesi riconducibili al diritto internazionale privato (ad es., è il caso in cui il *settlor* sia uno straniero, o i beni del *settlor* italiano si trovino all'estero). Per questa ipotesi ha individuato criteri di soluzione del conflitto e, quindi, l'ordinamento giuridico nel quale cercare la disciplina della vicenda.

Per quanto concerne, invece, le ipotesi di ***trust* c.d. interno**, (cioè quelle nelle quali tutta la vicenda si esaurisce nel territorio italiano), alcune teorie ritengono che esso non sia ammesso nel nostro ordinamento. Esse partono dal presupposto che la Convenzione non concerne una tale tipologia di *trust*, ma soprattutto dal fatto che la possibilità di costituire patrimoni separati non ricade nei poteri di autonomia privata (perché sottrarrebbe parte del patrimonio alla vigenza inderogabile dell'art. 2740). In assenza di una precisa disposizione del legislatore in tal senso, allora, i privati non potrebbero liberamente costituire patrimoni separati. Nemmeno la norma di cui all'art. 2645 *ter*, potrebbe essere intesa come attribuzione ai privati di un siffatto potere. Essa non disciplinerebbe il *trust* (e la relativa costituzione di un patrimonio separato in senso stretto), ma le diverse ipotesi di **atti di destinazione**, vale a dire di quei negozi attraverso i quali il proprietario destina parte dei suoi beni ad uno scopo (senza realizzare, necessariamente, una vicenda circolatoria o costituire un patrimonio separato, come accade nel *trust*).

9.2. *La comunione ed il condominio*

In relazione alla titolarità del diritto di proprietà il codice disciplina anche quelle ipotesi nelle quali più soggetti siano titolari del medesimo diritto di proprietà su un bene (comunione o condominio). Il fatto che più soggetti possano essere contemporaneamente titolari di un diritto dominicale su un unico bene, però, non è fatto accolto pacificamente in dottrina. Si ricorda, infatti, che la proprietà nasce ed evolve principalmente come forma di dominio individuale sulla *res*; tipico strumento egoistico difficilmente conciliabile con forme di compartecipazione. Per questi motivi la comunione è oggetto di un ampio dibattito ancora non sopito in dottrina sul quale ci si soffermerà più oltre.

Sezione III

I MODI DI ACQUISTO DELLA PROPRIETÀ

10. *Modi di acquisto della proprietà a titolo derivativo ed a titolo originario*

Modi di acquisto a titolo derivativo e a titolo originario

La proprietà si può acquistare in diversi modi, raggruppabili in due categorie: acquisti a titolo **originario** o a titolo **derivativo**. Nel primo caso la posizione dell'acquirente è indipendente dal diritto che altri possano aver in precedenza vantato sul bene. Nel secondo caso la situazione soggettiva del proprietario deriva e dipende dall'esistenza di un'altra situazione soggettiva di estensione pari o superiore ad essa che un altro soggetto (il proprietario precedente o **dante causa**) ha vantato sul bene. Insieme al contratto si realizzano acquisti a titolo derivativo anche nel fenomeno della successione a causa di morte. Questi istituti, a differenza di quanto abbiamo visto succedeva nel codice del 1865, sono disciplinati in appositi libri del codice civile.

I modi di acquisto a titolo originario

Nel libro dedicato alla proprietà il codice disciplina, invece, i modi di acquisto a titolo originario: occupazione, invenzione, accessione, specificazione, unione e commistione, usucapione. Si tratta di un elenco non tassativo, rinviando la norma (art. 922) agli altri modi stabiliti dalla legge, tra i quali possiamo annoverare la aggiudicazione, la confisca, la fruttificazione naturale, ecc.

In questa sezione ci occuperemo dei modi di acquisto a titolo originario previsti dagli art. 922 s.

L'usucapione e il possesso in buona fede

Del modo di acquisto a titolo originario più importante e rilevante, l'**usucapione**, tratteremo quando parleremo del possesso; in quella sede ci occuperemo anche di un altro importante modo di acquisto della proprietà di beni mobili, il **possesso in buona fede**. Questo modo di acquisto della proprietà, infatti, si basa sul possesso prolungato della cosa, vale a dire sull'esercizio di un potere sul bene dal contenuto identico a quello del proprietario, ma in assenza di un titolo o situazione giuridica che ne giustifichi l'esercizio.

11. *Occupazione ed invenzione*

Occupazione

Possono essere acquistate per **occupazione** – cioè sulla base della materiale apprensione del bene unita alla volontà di appropriarsene (c.d. *animus occupandi*) – le cose **mobili** che non appartengono a nessuno, o perché mai appartenute ad alcuno, o perché volutamente abbandonate: nel primo caso si parla di *res nullius*, nel secondo di *res derelictae*. Naturalmente questo modo di acquisto non opera per i beni immobili i quali, similmente a quanto accadeva prima del codice del 1865 anche per i beni mobili, se non sono di proprietà di alcuno spettano al patrimonio dello Stato (art. 827).

In realtà, possono essere acquistati per occupazione anche beni che non rientrano in nessuna di queste due categorie: si pensi al caso della selvaggina che appartiene al patrimonio indisponibile dello Stato ma che, ai sensi dell'art. 12, co. 6, l. n. 157/1992, viene acquistata dal cacciatore; o anche ai frutti e ai fiori che crescono spontaneamente nei terreni incolti non recintati. Essi divengono di proprietà di chi li raccoglie, a meno che il proprietario del fondo non intenda assicurarsene la disponibilità apponendo, ad es., cartelli di divieto.

Natura giuridica

La legge non prevede espressamente il requisito soggettivo dell'*animus occupandi* che è, invece, generalmente richiesto dalla dottrina. Le teorie più risalenti, richiedendo la presenza dell'elemento volontaristico al fine del perfezionarsi della fattispecie acquisitiva, configuravano, quindi, l'occupazione come negozio unilaterale concludendo per l'applicazione a tale modo di acquisto della proprietà della disciplina del negozio giuridico. Queste teorie configuravano la volontà dell'occupante come diretta agli effetti che sarebbero scaturiti dalla materiale apprensione; esse, cioè, richiedevano in capo all'occupante la volontà di divenire proprietario in virtù della apprensione materiale della cosa. Più di recente, si tende a negare che la volontà di appropriarsi del bene si estenda agli effetti dell'atto, ritenendosi sufficiente per la realizzazione dell'effetto acquisitivo del diritto la sola volontarietà del comportamento materiale posto in essere (cioè la volontà di apprendere materialmente il bene a prescindere da quella di divenirne o meno proprietario).

Naturalmente, dal momento in cui l'acquisto per occupazione richiede l'impossessamento del bene, non si potrà fare a meno di configurare esistente, pur nel silenzio della legge, l'elemento soggettivo: tuttavia esso è rivolto all'atto di impossessamento, non agli effetti giuridici di esso. Senza l'elemento soggettivo si dovrebbe considerare modo di acquisto della proprietà su una cosa abbandonata qualsiasi materiale apprensione di essa, anche, ad es. quella di chi prende un sacco di rifiuti abbandonato davanti al proprio portone di casa per spostarlo qualche metro più in là. L'occupazione, deve ritenersi, dunque, un **mero atto**, non un negozio giuridico.

Perché l'acquisto di cose un tempo di qualcuno possa avvenire per occupazione è necessario che esse siano *derelictae*, vale a dire volontariamente abbandonate.

Invenzione

Ove, però, venga trovata una cosa mobile che non è stata abbandonata volontariamente dal proprietario si applicherà la disciplina dell'**invenzione** (art. 927), in base alla quale "chi trova una cosa mobile deve **restituirla** al proprietario": qualora ciò non sia possibile, la cosa deve essere **consegnata** al sindaco che darà avviso del ritrovamento mediante pubblicazione nell'albo pretorio del comune (art. 928). Il ritrovatore ha comunque diritto ad un premio, pari ad un decimo della somma o del prezzo della cosa ritrovata (art. 930, co. 1). Trascorso **un anno** dalla pubblicazione, senza che il vero proprietario si sia presentato, la proprietà della cosa passa a chi l'ha trovata (art. 929, co. 1).

Generalmente si ritiene che le cose cui si riferiscono le disposizioni in esame siano quelle smarrite. Il problema interpretativo riguarda la distinzione tra cose smarrite e cose dimenticate: la differenza tra le due qualificazioni sta nel fatto che le cose **smarrite** sono quelle delle quali il proprietario ignora l'ubicazione, quelle **dimenticate** sono le cose delle quali, viceversa, il proprietario ricorda il luogo dove si trovano. Dal momento che la legge non esclude che le cose dimenticate possano rientrare nella categoria delle cose mobili che possono essere trovate, e che, d'altra parte, colui che le trova non può sapere se esse sono perdute o semplicemente dimenticate, bisogna ritenere che siano acquistabili per invenzione sia le cose smarrite sia quelle dimenticate.

La disciplina dell'invenzione, peraltro, non è solo quella di un modo di acquisto della proprietà. Essa pone anche un obbligo a generale garanzia della proprietà privata: quello di restituire, quando possibile, le cose mobili al loro proprietario (salvo, come sappiamo, se questi le abbia volontariamente abbandonate). Questo obbligo deve ritenersi esistente in capo al ritrovatore a prescindere dalla consapevolezza che il proprietario abbia del luogo ove si trovano le cose: non si può ragionevolmente sostenere, infatti, che per sapere se ha l'obbligo di consegnarle o meno al proprietario il ritrovatore debba prima stabilire se le cose sono smarrite o dimenticate.

Tesoro

Il **tesoro** – ossia "qualunque cosa mobile di pregio, nascosta o sotterrata, di cui nessuno può affermare di essere proprietario" (art. 932) – appartiene al proprietario del fondo in cui sia stato trovato nel caso sia lo stesso proprietario ad averlo scoperto. Se, viceversa, il tesoro viene scoperto nel fondo altrui, esso spetterà per una metà al proprietario del fondo e per l'altra metà allo scopritore (art. 932, co. 2).

12. *Accessione. Unione e commistione. Specificazione. Alluvione. Avulsione. Isole e unioni di terra*

Altro modo di acquisto della proprietà a titolo originario è l'accessione. In senso lato si fà riferimento a questo termine per indicare quel fenomeno in base al quale la proprietà su un bene attrae la proprietà di un altro bene in ragione di un particolare legame fisico con esso. A seconda della tipologia dei beni si distingue tra:

L'accessione

a) accessione da mobile a immobile. È **l'accessione ordinaria** disciplinata dall'art. 934, in base al quale "qualunque piantagione, costruzione od opera esistente sopra o sotto il suolo appartiene al proprietario di questo, salvo quanto è disposto dagli articoli 935, 936, 937 e 938 e salvo che risulti diversamente dal titolo o dalla legge". Per la particolare importanza assunta nella moderna economia da questa regola e dalle sue varianti, ne rimandiamo l'apposita trattazione al prossimo paragrafo;

Unione e commistione

b) accessione da mobile a mobile. Sono le fattispecie dell'unione e della commistione disciplinate dall'art. 939, e della specificazione, prevista dall'art. 940.

Quando due cose mobili appartenenti a diversi proprietari si uniscono (**unione**) o si mescolano (**commistione**), così da formare una cosa sola, il codice prevede che:

– se esse sono **separabili** senza notevole deterioramento, ciascuno conserva la proprietà della propria cosa e ha diritto di ottenerne la separazione;

– se, invece, le cose **non** sono separabili senza un **notevole deterioramento**, la proprietà ne diventa comune in proporzione del valore delle cose spettanti a ciascuno;

– se le cose **non** sono separabili senza un notevole deterioramento ed è comunque possibile individuare tra esse una cosa **principale** oppure, anche se è di semplice ornamento dell'altra, ha un **valore** molto superiore ad essa, il proprietario della cosa principale o di maggior valore acquista la proprietà del **tutto**. Egli, però, ha l'obbligo di pagare all'altro il valore della cosa unita o mescolata, a meno che l'unione o la mescolanza siano avvenute senza il suo consenso ad opera del proprietario della cosa accessoria; in questo caso il proprietario della cosa principale deve corrispondere all'altro la somma minore tra l'aumento di valore apportato alla cosa principale e il valore della cosa accessoria, fermo restando il diritto al risarcimento dei danni in caso di colpa grave.

Specificazione

La **specificazione** è un'altra ipotesi di accessione da mobile a mobile. È questo il caso di chi utilizzi o manipoli materiale altrui per formare una cosa nuova diversa dalla materia prima originale. La proprietà passa all'artefice dell'opera, che però dovrà pagare al proprietario il prezzo della materia trasformata, salvo che il valore non oltrepassi notevolmente quello della manodopera. In questo caso il proprietario del materiale acquisterà la proprietà della cosa trasformata e dovrà pagare all'autore il prezzo della manodopera (art. 940). È questo il caso classico dello scultore che crea con materiali altrui o di colui che ha prodotto il vino con uva altrui;

c) l'accessione da immobile ad immobile è disciplinata dagli artt. 941-944.

Si tratta dell'**alluvione** (art. 941), in forza della quale le unioni di terra e gli incrementi che si formano successivamente ed impercettibilmente lungo la riva di fiumi e torrenti, così da accrescere l'estensione del fondo, appartengono al proprietario del fondo. Alluvione

Anche l'**avulsione** (art. 944) rientra nel significato lato di accessione – nella tipologia da immobile ad immobile –. Si ha avulsione quando un fiume o un torrente provoca il distacco di una parte considerevole di un fondo e la trasporta verso un fondo inferiore o verso la riva opposta. Il proprietario del fondo al quale si è unita la parte staccata diventa proprietario di quest'ultima, ma dovrà pagare un'indennità pari all'aumento di valore del proprio fondo. Avulsione

Stessa classificazione vale per le **isole** e le **unioni di terra** che si formano nel letto dei fiumi e dei torrenti: esse appartengono al demanio pubblico (art. 945). D'altra parte appartengono al demanio pubblico anche l'alveo abbandonato da un fiume o da un torrente che formino un nuovo letto (art. 946). Isole e unioni di terra

12.1. *Accessione ordinaria ed accessione invertita*

Abbiamo detto che in virtù dell'accessione ordinaria qualunque **piantagione, costruzione** od **opera** esistente sopra o sotto il suolo appartiene al proprietario di questo (*quidquid inaedificatur solo cedit*: art. 934). Accessione ordinaria

Questa regola si applica allorché vi sia **incorporazione**, vale a dire una **stabile** congiunzione o aderenza tra l'opera ed il suolo: ad ogni modo è necessario che l'opera incorporata perda ogni autonomia e **non sia più separabile** dal suolo. Parte della dottrina ritiene non necessario il requisito della separabilità, ammettendo che anche le cose separabili possano essere acquisite in proprietà dal titolare del fondo quando non rivendicate prontamente dal loro titolare. Tuttavia, come avremo modo di vedere, il requisito della separabilità non va inteso solo in senso fisico, ma anche giuridico: esso, infatti, comprende anche l'ipotesi del venir meno delle condizioni che legittimano domande di rivendicazione delle opere naturalmente separabili incorporate sul fondo (ad es., per scadenza dei sei mesi utili per rivendicare i materiali; art. 935).

Ciò è quanto si evince leggendo gli artt. 935-937 che regolano i rapporti tra il proprietario del suolo, l'artefice dell'opera e il proprietario delle cose mobili impiegate. Inoltre, la disciplina positiva di tale modo di acquisto della proprietà non prevede meccanismi di risoluzione *ex tunc* della stessa. Queste considerazioni inducono a ritenere che l'accessione, e il relativo acquisto della proprietà dei beni incorporati al suolo, si produrranno solo una volta che non sia possibile, in senso giuridico o in senso fisico, chiedere la separazione dell'opera dal suolo. Le stesse ragioni depongono nel senso che una volta acquistato il diritto di proprietà l'effetto sia **definitivo**. Quindi, se per avventura, la costruzione incorporata al suolo dovesse crollare, il vecchio proprietario dei materiali non sarebbe legittimato a rivendicare le macerie.

È, poi, opportuno precisare che qui l'acquisto si produce **indipendentemente** da qualsiasi manifestazione di volontà da parte del proprietario del suolo, sicché i vari casi in cui la legge prevede che l'accessione si realizzi o meno a seconda delle scelte del proprietario del suolo (v. artt. 935 e 936) avrebbero il solo scopo di accelerare o evitare che, in virtù dell'accessione, si produca l'effetto legale dell'acquisto automatico del diritto di proprietà.

Abbiamo detto che il codice disciplina tre casi di accessione ordinaria.

Proprietario costruisce con materiali altrui

Se la costruzione o la piantagione opera del **proprietario** è avvenuta con **materiali altrui** bisogna ulteriormente distinguere due ipotesi: *a*) qualora la separazione non venga chiesta entro il termine dal proprietario dei materiali, ovvero non può farsi senza che si rechi grave danno all'opera costruita o senza che perisca la piantagione, si realizzerà l'accessione ed il proprietario del suolo dovrà pagare il valore dei materiali; *b*) se il proprietario dei materiali ne chiede la separazione (c.d. *jus tollendi*) entro il termine di decadenza di sei mesi dal giorno in cui ha avuto notizia dell'incorporazione, e la separazione è possibile, l'accessione non si verifica (art. 935).

Il terzo costruisce con propri materiali

Se, invece, la costruzione o le piantagioni sono state fatte da un **terzo** con i **propri** materiali, il proprietario del fondo ha diritto di ritenerle (in tal caso deve pagare a sua scelta il valore dei materiali e il prezzo della mano d'opera oppure l'aumento di valore recato al fondo); oppure può obbligare colui che le ha fatte a levarle (e sarà il terzo a dover provvedere a ciò a sue spese). Il proprietario, però, non può obbligare il terzo a togliere le piantagioni, costruzioni od opere, quando esse siano state realizzate dal terzo in buona fede oppure se il proprietario non si è opposto alla loro attuazione.

Anche in tal caso la separazione delle cose può essere chiesta dal proprietario solo entro sei mesi dal giorno in cui egli ha avuto notizia dell'incorporazione (art. 936).

Il terzo costruisce con materiali altrui

Può accadere anche che le opere siano fatte da un **terzo** con materiali **altrui**. L'art. 937 prevede che il proprietario dei materiali può rivendicarli a pena di decadenza entro sei mesi dal giorno in cui ha notizia dell'incorporazione. Le spese di separazione sono a carico del terzo.

Nel caso che la separazione dei materiali non sia richiesta o che i materiali siano inseparabili, il **terzo** che ne ha fatto uso e il **proprietario** del suolo che sia stato in **mala fede** sono tenuti in solido al pagamento di una **indennità** pari al valore dei materiali stessi.

Accessione invertita

Di **accessione invertita** (art. 938) si parla allorché taluno, nel costruire un edificio sul proprio fondo, occupi in buona fede una porzione del fondo attiguo. In questo caso se entro tre mesi dal giorno di inizio dei lavori di costruzione, il proprietario del fondo attiguo non fa opposizione, l'autorità giudiziaria potrà attribuire al costruttore la proprietà del suolo occupato. Il costruttore dovrà comunque versare al proprietario del fondo su cui ha costruito il doppio del valore della superficie occupata, e tenerlo indenne di tutti danni subiti.

La norma in esame ha certamente carattere **eccezionale**, in quanto deroga al principio sancito dall'art. 934 in materia di accessione ordinaria. In tal caso, infatti, è la proprietà dell'opera ad attrarre quella del suolo (perciò l'accessione è invertita). Dalla lettura dell'art. 938 emerge che tale fattispecie si verifica in presenza di alcuni specifici elementi.

Innanzitutto l'ipotesi è quella di un soggetto che costruisce sul proprio fondo e che, così facendo, invade una porzione del fondo **attiguo** altrui (c.d. sconfinamento). La legge nulla dice della tipologia dello sconfinamento. Solo l'eccezionalità della disposizione e la sua conseguente necessaria interpretazione restrittiva possono giustificare la tendenza di dottrina e giurisprudenza a limitare la fattispecie acquisitiva della porzione del fondo altrui al solo sconfinamento orizzontale, vale a dire a quello che avviene sullo stesso piano del suolo di proprietà del costruttore.

In applicazione di questa ricorrente limitazione, ad es., la giurisprudenza ha escluso che nel caso in cui Tizio, proprietario di un fondo vinicolo diviso a metà dal fondo di Caio, costruisca sotto quest'ultimo un tunnel per collegare tra loro le proprie due porzioni di terreno vinicolo, si possa realizzare l'accessione in suo favore della porzione del fondo di Caio sotto cui passa il tunnel. In tal caso, infatti, lo sconfinamento sarebbe verticale. La conseguenza è che Caio avrebbe il diritto di chiedere la rimozione del tunnel anche oltre i tre mesi concessi dall'art. 938 per opporsi allo sconfinamento che può condurre all'accessione.

Sconfinamento in buona fede

Colui che costruisce, poi, deve essere in **buona fede**, ossia nutrire il ragionevole convincimento di costruire sul proprio fondo. Anche questa tradizionale concezione della buona fede richiesta in materia di accessione è frutto di un'interpretazione restrittiva. Come avremo modo di vedere quando parleremo di possesso, la buona fede soggettiva è normativamente collegata allo stato in cui si trova un soggetto che ignora senza colpa di ledere l'altrui diritto. In tema di accessione, però, l'ignoranza non basta, ma si richiede comunemente la **convinzione** ragionevole di avere un diritto di costruire. Le stesse ragioni inducono a ritenere che, contrariamente alla regola generale (v. art. 1147) in questo caso la buona fede non si presume.

L'effetto acquisitivo e quello obbligatorio

Il proprietario del fondo deve essere rimasto **inerte** per tre mesi a partire dal giorno in cui ha avuto **inizio** la costruzione. L'opposizione può essere esercitata in forma giudiziale o stragiudiziale. Una volta scaduti i tre mesi è l'**autorità giudiziaria** ad attribuire il diritto di proprietà. Ciò significa che, a differenza di quanto accade per l'accessione ordinaria, l'acquisto del diritto **non** è automatico, ma richiede una pronuncia **costitutiva** del giudice (cioè una pronuncia che non si limita ad accertare un diritto soggettivo, ma lo crea, divenendone la fonte).

Gli **effetti** della fattispecie sono due: l'acquisto della proprietà del suolo e la nascita in capo a chi lo ha acquisito dell'obbligazione di pagare un indennizzo al proprietario di esso. In particolare, la legge prevede che il costruttore sconfinante versi al proprietario della porzione di fondo invasa il doppio del valore della superficie occupata. È agevole comprendere come siffatta obbligazione sia un'**obbligazione di valore** essendo parametrata non ad una somma di denaro definita, ma alla consistenza economica della porzione di fondo occupata. Essendo tale consistenza economica mutevole nel tempo e secondo le circostanze, l'ammontare dell'indennizzo dovuto sarà quello che risulterà dal doppio del valore che la parte occupata aveva al momento in cui il giudice ha attribuito il diritto di proprietà su di essa al costruttore sconfinante.

12.2. *L'utilizzazione senza titolo del bene e la c.d. occupazione acquisitiva da parte della p.a.*

L'occupazione acquisitiva

Merita di essere ricordato che la giurisprudenza si è servita dell'istituto dell'accessione invertita per risolvere quei casi nei quali la p.a. aveva **illegittimamente** occupato terreni di proprietà di privati, provocandone un'**irreversibile** trasformazione. In ipotesi siffatte, ad avviso dei nostri giudici, la p.a. acquistava la proprietà del terreno illegittimamente occupato (**occupazione acquisitiva**), ma, in ragione dell'illecito compiuto, era tenuta a risarcire il privato del danno. In questo senso avevano disposto nel 1983 le Sezioni Unite della S.C.

L'illegittimità dell'occupazione era data dal fatto che la p.a. utilizzava l'immobile occupato in assenza di un valido provvedimento di esproprio. I casi in cui la p.a. iniziava a costruire l'opera pubblica senza aver prima provveduto ad espropriare il relativo terreno non erano rari nella pratica e, in virtù dell'applicazione analogica dell'art. 938 in materia di accessione invertita, venivano giustificati in giurisprudenza per ragioni di preminente interesse generale. In questo modo la p.a. espropriava di fatto, ma non formalmente il privato. Tuttavia, come si è visto, la Costituzione (e anche le norme europee ed internazionali) prevede che solo nelle ipotesi e nelle forme previste dalla legge, e previo pagamento di un indennizzo, il privato possa essere espropriato per motivi di interesse generale (art. 42 Cost.). Molte, quindi, erano le voci in dottrina contrarie ad una prassi siffatta. Anche la Corte Europea dei diritti dell'uomo si era pronunciata in termini negativi su siffatto istituto di creazione giurisprudenziale.

L'occupazione usurpativa

Naturalmente, perché si potesse realizzare e giustificare l'effetto acquisitivo, era necessario che la p.a. agisse per la realizzazione di un interesse pubblico, formalizzato nella dichiarazione di pubblica utilità. Quando, invece, mancava anche quest'ultimo atto, l'occupazione del fondo privato veniva detta **usurpativa**, perché totalmente e, *ab origine*, illegittima. In tal caso l'interesse pubblico nella vicenda non emergeva e non giustificava, quindi, l'applicazione analogica dell'art. 938, sicché la p.a. non acquistava la proprietà del fondo occupato né il privato la perdeva, maturando, invece, il diritto alla *restitutio in integrum*.

Evoluzioni dell'istituto

La annosa vicenda dell'occupazione acquisitiva ha alternato pronunce giurisprudenziali, interventi normativi e critiche dottrinarie volti ora a limitare ora a favorire o, almeno, a disciplinare, i casi in cui, pur in assenza di un provvedimento di esproprio la p.a. costruiva un'opera di interesse pubblico e modificava irrimediabilmente lo stato dei luoghi privati. Vengono in considerazione, infatti, in queste ipotesi, esigenze di **bilanciamento** tra l'interesse pubblico a mantenere l'opera ormai costruita, con quelle del privato al proprio diritto esclusivo sul terreno.

Art. 43 T.U. espropri. L'utilizzazione senza titolo e l'art. 42 *bis*

L'art. 43, d.P.R. n. 327/2001 relativo all'**utilizzazione senza titolo** di un bene per scopi pubblici – istituto normativo sostanzialmente riconducibile a quelle che, in precedenza, venivano chiamate occupazioni acquisitive e usurpative – ha previsto due modalità di acquisizione del bene privato in proprietà pubblica (una ad opera della p.a. l'altra ad opera del giudice). La Corte Cost. ha però dichiarato l'illegittimità dell'art. 43 (Corte Cost. n. 293/2010). Il d.l. 6 luglio 2011 n. 98 ha pertanto nuovamente regolamentato la materia, inserendo un art. 42 *bis*, d.P.R. n. 327/2001.

In primo luogo l'acquisizione del terreno occupato illegittimamente avviene sulla base di un **apposito provvedimento** della p.a. Valutati gli interessi in conflitto, l'autorità che utilizza un bene immobile per scopi di interesse pubblico, **modificato** in **assenza** del valido ed efficace provvedimento di **esproprio** o dichiarativo della **pubblica utilità**, può disporre che esso vada acquisito al suo patrimonio indisponibile, **ma non retroattivamente**, e che al proprietario spetti un indennizzo per il pregiudizio patrimoniale e non patrimoniale. L'atto di acquisizione emanato dalla p.a. determina la misura del risarcimento del danno e ne dispone il pagamento, entro il termine di trenta giorni, senza pregiudizio per l'eventuale azione già proposta, e comporta il passaggio del diritto di proprietà; esso, inoltre, deve essere trascritto nei registri immobiliari (art. 42 *bis*, co. 1, d.P.R. n. 327/2001).

Il provvedimento di acquisizione si può anche essere adottato se l'atto di esproprio o di pubblica utilità sono stati annullati o siano **impugnati** innanzi al giudice amministrativo (art. 42 *bis*, co. 2, d.P.R. n. 327/2001).

Salvi i casi in cui la legge preveda altrimenti, l'indennizzo per il pregiudizio patrimoniale è determinato in misura corrispondente al **valore** venale del bene (art. 42 *bis*, co. 3, d.P.R. n. 327/2001).

A garanzia del privato la legge prevede che il provvedimento di acquisizione indichi le circostanze che hanno condotto alla indebita utilizzazione dell'area e motivi specificamente in riferimento alle **attuali ed eccezionali** ragioni di interesse pubblico che ne giustificano l'emanazione, valutate comparativamente con i contrapposti interessi privati ed evidenziando l'assenza di ragionevoli alternative alla sua adozione (art. 42 *bis*, co. 4, d.P.R. n. 327/2001).

Sezione IV

LE AZIONI A DIFESA DELLA PROPRIETÀ

13. *Le azioni reali e le azioni petitorie. L'azione di rivendicazione*

Azione e tutela dei diritti reali

La tutela giurisdizionale dei diritti reali si articola in una pluralità di forme. Vengono in considerazione, in primo luogo, gli artt. 948-951, i quali disciplinano le azioni **petitorie**, vale a dire quelle a difesa della proprietà e nelle quali l'attore fa valere il proprio diritto.

Le azioni reali e le azioni personali

Queste ultime sono tipiche azioni **reali**.

La caratteristica delle azioni reali è quella per cui può essere convenuto davanti al giudice **chiunque** si ritenga abbia causato un pregiudizio al diritto reale. Esse si differenziano dalle azioni **personali** che consentono di convenire davanti al giudice solo determinati soggetti che hanno con il bene e/o con l'attore un particolare preesistente legame.

Per chiarire meglio la differenza che passa tra le azioni personali e quelle reali ci serviremo di un esempio. Si prenda il caso di Tizio, proprietario di un appartamento concesso in locazione per un anno a Caio. Alla scadenza dell'anno, nel caso in cui Caio non adempia all'obbligo di restituire l'appartamento a Tizio, quest'ultimo ha la possibilità di esercitare, a sua scelta, una tra due forme di tutela che l'ordinamento disciplina.

La prima si concretizza nell'**azione di restituzione**, offerta per domandare l'**esatto adempimento** dell'obbligazione. Questa spetta a qualunque creditore nei confronti del proprio debitore inadempiente: in questo caso Tizio chiederà al giudice di condannare il debitore Caio a restituire l'appartamento tutelando il diritto di credito dell'attore alla restituzione del bene locato. Il presupposto per esercitare questa azione è, quindi, che tra i due soggetti ci sia un precedente rapporto obbligatorio non attuato. A tal fine l'attore Tizio (creditore) dovrà dimostrare l'esistenza di un'obbligazione, gravante su Caio (debitore), di restituire l'appartamento, e che tale obbligazione non è stata adempiuta. L'attore potrà convenire in giudizio con l'azione di esatto adempimento solo il proprio debitore: per questo motivo, si dice, questa azione riveste un carattere personale. Essa, poi, **non** ha natura petitoria in quanto l'attore non fa valere il proprio diritto reale e la propria qualità di proprietario, ma il proprio diritto di credito (diritto alla restituzione) e la propria qualità di debitore.

La rivendicazione

Ma Tizio ha anche la possibilità, alternativa alla prima, di recuperare il bene tramite un'altra azione appositamente dedicata alla tutela del diritto di proprietà: l'azione di **rivendicazione** (art. 948). Essa viene esercitata dal proprietario allo scopo di ottenere la restituzione della cosa da chi indebitamente la possiede o la detiene.

Onere della prova

Con questa tipica azione **petitoria**, egli fa valere il proprio diritto di proprietà e la qualità di proprietario. A tal fine egli dovrà dimostrare di essere il proprietario del bene, vale a dire dovrà **provare il suo titolo** di proprietà (da qui il carattere petitorio dell'azione di rivendicazione).

La prova del diritto di proprietà è particolarmente gravosa (*probatio diabolica*) giacché, anche quando esso sia stato acquistato a titolo derivativo (ad es., con contratto), l'attore dovrà comunque risalire ad un acquisto a titolo originario (del proprio dante causa) o provare di avere egli acquistato a titolo originario (ad es., per usucapione). Solo così, infatti, è possibile avere la **certezza** che chi agisce in rivendica sia davvero e incontrovertibilmente il titolare del diritto, dal momento che anche uno solo dei precedenti acquisti a titolo derivativo potrebbe essere viziato (ad. es., posto in essere da un soggetto che non era legittimato a disporre) e, quindi, inficiare tutti i trasferimenti successivi.

Poniamo il caso che il nostro proprietario Tizio avesse a sua volta acquistato l'appartamento da Mevia la quale, a sua volta lo aveva comprato da Sempronio. Come sappiamo ogni dante causa trasferisce all'avente causa il diritto solo se ne è titolare, non può trasferire ad altri ciò che non ha. Se il contratto di acquisto dell'appartamento di Mevia fosse stato affetto da nullità, essa non avrebbe in realtà mai acquistato il diritto di proprietà; di conseguenza anche il contratto di compravendita del bene da Mevia a Tizio, per quanto valido, non avrebbe mai avuto l'effetto di trasferire a quest'ultimo la proprietà. Per l'attore che agisce in rivendica provare il solo proprio contratto di acquisto, quindi, non prova necessariamente la proprietà.

Un modo per evitare di provare la validità e l'efficacia di tutti i contratti che hanno costituito la catena di trasferimenti prima dell'ultimo, allora, è quella di provare che chi vanta il diritto, o il suo dante causa, ha acquistato la proprietà del bene a titolo originario, ad es. usucapendo il diritto (potendosi servire allo scopo delle regole della successione o della accessione nel possesso, sulle quali ci soffermeremo più avanti). Se Tizio riuscisse a provare che Mevia ha acquistato la proprietà dell'appartamento per usucapione, poco importa che il contratto dalla stessa Mevia aveva stipulato con Sempronio fosse invalido, essendosi comunque prodotto l'effetto acquisitivo del diritto.

Legittimati passivi

L'azione di rivendicazione può essere esercitata contro **chiunque possieda** o **detenga** la cosa: e può essere proseguita contro costui anche se nel frattempo egli abbia perduto, per fatto proprio, la materiale disponibilità della cosa. In questo caso, il proprietario potrà pretendere che la controparte provveda a recuperare la cosa o che, in mancanza, gli corrisponda una somma pari al valore della cosa stessa, salvo il risarcimento del danno.

L'azione di rivendicazione è **imprescrittibile** (art. 948, ult. co.), salvi, come abbiamo già visto, gli effetti dell'usucapione: donde la imprescrittibilità del diritto in quanto tale.

Azione restitutoria

Se il giudice ritiene provate le ragioni dell'attore, dichiara il diritto nella titolarità di quest'ultimo e condanna il convenuto alla **restituzione** del bene (azione **dichiarativa e restitutoria**). Pertanto il giudizio instaurato mira ad ottenere una pronuncia che accerti l'esistenza del diritto di proprietà dell'attore e, conseguentemente, disponga la restituzione del bene a suo favore.

Riproponibilità

Nel caso l'attore non riuscisse a provare il suo diritto, il giudice non dichiara l'inesistenza del diritto, ma semplicemente che l'**esistenza** di esso **non è stata provata**. È questa una distinzione sottile ma molto importante.

Il nostro sistema processuale, infatti, non consente di proporre due volte la stessa azione, con stesso oggetto e tra le stesse parti. Una volta che una determinata azione sia stata esercitata e che su di essa il giudice abbia deciso in modo definitivo (c.d. **giudicato**), accertando l'esistenza o la inesistenza del diritto soggettivo, il titolare del diritto perde la possibilità di riproporre tale azione. Nel caso dell'azione di rivendica, se l'attore non è riuscito a provare di essere titolare del diritto, il giudice non dichiara **né** che egli non è proprietario della cosa, **né** che è proprietario; in altri termini, tornando al nostro esempio, non accerta né l'esistenza né l'inesistenza della proprietà in capo a Tizio. Ciò consente di ritenere che sull'esistenza o sull'inesistenza della proprietà in capo a chi si ritiene titolare, il giudice non si sia in realtà pronunciato e, che quindi, non si sia formato il giudicato. Colui che si ritiene proprietario, quindi, **non perde l'azione** di rivendica. Contro tutti coloro che siano **diversi** dal convenuto nel primo giudizio, egli, pertanto, potrà sempre proporre un'azione di rivendica.

Rivendicazione e azione di restituzione personale

Come abbiamo visto, sia **l'azione personale di restituzione** sia quella reale di rivendicazione possono essere utilizzate dal proprietario per recuperare il bene.

Nei casi in cui si verifichino i presupposti per esercitare l'una o l'altra, la scelta è rimessa al proprietario. Quest'ultimo, verosimilmente, preferirà agire con l'azione personale, perché più agevole sul piano probatorio. Non è escluso, però, che sia costretto ad utilizzare la rivendicazione perché, ad es., quella per l'esatto adempimento si è, nel frattempo, prescritta.

14. *Le altre azioni a tutela della proprietà: l'azione di mero accertamento. L'azione negatoria*

Mero accertamento

L'aggressione patita dal diritto di proprietà non necessariamente pone capo ad una materiale sottrazione della cosa, giacché essa può prendere le forme di una mera contestazione della titolarità del diritto da parte di terzi. Per casi di questo genere, rispetto ai quali l'azione di rivendicazione, stante la sua finalità restitutoria, sarebbe incongrua, il proprietario dispone di un'azione di **mero accertamento** (art. 2653, n. 1) volta, appunto, a far accertare con la forza del giudicato la titolarità del diritto.

Azione negatoria

Di mero accertamento è, almeno di regola, anche l'azione **negatoria** (art. 949, co. 1) con la quale il proprietario mira a "far dichiarare l'inesistenza di diritti **affermati** da altri sulla cosa, quando ha motivo di temerne pregiudizio" (così, ad es., nel caso in cui un terzo vanti un diritto di servitù sul fondo).

Tuttavia, ove sussistano anche **turbative** o **molestie**, il proprietario potrà chiedere, in aggiunta all'accertamento della inesistenza del diritto vantato dal terzo, anche la cessazione di tali turbative ed il risarcimento del danno (art. 949, co. 2).

I diritti vantati dal terzo sul bene in proprietà dell'attore devono essere **diritti reali**. Il codice non lo dice espressamente, ma tale principio si ricava dal fatto che l'azione è un'azione reale, la quale mira a far dichiarare al giudice, con efficacia *erga omnes*, la pienezza della proprietà dell'attore.

15. *Le azioni di regolamento di confini e di apposizione di termini. Le azioni di nunciazione*

Regolamento di confini e apposizione di termini

Anche quella di **regolamento di confini** (art. 950: *actio finium regundorum*) è un'azione di mero accertamento, essendo diretta ad eliminare ogni incertezza in ordine al confine tra due fondi. Essa può essere chiesta da ciascuno dei due proprietari. Per queste ragioni non valgono le regole sull'onere della prova viste per l'azione di rivendicazione, e, pertanto, **ogni mezzo** di prova sarà ammesso. Tuttavia, in mancanza di altri elementi, il giudice si atterrà al confine delineato dalle mappe catastali.

All'azione di **apposizione di termini** (art. 951) si ricorre, viceversa, allorché lo stato del confine sia certo ma, in pari tempo, sia necessario stabilirne i segni esteriori (ad es., siepi, staccionate, ecc.).

Le azioni di nunciazione

Infine, il proprietario ha a disposizione le **azioni di nunciazione** che, però, non sono azioni a tutela della proprietà in senso stretto, potendo essere esercitate anche dal titolare di un **diritto reale minore** o da un **possessore**.

Esse sono la denunzia di **nuova opera** (art. 1171) e la denunzia di **danno temuto** (art. 1172).

Con la prima l'attore, il quale abbia ragione di temere che da una nuova opera, da altri intrapresa, derivi un **danno** per la cosa oggetto del suo diritto o del suo possesso, può chiedere, a certe condizioni, che essa venga vietata o che, quantomeno, vengano adottate le opportune cautele. La denunzia di nuova opera è assoggettata ad un termine di decadenza **annuale**, computato a partire dalla data di inizio dei lavori.

Con la denuncia di danno temuto, si chiede l'**abbattimento** o l'**eliminazione** della cosa dalla quale possa derivare un danno grave e prossimo alla cosa che forma oggetto del diritto o del possesso.

Sezione V

I DIRITTI REALI SU COSA ALTRUI

16. *Il diritto di superficie*

Il diritto di superficie

Ai sensi dell'art. 952 "il proprietario può costituire il diritto di fare o mantenere al di sopra del suolo una costruzione a favore di altri, che ne acquista la proprietà". In base all'art. 955 il proprietario può anche concedere ad altri, con i medesimi effetti, il diritto di fare e mantenere costruzioni al **di sotto** del suolo.

Diritto di superficie e proprietà superficiaria

È questo il diritto di **superficie**, che rappresenta una vistosa deroga al principio dell'accessione ordinaria (art. 934) per il quale tutto ciò che si trova sopra o sotto il suolo appartiene al proprietario di questo. In questa figura il proprietario scorpora dal suo diritto la facoltà di edificare e la cede ad un terzo (**superficiario**) il quale, nel momento in cui se ne avvarrà, diventerà proprietario della costruzione separatamente dal suolo, acquisterà, cioè, la c.d. **proprietà superficiaria** (art. 952, co. 2).

Nella dottrina più recente si è soliti ricondurre al superficiario due diverse situazioni giuridiche: il diritto di superficie (diritto di costruire sopra o sotto il suolo altrui); e il diritto sulla costruzione (proprietà superficiaria). Il primo rappresenta un diritto reale limitato, ed è in grado di incidere sull'estensione delle facoltà del proprietario del fondo; il secondo rappresenta un vero e proprio diritto di proprietà su un bene nuovo e diverso rispetto al fondo. Tale tesi appare più rigorosa rispetto a quelle che parlano di una trasformazione del diritto di superficie in diritto di proprietà superficiaria a seguito della costruzione.

Costituzione

I due diritti hanno vicende parallele ma non necessariamente coincidenti.

a) Il diritto di superficie, vale a dire il diritto di costruire, si può costituire per **contratto** o per **usucapione**. Esso può essere **perpetuo** o a **termine**: in questo secondo caso, al sopravvenire del termine, si riespande il principio dell'accessione e il proprietario del suolo diviene proprietario anche della costruzione che su esso insiste (art. 953).

La proprietà superficiaria si acquista per **esercizio** del diritto di superficie (cioè con l'attività costruzione).

Circolazione e disposizione del diritto

b) Il diritto di superficie può essere alienato a terzi, ipotecato o trasmesso *mortis causa*. Anche la proprietà può esserlo; su di essa, inoltre, è possibile, come per ogni proprietà, costituire diritti reali limitati, o diritti di godimento personali. Dal momento che diritto di superficie e proprietà superficiaria sono diritti distinti, poi, è possibile che essi appartengano anche a soggetti diversi. Si pensi al caso in cui il superficiario, titolare del diritto di costruire su un fondo altrui, alieni la proprietà dell'edificio così costruito ad un terzo mantenendo per sé il diritto reale minore di costruire sul suolo.

Estinzione

c) Non totalmente coincidenti sono i casi di estinzione dei due diritti. Il diritto di superficie si **estingue**:

– per **perimento del suolo**, ma **non anche** per estinzione della costruzione, giacché il superficiario conserva, salvo patto contrario, il diritto di ricostruire l'opera (art. 954, co. 3); in tal caso, però, si estinguerà la proprietà superficiaria. Essa verrà nuovamente acquistata dal superficiario con una nuova edificazione;

– per **consolidazione**, che si verifica quando il diritto di proprietà del suolo e il diritto di superficie si riuniscono nella stessa persona;

– per **prescrizione**, a seguito del non uso protratto per venti anni. Naturalmente, una volta costruita l'opera e acquistata la proprietà superficiaria, il diritto di superficie non si manifesterà più come diritto a costruire sul fondo altrui, ma come diritto a mantenere la costruzione sul fondo altrui: secondo logica non si potrà, perciò, parlare di prescrizione per mancata costruzione per un periodo superiore ai venti anni;

– per scadenza del **termine** nella già menzionata ipotesi dell'art. 953. Con esso si estingue anche la proprietà superficiaria e i diritti reali imposti dal superficiario. I diritti gravanti sul suolo si estendono alla costruzione. I contratti di locazione, che hanno per oggetto la costruzione, non durano, se non per l'anno in corso alla scadenza del termine (art. 954).

Proprietà superficiaria e proprietà separata

Nel caso in cui, invece, il proprietario del fondo alieni ad altri la proprietà della **costruzione già esistente**, separatamente dalla proprietà del suolo, che, per es., può decidere di mantenere per sé (v. art. 952, co. 2), secondo la giurisprudenza non si dovrebbe parlare di proprietà superficiaria sulla costruzione, ma di **proprietà separata**. Quest'ultima, infatti, non si accompagnerebbe ad un parallelo diritto di superficie (che, invece, è presupposto dalla proprietà superficiaria). L'acquirente della sola proprietà della costruzione già presente nel fondo, quindi, non acquisterebbe con tale operazione, e salvo che il contratto non disponga diversamente, anche il separato diritto di ricostruire l'opera.

Le conseguenze della distinzione tra proprietà superficiaria e proprietà c.d. separata dovrebbero emergere al momento della distruzione o del perimento della costruzione. Abbiamo appena detto che nel caso in cui la costruzione perisca, il superficiario non perde il diritto di ricostruire (art. 953). A parere della giurisprudenza, però, questo diritto non esiste in capo a colui che ha acquistato la proprietà della costruzione già esistente sul fondo altrui, perché tale acquisto non comporta necessariamente anche quello del diritto reale di superficie.

La vendita del fondo edificato

Problemi interpretativi sono sorti anche con riguardo a ipotesi di **vendita di un fondo con un edificio** sovrastante nel caso nell'atto di vendita non fosse espressamente disposta anche la vendita della costruzione: ci si chiede se ciò implichi anche l'alienazione della costruzione.

Una prima teoria nega addirittura che il nostro ordinamento consenta la possibilità di alienare il fondo e mantenere per sé la proprietà dell'edificio costruito sopra. La scissione di diritti su beni sovrapposti, e in particolare, il fatto che le opere sopra o sotto il suolo possano appartenere a soggetti diversi dal proprietario di questa, in deroga all'art. 934, è ipotesi eccezionale e deve, quindi, essere prevista espressamente dalla legge. Ma la legge, all'art. 952, co. 2, prevede la sola possibilità di alienare la proprietà della costruzione e mantenere la proprietà del suolo, non viceversa. Se ne dovrebbe dedurre che l'alienazione del solo fondo è sufficiente ad alienare automaticamente anche il diritto sulla costruzione.

È preferibile ritenere che l'ipotesi di cui all'art. 952, co. 2 enunci un principio di scissione della titolarità della costruzione e della proprietà del fondo, con possibilità di circolazione separata dei due diritti. Per quanto la natura eccezionale della previsione di cui all'art. 952 costringa ad interpretare restrittivamente le ipotesi ivi previste, escludere che il suolo possa circolare separatamente dalla proprietà dell'edificio è contrario al principio della libera circolazione dei beni. Quest'ultima verrebbe compressa se si dovesse impedire al proprietario che abbia già alienato l'edificio, di alienare in seguito il suolo ad un terzo. Si deve ritenere, quindi, che il nostro ordinamento consenta la possibilità di alienare il fondo e mantenere per sé la proprietà dell'edificio costruito sopra.

Tuttavia, per evitare che con la cessione della proprietà del fondo si produca anche l'automatico passaggio della proprietà sull'edificio, la giurisprudenza richiede che la volontà di scindere le due proprietà risulti inequivocabilmente, anche se tacitamente, dal contratto di vendita del terreno. Solo in questo modo si potrebbe evitare l'applicazione alla fattispecie del principio generale dell'accessione in base al quale ciò che sta sopra il fondo appartiene al proprietario di questo.

Superficie e condominio

Merita un cenno anche il tema della proprietà superficiaria nel **condominio.** Quest'ultimo, come vedremo più avanti indica gli **edifici** con più unità abitative: in esso ciascuno dei condomini è contemporaneamente **proprietario** del proprio appartamento e **comproprietario** (vale a dire proprietario di un'unica cosa insieme a tutti gli altri) delle parti comuni dell'edificio, tra cui può essere annoverato il suolo su cui è costruito l'edificio. Il condomino del terzo piano, ad es., è proprietario esclusivo del suo appartamento e proprietario della parte di suolo su cui è costruito il palazzo insieme agli altri condomini. Lo stesso può dirsi per tutti gli altri condomini, ad es. per quello del primo piano o dell'ultimo piano. A quest'ultimo condomino, però, spetta anche il diritto di costruire altri piani (**sopraelevazione**) e acquistarne la proprietà in virtù del principio di accessione. Come previsto dall'art. 1127 dietro la corresponsione di un'indennità agli altri condomini, "il proprietario dell'ultimo piano dell'edificio può elevare nuovi piani o nuove fabbriche, salvo che risulti altrimenti dal titolo. La stessa facoltà spetta a chi è proprietario esclusivo del lastrico solare". Gli altri condomini possono opporsi alla sopraelevazione se le condizioni statiche dell'edificio non la consentono, ovvero qualora essa pregiudichi l'aspetto architettonico, o diminuisca notevolmente l'aria o la luce dei piani sottostanti.

La giurisprudenza delle SS.UU. ha fornito una convincente spiegazione di tale potere del condomino dell'ultimo piano proprio facendo ricorso agli istituti dell'accessione e del diritto di superficie. Sul suolo del condominio con tante **proprietà individuali sovrapposte** su diversi piani, infatti, insistono altrettante proprietà superficiarie. Infatti il suolo è in comproprietà. Su esso viene costruito il primo piano la cui proprietà spetta **in esclusiva** ad un condomino: le Sezioni Unite hanno ritenuto che, nel consentire la costruzione sopra il suolo in comproprietà, i condomini hanno rinunciato a favore del condomino del primo piano al loro *jus aedificandi*, e hanno così costituito sul suolo comune un diritto di superficie a favore dell'abitante del primo piano. Sulla proprietà di quest'ultimo, poi, viene costruito un altro piano la cui proprietà spetta ad un altro condomino (del secondo piano). Anche in tal caso, si è ritenuto che nel consentire la costruzione sopra il proprio piano, il condomino del primo piano abbia rinunciato a favore di quello del secondo al proprio *jus aedificandi*, costituendo sul proprio appartamento un diritto di superficie a favore dell'abitante del secondo piano, e così via.

Ne consegue che il diritto di superficie «sale» via via che si costruisce verso l'alto, comportando la perdita per i proprietari dei piani inferiori del potere di costruire. Il diritto di costruire spetterà, quindi, solo al proprietario dell'ultimo piano, salvo che egli non lo ceda ad altri; per il principio di accessione, poi, quanto costruito sarà di sua proprietà.

17. *Il diritto di usufrutto. Uso e abitazione*

Usufrutto, nuda proprietà, e godimento del bene

L'**usufrutto** attribuisce al suo titolare il diritto di **godere** della cosa **traendone** ogni utilità che essa può dare, ma l'usufruttuario deve rispettarne la **destinazione economica** (art. 981). Il proprietario perde il potere di godere della cosa, ma conserva il potere di disporne, sia pure gravata dell'usufrutto: proprio per questo si dice che egli è titolare della **nuda** proprietà.

Si faccia l'esempio di Tizio proprietario di un frutteto. Egli con un contratto può decidere di costituire a favore di Caio un diritto di usufrutto sul frutteto. Come titolare della nuda proprietà Tizio potrà vendere il terreno o lasciarlo in eredità. Caio, invece, come titolare del diritto di usufrutto, potrà coltivarlo e fare suoi i frutti. Egli potrà anche concederlo in affitto a terzi. Così facendo Caio si obbliga a consentire che un terzo goda del frutteto di cui ora egli, e non più il proprietario, ha il diritto reale di godere in virtù dell'usufrutto: il diritto del terzo sarà di carattere relativo e potrà essere vantato solo nei confronti del concedente Caio.

Questo esempio ci aiuta ancora una volta a capire la differenza tra il **diritto reale** e il diritto personale di godimento di un bene: il primo garantisce al titolare il potere di godere del bene verso chiunque; il secondo (ad es., il diritto dell'affittuario) garantisce al titolare il potere di godere del bene solo verso il titolare del diritto reale che tale diritto personale di godimento gli ha concesso. Per questo motivo nel caso in cui il nudo proprietario Tizio venda il proprio fondo ad altri, l'usufruttuario Caio potrà opporre anche a questi ultimi il proprio diritto di godere del bene (realizzando quel fenomeno tipico dei diritti reali che si suole definire **diritto di seguito** o di sequela). Salvo una diversa previsione di legge (v., ad es., l'art. 999 e per quanto avviene nella locazione), invece, nel caso in cui il suo potere di godimento avesse avuto titolo in un diritto personale di godimento, Caio avrebbe potuto opporre il proprio diritto personale di godere solo al concedente tale diritto, ma non a coloro che in seguito avessero acquistato il fondo dal proprietario. La legge può però attenuare l'efficacia soltanto relativa dei rapporti obbligatori: ad es., le **locazioni concluse dall'usufruttuario** in corso al tempo della cessazione dell'usufrutto continuano per la durata stabilita, ma non oltre il quinquennio dalla cessazione dell'usufrutto, purché esse constino da atto pubblico o da scrittura privata di data certa anteriore (art. 999).

Non perpetuità

Da quanto precede appare ormai chiaro che chi acquisterà dal proprietario il terreno su cui insiste un altrui diritto di usufrutto acquisterà solo la nuda proprietà e quindi, finché il diritto dell'usufruttuario non si sarà estinto, non potrà godere del fondo acquistato. D'altra parte, così come può **circolare** la nuda proprietà, anche il diritto di usufrutto può circolare. Infatti anche l'usufruttuario può cedere il proprio diritto ad altri, per un certo tempo, o anche per tutta la sua durata, se ciò non è vietato dal titolo costitutivo (art. 980). In ogni caso, la morte del cedente estingue il diritto anche in capo al cessionario.

Visto che l'usufrutto è un diritto reale che limita la proprietà, l'ordinamento **vieta** che esso possa essere perpetuo. Se non è previsto un **termine** di durata il diritto si estingue alla **morte** dell'usufruttuario; se si tratta di persona giuridica, l'usufrutto non può avere una durata superiore ai trent'anni (art. 979).

Coerentemente con tale volontà di evitare limiti eccessivamente lunghi o indefiniti alla proprietà, la legge vieta il c.d. **usufrutto successivo**, vale a dire l'attribuzione dell'usufrutto a più persone in successione tra loro, in virtù di un unico e medesimo titolo. È il caso, ad es., di una stessa disposizione testamentaria la quale stabilisca che la cosa spetti in usufrutto a Caio e, poi, alla sua morte a Sempronio e, alla morte di questo, a Mevio, ecc. L'art. 698 prevede, infatti, che la disposizione testamentaria, con la quale l'usufrutto è lasciato a più persone successivamente, ha valore **soltanto** a favore di quelli che alla morte del testatore si trovino primi chiamati a goderne (**legato di usufrutto successivo**).

Di tenore del tutto simile è il disposto dell'art. 796: è permesso al **donante** di riservare l'usufrutto dei beni donati a proprio vantaggio, e dopo di lui a vantaggio di un'altra persona o **anche di più** persone, **ma non** successivamente.

Dal momento che la legge vieta espressamente l'usufrutto successivo solo con riguardo alle successioni testamentarie ed alla donazione, la dottrina ha ritenuto, a contrario, che esso sia ammesso nel caso dei negozi (*inter vivos*) a titolo **oneroso**, naturalmente a patto che gli usufruttuari siano precisamente individuati e numericamente determinati: altrimenti la durata dell'usufrutto sarebbe indefinita.

Diverso è il caso, ammesso nel nostro ordinamento perché non in contrasto con la temporaneità del diritto, dell'**usufrutto congiuntivo** che spetta **contemporaneamente** a più persone le quali godono insieme del bene. Nel caso una di esse, poi, dovesse morire prima delle altre, la sua quota si **accrescerà** alle altre.

Estinzione

L'usufrutto si estingue, oltre che per la scadenza del termine, per **prescrizione ventennale**, per **consolidazione** o per **totale perimento** della cosa (art. 1014). In quest'ultimo caso, se il perimento della cosa è dovuto a colpa o dolo di terzi, spetta al proprietario un'indennità e l'usufrutto si **trasferisce** sull'indennità dovuta (art. 1017). Se l'usufruttuario aveva assicurato la cosa o pagato i premi per la cosa già assicurata, l'usufrutto, invece, si trasferirà sull'indennità dovuta dall'assicuratore (art. 1019). Altre ipotesi di trasferimento del diritto di usufrutto su altri beni (ad es., sul denaro o su un nuovo edificio) sono previsti dagli artt. 1018 e 1020. Sono queste ipotesi classiche di un fenomeno che abbiamo già studiato: la **surrogazione reale**.

Un modo tipico di estinzione dell'usufrutto è rappresentato **dall'abuso del diritto** che si ha quando l'usufruttuario alieni i beni o li lasci deteriorare o perire per non aver provveduto alle ordinarie riparazioni (art. 1015).

Acquisto del diritto

Il diritto di usufrutto si può acquistare per **contratto** (ad es., costituendo il diritto a favore di un terzo, oppure costituendo tale diritto in capo al proprietario che aliena la proprietà del bene: si pensi all'ipotesi della vendita con riserva di usufrutto), o per **testamento**. Si può acquistare per **usucapione** (art. 978) e, sebbene la legge non lo dica espressamente, anche in virtù della regola del **possesso vale titolo** sancita dall'art. 1153.

Oggetto dell'usufrutto

Anche la legge può attribuire a determinati soggetti il diritto di usufrutto sui beni appartenenti ad altri (**usufrutto legale**). Caso tipico è l'usufrutto legale dei genitori sui beni del figlio (art. 324).

L'usufruttuario ha diritto di conseguire il possesso della cosa (sia **mobile** sia **immobile**) di cui ha l'usufrutto (art. 982), e deve restituire la **stessa** cosa al termine dell'usufrutto. Se, ad es., mi viene concesso per tre anni l'usufrutto di una Fiat 500, al termine dei tre anni non potrò restituire al proprietario una Fiat Punto.

Quasi usufrutto

Nel caso in cui si tratti di cose **consumabili**, l'usufruttuario ha diritto di servirsene e di pagarne il valore alla scadenza del termine stabilito (art. 995). Si parla in tal caso di **quasi usufrutto**. La regola della restituzione della stessa cosa, che abbiamo appena visto, non può essere applicata in questo caso. La peculiarità di questa anomala (e impropria) forma di usufrutto sta, allora, nel fatto che l'usufruttuario acquista la **proprietà** dei beni concessi. In tal caso, al termine dell'usufrutto, l'usufruttuario dovrà pagare al proprietario una somma di denaro, se stabilita; altrimenti dovrà, a scelta, corrispondere il valore che le cose hanno al tempo in cui finisce l'usufrutto o restituirne altre in eguale qualità e quantità (*tantundem*).

Accessioni, frutti e tesoro

Diverso è il caso in cui l'usufrutto comprenda cose **deteriorabili**. Questo è a tutti gli effetti un usufrutto: in tal caso l'usufruttuario ha diritto di servirsi delle cose secondo l'uso al quale sono destinate, e alla scadenza dell'usufrutto sarà soltanto tenuto a restituirle nello stato in cui si trovano.

L'usufrutto si estende a tutte le **accessioni** della cosa. I **frutti** naturali e i frutti civili spettano all'usufruttuario per la durata del suo diritto; se il proprietario e l'usufruttuario si succedono nel godimento della cosa nel corso di un periodo produttivo (un anno agrario o un periodo di maggior durata), l'insieme di tutti i frutti si ripartisce fra l'uno e l'altro in proporzione della durata del rispettivo diritto nel periodo stesso (art.

984). Invece l'usufruttuario non acquista la proprietà del **tesoro**, salve le ragioni che gli possono competere come ritrovatore (art. 988).

Miglioramenti e addizioni

L'usufruttuario può apportare **miglioramenti** alla cosa. Per i miglioramenti che sussistono al momento della restituzione della cosa l'usufruttuario ha diritto a un'indennità pari alla minor somma tra l'importo della spesa e l'aumento di valore conseguito dalla cosa per effetto dei miglioramenti (art. 985). Egli può anche eseguire **addizioni**, a patto che esse non alterino la destinazione economica della cosa. L'usufruttuario ha diritto di toglierle alla fine dell'usufrutto, qualora ciò possa farsi senza nocumento della cosa, salvo che il proprietario preferisca ritenere le addizioni stesse. In questo caso deve essere corrisposta all'usufruttuario una indennità pari alla minor somma tra l'importo della spesa e il valore delle addizioni al tempo della riconsegna (art. 986).

La differenza tra miglioramenti e addizioni sta nel fatto che i miglioramenti non creano entità distinte ma sono semplici trasformazioni o manipolazioni del bene che ne aumentano in modo durevole la consistenza qualitativa.

Le addizioni sono, invece, opere individuabili come entità distinte dal bene al quale apportano utilità e un aumento durevole di produttività.

Obblighi dell'usufruttuario

Sull'usufruttuario incombono diversi **obblighi**.

Innanzitutto egli ha l'obbligo di comportarsi con la diligenza del **buon padre di famiglia** durante il godimento del bene e, in particolare, di **non mutarne la destinazione economica**, vale a dire la destinazione funzionale impressa al bene **dal proprietario** prima della costituzione dell'usufrutto. La violazione di un siffatto obbligo è particolarmente grave e, oltre ad essere sanzionata con l'estinzione del diritto per abuso, legittima il proprietario a domandare il risarcimento dei danni subiti (art. 2043).

L'usufruttuario prende le cose nello stato in cui si trovano e deve poi, restituirle alla scadenza (artt. 1002 e 1001).

Per il corretto adempimento di tale obbligo è fondamentale l'obbligo di **inventario** posto a carico dell'usufruttuario dall'art. 1002 da farsi a sue spese. L'usufruttuario deve inoltre dare idonea garanzia.

Finché non ha compiuto l'inventario e dato idonea garanzia l'usufruttuario non può conseguire il possesso dei beni (art. 1002; e v., per l'ipotesi di mancata prestazione di garanzia, anche le conseguenze cui egli va incontro in base all'art. 1003).

L'usufruttuario, inoltre, deve farsi carico delle **spese ordinarie** e degli oneri relativi all'amministrazione e alla **manutenzione** ordinaria, delle spese di **custodia** (art. 1004), deve provvedere ai **carichi annuali**, come le imposte, i canoni, le rendite fondiarie e gli altri pesi che gravano sul reddito (art. 1008).

Le **riparazioni straordinarie**, invece, a meno che non siano state rese necessarie dall'inadempimento degli obblighi di ordinaria manutenzione, sono a carico del proprietario. Il codice individua alcuni esempi di riparazioni straordinarie: quelle necessarie ad assicurare la stabilità dei muri maestri e delle volte, la sostituzione delle travi, il rinnovamento, per intero o per una parte notevole, dei tetti, solai, scale, argini, acquedotti, muri di sostegno o di cinta (art. 1005). Se il proprietario rifiuta di eseguire le riparazioni poste a suo carico o ne ritarda l'esecuzione senza giusto motivo, è in facoltà dell'usufruttuario di farle eseguire a proprie spese; alla fine dell'usufrutto egli avrà diritto al rimborso di tali spese e, finché esso non gli sarà corrisposto ha **diritto di ritenere** l'immobile riparato (art. 1006).

Se durante l'usufrutto un terzo **usurpa** il fondo o reca offesa in altri modi alle ragioni del proprietario, l'usufruttuario dovrà informare quest'ultimo, altrimenti sarà tenuto a risarcire i danni eventualmente derivati (art. 1012). Più che un obbligo, la norma pone un **onere** in capo all'usufruttuario.

Uso e abitazione

L'uso e l'abitazione sono diritti simili all'usufrutto, ma di contenuto più limitato.

L'**uso** consiste nel potere di servirsi della cosa nei limiti dati dal soddisfacimento dei bisogni propri e della propria famiglia (art. 1021).

Quanto al diritto di **abitazione**, esso attribuisce al titolare il diritto di abitare la casa, nei limiti dei bisogni suoi e della sua famiglia (art. 1022).

Visto il loro carattere strettamente personale, questi diritti **non** possono essere ceduti o dati in locazione (art. 1024).

18. *Il diritto di enfiteusi*

Enfiteusi

L'**enfiteusi** (art. 957) attribuisce al suo titolare (enfiteuta) il diritto di godere del fondo altrui e fare propri i frutti, il tesoro, le accessioni (art. 959). Sull'enfiteuta, però, grava l'**obbligo di migliorare** il fondo e di pagare al proprietario (concedente) un **canone** periodico (art. 960).

Si tratta di un istituto legato in larga parte a forme premoderne di sfruttamento della terra, e tipico di un assetto latifondistico della proprietà agraria: attraverso la concessione in enfiteusi, infatti, il grande proprietario assenteista si garantiva comunque un reddito.

L'enfiteuta può disporre del proprio diritto sia per atto tra vivi (vendita, donazione), sia per testamento (art. 965).

Cause di estinzione dell'enfiteusi sono, oltre alla prescrizione (art. 970), alla consolidazione ed alla scadenza del termine, anche l'affrancazione e la devoluzione. L'**affrancazione** è il diritto potestativo spettante all'enfiteuta di acquistare la proprietà del fondo mediante il pagamento di una somma di denaro pari a quindici volte il canone enfiteutico (art. 9, l. n. 1138/1970). La **devoluzione** (art. 972) è il diritto spettante al concedente di liberare il fondo dall'enfiteusi allorché l'enfiteuta non adempia all'obbligo di migliorare il fondo, o sia in mora nel pagamento di almeno due annualità del canone. La domanda di devoluzione, tuttavia, non impedisce all'enfiteuta di affrancare il fondo (art. 972).

19. *Le servitù prediali*

Definizione di servitù prediali

La **servitù prediale** (dal latino *praedium*, fondo) consiste nel **peso** imposto ad un fondo (detto **servente**) per l'utilità di un altro fondo (detto fondo **dominante**) appartenente a **diverso proprietario** (art. 1027).

Tipica è la servitù di passaggio: nel caso uno dei due fondi sia intercluso, cioè non comunica con la strada principale perché vi si frappone l'altro fondo, a vantaggio del primo la legge consente di costituire un diritto reale di passaggio sul secondo fondo, in modo tale da collegare quello intercluso con la strada.

Esistono tanti tipi di servitù e diversi criteri per classificarli. Cercheremo di analizzarli e di illustrarne le principali problematiche trattando di essi via via che andremo ad esaminare i caratteri generali necessari perché si possa parlare di servitù.

L'oggetto

Perché si possa costituire una servitù è innanzitutto necessario che esistano due **fondi**. Perciò il diritto di servitù si può costituire solo su beni immobili. Si può costituire una servitù anche se uno dei due immobili è un edificio da costruire o un fondo da acquistare, ma in questo caso la costituzione della servitù diverrà efficace solo dal giorno in cui l'edificio è costruito o il fondo è acquistato (art. 1029).

La diversità dei proprietari dei due fondi

I due immobili devono appartenere a **proprietari diversi**, e devono essere collocati in maniera tale che il fondo servente **possa** recare l'utilità desiderata al fondo dominante, anche se non necessariamente l'uno vicino all'altro.

La diversità dei titolari dei due fondi è un presupposto indispensabile perché possa parlarsi propriamente di servitù (*nemini res sua servit*).

Ciò non toglie che se un medesimo soggetto è proprietario di due fondi, egli possa destinare uno a servire l'altro (ad es., prevedendo che su uno di essi passino i cavi della linea telefonica per raggiungere l'altro fondo): in tal caso non si tratterà, però di una vera e propria servitù. Questa situazione potrà essere alla base della costituzione di una servitù quando i due fondi cessino di appartenere al medesimo proprietario (sul punto torneremo più avanti a proposito della costituzione della servitù per destinazione del padre di famiglia).

L'utilità arrecata da un fondo all'altro

L'**utilità**, vale a dire il vantaggio che un fondo ricava grazie alla costituzione della servitù, può consistere anche e semplicemente nella maggiore **comodità** o amenità del fondo dominante; ovvero inerire alla sua **destinazione industriale** (art. 1028); è ammessa, inoltre, la costituzione di una servitù per assicurare a un fondo un vantaggio **futuro** (art. 1027).

La tipologia del vantaggio realizzato con la servitù deve essere riferita al fondo, non al proprietario. Principio fondamentale, infatti, è che la servitù non può costituirsi al fine di avvantaggiare contingentemente il proprietario di turno, ma solo in vista di una oggettiva utilità per il fondo, sicché, il rapporto si instaura, per così dire, **tra i due fondi**, quello dominante e quello servente, e non tra i due proprietari. È ben vero che chi poi si avvantaggerà concretamente dell'utilità fornita dalla servitù è colui che usa il fondo dominante e, quindi, il proprietario; tuttavia tale vantaggio deve essere astrattamente godibile da chiunque si troverà in futuro e a qualsiasi titolo a godere del fondo dominante (il proprietario attuale, i proprietari futuri, l'usufruttuario, i conduttori, ecc.). Perciò l'utilità va riferita al fondo e non al proprietario, e deve quindi essere oggettiva.

Servitù reciproche

Quando l'utilità per i fondi è reciproca si parla di **servitù reciproche**. In questi casi, però, a ben vedere esistono due distinti diritti reali di servitù: l'uno a favore del primo fondo e a carico del secondo; l'altro a favore del secondo e a carico del primo. Le due situazioni soggettive reali devono intendersi tra loro autonome e indipendenti, sicché le vicende che riguardano l'una non incidono sull'altra.

Servitù irregolari

È anche possibile che utilità **simili** a quelle che si possono avere per mezzo della costituzione di una servitù siano ottenute tramite la costituzione di **obbligazioni** a carico del proprietario del fondo da cui si possono trarre tali vantaggi (**servitù irregolari**).

Facciamo un esempio. Tizio è proprietario del fondo Alfa con affaccio sulla strada. Il suo vicino Caio percorre ogni giorno quella strada per lavoro; tagliando per il fondo Alfa raggiungerebbe la strada in minor tempo. È possibile, allora, che Tizio conceda a Caio il diritto di attraversare il proprio terreno. Naturalmente ciò, in questo caso, potrà essere preteso in virtù dell'esistenza di un **credito** di Caio nei confronti del debitore Tizio, vale a dire in base a diritti di natura relativa e personale.

È evidente la **differenza con il diritto reale** di servitù. Quest'ultimo attribuisce l'utilità (ad es., il passaggio) sul fondo altrui a chiunque abbia titolo ad utilizzare un fondo che sia dominante: proprio perché il rapporto è tra fondi e prescinde dalla identità dei titolari.

Nel nostro esempio, allora, solo Caio potrà pretendere di passare nel fondo di Tizio; se poi Tizio vende il proprio terreno a Sempronio, Caio non potrà più pretendere di passeggiarvi. Se, invece, tale utilità fosse realizzata tramite la costituzione di un diritto di servitù Caio potrebbe opporre il diritto di passare anche a Sempronio. Perché ciò accada, però è necessario, come si è visto, che il rapporto si instauri tra **fondi**: Caio dovrà allora essere proprietario di un fondo (Beta, che diverrà dominante), e il diritto di passare nel fondo Alfa di Tizio dovrà rappresentare un'obiettiva **utilità per il fondo** Beta, non per Caio. Ad es., si potrà costituire una servitù di passaggio perché essa è necessaria per dare a Beta uno sbocco sulla strada, mentre non sarà più sufficiente giustificare il riconoscimento di tale facoltà con il semplice fatto che essa consentirebbe a Caio di raggiungere prima il posto di lavoro.

Varietà di tipologie e modalità di esercizio

Il tipo di utilità o vantaggio che un fondo può dare ad un altro non è predeterminato dalla legge, sicché sotto questo aspetto **l'autonomia privata** ha significativi margini di operatività. L'unico limite è che la servitù **non** può mai tradursi in un **fare** a carico del proprietario del fondo servente.

Obbligazioni reali e abbandono del fondo

Come si ricorderà, infatti, l'art. 1030 prevede che il proprietario del fondo servente non è tenuto a compiere alcun atto per rendere possibile l'esercizio della servitù da parte del titolare, salvo che la **legge** o il **titolo** disponga altrimenti (in tal caso il *facere* sarà oggetto non del diritto di servitù, ma di **obbligazioni reali**). Si ricorderà anche che l'unico modo per liberarsi di tali obbligazioni è quello di privarsi della titolarità del corrispondente diritto reale. Siccome sappiamo che il diritto di servitù è un vantaggio del fondo dominante ed è ad esso riferito, e non al proprietario, a quest'ultimo non rimarrà altra scelta che sbarazzarsi del fondo, alienandolo o abbandonandolo. Quest'ultima ipotesi è disciplinata dall'art. 1070 a norma del quale il proprietario del fondo servente, quando è tenuto in forza del titolo o della legge alle spese necessarie per l'uso o per la conservazione della servitù, può sempre liberarsene, **rinunziando** alla proprietà del fondo servente **a favore** del proprietario del fondo dominante (**abbandono del fondo**).

Naturalmente, questi non acquisterà la proprietà del fondo servente se non in virtù di una sua manifestazione di volontà: si discute, però se essa debba essere espressa (aver luogo, cioè, nella forma dell'accettazione scritta), oppure sia presunta nel caso in cui egli non rifiuti la proprietà. L'acquisto della proprietà avverrà a titolo gratuito. In mancanza di esso il fondo già servente, sarà acquistato dallo Stato (art. 927).

Classificazione secondo il contenuto. Servitù affermative o negative

Dal punto di vista del loro contenuto, le servitù si distinguono in **affermative** o in **negative** a seconda che attribuiscano al proprietario del fondo dominante un potere di fare o un potere di vietare. Un esempio del primo caso è rappresentato dalla servitù di passaggio, un esempio del secondo caso, dalla servitù di non sopraelevazione.

La distinzione rileva ai fini del computo dei termini di prescrizione. Visto che, per regola generale, il termine decorre dal giorno in cui si è

cessato di esercitare il diritto (v. art. 1073), nell'ipotesi di servitù negativa si potrà dire che il titolare del fondo dominante ha cessato di esercitarla quando, di fronte alla violazione dell'obbligo di non fare del titolare del fondo servente, egli ha omesso di reagire e ha rinunciato ad opporsi. In tal caso, dice la legge, il termine ventennale di prescrizione decorre dal giorno in cui si è verificato un fatto che ne ha impedito l'esercizio (ad es., da quando colui che non doveva costruire ha, viceversa, iniziato a costruire).

Servitù apparenti o non apparenti

Dal punto di vista delle modalità di esercizio si distinguono le servitù **apparenti**, cioè le servitù per l'esercizio delle quali sono necessarie opere **permanenti** e **visibili** – quale, ad es., la servitù di acquedotto (v. art. 1061) – da quelle **non apparenti** – quale, ad es., la servitù di non costruire –. Vedremo che la differenza tra le une e le altre è rilevante ai fini delle modalità di acquisto del diritto.

Servitù continue e discontinue

Altra distinzione basata sulle forme di esercizio, e anch'essa rilevante ai fini della prescrizione (vedi art. 1073), è quella tra servitù **continue** e **discontinue**. Le prime sono quelle il cui esercizio non richiede un fatto dell'uomo (ad es., servitù di veduta, grazie alla quale al fondo dominante è garantito un affaccio e la vista sul fondo servente), le seconde sono quelle che, viceversa, richiedono un'attività umana (ad es., servitù di passaggio).

La disciplina dell'esercizio del diritto di servitù

L'esercizio del diritto di servitù è disciplinato dal titolo (contratto, testamento, sentenza o, in mancanza, dalla legge). Regole fondamentali sono che il proprietario del fondo dominante deve comportarsi in maniera tale da **non aggravare** la condizione del fondo servente, e che il proprietario del fondo servente **non** deve compiere atti che **interferiscano** con l'esercizio della servitù o che lo rendano più incomodo (art. 1067). In base all'art. 1064, il diritto di servitù comprende tutto ciò che è **necessario** per usarne (c.d. **estensione del diritto di servitù**).

Costituzione del diritto di servitù

Una volta esaminati caratteri, tipologie e forme di esercizio delle servitù non rimane che vedere come esse si costituiscono e si estinguono.

Le servitù possono essere costituite per contratto, testamento, atto amministrativo, sentenza, destinazione del padre di famiglia o per usucapione.

Servitù volontarie

Quelle costituite per **contratto** o per **testamento** sono le c.d. servitù **volontarie** (art. 1058). Con riguardo alla costituzione negoziale delle servitù la giurisprudenza ha avuto modo di chiarire che essa rientra tra gli atti che **eccedono l'ordinaria amministrazione**, nella misura in cui rappresenta una modalità di disposizione del diritto del proprietario. Quando vengono costituite per contratto le servitù sono normalmente onerose ed è previsto il pagamento di un'indennità.

Le servitù possono essere costituite anche per atto **amministrativo** o per **sentenza** (art. 1031), in determinati casi previsti dalla **legge**.

A tal proposito va ricordato che quando la legge dà diritto alla costituzione di servitù si parla di servitù **coattive**. In ipotesi di questo tipo può accadere che le parti raggiungano, comunque, un accordo e che la servitù nasca sulla base di un contratto; in tal caso la servitù non potrà dirsi coattiva e ad essa non sono applicabili le specifiche discipline previste per le servitù coattive. Così, ad es., per quanto riguarda la servitù di passaggio a vantaggio del fondo intercluso, quando viene meno la interclusione si applicherà la regola stabilita dall'art. 1074, (in base alla quale l'impossibilità di fatto di usare della servitù e il venir meno dell'utilità della medesima non fanno estinguere la servitù, se non è decorso il termine per la prescrizione) e non l'art. 1055, dettato appositamente per le servitù coattive (e in base al quale se il passaggio cessa di essere necessario, può essere soppresso in qualunque tempo a istanza del proprietario del fondo dominante o del fondo servente). Servitù coattive

In caso in cui non venga costituita per contratto una servitù cui la legge darebbe diritto, il proprietario del futuro fondo dominante potrà rivolgersi al giudice e ottenere una **sentenza costitutiva** del diritto di servitù, sulla base di un meccanismo simile a quello descritto dall'art. 2932: tale sentenza provvederà anche a determinare l'**indennità** dovuta al proprietario del fondo servente e le modalità della servitù. Prima del pagamento dell'indennità il proprietario del fondo servente può opporsi all'esercizio della servitù (art. 1032).

Sono coattive le servitù di **acquedotto e scarico** coattivo (artt. 1033-1050: ad es., il proprietario deve far passare per i suoi fondi le acque che servono ai bisogni della vita o agli usi agrari e industriali di chi ha, anche solo temporaneamente, il diritto di usarle); quelle di **elettrodotto** e passaggio di linee **telefoniche** (artt. 1056-1057). Abbiamo già visto, poi, un'altra ipotesi di servitù coattiva: quella di **passaggio** (artt. 1051-1055). Quando ricorrono contemporaneamente due circostanze (il fondo è circondato da fondi altrui; esso non ha uscita sulla via pubblica, o può procurarsela solo con eccessivo dispendio o disagio), il proprietario del fondo **intercluso** ha diritto di ottenere il passaggio sul fondo vicino per la coltivazione e il conveniente uso del proprio fondo. Il tratto di passaggio deve corrispondere a quella parte del fondo servente per cui l'accesso alla via pubblica è più breve e reca minore danno al fondo servente medesimo. Si può costituire una servitù coattiva di passaggio anche se il fondo dominante **non è intercluso**, e anche se ha un accesso alla via pubblica, ma tale accesso è inadatto o insufficiente ai bisogni del fondo e non può essere ampliato, e solo se il giudice accerta che la servitù risponde alle esigenze dell'agricoltura o dell'industria, o ad esigenze di accessibilità – di cui alla legislazione relativa ai portatori di handicap – degli edifici destinati ad uso abitativo (art. 1052 e C. Cost. n. 167/1999). Nel caso della servitù di passaggio l'**indennità** dovrà essere proporzionata al danno cagionato dal passaggio (art. 1053).

La costituzione per destinazione del padre di famiglia o per usucapione

Infine, il diritto di servitù si acquista per destinazione del padre di famiglia o per usucapione. Trattasi di modi di acquisto delle sole servitù **apparenti** (art. 1061). Infatti, la costituzione per **usucapione** presuppone l'esercizio continuato del possesso per il tempo richiesto dalla legge (art. 1158).

La **destinazione del padre di famiglia** si verifica allorché risulti che due fondi, attualmente divisi, siano appartenuti allo stesso proprietario il quale aveva destinato l'uno al servizio dell'altro: nel momento in cui i due fondi cessano di appartenere alla stessa persona, quel rapporto di servizio si converte **automaticamente** in servitù, a meno che non esista una disposizione di segno contrario (art. 1062). Ciò significa che l'acquisto del diritto avviene *ope legis*, indipendentemente da qualsiasi manifestazione di volontà del proprietario, in virtù del solo fatto della precedente esistenza di un rapporto di servizio tra i fondi. La regola di cui all'art. 1062 va interpretata in senso stretto: se un soggetto è proprietario esclusivo di un fondo e conduttore di un altro, e istituisce tra i due un rapporto di servizio, al termine della locazione non acquisterà la servitù di passaggio sul fondo altrui.

È quindi chiara la ragione per la quale usucapione e destinazione del padre di famiglia sono modi di costituzione delle sole servitù apparenti: entrambe, infatti, presuppongono una condotta (possesso, destinazione) che assume evidenza solo se collegata ad un'opera, appunto, permanente e visibile.

Estinzione del diritto di servitù

Le servitù si estinguono per mezzo di fenomeni di cui abbiamo già parlato: **confusione** (art. 1072); **prescrizione** (art. 1073); o **rinuncia** da parte del titolare (art. 1070).

Le azioni a tutela della servitù

In materia di servitù il codice civile detta anche la disciplina di particolari azioni, appositamente predisposte per la sua tutela. In virtù dell'art. 1079 il titolare della servitù può farne riconoscere in giudizio l'**esistenza** contro chi ne contesta l'esercizio (azione **confessoria**). In aggiunta a ciò egli può chiedere che venga emesso un ordine per far **cessare** gli eventuali impedimenti e turbative (**inibitoria**) e può anche chiedere la **rimessione delle cose in pristino**, oltre il **risarcimento** dei danni. È facile capire il perché l'azione confessoria sia comunemente ritenuta la versione speculare di quella negatoria che, come abbiamo detto, tutela il proprietario. Qui non viene chiesta la dichiarazione di inesistenza di un diritto reale a tutela della proprietà, ma si richiede l'accertamento dell'esistenza di un tale diritto reale, e quindi di un limite alla pienezza del diritto di proprietà. Per questo motivo legittimato attivo è solo il titolare del diritto reale minore.

Sebbene dettato in materia di servitù, si ritiene che, per analogia, il rimedio in oggetto possa essere esercitato anche per la tutela degli altri diritti reali di godimento su cosa altrui.

Sezione VI
La contitolarità dei diritti reali

Sommario: 20. La comunione in generale. Natura e tipologia. – 20.1. La disciplina della comunione. – 20.2. Lo scioglimento. – 21. Il condominio degli edifici. – 22. La multiproprietà.

20. *La comunione in generale. Natura e tipologia*

La comunione ordinaria

La comunione è il particolare regime giuridico che trova applicazione là dove più soggetti siano **contitolari** del diritto di **proprietà**, o di altro **diritto reale**, sul medesimo bene (art. 1100 s.). La comunione ordinaria, pertanto, può riguardare sia il diritto di proprietà sia un altro diritto reale. Anche in quest'ultimo caso troverà applicazione la disciplina degli art. 1100 s. In relazione alla contitolarità dei diritti di credito, il riferimento al termine "comunione" del diritto avviene, quindi, in senso traslato.

In questa sede si farà riferimento alla **comunione ordinaria**. Il nostro ordinamento conosce anche altre ipotesi di comunione espressamente disciplinate (c.d. **comunioni qualificate**) quali quella ereditaria, quella legale tra i coniugi e il condominio.

È significativo, invece, il fatto che subito dopo la definizione del contratto di società il codice detti una disposizione relativa alla **comunione a scopo di godimento**, vale a dire quella costituita o mantenuta al solo scopo del godimento di una o più cose (art. 2248). Essa è regolata dalle norme sulla comunione ordinaria e non è suscettibile di essere ricondotta al fenomeno societario perché la sua costituzione non è strumentale all'esercizio di un'attività economica, ma, appunto, al mero godimento del bene.

La natura giuridica della comunione

Abbiamo detto sopra che il diritto moderno non concepisce la contemporanea presenza di due autonomi e distinti diritti di proprietà su un medesimo bene (alla stregua di quanto, viceversa, poteva accadere nel sistema feudale). Per la verità, tale ricorrente affermazione potrebbe essere contraddetta proprio dall'esistenza della comunione. Questo ha richiesto in dottrina uno sforzo ricostruttivo teso a chiarire in cosa consista allora il fenomeno della comunione ed in che modo esso possa dirsi compatibile con il fatto che il diritto moderno non ammette due o più proprietari di uno stesso bene.

Così, secondo alcune teorie, titolare del diritto dominicale è il gruppo o la collettività delle persone che possono vantare diritti sul bene. Queste tesi enfatizzano la dimensione istituzionale del fenomeno, argomentando a partire dall'esistenza di un apposito ente giuridico (l'organizzazione dei soggetti) con propri organi e proprie competenze. Esse rilevano come i limiti alle facoltà dei singoli soggetti in relazione all'uso e alla destinazione del bene siano di tale intensità da non essere compatibili con il diritto di proprietà, di cui, pertanto, sarebbe titolare il soggetto collettivo composto da tutti i partecipanti alla comunione. Decisivo sarebbe poi che le decisioni relative al bene vengano adottate a maggioranza. Ma con questa tesi contrasta il fatto che in tema di comunione non è possibile individuare un soggetto autonomo, dotato di propria autonomia patrimoniale, seppur imperfetta.

Secondo altro indirizzo di pensiero (c.d. proprietà plurima integrale), la comunione è situazione che comporta la presenza di una pluralità di diritti di proprietà sul bene tra loro uguali ma limitati quanto al contenuto dal fatto di coesistere con quelli degli altri. Si tratterebbe, cioè, di una situazione di plurime titolarità e plurimi diritti su uno stesso bene, il che andrebbe, tra l'altro, a contrastare con l'assunto secondo cui la proprietà moderna avrebbe comportato il definitivo abbandono di forme di contemporanea presenza di più diritti dominicali su una stessa *res*. Queste tesi non fornirebbero, a ben vedere, nemmeno un'adeguata spiegazione di cosa sia la quota spettante ad ogni proprietario.

Il peculiare ruolo giocato in materia dall'istituto della quota si comprende meglio ritenendo che i partecipanti alla comunione siano **contitolari** (o comunisti o, ancora, partecipanti) di un unico diritto di proprietà sull'intero bene. Al singolo comproprietario spetta, viceversa, la titolarità (si badi, non la proprietà, ma più genericamente, appunto, la titolarità) esclusiva della **quota ideale** della comunione, vale a dire di una porzione ideale del bene (o del diritto sul bene). La quota (ideale) rappresenta la misura della partecipazione del singolo al diritto di proprietà sul bene, vale a dire quanta parte del diritto di proprietà spetta al singolo comunista. Ne deriva che, come comproprietario dell'intero bene il partecipante può esercitare il diritto di proprietà su **tutto il bene** nei limiti in cui ciò non comporti pregiudizio o non ostacoli un eguale esercizio da parte di un altro partecipante. Viceversa, la quota, sarà nella libera e piena disponibilità del titolare.

La quota e la comunione *pro indiviso*

Quella disciplinata dagli artt. 1100 s., infatti, è la c.d. **comunione *pro indiviso***, nella quale il diritto di ciascuno dei partecipanti si estende sull'intero bene ed in cui gli stessi sono titolari esclusivi solo di una quota ideale dello stesso. La **quota** è **ideale** perché non indica una precisa parte del bene di dominio esclusivo del partecipante, ma una misura, una frazione numerica che si tradurrà in una porzione concreta del bene solo con la divisione. Pendente la comunione la quota rappresenta la misura della partecipazione del singolo al diritto di proprietà sull'intero bene. Per questo motivo il diritto di proprietà, quando esercitato dal comproprietario, è esercitato con pienezza (nei limiti del rispetto dei diritti dei comproprietari che abbiamo già detto): perché, nell'impossibilità di individuare una parte ben precisa del bene su cui egli ha un dominio esclusivo e su cui può esercitare le tipiche prerogative del proprietario, al comunista spettano le facoltà del proprietario su tutto il bene. La quota rileverà per determinare la misura della partecipazione a tutti quegli aspetti del fenomeno proprietario che siano suscettibili di frazionamento (ad es., la partecipazione alle spese); in sede di divisione, come detto, indicherà la porzione della cosa spettante in proprietà a ciascuno degli ex comproprietari.

Comunione romanistica e comunione di tipo germanico

Questa forma di comunione si deve tenere distinta dalla **comunione *pro diviso*** nella quale, invece, ciascuno dei comunisti è proprietario di una parte individuata della cosa.

Così ricostruita, è possibile riconoscere nella comunione ordinaria del nostro ordinamento quella di **tradizione romanistica**, vale a dire la comunione in cui i singoli partecipanti sono titolari esclusivi di quote. Da questa si deve distinguere la **comunione di tipo germanico** (o "a mani riunite") ove i compartecipanti non sono titolari esclusivi di quote e la proprietà spetta al gruppo. I partecipanti a quest'ultima forma di comunione non possono chiederne la divisione finché lo scopo per il quale è stata costituita non è raggiunto. Allo stesso modo, fino a tale momento, colui che esce dal gruppo non ha diritto alla liquidazione della propria partecipazione. Da alcuni autori vengono ricondotte a tale forma di comunione l'associazione non riconosciuta (in virtù di quanto disposto dall'art. 37) e la comunione legale tra coniugi: ipotesi alle quali non è agevole, in effetti, estendere il modello di comunione a mani riunite.

Comunione tra proprietari e comunione tra titolari di diversi diritti reali sul bene

La comunione è, quindi, un'unica situazione giuridica di cui più soggetti sono contitolari. Si pensi ad un frutteto di cui siano comproprietari Tizio, Caio e Sempronio. In pendenza della comunione (quindi finché i tre saranno contitolari del diritto di proprietà sul fondo) non sarà giuridicamente possibile individuare quale precisa porzione nel fondo, se quella a monte o a valle, spetti esclusivamente a Tizio o a Caio: i tre saranno quindi liberi di godere di tutto il frutteto. La titolarità del diritto di proprietà, quindi, è condivisa fra tre soggetti la cui compresenza sarà rappresentata da una frazione di 1/3. Le spese e le rendite derivanti dal bene saranno divisi per tre proprio in relazione alla misura frazionata di partecipazione agli oneri e alle prerogative della proprietà.

Questa situazione va distinta da quella, pure possibile, in cui i proprietari del frutteto siano Tizio e Caio, e Sempronio ne sia usufruttuario. Nell'ipotesi in cui i due proprietari abbiano concesso all'usufruttuario il diritto di godere del bene mantenendo per sé eguale prerogativa (e, quindi consentendo all'usufruttuario di godere dell'intero bene, ma in ragione di una quota ideale del potere di godimento), non si verserà nell'ipotesi di comunione ordinaria perché quest'ultima presuppone la contitolarità del medesimo diritto. Si tratta, invece, di una figura atipica di comunione (o comunione impropria) alla quale si ritiene, tuttavia, applicabile la disciplina di cui agli art. 1100 s.

20.1. *La disciplina della comunione*

Derogabilità

La disciplina codicistica della comunione è **derogabile** (art. 1100) tramite convenzioni. Tali deroghe negoziali richiedono tuttavia il consenso di tutte le parti e sfuggono, pertanto, al principio maggioritario tipico del regime di comunione.

Costituzione della comunione

In relazione alle modalità di costituzione, ma senza rilevanti differenze in tema di disciplina se non con riguardo alla possibilità di scioglimento, si distinguono:

a) la comunione **volontaria**, vale a dire quella costituita con contratto dalle parti. Si pensi, ad es., al contratto stipulato tra due o più soggetti che mettono in comune beni di rispettiva appartenenza; o acquistano congiuntamente un unico bene; o al caso del soggetto che acquista dall'attuale unico proprietario una quota ideale del diritto di proprietà;

b) la comunione **forzosa**, vale a dire quella indefettibilmente tale in virtù della legge o dell'avvenuto esercizio di un diritto potestativo. La comunione forzosa non può essere sciolta. Il condominio e la comunione forzosa del muro (art. 874) sono gli esempi classici di siffatta ipotesi di comunione;

c) la comunione **incidentale**, vale a dire quella che, pur costituendosi indipendentemente dalla volontà dei partecipanti, può essere sciolta. Il caso tipico e più importante è quello della comunione ereditaria, vale a dire quella che si instaura tra i coeredi in assenza di un'indicazione testamentaria dei beni specificamente spettanti ad ognuno di essi, ma non mancano altre ipotesi (ad es., il tesoro trovato per caso nel fondo altrui spetta per metà al proprietario e per metà al ritrovatore in base all'art. 932; l'unione o la commistione di cose di diversi proprietari insuscettibili di separazione realizza una comunione ai sensi dell'art. 939, co. 1, ecc.).

Il godimento del bene comune

Per quanto attiene all'uso del **bene**, l'art. 1102 stabilisce che ciascun comunista può servirsene, con due limiti: non deve alterarne la destinazione e non deve ostacolarne l'utilizzazione da parte degli altri comunisti.

Per esercitare tale facoltà ogni comunista può effettuare le modifiche necessarie per migliorare il godimento della cosa, ma in tal caso le spese saranno a suo carico. Grazie a tale previsione, quindi, si manifesta quel carattere già visto della prerogativa del diritto del comproprietario di usare del bene interamente, indipendentemente dalla misura della sua quota. L'art. 1102 disciplina l'uso materiale della cosa, la possibilità di detenerla, goderne e percepirne i frutti e ne consente la estensione all'intero bene a patto che non impedisca ad altri di farne parimenti uso. L'espressione utilizzata dal legislatore non va intesa in senso letterale come garanzia della possibilità di un uso eguale e contestuale della cosa da parte dei comunisti, perché non tutte le cose sono suscettibili di tali usi simultanei. Lo è, ad es., un televisore che può essere visto contemporaneamente e nello stesso modo dai vari comproprietari, ma non lo è un posto auto comune, nel quale è possibile far sostare la vettura di un comunista alla volta. In quest'ultimo caso deve ritenersi consentito un uso esclusivo che temporaneamente escluda gli altri da una tale facoltà, a patto che ne sia garantita l'alternanza dell'uso. Così, proprio con riguardo ad un caso simile a quest'ultimo, la giurisprudenza della S.C. ha ritenuto che la condotta di un condomino che occupi stabilmente e per un lungo periodo il cortile comune con la propria autovettura, costituisce un abuso perché impedisce agli altri condomini di utilizzare lo spazio comune.

Comunione e godimento frazionato

Se la cosa è suscettibile di essere goduta in maniera frazionata, vale a dire se è possibile assicurare il godimento esclusivo di porzioni di bene ad ogni singolo comunista, l'autonomia privata (art. 1322) consente alle parti di prevedere tale **godimento frazionato**. In questo caso, però, l'atto negoziale avrà a proprio oggetto solo la disciplina dell'esercizio del godimento del bene, e non, invece, il diritto di proprietà sullo stesso, il quale continuerà a rimanere *pro indiviso* nella titolarità dei comunisti. La conseguenza è che i comunisti, pur godendo ognuno di una frazione specifica del bene, si divideranno le spese in base alla misura della propria quota (che, per avventura, potrebbe anche non coincidere con la misura della singola porzione assegnata). Per tornare al nostro esempio del frutteto, se Tizio, Caio e Sempronio hanno convenzionalmente pattuito che i primi due godano esclusivamente del 50% del bene (la parte a monte) e Caio del restante 50% (la parte a valle), quest'ultimo, salvo diversa pattuizione, dovrà pagare comunque solo il 33% (vale a dire 1/3) delle spese relative alla comunione.

Infatti, in base all'art. 1101 i frutti e le spese relative alla cosa in comunione devono essere ripartiti tra i comproprietari in misura proporzionale alle rispettive quote, e queste ultime si presumono uguali.

Il principio maggioritario

Le decisioni attinenti alla amministrazione della comunione sono assunte dai comproprietari secondo il **principio maggioritario**, con la conseguenza che, ove una spesa sia deliberata dalla maggioranza prevista dalla legge, i comunisti dissenzienti sono obbligati a contribuirvi, salva la possibilità di liberarsi dall'obbligazione a loro carico **rinunziando** al proprio diritto (art. 1104) o di impugnare le deliberazioni illegittime (art. 1109).

A seconda dell'oggetto della delibera, la maggioranza richiesta può essere **semplice** (pari alla metà più uno del valore della cosa), come nel caso degli atti di ordinaria amministrazione; o **qualificata** (pari almeno ai 2/3 del valore della cosa), richiesta per gli atti eccedenti l'ordinaria amministrazione e per le innovazioni sulla cosa comune (art. 1108). Nel primo caso la maggioranza è calcolata non secondo il principio «una testa un voto» (o del voto *pro capite*), ma sulla base del valore delle quote (art. 1105); nel secondo caso è invece necessario che la deliberazione sia assunta da una maggioranza dei partecipanti che rappresenti almeno 2/3 del valore della cosa (art. 1108, co. 1).

È invece necessario il consenso di tutti i partecipanti (**unanimità**) per gli atti di alienazione o di costituzione di diritti reali sul bene e per le locazioni ultranovennali (art. 1108), vale a dire per tutti quegli atti che si traducano in una sottrazione ai comunisti della proprietà del bene o del pieno godimento di esso.

In virtù dell'art. 1105 tutti i condomini hanno diritto di concorrere all'amministrazione della cosa comune. L'amministrazione del bene è, dunque, di carattere **congiuntivo**, spettando a tutti i condomini, ma non individualmente (come abbiamo visto, infatti, opera il principio della maggioranza).

Comunione e tutela della minoranza

Per la validità delle deliberazioni della maggioranza si richiede che tutti i condomini siano stati preventivamente informati dell'oggetto della deliberazione (art. 1105). Ciascuno dei componenti la minoranza dissenziente può **impugnare** davanti all'autorità giudiziaria le deliberazioni della maggioranza, sia nel caso in cui esse siano gravemente pregiudizievoli alla cosa comune, sia nel caso in cui non sia stata fornita a tutti la preventiva informazione in relazione all'oggetto della deliberazione (art. 1109). Le delibere su innovazioni o altri atti eccedenti l'ordinaria amministrazione possono essere impugnate se in contrasto con i limiti fissati dall'art. 1108. L'impugnazione deve essere proposta, sotto pena di decadenza, entro trenta giorni dalla deliberazione. Per gli assenti il termine decorre dal giorno in cui è stata loro comunicata la deliberazione (art. 1109, ult. co.).

L'autorità giudiziaria può, comunque, essere adita in ogni momento da qualunque comunista nel caso in cui non si assumano i provvedimenti necessari per l'amministrazione della cosa comune o non si formi una maggioranza, o, ancora qualora la deliberazione adottata non venga eseguita. In questo caso il giudice potrà anche nominare un amministratore (art. 1105).

La disciplina della comunione è contenuta in un **regolamento** che i comunisti possono adottare, a maggioranza semplice in relazione a tutte le tre suddette forme di comunione (volontaria, forzosa o incidentale) (art. 1106).

Il regolamento della comunione

Caratteristica della comunione ordinaria è la **rinunziabilità** della quota. L'atto di rinunzia è una dichiarazione unilaterale che ha un effetto abdicativo e liberatorio simile a quello già visto per i diritti reali. Come effetto ulteriore la rinunzia produce l'accrescimento delle quote degli altri partecipanti alla comunione (ciò che comporta, quindi, anche la distribuzione tra essi della parte di spesa che gravava sul rinunziante). Il comunista che ha contribuito a determinare la spesa (anche tacitamente) non può liberarsi dell'obbligazione di pagare quanto dovuto rinunziando alla quota (art. 1104). In via generale si ritiene che la rinunzia non sia una dichiarazione recettizia, tacendo la legge al riguardo: gli effetti descritti si produrranno, allora, automaticamente a prescindere dalla conoscenza che gli altri comunisti abbiano dell'avvenuta rinunzia liberatoria.

Rinunzia alla quota

Diversa dalla rinunzia è la cessione della quota, nella misura in cui, suo tramite, si verifica non un'abdicazione alla titolarità della quota, ma un trasferimento ad altro soggetto di tale titolarità.

La disciplina positiva della comunione riconosce a ciascun comunista il diritto di **disporre** autonomamente della propria quota, alienandola o costituendo su di essa diritti di godimento o di garanzia a favore di terzi (art. 1103). Nel caso di cessione della quota, il cessionario e il cedente sono tenuti in solido a pagare i contributi dovuti dal cedente e non versati (art. 1104, ult. co.).

Cessione della quota e altri atti dispositivi

20.2. *Lo scioglimento*

La comunione cessa con lo **scioglimento**.

Lo scioglimento della comunione

La legge attribuisce a ciascuno dei comunisti il **diritto potestativo** di chiedere in qualunque momento lo scioglimento della comunione (art. 1111): pertanto, se gli altri partecipanti non acconsentono ad una **divisione negoziale** (mediante un apposito contratto), sarà possibile ricorrere ad una **divisione giudiziaria**.

È però previsto che l'autorità giudiziaria stabilisca una congrua dilazione, non superiore a cinque anni, là dove l'immediato scioglimento possa pregiudicare gli interessi degli altri comunisti (art. 1111). Questa decisione è rimessa alla discrezionalità del giudice cui spetta valutare la portata pregiudizievole dello scioglimento richiesto.

Non tutti i beni sono suscettibili di divisione (art. 1112).

Cose non soggette a divisione

Perché una cosa sia considerata **non divisibile** è necessario verificare se, una volta divisa, essa cesserebbe di servire all'uso cui è destinata. Secondo l'opinione corrente non è sufficiente che l'operazione di divisione sia difficile, ma si richiede che la **destinazione** del bene venga compromessa. Pertanto, quando non sia possibile **dividere in natura** il bene (e quindi assegnare singole e determinate porzioni di esso in titolarità esclusiva ai vari partecipanti: art. 1114), e quando, pertanto, l'unica forma di divisione possibile è l'assegnazione di tutta la cosa in esclusiva ad un solo comunista o la vendita ad un terzo (c.d. **divisione civile**), il bene dovrà considerarsi non soggetto a divisione solo se, in virtù di tale operazione, esso perderebbe il proprio valore d'uso. In caso contrario lo scioglimento della comunione sulla cosa potrà essere disposto anche se l'entità non è suscettibile di essere divisa in natura.

Così, ad es., si potrà procedere ad uno scioglimento tramite divisione in natura nel caso di una comunione del frutteto di Tizio Caio e Sempronio, ad ognuno dei quali spetterà una parte del terreno.

Il patto di rimanere in comunione

Se la cosa in comunione è un quadro, non sarà possibile dividere in natura il bene e lo scioglimento della comunione avverrà tramite assegnazione del dipinto ad uno dei comproprietari (il quale pagherà agli altri l'eccedenza del valore della propria quota e sarà tale somma che verrà divisa tra i compartecipanti), ovvero attraverso la vendita ad un terzo.

Se invece la cosa, una volta venduta ad un terzo o assegnata in esclusiva, dovesse smettere di servire al suo uso tipico, non si potrebbe procedere allo scioglimento. Il caso classico è quello dell'atrio di ingresso che serve due appartamenti.

L'attribuzione a ciascuno dei partecipanti del diritto potestativo di provocare lo scioglimento della comunione è sintomo dell'atteggiamento di disfavore con cui il codice guarda a quest'ultima: ne è prova ulteriore il fatto che la validità di un eventuale **patto** con cui le parti si impegnano a rimanere in comunione è contenuta entro il limite massimo di dieci anni. Peraltro, anche là dove le parti si siano obbligate a mantenere in vita la comunione, l'autorità giudiziaria può ordinarne lo scioglimento prima del termine convenuto, ove gravi circostanze lo richiedano (art. 1111).

Retroattività dello scioglimento

La divisione ha efficacia **retroattiva**: ciascun partecipante viene infatti considerato proprietario esclusivo della parte del bene che gli è stata assegnata in sede di divisione sin dal momento in cui la comunione si è costituita (art. 757, richiamato dall'art. 1116). Alla divisione delle cose comuni, infatti, si applicano le norme sulla divisione ereditaria in quanto non contrastino con quelle dettate dagli artt. 1100 s.

Obbligazioni della comunione

Per evitare strascichi nei rapporti con gli altri partecipanti, ciascun partecipante può esigere che siano **estinte le obbligazioni in solido** contratte per la cosa comune, che siano scadute o scadano entro l'anno dalla domanda di divisione. La somma per estinguere le obbligazioni si preleva dal prezzo di vendita della cosa comune, e, se la divisione ha luogo in natura, si procede alla vendita di una congrua frazione della cosa, salvo diverso accordo tra i condividenti. Naturalmente, il partecipante che ha pagato il debito in solido e non ha ottenuto il rimborso concorrerà nella divisione per una maggiore quota corrispondente al suo diritto verso gli altri condividenti (art. 1115). Tutte le obbligazioni assunte dalla comunione sono da considerarsi solidali (art. 1294): la conseguenza è che il creditore della comunione potrà richiedere l'adempimento per l'intero dell'obbligazione assunta nell'interesse di essa a qualunque comunista, indipendentemente dalla misura della quota di partecipazione dello stesso.

21. *Il condominio degli edifici*

Il condominio degli edifici

Negli **edifici** con più unità abitative ciascuno dei condomini, oltre ad essere **proprietario** del proprio appartamento è **comproprietario** delle parti comuni dell'edificio stesso. L'elencazione di queste parti comuni ha trovato collocazione nell'art. 1117, nella formulazione che ha resistito al decorso del tempo dall'entrata in vigore del codice civile del '42 sino ad oggi, ovvero alla l. n. 220/2012 che ha organicamente riformato l'istituto del condominio degli edifici, in quasi tutti i suoi aspetti, riscrivendo gli articoli che disciplinavano l'istituto, aggiungendone di nuovi e, più in generale, regolando l'intero fenomeno, anche sulla base di nuovi e innovativi indirizzi giurisprudenziali ed elaborazioni dottrinali, oltre che di quanto si era, negli anni, affermato nella prassi dei rapporti tra privati, spesso oltre il dato normativo, nella sua concreta esperienza applicativa.

Così, proprio con riferimento alle parti comuni, l'elenco contenuto nella previgente formulazione dell'art. 1117, che non era mai stato considerato esaustivo, si è arricchito notevolmente nella nuova formulazione della norma, in coerenza, ad es., della realtà delle tecnologie informative e delle reti di energia, un tempo evidentemente non immaginabili. Accanto alle parti comuni tradizionali (si pensi alle fondazioni dell'edificio, ai muri maestri, ai tetti e ai lastrici solari, ai cortili, ecc.) si pongono oggi i sistemi "per la ricezione televisiva e per l'accesso a qualunque altro genere di flusso informativo, anche da satellite o via cavo", dovendosi peraltro ritenere che la pur ampia elencazione delle parti comuni nel nuovo art. 1117 non deve considerarsi, a sua volta, esaustiva, a fronte di una varietà tipologica di strutture ed elementi edilizi e di servizi in continua evoluzione.

Il diritto di condominio ed il relativo regime giuridico presuppone che negli edifici sia individuabile un rapporto di strumentalità materiale e funzionale tra due beni: tra parti in proprietà comune e in proprietà esclusiva (c.d. **regime dualista**). Detto in altri termini, alcune parti dell'edificio (quelle comuni, ad es., le scale) servono per il godimento e l'uso di altre parti (quelle in proprietà esclusiva, ad es. l'appartamento).

Comunione e condominio

Il **condominio** è una particolare ipotesi di comunione, che si caratterizza per il suo carattere **forzoso**: le parti comuni dell'edificio non sono soggette a divisione, "a meno che la divisione possa farsi senza rendere più incomodo l'uso della cosa a ciascun condomino" (art. 1119). E con la necessità, come imposta dalla novellazione dell'articolo con la l. n. 220/2012, che vi sia il consenso di tutti i partecipanti al condominio. Il condomino **non** può rinunciare al proprio diritto sulle parti comuni: questa norma costituisce una assai rilevante novità introdotta dalla l. n. 220/2012 a modifica dell'art. 118, laddove nella previgente disciplina contenuta in tale articolo si ammetteva la rinuncia del condomino al diritto sulle cose comuni, senza tuttavia che ciò potesse consentire al condomino di esimersi dal contribuire alle spese per la loro conservazione. Ed ancora nella disposizione in esame, si coglie una importante previsione, anch'essa a seguito della nuova legge: la possibilità per il condomino di rinunciare all'utilizzo dell'impianto centralizzato di riscaldamento o di condizionamento, ma in tal caso il rinunziante deve concorrere al pagamento delle sole spese per la manutenzione straordinaria dell'impianto e per la sua conservazione e messa a norma. Qui il legislatore ha recepito un orientamento giurisprudenziale che in ragione di un intenso contenzioso – ma anche di una diffusa prassi – che sul tema si era prodotto aveva prevalentemente riconosciuto un tale diritto in capo al condomino.

Il condominio, inoltre, è costituito per **legge.** Altra caratteristica del condominio rispetto alla comunione ordinaria è, appunto, la suddetta strumentalità delle parti comuni al godimento del bene in proprietà esclusiva. Come abbiamo visto, infatti, il bene in comunione ordinaria è goduto di per se stesso, ha una propria ed autonoma utilità (si parla, a riguardo, di un'utilità finale del bene comune) e non è a priori configurato come strumento necessario ed utile per il godimento di un bene in proprietà esclusiva.

Destinazione dei beni in proprietà esclusiva

Perché in un edificio possa individuarsi un condominio è, quindi, necessario e sufficiente riscontrare il suddetto regime dualista.

Perciò la giurisprudenza ha avuto modo di chiarire che l'applicabilità della disciplina del condominio non dipende dalla destinazione d'uso o dalla conformazione delle cose in **proprietà esclusiva**, deducendone che la relativa disciplina può applicarsi anche al caso in cui alcune parti dell'immobile in proprietà esclusiva di un condomino abbiano una destinazione alberghiera.

Il numero delle proprietà individuali. Due proprietari. Condominio minimo

Parimenti, le Sezioni Unite della S.C. hanno chiarito che l'applicabilità della disciplina del condominio non dipende dal numero di comunisti.

Quindi ci si trova innanzi ad un condominio quando vi siano almeno **due** proprietà individuali e una comproprietà su beni strumentali a tali proprietà individuali (c.d. **condominio minimo**).

La l. n. 220/2012, che ha dettato una riforma organica dell'istituto, novellando gli articoli del codice civile, non è invece intervenuta a disciplinare questa particolare ipotesi di condominio, così rimettendosi in sostanza agli indirizzi giurisprudenziali che nel tempo si sono via via formati sulle numerose questioni, soprattutto in riferimento alla normativa sulla comunione ed alla definizione dell'ambito applicativo del c.d. condominio minimo rispetto alla prima.

Sicché, la possibilità di individuare o meno un condominio o, viceversa, una comunione ordinaria, influisce su vari aspetti della disciplina.

Si pensi, ad es., al diverso criterio di ammissione al rimborso delle **spese** necessarie alla conservazione della cosa comune sostenute dal singolo condomino. In base alla disciplina della comunione ordinaria il rimborso ad opera degli altri condomini gli spetterebbe ove egli abbia agito in caso di "trascuranza degli altri partecipanti o dell'amministratore"; in base alla disciplina del condominio è necessario che la spesa, effettuata dal condomino che ha assunto la gestione delle parti comuni fosse urgente, non bastando la semplice inerzia degli altri (art. 1134). Allorché in un edificio sia individuabile un rapporto di strumentalità tra cose comuni e cose in proprietà esclusiva si applicherà la disciplina del condominio anche se i condomini sono solo due. Naturalmente le decisioni relative al condominio saranno assunte all'unanimità e non secondo il principio maggioritario (inapplicabile al caso di soli due condomini). Più in generale, sono da ritenersi inapplicabili al c.d. condominio minimo le norme procedimentali sul funzionamento dell'assemblea condominiale (art. 1136), sicché, anche in conseguenza della norma di rinvio contenuta nell'art. 1139, le deliberazioni del condominio sono sottoposte alla regolamentazione prevista per l'amministrazione della comunione in generale.

Otto proprietari. Nomina dell'amministratore

Quando i condomini sono più di otto, l'assemblea deve nominare un **amministratore** (art. 1129, nel nuovo testo introdotto dalla l. n. 220/2012): se essa non vi provvede, può esserne chiesta la nomina al giudice su ricorso di uno o più condomini o – ed è questa una novità introdotta dalla nuova disciplina – dall'amministratore dimissionario.

L'amministratore è legato all'assemblea da un rapporto **fiduciario** – riconducibile al contratto di **mandato**, figura all'interno della quale si fa rientrare il rapporto tra l'amministratore e la collettività dei condomini – e può essere revocato in qualsiasi momento. Inoltre, ciascun condomino può chiederne la rimozione all'autorità giudiziaria ove l'amministratore non renda il conto della gestione ovvero in caso di gravi irregolarità. Nella sua nuova formulazione – a seguito della novellazione prodotta dalla l. n. 220/2012 – l'art. 1129 elenca una serie di casi di "grave irregolarità", lista, tuttavia, da ritenersi non esaustiva, ancorché il legislatore abbia voluto contemplare le ipotesi più ricorrenti nella realtà pratica e nell'esperienza giurisprudenziale.

Amministratore persona giuridica

In virtù della natura fiduciaria del rapporto, in passato si è discusso in dottrina e giurisprudenza se potesse ammettersi anche una **persona giuridica** quale amministratore. Pur con un tendenziale orientamento favorevole a tale ipotesi negli anni recenti – sul rilievo che anche le persone giuridiche rispondono del loro operato ma anche perché lo stesso carattere fiduciario del mandato ed il suo carattere di contratto *intuitu personae* sono oggi oggetto di revisione critica –, rimanevano forti riserve su tale possibilità, così che solo oggi, con la disciplina introdotta dalla l. n. 220/2012 e la novellazione operata sull'art. 1129 il legislatore ha previsto – sia pure indirettamente – che amministratore del condominio possa essere una persona giuridica in luogo della persona fisica, in forma societaria.

Obblighi dell'amministratore

La riforma del condominio a seguito della l. n. 220/2012 ha ampliato notevolmente l'elenco degli **obblighi** gravanti sull'amministratore in esecuzione del mandato ricevuto, avendo, anche qui, il legislatore recepito le indicazioni emerse dalla prassi e dall'interpretazione giurisprudenziale. La nuova formulazione degli artt. 1129-1130 c.c. contempla numerosi obblighi, da quello a "far transitare le somme ricevute a qualunque titolo dai condomini o da terzi, nonché quelle a qualsiasi titolo erogate per conto del condominio su uno **specifico conto corrente**, postale o bancario, intestato al condominio", a quello "ad agire per la **riscossione forzosa** delle somme dovute dagli obbligati entro sei mesi dalla chiusura dell'esercizio nel quale il credito esigibile è compreso" (art. 1129).

Ed ancora, l'amministratore deve **eseguire** le deliberazioni dell'assemblea dei condomini e **curare l'osservanza del regolamento** di condominio; **disciplinare l'uso** delle cose comuni e la prestazione dei servizi nell'interesse comune, in modo che ne sia assicurato il miglior godimento a tutti i condomini; **riscuotere** i contributi ed erogare le spese occorrenti per la manutenzione ordinaria delle parti comuni dell'edificio e per l'esercizio dei servizi comuni; compiere gli **atti conservativi** dei diritti inerenti alle parti comuni dell'edificio; curare la tenuta del **registro dei verbali** delle assemblee nonché del **registro di nomina e revoca** dell'amministratore e del **registro di contabilità**; conservare tutta la **documentazione** inerente alla propria gestione riferibile sia al rapporto con i condomini sia allo stato tecnico-amministrativo dell'edificio e del condominio; fornire al condomino che ne faccia richiesta **attestazione** relativa allo stato dei pagamenti degli oneri condominiali e delle eventuali liti in corso.

Il rendiconto

Deve poi redigere il **rendiconto condominiale** annuale della gestione e convocare l'assemblea per la relativa approvazione entro centottanta giorni (art. 1130). E proprio al "rendiconto condominiale" il legislatore del 2012 ha dedicato analitica disciplina introducendo l'art. 1130 *bis*, anche in questo caso recependo numerose istanze di una analitica ed organica regolazione normativa emerse dalla prassi ed oggetto di un intenso contenzioso, non sempre risolto univocamente dalla giurisprudenza. Così, nella nuova disposizione se ne offre l'esatto contenuto, indicandone gli elementi che lo compongono.

I controlli sull'operato dell'amministratore

Ai **condomini** e ai **titolari di diritti reali** o di godimento sulle unità immobiliari si riconosce il diritto di prendere visione dei documenti di spesa e di estrarne copia, mentre si attribuisce all'assemblea condominiale il potere di nominare un **revisore** che verifichi la contabilità del condominio; ed, ancora, all'assemblea condominiale viene riconosciuto anche il potere di nominare, oltre all'amministratore, un **consiglio di condominio** composto da almeno tre condomini negli edifici di almeno dodici unità immobiliari, con funzioni consultive e di controllo.

La rappresentanza dei partecipanti

Per lo svolgimento delle attività più sopra descritte e delle altre eventualmente previste dal regolamento o dall'assemblea, l'amministratore ha la **rappresentanza** dei **partecipanti** (art. 1131). Non va dimenticato, infatti, che il condominio, come ogni comunione, non è un ente personificato, sicché l'amministratore rappresenta i singoli condomini.

L'amministratore può **agire** in giudizio sia contro i condomini sia contro i terzi per l'attuazione dei compiti attribuitigli dagli artt. 1129-1130, nella loro nuova formulazione – a seguito della l. n. 220/2012 – che, come abbiamo visto, prevede ulteriori obblighi rispetto alla precedente. In linea generale, i poteri di **rappresentanza in giudizio** sono diretta ed immediata conseguenza delle attribuzioni sussistenti in capo all'amministratore ai sensi dei novellati artt. 1129-1130 in ambito sostanziale: egli ha sul piano processuale i medesimi poteri. La stessa conclusione dovrà trarsi, in assenza di esplicita determinazione in senso contrario, qualora una estensione delle attribuzioni sia prevista dal regolamento o da delibere assembleari.

L'amministratore, può, invece, essere **convenuto** in giudizio per qualunque azione concernente le parti comuni dell'edificio (art. 1131).

I **provvedimenti** presi dall'amministratore nell'esercizio dei suoi poteri sono obbligatori per i condomini. Contro i provvedimenti dell'amministratore è ammesso ricorso all'assemblea, senza tuttavia pregiudizio del ricorso all'autorità giudiziaria (art.1133).

Il regolamento condominiale

Quando il numero dei proprietari è **superiore a dieci**, deve essere predisposto un **regolamento** condominiale che disciplini l'uso delle parti comuni e la ripartizione delle spese, nonché l'amministrazione del condominio. La legge assicura a ciascun condomino la possibilità di assumere l'iniziativa per la formazione del regolamento o per la revisione di quello già esistente (art. 1138). Il regolamento deve essere approvato dall'assemblea con la maggioranza stabilita dal co. 2 dell'art. 1136 c.c. (numero di voti che rappresenti la maggioranza degli intervenuti e almeno la metà del valore dell'edificio) e deve essere allegato al registro dei verbali delle assemblee. La legge di riforma ha modificato il testo del precedente art. 1138 proprio per coordinarlo con le norme sui registri del condominio.

Le norme del regolamento – per la cui approvazione è sufficiente la maggioranza semplice, calcolata per quote e per teste – non possono menomare i diritti dei singoli proprietari, quali risultano dai rispettivi titoli di acquisto.

Non può poi non segnalarsi la disposizione di cui all'ult. co. dell'art. 1138, secondo cui "le norme del regolamento non possono vietare di possedere o detenere **animali domestici**". Anche su questo tema in passato si è avuto un intenso contenzioso, che il legislatore del 2012 ha inteso disciplinare in via definitiva.

L'assemblea

Qualunque sia la dimensione del condominio, spetta all'**assemblea** dei condomini assumere le decisioni relative alla manutenzione e alla gestione dell'edificio.

Le deliberazioni sono adottate con le maggioranze previste dall'art. 1136, come novellato dalla l. n. 220/2012. Esse sono **obbligatorie** anche per la minoranza dissenziente, ma ove contrarie alla legge o al regolamento possono essere impugnate dai condomini **dissenzienti** o **assenti** entro trenta giorni decorrenti, rispettivamente, dalla adozione e dalla comunicazione di esse, ai sensi dell'art. 1137. La nuova formulazione di questa disposizione ha previsto che anche il condomino **astenuto** – oltre quello dissenziente o assente – può chiedere l'annullamento di tali delibere, entro trenta giorni dalla loro assunzione.

Le modificazioni e le attività incidenti sulle destinazioni d'uso delle parti comuni

La l. n. 220/2012 ha disciplinato le ipotesi di modificazioni delle **destinazioni d'uso** delle parti comuni (art. 1117 *ter*), prevedendo una speciale procedura per soddisfare esigenze di interesse condominiale. Viene così previsto un **procedimento rafforzato** che richiede *quorum* alti ed analitiche garanzie procedurali.

Ed ancora in tema di destinazione d'uso delle parti comuni, l'art. 1117 *quater* – introdotto dalla l. n. 220/2012 – disciplina l'ipotesi di attività che incidano negativamente e in modo sostanziale su di esse, disponendo che l'amministratore o i condomini, anche singolarmente, possono diffidare l'esecutore e possono chiedere la convocazione dell'assemblea per far cessare la violazione, anche mediante azioni giudiziarie.

Il regime delle opere di proprietà o uso individuale

Anche il regime delle **opere su parti di proprietà (o uso) individuale** ha subìto, a seguito della riforma intervenuta con la l. n. 220/2012, importanti modifiche, sin dalla rubricazione dell'art. 1122 ("Opere sulle parti dell'edificio di proprietà comune", nella precedente formulazione; "Opere su parti di proprietà o uso individuale", a seguito della l. n. 220/2012). La nuova titolazione della disposizione segna un mutamento di prospettiva della regolazione, volendo, il legislatore del 2012, innanzitutto formalizzare il principio secondo il quale la singola, individuale proprietà individuale, trovandosi all'interno di una più ampia struttura, subisce una inevitabile quanto logica **limitazione**, assoggettata al vivere collettivo, alla coesistenza con altre unità immobiliari esistenti nella struttura condominiale, a partire dal rispetto delle parti comuni dell'immobile nei casi in cui il condomino voglia eseguire opere nella sua proprietà. Questo stesso principio trova applicazione per i beni che seppure per la loro funzione e destinazione potrebbero essere definiti condominiali, vi sono stati sottratti per effetto di atti di disposizione. Così, ad esempio, se un condomino è anche proprietario – o titolare di un diritto d'uso – dei locali che in origine e per loro natura sarebbero destinati a contenere la lavanderia condominiale, in ragione di una clausola del regolamento contrattuale di condominio, anche per questi locali va rispettato il principio della collettività (art. 1122).

Una analitica disciplina, soprattutto per quanto concerne il procedimento autorizzatorio e le relative delibere dell'assemblea condominiale, è poi prevista – anche qui sulla base di una intensa elaborazione giurisprudenziale – in ordine agli impianti non centralizzati di ricezione **radiotelevisiva** e di produzione di **energia da fonti rinnovabili** (art. 1122 *bis*) e agli impianti di **videosorveglianza** sulle parti comuni (art. 1122 *ter*).

Le spese

Ciascuno dei proprietari è tenuto a partecipare – in misura proporzionale alla rispettiva quota, normalmente espressa in millesimi – alle spese **necessarie** per la **manutenzione** e il **godimento** delle parti comuni (art. 1123), e a quelle relative alle innovazioni deliberate dall'assemblea (artt. 1120 e 1136).

E con riguardo alle **innovazioni**, la novellazione dell'art. 1120 a seguito della l. n. 220/2012 ha ampliato la previsione della norma, confermando, da un lato, il co. 1 della previgente disposizione, dall'altro estendendo notevolmente, al co. 2, il novero delle innovazioni per la cui realizzazione è stata prevista una maggioranza assembleare più semplice rispetto a quella imposta dal co. 1 che si riferisce ad ogni altra innovazione non ricompresa nell'elenco introdotto dalla nuova legge. Quanto alla nozione di innovazione, rimane quella elaborata nel tempo dalla giurisprudenza, e che ricomprende non ogni modificazione ma solo quelle modifiche che determinano un'**alterazione** della cosa comune o il **mutamento della destinazione** originaria, così che le parti comuni, in seguito all'attività o alle opere realizzate, presentino una diversa consistenza materiale ovvero vengano ad essere utilizzate per fini diversi da quelli precedenti.

Sono in ogni caso vietate le innovazioni che possano recare pregiudizio alla stabilità o alla sicurezza del fabbricato, che ne alterino il decoro architettonico o che rendano talune parti comuni dell'edificio inservibili all'uso anche di uno solo dei proprietari (art. 1120). Inoltre, ove l'innovazione abbia carattere **voluttuario** e comporti una spesa molto gravosa, i condomini che non intendano trarne vantaggio sono esonerati dal contribuirvi e la maggioranza che la ha approvata deve sopportare integralmente la spesa (art. 1121).

Come abbiamo detto, poi, il diritto di **sopraelevare** spetta al proprietario dell'ultimo piano.

Il supercondominio

Si parla di **supercondominio** per indicare quelle ipotesi in cui più edifici hanno parti in comune. Si pensi, ad es., ai viali, ai giardini o alle strade interne di un complesso residenziale con più palazzi. Questa figura, fino ad oggi – con la l. n. 220/2012 che ha introdotto nel codice l'art. 1117 *bis* – non aveva disciplina nella legge, era di creazione dottrinaria ed aveva comunque avuto un riconoscimento giurisprudenziale. In assenza di una previsione normativa, si discuteva se alle fattispecie concrete rientranti nella figura del supercondominio dovesse applicarsi il regime del condominio di cui agli artt. 1117 ss., ovvero dovesse farsi riferimento ad altri istituti quali la comunione ordinaria o, ad es., il diritto di servitù. La giurisprudenza di legittimità riteneva, in maniera sostanzialmente condivisibile, che nel supercondominio si realizzasse quella stessa situazione di accessorietà funzionale tra parti comuni e parti in proprietà esclusiva che caratterizza il condominio rispetto alla comunione ordinaria: si pensi alla strada interna al complesso residenziale che serve per accedere alle varie palazzine.

Oggi, la riforma del condominio attuata con la l. n. 220/2012 ha esteso al supercondominio la normativa di cui agli artt. 1117 ss. c.c., definendo le questioni sorte negli anni intorno alla disciplina applicabile. La nuova norma fissata dall'art. 1117 *bis* sembra sciogliere i dubbi del passato, recependo l'elaborazione dottrinale e gli orientamenti giurisprudenziali prevalenti. E si può ritenere che la normativa del condominio si applichi al supercondominio anche in assenza della volontà dei condomini, operando una vigenza automatica della disciplina, a fronte della previsione dell'art. 1117 *bis*.

22. *La multiproprietà*

Con il termine **multiproprietà** ci si riferisce ad un fenomeno diffusosi nella pratica negoziale a partire dagli anni '80, che ha la propria caratteristica fondamentale in ciò, che esso realizza forme di godimento turnario dello stesso immobile da parte di più soggetti.

Il diritto sul bene in multiproprietà

Il multiproprietario acquista, infatti, il diritto di **godere** del bene – nel rispetto del vincolo di destinazione previsto – per un determinato periodo dell'anno solare (ad es., la prima settimana di agosto), e si avvicenda nell'uso dell'immobile con gli altri titolari secondo un **sistema turnario** stabilito dalle parti al momento della stipulazione dell'acquisto.

Normalmente l'immobile è inserito in un complesso turistico alberghiero che offre ai multiproprietari diversi servizi (ristorante, bar, piscina). La **gestione** delle parti comuni del complesso è affidata ad una società che cura la manutenzione e la amministrazione del complesso e garantisce i servizi aggiuntivi previsti: ad essa i multiproprietari sono obbligati a versare periodicamente i c.d. **oneri condominiali**.

La natura del diritto

Le maggiori difficoltà che l'istituto della multiproprietà pone attengono alla sua **qualificazione** dogmatica. Non è un caso che parte della dottrina abbia risolto alla radice ogni problema affermando che esso, presentando caratteri irriducibili alle figure note, sarebbe un **diritto reale atipico**. L'accoglimento di questa tesi, come è facile comprendere, imporrebbe il superamento del principio di tipicità dei diritti reali.

Per questo motivo hanno avuto largo seguito le tesi che, pur tra ostacoli e difficoltà, mirano a ricondurre la multiproprietà a categorie civilistiche tradizionali. Secondo diversi autori, ad es., essa sarebbe una forma di **comunione** caratterizzata dal fatto che i proprietari concordano un uso turnario del bene. Abbiamo già visto, infatti, come la contitolarità del diritto di proprietà sia normalmente considerata compatibile con forme di godimento esclusivo del bene, nel tempo o nello spazio. Altra tesi propone di configurare la multiproprietà come un tipo di proprietà nel quale l'oggetto del diritto è individuato non solo nello spazio, ma anche sul piano temporale: esso, cioè, sarebbe definito non solo fisicamente, ma anche attraverso le coordinate temporali che limitano il suo esercizio nel tempo (tesi, queste, vicine alla configurazione dell'istituto in termini di **proprietà temporanea**).

Eterogeneità delle figure di multiproprietà

Uno dei motivi per cui non sembra possibile sciogliere il nodo della qualificazione dogmatica della multiproprietà risiede nella **eterogeneità** delle figure riconducibili all'uso turnario del bene.

Se, infatti, non sembra discutibile che la multiproprietà **immobiliare** presenti i caratteri tipici dei diritti reali, non si può negare che talvolta il diritto in oggetto mostra i tratti di un mero diritto personale di godimento.

È il caso della multiproprietà **azionaria**: in questa ipotesi la società che gestisce il complesso immobiliare non vende direttamente la proprietà turnaria delle singole unità immobiliari, ma proprie **azioni**, alle quali è poi collegato il diritto di utilizzare in determinati periodi dell'anno una frazione spazio-temporale individuata del complesso immobiliare. Il multiproprietario diviene titolare di una partecipazione sociale e, insieme, di un diritto di godimento turnario di uno degli immobili di cui la società è proprietaria. Tale diritto, però, non sembra configurabile come diritto assoluto opponibile *erga omnes*, ma come un **diritto di credito** del socio nei confronti della società: spesso, infatti, si prevede che il mancato pagamento degli oneri condominiali determini l'esclusione del socio e la perdita del diritto di godimento. Ciò dimostra che la situazione soggettiva di cui il multiproprietario è titolare si inserisce in un rapporto obbligatorio tra questi e la società e che essa non può essere ricostruita come un diritto reale.

La disciplina della multiproprietà

Gli eterogenei aspetti che la multiproprietà presenta nella realtà concreta hanno impedito di dare a tale istituto una collocazione sistematica definitiva: lo stesso legislatore, che ha disciplinato la multiproprietà in attuazione della dir. n. 94/47 (d.lgs. n. 427/1998, oggi confluito negli artt. 69 s. cdc), ha preferito non definirne la natura giuridica, fino alla modifica degli artt. 69 ss. cdc ad opera del d.lgs. 23 maggio 2011, n. 79, nel quale si è definita la multiproprietà e cercato di dar conto della eterogeneità tipologica delle figure riconducibili all'uso turnario del bene.

La definizione normativa del contratto di multiproprietà

Il d.lgs. n. 427/1998 non regolava la multiproprietà in sé, ma l'attività di contrattazione posta in essere da quei soggetti **professionali** (persone fisiche o giuridiche) che **costituiscono**, **trasferiscono** o **promettono** il trasferimento o la costituzione del diritto di multiproprietà, oppure quei professionisti che **promuovono** la vendita in multiproprietà di beni immobili, ponendo a loro carico una articolata serie di obblighi di informazione. Gli art. 69 s. cdc riguardavano, infatti, e a loro volta, i contratti relativi all'acquisizione di un **diritto di godimento ripartito** di beni immobili (contratti della durata di almeno tre anni con i quali, verso pagamento di un prezzo globale, si costituisce, si trasferisce o si promette di costituire o trasferire, direttamente o indirettamente, un diritto reale **ovvero** un altro diritto avente ad oggetto il godimento di uno o più beni immobili, per un periodo determinato o determinabile dell'anno non inferiore ad una settimana). Peraltro, la genesi comunitaria della materia non ha posto la disciplina al riparo da modifiche e assestamenti continui. Nel 2009, infatti, l'UE ha emanato una **nuova direttiva** (n. 2008/122) che lascia impregiudicate le disposizioni nazionali relative alla determinazione della natura giuridica dei diritti che sono oggetto dei contratti contemplati dalla stessa direttiva (art. 1, co. 2, lett. *d*)). Coerentemente, essa attenua il riferimento al diritto reale contenuto nella definizione di contratto relativo all'acquisizione di un diritto di godimento ripartito di beni immobili operato dalla direttiva del 1994 (e dalla legge italiana di recepimento). A livello europeo viene così fornita una definizione parzialmente diversa del contratto, ora espressamente chiamato **contratto di multiproprietà**. Tale definizione è stata solo di recente recepita nel nostro ordinamento.

In seguito alle modifiche apportate dal d.lgs. 23 maggio 2011, n. 79, il cdc fa oggi espresso riferimento alla multiproprietà, unitamente ad altre tipologie di contratti. Il contratto di **multiproprietà** è un contratto di durata superiore a un anno tramite il quale un consumatore acquisisce a titolo oneroso il diritto di godimento su uno o più alloggi per il pernottamento per più di un periodo di occupazione (art. 69, lett. *a*), cdc).

Accanto ad esso, ed in funzione dello stesso, sono stati altresì previsti il **contratto di rivendita**, ai sensi del quale un operatore assiste a titolo oneroso un consumatore nella vendita o nell'acquisto di una multiproprietà o di un prodotto per le vacanze di lungo termine (art. 69, lett. *c*), cdc); il **contratto di scambio**, ai sensi del quale un consumatore partecipa a titolo oneroso a un sistema di scambio che gli consente l'accesso all'alloggio per il pernottamento o ad altri servizi in cambio della concessione ad altri dell'accesso temporaneo ai vantaggi che risultano dai diritti derivanti dal suo contratto di multiproprietà (art. 69, lett. *d*), cdc).

Inoltre il legislatore ha definito il **contratto relativo a un prodotto per le vacanze di lungo termine**, come contratto di durata superiore a un anno, ai sensi del quale un consumatore acquisisce a titolo oneroso essenzialmente il diritto di ottenere sconti o altri vantaggi relativamente ad un alloggio, separatamente o unitamente al viaggio o ad altri servizi (art. 69, lett. *b*), cdc).

La tutela del multiproprietario-consumatore. Obblighi informativi e forma

La particolare natura del soggetto titolare del diritto, oggi definito **consumatore** ai sensi dell'art. 3, co. 1, lett. *a*), cdc – e non più mero acquirente, come in precedenza (art. 69, lett. *f*) così come modificato dal d.lgs. n. 79/2011 –, sta alla base della particolare disciplina di tutela predisposta dall'ordinamento.

In particolare è previsto l'obbligo del venditore di fornire al consumatore dettagliate **informazioni precontrattuali** (art. 71 cdc) delle quali il legislatore detta **contenuto** (ad es., nel caso di un contratto di multiproprietà, devono essere fornite le informazioni contenute in un apposito formulario informativo allegato al cdc); **modalità** (devono essere rese in maniera chiara e comprensibile, e devono essere accurate e sufficienti); **tempi** (devono essere fornite in tempo utile prima che il consumatore sia vincolato da un contratto o da un'offerta); **forma** (devono essere date su carta o altro supporto durevole facilmente accessibile al consumatore).

La **forma scritta** è richiesta anche per il contratto, a pena di **nullità**.

Nel caso in cui il contratto di multiproprietà, il contratto relativo a un prodotto per le vacanze di lungo termine o un contratto di rivendita o di scambio venga offerto al consumatore in persona nell'ambito di una promozione o di un'iniziativa di vendita è fatto obbligo all'operatore di indicare chiaramente nell'invito lo scopo commerciale e la natura dell'evento (art. 70 cdc). Ulteriori obblighi informativi concernono l'esistenza e le modalità di esercizio del diritto di recesso (art. 72, co. 6, cdc).

Il diritto di recesso e la nullità delle clausole di rinuncia ai diritti

Al consumatore, infatti, è riconosciuto il diritto di **recedere entro quattordici giorni** dalla sua conclusione senza incorrere in alcuna penalità, termine esteso fino a tre mesi nel caso in cui il venditore non abbia assolto gli obblighi di informazione posti a suo carico (art. 73 cdc).

La legge dispone la **nullità** delle clausole contrattuali o dei patti aggiunti di rinuncia dell'acquirente ai diritti previsti dalla legge o, ancora, di limitazione delle responsabilità previste a carico del venditore (art. 78 cdc). Si tratta di una disciplina chiaramente ispirata ad esigenze di **tutela del consumatore**, secondo modalità che hanno contraddistinto l'azione del legislatore comunitario anche in altri ambiti.

Sezione VII

IL POSSESSO

23. *Diritti sulle cose, possesso e detenzione. La nozione di possesso*

Forma e sostanza nelle situazioni soggettive

Si ricorderà che gli strumenti giuridici attraverso i quali l'ordinamento garantisce ad un soggetto la possibilità di godere di una cosa sono i **diritti soggettivi**: i **diritti reali** di godimento tutelano *erga omnes* il godimento di un soggetto su una cosa; i **diritti personali** di godimento attribuiscono ad un soggetto poteri di uso e godimento di una cosa nei confronti di un altro determinato soggetto.

Tuttavia, perché la pretesa di godere e usare della cosa possa ricevere tutela dall'ordinamento giuridico, non è sempre necessario che il soggetto sia titolare di un vero e proprio diritto (personale o reale) sulla cosa. A volte è sufficiente l'esercizio del godimento (e quindi del potere) sul bene, a prescindere dal fatto che esso trovi giustificazione e legittimazione in un diritto (o titolo). È ciò che avviene con la tutela del **possesso** di una cosa.

La definizione codicistica di possesso

Infatti, ai sensi dell'art. 1140, co. 1 "il possesso è il **potere** sulla cosa che si manifesta in un'attività corrispondente all'esercizio nella proprietà o di altro diritto reale".

Come può desumersi da questa definizione, il possesso rappresenta il **contenuto** del diritto di proprietà o di altro diritto reale colto nel suo momento dinamico, quello **dell'effettivo esercizio** delle prerogative riconducibili a tale contenuto. Ad es., il coltivare un oliveto, raccoglierne le olive per produrre l'olio, costruirvi una casetta per concederla in locazione nella stagione turistica, sono tutte forme di esercizio di un potere di godimento sul terreno. Se in genere tale potere sul bene trova il proprio fondamento nella titolarità del corrispondente diritto reale, può anche accadere, però, che esso venga esercitato da un soggetto che non è titolare del corrispondente diritto reale. In quest'ultimo caso un soggetto che non ha diritti sulla cosa usurpa le prerogative del titolare del diritto facendo del bene ciò che, normalmente, solo il titolare di un diritto reale può fare.

Titolarità del diritto reale ed esercizio delle connesse prerogative

Da qui la tradizionale distinzione tra la **situazione di diritto** (proprietà o altro diritto reale), e la **situazione di fatto** (il possesso: tale perché **indipendente** dalla titolarità di un diritto). L'indipendenza è data dal fatto che il possessore del bene, vale a dire colui che usa il bene, può farlo anche in mancanza di un diritto reale. Ne deriva che, nel caso della proprietà su un bene, ad es., si deve distinguere tra i casi in cui il possessore è anche proprietario (c.d. **possesso titolato**), da quelli in cui il possessore non è proprietario (quest'ultimo è il tipico caso del ladro, il cui possesso è, per contro, **non titolato**). Stesso discorso va fatto in relazione ai diritti reali minori.

Il possesso (a prescindere dall'esistenza in capo al possessore di un titolo che giustifichi l'uso del bene) non è senza tutela e, in ogni caso, è un fatto produttivo di effetti giuridici: esso è, dunque, una situazione **di fatto giuridicamente rilevante**, nel senso che è produttiva di una serie di effetti (ad es., l'acquisto per usucapione), e, a certe condizioni, perfino meritevole di tutela da parte dell'ordinamento. Vedremo da qui a breve quali sono tali effetti e quali sono le forme di tutela di cui gode questa situazione di fatto: ora dobbiamo soffermarci ancora su un'altra distinzione, quella tra possesso e **detenzione**.

Gli elementi del possesso. Il *corpus*

Abbiamo visto, infatti, che il possesso si differenzia dalle altre forme giuridiche di uso del bene perché non necessariamente si basa sulla titolarità di un diritto reale, ma richiede solo la **materiale** disponibilità del bene.

Tuttavia, secondo il tradizionale modo di guardare al possesso, la sola disponibilità materiale del bene (c.d. *corpus*) sarebbe sufficiente a distinguere la situazione di fatto da quella di diritto, ma non basterebbe a distinguerla dalla detenzione. Il possesso, infatti, non è l'unica situazione di fatto, produttiva di effetti e tutelata a prescindere dalla circostanza che trovi riscontro nella titolarità di un diritto soggettivo. L'ordinamento riconosce come tale, infatti, anche la detenzione, che è anch'essa una situazione di disponibilità materiale di una cosa.

L'*animus possidendi*

Secondo la tradizionale teoria, allora, perché ci si trovi innanzi ad una situazione di possesso sono necessari due elementi: l'uno di carattere **oggettivo**, il *corpus*, ossia, appunto, la materiale disponibilità di quel bene; l'altro, di carattere **soggettivo**, l'*animus possidendi*, ovvero l'intenzione del possessore di usare la cosa come se ne fosse proprietario, usufruttuario, ecc.

Possesso e detenzione

L'*animus* varrebbe a distinguere il possesso dalla detenzione (art. 1140, co. 2), nel senso che il **detentore** avrebbe la materiale disponibilità della cosa, ma nell'usarne, **riconoscerebbe** l'altrui diritto. Ad es., il locatario abita l'appartamento, senza però voler usurpare le prerogative del proprietario.

Impostata in questi termini, però, la distinzione tra possesso e detenzione è praticamente incomprensibile. Per tornare all'esempio precedente, sembrerebbe che a fare del locatario, dal semplice detentore che era, un possessore, sia sufficiente un mutato atteggiamento mentale nei riguardi della cosa considerata ora non più oggetto di locazione, ma di proprietà, di usufrutto, ecc.: e questo pur nella invarianza dei comportamenti in concreto seguiti (pagamento mensile del canone, ecc.). In realtà possesso e detenzione si distinguono in ragione di ciò: mentre i poteri esercitati dal detentore derivano da un **titolo** costitutivo (ad es., il contratto di locazione) il quale ne determina in modo rigoroso la latitudine; i poteri esercitati dal **possessore** trovano la propria legittimazione soltanto **in se stessi**, cioè nel fatto di essere in concreto esercitati, e la propria misura nell'astratto richiamo alla proprietà o ad altro diritto reale contenuto nell'art. 1140, co. 1. Per questo motivo mentre i comportamenti di chi possiede il bene sono tipici di chi ha o ritiene di avere un diritto assoluto reale sulla cosa, quelli di chi lo detiene sono tipici di chi riconosce che altri ha un diritto assoluto su essa e che la sua posizione è subordinata e derivata da quella di un altro soggetto (ad es., il depositario detiene la cosa perché si comporta rispettando il diritto che su essa ha il proprietario, non la usa, non ne dispone, ecc.).

Mutamento della detenzione in possesso

Dunque, la distinzione in esame ha un fondamento schiettamente **oggettivo e non rileva**, in realtà, l'intimo convincimento del soggetto, ma il modo in cui egli effettivamente si comporta.

Tanto ciò è vero che, perché uno stesso soggetto che ha la materiale disponibilità della cosa (*corpus*) passi dal detenerla al possederla (**mutamento della detenzione in possesso**), non è sufficiente che lo voglia, ma è necessario che si verifichi un fatto obiettivo: o il **mutamento del titolo** che gli attribuisce il potere sulla cosa e ne giustifica l'esercizio (art. 1141, co. 2); oppure l'adozione di un suo comportamento che sia incompatibile con il fatto di riconoscere un altrui diritto reale sul bene (c.d. **opposizione** contro il possessore).

Un esempio di mutamento del titolo è quello del locatario che, in virtù di una donazione, ne diviene proprietario. In tal caso muta il titolo che giustifica l'esercizio del potere sulla cosa: il soggetto passa dalla titolarità del diritto personale di godimento attribuito dal contratto di locazione, alla titolarità del diritto di proprietà acquistato dal contratto di donazione. Un esempio di opposizione contro il possessore è quello del locatario che rifiuti di continuare a pagare il canone: chiaro segno, questo, che non si riconosce più un diritto di altri sulla cosa.

Possesso indiretto

Possesso e detenzione dello stesso bene possono coesistere in capo a diversi soggetti: la circostanza che un soggetto non abbia la materiale disponibilità del bene non esclude che lo possieda. È necessario, a tal fine, che egli non perda il potere di controllo sulla cosa, e che colui che ne ha materialmente la disponibilità gli riconosca un diritto assoluto sul bene (**possesso mediato** o indiretto). L'art. 1140, co. 2, afferma, infatti che "si può possedere direttamente o per mezzo di altra persona, che ha la detenzione della cosa".

La presunzione di possesso

Mentre la detenzione deve essere provata (ad es., esibendo il titolo), il possesso si **presume** (art. 1141, co. 1). Questa presunzione può essere vinta provando la detenzione, anche solo agli inizi. È sufficiente, infatti, che si provi che colui il quale ha la materiale disponibilità del bene ha **cominciato** a esercitare un tale potere semplicemente come detenzione; tuttavia, nel caso in cui si provi che vi è stato un mutamento di titolo o un'opposizione al possessore, risulterà provato che l'iniziale detenzione si è trasformata in possesso. Altre regole sono dettate dal codice in tema di presunzione del possesso: il possessore attuale che ha posseduto in tempo più remoto si presume che abbia posseduto anche nel tempo intermedio (**presunzione del possesso intermedio**: art. 1142); il possesso attuale non fa presumere il possesso anteriore, salvo che il possessore abbia un titolo a fondamento del suo possesso; in questo caso si presume che egli abbia posseduto dalla data del titolo (**presunzione del possesso anteriore**: art. 1143).

Detenzione qualificata e detenzione non qualificata

In dottrina si usa talvolta distinguere tra detenzione **qualificata**, nella quale il detentore detiene la cosa a titolo di diritto personale di godimento (ad es., il locatario) e detenzione **non qualificata**, nel caso in cui il detentore detenga la cosa per ragioni di ospitalità (ad es., colui che è ospitato in casa altrui) o di servizio (ad es., il depositario). La distinzione, come vedremo, rileva ai fini della possibilità di esperire o meno determinate azioni a tutela della semplice detenzione (ad es., l'azione di reintegrazione *ex* art. 1168).

I titoli del possesso

In base all'art. 1140, co. 1 "il possesso è il potere sulla cosa che si manifesta in un'**attività** corrispondente all'esercizio nella **proprietà o di altro diritto reale**". Perciò il comportamento esercitato di fatto dal possessore potrà essere quello corrispondente all'esercizio del diritto di proprietà, o del diritto di usufrutto, o del diritto di servitù, ecc.: il tutto, si ripete, a prescindere dal fatto che chi lo esercita sia effettivamente titolare di un tale diritto reale.

Esistono, perciò, vari tipi di possesso, ai quali ci si riferisce con l'espressione "possesso a titolo di proprietà" (o *uti domini*); "possesso a titolo di usufrutto", ecc. a seconda del diritto ad immagine e somiglianza del quale si possiede.

L'interversione del possesso

Un medesimo soggetto può possedere lo stesso bene, nel tempo, a vario titolo. Ad es., può iniziare a possedere a titolo di usufrutto e poi arrivare a possedere *uti domini*. La situazione sarà sempre possessoria, cambierà solo il tipo di comportamento posto in essere sul bene e, quindi, il tipo di possesso. Perché questo avvenga deve però verificarsi un fenomeno analogo al mutamento della detenzione in possesso, ma che in realtà si verifica all'interno di una situazione già possessoria: la **interversione del possesso.**

Il titolo del possesso muta o per **causa proveniente da un terzo** o in forza di **opposizione** da lui fatta contro il proprietario (art. 1164). È questo il caso di chi abbia un possesso corrispondente all'esercizio del diritto di usufrutto, e che acquisti la proprietà della cosa (mutamento del titolo), o muti la destinazione economica della stessa (che rappresenta un atto di opposizione).

Già ci è capitato di dire, e vedremo meglio oltre, che alla base dell'acquisto di un diritto reale per usucapione vi è l'aver esercitato il possesso del bene per un dato periodo di tempo. In questo modo il possessore a titolo di usufrutto, che non sia già titolare del diritto, date certe condizioni acquisterà per usucapione il diritto di usufrutto sulla cosa. Egualmente, il possessore *uti domini*, che non sia già proprietario, a determinate condizioni acquisterà per usucapione il diritto di proprietà sulla cosa.

L'usucapione permette di acquistare il diritto reale **corrispondente** alla tipologia di possesso esercitato per un certo periodo. Quindi, il possessore a titolo di usufrutto non potrà usucapire la proprietà; il possessore a titolo di servitù non potrà usucapire a titolo di usufrutto, ecc.: perché ciò accada, dovrà essere acquistato il tipo di possesso corrispondente al diritto che si intende usucapire. Ciò può avvenire, appunto, grazie all'interversione del possesso. Questa è la *ratio* del disposto di cui all'art. 1164, in base al quale "chi ha il possesso corrispondente all'esercizio di un diritto reale su cosa altrui **non** può usucapire la proprietà della cosa stessa, se il titolo del suo possesso non è mutato per causa proveniente da un terzo o in forza di opposizione da lui fatta contro il diritto del proprietario. Il tempo necessario per l'usucapione decorre dalla data in cui il titolo del possesso è stato mutato".

24. *Costituzione e perdita del possesso*

Il possesso si può acquistare a titolo **originario**, attraverso la materiale apprensione della cosa, ovvero a titolo **derivativo**, sulla base della consegna della cosa o anche a prescindere da essa.

Acquisto del possesso a titolo originario

Per quanto concerne l'acquisto a titolo originario, la **materiale apprensione** del bene, instaura una «relazione» tra la *res* e il possessore che prescinde da ogni rapporto con il precedente possessore.

Acquisto del possesso a titolo derivativo

L'acquisto del possesso a titolo derivativo può avvenire sulla base di una **consegna** (o ***traditio***), vale a dire del materiale trasferimento della cosa dal precedente possessore ad un altro soggetto.

La consegna effettiva del bene

La consegna può essere effettiva (viene trasferito materialmente il bene) o simbolica (ad es., viene consegnato il mazzo di chiavi dell'appartamento).

La c.d. consegna «virtuale» del bene

Il possesso può essere acquistato a titolo derivativo anche a prescindere dalla consegna quando chi diviene possessore era già detentore della cosa (ad es., il locatario che acquista l'appartamento: ***traditio brevi manu***), o quando chi cede il possesso della cosa ne conserva la detenzione (ad es., il locatore che venda l'immobile ma continui a viverci nella qualità di conduttore: **costituto possessorio**). In queste due ultime ipotesi, mancando una nuova costituzione di un rapporto materiale con il bene, si parla di consegna virtuale. Questi due modi di costituzione del possesso hanno alla base l'esistenza di un titolo che muta la qualificazione del precedente, e già esistente, rapporto di un soggetto con una *res* (ad es., in virtù del contratto di compravendita il conduttore non è più tale, ma è proprietario).

Non tutte le ipotesi simili a quelle appena viste sono, però, di facile inquadramento.

Tipico caso è quello del contratto di compravendita, in cui la materiale disponibilità del bene da parte dell'acquirente viene acquistata ricevendolo dal venditore che adempie all'obbligazione contrattuale di consegnare (art. 1476). In questa ipotesi, se il contratto di compravendita è valido ed efficace, l'acquirente avrà acquistato la proprietà del bene con la conclusione del contratto; attraverso la consegna della cosa ad opera del venditore obbligato, poi, acquisterà anche la materiale disponibilità di esso. Si discute, però, su come debba essere qualificata la posizione del venditore che non abbia ancora proceduto alla consegna. In dottrina e in giurisprudenza è stata sostenuta sia la tesi che configura il rapporto come detenzione, sia quella che lo considera un possesso. Il problema è dato dal fatto che in tale ipotesi (chiamata **costituto possessorio implicito**) il fatto che l'alienante mantenga la disponibilità materiale del bene non consente di stabilire in termini oggettivi se egli riconosca o meno l'altrui diritto sullo stesso. Coloro che sostengono che egli divenga mero detentore in virtù del solo contratto di compravendita ritengono che il fatto stesso di aver formalmente alienato la proprietà è sufficiente a far ritenere che il venditore riconosca un altrui diritto sulla cosa (o, come pure si usa dire, che il trasferimento del possesso è implicito nel trasferimento della proprietà). La tesi è quella più persuasiva; nulla esclude, poi, che, attraverso un atto di opposizione del venditore (ad es., rifiuto della consegna), l'iniziale detenzione del bene si trasformi in possesso.

Il principio per cui la tolleranza non crea il possesso

Il codice precisa che non possono servire da fondamento all'acquisto del possesso gli atti compiuti con l'altrui **tolleranza** (art. 1144).

Il codice non specifica cosa debba intendersi per tolleranza: il suo significato è da ricostruirsi in via interpretativa ed è tradizionalmente ricondotto, specialmente dalla giurisprudenza, all'**accondiscendenza temporanea** e occasionale del possessore del bene.

Ciò vale a distinguere la tolleranza (come mero fatto: è questa l'ipotesi cui si riferirebbe l'art. 1144) dalla concessione negoziale di un diritto d'uso. Ad es., se Tizio permette ogni tanto a Caio di parcheggiare l'automobile nel suo posto auto, Caio non acquisterà comunque il possesso di quest'ultimo. Diverso sarebbe il caso in cui il permesso scaturisse da un vero e proprio atto negoziale costitutivo di un diritto reale di godimento.

In realtà, i criteri necessari a stabilire quando ci si trovi dinnanzi ad ipotesi di tolleranza paiono essere più complessi. Innanzitutto va valutato se l'attività posta in essere da chi usa il bene sia qualificabile, astrattamente, come possesso. In questo caso l'**occasionalità** e la **saltuarietà** dell'uso, quando non connaturate alla struttura del diritto reale che si intende esercitare come possessore (ad es., una servitù discontinua), possono valere a qualificare l'attività come già di per sé inidonea ad acquistare il possesso. Si ricorderà, infatti che, perché di possesso si possa parlare, la materiale disponibilità del bene deve essere accompagnata dall'*animus*, inteso in senso oggettivo vale a dire dal fatto che i poteri esercitati dal possessore trovano la propria legittimazione soltanto in se stessi, e, quindi, per essere in concreto esercitati così come li eserciterebbe il proprietario o il titolare del diritto reale. Se Caio ogni volta che intende parcheggiare la propria auto nel posto di Tizio chiede a quest'ultimo il permesso e lo chiede solo quando Tizio stesso non occupa il parcheggio con la propria vettura (e quindi il permesso è occasionale e temporaneo), non si potrà parlare di possesso del parcheggio da parte di Caio: ma ciò non in virtù dell'art. 1144, bensì perché Caio non sta ponendo in essere la tipica attività del possessore.

Il possesso prolungato nel tempo. Il calcolo della durata del possesso

Il concetto di tolleranza cui fa riferimento la norma è, invece, da ricollegare ad **atteggiamenti obiettivi** del possessore o del proprietario in difetto dei quali si avrebbe senz'altro l'acquisto del possesso da parte di chi usa il bene. Così, nel nostro esempio, se Caio continuasse a parcheggiare nel posto auto del vicino senza chiedere ogni volta il permesso, qualora Tizio non si opponesse a tale uso, tollerandolo in virtù dei rapporti di amicizia e del fatto che, all'occorrenza, potrebbe sempre chiedere a Caio di lasciarlo libero, quest'ultimo non potrebbe essere considerato possessore. Così, se a fronte della richiesta di Tizio di lasciare libero il parcheggio, egli si rifiutasse, il titolare dello spazio auto potrebbe esercitare contro Caio l'azione possessoria.

Una volta costituitosi, il possesso può produrre effetti (ad es., l'usucapione del diritto) in ragione della sua **durata**. Come si ricorderà, si presume che il possessore attuale, che abbia posseduto in epoca più remota, abbia posseduto anche nel periodo intermedio (art. 1142); mentre il possesso attuale non fa presumere il possesso anteriore, a meno che non si fondi su un titolo, nel qual caso si presume che il possesso decorra dalla data del titolo medesimo (art. 1143).

Successione e accessione nel possesso

Qui dobbiamo ricordare che è consentito cumulare il possesso di più persone.

A tal riguardo si distingue la **successione** nel possesso (art. 1146, co. 1), nella quale il successore a titolo universale continua senz'altro il possesso del defunto (ad es., se il possesso del defunto era di mala fede lo sarà comunque anche quello dell'erede), dall'**accessione** nel possesso (art. 1146, co. 2) nella quale il successore a titolo particolare può unire il proprio possesso a quello del suo dante causa per goderne gli effetti (ad es., se il venditore era in buona fede).

Perdita del possesso

Il possesso si **perde** quando viene meno uno degli elementi che lo costituiscono: ad es., per rinunzia o per abbandono della cosa; per consegna; per perimento della cosa. Lo spoglio del bene fa perdere il possesso, ma in questo caso il possessore è tutelato da un'apposita azione.

25. *Buona fede ed effetti del possesso*

Effetti del possesso

Come abbiamo già detto, il possesso è una situazione di fatto giuridicamente rilevante alla quale la legge **riconnette** una serie di **effetti** giuridici.

Tali effetti giuridici possono essere raggruppati fondamentalmente in **tre** classi:

a) diritti ed obblighi del possessore nella restituzione della cosa (artt. 1148-1152);

b) acquisto della proprietà o di altro diritto reale (art. 1153: possesso vale titolo; artt. 1158-1167: usucapione);

c) tutela giurisdizionale (artt. 1168-1172).

Prima di procedere ad un esame di tali effetti giuridici è necessario precisare che, almeno nei casi *sub a*) e *sub b*), il loro prodursi, o le modalità del loro prodursi, **dipende** dalla circostanza che il possesso fosse di **buona** o di **mala fede**.

Il possesso di buona fede

Ai sensi dell'art. 1147, co. 1 "è possessore in buona fede chi possiede **ignorando** di ledere l'altrui diritto".

Nonostante il riferimento letterale all'ignoranza di ledere l'altrui diritto, l'espressione è tradizionalmente intesa nel senso che la **buona fede** indica lo stato di falsa percezione della realtà in cui si trova il possessore il quale usa della cosa nel fermo **convincimento** di averne pieno titolo, ad es., perché ritiene che si sia perfezionata l'usucapione, quando invece non è così (c.d. *opinio dominii*). Di contro, è in **mala fe-**

de chi possiede la cosa sapendo benissimo di non avere titolo per farlo: esempio classico, quello del ladro.

La buona fede non giova, e quindi gli effetti positivi che da essa possono derivare non si producono, se dipende da **colpa grave** (art. 1147, co. 2). Ciò significa che, se il contesto nel quale è avvenuto l'acquisto del possesso era tale che, esercitando anche solo un minimo di diligenza, ci si sarebbe potuti accorgere che il bene era di proprietà altrui, non ci si potrà appellare alla buona fede. In tal caso si può rimproverare al possessore che il fatto di versare in uno stato di ignoranza è attribuibile ad una sua condotta biasimevole: ciò non basta ad escludere che egli possa godere degli effetti vantaggiosi della buona fede.

Tuttavia, per escludere la buona fede, la colpa che sta alla base dell'ignoranza dell'altruità della cosa deve essere grave. In virtù di questa previsione la giurisprudenza ritiene che, dinnanzi a situazioni di **dubbio** relativamente al fatto che una cosa appartenga o meno ad un altro, il possessore deve considerarsi in mala fede non ogni volta in cui tale situazione sia idonea a generare un qualche sospetto circa l'effettiva appartenenza del bene, ma solo se le circostanze relative all'altruità del bene sono palesemente e seriamente equivoche.

Presunzione di buona fede

Provare la buona fede per potersi avvantaggiare degli effetti del possesso non è sempre facile. Tuttavia, il codice prevede che la **buona fede** si **presume**, ed è sufficiente che sussista al **momento** dell'**acquisto**, non rilevando il suo successivo venir meno (*mala fides superveniens non nocet*: art. 1147, co. 3).

È bene precisare che la buona fede di cui stiamo parlando è la buona fede in senso **soggettivo**, da tenere distinta dalla buona fede in senso oggettivo di cui ci siamo occupati trattando delle obbligazioni.

25.1. *Acquisto della proprietà. La regola «possesso vale titolo»*

Usucapione e possesso vale titolo come modi di acquisto a titolo originario

L'**acquisto della proprietà** sulla base di un **possesso** del bene prolungato nel tempo può dipendere dall'applicazione della regola «possesso vale titolo», o dall'usucapione. Questi due fenomeni sono entrambi modi di acquisto della proprietà a **titolo originario**, ma mentre il primo permette di acquistare la proprietà dei soli beni mobili e richiede necessariamente la buona fede di colui che acquista il bene, il secondo permette l'acquisto della proprietà o di altro diritto reale sui beni mobili e sui beni immobili e prescinde dalla buona fede (quest'ultima, al massimo, influirà sulla quantità di tempo necessaria ad acquistare il diritto).

Per quanto riguarda i beni **mobili**, l'applicabilità di una o dell'altra regola di acquisto si valuta in relazione al principio di specialità: nel caso di beni **mobili**, acquistati in **buona fede**, in virtù di un **titolo** di trasferimento del diritto astrattamente idoneo a produrre l'effetto traslativo, da un venditore che **non** è il **proprietario** del bene, l'acquisto del diritto avverrà in applicazione della regola del possesso vale titolo (art. 1153). In tutte le altre ipotesi di trasferimento di un bene mobile (ad es. acquistato in mala fede, oppure in buona fede, ma non in virtù di un atto astrattamente idoneo a trasferire il diritto) si applicherà la regola dell'usucapione.

La regola del possesso vale titolo

Ai sensi dell'art. 1153, co. 1, infatti, "colui al quale sono alienati beni mobili da parte di chi non è proprietario, ne acquista la proprietà mediante il possesso, purché sia in buona fede al momento della consegna e sussista un titolo idoneo al trasferimento della proprietà".

La regola possesso vale titolo è molto importante per un duplice ordine di ragioni. Dal punto di vista tecnico-giuridico, perché in essa trova applicazione il principio dell'**apparenza**, posto che l'astratta idoneità del titolo e la consegna valgono a creare l'apparenza della titolarità del diritto in capo all'alienante. Questi, infatti, appare, ma non è realmente il proprietario del bene alienato. Idoneità del titolo e consegna rappresentano, poi, il punto di riferimento oggettivo della buona fede. Essi sono, cioè, il parametro che consente di affermare che chi riceve il bene lo riceve in buona fede, perché sono tipiche circostanze che **normalmente** fanno ritenere che chi aliena è proprietario (al pari delle circostanze univoche, nel pagamento al creditore apparente).

La regola in esame è poi importante soprattutto anche da un punto di vista generale, perché essa sta a significare il primato delle ragioni del **commercio** e, quindi, di una rapida e sicura circolazione dei beni, sulle ragioni della proprietà. Sappiamo, infatti che perché un soggetto possa acquistare la proprietà di un bene da un precedente proprietario è necessario che quest'ultimo sia effettivamente titolare del diritto che trasferisce ("*nemo transferre potest quam ipse habet*").

Tuttavia, se ogni volta che qualcuno acquista un bene mobile si dovesse porre a suo carico l'onere di verificare (al di là delle due circostanze già dette dell'idoneità del titolo e della consegna) se chi lo aliena è davvero proprietario, la circolazione delle merci ne verrebbe gravemente impedita, tanto più che, nel caso di beni mobili, non è prevista alcuna forma di pubblicità. Da qui, appunto, la regola in esame la quale, in determinate circostanze (che fanno ragionevolmente apparire l'alienante non proprietario come l'effettivo titolare del diritto) consente **comunque** di acquistare il diritto di proprietà (ma lo stesso vale per i diritti di uso, usufrutto, e pegno: art. 1153). In questo caso, però la proprietà si acquista a titolo **originario**, proprio perché avendo l'acquirente acquistato la cosa da chi non ne era proprietario, il negozio di trasferimento non ha prodotto gli effetti **traslativi** del diritto: quest'ultimo si è, invece, automaticamente costituito direttamente nella sfera patrimoniale dell'acquirente in buona fede In questo stanno le ragioni del primato del commercio sulle ragioni della proprietà Il vero proprietario, qui, infatti, perde il suo diritto e dovrà limitarsi a chiedere il **risarcimento** del danno a colui che ha illegittimamente disposto del suo bene.

Presupposti per l'acquisto del diritto

Perché questa regola (che vale sono per i beni mobili e non anche per le universalità di mobili e per i mobili iscritti in pubblici registri: art. 1156) trovi applicazione debbono, quindi, ricorrere **contemporaneamente tutti** i seguenti presupposti:

Acquisto a *non domino*

a) l'atto di disposizione del bene deve essere stato posto in essere da chi non era proprietario (**acquisto *a non domino***) o comunque legittimato (perché anche in tale ipotesi si avverte l'esigenza di accelerazione e certezza dei traffici giuridici che, vedremo, è alla base della regola del possesso vale titolo). Tuttavia, secondo la comune opinione la regola possesso vale titolo non si applica nel caso in cui colui che aliena, pur dichiarando di non essere proprietario, abbia comunque affermato di essere legittimato a disporre del bene. È il caso, ad es., del *falsus procurator*, di colui che agisce come rappresentante del proprietario senza esserlo: in questo caso la consegna avviene ad opera di un soggetto che l'acquirente sa non essere proprietario, ma crede in buona fede essere comunque legittimato a compiere l'atto *in nomine alieno*. L'art. 1153, dunque, è sovente interpretato in senso restrittivo e, quindi, il richiamo alle alienazioni compiute da "chi non è proprietario" non viene esteso anche alle ipotesi di alienazioni compiute da chi non è altrimenti legittimato;

Titolo astrattamente idoneo al trasferimento

b) l'atto di disposizione deve aver avuto luogo sulla base di un **titolo astrattamente idoneo** al trasferimento della proprietà. Il titolo deve essere "astrattamente idoneo" a realizzare l'effetto traslativo. Ciò significa che esso deve essere per un verso immune da vizi (valido) e, per altro verso, contemplare tra i suoi effetti il trasferimento della proprietà (ad es., un deposito non sarebbe un titolo idoneo nel senso richiesto dalla legge perché esso produce effetti obbligatori e non effetti reali). In tal caso, come è evidente, l'effetto traslativo che in astratto si produrrebbe, in concreto non si realizza proprio perché colui che trasferisce il diritto non è in realtà il titolare;

Buona fede dell'acquirente

c) l'acquirente deve essere in **buona fede**, vale a dire convinto di acquistare il bene dal vero proprietario. Valgono, in proposito, le regole già viste in tema di buona fede soggettiva. Non si ha acquisto del diritto, né buona fede, se l'acquirente era a **conoscenza** dell'illegittima provenienza della cosa (art. 1154);

Consegna

d) deve avvenire la **consegna** della cosa, vale a dire la fisica apprensione di essa. La necessità della presenza di questo elemento, contemporaneamente a quella degli altri tre, aiuta a comprendere perché la buona fede debba sussistere al momento della consegna. Anche con riguardo a tale aspetto l'interpretazione restrittiva della norma porta comunemente ad escludere che modi di acquisto del possesso secondo forme diverse dalla consegna siano compatibili con la regola di cui all'art. 1153 e, quindi, con l'acquisto della proprietà (si pensi, ad es., al caso del trasferimento del possesso per costituto possessorio). In questo caso l'interpretazione restrittiva pare da preferire, se solo si consideri che la regola del possesso vale titolo ha la sua ragione d'essere nell'esigenza di agevolare i traffici (sollevando l'acquirente da complesse ricerche sull'effettiva proprietà dell'alienando sul bene) e di garantirne la certezza grazie al riferimento al compimento di un atto tangibile come l'avvenuta apprensione del bene. Se si dovesse ammettere che il possesso utile per l'acquisto della proprietà *ex* art. 1153 è anche quello in cui non vi è un significativo mutamento della relazione fisica con il bene (come, appunto, nel caso di costituto possessorio), la titolarità del bene non sarebbe di immediata verificabilità e per ricostruirla si dovrebbero compiere tutte quelle complesse verifiche che proprio attraverso la regola in esame vengono rese superflue.

L'acquisto del diritto

Ove ricorrano tutti questi presupposti, si perfezionerà **immediatamente** un acquisto della cosa a titolo originario. La proprietà si acquista **libera da diritti altrui** sulla cosa, se questi non risultano dal titolo e vi è buona fede dell'acquirente (art. 1153, co. 2).

Come abbiamo già detto, allo stesso modo si possono acquistare i diritti di **uso**, **usufrutto**, di **pegno** (art. 1153, ult. co.).

Ricordiamo, poi, che ove lo stesso bene mobile sia stato alienato a **più persone** prevarrà colui che per **primo** ha acquisito in buona fede il possesso, anche se il suo titolo reca data posteriore (art. 1155).

25.2. *L'usucapione*

L'**usucapione** è un modo di acquisto a titolo originario dei diritti reali di godimento basato sul possesso.

A differenza dei beni mobili dove, come abbiano appena visto, a certe condizioni la proprietà si acquista immediatamente, l'acquisto del diritto reale per usucapione richiede l'esercizio di un possesso **continuato** per **venti anni** (art. 1158).

Possesso *ad usucapionem*

Alla base di questa forma di acquisto del diritto reale a titolo originario stanno le medesime esigenze di certezza dei traffici giuridici già viste nel precedente paragrafo; cui si aggiunge la tipica filosofia del legislatore in tema di proprietà produttiva che porta a preferire al formale titolare del diritto colui che **usa effettivamente** il bene. Perché, però, si possa giustificare in base ad esso l'acquisto del diritto di proprietà, è necessario che il possesso si presenti con determinati caratteri (si parla, al riguardo, di **possesso *ad usucapionem***).

Possesso continuato

In primo luogo esso deve essere **continuato** nel tempo. Con tale espressione ci si riferisce al fatto che, per tutto il tempo necessario a far maturare l'acquisto del diritto, il possessore non deve cessare di possedere (art. 1158).

Possesso ininterrotto

Deve trattarsi di un possesso **ininterrotto**. A differenza del requisito della continuità (che è riferito ad un fatto del possessore) quello della non interruzione richiede che, per tutto il tempo necessario a far maturare l'acquisto del diritto, il possesso non cessi per **fatto di terzo** o del proprietario. In questo caso la legge prevede che l'usucapione è **interrotta** quando il possessore sia stato privato del possesso per **oltre un anno** (art. 1167).

L'interruzione si considera come non avvenuta, però, se è stata proposta l'azione diretta a recuperare il possesso e questo è stato effettivamente recuperato (art. 1167, co. 2).

Tipici atti di interruzione del possesso sono lo spossessamento (la privazione materiale del bene); l'opposizione ad una interversione del possesso e, infine, la domanda di rivendica.

Possesso pubblico e pacifico

Il possesso deve essere stato acquistato in modo non violento (deve essere cioè un possesso **pubblico**) né clandestino (deve trattarsi di possesso **pacifico**). In base all'art. 1163, il possesso acquistato in modo violento o clandestino non giova per l'usucapione se non dal momento in cui la violenza o la clandestinità siano cessate.

Possesso per un determinato periodo di tempo

Il possesso deve durare per il **tempo** stabilito dalla legge, per il calcolo del quale si applicano le disposizioni sulla **prescrizione** (comprese quelle relative alle cause di sospensione e d'interruzione, e al computo dei termini: art. 1165).

Normalmente il tempo richiesto dalla legge è di venti anni (c.d. usucapione **ordinaria**). Allo scadere dei venti anni il possessore diverrà proprietario del bene, acquistando il diritto a **titolo originario**; diritto che, specularmente, il precedente proprietario perderà, senza che si realizzi un trasferimento del diritto dalla sfera di questi a quella del possessore, ma in virtù di due separati fenomeni di costituzione del diritto nella sfera di uno e nella **necessaria estinzione** del diritto in quella dell'altro (necessaria in virtù del fatto che, come sappiamo, non si ammette che due diritti di proprietà possano insistere sullo stesso bene).

Possesso e buona fede

Come si può notare, a differenza dell'ipotesi esaminata nel precedente paragrafo, la legge qui **non richiede la buona fede**. Il possessore potrebbe, dunque, anche essere in mala fede e sapere, dunque, di non essere il vero proprietario: in presenza degli elementi di cui sopra, trascorsi venti anni, acquisterebbe comunque la proprietà.

La presenza della buona fede, al più, può servire per abbreviare i tempi dell'acquisto.

Usucapione abbreviata

Ed infatti, il termine per acquistare per usucapione si riduce a dieci anni (**usucapione abbreviata**) in tre casi:

a) per i beni **immobili**: nel caso in cui il bene sia stato acquistato in **buona fede**, sulla base di un **titolo astrattamente idoneo** al trasferimento della proprietà, e tale titolo sia stato debitamente **trascritto**. A proposito della trascrizione richiesta dall'art. 1159, co. 1, dobbiamo ricordare che essa rappresenta uno dei non molti casi di trascrizione con efficacia **costitutiva**;

b) per le **universalità di mobili**: nel caso il possesso sia stato acquistato in **buona fede** sulla base di un **titolo idoneo** (art. 1160, co. 2);

c) per i beni **mobili**: nel caso in cui il possesso sia stato acquistato in **buona fede** (art. 1161, co. 1), ma non in presenza di un titolo idoneo, altrimenti l'acquisto sarebbe immediato in virtù della più volte citata regola "possesso vale titolo" (art. 1153).

Naturalmente, quando non si può usufruire dell'usucapione abbreviata (ad es., nel caso dei beni immobili perché, anche se l'acquisto è avvenuto in buona fede, il titolo non è stato trascritto in tempo; o, nel caso dei beni mobili, perché l'acquisto è avvenuto in mala fede), rimane la possibilità di acquistare il diritto per usucapione nell'ordinario termine di venti anni. Insomma, come si vede, nelle varie ipotesi di usucapione abbreviata, il possesso è arricchito di ulteriori elementi (la buona fede, il titolo idoneo, la trascrizione) che giustificano l'abbreviazione dei termini.

Per quanto concerne l'usucapione dei beni **mobili iscritti** in pubblici registri il codice prevede che chi riceve il bene in **buona fede** dal non proprietario, in forza di un **titolo** idoneo a trasferire la proprietà e debitamente **trascritto**, acquista il diritto sul bene per usucapione col decorso di tre anni dalla data della trascrizione. Altrimenti, l'usucapione si compie col decorso di dieci anni.

È stata, poi, introdotta nel codice una nuova norma che ha ridotto da venti a quindici anni il termine per l'usucapione della **proprietà rurale** (art. 1159 *bis*).

Trascrizione e usucapione

Le **sentenze** con cui risulta acquistato per usucapione la proprietà o altro diritto reale devono essere **trascritte** (art. 2651). Il fatto che l'usucapione sia un modo di acquisto a titolo originario della proprietà assegna a tale ipotesi di trascrizione il valore di pubblicità notizia.

Una particolare ipotesi di trascrizione è invece quella di cui all'art. 2643, n. 12 *bis*, c.c. Essa prevede che si devono rendere pubblici col mezzo della trascrizione gli **accordi di mediazione** che accertano l'usucapione con la sottoscrizione del processo verbale autenticata da un pubblico ufficiale a ciò autorizzato. La norma trova fondamento nell'introduzione nel nostro ordinamento del procedimento di mediazione obbligatorio in materia di diritti reali di cui al d.lgs. 28/2010. La collocazione di siffatta ipotesi *sub* art. 2643, ove la trascrizione concerne ipotesi in cui per mezzo della pubblicità dichiarativa è necessario risolvere conflitti tra più acquirenti da un unico dante causa, la distingue da quella relativa alla trascrizione delle sentenze di accertamento dell'usucapione di cui all'art. 2651 nelle quali, viceversa, non si pone un problema di dirimere conflitti tra acquirenti da un unico dante causa. Tuttavia, proprio una siffatta collocazione nell'art. 2643 ha ingenerato perplessità. In effetti, l'usucapione è un modo di acquisto del diritto a titolo originario e non derivativo, pertanto mal si comprende come possa essere assimilata ad ipotesi di fenomeni di circolazione della ricchezza proveniente da un unico dante causa. L'effetto giuridico dell'acquisto a titolo originario per usucapione si produce infatti autonomamente ed al di fuori da vicende traslative e negoziali. Per tale ragione non si ritiene che l'accordo di mediazione abbia effetto costitutivo, ma, al più di accertamento di effetti prodottisi in virtù della già avvenuta usucapione del diritto.

Possesso *ad usucapionem* e diritti reali minori

L'usucapione è un modo di acquisto dei **diritti reali di godimento** in genere, non della sola proprietà. Per questo il codice detta la regola dell'interversione del possesso di cui abbiamo avuto già modo di parlare. Chi ha il possesso corrispondente all'esercizio di un diritto reale su cosa altrui non può usucapire la proprietà della cosa stessa, se il titolo del suo possesso non è mutato per causa proveniente da un terzo o in forza di opposizione da lui fatta contro il diritto del proprietario. In tal caso, il tempo necessario per l'usucapione decorre dalla data in cui il titolo del possesso è stato mutato.

25.3. *Le restituzioni*

Gli obblighi di restituzione nascenti dal possesso

Trattando dei frutti abbiamo già visto alcuni dei **diritti** e degli **obblighi** connessi alla **restituzione della cosa** posseduta. Ricordiamo che:

– il possessore di **buona fede** fa suoi i frutti naturali e i frutti civili maturati fino al **giorno della domanda** giudiziale di restituzione (art. 1148). Egli, fino alla restituzione della cosa, risponde verso il rivendicante dei frutti percepiti **dopo** la domanda giudiziale e di quelli che **avrebbe potuto percepire** dopo tale data se avesse usato la diligenza di un buon padre di famiglia;

– tanto al possessore di buona fede quanto a quello di mala fede spettano un **rimborso** per le riparazioni straordinarie e un'indennità per i miglioramenti recati alla cosa. Ciò che varia è, in tal caso, la misura dell'indennità, diversa, appunto, a seconda della buona o della mala fede (v. art. 1150);

– per le **addizioni**, l'art. 1150, ult. co., rinvia all'art. 936, vale a dire alla norma già vista che regola i rimborsi in tema di accessione.

Al possessore in **buona fede** chiamato a restituire la cosa al legittimo proprietario, l'ordinamento riconosce un importante strumento di autotutela, il **diritto di ritenzione**: egli, infatti, può rifiutarsi di riconsegnare la cosa finché non gli siano corrisposte le indennità stabilite dal giudice (art. 1152).

26. *Le azioni a difesa del possesso*

Azioni possessorie e divieto di autotutela

Abbiamo già detto che tra gli effetti del possesso vi è anche la tutela giurisdizionale di cui esso gode attraverso le **azioni possessorie**. Queste ultime non vanno confuse con le azioni petitorie che tutelano la proprietà e, in quanto dirette ad accertare il diritto di proprietà, addossano all'attore l'onere di provare il diritto.

Le ragioni della tutela giurisdizionale del possesso sono state rinvenute ora nel **divieto di farsi giustizia da soli** (il proprietario al quale viene sottratto il bene non può riprenderselo con la forza, ma deve rivolgersi all'autorità giudiziaria: *ne cives ad arma ruant!*); ora nell'esigenza di accordare una **tutela semplificata** del diritto di proprietà (infatti, posto che normalmente il possessore è anche proprietario, poter esercitare un'azione possessoria invece che l'azione di rivendicazione o quella negatoria significa risparmiarsi il gravoso onere di provare il diritto di proprietà, giacché la reintegra nel possesso o la cessazione della molestia seguiranno alla semplice notorietà del fatto da parte del giudice), ora, infine, nell'esigenza di salvaguardare la **destinazione economico-produttiva** che alla cosa sia stata impressa dal possessore.

Azione di reintegrazione

La prima azione esperibile è quella di **reintegrazione** o **spoglio.** Stabilisce l'art. 1168 che "chi è stato violentemente od occultamente spogliato del possesso può, entro l'anno dal sofferto spoglio, chiedere contro l'autore di esso la reintegrazione del possesso medesimo".

L'ipotesi è quella della perdita del possesso dovuta al fatto di un terzo a seguito del quale il possessore è stato privato del godimento del bene (**spoglio**). Per poter esercitare tale azione è però necessario che lo spoglio sia stato **violento** (contro la volontà del possessore) o **clandestino** (all'insaputa del possessore). Quando ciò accade il possessore, o anche il detentore qualificato, possono recuperare il bene esercitando l'azione di reintegrazione, tramite la quale chiedono al giudice che venga ripristinata la situazione di fatto esistente prima dello spoglio.

A ben vedere, infatti, l'azione non tutela il solo possessore (sia esso proprietario o meno del bene): legittimato attivo è sì il **possessore** spogliato, ma l'azione è concessa anche a chi abbia la **detenzione** della cosa, tranne il caso che quest'ultima si fondi su ragioni di servizio o di ospitalità (detentore qualificato: v. art. 1168, co. 2).

Come è evidente dall'ult. co. dell'art. 1168 l'onere probatorio posto a carico dell'attore è molto meno gravoso di quello posto a carico del proprietario che agisca in petitorio: la reintegrazione deve ordinarsi dal giudice sulla **semplice notorietà** del fatto del possesso e dell'avvenuto spoglio, senza dilazione.

Non è necessario provare il titolo del possesso e, quindi, non si richiede l'accertamento di un diritto soggettivo, ma del solo fatto che un potere sulla cosa veniva esercitato dall'attore e che egli l'ha perso per causa di un terzo. In riferimento a quest'ultimo aspetto, però, bisogna ricordare che, nonostante l'art. 1168 non lo dica espressamente, si richiede generalmente che lo spoglio sia stato, oltre che clandestino o violento, compiuto con l'**intenzione** di sottrarre il bene al possessore o al detentore (c.d. ***animus spoliandi***). La giurisprudenza, tuttavia, non richiede all'attore di provare appositamente anche tale elemento soggettivo, ritenendolo insito nel comportamento di colui che consapevolmente si appropria di un bene contro la volontà, anche presunta, dello spogliato.

Come stabilisce l'art. 1169, peraltro, la reintegrazione si può domandare anche contro chi, pur non essendo l'autore dello spoglio, è nel possesso del bene in virtù di un acquisto a titolo particolare, fatto con la conoscenza dell'avvenuto spoglio.

L'azione è soggetta ad un termine **annuale** di **decadenza**. Il termine decorre dall'avvenuto spoglio. Se lo spoglio è clandestino, il termine per chiedere la reintegrazione decorre dal giorno della scoperta dello spoglio.

Azione di manutenzione

Se il possessore è stato **turbato** o **molestato** nel possesso, può esercitare l'**azione di manutenzione** (art. 1170). Presupposto di questa azione quindi non è lo spoglio, la perdita del possesso, ma un'interferenza nel possesso che pregiudichi in modo grave la fruizione del bene.

Presupposti e legittimazione dell'azione di manutenzione sono meno ampi di quelli dell'azione di spoglio.

Infatti:

a) il possesso deve avere ad oggetto beni immobili, diritti reali su immobili o universalità di mobili;

b) è necessario, inoltre, che esso duri da oltre un anno, che sia continuo e ininterrotto e che sia stato acquistato in modo non violento né clandestino. Ove sia stato acquistato con queste modalità, violenza e clandestinità devono essere cessate da almeno un anno;

c) a differenza di quanto accade per l'azione di spoglio, l'azione di manutenzione non può essere esercitata dal detentore (tranne nella eccezionale ipotesi dell'art. 1585, co. 2 nel caso di garanzie per molestie di terzi che il locatore è tenuto a fornire al conduttore: il locatore non è tenuto a garantirlo dalle molestie di terzi che non pretendono di avere diritti sul bene, vale a dire dalle mere turbative o molestie di fatto, e spetta, quindi al conduttore la facoltà di agire contro di essi in nome proprio).

L'azione di manutenzione è soggetta ad un termine annuale di decadenza che decorre dal momento in cui si è manifestata la turbativa.

Ricorrendo i presupposti dell'azione di manutenzione, anche chi ha subito uno spoglio non violento né clandestino può chiedere di essere rimesso nel possesso (art. 1170, ult. co.).

Azioni di nunciazione

Si rammenti, poi, che il possessore, al pari del proprietario o del titolare di altro diritto reale, può esercitare anche le azioni di **nunciazione**, già viste in tema di proprietà (artt. 1171, 1172).

CAPITOLO XII

LA FAMIGLIA

SEZIONE I

NOZIONE ED EVOLUZIONE

SOMMARIO: 1. La famiglia e il diritto. La famiglia nell'ordinamento giuridico italiano. – 2. La famiglia e l'evoluzione della nozione. La famiglia legittima. Famiglia in senso stretto, famiglia in senso ampio e pluralità di modelli. Parentela e affinità. – 3. La famiglia di fatto. – 4. Gli alimenti. – 5. L'impresa familiare.

1. *La famiglia e il diritto. La famiglia nell'ordinamento giuridico italiano*

Evoluzione del diritto di famiglia

La vicenda storica del **diritto di famiglia** esprime, per certi versi, un paradosso. In passato, la famiglia è stata ritenuta un fenomeno estraneo o poco disponibile alla regolamentazione da parte del diritto. La peculiare natura dei vincoli che la compongono ha fatto pensare alla famiglia come ad un'isola che il diritto può solo lambire, un organismo quasi metagiuridico, una manifestazione della realtà riconducibile alla morale, alla religione più che al mondo del diritto. Negli anni risalenti essa è stata oggetto di indagini storiche, culturali, sociologiche più che di analisi e riflessione giuridica. Tuttavia, a partire dagli anni settanta del secolo scorso la famiglia ha finito per essere l'istituto del codice civile che più di qualsiasi altro è stato sottoposto a profonde e radicali trasformazioni sotto il profilo normativo, subendo i più penetranti interventi legislativi e giurisprudenziali.

La sempre più intensa attenzione del diritto a questo così particolare organismo è andata accrescendosi man mano che la sensibilità sociale, le mutate condizioni economiche (prima di una economia agricola poi di una realtà industriale del nostro Paese, con le più evolute concezioni ideologiche ed anche culturali intorno alla persona ed alle sue relazioni umane e sociali), e lo sviluppo della democrazia come sistema di organizzazione della società e dello Stato ponevano al centro del dibattito politico e culturale le questioni del rapporto tra gli individui e tra questi e l'ordinamento giuridico. I temi delle libertà, dell'uguaglianza degli individui dinanzi alla legge, della dignità, dei diritti morali e patrimoniali, della salute, del lavoro e della giusta retribuzione, ecc. hanno reclamato la loro tutela non solo nei rapporti tra i singoli e tra questi e le istituzioni pubbliche, ma anche all'interno di fenomeni associativi dove solitamente si svolge la vita dell'individuo. Da una originaria concezione **giusnaturalistica** della famiglia intesa quale comunità naturale che si organizza secondo le proprie regole, senza che il diritto debba o possa ingerirsi nelle decisioni spettanti ai coniugi, si è giunti a tutelare quelle **libertà** e quei **diritti** dell'individuo e della persona anche all'interno dell'istituto familiare, regolamentando giuridicamente la vita del gruppo nei rapporti coniugali e di filiazione.

Gli anni Settanta e la Riforma del diritto di famiglia

Questa nuova concezione porta all'affermarsi, a partire dalla l. n. 151/1975 (c.d. **Riforma del diritto di famiglia**), dei **principi cardine** dell'attuale diritto di famiglia, quali: la piena libertà matrimoniale (con il connesso ampliamento delle cause di invalidità); l'uguaglianza fra i coniugi rispetto ai diritti e ai doveri che scaturiscono dal matrimonio e nella gestione dei poteri di conduzione della famiglia; il divieto di adottare regimi patrimoniali tra i coniugi che comportino una posizione di inferiorità di un coniuge rispetto all'altro (e, quindi, la previsione della comunione legale come regime ordinario nei rapporti patrimoniali tra marito e moglie).

Nell'ambito dei rapporti tra genitori e figli sono stati dettati principi altrettanto importanti e innovativi: la parità dei coniugi nell'esercizio della potestà genitoriale (nozione sostituita oggi, ad opera del d.lgs. n. 154/2013, da quella di responsabilità genitoriale, su cui si tornerà più oltre); il diritto dei figli, anche minori d'età, a vedere limitata la discrezionalità dei genitori in ordine alle scelte riguardanti i loro interessi (ad es. per i percorsi formativi, scolastici, religiosi, politici, ecc.); e, soprattutto, l'equiparazione dei figli naturali ai figli legittimi (o legittimati) in ordine ai diritti e doveri verso i genitori (punto rispetto al quale la l. n. 219/2012, di cui meglio si dirà, costituisce un ideale completamento).

Anche sul versante della crisi coniugale, a parte la grande novità rappresentata dall'introduzione del **divorzio**, la **separazione** è passata dall'essere disciplinata come misura sanzionatoria disposta a carico del coniuge colpevole all'essere innanzitutto strumento di soluzione del conflitto tra marito e moglie.

La vecchia concezione giusnaturalistica, inoltre, aveva comportato l'affermarsi dell'idea secondo la quale il conflitto familiare dovesse trovare componimento solo all'interno del gruppo familiare, ad opera dei suoi membri, senza ricorso ad un soggetto terzo di natura pubblica, che finisse per ledere la sacralità dell'organismo. Il superamento di quella concezione, viceversa, ha permesso di valorizzare l'**intervento del giudice** nella gestione dei rapporti familiari (tra coniugi e tra questi ed i figli).

L'autonomia privata e la disciplina della famiglia

L'intervento del legislatore e dei giudici negli anni recenti è stato così intenso che questa così generosa tendenza alla regolamentazione di ogni profilo dei rapporti familiari avrebbe prodotto, secondo alcuni, un eccesso di giuridificazione del fenomeno in esame. Viene così a porsi la questione – diversamente che nel passato, quando si reclamava, al contrario, una più forte presenza dello Stato nel gruppo familiare a tutela di tutti i suoi componenti – della operatività, nell'ambito dei rapporti familiari, del principio di **autonomia privata** per quanto riguarda il ruolo che l'autodisciplina può svolgere sia in relazione alla normativa dettata dal legislatore sia nella costruzione dei rapporti personali tra i membri della famiglia.

I limiti all'autonomia

La libertà di autoregolamentazione degli interessi dei coniugi, incontra dei limiti penetranti, perché le libertà e i diritti fondamentali dell'individuo coniuge-genitore-figlio postulano la riconduzione di ogni atto compiuto in questa veste (di natura patrimoniale, morale, ecc.) alla titolarità di uno ***status***, il cui contenuto e le cui prerogative sono sottratte alla piena ed esclusiva disponibilità di ciascun componente della famiglia. Quest'ultima, infatti, è una "società naturale fondata sul matrimonio", e quest'ultimo è "ordinato sulla eguaglianza morale e giuridica dei coniugi con i limiti stabiliti dalla legge a garanzia dell'unità familiare", secondo le formule assunte dal dettato costituzionale all'art. 29.

Una breve ricostruzione della vicenda storico-giuridica della famiglia serve a dar conto dell'evoluzione dell'istituto da una sua originaria connotazione fortemente pubblicistica fino alla sua attuale collocazione nel sistema del diritto privato.

La famiglia nel Codice del 1865

Nel codice civile italiano del 1865, ispirato al *code Napoléon*, l'istituto familiare era ispirato esclusivamente dal criterio **autoritario e gerarchico**, con la figura dominante del marito-padre, capo della famiglia, titolare esclusivo di poteri di conduzione del gruppo familiare.

I più rappresentativi istituti ormai abrogati, appartenenti alla storia del diritto di famiglia

Valgano, ad es., alcune norme del *code civil*: l'art. 213, "il marito deve protezione alla moglie, la moglie obbedienza al marito"; l'art. 217, "la moglie, anche in regime di separazione dei beni, non può fare donazioni, alienare, ipotecare, compiere acquisti a titolo gratuito od oneroso senza la partecipazione del marito all'atto o senza il suo consenso per iscritto"; l'art. 1421, "il marito amministra da solo i beni della comunione; li può vendere, alienare, ipotecare senza il consenso della moglie". Pertanto, in quel sistema giuridico, la moglie era sottoposta all'autorità del marito, e pur essendo titolare dell'astratto diritto ad amministrare i propri beni, doveva pur sempre assicurarsi la c.d. **autorizzazione maritale** per compiere negozi di donazioni, transazioni, iscrivere ipoteca, prestare fideiussioni, ecc. (art. 134).

Autorizzazione maritale e dote

Ciascuno dei coniugi aveva la titolarità esclusiva dei beni acquistati prima e durante il matrimonio. Era prevista la costituzione della **dote** (istituto poi vietato nell'art. 166 *bis*, introdotto dalla l. n. 151/1975), e i coniugi potevano anche scegliere il regime della comunione dei beni, con un **contratto di matrimonio**, che comunque doveva precedere la celebrazione del matrimonio, disponendosi il divieto di stipulazione di convenzioni dopo di essa. Era il marito ad avere l'amministrazione dei beni oggetto della dote e della **comunione**. La moglie, si legge nel codice del 1865, "segue la condizione civile di lui, ne assume il cognome ed è obbligata ad accompagnarlo ovunque egli creda opportuno di fissare la sua residenza" (art. 131).

Era prevista la separazione coniugale – ma non il divorzio sulla base del dogma dell'indissolubilità del matrimonio – nel caso di una convivenza divenuta impossibile, ma con riconosciuta prevalenza alla condizione maritale là dove si disponeva che "non è ammessa l'azione di separazione per adulterio del marito, se non quando egli mantenga la concubina in casa o notoriamente in altro luogo, oppure concorrano circostanze tali che il fatto costituisca ingiuria grave alla moglie" (art. 150, co. 2). Era ammessa la **separazione consensuale**, sottoposta al controllo del giudice (**omologazione**), mentre quella **giudiziale** presupponeva comunque lo stato di colpa di uno dei coniugi ed era prevista solo nei casi tassativamente contemplati dalla legge. Quanto al rapporto con i figli, su entrambi i coniugi gravava l'obbligo del mantenimento, dell'istruzione, dell'educazione dei figli legittimi o naturali riconosciuti. Per questi ultimi era prevista la tutela legale del genitore che li aveva riconosciuti, per i primi la patria potestà, che passava alla madre dopo la morte del padre. I figli erano tenuti al rispetto dei genitori, ad onorarli, prevedendosi, in caso di atteggiamento contrario, che il padre potesse disporne l'allontanamento dalla famiglia, facendoli collocare in Istituti di educazione e correzione.

La famiglia nel Codice del 1942 e nella legislazione del ventennio

Sostanzialmente, la legislazione non ha mutato indirizzo nel periodo fascista e prima dell'entrata in vigore del Libro primo del codice civile, nel 1939. Si sono accentuati, semmai, gli aspetti pubblicistici dell'organismo familiare, inteso come istituzione sottomessa allo Stato, ad esso gerarchicamente sottoposto: al **modello** di famiglia **liberal-borghese** della legislazione ottocentesca, ne è stato sovrapposto uno più vicino ad una visione **corporativa** e dirigista (tipica del regime rispetto ai fenomeni economici e sociali). In questa prospettiva va intesa la normativa sulla madre lavoratrice, sull'educazione e formazione dei figli minori, sulla fondazione di istituzioni pubbliche che, a partire da quegli anni, si affiancano alla famiglia, ne curano e ne indirizzano la vita e le scelte.

Già prima del nuovo Codice il diritto di famiglia fu interessato da un'importante normativa: l'11 febbraio del 1929 venne stipulato il Concordato dello Stato italiano con la Santa Sede (i c.d. **Patti Lateranensi**), che introdusse il c.d. **matrimonio concordatario**, una nuova forma di matrimonio celebrato dal parroco, attraverso il quale, con un'unica cerimonia, si costituisce un vincolo coniugale con effetti religiosi e civili allo stesso tempo.

Solo dieci anni dopo, il 1° luglio del 1939, entrava in vigore il primo Libro del Codice civile attuale che conservava sostanzialmente intatto l'impianto degli istituti del diritto di famiglia. L'età minima per contrarre matrimonio era fissata a 16 anni per l'uomo e a 14 anni per la donna. Veniva ampliata la possibilità di stipulare convenzioni anche dopo la celebrazione del matrimonio (con la nuova disciplina della dote). Si introdusse l'istituto del **patrimonio familiare**, con cui i coniugi o terzi potevano destinare taluni beni al soddisfacimento dei bisogni del gruppo familiare. La patria potestà veniva estesa anche ai figli naturali e si prevedeva la possibilità del riconoscimento dei figli incestuosi da parte del genitore in buona fede. Si ammetteva, poi, anche il riconoscimento dei figli adulterini da parte del genitore non coniugato, ed anche da parte del genitore coniugato ma solo dopo lo scioglimento del matrimonio.

Al di là di queste novità il complesso normativo introdotto dal primo Libro del codice civile si mosse in linea di continuità con il precedente codice del 1865, mantenendo inalterato il modello organizzativo della famiglia, la struttura portante dei rapporti familiari, ancora tutti incentrati sulla assoluta preminenza del **marito-genitore** in ordine alle scelte fondamentali della famiglia e dei suoi componenti.

La Costituzione. Un nuovo modello di famiglia

La Costituzione repubblicana del 1948 segnò un decisivo passo in avanti sul terreno dell'evoluzione del diritto di famiglia. Con echi giusnaturalistici, la famiglia viene indicata come "società naturale fondata sul matrimonio", basata sul principio della "**eguaglianza** morale e giuridica dei **coniugi**". Di rilevanza non secondaria è l'altro principio, quello dell'uguaglianza di trattamento tra **figli legittimi e naturali** (una terminologia, questa, asseverata da una lunga tradizione, ma ignota al legislatore costituente ed oggi, come meglio si vedrà in seguito, definitivamente ripudiata a seguito dell'entrata in vigore della l. n. 219/2012), pur se la norma costituzionale (art. 30, co. 3) contiene una esplicita preferenza verso il modello della famiglia legittima.

Già negli anni immediatamente successivi dottrina e giurisprudenza hanno dedicato grande attenzione alla valenza semantica della formula "**società naturale**" adottata dal legislatore costituzionale. Talvolta in tale espressione si è voluto riconoscere una garanzia costituzionale di rispetto dell'autonomia familiare; altre volte si è inteso dare risalto alla idoneità di quella formula a ricomprendere il mutare del costume sociale, con l'evoluzione delle concezioni della famiglia e dei rapporti fra i suoi componenti; altre volte ancora il richiamo alla "società naturale" è servito a sostenere che la famiglia trova nella sensibilità e nella coscienza sociale i motivi ed i criteri ispiratori della sua disciplina legislativa, non sottomessa ad una superiore ragione politica od economica.

L'intensa attività della Corte costituzionale in materia di diritto di famiglia

A partire dalla fine degli anni '60, per mezzo dell'intervento della Corte costituzionale è stata dichiarata l'incostituzionalità di numerose norme del codice civile sia in ordine ai rapporti tra i coniugi che in relazione ai figli legittimi e naturali (precorrendo, così, l'impostazione accolta ora dalla l. n. 219/2012), conformemente alla nuova concezione di famiglia dettata dalla Costituzione.

Peraltro, anche in virtù del rapido mutamento della realtà economica e sociale italiana, del costume e delle istanze di giustizia ed effettivo riconoscimento delle libertà e dei diritti fondamentali dell'individuo (v. artt. 2 e 3 Cost.), nel periodo repubblicano sono state emanate nuove leggi in tema di **adozione speciale** (l. n. 431/1967, poi modificata dalle l. n. 184/1983, su cui è intervenuto, da ultimo, il d.lgs. n. 154/2013; l. n. 476/1998; l. n. 149/2001) e in tema di **divorzio** (l. n. 898/1970, poi modificata dalla l. n. 74/1987 e dal d.lgs. n. 154/2013).

È in questo contesto che ha preso il via un intenso processo legislativo con l'intento di produrre una **riforma** organica del diritto di famiglia, ridisegnare le strutture portanti dell'istituto, ridefinire i rapporti tra i diversi membri dell'organismo e le relazioni del gruppo familiare con lo Stato e le istituzioni pubbliche ed altri soggetti. Si è arrivati, così, alla già richiamata l. n. **151/1975**, che ha introdotto i principi fondamentali dell'attuale diritto di famiglia che abbiamo illustrato sopra e sui quali torneremo via via che ci occuperemo dell'analisi dei singoli istituti.

Successivamente alla riforma, un **nuovo accordo tra Stato e Chiesa cattolica** (18 febbraio 1984 reso esecutivo con l. n. 12/1985) ha modificato alcune previsioni del Concordato del 1929 relativamente alla materia matrimoniale, come si vedrà più oltre.

La legislazione repubblicana sul diritto di famiglia e il nuovo panorama culturale

Nella descrizione di questa evoluzione del panorama normativo devono ricordarsi anche leggi più recenti, quali ad es., quelle disciplinanti la fecondazione assistita (l. n. 40/2004) e l'affidamento condiviso dei figli minori in caso di separazione e divorzio dei genitori (l. n. 54/2006). Esse confermano quanto già detto: il diritto di famiglia trova continuamente i motivi ispiratori della propria disciplina legislativa nella coscienza e nella sensibilità sociale della realtà contemporanea, e, dunque, si deve tenere sempre presente che sulle tematiche che lo compongono si registrano sempre proposte di nuove normative, di riforma e modifica di quelle esistenti. Così, non può non richiamarsi il dibattito politico e giuridico sulla regolamentazione della famiglia di fatto, sulle modifiche alla disciplina della separazione e del divorzio, sull'adozione e su taluni profili del rapporto di filiazione, temi sui quali è stato o sarà, naturalmente, chiamato a decidere il Parlamento non senza tener conto degli orientamenti della società civile e delle sue articolazioni organizzative.

La l. n. 219/2012 e il decreto attuativo

Come già detto, in ideale continuità con i principi e i motivi ispiratori della riforma del 1975, si colloca ora la recente l. n. 219/2012 la quale attua una piena equiparazione della posizione dei figli naturali a quella dei figli legittimi. La legge in questione contiene (all'art. 1) alcune disposizioni immediatamente efficaci, tra le quali meritano di essere ricordate, in via preliminare, quella che riformula l'art. 315 proclamando solennemente che "tutti i figli hanno lo stesso stato giuridico" e quella che, al co. 11, del tutto coerentemente con l'assunto di base, ma non senza alcune vistose incongruenze sul piano terminologico, prevede che "nel codice civile, le parole: «figli legittimi» e «figli naturali», ovunque ricorrono, sono sostituite dalla seguente: «figli»". Oltre a queste, lo stesso art. 1, l. n. 219/2012 introduce altre importanti novità di cui si darà conto, via via, nel prosieguo dell'esposizione. Bisogna, però, aggiungere che l'art. 2, l. n. 219/2012 contempla una delega al Governo che investe una gamma molto estesa di materie attinenti al diritto della filiazione, e anche delle successioni, aventi lo scopo di eliminare, si legge al co. 1, "ogni discriminazione tra i figli". La delega è stata recentemente attuata con il d.lgs. n. 154/2013, il quale, come meglio si vedrà, ha introdotto il principio per cui la filiazione fuori dal matrimonio produce effetti successori nei confronti di tutti i parenti, la sostituzione della nozione di "potestà genitoriale" con quella di "responsabilità genitoriale" e la modifica delle disposizioni di diritto internazionale privato con previsione di norme di applicazione necessaria in attuazione del principio dell'unificazione dello stato di figlio (per quest'ultimo, che non potrà essere in questa sede approfondito, v. gli artt. 33-38, l. n. 218/1995). Inoltre, in dichiarato recepimento della giurisprudenza di legittimità e costituzionale, il legislatore delegato ha proceduto a limitare a cinque anni dalla nascita i termini per proporre l'azione di disconoscimento della paternità; introdurre il diritto degli ascendenti di mantenere "rapporti significativi" con i nipoti minorenni; introdurre e disciplinare l'ascolto dei minori, se capaci di discernimento, all'interno dei procedimenti che li riguardano; e, infine, modificare la materia della successione prevedendo la soppressione del "diritto di commutazione" in capo ai figli legittimi fino ad oggi previsto per l'eredità dei figli naturali.

Il dibattito sulle famiglie di fatto. Unioni eterosessuali e omosessuali

L'evoluzione culturale e sociale ha presto portato all'attenzione del giurista realtà non riconducibili alla famiglia tradizionale fondata sul matrimonio, e tuttavia caratterizzate, al pari di questa, da rapporti affettivi di convivenza ed esperienze di comunione di vita. Si tratta di **fenomeni sociali diversi e variegati** contraddistinti dalla **mancanza di celebrazione del matrimonio**, e dunque del negozio costitutivo da cui derivano gli effetti riconosciuti e tutelati dall'ordinamento e che hanno composto a lungo il diritto di famiglia. Si pensi al caso della convivenza tra un uomo e una donna che non possono contrarre matrimonio in quanto, ad es., ancora vincolati da una precedente unione; oppure al caso di un uomo e una donna che scelgono di non contrarre matrimonio per ragioni ideologiche; oppure al caso di una convivenza tra persone omosessuali legate da un rapporto affettivo, ecc. Nel corso del tempo, nell'impossibilità o nella decisione di non contrarre al matrimonio, queste realtà hanno avanzato istanze di riconoscimento e tutela. Ci si è riferiti ad esse con l'espressione **famiglia di fatto**, per indicare l'instaurazione di un rapporto familiare pur a prescindere dalla stipula dell'atto matrimoniale.

Al concetto venivano innanzitutto ricondotte, appunto, le comunioni di vita spirituale e materiale tra un uomo e una donna (**famiglia eterosessuale**) che non avevano assunto il vincolo matrimoniale attraverso la celebrazione del matrimonio.

Alla figura della famiglia di fatto veniva anche ricondotta, talora, la **famiglia omosessuale**, una comunione di vita tra persone dello stesso sesso che nel nostro ordinamento non poteva che costituire, appunto, una unione di fatto. Nel nostro ordinamento non è ammesso il **matrimonio tra omosessuali** (disciplinato in altri ordinamenti come quello spagnolo) né, fino alla recentissima l. n. 76/2016, di cui diremo oltre (v. § 2), esisteva un istituto deputato a regolare l'unione tra persone dello stesso sesso. Peraltro, la stessa possibilità di riferirsi alle unioni omosessuali come a famiglie di fatto, era dubbia. Più voci ritenevano che la famiglia di fatto fosse un fenomeno pur sempre connotato da taluni elementi imprescindibili (è il caso, appunto, della eterosessualità) necessari per attribuirle una qualche forma di riconoscimento e a sostenerne la parziale applicabilità di alcune disposizioni dettate per la famiglia legittima (con riferimento, ad es., al rapporto di filiazione derivante dall'unione di fatto tra un uomo e una donna; v. art. 29, co. 1, Cost.).

In ogni caso, la famiglia di fatto **non** trovava un generale riconoscimento nel nostro ordinamento. Così, di volta in volta, e solo per taluni **specifici profili**, soprattutto relativi ad aspetti economici, in dottrina e giurisprudenza si è fatto ricorso agli strumenti dell'interpretazione giuridica per ritenere applicabili analogicamente talune norme previste per la famiglia legittima e fornire tutela ai suoi componenti. Tale assenza di una normativa **generale** del fenomeno era riconducibile a diversi fattori di natura religiosa, ideologica, culturale, ecc. Pesava anche la convinzione secondo cui sarebbe stato politicamente inopportuno equiparare la famiglia di fatto a quella legittima, poiché anche la scelta di non sposarsi è una libertà fondamentale dell'individuo che verrebbe sacrificata ove tale equiparazione venisse accolta.

L'assenza di una normativa generale non ha impedito al legislatore di prevedere casi particolari e specifici di disciplina, in cui assume rilevanza, anche per profili che vanno oltre il diritto civile, il rapporto affettivo tra individui non vincolati in matrimonio (ad es., l'istanza di interdizione o di inabilitazione o il ricorso per la nomina dell'amministratore di sostegno del proprio *partner* possono essere promosse anche "dalla persona stabilmente convivente", artt. 406, 417 c.c.; in virtù dell'art. 199 c.p.p., non è obbligato a testimoniare nel processo penale chi "pur non essendo coniuge dell'imputato, come tale convive o come tale abbia convissuto con esso"; nello stesso senso si dispone nel processo civile, sulla base dell'art. 249 c.p.c.).

Ma un importante contributo per la precisazione del fenomeno in esame è stato dato dalla **giurisprudenza**, sia di merito che di legittimità; così come è stato decisivo il ruolo della Corte costituzionale. Nelle numerose sentenze emesse in specifiche ipotesi aventi ad oggetto i rapporti familiari di fatto i giudici hanno individuato i caratteri fondamentali che possono far assurgere una convivenza a famiglia di fatto in senso tecnico, al fine di distinguere questa unione da altre fattispecie e applicare analogicamente ad essa talune disposizioni dettate per la famiglia legittima. Quelle pronunce richiedevano, oltre alla imprescindibile **diversità di sesso** della coppia, la necessità di una **stabile comunanza di vita**, con l'avvertita – ancorché evidentemente non obbligata – assunzione di doveri di assistenza morale e materiale, dal contenuto non dissimile da quanto previsto dall'ordinamento giuridico per la famiglia legittima. Così la giurisprudenza ha stabilito che l'assenza degli elementi della diversità del sesso o della stabilità della convivenza ostavano alla possibilità di qualificare quali famiglie di fatto quelle situazioni di convivenza sporadica, senza assunzione, morale e ideale, di impegni reciproci tra i conviventi; ovvero quelle prive di ogni riferimento a doveri, diritti, obblighi, ecc., assimilabili a quelli coniugali di cui agli artt. 143 s. Ancora, l'assenza di qualsivoglia richiamo a diritti e doveri assimilabili a quelli dei coniugi serviva anche, ad es., a non qualificare come famiglia di fatto in senso stretto la convivenza tra un fratello e una sorella, e dunque a negare applicazione analogica delle norme dettate per i coniugi.

La rilevanza di un rapporto di stabile convivenza affettiva è stata tenuta in considerazione dai giudici in varie circostanze. Nei casi nei quali un convivente o entrambi reclamavano tutela l'uno verso l'altro o nei confronti di terzi, i giudici hanno stabilito la **irripetibilità** delle prestazioni spontaneamente eseguite da un convivente per contribuire a soddisfare i bisogni della famiglia. In queste ipotesi, si è fatto ricorso alla figura dell'**obbligazione naturale** (art. 2034), non potendosi ritenere configurabile un'obbligazione civile. Si è poi riconosciuto il diritto del convivente *more uxorio* al **risarcimento del danno** (anche morale) conseguente alla morte del *partner* per fatto illecito di un terzo, proprio muovendo dalla circostanza della stabilità della convivenza e dunque della durata, nel tempo, della contribuzione economica che il defunto avrebbe fornito.

Dopo l'intervento della Corte costituzionale, si è riconosciuto al convivente il diritto di godimento sulla **casa familiare**, avendo la Corte accolto l'eccezione di incostituzionalità dell'art. 6, l. n. 392/1978 "nella parte in cui non prevede fra i successibili nella titolarità del contratto di locazione, in caso di morte del conduttore, il convivente *more uxorio*".

L'assenza dell'assunzione di un vincolo giuridico tra conviventi *more uxorio*, però, ha portato i giudici a ritenere giuridicamente non azionabili, a differenza del rapporto fra marito e moglie, i diritti e i doveri reciproci alla coabitazione, all'assistenza morale e materiale, alla fedeltà, ecc.; così come non è stata posta in dubbio la possibilità per ciascuno dei due conviventi di porre fine alla convivenza senza alcuna formalità ed in ogni momento.

Famiglia di fatto e filiazione fuori dal matrimonio

Ovviamente, dal dibattito relativo a rapporti tra conviventi *more uxorio*, ed in particolare al riconoscimento giuridico del fenomeno delle famiglie di fatto, è rimasto **distinto quello relativo ai rapporti tra genitori e figli nati fuori dal matrimonio**, data la non coincidenza dei fenomeni disciplinati. Un conto, infatti, è il rapporto di filiazione, un conto è il rapporto tra conviventi *more uxorio*: il primo si instaura fra il genitore ed il figlio nato fuori dal matrimonio ed è un rapporto che rileva per l'ordinamento indipendentemente dalla circostanza che i genitori naturali convivano o diano vita ad una famiglia di fatto. In altri termini: **il rapporto di filiazione è tutelato di per sé dall'ordinamento**, a prescindere dal suo nascere o svolgersi all'interno della famiglia di fatto. Ove il rapporto di filiazione intercorra con i genitori non coniugati e si sviluppi all'interno della famiglia di fatto, entrambi i genitori hanno l'obbligo di mantenere, istruire ed educare i figli generati, appunto, fuori del matrimonio (art. 30, co. 1, Cost.). Per effetto del **riconoscimento** (art. 250) o a seguito dell'**accertamento giudiziale** della paternità o della maternità (art. 269), il genitore assume tutti i doveri e tutti i diritti di cui al novellato art. 316 (v. artt. 277 e 315 *bis*). La giurisprudenza ha precisato che in tema di mantenimento del figlio minore, i genitori naturali sono coobbligati **solidalmente** fra loro.

La l. n. 76/2016. Le unioni civili e la disciplina delle convivenze

L'acceso dibattito in ordine al riconoscimento, in via generale, di famiglie alternative diverse rispetto a quella legittima fondata sul matrimonio ha finalmente avuto sbocco in un recentissimo provvedimento legislativo, la l. 20 maggio 2016, n. 76.

Tale provvedimento, per la prima volta, ha introdotto l'istituto delle **unioni civili** – destinato a formalizzare, e così regolare, i rapporti tra persone dello stesso sesso –.

Per quanto riguarda le coppie di fatto – e dunque le **convivenze stabili** ed affettive tra persone, eterosessuali o dello stesso sesso, non unite in matrimonio o con unione civile – ha inoltre previsto il loro riconoscimento e disciplinato le principali questioni sollevate da siffatte unioni, soprattutto in termini di diritti dei conviventi. Molte di tali questioni, peraltro, avevano già trovato soluzione nelle pronunce giurisprudenziali di cui si è detto sopra.

Nonostante la l. n. 76/2016 affronti diversi aspetti relativi ai rapporti nascenti dalle unioni civili e dalle convivenze di fatto, buona parte della disciplina di dettaglio (ad es. quella relativa ai registri) è tuttavia stata rimessa all'adozione di decreti legislativi e provvedimenti governativi.

2. *La famiglia e l'evoluzione della nozione. La famiglia legittima. Famiglia in senso stretto, famiglia in senso ampio e pluralità di modelli. Parentela e affinità*

L'affermarsi di una nuova concezione della famiglia

La famiglia (a lungo riconosciuta, disciplinata e garantita nel nostro ordinamento quale "società naturale fondata sul matrimonio", "ordinato sulla eguaglianza morale e giuridica dei coniugi": art. 29 Cost.) si pone come un fenomeno conseguente all'evoluzione economica e politica della realtà italiana, all'affermarsi di una forte sensibilità sociale verso i temi della persona, dell'individuo sia come singolo sia nelle formazioni sociali a cui partecipa (art. 2 Cost.), della dignità della persona e dell'uguaglianza dei cittadini dinanzi alla legge (art. 3 Cost.).

Abbiamo già detto come si è arrivati al superamento della c.d. famiglia **patriarcale** di epoca preindustriale consegnataci dal codice civile del 1865 e dalla legislazione del periodo fascista: era questo un gruppo assai più **esteso** della famiglia come è stata via via disegnata a partire dalla nostra Carta costituzionale fino ai nostri giorni. Si trattava di un organismo tutto incentrato sull'assoluta predominanza del marito-padre: egli era titolare della patria potestà più esclusiva alla quale erano sottoposti anche i figli divenuti maggiorenni, ancorché coniugati, così come le loro mogli ed i loro figli. Una famiglia dunque composta da più persone, tutte assoggettate agli stessi vincoli (a partire dalla coabitazione), al consenso del marito-genitore, *dominus* del gruppo per le scelte più rilevanti della loro vita (con qualche residua competenza del **consiglio di famiglia**, di cui facevano parte ascendenti e zii del minore: art. 249) con la sola possibilità dell'emancipazione da lui concessa o conseguenza dell'assunzione di cariche politiche o di voti religiosi.

Gli istituti centrali del diritto di famiglia

L'attuale struttura della famiglia è profondamente diversa: essa si ricava prevalentemente dal Codice civile – ma non esclusivamente, soprattutto alla luce della l. n. 76/2016 che disciplina le unioni civili e le convivenze –, il quale mantiene solo alcune disposizioni della sua originaria versione, essendo stato profondamente inciso dalla riforma del 1975.

Le norme del codice civile che compongono il nucleo essenziale del diritto di famiglia (artt. 74-337) sono riconducibili a due istituti fondamentali: il **matrimonio** (artt. 79-230 *bis*) e la **filiazione**, nelle tre forme della filiazione legittima (Titolo VII, artt. 231-249), naturale (Titolo VII, artt. 250-279) e adottiva o civile (Titolo VIII, artt. 291-314; si tenga tuttavia presente che la forma più importante di adozione – quella dei minori – è disciplinata dalla l. ad.). In realtà, a seguito dell'entrata in vigore della l. n. 219/2012, la quale, come detto, procede nel senso di una radicale e definitiva assimilazione dello *status* di figlio naturale a quello di legittimo (assimilazione che, in forza delle modifiche introdotte dal d.lgs. n. 154/2013, ha investito anche il regime dell'adozione) la tripartizione qui richiamata conserva un valore puramente esplicativo delle diverse modalità che, di volta in volta, presiedono all'attribuzione dello *status* (rispettivamente, il concepimento in costanza di matrimonio, il riconoscimento e il negozio di adozione), perdendo, viceversa, qualsiasi rilievo in ordine al suo contenuto, che il legislatore, appunto, ha voluto ridurre ad unità. Quest'impostazione ha trovato conferma nel già richiamato decreto attuativo, che ha significativamente riscritto il Titolo VII, oggi rubricato "Dello stato di figlio", innovativamente ripartito nei capi "Della presunzione di paternità" (non più "Della filiazione legittima"), "Delle prove della filiazione", "Dell'azione di disconoscimento e delle azioni di contestazione e di reclamo dello stato di figlio", "Del riconoscimento dei figli nati fuori dal matrimonio" e "Della dichiarazione giudiziale della paternità e della maternità" (gli ultimi due prendono il posto del vecchio Capo II, "Della filiazione naturale e della legittimazione").

Da qui, la definizione del diritto di famiglia come l'insieme delle norme giuridiche che disciplinano i **fatti costitutivi** (intesi in senso generico, fuori dalla già studiata tripartizione dell'attività giuridica dei privati in fatto, atto e negozio giuridico) e le vicende del rapporto coniugale e del rapporto di filiazione.

Il codice civile ha fornito un modello di famiglia ben definita nei suoi confini, fondata sul matrimonio e caratterizzata, tendenzialmente, dalla presenza dei figli. Essa è costituita da due individui di sesso diverso – il marito e la moglie (rapporto di **coniugio**), che sono anche il padre e la madre dei figli presenti in seno alla famiglia (rapporto di **filiazione**) – questo modello di famiglia è la c.d. **famiglia legittima** (in quanto fondata sul matrimonio, in una delle sue forme ammesse dal nostro ordinamento) e **nucleare** (perché basata sul nucleo fondamentale composto dai coniugi e la loro prole).

Il rapporto di coniugio e il principio di eguaglianza

Con il matrimonio i coniugi "acquistano gli stessi diritti e assumono i medesimi doveri", tra cui "l'obbligo reciproco alla fedeltà, all'assistenza morale e materiale, alla collaborazione nell'interesse della famiglia e alla coabitazione" (art. 143); e "sono tenuti, ciascuno in relazione alle proprie sostanze e alla propria capacità di lavoro professionale o casalingo, a contribuire ai bisogni della famiglia" (art. 143, co. 3). A conferma della centralità del principio di uguaglianza fra i coniugi introdotto nel nostro codice con la riforma del diritto di famiglia del 1975, la previsione, all'art. 144, che l'indirizzo della vita familiare deve essere **concordato** tra loro.

Il rapporto di filiazione. Doveri dei genitori e doveri dei figli

Quanto ai doveri dei genitori verso i figli, l'art. 147, come modificato dal d.lgs. n. 154/2013, impone ai primi "l'obbligo di mantenere, istruire, educare e assistere moralmente i figli, nel rispetto delle loro capacità, inclinazioni naturali e aspirazioni" con previsione perfettamente speculare all'art. 315 *bis*, riguardante i diritti e doveri dei figli, su cui si dirà meglio nel prosieguo. La distribuzione degli oneri del mantenimento, invece, è disciplinata dall'art. 316 *bis*, anch'esso introdotto dal decreto attuativo, il quale non introduce innovazioni sostanziali rispetto al vecchio art. 148. Correlata a tali obblighi, e accanto alla tutela della **personalità del minore**, sino al 2013 vi era la **potestà genitoriale** sui figli minori, esercitata di comune accordo da entrambi i genitori (la riforma del 1975 aveva già sostituito quella genitoriale alla patria potestà). Oggi, però, il citato decreto attuativo ha sostituito la nozione di potestà, con quella di responsabilità genitoriale, su cui si dirà qualche cosa più oltre. Né manca la prescrizione di **doveri in capo ai figli**, i quali oltre al rispetto per i genitori, devono contribuire al mantenimento della famiglia finché convivono con essa, in relazione al proprio reddito (art. 315 *bis*, co. 4).

La famiglia legittima e nucleare

Il modello di famiglia disciplinato dal codice civile, dopo la novellazione effettuata nel 1975 corrisponde, almeno a livello di principi generali, a quello già consacrato nella Costituzione agli artt. 29-31, dove i diritti della famiglia sono riconosciuti e tutelati in quanto fondati sul matrimonio (art. 29 Cost.).

Secondo alcune tesi, poi, già sul piano delle norme costituzionali, alla famiglia legittima viene a contrapporsi la famiglia di fatto. La **famiglia legittima** è costituita su un atto solenne, il matrimonio, da cui scaturiscono diritti e doveri reciproci tra i coniugi e tra questi e i loro figli, e che vede lo scioglimento del rapporto coniugale che ne deriva solo in alcuni casi espressamente previsti dalla legge.

La famiglia di fatto

La **famiglia di fatto** è una convivenza stabile ed affettiva tra persone che non hanno stipulato un atto costitutivo di un vincolo familiare giuridicamente disciplinato (matrimonio o unione civile). Si tratta di coppie che, pur volendo realizzare una comunione di vita basata sul reciproco consenso, non sottopongono la costituzione del loro rapporto all'istituto matrimoniale, nelle sue varie forme accolte dal nostro ordinamento, o all'unione civile. Da qui un rapporto di fatto, che ciascuno dei due soggetti può decidere di far venir meno senza particolari formalità. Tali convivenze stabili hanno oggi la possibilità di accedere ad un catalogo minimo di diritti e garanzie, attraverso un procedimento di

registrazione anagrafica della famiglia tale che, pur in assenza di un atto costitutivo del vincolo, quella specifica formazione sociale possa essere pubblicamente riconoscibile come famiglia di fatto (v. *infra*, par. 3).

La famiglia omosessuale. La dichiarazione di unione civile

La l. n. 76/2016, inoltre, ha disciplinato un istituto giuridico del tutto nuovo nel nostro ordinamento, l'**unione civile** tra persone dello **stesso sesso.** Il rapporto tra persone dello stesso sesso formalizzato con un'unione civile si colloca al di fuori del fenomeno delle famiglie di fatto. Si tratta, invero, di stabili convivenze affettive tra persone dello stesso sesso che hanno voluto sottoporre il loro rapporto ad un'apposita disciplina legislativa attraverso **un atto costitutivo**: la dichiarazione resa all'ufficiale di stato civile e alla presenza di due testimoni (art. 1, co. 2, l. n. 76/2016).

La famiglia legittima quale modello di riferimento

Rimane tuttavia centrale nel nostro ordinamento il **modello normativo** della famiglia legittima, nonostante l'indubbia diffusione del fenomeno delle unioni familiari di fatto e, oggi, della disciplina positiva dei contratti di convivenza e delle unioni civili per mezzo della l. n. 76/2016.

Alla luce di quest'ultimo provvedimento, la centralità della famiglia legittima non è più da ricondurre alla, a lungo diffusa, convinzione che la funzione della famiglia e il suo ruolo sociale, anche nella realtà contemporanea, possano essere più compiutamente svolti da unioni eterosessuali certe e stabili, garantite dall'istituto matrimoniale. Piuttosto, la famiglia legittima fondata sul matrimonio rappresenta una realtà familiare e sociale compiutamente disciplinata dal diritto, e alla cui disciplina i nuovi modelli familiari riconosciuti dall'ordinamento attingono ora attraverso rinvii operati dalla legge. Si consideri, infatti, che la stessa l. n. 76/2016 **fa ampio riferimento e rinvio alla normativa codicistica** sul matrimonio per dettare la disciplina delle unioni civili e alcuni aspetti delle convivenze di fatto. Così, ad es., le disposizioni codicistiche che si riferiscono al matrimonio richiamate dalla l. n. 76/2016, nonché tutte quelle contenenti le parole "coniuge", "coniugi" o equivalenti, contenute in leggi speciali o altri atti dell'ordinamento, si applicano anche ad ognuna delle parti dell'unione civile tra persone dello stesso sesso, "al solo fine di assicurare l'effettività della tutela dei diritti e il pieno adempimento degli obblighi derivanti dall'unione civile".

Nuovi modelli familiari; rapporti tra partner e disciplina dei rapporti i filiazione

Il rinvio alle norme dettate in tema di famiglia legittima, però, è **ampio ma non pieno**. Così, ad esempio, con riferimento alla disciplina del rapporto di filiazione nell'ambito della famiglia, il legislatore pone una netta distanza tra la famiglia legittima e quella fondata sull'unione civile, proprio escludendo espressamente che le disposizioni di cui alla l. n. 184/1983 sull'adozione e l'affidamento dei minori possano trovare applicazione per il caso delle unioni civili. Per la verità, la questione relativa ai rapporti di filiazione, e segnatamente di adozione, era stata affrontata in occasione del dibattito parlamentare. In quella occasione, sul presupposto di una equiparazione delle famiglie omosessuali a quelle eterosessuali, era stata prevista la possibilità di consentire forme di adozione nella coppia. Più in particolare, si era valutata l'ipotesi di consentire alla parte dell'unione civile l'adozione del figlio dell'altra (nota comunemente anche come ***stepchild adoption***). La delicatezza del tema, connesso ad altre tematiche di ampio rilievo sociale e quindi giuridico (quali l'ammissione e i limiti della pratica della maternità surrogata) hanno suggerito di rimandare ad altri, futuri e appositi, provvedimenti l'eventuale disciplina della materia. Sicché, ciò che oggi è disciplinato, è il rapporto tra le parti dell'unione e tra queste e i terzi; mentre, con riferimento all'adozione "resta fermo quanto previsto e consentito in materia di adozione dalle norme vigenti" (art. 1, co. 20, l. n. 76/2016).

Famiglie e Costituzione

Nel pieno del dibattito relativo alla possibilità di ammettere modelli familiari diversi da quello fondato sul matrimonio tra un uomo e una donna, invece, non si ipotizzava solo una centralità della disciplina della famiglia legittima, ma si teorizzava l'esistenza di un vero e proprio favore del legislatore costituzionale per la famiglia fondata sul matrimonio. Si riteneva che tale *favor* fosse espresso, ad es., nell'art. 30, co. 3, Cost., là dove garantisce la famiglia legittima rispetto alla pur riconosciuta protezione dei figli nati fuori del matrimonio. La tutela giuridica e sociale accordata a questi ultimi deve, infatti, essere "compatibile con i diritti dei membri della famiglia legittima". La formula utilizzata nella norma costituzionale ha lasciato aperta al legislatore ordinario la possibilità di regolare talvolta difformemente il rapporto di filiazione con i figli legittimi e i figli naturali. Così, ancora la legge di riforma del 1975 che, pure, fece segnare un notevole passo in avanti sulla strada di una piena equiparazione della posizione del figlio naturale a quella del figlio legittimo (già a partire da un radicale allargamento dello spazio di operatività del riconoscimento), subordinava l'inserimento del figlio naturale nella famiglia legittima del suo genitore all'assenso dell'altro coniuge e a quello dei figli legittimi, qualora questi avessero compiuto sedici anni e convivessero con i loro genitori (art. 252, co. 2). Nel campo del diritto successorio la tutela del figlio naturale rispetto a quello legittimo in tema di eredità lasciata dai genitori è sostanzialmente piena, sopravvivendo fino alla recente riforma della filiazione solo una qualche disparità là dove, ad es., si disponeva che "i figli legittimi possono soddisfare in danaro o in beni immobili ereditari la porzione spettante ai figli naturali" (diritto di **commutazione**: artt. 537, co. 3; 542, co. 3; 566, co. 2); ed in caso di opposizione di questi ultimi, avrebbe deciso il giudice, "valutate le circostanze personali e patrimoniali". Un istituto, quello della commutazione, di cui, dunque, poteva eventualmente avvalersi il figlio legittimo ma non quello naturale. Detto istituto, che si poteva già considerare implicitamente abrogato per contrasto con la nuova formulazione dell'art. 315, è stato espressamente posto *extra ordinem* dal d.lgs. n. 154/2013, che ha adeguato la disciplina delle successioni al nuovo regime della filiazione e, coerentemente, ha abrogato gli artt. 537, ult. co., 542, ult. co. e 566, co. 2 (quest'ultima disposizione è ormai composta da un unico comma che recita: "Al padre ed alla madre succedono i figli, in parti uguali").

Di contro, le tesi che ritenevano esistente una implicita previsione costituzionale delle famiglie diverse da quella fondata sul matrimonio, e dunque sostenevano la vigenza di strumenti di garanzia e tutela costituzionale di tutti quei modelli familiari prima variamente ricondotti alla famiglia di fatto, ritenevano che a quest'ultima la Costituzione facesse un pur generico e solo parziale riferimento nell'art. 30, co. 3. Tuttavia, il richiamo a tale disposizione per fondare una sorta di riconoscimento della famiglia di fatto nel nostro ordinamento giuridico rischia di confondere tale fenomeno con quello del rapporto di filiazione naturale che si stabilisce fra il genitore ed il figlio generato al di fuori del matrimonio e prescinde dal rapporto di fatto intercorrente nella coppia costituente quell'unione familiare. Così, nel momento in cui il legislatore ordinario ha proceduto a riconoscere e disciplinare le unioni civili tra persone dello stesso sesso, ha individuato la loro garanzia costituzionale negli **artt. 2 e 3** Cost. L'unione civile tra persone dello stesso sesso, infatti, è concepita dalla legge alla stregua di una specifica formazione sociale nella quale l'individuo svolge la propria personalità, in adempimento dei doveri di solidarietà economica e sociale e in applicazione dei principi di pari dignità ed eguaglianza dei cittadini davanti alla legge, ecc.

L'unione civile

Accanto alla famiglia fondata sul matrimonio è oggi disciplinata nella l. n. 76/2016 quella istituita come **unione civile** tra persone dello stesso sesso.

Mentre la famiglia legittima è costituita attraverso la celebrazione del matrimonio tra un uomo e una donna, la famiglia fondata sull'unione civile è costituita attraverso una **dichiarazione,** resa di fronte all'ufficiale di stato civile e alla presenza di due testimoni, da due persone **maggiorenni** dello **stesso sesso** (art. 1, co. 2, l. n. 76/2016).

Al pari delle coppie eterosessuali, dunque, quelle omosessuali hanno oggi la scelta se procedere ad una assunzione volontaria del vincolo attraverso la stipula di un negozio giuridico (la dichiarazione) con le sue conseguenze in termini di disciplina del rapporto, oppure sottoporre la regolamentazione del rapporto a quella, minimale, riservata alle convivenze di fatto (v. *infra*, par. 3, questa Sez.). Come per l'ipotesi del matrimonio, allora, è possibile distinguere un profilo di disciplina dell'atto costitutivo da quello di disciplina del rapporto.

La dichiarazione

L'atto attraverso il quale si costituisce l'unione civile è la **dichiarazione** resa di fronte all'ufficiale di stato civile e alla presenza di due testimoni. La dichiarazione è registrata nell'archivio dello stato civile (art. 1, co. 2 e 3, l. n. 76/2016) e l'unione civile è **certificata** con documento contenente, oltre ai dati anagrafici delle parti, l'indicazione del loro regime patrimoniale e della loro residenza, oltre ai dati anagrafici e alla residenza dei testimoni (art. 1, co. 9, l. n. 76/2016).

Con la dichiarazione all'ufficiale di stato civile le parti possono stabilire di assumere, per la durata dell'unione, un **cognome comune** scegliendolo tra i loro cognomi (art. 1, co. 10, l. n. 76/2016).

Al pari di quanto disposto per il matrimonio (v. *infra*, par. 7, Sez. II) il legislatore ha individuato stringenti requisiti soggettivi per la stipula della dichiarazione, la cui assenza costituisce un **impedimento** per la costituzione dell'unione civile tra persone dello stesso sesso. Non possono contrarre unione civile: coloro che sono già vincolati da matrimonio o unione civile; gli interdetti per infermità di mente (in pendenza del procedimento di interdizione il pubblico ministero può domandare la sospensione della costituzione dell'unione civile); coloro che sono legati tra loro da vincoli di parentela, affinità, adozione e affiliazione (*ex* art. 87 c.c., naturalmente considerando i legami con soggetti dello stesso sesso: es. lo zio e il nipote, la zia e la nipote, ecc.); i condannati in via definitiva per omicidio consumato o tentato nei confronti di chi sia coniugato o unito civilmente con l'altra parte (in caso di condanna non definitiva o per l'ipotesi di mero rinvio a giudizio o di applicazione di misure cautelari, la costituzione dell'unione civile è sospesa fino alla pronuncia della sentenza di proscioglimento).

Nel caso di stipula in presenza di un impedimento l'unione civile è **nulla**. Essa può essere impugnata da ciascuna delle parti dell'unione civile, dagli ascendenti prossimi, dal pubblico ministero e da tutti coloro che abbiano un interesse legittimo e attuale all'impugnazione (art. 1, co. 6, l. n. 76/2016). L'unione civile costituita da una parte durante l'assenza dell'altra non può essere impugnata finché dura l'assenza.

Nullità dell'unione civile

Oltre alla stipula dell'unione civile in violazione degli impedimenti di legge, sono **cause di nullità** della **dichiarazione**, in virtù del rinvio alle cause di nullità del matrimonio: il ritorno o l'accertamento dell'esistenza della persona alla quale una delle due parti dell'unione è legata da precedente vincolo e della quale fu dichiarata la **morte presunta** (artt. 65 e 68 c.c.); e la stipula dell'unione civile da parte dell'**interdetto** per infermità di mente ai sensi dell'art. 119 c.c., e dell'**incapace** di intendere e di volere (art. 120 c.c.).

Un'apposita previsione è invece dettata per le ipotesi di impugnazione dell'unione civile nei casi di consenso estorto con **violenza** o determinato da **timore di eccezionale gravità** determinato da cause esterne alla parte o dato per effetto di **errore sull'identità** della persona o di **errore essenziale** su qualità personali dell'altra parte.

Il richiamo alle corrispondenti ipotesi di impugnazione per violenza ed errore del matrimonio, infatti, non è totale, in quanto, con particolare riferimento alle qualità personali essenziali, il legislatore ordinario considera la peculiarità dell'ipotesi dell'unione stipulata tra persone dello stesso sesso. Di conseguenza l'ordinamento non ritiene integrante un'ipotesi di nullità dell'unione civile il caso in cui quest'ultima sia stipulata in presenza di una anomalia o deviazione sessuale tale da impedire lo svolgimento della vita coniugale, così come invece stabilito dall'art. 122, co. 4, n. 1, c.c. per il matrimonio. Parimenti, l'ordinamento non considera tra le ipotesi di invalidità dell'unione civile la scoperta dello stato di gravidanza di una parte dell'unione causata da altre persone. Si consideri, infatti, che l'unione civile ha come sua caratteristica quella di essere stipulata tra persone dello stesso sesso, in condizioni di biologica impossibilità di concepimento del figlio da entrambi i *partners*: ciò esclude, per l'ordinamento, che la gravidanza fuori dalla coppia possa essere tecnicamente concepita quale errore tale da ingenerare l'errata convinzione che il figlio sia concepito insieme dai due *partner*.

Pertanto, nelle unioni civili l'errore essenziale sulle qualità personali dell'altra parte ha un **ambito applicativo più ristretto** rispetto a quello del matrimonio. Il vizio invalidante opera solo nel caso in cui l'errore riguardi: l'esistenza di una malattia fisica o psichica tale da impedire lo svolgimento della vita comune; l'esistenza di una sentenza di condanna per delitto non colposo alla reclusione non inferiore a cinque anni, salvo il caso di intervenuta riabilitazione prima della celebrazione del matrimonio; la dichiarazione di delinquenza abituale o professionale; la circostanza che l'altro coniuge sia stato condannato per delitti concernenti la prostituzione a pena non inferiore a due anni.

L'unione civile può essere impugnata dalla parte il cui consenso è stato viziato, ma non può essere proposta se vi è stata **coabitazione per un anno** dopo che sia cessata la violenza o le cause che hanno determinato il timore ovvero sia stato scoperto l'errore.

Al pari di quanto accade per il matrimonio **putativo**, l'ordinamento dedica una disciplina agli effetti dell'unione civile nel caso di pronuncia di invalidità. Così, nell'ipotesi in cui l'unione civile sia stata contratta in buona fede oppure in virtù di consenso estorto con violenza o determinato da timore di eccezionale gravità derivante da cause esterne, in seguito alla dichiarazione di nullità dell'unione civile si applicano, in favore delle parti dell'unione o di quella tra esse in relazione alla quale le condizioni si sono verificate, gli effetti dell'unione civile valida fino alla pronuncia di nullità (art. 128, richiamato dall'art. 1, co. 6, l. n. 76/2016). Se le condizioni dell'unione civile putativa si verificano rispetto ad entrambe le parti dell'unione il giudice può disporre a carico di una di esse, per un periodo non superiore a tre anni, l'obbligo di corrispondere all'altra somme periodiche proporzionate alle sue sostanze nell'ipotesi in cui quest'ultima non abbia adeguati redditi propri e non abbia contratto nuove unioni o matrimonio (art. 129, richiamato dall'art. 1, co. 6,

l. n. 76/2016). Di contro, la parte dell'unione o il terzo al quale sia imputabile la nullità dell'unione è tenuta a corrispondere all'altra in buona fede una congrua indennità, anche in mancanza di prova del danno sofferto. Nell'ipotesi in cui sia il *partner* a dover corrispondere detta indennità essa deve essere comunque comprensiva del mantenimento per tre anni; vi è l'obbligo, altresì, di prestare gli alimenti al *partner* in buona fede, sempre che non vi siano altri obbligati (art. 129 *bis*, richiamato dall'art. 1, co. 6, l. n. 76/2016).

Si applica inoltre la disciplina della **simulazione** del matrimonio (art. 123 c.c.).

Lo *status* di parti dell'unione civile. Diritti e doveri delle parti

Il rapporto che consegue alla stipula dell'unione civile è disciplinato dalla legge in termini analoghi a quelli tra i coniugi che hanno contratto matrimonio. Anche per i rapporti tra persone dello stesso sesso si distingue, pertanto, una disciplina degli aspetti personali da quella degli aspetti patrimoniali, con conseguente riconoscimento legislativo di diritti e doveri delle parti. Deve allora ritenersi che, con la stipula dell'unione civile, le parti acquistino uno specifico ***status*** familiare, **non libero**, ostativo della possibilità di contrarre ulteriori vincoli, sia tramite matrimonio che tramite altra un'unione civile tra persone dello stesso sesso (v. art. 86 così come modificato dall'art. 1, co. 32, l. n. 76/2016).

Sul piano dei **rapporti personali** dall'unione civile deriva l'obbligo reciproco all'**assistenza morale e materiale**, cui ciascuna parte è tenuta in relazione alle proprie sostanze e alla propria capacità di lavoro professionale e casalingo; e l'obbligo alla **coabitazione**. Con la costituzione dell'unione civile tra persone dello stesso sesso le parti acquistano gli stessi diritti, assumono i medesimi doveri e **concordano** tra loro l'indirizzo della vita familiare e fissano la residenza comune (art. 1, co. 11, l. n. 76/2016). I diritti e i doveri nascenti dalla legge sono inderogabili dalle parti (art. 1, co. 13, l. n. 76/2016).

Il rapporto sorto in seguito alla conclusione di un'unione civile rileva, inoltre, ed al pari del rapporto di coniugio, in una serie di **circostanze prese in considerazione dalla legge in materia successoria** in tema di: indegnità a succedere (artt. 463 ss. c.c.); individuazione dei soggetti legittimari, ai quali la legge riserva una quota di eredità (artt. 536 ss. c.c.); successioni legittime (Tit. II, Libro II, c.c.); collazione (artt. 737 ss. c.c.) e patto di famiglia (artt. 768 *bis* ss. c.c.).

Con riferimento ai **rapporti patrimoniali**, il regime patrimoniale ordinario dell'unione civile tra persone dello è la **comunione dei beni**. Le parti possono, però, scegliere di adottare un diverso regime (ad. es. la separazione dei beni) attraverso la stipula di **convenzioni patrimoniali** alle quali si applicano le norme dettate per le convenzioni matrimoniali in materia di forma (art. 162 c.c.); modifica (art. 163 c.c.); simulazione (art. 164 c.c.) e capacità (art. 166 c.c.).

In via generale, comunque, la l. n. 76/2016 fa **ampio e pieno rinvio**

alla disciplina codicistica dei rapporti patrimoniali tra coniugi (art. 1, co. 13, l. n. 76/2016), richiamando anche per le ipotesi delle unioni civili gli istituti del **fondo patrimoniale**, della **comunione convenzionale** e **legale** e della **separazione dei beni** (su cui v. *infra*, Sez. IV). Tuttavia, l'esercizio dell'autonomia privata in materia, non può spingersi fino a derogare i diritti e i doveri previsti dalla legge per i rapporti nascenti dalle unioni civili (v. *supra* p. 815 con riferimento alla famiglia nascente dal matrimonio).

Lo scioglimento degli effetti dell'unione civile

Gli effetti dell'unione civile si sciolgono a seguito di sentenza emanata su **domanda giudiziale di scioglimento degli effetti dell'unione civile.** La domanda può essere presentata decorsi **tre mesi** da una manifestazione di volontà – anche disgiunta – di scioglimento dell'unione resa dinanzi all'ufficiale dello stato civile (art. 1, co. 24, l. n. 76/2016).

Il rapporto si scioglie, inoltre, per la **morte** o la dichiarazione di **morte presunta** di una delle parti, o la pronuncia di una sentenza di **rettificazione di attribuzione di sesso.** Possono altresì essere causa di scioglimento del rapporto alcune **circostanze – corrispondenti a quelle che possono fondare anche la pronuncia di divorzio** – legate alla commissione, ad opera di una delle parti, di fatti di reato specifici e di particolare gravità (ad es. condanna passata in giudicato per omicidio volontario di un figlio, ovvero per tentato omicidio a danno dell'altra parte o di un figlio; o condanna all'ergastolo per reati non colposi diversi da quelli politici o conclusi per motivi di particolare valore morale o sociale: v. art. 3, nn. 1 e 2, lett. a, c, d, e, l. div., richiamati dall'art. 1, co. 23, l. n. 76/2016).

Con la sentenza che pronuncia lo scioglimento degli effetti dell'unione civile il tribunale può disporre l'obbligo per una parte di somministrare periodicamente a favore dell'altra priva di mezzi adeguati o che comunque non può procurarseli per ragioni oggettive, un **assegno.** La determinazione dell'assegno va effettuata in considerazione di criteri di legge (quali la valutazione delle condizioni delle parti, delle ragioni della decisione, del contributo personale ed economico dato da ciascuno alla conduzione familiare ed alla formazione del patrimonio di ciascuno o di quello comune, del reddito di entrambi) e tenendo conto della durata dell'unione (art. 5, co. 6, l. div., richiamato dall'art. 1, co. 25, l. n. 76/2016).

La famiglia allargata

Nell'ambito della famiglia legittima, la famiglia nucleare si distingue dalla famiglia in senso ampio. Gli elementi costitutivi di questo organismo inteso in senso ampio sono la **parentela** e l'**affinità** (si parla, per questo, anche di **famiglia parentale** o allargata, proprio per distinguerla da quella nucleare).

In talune circostanze, il legislatore attribuisce notevole rilevanza ai rapporti parentali più estesi, come, ad es., nella materia della successione legittima, della successione necessaria, della rappresentazione, degli alimenti, degli impedimenti matrimoniali: tutti casi nei quali il legame di parentela o affinità con i componenti della famiglia nucleare produce conseguenze giuridiche importanti. Da qui la necessità di fissare criteri certi sulla cui base stabilire in quali casi sussista un rapporto di parentela o di affinità.

La parentela

La **parentela** (artt. 74-77), secondo la definizione dell'art. 74, è "il vincolo tra le persone che discendono da uno stesso stipite". Si distingue tra parentela in linea retta ed in linea collaterale: rientrano nella **linea retta** le persone di cui l'una discende dall'altra (padre e figlio, nonno e nipote, ecc.); nella **linea collaterale** si collocano le persone che pur avendo uno stipite comune, non discendono l'una dall'altra (zio e nipote, fratelli, cugini, ecc.).

Il calcolo della parentela – che non è riconosciuta dalla legge oltre il **sesto** grado – si effettua attraverso il computo dei **gradi**. Nel caso della parentela in linea retta, il computo si effettua risalendo da un parente all'altro, contando tutti i parenti intermedi ed escludendo l'ascendente nei cui confronti si intende determinare il grado di parentela (art. 76, co. 1: ad es., nonno e nipote sono parenti in secondo grado). Nella parentela in linea collaterale, la determinazione del grado di parentela tra due persone si ottiene risalendo dall'una fino al primo stipite comune, e da questo discendendo all'altra e contando il numero di parenti intermedi comprese le due persone fra cui si vuole determinare la parentela, ma sempre escludendo lo stipite comune (art. 76, co. 1). Così, padre e figlio sono parenti nella linea retta in primo grado, mentre fratello e sorella sono parenti, nella linea collaterale, in secondo grado.

Parentela legittima e naturale

Prima delle recenti modifiche introdotte dalla l. n. 219/2012 la parentela si distingueva in **legittima** o **naturale**.

La prima si riferiva ai vincoli di sangue che uniscono i soggetti sulla base di un'unione fondata sul matrimonio: così, i fratelli erano parenti legittimi solo se nati dai medesimi genitori in costanza di matrimonio (si parla di fratelli **germani**, mentre si dicono **consanguinei**, i fratelli nati dallo stesso padre ma da madre diversa; e così i fratelli **uterini**, nati dalla stessa madre ma da padre diverso).

La parentela naturale, invece, era il legame tra persone unite da vincolo di sangue contratto fuori dal matrimonio.

La l. n. 219/2012 ha, però, integrato l'art. 74 con la precisazione per cui si ha legame di parentela «sia nel caso in cui la filiazione è avvenuta all'interno del matrimonio, sia nel caso in cui è avvenuta al di fuori di esso, sia nel caso in cui il figlio è adottivo. Il vincolo di parentela non sorge nei casi di adozione di persone maggiori di età, di cui agli articoli 291 e seguenti», di talché sembrano aver perso la propria ragion d'essere il dibattito sinora sviluppatosi intorno alla questione se il fenomeno della parentela naturale avesse una rilevanza generale nel nostro ordinamento (se, ad es., quando le norme richiamano genericamente la parentela senza specificazione essa dovesse essere intesa con riferimento ad entrambe le forme ovvero limitata alla sola parentela legittima). In passato si è ritenuto che la parentela naturale dovesse instaurarsi solo fra genitori e figlio, mentre, precorrendo le recenti modifiche normative, successive interpretazioni giurisprudenziali (soprattutto con riferimento all'art. 258) hanno stabilito che nella nozione di "parenti" aventi diritto alla **successione legittima** ai sensi dell'art. 565 vadano ricompresi anche i fratelli e le sorelle nati al di fuori del matrimonio. Deve tenersi presente che non è riconosciuto nessun rapporto di parentela nel caso di **fecondazione artificiale eterologa** fra il figlio e il genitore biologico, secondo la esplicita previsione legislativa di cui all'art. 9 della l. n. 40/2004.

L'affinità

L'art. 78 definisce l'**affinità** come "il vincolo tra un coniuge e i parenti dell'altro coniuge", vincolo che permane anche nel caso di morte del coniuge da cui deriva. L'affine prende la **linea** ed il **grado** del parente dell'altro coniuge (art. 78, co. 2): così, ad es., il coniuge è affine in secondo grado, nella linea collaterale, al fratello dell'altro coniuge (cognato).

Il rapporto di affinità cessa in caso di annullamento del matrimonio, su cui è fondato (art. 78, co. 3), con l'eccezione di cui all'art. 87, n. 4; mentre non cessa, secondo l'opinione prevalente, per effetto del divorzio.

Il vincolo parentale

Abbiamo più sopra visto come la famiglia c.d. nucleare (o in senso stretto) è organizzata secondo una fitta rete di rapporti giuridici tra i coniugi e tra i genitori e i figli. Occorre ora chiedersi se una trama di rapporti giuridici – in termini, di doveri, obblighi, diritti, ecc. – caratterizzi anche la famiglia in senso ampio. In effetti, nell'ambito del diritto successorio i parenti hanno diritto alla successione ereditaria, nella vicenda della successione necessaria (artt. 536 s.); e di quella legittima (artt. 566 s.). Inoltre, fra parenti e fra affini sussistono diritti e doveri reciproci in ordine alla prestazione degli alimenti (art. 433).

Tuttavia, all'interno di questa trama di rapporti giuridici nella famiglia in senso ampio, doveva, prima dell'entrata in vigore della l. n. 219/2012 e del decreto attuativo, cogliersi una distinzione tra parentela legittima e parentela naturale. Ad es., l'art. 538 prevedeva che fossero solo gli ascendenti legittimi e non quelli naturali i **successori necessari**; la disposizione appariva, già prima del d.lgs. n. 154/2013, incoerente col nuovo regime della filiazione e della parentela: l'art. 72 di detto decreto ha proceduto agli opportuni aggiustamenti, eliminando la distinzione fra ascendenti legittimi e naturali. Anche prima della riforma del 2012, dopo l'interpretazione della Corte costituzionale dell'art. 565 (che ha dichiarato la illegittimità costituzionale di tale disposizione "nella parte in cui esclude dalla categoria dei chiamati alla successione legittima, in mancanza di altri successibili, e prima dello Stato, i fratelli e le sorelle naturali riconosciuti o dichiarati") secondo le regole della **successione legittima** i fratelli e le sorelle naturali del defunto hanno, gli stessi diritti che l'art. 570 riconosce a fratelli e sorelle legittime, pur succedendo solo ove non vi siano altri parenti entro il sesto grado. Ora che figli e parenti hanno attinto uno statuto giuridico unitario, ogni discriminazione ha perso la propria ragion d'essere e, in effetti, il decreto attuativo ha proceduto con coerenza alla eliminazione di ogni discriminazione anche in materia di successioni, come meglio si vedrà a suo tempo.

La natura dei diritti discendenti dagli *status* familiari

Le situazioni soggettive di cui sono titolari i componenti della famiglia dipendono dalla posizione occupata da ciascuno di essi all'interno del gruppo familiare. Si parla di ***status*** per indicare l'insieme dei diritti, doveri, obblighi, ecc. del marito e della moglie (ad es., *status* coniugale), delle parti delle unioni civili, del genitore, dei figli (ad es., lo *status* di figlio, prima bipartito in legittimo o naturale), dei parenti, degli affini. Il fondamento e il contenuto di queste situazioni soggettive trovano la propria ragion d'essere nella peculiare natura dei rapporti da cui esse scaturiscono, e di quelli tra l'organismo unitariamente considerato e l'ordinamento giuridico. Non si è mancato di cogliere una analogia tra questi diritti, doveri, obblighi, ecc. e quelli inerenti i **diritti della personalità**, che esprimono l'idea di una loro centralità e imprescindibilità per il nostro ordinamento (artt. 2 e 3 Cost.), pur dovendosi rilevare che i primi operano all'interno delle trame relazionali del gruppo familiare, mentre i secondi operano sul piano delle relazioni dell'individuo con ogni altro membro della collettività (essendo opponibili *erga omnes* in virtù del carattere dell'**assolutezza**). Caratteri fondamentali dei diritti scaturenti dallo *status* familiare sono quelli della irrinunciabilità, della indisponibilità, della imprescrittibilità. I corrispondenti obblighi, anche nei casi di prestazioni a contenuto economico (si pensi, ad es., all'obbligo di mantenimento fra i coniugi), non sono riconducibili agli istituti propri del diritto delle obbligazioni, ma sono sottoposti ad una diversa qualificazione che ne spiegherebbe, da un lato, l'utilizzazione di un differente lessico giuridico (si parla di obbligo e non di obbligazione) e, dall'altro, la loro peculiare natura di prestazioni sempre e comunque fuori dal fenomeno della patrimonialità dei rapporti obbligatori di cui agli artt. 1173 ss.

Più in generale, gli atti giuridici (intesi qui in senso lato, al di là della distinzione tra atto in senso stretto e negozio giuridico) compiuti nell'ambito della famiglia (a partire dai suoi atti fondativi, il matrimonio o la dichiarazione di unione civile) ricevono una disciplina normativa del tutto peculiare e comunque distinta dagli atti giuridici a contenuto patrimoniale quali il contratto e gli atti unilaterali di cui all'art. 1324.

3. *La famiglia di fatto*

Caratteri della famiglia di fatto

Abbiamo già accennato al fenomeno della c.d. famiglia di fatto, prevalentemente inteso, fino alla l. n. 76/2016, quale rapporto di convivenza tra un uomo e una donna, senza celebrazione del matrimonio (in nessuna delle forme ammesse nel nostro ordinamento), e dunque senza vincoli tra la coppia giuridicamente disciplinati; una comunione di vita, basata sul reciproco consenso, che tuttavia ciascuno dei suoi due componenti può decidere di sciogliere in ogni momento, senza particolari formalità.

Abbiamo detto, altresì, che fino al recente intervento legislativo che ha introdotto l'istituto dell'unione civile tra persone dello stesso sesso, anche le unioni omosessuali venivano tendenzialmente ricondotte a questa forma di unione familiare. Tale inquadramento non era immune da perplessità. Da più parti si riteneva che il modello di famiglia di fatto dovesse pur sempre corrispondere a quello, formale, disciplinato nel nostro ordinamento (salvo, appunto l'assenza dell'atto costitutivo tipico del rapporto): e dunque al modello di famiglia legittima nata dall'unione tra un uomo e una donna. Ora che il nostro ordinamento riconosce due forme di famiglia fondate su un atto costitutivo, quella legittima (fondata sul matrimonio) e quella tra persone dello stesso sesso (fondata sulla dichiarazione di unione civile), il corrispondente riferimento alla c.d. **famiglia di fatto** è da intendersi inevitabilmente come relativo sia al rapporto di **stabile convivenza affettiva** tra un **uomo e una donna**, sia a quello tra persone dello **stesso sesso, in mancanza della celebrazione** di matrimonio o della dichiarazione di unione civile.

I conviventi di fatto

A lungo, le famiglie di fatto non hanno ricevuto una disciplina analitica come quella dettata dal legislatore per la famiglia legittima, né, di conseguenza, le posizioni tra le parti della coppia di fatto sono state concepite come un apposito *status*. Ad es., la posizione dell'uomo e della donna che compongono una siffatta coppia non è riconducibile allo *status* coniugale di marito o moglie, a quell'insieme di doveri, diritti, obblighi, ecc. che costituiscono il contenuto di questa particolare situazione giuridica soggettiva.

E, tuttavia, il recente intervento legislativo ha dettato anche per le parti di questi rapporti di fatto una disciplina di alcuni diritti e doveri.

A tal proposito è significativa la circostanza che nella definizione del fenomeno disciplinato, il legislatore non faccia riferimento alla famiglia di fatto, né definisca la convivenza di fatto. L'ambito applicativo della disciplina è individuato attraverso il **riferimento alle parti** che compongono la coppia: i conviventi di fatto. Più precisamente, come stabilito dall'art. 1, co. 36, l. n. 76/2016, sono "**conviventi di fatto**" due persone maggiorenni unite stabilmente da legami affettivi di coppia e di reciproca assistenza morale e materiale, non vincolate da rapporti di parentela, affinità o adozione, da matrimonio o da un'unione civile.

Di conseguenza, perché possa trovare applicazione la disciplina delle convivenze di fatto, devono ricorrere **presupposti positivi** (maggiore età; stabilità della coabitazione; legame affettivo di coppia e di reciproca assistenza morale e materiale) e **negativi** (assenza di atto costitutivo – matrimonio o dichiarazione di unione civile –; assenza di vincoli di parentela, affinità o adozione).

Pur in assenza di atto costitutivo, inoltre, la circostanza che dalla contemporanea presenza dei suddetti presupporti possano sorgere in capo alle parti diritti e doveri reciproci, impone di individuare meccanismi di accertamento dell'esistenza del rapporto e della sua natura. All'uopo, la l. n. 76/2016 stabilisce che si fa riferimento alla certificazione della c.d. **famiglia anagrafica** prevista dall'art. 4, d.P.R. n. 223/1989, una realtà familiare rilevante ai soli fini anagrafici, rappresentata da "un insieme di persone legate da vincoli di matrimonio, parentela, affinità, adozione, tutela o da vincoli affettivi, coabitanti ed aventi dimora abituale nello stesso comune" e dunque alla **dichiarazione anagrafica** (art. 13, co. 1, lett. *b*), d.P.R. n. 223/1989). Quest'ultima, però, **non** ha efficacia **costitutiva** dello *status* di convivente di fatto, ma solo probatoria dello stesso e funzionale a dimostrare l'esistenza dei presupposti per accedere alla disciplina delle convivenze stabili di cui alla l. n. 76/2016.

Regolamentazione giuridica di singoli aspetti prima della l. n. 76/2016

Anche prima che la legge riconoscesse i diritti dei conviventi di fatto, però e a ben vedere, ci si chiedeva se il diritto fosse realmente del tutto indifferente a questi legami o se, invece, fosse possibile anche per essi individuare una pur minima regolamentazione giuridica. Come abbiamo già evidenziato, pur in assenza di una normativa generale il legislatore ha specificamente disciplinato alcuni profili di maggior rilievo sociale del fenomeno (ad es., la legittimazione a domandare l'interdizione o l'inabilitazione del partner convivente: v. artt. 417 e 406 c.c.); così come un importante contributo alla definizione del fenomeno è arrivato dalla giurisprudenza, anche costituzionale (v. *supra*, par. 2, in questa Sez.).

L'art. 5 della legge sulla fecondazione assistita

Di grande rilevanza, nella direzione di una sempre **maggiore apertura** del nostro legislatore al fenomeno qui analizzato, è stata anche la previsione di cui all'art. 5, l. n. 40/2004 in materia di **fecondazione artificiale** assistita che ha consentito di "accedere alle tecniche di procreazione medicalmente assistita a coppie di maggiorenni di sesso diverso, coniugate o conviventi".

La famiglia di fatto negli altri ordinamenti europei e i c.d. patti di solidarietà

Indubbiamente, nel percorso di riconoscimento giuridico delle unioni non fondate sul matrimonio ha avuto grande peso la comparazione con altri ordinamenti, nei quali queste realtà godevano già di una considerazione normativa attraverso la disciplina di patti o accordi di convivenza.

Si è precedentemente fatto riferimento alla tendenza, anche in Italia, a regolare le unioni di fatto con accordi (o patti o contratti), attraverso i quali i conviventi disciplinano soprattutto gli aspetti patrimoniali del loro rapporto, senza che, in genere, sorgano effetti giuridici nei confronti di terzi, essendo questi circoscritti all'interno della coppia. Tali accordi, già prima della loro regolamentazione ad opera della l. n. 76/2016, erano relativamente diffusi tra le coppie che non vogliono o non possono contrarre matrimonio. Settori sempre più estesi della società hanno richiesto al Parlamento di legiferare in materia, riconoscendo così effetti giuridici a tali figure anche **oltre l'ambito della coppia, e dunque nei confronti dei terzi** (ivi compreso lo Stato e le istituzioni pubbliche per quanto concerne il riconoscimento dei c.d. diritti sociali, previdenziali, tributari, pensionistici, ecc.).

L'esperienza dei c.d. **patti di solidarietà** (definiti anche contratti di convivenza) è diffusa in altri Paesi (Francia, Olanda, Germania, Paesi scandinavi, ecc.), sia pure con taluni profili di disciplina differenti negli ordinamenti che li riconoscono. In genere in quelle esperienze si prevede una **stipulazione** formale di tali accordi e un regime di **pubblicità** degli stessi così da farne derivare forme di tutela per i conviventi (talvolta, indifferentemente per la coppia omosessuale o eterosessuale): dagli obblighi di reciproco sostegno alla responsabilità solidale dei conviventi-contraenti per le obbligazioni assunte per soddisfare le esigenze della vita quotidiana; dai diritti di abitazione a quelli di proprietà in capo a ciascuno dei conviventi per i beni mobili acquistati durante la vita in comunione. Nei confronti dello Stato vengono attribuiti ai conviventi tutele di tipo assistenziale, fiscale, ecc.

Il dibattito italiano

Nel nostro Paese la giurisprudenza aveva ritenuto, in via interpretativa, in qualche caso leciti e tutelabili gli effetti **patrimoniali** scaturenti da tali accordi conclusi da persone di sesso diverso; mentre la stessa giurisprudenza, in linea con la prevalente dottrina, escludeva che tali accordi potessero disciplinare i rapporti **personali** fra i conviventi (l'obbligo di fedeltà, di assistenza, ecc.) nel presupposto che tali patti avrebbero finito per incidere sulla loro libertà individuale senza giustificazione adeguata sul piano dell'ordinamento, come viceversa accade nel caso della celebrazione dell'atto fondativo della famiglia legittima, il matrimonio.

Nelle esperienze di altri ordinamenti, invece, il contenuto di tali accordi si estende anche a profili personali ed è ammessa la disciplina negoziale della comunione familiare di fatto nella sua complessità, non circoscritta al solo ambito patrimoniale.

L'autonomia privata come strumento per la disciplina di forme di convivenza alternative a quella matrimoniale

Nel nostro ordinamento, in assenza di una disciplina legislativa che servisse a chiarire e a stabilire l'ambito e la qualificazione degli effetti di questi patti o accordi, si riteneva che tali figure negoziali (*rectius*: contrattuali, in senso stretto, ai sensi dell'art. 1321) fossero espressione di un fenomeno di **autonomia privata** e riconducibili, quanto alla loro disciplina ed in linea di principio, al diritto delle obbligazioni. Così, ad es., la previsione, in un accordo di convivenza, dell'obbligo a carico dei *partners* di provvedere reciprocamente alle loro necessità economiche ovvero a quelle della coppia avrebbe potuto essere qualificato quale obbligazione civile e non quale obbligazione naturale (art. 2034), come generalmente è ritenuta nel fenomeno della famiglia di fatto non disciplinata da un patto di convivenza. Coerentemente, alla attribuzione della **natura contrattuale e obbligatoria** al rapporto di convivenza a seguito della regolamentazione pattizia sarebbe conseguita la qualificazione della mancata esecuzione degli obblighi assunti dal convivente *more uxorio* in termini di inadempimento. Le perplessità che tale ipotesi suscitava induceva a ritenere comunque aperta la questione concernente la piena ed effettiva utilizzabilità degli istituti del diritto contrattuale per questi accordi, considerando il loro peculiare atteggiarsi anche in ordine alla natura degli interessi in gioco.

I contratti di convivenza

Nonostante le perplessità suddette, il legislatore del 2016 ha rimesso la disciplina dei suddetti rapporti a **contratti di convivenza**.

Attraverso tali contratti di convivenza le parti: indicano la **residenza**; stabiliscono le **modalità di contribuzione** alle necessità della vita in comune, in relazione alle sostanze di ciascuno e alla capacità di lavoro professionale o casalingo; effettuano l'eventuale **scelta del regime patrimoniale della comunione dei beni**, di cui alla sez. III, Capo VI, Titolo VI, Libro I, c.c. (art. 1, co. 53, l. n. 76/2016).

A differenza della famiglia legittima e delle unioni civili, infatti, il regime patrimoniale della comunione dei beni non opera tra i conviventi di fatto, salvo una loro apposita scelta; con la conseguenza che, in difetto di opzione espressa, i relativi patrimoni rimangono separati. La scelta è comunque modificabile, con la medesima forma prevista per i contratti di convivenza, in ogni momento.

Il richiamo all'istituto del contratto così parzialmente disciplinato dalla l. n. 76/2016, insieme alle perplessità di cui sopra, presenta ulteriori profili di peculiarità rispetto al modello di cui all'art. 1321 c.c.

Innanzitutto, si consideri che per i contratti di convivenza la legge richiede la forma **scritta.** Essi vanno redatti per atto pubblico o scrittura privata autenticata da un notaio o da un avvocato, a pena di **nullità**; stessa forma è richiesta per la modifica e scioglimento del contratto (art. 1, co. 51, l. n. 76/2016). Ebbene, la legge assegna ai due professionisti suddetti (a seconda del caso, notaio o avvocato) il particolare *munus* di **attestare la «conformità alle norme imperative e all'ordine pubblico»** del contratto di convivenza. Si è visto come, viceversa, compito e potere di accertare la compatibilità del contratto in generale con l'ordinamento giuridico sia del giudice.

In secondo luogo le diverse ipotesi di "scioglimento" del contratto di cui all'art. 1321 c.c. (recesso, mutuo consenso, ecc.) sono in questo caso tutte qualificate come cause di **risoluzione del contratto di convivenza** che non coincidono, nemmeno concettualmente, con le ipotesi di risoluzione del contratto in generale (le quali, come abbiamo visto, sono tipicamente riconducibili alle vicende "patologiche" di un rapporto di natura obbligatoria: inadempimento, impossibilità sopravvenuta, eccessiva onerosità).

Nonostante la denominazione di contratti di convivenza, rimangono, dunque, le perplessità relative alla natura contrattuale di questi atti.

La disciplina dei contratti di convivenza

La disciplina dei contratti di convivenza è riconducibile da un lato al principio di garanzia di pienezza e **libertà** del consenso (per cui il contratto di convivenza non può essere sottoposto a termine o condizione e, in caso contrario, essi si hanno per non apposti), dall'altro al principio di **eguaglianza sostanziale e pari dignità tra i conviventi** (in virtù del quale, come abbiamo visto, la legge richiede che la contribuzione alle esigenze comuni avvenga in relazione alle sostanze di ciascuno e alla capacità di lavoro professionale o casalingo).

Sul profilo formale, abbiamo visto, il contratto deve essere redatto in forma **scritta** (atto pubblico o scrittura privata autenticata) a pena di nullità.

Ai fini dell'**opponibilità** ai terzi, il professionista che ha ricevuto l'atto in forma pubblica o che lo ha autenticato provvede all'iscrizione nel comune di residenza dei conviventi (art. 1, co. 52, l. n. 76/2016).

Nullità e risoluzione dei contratti di convivenza

Il contratto di convivenza è **nullo**: *a*) in presenza di un vincolo matrimoniale, di un'unione civile o di un altro contratto di convivenza; *b*) se stipulato da parti in relazione alle quali manchino i presupposti per l'esistenza di uno *status* di conviventi di fatto, ai sensi dell'art. 1, co. 36, l. n. 76/2016; *c*) da persona minore di età; *d*) da persona interdetta giudizialmente; *e*) in caso di condanna per il delitto di cui all'art. 88 c.c. (tuttavia gli effetti del contratto di convivenza restano sospesi in pendenza del procedimento di interdizione giudiziale o nel caso di rinvio a giudizio o di misura cautelare per il delitto di cui all'art. 88 del codice civile, v. art. 1, co. 57, l. n. 76/2016). La nullità è insanabile e può essere rilevata d'ufficio.

Come abbiamo detto, le diverse vicende in grado di incidere sul contratto di convivenza nel senso di un suo scioglimento, sono qualificate come **cause di risoluzione del contratto di convivenza**. Lo scioglimento richiede comunque l'adempimento di oneri di notificazione della causa di risoluzione.

Il contratto di convivenza si risolve innanzitutto per **accordo** delle parti o **recesso unilaterale**, da redigersi nella medesima forma richiesta per il contratto di convivenza; in caso di recesso unilaterale il professionista interessato dovrà curare la notifica di una copia all'altro contraente presso l'indirizzo risultante dal contratto. Se la casa familiare è nell'esclusiva disponibilità del recedente, la dichiarazione di recesso, a pena di nullità, deve contenere il termine, non inferiore a novanta giorni, concesso al convivente per lasciare l'abitazione.

È altresì causa di risoluzione del contratto di convivenza la **celebrazione del matrimonio o dell'unione civile** tra i conviventi o tra un convivente ed altra persona. In tal caso spetta al contraente che ha contratto il matrimonio o l'unione civile notificare all'altro contraente, nonché al professionista che ha ricevuto o autenticato il contratto di convivenza, l'estratto di matrimonio o di unione civile.

Infine, il contratto di convivenza si risolve per **morte** di uno dei contraenti. Il contraente superstite o gli eredi di quello deceduto devono notificare al professionista che ha ricevuto o autenticato il contratto di convivenza l'estratto dell'atto di morte affinché provveda ad annotare a margine del contratto di convivenza l'avvenuta risoluzione del contratto e a notificarlo all'anagrafe del comune di residenza.

La risoluzione del contratto di convivenza determina lo scioglimento della comunione eventualmente scelta dalle parti, con conseguente applicazione, in quanto compatibili, delle disposizioni di cui alla sezione III del Capo VI del Titolo VI del libro primo del codice civile.

Diritti dei conviventi di fatto

I conviventi di fatto hanno gli stessi diritti spettanti al coniuge nei casi previsti dall'**ordinamento penitenziario**. In caso di malattia o di ricovero, essi hanno **diritto reciproco di visita**, di **assistenza** nonché di **accesso alle informazioni** personali, secondo le regole di organizzazione delle strutture ospedaliere o di assistenza pubbliche, private o convenzionate, previste per i coniugi e i familiari. Nel caso in cui l'appartenenza ad un nucleo familiare costituisca titolo o causa di preferenza nelle **graduatorie per l'assegnazione di alloggi di edilizia popolare**, di tale titolo o causa di preferenza possono godere, a parità di condizioni, i conviventi di fatto.

Una particolare disciplina è dettata con riferimento alla **casa di comune residenza,** in relazione alle ipotesi in cui del diritto (reale o personale) sulla stessa sia titolare solo uno dei conviventi e si verifichino delle circostanze estintive in capo allo stesso.

Con riferimento al diritto di **proprietà** di un convivente di fatto sulla casa di comune residenza, salvo le ipotesi di presenza di figli di cui all'art. 337 *sexies* c.c., il legislatore ha considerato le esigenze di tutela del convivente di fatto superstite (che potrebbe vedersi opporre pretese e diritti sull'immobile da parte degli eventuali eredi del defunto). In caso di morte del convivente di fatto proprietario della casa di comune residenza, pertanto, il **convivente di fatto superstite** ha diritto di continuare ad abitare nella stessa per **due** anni **o** per un periodo **pari alla convivenza** se superiore a due anni e comunque non oltre i cinque anni. Ove nella stessa coabitino figli minori o figli disabili del convivente superstite, il medesimo ha diritto di continuare ad abitare nella casa di comune residenza per un periodo non inferiore a tre anni. Tuttavia, **tale diritto cessa** nel caso in cui il convivente superstite smetta di abitare stabilmente nella casa di comune residenza o in caso di matrimonio, di unione civile o di nuova convivenza di fatto (art. 1, co. 37, l. n. 76/2016).

Con riferimento all'ipotesi in cui il convivente di fatto sia **conduttore** dell'immobile adibito a casa di comune residenza, nel caso di sua morte o recesso dal contratto di locazione, il convivente di fatto ha **facoltà** di succedergli nel contratto.

È stato inoltre riconosciuto e disciplinato il diritto agli **alimenti** del convivente nel caso di cessazione della convivenza di fatto: in presenza dei presupposti di legge l'obbligo sorge in capo all'ex convivente con precedenza sui fratelli e sorelle (art. 1, co. 65, l. n. 76/2016 e art. 433 c.c.). Il diritto agli alimenti sorge allorquando l'ex convivente versi in stato di bisogno e non sia in grado di provvedere al proprio mantenimento, e spetta per un periodo proporzionale alla durata della convivenza. La misura è determinata dal giudice in applicazione dei criteri stabiliti dall'art. 438, co. 2, c.c.

Nei rapporti con i terzi, inoltre, ciascun convivente di fatto può farsi rappresentare dall'altro in alcune importanti scelte connesse al diritto all'integrità psicofisica e ai diritti sul corpo: per le decisioni in materia di **salute** (in caso di malattia che comporta incapacità di intendere e di volere); e, per quanto riguarda la **donazione di organi, le modalità di trattamento del corpo e le celebrazioni funerarie** (in caso di morte; art. 1, co. 40, l. n. 76/2016). L'atto di designazione deve essere redatto per iscritto in forma autografa, salvo l'ipotesi di impossibilità di redigerlo in tal modo (per questa ipotesi è però necessaria la presenza di un testimone). Il potere di decidere attribuito al convivente di fatto può essere pieno o limitato.

Il convivente di fatto, peraltro, può essere nominato **tutore, curatore o amministratore di sostegno**, qualora l'altra parte sia dichiarata interdetta o inabilitata ai sensi delle norme vigenti ovvero ricorrano i presupposti di cui all'art. 404 c.c. (art. 1, co. 48, l. n. 76/2016).

Infine, si consideri che il legame affettivo e di reciproca assistenza tra i conviventi riceve una particolare considerazione, al pari di quello tra coniugi, nelle ipotesi in cui si proceda a valutare il **danno per il decesso** del convivente cagionato da fatto illecito di un terzo. Nell'individuazione del danno risarcibile alla parte superstite, infatti, si applicano i medesimi criteri individuati per il risarcimento del danno al coniuge superstite (art. 1, co. 48, l. n. 76/2016).

Rapporti di convivenza e rapporti di filiazione

Nella prospettiva di individuare un fondamento normativo per la famiglia di fatto prima del recentissimo intervento del legislatore con la l. n. 76/2016, come abbiamo già detto, sono state richiamate diverse disposizioni che, in realtà, disciplinano fenomeni diversi. È il caso dell'art. 317 *bis* vecchio testo, una disposizione che però, come parte della dottrina ha giustamente sottolineato, svolgeva la diversa funzione di disciplinare l'esercizio della **potestà dei genitori naturali conviventi** ma che non per questo intendeva offrire riconoscimento alla famiglia di fatto, ove solo si consideri che tale norma si applicava anche se la convivenza fosse priva di quei connotati che individuano concettualmente il fenomeno di cui ci occupiamo. L'art. 317 *bis* tutelava il minore figlio naturale indipendentemente dalla natura del rapporto tra i suoi genitori, che bene avrebbe potuto essere privo, ad es., del carattere essenziale per la sua qualificazione come famiglia di fatto, vale a dire quello dell'**impegno stabile di convivenza** che dà luogo alla comunione di vita materiale e morale fra la coppia. La fondatezza di tali rilevi risulta oggi suffragata dal disposto del nuovo art. 316, co. 4 ("se il riconoscimento del figlio nato fuori del matrimonio è fatto dai genitori, l'esercizio della responsabilità genitoriale spetta ad entrambi") il quale omette qualsiasi riferimento alla convivenza.

In questa chiave interpretativa va anche ridimensionata la portata dell'art. 30 Cost., quando questo viene invocato per offrire fondamento giuridico costituzionale alla famiglia di fatto. Più correttamente, allora, la tutela costituzionale della famiglia di fatto va ricondotta, al pari di quanto disposto per le unioni civili, agli artt. 2 e 3 Cost.

Ove il rapporto di filiazione intercorra con i genitori non coniugati e si sviluppi all'interno della famiglia di fatto, entrambi i genitori hanno l'obbligo di mantenere, istruire ed educare i figli generati, appunto, fuori del matrimonio (art. 30, co. 1, Cost.). Per effetto del **riconoscimento** (art. 250) o a seguito dell'**accertamento giudiziale** della paternità o della maternità (art. 269), il genitore assume tutti i doveri e tutti i diritti di cui al novellato art. 316 (v. artt. 277 e 315 *bis*). La giurisprudenza ha precisato che in tema di mantenimento del figlio minore, i genitori naturali sono coobbligati **solidalmente** fra loro.

Convivenza di fatto e successioni

Ovviamente, tra i conviventi non esiste alcun diritto in tema di successione legittima (salva l'ipotesi, naturalmente, in cui il convivente disponga a favore dell'altro per testamento nei limiti della c.d. quota disponibile); si riscontrano però disposizioni in alcuni particolari settori, come, ad es., nella l. n. 313/1968 che riconosce alla convivente il diritto alla pensione di guerra per la morte del suo *partner* in operazioni belliche, se la convivenza era durata almeno un anno.

4. *Gli alimenti*

Presupposti del diritto agli alimenti

Gli alimenti **legali** sono prestazioni assistenziali che consistono nella corresponsione di quanto necessario al sostentamento di chi, legato al somministrante da vincoli di **coniugio**, di **parentela**, di **affinità**, versi in stato di **bisogno** e sia, al contempo, nell'**impossibilità** di provvedere a se stesso autonomamente.

Lo stato di bisogno

Lo stato di bisogno va inteso come generica mancanza delle risorse necessarie a garantire una dignitosa sopravvivenza. È del tutto irrilevante che lo stato di bisogno sia derivato da una condotta colposa dell'alimentando, mentre una sua condotta disordinata o riprovevole può comportare, una volta riconosciuti gli alimenti, la loro riduzione (art. 440, co. 1). La formula utilizzata nella norma codicistica ("non è in grado di provvedere al proprio mantenimento") è stata precisata dalla giurisprudenza, dove si è fatto riferimento alla circostanza che lo stato di bisogno derivi anche dalla impossibilità di esplicare una attività lavorativa, ritenendosi così infondata la domanda di alimenti qualora l'alimentando non fornisca la prova della sua incapacità al lavoro per incapacità fisica o per la impossibilità, per ragioni a lui non imputabili, di trovarsi un'occupazione confacente alla sua posizione sociale.

Il diritto agli alimenti può nascere da un **testamento** (legato di alimenti: art. 660) o dalla **legge** (art. 433).

Distinzione tra diritto agli alimenti e diritto al mantenimento

Il diritto agli alimenti va tenuto distinto dal diritto al **mantenimento** che spetta al coniuge separato senza addebito (art. 156) e ai figli. Prima della l. n. 219/2012 esistevano disposizioni differenti per i figli legittimi (art. 147), i naturali riconosciuti (art. 261, abrogato dal d.lgs. n. 154/2013) e i naturali non riconoscibili (art. 279), ma – sebbene esse non siano state formalmente abrogate – l'art. 315 *bis*, coerentemente con la previsione per cui "tutti i figli hanno lo stesso stato giuridico" (art. 315), ha introdotto un regime dei diritti dei figli unificato anche con riguardo al mantenimento.

Il mantenimento spetta anche ai componenti dell'impresa familiare (art. 230 *bis*). La differenza risiede in ciò, che mentre i primi sono finalizzati a garantire il soddisfacimento dei **bisogni primari** della persona, il secondo mira ad assicurare all'avente diritto uno standard di vita corrispondente alla condizione socio-economica sua o della sua famiglia.

I soggetti obbligati

Obbligati alla prestazione alimentare sono i soggetti **tassativamente** elencati dall'art. 433, tutti accomunati da vincoli di parentela, di coniugio, di adozione, di affinità con il beneficiario. Tuttavia, il **donatario** è tenuto a prestare gli alimenti con precedenza su ogni altro obbligato, a meno che non si tratti di donazioni obnuziali o remuneratorie (art. 437). Se le persone chiamate in grado anteriore mancano, ovvero non sono in condizione di sopportare in tutto o in parte l'onere alimentare, l'obbligazione ricade sulle persone chiamate in grado posteriore (art. 441, co. 2).

Caratteri dell'obbligazione alimentare

L'obbligazione alimentare è un'obbligazione **divisibile** (art. 441, co. 1), sicché gli obbligati nello stesso grado concorrono nella prestazione alimentare "in proporzione delle proprie condizioni economiche" (art. 441, co. 1); dunque, il loro obbligo alimentare ha carattere **parziario** e non **solidale**.

Il codice poi prevede l'ipotesi in cui più persone abbiano diritto agli alimenti nei confronti del medesimo obbligato e questi non sia in grado di provvedere alla prestazione alimentare nei confronti di tutti gli aventi diritti. In questo caso, provvede l'autorità giudiziaria avuto riguardo della prossimità della parentela e dei rispettivi bisogni, valutando anche la possibilità che qualcuno degli aventi diritti consegua gli alimenti da obbligati di grado ulteriore (art. 442).

Variabilità della misura degli alimenti

La **misura** degli alimenti è determinata dal giudice in ragione dello stato di bisogno dell'alimentando e delle condizioni economiche del somministrante, nel rispetto del tetto massimo rappresentato dal necessario per la vita, avuto riguardo alla posizione sociale del beneficiario (art. 438, co. 1-2).

Altro principio cardine della materia è quello della **variabilità** della misura degli alimenti, in dipendenza delle condizioni economiche di entrambe le parti (art. 440, co. 1).

Modi di adempimento

L'obbligo alimentare può essere adempiuto o mediante un assegno corrisposto in periodi anticipati (obbligazione alimentare **impropria**), o accogliendo e mantenendo nella propria casa l'avente diritto (obbligazione alimentare **propria**: art. 443). Una volta corrisposto secondo le modalità stabilite, l'assegno alimentare non può essere nuovamente richiesto, qualunque uso l'alimentando ne abbia fatto (art. 444).

Gli alimenti sono dovuti, in astratto, dal giorno in cui sorge il bisogno, in concreto dal giorno della domanda giudiziale o da quello della costituzione in mora dell'obbligato, sempre che questa sia seguita entro sei mesi dalla domanda giudiziale (art. 445). L'obbligo alimentare cessa con la morte dell'obbligato (art. 448).

Occorre, poi, tenere a mente la recente novità di cui alla l. n. 219/2012, che ha introdotto l'art. 448 *bis* a mente del quale "il figlio, anche adottivo, e, in sua mancanza, i discendenti prossimi non sono tenuti all'adempimento dell'obbligo di prestare gli alimenti al genitore nei confronti del quale è stata pronunciata la decadenza dalla responsabilità genitoriale e, per i fatti che non integrano i casi di indegnità di cui all'art. 463, possono escluderlo dalla successione".

Carattere personalissimo del diritto

Il diritto agli alimenti è considerato **personalissimo**, per la natura degli interessi che è chiamato a soddisfare. E questo spiega perché esso non può essere **ceduto** né opposto in **compensazione** (art. 447) né **pignorato** (art. 545 c.p.c.). Esso, inoltre, è **imprescrittibile** (art. 2934).

L'adempimento dell'obbligazione alimentare nei confronti del coniuge e dei discendenti e ascendenti è presidiato da sanzioni penali (art. 570 c.p.).

5. *L'impresa familiare*

L'impresa familiare come istituto della ...

La novellazione del secondo Libro del codice civile ad opera della l. n. 151/1975 ha riformato istituti risalenti o disciplinato fenomeni che, sebbene già affermatisi da tempo nella realtà sociale ed economica, non godevano ancora di una specifica normativa.

... nuova sensibilità del legislatore della riforma

In questo scenario di generale revisione di tutti i rapporti che caratterizzano la famiglia, il legislatore del 1975 si è occupato di una particolare situazione nella quale possono talora trovarsi a coesistere interessi di natura diversa riconducibili a coloro che sono titolari di uno *status* familiare e, nello stesso tempo, svolgono un'attività lavorativo-professionale all'interno del gruppo familiare.

La *ratio* dell'art. 230 *bis*

L'impresa familiare è regolata nell'art. 230 *bis*; la complessa vicenda che essa esprime completa la nozione e l'evoluzione della famiglia nelle sue diverse possibili situazioni. Il legislatore della riforma del 1975 ha regolato l'impresa familiare nell'intenzione di tutelare la posizione di quanti sono legati all'imprenditore da vincolo coniugale o familiare (coniuge, parenti entro il terzo grado e affini entro il secondo grado) e prestano in modo continuativo la loro attività di lavoro nella famiglia o nell'impresa del congiunto. Per comprendere meglio le ragioni della previsione normativa di questo istituto, occorre tenere presente che prima dell'intervento legislativo che ha prodotto l'inserimento dell'art. 230 *bis* nel codice, si assisteva a veri e propri fenomeni di **abuso** e **sfruttamento** del lavoro del familiare (la moglie, i figli, ecc.) senza che questi ricevesse alcuna tutela, in termini di giusta retribuzione, contribuzioni previdenziali, assistenza sanitaria, ecc. Il titolare-familiare dell'impresa utilizzava il lavoro dei propri congiunti senza spesso corrispondere la giusta retribuzione, ma limitandosi a riconoscere loro il mero mantenimento cui era già normalmente tenuto in ragione del suo *status*. Alla base vi era un malinteso senso di solidarietà familiare e la falsa convinzione che quella prestazione lavorativa dovesse essere adempiuta perché il familiare doveva sottostare alla potestà maritale o alla patria potestà.

Vincoli familiari e rapporti di lavoro

La scelta adottata nell'art. 230 *bis* **non** è stata quella di imporre la stipulazione di contratti di lavoro ma quella di valorizzare il rapporto familiare, esaltando il principio della **mutua solidarietà familiare** e prevedendo che i familiari lavoratori siano partecipi dei profitti dell'impresa, ed entro certi limiti della sua direzione.

Il carattere residuale della disciplina di cui all'art. 230 *bis* soggetti obbligati

Il vincolo familiare è rafforzato dalla norma codicistica, la quale lascia comunque aperta la possibilità che la volontà delle parti configuri un altro tipo di rapporto (ad es., di lavoro, di società, di associazione in partecipazione): la disciplina dell'impresa familiare ha infatti carattere **residuale**. Nella realtà raramente si ricorre alla stipulazione di contratti di lavoro o contratti di società o di partecipazione tra l'imprenditore ed i suoi familiari, i quali svolgono **di fatto** la loro prestazione professionale o contribuiscono in varie forme all'attività economica dell'impresa.

Diritti del familiare lavoratore

Per i casi di assenza di quei diversi rapporti, il legislatore ha offerto una tutela minima del familiare-lavoratore di questa così peculiare impresa, prevedendo che **il solo fatto della prestazione lavorativa** in modo **continuativo** attribuisce al familiare dell'imprenditore il diritto al mantenimento secondo la condizione patrimoniale della famiglia, alla partecipazione agli utili dell'impresa, ai beni acquistati con essi nonché agli incrementi dell'azienda "in proporzione alla quantità e qualità del lavoro prestato" (art. 230 *bis*, co. 1). L'attribuzione di questi diritti non trasforma l'impresa familiare da impresa individuale in impresa collettiva, secondo un pacifico e consolidato orientamento giurisprudenziale. Semplicemente, i familiari concorrono con l'imprenditore-parente nella ripartizione degli utili. Essi partecipano al **rischio d'impresa** sotto un duplice profilo: nel caso in cui l'impresa sia in perdita, i familiari lavorano senza remunerazione; e se è esposta all'azione dei creditori, vengono meno i loro diritti già maturati sui beni aziendali. Comunque, solo il parente-imprenditore risponde ai creditori con tutto il suo patrimonio, e solo lui è esposto al fallimento in caso di insolvenza.

La gestione dell'impresa familiare

Ai familiari che partecipano all'attività dell'impresa viene poi riconosciuto un potere di tipo **amministrativo-gestionale**, ancorché limitato a talune ipotesi, come nel caso delle decisioni riguardanti l'impiego degli utili e degli incrementi e di quelle relative alla gestione straordinaria, agli indirizzi produttivi e alla cessazione dell'impresa. Su questi temi, le decisioni sono assunte a maggioranza dai familiari che partecipano all'impresa, decidendo il giudice in caso di disaccordo.

Si discute sulla **validità** degli atti d'impresa posti in essere dal titolare, pur in **assenza**, ovvero in **contrasto**, con la deliberazione dei familiari. L'opinione prevalente è comunque nel senso della loro validità, salvo la responsabilità dell'imprenditore-parente per i danni arrecati in conseguenza delle sue decisioni.

Rimane invece solo in capo all'imprenditore la gestione ordinaria dell'impresa così come i poteri organizzativi e quello direttivo sui dipendenti, compresi anche i familiari. È poi importante tenere presente che la partecipazione dei parenti all'impresa familiare dà vita solo a rapporti, di natura obbligatoria, **interni** all'organismo così configurandosi quali diritti di credito i diritti economici dei familiari nei confronti del parente titolare dell'impresa.

Le condizioni per il trasferimento del diritto di partecipazione all'impresa familiare

Il diritto di partecipazione all'impresa familiare è **trasferibile** solo con il consenso di **tutti** i partecipanti e purché il trasferimento avvenga a favore dei familiari di cui al co. 3 dell'art. 230 *bis*. In caso di divisione ereditaria o di trasferimento dell'azienda, ai partecipanti all'impresa familiare è attribuito il **diritto di prelazione** (e di riscatto) secondo quanto prevede l'art. 732 (art. 230 *bis*, co. 5). Sarà poi utile sottolineare che l'art. 230 *bis* pur dedicato all'impresa familiare, prevede che il contenuto e gli effetti della norma siano riferiti anche al "familiare che presta in modo continuativo la sua attività di lavoro nella famiglia". La considerazione di questa fattispecie nella previsione della norma codicistica è stata giustamente attribuita alla consapevolezza del legislatore che il lavoro della moglie o della parente casalinga all'interno della famiglia e non dell'impresa è pur sempre riconducibile indirettamente all'attività economica dell'impresa, là dove consente al titolare di disporre di energie lavorative dei suoi familiari, dovendo, altrimenti, provvedere comunque al loro reperimento sul mercato.

Il lavoro nell'impresa del convivente *more uxorio*

Rimane infine da dire circa la questione della partecipazione del **convivente *more uxorio*** all'impresa familiare. L'orientamento pressoché unanime della giurisprudenza era nel senso di escludere la configurazione di tale partecipazione nei termini visti per la famiglia legittima, sicché non costituiva la figura di cui all'art. 230 *bis* la prestazione lavorativa del solo convivente *more uxorio*, salvo, naturalmente, la qualificazione del rapporto di lavoro in termini diversi, fuori dalla previsione della citata norma codicistica. La l. n. 76/2016 all'art. 1, co. 46 ha però introdotto l'art. 230 *ter* c.c., a norma del quale al convivente di fatto che presti stabilmente la propria opera all'interno dell'impresa dell'altro convivente spetta una partecipazione agli utili dell'impresa familiare ed ai beni acquistati con essi nonché agli incrementi dell'azienda, anche in ordine all'avviamento, commisurata al lavoro prestato. Il diritto di partecipazione non spetta qualora tra i conviventi esista un rapporto di società o di lavoro subordinato.

Sezione II
IL MATRIMONIO

SOMMARIO: 6. Il consenso matrimoniale. Natura e qualificazione. – 7. I diversi «tipi» di matrimonio nell'ordinamento italiano. Il matrimonio civile. Le condizioni per contrarre matrimonio. – 8. Il matrimonio cattolico ed i suoi effetti civili. – 9. Il matrimonio celebrato dinanzi al ministro di altri culti religiosi. – 10. L'invalidità del matrimonio. – 10.1. L'assenza delle condizioni per contrarre matrimonio ed i vizi del consenso. – 10.2. La simulazione.

6. *Il consenso matrimoniale.* Natura e qualificazione

Matrimonio atto e matrimonio rapporto

Con il termine matrimonio ci si può riferire sia all'atto che costituisce la relazione tra marito e moglie e, conseguentemente, lo *status* di coniugi (c.d. matrimonio **atto**), sia al rapporto che scaturisce da quell'atto (matrimonio **rapporto**), vale a dire al fascio di effetti giuridici, di natura personale o patrimoniale, che derivano dall'atto matrimoniale.

I caratteri dell'atto matrimoniale

Il **matrimonio atto** è il **negozio** attraverso il quale un uomo e una donna assumono reciprocamente i diritti e doveri di fedeltà, assistenza, collaborazione, contribuzione e coabitazione, realizzando una comunione di vita spirituale e materiale (*communio omnis vitae*).

Negozio di natura non patrimoniale

Il negozio matrimoniale ha indubbi caratteri di **peculiarità** rispetto ad altri negozi, e in primo luogo rispetto al contratto, dal quale si distingue chiaramente perché **non** ha natura **patrimoniale** o, più esattamente, non ha natura esclusivamente **patrimoniale** essendo questo elemento non essenziale o tipico del negozio matrimoniale, ma soltanto eventuale o indiretto (sicché anche nei casi nei quali il legislatore utilizza l'espressione contratto – v. art. 166 –, in realtà tale scelta lessicale sta per, in senso lato, accordo, convenzione, ecc., senza nessun riferimento alla nozione di cui all'art. 1321).

Negozio bilaterale

Il matrimonio è, innanzitutto, un negozio **bilaterale**: per il suo perfezionarsi necessita del consenso di entrambi i coniugi. Come avremo modo di vedere nel prosieguo, quale che sia la forma del matrimonio prescelta (concordatario o civile), partecipa alla formazione dell'atto anche un terzo soggetto (**celebrante**). Questa circostanza ha portato una certa parte della dottrina ad elaborare la teoria del matrimonio atto come negozio plurilaterale, vale a dire come negozio che si perfeziona con il consenso dei nubendi e del celebrante. Secondo queste teorie, quindi, la partecipazione del celebrante all'atto è posta sullo stesso piano di quella dei nubendi e il suo consenso è necessario, al pari di quello dei nubendi, per perfezionare l'atto. A ben vedere, però, la dichiarazione del celebrante non può valere quale consenso negoziale, non foss'altro per il fatto che gli effetti dell'atto non ricadono nella sua sfera personale, né il codice prevede forme di tutela della sua libera volontà. Il suo contributo all'atto è allora solo di carattere pubblicistico: egli certifica l'avvenuto scambio di consensi tra i nubendi in presenza dei presupposti richiesti dalla legge.

Atto libero

Il codice, viceversa, disciplina il **consenso** dei nubendi al matrimonio in modo tale da garantire agli stessi, e fino all'ultimo momento, una libertà di scelta di eccezionale ampiezza (artt. 79 s. e 120 s.): la volontà di contrarre matrimonio **non** può essere in alcun modo limitata o condizionata (il matrimonio, si dice, è atto **libero** e il consenso è, allora, **incoercibile**).

Gli effetti della promessa del matrimonio

Ne è conferma la disciplina della **promessa di matrimonio**: essa non obbliga a contrarre il matrimonio né ad eseguire quanto, eventualmente, convenuto nel caso di inadempimento (art. 79). Gli unici effetti che possono scaturire dalla promessa di matrimonio sono quelli della nascita di un'**obbligazione** legale di **restituzione** dei doni fatti a causa della promessa stessa. Tuttavia, la restituzione non può essere domandata se è trascorso un anno dal giorno in cui si è avuto il rifiuto di contrarre il matrimonio o la morte di uno dei promittenti (art. 80). Nel disciplinare la promessa di matrimonio il legislatore del codice 1942 ha avuto presente una realtà sociale indubbiamente diversa da quella moderna dove il fidanzamento ufficiale era fonte di aspettative e ricadute sociali rilevanti ed era in grado di rappresentare un vero e proprio vincolo alla libertà matrimoniale. Per evitare che esso si traducesse anche in un vincolo giuridico, a discapito del principio della libertà matrimoniale, il codice civile ne ha espressamente sancito l'**inefficacia** sia come vincolo diretto alla celebrazione del matrimonio, sia come imposizione indiretta (stabilendo, quindi, che non fossero dovute nemmeno le prestazioni previste in caso di mancato adempimento della promessa).

Ciò significa che **fino all'ultimo momento** ognuno dei nubendi è **libero** di non prestare il proprio consenso alla celebrazione delle nozze, e questo anche nel caso in cui si fosse ufficialmente impegnato a contrarle. Oggi la vincolatività dei c.d. **sponsali** (vale a dire del reciproco scambio delle promesse matrimoniali) è indubbiamente meno sentita a livello sociale. Tuttavia, rimane l'esigenza di disciplinare alcuni aspetti tipici che si manifestano in ragione di uno scambio reciproco di promesse di matrimonio e, contemporaneamente, pur in un diverso contesto sociale, di continuare a garantire la piena libertà del consenso.

Il fidanzamento è normalmente occasione e ragione di doni di diverso genere (ad es., anelli, fotografie, bracciali, ecc.).

Promessa di matrimonio e mancata celebrazione

Nel caso di mancata celebrazione del matrimonio la legge pone, a carico di colui che li ha ricevuti, un'obbligazione di restituzione dei doni fatti a causa della promessa. In dottrina e in giurisprudenza si discute ancora sulla natura di tali doni. Secondo una tesi molto diffusa e sostanzialmente condivisibile, si tratta di vere e proprie **donazioni**, distinte, però, da quelle fatte "in riguardo del matrimonio" (art. 785). Le donazioni fatte in riguardo di un futuro matrimonio fatte dagli sposi tra loro (c.d. **obnuziali**), infatti, si perfezionano senza bisogno di accettazione e non producono effetto finché non segue il matrimonio. Da esse si distinguono le donazioni prenuziali fatte, come espressamente previsto dall'art. 80, "a causa della promessa del matrimonio". La differenza sta allora nella causa, la funzione economico-individuale dei due negozi: la donazione obnuziale è fatta per il matrimonio (tanto che diventa efficace solo con la sua celebrazione) e per garantire agli sposi un'utilità durante la vita matrimoniale; le donazioni prenuziali sono fatte per consolidare il rapporto precedente il matrimonio.

Si discute se i doni disciplinati dall'art. 80 siano donazioni o mere liberalità d'uso. Le **liberalità d'uso**, come vedremo, sono quelle che si sogliono fare in conformità agli usi; esse **non** costituiscono donazioni, perché lo spirito di liberalità che le connota non è frutto di una libera e spontanea iniziativa dell'autore (art. 770, co. 2), ma dell'idea di adempiere in tal modo ad un obbligo sociale. Ebbene, per le tesi già esposte che riconoscono natura di donazione alle attribuzioni prematrimoniali, non ci si troverebbe di fronte a liberalità d'uso proprio perché, per quanto diffuse nel costume sociale, tali erogazioni non vengono comunque vissute come dovute. Viceversa, proprio il rilievo della provenienza della prassi di tali doni dal tessuto sociale e dagli usi, conduce altra parte della dottrina e della giurisprudenza a riconoscere nei doni fatti a causa della promessa delle vere e proprie liberalità d'uso e, quindi, a negare che essi costituiscano donazioni. Le conseguenze dell'adesione all'una o all'altra tesi sono varie: si pensi alla forma richiesta per le donazioni che non riguardino beni mobili di modico valore.

La promessa di matrimonio formale e reciproca

Quando la promessa di matrimonio è stata prestata secondo **particolari forme** (cioè essa è fatta: vicendevolmente; per atto pubblico o scrittura privata; da maggiorenne o minore ammesso a contrarre matrimonio), o risulta dall'avvenuta **richiesta delle pubblicazioni**, il promittente che, senza giusto motivo, si **rifiuti** di eseguirla, è obbligato a **risarcire il danno** cagionato all'altro per le spese fatte e le obbligazioni assunte a causa della promessa. Si pensi al caso di Caio che decida, senza motivo legittimo, di non contrarre più le nozze con Tizia: egli dovrà rimborsare o tenere indenne Tizia delle varie spese effettuate e delle obbligazioni assunte per il matrimonio (ad es., del costo dell'abito da sposa già acquistato; della locazione della sala per il ricevimento; dei biglietti aerei prenotati per il viaggio di nozze, ecc.). Obbligato a tale forma di risarcimento è anche il promittente che per propria colpa **ha dato all'altro un giusto motivo** per rifiutare la celebrazione. Il risarcimento previsto dall'art. 81 prescinde dalla qualificazione della condotta in termini di illiceità (ed anzi, è manifestazione proprio dell'ampia libertà matrimoniale di cui si è detto), e si distingue, quindi, dal risarcimento dei danni *ex* art. 2043. Il danno risarcibile, tra l'altro, è limitato: esso deve essere contenuto entro il limite in cui spese e obbligazioni assunte siano proporzionate alla condizione delle parti (così che, ad es., la disoccupata Tizia non potrà essere rimborsata per le spese del ricevimento prenotato in un lussuosissimo castello nel quale ha chiamato a suonare un famoso e costoso gruppo musicale).

La illiceità della condizione testamentaria che impedisce le nozze

A garanzia della libertà matrimoniale il codice, disciplinando l'istituzione di eredi e legatari, ha previsto anche che è **illecita** la **condizione che impedisce** le prime nozze o le ulteriori (art. 636).

Il matrimonio per procura

Il consenso deve essere prestato personalmente dagli sposi. Il matrimonio è, infatti, atto **personalissimo**, nel senso che non può essere compiuto se non dai diretti interessati: l'ipotesi di cui all'art. 111 (c.d. **matrimonio per procura**), per altro subordinata a situazioni eccezionali come lo stato di guerra o la residenza all'estero di uno degli sposi, solo in apparenza rappresenta una deroga perché in realtà chi manifesta la volontà in luogo dello sposo è un mero *nuncius*, il quale, come sappiamo, si limita a manifestare una volontà altrui, quella, appunto, del nubendo, senza che la sua dichiarazione integri o contribuisca a formare il consenso matrimoniale. Egli, in sostanza, porta semplicemente a conoscenza dell'altro nubendo e del celebrante la volontà di chi gli ha rilasciato procura.

Il matrimonio come atto puro

Il consenso matrimoniale deve essere pieno e totale: esso non tollera l'apposizione di termini o condizioni che, ove comunque introdotti, si hanno per non apposti (il matrimonio è, quindi, atto **puro**: v. art. 108, co. 1, 2).

La particolare attenzione del legislatore alla disciplina del consenso matrimoniale dimostra la rilevanza della volontà dei coniugi in relazione alla nascita dello *status* matrimoniale. Ciò non significa che la natura di atto di autonomia privata del matrimonio sia pacifica. La **natura negoziale** del matrimonio è stata posta in dubbio, specialmente dalla dottrina più risalente, quando in materia di famiglia dominava una concezione prevalentemente pubblicistica e statualistica. Vi erano addirittura tesi estreme che riducevano l'atto alla sola dichiarazione del celebrante, ponendo in posizione marginale il consenso degli sposi e attribuendo alla volontà eteronoma statale la costituzione del vincolo coniugale.

La natura negoziale del matrimonio atto

Più di recente, le tesi che negano natura negoziale al matrimonio si fondano, più tecnicamente, sulla contestazione della stessa categoria del negozio giuridico o sulla irriconoscibilità dei suoi caratteri nell'atto matrimoniale.

L'applicabilità diretta all'atto matrimoniale delle norme in materia di contratto: la categoria del negozio giuridico

Sappiamo che una parte della dottrina nega la stessa configurabilità della categoria del negozio giuridico. Essa proprio argomentando dalla circostanza che il matrimonio (così come il testamento) è atto che ha una propria disciplina della volontà non totalmente riconducibile a quella del contratto (vale a dire del modello del negozio) ritiene che in questo istituto si debba riconoscere uno dei segni più evidenti della inesistenza del negozio come categoria concettuale unitaria. Il matrimonio sarebbe quindi **atto** ma non negozio. La conseguenza sarebbe che le eventuali carenze normative in tema di atto matrimoniale possono essere colmate solo attraverso il ricorso in via **analogica** alla normativa in tema di contratto (e non, come accadrebbe, invece se si ritenesse esistente la categoria del negozio, mediante l'applicazione **diretta** di quel nucleo di disciplina del contratto comune a tutti i negozi giuridici).

Queste posizioni non possono ritenersi condivisibili se si ha riguardo al fatto che l'art. 1324 ammette implicitamente la recezione positiva della categoria negoziale e che il matrimonio è un atto di regolazione di interessi giuridici in modo conforme a quanto voluto dalle parti. La categoria del negozio giuridico, per quanto astratta, accomuna proprio tutte quelle fonti di regolazione di rapporti soggettivi per le quali sia **rilevante la volontà** dei soggetti interessati **in ordine ad una data disciplina** dei propri interessi. Così succede con il matrimonio, che è celebrato dai nubendi proprio perché questi ultimi vogliono che il loro rapporto sia disciplinato secondo le regole per esso stabilite nel codice civile. È tale volontà a venire in prima considerazione per il legislatore quando egli si preoccupa di garantirne la libera formazione e l'assenza di vizi, secondo i principi generali del negozio giuridico, di cui sono già espressione le regole sulla volontà (ad es., artt. 1434 e 1438 in tema di violenza) dettate in materia.

Per giustificare il richiamo in tema di matrimonio di alcune di quelle regole dettate in tema di contratto, le tesi che negano l'esistenza della categoria generale del negozio giuridico sono costrette a far riferimento all'applicazione dello strumento dell'analogia. Lo stesso concetto di **analogia** presuppone il riferimento ad un nucleo comune a due situazioni l'una delle quali è disciplinata espressamente, l'altra no. Ciò significa che, allora, un nucleo comune al contratto e al matrimonio, comunque lo si voglia chiamare, esiste anche per quelle tesi che, pur negando l'esistenza del negozio giuridico, arrivano a sostenere l'applicazione analogica ad esso di alcune norme in tema di contratto. Non vi è ragione alcuna per negare che tale nucleo comune sia, secondo il linguaggio e la tradizione esegetica e dogmatica, il negozio giuridico.

Natura negoziale dell'atto e determinazione legislativa della regola del rapporto

Altre teorie, pur ammettendo la categoria del negozio giuridico, ritengono che l'atto matrimoniale non ne possieda i caratteri tipici ed escludono, perciò, che esso sia configurabile quale atto di autonomia privata. Se l'atto di autonomia è quello attraverso il quale i privati (auto)regolano liberamente un rapporto tra di essi intercorrente, il matrimonio non potrebbe essere considerato tale dal momento che la disciplina del rapporto è interamente dettata dal legislatore salvo, come vedremo, marginali riconoscimenti di spazi all'autonomia disciplinare dei privati in relazione agli aspetti patrimoniali del rapporto. Ma anche a queste tesi può opporsi il ragionamento già accennato: l'atto di autonomia non richiede necessariamente l'emanazione della regola dal soggetto che ad essa sarà sottoposto, ma solo una sua adesione volontaria a tale disciplina.

Il matrimonio e i diritti della personalità

Finora abbiamo parlato del consenso matrimoniale ponendone in luce l'aspetto e la consistenza all'interno della categoria negoziale e, quindi, della teorica dell'autonomia privata. In chiusura dobbiamo ricordare come (in verità al pari di altre forme di manifestazione di autonomia privata: art. 2 Cost.) esso venga considerato anche come una forma o strumento per la realizzazione della personalità umana. È soprattutto nella legislazione internazionale (e più di recente anche in quella europea: come si è già ricordato, l'art. 6 del Tr. UE, richiama la CDFUE) che emerge espressamente la rilevanza della libertà matrimoniale nell'ambito dei **diritti fondamentali della persona**: affermando tale libertà, l'art. 12 della Convenzione europea dei diritti dell'uomo del 1950 ha inteso rispondere alle non infrequenti prassi di imposizione del matrimonio fino a non molto tempo fa' assai diffuse anche nel nostro paese (basti ricordare il fenomeno dei matrimoni combinati).

7. *I diversi «tipi» di matrimonio nell'ordinamento italiano. Il matrimonio civile. Le condizioni per contrarre matrimonio*

Il nostro ordinamento giuridico è caratterizzato da una pluralità di **forme** o **tipi** matrimoniali, espressione della specifica sensibilità del legislatore italiano alle esigenze di ordine religioso e spirituale del paese. Dal matrimonio **civile**, ossia il matrimonio retto dalle norme del diritto italiano quanto a presupposti (c.d. **impedimenti**), forma di celebrazione, condizioni di validità ed effetti che da esso scaturiscono, si distinguono il matrimonio **concordatario**, il matrimonio degli **acattolici** e il matrimonio delle confessioni religiose che hanno stipulato un'intesa con lo Stato ai sensi dell'art. 8 Cost.

Matrimonio civile

In questo paragrafo ci occuperemo di quella ipotesi nella quale l'ordinamento giuridico italiano detta interamente la disciplina **sia** dell'atto **sia** del rapporto matrimoniale, vale a dire ci occuperemo del **matrimonio civile**. Per questi motivi il matrimonio civile produce effetti solo per lo Stato (non vale, naturalmente, come matrimonio per l'ordinamento canonico).

La disciplina civilistica dell'atto

Sappiamo già che il **matrimonio atto** è un negozio giuridico **bilaterale** (per il cui perfezionamento è necessaria la manifestazione di volontà di entrambe le parti), e tuttavia irriducibile al contratto a causa della sua non patrimonialità. Il matrimonio è altresì un atto **tipico** (non è consentito all'autonomia privata congegnare uno schema di matrimonio diverso da quello previsto e disciplinato dalla legge) e **solenne** (per la sua validità sono fissati requisiti inderogabili di forma, tra cui spicca la presenza dell'ufficiale di stato civile).

Il particolare rilievo che il matrimonio riveste dal punto di vista etico-sociale ha tradizionalmente indotto il legislatore a fissare **requisiti soggettivi** per la sua celebrazione ben più severi di quelli richiesti per la stipula di un ordinario negozio giuridico.

Impedimenti matrimoniali

L'assenza di tali requisiti impedisce la celebrazione del matrimonio: da qui il termine **impedimento** con il quale si designa lo stato di cose contrario a quello richiesto dal legislatore per la celebrazione.

I) Primo di tali impedimenti è la **minore età** (art. 84, co. 1). Si ricordi, tuttavia, che il minore ultrasedicenne di cui sia stata accertata la maturità psicofisica, può essere autorizzato dal Tribunale alla celebrazione del matrimonio, allorché sussistano gravi motivi (art. 84, co. 2) e che, **a seguito** del matrimonio, egli acquisterà lo *status* di minore **emancipato**. In sede di autorizzazione alle nozze il giudice è chiamato a valutare due elementi: la maturità psicofisica del minore e la gravità dei motivi che lo inducono a celebrare in anticipo il matrimonio. Ancora una volta l'ordinamento intende tutelare la pienezza e la consapevolezza della scelta. Ciò che si intende garantire attraverso la limitazione della libertà matrimoniale in base all'età è la capacità del nubendo di assumere scelte di così grande importanza per la propria vita: questa è la ragione per la quale l'età necessaria è stata fissata in quella nella quale, in virtù di una valutazione astratta dell'ordinamento, il soggetto è ritenuto capace di compiere negozi giuridici (e acquista di conseguenza capacità di agire). Originariamente, invece, l'individuazione dell'età matrimoniale (sedici anni per l'uomo e quattordici per la donna), era ancorata all'acquisita capacità di procreare.

II) Un secondo impedimento è rappresentato dalla **interdizione giudiziale** (art. 85, co. 1). È facile riconoscere in questo impedimento le stesse ragioni di pienezza e consapevolezza della scelta che stanno alla base della limitazione dell'età. Se il procedimento di interdizione è in corso, e non è dunque ancora stata emanata sentenza, il p.m. può chiedere che si sospenda la celebrazione del matrimonio: quest'ultimo potrà essere eventualmente celebrato solo dopo che la sentenza che ha rigettato l'istanza di interdizione sia passata in giudicato.

III) Altro impedimento è il **difetto** della **libertà di stato**, nel senso che non può essere ammesso alla celebrazione del matrimonio chi sia vincolato da un matrimonio precedente (art. 86). Diverso è il caso del **divieto temporaneo di nuove nozze**, gravante sulla donna sino quando non siano trascorsi almeno trecento giorni dallo scioglimento, dall'annullamento o dalla cessazione degli effetti civili del precedente matrimonio (art. 89, co. 1). Tale divieto trova la sua ragione nell'esigenza di prevenire qualsiasi incertezza in ordine alla paternità del figlio concepito in questo lasso di tempo.

IV) Ancora, impedisce di contrarre matrimonio la sussistenza di uno dei **vincoli** di parentela, affinità o adozione indicati dall'art. 87. Dobbiamo ricordare, tuttavia, che in virtù del co. 4, dell'art. 87, il Tribunale può autorizzare il matrimonio tra zio/a e nipote, e tra affini in linea collaterale in secondo grado. Quando l'affinità deriva da matrimonio dichiarato nullo, poi, anche gli affini in linea retta possono essere autorizzati dal tribunale a contrarre matrimonio.

V) Infine è impedimento il **delitto**: non possono contrarre matrimonio tra loro due persone, una delle quali sia stata condannata per omicidio consumato o tentato sul coniuge dell'altra (art. 88).

Criteri di classificazione degli impedimenti matrimoniali

Esistono diversi criteri di classificazione per i suddetti impedimenti. Si parla, ad es., di impedimenti **assoluti** (età; interdizione; assenza della libertà di stato e divieto temporaneo di nuove nozze) o **relativi** (vincoli di parentela o affinità; delitto) a seconda del fatto che essi valgano per i matrimoni che il soggetto intende contrarre, rispettivamente, con chiunque o, viceversa, con una determinata persona. Altra distinzione è quella tra impedimenti dirimenti e impedimenti impedienti. Qualora il matrimonio venga celebrato nonostante la sussistenza di uno di questi impedimenti, esso sarà **invalido** (si parla a riguardo di **impedimenti dirimenti**). La sola eccezione è quella del divieto di nuove nozze la cui violazione dà luogo ad una semplice ammenda a carico dell'ufficiale dello stato civile e della donna (perciò esso è un **impedimento impediente**). Vi sono poi alcuni impedimenti che possono essere eliminati mediante l'autorizzazione del giudice (c.d. impedimenti **dispensabili**: ad es., parentela e affinità; divieto temporaneo di nuove nozze; età) e altri che non ammettono deroghe (**non dispensabili**).

Le pubblicazioni

Proprio al fine di favorire l'emergere di uno di questi impedimenti e prevenire la celebrazione di un matrimonio invalido, il codice civile prevede che la celebrazione stessa sia preceduta dalle **pubblicazioni** (art. 93 s.) sulla base delle quali i soggetti individuati dall'art. 102 potranno fare **opposizione** al matrimonio. Prima ancora spetta all'ufficiale dello stato civile verificare che i nubendi possiedano i requisiti soggettivi per celebrare le nozze: egli deve **rifiutare** di procedere alle pubblicazioni, rilasciando apposito certificato con i motivi del rifiuto. Gli sposi possono far ricorso al Tribunale contro tale rifiuto (art. 98). Se le pubblicazioni sono disposte, per dar tempo a chi può fare opposizione di conoscere che due determinati soggetti celebreranno il matrimonio, il d.P.R. n. 396/2000 (il Regolamento dello Stato civile), all'art. 57 prevede che esse restino affisse per otto giorni; il codice civile stabilisce che il matrimonio non può essere celebrato prima del quarto giorno dopo la compiuta pubblicazione, e che se il matrimonio non è celebrato nei centottanta giorni successivi la pubblicazione si considera non avvenuta (art. 99).

Le pubblicazioni costituiscono uno strumento tipico di **pubblicità-notizia**; esse hanno lo scopo di portare a conoscenza della comunità che due soggetti hanno intenzione di sposarsi. Per questo motivo l'unica conseguenza delle omesse o irregolari pubblicazioni è una **sanzione amministrativa** a carico dell'ufficiale giudiziario e degli sposi (artt. 134 s.). Il matrimonio, invece, è validamente celebrato: naturalmente, in presenza di un impedimento esso potrà, però, essere impugnato.

L'opposizione alla celebrazione del matrimonio

Hanno la possibilità di opporsi alla celebrazione del matrimonio i soggetti individuati dal codice civile agli artt. 102 s. L'opposizione si esercita mediante un **atto** da presentare al Tribunale nel quale deve essere indicata la qualità che attribuisce all'opponente il diritto a farla e le cause dell'opposizione (art. 103). Se l'opposizione è respinta l'opponente (eccetto l'ascendente e il pubblico ministero) può essere condannato al risarcimento del danno (art. 104). A norma dell'art. 59, d.P.R. n. 396/2000, anche l'ufficiale dello stato civile, se conosce che osta al matrimonio un **impedimento che non è stato dichiarato**, deve immediatamente informare il procuratore della Repubblica, affinché questi possa proporre opposizione al matrimonio.

La forma del matrimonio civile. La celebrazione

La celebrazione del matrimonio è pubblica e avviene innanzi all'ufficiale dello stato civile il quale, alla presenza di due testimoni, legge agli sposi gli artt. 143, 144 e 147 e riceve il loro consenso alle nozze (art. 107). Anche in tal caso, però, i difetti della celebrazione (ad es., la mancanza di testimoni) non incidono sulla validità dell'atto, ma sulla sua **regolarità**, avendo come conseguenza solo la somministrazione di sanzioni a carico dell'ufficiale di stato civile. Il codice stabilisce peraltro che si considera celebrato dinnanzi all'ufficiale di stato civile il matrimonio celebrato davanti ad una persona che, senza averne le qualità, esercitava pubblicamente le funzioni di ufficiale dello stato civile purché gli sposi non ne fossero a conoscenza (c.d. matrimonio celebrato davanti ad un **apparente ufficiale** di stato civile: art. 113).

La prova dell'avvenuta celebrazione

La celebrazione del matrimonio può essere provata soltanto sulla base dell'**atto di matrimonio** come riportato nei registri dello stato civile (art. 130). Da questo punto di vista, l'atto di matrimonio costituisce **titolo di stato** perché, in sua assenza "nessuno può reclamare il titolo di coniuge" (art. 130, co. 1). Solo in caso di distruzione o smarrimento dei registri dello stato civile, la prova dell'avvenuta celebrazione del matrimonio può essere data con ogni mezzo (artt. 132, 452).

Il **possesso di stato**, se conforme ad un atto di matrimonio esistente ma viziato, sana ogni difetto di forma (art. 131).

8. *Il matrimonio cattolico ed i suoi effetti civili*

Il Concordato del 1929 e il riconoscimento degli effetti civili al matrimonio canonico trascritto

Il matrimonio **concordatario** (art. 82) è così detto perché fu introdotto nell'ordinamento giuridico italiano a seguito della stipulazione del Concordato tra lo Stato italiano e la S. Sede, nel 1929 (l. n. 847/1929). Prima di allora, per i cittadini di religione cattolica era necessario celebrare due matrimoni: uno di fronte all'ufficiale dello stato civile e con effetti puramente civili; l'altro di fronte al ministro del culto con valore di sacramento.

Il matrimonio concordatario è retto, quanto alla forma (il rito: salvo l'obbligo per il celebrante di dare lettura degli artt. 143, 144, 147), ai presupposti della celebrazione e, infine, alle regole di validità dell'atto, dalle norme del diritto canonico. Ciò nonostante, esso può conseguire **effetti civili**, cioè essere considerato pienamente vincolante anche nell'ordinamento giuridico italiano, purché venga **trascritto**. In altri termini, mediante la trascrizione del matrimonio nei registri dello state civile italiano, il matrimonio canonico diventa una fattispecie rilevante per la norma giuridica statale che gli ricollega gli stessi effetti che vengono ricollegati al matrimonio civile.

In definitiva, quindi, si può dire che il matrimonio concordatario è disciplinato dal diritto canonico in quanto matrimonio atto, ed e disciplinato dal diritto civile in quanto matrimonio rapporto. Ne consegue che il cittadino italiano sposato con rito concordatario potrà ottenere la cessazione degli effetti civili del suo matrimonio ai sensi dell'art. 2 l. div. e risposarsi di fronte all'ufficiale dello stato civile, ma non potrà celebrare un nuovo matrimonio religioso perché, per l'ordinamento giuridico della Chiesa, rimane perfettamente valido ed efficace il primo matrimonio.

La competenza a conoscere della validità dell'atto

La celebrazione di un nuovo matrimonio religioso presuppone, pertanto, **l'annullamento** del matrimonio precedente sulla base di una sentenza emanata dai giudici ecclesiastici. Per converso, se il matrimonio canonico viene annullato dalla giurisdizione ecclesiastica, esso perderà i suoi effetti civili soltanto a seguito della **delibazione** della sentenza ecclesiastica da parte della Corte d'Appello, su istanza delle parti. La delibazione della sentenza ecclesiastica è, pertanto, l'esatto contrario della trascrizione: mentre attraverso quest'ultima il matrimonio canonico consegue effetti civili, attraverso la delibazione li perde.

La trascrizione del matrimonio religioso

A proposito della trascrizione, va ricordato che essa **non** potrà avere luogo quando gli sposi non possiedano l'età matrimoniale richiesta dalla legge civile per la celebrazione, e quando sussista fra gli sposi un impedimento che la legge civile considera **inderogabile** (art. 8, co. 2, l. n. 121/1985). È tuttavia possibile trascrivere il matrimonio canonico che sarebbe invalido alla stregua degli impedimenti civili quando l'azione di annullamento per l'inosservanza dell'impedimento corrispondente non potrebbe più essere fatta valere: in tal caso, infatti, l'ordinamento non può impedire il prodursi degli effetti di un atto che, se fosse stato celebrato secondo la legge civile, per quanto invalido avrebbe tuttavia consolidato i suoi effetti a causa del venir meno della possibilità di impugnarlo.

La rilevanza indiretta (ai fini, cioè, non della validità dell'atto, ma della sua trascrivibilità e, quindi, della possibilità di produrre effetti nell'ordinamento italiano) degli impedimenti di cui agli artt. 84 s. fa sì che anche ai fini della trascrivibilità siano richieste le **pubblicazioni**. Normalmente queste ultime precedono la celebrazione del matrimonio religioso: trascorso il termine di legge senza che siano state sollevate opposizioni l'ufficiale di stato civile rilascia un **nulla osta** alla celebrazione. In virtù di tale atto il matrimonio religioso diventa comunque trascrivibile e l'ufficiale di stato civile non può rifiutarsi di adempiere; perché quindi venga impedita la produzione di effetti di un matrimonio per il quale si è conosciuto l'esistenza di impedimenti solo in un momento successivo al rilascio del nulla osta, è necessario impugnare la trascrizione. A tal fine l'ufficiale dello stato civile informa prontamente il Procuratore della Repubblica.

La trascrizione deve essere effettuata entro ventiquattro ore dal ricevimento dell'atto di matrimonio (art. 8, co. 3, l. n. 121/1985): tuttavia, il matrimonio avrà effetti civili dalla celebrazione anche se la trascrizione ha luogo oltre il termine prescritto (art. 8, co. 4, l. n. 121/1985: c.d. **trascrizione tardiva**).

9. *Il matrimonio celebrato dinanzi al ministro di altri culti religiosi*

Il matrimonio degli acattolici

Il matrimonio degli **acattolici** (art. 83) è quello celebrato di fronte al ministro di un **culto ammesso** nello Stato ed espressamente **autorizzato** ai sensi dell'art. 8, l. n. 1159/1929.

Il matrimonio degli acattolici è **integralmente** retto dalla legge civile, eccezion fatta per il rito che è quello della confessione di appartenenza dei nubendi (salvo sempre l'obbligo per il celebrante di dare lettura degli artt. 143, 144, 147).

Il matrimonio degli appartenenti a confessioni religiose che hanno stipulato un'intesa con lo Stato

Infine, abbiamo il matrimonio celebrato nell'ambito delle **confessioni religiose che hanno stipulato un'intesa**, ai sensi dell'art. 8 Cost. con lo Stato Italiano (ad. es., l'Unione delle comunità ebraiche in Italia, ecc.). La disciplina di tale matrimonio differisce da quella del matrimonio degli acattolici fondamentalmente perché il celebrante non necessita di una espressa autorizzazione.

Il fatto che l'atto sia a tutti gli effetti atto di diritto civile italiano fa sì che il matrimonio celebrato innanzi a ministri di culti religiosi diversi da quello cattolico non sia un *tertium genus* di matrimonio, ma una *species* del matrimonio civile. Anche in tal caso, comunque, gli effetti conseguono alla trascrizione nell'archivio informatico e decorrono dalla celebrazione

Il sistema matrimoniale italiano, come anticipato, presenta dunque tratti di spiccato **pluralismo**. È innegabile, però, che al suo interno esistono forti squilibri tutti a vantaggio della Chiesa cattolica: ciò, del resto, trova una spiegazione più che esauriente nella storia e nella realtà del nostro Paese, ampiamente rispecchiate, a livello normativo, nell'art. 7 Cost. che ha attribuito dignità di precetto costituzionale agli accordi tra Stato e Chiesa.

10. *L'invalidità del matrimonio*

Gli artt. 117-129 *bis* disciplinano la **nullità** del matrimonio.

Peculiarità del sistema delle invalidità dell'atto matrimoniale

Il regime delle invalidità matrimoniali **non è assimilabile** a quello (codicistico) delle invalidità contrattuali, il quale fa perno sulla netta e chiara distinzione tra nullità ed annullabilità Nel caso del matrimonio il legislatore ha previsto regole differenziate in ragione della maggiore o minore gravita del vizio: ciò rende problematica una ricostruzione della materia secondo lo schema binario messo a punto nel Libro IV. Non tutte le ipotesi cui il codice si riferisce con il termine nullità sono rilevabili da chiunque vi abbia interesse, né sono insanabili o imprescrittibili. Ma l'aspetto di più evidente diversità con la sistematica delle invalidità contrattuali è rappresentato dall'efficacia dell'atto invalido. Come si ricorderà, il contratto nullo non produce effetti (e la pronuncia di nullità ha, dunque, valore dichiarativo); il contratto annullabile, viceversa, **produce effetti** finché non interviene la pronuncia giudiziale (la quale ha, perciò, efficacia costitutiva *ex tunc*).

Viceversa, il matrimonio nullo produce effetti e la dichiarazione di nullità del matrimonio ha efficacia retroattiva. Ciò potrebbe comportare conseguenze devastanti specie per quanto riguarda la posizione dei figli nati in costanza del matrimonio successivamente dichiarato nullo, i quali verrebbero privati dello *status* di figli.

Al fine di evitare tali gravi inconvenienti, l'art. 128, co. 2 (**matrimonio putativo**), nella sua formulazione riconducibile alla riforma del 1975, prevedeva che il matrimonio dichiarato nullo (ma non inesistente come, ad es. il matrimonio celebrato in assenza dell'ufficiale dello stato civile), conservasse sino al momento della sua invalidazione gli effetti prodotti nei confronti dei figli nati o concepiti durante il matrimonio, nonché nati prima del matrimonio e riconosciuti anteriormente alla sentenza di nullità. Il co. 4, dal canto suo, regolava l'ipotesi nella quale entrambi i coniugi fossero in mala fede all'atto della celebrazione del matrimonio (ovvero, fossero a conoscenza della causa di invalidità) prevedendo che quest'ultimo conservasse i suoi effetti nei confronti dei figli nati o concepiti in costanza del vincolo destinato a venire meno, a meno che la nullità non dipendesse da bigamia o da incesto, nel qual caso i figli avrebbero acquisito lo *status* di figli naturali riconosciuti (i figli incestuosi soltanto ove, eccezionalmente, stante la buona fede dei genitori, o anche solo di uno di essi, all'atto del concepimento, ne fosse consentito il riconoscimento, ai sensi dell'art. 251 vecchio testo). A seguito della unificazione dello stato di figlio e al superamento del generale divieto di riconoscimento dei figli incestuosi, attuati per il tramite della l. n. 219/2012, il d.lgs. n. 154/2013 ha profondamente modificato la disciplina in esame. Così, per un verso, l'art. 128, co. 2 oggi si limita a disporre che "il matrimonio dichiarato nullo ha gli effetti del matrimonio valido rispetto ai figli". Per quanto concerne l'eventualità che i coniugi fossero in mala fede all'atto della celebrazione del matrimonio, il nuovo co. 4, ha eliminato ogni riferimento alla bigamia mentre, in base al nuovo co. 5, i figli incestuosi potranno essere riconosciuti indipendentemente dalla circostanza che i genitori fossero in buona fede all'atto del concepimento, sia pure entro i limiti dell'art. 251 nuovo testo, di cui si dirà più oltre.

Il matrimonio putativo

Per quanto riguarda i coniugi, il matrimonio dichiarato nullo conserverà i suoi effetti nei confronti di quello dei due coniugi, che al momento della celebrazione fosse in **buona fede**, cioè ignorasse la causa di nullità di matrimonio.

Infine, il coniuge di buona fede che non abbia redditi propri e non sia passato a nuove nozze, ha diritto al **mantenimento** per tre anni (art. 129) e se la causa di nullità è **imputabile** all'altra parte, anche ad una congrua **indennità** (art. 129 *bis*).

Matrimonio irregolare

Alcune ipotesi in cui il matrimonio effettivamente celebrato non corrisponde pienamente al modello astrattamente disciplinato dal codice civile (ad es., mancano i testimoni) non sono ricondotte all'invalidità, ma alla **irregolarità**, con la quale ci si riferisce ad ipotesi di deviazione dal modello legale meno gravi.

Matrimonio inesistente

Talvolta si parla di matrimonio **inesistente** (ad es., nel caso di matrimonio celebrato in assenza dell'ufficiale dello stato civile). Si ritiene che una tale circostanza, non espressamente disciplinata, sussista nei casi in cui le ipotesi di deviazione dal modello legale sono talmente gravi da non consentire il riconoscimento in esse nemmeno di un atto matrimoniale viziato.

10.1. *L'assenza delle condizioni per contrarre matrimonio ed i vizi del consenso*

All'interno della generale categoria dell'invalidità del matrimonio sono possibili diverse classificazioni.

Una prima distinzione può farsi risalire alle cause di nullità del matrimonio, suscettibili di essere raccolte in due grandi gruppi: le cause di nullità da impedimento (artt. 117-119), e le cause di nullità da vizio del consenso (artt. 120-123).

La nullità da impedimento

a) Le prime sono quelle che derivano dalla violazione di un **impedimento** dirimente.

Bisogna distinguere le cause di invalidità che si ricollegano all'inosservanza degli impedimenti di cui agli artt. 85-88, che possono essere fatte valere da chiunque vi abbia interesse (artt. 117, co. 1; 19, co. 1: nullità **assoluta**), dall'invalidità discendente dalla minore età, che può essere fatta valere da una cerchia di soggetti qualificati (art. 117, co. 2: nullità **relativa**).

Oltre a quello della legittimazione ad agire, un ulteriore criterio ordinatorio è quello della sanabilità: così, abbiamo ipotesi di invalidità **insanabile** coincidenti con la violazione degli impedimenti più gravi (artt. 85-88); e ipotesi, viceversa, di invalidità **sanabile**, a seguito della **coabitazione** protratta per un anno, come nel caso dell'interdizione (art. 19, co. 2), o a seguito della **decadenza** dall'azione, come nel caso della minore età (art. 117, co. 2).

Nullità per vizi del consenso

b) Per quanto attiene alle invalidità da **vizi del consenso**, esse sono oggetto di un trattamento meno severo da parte del legislatore. Sono vizi del consenso l'incapacità naturale (art. 120), la violenza, il timore di eccezionale gravità derivante da cause esterne allo sposo (art. 122, co. 1), l'errore (art. 122, co. 7-3) e, in una certa misura, la simulazione (art. 123).

L'**incapacità naturale** dà luogo alla invalidità del matrimonio indipendentemente dalla mala fede dell'altro nubendo poiché, come ovvio, qui l'esigenza primaria è quella di salvaguardare l'integrità della volontà matrimoniale e non certo quella di tutelare l'affidamento della controparte.

La **violenza** è causa di invalidità del matrimonio allorché presenti i caratteri individuati dall'art. 1435. Il **timore** di **eccezionale gravità** si distingue dalla violenza perché qui il vizio della volontà deriva non dalla minaccia posta in essere dalla controparte o da un terzo, bensì da una situazione di oggettivo pericolo per sottrarsi alla quale si contrae matrimonio (classico l'esempio di chi si sposa per acquisire la cittadinanza del coniuge e scappare alle persecuzioni razziali).

L'**errore** rileva quando cade sull'identità dell'altro coniuge, o su qualità personali dell'altro coniuge tali da far ritenere l'errore essenziale (art. 122, co. 3, n. 1-5).

In tutti questi casi, il vizio che affligge il matrimonio può essere fatto valere soltanto dalla parte a favore della quale la causa di invalidità è prevista (dall'incapace, da chi ha subito la violenza, da chi è caduto in errore, ecc.); inoltre, la coabitazione protratta per almeno un anno sana il vizio stesso.

Sotto il profilo della legittimazione ad agire, ristretta al solo diretto interessato, e della sanabilità del vizio, queste fattispecie si avvicinano alla disciplina della annullabilità del contratto.

10.2. *La simulazione*

La simulazione del matrimonio

L'art. 123 stabilisce che il matrimonio può essere impugnato da ciascuno dei due coniugi quando gli sposi abbiano convenuto di non adempiere agli obblighi e di non esercitare i diritti da esso discendenti (**simulazione**). L'azione non può essere proposta trascorso un anno dalla celebrazione del matrimonio ovvero nel caso in cui i contraenti abbiano convissuto come coniugi successivamente alla celebrazione.

Analogie e differenze rispetto alla simulazione del contratto

L'accordo tra i coniugi non mira a far apparire un qualcosa di diverso dall'atto che effettivamente i coniugi pongono in essere, né a mantenere inalterata una realtà giuridica a dispetto delle apparenze. La simulazione del matrimonio mira, invece, a limitare l'efficacia dell'atto solo ad alcuni **marginali effetti** tipici che scaturiscono dal matrimonio (ad es., l'acquisto della cittadinanza) e ad escluderne gli effetti essenziali (ad es., fedeltà o contribuzione). La simulazione del matrimonio appare fenomeno sotto un certo punto di vista diverso dalla simulazione del contratto (art. 1414). Si ricorderà come in quest'ultimo caso la volontà delle parti è diretta a concludere un atto (il contratto dissimulato) diverso da quello effettivamente posto in essere (il contratto simulato nella c.d. simulazione relativa), oppure, addirittura ad escludere ogni tipo di effetto, e quindi a mantenere inalterata la realtà giuridica a fronte di un suo cambiamento solo apparente (c.d. simulazione assoluta).

L'apparente contrasto tra il fenomeno della simulazione e la pienezza del consenso matrimoniale

Sappiamo che la simulazione del contratto non ha effetto tra le parti, per le quali la situazione realmente voluta prevale su quella apparente. Viceversa, collocando la simulazione del matrimonio tra le ipotesi di **invalidità**, il legislatore ha voluto fare in modo tale che la dichiarazione resa di voler contrarre matrimonio, anche in virtù del maggior impatto sociale della vicenda matrimoniale rispetto a quella contrattuale, fosse in grado comunque di produrre gli effetti tipici del matrimonio, per quanto in via precaria dato che la possibilità di chiedere l'annullamento consente alle parti dell'atto di travolgere gli effetti prodottisi.

Nel caso previsto dall'art. 123 i coniugi **vogliono effettivamente celebrare** il matrimonio e vogliono effettivamente un mutamento della realtà giuridica, anche se limitato ad aspetti marginali e solo indirettamente collegati alla costituzione dello *status* di coniuge.

È evidente come questo contrasti con la richiesta pienezza e incondizionabilità del consenso matrimoniale. Il rigore di questi principi avrebbe dovuto comportare l'eliminazione di ogni riserva sul matrimonio e il mantenimento dello stesso depurato di ogni limite o condizione (è quanto accade, d'altra parte, nell'ipotesi di apposizione di termini e condizioni al matrimonio, vale a dire di quegli strumenti giuridici con i quali l'autonomia privata può normalmente modulare gli effetti di un atto: v. art. 108). Questo è ciò che in un certo senso accadeva prima della riforma, quando la simulazione del matrimonio non consentiva di invalidare l'atto che era stato effettivamente voluto ma limitato negli effetti. Anche altre ragioni spingevano poi per la conclusione che la simulazione del matrimonio fosse irrilevante, non ultima la diffusa idea che l'atto fosse trilaterale (con la partecipazione costitutiva del celebrante), e che pertanto non fosse nemmeno propriamente ipotizzabile una simulazione in caso di mero intento simulatorio dei coniugi.

La norma è stata così introdotta solo con la riforma del 1975.

Come nella simulazione del contratto, nella quale le parti realizzano il fenomeno simulatorio in virtù di un apposito accordo, anche in tal caso i coniugi **convengono** prima del matrimonio di non adempiere agli obblighi e di non esercitare i diritti tipici del matrimonio. Da ciò la possibilità di affermare che il fenomeno della simulazione non si esaurisce nelle sole ipotesi della simulazione del contratto (o dell'atto unilaterale), ma abbraccia tutti quei casi in cui gli autori dell'atto vogliono far apparire una realtà normativa totalmente o parzialmente diversa da quella cui intendono far soggiacere i propri rapporti.

Legittimazione a far valere la simulazione

Il vizio che affligge il matrimonio simulato può essere fatto valere soltanto da **ciascun coniuge**.

Ai fini della sanatoria, è sufficiente che i contraenti abbiano convissuto come coniugi successivamente alla celebrazione, fermo restando che, trascorso un anno dalla celebrazione, anche se non vi è stata coabitazione, non potrà più essere chiesto l'annullamento. È interessante notare la maggior facilità della sanatoria di questo peculiare vizio rispetto a quelli visti in precedenza. La **convivenza *more uxorio*** è di per sé sufficiente a sanare l'atto anche se di breve durata (diversamente dai casi già visti in cui la sanatoria consegue alla coabitazione, anche non *more uxorio*, protratta per un anno).

La convivenza *more uxorio* sana il matrimonio viziato per simulazione

In virtù della ristretta legittimazione ad agire e della sanabilità del vizio anche questa fattispecie si avvicina, quindi, alla disciplina della annullabilità del contratto.

Sezione III

IL RAPPORTO CONIUGALE

11. *Diritti e doveri dei coniugi. Il principio dell'eguaglianza tra i coniugi e la conduzione della famiglia*

Il regime dei rapporti personali e patrimoniali tra i coniugi ha conosciuto una radicale **trasformazione** con la più volte richiamata legge di riforma del diritto di famiglia (l. n. 151/1975).

Il rapporto di coniugio prima della riforma del 1975

Le dinamiche sociali del secondo dopoguerra (si pensi, ad es., al nuovo ruolo assunto dalle donne anche nel mondo del lavoro) avevano lentamente cambiato il volto della famiglia italiana, rendendo anacronistico il modello delineato dal codice civile. Tale modello individuando ancora il capo della famiglia nel marito e attribuendogli piena potestà sulla moglie e sui figli, appariva ormai superato, lontano dalla realtà sociale e in contrasto con le istanze che da questa prepotentemente emergevano.

Più voci denunciavano da tempo l'inconciliabilità della disciplina codicistica con il dettato costituzionale, in particolare con il principio dell'uguaglianza giuridica e morale dei coniugi (art. 29, co. 2, Cost.): la stessa Corte costituzionale era stata costretta ad intervenire sugli aspetti della disciplina del codice più discriminatori per le mogli.

Gli interventi della riforma sulla disciplina del rapporto coniugale

La legge di riforma del diritto di famiglia, preceduta da un ampio e travagliato dibattito, ha finalmente dato pieno sviluppo al principio costituzionale dell'uguaglianza dei coniugi, affermando che "con il matrimonio il marito e la moglie acquistano gli stessi diritti e assumono gli stessi doveri" (art. 143).

Alla patria potestà è stata sostituita la **potestà coniugale** sui figli (art. 316 s.; oggi, a sua volta, sostituita, come detto, dalla responsabilità genitoriale); all'obbligo della moglie di seguire il marito ovunque egli ritenesse opportuno fissare la propria residenza, è subentrato il principio per cui i coniugi fissano concordemente la residenza della famiglia (art. 144); la donna non sostituisce, ma aggiunge al proprio **cognome** quello del coniuge (art. 143 *bis*); l'obbligo del marito di mantenere la moglie ha ceduto il passo ad una diversa prospettiva, nella quale "entrambi i coniugi sono tenuti a **contribuire** ai bisogni della famiglia" in posizione di assoluta parità (art. 143).

La piena attuazione del principio costituzionale di eguaglianza tra i coniugi

Alla soggezione della moglie al marito è subentrata l'affermazione della **piena uguaglianza** dei coniugi, la quale trova definitiva consacrazione nell'art. 144, in base al quale essi "concordano l'indirizzo della vita famigliare secondo le esigenze di entrambi e quelle preminenti della famiglia".

Nel nuovo contesto normativo l'art. 144 assume un ruolo centrale, che non è legato esclusivamente al fatto che esso spoglia il marito dell'autorità di adottare unilateralmente e imporre ogni decisione. Tale disposizione, infatti, reca in se le tracce di un altro aspetto fondamentale della riforma del diritto di famiglia.

La regola dell'accordo tra i coniugi

Affidando all'**accordo** tra i coniugi ogni scelta relativa alla vita della famiglia il legislatore rinuncia ad imporre alla coppia modelli vincolanti: ciò implica la riduzione dell'intervento dello Stato nella sfera della famiglia e, insieme, il riconoscimento di margini sempre più ampi all'**autonomia** dei coniugi.

Nel caso in cui i coniugi non riescano a raggiungere, in relazione a determinate questioni alcun accordo, è prevista la possibilità di richiedere l'**intervento del giudice** (art. 145). Tale intervento avrà carattere meramente conciliativo quando, anche su richiesta di un solo coniuge, il giudice tenterà di raggiungere una soluzione concordata (art. 145, co. 1); avrà, invece, carattere decisorio quando, su richiesta di entrambi i coniugi in caso di disaccordo sulla fissazione della residenza o su altro affare essenziale, il giudice adotterà, con provvedimento non impugnabile la soluzione ritenuta più adeguata alle esigenze dell'unità e della vita della famiglia (art. 145, co. 2).

Gli obblighi morali dei coniugi. L'assistenza e la collaborazione

Coerente con la concezione del matrimonio quale comunione di vita materiale e spirituale, l'art. 143 pone a carico dei coniugi "l'obbligo reciproco alla fedeltà, all'**assistenza** morale e materiale, alla **collaborazione** nell'interesse della famiglia e alla coabitazione".

Questi doveri, in parte per l'incoercibilità della libertà personale dei coniugi, in parte perché sprovvisti di una immediata sanzione che ne assicuri l'osservanza, si pongono non tanto come precetti vincolanti, ma quali aspetti di quel modello ideale di comunione di vita che il legislatore delinea affidando la sua concreta realizzazione alla spontanea osservanza degli impegni e delle responsabilità che il matrimonio comporta.

Infatti, dichiarate costituzionalmente illegittime le norme che punivano l'adulterio e il concubinato, se si esclude il reato di violazione degli obblighi di assistenza familiare (art. 570 c.p.), l'unico momento in cui emerge la natura di vincolo giuridico degli obblighi posti a carico dei coniugi è rappresentato dalla possibilità di **addebitare** la responsabilità della separazione a quello, dei due, che abbia tenuto un comportamento contrario ai doveri che derivano dal matrimonio (art. 151, co. 2.).

La fedeltà

Merita particolare attenzione l'obbligo di **fedeltà** reciproca, il quale, con l'evoluzione del costume e della coscienza sociale, ha subito una profonda metamorfosi.

È infatti riduttivo sostenere che la fedeltà assuma rilievo solo sul piano sessuale, come accadeva in passato, quando si configurava uno *jus in corpus* reciproco dei coniugi che oggi appare quanto mai anacronistico. Né sembra che l'obbligo di fedeltà sia ancora oggi connotato da esigenze superindividuali, quali quella di preservare la stabilità del vincolo matrimoniale o della volontà di tutelare l'onore e la reputazione del coniuge tradito, come era possibile quando ancora adulterio e concubinato erano configurati come reati.

Piuttosto, scomparso ogni residuo pubblicistico, la fedeltà appare presidio della comunione di vita coniugale così essa assume un significato più ampio, che trascende la sfera sessuale, e si pone come richiamo alla dedizione e alla lealtà reciproca.

La coabitazione

Esemplare del primato riconosciuto alla libertà dei coniugi è la vicenda relativa all'obbligo di **coabitazione**: non solo lo stesso codice ammette che i coniugi abbiano domicilio distinto, potendo ciascuno di essi fissarlo dove ha la sede dei propri interessi (art. 145), ma nulla impedisce che il marito e la moglie decidano concordemente di vivere in luoghi separati (ad es., per esigenze lavorative).

Ove invece il coniuge **si allontani** dalla casa familiare senza giusta causa, il suo diritto all'assistenza morale e materiale viene sospeso (art. 146).

L'obbligo di contribuzione

Ricordiamo, infine, l'art. 143, ult. co. ai sensi del quale "entrambi i coniugi sono tenuti ciascuno in relazione alle proprie sostanze e alla propria capacità di lavoro professionale o casalingo, a **contribuire** ai bisogni della famiglia". Tale disposizione individua nella solidarietà coniugale la sintesi del valore dell'unità familiare e dell'uguaglianza dei coniugi. Essa, inoltre, valorizza il lavoro domestico quale contributo al soddisfacimento dei bisogni della famiglia cui è riconosciuta pari dignità rispetto all'attività professionale.

12. *La crisi del rapporto coniugale. La separazione*

Il primo strumento predisposto dal codice per reagire alla **crisi** del matrimonio è la **separazione**.

Effetti della separazione personale dei coniugi

Il codice disciplina solo la **separazione legale**, la quale assume la forma della separazione **giudiziale**, quando è pronunciata dal giudice in seguito alla domanda di uno dei coniugi, o quella della separazione **consensuale**, quando è fondata su un accordo tra i coniugi omologato dal giudice.

A seguito dell'entrata in vigore del d.l. n. 132/2014, è stata introdotta nel nostro ordinamento la possibilità per i coniugi di ottenere la separazione, il divorzio e la modifica delle condizioni dell'una e dell'altro, sulla base di un accordo concluso innanzi al sindaco quale ufficiale dello stato civile, con l'assistenza, facoltativa, di un avvocato (art. 12).

Tale procedura ipersemplificata potrà trovare applicazione solo nel caso in cui non ci siano figli minori, figli maggiorenni disabili o economicamente non autonomi. In caso contrario, ai sensi dell'art. 6, l'accordo dovrà essere raggiunto mediante l'assistenza di almeno un avvocato per parte (conversione di negoziazione) ed essere trasmesso al Procuratore della Repubblica presso il Tribunale competente il quale, quando ritenga che esso corrisponda all'interesse dei figli, lo autorizzerà. Lo stesso art. 6 contempla l'eventualità che i coniugi decidano di avvalersi della procedura di negoziazione anche quando non vi siano figli minori o maggiorenni disabili o economicamente indipendenti. In questo caso l'accordo verrà trasmesso sempre al Procuratore della Repubblica, il quale, previo un controllo di mera legittimità, comunicherà il nulla osta agli avvocati.

La separazione non comporta ancora lo scioglimento del vincolo ma implica solo la **sospensione** di parte degli obblighi che derivano dal matrimonio. Possibili – e simmetrici – esiti della separazione sono la riconciliazione e il divorzio; ma può anche accadere che i coniugi, invece di divorziare, restino indefinitamente in regime di separazione, il quale pertanto, pur essendo normalmente transitorio, può assumere carattere definitivo.

La separazione di fatto

Alla **separazione di fatto**, invece, non vengono ricollegati gli effetti tipici della separazione legale: essa, tuttavia, assume rilievo nella misura in cui l'accordo – **non** omologato – di separarsi, o la sussistenza di una giusta causa di interruzione della convivenza, escludono la possibilità di configurare la separazione come violazione dell'obbligo di coabitazione, e soprattutto escludono il rischio della conseguente sospensione dell'obbligo di assistenza materiale (art. 146) e di un eventuale addebito di responsabilità in sede di separazione giudiziaria.

Il giudizio di separazione in mancanza di un accordo tra i coniugi

La **separazione giudiziale**, cui si ricorre quando uno dei coniugi è contrario alla separazione ovvero quando non c'è accordo sui termini giudiziale della stessa, viene pronunciata dal giudice in seguito al **ricorso** di una delle parti: il diritto di chiedere la separazione spetta infatti esclusivamente ai coniugi.

Prima della riforma del diritto di famiglia, il codice prevedeva la sola **separazione per colpa**, la quale poteva essere richiesta nei confronti del coniuge che avesse violato uno dei doveri discendenti dal matrimonio, con la conseguenza che il coniuge ligio nell'assolvere gli obblighi coniugali poteva mantenere legato a sé il marito o la moglie contro la loro stessa volontà.

Del tutto diversa la nuova disciplina, in base alla quale "la separazione può essere chiesta quando si verificano fatti tali da rendere intollerabile la prosecuzione della convivenza o da arrecare grave pregiudizio all'educazione della prole" (art. 151).

Presupposti per la separazione

È evidente che attribuire rilievo alla **intollerabilità della convivenza in sé** considerata, anche quando essa si è determinata indipendentemente dalla volontà – e dalla colpa – dei coniugi, significa far prevalere l'interesse del singolo che chiede di porre fine alla convivenza sull'interesse all'unità della famiglia e alla stabilità del vincolo coniugale: se si pensa, poi, che la separazione può essere richiesta anche dal coniuge responsabile, con la propria condotta, della intollerabilità della convivenza, si comprende come la continuità della vita coniugale sia legata al permanere del consenso.

Una traccia residua del modello della separazione per colpa permane nella possibilità di chiedere che il giudice dichiari "a quale dei coniugi sia addebitabile la separazione, in considerazione del suo comportamento contrario ai doveri che derivano dal matrimonio" (art. 151 cpv.).

L'addebito della separazione

L'**addebito** della responsabilità della separazione – che teoricamente è possibile nei confronti di entrambi i coniugi –, oltre ad avere conseguenze rilevanti sul piano successorio (artt. 548, 585), comporta la perdita del diritto al mantenimento: potrà essere invocato, ove ne ricorrano i presupposti di legge, solo il diritto agli alimenti (art. 433).

La possibilità di imputare ad un coniuge la responsabilità della separazione, con gli svantaggi che ne derivano, assume comunque un particolare rilievo sistematico, poiché, rappresentando, come già ricordato, l'unica vera sanzione della violazione dei doveri coniugali, ne sancisce la natura di vincoli giuridici.

Incidenza della separazione sul rapporto matrimoniale

La separazione incide sugli obblighi posti a carico dei coniugi dall'art. 143.

In particolare, oltre a segnare la **cessazione della coabitazione**, essa determina il venir meno del **dovere di assistenza** morale, di **collaborazione** (eccezion fatta per le esigenze connesse all'educazione della prole) e di **fedeltà**. Il vincolo coniugale tuttavia conserva rilevo sotto il profilo del rispetto reciproco e della correttezza cui marito e moglie sono tenuti, anche dopo la separazione: la Corte costituzionale, ad es., ha affermato che viola l'obbligo di fedeltà – intesa come lealtà reciproca – il tradimento ingiurioso che offende l'onore e il rispetto dell'altro coniuge.

Durante il regime di separazione, la moglie **conserva** il cognome del marito: il giudice però può vietargliene l'uso quando esso sia pregiudizievole per il marito, come, nel caso inverso, autorizzare la moglie a non adottare il cognome del marito (art. 156 *bis*).

Tuttavia, l'ambito in cui è più evidente il permanere del vincolo matrimoniale, e degli obblighi che ne derivano, è quello dei rapporti patrimoniali.

L'assegno di mantenimento

L'art. 156, co. 1 riconosce infatti che il coniuge economicamente più debole, il quale **non disponga** di redditi **adeguati**, ha diritto ad un **assegno di mantenimento**, purché non gli sia stata addebitata la responsabilità della separazione.

L'entità di tale assegno deve essere determinata dal giudice in relazione alle circostanze del caso e alle possibilità economiche della parte obbligata a versarlo. La giurisprudenza ritiene che esso debba essere di importo tale da garantire al coniuge che lo riceve lo **stesso tenore di vita** che la coppia aveva prima della separazione. L'assegno può essere revocato o modificato nel suo ammontare dal giudice su ricorso di parte, quando sopraggiungono giustificati motivi: tipico è il caso di un mutamento delle condizioni patrimoniali dei coniugi.

Le conseguenze per la prole

La separazione, infine, è causa di **scioglimento della comunione** legale tra i coniugi (art. 191).

L'aspetto più delicato della separazione è comunque quello dei provvedimenti relativi ai figli ed è disciplinato dal Capo II del Titolo IX, rubricato "esercizio della responsabilità genitoriale a seguito di separazione, scioglimento, cessazione degli effetti civili, annullamento, nullità del matrimonio ovvero all'esito di procedimenti relativi ai figli nati fuori del matrimonio", introdotto dal d.lgs. n. 154/2013. La disposizione fondamentale in materia è rappresentata dall'art. 337 *ter* alla stregua del quale i provvedimenti relativi alla prole vanno assunti con riferimento esclusivo all'interesse di quest'ultima. A tal fine il giudice dovrà prioritariamente valutare la possibilità che i **figli minori** (a cui sono oggi integralmente equiparati i figli portatori di handicap, v. artt. 337 *septies*, co. 2 e 37 *bis* disp. att.) restino **affidati ad entrambi** i genitori; mentre potrà disporre l'affidamento ad uno solo dei genitori quando l'affidamento all'altro sia contrario all'interesse del minore (art. 337 *quater*, co. 1). In questo caso, l'**affidamento esclusivo** potrà essere richiesto anche da ciascuno dei genitori (art. 337 *quater*, co. 2). Innovativamente, poi, si prevede che il giudice possa anche disporre "in caso di temporanea impossibilità di affidare il minore ad uno dei genitori, l'affidamento familiare" (art. 337 *ter*, co. 2).

Ai sensi dell'art. 337 *ter*, co. 3, l'**esercizio** della responsabilità genitoriale è attribuito ad entrambi i genitori. Trattandosi delle decisioni di maggiore interesse per i figli relative all'istruzione, all'educazione e alla salute, in caso di disaccordo, la decisione è rimessa al giudice. Quest'ultimo, inoltre, limitatamente alle decisioni su questioni di ordinaria amministrazione, potrà stabilire che i genitori esercitino la responsabilità genitoriale separatamente.

Quanto al mantenimento dei figli, in assenza di un accordo tra i genitori, disporrà il giudice prevedendo la corresponsione di un **assegno** periodico il cui importo sarà determinato sulla base dei criteri di cui ai n. 1-5 dell'art. 337 *ter*, co. 4. Il peso economico dell'assegno di mantenimento così determinato andrà distribuito tra i due genitori in misura proporzionale al reddito di entrambi.

Per garantire il pagamento dell'assegno – lo stesso meccanismo opera, peraltro, anche per l'assegno di mantenimento del coniuge – è previsto che il giudice possa imporre, se esiste il pericolo che il coniuge vi si sottragga, la prestazione di idonea **garanzia** reale o personale. Inoltre, in caso di inadempimento, il giudice può disporre il **sequestro** di parte dei beni del coniuge obbligato e ordinare ai terzi che siano tenuti a corrispondere anche periodicamente somme di denaro a quest'ultimo, di versarle direttamente a favore del coniuge avente diritto (art. 156, co. 3,5).

Infine, anche nell'assegnazione del godimento della **casa familiare** bisognerà tenere prioritariamente conto dell'interesse dei figli (art. 337 *sexies*).

Tutti i provvedimenti relativi all'affidamento dei figli e all'esercizio della responsabilità genitoriale su di essi, nonché quelli concernenti l'ammontare dell'assegno di mantenimento, possono essere **modificati** dal giudice in ogni momento su domanda di parte (art. 337 *quinquies*).

La separazione consensuale

Accanto alla separazione giudiziale, il codice prevede la **separazione consensuale**, la quale trova la propria fonte nell'accordo dei coniugi e acquista efficacia con l'**omologazione** da parte del giudice (art. 158).

Deve escludersi che questi possa sindacare sul merito la decisione dei coniugi di separarsi. Ciò è confermato dal dettato normativo, il quale consente al giudice di negare l'omologazione solo quando gli aspetti relativi all'affidamento e al mantenimento dei figli appaiono in contrasto con i loro interessi (art. 158, co. 2).

L'accordo dei coniugi, con il quale vengono concordati i termini della separazione, è un negozio di diritto familiare: come tale esso ha carattere personalissimo.

Le condizioni della separazione contenute nell'accordo omologato – al pari delle determinazioni contenute nella sentenza di separazione – sono sottoposte alla **clausola *rebus sic stantibus***: i coniugi possono pertanto chiederne al giudice la revoca o la modifica allorquando si verifichi un mutamento della situazione di fatto preesistente.

I coniugi possono anche, con un accordo successivo a quello omologato, modificare le condizioni originariamente previste: tuttavia, se la modifica attiene a determinazioni che coinvolgono la prole, la sua efficacia è condizionata ad una nuova omologazione.

La riconciliazione

L'intervento del giudice, necessario ai fini della separazione, non è richiesto dalla legge per la **riconciliazione**: per la cessazione degli effetti della separazione è infatti sufficiente la volontà dei coniugi, la quale può essere manifestata sia con una dichiarazione espressa, sia con un comportamento non equivoco, incompatibile con lo stato di separazione (art. 157).

La riconciliazione implica l'abbandono della domanda di separazione giudiziale (art. 154).

Inoltre, la separazione potrà essere pronunciata nuovamente solo in relazione a fatti o comportamenti **successivi** alla riconciliazione (art. 157, co. 2). Tale effetto preclusivo discende dal fondamento della separazione, individuato dal legislatore nella attuale intollerabilità della convivenza: ciò esclude che le fratture del passato, superate con la riconciliazione, possano essere invocate per ottenere una nuova separazione.

13. *Lo scioglimento del matrimonio. Il divorzio*

L'introduzione dell'istituto nell'ordinamento italiano

La l. div. (successivamente modificata dalla l. n. 436/1978 e dalla l. n. 74/1987) ha introdotto nell'ordinamento italiano l'istituto del **divorzio**.

È così caduto il principio della indissolubilità del vincolo matrimoniale, sostituito da un diverso regime che, nell'individuare l'essenza del matrimonio nella comunione di vita materiale e spirituale tra i coniugi, riconosce l'impossibilità di conservare in vita il rapporto quando esso è fallito e la comunione di vita non può essere in alcun modo ricostituita.

Dalla Carta costituzionale non emergono indicazioni univoche sulla configurabilità di un principio di indissolubilità del matrimonio: il valore dell'unità della famiglia (sancito espressamente dall'art. 29, co. 2, Cost.) sembra infatti subordinato all'affermazione dell'uguaglianza e della libertà dei coniugi e, in ogni caso, assume rilievo non quale impedimento alla cessazione del vincolo, ma sul piano dello svolgimento del rapporto, quale criterio cui la disciplina normativa deve ispirarsi.

Bisogna aggiungere, inoltre, che l'istituto del divorzio appare coerente con la riforma del diritto di famiglia. Questo, infatti, spogliato dei profili pubblicistici che lo connotavano in funzione dell'esigenza di tutelare gli interessi superiori dell'unità della famiglia e della stabilità del vincolo, appare ispirato al riconoscimento della libertà dei coniugi e della tendenziale disponibilità degli interessi coinvolti. In particolare, l'individuazione del fondamento della separazione nella intollerabilità della convivenza testimonia come il perdurare del vincolo presuppone il permanere, e il continuo rinnovarsi, del consenso dei coniugi.

In questo contesto, l'introduzione del divorzio non appare come la deroga ai principi che reggono l'ordinamento della famiglia: esso, semmai, consente di configurare la dissolubilità del matrimonio quale nuovo principio fondamentale del sistema. Ne è conferma il fatto che il diritto di chiedere il divorzio è inderogabile, indisponibile e intrasmissibile.

La sentenza costitutiva di divorzio

Il divorzio è, insieme alla morte di uno dei coniugi, l'unica causa di **scioglimento** del matrimonio (art. 149). In caso di matrimonio concordatario, la legge tuttavia non parla di scioglimento del vincolo, ma di **cessazione degli effetti civili**, così evidenziando che gli effetti religiosi della celebrazione permangono.

Il divorzio deve essere pronunciato dal giudice con una sentenza che ha natura **costitutiva**: il nostro ordinamento non conosce infatti il divorzio per mutuo consenso. In particolare, lo scioglimento del matrimonio incide sul rapporto, risolvendolo *ex nunc*: ciò lo distingue dalla diversa fattispecie dell'invalidità del matrimonio, che invece attiene all'atto, e nella quale la sentenza rimuove il vincolo coniugale con efficacia retroattiva.

Condizioni per la pronunciabilità del divorzio

Perché il giudice pronunci il divorzio devono concorrere **due** condizioni.

a) Innanzitutto, è necessario che la comunione di vita spirituale e materiale tra i coniugi, che costituisce l'essenza del matrimonio, sia **venuta meno** e non possa essere più ricostituita (artt. 2-3 l. div.).

b) Inoltre, il fallimento della vita coniugale deve essere stato determinato da una delle **cause** previste dall'art. 3 l. div.

La più importante di queste ipotesi ricorre quando i coniugi siano **separati** legalmente da almeno **dodici mesi**, nel caso di separazione giudiziale, e da almeno sei mesi nel caso di separazione consensuale (art. 3, co. 2, lett. *b*) come modificato dall'art. 1, l. n. 55/2015: c.d. divorzio breve. Al riguardo, si rammenti anche quanto già segnalato in ordine alle nuove modalità di conseguimento della separazione e del divorzio. Infatti, non solo statisticamente questa è la causa di divorzio di gran lunga più diffusa, ma anche su un piano ricostruttivo tale ipotesi – soprattutto se si considera che la separazione è determinata dalla mera intollerabilità della convivenza – conferma come la stabilità del vincolo matrimoniale trovi il proprio fondamento nel mero consenso dei coniugi.

Il giudice inoltre può pronunciare il divorzio quando il coniuge è stato **condannato** con sentenza passata in giudicato, anche per fatti precedenti al matrimonio:

1. all'ergastolo o a pena detentiva superiore ai quindici anni per un delitto non colposo, esclusi i reati politici e quelli commessi per motivi di particolare valore;
2. a qualsiasi pena detentiva per incesto, violenza carnale, atti di libidine violenta, ratto a fine di libidine o di matrimonio, o per reati attinenti alla prostituzione;
3. a qualsiasi pena detentiva per omicidio volontario di un figlio, o per tentato omicidio di un figlio o del coniuge;
4. a qualsiasi pena detentiva, con due o più condanne, per i delitti di lesione, circonvenzione di incapace, omessa assistenza familiare o maltrattamenti commessi in danno del coniuge o del figlio.

Il divorzio può essere chiesto, nei casi di cui ai punti 2 e 3, anche quando il coniuge sia stato assolto per vizio totale di mente, purché venga accertata l'**inidoneità** del convenuto a mantenere o a ricostituire la convivenza, e nell'ipotesi dell'incesto quando, per mancanza dell'elemento dello scandalo, vi sia stata assoluzione o proscioglimento.

Sussiste inoltre motivo di divorzio qualora l'altro coniuge abbia ottenuto all'**estero** il divorzio o l'annullamento del matrimonio o abbia contratto, sempre all'estero, nuove nozze; nel caso di matrimonio rato ma non consumato; e, infine, nell'ipotesi in cui il coniuge abbia ottenuto sentenza, passata in giudicato, di rettifica dell'attribuzione del sesso ai sensi della l. n. 164/1982. Tuttavia, alla rettificazione anagrafica di sesso, ove i coniugi abbiano manifestato la volontà di non sciogliere il matrimonio o di non cessarne gli effetti civili, consegue l'automatica instaurazione dell'unione civile tra persone dello stesso sesso (art. 1, co. 27, l. n. 76/2016).

La domanda di divorzio deve essere presentata con ricorso al giudice: l'altro coniuge può opporvisi o aderirvi. È anche possibile presentare ricorso congiunto: in tal caso è previsto un procedimento abbreviato (art. 4 l. div.).

Gli effetti del divorzio

Il divorzio comporta la **perdita** dello *status* di coniuge e il venir meno di tutti gli effetti personali e patrimoniali del matrimonio. Esso, ovviamente, determina lo **scioglimento della comunione** legale dei beni (art. 191).

Sul piano personale, il divorzio implica la **cessazione** di tutti gli obblighi coniugali; la moglie inoltre perde il diritto all'uso del cognome del marito, ma può ottenere dal giudice l'autorizzazione a conservarlo quando sussista un interesse suo o dei figli meritevole di tutela (art. 5 l. div.).

L'assegno divorzile

Sul piano patrimoniale, il coniuge economicamente più debole ha diritto ad un assegno di **mantenimento** periodico il cui ammontare deve essere determinato dal giudice tenendo conto delle condizioni dei coniugi, delle ragioni della decisione, del contributo personale ed economico dato alla formazione del patrimonio di ciascuno e di quello comune, e del reddito di entrambi, e della durata del matrimonio (art. 5 l. div.).

La giurisprudenza ha individuato nel contenuto dell'assegno **tre** componenti: quella **assistenziale** (il giudice deve infatti procedere al confronto delle condizioni patrimoniali dei coniugi, riconoscendo il mantenimento a quello economicamente più debole), quella **compensativa** (l'assegno deve compensare il contributo personale e patrimoniale dato alla formazione del patrimonio del coniuge obbligato), e quella **risarcitoria** (il richiamo ai motivi del divorzio quale criterio di determinazione dell'assegno implica il rilievo che possono assumere le rispettive responsabilità nel fallimento del matrimonio).

Tuttavia, a seguito della novella introdotta dalla l. n. 74/1987, il diritto al mantenimento può essere riconosciuto solo quando il coniuge **non** abbia mezzi **adeguati** di sostentamento, o comunque non può procurarseli per ragioni oggettive.

Ciò avrebbe comportato il definitivo prevalere della componente assistenziale dell'assegno di divorzio se non fosse che la giurisprudenza ha provveduto a svuotare la novella della sua portata innovativa, da un lato, ancorando il giudizio sulla adeguatezza al tenore di vita precedente il divorzio; dall'altro ravvisando le ragioni oggettive che impediscono al coniuge di procurarsi mezzi adeguati non solo nella mancanza di salute che gli impedisca di lavorare, ma anche nella non adeguatezza del lavoro disponibile al suo *status* sociale. Un recente orientamento della Corte di legittimità (Cass. n. 11504/2017) ha però ulteriormente specificato la funzione, e dunque le modalità di calcolo, dell'assegno di mantenimento in caso di divorzio alla luce del principio di autoresponsabilità economica. In virtù di tale principio, considerato che il divorzio scioglie ogni legame tra i coniugi, l'assegno di mantenimento spetterà solo all'ex coniuge che non abbia o non possa procurarsi mezzi adeguati per poter essere economicamente indipendente. La successiva determinazione del *quantum* terrà poi conto delle suddette funzioni assistenziali e compensative, delle ragioni della decisione, nonché del reddito di entrambi in rapporto alla durata del matrimonio. Sicché, in tale caso, risulta non più applicabile il criterio del tenore di vita goduto durante il matrimonio.

La sentenza che riconosce l'assegno deve stabilire anche un criterio di adeguamento automatico dello stesso alla svalutazione monetaria; è prevista la possibilità che i coniugi concordino la sua corresponsione in un'unica soluzione, purché la misura stabilita sia ritenuta equa dal giudice: in questa ipotesi, infatti, al coniuge è preclusa qualunque ulteriore domanda di contenuto economico.

In ogni caso, quando ricorrono giusti motivi, è possibile ricorrere al Tribunale perché modifichi l'ammontare dell'assegno di mantenimento (art. 9 l. div.).

Strumenti di garanzia a presidio dell'obbligo di mantenimento

Diversi sono gli strumenti previsti dal legislatore per garantire che l'assegno venga regolarmente corrisposto. Il giudice può ordinare al coniuge obbligato la prestazione di idonea **garanzia** reale o personale (art. 8, co. 1, l. div.). In caso di inadempimento è prevista la possibilità di ottenere il **sequestro** dei beni (art. 8, co. 7, l. div.), e di notificare ai **terzi** tenuti a corrispondere periodicamente a quest'ultimo somme di denaro (ad es., al datore di lavoro) l'invito a versare le somme dovute direttamente al coniuge creditore. Peraltro questi, in caso di inadempimento del terzo intimato, può anche agire esecutivamente nei suoi confronti (art. 8, co. 3,4, l. div.).

Il coniuge titolare dell'assegno, il quale non abbia contratto nuove nozze, ha diritto inoltre ad una percentuale dell'**indennità** di fine rapporto del coniuge obbligato (art. 12 *bis* l. div.).

La successione del coniuge divorziato

Sul piano successorio, il divorzio comporta la **perdita** di ogni diritto. Tuttavia, al coniuge che ha diritto al mantenimento e che non abbia contratto nuove nozze, spetta la pensione di reversibilità del coniuge deceduto, o una sua parte se questi, nel frattempo, si era risposato (art. 9 l. div.).

L'obbligo del mantenimento **non** si trasmette agli eredi. Tuttavia, qualora il coniuge titolare di assegno versi in stato di bisogno, il Tribunale, dopo il decesso dell'obbligato, può porre a carico dell'eredità un assegno periodico, qualificato dalla dottrina come un legato obbligatorio *ex lege*.

Il diritto all'assegno *post mortem*, che non può essere invocato nel caso in cui l'obbligo del mantenimento sia assolto *una tantum*, si estingue quando il beneficiario contrae nuove nozze o se cessa lo stato di bisogno, ma risorge ove il soggetto si ritrovi in tale stato (art. 9 *bis* l. div.).

Le conseguenze per la prole

Naturalmente, il divorzio non comporta il venir meno dei doveri dei genitori nei confronti della prole.

La disciplina dell'affidamento e del mantenimento dei figli ricalca, tuttavia, quella dettata per la separazione legale. Ad essa pertanto si rinvia integralmente.

SEZIONE IV

IL REGIME PATRIMONIALE DELLA FAMIGLIA

14. *Modelli legali ed autonomia privata nell'organizzazione patrimoniale della famiglia*

Il matrimonio come atto di autonomia negoziale dei coniugi

Il tema dell'autonomia privata nell'ambito del matrimonio viene in considerazione sotto diversi aspetti. La stessa scelta matrimoniale, e quindi l'atto ed il rapporto che ne deriva, sono riconoscibili come frutto dell'esercizio dell'autonomia dei privati.

Per quanto la natura negoziale del matrimonio sia stata contestata in passato, e in parte venga tutt'oggi messa in discussione, non esistono valide ragioni per escludere che il matrimonio sia il frutto dell'esercizio dell'autonomia dei privati. È vero, tuttavia, che la regola del rapporto è predeterminata dal legislatore, e tendenzialmente i privati non possono modificarla. Diritti e doveri dei coniugi sono stabiliti dalla legge; i privati non possono né escluderne totalmente l'applicazione, né derogare ad alcuni di essi (art. 160).

Esistono però, soprattutto nell'ambito dei rapporti patrimoniali tra coniugi, alcuni significativi margini in cui ai privati è data la possibilità di variare rispetto al regime legale del rapporto; tale possibilità è tuttavia limitata e disciplinata nei presupposti, nelle forme e nelle modalità di esercizio. Con riguardo ai rapporti patrimoniali va ricordato che la riforma del 1975 ha notevolmente influito sul regime patrimoniale della famiglia.

L'autonomia negoziale nella regolazione dei rapporti patrimoniali

In linea di principio, l'ordinamento giuridico riconosce ai coniugi un'ampia **autonomia** per quanto concerne la regolamentazione dei loro rapporti patrimoniali, con il solo limite generale di non derogare ai diritti e ai doveri nascenti dal matrimonio (art. 160).

Le convenzioni matrimoniali e la scelta del regime patrimoniale

Attraverso la stipulazione di un'apposita **convenzione matrimoniale** i coniugi possono in **qualunque tempo** optare per un regime patrimoniale alternativo rispetto a quello legale, oppure modificare talune regole previste da quest'ultimo.

Il **regime patrimoniale** prescelto indica a quale dei coniugi appartengono determinati beni; chi ha il potere di amministrarli; quali creditori e quali obbligazioni possono trovare garanzia in tali beni. Quest'ultimo aspetto rende evidente il fatto che la scelta dei coniugi in relazione ad uno o all'altro regime patrimoniale è in grado di incidere anche sulla posizione dei **terzi** con i quali uno o entrambi i coniugi si trovino ad entrare in rapporto. Si pensi al caso in cui la moglie contragga un mutuo con un terzo: quest'ultimo dovrà essere messo in grado di capire se, in caso di inadempimento dell'obbligo di restituzione della somma prestata alla donna, potrà rivalersi su determinati beni (ad es., sulla casa al mare o sull'automobile o sul prezioso collier di diamanti). Il regime patrimoniale prescelto da marito e moglie potrebbe, infatti, aver destinato quei beni alla sola titolarità del marito o, viceversa, della moglie, o ancora di entrambi. Le diverse ipotesi implicano che il terzo faccia affidamento in misura diversa sulla garanzia generica del bene. Nasce, pertanto, il problema di rendere opponibili ai terzi le convenzioni matrimoniali (le quali, ad ogni modo, devono essere redatte per **atto pubblico** *ex* art. 162, co. 1 e con l'assistenza di due testimoni *ex* art. 48 l. not.).

Per essere **opponibili** ai terzi le convenzioni matrimoniali vanno **annotate** a margine dell'atto di matrimonio (art. 162, ult. co.), e qualora abbiano ad oggetto beni immobili devono essere **trascritte** nei registri immobiliari ai sensi dell'art. 2647. La mancata annotazione non incide sulla validità o sull'efficacia della convenzione, ma comporta l'impossibilità di opporla ai terzi, i quali, allora, possono pretendere di far valere l'ordinario regime della comunione legale dei beni.

Per quanto riguarda i modelli di regimi patrimoniali che i coniugi possono scegliere va detto che essi sono **tipici**, vale a dire predeterminati dal legislatore.

La comunione dei beni quale regime patrimoniale legale

In assenza di diversa convenzione matrimoniale, il regime patrimoniale della famiglia è quello della **comunione legale** (art. 159) nel quale titolarità, amministrazione e godimento dei beni spettano ad entrambi i coniugi. Questo regime è diventato quello applicabile automaticamente, in mancanza di una diversa ed espressa scelta dei coniugi tra uno degli altri modelli, solo in seguito della riforma del 1975, con la quale si è voluto superare l'opposto principio della separazione dei beni come regime patrimoniale legale. La scelta del legislatore del 1975 è ispirata alla realizzazione sostanziale ed effettiva dei principi costituzionali di **uguaglianza, solidarietà e parità** fra i coniugi (art. 29 Cost.). Come è facile comprendere in una società organizzata prevalentemente sul lavoro maschile e sull'impegno prevalentemente domestico della donna, il regime della separazione dei beni porta quest'ultima a rivestire una posizione di sudditanza economica nei confronti del marito. In questo tipo di società, che rispecchia quello della società italiana del secolo scorso, a fronte di un lavoro utile alla famiglia svolto da entrambi (quello esterno del marito e quello domestico della moglie) solo quello maschile è remunerato, e ciò crea sostanziali disparità tra i coniugi nel caso in cui tale remunerazione rimanga nella esclusiva titolarità e disponibilità dell'uomo, così come previsto nel regime di separazione dei beni. Ancora negli anni '70 la struttura della società italiana richiedeva, quindi, il rovesciamento del principio: alla separazione andava sostituita la comunione dei beni nella quale, in linea di massima, gli acquisti di uno dei coniugi durante il matrimonio cadono nella titolarità di entrambi ed entrambi ne hanno la gestione.

La separazione dei beni

Dal 1975, pertanto, la **separazione dei beni** non è automatica, ma deve essere espressamente prevista.

In questo modello di regime patrimoniale ciascuno dei coniugi conserva la **titolarità esclusiva** dei beni da lui acquistati durante il matrimonio (art. 215), e l'amministrazione e il godimento della cosa spettano esclusivamente al coniuge titolare: i patrimoni degli sposi restano, quindi, separati. Se in regime di separazione dei beni si volesse cointestare un bene determinato ad entrambi i coniugi, e realizzare perciò sullo stesso una comunione ordinaria, sarà necessario dichiarare espressamente tale volontà all'atto dell'acquisto congiunto, e specificare anche la quota di comproprietà da assegnare a ciascuno.

La comunione convenzionale

In alternativa alla separazione dei beni, i coniugi possono optare per un modello di comunione dei beni differenziato rispetto a quello legale. Infatti, al fine di rendere più flessibile la disciplina della comunione legale, il legislatore ha riconosciuto ai coniugi la possibilità di modificare parzialmente il regime legale attraverso la stipulazione di una convenzione matrimoniale *ex* art. 162 (**comunione convenzionale**). In tal caso l'autonomia privata non è senza limiti poiché, per un verso, i coniugi non possono derogare le norme della comunione riguardanti l'amministrazione e l'uguaglianza delle quote e, per altro verso, non possono introdurre pattuizioni contrastanti con la previsione dell'art. 161 (art. 210). In particolare, non possono far parte della comunione convenzionale né i beni di uso strettamente personale di ciascun coniuge ed i loro accessori, né quelli che servono all'esercizio della professione di un coniuge, né quelli da questi ottenuti a titolo di risarcimento del danno o le pensioni attinenti alla perdita di capacità lavorativa.

L'autonomia privata, dunque, si esplica nel campo dei rapporti patrimoniali tra coniugi attraverso le **convenzioni**, grazie alle quali i coniugi possono scegliere di sostituire al regime della comunione dei beni, alternativamente, quello della separazione dei beni o quello della comunione convenzionale. Sempre attraverso le convenzioni, i coniugi possono vincolare determinati beni dando vita ad un fondo patrimoniale (art. 167): esso costituisce un vincolo di destinazione su **alcuni** beni e non rappresenta un quarto tipo di regime patrimoniale (termine, questo, che indica il regime giuridico di tutti i beni riferibili ad una data famiglia), ma si può aggiungere come disciplina speciale di talune *res*, ad una delle tre forme già viste.

La natura delle convenzioni patrimoniali

La natura delle convenzioni è discussa. Fermo restando che esse sono manifestazioni di autonomia privata, l'oggetto patrimoniale dovrebbe portare a concludere per la natura contrattuale, ma il contesto familiare nel quale e in ragione del quale sono stipulate potrebbe far pensare a forme negoziali diverse. La tesi prevalente e da ritenersi condivisibile ritiene che essi costituiscano **accordi contrattuali**, naturalmente disciplinati da una normativa apposita e, per quanto non previsto, da quella dettata in materia di contratto.

La forma delle convenzioni matrimoniali

Come abbiamo già detto le convenzioni matrimoniali possono essere stipulate dai coniugi in qualunque tempo, mediante **atto pubblico a pena di nullità** (art. 162, co. 1). Eccezionalmente, i coniugi possono optare per la separazione dei beni anche mediante una semplice dichiarazione inserita nell'atto di celebrazione del matrimonio (art. 162, co. 2).

Le modifiche delle convenzioni matrimoniali

Per la **modifica** della convenzione è necessario un ulteriore atto pubblico stipulato con il consenso di **tutte** le persone che sono state parti nelle convenzioni medesime o dei loro eredi (art. 163): la disposizione acquista particolare significato in caso di fondo patrimoniale alla costituzione del quale può partecipare anche un terzo.

15. *La comunione dei beni*

Il regime patrimoniale della famiglia in assenza di apposita scelta dei coniugi. La comunione dei beni

La **comunione legale** è il regime patrimoniale della famiglia in assenza di diverse convenzioni dei coniugi (art. 159).

I principi di **parità** coniugale e di **solidarietà** familiare hanno indotto il legislatore della riforma a delineare un sistema che, per quanto possibile, consenta a ciascun coniuge di beneficiare degli incrementi patrimoniali verificatisi nella sfera giuridica dell'altro coniuge.

La comunione realizza una sorta di contitolarità dei beni che verranno acquistati, a prescindere da chi li abbia acquistati. Solo alcuni beni sono sottratti, per diverse ragioni, a tale peculiare **contitolarità**. A ben vedere, però, la comunione legale non può ridursi allo schema della comunione ordinaria e, quindi, della contitolarità dei diritti su un bene con corrispondente titolarità esclusiva di una quota disponibile. A differenza di quanto accade nella comunione ordinaria, infatti, normalmente un coniuge non può alienare il bene senza il consenso dell'altro, nemmeno **pro-quota**; quest'ultima è inderogabilmente pari alla metà del **valore** dei beni (art. 180) e, in costanza di comunione, pertanto sta ad indicare più la misura di partecipazione di ogni coniuge al patrimonio della famiglia che la spettanza di quel singolo e determinato bene.

Comunione legale e comunione ordinaria

Per questo si dice che nella comunione legale i coniugi non sono individualmente titolari di un diritto alla quota sul bene in comunione, ma sono solidalmente titolari di un diritto avente ad oggetto i beni della comunione (art. 189, co. 2). La quota ha soltanto la funzione di stabilire: *a*) la misura entro cui i beni della comunione possono essere aggrediti dai creditori particolari (art. 189); *b*) la misura della responsabilità sussidiaria di ciascuno dei coniugi con i propri beni personali verso i creditori della comunione (art. 190); *c*) la proporzione in cui, una volta sciolta la comunione, l'attivo ed il passivo saranno ripartiti tra i coniugi e i loro eredi (art. 194).

La difficoltà di ricondurre la comunione legale entro i confini di quella ordinaria ha dato luogo alla elaborazione di due tesi relative alla sua natura. Secondo una tesi (c.d. **soggettiva**), la comunione rappresenterebbe un autonomo soggetto di diritto distinto dai due coniugi. Prevale, tuttavia, la preferibile tesi (c.d. **oggettiva**) per la quale la comunione non ha autonoma soggettività giuridica, ma costituisce un particolare regime di circolazione dei beni e di garanzia patrimoniale in considerazione delle esigenze della famiglia e dello *status* coniugale. Va notato, infatti, come la comunione legale non costituisca né un patrimonio separato (in quanto i beni, continuano ad appartenere ai coniugi), né un patrimonio di destinazione (in quanto la comunione risponde per tutte le obbligazioni assunte dai coniugi, ivi comprese quelle personali, seppur in via sussidiaria e fino al valore corrispondente alla quota del coniuge obbligato: art. 189, co. 2). Essa si concretizza, allora, nella semplice e peculiare **contitolarità** di beni caratterizzata dall'applicazione di una speciale disciplina di legge.

I beni che cadono immediatamente in comunione legale

L'art. 177 dispone che fanno parte della comunione i beni **acquistati** dai coniugi, **insieme o separatamente**, **durante** il matrimonio (o, per meglio dire, dopo l'instaurazione del regime di comunione legale), ad esclusione di quelli relativi ai **beni personali** (lett. *a*)), nonché le **aziende** gestite da entrambi i coniugi e costituite **dopo** il matrimonio (lett. *d*)).

I beni acquistati da un coniuge dopo l'instaurazione del regime di comunione, dunque, entrano **immediatamente** in comunione e ciascuno dei coniugi ne acquista la contitolarità paritetica, rimanendo del tutto irrilevante la provenienza delle risorse necessarie all'acquisto degli stessi (c.d. comunione **immediata**).

Comunione *de residuo*

Diversamente, faranno parte della comunione fra coniugi **solo se** sussistono al momento dello scioglimento della stessa (c.d. comunione **differita** o ***de residuo***), i frutti dei beni propri di ciascuno dei coniugi percepiti e non consumati (art. 177, lett. *b*)), i proventi dell'attività separata di ciascuno dei coniugi (art. 177, lett. *c*)), i beni destinati all'esercizio dell'impresa di uno dei coniugi costituita dopo il matrimonio e gli incrementi dell'impresa costituita anche precedentemente (art. 178).

I beni esclusi dalla comunione

Ai sensi dell'art. 179, viceversa, non fanno parte della comunione e rientrano nel patrimonio personale di ciascun coniuge (c.d. beni **personali**) i beni di cui, **prima** del matrimonio (o, per meglio dire, prima dell'instaurazione del regime di comunione legale), il coniuge era proprietario o rispetto ai quali era titolare di un diritto reale di godimento (lett. *a*)); i beni acquisiti successivamente al matrimonio per effetto di donazioni o successione, quando nell'atto di liberalità o nel testamento non è specificato che essi sono attribuiti alla comunione (lett. *b*)); i beni di uso strettamente personale (lett. *c*)); i beni necessari al coniuge per l'esercizio della sua professione (lett. *d*)); i beni ottenuti a titolo di risarcimento del danno e quelli ricevuti a fini pensionistici (lett. *e*)); i beni acquisiti con il prezzo del trasferimento di beni personali o con il loro scambio, purché ciò sia espressamente dichiarato all'atto dell'acquisto (lett. *f*)).

I beni personali sono sottratti dall'applicazione della particolare disciplina riguardante i beni oggetto di comunione immediata e, pertanto, la loro gestione è rimessa alla **libera disponibilità** del coniuge che ne è titolare. Ad analogo trattamento sono assoggettati, durante il vigore della comunione, i beni oggetto di comunione **differita** per quanto attiene all'amministrazione e al godimento degli stessi.

Lo scioglimento della comunione

Secondo l'art. 191, costituiscono causa di **scioglimento** della comunione legale la dichiarazione di assenza o di morte presunta di uno dei coniugi, la morte di uno dei coniugi, l'annullamento, lo scioglimento o la cessazione degli effetti civili del matrimonio, la separazione personale, il fallimento di uno dei coniugi, il mutamento del regime patrimoniale, nonché la separazione giudiziale dei beni *ex* art. 193.

Verificatasi una causa di scioglimento, i beni della comunione legale si reputano assoggettati al regime giuridico della comunione ordinaria, con la conseguenza che ciascun coniuge ne può liberamente disporre limitatamente alla sua quota (art. 1103). Lo stato di comunione cessa solo in seguito al completamento delle operazioni **divisionali** previste dagli artt. 192 s.

15.1. *Amministrazione e responsabilità*

Amministrazione e rappresentanza congiunte o disgiunte

In virtù del principio di parità coniugale, i poteri di **amministrazione** e di **rappresentanza**, anche in giudizio, per gli atti riguardanti i beni oggetto di comunione immediata spettano ad **entrambi** i coniugi. Questi ultimi devono agire **congiuntamente** quando si tratti del compimento di atti eccedenti l'ordinaria amministrazione o della stipula di contratti con i quali si concedono o si acquistano diritti personali di godimento (art. 180).

In particolare, si considerano atti di straordinaria amministrazione quegli atti astrattamente idonei ad apportare consistenti modifiche al patrimonio familiare nonché idonei ad incidere sensibilmente sull'andamento della vita familiare.

Impedimento o immotivato rifiuto di un coniuge

In caso di lontananza, di impedimento (art. 182) o di immotivato rifiuto a prestare il necessario consenso da parte di uno dei coniugi (art. 181), l'altro può farsi **autorizzare** dal giudice a compiere l'atto da solo. Condizione necessaria per la applicabilità di tale regola è la rispondenza dell'atto all'interesse della famiglia. Nel caso in cui il giudice ritenga sussistente tale interesse, il provvedimento giudiziale diventa sostitutivo della volontà mancante dell'altro coniuge.

Inidoneità o incapacità di amministrare di uno dei due coniugi

Nei casi di inidoneità o incapacità ad amministrare e per un tempo indefinito la legge prevede espressamente la possibilità di esclusione di uno dei coniugi dal potere di compiere qualsiasi atto di gestione dei beni comuni, ordinario o straordinario (art. 183). Dal provvedimento di **esclusione dall'amministrazione** consegue uno stabile accentramento dei poteri amministrativi in capo all'altro coniuge per tutti gli atti di amministrazione, senza necessità di ulteriori autorizzazioni giudiziali. L'esclusione si verifica di diritto, invece, qualora il coniuge sia interdetto (art. 183, co. 3).

La sorte degli atti compiuti senza il consenso dell'altro coniuge

Gli atti compiuti da un coniuge **senza il consenso** dell'altro sono **annullabili** quando hanno ad oggetto beni immobili o mobili registrati (art. 184, co. 1). L'annullamento può essere richiesto soltanto dal coniuge non stipulante e necessariamente entro il breve termine di un anno dalla conoscenza dell'atto o dall'avvenuta trascrizione dello stesso. Se l'atto non è stato trascritto e l'altro coniuge ne viene a conoscenza al momento dello scioglimento della comunione, il termine annuale decorre da tale momento.

Quando invece ha ad oggetto beni mobili non registrati, l'atto è valido ed efficace, **ma** l'autore è obbligato a ricostituire la comunione nello stato in cui si trovava prima del compimento dello stesso o, nel caso non sia possibile, al pagamento dell'equivalente secondo i valori correnti all'epoca della ricostituzione (art. 184, co. 3).

Responsabilità per debiti

A norma dell'art. 186, i beni della comunione rispondono di tutti i debiti, gli oneri ed i pesi gravanti sugli stessi al momento dell'acquisto (lett. *a*)), di tutti i carichi dell'amministrazione (lett. *b*)), delle spese contratte per il mantenimento della famiglia e per l'educazione dei figli, nonché di ogni obbligazione contratta dai coniugi, anche separatamente nell'interesse della famiglia (lett. *c*)) e, infine, di ogni obbligazione contratta congiuntamente dai coniugi (lett. *d*)).

Per far valere le loro ragioni, i **creditori della comunione** possono agire sui beni comuni e, qualora questi non siano sufficienti, anche sui beni di ciascun coniuge, ma solo limitatamente alla **metà** del credito (art. 190).

I beni della comunione rispondono altresì per i **debiti personali** dei coniugi, ma solo in via sussidiaria e fino al valore corrispondente alla quota del debitore (art. 189). Qualora sui beni comuni si apra il **concorso dei creditori** della comunione coi creditori particolari dei coniugi, questi ultimi, se chirografari, sono posposti ai primi (art. 189, co. 2).

16. *Il fondo patrimoniale*

Complementarietà del fondo patrimoniale ai diversi regimi patrimoniali

Solo la separazione dei beni e la comunione convenzionale sono regimi patrimoniali alternativi alla comunione legale.

Contemporaneamente ad uno di questi tre regimi, alcuni beni possono essere vincolati a soddisfare primariamente le esigenze della famiglia. Questo risultato può essere raggiunto per mezzo di una convenzione matrimoniale (il **fondo patrimoniale** art. 162) nella quale determinati beni (beni immobili, beni mobili registrati o titoli di credito) e i loro frutti, vengono destinati a far fronte ai bisogni della famiglia.

Costituzione del fondo patrimoniale

Il fondo patrimoniale può essere costituito non solo dai **coniugi**, ma anche da un **terzo**, sia per testamento, sia per atto fra vivi (art. 167, co. 1). In quest'ultimo caso, la costituzione del fondo si perfeziona solo in seguito all'**accettazione** dei coniugi (art. 167, co. 2).

Amministrazione dei beni costituiti in fondo patrimoniale

Salvo diversa previsione contemplata nell'atto costitutivo, la titolarità dei beni costituiti in fondo patrimoniale spetta ad entrambi i coniugi (art. 168, co. 1), i quali li amministrano secondo le norme relative alla comunione legale (art. 168, co. 3). Tuttavia, i beni del fondo **non** si possono alienare, ipotecare, dare in pegno o comunque vincolare se non col consenso congiunto dei coniugi e, qualora vi siano **figli minori**, con l'autorizzazione preventiva del giudice, che è concessa nei soli casi di necessità o utilità evidente, con facoltà del giudice di imporre il reimpiego nell'acquisto di nuovi beni della somma ricavata dall'alienazione (art. 169). I frutti prodotti dai beni oggetto del fondo patrimoniale possono essere utilizzati solo per il soddisfacimento dei bisogni della famiglia.

Responsabilità per debiti

Il vincolo di indisponibilità che grava sui beni costituenti il fondo patrimoniale dispiega i suoi effetti anche nei confronti dei **terzi**. In particolare, **non** si può agire su tali beni e sui relativi frutti per debiti che i creditori sapevano essere stati contratti per scopi estranei ai bisogni della famiglia (art. 170).

La giurisprudenza ritiene applicabile al fondo patrimoniale la disposizione di cui all'art. 162, con la conseguenza che ai fini della sua **opponibilità** ai terzi l'atto costitutivo del fondo, (quando ricomprende beni immobili o mobili registrati) deve, altresì, essere annotato a margine dell'atto di matrimonio, in modo da renderlo conoscibile ai terzi che eventualmente dovessero assumere posizioni creditorie nei confronti dei coniugi.

Cessazione del vincolo

Il fondo patrimoniale **viene meno** a seguito di annullamento, scioglimento o cessazione degli effetti civili del matrimonio (art. 171, co. 1). Tuttavia, in presenza di figli minori il fondo dura fino al compimento della maggiore età da parte del figlio ultimo nato (art. 171, co. 2).

Sezione V

LA FILIAZIONE.
DIRITTI E DOVERI DEI GENITORI E DEI FIGLI.
L'ADOZIONE E L'AFFIDAMENTO

17. *La costituzione del rapporto di filiazione. Le nuove tecnologie riproduttive*

Rapporto di filiazione e procreazione

La famiglia è una realtà giuridica complessa, nella quale ogni soggetto acquista un determinato *status* ed instaura particolari rapporti con gli altri componenti. Del rapporto coniugale si è già detto, così come di quello parentale e di affinità; ora è il momento di occuparsi del **rapporto di filiazione**.

La disciplina giuridica della filiazione mira alla attribuzione di *status* sulla base di fattispecie che non si esauriscono nella **procreazione** (filiazione nel matrimonio e fuori di esso) o, addirittura, ne prescindono completamente (filiazione adottiva o civile).

Il mero fatto della procreazione ha quindi una rilevanza giuridica abbastanza limitata, apprezzabile sia sotto il profilo della disciplina degli impedimenti matrimoniali, rappresentando la parentela di sangue in linea retta e collaterale un impedimento alla celebrazione del matrimonio (art. 87, n. 1, 2), sia sotto il profilo dell'obbligo penalmente sanzionato di non lasciare il figlio in stato di abbandono (art. 591 s. c.p.), e degli obblighi soltanto economici nei confronti dei figli non riconoscibili (art. 279, co. 1).

Le nuove tecniche di fecondazione. La fecondazione assistita

Prima di passare ad un esame dei vari tipi di filiazione è opportuno spendere qualche parola sulle tecniche di **fecondazione assistita**. Queste tecniche pongono al diritto di famiglia due fondamentali ordini di problemi attinenti ora alla applicabilità delle normali regole di attribuzione dello *status* di figlio, ora alla tenuta del modello tradizionale di famiglia, imperniato sulla c.d. doppia figura genitoriale, ossia i coniugi in veste di genitori di una prole concepita in costanza di matrimonio.

Per quanto riguarda i problemi del primo tipo, si pensi alla c.d. fecondazione in vitro **eterologa**, nella quale l'ovocita viene fecondato al di fuori del grembo materno con spermatozoi appartenenti non al marito ma ad un donatore anonimo; o, ancora, alla c.d. **maternità surrogata**, nella quale vi è una scissione tra la donna destinata a diventare madre e la donna che porta avanti la gestazione e partorisce.

In entrambi questi casi diventa oltremodo problematico applicare, rispettivamente, la regola istitutiva della presunzione di paternità (art. 23, co. 2) o quella secondo la quale è madre colei dalla quale il figlio fu partorito (art. 269, co. 3).

Non è un caso, ad es., che la cronaca si sia spesso dovuta occupare di vicende nelle quali il marito, dopo avere assentito alla fecondazione eterologa della moglie, si era pentito ed abbia esercitato l'azione di disconoscimento della paternità (art. 243 *bis*). Dopo molte oscillazioni, la giurisprudenza era pervenuta ad una soluzione che nega al marito la legittimazione ad agire sulla base di motivazioni, certo comprensibili dal punto di vista etico, ma poco rispettose del meccanismo che attualmente presiede al riconoscimento dello *status* di figlio legittimo che si fonda, pur sempre, sulla presunzione che il marito sia anche il padre biologico del figlio della moglie.

I problemi del secondo tipo nascono dall'accesso alle tecniche di fecondazione assistita da parte di soggetti che non soddisfano i requisiti richiesti dal modello tradizionale di famiglia (ad es., le donne *single*).

Sul punto si può osservare che se è vero che il nostro ordinamento esprime una netta preferenza per un modello tradizionale di famiglia imperniato sulla doppia figura genitoriale, tuttavia ammette forme di convivenza differenziate rispetto a quel modello: si pensi al caso del figlio nato fuori del matrimonio che venga riconosciuto da uno solo dei genitori.

La l. n. 40/2004

La legge in materia di **procreazione medicalmente assistita** (l. n. 40/2004) ha inteso consentire l'accesso alla **procreazione medicalmente assistita** per le ipotesi di sterilità e infertilità, allorquando non vi siano altri metodi terapeutici efficaci per rimuoverne le cause (art. 1, co. 2).

In questo contesto tale legge ha inteso dare una risposta ai due su indicati problemi. Per un verso essa ha vietato la pratica di maternità surrogata e il ricorso a tecniche di procreazione medicalmente assistita di tipo eterologo (art. 4, co. 3), negando altresì al coniuge che abbia acconsentito al ricorso a tali tecniche la possibilità di esercitare l'azione di disconoscimento della paternità nei casi previsti dall'art. 235, co. 1, nn. 1 e 2 (art. 9, co. 1; il rinvio è a una disposizione oggi abrogata e sostituita dall'art. 243 *bis*, che non tipizza più casi di inammissibilità dell'azione in parola). Per altro verso, la legge in esame consente l'accesso alle tecniche di fecondazione assistita alle sole **coppie**, coniugate o conviventi, di sesso diverso in età potenzialmente fertile ed i cui componenti siano entrambi viventi (art. 5).

Nel complesso, però, si tratta di un provvedimento che, al di là delle opzioni ideologiche, lascia ancora irrisolti molti fenomeni, dai risvolti spesso drammatici, che il ricorso alle tecniche di procreazione medicalmente assistita pone a quanti di tali tecniche devono avvalersi nel tentativo di soddisfare un comprensibile desiderio di maternità o di paternità. E non è certamente un caso che, nel corso degli anni, la Corte costituzionale, con una serie di pronunzie successive, abbia sostanzialmente smantellato l'impianto della legge, rimuovendo il divieto di fecondazione eterologa o consentendo l'accesso alla riproduzione artificiale anche alle coppie fertili (cfr., ad es., da ultimo Corte Cost. n. 162/2014 che ha dichiarato la illegittimità costituzionale dell'art. 4, co. 3, l. n. 40/2004 nella parte in cui vieta alla coppia assolutamente sterile e infertile, di utilizzare la tecnica di procreazione medicalmente assistita eterologa; e ancora Corte Cost. n. 96/2015 che ha dichiarato l'illegittimità costituzionale dell'art. 1, co. 1 e 2, e dell'art. 4, co. 1, nella parte in cui non consentono il ricorso alle tecniche di procreazione medicalmente assistita alle coppie fertili ma portatrici di gravi malattie genetiche trasmissibili accertate da apposite strutture pubbliche).

La legislazione italiana esprime su tale delicato tema scelte non sempre condivise con quelle di altri ordinamenti nei quali, invece, vi è una più ampia possibilità di far ricorso a tecniche di procreazione medicalmente assistita, anche oltre i limiti sopra evidenziati. Tanto ha agevolato la nascita di fenomeni di ricorso all'estero a tecniche di fecondazione assistita non possibili in Italia e di successiva richiesta di trascrizione nei registri italiani degli atti di nascita formati in base all'ordinamento estero.

La maternità surrogata

Il ricorso a tali espedienti è stato effettuato soprattutto per aggirare il divieto di **maternità surrogata** posto dall'ordinamento italiano (art. 12, co. 6, l. n. 40/2004). Nella maternità surrogata una donna (c.d. madre surrogata) porta avanti la gravidanza e partorisce per conto di un'altra (la quale, si dice, assume innanzitutto una "genitorialità intenzionale", in quanto svincolata dal legame biologico del parto). Normalmente tra la madre surrogata e la coppia o il singolo che aspirano a diventare genitori si conclude un contratto di surrogazione gestazionale. Il nostro ordinamento, tuttavia, non solo vieta la pratica di maternità surrogata, ma vieta altresì gli atti di disposizione del proprio corpo quando siano contrari alla legge, all'ordine pubblico e al buon costume (art. 5 c.c.).

Per tali ragioni è stata posta in dubbio la trascrivibilità in Italia di atti di nascita stranieri formati in seguito al ricorso all'estero a pratiche di maternità surrogata, in applicazione delle disposizioni di diritto internazionale privato che stabiliscono che la legge straniera non è applicata se i suoi effetti sono contrari all'ordine pubblico (art. 16, l. n. 218/1995). In sede di riconoscimento di atti stranieri il richiamo è al concetto di **ordine pubblico internazionale**, inteso come insieme dei valori fondamentali caratterizzanti un dato ordinamento in un preciso contesto storico e limite alla riconoscibilità di effetti in Italia alle norme straniere con esso incompatibili. Da ultimo le S.U. della Corte di Cassazione, con la sentenza n. 12193 del 2019, hanno chiarito che i valori fondamentali che, in un dato momento, caratterizzano l'ordine pubblico internazionale sono espressi non solo dai principi fondamentali della nostra Costituzione e da quelli consacrati nelle fonti internazionali e sovranazionali, ma anche dal modo in cui gli stessi si sono incarnati nella disciplina ordinaria dei singoli istituti, nonché dall'interpretazione fornitane dalla giurisprudenza costituzionale ed ordinaria. Sulla base di ciò la Corte di Cassazione con la sentenza citata ha stabilito che il divieto della surrogazione di maternità previsto dall'art. 12, co. 6, della l. n. 40/2004 è qualificabile come principio di ordine pubblico, in quanto posto a tutela di valori fondamentali, quali la dignità umana della gestante e l'istituto dell'adozione. Questi ultimi, in definitiva, sono valori che, nel bilanciamento effettuato dal legislatore con l'interesse del minore alla conservazione dello *status filiationis*, sono stati ritenuti non soccombenti e dunque ostano al riconoscimento in Italia di effetti ad atti stranieri con essi incompatibili.

Le delicate problematiche di ordine etico e l'esigenza di garantire comunque tutela e una identità familiare ai bambini nati dal ricorso alla maternità surrogata (in ossequio al c.d. **superiore interesse del minore** nelle vicende familiari, enunciato tra l'altro nella Dichiarazione universale dei diritti del fanciullo dell'ONU del 1959) conducono a dover ricercare le forme più adeguate per garantire il legame instaurato con i genitori intenzionali. De *iure condito* lo strumento è quello dell'adozione in casi particolari (art. 44, l. n. 184/1983) da parte del soggetto che, pur non potendo vantare lo *status* di genitore in virtù dell'avvenuto ricorso all'illecita pratica di surrogazione di maternità, ha comunque instaurato con il minore un vincolo affettivo. Ciononostante, il legame così instaurato non consente una piena equiparazione al vincolo di filiazione naturale (v. *infra*, par. 21). La Corte Cost. con sent. n. 33/2021 ha pertanto invitato il legislatore a disciplinare uno strumento che, nel rispetto del superiore interesse del minore e dell'esigenza di disincentivare il ricorso alla maternità surrogata, offra adeguata composizione di tutti gli interessi coinvolti.

18. *La filiazione nel matrimonio*

Come si è già avuto modo di ricordare, la l. n. 219/2012 ha inteso procedere ad una sostanziale equiparazione della posizione del figlio nato fuori del matrimonio a quella del figlio nato in costanza di matrimonio. Prima dell'entrata in vigore della suddetta legge, un uso consolidato, anche in sede legislativa, voleva che i figli appartenenti alla prima di queste due categorie fossero detti naturali, e quelli appartenenti alla seconda categoria, legittimi. Questa nomenclatura oggi non ha più diritto di cittadinanza perché l'art. 1, co. 11, l. n. 219/2012 ha disposto che "nel codice civile, le parole: «figli legittimi» e «figli naturali», ovunque ricorrono, sono sostituite dalla seguente: «figli»". Inoltre, ai sensi del novellato art. 315, "tutti i figli hanno lo stesso stato giuridico". A seguito dell'attuazione della delega contenuta nell'art. 2, co. 1, quindi, il legislatore ha provveduto sostituire le locuzioni "Della filiazione" (che figurava quale rubrica del Titolo VII del Libro I), " Della filiazione legittima" (che figurava quale rubrica del Capo I del Titolo VII) e "Della filiazione naturale e della legittimazione" (che figurava quale rubrica del Capo II), rispettivamente con quella di "Dello stato di figlio", "Della presunzione di paternità" e di "Del riconoscimento dei figli nati fuori del matrimonio" (che figura quale rubrica di un nuovo Capo IV), nonché a modificare anche la legislazione speciale affinché in tutto l'ordinamento si parli esclusivamente di "figli" (v., ad es., la l. div. e la l. ad., ma anche l'adeguamento del c.p., del c.p.p. e del c.p.c. disposto dagli artt. 93-95, d.lgs. n. 154/2013, il cui art. 104 contiene una disposizione generale di adeguamento di tutte le leggi speciali). Come già osservato, tuttavia, se pure sostanzialmente equiparati sotto il profilo dello *status*, inteso come attribuzione giuridica della persona giustificativa del riconoscimento di situazioni soggettive di vario tipo, i figli nati fuori dal matrimonio e quelli nati in costanza di matrimonio continuano a rivestire una posizione differente quanto alle modalità di insorgenza dello *status* medesimo, posto che, nel primo caso, esso discenderà da una espressa manifestazione di volontà di uno o di entrambi i genitori, mentre nel secondo caso esso conseguirà *ipso iure* al ricorrere dei presupposti di legge. Ciò spiega la ragione per cui, nonostante l'incisività del recente intervento normativo in materia di filiazione, conservi una propria ragion d'essere una trattazione autonoma delle modalità di attribuzione dello stato di figlio, a seconda che si tratti di figli nati nel matrimonio, fuori del matrimonio o adottivi.

Presupposti

Ciò premesso, la filiazione sarà **nel matrimonio** quando il figlio sia stato concepito in costanza di matrimonio da due genitori tra loro coniugati. Dunque, in questo caso, affinché la legge riconosca lo *status* di figlio, debbono ricorrere i seguenti presupposti:

a) un **matrimonio** valido o anche invalido, purché esistente (art. 128);

b) un **concepimento** in costanza di matrimonio;

c) che la madre sia la **moglie** del padre in virtù del matrimonio di cui al punto *a*);

d) che il **marito** (sempre in virtù del matrimonio di cui al punto *a*) della madre, sia il padre del figlio.

Ora, di questi presupposti, quelli di cui al punto *a*) e al punto *c*) sono agevolmente accertabili sulla base, rispettivamente, dell'atto di matrimonio e dell'atto di nascita. Molto più problematico appare l'**accertamento** dei presupposti di cui al punto *b*) e al punto *d*) per i quali, non a caso, la legge istituisce due presunzioni.

Presunzione di paternità

In base alla prima di tali presunzioni, sino al 2013, l'art. 231 recitava "il marito è padre del figlio concepito durante il matrimonio" (**presunzione di paternità**). Si segnala che l'art. 8, d.lgs. n. 154/2013, in esecuzione della delega contenuta nella l. n. 219/2012 (all'art. 2, co. 1, lett. *d*) – che invitava il governo a prevedere l'"estensione della presunzione di paternità del marito rispetto ai figli comunque nati o concepiti durante il matrimonio" – ha novellato l'art. 231, introducendo la segnalata estensione.

Presunzione di concepimento durante il matrimonio

In base alla seconda di tali presunzioni, il figlio si presume concepito durante il matrimonio allorché nasca quando non siano trascorsi più di trecento giorni dall'annullamento, dallo scioglimento o dalla cessazione degli effetti civili del matrimonio (art. 232, co. 2: **presunzione di concepimento** durante il matrimonio). Allorquando il figlio sia nato dopo i trecento giorni, il suo concepimento in costanza di matrimonio dovrà costituire oggetto di prova da parte dei genitori o del figlio (art. 234).

Anteriormente all'entrata in vigore del citato decreto attuativo, il figlio, là dove fosse nato prima dei centottanta giorni, si reputava pur sempre concepito in costanza di matrimonio fino a quando uno dei coniugi, o il figlio stesso, non avessero esercitato l'azione di disconoscimento della paternità. Il legislatore del 2013, però, è intervenuto espungendo il riferimento al termine iniziale dall'art. 232 ed abrogando, in pari tempo, l'art. 233 (il quale anteriormente rappresentata una norma chiave in materia), di talché oggi anche il figlio nato il giorno del matrimonio si presume concepito in costanza dello stesso.

Azione di disconoscimento della paternità

La presunzione di paternità è una presunzione **relativa** che può essere superata attraverso l'esercizio di un'apposita azione, detta di **disconoscimento della paternità** (artt. 243 *bis*, 244) la quale, appunto, mira a dimostrare l'inesistenza del rapporto di filiazione.

L'abrogato art. 235 distingueva a seconda che il figlio fosse nato prima o dopo i centottanta giorni dal matrimonio.

In entrambi i casi il figlio era considerato concepito in costanza di matrimonio, ma mentre nella prima ipotesi l'azione di disconoscimento non aveva limiti di ammissibilità, nel secondo caso il codice prevedeva **tre casi** tassativamente indicati e cioè:

a) la mancata coabitazione dei coniugi nel periodo compreso tra i centottanta ed i trecento giorni prima della nascita;

b) l'impotenza, anche soltanto di generare, del marito nel predetto periodo;

c) l'adulterio da parte della moglie, consumato sempre nello stesso periodo o il caso in cui la moglie abbia tenuto nascosto al marito la gravidanza o la nascita.

In considerazione delle ricordate modifiche all'art. 232 e in forza della ridefinizione della disciplina del disconoscimento di paternità, attuata dal d.lgs. n. 154/201, il regime dell'azione di disconoscimento della paternità non distingue più a seconda che il figlio sia nato prima o dopo i centottanta giorni. Conseguentemente, sotto questo profilo, tale azione non ha più limiti di ammissibilità. L'art. 243 *bis*, introdotto dall'art. 17, d.lgs. n. 154/2013, sostituisce l'abrogato art. 235 e individua come legittimati attivi il padre, la madre e il figlio (oggi anche ove minorenne, il quale sarà rappresentato da un curatore speciale se ultraquattordicenne e dal pubblico ministero o dall'altro genitore se infraquattordicenne); chi esercita l'azione è ammesso a provare che non sussiste rapporto di filiazione tra il figlio e il presunto padre, mentre la sola dichiarazione della madre non esclude la paternità.

La madre può esercitare l'azione entro sei mesi dalla nascita del figlio ovvero dal giorno in cui è venuta a conoscenza dell'impotenza di generare del marito al tempo del concepimento (art. 244, co. 1); il marito la può esercitare entro un anno a partire da un termine variamente individuato (art. 244, co. 2-3): per entrambi l'azione oggi si prescrive in ogni caso cinque anni dopo il giorno della nascita, mentre per il figlio essa è imprescrittibile (art. 244, co. 5).

La sentenza che accoglie l'istanza di disconoscimento ha efficacia **costitutiva,** nella misura in cui il figlio, in tal modo, diventerà figlio della madre con efficacia retroattiva.

Per la verità l'esistenza di un vincolo matrimoniale e l'identità di madre e moglie, possono essere messi in discussione sulla base dell'azione di **contestazione dello stato di figlio** (art. 248), attraverso la quale è dato provare la mancanza di un vincolo matrimoniale tra i genitori o che a causa di supposizione di parto o di scambio di neonato (art. 239, co. 2), la madre del figlio non è quella indicata nell'atto di nascita. L'azione può essere esercitata da chiunque vi abbia interesse, compreso il figlio minorenne, ed è imprescrittibile.

Prova della filiazione

Lo *status* di figlio può essere provato con l'atto di nascita (art. 236, co. 1). Se manca l'atto di nascita, la prova può essere data sulla base del **possesso di stato** di figlio (art. 236, co. 2), ossia attraverso la dimostrazione di alcuni fatti qualificati dai quali sia possibile presumere esistente il rapporto di filiazione.

Tali fatti sono l'essere sempre stato trattato **come figlio**, ed essere sempre stato **considerato** tale anche nel proprio contesto sociale e familiare (art. 237).

Azione di reclamo dello stato di figlio

Tuttavia, anche in assenza dell'atto di nascita e del possesso di stato, sarà possibile al figlio pretendere il riconoscimento dello *status* attraverso l'esercizio dell'azione di **reclamo dello stato di figlio** (artt. 239 e 249). Tale azione può venire esercitata dal figlio (oggi anche se minorenne) o anche, date certe condizioni, dai suoi discendenti. La prova, sino all'entrata in vigore del d.lgs. n. 154/2013, poteva essere data solo per testimoni, purché vi fosse un principio di prova per iscritto ovvero in presenza di gravi indizi e presunzioni. Oggi, invece, l'art. 241 prevede che "quando manca no l'atto di nascita e il possesso di stato, la prova della filiazione può darsi in giudizio con ogni mezzo". L'azione è imprescrittibile rispetto al figlio.

19. *La filiazione fuori del matrimonio*

Riconoscimento del figlio nato fuori del matrimonio

Già a partire dalla l. n. 151/1975, il figlio **nato** al di **fuori** del matrimonio può essere riconosciuto da entrambi, o anche da uno solo dei genitori (art. 250, co. 1).

Ai sensi dell'art. 254, co. 1, il riconoscimento può essere fatto nell'atto di nascita o con un atto successivo davanti all'ufficiale dello stato civile o al giudice tutelare o, ancora, con un atto pubblico o un testamento.

Si tratta di un atto **personalissimo** che può essere posto in essere solo dal genitore, e **puro**, cioè non sottoponibile né a termine né a condizione (art. 257).

Cause di impugnazione

II riconoscimento è **irrevocabile** (da qui anche la irrevocabilità del testamento che lo contenga) ma può essere impugnato per **difetto di veridicità** (art. 263), per **violenza morale** (art. 265), per incapacità derivante da **interdizione giudiziale** (art. 266).

Condizioni per il riconoscimento

Ai fini del riconoscimento è necessario che il genitore abbia compiuto almeno **sedici** anni (art. 250, ult. co.), ma la riforma del 2012 ha introdotto la possibilità che il giudice autorizzi il genitore infrasedicenne al compimento dell'atto, valutate le circostanze e avuto riguardo all'interesse del figlio. Ove il figlio da riconoscere, a sua volta, abbia compiuto quattordici anni, è comunque necessario il suo **assenso** (art. 250, co. 2). Trattandosi di infraquattordicenne, è richiesto il consenso del genitore che abbia già effettuato il riconoscimento (art. 250, co. 3). Peraltro, ai sensi del co. 4, tale consenso non può essere rifiutato se risponde all'interesse del figlio. Conseguentemente, nel caso in cui il genitore non intenda prestare il suo consenso al riconoscimento effettuato dall'altro genitore, quest'ultimo potrà ricorrere al giudice competente, il quale, in ultima istanza, potrà emettere una sentenza che tiene il luogo del consenso mancante.

Casi residui di inammissibilità del riconoscimento

II riconoscimento non può avere luogo se esso è in **contrasto** con lo stato di figlio (art. 253). Prima della riforma del 2012, inoltre, **non** potevano essere riconosciuti i figli **incestuosi**, a meno che al momento del concepimento i genitori non fossero in buona fede (cioè ignorassero l'esistenza del vincolo di parentela o di affinità), o che il matrimonio da cui deriva l'affinità fosse stato dichiarato nullo (art. 251). Oggi il codice, con novità veramente significativa, contempla come regola generale non più il divieto, bensì la indiscriminata riconoscibilità dei figli incestuosi, previa autorizzazione del giudice avuto riguardo all'interesse del figlio e alla necessità di evitare allo stesso qualsiasi pregiudizio.

Come già osservato, il venir meno del divieto di riconoscimento del figlio incestuoso ha come effetto quello di consentire che nei confronti di quest'ultimo si producano gli effetti previsti dall'art. 128 ult. co. in relazione al caso in cui i genitori fossero in mala fede al momento della celebrazione del matrimonio.

In ogni caso, quantunque non sia esperibile l'azione per la dichiarazione giudiziale di paternità o di maternità, il figlio potrà agire verso il genitore per ottenere il mantenimento, l'istruzione e l'educazione (art. 279, co. 1).

Accertamento giudiziale della paternità o della maternità

Nel caso in cui nessuno dei genitori lo abbia voluto riconoscere, il figlio può provocare un **accertamento giudiziale della paternità o della maternità** in tutti i casi in cui è ammesso il riconoscimento (art. 269). Legittimato ad agire è il figlio e in questo caso l'azione è imprescrittibile (art. 270, co. 1): se il figlio muore prima di iniziare l'azione, questa può essere esercitata dai suoi discendenti entro due anni dalla morte (art. 270, co. 2). Quanto alla legittimazione passiva, la l. n. 219/2012 ha innovato prevedendo, per il caso di mancanza del genitore o dei suoi eredi, la possibilità di proporre la domanda nei confronti di un curatore nominato dal giudice davanti al quale il giudizio deve essere promosso (art. 276). C'è di più. L'art. 2, co. 1, lett. *c*) della legge di riforma ha delegato il governo, fra l'altro, a introdurre una disciplina la quale consenta che la filiazione fuori del matrimonio possa essere provata con ogni mezzo, per cui, come si è già ricordato, in virtù delle modifiche introdotte dal decreto attuativo, l'art. 241 oggi recita che "quando mancano l'atto di nascita e il possesso di stato, la prova della filiazione può darsi in giudizio con ogni mezzo".

Come si è già detto, la riforma del 1975 – di cui quella del 2012 può considerarsi un'evoluzione – aveva già provveduto ad equiparare, sostanzialmente, lo *status* di figlio naturale a quello di figlio legittimo, salvo che per il c.d. **diritto di commutazione** (art. 537, co. 3). Ebbene, dal momento che il codice oggi conosce soltanto "figli" senz'altra specificazione, la disposizione in esame è stata coerentemente abrogata (insieme agli artt. 542, ult. co. e 566, co. 2 che ad essa rinviavano) dal d.lgs. n. 154/2013, di talché nessuna differenza oggi sembra residuare fra i figli nati nel matrimonio e quelli nati fuori dello stesso.

La legittimazione

Prima della riforma, infine, il figlio naturale poteva conseguire anche lo *status* di figlio legittimo attraverso la **legittimazione** (art. 280, co. 1) **per susseguente matrimonio** o per provvedimento del giudice, a seguito della quale, a differenza del figlio naturale riconosciuto, esso instaurava rapporti di parentela anche con i fratelli e gli ascendenti. Oggi, come anticipato, la sezione dedicata alla legittimazione dei figli naturali è stata integralmente abrogata e, come recita il novellato art. 258, co. 1, da leggere in combinato disposto col nuovo art. 74, "Il riconoscimento produce effetti riguardo al genitore da cui fu fatto e riguardo ai parenti di esso". Occorre, poi, tenere in conto che, in forza della delega contenuta nell'art. 2, co. 1, lett. *b*), n. 8, l. n. 219/2012, il governo, tramite il d.lgs. n. 154/2013, ha provveduto ad abrogare tutte le disposizioni che facevano riferimento alla legittimazione (si veda, ad es., l'abrogazione dell'art. 124 disp. att. ad opera dell'art. 105, d.lgs. n. 154/2013).

20. *I doveri dei genitori e la responsabilità genitoriale. Diritti e doveri dei figli*

Diritti e doveri dei genitori e dei figli

Quale che sia il fondamento della filiazione, i genitori hanno il dovere di **educare, istruire e mantenere** i figli **tenendo conto** delle loro capacità inclinazioni o aspirazioni (art. 30, co. 1, Cost.; art. 147).

Quanto ai diritti e doveri del figlio, la l. n. 219/2012 ha introdotto significative novità, che dimostrano maggiore attenzione per i diritti, piuttosto che per i doveri. Infatti, la previsione per cui il figlio deve **rispettare** i genitori e deve **contribuire**, in relazione alle proprie sostanze e al proprio reddito, al mantenimento della famiglia finché convive con essa, che era contemplata dall'art. 315, è stata oggi relegata all'ult. co. dell'art. 315 *bis*. Gli altri tre co. della medesima disposizione sanciscono i diritti del figlio a istruzione, educazione, mantenimento, assistenza morale, il diritto di crescere in famiglia e di mantenere rapporti significativi con i parenti, nonché di essere ascoltato in tutte le questioni e le procedure che lo riguardano, nel caso di figlio minore che abbia compiuto gli anni dodici, e anche di età inferiore ove capace di discernimento. Con le modifiche apportate dal d.lgs. n. 154/2013, sono state unificate le disposizioni che disciplinano i diritti e i doveri dei genitori nei confronti dei figli nati nel matrimonio e dei figli nati fuori del matrimonio, "delineando la nozione di responsabilità genitoriale quale aspetto dell'esercizio della potestà genitoriale" (art. 2, co. 1, lett. *h*), l. n. 219/2012), ed è stata prevista la legittimazione degli ascendenti a far valere il diritto di "mantenere rapporti significativi con i nipoti minori" (art. 2, co. 1, lett. *p*), l. n. 219/2012).

Come abbiamo già visto, infatti, per l'assolvimento degli obblighi loro imposti nei confronti dei figli, la legge attribuiva ai genitori una particolare situazione giuridica soggettiva, detta **potestà genitoriale,** oggetto di disciplina specifica agli artt. 316-337. La sostituzione, operata dal d.lgs. n. 154/2013, di tale nozione con quella di responsabilità genitoriale – categoria di matrice europea (v. art. 2, n. 7), reg. n. 2003/2201 – traduce compiutamente, anche sul piano del lessico, il mutamento di prospettiva già determinatosi con la riforma del 1975, in virtù del quale il figlio, da oggetto della tutela, ne diviene soggetto, con un ben chiaro novero di diritti, a cui corrispondono altrettanti doveri (non più poteri) dei genitori, dettati sempre nell'interesse del figlio medesimo. La modifica consiste, inoltre, nell'avere unificato disposizioni prima distribuite fra Titolo IV e Titolo IX del Libro I e l. div.: tutte le disposizioni sulla responsabilità genitoriale si rinvengono, oggi, nel novellato Titolo IX, rubricato "Della responsabilità genitoriale e dei diritti e doveri del figlio" e ripartito nei Capi "Dei diritti e doveri del figlio" e "Esercizio della responsabilità genitoriale a seguito di separazione, scioglimento, cessazione degli effetti civili, annullamento, nullità del matrimonio ovvero all'esito di procedimenti relativi ai figli nati fuori del matrimonio".

Sarà qui sufficiente ricordare che la responsabilità incombe su entrambi i genitori nei riguardi dei figli ed anche il suo esercizio avverrà di regola congiuntamente se i due genitori convivono e sono entrambi presenti (art. 317). In caso di contrasto su questioni di particolare importanza, ciascuno di essi può rivolgersi al giudice il quale, sentiti i genitori ed i figli ultradodicenni (e anche di età inferiore ove capace di discernimento, recita il nuovo art. 316, co. 3), suggerirà le determinazioni più utili nell'interesse del figlio: permanendo il contrasto, il giudice affiderà la decisione a quello dei genitori che, nel singolo caso, gli appare come il più idoneo a curare l'interesse del figlio (art. 316).

Ai genitori spetta la rappresentanza dei figli nati e nascituri, fino alla maggiore età o all'emancipazione, e l'amministrazione dei loro beni (art. 320; ma v. anche l'art. 334).

Dalla responsabilità genitoriale si può decadere quando il genitore violi o trascuri i doveri ad essa inerenti o abusi dei relativi poteri con grave pregiudizio del figlio (art. 330, co. 1): tuttavia, venendo meno tali circostanze, il genitore può essere reintegrato nella responsabilità (art. 332).

Sempre nel solco di una rafforzata considerazione della posizione e dell'interesse del figlio si muove il pieno riconoscimento ad esso del diritto ad essere ascoltato, anche ove infradodicenne, ma capace di discernimento, in tutti i procedimenti in cui debbano essere adottati provvedimenti che lo riguardino, a meno che l'ascolto non sia in contrasto con l'interesse del minore medesimo, o manifestamente superfluo (art. 336 *bis*, i cui co. 2 e 3 dettano la procedura che il giudice dovrà seguire nell'ascolto; v. anche gli artt. 262, co. 3, 337 *octies*, 348, co. 3, 371, co. 1, n. 1, 38 *bis* disp.att. e art. 4, co. 4, l. div.).

Infine, è opportuno rammentare che il nuovo art. 317 *bis*, recependo la giurisprudenza consolidatasi in materia, introduce, al co. 1, il diritto degli ascendenti di "mantenere rapporti significativi con i nipoti minorenni" (diritto esercitabile in giudizio *ex* art. 317 *bis*, co. 2).

21. *L'adozione*

La terza forma di filiazione è quella **adottiva** (o civile): con l'adozione, infatti, l'adottato acquista lo *status* di figlio dell'adottante.

I modelli di adozione

In realtà, il nostro ordinamento conosce **quattro distinti modelli** di adozione, così classificabili:

a) adozione dei maggiorenni;
b) adozione dei minori;
c) adozione internazionale dei minori;
d) adozione dei minori in casi particolari.

Adozione dei maggiorenni

L'**adozione dei maggiorenni** – che ormai costituisce l'unica forma di adozione prevista e disciplinata dal codice civile (art. 291 s.) – è istituto antico, finalizzato a dare un discendente a chi non ne ha, consentendogli di tramandare il cognome e il patrimonio familiare.

Si spiega così per quale motivo tale adozione sia possibile solo quando l'adottante non abbia discendenti [legittimi o legittimati], previsione – questa – che esprime anche il chiaro intento del legislatore di tutelare i diritti e le aspettative di costoro in ordine alla successione nei beni dell'adottante (art. 291, co. 1). Si ritiene che il campo di applicazione della disposizione si sia ampliato con la cancellazione, ad opera della l. n. 219/2012, di ogni distinzione fra parentela legittima e parentela naturale. Conseguentemente, la sfera dei discendenti si è ampliata (non esistendo più i discendenti "naturali") e deve ritenersi implicitamente abrogato ogni inciso riguardante i legittimati (come effetto dell'abrogazione della sezione sulla legittimazione).

La norma in esame, tuttavia, è stata oggetto di una pronuncia della Corte costituzionale, che ne ha dichiarato la illegittimità nella parte in cui vieta l'adozione anche quando tutti i discendenti siano maggiorenni e vi acconsentano (Corte cost. n. 557/1988). Viceversa, altra più recente sentenza della Corte costituzionale (n. 245/2004) ha dichiarato la illegittimità della disposizione in oggetto per la parte in cui non prevede che l'adozione non possa essere pronunciata in presenza di figli naturali riconosciuti dall'adottante minorenni, o, se maggiorenni, non consenzienti.

Altro requisito fondamentale per l'adozione è il **consenso** dell'adottante e dell'adottando, che deve essere prestato personalmente (art. 296).

È richiesto, inoltre, l'**assenso** dei genitori dell'adottando, nonché dei coniugi dell'adottante e dell'adottando (art. 297, co. 1). Il Tribunale ha però facoltà di pronunciare ugualmente l'adozione nell'ipotesi di irreperibilità o incapacità di chi deve assentirvi, o quando l'eventuale rifiuto degli stessi appaia ingiustificato o contrario all'interesse dell'adottando (art. 297, co. 2).

Inoltre, è necessario che l'adottante abbia già compiuto i trentacinque anni e che sia più anziano dell'adottando di almeno diciotto anni (art. 291, co. 1).

Il Tribunale, assunte le opportune informazioni, verifica se sussistono tutte le condizioni poste dalla legge e se l'adozione conviene all'adottando: solo in seguito a tali accertamenti può emettere il decreto di adozione. Gli effetti dell'adozione decorrono dalla data del decreto del Tribunale che la pronuncia: fino a tale momento, sia l'adottante che l'adottando possono revocare l'eventuale consenso già prestato (art. 298).

Gli effetti dell'adozione di maggiorenni

L'adozione dei maggiorenni si distingue dalle altre figure di adozione soprattutto sul piano dei suoi **effetti**.

Infatti, qui l'adozione **non** rompe il legame tra l'adottato e la sua famiglia d'origine, nei confronti della quale questi conserva tutti i diritti e tutti gli obblighi (art. 300, co. 1), né crea alcun tipo di rapporto tra l'adottante ed i parenti dell'adottato, o tra l'adottato e la famiglia dell'adottante (art. 300, co. 2). E, ancora, l'adottato assume il cognome dell'adottante, ma si limita ad anteporlo al proprio, senza sostituirlo a questo, come invece accade nelle altre forme di adozione (art. 299, co. 1).

Revocabilità dell'adozione di maggiorenni

Questa tipologia di adozione può essere **revocata** per **indegnità**, sia dell'adottato sia dell'adottante (art. 305), nelle sole ipotesi tassativamente previste dagli artt. 306-307.

L'adozione dei minori

L'**adozione dei minori** è organicamente disciplinata agli art. 6 s. l. ad., recentemente e ampiamente modificata dalla l. n. 149/2001 e dalla l. n. 173/2015.

La legge si apre con l'affermazione del diritto di ogni minore a crescere nella propria famiglia e di essere educato dai propri genitori (art. 1, co. 1, l. ad.). Al fine di tutelare tale diritto, lo Stato, le regioni e gli enti locali devono predisporre misure di sostegno e di aiuto ai nuclei famigliari disagiati.

L'interesse del minore a vivere con i genitori naturali può scontrarsi, però, con l'esigenza di garantirgli la possibilità di crescere in un ambiente sereno, in un nucleo familiare stabile che lo circondi di affetto: ciò, infatti, è condizione necessaria per l'armonico sviluppo della sua personalità.

Soccorre in questo caso l'istituto dell'adozione, il quale rappresenta la soluzione estrema cui ricorrere per assicurare al minore una famiglia, quando questi versi in uno stato di abbandono morale e materiale.

L'adozione del minore è subordinata a diverse **condizioni**.

I presupposti. a) Stato di abbandono

In primo luogo, è necessario che l'adottando sia un minorenne. e che si trovi, appunto, in **stato di abbandono**, cioè sia privo dell'assistenza morale e materiale dei genitori o dei parenti che sarebbero tenuti a provvedervi (art. 8, co. 1, l. ad.).

Lo stato di abbandono è una situazione oggettiva, la cui rilevanza prescinde dalla volontà dei genitori come da qualsiasi altro fatto che lo abbia determinato, salva l'ipotesi della forza maggiore a carattere transitorio, nel qual caso lo stato di abbandono non potrà essere dichiarato. Quanto alla nozione in parola, la giurisprudenza è solita definirla come una situazione di irreversibile incapacità dei genitori di allevare e curare il minore per loro totale inadeguatezza ad offrire le cure necessarie, mantenere, educare ed istruire la prole, sicché la situazione familiare è tale da compromettere in maniera grave e irreversibile un armonico sviluppo psico-fisico del bambino, considerato non in astratto ma in concreto, cioè in relazione al suo vissuto, alle sue caratteristiche fisiche e psicologiche, alla sua età, al suo grado di sviluppo e alle sue potenzialità. In ogni caso le condizioni di indigenza dei genitori o del genitore esercente la responsabilità genitoriale non possono essere di ostacolo all'esercizio del diritto del minore alla propria famiglia (art. 1, l. ad.).

b) Coppia stabile di adottanti idonei

L'adozione deve essere richiesta da una **coppia** di coniugi che dia adeguate garanzie di **stabilità**: in particolare, è necessario che questi siano **uniti in matrimonio** da almeno **tre** anni, che non siano separati, neanche di fatto, e non lo siano stati negli ultimi tre anni (art. 6, co. 2, l. ad.). In seguito alla novella introdotta dalla l. n. 149/2001, nel calcolo dei tre anni può essere considerato anche l'eventuale periodo di convivenza precedente al matrimonio, purché il tribunale accerti la continuità e la stabilita di detta convivenza.

Inoltre, deve essere accertato che i coniugi siano **idonei** a educare, istruire e mantenere il minore che intendono adottare (art. 6, co. 1, l. ad.). A questi requisiti la riforma del 2001 ha aggiunto quello della idoneità affettiva.

c) Limiti di età

La legge prevede poi precisi **limiti d'età** perché l'adozione abbia luogo, e ciò nel presupposto che il rapporto di filiazione civile segua anche sotto questo profilo, e per quanto possibile, il rapporto di filiazione naturale.

La l. ad. prevedeva originariamente limiti alquanto rigidi, ma la novella del 2001 ha introdotto nuovi parametri molto più elastici.

L'età degli adottanti deve **superare** di almeno diciotto anni e di non più di quarantacinque anni l'età del minore (art. 6, co. 3, l. ad.). Tali limiti, tuttavia, possono essere derogati quando il Tribunale accerti che dalla mancata adozione deriverebbe un **danno** grave e non altrimenti evitabile per il minore (art. 6, co. 5, l. ad.). Inoltre, sono previste ulteriori deroghe alla regola base quando il limite massimo di età sia superata da uno solo dei genitori in misura non superiore ai dieci anni, quando questi abbiano ancora figli minorenni e infine, quando l'adozione riguarda un fratello o una sorella di altro minore già adottato dalla coppia (art. 6, co. 6, l. ad.).

d) Consenso dell'adottando

Infine, perché l'adozione abbia luogo, è necessario il **consenso** del minore che abbia compiuto **quattordici** anni (art. 25, co. 1, l. ad.). Il consenso prestato è sempre revocabile sino alla pronuncia definitiva dell'adozione.

Per quanto attiene i minori che **non** abbiano raggiunto i quattordici anni, essi devono essere sentiti obbligatoriamente, purché abbiano almeno **dodici** anni o, pur non avendoli compiuti, mostrino capacità di discernimento (art. 25, co. 1, l. ad.).

Procedimento di adozione

Il procedimento di adozione, per il quale è competente il **Tribunale dei minorenni**, è suddiviso in tre fasi: la prima si conclude con la **dichiarazione di adottabilità** (artt. 8-21 l. ad.); la seconda, con **l'affidamento preadottivo** (artt. 22-24 l. ad.); la terza, con la **dichiarazione di adozione** (artt. 25-28 l. ad.).

Effetti dell'adozione

Con la **sentenza** di adozione – che è soggetta ad appello e a ricorso in Cassazione – il minore **perde** ogni legame giuridico con la famiglia d'origine (salvi i divieti matrimoniali: art. 27, co. 3, l. ad.) e acquista lo *status* di figlio nato nel matrimonio (onde si parla di **adozione legittimante**), e assume il cognome degli adottanti (art. 27, co. 1).

Adozione diritti della personalità

Per una evidente esigenza di **riservatezza**, la legge impone che le attestazioni dello stato civile relative a chi sia stato adottato vengano rilasciate con la sola indicazione del nuovo cognome, dovendosi omettere qualunque riferimento ai genitori naturali (art. 28, co. 2, l. ad.).

In seguito alla recente novella, è prevista la possibilità che il minore adottato venga **informato** della sua condizione dai genitori adottivi, nei modi e nei termini ritenuti da essi più opportuni (art. 28, co. 1, l. ad.).

Più complessa è la disciplina relativa alle informazioni sulla identità dei genitori biologici. Il diritto di accedere pienamente a tali informazioni è infatti riconosciuto solo una volta raggiunti i venticinque anni di età. Chi "ha raggiunto la maggiore età, ma non la soglia dei venticinque anni, può accedere alle informazioni sulla propria origine solo ove sussistano gravi e comprovati motivi attinenti alla sua salute psicofisica. In ogni caso l'accesso alle informazioni deve essere autorizzato dal Tribunale dei minori, il quale non lo consentirà ove esso possa comportare un grave turbamento all'equilibrio psicofisico del richiedente" (art. 28, co. 4-8, l. ad.).

Adozione internazionale

Gli artt. 29 s. l. ad. disciplinano l'**adozione internazionale**, ovvero l'adozione di un **minorenne straniero** da parte di coniugi italiani, siano essi residenti in Italia o all'estero.

In base alla procedura ivi prevista, i coniugi residenti in Italia che intendano adottare un minore straniero, dovranno richiedere al Tribunale per i minorenni competente una dichiarazione di idoneità all'adozione (art. 29 *bis* l. ad.).

Le coppie che abbiano ottenuto il decreto di idoneità dovranno conferire incarico di curare la procedura ad uno degli enti autorizzati (art. 31 l. ad.).

Questo provvederà a tutti gli adempimenti necessari ai fini dell'adozione, curando le relative pratiche presso le competenti autorità straniere e concordando con le stesse l'opportunità di procedere o meno all'adozione.

Effetti dell'adozione internazionale

Sarà infine la Commissione per le adozioni internazionali a valutare se l'adozione risponde al superiore interesse del minore autorizzandone l'ingresso e la residenza permanente di quest'ultimo in Italia.

Il minore adottato acquista la **cittadinanza** italiana a seguito della **trascrizione** del provvedimento nei registri dello stato civile (art. 34, co. 3, l. ad.). L'adozione pronunciata all'estero produce nell'ordinamento italiano gli stessi effetti della dichiarazione di adozione (art. 35, co. 1, 27 l. ad.).

Adozione dei minori in casi particolari ex art. 44 l. ad.

Gli artt. 44 s. l. ad. prevedono, infine, una serie di **casi particolari** in cui sono previste significative deroghe alla disciplina dell'adozione del minore, la più rilevante delle quali consiste nel fatto che in tali ipotesi si **prescinde dalla dichiarazione di adottabilità**.

I casi particolari previsti dalla legge ricorrono:

1. nell'ipotesi di adozione da parte di soggetto che abbia col minore, orfano di padre e di madre, un rapporto di **parentela** fino al sesto grado, o un legame stabile preesistente alla perdita dei suoi genitori, anche maturato nell'ambito di un prolungato periodo di affidamento;
2. nell'ipotesi di adozione da parte del **coniuge**, quando il minore sia figlio, anche adottivo, dell'altro coniuge;
3. quando vi sia la constatata impossibilità di procedere all'affidamento preadottivo;
4. infine, quando il minore adottando sia un portatore di *handicap*.

In questi casi particolari l'adozione è consentita anche a persona che **non** sia coniugata e in presenza di figli: tuttavia, ove l'adottante sia coniugato, il minore deve essere adottato da entrambi i coniugi.

Per il resto, la disciplina appare sostanzialmente identica a quella prevista dal codice civile in materia di adozione di maggiorenni.

22. *L'affidamento dei minori*

La *ratio*

Anche la disciplina dell'**affidamento** dei minori, è stata modificata dalla l. n. 149/2001 e dalla l. n. 173/2015 sul diritto alla continuità affettiva dei bambini e delle bambine in affido familiare.

L'affidamento risponde all'esigenza di assicurare al minore **temporaneamente** privo di un ambiente familiare idoneo, le cure e l'affetto di cui egli necessita. L'affidamento, pertanto, è una misura di **sostegno della famiglia** di origine cui ricorrere quando questa è in gravi difficoltà e non può momentaneamente prendersi cura del figlio.

Le forme di affidamento

II minore deve essere affidato ad una famiglia, possibilmente con figli minorenni, o ad una persona singola (**affidamento familiare**: art. 2, co. 1, l. ad.). Ove ciò non sia possibile, è prevista la sua sistemazione in una comunità di tipo familiare o, in mancanza, in un istituto di assistenza (**affidamento presso istituti di assistenza**: art. 2, co. 2, l. ad.).

L'affidamento, quando i genitori vi acconsentano, viene deciso dal servizio sociale locale con provvedimento reso esecutivo dal giudice tutelare; se invece manca il consenso dei genitori, deve provvedervi il Tribunale dei minorenni (art. 4, co. 1-2, l. ad.).

L'affidatario deve accogliere il minore e provvedere al suo mantenimento, alla sua educazione e alla sua istruzione, rispettando le prescrizioni impartite con il provvedimento che ha disposto l'affidamento (art. 5, co. 1, l. ad.).

Temporaneità

Tale provvedimento, peraltro, deve fissare anche la **durata** dell'affidamento, la quale non può eccedere i **due anni**, prorogabili dal Tribunale qualora la sospensione dell'affidamento rechi pregiudizio al minore (art. 4, co. 4, l. ad).

Con la l. n. 173/2015 è stato riconosciuto l'interesse dei minori alla c.d. "continuità affettiva", per mezzo dell'introduzione nella l. ad. di una serie di misure volte a consentire al minore di mantenere e consolidare i rapporti creati con la famiglia affidataria. Difatti, qualora, durante un prolungato periodo di affidamento, il minore sia dichiarato adottabile e, sussistendone i requisiti soggettivi per l'adozione, la famiglia affidataria chieda di adottarlo, il tribunale per i minorenni tiene conto dei legami affettivi significativi e del rapporto stabile e duraturo consolidatosi tra il minore e la famiglia affidataria (art. 4, co. 5 *bis*, l. ad.). Peraltro, anche nel caso in cui, dopo il periodo di affidamento, il minore faccia ritorno nella famiglia di origine oppure sia dato in affidamento o adozione ad altra famiglia, la legge consente di portare avanti la continuità delle positive relazioni socio-affettive consolidatesi durante l'affidamento qualora questo corrisponda all'interesse del minore (art. 4, co. 5 *ter*, l. ad.).

In ogni caso, l'affidamento **cessa** non appena **venga meno** la situazione di temporanea difficoltà della famiglia di origine, ovvero quando la sua prosecuzione rechi pregiudizio al minore (art. 4, co. 4, l. ad.).

Capitolo XIII

LE SUCCESSIONI E LE DONAZIONI

1. *La successione a causa di morte*

Con la morte del soggetto si apre, nel luogo del suo ultimo domicilio, la sua **successione** (art. 456), ovvero si attiva il sistema di regole che disciplina la sorte delle situazioni giuridiche, attive e passive, di cui il defunto (*de cuius*) era titolare.

La successione ereditaria tra proprietà e famiglia

Le ragioni per cui l'ordinamento vuole che taluno subentri al *de cuius* nella titolarità di tali situazioni sono intuitive: l'esigenza di certezza dei rapporti giuridici sarebbe compromessa, ad es., se i creditori del defunto si trovassero privi del soggetto nei confronti del quale far valere le loro pretese; d'altra parte, lasciare i beni del *de cuius* senza un titolare comporterebbe la dispersione di risorse che invece è (anche) nell'interesse generale preservare. Si pone, dunque, il problema di assicurare la continuità dei rapporti giuridici già facenti capo al defunto; e alla soluzione di questo problema sovraintende proprio la disciplina delle successioni *mortis causa*, individuando nell'erede – si suol dire con felice metafora – il prosecutore della personalità giuridica del *de cuius*. Non a caso, in assenza di testamento o di successori legittimi, è previsto che l'eredità venga devoluta allo Stato (art. 586). Si afferma comunemente che la disciplina in esame è intimamente legata agli istituti della **proprietà privata** e della **famiglia**.

La possibilità di decidere a chi devolvere il patrimonio e, in ogni caso, di trasmetterlo ai familiari non è solo espressione della signoria sul bene, ma fonda nel tempo l'interesse proprietario, perché lo proietta al di là dell'esistenza del soggetto, arricchendolo di un valore aggiunto: la prospettiva di assicurare la titolarità del bene ai successori designati. In effetti le ragioni politiche sottese al riconoscimento della proprietà privata sarebbero compromesse se non fosse garantito il suo perpetuarsi nel tempo; non a caso l'istituto delle successioni trova posto nella Costituzione nell'ambito della medesima disposizione dedicata alla proprietà privata (art. 42 Cost.). Inoltre, la possibilità di trasmettere il patrimonio incentiva la creazione e l'accumulazione di ricchezza e di risparmio, così rispondendo anche ad un interesse generale (come conferma l'art. 47 Cost.).

Sotto altro profilo, non è difficile cogliere nel regime delle successioni chiari segni della preoccupazione del legislatore di presidiare sul fronte patrimoniale gli interessi della famiglia, trattenendo al suo interno il patrimonio del defunto.

Come si dirà in seguito, in mancanza di testamento la legge chiama alla successione i parenti del *de cuius* fino al sesto grado; e ad alcuni di essi – ai più prossimi – è sempre riservata una parte consistente dell'asse ereditario, della quale, pertanto, non è possibile disporre per via testamentaria. Può dunque affermarsi che l'esigenza di tutelare la famiglia e di preservarne il patrimonio conforma la disciplina delle successioni e ne costituisce pilastro portante. Peraltro, in questo conformandosi ad un modello tradizionale, il codice assume come famiglia il gruppo legato da vincoli di sangue: sono infatti chiamati alla successione legittima, secondo l'ordine stabilito, solo i **parenti** e non gli affini (si rammenti che l'affinità è il rapporto sussistente tra il coniuge e i parenti dell'altro coniuge: art. 78). Anzi, prima della riforma del diritto di famiglia del 1975, questa logica era spinta sino al punto di escludere dall'eredità il coniuge superstite: a questi era riconosciuta solo una quota di usufrutto sui beni del *de cuius*, con l'evidente intento di impedire che alla sua morte una parte del patrimonio potesse giungere ai suoi parenti, fuoriuscendo definitivamente dal gruppo familiare di provenienza.

Tramonto del sistema successorio

Deve anche dirsi che l'istituto delle successioni non ha più un ruolo centrale nel sistema di trasmissione della ricchezza tra le generazioni.

La ricchezza, oggi, non si concentra più nella proprietà fondiaria, ma presenta il volto del capitale finanziario: depositi bancari, partecipazioni societarie, obbligazioni, titoli di stato, quote di fondi di investimento, strumenti derivati. Questo radicale cambiamento costituisce, in sé, un fattore di crisi per il sistema delle successioni, le cui strutture sono indubbiamente modellate su un paradigma, quello della proprietà immobiliare, cui il capitale finanziario – liquido, volatile, persino dematerializzato – risulta davvero irriducibile. In effetti, il regime codicistico delle successioni è costruito a misura di una realtà economica pre-industriale superata: per cui, ben può dirsi che il suo declino è solo il riflesso di ben più profonde trasformazioni conosciute dall'economia e dalla società.

A ciò si aggiungano le difficoltà nascenti dalle ipotesi in cui la titolarità formale di un bene è scissa dalla sua appartenenza sostanziale (si pensi al *trust* e ai negozi fiduciari; ma anche l'intestazione del bene ad una società consente di realizzare risultati non dissimili): queste figure sfuggono alle logiche sottese al disegno codicistico, perché il bene, alla morte del soggetto cui sostanzialmente è riferibile l'interesse proprietario, non cade in successione; il che apre la via a facili manovre elusive, con pregiudizio, in primo luogo, ma non solo, dei legittimari.

Le profonde trasformazioni conosciute dalla società e le conseguenti modifiche del dato normativo hanno esercitato una forte pressione sul sistema delle successioni anche su altri versanti.

L'introduzione del divorzio, la riforma del diritto di famiglia e i numerosi interventi della Corte costituzionale (soprattutto in materia di filiazione) hanno inciso fortemente sul regime delle successioni attraverso, ad es., la progressiva equiparazione dei discendenti naturali ai discendenti legittimi, distinzione che appariva travolta già dall'art. 74, come novellato dalla l. n. 219/2012, che introduce un regime unitario di parentela (non più bipartita in "naturale" e "legittima") ed è stata espressamente posta *extra ordinem* dal d.lgs. n. 154/2013, il quale ha proceduto all'"adeguamento della disciplina delle successioni e delle donazioni al principio di unicità dello stato di figlio" (v., ad es., la nuova formulazione degli artt. 467, 468, 536, 538 e 544).

In termini più generali, è inevitabile che l'evoluzione subita dalla famiglia, sul piano prima sociale e poi giuridico, si ripercuota sulla disciplina delle successioni, tenuto conto del forte legame tra i due istituti. Questa vicenda, peraltro, non è certo compiuta: la molteplicità dei modelli familiari ormai presente nella realtà sociale si traduce, regolarmente, in una domanda di riconoscimento giuridico, anche per quel che attiene al piano delle successioni. Si pensi al dibattito, sempre vivo, sulla tutela dei rapporti di convivenza, che prospetta nuove evoluzioni normative e ulteriori ricadute sul regime delle successioni: ricadute che minacciano di erodere la linearità del sistema, costruito su un paradigma di famiglia oggi non più esclusivo e forse incapace di sostenere il peso di una complessità crescente.

1.1. *Successione a titolo universale e successione a titolo particolare*

Successione a titolo universale: l'istituzione di eredità

La successione *mortis causa* può essere a titolo **universale** (è il caso della **istituzione di erede**) o a titolo **particolare** (è il caso del **legato**).

L'**erede** è successore a titolo universale perché subentra nella **universalità** del patrimonio del defunto o in una sua **quota** (ad es., un terzo, due quinti), intendendosi per patrimonio la totalità dei rapporti giuridici, attivi e passivi, di cui il *de cuius* era parte. Proprio realizzando una successione *in universum ius*, l'istituzione di erede soddisfa quell'esigenza di continuità nei rapporti giuridici di cui si è già detto. Ecco perché non può esservi successione senza erede e, là dove manchino successori testamentari o legittimi, l'eredità viene devoluta allo Stato.

Il carattere universale della successione ereditaria fa sì che essa si estenda alle obbligazioni gravanti sul defunto, delle quali l'erede sarà chiamato a rispondere anche quando l'ammontare complessivo dei debiti ecceda il valore delle attività ricomprese nell'asse ereditario (si dice, a tal riguardo, che l'erede risponde dei debiti del *de cuius* anche ***ultra vires***), salvo, come vedremo più avanti, che egli non accetti con beneficio di inventario.

Ove vi siano più coeredi, ciascuno dovrà farsi carico dei debiti in misura **proporzionale** alla sua quota; questa regola, peraltro, non riguarda solo il piano dei rapporti interni tra i successori (art. 752), ma investe anche il rapporto con il creditore, nei confronti del quale ogni coerede sarà tenuto solo *pro quota* (art. 754): detto altrimenti, le obbligazioni ereditarie sono sempre assoggettate al regime della **parziarietà**, in deroga alla regola generale della solidarietà (art. 1294). Naturalmente, ciò non incide in alcun modo sulle prerogative del creditore in favore del quale il *de cuius* abbia iscritto ipoteca su un suo bene, anche quando, all'atto della divisione, il bene venga assegnato esclusivamente ad uno dei coeredi obbligati (in questo senso l'art. 754 ribadisce che gli eredi "sono tenuti verso i creditori ... ipotecariamente per l'intero").

Deve però aggiungersi che non tutte le situazioni giuridiche facenti capo al *de cuius* cadono in successione: alcune di esse, infatti, sono intrasmissibili.

È il caso dei **diritti della personalità**, per i quali l'inerenza alla persona, appunto, del titolare rappresenta un dato strutturale. Può, invece, essere oggetto di successione il diritto al risarcimento del danno sorto in capo al *de cuius* a seguito della lesione di un suo diritto della personalità: l'obbligazione risarcitoria è infatti componente del patrimonio autonoma e distinta rispetto al bene leso. Sono intrasmissibili, inoltre, i crediti di natura **personale**, aventi ad oggetto, ad es., gli alimenti ovvero l'assegno di mantenimento stabilito in sede di separazione o di divorzio.

Vi sono poi rapporti che non sopravvivono alla morte del titolare. È il caso delle obbligazioni aventi ad oggetto una prestazione **infungibile**: la morte del debitore comporta l'estinzione dell'obbligazione per impossibilità sopravvenuta della prestazione e travolge il contratto di cui l'obbligazione costituiva l'oggetto. È il caso, ancora, dei rapporti contrattuali contrassegnati dalla particolare rilevanza dell'***intuitus personae***, cioè della fiducia riposta nella persona dell'altro contraente: il modello normativo di queste ipotesi è dato dalla disciplina del **mandato**, nella quale la morte di una delle parti è causa di estinzione del rapporto (art. 1722); ed è molto indicativo al riguardo anche l'art. 1674 il quale, nel contemplare come causa di scioglimento del contratto di appalto la morte dell'appaltatore e non quella del committente, istituisce un'asimmetria giustificata dal fatto che la rilevanza della fiducia è circoscritta alla prestazione dell'appaltatore.

La successione a titolo particolare: il legato

La successione a titolo particolare, viceversa, si attua per il tramite del **legato**. Al legatario, infatti, vengono attribuiti solo **singoli** diritti; egli, inoltre, non risponde dei debiti ereditari. A prescindere dalle servitù, dagli oneri reali e dalle obbligazioni *propter rem* inerenti al bene e strutturalmente legati alla sua titolarità, di cui ovviamente egli deve sopportare il peso (art. 668, co. 1), le uniche obbligazioni gravanti sul legatario sono quelle che derivano dai sublegati e dagli oneri eventualmente posti a suo carico dal testatore; il legatario, però, ne risponde solo entro i limiti del valore della cosa legata (art. 671).

Naturalmente, ove sul bene legato il *de cuius* avesse acceso un'ipoteca (e, quindi, avesse specificatamente destinato quel bene a garanzia di un debito), il legatario – pur non essendo personalmente obbligato – sarà soggetto all'esecuzione forzata promossa dal creditore ipotecario e, ove preferisca pagare il debito (ciò che integra, sotto ogni punto di vista, un'ipotesi di adempimento del terzo: art. 1180), sarà surrogato *ex lege* nei diritti del creditore verso l'erede (art. 756). Si consideri, inoltre, che il bene legato non cessa di costituire, insieme con gli altri beni ereditari, la garanzia generica dei creditori del defunto: lo si deduce dall'art. 513, dettato in materia di separazione dei beni (istituto sul quale ci soffermeremo più oltre), il quale presuppone il potere dei creditori del defunto di agire esecutivamente anche sui beni oggetto di legato. Anche in questa ipotesi il legatario – subita l'espropriazione del bene o pagato il debito – godrà della surrogazione legale nei confronti degli eredi (lo si desume sulla base di una interpretazione estensiva dell'art. 756).

Acquisto dell'eredità e del legato

In ogni caso, proprio la diversa posizione dell'erede e del legatario rispetto ai debiti ereditari spiega perché l'acquisto dell'eredità sia subordinato alla sua **accettazione** (art. 459), mentre l'acquisto del legato abbia luogo **automaticamente**, ferma restando la possibilità di rinunziare (art. 649).

Di regola, stabilire se una disposizione testamentaria rivesta carattere universale o particolare non implica particolari difficoltà. L'attribuzione di un bene singolo, o di un ben individuato compendio di beni, integra gli estremi di un legato; viceversa, saremo in presenza di un'istituzione di erede allorché il testatore abbia espressamente designato un soggetto quale erede (ad es., nomino erede Tizio), ovvero gli abbia attribuito *in toto* o *pro quota* l'universalità del patrimonio (ad es., lascio metà del patrimonio a Tizio), pur non avendolo indicato in modo esplicito quale erede (art. 588, co. 1).

Tuttavia, in alcuni casi la distinzione può risultare complessa, perché il codice prevede che "l'indicazione di beni determinati o di un complesso di beni non esclude che la disposizione sia a titolo universale, quando risulta che il testatore ha inteso assegnare quei beni come quota del patrimonio" (c.d. ***institutio ex re certa***: art. 588, co. 2). Qui ci troviamo al cospetto di un tipico problema di interpretazione della volontà del testatore: occorre, cioè, stabilire se la puntuale indicazione dei beni esprima comunque la volontà del *de cuius* di isolare una quota del patrimonio ereditario. Non rileva, a tal fine, il dato quantitativo del valore dei beni oggetto dalla disposizione: nulla esclude, infatti, che il testatore possa legare beni di gran pregio economico corrispondenti ad una parte consistente del suo patrimonio. Ciò che solo conta, ripetiamo, è accertare se il testatore intendesse disporre di singoli beni, sottraendoli alla successione a titolo universale, ovvero se, attraverso la puntuale enumerazione dei beni attribuendi, egli volesse, piuttosto, individuare una quota del patrimonio, inteso come generalità delle situazioni giuridiche attive e passive a lui riconducibili.

2. *La devoluzione dell'eredità*

La devoluzione dell'eredità può aver luogo in base a quanto previsto da un testamento, ovvero dalla legge: da qui la distinzione tra successioni **testamentarie** e successioni **legittime**. Si parla anche di **vocazione** testamentaria e di **vocazione** legittima, focalizzando in tal modo l'attenzione sul titolo della chiamata all'eredità (titolo che secondo alcuni autori, invero, sarebbe individuabile, in ultima istanza, sempre nella legge, poiché il testamento avrebbe la sola funzione di orientare l'effetto successorio nella direzione voluta).

Successione testamentaria e successione legittima

Il rapporto tra la vocazione testamentaria e la vocazione legittima è delineato dall'art. 457, co. 2 secondo il quale "non si fa luogo alla successione legittima se non quando manca, in tutto o in parte, quella testamentaria". Dunque, la successione testamentaria prevale su quella legittima e la seconda opera solo in assenza della prima. Per questo motivo si dice che la successione legittima – cioè, l'insieme delle regole individuate da questa locuzione – ha natura **sussidiaria**.

La successione testamentaria può essere, congiuntamente o alternativamente, a titolo universale (ove il testamento contenga l'istituzioni di uno o più eredi) e a titolo particolare (ove il testamento contenga attribuzioni a titolo di legato). Invece – a parte isolate ipotesi di legati *ex lege*, che hanno il loro titolo in specifiche disposizioni normative, e sulle quali diremo qualcosa più avanti – la successione legittima è **sempre** a titolo universale, poiché la legge si preoccupa solo di individuare quali soggetti debbano essere chiamati all'eredità.

Concorso tra le due forme di successione

Dall'art. 457, co. 2 emerge che l'alternativa tra una successione esclusivamente testamentaria e una successione esclusivamente legittima non esaurisce tutte le ipotesi prospettabili: le due vocazioni, infatti, possono concorrere.

Ciò accade quando il testamento disponga di una parte soltanto del patrimonio. Si pensi, ad es., ad un testamento che contenga solo legati: in questo caso sarà la legge ad individuare il soggetto o i soggetti chiamati alla successione a titolo universale (che, come detto, va sempre assicurata). Può anche accadere che le disposizioni a titolo universale inserite nel testamento riguardino solo una parte del patrimonio (si pensi al caso di un testamento che si limiti ad istituire due soggetti quali coeredi in una quota dell'eredità, senza nulla disporre in ordine alla quota residua). Infine, il concorso tra le due forme di successione può essere determinato dalla invalidità o dalla inefficacia di singole disposizioni, ovvero – nel caso in cui uno dei chiamati all'eredità non possa o non voglia accettarla – dal fallimento dei meccanismi di devoluzione successiva previsti dal codice (e sui quali ci soffermeremo più avanti).

Successione necessaria

Si pone, invece, su un piano distinto rispetto alle due forme di successione finora considerate (quella testamentaria e quella legittima) la successione **necessaria**. Questa formula individua il complesso delle regole che riconoscono ai prossimi congiunti del defunto (chiamati **legittimari** o **riservatari**) il diritto di ottenere una parte del patrimonio ereditario (detta **quota di riserva** o **legittima**) anche contro la volontà de *de cuius*.

La successione necessaria **non** rappresenta una terza forma di vocazione ereditaria, poiché non costituisce un distinto titolo in base al quale possa aver luogo la chiamata all'eredità. La devoluzione dell'eredità è fondata, sempre e solo, sul testamento o sulla legge; e quando il primo avrà pretermesso un legittimario, questi non sarà investito da delazione alcuna. Il diritto dei legittimari si attua per via giudiziale, mediante l'esercizio dell'**azione di riduzione**, che consente di reintegrare la quota di riserva rendendo loro inopponibile le disposizioni testamentarie, o le donazioni, che ne hanno determinato la lesione.

Va osservato, infine, che allorquando, in assenza di un testamento, la lesione della legittima discenda dalle donazioni effettuate dal *de cuius* quando questi era in vita, potranno trovare contestuale applicazione le norme sulla successione legittima e quelle sulla successione necessaria: ciò che non deve sorprendere, posto che il *vulnus* inferto alla riserva non discende, nel caso di specie, da un atto *mortis causa* ma, appunto, da una o più donazioni.

2.1. *I negozi con funzione successoria*

Divieto dei patti successori e ...

Il nostro ordinamento **non** contempla una vocazione contrattuale: l'art. 458 prevede, infatti, la nullità dei **patti successori istitutivi**, cioè delle convenzioni "con cui taluno dispone della propria successione" (in senso parzialmente diverso dispone ora l'art. 25, co. 3, reg. n. 650/2012 in materia di successioni transfrontaliere il quale contempla la possibilità che le parti scelgano, alle condizioni indicate dal precedente art. 22, la legge regolatrice del loro patto successorio). La *ratio* di questo divieto è agevolmente individuabile in uno dei principi fondamentali che governano l'istituto testamentario, cioè nella esigenza di garantire pienamente la **libertà**, la **incoercibilità** e la revocabilità delle (non casualmente dette) ultime volontà del *de cuius*. È evidente, infatti, che ove mai fosse consentito di disporre dei propri beni per il periodo successivo alla morte attraverso l'assunzione di un impegno contrattuale, all'interessato sarebbe preclusa la possibilità di modificare, in un momento successivo, la volontà manifestata in precedenza.

... dei negozi connessi alla morte

Oltre ai patti istitutivi, il codice vieta anche gli atti unilaterali e i contratti con cui taluno **disponga** dei diritti che gli possono spettare su una successione non ancora aperta, o vi **rinunzi**. La ragione della nullità degli atti dispositivi e rinunziativi, che non incidono sulla volontà testamentaria, nella misura in cui il *de cuius* rimane ad essa estraneo, è tradizionalmente individuata nella ripugnanza suscitata dall'idea che si possa negoziare un bene riveniente dalla successione di una persona ancora in vita. È opportuno precisare, peraltro, che il tradizionale rigore legislativo nei riguardi dei patti successori ha conosciuto una significativa attenuazione a seguito dell'introduzione nel sistema del patto di famiglia, su cui ci soffermeremo più avanti.

Tuttavia, le difficoltà maggiori si incontrano dinanzi ad una serie di meccanismi negoziali – c.d. negozi con funzione **successoria** – che si pongono sul crinale tra liceità e illiceità, perché ora sembrano pienamente ricadere entro lo schema del patto istitutivo, ora sembrano soltanto lambirlo.

Al riguardo è stata teorizzata la distinzione tra negozi *mortis causa* e negozi *post mortem* (ma quest'ultima locuzione indica solo una parte del tutto cui intende riferirsi, ragion per cui alcuni autori preferiscono parlare genericamente di negozi connessi alla morte). Rientrano nella prima categoria – e sono, dunque, vietati dalla legge – gli atti che rispondono all'interesse dell'autore di orientare la propria successione in un modo piuttosto che nell'altro; rientrano, invece, nella seconda – e sono consentiti – gli atti i cui effetti sono posti in dipendenza della morte, ma che non intendono incidere sulla successione. In altri termini, la differenza risiede nel ruolo spettante all'evento della morte, nel senso che solo nei negozi *mortis causa* l'interesse a disporre della successione assurge alla dignità di **causa** dell'atto. Ne discende che, viceversa, non contrasteranno, in linea di massima, con il divieto di cui all'art. 458, quelle fattispecie nelle quali l'assetto conferito dal soggetto ai propri interessi non è collegato, se non in modo soltanto estrinseco, alla sua morte sicché la loro causa non potrà dirsi meramente successoria.

Ad es., è nulla la donazione *mortis causa*, cioè la donazione i cui effetti sono rimandati al momento della morte del donante: siamo, infatti, dinanzi ad un negozio che replica lo schema di una disposizione *mortis causa* ma che, a differenza del testamento, non è liberamente revocabile. Viceversa, è certamente lecita la donazione risolutivamente condizionata alla premorienza del donatario, ovvero destinata a risolversi ove il donatario muoia prima del donante: la sua immediata efficacia, infatti, è un dato sufficiente ad escluderla dal novero dei negozi *mortis causa*. Altro caso di negozio *post mortem* certamente valido è il contratto a favore del terzo in cui l'adempimento debba aver luogo dopo la morte dello stipulante, poiché il terzo, come si ricorderà, acquista il relativo diritto di credito sin dal momento della stipulazione (v. l'art. 1412).

3. *La delazione ereditaria*

Delazione e vocazione ereditarie

Distinta dalla vocazione all'eredità è la **delazione.**

Quest'ultima indica l'offerta dell'eredità, cioè l'**investitura** del chiamato nel diritto di accettarla; la vocazione, invece, dà luogo alla **chiamata** del soggetto all'eredità. La differenza, come può vedersi, è sottile: i due termini in ultima istanza individuano lo stesso oggetto, colto però da prospettive diverse, ora oggettiva, ora soggettiva. In un caso si pone l'accento sul fatto che l'ordinamento offra l'eredità al soggetto; nell'altro si pone l'accento sul fatto che l'ordinamento chiami il soggetto all'eredità: è la stessa dinamica, ricostruita in direzioni opposte, muovendo ora dall'**oggetto** (offerto a), ora dal **soggetto** (chiamato a). Peraltro, normalmente, delazione e vocazione coincidono sul piano temporale, poiché si compiono e si esauriscono nel momento stesso dell'apertura della successione, quando ha luogo la delazione dell'eredità a favore di colui che viene chiamato alla stessa.

Concorso

Si è visto che la vocazione testamentaria e la vocazione legittima possono concorrere. Quando ciò accade e, in relazione a parti diverse del patrimonio, la legge e il testamento chiamano all'eredità lo stesso soggetto, questi non potrà accettare una delazione e rinunziare all'altra: ciò, infatti, comporterebbe una accettazione parziale, non consentita dalla legge (art. 475), dal momento che la duplicità dei titoli della vocazione (la legge e il testamento) non rompe l'unità della delazione.

Questo principio della **unitarietà** della delazione ha anche altre conseguenze: esso implica, in primo luogo, che, almeno secondo un certo orientamento dottrinale e giurisprudenziale, il chiamato non possa rinunziare alla vocazione testamentaria e poi, subentrata la vocazione legittima (art. 677: ma sul punto torneremo più avanti) accettarla. Inoltre, quel principio comporta che l'accettazione di una chiamata *ab intestato* non debba essere rinnovata nel caso in cui venga successivamente scoperto un testamento, perché investe la delazione nella sua unitarietà (art. 483, co. 2). Infine, dal principio dell'unitarietà della delazione consegue che la successiva scoperta di un testamento che chiami all'eredità chi comunque era già destinatario di una vocazione *ab intestato* non comporta il decorso di un nuovo termine di prescrizione: detto termine, pertanto, dovrà essere computato sempre e solo dal momento dell'apertura della successione.

3.1. *Capacità di succedere e indegnità*

La capacità di succedere – al di là delle ipotesi di incapacità, proprie della materia testamentaria, previste dall'art. 596 s. – è riconosciuta a tutti i soggetti di diritto (persone fisiche, persone giuridiche, enti non personificati), rappresentando una mera applicazione della capacità giuridica generale.

Capacità di succedere dei nascituri concepiti ...

Essa, inoltre, è riconosciuta anche ai **nascituri** già **concepiti** al momento dell'apertura della successione, presumendosi tale, fino a prova contraria, il nascituro venuto alla luce entro i trecento giorni successivi alla morte del *de cuius* (art. 462, co. 1 e 2). È questa una delle ipotesi in cui la legge, derogando parzialmente al principio per cui la capacità giuridica si acquista con la nascita, riconosce al concepito specifici diritti, aggiungendo però – come per recuperare la coerenza dell'insieme – che il loro acquisto è subordinato all'evento della nascita (art. 1, co. 2).

Come si è già anticipato parlando dei soggetti di diritto, il problema della capacità giuridica del concepito è molto controverso. Con riguardo alla materia in esame, tra le diverse ricostruzioni prospettate sembra preferibile quella che riconosce al nascituro una posizione non ancora assimilabile a quella del chiamato all'eredità, ma comunque caratterizzata dalla titolarità di una **aspettativa** qualificata in ordine all'acquisto della stessa (o, per meglio dire, in ordine all'acquisto del diritto di accettarla), titolarità che implica il riconoscimento al concepito di una limitata capacità giuridica. La configurazione di questa aspettativa di diritto è coerente con la circostanza che l'acquisto sia sospensivamente condizionato all'evento della nascita: l'aspettativa, infatti, è la situazione giuridica propria dell'acquirente il cui titolo sia sottoposto a condizione sospensiva. D'altra parte la ricostruzione proposta trova una ulteriore conferma nel fatto che *medio tempore* – proprio in ragione della peculiare posizione riconosciuta al concepito – l'amministrazione dell'eredità venga attribuita non ai soggetti indicati dall'art. 642 per l'ipotesi di una disposizione testamentaria sospensivamente condizionata, bensì ai genitori (art. 643, co. 2: prima della riforma della filiazione, la disposizione faceva riferimento alla sola figura paterna, ma si imponeva un'interpretazione correttiva che, in ragione del principio costituzionale di eguaglianza, estendesse l'amministrazione, sulla falsariga dell'art. 320, co. 1, alla madre; il d.lgs. n. 154/2013 ha modificato il co. 2, ai sensi del quale, oggi, "se è chiamato un concepito, l'amministrazione spetta al padre e alla madre").

Possono, inoltre, ricevere, ma solo per **testamento**, anche i figli **non** ancora concepiti di una persona vivente al momento dell'apertura della successione (art. 462, co. 3). Qui, diversamente da quella esaminata in precedenza, l'amministrazione dei beni relitti non spetta ai genitori ma agli stessi soggetti di cui la legge parla con riguardo all'ipotesi di una disposizione testamentaria sospensivamente condizionata (art. 642 in relazione all'art. 643, co. 1), fermo restando che compete pur sempre ai genitori la tutela delle ragioni successorie del non concepito. e non concepiti

Ad ogni modo, in entrambe le ipotesi contemplate dall'art. 462, nell'attesa della nascita del chiamato (e dell'accettazione dell'eredità, cui dovranno provvedere i genitori in virtù della responsabilità verso i figli minori), la delazione ereditaria si sospende e la parte di eredità che spetterebbe al nascituro viene accantonata.

Fenomeno completamente diverso dall'incapacità di succedere è l'**indegnità** di cui all'art. 463 s.

Infatti, sebbene sia contestata da una parte della dottrina, è prevalente la tesi che configura l'indegnità quale causa di **esclusione** dalla successione, trattandosi di una sanzione civile diretta ad impedire che l'autore di un comportamento lesivo nei confronti dell'ereditando possa acquisire *mortis causa* anche solo parte del patrimonio di quest'ultimo. L'indegno, dunque, ***potest capere sed non retinere***, ovvero può acquistare lo *status* di erede (onde l'efficacia della delazione e della sua accettazione), ma è esposto ad una azione diretta ad ottenere una sentenza **costitutiva** che, accertata la sua indegnità, lo privi dei diritti successori (indipendentemente dal fatto che siano stati acquistati a titolo universale o a titolo particolare).

Cause di indegnità a succedere

Detta azione potrà essere esperita da coloro ai quali, una volta dichiarata l'indegnità, verrebbe devoluta in via successiva l'eredità (ovvero, nel caso in cui l'indegno sia un legatario, dagli eredi onerati). La giurisprudenza prevalente ritiene inoltre che il rimedio in esame, in quanto posto a presidio di un interesse patrimoniale, sia soggetto al termine ordinario di prescrizione e che possa costituire oggetto di transazione e rinunzia.

È indegno:

1. colui che abbia commesso un reato di omicidio o di tentato omicidio nei confronti del *de cuius*, nonché nei confronti del coniuge, dell'unito civilmente (art. 1, co. 21, l. n. 76/2016), di un ascendente o di un discendente del medesimo *de cuius*;
2. colui che abbia calunniosamente accusato uno dei soggetti di cui al punto precedente – presentando denunzia o rendendo falsa testimonianza – del compimento di un reato per il quale è prevista la pena dell'ergastolo o della reclusione per un tempo minimo non inferiore a tre anni;
3. il genitore del *de cuius* dichiarato decaduto dalla responsabilità genitoriale ai sensi dell'art. 330 e non più reintegrato nella medesima;
4. colui che abbia attentato alla libertà testamentaria del *de cuius*: coartandone con dolo o violenza, in senso positivo o negativo, la libertà di fare, revocare o modificare un testamento; formando o usando un testamento falso; distruggendo, celando o alterando il testamento che avrebbe regolato la successione.

Una particolare causa di esclusione dalla successione, di carattere provvisorio o momentaneo, è contemplata dall'art. 463 *bis* (introdotto dall'art. 5 della l. 11 gennaio 2018, n. 4 in materia di tutela nei confronti degli orfani per crimini domestici), secondo cui sono sospesi dalla successione il coniuge, anche legalmente separato, nonché la parte dell'unione civile, indagati per l'omicidio, volontario o tentato, nei confronti dell'altro coniuge o dell'altra parte dell'unione civile, fino al decreto di archiviazione o alla sentenza definitiva di proscioglimento. Durante questo periodo di vacanza, l'eredità è amministrata da un curatore, nominato ai sensi dell'art. 528. Il soggetto sospeso dalla successione, qualora all'esito del procedimento penale sia condannato o qualora patteggi la pena, sarà di diritto definitivamente escluso dalla successione ai sensi dell'art. 463 e, quindi, per indegnità a succedere. La caratteristica della figura di cui si discorre è costituita, oltreché dalla provvisorietà, dalla automaticità. Infatti, a differenza delle ordinarie cause di indegnità – le quali, come detto in precedenza, operano su richiesta espressa di parte e necessitano di una sentenza di natura costitutiva – nell'ipotesi contemplata dall'art. 463 *bis*, per un verso, l'impedimento a succedere discende immediatamente dalla mera sottoposizione ad indagine per taluno dei reati previsti dalla norma, senza necessità di un apposito vaglio giudiziale (salva la sua ammissione in caso di archiviazione o di proscioglimento) e, per altro verso, l'accertamento della responsabilità in sede penale comporta automaticamente l'applicazione della sanzione civile, consistente nell'esclusione dalla successione.

Il secondo comma dell'art. 463 *bis* estende le disposizioni del primo comma anche ai casi di persona indagata per l'omicidio, volontario o tentato, nei confronti di uno o entrambi i genitori, del fratello o della sorella.

L'indegno dovrà restituire i beni ereditari, nonché i frutti percepiti sin dal momento dell'apertura della successione (art. 464); egli, dunque, è assimilato al possessore di mala fede, con la conseguenza che troveranno qui applicazione, ad es., le disposizioni in materia di addizioni e i miglioramenti (art. 1150).

Infine, è previsto che l'indegno possa essere **riabilitato** dal *de cuius* con una dichiarazione espressa contenuta in un atto pubblico o in un testamento (art. 466, co. 2). Per questa via, al (già) indegno viene consentito di partecipare alla successione, ponendolo al riparo dal rischio di venirne escluso. Riabilitazione

Viceversa, non configura gli estremi di una riabilitazione, almeno nel senso proprio del termine, la previsione dell'art. 466, co. 2, ai sensi della quale l'indegno non riabilitato che sia stato contemplato in un testamento, nonostante il *de cuius* conoscesse la causa dell'indegnità, "è ammesso a succedere nei limiti della disposizione testamentaria". Infatti, l'indegno non cessa di essere tale e partecipa alla successione solo nella misura fissata dalla disposizione testamentaria a suo favore. Pertanto, ove con la vocazione testamentaria concorra una vocazione legittima, l'indegno non potrà prendere parte alla seconda, pur essendo tra i successibili *ex lege*; e, inoltre, qualora la disposizione testamentaria in parola gli attribuisca una parte del patrimonio inferiore alla quota di riserva che gli competerebbe quale legittimario, l'indegno non potrà comunque agire in riduzione.

3.2. *L'eredità giacente*

Può accadere che tra il momento dell'apertura della successione e quello dell'accettazione dell'eredità trascorra anche molto tempo: tra l'altro, il diritto di accettare è soggetto al termine decennale di prescrizione (art. 480), sebbene questa regola conosca una significativa eccezione ove il chiamato sia nel possesso dei beni ereditari (art. 485: ma sul punto si tornerà più avanti).

In punto di diritto, invero, non vi è soluzione di continuità nella riconducibilità del patrimonio ereditario ad una sfera giuridica, poiché gli effetti dell'accettazione retroagiscono al momento dell'apertura della successione (art. 459). Tuttavia, questa *fictio iuris* non vale certo a risolvere i problemi di ordine pratico che possono sorgere durante la c.d. **vacanza** dell'eredità: problemi riconducibili all'esigenza di assicurare *medio tempore* la conservazione e l'amministrazione del patrimonio, sia nell'interesse di coloro cui l'eredità potrebbe essere devoluta in via successiva rispetto ai primi chiamati, sia nell'interesse dei creditori, i quali trovano nel patrimonio ereditario la loro garanzia generica.

Vacanza dell'eredità:

Onde soddisfare le esigenze segnalate, il codice, per un verso, prevede l'attribuzione al chiamato di prerogative funzionali alla conservazione e alla cura del patrimonio ereditario e, per altro verso, si preoccupa di disciplinare la c.d. eredità **giacente**. Viceversa, allorché la mancanza di un erede derivi dalla circostanza che l'istituzione di erede è sospensivamente condizionata, o che il chiamato all'eredità è un nascituro, concepito o meno, si applicheranno le regole di cui agli artt. 641 s.: ma le differenze attengono prevalentemente alle modalità di individuazione del soggetto investito dell'amministrazione del patrimonio ereditario, posto che i poteri e i doveri a questi attribuiti ricalcano quelli propri del curatore dell'eredità giacente.

Quanto alla posizione del **chiamato** all'eredità, deve dirsi innanzitutto che quest'ultimo può esercitare le azioni possessorie verso terzi, "senza bisogno di materiale apprensione" dei beni. Inoltre, il chiamato può compiere atti di conservazione, di vigilanza e di amministrazione temporanea, nonché farsi autorizzare dall'autorità giudiziaria a vendere i beni che non si possono conservare o la cui conservazione comporti un grave dispendio (art. 460).

poteri del chiamato all'eredità …

Ove poi si trovi già nel possesso dei beni ereditari, il chiamato è anche investito della rappresentanza processuale dell'eredità nelle cause contro di essa intentate: egli, comunque, non è obbligato a costituirsi in giudizio, essendo previsto in via alternativa che l'autorità giudiziaria proceda alla nomina di un curatore speciale *ad lites* (art. 486).

Come si è già anticipato, poi, il codice prevede che chiunque abbia interesse alla conservazione del patrimonio ereditario possa richiedere all'autorità giudiziaria l'accertamento della giacenza dell'eredità e la nomina di un **curatore** chiamato a provvedere alla cura e all'amministrazione del patrimonio ereditario (art. 528 s.).

ed eredità giacente

Attraverso la nomina di un curatore si intende impedire che, ancora privo di un titolare, il patrimonio ereditario venga disperso o perda parte del suo valore. Il curatore dell'eredità giacente ha poteri di amministrazione molto ampi, che comprendono anche la legittimazione *ad causam* (art. 529): a fronte di ciò, in nome di evidenti esigenze di controllo, egli è tenuto a redigere l'inventario dei beni ereditari e, cessato dall'ufficio, a rendere il conto della propria amministrazione. Ancora, previa autorizzazione del Tribunale, il curatore può soddisfare sia i debiti, sia i legati; tuttavia, ove uno dei creditori o dei legatari faccia opposizione, allora dovrà procedersi alla liquidazione dell'eredità secondo le regole dettate in materia di accettazione dell'eredità con beneficio di inventario (art. 530).

Ovviamente, il curatore cesserà dal suo ufficio non appena un chiamato accetti l'eredità, facendo venire meno, in tal modo, le esigenze di tutela del patrimonio ereditario.

3.3. *Gli istituti della devoluzione successiva*

Ove il chiamato accetti l'eredità, la delazione ha esito positivo e la vicenda successoria, almeno sotto il profilo dell'individuazione dell'erede, si esaurisce. Può accadere però che il chiamato non possa o non voglia – questa la terminologia codicistica – accettare l'eredità: in questo caso si renderà necessario individuare chi subentri al primo chiamato nella vocazione (delazione **successiva**).

Ambito di applicazione

Il codice disciplina la devoluzione successiva attraverso un complesso di regole che configurano tre diversi istituti – la sostituzione testamentaria, la rappresentazione e l'accrescimento – e stabiliscono l'ordine con cui essi trovano applicazione. Prima di esaminarli partitamente, occorre però chiarire il loro presupposto, individuato dal legislatore, come si è visto, nella circostanza che il chiamato non possa o non voglia accettare l'eredità.

Molteplici sono le ipotesi idonee ad integrare tale presupposto: l'incapacità di succedere, l'indegnità o l'assenza (art. 70) del chiamato; la risoluzione della disposizione testamentaria a seguito dell'inadempimento dell'onere ad essa apposto (art. 677, co. 3); la diseredazione, la rinunzia all'eredità, la decadenza dal diritto di accettarla (ad es., *ex* artt. 481 e 487, co. 3) e la prescrizione di tale diritto. La devoluzione successiva, inoltre, opera in caso di premorienza, ovvero quando, al momento dell'apertura della successione, colui che sarebbe stato il primo chiamato all'eredità – ora secondo legge, ora in base ad una disposizione testamentaria – risulti già deceduto (o ne sia stata dichiarata la morte presunta).

Invece, non ha luogo devoluzione successiva nel caso in cui il chiamato all'eredità (Caio) muoia dopo l'apertura della successione del *de cuius* (Tizio), ma prima di averla accettata: in questa ipotesi, infatti, la delazione si trasmette all'erede (Mevio) del chiamato, nel patrimonio del quale è ricompreso, al pari di ogni altro cespite, il diritto di accettare l'eredità del *de cuius* (art. 479, co. 1).

La devoluzione successiva si atteggia diversamente a seconda che la chiamata all'eredità abbia il suo titolo in un testamento o nella legge.

Nel caso, e solo nel caso, di una vocazione testamentaria, occorre accertare innanzitutto se il *de cuius* abbia provveduto ad individuare chi debba essere chiamato all'eredità in luogo del primo istituito che non possa o non voglia accettare (art. 688); ossia, ad individuare chi debba beneficiare del legato ove il primo designato lo rifiuti (art. 691).

Sostituzione ordinaria

La **sostituzione** (detta **ordinaria**, per distinguerla da quella fedecommissaria, sulla quale ci intratterremo più oltre) prevale, dunque, su tutte le altre modalità di devoluzione successiva.

Al testatore è consentito di circoscrivere l'operatività della sostituzione ad una sola delle varie fattispecie in astratto idonee ad attivare la devoluzione successiva (ad es., la rinunzia): ma tale intendimento va formulato in termini espliciti, giacché, in caso contrario, l'operatività della sostituzione si estenderà ad ogni caso in cui il chiamato risulti non potere o non volere accettare (art. 688, co. 2).

In concreto, la sostituzione mette capo ad una disposizione testamentaria sospensivamente condizionata al fallimento della prima delazione. La successione ereditaria tra il testatore e il sostituto non è, dunque, mediata dal sostituito: in altre parole, quindi, il sostituto è investito da una vocazione all'eredità del tutto **autonoma**, insensibile, ad es., alla eventuale invalidità della prima designazione. Tuttavia, il sostituto subentra nella identica posizione del primo istituito, perché il contenuto della delazione permane invariato; onde – salvo che il testamento disponga diversamente – gli subentra anche nelle obbligazioni poste a suo carico, eccezion fatta per quelle che hanno carattere strettamente personale e salvo che risulti una diversa volontà del testatore (art. 690).

Per il resto, il codice (art. 689) lascia ampio spazio all'autonomia del testatore, il quale può disporre ora una sostituzione **plurima** (prevedendo che all'istituito subentrino più sostituti o viceversa); ora una sostituzione **reciproca** tra due istituiti; ora, infine, una sostituzione **successiva**, attraverso l'indicazione dell'eventuale sostituto del sostituto.

Rappresentazione

Qualora il testamento non preveda sostituzione alcuna, la devoluzione successiva si attua per il tramite della **rappresentazione** la quale troverà, viceversa, applicazione immediata nel caso di successione legittima.

La rappresentazione comporta che, in luogo del chiamato che non possa o non voglia accettare l'eredità (**rappresentato**), subentrino i suoi discendenti, detti **rappresentanti** (art. 467). Lo stesso schema opera, *mutatis mutandis*, nella successione a titolo particolare, sebbene qui – prescindendo l'acquisto da un'accettazione – il problema della devoluzione successiva si ponga solo quando il legatario abbia rifiutato l'attribuzione disposta in suo favore.

Il rappresentante subentra “nel luogo e nel grado” del rappresentato (onde la denominazione dell’istituto): si procede, cioè, come se il primo avesse *ab initio* beneficiato della disposizione testamentaria; ovvero – nel caso di una successione legittima – come se il rappresentante fosse legato al *de cuius* dallo stesso rapporto di parentela che legava al *de cuius* il rappresentato. È questo il motivo per il quale comunemente si parla della rappresentazione come di forma di delazione **indiretta** o **mediata**, alludendo in tal modo alla circostanza per cui il rappresentante è destinatario della medesima delazione del rappresentato.

Tuttavia, ciò non significa – come si potrebbe essere indotti a pensare dall’uso di questa terminologia – che l’acquisto dell’eredità da parte del rappresentante sia mediato dal rappresentato, o che esso discenda da quest’ultimo. Il rappresentante succede ***iure proprio***, in virtù di una vicenda che procede direttamente dal *de cuius* e che non attraversa affatto la sfera giuridico – patrimoniale del rappresentato. Ciò trova una conferma nella circostanza che la rappresentazione ha luogo anche quando il rappresentante abbia rinunziato all’eredità della persona in luogo della quale egli subentra, ovvero sia incapace o indegno di succedere a questi (art. 468, co. 2). È chiaro, quindi, che il rapporto successorio lega direttamente il *de cuius* e il rappresentante e che questi viene investito da una vocazione ereditaria autonoma e distinta rispetto a quella del rappresentato.

La rappresentazione opera, in linea **retta**, a vantaggio dei discendenti dei figli e, nella linea **collaterale**, a favore dei discendenti dei fratelli o delle sorelle, del defunto (art. 468, co. 1). Beneficiari

Si prosegue con la rappresentazione fino a quando tutte le quote del patrimonio non risultino devolute ai soggetti via via chiamati all’eredità, indipendentemente dal loro numero e senza che rilevi il fatto che essi abbiano gradi di parentela con il *de cuius* diversi tra di loro. Quanto al modo di procedere, la regola fondamentale prevede che la suddivisione del patrimonio si compia non per capi, ma per **stirpi**, e se una stirpe si articola in più rami, la suddivisione abbia luogo – all’interno della stirpe – non per capi, ma per **rami** (art. 469). Ad es., se i tre figli del *de cuius* rinunziano all’eredità e subentrano i sei nipoti, ciascuno di questi erediterà un sesto del patrimonio solo nel caso in cui ognuno dei tre figli abbia avuto – a sua volta – due figli (nipoti del *de cuius*); altrimenti, se uno dei nipoti è figlio unico, egli subentrerà nell’intera quota del padre (pari ad un terzo); e se tre dei nipoti hanno lo stesso genitore, ciascuno erediterà la nona parte del patrimonio (cioè un terzo della quota del genitore); ove poi uno dei nipoti rinunzi all’eredità, i suoi figli (pronipoti del *de cuius*) subentreranno in parti uguali solo nella quota del loro genitore.

Dunque, può accadere che diventino eredi – per quote diverse tra di loro – discendenti legati da gradi di parentela diversi tra di loro: ogni stirpe e ogni ramo rappresenta una linea successoria autonoma dalle altre e il modo in cui la rappresentazione procede e si svolge all'interno di ciascuna di esse è indipendente dal modo in cui procede e si svolge all'interno delle altre.

La rappresentazione opera anche con riguardo alla successione **necessaria**: i nipoti, ad es., succedono al loro genitore (figlio del *de cuius*) nella quota di riserva a lui spettante (art. 536, co. 3), ma devono imputare ad essa anche le donazioni e i legati di cui il rappresentato abbia beneficiato (art. 564, co. 2).

Accrescimento

L'ultima delle modalità di devoluzione successiva – ultimo perché interviene solo quando non possa darsi corso alla sostituzione o alla rappresentazione (artt. 522, 674 e 675) – è l'**accrescimento** (art. 674 s.). Si tratta di un meccanismo attraverso il quale si sopperisce alla mancata accettazione dell'eredità (o al rifiuto del legato), attribuendo la parte del patrimonio rimasta vacante ai coeredi (o ai collegatari), i quali, dunque, vedono in questo modo accrescere l'entità del loro acquisto.

Ambito di applicazione

L'accrescimento opera con riguardo sia alla successione testamentaria, sia alla successione legittima, anche se, nei due casi, esso si ispira a *rationes* distinte. Si ritiene, infatti, che l'accrescimento, quando concerne disposizioni testamentarie, sia fondato sulla volontà presunta del *de cuius* (si veda, sul punto, l'art. 674, co. 3, a mente del quale esso non potrà avere corso "quando risulta una diversa volontà del testatore"); mentre, come ovvio, qualunque richiamo alla volontà del *de cuius* è del tutto fuor di luogo allorché debba trovare applicazione la disciplina della successione legittima.

... e presupposti

In materia di successione testamentaria, occorre distinguere le disposizioni a titolo universale da quelle a titolo particolare, soggette – per quanto riguarda l'accrescimento – a regole diverse.

Quanto alle prime, l'accrescimento opera in presenza di due presupposti (art. 674, co. 1 e 2). Innanzitutto, è necessario che i coeredi siano stati istituiti con lo stesso testamento (***coniunctio verbis***). In secondo luogo, deve ricorrere la c.d. ***coniunctio re***, ovvero è necessario che i coeredi siano stati istituiti o nell'universalità dei beni, senza determinazioni di parti (ad es., Tizio nomina suoi eredi universali Caio e Sempronio); ovvero in parti uguali, anche se determinate (ad es., il patrimonio di Tizio è costituito esclusivamente dalle azioni, pari al 60% del capitale, di una società; Tizio nomina quali suoi eredi in parti uguali Caio e Sempronio, attribuendo a ciascuno dei due – secondo lo schema della *institutio ex certa re* – un pacchetto azionario pari al 30% del capitale sociale).

Come si è già anticipato, l'accrescimento può riguardare anche la successione a titolo particolare: in questo caso sarà sufficiente che ai collegatari sia stato legato lo **stesso** oggetto (art. 675).

Anche nel caso dell'accrescimento, i coeredi ed i collegatari che beneficiano della chiamata successiva subentrano negli obblighi a cui era sottoposto l'erede o il legatario mancante, salvo che essi abbiano carattere strettamente personale (art. 676, co. 2).

Infine, bisogna soffermarsi sull'ipotesi nella quale la delazione successiva non possa avere luogo in nessuna delle sue tre forme.

Tale ipotesi, è contemplata dall'art. 677, co. 1, ai sensi del quale "la porzione dell'erede mancante si devolve agli eredi legittimi": ciò significa che, almeno con riguardo a questa parte del patrimonio ereditario, si registrerà un **concorso** tra successione testamentaria e successione legittima. Per quanto concerne i legati, è da dire che del rifiuto dell'attribuzione da parte del soggetto designato si avvantaggerà l'onerato: egli, dunque, acquisterà la titolarità del diritto oggetto del legato, ovvero sarà liberato dall'obbligazione che il legato poneva a suo carico.

L'accrescimento – si è premesso – è contemplato anche nell'ambito delle successioni legittime: ove la vocazione legittima investa più soggetti, la parte di colui che rinunzia si accresce a favore degli altri chiamati (ad es., se l'eredità spetta ai tre figli del defunto ed uno di essi rinunzia, ciascuno degli altri due acquisterà non un terzo, ma la metà del patrimonio); ove invece non vi sia concorso, perché il rinunziante era chiamato a succedere al *de cuius* nell'intera eredità, questa viene devoluta ai successibili di grado ulteriore (art. 522).

Sostituzione fedecommissaria

Nell'ambito degli istituti della devoluzione successiva si colloca la sostituzione **fedecommissaria,** che ricorre quando il testatore nomina un soggetto (**istituito**) quale erede o legatario e, al contempo, individua il soggetto (**sostituito**) cui, alla morte del primo, l'eredità o il legato saranno automaticamente devoluti (art. 692). Trattasi, dunque, di una particolare ipotesi di sostituzione, che opera non quando l'istituito non possa o non voglia accettare l'eredità, ma alla sua morte. Al contempo, però, il sostituito è considerato successore in via **diretta** del testatore, non dell'istituito.

Beneficiari

L'istituito, proprio in considerazione della circostanza che i beni ereditati o legati saranno devoluti alla sua morte al sostituito, è obbligato a conservarne la proprietà. La loro alienazione è, infatti, possibile solo in caso di utilità evidente e sempre che venga autorizzata dal giudice, il quale, in questo caso, determinerà il modo in cui la somma ricavata dovrà essere reimpiegata (art. 694). Proprio in forza di questo vincolo di indisponibilità, i beni ricevuti dall'istituito sono estranei alla garanzia patrimoniale dei suoi creditori, i quali potranno aggredire solo i relativi frutti (art. 695). All'istituito competono, dunque, solo il godimento e l'amministrazione del bene: la sua posizione, insomma, è molto prossima a quella dell'usufruttuario, e non è un caso che il codice richiami, in quanto compatibile, proprio la disciplina dell'usufrutto (art. 693).

Il legislatore, però, considera con estremo disfavore l'eventualità che il testatore possa disporre dei propri beni in via successiva e, così, stabilire chi debba subentrare alla morte del primo istituito, poiché ciò si traduce in un evidente limite alla libera circolazione della ricchezza. Si spiega, pertanto, perché il codice consente di disporre una sostituzione fedecommissaria solo in presenza di presupposti molto rigorosi: l'istituito deve essere **coniuge (o** unito civilmente, *ex* art. 1, co. 21, l. n. 76/2016), **figlio** o **discendente** del testatore e deve essere stato **interdetto** (o, trattandosi di un minore, deve trovarsi in una condizione di abituale infermità di mente che faccia presumere la sua successiva interdizione); inoltre, è necessario che il sostituito sia la persona fisica o l'ente che, sotto la vigilanza del tutore, dovrà prendersi cura dell'istituito. Insomma, la sostituzione fedecommissaria è ammessa solo nei limiti in cui assolve una funzione **assistenziale**; essa è infatti uno strumento offerto al testatore per tutelare gli interessi del congiunto che versi in condizione di incapacità e per garantirgli l'assistenza del sostituito.

4. *L'acquisto dell'eredità*

Come si è già detto, l'acquisto dell'eredità presuppone la sua **accettazione**, i cui effetti, allo scopo di evitare soluzioni di continuità tra il *de cuius* e l'erede nella titolarità del patrimonio – **retroagiscono** al momento dell'apertura della successione (art. 459).

L'accettazione può essere **pura** e **semplice** o con **beneficio di inventario.**

Modi e forme dell'accettazione

L'accettazione pura e semplice determina una normale successione dell'erede nella titolarità dei diritti e degli obblighi oggetto di delazione: si ha, dunque, la **confusione** del patrimonio personale dell'erede con il patrimonio del *de cuius* (o con quella parte dello stesso che all'erede è stata devoluta), con la conseguenza che i creditori dell'uno e quelli dell'altro concorreranno paritariamente sull'unica massa di beni risultante dalla vicenda successoria.

L'accettazione pura e semplice può essere **espressa** o **tacita**.

Accettazione espressa

Ricorre la prima ipotesi allorché il chiamato, in un **atto pubblico** o in una **scrittura privata,** dichiari di accettare l'eredità, o assuma il titolo di erede (art. 475, co. 1). Detta dichiarazione integra gli estremi di un negozio giuridico unilaterale non recettizio, perché la sua efficacia prescinde dalla circostanza che venga indirizzata a terzi o che venga da questi conosciuta.

L'accettazione dell'eredità inoltre – per evidenti esigenze di certezza e di stabilità – non tollera, a pena di **nullità** (art. 475, co. 2), l'apposizione di condizioni (sospensive o risolutive), o di termini (iniziali o finali).

Il differente trattamento riservato alle disposizioni testamentarie a titolo universale, viceversa assoggettabili a condizioni tanto sospensive quanto risolutive (art. 633) si spiega in ragione dell'esigenza di dare piena e completa attuazione alla volontà del *de cuius* e di salvaguardarne, pertanto, la stabilità (*favor testamenti*): esigenza, in ogni caso, ritenuta prevalente sulla contrapposta istanza di certezza del traffico giuridico. Quanto invece al termine, esso, in conformità alla regola *semel heres semper heres*, si considera non apposto all'istituzione di erede (art. 637): anche qui il minor rigore rispetto al trattamento previsto per l'accettazione dell'eredità sottoposta a termine (nullità parziale contro nullità totale) si spiega in ragione dell'esigenza di conservare il testamento.

È inoltre radicalmente nulla una accettazione **parziale** dell'eredità (art. 475, co. 3). Si è già osservato che (anche) da questa disposizione trae conferma il principio della unitarietà e della inscindibilità della delazione ereditaria.

Accettazione tacita

L'accettazione, invece, è tacita là dove il chiamato "compia un atto che presuppone necessariamente la sua volontà di accettare e che non avrebbe diritto di compiere se non nella qualità di erede" (art. 476). Come qualunque altra volontà negoziale, anche quella di accettare l'eredità può, dunque, prender la forma di un **comportamento concludente** dal quale essa possa essere desunta.

Infine, "importano accettazione dell'eredità" – gli atti negoziali contemplati dagli artt. 477 e 478: ossia, la **donazione**, la **vendita** o la **cessione** dei diritti di successione ad un estraneo, a tutti gli altri chiamati o ad alcuni di essi (art. 477); la **rinunzia** ai diritti di successione, qualora essa sia fatta a titolo oneroso, ovvero a favore di alcuni soltanto dei chiamati (art. 478).

A proposito della rinunzia di cui parla l'art. 478, deve puntualizzarsi che essa è cosa ben diversa dalla rinunzia all'eredità disciplinata dagli art. 519 s. (e sulla quale ci soffermeremo più avanti). Quest'ultima è un negozio unilaterale di natura **abdicativa** destinato ad attivare i meccanismi della devoluzione successiva Al contrario, la rinunzia di cui all'art. 478 è considerata dall'ordinamento un negozio **traslativo**, mediante il quale il soggetto trasferisce il bene ereditato ad un terzo: ciò che, evidentemente, presuppone, per un verso, che l'alienante abbia accettato l'eredità e, per altro verso, che il terzo abbia acquistato dall'autore della (impropriamente detta) rinunzia; mentre, nell'ipotesi di cui all'art. 519, i soggetti cui l'eredità viene devoluta in via successiva acquistano direttamente dal *de cuius*.

La differenza tra le due figure risalta ancor di più ove si consideri che la rinunzia traslativa è, di regola, un contratto, mentre la rinunzia *ex* art. 519, invece, è una dichiarazione unilaterale (nel senso che ai fini della produzione dell'effetto è sufficiente la volontà del chiamato), soggetta – quanto ai vizi del volere – ad una disciplina speciale (art. 526), che deroga a quella generale dettata dagli art. 1427 s., applicabile agli atti unilaterali *ex* art. 1324.

È opportuno precisare che, nei casi considerati agli artt. 477-478, l'acquisto dell'eredità non è l'effetto di un atto negoziale di accettazione, sia pure concretizzato da un comportamento concludente, ma consegue ad una **valutazione legale tipica** dell'atto posto in essere dal chiamato, la quale prescinde del tutto dalla concreta sussistenza della volontà di accettare. Ad es., la vendita dell'eredità integra sì gli estremi di un contratto con riguardo alla disposizione del diritto nei confronti dell'acquirente, ma non costituisce un atto negoziale di accettazione, giacché essa viene assunta quale elemento di una fattispecie complessa, che ricomprende anche la chiamata all'eredità, cui l'ordinamento ricollega l'effetto legale dell'acquisto dello *status* di erede: effetto legale, e non negoziale, perché non riconducibile ad una dichiarazione di volontà diretta proprio alla sua produzione (secondo il noto paradigma del negozio giuridico).

Prescrizione

Il diritto di accettare l'eredità, come si è già accennato, è soggetto ad un termine di prescrizione **decennale** decorrente dal giorno dell'apertura della successione; ciò anche nel caso in cui la chiamata all'eredità del soggetto abbia luogo sulla base di un testamento solo successivamente scoperto, visto che, secondo la giurisprudenza, l'ignoranza della vocazione rappresenterebbe un impedimento di mero fatto, irrilevante ai fini del decorso della prescrizione, almeno secondo l'interpretazione prevalente dell'art. 2935.

Ai sensi dell'art. 480, co. 2 e 3, il termine di prescrizione decorrerà da un momento **successivo** all'apertura della successione soltanto quando la disposizione testamentaria sia sospensivamente condizionata (nel qual caso, il termine decorre solo dal momento in cui si verifica l'evento dedotto in condizione); inoltre, in caso di accertamento giudiziale della filiazione il termine decorre dal passaggio in giudicato della sentenza che accerta la filiazione stessa e, ancora, quando l'acquisto dell'eredità da parte del primo chiamato venga successivamente meno (nel qual caso, il termine di prescrizione, per il soggetto cui l'eredità è devoluta in via successiva, decorre solo dal momento in cui egli viene investito dalla delazione).

È evidente che la previsione di un termine di prescrizione decennale mal si concilia con le esigenze di certezza e di speditezza che, pure, sono proprie della vicenda successoria; né il ricorso all'istituto dell'eredità giacente può considerarsi davvero risolutivo, perché, suo tramite, vengono tutelati i creditori e i legatari, ma vengono lasciati in sospeso coloro cui la delazione potrebbe indirizzarsi in via successiva. Da qui l'***actio interrogatoria***: chiunque vi abbia interesse può ricorrere all'autorità giudiziaria affinché questa fissi un termine – in questo caso di **decadenza** – entro il quale il chiamato deve accettare l'eredità o rinunziarvi e, trascorso il quale, egli perde definitivamente il diritto di accettare (art. 481).

Inoltre, gli inconvenienti connessi alla previsione di un termine di prescrizione decennale sono comunque notevolmente ridimensionati dal disposto dell'art. 485, a mente del quale, ove il chiamato sia nel possesso dei beni ereditari, questi dovrà compiere l'inventario dei beni entro un termine di **tre mesi** dall'apertura della successione (che il tribunale può prorogare solo una volta e per non più di tre ulteriori mesi): trascorso infruttuosamente detto termine, il chiamato sarà considerato *ex lege* erede puro e semplice; e sarà considerato tale anche nel caso in cui – compiuto l'inventario – nei quaranta giorni successivi egli non accetti l'eredità o non vi rinunzi. In queste ipotesi l'acquisto dell'eredità non è effetto negoziale di una volontà, tacita o presunta, ma rappresenta la conseguenza automatica che la legge riconnette, con una finalità anche sanzionatoria, all'inerzia del chiamato (un analogo meccanismo opera anche quando il chiamato sottragga o nasconda beni ereditari e, per ciò solo, acquista, anche a dispetto di una sua eventuale rinunzia, lo *status* di erede puro e semplice: art. 527).

Annullabilità

Infine, l'accettazione dell'eredità è suscettibile di **annullamento** ove la volontà sia stata carpita con **dolo** o estorta con **violenza**: la correlativa azione è soggetta al termine quinquennale di prescrizione, che decorrerà dal momento in cui la violenza sia cessata o il dolo sia stata scoperto (art. 482). Ovviamente, l'accettazione potrà impugnarsi indipendentemente dalla circostanza che essa abbia avuto luogo in forma espressa o tacita. Viceversa, allorquando l'acquisto dell'eredità si configuri quale effetto legale di una fattispecie tipica (come accade, lo si è visto in precedenza, nelle ipotesi di cui agli artt. 477 e 478), la regola in esame non potrà trovare applicazione: tutt'al più ci si potrà chiedere se, ad es., il vizio del consenso che affetti la donazione, la vendita o la cessione dell'eredità possa pregiudicare, o meno, l'acquisto dell'eredità.

L'accettazione non è, invece, annullabile per **errore** (art. 483, co. 1). La ragione è semplice: il chiamato che, nutrendo dubbi sulla consistenza del patrimonio, tema che l'eredità possa risultare dannosa, dispone già di uno strumento per cautelarsi, ossia l'accettazione con beneficio di inventario. L'erede, inoltre, è tutelato anche dal rischio che, dopo la sua accettazione, venga scoperto un testamento contenente legati che rendano negativo il saldo complessivo dell'eredità: in questo caso, infatti, egli sarà tenuto a soddisfare tali ipotetici legati solo fino alla concorrenza dell'attivo patrimoniale ovvero, nel caso in cui egli sia un legittimario, fino alla concorrenza della sua quota di riserva (art. 483, co. 2).

4.1. *L'accettazione dell'eredità con beneficio di inventario*

Come si è già detto, accanto all'accettazione pura e semplice, il codice contempla quella con **beneficio di inventario**. Attraverso questo dispositivo, la legge intende favorire, mantenendo **separati** il patrimonio del *de cuius* da quello personale dell'erede (art. 490 s.), un acquisto dell'eredità il più possibile rapido e certo. Da qui alcune rilevanti conseguenze.

Effetti

Innanzitutto, l'erede conserva tutti i diritti e gli obblighi che aveva verso il defunto: la separazione dei due patrimoni impedisce, infatti, che tali rapporti si estinguano per confusione, eccezion fatta per quelli che, nella morte dell'ereditando, trovino la causa immediata e diretta del loro venire meno (si pensi, ad es., al caso in cui tra il *de cuius* e l'erede fosse stata convenuta una rendita vitalizia avente come termine finale la morte del primo).

Va precisato, tuttavia, che titolare delle situazioni giuridiche ricomprese nell'eredità rimane pur sempre l'erede, sebbene esse identifichino un compendio patrimoniale autonomo e distinto rispetto al suo patrimonio personale. Ciò significa, per quanto concerne i rapporti prima intercorrenti con il *de cuius*, che entrambe le posizioni di interesse si concentrano nello stesso soggetto, dando luogo, come suol dirsi, impropriamente, ad un rapporto unisoggettivo: impropriamente, perché la separazione patrimoniale preserva quella alterità delle parti necessaria e sufficiente alla configurazione di qualsiasi rapporto giuridico, intendendosi per parte il termine di imputazione degli interessi implicati dal rapporto, non la persona fisica, o giuridica, che si trovi ad essere in concreto portatrice di quegli interessi.

Creditori dell'erede e dell'eredità

L'effetto più rilevante dell'accettazione con beneficio di inventario riguarda, però, il versante della **responsabilità patrimoniale**. Infatti, l'erede sarà tenuto al pagamento dei debiti ereditari e **del legato** solo fino alla concorrenza del valore dei beni a lui pervenuti: egli, si dice, risponde esclusivamente *intra vires* e *cum viribus hereditatis*. Anche questa è una conseguenza della separazione dei due patrimoni, in ragione della quale ai creditori del *de cuius* e ai legatari viene impedito di aggredire il patrimonio personale dell'erede.

Detta separazione, però, è imperfetta nella misura in cui i creditori dell'erede possono agire sui beni del defunto, sebbene in via **sussidiaria** rispetto ai creditori ereditari. Ciò si ricava dalla lettera dell'art. 490, n. 3 il quale, parlando di una preferenza degli uni (i creditori dell'eredità ed i legatari) sugli altri (creditori dell'erede), lascia intravedere l'eventualità che anche questi ultimi, sia pure in via residuale, possano soddisfarsi sulla massa ereditaria. Sotto tale profilo, la posizione dei due ceti creditori, a fronte dei due patrimoni, non è uguale, giacché quel che non è consentito agli uni – cioè ai creditori del *de cuius*, di agire sui beni dell'erede – è invece consentito agli altri, ossia ai creditori dell'erede; sebbene, deve aggiungersi, questa (apparente, come si vedrà subito) asimmetria risulti attenuata dalla preferenza che, a fronte dei cespiti ereditari, è riconosciuta ai creditori del *de cuius* rispetto a quelli dell'erede.

Occorre, però, chiarire come intendere la **preferenza**, accordata ai creditori del *de cuius* rispetto a quelli dell'erede, allorché si tratti di aggredire il patrimonio ereditario. Invero, essa non consiste nell'attribuzione ai primi di una ragione di privilegio riconducibile al paradigma delle cause di prelazione; secondo l'interpretazione prevalente, infatti, i creditori personali dell'erede potranno rivalersi sui beni del defunto solo se e quando, liquidata l'eredità beneficiata (cioè pagati i creditori del *de cuius* e i legati), residui un attivo. Ciò esclude in radice un concorso in senso proprio dei creditori personali dell'erede con i creditori del defunto sui beni di quest'ultimo, sia pure in una posizione subordinata: tanto più che, esaurita la liquidazione dell'eredità beneficiata, l'eventuale residuo attivo refluirà nel patrimonio dell'erede, diventando ovviamente aggredibile da parte dei suoi creditori personali. In definitiva, dunque, la cennata asimmetria tra le due classi di creditori è solo apparente: finché la separazione patrimoniale persiste, non è ammesso concorso alcuno, mentre il successivo estendersi del potere di aggressione dei creditori personali dell'erede anche ai beni del defunto consegue, *naturaliter*, al venir meno del regime dell'eredità beneficiata.

L'art. 484, co. 1 prevede che l'accettazione con beneficio di inventario necessita di una dichiarazione **espressa** ricevuta da un notaio o dal cancelliere del Tribunale del luogo in cui si è aperta la successione, preceduta o seguita dalla **redazione** dell'**inventario** del patrimonio ereditario. Modalità

In presenza di un'accettazione beneficiata, il momento in cui quest'ultima potrà dirsi perfezionata varia a seconda che il chiamato si trovi, o meno, nel **possesso** dei beni ereditari.

Nel primo caso (art. 485), egli deve compiere l'inventario entro tre mesi (ma può chiedere all'autorità giudiziaria una proroga massima di altri tre mesi), decorrenti dall'apertura della successione, ovvero dal momento in cui egli abbia avuto notizia della vocazione. Compiuto l'inventario in tempo utile, il chiamato dispone di un ulteriore termine di quaranta giorni per manifestare la sua volontà. Il compimento dell'inventario, viceversa, perfezionerà immediatamente la fattispecie qualora egli abbia precedentemente reso la dichiarazione prevista dall'art. 484. L'inosservanza dei termini stabiliti dall'art. 485 – come si è già detto – comporta l'acquisto dello *status* di erede puro e semplice.

Diversa è la disciplina dettata con riguardo al secondo caso, quello in cui il chiamato **non** sia nel possesso dei beni ereditari (art. 487). Qui opererà l'ordinario termine decennale di prescrizione: tuttavia, a partire dal momento in cui rende la dichiarazione *ex* art. 484, al chiamato è dato un termine di tre mesi (anche in questo caso prorogabile) per la redazione dell'inventario, scaduto il quale egli sarà considerato erede puro e semplice. Nel caso contrario, ultimato l'inventario, il chiamato dispone di quaranta giorni per manifestare la propria volontà: scaduto infruttuosamente questo termine, egli – diversamente da quanto accade nelle ipotesi precedentemente considerate – perde il diritto di accettare l'eredità.

La ragione di questa netta distinzione tra le due ipotesi, e del maggior rigore della disciplina prevista in relazione alla prima, deve rinvenirsi in un'esigenza di tutela dei creditori del *de cuius*: infatti, il possesso promiscuo di beni personali e beni ereditari può rendere più problematica l'individuazione dei cespiti appartenenti all'asse ereditario, con conseguente pregiudizio delle ragioni dei creditori dell'eredità.

Liquidazione

La disciplina dell'eredità beneficiata trova il suo momento centrale nel regime della **liquidazione** dell'attivo e del soddisfacimento dei creditori e dei legatari. Al riguardo, la legge contempla tre diverse ipotesi.

La più semplice è la procedura di liquidazione **individuale** (art. 495, co. 1), cui si può ricorrere solo se nessuno dei creditori e dei legatari vi si opponga entro un mese dall'adempimento pubblicitario (art. 484) della trascrizione della dichiarazione di accettazione nel registro immobiliare del luogo in cui si è aperta la successione. Ove ricorra questo presupposto, l'erede potrà pagare i creditori e i legatari nell'ordine e nella misura in cui essi gli si presentino, fermo restando il rispetto di eventuali cause di prelazione.

Ovviamente, può accadere che l'asse ereditario risulti incapiente. In questo caso (art. 495, co. 2 e 3), i creditori – entro il termine di prescrizione di tre anni, decorrente dall'ultimo dei pagamenti eseguiti dall'erede – potranno agire in via di regresso contro i singoli legatari, i quali naturalmente rispondono nei limiti del valore del bene attribuito (nel caso di un legato di specie) o della prestazione ricevuta (nel caso di un legato obbligatorio).

In presenza dell'opposizione di anche un solo creditore o legatario, dovrà invece procedersi ai sensi dell'art. 498 s. (ma, anche in assenza di opposizioni, l'erede può optare *motu proprio* per questa procedura: art. 503). Trattasi di una procedura di liquidazione **concorsuale**, preordinata a garantire la *par condicio* dei creditori e dei legatari. A tal fine è preclusa la promozione di azioni esecutive individuali sul patrimonio ereditario (art. 506); inoltre, l'esigenza di assicurare la concorsualità della liquidazione si riflette nella peculiare posizione dell'erede, che sembra configurare un ufficio privato, poiché egli è espressamente chiamato ad operare nell'interesse della massa dei creditori e dei legatari, con l'assistenza di un notaio e sotto il controllo del Tribunale, cui è deve esser chiesta l'autorizzazione per la vendita di ogni singolo cespite dell'asse.

Infine, all'erede che non intenda farsi carico della liquidazione del patrimonio ereditario è data la possibilità di liberarsi da ogni incombenza (e di ogni responsabilità per i debiti del *de cuius*) **rilasciando** tutti i beni ereditari a favore dei creditori e dei legatari (artt. 507-509). In questo caso il Tribunale del luogo in cui si è aperta la successione nomina anche d'ufficio un curatore, al quale devono essere consegnati tutti i beni ereditari e al quale è demandato il compito di provvedere alla liquidazione concorsuale del patrimonio, secondo la disciplina prevista dall'art. 498 s.

Il legislatore esprime un chiaro *favor* per l'istituto dell'eredità beneficiata: si pensi all'art. 510, ai sensi del quale l'accettazione con beneficio di inventario di uno dei chiamati giova anche agli altri, e si perfeziona anche quando l'inventario venga compiuto da un chiamato diverso dall'autore della dichiarazione. Si pensi, ancora, all'art. 491, in virtù del quale l'erede risponde dei danni causati nell'amministrazione dell'eredità beneficiata solo in caso di colpa grave; ovvero all'art. 505, ult. co. che limita ai creditori del *de cuius* e ai legatari la legittimazione a far valere l'eventuale decadenza dal beneficio d'inventario (prevista, con intento sanzionatorio, nelle ipotesi contemplate dagli artt. 493, 494 e 505); e per finire, all'art. 509, ai sensi del quale la decadenza dal beneficio dell'inventario non ancora eccepita non può più esser fatta valere se e dal momento in cui il Tribunale – su istanza di un creditore o di un legatario – nomini un curatore, con l'incarico di procedere alla liquidazione concorsuale del patrimonio.

Altrove invece il codice ammette solo un'accettazione con beneficio di inventario. Anche in questi casi emerge un *favor* per l'istituto in esame, riconducibile, però, all'esigenza di tutelare il chiamato dalle conseguenze negative di un'eredità dannosa. In particolare, l'accettazione con beneficio di inventario non conosce alternative (sicché una eventuale accettazione pura e semplice risulterebbe nulla e improduttiva di effetti) là dove il chiamato sia un **minore**, anche se emancipato, un **interdetto** o un **inabilitato** (artt. 471-472); ovvero un **ente**, diverso dalla società, con o senza personalità giuridica (art. 473).

5. *La separazione dei beni*

Si è visto che l'accettazione pura e semplice determina la confusione tra il patrimonio personale dell'erede e quello del *de cuius*; su questa unica massa concorreranno paritariamente, salve le eventuali cause di prelazione, i creditori dell'uno e dell'altro. Ciò, però, potrebbe risultare pregiudizievole per i creditori del defunto tutte le volte in cui il patrimonio personale dell'erede dovesse rivelarsi incapiente.

Tutela dei creditori ereditari

Naturalmente, a nessun rischio i creditori del *de cuius* sono esposti allorché l'eredità venga accettata con beneficio di inventario, poiché in questo caso, restando i due patrimoni separati, ai creditori personali dell'erede è comunque preclusa la possibilità di aggredire i beni del defunto. È pur vero, tuttavia, che la scelta di avvalersi del beneficio d'inventario è rimessa al solo ereditando, il quale non avrà alcuna ragione di ricorrervi quando l'eredità sia attiva, cioè proprio quando ai creditori del *de cuius* interesserebbe davvero mantenere separati i due patrimoni.

Separazione dei beni

L'istituto della **separazione dei beni** nasce proprio dall'esigenza di offrire ai creditori ereditari e ai legatari uno strumento per preservare la possibilità di soddisfare pienamente le loro pretese a fronte del rischio connesso alla confusione dei due patrimoni derivante da una accettazione pura e semplice: infatti, quelli tra di essi che abbiano esercitato il diritto di separazione godono di una ragione di **prelazione** in ordine ai beni separati, poiché nella distribuzione del ricavato dalla vendita forzata di questi ultimi sono preferiti ai creditori dell'erede (art. 512).

Modalità

Il diritto (che ha natura **potestativa**) di separazione si esercita – entro il termine di tre mesi dall'apertura della successione (art. 516) – con modalità diversa in ragione della natura del bene: nel caso di beni mobili, è necessaria una domanda giudiziale (art. 517); nel caso di beni immobili, occorre iscrivere il credito nei registri immobiliari. Detta iscrizione ricalca il modello dell'ipoteca, alla cui disciplina il codice rinvia, divergendo solo in relazione ad un profilo: se sul medesimo bene vengono iscritti a titolo di separazione più crediti in date diverse, tutte le iscrizioni prendono il grado della prima, nel senso che ai fini della loro opponibilità nei confronti degli aventi causa dell'erede (o del legatario, visto che il bene separato può anche costituire oggetto di legato) si considerano eseguite contestualmente alla prima (art. 518).

Rapporti tra creditori

È bene precisare che il meccanismo di cui ci stiamo occupando **non** mette capo ad una separazione tra il patrimonio personale dell'erede e quello del *de cuius*. Esso, infatti, non investe l'asse ereditario nel suo insieme, e non ne fa una massa autonoma e distinta (come invece accade nel caso dell'eredità beneficiata), ma colpisce solo i **singoli** beni in relazione ai quali la separazione venga esercitata. Peraltro, neanche in relazione ai beni separati può configurarsi una vicenda analoga alla separazione dei patrimoni: infatti, da un lato, i creditori e i legatari separatisti conservano il diritto di aggredire i beni personali dell'erede (e, *a fortiori*, i beni del *de cuius* non separati); dall'altro, i creditori personali dell'erede possono concorrere sui beni separati, sia pure in via subordinata rispetto ai creditori separatisti.

Come si è visto, la separazione è strumento utilizzabile sia dai creditori del *de cuius*, sia dai legatari. Tuttavia, in caso di concorso sul medesimo bene di creditori e legatari separatisti, i primi sono preferiti ai secondi. La logica di questa previsione è palese: le ragioni di credito sorte nei confronti del *de cuius* prima del suo decesso prevalgono sulla posizione di interesse di chi ha beneficiato, nell'ambito della vicenda successoria, di un legato. Peraltro, non si dimentichi che i creditori del *de cuius* – a differenza dei legatari – possono esercitare la separazione anche sui beni che costituiscono oggetto di legati di specie (art. 513), essendo detti beni *ab initio* parte della garanzia patrimoniale del loro credito.

Molto complessa è, invece, la disciplina dei rapporti tra creditori (e legatari) **separatisti** e creditori (e legatari) **non** separatisti. Al riguardo è opportuno chiarire, in via preliminare, che i beni separati non costituiscono, all'interno dell'eredità, una massa autonoma riservata esclusivamente alla garanzia patrimoniale del credito di chi abbia esercitato la separazione. La *ratio* della disciplina, infatti, è individuabile nell'esigenza di evitare ai separatisti il concorso con i creditori personali dell'erede, non il concorso con i creditori del *de cuius* che non si siano avvalsi della separazione; non a caso dal codice si ricava in modo inequivoco che la vicenda della separazione non incide in alcun modo sulle cause di prelazione di cui i creditori del defunto già godevano al momento della apertura della successione (onde, ad es., tra un creditore ipotecario non separatista e un creditore chirografario separatista prevale il primo). Sotto questo punto di vista, tutti i creditori del *de cuius*, separatisti e non, dovrebbero concorrere paritariamente sui beni oggetto di separazione. È pur vero, però, che i creditori separatisti appaiono maggiormente meritevoli di tutela rispetto ai creditori non separatisti, perché i primi – a differenza dei secondi – si sono attivati per tutelare il loro credito e sarebbe irragionevole consentire a chi è rimasto inerte di avvantaggiarsi della solerzia altrui.

Ancora una volta, dunque, il legislatore è chiamato a mediare tra interessi contrapposti. Il risultato di questo bilanciamento è, appunto, la complessa disciplina dettata dall'art. 514, ove si distinguono due ipotesi.

La prima ricorre quando il valore della parte del patrimonio ereditario non separata sarebbe stata **sufficiente** a soddisfare i creditori (e i legatari) non separatisti. In questo caso – si osserva – costoro avrebbero potuto chiedere la separazione dei beni rimasti invece non separati, così conseguendo la certezza di ottenere il pieno soddisfacimento del loro credito; ma, non essendosi attivati, si sono consapevolmente esposti al concorso dei creditori personali dell'erede sui beni del *de cuius* non separati, il che li spingerà plausibilmente ad aggredire anche i beni oggetto di separazione.

Insomma, qui, all'esigenza di tutelare anche i creditori non separatisti si contrappone la constatazione che la loro inerzia ha impedito di ottenere un risultato (il pieno soddisfacimento del credito) che avrebbe potuto essere conseguito se essi si fossero avvalsi dello strumento della separazione. È per questa ragione che il legislatore ritiene di premiare i creditori che hanno assunto l'iniziativa della separazione, riconoscendo loro un titolo di **preferenza** nei confronti dei creditori non separatisti.

Questo ordine di considerazioni non vale per il caso in cui tutti i beni siano stati oggetto di separazione, perché qui non può dirsi che l'inerzia dei non separatisti abbia consentito ai creditori personali dell'erede di concorrere paritariamente su una parte dell'eredità, quella non separata. Detto altrimenti, l'inerzia in parola non ha avuto alcuna ripercussione negativa sul ceto dei creditori ereditari (separatisti e non), considerato unitariamente, sicché riconoscere anche in questo caso ai creditori separatisti un titolo di preferenza sui creditori non separatisti significherebbe tutelare i primi non più dal concorso con i creditori personali dell'erede, ma dal concorso con i creditori del *de cuius* che non si siano avvalsi della separazione: ciò che rappresenterebbe una deviazione dalla *ratio* dell'istituto.

Si spiega, pertanto, perché nell'ipotesi in esame (l'**intero** patrimonio oggetto di separazione), tutti i creditori ereditari, separatisti e non, concorrano paritariamente sui beni separati. Vi concorrono anche i legatari, separatisti e non, ma in via subordinata rispetto ai creditori: è, infatti, previsto che i creditori non separatisti prevalgono sui legatari separatisti.

Ove invece una parte del patrimonio non sia stata separata, ma, ove lo fosse stata, sarebbe risultata incapiente a fronte delle ragioni dei creditori non separatisti, il codice dispone che si calcoli il valore complessivo dei beni ereditari, separati e non, onde determinare quanto sarebbe spettato a ciascuno dei creditori ereditari se nessuno avesse esercitato il diritto di separazione: quindi, si imputa il valore dei beni non separati alla quota dei creditori non separatisti, i quali concorreranno sui beni separati solo nei limiti della differenza.

6. *La rinunzia all'eredità*

La delazione dell'eredità può anche essere oggetto di **rinunzia** (art. 519): a tal fine è necessaria una dichiarazione (di carattere non recettizio) resa dinanzi ad un notaio, ovvero dinanzi al cancelliere del Tribunale del luogo in cui si è aperta la successione e inserita, quale mera pubblicità notizia, nel registro delle successioni. Ovviamente, la rinunzia è possibile solo **dopo** l'apertura della successione, configurandosi, altrimenti, un patto successorio vietato, come si è visto, ai sensi dell'art. 458; essa, per converso, non sarà più ammissibile dal momento in cui il chiamato abbia acquistato l'eredità, ostandovi il principio della **irretrattabilità** dell'accettazione (*semel heres, semper heres*).

Rinunzia e figure (apparentemente) affini

Non ricorre la fattispecie prevista dall'art. 519, integrando, piuttosto, una peculiare ipotesi di **accettazione** dell'eredità, la rinunzia compiuta a fronte di un corrispettivo, ovvero a favore di alcuni soltanto di coloro che risulterebbero chiamati all'eredità in via successiva (art. 478): come si è già detto, in questi casi, dietro le mentite spoglie di una rinunzia, si cela un negozio traslativo, ben lontano dalla natura meramente abdicativa che, viceversa, caratterizza la dichiarazione di cui all'art. 519.

È, inoltre, evidente la differenza tra la rinunzia in senso proprio e la donazione dell'eredità: nel secondo caso, il donante è erede del *de cuius* (art. 477) e dante causa del donatario; nel primo caso, invece, il rinunziante non diventa erede e lo diventa, invece, il chiamato che gli subentra nella delazione, purché, beninteso, egli accetti l'eredità.

La disciplina della rinunzia è per diversi profili speculare a quella dell'accettazione: ciò è perfettamente comprensibile ove si consideri che entrambi i negozi incidono, comunque, sia pure da prospettive diverse, sulla delazione dell'eredità, di cui rispecchiano il regime. Così, non è ammessa una rinunzia parziale o sottoposta a termine o a condizione (art. 520); gli effetti della rinunzia retroagiscono sin dal momento dell'apertura della successione (art. 521); inoltre, essa è suscettibile di annullamento per dolo e violenza, ma non per errore (art. 526).

In realtà il *nomen* dato dal codice all'istituto è improprio, perché non può rinunziarsi a ciò che non si è ancora acquistato (e il chiamato non ha ancora acquistato l'eredità). Né vale assumere come oggetto della rinunzia non l'eredità, ma la sua delazione (e dunque il diritto di accettare l'eredità). In effetti, ciò che qualifica un atto negoziale di disposizione come una rinunzia è la natura abdicativa dell'effetto che, suo tramite, si realizza: il soggetto dismette, e perde, il diritto cui rinunzia (si pensi alla figura contemplata dall'art. 2937). La dichiarazione di cui all'art. 519, invece, non spoglia il chiamato del diritto di accettare l'eredità: ciò risulta dall'art. 525 ai sensi del quale chi ha rinunziato all'eredità **conserva** la possibilità di accettarla in un momento successivo, sempre che il diritto di accettare non si sia prescritto.

Alla luce di quanto precede, la figura in esame si atteggia, piuttosto, come un **rifiuto**, attraverso il quale il chiamato all'eredità impedisce alla vicenda successoria di perfezionarsi: così come il rifiuto dell'oblato impedisce il perfezionamento di un contratto con obbligazioni a carico del solo proponente (art. 1333), o quello del debitore di profittare della volontà del creditore di rimettere il debito, che impedisce l'estinzione di quest'ultimo (art. 1236).

Ratio dell'istituto

Al di là delle incertezze in punto di qualificazione, è, comunque, fuor di dubbio che la dichiarazione di rinunzia rappresenti uno strumento utile ad evitare di essere coinvolti in una successione alla quale, per una ragione qualsiasi, ci si intende sottrarre. Sotto questo profilo, si può dire che la rinunzia rappresenta un contrappeso alla potenziale invasività dei meccanismi di accettazione tacita o di acquisto *ex lege* dell'eredità che, viceversa, vanno nella direzione esattamente opposta, di un rapido perfezionamento della vicenda successoria.

Tutela dei creditori dell'erede

Ovviamente, la rinunzia ad una eredità attiva incide negativamente sulla posizione dei creditori **personali** dell'erede, che, a seguito di essa, vedono sottrarsi la possibilità di aggredire un ulteriore compendio patrimoniale. Ecco perché la legge consente loro "di farsi autorizzare ad accettare l'eredità in nome e luogo del rinunziante" (art. 524).

Il tenore letterale della disposizione suggerisce immediatamente l'accostamento con i mezzi di conservazione della garanzia patrimoniale. Ma, al di là delle apparenze, l'accostamento è improprio. L'azione revocatoria, infatti presuppone la mala fede del debitore, dalla quale, invece, il rimedio in esame prescinde; inoltre oggetto di revocazione è un atto di disposizione; ed è evidente la difficoltà di riconoscere effetti dispositivi alla rinunzia all'eredità, che, come si è visto, configura gli estremi di un mero rifiuto.

Anche l'accostamento con l'azione surrogatoria è un fuor d'opera, perché i creditori personali del chiamato non gli si sostituiscono nell'esercizio del diritto di accettare l'eredità, ma si avvalgono di un loro autonomo diritto. Si consideri, infatti, che i creditori possono ricorrere al rimedio in parola anche là dove l'eredità sia stata acquistata da coloro cui è stata devoluta in via successiva; circostanza, questa, che, viceversa, rappresenta un ostacolo insuperabile ad un possibile ripensamento da parte del chiamato che abbia rinunziato all'eredità. È chiaro, quindi, che qui i creditori fanno valere un diritto loro proprio, non potendo, come ovvio, surrogarsi al debitore nell'esercizio di un diritto di cui questi non è più titolare.

Inoltre, gli effetti dell'azione surrogatoria ricadono esclusivamente nella sfera giuridica del debitore, mentre i beni ereditari, nell'ipotesi in oggetto, non vengono acquisiti dal chiamato rinunziante: essi, infatti, rimangono in capo a coloro che hanno accettato l'eredità, risultando però aggredibili da parte dei creditori. Questo esito non si esaurisce dunque nella mera inopponibilità della rinunzia ai creditori; in realtà, questi ultimi vengono posti nella stessa posizione in cui si sarebbero trovati ove il loro debitore avesse accettato l'eredità (senza beneficio di inventario). Resta, però, un dato: l'impugnazione in esame non comporta affatto un acquisto coatto dell'eredità da parte del chiamato che vi aveva rinunziato, rimanendo egli, comunque, **estraneo** alla vicenda successoria.

7. *L'azione di petizione dell'eredità*

Può accadere che l'erede, immettendosi nel possesso dei beni del *de cuius*, scopra che di alcuni di essi si sono appropriati soggetti terzi, senza averne titolo o assumendo di essere eredi.

Finalità del rimedio

In casi di questo genere ben difficilmente si daranno i presupposti delle azioni possessorie (artt. 1168 e 1170), sebbene il codice stabilisca, sulla base di una vera e propria *fictio iuris*, che l'erede subentra senza soluzione di continuità nel possesso del *de cuius* (art. 1146, co. 1). L'erede, pertanto, dovrebbe ricorrere ad un'azione di rivendica; strada, questa, resa ardua dalle ben note difficoltà di prova.

Da qui la previsione di un rimedio di più agevole esperimento: la **petizione dell'eredità** (art. 533). Attraverso questa azione il soggetto mira ad ottenere la restituzione del bene, facendo valere il suo *status* di erede contro chiunque possegga i beni del *de cuius* assumendo di esserne **erede**, ovvero contro chiunque li possegga **senza** vantare **titolo** alcuno.

Naturalmente, l'esito positivo dell'azione impone al convenuto la restituzione non solo del bene, ma anche dei frutti; sotto questo profilo, e per quanto concerne il regime delle spese, delle addizioni e dei miglioramenti, l'art. 535, co. 1 rinvia integralmente alla disciplina dettata in materia di possesso dagli art. 1148 s.

Si è al di fuori dell'ambito di azione della petizione dell'eredità ove si chieda semplicemente la consegna del bene ad un terzo che lo detenga in base ad un contratto, ad es., scaduto o risolto: l'azione promossa, in questa ipotesi, trae fondamento dal solo rapporto contrattuale. E non è riconducibile allo schema della *hereditatis petitio* neanche l'ipotesi in cui il terzo convenuto assuma di avere acquistato il bene dal *de cuius*: qui non rileva che l'attore dimostri il proprio *status* di erede, o la provenienza del bene dal *de cuius*, perché ciò non è contestato; oggetto del giudizio sarà piuttosto il titolo di proprietà vantato dal terzo. D'altra parte, l'irriducibilità alla fattispecie contemplata dall'art. 533 è resa evidente dalla circostanza che il convenuto non possiede a titolo di erede o senza titolo, affermando, piuttosto, di possedere in quanto proprietario.

L'azione di petizione dell'eredità è **imprescrittibile**, perché tale è lo *status* di erede; ma sono fatti salvi gli effetti dell'usucapione maturata in relazione a singoli beni (non essendo configurabile un'usucapione dell'eredità).

Azione di petizione e azione di rivendicazione

Sebbene siano entrambe dirette ad ottenere la restituzione del bene, petizione dell'eredità e azione di rivendica presentano notevoli differenze. Diversa è, in primo luogo, e fondamentalmente, la ***causa petendi***, costituita in un caso dalla proprietà del bene e nell'altro dal titolo di erede: ciò si riflette anche sulla determinazione del *thema probandum*, perché nella *hereditatis petitio* all'attore sarà sufficiente dimostrare che l'eredità è stata a lui devoluta e da lui validamente accettata, nonché che il bene al momento dell'apertura della successione era ricompreso nell'asse ereditario. Non sarà invece necessario provare la proprietà del bene: il che rende molto più comoda la posizione processuale dell'attore.

Inoltre, mentre nella rivendica la prova della proprietà è sempre riferita a singoli beni, nella petizione dell'eredità la prova della qualità di erede ha una portata universale perché investe, almeno potenzialmente, ciascuno dei beni dell'asse.

Si noti, infine, che, ai sensi dell'art. 103, co. 1, d.lgs. n. 154/2013, "fermi gli effetti del giudicato formatosi prima dell'entrata in vigore della legge 10 dicembre 2012, n. 219, sono legittimati a proporre azioni di petizione di eredità, ai sensi dell'articolo 533 del codice civile, coloro che, in applicazione dell'articolo 74 dello stesso codice, come modificato dalla medesima legge, hanno titolo a chiedere il riconoscimento della qualità di erede" (si ricordi che oggi la discendenza dal medesimo stipite integra la parentela sia che la filiazione sia nel matrimonio, sia che essa abbia luogo al di fuori di esso, sia, infine, ove il figlio sia adottivo).

7.1. *La tutela del terzo avente causa dall'erede apparente*

L'art. 534 disciplina il conflitto tra l'erede (o il legatario) cui il bene spetti e colui che lo abbia acquistato da chi lo possedeva quale preteso erede o senza titolo.

In linea generale, è previsto che a prevalere sia l'erede (o il legatario). Tuttavia, questa regola conosce un'importante eccezione, nel senso che a prevalere sarà il terzo ove questi abbia acquistato il bene a titolo **oneroso** e in **buona fede** da un erede **apparente**. Tale, in particolare, è chi appaia come erede in base a circostanze di fatto oggettive a cagione delle quali l'acquirente è stato indotto a ritenere, erroneamente, che il dante causa fosse legittimato a disporre del bene.

In questa ipotesi, invero, alle ragioni dell'erede (o del legatario), cioè del legittimo titolare del bene, si contrappone l'esigenza di tutelare l'affidamento del terzo acquirente in quanto alimentato dalla situazione di apparenza determinatasi. Peraltro, la tutela dell'affidamento del terzo acquirente risponde non solo all'interesse individuale di cui questi è portatore, ma anche a quello, generale alla certezza del traffico giuridico: si consideri, infatti, che l'acquisto dell'eredità può non risultare da un titolo formale (si pensi al caso di una accettazione tacita) e che, inoltre, gli adempimenti pubblicitari cui l'acquisto è soggetto (iscrizione nel registro delle successioni e trascrizione nei registri immobiliari), non rivestendo né un'efficacia costitutiva, né un'efficacia dichiarativa, potrebbero tranquillamente essere omessi dall'erede.

Tutela dell'affidamento

Come si è visto, il terzo acquirente prevarrà solo se in buona fede, nel senso che egli deve avere ignorato incolpevolmente di acquistare da chi, al di là delle apparenze, non era l'erede. La buona fede, in questo caso, non può essere presunta ma deve essere **provata** dal terzo acquirente, in quanto elemento costitutivo dell'acquisto. Giova aggiungere che nella norma in esame trova espressione il più generale principio della tutela dell'**affidamento** incolpevole del terzo, di cui si è già avuto modo di illustrare alcune importanti applicazioni (a cominciare dalla regola di cui all'art. 1189 in materia di pagamento al creditore apparente).

La disciplina dell'acquisto dall'erede apparente, nel caso in cui oggetto dell'acquisto sia un bene immobile o un bene mobile registrato, va coordinata con le regole della **trascrizione**. Sicché, ai sensi dell'art. 534, co. 3, il terzo prevale solo se il suo acquisto e, in precedenza, quello dell'erede apparente, sono stati entrambi trascritti **prima** che l'erede (o il legatario) trascrivesse il suo acquisto (art. 2648, co. 1), o la domanda giudiziale di petizione dell'eredità (o di rivendica, nel caso in cui il bene in realtà spetti ad un legatario) avverso l'erede apparente (art. 2652, n. 7).

Naturalmente, qualora risulti soccombente, l'erede (o il legatario) potrà agire nei confronti dell'erede apparente. In particolare, se questi ha posseduto ed alienato il bene in **buona fede** (art. 535, co. 2 e 3), sarà tenuto a trasferire all'erede il corrispettivo ricevuto dal terzo. Trattasi, dunque, di una tutela meramente restitutoria, sulla falsariga di quanto previsto dall'art. 2038, co. 1. in relazione a chi, in buona fede, abbia alienato ad un terzo il bene indebitamente ricevuto.

L'art. 535 non contempla, invece, il caso in cui difetti la buona fede dell'alienante: pertanto, con ogni verosimiglianza troverà qui applicazione analogica il disposto dell'art. 2038, co. 2, che commisura l'obbligazione (pur sempre restitutoria) a carico dell'alienante non più al prezzo da questi conseguito, ma al valore del bene.

8. *La successione testamentaria*

Il **testamento** è l'atto con il quale un soggetto dispone del proprio patrimonio per il tempo in cui avrà cessato di vivere (art. 587).

In realtà, questo disporre consiste solo nell'imprimere una certa direzione soggettiva ad una delazione cui la morte del soggetto dà sempre luogo (onde il fondamento della delazione, si dice, rimane comunque la **legge**). Il testamento, insomma, si limita a indirizzare la vicenda successoria senza esserne la causa, imponendosi quale criterio di individuazione dei destinatari di quella medesima vicenda; ciò perché la successione testamentaria – come si è detto – prevale su quella legittima, la quale entra in gioco solo in difetto della prima (art. 457, co. 2).

Tuttavia, come si è già osservato, la presenza di un testamento non esclude, di per sé, l'eventualità che la delazione sia regolata anche dalle norme sulla successione legittima: può accadere, infatti, che il testamento contenga solo disposizioni a titolo particolare (cioè legati) o che le disposizioni a titolo universale ivi contemplate riguardino solo una parte del patrimonio: in queste ipotesi la chiamata all'eredità seguirà, appunto, le regole della successione legittima.

Contenuto …

Il testamento costituisce l'**unico** atto per il tramite del quale è possibile disporre della propria successione. L'ordinamento, infatti, non consente che questo medesimo effetto venga raggiunto attraverso un contratto: lo si desume dall'art. 458, che, come si è visto, sancisce la nullità dei patti successori istitutivi, cioè dei contratti con i quali una parte trasferisce i propri beni all'altra per il tempo successivo alla propria morte o si obbliga a testare in suo favore. La ragione di questo divieto, come si rammenterà, è individuabile nell'esigenza di preservare la libertà, la incoercibilità e la revocabilità delle ultime volontà, esigenza cui invece risponde pienamente il testamento, quale atto **unilaterale** e sempre **revocabile** (art. 679).

Il testamento, pur configurandosi sempre quale manifestazione di volontà unitaria, consta (o, comunque, può constare) di più disposizioni – ora a titolo universale (istituzioni di erede), ora a titolo particolare (legati) – ciascuna delle quali dotata di una propria autonomia rispetto alle altre; onde, ad es., l'invalidità della singola disposizione non si propaga alle altre (*vitiatur sed non vitiat*). Peraltro, l'art. 587 prevede che il testamento possa contenere anche – e persino esclusivamente – disposizioni di carattere non patrimoniale (si pensi al riconoscimento o alla legittimazione del figlio: artt. 254 e 285; alla designazione del tutore del figlio minore: art. 348; alla riabilitazione del soggetto affetto da indegnità a succedere, art. 466: alla indicazione del luogo di sepoltura). Si discute se il testamento possa contenere solo le disposizioni non patrimoniali tipicamente previste dalla legge ovvero se possano essere inserite anche disposizioni non patrimoniali **atipiche**: il problema si pone soprattutto in ordine alla validità – ancora oggi discussa – della clausola di **diseredazione**, con la quale il testatore si limita ad escludere dalla successione un soggetto che altrimenti sarebbe chiamato all'eredità in base alle regole della successione legittima.

e caratteri del testamento

È appena il caso di aggiungere che la unilateralità del testamento non è in alcun modo contraddetta dalla circostanza che l'eredità debba essere accettata dal soggetto designato. L'accettazione, a sua volta, come si è visto, atto unilaterale, infatti, ha ad oggetto la delazione dell'eredità, non la disposizione testamentaria. Anzi, il negozio testamentario non ha neanche natura recettizia: la delazione opera sin dal momento dell'apertura della successione, indipendentemente dalla circostanza che il suo contenuto sia stato portato a conoscenza del beneficiario: non a caso, di regola, il termine di prescrizione del diritto di accettare l'eredità decorre dal momento dell'apertura della successione.

L'esigenza di preservare la libertà del testatore spiega anche la natura strettamente **personale** del testamento, che, ad es., non può essere posto in essere da un rappresentante. Per ragioni analoghe sono nulle le disposizioni testamentarie in cui la determinazione del beneficiario o dell'oggetto sia rimessa all'arbitrio altrui (artt. 631 e 632): è solo possibile rimettere ad un terzo la scelta del legatario, purché la scelta sia circoscritta ad una cerchia determinata di soggetti (art. 631, co. 2).

Ancora, l'art. 589 vieta a due soggetti di disporre dei propri beni con un **unico** testamento, indipendentemente dal fatto che beneficiario sia un terzo (testamento **congiunto**), o che ciascuno dei due testatori disponga a favore dell'altro (testamento **reciproco**). È certamente valido, invece, il testamento **simultaneo**. La differenza tra le due figure è notevole: nel primo caso, si ha un unico negozio in cui concorrono e si fondono, in una manifestazione di volontà unitaria, le volontà dei due testatori; nel secondo caso, le dichiarazioni di volontà dei due soggetti sono autonome e distinte e danno vita a due negozi testamentari, a loro volta, autonomi e distinti, sebbene materialmente contenuti nella medesima scheda.

La nullità prevista dall'art. 589 è dettata anch'essa dall'esigenza di tutelare personalità e revocabilità del testamento, compromesse dalla circostanza che, in presenza di un testamento unico, una revoca efficace necessiterebbe di una manifestazione di volontà congiunta. A ciò si aggiunga che il testamento reciproco è figura assai prossima ad una fattispecie contrattuale; onde – alla luce della regola che vieta i patti successori istitutivi – ne sarebbe, comunque, assai dubbia l'ammissibilità. Infine, ragioni non dissimili spiegano perché siano nulle le disposizioni testamentarie condizionate alla circostanza che il beneficiario abbia a sua volta indicato il testatore quale erede o quale legatario (**condizione di reciprocità**: art. 635).

8.1. *Le forme di testamento*

Formalismo testamentario

Il testamento è un atto **formale**. Da qui, per un verso, l'assoluta inammissibilità del c.d. testamento **nuncupativo**, ossia espresso oralmente; e, per altro verso, la previsione di forme tipiche – testamento olografo, segreto o pubblico – soggette ad una disciplina molto analitica (art. 601 s.).

Testamento olografo

Il testamento **olografo** è redatto **personalmente** dal testatore. Suoi requisiti essenziali sono l'**autografia** (deve essere interamente scritto dal testatore di suo pugno, con la sua abituale grafia), la **sottoscrizione** e la **data** (art. 602). Tuttavia, solo il difetto dei primi due requisiti è causa di **nullità**, mentre la mancanza della data rende il testamento **annullabile** (art. 606). La ragione di questa diversità di trattamento è evidente: l'autografia e la sottoscrizione rappresentano le uniche – e, dunque, imprescindibili – garanzie della riconducibilità della scheda testamentaria al *de cuius*; la data risponde alla sola esigenza di stabilire – al cospetto di più testamenti – quale sia il loro ordine cronologico (circostanza, questa, decisiva al fine di individuare il testamento successivo, che – come si vedrà più avanti – prevale su quelli precedenti).

Il testamento olografo rappresenta la modalità più semplice e immediata di disporre della propria successione. Oltre a quelle indicate, non sono previste altre formalità: sicché, ad es., esso potrà venir redatto su un comune foglio di carta, conservato dal testatore, o da un terzo da questi prescelto, ecc. A tali vantaggi – cui bisogna aggiungere la possibilità di mantenere del tutto segrete le ultime volontà – corrispondono, però, svantaggi facilmente intuibili: il testamento olografo offre margini di sicurezza ridotti, perché vi è sempre il rischio che la scheda non venga ritrovata, ovvero che venga distrutta o alterata. Non a caso la legge si preoccupa di scongiurare detta eventualità sanzionando, anche penalmente, sia l'obbligo, gravante sul soggetto che rinvenga il testamento o che sia in suo possesso, di consegnarlo ad un notaio per la sua pubblicazione, sia il divieto di sopprimerlo o di alterarlo.

Testamento pubblico

Offre invece margini di sicurezza ben maggiori, a fronte, però, di un notevole aggravio degli adempimenti prescritti, il testamento **pubblico** (art. 603). Esso viene redatto dal **notaio**, il quale – in presenza di due testimoni – raccoglie e trascrive le volontà del soggetto. Le disposizioni dettate vengono poi lette dal notaio; l'atto, infine, va sottoscritto dal testatore, dai testimoni e dal notaio.

I vantaggi del testamento pubblico sono evidenti: la sua ufficialità e la sua pubblicità offrono al testatore ogni garanzia in ordine alla circostanza che la successione si svolgerà in modo conforme alle sue aspettative. Inoltre, la mediazione del notaio – chiamato a tradurre in termini giuridici appropriati le ultime volontà del testatore e, ancora prima, a spiegare allo stesso quali conseguenze da esse discenderanno – costituisce un importante ausilio tecnico, grazie al quale il testatore può confidare di non avere commesso errori e di avere indirizzato la vicenda successoria nella direzione effettivamente voluta. Ovviamente, questi vantaggi hanno un costo: il testamento pubblico presenta un tasso di formalismo di gran lunga superiore a quello che contraddistingue il testamento olografo e offre minori garanzie di segretezza; l'intervento di un notaio, poi, comporta una spesa.

Testamento segreto

Resta da considerare il testamento **segreto** (artt. 604-605), il quale rappresenta una soluzione di compromesso tra le esigenze di immediatezza, di segretezza e di sicurezza che, come si è visto, dominano la materia in esame.

In questo caso la scheda testamentaria viene redatta dal testatore, il quale, a tal fine, può avvalersi anche di mezzi meccanici o di un terzo (cui, ovviamente, egli detti, o abbia dettato, le proprie volontà). È essenziale, invece, la **sottoscrizione** del testatore (apposta alla fine della scheda ove essa sia stata redatta, di suo pugno, dal testatore medesimo; apposta in ciascun foglio, ove invece la scheda sia stata confezionata con mezzi meccanici, o da un terzo): in difetto di essa il testamento sarà nullo (art. 606, co. 1).

A questo punto la scheda testamentaria, chiusa in una busta sigillata, viene consegnata, alla presenza di due testimoni, dal testatore al notaio. Ciò viene attestato dal notaio con il c.d. atto di **ricevimento**, che va sottoscritto anche dal testatore e dai due testimoni, e con il quale il negozio testamentario si perfeziona.

Come può constatarsi, questa particolare forma di testamento coniuga la segretezza del testamento olografo con la sicurezza del testamento pubblico: un simile risultato viene conseguito attraverso la dissociazione tra scheda testamentaria e atto pubblico di ricevimento. È da dire, però, che la complessità della procedura rende infrequente il ricorso al testamento segreto, anche perché gli stessi vantaggi possono aversi, molto più agevolmente, depositando senza formalità un testamento olografo presso un notaio (eventualità, questa, espressamente contemplata dal codice: artt. 608, co. 1 e 620, co. 4).

Un testamento segreto nullo ha effetto quale testamento olografo qualora ne abbia i requisiti (art. 607). In questa previsione taluno ha voluto ravvisare un'ipotesi di conversione dell'atto nullo secondo lo schema dell'art. 1424 senza, però, tener conto della circostanza che qui, diversamente che nel caso della conversione in senso proprio, gli effetti giuridici prodotti dal negozio sanato sono identici a quelli cui avrebbe messo capo il negozio invalido.

Il testamento per **atto di notaio** (categoria che ricomprende tanto il testamento pubblico, quanto quello segreto: art. 601) è **nullo** quando difetti *a*) della redazione per iscritto, da parte del notaio, *b*) delle dichiarazioni del testatore (che solo nel caso del testamento pubblico hanno ad oggetto le ultime volontà di quest'ultimo giacché, nel caso del testamento segreto, il testatore medesimo si limita a dichiarare che il plico consegnato al notaio contiene la scheda testamentaria); c) della sottoscrizione del testatore o quella del notaio (art. 606, co. 1). Ogni altro vizio formale costituisce causa di **annullabilità** del testamento: la relativa azione, cui è legittimato chiunque vi abbia interesse, si prescrive nel termine di cinque anni, decorrente dal giorno in cui è stata data esecuzione alle disposizioni testamentarie (art. 606, co. 2).

Pubblicazione

Aperta la successione, il testamento olografo e quello segreto devono essere **pubblicati** (art. 620 s.). A tal fine, chiunque sia, o venga, in possesso di un testamento olografo ha l'obbligo di presentarlo ad un notaio per la sua pubblicazione; analogamente, il notaio cui sia stato consegnato un testamento segreto o presso il quale sia stato depositato fiduciariamente un testamento olografo ha l'obbligo di procedere alla sua pubblicazione. Questo adempimento – che consiste nella redazione, nella forma dell'atto pubblico, di un verbale nel quale si riproduce il contenuto del testamento – non è invece necessario nel caso del testamento pubblico, atteso che qui la pubblicità è insita nella forma stessa dell'atto.

Va precisato che la pubblicazione non costituisce un requisito di efficacia delle disposizioni testamentarie: il testamento, infatti, è efficace sin dal momento dell'apertura della successione. Piuttosto, la pubblicazione risponde alla elementare esigenza di ordine pratico per cui non può darsi esecuzione ad un testamento dell'esistenza (o del contenuto) del quale gli interessati non abbiano conoscenza. Analoga esigenza soddisfa la previsione dell'obbligo gravante sul notaio, che abbia pubblicato il testamento, di darne comunicazione agli eredi e ai legatari di cui egli conosca il domicilio o la residenza. Lo stesso obbligo, peraltro, è posto a carico del notaio che abbia redatto un testamento pubblico e che giunga a conoscenza della morte del testatore.

Testamenti speciali

Accanto alle tre di cui si è detto fin qui, il codice prevede, poi, forme **speciali** di testamento cui è possibile ricorrere solo in presenza di situazioni, appunto, molto particolari: è il caso del testamento redatto da persona che non può valersi delle forme ordinarie a causa di una **epidemia,** di una **pubblica calamità** o di un **infortunio** (art. 609); del testamento redatto a bordo di una **nave** o di un **aeromobile** (art. 611); del testamento cui sono ammessi i **militari**, nonché le persone al seguito delle forze armate, quando si trovino in una zona interessata da operazioni belliche, quando siano imprigionati presso il nemico, quando partecipino ad una missione all'estero e, infine, nei casi in cui le comunicazioni siano interrotte (art. 617).

Tratto comune ai c.d. testamenti speciali è la circostanza che essi possono essere ricevuti anche da persone diverse dal notaio; essi inoltre perdono efficacia trascorsi **tre** mesi dalla cessazione dello stato di fatto in presenza del quale furono posti in essere.

Un rapido cenno, infine, al testamento **internazionale**, previsto e disciplinato dalla l. n. 387/1990, con la quale è stata data attuazione alla convenzione internazionale di Washington del 26 ottobre 1973. Questa particolare forma di testamento è stata introdotta per risolvere i problemi che possono sorgere sul piano internazionalprivatistico allorché la vicenda successoria – in ragione del luogo in cui il testamento è stato confezionato, o in cui si trovano i beni dell'ereditando; ovvero, ancora, per la nazionalità, il domicilio o la residenza di quest'ultimo – assuma rilievo per più ordinamenti, i quali potrebbero prevedere discipline differenti in ordine alle modalità formazione ed alle condizioni di validità del testamento. A tal fine è stabilito che il testamento redatto nel rispetto delle formalità prescritte dalla citata legge è valido per tutti gli ordinamenti degli Stati che abbiano sottoscritto e ratificato la convenzione di Washington.

8.2. *I vizi della volontà testamentaria*

Cause di annullabilità

Requisito di validità del testamento è la **capacità di agire** del testatore (art. 591). La possibilità di testare, dunque, è preclusa ai minori, agli interdetti (ma non agli inabilitati), nonché ai soggetti incapaci di intendere e di volere. Ovviamente l'incapacità va valutata con riguardo al momento in cui il testamento venne confezionato, risultando irrilevante una diversa condizione (di incapacità o di capacità) sopraggiunta. L'incapacità è causa di **annullabilità** del testamento: la correlativa azione, cui è legittimato chiunque vi abbia interesse, si prescrive in **cinque** anni, decorrenti dal giorno in cui sia stata data esecuzione alle disposizioni testamentarie.

Sono cause di annullabilità del testamento anche i tradizionali vizi della volontà: **errore**, **dolo** e **violenza**. La relativa azione si prescrive sempre in **cinque** anni, decorrenti però dal giorno in cui si abbia avuto notizia del vizio (art. 624).

Differenze con la disciplina del contratto

Il codice non detta una disciplina specifica dei vizi della volontà in materia testamentaria: dovrà aversi riguardo, pertanto, alle corrispondenti disposizioni di cui all'art. 1427 s., pur con gli adattamenti imposti dalla unilateralità del testamento. È evidente, infatti, che qui non potranno trovare applicazione tutte quelle regole che subordinano l'incidenza invalidante del vizio della volontà all'esigenza di tutelare l'affidamento della controparte: così, la rilevanza dell'errore non sarà condizionata alla sua riconoscibilità (come previsto dall'art. 1428); e il dolo (a differenza di quanto stabilito dall'art. 1439, co. 2) inficerà sempre la volontà del *de cuius*.

Più in generale, si ritiene che la volontà negoziale del testatore debba ricevere una tutela maggiore rispetto a quella riservata alle parti di un contratto. Le ragioni sono molteplici. In primo luogo, le disposizioni testamentarie, costituendo espressione di una non ripetibile volontà dell'ereditando, impongono una tutela più intensa della integrità del volere. In secondo luogo, l'unilateralità del negozio testamentario esclude, come già accennato, che possa trovare spazio una qualche forma di protezione dell'affidamento. Alla luce di queste considerazioni si ritiene, ad es., che in materia testamentaria la soglia di gravità che i raggiri devono attingere per integrare una ipotesi di dolo sia più bassa di quella richiesta in materia contrattuale (anzi, per marcare questa differenza, spesso il dolo viene qui indicato con un *nomen* diverso: **captazione**).

Rilevanza del motivo

D'altra parte, la tutela rafforzata di cui gode la volontà testamentaria trova un riscontro positivo nella disciplina dell'errore sui **motivi**. Infatti, se nel caso del contratto l'errore sul motivo (inteso come ragione unica o principale del contratto medesimo) inficia il consenso solo ove esso sia, in pari tempo, errore di **diritto** (art. 1429, n. 4), nel caso del testamento, invece, l'errore sul motivo rileva sempre, purché il motivo risulti dal testamento e sia stato il solo a determinare la disposizione (art. 624, co. 2). A queste stesse condizioni, peraltro, si lega la rilevanza dell'**illiceità** del motivo quale causa di nullità della disposizione testamentaria (art. 626).

Ulteriore indice della speciale considerazione riservata alla volontà del testatore è rappresentato anche dalla disciplina dell'individuazione del soggetto beneficiato dalla disposizione testamentaria, là dove essa presenti margini di incertezza perché ambigua o erronea. Così, per un verso, l'impossibilità di stabilire con certezza chi sia il beneficiario comporta la **nullità** della disposizione testamentaria (art. 628); per altro verso, l'erronea indicazione dell'erede o del legatario – che, integrando gli estremi di un errore ostativo certamente essenziale, dovrebbe comportare la annullabilità della clausola – è, viceversa, priva di conseguenze "quando dal contesto del testamento o altrimenti risulta in modo non equivoco quale persona il testatore voleva nominare" (art. 625, co. 1).

8.3. *Le disposizioni fiduciarie*

Irrilevanza della simulazione

Non è invece ammessa, nel senso che non le viene attribuito alcun rilievo, la **simulazione** di una disposizione testamentaria. Alla base di una vicenda simulatoria, infatti, vi è sempre l'accordo tra due parti che convengono di esibire ai terzi un assetto negoziale diverso rispetto a quello destinato ad operare tra le stesse; anche là dove oggetto di simulazione sia un atto unilaterale, questa si sostanzia in un sottostante accordo tra l'autore dell'atto e il destinatario degli effetti dello stesso (art. 1414, co. 3). Attribuire rilevanza alla simulazione di una disposizione testamentaria significherebbe pertanto dare spazio, contro i principi che presidiano la materia, ad una delazione riconducibile ad una vicenda contrattuale.

Ovviamente, dalla simulazione occorre distinguere la **riserva mentale**, che ricorre quando un soggetto dichiara consapevolmente una volontà difforme rispetto al proprio intimo volere, senza che questo iato tra volontà dichiarata e volontà effettiva (*melius*: tra dichiarazione e volontà) venga manifestato all'esterno o, tanto meno, concordato con un soggetto terzo. La riserva mentale – vicenda distinta dall'errore ostativo, che ricorre quando la divergenza tra dichiarazione e volontà è frutto di una disattenzione o di una svista – può darsi anche nel caso di una disposizione testamentaria; essa però è irrilevante per l'ordinamento giuridico, in questo ambito come in ambito contrattuale, perché – al di là della difficoltà di indagare e di provare il volere interno del soggetto – l'esigenza di tutelare la certezza dei rapporti prevale sulla posizione di interesse di chi abbia arbitrariamente emesso una dichiarazione non corrispondente al proprio volere.

Disposizione fiduciaria

L'irrilevanza di una eventuale simulazione trova conferma nella disciplina dettata dall'art. 627, relativa al caso in cui, con un separato accordo, estraneo al testamento, il testatore e il soggetto istituito (erede o legatario) abbiano convenuto che il cespite ricevuto dal secondo è, in realtà, destinato ad un soggetto diverso. Ora, a dispetto della rubrica ("**Disposizione fiduciaria**"), dal tenore letterale della norma emerge che essa ricomprende sia ipotesi riconducibili allo schema del negozio **fiduciario**, nelle quali l'interposizione del beneficiario della disposizione ha carattere **reale**; sia ipotesi riconducibili allo schema della **simulazione relativa soggettiva**, nelle quali invece l'interposizione è solo **fittizia**.

Pur se differenti sul piano della struttura e degli effetti, queste figure sono soggette al medesimo trattamento: l'ordinamento non riconosce al terzo la possibilità di far valere l'accordo, fiduciario o simulatorio, sotteso alla disposizione testamentaria. Ne discende che il terzo non avrà azione né, in un caso, per ottenere che il soggetto fiduciariamente istituito adempia l'obbligo di ritrasferirgli il bene, né, nell'altro caso, per ottenere l'accertamento della simulazione: e ciò anche là dove il testamento stesso contenga espressioni dalle quali sia dato desumere con certezza quale fosse la reale volontà del *de cuius*. Al contempo, l'erede o il legatario che, in ossequio alle intenzioni del *de cuius*, abbiano spontaneamente trasferito il bene al terzo, non possono agire per la ripetizione di quanto prestato.

È agevole rintracciare in questa disciplina i tratti caratteristici dell'**obbligazione naturale**, ossia la non azionabilità della pretesa del terzo, il carattere spontaneo della esecuzione della prestazione, la *soluti retentio*: onde la fattispecie in esame viene tradizionalmente ricondotta allo schema dell'art. 2034, del quale è considerata un'applicazione tipica.

8.4. *Condizione e termine nel testamento*

La condizione: efficacia

Alle disposizioni testamentarie può essere apposta una **condizione**, tanto sospensiva, quanto risolutiva (art. 633). L'una e l'altra operano **retroattivamente** (art. 646): in caso di avveramento della condizione sospensiva, gli effetti della disposizione decorreranno *ex tunc*, sin dal momento dell'apertura della successione; nel caso di avveramento della condizione risolutiva, gli effetti della disposizione saranno caducati *ex tunc*, come se non si fossero mai prodotti. Quest'ultima regola trova, però, un temperamento nella disciplina dei frutti: dovranno essere restituiti solo quelli maturati a partire dal giorno in cui la condizione si è verificata (art. 646).

e pendenza

Giova inoltre ricordare che, nel caso di una disposizione a titolo universale sospensivamente condizionata, il termine di prescrizione del diritto di accettare l'eredità decorre solo dal momento in cui la condizione si verifica (art. 480, co. 2). Ciò però non esclude – coerentemente con la logica della retroattività della condizione – che l'eredità possa essere accettata anche durante la pendenza della condizione medesima, fermo restando che anche gli effetti della accettazione risulteranno subordinati al suo verificarsi.

La regola dettata dall'art. 480, co. 2 presenta un evidente inconveniente nel caso in cui il verificarsi dell'evento dedotto in condizione sia rimesso alla volontà del chiamato (c.d. condizione **potestativa).** Questi, infatti, potrebbe procrastinarne *sine die* l'avveramento, senza temere la prescrizione, la quale, come si è detto, decorrerà solo a partire dal momento in cui la condizione stessa si verifichi: il tutto con evidenti ripercussioni sul piano della stabilità della vicenda successoria e della certezza dei rapporti giuridici. Un analogo rischio, peraltro, si presenta anche nel caso in cui la condizione sospensiva potestativa sia apposta ad un legato. Tutti questi problemi trovano, però, soluzione all'art. 645: in presenza di una condizione sospensiva potestativa, se il testatore non ha specificato il termine entro il quale essa dovrà adempiersi, chiunque vi abbia interesse potrà chiedere che tale termine sia fissato dall'autorità giudiziaria.

Naturalmente, la circostanza che una disposizione testamentaria sia sottoposta ad una condizione, e la conseguente incertezza sugli esiti finali della vicenda successoria, pongono problemi di tutela dell'aspettativa di coloro che, in caso di avveramento della condizione medesima, risulterebbero essere i beneficiari della vicenda successoria. Per questo motivo l'art. 641, con riguardo al caso di una istituzione di erede sospensivamente condizionata, assoggetta l'asse ereditario ad un regime di amministrazione ispirato, quanto ai poteri e agli obblighi dell'amministratore, al modello dell'**eredità giacente** (art. 644). Ove, invece, alla disposizione a titolo universale sia apposta una condizione risolutiva, l'autorità giudiziaria può imporre all'erede di prestare una idonea garanzia a coloro cui l'eredità verrebbe devoluta in caso di avveramento della condizione (art. 639).

Nullità della condizione

Si considerano non apposte le condizioni *ab origine* **impossibili** (mentre una impossibilità sopravvenuta equivarrà, semplicemente, al mancato verificarsi della condizione medesima), nonché quelle **illecite**, cioè contrarie alla legge, all'ordine pubblico e al buon costume (art. 634). Come è facile constatare, trattasi di regola diametralmente opposta a quella accolta in materia contrattuale, dove l'illiceità della condizione, sempre, e l'impossibilità, di quella sospensiva, determinano la nullità dell'intero negozio (art. 1354). Questa diversità di regime si spiega in relazione all'esigenza di salvaguardare l'integrità del testamento che, in quanto atto di ultima volontà, non potrebbe mai essere ripetuto dal *de cuius*.

Del tutto coerentemente con tale assunto, però, ove mai dal testamento risultasse che la condizione, illecita o impossibile, ha rappresentato l'**unico** motivo che aveva indotto il testatore a dettare la disposizione cui essa è apposta, allora la nullità della prima si propagherà anche alla seconda (artt. 634 e 626). È evidente, infatti, che se trovasse applicazione anche in questo caso la regola per cui la condizione, illecita o impossibile, si ha per non apposta, la volontà del testatore, lungi dall'essere preservata, verrebbe tradita: ed allora è preferibile caducare l'intera disposizione e dare corso alla successione legittima.

La legge contempla due specifiche ipotesi nelle quali l'illiceità della condizione si propaga all'intero negozio.

In primo luogo, ai sensi dell'art. 635, è nulla una disposizione testamentaria subordinata alla condizione che anche il beneficiario disponga nel proprio testamento a favore del testatore (**condizione di reciprocità**). Qui la *vis* invalidante della clausola condizionale discende dall'esigenza di colpire l'accordo con il quale i due soggetti, in violazione del disposto dell'art. 458, abbiano convenuto di avvantaggiarsi reciprocamente; ma, ancora prima, discende dalla preoccupazione di tutelare la libertà testamentaria da ogni interferenza esterna.

L'art. 636, invece, tutela la **libertà matrimoniale**. Qui, infatti, è sancita la nullità della condizione che subordini l'efficacia della disposizione testamentaria alla circostanza che il beneficiario non contragga (o, deve ritenersi, contragga) matrimonio; inoltre, stante la *ratio* della norma, va considerata nulla anche la clausola condizionale che pretenda di incidere sulla scelta dell'altro coniuge. Viceversa, è perfettamente lecito, ai sensi del co. 2 del medesimo art. 636, il legato di usufrutto, di uso o di abitazione, nonché di una prestazione periodica di denaro, "per il caso o per il tempo del celibato o della vedovanza". Qui, infatti, il testatore, non intende condizionare l'esercizio della libertà matrimoniale del legatario, quanto, piuttosto, assicurargli una fonte di reddito per tutto il tempo in cui questi si ritrovasse a vivere da solo.

È, invece, **nullo**, e si considera non apposto, il termine, iniziale o finale, cui sia assoggettata l'istituzione di erede (art. 637).

Del resto, la previsione di un termine iniziale contrasta con il principio per cui la delazione dell'eredità ha luogo nel momento stesso in cui si apre la successione, senza che il testatore possa spostarne nel tempo la decorrenza; mentre, dal canto suo, la previsione di termine finale contrasta con il principio per cui la posizione di erede, una volta assunta, non può essere dismessa (*semel heres, semper heres*). e del termine

È invece possibile apporre un termine sia iniziale, sia finale, ad un **legato**, indipendentemente dalla circostanza che esso abbia efficacia obbligatoria o reale.

8.4.1. *L'onere testamentario*

L'**onere** (o modo) è un peso imposto dal testatore a carico di un erede o di un legatario (artt. 647-648). Suo tramite, viene posta a carico dell'onerato un'obbligazione da adempiersi in favore di un terzo in funzione di un interesse, il più delle volte di natura ideale, del testatore (ad es., versare una certa somma di denaro ad un'organizzazione umanitaria).

Caratteri ed effetti

Carattere essenziale dell'onere è la sua **accessorietà** rispetto ad una attribuzione *mortis causa* a titolo universale o particolare, di cui costituisce una limitazione. Tuttavia, mentre il legatario è tenuto all'adempimento dell'onere solo nei limiti del valore del legato conseguito (art. 671), l'erede (testamentario o legittimo) è obbligato senza limitazione alcuna, eccezion fatta, beninteso, per l'ipotesi in cui abbia accettato con beneficio di inventario. Di regola, sarà il testatore ad indicare espressamente il soggetto gravato dell'onere; altrimenti, il modo si considererà posto a carico di tutti gli eredi, che ne rispondono in proporzione alle rispettive quote, secondo quanto stabilito per i legati obbligatori (art. 662).

Non sempre è agevole distinguere l'onere da una **condizione potestativa**: ad es., l'elargizione da parte dell'erede di una determinata somma di denaro in favore di un orfanotrofio può costituire oggetto di un modo, ma può venire in considerazione anche quale evento cui sia condizionata l'eredità. Sul piano degli effetti, la differenza è notevole perché l'onere obbliga l'onerato senza incidere sull'efficacia dell'attribuzione in suo favore. In concreto, poi, la riconduzione della clausola testamentaria all'una o all'altra delle due figure dipenderà dall'interpretazione della volontà del *de cuius*.

L'onere va distinto, inoltre, dal **legato obbligatorio**. Le due fattispecie hanno in comune l'effetto obbligatorio: tuttavia, anche qui la differenza resta notevole perché mentre il legato obbligatorio risponde ad una causa successoria, concorrendo ad individuare i soggetti cui sarà destinato il patrimonio del *de cuius* dopo la sua morte, il modo, viceversa, è uno strumento che consente al testatore di promuovere la realizzazione di un interesse, il più delle volte di natura ideale o morale, comunque estraneo alla successione.

Risoluzione e nullità

Chiunque vi abbia interesse è legittimato ad agire per l'**adempimento** dell'onere (art. 648, co. 1) o, anche, in caso di inadempimento, per la **risoluzione** della disposizione testamentaria cui il modo è apposto, purché tale possibilità sia stata espressamente contemplata nel testamento, ovvero purché l'adempimento dell'onere abbia costituito "il solo motivo determinante della disposizione" (art. 648, co. 2).

L'onere, se **illecito**, si considera non apposto. Tuttavia, anche qui, qualora l'onere abbia rappresentato l'unica ragione per la quale il testatore si è determinato a disporre, la nullità si propagherà alla disposizione cui l'onere medesimo accede (si v. l'art. 647 il quale, al pari dell'art. 634, rappresenta un'applicazione dell'art. 626).

Meritano un cenno in questa sede, in quanto oneri di fonte, le c.d. disposizioni a **favore dei poveri** e dell'**anima**.

La prima ipotesi (art. 630) ricorre quando il testatore destina genericamente una parte del suo patrimonio a favore dei poveri o di altre categorie di soggetti bisognosi (ad es., gli anziani, i senzatetto, i bambini orfani), senza però indicare in modo specifico chi debba essere il beneficiario della attribuzione. A dispetto della sua indeterminatezza soggettiva, questa disposizione resta valida perché la legge, al fine di garantire che alla volontà del testatore sia data esecuzione, prevede che i beni siano devoluti al **comune** del luogo in cui il *de cuius* aveva il suo ultimo domicilio. In sostanza, quindi, il comune sarà chiamato a succedere *ex lege*, ora a titolo universale, ora a titolo particolare, e conseguentemente, dovrà destinare i beni così ricevuti alla categoria indicata dal testatore.

Analogamente, le disposizioni a favore dell'anima sono considerate dalla legge un onere a carico dell'erede o del legatario (art. 629, co. 2).

8.5. *Il legato*

Responsabilità del legatario

Come si è già osservato all'inizio di questo capitolo, mentre l'erede subentra nella totalità dei rapporti giuridici patrimoniali, attivi e passivi, facenti capo al *de cuius*, il legato realizza una successione – per tale ragione definita a titolo **particolare** – circoscritta ad alcuni, specifici diritti. Ciò comporta che il legatario, a differenza dell'erede, **non** risponde dei debiti gravanti sul defunto (fermo restando che egli sarà soggetto ad eventuali servitù, obbligazioni *propter rem* o oneri reali gravanti sul bene che costituisce oggetto del legato: art. 668). È poi possibile che il *de cuius* ponga a carico del legatario un onere o un sublegato: ma in questo caso questi sarà obbligato solo "entro i limiti del valore della cosa legata" (art. 671).

La regola secondo cui i legatari non risponderebbero dei debiti ereditari conosce, invero, alcune eccezioni (più apparenti che reali).

Innanzitutto, la circostanza che un immobile sul quale grava una ipoteca (concessa prima dell'apertura della successione) sia oggetto di un legato non preclude al creditore iscritto la possibilità di agire esecutivamente su di esso. Qui la soggezione del legatario all'esecuzione forzata costituisce una conseguenza dei principi propri dell'ipoteca: la sua posizione è pienamente assimilabile a quella del terzo acquirente (per atto *inter vivos*) di un immobile ipotecato. In ogni caso, il legatario che paga il debito subentra nei diritti che il creditore soddisfatto vantava nei confronti degli eredi, ricorrendo una ipotesi di surrogazione legale (art. 756).

È previsto, inoltre, che i creditori del defunto, nell'ambito della liquidazione dell'eredità accettata con beneficio di inventario, possano in via sussidiaria rivalersi sui beni che hanno costituito oggetto di un legato di specie (artt. 495, co. 2; 499, co. 3); e, a tal fine, è riconosciuta loro anche la facoltà di chiederne la separazione (art. 513).

Acquisto e rinunzia

Proprio perché il legato non impegna il beneficiario al pagamento dei debiti dell'eredità spiega la ragione per la quale esso si acquisti **au-**

tomaticamente, con decorrenza dal momento dell'apertura della successione, senza che sia necessaria una previa accettazione (art. 649): la vicenda successoria ha una incidenza sicuramente positiva (o, quanto meno, non può avere una incidenza negativa) sul patrimonio del legatario; sicché non si manifesta qui quell'esigenza di tutela del chiamato cui, invece, risponde il meccanismo dell'accettazione dell'eredità.

Il legatario, tuttavia, ha sempre la possibilità di **rinunziare** al legato. Tale rinunzia – che può essere anche tacita (salvo che il legato non abbia ad oggetto un diritto reale immobiliare, nel qual caso, *ex* artt. 1324 e 1350, n. 5, sarà necessaria la forma scritta) – elimina retroattivamente l'acquisto (quindi, più che di rinunzia, dovrà parlarsi di rifiuto).

Efficacia

Il codice prevede diversi tipi di legato, che si differenziano anche sul piano degli **effetti** (ora **reali**, ora **obbligatori**, ora **abdicativi**) cui ciascuno di essi pone capo.

Il più comune è il legato di **specie** avente ad oggetto la proprietà di un bene determinato appartenente al testatore, ovvero un diritto reale di godimento su un bene altrui: qui la disposizione testamentaria dispiega un'efficacia traslativa immediata, cioè sin dal momento dell'apertura della successione (art. 649, co. 2), gravando sul legatario il solo onere di domandare all'onerato il possesso della cosa (art. 649, co. 3). Il bene va consegnato al legatario nello stato in cui si trova al momento della morte del *de cuius* e, nel caso di un fondo, ricomprende anche le costruzioni su di esso realizzate in un momento successivo alla redazione del testamento (art. 667, co. 1 e 2).

Riveste un'efficacia immediatamente traslativa anche il legato di **credito**, con il quale il testatore trasferisce al legatario la titolarità di un proprio diritto di credito verso un terzo (art. 658). L'effetto di questa disposizione, specifica il codice, è circoscritto alla parte del credito sussistente al momento dell'apertura della successione, sicché la disposizione testamentaria rimarrà priva di effetto, senza che il legatario possa avanzare alcuna pretesa nei confronti degli eredi, ove nel lasso intercorrente tra la redazione del testamento e l'apertura della successione il credito si sia estinto. Ha, invece, efficacia **abdicativa** il legato di (liberazione da un) debito, che realizza una remissione del debito.

Oggetto

Il legato, però, può avere ad oggetto anche una cosa appartenente all'onerato o ad un terzo (art. 651): in questa ipotesi la disposizione testamentaria è **nulla**, salvo che il testatore fosse consapevole dell'altruità della cosa. Ove così sia, il legato rivestirà un'efficacia **obbligatoria**: l'onerato, cioè, sarà obbligato a trasferire la proprietà del bene al legatario (e, ancora prima, ove appartenga ad un terzo, ad acquistarla). Detta obbligazione è suscettibile di esecuzione forzata in forma specifica ai sensi dell'art. 2932: tuttavia, l'onerato ha la possibilità di liberarsi anche pagando al legatario il giusto prezzo del bene, secondo lo schema dell'obbligazione facoltativa. La disciplina dettata dall'art. 651 si riferisce al caso in cui il bene fosse dell'onerato o del terzo già al momento in cui il testamento venne redatto; essa invece non si applica là dove il defunto, proprietario del bene al momento della redazione del testamento, lo abbia successivamente alienato, dovendosi ravvisare in ciò gli estremi di una **revoca** del legato.

La stessa logica ispira la disciplina del legato di cosa **solo** in parte del testatore (art. 652): detta disposizione sarà valida limitatamente alla parte del bene ricompresa nell'asse ereditario, salvo che il testatore fosse consapevole della parziale altruità della stessa, in relazione alla quale il legato risulterà allora avere efficacia obbligatoria, secondo quanto previsto dall'art. 651. L'art. 652 si applica non solo al caso in cui il *de cuius* sia proprietario di una porzione materiale o di una quota ideale del bene, ma anche là dove questi sia titolare di un diritto reale di godimento sullo stesso; la disposizione testamentaria viene considerata riferita non alla proprietà, ma al diritto minore ricompreso nell'asse. È, invece, estraneo all'ambito di applicazione dell'art. 652 l'ipotesi in cui il testatore disponga solo della propria quota ideale di un bene indiviso: una simile disposizione, infatti, sarà certamente valida, non ricorrendo qui il presupposto dell'appartenenza ad un terzo del bene oggetto del legato.

Una particolare disciplina è dettata con riguardo al caso in cui oggetto del legato sia una cosa appartenente, già al momento della redazione del testamento, al **legatario** (art. 656). Detta disposizione sarà **nulla** qualora il bene risulti ancora di proprietà del legatario al momento dell'apertura della successione; viceversa, dovrà ritenersi valida qualora, a tale data, esso sia stato acquistato dal testatore o da un terzo, purché, in quest'ultimo caso, dal testamento emerga che il legato è stato disposto proprio in previsione dell'eventualità che il bene venisse acquistato da un terzo.

L'art. 657, invece, regola l'ipotesi in cui il bene, appartenente al testatore o ad un terzo al momento della redazione del testamento, sia stato acquistato dal legatario **prima** dell'apertura della successione. In particolare, il legato sarà privo di effetto ove il legatario abbia acquistato il bene dal *de cuius*, giacché il trasferimento attuato dal *de cuius* integrerà gli estremi di una revoca tacita del testamento. Il legato sarà parimenti senza effetto ove il legatario abbia acquistato il bene da un terzo; tuttavia, nel caso in cui l'acquisto abbia avuto luogo a titolo **oneroso**, il legatario avrà diritto nei confronti dei soggetti onerati del rimborso del prezzo, purché risulti che il testatore abbia disposto il legato nella consapevolezza dell'altruità del bene.

Produce effetti **obbligatori** il legato di cosa determinata solo nel **genere**: si pensi, e questa è l'ipotesi certamente più importante, ad un legato avente ad oggetto una somma di denaro. Qui il legatario acquista un credito nei confronti dei soggetti onerati, indipendentemente dal fatto che nell'asse ereditario vi sia, o meno, il denaro sufficiente (art.

653). Tuttavia, ove mai nel testamento sia stato espressamente detto che il denaro debba essere preso dal patrimonio del testatore, allora il legato sarà efficace solo nella misura in cui il patrimonio ereditario risulti capiente al momento dell'apertura della successione (art. 654).

Hanno, inoltre, efficacia obbligatoria i legati aventi ad oggetto gli **alimenti** (art. 660) o una **prestazione periodica di denaro** o di altre cose fungibili (art. 670).

Può accadere che il testatore disponga un legato a favore di un proprio creditore. In questa circostanza si tratterà di stabilire se il legato costituisca adempimento dell'obbligazione (se, cioè, esso poggi su una *causa solvendi*), ovvero rappresenti un'attribuzione *mortis causa* indipendente dal rapporto obbligatorio intercorrente tra il testatore ed il legatario. La questione è risolta dall'art. 659, ai sensi del quale va escluso che, nel silenzio del testamento, dalla mera sussistenza del debito possa inferirsi in via presuntiva la finalità solutoria del legato.

Sublegato e prelegato

Quanto alla individuazione del soggetto tenuto ad eseguire la prestazione allorché il legato abbia efficacia obbligatoria, dall'art. 662 si ricava che, ove il testamento non disponga diversamente, obbligati sono tutti gli eredi, senza vincolo di solidarietà (art. 752), ciascuno in una misura corrispondente alla propria quota. Il testatore, però, può anche gravare gli eredi in una misura diversa rispetto alle loro quote; può porre il legato a carico di un singolo erede o a carico di uno o più legatari (ricorre in questo caso la figura del **sublegato**).

Quando il legato è stato previsto in favore di uno dei coeredi, sarà necessario stabilire se, e in quale misura, esso gravi anche sulla quota dell'onorato. Al riguardo l'art. 661 prevede che, ove non risulti diversamente, esso configura un **prelegato**, onde lo si considera posto a carico di tutta l'eredità (ivi inclusa la quota del coerede legatario) e per l'intero ammontare (onde in sede di divisione esso deve essere prededotto dall'asse).

8.6. *La revoca del testamento*

Caratteristica essenziale del testamento è il suo essere **revocabile** fino al momento della morte del *de cuius*: una clausola testamentaria avente ad oggetto la rinunzia alla facoltà di revoca sarebbe, dunque, **nulla** (art. 679).

Varie forme di revoca

La revoca (revocazione, secondo la terminologia preferita dal legislatore) può risultare da una dichiarazione contenuta in un testamento successivo o in un atto ricevuto da un notaio in presenza di due testimoni (revoca **espressa**: art. 680). È stabilito, inoltre, che il testamento successivo comporti la revoca delle disposizioni con esso incompatibili contenute in quello precedente, anche se la volontà di revocare non sia stata manifestata dal *de cuius* in modo esplicito (revoca **tacita**: art.

682). A tal fine, nessun rilievo riveste la circostanza che i due testamenti abbiano forme diverse, sicché ben può, attraverso un testamento olografo successivo, revocarsi un precedente testamento pubblico.

Il codice, poi, contempla alcune ipotesi nelle quali l'adozione di un certo comportamento da parte del testatore lascia presumere la volontà, da parte sua, di revocare il testamento (c.d. revoca **presuntiva**). Così, in base all'art. 684, la distruzione, la lacerazione o la cancellazione del testamento olografo ne implicano la revoca, a meno che non si dimostri che la scheda testamentaria fu distrutta da un terzo o che, comunque, il *de cuius* non intendesse affatto revocare il testamento. Inoltre, configura gli estremi di una revoca anche il **ritiro** del testamento segreto, tranne che la scheda presenti tutti gli elementi necessari per valere quale testamento olografo (art. 685).

Si ha, infine, revoca del legato allorché venga **alienato** il bene che ne costituisce oggetto: ciò anche quando l'alienazione sia annullabile (purché per causa diversa dai vizi della volontà), ovvero il bene ritorni in proprietà del testatore (art. 686). Anche qui, però, la presunzione prevista dalla legge è solo relativa perché è pur sempre ammessa la prova di una diversa volontà del testatore.

La revoca totale o parziale di un testamento è suscettibile di essere, a sua volta, **revocata** nelle forme previste dall'art. 680 per la revoca espressa: rivivono in questo caso le disposizioni revocate.

Un caso di revoca del tutto speciale, che in realtà configura un'ipotesi di decadenza *ex lege* del testamento, è previsto, infine, dall'art. 687. Tale norma prevede, infatti, la revoca **di diritto** delle disposizioni a titolo universale o particolare fatte da chi, al tempo della redazione del testamento, non aveva o ignorava di avere figli o discendenti. Tuttavia, là dove questi ultimi non accettino l'eredità e non abbia luogo rappresentazione, la disposizione revocata tornerà ad essere efficace. Si noti, per inciso, che l'art. 687, co. 2 conteneva una discriminazione fra figli nati nel matrimonio e figli nati fuori dello stesso e legittimati: nel primo caso, la revocazione si aveva anche se il figlio fosse stato concepito al tempo del testamento, nel secondo, l'istituto operava solo allorquando il figlio fosse stato riconosciuto prima del testamento e solo successivamente legittimato: il d.lgs. n. 154/2013 ha modificato la disposizione, ai sensi della quale oggi "la revocazione ha luogo anche se il figlio è stato concepito al tempo del testamento".

8.7. *L'esecutore testamentario*

Ai sensi dell'art. 700, il testatore può nominare un esecutore testamentario, anche scegliendolo tra gli eredi e i legatari (art. 701, co. 2), cui è affidato il compito di dare attuazione alle sue ultime volontà.

A tal fine l'esecutore deve prendere possesso dei beni ereditari e amministrarli con la diligenza del buon padre di famiglia, compiendo tutti gli atti di gestione richiesti dalle circostanze; ciò per un periodo massimo di un anno, che può essere prorogato di un ulteriore anno dall'autorità giudiziaria solo in presenza di motivi di evidente necessità (art. 703).

L'esecutore, però, non può negare all'erede la consegna dei beni non indispensabili all'esercizio del suo ufficio, salvo che le obbligazioni gravanti sull'eredità debbano ancora essere adempiute o che vi siano legati sottoposti a condizione o a termine: ma il rifiuto non sarà, comunque, opponibile ove l'erede presti garanzia idonea (art. 707).

L'esecutore – purché non sia né un erede, né un legatario – può essere incaricato dal testatore anche di procedere alla divisione dell'eredità (art. 706). Tuttavia, tale divisione risulterà inefficace ove l'autorità giudiziaria, su istanza di parte, la riconosca contraria alla volontà del testatore o manifestamente iniqua (art. 733, co. 2).

L'ufficio dell'esecutore è gratuito, salvo che il testatore stabilisca una retribuzione, destinata a gravare sull'eredità (art. 711). L'esecutore, però, deve rendere il conto della propria attività e risponde dei danni cagionati agli eredi e ai legatari da una gestione negligente: trattasi di regola inderogabile, che neanche il testatore può disattendere (art. 709). Inoltre, su istanza di ogni interessato, l'autorità giudiziaria può esonerare l'esecutore dal suo ufficio quando questi abbia commesso gravi irregolarità nella gestione, sia inidoneo all'incarico o abbia compiuto azioni che compromettano la fiducia nel suo operato (art. 710).

Possono essere nominati anche più esecutori, i quali devono sempre operare congiuntamente (e rispondono solidalmente dei danni eventualmente cagionati: art. 709, co. 3), salvo che il testatore abbia disposto diversamente, distinguendo le loro attribuzioni (art. 700, co. 2).

9. *La successione legittima*

Presupposti

Quando il *de cuius* muore intestato (cioè senza lasciare un testamento), o il testamento risulta invalido, trova applicazione la disciplina della **successione legittima**: l'eredità viene devoluta al coniuge (e ora anche al superstite di un'unione civile: art. 1, co. 21, l. n. 76/2016) e ad altri successibili individuati dalla legge sulla base del rapporto di parentela che li legava al defunto (art. 565 s.).

La successione legittima può anche **concorrere** con quella testamentaria: ciò accade quando il testamento contenga soltanto legati, ovvero devolva ai soggetti istituiti quali eredi solo una parte del patrimonio, senza disporre alcunché in ordine alla parte residua.

Non bisogna confondere la successione legittima con quella necessaria, così come non bisogna confondere la qualifica di erede legittimo con quella di legittimario. Come si avrà modo di vedere da qui a breve, infatti, le norme dettate in materia di successione necessaria non costituiscono un titolo di delazione dell'eredità ulteriore rispetto alla successione legittima o a quella testamentaria: esse mirano solo a garantire ai congiunti più stretti una determinata porzione dell'asse ereditario. Peraltro, le regole della successione necessaria possono assumere rilievo anche nell'ambito di una successione legittima. Infatti, sebbene le quote del patrimonio ereditario attribuite ai successori legittimi siano di entità maggiore rispetto a quelle loro riservate quali legittimari, anche nell'ambito di una successione legittima può profilarsi una lesione della quota di riserva di un legittimario, atteso che il *de cuius* potrebbe avere compiuto donazioni eccedenti la quota disponibile.

Successione legittima e necessaria

I successori legittimi sono distinti per **categorie**, a loro volta ordinate secondo criteri compositi, ora di prevalenza, ora di concorrenza. La prima categoria è costituita dai **figli** (cui eventualmente subentrano per rappresentazione, quali ulteriori discendenti, i nipoti). Già prima della più volte richiamata l. n. 219/2012, figli legittimi, adottivi e naturali erano posti in una posizione di assoluta parità e succedevano in parti uguali; l'unico residuo del trattamento di maggior favore un tempo riservato ai figli legittimi era costituito dalla facoltà loro riconosciuta di scegliere se liquidare con beni ereditari o in denaro la quota dei figli naturali (era questo il **diritto di commutazione** sancito dall'art. 537, co. 3, cui rimandava l'art. 566, co. 2, oggi abrogato), differenziazione che anche prima del d.lgs. n. 154/2013, era già da ritenere incompatibile con un sistema, come quello introdotto dalla riforma del 2012, in cui tutti i figli hanno lo stesso stato giuridico (art. 315) e che adesso cade definitivamente, a seguito dell'abrogazione espressa degli artt. 537, co. 3, 542, ult. co. e 566 co. 2.

Varie categorie di successibili

Quanto ai figli adottivi, il citato decreto attuativo ha eliminato le residue discriminazioni, *in primis* abrogando il co. 2 dell'art. 567, che recitava "i figli adottivi sono estranei alla successione dei parenti dell'adottante": mentre ora "ai figli sono equiparati gli adottivi" (così il nuovo art. 567, co. unico).

In assenza di figli sono chiamati all'eredità i **genitori** (art. 568) e, in via successiva, gli **ascendenti** (art. 569). Con gli uni e con gli altri concorrono i **collaterali** (cioè i fratelli e le sorelle); ai fratelli e alle sorelle unilaterali spetta una quota pari alla metà di quella riconosciuta ai germani (art. 570).

Una posizione del tutto peculiare la legge riserva al **coniuge** (art. 581 s.) e all'unito civilmente (art. 1, co. 21, l. n. 76/2016): costoro, infatti, concorrono, sia pure in misura diversa, con ciascuna delle categorie fin qui considerate, ossia figli, genitori, ascendenti e collaterali. Questa regola, peraltro, pativa sino a tempo recente un'eccezione: se il figlio nato fuori del matrimonio fosse morto senza prole e senza genitori, tutta l'eredità sarebbe stata devoluta al coniuge, il quale non avrebbe subito il concorso degli ascendenti e dei collaterali. Questa era la disciplina dettata dall'art. 579. Bisogna, però, di nuovo rammentare che la situazione è mutata per effetto del d.lgs. n. 154/2013 che, sulla scorta della delega conferita al governo dall'art. 2, co. 1, lett. l), l. n. 219/2012, ha provveduto all'"adeguamento della disciplina delle successioni e delle donazioni al principio di unicità dello stato di figlio, prevedendo, anche in relazione ai giudizi pendenti, una disciplina che assicuri la produzione degli effetti successori riguardo ai parenti anche per gli aventi causa del figlio naturale premorto o deceduto nelle more del riconoscimento e conseguentemente l'estensione delle azioni di petizione di cui agli articoli 533 e seguenti del codice civile". In forza di detta delega, il d.lgs. n. 154/2013 ha proceduto, fra l'altro, ad abrogare l'art. 579, eliminando, così, una discriminazione ai danni del figlio nato fuori del matrimonio che oggi, a regime di *status* filiare unificato, non si giustifica più.

Qualora il matrimonio sia stato dichiarato **nullo** dopo la morte del marito o della moglie (art. 584), il coniuge o la parte dell'unione civile (art. 1, co. 5, l. n. 76/2016) in buona fede, in applicazione dei principi propri del matrimonio **putativo**, serberà intatti tutti i diritti successori. Conserva tutti i diritti successori anche il coniuge **separato**, salvo che gli sia stata addebitata la responsabilità della separazione (art. 585). In questo caso il coniuge ha diritto solo ad un assegno vitalizio, purché, però, al momento dell'apertura della successione il coniuge deceduto fosse obbligato a corrispondergli gli alimenti (art. 548, co. 2).

In assenza del coniuge, e dei parenti di cui si è detto, l'eredità viene devoluta al parente o ai parenti prossimi, fino al **sesto** grado, che succedono in parti uguali e senza alcuna distinzione di linea (art. 572).

Successione dello Stato

Nel caso in cui il defunto non avesse congiunti entro il sesto grado di parentela l'eredità viene devoluta allo **Stato**: trattasi di una ipotesi di successione del tutto peculiare, perché lo Stato in questo caso acquista l'eredità *ipso iure*, senza che sia necessaria l'accettazione e senza che possa rinunziarvi; tuttavia, la sua responsabilità per i debiti ereditari è *ex lege* circoscritta al valore dei beni acquisiti (art. 586). La peculiarità di questa fattispecie normativa discende dalla sua *ratio*, individuabile nell'esigenza di tutelare la certezza del traffico giuridico dal rischio costituito dalla presenza di patrimoni vacanti, privi di un titolare.

10. *La successione necessaria*

Caratteristiche e finalità

La successione necessaria (art. 536 s.) **non** rappresenta una terza forma di vocazione ereditaria, nella misura in cui non individua un titolo diverso dalla legge e dal testamento in base al quale l'eredità possa essere devoluta. Piuttosto, con questa locuzione, ci si riferisce ad un insieme di regole attraverso le quali il codice riserva una parte del patrimonio ereditario – la c.d. **legittima** – ai prossimi congiunti del defunto, a prescindere dal (e anche contro il) suo volere.

Tale riserva, tuttavia, non opera *ipso iure*, giacché essa va fatta valere attraverso l'esercizio di un peculiare rimedio – l'**azione di riduzione** (art. 553 s.) – che colpisce le attribuzioni lesive della legittima nella misura necessaria a reintegrarla, rendendole inopponibili al soggetto che ha promosso l'azione: onde i beni che costituivano l'oggetto dell'attribuzione ridotta saranno devoluti al legittimario, il quale ne potrà chiedere conseguentemente la restituzione.

Ovviamente, può agire in riduzione anche il legittimario pretermesso, cioè il legittimario che il testatore non abbia chiamato all'eredità, escludendolo dalla successione. Anche in questa ipotesi – pur in assenza di una previa accettazione, preclusa dalla mancanza della delazione – al legittimario viene automaticamente devoluta la parte dell'eredità spettantegli: la volontà di accettare, d'altra parte, è necessariamente implicita nell'esercizio dell'azione.

Le regole della successione necessaria hanno carattere **imperativo**: i legittimari, finché il congiunto è in vita, non possono rinunciare al loro diritto, né espressamente, né prestando il loro assenso ad un'ipotetica donazione a favore di terzi (art. 557, co. 2; al medesimo risultato, comunque, si perverrebbe sulla base del divieto di cui all'art. 458). Tuttavia, una volta che il diritto sia stato acquistato con l'apertura della successione, di esso si può disporre, come dimostra il fatto che il ricorso all'azione di riduzione è rimesso alla discrezionalità dell'interessato, il quale può anche scegliere di restare inerte. Dalla disponibilità del diritto alla legittima discendono diverse conseguenze: l'azione di riduzione – sempre dal momento dell'apertura della successione – è suscettibile di rinunzia (da non confondersi con la rinunzia all'eredità *ex* art. 519); inoltre, l'azione, avendo contenuto patrimoniale, si trasmette *mortis causa* ed è suscettibile di cessione *inter vivos*, come risulta dall'art. 557, co. 1 che riconosce la legittimazione attiva anche agli eredi e agli aventi causa dei legittimari.

Nel silenzio del codice, la giurisprudenza ritiene che l'azione di riduzione sia soggetta all'ordinario termine **decennale** di prescrizione. Deve considerarsi, però, che essa è esperibile solo dal momento in cui la lesione della legittima diventi attuale, sicché, se la lesione si attua per il tramite di una donazione, il termine decorrerà dall'apertura della successione, mentre se si attua per il tramite di una disposizione testamentaria, il termine decorrerà dall'accettazione dell'eredità.

Giova ricordare, infine, che può aversi lesione della legittima anche nell'ambito di una successione *ab intestato*, sebbene, in questo caso, le quote ereditarie siano determinate dalla legge: in particolare, ciò accade quando il *de cuius* abbia compiuto in vita **donazioni** eccedenti la porzione disponibile del patrimonio.

10.1. *I legittimari*

Categorie di legittimari

Il codice individua tre categorie di successori necessari: i **figli** (artt. 537-539), il **coniuge** (art. 540: e ora anche il superstite di un'unione civile: art. 1, co. 21, l. n. 76/2016) e gli **ascendenti** (art. 544). Si consideri, però, che agli ascendenti è riservata una quota dell'eredità solo in assenza di figli: pertanto, sono configurabili solo due ipotesi di **concorso**, quello tra i figli e il coniuge o l'unito civilmente (art. 542) e quello tra il coniuge o l'unito civilmente e gli ascendenti (art. 543).

Quanto ai figli, soppressa, prima, ogni disparità di trattamento a carico dei figli naturali, un tempo giustificata in nome della tutela della famiglia legittima, poi lo stesso *status* di figlio naturale, essi concorrono tutti sullo stesso piano, in parti uguali. Una labile traccia del *favor* legislativo per la filiazione nel matrimonio si rinveniva, ormai, solo nel già menzionato **diritto di commutazione** il quale, però, come più volte osservato, a seguito della riforma del diritto della filiazione, è stato cancellato dall'ordinamento.

Si rammenti, inoltre, che anche nell'ambito della successione necessaria opera la **rappresentazione**, sicché i nipoti subentreranno ai figli che non possano o non vogliano accettare l'eredità nella quota di riserva loro spettante (art. 536, co. 2). Conseguentemente, devono essere imputate a tale quota anche le donazioni e i legati di cui il rappresentato (il genitore) abbia eventualmente beneficiato (art. 564, co. 2).

Quanto al coniuge (e ora anche alla parte dell'unione civile (art. 1, co. 21, l. n. 76/2016), oltre alla legittima, l'art. 540 gli riserva il **diritto di abitazione** sulla casa (già di proprietà esclusiva del defunto, o in comunione tra i coniugi) adibita a residenza familiare (e il diritto di uso dei mobili che la corredano). Trattasi di un legato *ex lege*, che realizza una vicenda successoria a titolo particolare autonoma e distinta rispetto alle vicende attinenti alla delazione dell'eredità. Pertanto, il coniuge acquista immediatamente tale diritto, indipendentemente dall'accettazione dell'eredità, e lo conserva anche qualora rinunzi a quest'ultima. Inoltre, tale legato grava sulla porzione disponibile dell'eredità; grava anche sulla quota riservata al coniuge, ma soltanto per la differenza, solo, cioè, ove il suo valore ecceda la porzione disponibile. La *ratio* è evidente: il diritto di abitazione sulla residenza familiare deve essere, possibilmente, un *quid pluris* rispetto a quanto già compete al coniuge a titolo di legittima perché riflette interessi – legati alla tutela della famiglia e della abitazione – che si pongono su un piano diverso rispetto alle aspettative patrimoniali dei congiunti sull'eredità.

Il coniuge conserva tutti i diritti successori nei riguardi del *de cuius* anche in caso di separazione legale (la quale, a differenza del divorzio, non comporta la cessazione del rapporto di coniugio). Questa regola conosce però un'eccezione: il coniuge cui sia stata addebitata la responsabilità della separazione perde ogni diritto successorio e conserva il diritto ad un assegno solo là dove percepisse dal defunto gli alimenti. L'importo dell'assegno in parola sarà determinato dal giudice, in misura comunque non superiore alla prestazione alimentare cui il *de cuius* era obbligato (art. 548).

Infine, per quanto concerne gli ascendenti, deve dirsi solo che ascendenti paterni e ascendenti materni concorrono nella quota loro riservata per **capi**, nel senso che metà di tale quota andrà agli uni, la metà agli altri, indipendentemente dal loro numero (art. 538).

10.2. *L'accertamento della lesione della legittima*

Quanto al calcolo della quota di legittima e all'accertamento della eventuale sua lesione, si seguiranno i seguenti criteri.

Calcolo della legittima

Al valore dei beni che appartenevano al *de cuius* al momento della sua morte (***relictum***) si sottrae il valore delle obbligazioni che gravano sul patrimonio ereditario (***debitum***), e all'importo così ottenuto si somma il valore dei beni donati (***donatum***). Su questa base si determina la porzione indisponibile, nella misura indicata dal codice in relazione al numero e alla categoria dei legittimari: quindi, con una semplice sottrazione, si calcola la porzione disponibile (art. 556). Tutta questa operazione è detta riunione **fittizia**, risolvendosi in un mero calcolo matematico effettuato a partire dal valore che tutti i cespiti, attivi e passivi, in esso ricompresi, avevano al momento in cui si è aperta la successione.

Arrivati a questo punto, sarà sufficiente confrontare il valore della porzione disponibile con il valore complessivo dei diritti attribuiti (*mortis causa* o per via di donazione) a soggetti terzi (cioè non riservatari) per stabilire se vi è stata una lesione della legittima e per individuare quali legittimari, e in quale misura, possano agire in riduzione. Al riguardo è opportuno precisare che la lesione sussiste anche quando al legittimario venga devoluta una parte del patrimonio ereditario corrispondente alla quota di riserva, sulla quale, però, il testatore abbia imposto pesi o condizioni che ne limitino il valore (art. 549).

Al fine di accertare se la quota di riserva sia stata intaccata, il legittimario deve sommare alla parte del patrimonio ricevuta anche le donazioni e i legati di cui egli abbia beneficiato (art. 553). Tuttavia, il disponente può **dispensare** la donazione o il legato dalla imputazione alla quota di riserva: in questo caso, l'attribuzione graverà sulla porzione disponibile, rimanendo estranea, pertanto, alla determinazione della quota di legittima (art. 564, co. 2).

Legato in conto o in sostituzione di legittima

Una deroga al regime della successione necessaria può discendere dall'art. 551, il quale consente al *de cuius* di offrire al riservatario un legato in **sostituzione** della legittima. Il legittimario, dunque, sarà chiamato ad una scelta: o rinunziare al legato e promuovere l'azione di riduzione per conseguire la quota di eredità che gli è dovuta; ovvero, trattenere il legato, perdendo però il diritto di reclamare l'eventuale differenza qualora il valore del bene legato sia inferiore rispetto alla sua quota di riserva (salvo che il testatore abbia disposto diversamente, attribuendo al legatario la facoltà di richiedere anche questa differenza).

Naturalmente, il legittimario che opti per la seconda soluzione resterà escluso dalla delazione dell'eredità, risultando solo un successore a titolo particolare. Sempre in questa seconda ipotesi, qualora sia necessario accertare se ricorra una lesione della quota riservata ad altri legittimari, il codice impone di imputare il legato in questione alla porzione indisponibile del patrimonio (e solo per l'eventuale differenza residua sulla porzione disponibile).

Diversa è, invece, l'ipotesi del legato o della donazione **in conto di legittima** (art. 552). Qui, infatti, il riservatario non deve compiere alcuna scelta, poiché egli potrà trattenere il bene donato o legato e poi, eventualmente, agire in riduzione al fine di integrare la quota di riserva.

Il legittimario potrà anche rinunziare all'eredità senza perdere il bene donato o legato il quale, però, sarà imputato alla porzione disponibile. Tuttavia, poiché, in questo modo, le altre attribuzioni gravanti sulla porzione disponibile rischierebbero di essere pregiudicate, lo stesso art. 552 prevede che le attribuzioni *ab origine* gravanti sulla porzione disponibile (cioè a favore di terzi non riservatari) saranno soggette a riduzione nella stessa misura in cui lo sarebbero state se il legittimario non avesse rinunziato all'eredità; quanto poi residui al fine di reintegrare la quota degli altri riservatari sarà recuperato riducendo le donazioni e i legati trattenuti dal legittimario rinunziante.

Questo peculiare meccanismo, però, non opera allorché il *de cuius* abbia **dispensato** il donatario o il legatario dall'imputare alla quota di riserva quanto attribuitogli.

10.2.1. *L'azione di riduzione*

Ordine della riduzione

Il codice determina l'ordine secondo il quale l'attore in riduzione deve procedere. In primo luogo andranno ridotte le **disposizioni testamentarie** che eccedano la porzione disponibile, fino a ricondurle nei limiti della stessa (art. 554). L'azione dovrà colpire, contemporaneamente e senza alcuna distinzione, eredi e legatari, e li dovrà colpire nella stessa misura **proporzionale** e **progressivamente** crescente fino alla concorrenza della legittima spettante all'attore. Tuttavia, al testatore è consentito di stabilire un diverso ordine di riduzione: in questo caso le disposizioni indicate dal testatore medesimo potranno essere ridotte solo quando il valore delle altre non sia sufficiente a reintegrare la quota di riserva (art. 558).

Se la riduzione delle disposizioni testamentarie non è sufficiente, devono essere ridotte le **donazioni** (non più proporzionalmente) ma procedendo a ritroso (dall'ultima alla prima) secondo l'ordine cronologico con cui sono state poste in essere (artt. 555 e 559), senza limite temporale alcuno, perché il termine di prescrizione dell'azione, come si è detto, decorre non dal momento della donazione, ma da quello dell'apertura della successione.

L'ordine individuato risponde ad una precisa logica: il codice muove dall'assunto secondo cui la lesione della legittima discenda, in primo luogo, dalle disposizioni testamentarie perché esse rappresentano l'ultima manifestazione di volontà del *de cuius*. Ove necessario, poi, si procederà alla riduzione delle donazioni, partendo sempre dall'ultima e via via risalendo a quelle precedenti, nel presupposto, ancora una volta, che la lesione della quota di riserva sia stata provocata da quelle più recenti.

Finalità

L'azione di riduzione, nella sostanza, è diretta a **reintegrare** la quota del legittimario consentendogli di recuperare i beni pervenuti a terzi non riservatari. Essa ha dunque una finalità restitutoria: l'art. 560, co. 1 prevede, infatti, che il legittimario, in linea di massima, abbia diritto a ricevere i beni (oggetto delle disposizioni ridotte) in natura. Nel caso di immobili il cui valore superi l'entità della lesione per cui si procede in riduzione, ove non sia possibile la divisione del bene, dovrà restituirsi l'equivalente in denaro o, in alternativa, dovrà procedersi alla compensazione del legittimario tramite opportuno conguaglio (art. 560, co. 2).

È opportuno precisare che l'accoglimento della domanda comporta (non l'invalidità, ma) la semplice **inopponibilità** dell'attribuzione lesiva, inopponibilità, peraltro, limitata a quanto necessario a reintegrare la quota di riserva del solo legittimario che abbia agito in riduzione.

Condizioni

L'azione di riduzione può essere esercitata solo dal legittimario che abbia accettato l'eredità con **beneficio di inventario** (art. 564, co. 1). Tuttavia, anche l'erede puro e semplice potrà chiedere la riduzione di donazioni e legati disposti a favore di soggetti cui, al contempo, sia stata devoluta una parte dell'eredità; inoltre, l'azione resta esperibile da parte dell'erede che sia decaduto dal beneficio di inventario. A ciò si aggiunga che la regola non trova applicazione nel caso del legittimario pretermesso, cioè escluso dalla vocazione ereditaria (il che ovviamente può accadere solo nelle successioni testamentarie). Il motivo è persino ovvio: in questa ipotesi al riservatario l'accettazione (in qualsiasi forma) è radicalmente preclusa, perché essa presuppone pur sempre la chiamata all'eredità.

10.3. *Il conflitto tra il legittimario ed i terzi aventi causa*

Efficacia della pronunzia di riduzione

La sentenza che accoglie la domanda di riduzione è opponibile *erga omnes*, nel senso che nel conflitto tra il legittimario e il terzo avente causa dal beneficiario dell'attribuzione lesiva prevarrà, almeno tendenzialmente, il primo. Questa regola trova due importanti applicazioni.

In primo luogo, l'utile esperimento dell'azione di riduzione travolge il diritto parziale che il convenuto abbia costituito sul bene, di talché il legittimario acquisterà il bene **libero** da pesi e ipoteche (art. 561).

Più complessa è, invece, la disciplina prevista ove il soggetto convenuto in riduzione abbia alienato il bene a terzi e, pertanto, non possa restituirlo in natura. A tal riguardo, l'art. 563 prevede che, una volta accolta la sua domanda di riduzione, il legittimario avrà l'onere di escutere, innanzitutto, il patrimonio del donatario: qualora l'esito sia infruttuoso, egli potrà rivolgersi al terzo acquirente, promuovendo nei suoi confronti un'azione restitutoria, cui, però, questi potrà sottrarsi corrispondendo in denaro il valore del bene. Ove poi il bene sia stato oggetto di successive alienazioni, l'azione di restituzione potrà essere esperita solo nei confronti dell'ultimo subacquirente.

Sebbene entrambe perseguano una finalità **restitutoria**, l'azione accordata nei confronti del terzo acquirente va tenuta distinta dall'azione di riduzione, non solo perché l'una può essere esperita solo dopo l'esercizio dell'altra, ma anche perché esse hanno natura diversa. Mentre l'azione di riduzione ha natura **personale**, quella esperibile contro il terzo acquirente ha natura **reale** poiché, a seguito all'accoglimento dell'azione di riduzione, il legittimario può vantare sul bene un titolo efficace *erga omnes*. Trattasi di un'azione in un certo senso assimilabile alla petizione di eredità: in entrambi i casi l'attore non dovrà provare di essere il proprietario, atteso che la pretesa è fondata ora sulla qualità di erede, ora sull'accertamento costitutivo compiuto dalla sentenza di accoglimento dell'azione di riduzione.

La retroattività dell'azione di riduzione, tuttavia, non è piena: infatti, nel caso di beni mobili, il terzo fa salvo il suo acquisto perfezionatosi in base all'art. 1153 (possesso vale titolo).

Inoltre, nel caso di beni immobili, sono contemplate due eccezioni alla regola generale.

Eccezioni alla retroattività

La prima è prevista dall'art. 2652, n. 8: ove la domanda di riduzione venga trascritta quando siano già trascorsi dieci anni dall'apertura della successione, la sentenza che la accoglie non pregiudica i diritti acquistati a titolo oneroso da terzi in forza di un atto trascritto o iscritto **prima** della trascrizione della domanda di riduzione. La *ratio* di questa disposizione può essere compresa solo ricordando che l'azione di riduzione si prescrive in dieci anni, i quali decorrono normalmente dall'apertura delle successioni. Pertanto, anche al fine di non pregiudicare definitivamente la circolazione del bene, è ritenuto meritevole di tutela l'acquisto compiuto (e trascritto) dal terzo quando non solo non risultava trascritta alcuna domanda di riduzione, ma, essendo trascorsi dieci anni dalla morte del *de cuius*, poteva ormai ragionevolmente confidarsi nella sua prescrizione.

La seconda eccezione (art. 563, co. 1) riguarda solo il caso in cui l'azione di riduzione colpisca una **donazione**. È previsto, infatti, che il terzo avente causa dal donatario prevalga sul legittimario ove l'azione di riduzione sia stata trascritta quando siano già trascorsi venti anni dalla trascrizione della donazione (e sempre che il terzo abbia trascritto o iscritto il proprio acquisto prima della trascrizione della domanda in parola). Questa eccezione intende evitare che il bene donato resti sostanzialmente immobilizzato *sine die* a causa del rischio che la donazione sia colpita da riduzione e che questa travolga anche l'acquisto del terzo.

La regola richiamata, tuttavia, potrebbe gravemente compromettere la posizione dei legittimari, soprattutto quando, alla data del decesso del *de cuius*, siano trascorsi venti anni dalla donazione: ciò che precluderebbe loro la possibilità di promuovere l'azione di riduzione, esperibile, come si è visto, solo dopo l'apertura della successione. Ecco perché la disciplina in esame offre ai legittimari la possibilità di interrompere il decorso del termine notificando e trascrivendo nei confronti del donatario un atto di opposizione. Assolvendo questo onere, l'opponente conserva sempre e comunque la possibilità di far valere nei confronti del terzo avente causa la pretesa restitutoria conseguente alla riduzione della donazione: e ciò senza sacrificio alcuno della certezza del traffico giuridico, perché l'opposizione produce i suoi effetti solo se trascritta e, dunque, solo se resa conoscibile ai terzi potenziali acquirenti.

10.4. *Il patto di famiglia*

Una modalità alternativa di trasferimento della ricchezza

Una vistosa deroga alle regole che governano la successione necessaria (oltre che al divieto dei patti successori: e v., infatti, l'inciso iniziale dell'art. 458 nuovo testo) è stata introdotta dalla l. n. 55/2006 attraverso la previsione del **patto di famiglia** (artt. 768 *bis*-768 *octies*) il quale contempla la possibilità per l'imprenditore, o il titolare di partecipazioni societarie, di trasferire, in tutto o in parte, l'azienda, o le quote, ad uno o più discendenti. Si tratta di un **contratto**, quindi di un atto *inter vivos*, per la validità del quale è richiesta la forma dell'**atto pubblico** (art. 768 *ter*). La posizione del coniuge, dell'unito civilmente (art. 1, co. 21, l. n. 76/2016) e degli altri potenziali legittimari viene tutelata prevedendone la partecipazione al contratto e la loro liquidazione da parte dei beneficiari attraverso il pagamento di una somma di denaro corrispondente al valore delle quote previste dagli art. 536 s., salvo che essi non vi rinunzino (art. 768 *quater*). Ove il coniuge e gli altri legittimari, tuttavia, non abbiano partecipato al contratto, all'apertura della successione possono chiedere il pagamento di tale somma, aumentata degli interessi legali. Il mancato pagamento costituisce motivo di impugnazione (art. 768 *sexies*).

Annullabilità

Il contratto in questione può essere impugnato da ciascuno dei partecipanti per errore, violenza o dolo ai sensi degli art. 1427 s. Il termine di prescrizione, qui, a differenza di quanto accade in genere per l'azione di annullamento è di solo un anno (art. 768 *quinquies*).

Questa disciplina si propone di agevolare il passaggio dell'impresa da una generazione all'altra garantendone quella continuità e quella funzionalità che rischierebbero, altrimenti, di essere compromesse da una possibile divisione ereditaria. Su un più generale piano sistematico può osservarsi come la vicenda successoria abbia perso, a seguito dell'innovazione legislativa in discorso, il suo impianto tradizionalmente unitario: e ciò nella misura in cui il trasferimento della ricchezza in previsione della morte potrà seguire, adesso, binari distinti a seconda che intenda disporsi del compendio aziendale (nel qual caso troveranno applicazione le norme in materia di patto di famiglia), oppure dei beni estranei all'esercizio dell'impresa (nel qual caso troveranno applicazione i meccanismi ordinari).

11. *La divisione*

Quando al *de cuius* succedano più coeredi, ciascuno in una quota ideale dell'intero, si pone il problema della **divisione** del patrimonio. A tal fine il codice detta una disciplina *ad hoc*, non interamente assimilabile a quella della divisione della comunione ordinaria (art. 713 s.). D'altra parte, tra le due ipotesi sussiste una notevole differenza: oggetto della comunione ereditaria è un **complesso patrimoniale** comprensivo di attività e di passività, non un bene individuato.

Natura ed effetti

La divisione della comunione ereditaria è un atto con efficacia **dichiarativa**: a seguito di essa, infatti, ogni coerede è reputato successore nei beni, e solo nei beni, che gli vengono attribuiti in corrispondenza della sua quota; al contrario i beni attribuiti agli altri coeredi si considerano, *ab initio*, del tutto estranei alla sua sfera giuridica (art. 757).

Gli effetti della divisione, infatti, operano **retroattivamente** sin dal momento dell'apertura della successione: ciascun coerede è reputato titolare *ex tunc* dei beni assegnatigli. Ne discende che la divisione non realizza una vicenda traslativa ulteriore rispetto alla successione dal *de cuius*, ma semplicemente accerta *a posteriori* il modo in cui la successione si atteggia, appunto, sin dal momento della sua apertura: il titolo di acquisto del singolo coerede è costituito, semplicemente e direttamente, dalla delazione ereditaria.

In ogni caso, la quota di partecipazione alla comunione ereditaria può essere alienata a terzi: essa, infatti, rappresenta un cespite patrimoniale di cui ciascun coerede è libero di disporre. Al contempo, però, si pone l'esigenza di tutelare l'interesse degli altri coeredi a non subire la presenza nella comunione ereditaria di soggetti estranei. Il codice contempera queste contrapposte istanze riconoscendo a ciascun coerede un diritto di **prelazione** sulle quote altrui (art. 732). In particolare, il coerede che intenda alienare la propria quota, o parte di essa, dovrà notificare agli altri la proposta di vendita, indicando il prezzo offerto dal terzo, e costoro avranno un termine di due mesi per pronunciarsi. Ove più coeredi intendano esercitare la prelazione, la quota verrà loro attribuita in parti uguali.

La caratteristica principale di questa prelazione legale è la sua natura **reale**. I coeredi cui non sia stata data la possibilità di avvalersene, infatti, potranno riscattare la quota dal terzo acquirente, corrispondendogli il prezzo pagato. Questo peculiare rimedio – noto come **retratto successorio** – si distingue dalle prelazioni aventi titolo negoziale, le quali hanno un'efficacia puramente obbligatoria, nel senso che esse operano soltanto *inter partes*.

Il retratto successorio può essere azionato – entro l'ordinario termine di prescrizione decennale – indipendentemente dalla circostanza che il terzo abbia già trascritto il proprio acquisto e persino nei confronti di eventuali subacquirenti, purché la comunione ereditaria ancora persista. Ovviamente, la possibilità di ricorrere alla prelazione è esclusa allorché il trasferimento della quota avvenga in favore di altro coerede.

Vari tipi di divisione

La divisione può essere realizzata dai coeredi (divisione **contrattuale**), dal giudice (divisione **giudiziale**), o, ancora, dal testatore (divisione **testamentaria**).

In particolare, ove non venga raggiunto un accordo tra tutti i coeredi, ciascuno di essi ha facoltà di ricorrere al giudice in qualsiasi momento perché provveda alla divisione (art. 713), indipendentemente dal fatto che uno o più coeredi abbiano goduto separatamente di singoli beni del compendio ereditario, salvi gli effetti di una eventuale usucapione (art. 714). Il testatore, però, può imporre che la comunione, anche in relazione a singoli beni, permanga per un tempo non superiore a cinque anni; e può disporre che la divisione non abbia luogo prima che sia trascorso un anno dal compimento della maggiore età da parte del più giovane degli istituiti che al momento dell'apertura della successione siano ancora minorenni.

Tuttavia, in entrambe le ipotesi considerate il giudice, su istanza anche di un solo coerede e in presenza di gravi circostanze, può consentire che la divisione abbia luogo immediatamente (o, comunque, prima del termine stabilito dal testatore). Al contempo, e in senso inverso, è previsto che il giudice, su istanza di uno dei coeredi, possa sospendere la divisione dell'eredità o di singoli beni per un periodo di tempo non eccedente i cinque anni, qualora risulti che essa possa risultare pregiudizievole (art. 717).

Modalità

La suddivisione dell'eredità deve avvenire per **capi** e, solo all'interno di ciascun capo ma in un momento (logicamente) successivo, per **stirpi** (art. 731). Ciò significa che se il *de cuius*, morto intestato, aveva tre figli, uno dei quali premorto e a sua volta con due figli, l'asse ereditario dovrà essere diviso in tre parti uguali. Solo in un momento successivo la parte assegnata congiuntamente ai due nipoti, i quali succedono per rappresentazione in luogo del padre, sarà divisa tra gli stessi.

Alla divisione, si è detto, può provvedere anche il testatore.

Al riguardo occorre distinguere tra l'ipotesi in cui il testatore si limiti a dettare i criteri che dovranno essere osservati nella formazione e nell'assegnazione delle varie porzioni (art. 733), e l'ipotesi in cui il testatore provveda direttamente alla divisione del patrimonio tra i vari chiamati (art. 734). Solo in questo secondo caso ricorrerà propriamente la figura della divisione testamentaria, perché solo qui la ripartizione del patrimonio in porzioni individuate, e la loro attribuzione ai diversi coeredi (c.d. **apporzionamento**), discende direttamente dalla volontà del testatore e non richiede – come invece accade nel caso previsto dall'art. 733 – un procedimento divisorio di cui il testatore si sia limitato a fissare le linee guida (ad es., destinando un determinato bene ad uno dei coeredi o stabilendo che la quota di uno di essi deve essere liquidata solo in denaro). La divisione operata dal testatore, peraltro, può anche riguardare solo una parte del compendio ereditario: in questo caso i beni non ricompresi saranno devoluti secondo le regole della successione legittima (art. 734, co. 2).

A ben vedere la divisione testamentaria – piuttosto che determinare lo scioglimento di una preesistente comunione ereditaria – impedisce che essa sorga, perché, sin dal momento dell'apertura della successione, la delazione ereditaria di cui ciascun coerede è investito ha ad oggetto solo la porzione dell'asse individuata dal *de cuius*. Ciò segna un'importante differenza tra la divisione testamentaria e le altre forme di divisione (quella giudiziale e quella convenzionale), che, viceversa, attuano lo scioglimento della comunione ereditaria instauratasi con l'apertura della successione.

Annullamento e rescissione

La divisione contrattuale (non quella giudiziale) è annullabile quando la volontà di una delle parti è stata viziata da **violenza** o da **dolo** (art. 761). Tuttavia l'impugnazione non è più possibile se, scoperto il dolo o cessata la violenza, il coerede abbia alienato in tutto o in parte i beni costituenti la sua porzione (art. 768): in questo caso, dunque, l'atto di alienazione si atteggia, sulla falsariga di quanto previsto dall'art. 1444, co. 2 nei termini di una convalida tacita del contratto divisorio.

Non costituiscono, invece, causa di invalidità della divisione né l'omissione di singoli beni, cui si dovrà rimediare con un'ulteriore divisione (art. 762) né l'errore; al più una eventuale incongruenza tra la quota ed il valore dei beni attribuiti può dar luogo alla **rescissione** della divisione, purché tale lesione sia superiore ad un quarto del valore che la porzione avrebbe dovuto avere (art. 763).

Il rimedio della rescissione è contemplato anche per il caso in cui la divisione sia stata effettuata dal testatore, purché la lesione ecceda sempre il limite del **quarto** (art. 763, co. 2). Onde stabilire se vi sia stata lesione, i beni ereditari vanno stimati "secondo il loro stato e valore al tempo della divisione" (art. 766). L'erede contro il quale è promossa l'azione di rescissione ha la possibilità di sottrarvisi offrendo un supplemento, in denaro o in natura, idoneo a compensare la sproporzione tra porzione e quota (art. 767).

La rescissione è ammessa anche contro ogni altro atto che abbia per effetto di far cessare la comunione ereditaria (art. 764, co. 1).

11.1. *La collazione*

Ratio dell'istituto

Strettamente legata alla divisione ereditaria è la collazione. Alla base di essa è rinvenibile l'idea che le donazioni compiute dal *de cuius* in favore dei più stretti congiunti costituiscano mere **anticipazioni** di quanto costoro comunque conseguirebbero alla sua morte.

Si immagini, ad es., che Tizio – già vedovo – muoia intestato con tre figli, a ciascuno dei quali competerà, dunque, secondo le regole della successione legittima, un terzo dell'eredità (il cui valore ammonta ad € 120.000,00); e si immagini – ancora – che Tizio abbia donato in vita al maggiore dei tre figli un immobile di valore pari a € 30.000,00. Orbene, se la legge non prevedesse la collazione, oggetto della comunione ereditaria sarebbe solo il *relictum* (escluso il *donatum*) e a ciascuno dei figli dovrebbe essere assegnata in sede di divisione una porzione pari ad 1/3: ne risulterebbe avvantaggiato il maggiore, che assommerebbe al valore della quota ereditaria quello della donazione ricevuta. Il codice, però, presume che con questa donazione il *de cuius* abbia soltanto voluto attribuire, anzi tempo, al figlio maggiore una parte di ciò che comunque gli sarebbe spettato in sede successoria.

Da questa presunzione discende l'esigenza di ricomporre il patrimonio dell'ereditando ricomprendendo nella comunione ereditaria anche i beni che questi abbia donato in vita; e a tale esigenza sopperisce, appunto, l'istituto della collazione, in forza del quale i donatari sono obbligati a conferire materialmente alla comunione ereditaria i beni ricevuti (o una somma di denaro corrispondente al loro valore). Così, ritornando all'esempio, oggetto di comunione e di divisione non sarà solo il *relictum*, ma anche il *donatum*, e ciascuno dei figli riceverà, senza alcuna disparità, una porzione pari ad € 50.000,00.

Campo d'applicazione

L'ambito applicativo della collazione è, però, circoscritto alle sole **donazioni** compiute in favore del **coniuge** (e anche all'unito civilmente: art. 1, co. 21, l. n. 76/2016), dei **figli** e dei loro **discendenti** (art. 737), ai quali la legge, come si rammenterà, riserva una quota del patrimonio ereditario e che, dunque, verranno, comunque, investiti dalla vicenda successoria.

Ove ricorra questo presupposto soggettivo, il raggio di azione della collazione è molto esteso, perché ricomprende anche le donazioni indirette, ivi comprese le attribuzioni compiute in occasione o in vista del matrimonio del beneficiario (si pensi, ad es., al padre che acquista e intesta al figlio, prossimo alle nozze, un'abitazione), nonché quelle finalizzate ad avviare il congiunto all'esercizio di un'attività produttiva o professionale (art. 741). Viceversa, non sono soggette a collazione le donazioni rimuneratorie (art. 742, co. 3), quelle di modico valore fatte al coniuge (art. 738), nonché le spese sostenute per il mantenimento, per l'educazione, per la cura e per le nozze dei congiunti (art. 742, co. 1).

Dispensa

La collazione non ha luogo quando il donatario sia stato **dispensato** dal *de cuius* (art. 737): in questo caso, difatti, non sarà più dato presumere il carattere meramente anticipatorio della donazione. La dispensa può risultare sia dall'atto di donazione, sia da un successivo atto unilaterale del donante, ivi compreso il testamento. Trattasi di un atto *mortis causa*, in quanto tale sempre revocabile, conformemente al principio inferibile dall'art. 679.

In ogni caso, la dispensa dalla collazione **non** produce effetto se non nei limiti della quota disponibile (art. 737, co. 2); l'autonomia negoziale di cui essa costituisce espressione incontra sempre il limite delle regole stabilite in materia di successione necessaria.

Modalità

La collazione, nel caso di beni immobili, può aver luogo in due modi: conferendo il bene in natura, ovvero imputando il valore dell'immobile, calcolato con riferimento al momento dell'apertura della successione (art. 747), alla porzione spettante al donatario in sede di divisione (art. 746). La scelta – che non è più data ove l'immobile sia stato ipotecato o alienato, dovendosi in questo caso procedere alla collazione per imputazione – compete al donatario. Nel caso di beni mobili (ivi compreso il denaro) la collazione ha sempre luogo per imputazione (artt. 750 e 751).

Qualunque sia la forma della collazione, **frutti** e **interessi** sono dovuti solo a far data dall'apertura della successione (art. 745). La collazione, invece, non ricomprende le migliorie apportate dal donatario all'immobile, e le spese di straordinaria manutenzione che questi abbia sostenuto (salvo che siano state rese necessarie da una sua negligenza o incuria). Il valore delle migliorie e l'ammontare delle spese deve essere detratto dall'importo imputato alla quota del donatario; in caso di collazione in natura, invece, il donatario ha diritto ad un corrispondente rimborso e, finché il suo credito non venga soddisfatto, ha facoltà di ritenere l'immobile (art. 748).

12. *Donazioni e liberalità*

Pur essendo un **contratto**, come risulta testualmente dall'art. 769, la donazione è disciplinata nell'ambito del libro del codice dedicato alle successioni. Questa collocazione ripete il tradizionale accostamento tra donazioni e successioni e trae fondamento dalla circostanza che le liberalità sono considerate dal legislatore alla stregua di attribuzioni *mortis causa* anticipate: ciò che trova conferma, come si è visto, nella previsione di un istituito come la collazione. Non deve stupire, pertanto, se taluni aspetti della disciplina della donazione rimandino a quella del testamento, a dispetto della diversità strutturale che sussiste tra le due figure.

Donazioni e liberalità

In realtà, occorrerebbe parlare non della donazione, ma delle donazioni. Accanto alla donazione **pura** sono previste infatti diverse figure (si pensi alla donazione **rimuneratoria**, a quella **obnuziale**, a quella **manuale** e così via) soggette a regole che si discostano, in relazione a profili di volta in volta diversi, dallo schema principale.

A loro volta le donazioni – il modello generale e le figure speciali che gli si affiancano – non esauriscono l'area degli **atti di liberalità** nell'ambito della quale rientrano anche le **liberalità d'uso** (art. 770, co. 2) e le **donazioni indirette** (art. 809).

Ci occuperemo, in primo luogo, della donazione pura.

12.1. *L'arricchimento*

Elementi essenziali

Dalla definizione dell'art. 769 si ricava che due sono gli elementi essenziali perché ricorra una liberalità: l'**arricchimento** del beneficiario, cui corrisponde il depauperamento del donante, e lo **spirito di liberalità** che deve animare quest'ultimo (*animus donandi*).

L'arricchimento sembrerebbe non porre problema alcuno: esso consiste, semplicemente, in un incremento del patrimonio del donatario. Questa conclusione, tuttavia, deve tener conto di quanto previsto dall'art. 793, co. 2, per il quale nella donazione modale (su cui ci intratterremo più avanti) il donatario è tenuto all'adempimento dell'onere entro i limiti del valore della cosa donata. Ciò significa che l'onere può assorbire completamente l'incremento patrimoniale conseguito dal donatario, senza che il negozio cessi di configurare una donazione. Ma se è così, l'incremento del patrimonio non rappresenta elemento costante della donazione; onde l'arricchimento non può risolversi in un dato semplicemente quantitativo.

Queste perplessità possono superarsi osservando che la nozione di arricchimento va intesa in senso **soggettivo**. Essa, infatti, evoca semplicemente la circostanza che nella donazione, a differenza di quanto accade nei contratti sinallagmatici, l'attribuzione del disponente non è finalizzata ad ottenere una controprestazione, ma è diretta ad arricchire il donatario. In una simile prospettiva, pertanto, risulta del tutto irrilevante che, nel caso della donazione modale, l'arricchimento, in concreto, possa non aver luogo: tanto più che, come si vedrà meglio in seguito, l'obbligazione a carico del soggetto onerato non è affatto in posizione di corrispettività rispetto all'attribuzione del donante; ma si colloca in una posizione accessoria e non compromette la causa liberale dell'atto.

Effetti

L'arricchimento conseguito dal donatario si atteggia diversamente a seconda che l'atto abbia effetti **reali** o **obbligatori**. La donazione, il più delle volte, realizza il trasferimento della proprietà di un bene, la costituzione di un diritto reale su cosa altrui o la cessione di un credito; ma può anche avere un'efficacia obbligatoria, ove, invece, il donante si obblighi ad eseguire una prestazione in favore del donatario (in questo caso, peraltro, il donante risponderà di un eventuale inadempimento o di un ritardo nell'adempimento solo per dolo o colpa grave: art. 789). Detta prestazione può consistere in un *dare* o anche in un *facere*.

Hanno efficacia obbligatoria anche le donazioni aventi ad oggetto una prestazione periodica (ad es., una somma di denaro da corrispondersi annualmente), la cui efficacia cessa (donde l'estinzione della relativa obbligazione) con la morte del donante, salvo che risulti una diversa volontà delle parti (art. 772).

Si discute, invece, se sia configurabile una donazione **liberatoria** (si pensi all'atto con il quale un soggetto rinunzia al proprio usufrutto su un bene, determinando la riespansione del diritto del proprietario). In effetti qui l'arricchimento del (nudo) proprietario rappresenta una conseguenza solo ulteriore e indiretta di un negozio che ha quale effetto diretto solo la dismissione del diritto (di usufrutto); e la dismissione di un diritto non costituisce, propriamente, atto con il quale si dispone del diritto in favore di un terzo, là dove il disporre in favore di un terzo è elemento centrale della definizione dettata dall'art. 769. Non a caso questa stessa vicenda può tranquillamente assumere la veste di un negozio unilaterale – cioè di una rinunzia **abdicativa** – non soggetto ai requisiti formali della donazione (per quanto, come si vedrà, riconducibile allo schema delle donazioni indirette).

12.1.1. *Lo spirito di liberalità*

Circa lo spirito di liberalità, deve escludersi, in primo luogo, che esso rilevi quale **motivo** della donazione. Basti pensare, al riguardo, alle due figure della donazione rimuneratoria e di quella modale: in entrambi questi casi, difatti, il motivo è costituito ora dalla riconoscenza del donante, ora dall'interesse che, attraverso l'onere, egli intende realizzare (e l'onere può persino costituire il "solo motivo determinante della donazione", come si evince dall'art. 794). In realtà il donante può essere mosso da molteplici motivi, che, però, non assorbono mai lo spirito di liberalità il quale si colloca su un piano diverso.

Non si può sostenere che l'*animus donandi* identifichi l'intento del donante di porre in essere un'attribuzione senza corrispettivo a favore del donatario (o, se si preferisce, l'intento di arricchirlo): così argomentando, infatti, lo si ridurrebbe a mera proiezione soggettiva della causa della donazione, e lo si priverebbe di quella autonoma rilevanza che esso deve avere, in quanto elemento essenziale della fattispecie.

Tentativi definitori

D'altra parte, anche il voler esaurire lo spirito di liberalità nella pura e semplice consapevolezza del fatto che l'attribuzione non sia dovuta in forza di un titolo preesistente e, dunque, della sua spontaneità (*nullo iure cogente*), appare riduttivo. Questa impostazione del problema, per quanto non scorretta, giacché è indubbio che l'assenza di un vincolo, anche non giuridico, rappresenti un presupposto indefettibile dell'*animus donandi* (ed è questa, la ragione per la quale non integra gli estremi di una donazione l'esecuzione di un dovere morale o sociale, ai sensi dell'art. 2034), tuttavia non riesce ad andare oltre una descrizione del fenomeno in termini solo negativi.

È certo, poi, che lo spirito di liberalità non sia configurabile allorché il donante persegua un interesse patrimoniale: si pensi al caso di una società che patrocini, attraverso un'elargizione di denaro un evento artistico al fine di pubblicizzare la propria immagine e di conseguire indirettamente un ritorno economico (questa ipotesi, peraltro, va distinta da quella di un contratto di sponsorizzazione, che è contratto a prestazioni corrispettive del tutto estraneo all'area delle liberalità).

Non sembra però che lo sforzo di definire lo spirito di liberalità possa procedere oltre. Non sembra, cioè, che l'*animus donandi* possa essere connotato da elementi ulteriori rispetto a quelli isolati sin qui, ossia, conviene ripeterlo, l'**intento** del donante di porre in essere un'attribuzione gratuita a favore del donatario, la **spontaneità** di tale intento e, infine, la **non patrimonialità** dell'interesse perseguito attraverso l'attribuzione liberale.

Donazione e contratti a titolo gratuito

Questo esito potrebbe apparire insoddisfacente, nella misura in cui non consente di individuare la ragione della distinzione tra la donazione e contratti quali il comodato, il deposito e il mutuo gratuiti. È innegabile, infatti, che in queste fattispecie si ripresentino tutti gli elementi caratteristici della donazione: il vantaggio patrimoniale unilateralmente conseguito da una parte, la spontaneità, l'assenza di un interesse patrimoniale che giustifichi l'attribuzione o la prestazione posta in essere dall'altra.

Tuttavia, ha ragione chi sottolinea come le radici della distinzione tra liberalità e contratti a titolo gratuito vada individuata, semplicemente, nella diversa natura della prestazione che ne costituisce oggetto. Il legislatore, sul solco di una risalente tradizione, ha infatti scelto di inquadrare la prestazione del comodante, del depositario e del mutuante in uno schema negoziale tipico diverso dalla donazione, ritenendo che il rigore formale proprio di quest'ultima non sarebbe stato congeniale ad operazioni economiche che reclamano una maggiore snellezza.

Peraltro, non è certo un caso che in queste ipotesi la forma solenne, che nella donazione sostiene la causa liberale, trovi un succedaneo nella *traditio rei*: comodato, deposito e mutuo, infatti, sono, come si rammenterà, contratti reali. Nell'ambito delle attribuzioni a titolo gratuito, dunque, la donazione costituisce uno schema residuale, che assume rilevo solo quando l'attribuzione non sia riconducibile ad altri schemi negoziali tipici, quali, appunto, il comodato, il deposito e il mutuo.

12.2. *La forma della donazione*

La donazione è un negozio **solenne**: per il suo perfezionamento, infatti, sono richiesti, a pena di nullità, la forma dell'**atto pubblico** e la presenza di due **testimoni** (art. 782). Le dichiarazioni delle parti non devono necessariamente risultare dal medesimo atto, ma possono essere racchiuse anche in atti diversi: in questo caso, in deroga a quanto stabilito dall'art. 1326, la donazione si perfeziona sin dal momento della notifica al donante dell'accettazione del donatario.

Forme

Attraverso la previsione di una forma solenne, l'ordinamento intende richiamare l'attenzione del donante sulla gravità delle conseguenze dell'atto: la forma solenne, si dice, supplisce all'assenza di una controprestazione che sostenga l'attribuzione patrimoniale posta in essere dal disponente.

Si comprende dunque perché questi requisiti formali non siano richiesti nel caso in cui la donazione abbia ad oggetto un bene mobile di **modico valore** (art. 783): qui, infatti, l'entità dello spostamento patrimoniale, da stimarsi in relazione alle condizioni economiche del donante, esclude l'esigenza della forma solenne. La donazione di modico valore, peraltro, si perfeziona solo attraverso la consegna della cosa, ad ulteriore riprova di quanto già osservato in precedenza circa l'atteggiarsi della realità a succedaneo della forma.

12.3. *Le parti*

Capacità

La gravità delle conseguenze della donazione spiega anche perché sia richiesta al donante la **piena** capacità di disporre dei propri beni (art. 774): **minori** e **interdetti**, difatti, non possono porre in essere una donazione neanche per mezzo del loro rappresentate legale (art. 777); e in caso di **incapacità naturale** l'atto è sempre annullabile, indipendentemente dalla ricorrenza dei presupposti richiesti dall'art. 428 (art. 775).

Viceversa, e comprensibilmente, la legge non richiede la capacità di agire del donatario. In questo caso, ovviamente, alla stipulazione dell'atto interverrà il rappresentante legale: i genitori (nel caso del minore), il tutore (nel caso dell'interdetto). Si consideri, al riguardo, che l'accettazione di una donazione è atto di **straordinaria** amministrazione, per il quale è necessaria anche l'autorizzazione del giudice tutelare (artt. 320 e 374). La donazione può aver luogo anche nei confronti dei figli **nascituri**, persino non concepiti, di una determinata persona vivente al momento della donazione (art. 784); in questo caso la donazione – conformemente a quanto stabilito dall'art. 1, co. 2 – acquisterà efficacia solo con la nascita del donatario, nascita che dunque rileva quale *condicio juris* del contratto. I frutti naturali e civili prodotti dal bene prima della nascita spettano al donatario, se già concepito al momento della donazione; altrimenti spettano al donante.

La donazione può essere compiuta congiuntamente in favore di **più** donatari, i quali – se non risulta una diversa volontà – acquisteranno il diritto in parti uguali (art. 773, co. 1). Il donante può anche stabilire che, se uno dei donatari non può o non vuole accettare, nella sua quota subentrino gli altri (art. 773, co. 2), secondo una dinamica che ricalca quella dell'accrescimento nelle successioni testamentarie. L'accrescimento in favore degli altri donatari opera automaticamente, senza che sia necessaria una loro ulteriore dichiarazione di volontà.

In generale, e non solo quando la donazione sia disposta congiuntamente in favore di più soggetti, il donante può designare – con una clausola di sostituzione – colui al quale la (proposta di) donazione sarà indirizzata ove il donatario non possa o non voglia accettare (art. 795): qui la proposta di donazione in favore del sostituto è sospensivamente condizionata alla mancata accettazione dell'istituito.

Mandato a donare

Dalla natura strettamente **personale** della donazione discende la disciplina dettata dall'art. 778, che sancisce la **nullità** di un mandato a donare in cui sia attribuita al mandatario la scelta del donatario o dell'oggetto della donazione. In questo caso, in forza dei principi elaborati in materia di collegamento negoziale, la nullità travolgerà anche la donazione posta in essere in esecuzione del mandato.

Viceversa, alla luce di una lettura *a contrario* della disposizione in esame deve ritenersi valido un mandato a donare in cui la discrezionalità del mandatario sia maggiormente circoscritta e investa aspetti meno rilevanti dell'attribuzione. Ne sono conferma i due successivi commi dell'art. 778: l'uno stabilisce che è valida la donazione in cui la scelta del donatario sia riservata ad un terzo, purché entro l'ambito delle persone indicate dal donante o appartenenti ad una determinata categoria; l'altro stabilisce che è valida la donazione in cui la scelta dell'oggetto sia riservata ad un terzo, purché la scelta sia circoscritta alle cose o ai limiti di valore indicati dal donante.

12.4. *L'oggetto della donazione*

Diversamente da quanto stabilito dall'art. 1348, la donazione avente ad oggetto un bene **futuro** (cioè non ancora venuto ad esistenza) è **nulla** (art. 771): il codice in questo modo intende porre un freno a liberalità avventate. La regola, però, conosce una eccezione: possono essere oggetto di donazione i frutti naturali già pendenti ma non ancora separati (in linea con quanto stabilito, in termini generali, dall'art. 820, co. 2).

Un'ipotesi molto particolare, e molto frequente, è quella della donazione con **riserva di usufrutto**. Essa si verifica quando il proprietario di un bene, nel donarlo, si trattenga il diritto di usufrutto sullo stesso (art. 796). Il donante può anche stabilire che, alla sua morte (o in un momento precedente), l'usufrutto passi ad un altro soggetto o a più soggetti (congiuntamente, non successivamente).

Responsabilità del donante

Là dove la donazione consista nel trasferimento della proprietà di un bene (o nella costituzione sullo stesso di un diritto reale di godimento) il donante non è tenuto né alla garanzia per **evizione**, né a quella per i **vizi**. Qui emerge una evidente differenza con la disciplina della compravendita, differenza in cui si riflette la volontà del legislatore di riservare al donante una posizione di maggior favore rispetto a quella del compratore, in considerazione della natura liberale dell'attribuzione (analoga *ratio*, peraltro, conduce a valutare con minor rigore la responsabilità del donante in caso di inadempimento delle obbligazioni eventualmente discendenti dal negozio: come si è visto, infatti, il donante risponde *ex* art. 789 solo in caso di dolo o di colpa grave).

Alla regola generale sono poste però alcune eccezioni.

In particolare, il donante risponde dell'evizione del bene in tre ipotesi (art. 797). La prima ricorre ove egli abbia espressamente assunto tale garanzia. La seconda ricorre in caso di dolo (cioè, quando il donante fosse consapevole dell'altruità del bene o l'evizione sia dipesa dalla sua condotta; il che si verifica nel caso in cui egli abbia successivamente alienato lo stesso bene ad un terzo, che sia prevalso sul donatario in virtù della priorità della propria trascrizione). Infine, il donante è sempre tenuto alla garanzia per evizione nelle donazioni modali e in quelle rimuneratorie, ma solo nei limiti del valore della prestazione posta a suo carico, o dei servizi che la donazione intende ricompensare.

Analogamente, il donante risponde dei vizi della cosa – in deroga alla regola che esclude tale garanzia – in caso di dolo, cioè allorché egli ne fosse a conoscenza al momento della donazione (art. 798).

12.5. *La disciplina dei motivi*

Si è già detto che non bisogna confondere lo spirito di liberalità con il motivo della donazione.

In questa materia, peraltro, ai **motivi** è riconosciuta una particolare rilevanza. La natura liberale dell'attribuzione, per un verso, rende i motivi dell'agire del donante maggiormente meritevoli di protezione; per altro verso, indebolisce quell'esigenza di tutela dell'affidamento nella stabilità del vincolo contrattuale, che normalmente relega i motivi dell'agire nella sfera del giuridicamente irrilevante.

L'incidenza dei motivi si riflette, in primo luogo, sulla torsione che le regole della donazione pura sperimentano in alcune ipotesi particolari: si pensi alle donazioni **obnuziali** e a quelle **rimuneratorie**. In ogni caso, poi, la rilevanza dei motivi è documentata dal trattamento ad essi riservato in sede di disciplina generale della donazione: un trattamento che, pur essendo quest'ultima un contratto, ricalca, in realtà, quello stabilito in materia testamentaria.

Differenze con la disciplina di parte generale

Una prima differenza è individuabile nell'ipotesi dell'**illiceità** del motivo: mentre l'art. 1345 prevede, in questo caso, che il contratto sia nullo solo quando il motivo fosse comune ad entrambe le parti e, per entrambe, determinante in via esclusiva del consenso, l'art. 788 reputa sufficiente, ai fini della nullità della donazione, che il motivo illecito risulti dall'atto e che sia stato il solo a determinare la volontà del donante. Non è necessario, cioè, che sia stato comune ad entrambe le parti, essendo, per converso, sufficiente che emerga dall'atto, nella misura in cui si ritiene che la sua conoscibilità costituisca qui presidio adeguato dell'affidamento del donatario.

La seconda differenza riguarda, poi, l'errore sul **motivo**, che, diversamente da quanto accade in materia contrattuale (art. 1429, n. 4), darà sempre luogo all'annullabilità della donazione, sia esso di fatto, o di diritto, purché risulti dall'atto e sia stato il solo a determinare la volontà del donante.

12.6. *La donazione modale*

Una particolare attenzione merita la donazione modale (art. 793).

Onere e arricchimento

Il **modo** (detto anche **onere**) è una clausola accessoria che obbliga il donatario ad eseguire una prestazione (di dare, di fare o di non fare) nei confronti del donante o di un terzo. Trattasi di uno strumento assai flessibile, che – ponendosi quale fonte di una vera e propria obbligazione – si presta a realizzare un interesse, spesso di natura non patrimoniale, di cui il donante sia portatore (si pensi alla donazione di una biblioteca con l'onere di consentirne la consultazione agli studiosi o alla donazione di una somma capitale con l'onere di devolvere parte degli interessi ad una fondazione attiva in ambito umanitario).

Caratteristica dell'onere è la sua **accessorietà**: l'onere, cioè, non elide lo spirito di liberalità, ma realizza un fine ulteriore che costituisce il motivo della donazione. Ecco perché esso non può, e non deve, essere considerato alla stregua di una controprestazione dell'attribuzione donativa: alla donazione modale, infatti, è del tutto estranea la logica dello scambio; d'altra parte, se così non fosse, la donazione modale sarebbe difficilmente distinguibile dal *negotium mixtum cum donatione*. Ovviamente, la previsione dell'onere incide sull'arricchimento conseguito dal donatario: ma questa limitazione non compromette la riconducibilità del negozio allo schema della donazione, poiché il donatario è obbligato all'adempimento del modo solo nei limiti del valore dell'attribuzione ricevuta.

Quando il beneficiario dell'onere sia un **terzo**, la fattispecie si lascerà ricondurre allo schema del contratto a favore del terzo (art. 1411), di cui troverà applicazione la relativa disciplina.

Tutela contro l'inadempimento

L'obbligazione scaturente dal modo è presidiata dai rimedi propri della tutela contrattuale: sicché, ove il donatario non esegua la prestazione, si potrà agire tanto per il risarcimento del danno, quanto per l'adempimento coattivo. Ai sensi dell'art. 793, co. 3, per l'adempimento dell'onere è legittimato ad agire, oltre il donante, chiunque vi abbia interesse. Al riguardo, va osservato che la logica, propria del rapporto obbligatorio, in seno al quale rileva solo l'interesse creditorio, esclude in radice la possibilità che ad attivare i rimedi in discorso sia un soggetto diverso dal creditore, e portatore di un interesse generico o indiretto all'esecuzione della prestazione onerata: ne discende, pertanto, che la regola anzidetta troverà applicazione solo quando il beneficiario dell'onere sia **indeterminato**.

L'assenza di un nesso di corrispettività tra l'attribuzione in favore del donatario e l'onere di cui questi è gravato trova conferma nella circostanza che normalmente l'inadempimento del secondo non comporta la risoluzione della donazione. Questa regola, però, conosce una eccezione: la risoluzione della donazione per inadempimento dell'onere può essere domandata (solo) dal donante, e dai suoi eredi, allorché questo rimedio fosse stato **espressamente** contemplato nell'atto di donazione.

Infine, l'onere, se illecito o impossibile, si considera non apposto, ma non inficia la donazione, salvo che ne abbia costituito il motivo **determinante** (art. 794).

12.6.1. *Le donazioni condizionali*

Alle donazioni possono essere apposti anche un **termine** o una **condizione**. Problemi assai delicati, tuttavia, sorgono quando, attraverso l'apposizione di un termine o di una condizione, le parti si servano della donazione quale strumento per regolare la successione del disponente (c.d. donazione ***mortis causa***).

Donazioni condizionali ed elusione del divieto dei patti successori

Si pensi, innanzitutto, ad una donazione in cui la morte del donante sia assunta quale termine iniziale di efficacia (donazione ***cum moriar***). Questa donazione è certamente nulla ai sensi dell'art. 458, poiché configura un patto successorio istitutivo. L'ordinamento – conviene ricordare – consente di disporre della propria successione solo per mezzo del testamento, che è negozio sempre revocabile, mentre un contratto risulterebbe vincolante per il disponente e gli impedirebbe di mutare le proprie determinazioni.

Molto problematica è, invece, l'ipotesi di una donazione sospensivamente condizionata alla premorienza del donante al donatario (donazione *si premoriar*). La tesi prevalente vuole che la donazione ***si premoriar*** sia nulla perché in contrasto con il divieto dei patti successori. Ma questa tesi è discussa: si osserva infatti che – a motivo della efficacia retroattiva della condizione – il donatario, ove la condizione si realizzi, risulta titolare del diritto *ex tunc*; si aggiunge che il donatario è investito, sin dal momento della conclusione del contratto, di una aspettativa giuridicamente rilevante che rende attuali gli effetti della donazione; e si evidenzia che questi argomenti concorrono ad escludere la riconducibilità della stessa nell'ambito della successione del disponente.

Tuttavia questi rilievi, per quanto inappuntabili sul piano della logica formale, cadono dinanzi ad una valutazione sostanziale, alla luce della quale è indubbio che la donazione *si premoriar* costituisca uno strumento in grado di eludere il divieto dei patti successori, potenzialmente riconducibile allo schema del negozio in frode alla legge, nullo ai sensi dell'art. 1344.

Probabilmente il problema della validità di una condizione *si pre-*

moriar non ha una soluzione univoca: decisive sono infatti le circostanze del caso concreto, che possono condurre ad esiti diversi a seconda che la morte del disponente rilevi quale causa dell'attribuzione o quale semplice evento, estraneo allo schema causale del negozio, cui è condizionata e rimandata la produzione dei suoi effetti.

Fattispecie tipiche

Il codice, invece, disciplina espressamente, consentendone dunque l'apposizione, la c.d. condizione di **riversibilità** (art. 791), che ricorre quando gli effetti della condizione sono risolutivamente condizionati alla premorienza del donatario (ovvero del donatario e dei suoi discendenti). In questa ipotesi la donazione è immediatamente efficace, ma i suoi effetti cadono (onde il diritto rientra nel patrimonio del disponente) ove il donatario muoia prima del donante. Cadono, coerentemente a quanto stabilito dall'art. 1357, anche gli atti di disposizione posti in essere dal donatario: il terzo avente causa, dunque, soccombe al donante (art. 792).

La condizione risolutiva di riversibilità può essere apposta solo a beneficio del donante (art. 791, co. 3). È, dunque, nulla (ma non determina la nullità della donazione: *vitiatur, sed non vitiat*) una condizione di riversibilità apposta a favore di un terzo, poiché – questa sembra essere la *ratio* della previsione – essa rappresenterebbe uno strumento per eludere il divieto dei patti successori.

Un'ipotesi molto particolare è quella della donazione **con riserva di disporre**: il codice, infatti, prevede che il donante possa riservarsi "la facoltà di disporre di qualche oggetto compreso nella donazione o di una determinata somma sui beni donati" e stabilisce che questa facoltà, ove non sia stata esercitata dal donante, non si trasmette ai suoi eredi (art. 790). A ben vedere questa disposizione accomuna due ipotesi diverse, anche sul piano strutturale.

La riserva della facoltà di disporre di una parte dei beni opera come condizione risolutiva della donazione, limitatamente ai beni cui si riferisce. Trattasi di una condizione potestativa, e non meramente potestativa, perché l'atto di disposizione cui la donazione è risolutivamente condizionata è sempre funzionale alla realizzazione di un assetto di interessi, corrispondente alla sua causa: il che è sufficiente ad escludere il carattere arbitrario di quanto stabilito dal donante.

Quando invece la facoltà di disporre ha ad oggetto una determinata somma di denaro, allora ricorre lo schema di un onere sospensivamente condizionato: l'esercizio della facoltà in questione, cui è sospensivamente condizionato l'onere, rende infatti attuale l'obbligazione del donatario di corrispondere una determinata somma di denaro ad un terzo.

12.6.2. *La donazione obnuziale*

Tratti differenziali

Tra le figure speciali di donazione deve ricordarsi la donazione **obnuziale**, fatta cioè "in riguardo di un determinato futuro matrimonio" da uno sposo all'altro o da un terzo agli sposi, ad uno di essi o ai loro figli nascituri (art. 785). Qui il codice, riconoscendo rilevante il peculiare motivo che muove alla donazione (il matrimonio e la nascita di un nuovo nucleo familiare), assoggetta quest'ultima ad una disciplina in alcuni punti diversa rispetto a quella ordinaria.

In primo luogo viene modificata la struttura del negozio, il cui perfezionamento non necessita dell'accettazione del donatario: la donazione obnuziale, dunque, non è un contratto, ma un **negozio unilaterale**.

La seconda caratteristica della donazione obnuziale attiene al piano degli **effetti**, che si produrranno solo se e quando il matrimonio in vista del quale essa viene compiuta sarà celebrato. Il matrimonio, in altri termini, opera come condizione sospensiva del negozio. Si tratta, secondo la tesi prevalente, di una ***condicio juris***, non soggetta alla regola della retroattività prevista dall'art. 1357 per le condizioni volontarie; il che significa che nel conflitto tra il donatario e il terzo che abbia acquistato lo stesso bene dal donante dopo la donazione, ma prima del matrimonio, prevale sempre il secondo (ferma restando la garanzia per evizione cui il donante sarà certamente tenuto ai sensi dell'art. 797, n. 2).

Peraltro, il legame sussistente tra donazione e matrimonio comporta che l'annullamento del secondo determinerà la nullità della prima (art. 785, co. 2). Questa regola, invece, non trova applicazione in caso di divorzio (né, tantomeno, in caso di separazione legale): solo un vizio genetico del vincolo, non il suo successivo scioglimento, infatti, può incidere sulla stabilità della donazione. Tuttavia la nullità della donazione non travolge i diritti acquistati *medio tempore* da terzi in buona fede; e il coniuge in buona fede è obbligato a restituire solo i frutti percepiti a partire dal momento della domanda di annullamento del matrimonio.

Infine, a differenza della donazione pura, quella obnuziale è **irrevocabile** (art. 805) e non implica per il donatario l'obbligo degli alimenti nei confronti del donante (437).

Concludendo sul punto, è bene precisare che la donazione obnuziale va tenuta distinta da una normale donazione sottoposta alla condizione sospensiva che il donatario contragga matrimonio, la quale rimane una donazione pura a tutti gli effetti. La differenza consiste in questo: che nella donazione obnuziale, come si è già rammentato, si fa riferimento ad un "futuro, determinato matrimonio" e non alla generica eventualità che il beneficiario possa, prima o poi, sposarsi.

12.6.3. *Le donazioni rimuneratorie*

In alcune ipotesi la rilevanza del motivo che ha indotto il soggetto alla donazione è tale che esso penetra all'interno dello schema negoziale, lo qualifica e incide su determinati aspetti della disciplina applicabile. È questo il caso della **donazione rimuneratoria** (art. 770, co. 1). Con questo *nomen* il codice designa tre diverse ipotesi: la donazione posta in essere per **riconoscenza** (ad es., in ragione dell'aiuto prestato dal donatario al donante in un momento di difficoltà); quella determinata dai **meriti** acquisiti dal donatario (si pensi al caso di un ricco uomo d'affari che premia, con una donazione, l'autore di una importante scoperta scientifica); quella, infine, posta in essere per **speciale rimunerazione** di servizi già resi, anche a titolo oneroso, dal donatario (servizi che il donante ha particolarmente apprezzato e vuole in questo modo compensare ulteriormente).

Deviazioni dal regime ordinario

L'elemento che accomuna le tre ipotesi contemplate dall'art. 770, co. 1, è rappresentato dalla finalità *lato sensu* **compensativa** o, appunto, rimuneratoria alla quale la donazione, qui, risponde. Questa specifica finalità non esclude e non compromette lo spirito di liberalità, ma giustifica il diverso regime cui la donazione rimuneratoria è soggetta: il donante è tenuto alla garanzia per evizione solo nei limiti della prestazione che il primo ha, con la donazione, inteso ricompensare (art. 797, n. 3); il donatario non è soggetto all'obbligazione alimentare verso il donante (art. 437); la donazione non è revocabile (art. 805).

Donazione rimuneratoria e obbligazioni naturali

Sotto il profilo del suo inquadramento sistematico, la donazione rimuneratoria presenta, almeno d'acchito, forti tratti di somiglianza con le obbligazioni naturali (art. 2034).

In effetti spesso è difficile stabilire se, ad es., l'attribuzione è stata posta in essere per motivi di riconoscenza (e configura dunque una donazione, soggetta alla relativa disciplina) ovvero se il soggetto ha inteso adempiere quello che avvertiva come il dovere morale o sociale di ripagare l'*accipiens* per quanto questi ha compiuto. Il confine tra le due ipotesi è molto labile; eppure tracciarlo con precisione è dirimente perché, ad es., un'attribuzione nulla, se qualificata come rimuneratoria, per difetto della forma solenne risulterebbe, viceversa, inattaccabile se qualificata come adempimento di un'obbligazione naturale. Al riguardo, appare senz'altro condivisibile la tesi che colloca il punto di discrimine tra le due figure nella rilevanza sociale che un dovere (non giuridico) deve presentare – alla stregua dei valori condivisi dalla collettività – per configurare un'obbligazione naturale, là dove i motivi di riconoscenza e l'intento rimuneratorio ben possono rivestire un peso solo sul piano individuale.

12.6.4. *Le liberalità d'uso*

Non costituiscono invece donazioni – e non sono soggette alla relativa disciplina, ivi incluse le norme applicabili alle donazioni indirette (art. 809, co. 2) – le liberalità d'uso, cioè le liberalità "che si suole fare in occasione di servizi resi o in conformità agli usi" (art. 770, co. 2): si pensi, ad es., ad un regalo di compleanno. La *ratio* di questa previsione è evidente: si vuole evitare che liberalità conformi ad un **costume sociale diffuso** – e dunque rispondenti ad un parametro di normalità, anche sul piano della loro consistenza e dell'entità del depauperamento subito dal donante – siano soggette ad alcuni profili della disciplina delle donazioni (ad es., il requisito di forma) che risulterebbero, nel caso di specie, esorbitanti rispetto alla sostanza dell'attribuzione posta in essere.

Liberalità d'uso, donazione rimuneratoria

È stato osservato che delle due ipotesi previste, l'una (l'occasione rappresentata dai servizi resi) costituisce *species* dell'altra. Insomma: le liberalità compiute in occasione di servizi resi dal donatario sono sussumibili nella fattispecie normativa dell'art. 770, co. 2, se e in quanto siano conformi ad un uso (sociale o familiare). Questa precisazione è determinante al fine di tracciare una distinzione, altrimenti inconsistente, tra liberalità compiute in occasione di servizi resi e donazione rimuneratoria, specialmente ove quest'ultima sia stata posta in essere per speciale rimunerazione. In particolare, la differenza rileva sul piano dei **motivi** ed è riconducibile alla circostanza che, nel primo caso, il movente che anima il donante è rappresentato dall'intento di conformarsi ad un uso, mentre nel secondo tale movente deve rintracciarsi nella riconoscenza verso il donatario. La ricorrenza di un uso, al contempo, non esclude lo spirito liberale, perché non inficia la spontaneità dell'attribuzione: l'uso non vincola il donante, egli scegli liberamente di uniformarvisi, senza essere in alcun modo costretto a farlo.

e obbligazioni naturali

Per altro verso, le liberalità d'uso si distinguono dalle obbligazioni naturali, sebbene le due figure siano accomunate dalla circostanza che la ragione dell'attribuzione si rinvenga in un dato extragiuridico: infatti, il dovere morale e sociale cui si richiama l'art. 2034 presenta un grado di vincolatività – per quanto non giuridicamente sanzionata – ben più intenso degli usi considerati dall'art. 770, co. 2.

Naturalmente, in tanto potrà configurarsi una liberalità d'uso soltanto in quanto l'**entità** dell'attribuzione sia adeguata all'uso, avuto riguardo al contesto sociale, alle condizioni economiche del donante e ai suoi rapporti con il donatario; inoltre, nel caso in cui la liberalità sia posta in essere in occasione dei servizi resi dal donatario, è altresì necessario che si dia una certa proporzione tra il valore delle cose donate e quello dei servizi ricevuti dal disponente.

12.7. *La revocazione per ingratitudine e per sopravvenienza di figli*

La donazione è **revocabile** in due ipotesi: per **ingratitudine** del donatario e per **sopravvenienza di figli** (art. 800). La revoca è pronunciata dal giudice con sentenza costitutiva e, comportando la caducazione della donazione, ne fa venir meno gli effetti. La legittimazione a promuovere la relativa domanda compete al donante (e, nell'ipotesi di revoca per ingratitudine, ai suoi eredi).

La revocazione per ingratitudine non può essere chiesta, genericamente, perché il donatario si sia dimostrato irriconoscente nei confronti del donante; è necessario, infatti, il ricorso di una delle ipotesi tassativamente previste dall'art. 801. In particolare, la revocazione può essere pronunciata:

Cause di revocazione per ingratitudine

1. quando il donatario abbia commesso uno degli atti previsti dall'art. 463, n. 1-3, quali cause di **indegnità a succedere** (omicidio o tentato omicidio del donante, del coniuge, dell'unito civilmente o di un parente in linea retta; calunnia nei confronti dei medesimi soggetti, quando l'accusa riguarda un reato per il quale è prevista la pena dell'ergastolo o della reclusione per un tempo minimo non inferiore a tre anni);
2. quando il donatario abbia posto in essere una condotta che costituisca grave ingiuria del donante, cioè che offenda gravemente la sua dignità (avuto riguardo, specifica la giurisprudenza, al contesto e alle condizioni sociali dei soggetti coinvolti);
3. quando abbia dolosamente arrecato un grave pregiudizio al patrimonio del donante;
4. infine, quando gli abbia indebitamente rifiutato gli alimenti dovuti *ex lege*.

La domanda di revocazione, in questa ipotesi, è soggetta al termine di decadenza di un anno, che decorre dal momento in cui il donante, o gli eredi dello stesso (si pensi al caso dell'omicidio del donante), siano venuti a conoscenza del fatto integrante l'ingratitudine. Se al momento della proposizione della domanda il donatario è deceduto, l'azione potrà, comunque, essere promossa nei confronti dei suoi eredi (art. 802).

Sopravvenienza di figli

L'altra causa di revocazione, come si è visto, è rappresentata dalla sopravvenienza di figli (art. 803, modificato dal d.lgs. n. 154/2013 per renderlo conforme alla riforma della filiazione). Più precisamente, questa ipotesi consta di due presupposti concorrenti, uno negativo e uno positivo. Per un verso, è necessario che il donante, al momento della donazione, non avesse o ignorasse di avere figli o discendenti. Per altro verso, è necessario, in alternativa, che sopraggiunga, o che il donante venga a conoscenza di avere, un figlio o un discendente; ovvero che sopraggiunga il riconoscimento di un figlio (cui è assimilabile la dichiarazione giudiziale di paternità o di maternità). Non rileva, invece, una eventuale adozione.

La *ratio* di questa ipotesi di revocazione è evidente: è plausibile che il donante non avrebbe compiuto la donazione se avesse saputo di avere un figlio o un discendente di cui, viceversa, ignorava l'esistenza o se avesse saputo che in futuro ne avrebbe avuto uno; e a questa volontà presunta del donante viene attribuito rilievo, sacrificando le contrapposte esigenze di stabilità del negozio donativo e di certezza del traffico, in ragione del *favor* riconosciuto ai figli e ai discendenti nell'ambito del fenomeno successorio, del quale la donazione costituisce, nella considerazione del codice, una anticipazione.

La revocazione per sopravvenienza di figli può essere domandata dal donante (non dai suoi eredi) entro un termine di **cinque** anni, decorrente – a seconda dei casi – dal giorno della nascita del figlio o del discendente legittimo, dal giorno in cui il donante ne apprende l'esistenza ovvero dal giorno del riconoscimento del figlio naturale.

Tutte le donazioni sono soggette a revoca, ivi comprese le donazioni **indirette** (art. 809), con l'unica eccezione di quelle rimuneratorie e obnuziali (art. 805). Peraltro, il donante non può spogliarsi, al momento della donazione, del potere di domandarne la revocazione: una rinunzia preventiva, cioè precedente al verificarsi del presupposto della revocazione, sarebbe, infatti, **nulla** (art. 806), poiché configurerebbe una deroga negoziale ad una disciplina inderogabile. È, invece, ammissibile una rinunzia successiva al verificarsi dei presupposti della revoca, rinunzia che in questo caso ha ad oggetto una situazione giuridica soggettiva, già (divenuta attuale ed) entrata a far parte del patrimonio del donante, di cui questi può certamente disporre. Detta rinunzia, peraltro, può essere manifestata anche *per facta concludentia*.

Effetti della revocazione

In caso di revocazione, il donatario deve restituire il bene ricevuto nonché i frutti percepiti a partire dal giorno della domanda (art. 807, co. 1). Ove il donatario abbia alienato il bene, la revoca non pregiudica l'acquisto del terzo, purché tale acquisto sia stato trascritto prima della trascrizione della domanda di revoca (art. 808). In questa ipotesi il donante potrà pretendere dal donatario solo una somma di denaro corrispondente al valore che il bene aveva al momento della domanda (e al valore dei frutti maturati, sia pure nelle mani del terzo, successivamente alla proposizione della domanda: art. 807, co. 2).

12.8. *Le donazioni indirette*

Il **medesimo** risultato economico della donazione, cioè l'arricchimento di un terzo per spirito di liberalità, può essere realizzato anche attraverso schemi negoziali diversi dalla donazione: si pensi all'adempimento del terzo accompagnato dalla rinunzia ad agire nei confronti del debitore, al contratto a favore del terzo, alla remissione del debito, alla rinunzia abdicativa ad un diritto reale su cosa altrui, all'intestazione ad un terzo di un bene acquistato con denaro proprio.

Ricorre in queste ipotesi una **donazione indiretta** (ma alcuni autori ritengono imprecisa questa terminologia e parlano di liberalità atipiche), cui si applicano, oltre alla disciplina specifica della fattispecie negoziale in questione, alcuni profili della disciplina delle donazioni, ora in forza di una espressa previsione di legge, ora analogicamente, in forza della sussistenza di una identica *ratio*.

Disciplina

Le donazioni indirette, in particolare, sono soggette alla **revocazione per ingratitudine** e per **sopravvenienza dei figli** e, ove ricorra una lesione della quota di riserva, all'**azione di riduzione** (art. 809). Sono soggette, inoltre, alla **collazione** (art. 737) e, sebbene ciò non sia espressamente previsto, alle regole sulla **capacità di agire** del donante e alla **imputazione** *ex se* di cui all'art. 564, co. 2 (sicché il legittimario dovrà imputare alla propria quota di riserva anche quanto ricevuto in forza di una donazione indiretta). Si ritiene, infine, che le donazioni indirette siano assimilabili alla donazione per quanto concerne il regime dell'azione revocatoria ordinaria (art. 2901) e fallimentare; mentre è certo che esse sfuggono al requisito della forma solenne.

Come risulta testualmente dall'art. 809, le donazioni indirette costituiscono pur sempre atti di liberalità. Emerge, dunque, un dato: l'area delle liberalità non è esaurita dalle donazioni ma consta anche di fattispecie negoziali – appunto, le donazioni indirette – la cui struttura si presta a realizzare, fra l'altro, un'attribuzione liberale.

INDICE ANALITICO

B

C

D

E

F

G

I

K

L

M

N

O

Q

R

Finito di stampare nel mese di ottobre 2021
nella Stampatre s.r.l. di Torino
Via Bologna, 220